U0585807

中华内丹学典籍丛书

太极张三丰全书

清道光空青洞天版

（上 正编）

［元］张三丰 撰
［清］李西月 重编
盛克琦 整理

华龄出版社
HUALING PRESS

图书在版编目（CIP）数据

太极张三丰全书：上下 / (元) 张三丰撰；盛克琦整理. -- 北京：华龄出版社，2025. 1. -- ISBN 978-7-5169-2930-8

Ⅰ. B95-53

中国国家版本馆 CIP 数据核字第 2024J2W921 号

策划编辑	南川一滴	**责任印制**	李未圻
责任编辑	郑　雍	**装帧设计**	何　朗
书　　名	太极张三丰全书（上下）	**作　　者**	［元］张三丰　撰 ［清］李西月　重编 盛克琦　整理
出　　版 **发　　行**	华龄出版社 HUALING PRESS		
社　　址	北京市东城区安定门外大街甲 57 号	**邮　　编**	100011
发　　行	（010）58122255	**传　　真**	（010）84049572
承　　印	运河（唐山）印务有限公司		
版　　次	2025 年 1 月第 1 版	**印　　次**	2025 年 1 月第 1 次印刷
规　　格	710mm × 1000mm	**开　　本**	1/16
印　　张	66.375	**字　　数**	1044 千字
书　　号	ISBN 978-7-5169-2930-8		
定　　价	266.00 元		

大元遺老大明風漢拾之不来寬之不見得樂天懷廣度人顧九州往来浩乎無岸

三峯隱號天外一人乾
坤造化日月精神万冠
一領破衲一身韜光晦跡
處士仙真

蒲團不要坐石觀書三

敲合講萬象皆虛圓圓

朗朗印印如如菩提妙

相先生有諸

蜀東弟子董江毅繪

是真神仙畫著打睡是
真打睡乃知睡味花滴
蓑衣月篩林翠華山
蟄說得其三昧

《中华内丹学典籍丛书》
编 委 会

整理说明

一、《太极张三丰全书》点校整理，以“空青洞天道光刊本”为底本，称为“道光刊本”。校本一，青空洞天朱道生刊本，约1873—1876年刊刻；校本二，题记“城西草堂”抄本，该本是据“空青洞天道光刊本”抄录；校本三，《道藏辑要》刊本，是据朱道生刊本刻印；另外，参考了民国八年（1919）秋月上海江左书林石印《三丰全书》，民国十五年（1926）仲春上海中原书局石印本，系据朱道生刊本翻印。

二、本书收录附录五篇：

1.《祖师玄要篇》，邓灵谧、张灵机敬刊，清道光六年（1826）刊印，以“吴镇响云洞天”刊本为底本录入。以“傲雪山房”梓本为校本，该本封面题“张三丰真人编辑”。

2.《三丰丹诀》，选自清傅金铨《道书十七种》。本书仅录《张三丰传》和诗词道情，《采真机要》与《金丹节要》难以确定是张三丰作品，且《全集·正讹》篇有“三峰采战之说，多为丹经所鄙”，故不选录。

3.《玄谭》，署名张三峰著，选自明万历年间林兆恩（1517—1598）《林子三教正宗统论》，录自《四库禁毁书丛刊》子部第019册。

4.《张三丰真人玄谭集》，题“张三丰真人著、金盖山人闵一得苕敷参校”，选自清闵一得《古书隐楼藏书》。以上四种资料大多出现在李西月重编《张三丰全集》之前，内容虽略有重复，但对考察张三丰著述流变大有帮助，故附录《全书》书后。

5.《无根树词注解》，题名“栖云山刘悟元注、长乙山李涵虚增解”，本篇以“青空洞天道光刊本”（底本一）为底本点校，参校“青空洞天袖板”（底本二）和《道藏辑要》续毕集本。

三、本书点校忠实于原著，不做删节。凡有版本互异或改动处，均以脚注形式标出。个别明显错字，直接改正，不出校记。由于校者能力有限，点校讹误必然很多，敬请专家学者和爱好者批评指正。电子邮件：shengkq999@163.com。

编者

2022年10月28日

张三丰先生全集

清·李西月　重编

三丰祖师全集序

古来一隐一见，而不失其正道者，其惟至人乎？能隐而不能见，则闲冷之意深，于世无益也；能见而不能隐，则消磨之日甚，于己无成也。虽然，出而霖雨，入而烟霞，岂遂枯寂无为乎？抑非也？上真隐世复度世，见人不附人，是又隐见之神奇者耳。我三丰祖师，具知几之明，存正谊之理，其为儒道也，身可进亦可退；其为仙道也，身能飞亦能潜。进退飞潜之间，即犹龙之大道也。

锡龄风尘俗吏，未省根源，幼读儒书，只期用世。今倦矣，将长往云山，与安期、羡门游矣。曩者官剑南，擢永北，宦潮叠起，尘海忧劳，幸遇我祖师，名言提警，招龄至前，而语之曰："方今圣人在上，下有贤宰辅、名公卿相与佐治，子无忘蓬山共处时也。"退而思之，始大觉焉。夫当此昌期，讵甘瓠落？但念九州驰驱如龄等辈者，得之不多，失之不少，何苦长罹世网也。因将我祖师丹经二卷，诗文若干篇，夙夜寻求，以图解脱。暇则梦寐间、山水间、鸾鹤间，复蒙祖师面示，谓其道始于太上，而祖于希夷。隐则隐，见则见，有隐中之见，有见中之隐，斯无隐之非见，无见之非隐，总不趋谒君公、高谈金石，而为方术者流也。龄乃记祖师显迹三十余则藏之，其玄机妙旨，有所亲得者，存其文而略其[①]口诀，恐其即于漏泄也。他日龄凌风万里，跨鹤三山，此书又付何人哉？

① 其，诸本均作"存"，据义改。

雍正元年小阳[①]之月，诰授通议大夫、河南全省河道副使梦九汪锡龄稽首熏沐谨撰

序

有明之初，仙人辈出，南昌周颠仙、临川张景华、协律郎冷启敬，是皆默观景运，翊赞奇勋者。然其嬉笑神奇，震动天子，方士即沿此欺人也。张三丰先生，跨辽东鹤，蹑[②]蓟北云，以文学才识受知廉平章，奏补县令，旋复致仕归家，从赤松子游。至正间，先生已浩然有得矣。

道光初，余归自浙，于今秉铎嘉阳，每当课士之暇，辄爱养生之书。常于李子斋头，得故剑南观察汪梦九先生所藏《三丰全集》，然后知文章出处，清矫不群，是亦嫏嬛中秘典也。李生以其书历年既久，腐不堪披，亟欲梓而存之，并搜名山碑版、道院抄存者，以补其阙，由是郁郁然成一家言也。昔宋太宗谓诸臣曰："华山陈抟，独善其身，不干势利，可谓方外士矣。"三丰其能绍希夷之风者欤？

赐进士出身翰林院庶吉士、知浙江青田县事、嘉定府教授董承熙撰

叙

尝读《吕祖全书》，自全唐诗录[③]及历朝遗迹，厘然备载，所以振元风而诏后学也。张三丰先生，道德崇高，元微莫测，文章浩翰，利济无方，与吕祖无异者也。其书曾刻[④]于前明永乐时，久而版坏，然其散见于他书者，亦不少矣。夫吕祖之书，成于涵三，岂先生之书，竟听其散佚乎？或者时之未至也。

国初汪公梦九，观察剑南时，先生显化于署中，其辑兵爱民诸善政，得之先生者为多。梦九藏旧本，拾遗文，将付梓，并欲与巡抚奏请立祠，均未果，盖其时亦将至矣。长乙山人、遁园居士，忘名利者也。得先生书

---

① 底本、青空洞天朱道生刊本，均作"卯"，据《道藏辑要》本改。

② 蹑，诸本均作"籋"，古通"蹑"，踏。

③ 录，青空洞天朱道生本作"律"。

④ 刻，青空洞天朱道生本作"刊"。

于梦九六世孙名昙者之家，十存七八。因采诸书以补之，寿诸梨枣，以成梦九欲遂之志焉。虽斋居弦诵，未遍历武当、宝鸡诸名胜，搜罗真迹，纤悉弗遗，然观集中本末终始，郁郁大成，实与《吕祖全书》相伯仲，即有遗佚，无妨续补也。前明之访先生也，侧席旁求，十余年而不得。先生独以隐世济世，维气运于人所不知之地，纤尘不染，高不可攀，高真上圣，莫过于此，明君且以"通微显化"封之，《明史》竟以方伎末流例之，误矣。读此集者，见先生于文字中，复见先生于文字外，已飘飘乎欲仙也，会心人自领之耳。

赐进士出身内阁中书、改保宁府教授致仕西来李迦秀谨叙

叙

程子谓：却病延年则有，白日飞升则无。欧阳公谓：养生之术则有，神仙之事则无。余以为，却病、养生，即仙道也。《黄庭经》云："仙人道士非有神，积精累气以成真。"诚平允之论哉！今夫谷，虚境也；神，灵觉也。虚灵不昧则成儒，谷神不死则成道，仙何异焉？

三丰先生在元、明鼎革间，独全性命于乱世，不求闻达于诸侯，深造以道，欲其自得。默念州县劳人，币书招我，皆所以蔽虚灵而损谷神也。屏之弃之，避之藏之，真所谓世有神仙，彼必深潜崖壑，惟畏人知者，先生之节贞矣。风雪可眠，非徒却病；须眉不老，何但养生？光之有日月之明，大之有沧海之水，又安知不有脱壳生翰、白日飞升，成仙于青霄之外者哉？

雍正初，汪公梦九观察剑南，先生以法身显化其署，即谓五百年犹在人间可也。公知神仙之道，信而有征，于是以先生文章出处，辑为成书，盖欲与却病延年者大其观也。卓庵刘君，得汪书而补纪之，刊版传世。后之颂其诗、读其书者，应知仙道之不虚也夫。

道光甲辰七夕长乙山人涵虚生叙

凡例十三则

一、此书访辑，知多遗漏，然其诗古文词，鉴论经训，皆宗三教之旨，以垂百世之言，亦涵三宫所云："《吕祖全书》辑未全，而义则全也"，故曰《全集》。

二、出处显化，凡子虚乌有、院本浮谈之类，皆所不取。兹特取史志记传、道门实录者，以为观鉴。

三、先生法像，见于石刻者甚多，欲尽传之，难以描写。今兹特取立、坐、行、眠，临成四幅，从简赅也。

四、《正讹》《显迹》《汇记》诸篇，前后有互见者，其详略却自不同。阅者首尾参观，则先生之实事益见。

五、此书得于他处所刻、黄冠所抄者，类多讹误，惟汪本特为近善。兹刻凡系汪仙所藏，必题"圆通道人藏本"，志自来也。

六、《云水前集》，皆系先生住世时所作，编年纪月，如见平生。其有散见于各省志传者，皆集中之作也，故不注某诗见某志。

七、《云水后集》《三集》，一系度汪仙时所作，一系住空青时所作，故仍以编年序之，纪神游也。闻他处有先生乩沙，恐其人鬼杂出，难以尽信，间有可信者，则录于《汇记》之内，正集不敢滥收。

八、《玄要篇》诗古、道情，别刻混为一卷，兹照汪仙藏本，分"诗古"为上卷，"道情"为下卷。其不与《云水诗》相参者，《云水》系先生事迹，《玄要》乃先生道言也。

九、《明史·文翰类》所载道家书目，其中有先生《金丹直指》一卷，《金丹秘诀》一卷，即今《大道论》《玄机直讲》与《玄要篇》也。又名《节要》，又名《捷要》，俱见《神仙通鉴》。兹照汪仙所藏、先生自订者名之，不复更易。

十、俗刻多讹，传抄多谬，兹集于文义两可者，必为小注存之，以俟阅者去取。

十一、句读只用单圈，题义略为疏解，以便阅者豁目。

十二、先生仙传医方、河图地理，此皆前明所作，别有成书传世，兹不合编，以便求道、求术者，各从所好。

十三、此书抄录底本者，嘉州杨建峻、东冈李岱霖、犍为刘光焯、刘光泽也。其同采访者，李迦秀、李朝华、李元瑞、□□□、黄令仪、王筠、王琮、胡大文、曾炳元，皆乐山人也。阆中李耀先，与前十三人，共向劝梓。

长乙谨记之，以志同善焉。

补例二则[①]

一、此书雕成之后，时有弋获，不便增入卷内，而此心复不能损爱，爰仿古人编辑，大家集例搜轶，补附卷末。再有所得，依此续之。阙失尚多，专望博雅君子。

二、此书刊刻，板式宽大，买纸印刷甚难。近有朱晚成，乐善捐赀，翻刻袖板，既可减损纸费，亦且便于行箧。凡此刊补遗，尽皆编次其中。有愿购袖板者，仍在嘉定城外走马街聚古斋内。

① 此二则内容，原刊在底本《玄要篇》末，《遗迹补》后。

目　录

《张三丰先生全集》卷一

《张三丰先生全集》卷二

《张三丰先生全集》卷三

《张三丰先生全集》卷四

《张三丰先生全集》卷五

《张三丰先生全集》卷六

《张三丰先生全集》卷七

《张三丰先生全集》卷八

拾遗卷

《张三丰先生全集》卷一

考纪类

汉嘉长乙山人涵虚子　敬辑

古犍卓庵刘光烨　敬校

明天顺皇帝敕封诰命

奉天承运，皇帝制曰：朕惟仙风道骨，得天地之真元，秘典灵文，集阴阳之正气。顾长生久视之术，成超凡入圣之功。旷世一逢，奇踪罕见。尔真人张三丰，芳姿颖异，雅志孤高。得仙箓之秘诀，饵金鼎之灵膏。去来倏忽，实得造化之机；隐显微芒，吻合乾坤之妙。兹特赠尔为通微显化真人，锡之诰命，以示褒崇。尚期指教，式惠来英。

宝诰一

元朝名士，天师后昆。鹤骨珊珊，龙髯拂拂。非百里之小才，得一官而勇退。出辽东而访道，入终南而遇师。笠穿衲敝，寒暑不侵；果熟丹成，纵横自在。托歌词而谈道，响彻云霄；藉尘垢而隐真，人称邋遢。玉枢宣诏，金殿飞身。玄妙无方，隐显莫测。大忠大孝、大慈大悲、南极会上、群仙领袖、玄玄演正、武当继武真君。

宝诰二

始青一炁，教阐十方。积功勋于大明，度众生于廛市。遇火龙而细参至道，入武当而调养谷神。混俗和光，经纬五载；入山面壁，考验九年。大廷（一作静乐，系宫名）朝驾显飞升，名山古洞留仙迹。方方开化，处处设坛。演金科流传万世，证金丹度尽后学。大悲大愿、大慈大仁、至灵至圣、至公至明、群真一元始祖、广慈普度真君、通微显化天尊。

宝诰三

中山旧令，上清律仙。广三千之功行，证十二之圆通。擅神灵变化之奇，精符篆龙蛇之体。道高德重，炼人元而兼统地元；和光同尘，潜玩世而即行度世。寻有德之人，人人得度；种无根之树，树树皆空。讲先天之妙旨，为后进之梯航。大悲大愿、大圣大慈、武当继教、掌法仙师、灵宝真人、天雷主宰、玄玄演道、飞龙济世真人、通微显化天尊。

宝诰四

至真传道，太清选仙。居武当而启教，为文始之正传。如痴如醉，混仙迹于丽春；教孝教忠，阐玄风于华夏。度万三于滇海，婿女同升；续龙虎之神通，道法兼备。十方宝筏，三教宗师。大悲大愿、大慈大仁、至玄至妙、至奇至神、东华首相、三清外臣、雷霆神吏、灵宝天师、太和一炁始祖、道通文远真君、通微显化天尊。

宝诰五

玉虚上相，金阙高真。德畅人神，经开井鬼。广三千之功行，醒亿万之沉迷。昔从元岳而成真，今继玄天而阐化。扶正教无党无偏，辟旁门有声有色。诛杀乾坤之方士，挽回道德之宗风。指先天而对月，招后进以升云。道妙无方，玄微莫测。至灵至圣、至大至尊、体合自然、神凝般若、三教真宰、一气权衡、参法天师、洞玄帝君、犹龙六祖、隐仙寓化虚微普度天尊。

参礼如来宣赐佛号并赞

神光熙照，性海澄清。在尘出尘，隐世度世。现医身而扶危拔困，偈大众而阐道传经。果证大罗金仙，道比达磨尊者。大仁大愿、大慈大悲、三丰真师、救难天尊、邋遢静光佛、菩萨摩诃萨。

传类

长乙山人　敬辑

卓庵道人、蟠山居士　同校

列传

（见《明史》）

张三丰，辽东懿州人。名全一，一名君实，三丰其号也。以其不饰边幅，又号张邋遢。颀而伟，龟形鹤背[①]，大耳圆目，须髯如戟。寒暑惟一衲一蓑，所啖升斗辄尽，或数日一食，或数月不食。书过目不忘。游处无恒，或云能一日千里。善嬉谐，旁若无人。尝游武当诸岩壑，语人曰："此山异日必大兴。"时五龙、南岩、紫霄，俱毁于兵，三丰与徒去荆榛，辟瓦砾，创草庐居之，已而舍去。太祖故闻其名，洪武二十四年，遣使觅之不得。后居宝鸡之金台观，一日自言当死，留颂而逝。县人具棺殓之，及葬，闻棺内有声，启视则复活。乃游四川，见蜀献王。复入武当，历襄汉，踪迹益奇幻。永乐中，成祖遣给事中胡濙，偕内侍朱祥，赍玺书香币往访，遍历荒徼，积数年不遇。乃命工部侍郎郭琎、隆平侯张信等，督丁夫三十余万人，大营武当宫观，费以百万计。既成，赐名"太和太岳山"，设官铸印以守。竟符三丰言。或言三丰金时人，元初与刘秉忠同师，后学道于鹿邑之太[②]清宫，然皆不可考。天顺三年，英宗赐诰，赠为"通微显化真人"，终莫测其存否也。

① 背，青空洞天朱道生本作"骨"。

② 太，青空洞天朱道生本作"上"。

列传

（见《征异录》）

祗园居士

张邋遢，名君实，字铉一，别字玄玄。辽东懿州人，张仲安第五子也。丰姿魁伟，龟形鹤骨，大耳圆目，须髯如戟，顶作一髻。自号保和容忍三丰子。手执刀尺，寒暑惟衣一衲。或处穷寂，或游市口，浩浩自如，旁若无人。有问之者，终日不答一语，及与论三教经书，则吐辞滚滚，皆本道德忠孝。每遇事，辄先知。或三五日、两三月始一食，然登山如飞。或隆冬卧雪中，齁鼾如雷。时人咸异之，因呼为张邋遢。元末居宝鸡金台观，尝一日辞世而逝，从者为棺殓，临窆发视之复生。乃入蜀抵秦，游襄邓，往来长安，历陇岷甘肃。洪武初，入武当，登天柱峰，遍历名胜，使弟子邱元靖住五龙，卢秋云住南岩，刘古泉、杨善登住紫霄，乃自结草庐于展旗峰北，曰遇真宫；筑[①]草庵于土城，曰会仙馆，令弟子周真得守之。洪武庚午，拂袖长往，不知所之。明年，太祖遣三山道士，请造朝，了不可见。或曰住青州云门洞。永乐初，遣给事中胡濙、指挥杨永吉等物色之，不得。十年二月，成祖为书，诏道士元虚子往武当，于玄玄旧游处，建道场焚书，冀有闻焉，不获。仍御制诗赐之，有"若遇真仙张有道，为言竚竢长相思"之句。天顺末，或隐或现。上闻之，封"通微显化真人"。后往来鹤鸣山半年，不知所终。

列传

（见《七修类稿》）

（明）郎瑛

张仙，名君实，字全一。辽东懿州人。别号玄玄，又号保和容忍三丰子，时人又称张邋遢。天顺三年，曾来谒帝。予见其像，须鬓竖上，一髻背垂，面紫大腹，而携笠者。上为锡诰之文，封为"通微显化大真人"。

---

① 筑，底本等缺，方春阳点校本增补。

列传

（见《淮海杂记》）

（明）陆西星

三丰老仙，龙虎裔孙也。其祖裕贤公，学能兼占象。移家于金之懿州，与子昌隐于民间。及懿为元人所拔，始稍稍以名字闻，然昌公固优游世外者也。夫人林氏，先以二乳生四子，曰遨、曰游、曰道、曰遥，皆早殁。既更举[①]二子，曰通、曰达，通即老仙也。降诞之夕，林梦斗母元君手招大鹤止屋，长啸三声而惊寤，遂就褥焉。幼有异质，长负才艺。游燕京，故交刘秉忠见而奇之，曰："真仙材也"。默挈之，久乃得一宰于中山苦寒之地，以丁忧归，遂不复出。尝言"富贵如风灯草露，光阴似雨电浮沤"，乃决志求道。访师终南，得闻火龙妙谛。渐乃徉狂垢污，人不能识。生平诗文，每起稿于树皮苔肉、茶汤匕箸间，积数十年犹能记诵，然未尝录以示人也。故元朝文艺中，无有知者。子道意，孙鸣鸾、鸣鹤。鸾入明初，迁淮扬，六世孙花谷道人（即鸾嫡孙）与余为方外友。其家有林园之胜，老仙尝至其家。叩以当年轶事，则书云游诗若干首[②]、宝诰数章、丹诀一函，命藏之。花谷每为余言，不胜使人遐想也。

三丰先生本传

汪锡龄　敬述

三丰先生姓张，名通，字君实。先世为江西龙虎山人，故尝自称为天师后裔。祖父裕贤公，学精星算。南宋末，知天下王气将从北起，遂携本支眷属，徙辽阳懿州。有子名居仁，亦名昌，字子安（一字仲安），号白山，即先生父也。壮负奇器，元太宗收召人才，分三科取士，子安赴试，策论科入选。然性素恬淡，无仕宦情，终其身于林下。定宗丁未夏，先生母林太夫

① 举，青空洞天朱道生刊本、《道藏辑要》本作"与"。

② 首，青空洞天朱道生刊本、《道藏辑要》本作"篇"。

人，梦元鹤自海天飞来，而诞先生，时四月初九日子时也。丰神奇异，龟形鹤骨，大耳圆睛。五岁目染异疾，积久渐昏。其时有张云庵者，方外异人也。住持碧落宫，自号白云禅老。见先生奇之，曰："此子仙风道骨，自非凡器，但目遭魔障，须拜贫道为弟子，了脱尘翳，慧珠再朗，即送还。"太夫人许之，遂投云庵为徒。静居半载，而目渐明，教习道经，过目便晓，有暇兼读儒、释两家之书，随手披阅，会通其大意即止。忽忽七载，太夫人念之，云庵亦不留，遂拜辞归家，专究儒业。

中统元年，举茂才异等。二年，称文学才识，列名上闻，以备擢用，然非先生素志也。因显扬之故，欲效毛庐江捧檄意耳。至元甲子秋，游燕京。时方定都[①]于燕，诏令旧列文学才识者待用，栖迟燕市。闻望日隆，始与平章政事廉公希宪识。公异其才，奏补中山博陵令，遂之官。政暇访葛洪山，相传为稚川修炼处。因念一官萧散，颇同勾漏，予岂不能似稚川？越明年而丁艰矣，又数月而报忧矣。先生遂绝仕进意，奉讳归辽阳，终日哀毁，觅山之高洁者，营厝甫毕，制居数载，日诵洞经。倏有邱道人者，叩门相访，剧谈玄理，满座风清，洒然有方外之想。道人既去，因束装出游，田产悉付族人，嘱代扫墓，挈二行童相随。北燕赵，东齐鲁，南韩魏，往来名山古刹，吟咏闲观，且行且住。如是者几三十年，均无所遇，乃西之秦陇，挹太华之气，纳太白之奇。走褒斜，度陈仓，见宝鸡山泽，幽邃而清，乃就居焉。中有三尖山，三峰挺秀，苍润可喜，因自号为三丰居士。

延祐元年，年六十七，始入终南，得遇火龙真人，传以大道。更名玄素，一名玄化，合号玄玄子，别号昆阳。山居四载，功效寂然。闻进[②]斯道者，必须法财两用，平生游访，兼颇好善，囊箧殆空，不觉泪下。火龙怪之，进告以故，乃传丹砂点化之诀，命出山修炼。立辞恩师，和光混俗者数年。泰定甲子春，南至武当，调神九载，而道始成。于是湘云巴雨之间，隐显遨游，又十余岁，乃于至正初，由楚还辽阳，省墓讫，复之燕市，公卿故交，死亡已尽矣。遂之西山，遇前邱道人，谈心话道，促膝参同，方知为长春先生符阳子也。别后，复至秦蜀，由荆楚之吴越，侨寓金陵，遇沈万三，

① 都，青空洞天朱道生刊本、《道藏辑要》本作"鼎"。

② 进，青空洞天朱道生刊本、《道藏辑要》本作"近"。

传以丹道，事在至正十九年。临别，先生预知万三有徙边之祸，嘱曰："东南王气正盛，当晤子于西南也。"仍还秦，居宝鸡金台观。九月二十日，阳神出游。土人杨轨山以先生辞世，买棺收殓。临窆之际，柩有声如雷，启视复生。盖其阳神出游，朴厚者见之，以为宛其死矣。后乃携轨山遁去。又二年，沧桑顿改，海水重清，元纪忽终，明运又启，先生乃结庵于太和，故为疯汉，人目为邋遢道人。道士邱元靖，安静可喜，秘收为徒。他日入成都，说蜀王椿入道，不听，退还襄邓间，更莫测其踪迹矣。

洪武十七年甲子，太祖以华夷宾服，诏求先生，不赴。十八年，又强沈万三敦请，亦不赴。盖帝王自有道，不可以金丹金液，分人主励精图治之思。古来方士酿祸，皆因游仙入朝，为厉之阶。登圣真者，决不为唐之叶法善、宋之林灵素也，前车可鉴矣。二十五年，乃遁入云南，适太祖徙万三于海上，缘此践约来会，同炼天元，服食大药。明年成，始之贵州平越福泉山，朝真礼斗，候诏飞升。建文元年，完璞子访先生于武当，适从平越归来，相得甚欢。永乐四年，侍读学士胡广，奏言先生深有道法，广具神通。五年丁亥，即命胡濙等，遍游天下访之。十年壬辰，又命孙碧云于武当建宫拜候，并致书相请。直逮十四年，并不闻有踪迹。帝乃怒，谓胡广曰："卿言张三丰蕴抱玄机，胡弗敢来见朕也？"斥广寻觅之。广大惧，星夜抵武当，焚香泣祷。是年五月朔，为南极万寿，老君命诸仙及期大会，时先生亦在诏中，遂与玄天官属，御气同行。适见胡广情切，乃按云车，许以陛见。入朝后，即赴上清之命，飘然而去。明年，胡濙等还朝，终未得见先生也。

吾师乎！吾师乎！其隐中之仙乎！其仙中之神乎！其神仙而天仙者乎！继荷玉诏，高会群真，位列兑宫，身成乾体，故能神通变化，济世度人。四围上下，虚空处处，皆鸾骖所至，将所谓深藏宏愿，广大法门者，吕祖之后，惟先生一身而已。

锡龄风尘俗吏，几忘（*去声*）本原，观察剑南，又鲜仁政，滥叨厚禄，辜负皇恩。两年来，曦天少见，水潦频增，龄乃跣足剪甲，恭祷眉山之灵。拈香七日，晴光普照，画景遥开，奇峰异水间，幸遇先生。鉴龄微忱，招龄入道，并示《丹经秘诀》一章，及《捷要篇》二卷，照法修炼，始识玄功。因此悔入宦途，游情山水，迩乃自出清俸，结庐凌云，未知何年何日，蝉蜕[①]尘网，采瑶花、奉桃实，敬献先生也。龄侍先生甚久，得悉先生原本又甚详，爰洗浊怀，恭为纪传，以付吾门嗣起者。

三丰先生传

圆峤外史

先生辽阳懿州人也。名号屡更，游行无定，人多不测其踪。刘秉忠同师于前，廉希宪荐剡于后，至元间，以宰官致仕。洪武初年，太祖屡诏不出，盖其托仙远遁，以全仕元之节者也。故尝自称曰“大元遗老”，又尝自赞曰“大元逸民”。君子深慨其神仙名重，遂至掩其孤忠耳。平生访道，历尽艰辛，终南遇师之后，觅侣求铅者，足遍天涯，乃于武当山，修成大道。所可异者，先生未降世，而武当一席，早为安排。昔希夷先生游太华，遇异人孙君仿，曰：“武当九室岩，深静可居。君后有徒孙，更能发迹此山，君光大张。”盖已知名山有主人，大道有法嗣也。岂不异乎？尝闻苦竹真君传记于钟离云房，谓“他日有两口者，为汝弟子”，而其后竟遇吕祖。夫岂至人降灵，必先有年月日时、里居姓氏，预定于大罗天上耶？不然，何言之验也！圆通真人，为先生弟子，亦不能请究其故。《本传》一篇，记叙精详，《仙鉴》《明纪》，考政皆合，然后知先生之籍贯生成，修真得道，有如是其全备者。

① 蜕，青空洞天朱道生刊本作“脱”。

道派

大道渊源[①]

大道渊源，始于老子。一传尹文始，五传而至三丰先生。虽然，老子之所传，亦甚多矣，其间杰出者，尹文始、王少阳，支分派别，各有传人。今特就文始言之。文始传麻衣，麻衣传希夷，希夷传火龙，火龙传三丰，或以为“隐仙派”者。文始隐关令、隐太白，麻衣隐石堂、隐黄山，希夷隐太华，火龙隐终南，先生隐武当，此隐派之说也。夫神仙无不能隐，而此派更为高隐。孔子曰：“老子其犹龙乎！”言其深隐莫测也，故又称“犹龙派”云。

按：老子之道，文始派最高，少阳派最大。少阳传正阳，正阳传纯阳，纯阳首传王重阳，重阳传邱长春，开北派；纯阳又传刘海蟾，海蟾传张紫阳，开南派。

再按：文始一派，至麻衣而传希夷；少阳一派，刘海蟾亦以丹法传希夷，两派于斯一汇。是三丰先生，谓为文始派也可，谓为少阳派也亦可，特其清风高节，终与麻衣、希夷、火龙相近云。

前历祖传

太上老君[②]

太上老君，其详不可得闻，累世化身，未有诞生之迹。尝与文始言：“吾姓字渺渺，从劫至劫，不可具述”，非虚语也。逮商阳甲时，分神化炁，始寄胎于玄妙玉女八十一年。至武丁庚辰岁，二月十五日卯时，降生在苦县之

---

① 此标题，系点校者参考方春阳点校本所加。

② 以下六则标题，皆点校者划归体例所加。

赖乡曲仁[①]里李树下。指李为姓，名耳，字伯阳。生时白首，人号为老子；又长耳，复称老聃。周初，观风西岐，自号支邑先生。西伯欲拜为大夫，不受，命为守藏史，遂借隐焉。其后或隐柱下，或隐河上，或号为古先生，或目[②]为古皇，或为伯阳父，或为广成子，或结庐于河滨，或开化于西域。秦时称古隐君子，而不知太上老祖，实隐中圣人也。

文始先生

文始先生，姓宓名喜，字公文，天水人，一云成纪人。成王丁巳岁，四月初八日吉时降生。不求闻达，尝为函关令，故称关尹喜。一日遇融风三至（精占风），紫气东来（精望气），夜观天理，星西行过昴（精天文），知有圣人将至。老君到关，望其神采，大惊（精相法），拜为弟子，得闻大道。著书九篇，名《关尹子》，后曰《文始经》。西渡[③]流沙，复还中夏，或称尹辄，或称尹道士。隐居终南之阴，人称为“终南隐圣”。

麻衣先生

麻衣先生，姓李名和，道号初阳，内乡人。隐石堂山。生而神奇，绀发美姿。稍长，厌世浊腐，入终南静养，遇尹文始，传以道要，并相法，命往南阳湍水旁灵堂山修炼。洞居十九年，冬夏恒著麻衣，故号为“麻衣子”。灵山有水，四时常温，名旸谷，时往沐浴。一夕有少年十二人来拜，曰：“吾属龙也，上帝以师道成，命吾等辅行大化。”自是有求雨者，皆验。乡民谒恳甚繁，别隐歙之黄山（即黟山），人称为“黄山隐者”。

希夷先生

希夷先生，姓陈名抟，字图南，号扶摇子。亳州真源人。唐长兴中，尝举进士不第，遂淡世情，以山水为乐。居武当二十余年，复隐华山云台观。得蛰龙法，每卧尝百余日不起。遇海蟾，授道要。逢麻衣子，拥炉对坐，以

① 仁，青空洞天朱道生刊本作“人”，误。

② 目，青空洞天朱道生刊本、《道藏辑要》本作“自”。

③ 渡，青空洞天朱道生刊本作“度”。

铁筋画灰成字，默受[①]玄机，并以尹文始先生相法传之。高隐不出，宋太宗[②]时，赐号“白云先生”，又赐号“希夷先生”，史称曰“华山隐士”。

火龙先生

火龙先生，希夷高弟子也。隐其身，并隐其姓名，其里居不可考，即以天地为里居也。其事迹不多著，即以潜德为事迹也。《神仙鉴》亦只记其号，状其为物外风仪，此盖如赤松、黄石，世只知为古仙耳。隐居终南，故称“终南隐仙”。或曰贾得升先生也，俟博识者考之。

三丰先生

三丰先生，姓张名通，字君实。辽东懿州人。详见《全集》。

后列仙传

（以下十一则，藏崖居士考纪）

三山先生[③]

三山先生，姓沈名万三，一名万山，自号三山道士。金陵人。秦淮大渔户，心慈好施。遇三丰先生，得授丹法，继炼天元大药，服之，拔宅而去。或隐天目，或隐武当，皆无定所，与三丰先生隐显度世，敕封“宏愿真人”。元天历戊辰元年，秋九月十八日未时诞生。

邱元靖

邱元靖者，武当道士也。洪武初，三丰先生游武当，元靖与先生遇，拜为弟子，遂传以道妙，命住五龙，结庵修炼，以了大事。乙丑春，太祖诏求三丰不得，乃诏元靖至，与语，悦之，拜监察御史，赐之室，不受。复擢太常卿，亦不受。帝称其清高云。

---

① 受，青空洞天朱道生刊本作“授”。
② 宗，青空洞天朱道生刊本作“祖”，误。
③ 以下八则标题，皆点校者划归体例所加。

太和四仙

太和四仙者，卢秋云、周真得、刘古泉、杨善登，皆楚人也。洪武初，三丰先生入武当，结庐于展旗峰上，四人请为弟子，遂传以清净守中之秘。于是命秋云住南岩，真得住会仙馆，古泉、善登住紫霄峰。同时静炼，后皆证果。

冰壶先生

冰壶先生，姓明名玉，内江人。善符咒，多奇验。永乐中，三丰先生游蜀，常寓其家。玉欲以符咒传先生，先生笑曰："我将以道奉子，子乃以法授我耶？"乃作《道法会同疏》一通予之，玉大惊，请为弟子。居岁余，胡濙访先生，遂携玉同去，不知所之。

王宗道

王宗道者，淮安人也。尝从三丰先生学道。永乐三年，成祖访求三丰，令觅宗道与胡濙同往。召见时，赐金冠鹤氅，奉书香遍游天下。十年不遇，及还，赐封"圆德真人"。后入庐山采药，飘然不返。

李夫子

李夫子者，名性之，楚人也。正德间，入太和山，遇三丰先生，传以丹法，遂得道。平时好端坐，澄静齐庄，人号为"李夫子"。喜辟谷，日啜麦面汤，人又号为"麸子李"。荆藩永定王闻而慕之，遣校礼聘以至，寓蕲武当宫。衣破衲，不食。王屡迎入宫，祈长生诀，皆不对，但云"儒者修身齐家，即道诀也"。赐金帛甚厚，皆不顾。已而辞归，王仍遣校送之，令索书报命。至汉口舟中，忽不见。校速舟夫过江，至中流，忽见李卧水而渡。校上岸，李亦到岸，忽又不见，校急奔至山，见李坐悬岩险处，拍手而歌，寻大呼校曰："为吾谢王，李某不复来也。"校欲索报书，倏又不见。后复遣校至山，则云李尸解矣。校于归途，又见李持钵，其行如飞。无何，王以干宗正条，几覆国，始悟李语非漫然也。

梦九先生

梦九先生，姓汪名锡龄，徽州歙县人。曾官剑南观察，而宦情益淡，隐心愈深。遇三丰先生于峨眉，得其道妙。继授滇南永北道，即请终养，未准。旋授河南全省河道副使，乃便道归省。丹成尸解，号“圆通道人”。校正《玄要篇》，及著《三丰本传》《显迹》等章传世。康熙甲寅[①]年，十月十八日申时诞生。至今嘉州凌云丹霞峰之清晖阁，即先生公余之暇，潜神炼丹处也。中有灵山堂，扁载剑南父老数百人姓名，为先生寿，咸称“圆通祖师”，仁慈清净，修己治人云。

白白先生

白白先生者，不言其姓氏。所居在青城、大峨、嘉州山水之间。鼓琴读书，酷好老庄。道光初，遇张三丰先生于绥山，传以交媾玄牝、金鼎火符之妙。既更遇纯阳祖师，得闻药物采取之微。以是决意精修，日与二三隐士，坐论烟霞，品评水石，名心之冷，殆如冰焉。所著有《河洛易象图解》《道德经正义》《圆峤内篇》，发明内外丹法层次，为前古仙经所未有。无事则混俗和光，默抱玄微而已。

列仙派演

余十舍[②]

余十舍者，沈万山弟子也。少好施与，万山以幼女妻之，传以丹砂点化，丰饶与妇翁相颉颃。其女余蕙刚，为西平侯沐春继室，亦善黄白之术，盖家传也。事见本集中“余氏父女传”。

---

① 甲寅，《道藏辑要》本作“甲辰”，青空洞天本、左江书局本等均作“甲寅”，即1674年。

② 以下三则标题，皆点校者划归体例所加。

陆德原

陆德原者，吴人也。家故清微，慕神仙之学。沈三[①]山先生见之，知为道器，遂传以玄微妙旨，并为黄白给之，其家遂足。与顾阿瑛、李鸣凤相往来，诗坛酒社，东南士大夫，称其富而好礼。洪武初，尝助军粮二万斛，既闻太祖有“不及江南富足翁”之句，因慨然曰：“祸端至矣。”及时携琴披衲，改装黄冠而遁。阿瑛闻之，亦削发为僧。鸣凤弃家园，携妻子，泛舟江湖。其后江南大族，籍没者无算，人始信其见几云。

明阳先生

明阳先生者，刘其姓，光烛其名。仁慈恭敬，富而好礼，以善为当为，不求福报，达者高之。尝从白白子游，得清净守中之旨，遂结庵于大江之湄，云水盘桓，不迹城市。没后数载，忽降一诗，云：“人去空山鹤影单，回观尘海雾漫漫。仙家不昧虚灵体，一路清风到石坛。”自是云朋霞友，咸谓其不灭也。所著有《金丹诗》若干篇，尚存于其弟遁园处。

拳技派[②]

王渔洋先生云：拳[③]勇之技，少林为外家，武当张三丰为内家。三丰之后，有关中人王宗，宗传温州陈州同，州同明嘉靖间人。故今内[④]家之传，盛于浙东。顺治中，王来咸，字征南，其最著者，靳人也。雨窗无事，读《聊斋·李超》始末，因识于后。又云：征南之徒，又有僧耳、僧尾者，皆僧也。

---

① 三，《道藏辑要》本作“万”，从青空洞天刊本。

② 本篇，在青空洞天刻本《补遗》中，列《玄要篇》之后。《道藏辑要》本移至此，从之。

③ 拳，《道藏辑要》本作“奉”，误。

④ 内，诸本均作“两”，据文义改。

正讹

一[1]

三峰采战之说，多为丹经所鄙，然非祖师之《玄要编》也。尝阅《神仙鉴》，刘宋时有张山峰者，号朴阳子。未入道时，曾受[2]人以房中御女方，天帝恶之，终于草岛游仙。何一阳仙姑游华山，曾见其《金丹秘诀》，悉备于身，因无天诏，难升玉阙，深慨惜焉。据此，则知"山峰"二字，声音相近之讹也。且祖师所作《金丹论》，亦云："行御女之术者，是犹披麻救火、飞蛾扑灯。"细按此言，自不妄讥矣。

二

又三峰者，乃旁门之名，不但刘宋时张三峰也。阴道中有三峰采战，俗人不知，遂以《玄要编》等诸旁门，是以耳闻为目见，未读丹经者也。三峰之术，有宋张紫阳、陈泥丸诸老仙翁，皆已斥之，祖师乃元人，不待辨也。单言此术由来，《参同契》所谓"阴道厌九一"者是也。九一之谬，即御女之方，分上中下三峰，采人精气，托号泥水金丹，伯阳以前，已有此术矣。故《玄要编》云："有为者，非采战提吸之术，九一动摇之法。"即祖师亦辟三峰之谬，复何言哉！

三

又尝阅《神仙鉴》，彭祖称太清景明三峰真君，而御女之术，实起于彭祖，采补房中，偶丧屡娶。后为殷王拘系，欲杀之，盖天律谴之也。中途脱逃，乃入华山归正云。

---

① 本篇序号，皆点校者划归体例所加。

② 受，青空洞天朱道生刊本、《道藏辑要》刊本作"授"。

四

三丰祖师诞期，据梦九所作《本传》，则系元定宗二年[①]四月初九日也。乃各处所传，又有作三月初八、十月初十者，何故？大抵仙佛降世，举凡得道成真，飞身朝驾，其吉期不一而足。有如普陀大士、孚佑帝君，每岁斋辰，几于逐月皆有，然祝大士者，毕竟以二月十九为正；庆孚佑者，终当以四月十四为真。兹于祖师诞期，亦以《本传》为主，余皆附存集中，使敬祖师者，随时致虔，如大士、孚佑之斋期，亦美事也。

五

别传谓祖师为元末明初人，而不知为宋末元初人也。尝对万三自叙云："延祐初，余年六十七。"逆而数之，正在元定宗之初年、宋理宗之淳祐[②]年也。元运北起，祖师生辽东，入元之版籍，故称为元人。汪作《原传》，谓其降生于定宗丁未，与祖师自叙相合，真乃不谬也。

六

明胡忠安公濙，访三丰祖师，系永乐中事，世有误作成化者。李雨村《诗话》云："祥符寺，在绵竹小西门外，有明嘉靖九年王汝宾，刻礼部尚书胡濙成化四年访张三丰诗碑"云云。

按：《明纪》永乐五年丁亥，命户科给事中胡濙巡游天下，访三丰，去十年始还。或曰：为踪迹建文君也。碑作成化，大误。据此则永乐丁亥，正胡濙至绵竹时也。今刻于天王殿后板壁上，有三丰所书"翔符禅院"四字，笔势飞动，以"祥"作"翔"，或者曾至此欤？[③]

七

钱文端公陈群，所著《香树斋集·燕九日王新庄观灯诗》，有"仙携邋遢来空碧，人立鞦韆望比红"之句，注云："张三丰与邱长春，同时访道，后

① 元定宗二年，1247年。

② 祐，诸本均作"佑"，改。淳祐，宋理宗年号，1241—1253年。延祐，元仁宗年号，1314—1321年。

③ 此段，青空洞天朱道生刊本、《道藏辑要》刊本均有漏脱。

皆仙去。”

愚按：长春先生，访道于金朝，出世甚早，不与张祖同时也。但汪仙作传，谓祖师制居时，有邱道人相访之事，祖师成道后，于元至正初，遨游西山，复遇长春子，促膝谈心。尔时邱真人，阐化元朝，正有同时显道之事，若曰“同时访道”，则未也。

八

俗本载祖师原名“君宝”，及观《神仙鉴》，始知“宝”本作“实”，鲁鱼相误，有如是者。并按：“君实”二字，似字非名。暨阅陆俨山《玉堂漫笔》，乃知祖师名通，号玄玄，君实其字也。天师之后，曾寓凤翔宝鸡县之金台观。詹事府主簿，南阳张朝用尝识之，见其行足不履地。胡忠安公荐朝用为均州知州，同访不遇。又有密敕云：淮安王宗道，曾与三丰学仙，令觅同往。三年召见，赐宗道金冠鹤氅，奉书香遍游天下，越十年，竟不遇，还。

九

又按：祖师之父，俗本以“子安”为讳，亦似字非名。及读梦九所藏《列传》，乃知“居仁”其名，“子安”其字，“白山”其号也。

十

羽流抄本，有《三丰供状》一篇，的系诬词，语亦鄙俚，不可不辨。其状云：“供状道童（一百余岁，岂尚称童？）张三丰，年二十八岁，辽阳人氏。有父张子安，所生第五子。自幼眼疾，舍送碧宫，投师礼传。后复云游湖广襄阳府天笠[①]庵，养性修真。今蒙永乐上位，请礼道教，中间不能隐讳，所供是实。”此盖方士羽流造作为荣，而不知反以相诬也。我祖师永乐年间，深隐不出，《明史》尚有征文，岂反供状朝廷，自媒自炫，奔走阙下哉？即《仙鉴》载有金殿飞升事，亦不过片时立谈，以示阳神之不死耳。后睹梦九真本，只载有胡广奏状，平日疑团，至此乃释。

附：胡广奏状云：侍读学士臣胡广伏奏：真仙张三丰，辽东人氏。深藏

① 笠，青空洞天朱道生刊本、《道藏辑要》刊本作“竺”。

道法，广具神通，高隐武当，有希夷之风，只可礼求，不可命见。恭维皇帝陛下，屈驾广成，访求真道，臣因不敢隐讳，具表奏闻。

十一

世有《西洋小记》，载金碧峰南京访祖师一事。《记》言祖师名守成，句容人，曾作本县书吏，旋弃刀笔，出家于西山道院朝天宫修行，得成地仙。碧峰令访胡尚书，朝见明主，称为天仙，始得证位大罗。此系小说家借名敷衍之法，非实事也。或问：名称守成，家称句容者，何故？曰：不如是，不足以凑登场科白也。

十二

祖师于元明间，著作甚多，其诗有《云水集》，其文体若干篇，皆见梦九藏本。又《神仙鉴》载：胡广录呈祖师道诗，名《捷要篇》，中有《无根树》《大道歌》《炼铅歌》《琼花诗》《丽春院》二阕、《青阳宫留题》《金液还丹歌》《真仙了道歌》等作。近来传本，多所混杂，即如吴镇响云洞天张灵机、邓灵谧所刻《玄要篇》旧本，中有《金丹诗》三十六首，以象三百六十度，今[1]变作十六首，余皆散见杂出，全无条理，一切道情，皆不入刊，盖未见此《全集》也。俗钞有比张、邓刻本全备者，又多以吕祖诗混入其中。

兹编广取博采，兼以梦九真本，一一印证，务使复还旧观，祖师其许之乎？（长乙氏谨识）

① 今，底本等缺，据方春阳点校本补。

显迹类

歙县圆通真人汪锡龄梦九氏　述
汉嘉长乙山人　补
卓庵道士　校

度沈万三

沈万三者，秦淮大渔户也。心慈好施，其初仅温饱。至正十九年，忽遇一羽士，神采清高，龟形鹤骨，大耳圆目，身长七尺余，修髯如戟。时戴偃月冠，手持刀尺，一笠一衲，寒暑皆然，不饰边幅。日行千余里，所啖升斗辄尽，或辟谷数月，而貌转丰。万三心异之，常[①]烹鲜暖酒，邀饮芦洲，苟有所需，极力供俸。偶于月下对酌，羽士谓曰："子欲闻吾出处乎？"万三启请，乃掀髯笑曰："吾张三丰也。"遂将生世出世、修真成真之由，叙述一篇。言讫，呵呵大笑。万三闻言，五体投地，称祖师者再，并乞指教，曰："尘愚愿以救济，富寿非敢望也。"祖师曰："虽不敢妄泄真传，亦不欲缄默闭道。予已深知子之肺肠，当为作之。"于是置办药材，择日启炼，七七启视，铅汞各道，祖师嗟咄不已，万三自谓机缘未至，复尽所蓄，并售船网以补数。下工及半，忽汞走如焚，茅盖皆毁。万三深叹福薄，祖师亦劝其勿为。夫妇毫无怨意，苦留再炼。赀财已匮，议鬻幼女，祖师若为不知，窃喜其志坚，一任所为。令备朱里之汞，招其夫妇至前，出药少许，指甲挑微芒，乘汞热投下，立凝如土，复以死汞点铜铁，悉成黄白，相接长生。祖师遂略收丹头。临行嘱曰："东南王气大盛，当晤子于西南也。"遂入巴中。万三以之起立家业，安炉大炼，不一载富甲天下，凡遇贫乏患难，广为周给。商贾贷

① 常，青空洞天朱道生刊本作"当"。

其赀以贸易者，直遍海内，世谓其得聚宝盆，故财源特沛。斯时世乱兵荒，万三惧有祸，乃毁丹炉器皿，自号三山道士。至今南京城西南街，即其迁处。会同馆，即其故居。后湖中地，即其花园旧址也。

《仙鉴》评："外丹成，为内丹之助。"然真道难闻，千举万败。人每以三丰为口实，至受诳不悟，当思己有万山福量，乃可遇之。苟或不然，愿且置是。

寓金台观

元至正丙午年，宝鸡金台观，有道翁者，貌若百余岁，忽于九月二十七日，自言辞世，留颂而逝。土民杨轨山，置棺殓讫，临窆，柩有声如雷，发之复生。跃起，谓轨山曰："吾张三丰也。天师后裔，幼好学道。今吾大丹已成，神游天海。吾子善人也，难得、难得。"遂教以避世延年之术，寻携轨山同去。

圆通子曰：世人尽如轨山，则路无暴骨矣。如此方便人，仙真安得不度？

隐太和山

洪武初，祖师入太和山，于玉虚宫畔，结庵冷坐。庵前古木五株，阴连数亩，云气滃然，故尝栖其下。猛兽不噬，鸷鸟不搏[①]，人咸异之。衲衣垢弊，皆号为邋遢张。有问其仙术，竟不一答。问经书，则津涎不绝口。登山轻捷如飞，隆冬卧雪中，鼾齁如雷。常语太和乡人曰："兹山异日当大显。"道士邱元靖，叩其出处，始识为三丰祖师。请为弟子，遂传以道妙。

《神仙鉴》评："左道旁门，最能惑人，如箭射虚空，还复坠地。惟觅得真种子，潜修密炼，至丹成果熟，寒暑不能侵，阴阳不能贼，纵横自在，来去随心，方为实际。"如三丰者，所当景仰。

---

① 搏，底作"抟"，改。

寄常遇春

洪武二年己酉六月，常遇春进攻大兴州，直拔开平，追奔数百里，大获全胜，遂清蓟北。秋七月，师次柳河州，遇春得疾，谓众将曰："予生时，有老翁至门，付一函云：煌煌尾宿，矫矫虎臣，和中遇主，柳下归神。前日张真人三丰，自五台寄书，又是此数字。今至柳河州而病，吾其逝矣。"寻卒于军（年三十四）。去年戊申，帝初即位，亦尝钦问四十二代天师张冲虚，曰："北征如何？"天师曰："朝廷有福，大将归真。"

见蜀王椿

（太祖第十一子，封蜀王，名椿。或作操，似误）

洪武中，太祖封子椿为蜀王。是时两川久定，人物恬熙，倏有老翁者，神完貌古，行动如飞，一日方冠博带，翩然见王，说以入道。王不听，然心异其老健，欲幕[①]栖之。老翁笑吟曰："何必终南论捷径，宦情于我似鸿毛。"王高其节。一日谓王曰："藩封虽好，然须志退心虚，乃保无祸。吾张三丰也，将与海岛诸仙，游于寥廓矣。"王作诗以送之，有"吾师深得留侯术，静养丹田保谷神"之句，亦不相留，祖师遂去。或曰：其后诸王，如谷王穗、辽王植，多有不保其封，而蜀王得以居安乐土者，皆祖师教之云。

按：祖师见蜀王椿之后，遨游川贵云广，云车无定，显迹最多，未尝枯坐一山。或言初入成都，见蜀王椿，王不喜道，退还襄邓间，居武当二十三年，一旦游方，拂袖而去。

圆通子读此一则，题一绝云："入幕仙翁一老皤，相逢不识奈如何。名言几字将王报，保得藩封受用多。"

寓指挥家

洪武中，祖师游蜀，侨寓环卫姜指挥家，行踪诡异，而人不识。常戴一

① 幕，青空洞天朱道生刊本、《道藏辑要》本作"慕"。

笠，笠甚大，虽小户出入不碍，系铁丝绦，备极工致。朝夕居一磐石上，尝折枯梅枝，插土即生，花皆下垂，故成都昔年，犹遗“照水梅”云。

寓开元寺

夔府城西开元寺，唐了休禅师道场也。明初祖师来游，与僧广海善，寓居于寺者七日，临别赠以诗，并留草履一双、沉香三片而去。后海以诗及二物献文帝，答赐玉环一枚，千佛袈娑一领。今犹置寺中，称世宝云。（见《成都府志》，并见《夔州府志》。）

三却廷诏

洪武十七年甲子，帝以华夷宾服，诏求真人张三丰，莫知所往。明年春，复强其弟子沈万三敦请，了不可得，又召邱元靖入朝。祖师因呈一诗，并嘱邱曰：“奏语明天子，谓吾将遨游海外矣。”其诗云：“流水行云不自收，朝廷何必苦征求。从今更要藏名姓，山北山南任我游。”帝览而纵之。寻拜邱为监察御史，赐美室，均不受。邱可谓不忘师教也。（《神仙鉴》有三诏之事，而无寄诗一段。）

圆通子曰：严子陵[①]，其吾师之前身耶！

---

① 《后汉书·严光传·李牧传》：严光，字子陵，一名遵，会稽余姚人也。少有高名，与光武同游学。及光武即位，乃变名姓，隐身不见。帝思其贤，乃令以物色访之。后齐国上言：“有一男子，披羊裘钓泽中。”帝疑其光，乃备安车玄纁，遣使聘之。三反而后至。舍于北军，给床褥，太官朝夕进膳。司徒侯霸与光素旧，遣使奉书。使人因谓光曰：“公闻先生至，区区欲即诣造，迫于典司，是以不获。愿因日暮，自屈语言。”光不答，乃投札与之，口授曰：“君房足下：位至鼎足，甚善。怀仁辅义天下悦，阿谀顺旨要领绝。”霸得书，封奏之。帝笑曰：“狂奴故态也。”车驾即日幸其馆。光卧不起，帝即其卧所，抚光腹曰：“咄咄子陵，不可相助为理邪？”光又眠不应，良久，乃张目熟视，曰：“昔唐尧著德，巢父洗耳。士故有志，何至相迫乎！”帝曰：“子陵，我竟不能下汝邪？”于是升舆叹息而去。复引光入，论道旧故，相对累日。帝从容问光曰：“朕何如昔时？”对曰：“陛下差增于往。”因共偃卧，光以足加帝腹上。明日，太史奏客星犯御坐甚急。帝笑曰：“朕故人严子陵共卧耳。”除为谏议大夫，不屈，乃耕于富春山，后人名其钓处为严陵濑焉。建武十七年，复特征，不至。年八十，终于家。

滇南践约

洪武中，京城自洪武门，至水西门坍坏，下有水怪潜窟，筑之复颓。帝向忌沈万三，年命相同而大富。召谓曰："尔家有盆能聚宝，亦能聚土筑门乎？"万三不敢辨，承命起筑。立基即倾者三，乃以丹金数片，暗投其内，筑之始成，费盖钜万。帝尝欲犒军，召万三贷之，曰："吾军百万，但得一军一两足矣。"万三如数输之，帝瞰其无困苦状，由是欲除之。罪以他事，议流岭南。万三遂轻身携妻奴去，而委其家赀。未几，命再徙于云南。既至滇，万三无聊，忽有弓长翁者，传云"践约来会"，万三请见，则三丰祖师也。祖师笑曰："犹记东南气盛，西南相见之语乎？"万三爽然。因与炼天元，服食大药。明年始成，万三与全家饵之，皆能冲举。

圆通子曰：撒手赀财，即成上仙，其施济已多矣。

游鹤鸣山

洪武末，有道人游邛之鹤鸣山，山有二十四洞，以应二十四气。道人入山时，石鹤复鸣，人咸惊异。居半载，入天谷洞不出，洞门书"三丰游此"四字，时已一百余岁矣。（《蜀通志》作"三百余岁"，似误。）

圆通子曰：奇。

题诗警祸

建文嗣位初，户部门前，薄暝有老翁闲步，如土地形状者。风过处，忽不见，明晨觇双扉上，于右扉题一诗云："燕子将营垒（一作"巢阁"），龙孙不在潭。波平风又起，海上问三三。"末三字，写于双扉交关处，人多不解。户部侍郎卓敬见之，以为"三"字写门中，盖借门缝作"丰"字中画也。心知为三丰仙翁，并念燕子者，是指燕王；龙孙者，是指建文，其语殊凶。其字旋落。卓乃密疏，请徙封燕王棣于南昌，万一有变，尚可控制。疏入，竟不听。

圆通子曰：卓侍郎聪明可爱，惜忠言逆耳，致使燕封篡位。吾师其亦不得已而题诗欤？不然，岂不知建文之不听哉！

混迹京师

永乐初，有宦客游京师，丰姿清矫，拂拂修髯，而衣服礼容，似公车客状。居京颇久，与户科给事中胡濙相契，常作诗酒之会。喜拟“文选体”，多不存稿。客闻朝中僚属事毕，闲谈多言神仙事。又闻侍读胡广，欲举张三丰仙术上闻，客心厌之。一日，饮于客斋，忽谓胡濙曰：“吾友善事明君，我将远引深山也。”濙惊，叩其故，不答。数叩之，乃掀髯笑曰：“吾即三丰子也。”言毕迳去，不知所往。其后胡濙访三丰祖师，因有“却忆故人从此隐，题诗谁似鲍参军”之句云。

一晤因缘

永乐四年冬，詹事府主簿，南阳张朝用，常见一道人，行止异奇，足不履地，手捻梅花，口吟“秋水”。趋前询之，乃三丰仙翁也。明年，帝命胡濙游访，因荐朝用同行，已不知其去向矣。

道示明玉

永乐中，有羽客游内江，寓明玉道人家，诡云庞姓，微示以异，尝履极险不坠，涉水无少濡。明玉善符咒，多奇验，欲传授羽客，羽客笑曰：“我以道俸君，君乃以法授我耶？”乃作《道法会同疏》一通与之。明玉大惊，跪请其名号，乃知为三丰祖师也。居岁余，胡濙物色之，遂不留（《四川通志》作“遂同玉见胡”，与《明纪》不合，兹特正之）。寻又来往峨眉山中。

明殿飞升

明成祖自遇西僧哈立麻之后，颇萌道心。尚书胡广，因言张三丰实有道法，录其《捷要篇》上呈。帝览之，虽不测其涯涘，知其有合玄机，遣使访之。壬辰春，又敕孙碧云至武当拜候，三月初六日并赐书。越三载，始至武当，碧云呈御书，祖师览讫，笑答一函。碧云劝入朝，不可。留居室内，出则同游，令人驰报于帝。丙申春正，帝命安车迎请，忽又他适。帝乃斥胡广求之，广大惧，即至武当恳祷。祖师见其情切，乃出，许其诣阙。先自飞身而去。帝正在朝，忽见一褴褛道人，肩披鹿裘，立于阶前，稽首冷笑。帝问是三丰，殷勤命坐，即求谈道。祖师遂唱"访道求玄、走尽天涯"之曲。曲终，从容下阶。一时卿云瑞霭，弥满殿廷，良久始散，祖师去矣。君臣叹异，始信真仙。及胡广还朝，上颇赐劳之。

按:《明纪》永乐丁亥，帝命胡濙等遍访三丰，去十载始还。兹连丁亥，顺数至丙申，正是十年，乃于五月初，先有陛见之事，不知濙等还朝在五月前否？若在五月后，便往来相左矣。

《神仙鉴》评：仙道有易髓换骨、不必蜕化者，有育就婴孩、引神出见者，有太阴炼形、尸解成真者，皆足以证道。而完璞之育就胎孙，三丰之飞升金殿，非重安九鼎，再立乾坤，何能至此？由是而观，丹道岂易言哉！

玄光表异

永乐丙申岁五月朔，为南极老人万寿之会，老君命太微尹真人，传示群真。尹向西北行，举头见一簇玄光，从空飞至，迎视，乃三丰先生。尹告以老君之旨，三丰曰:"吾已荷玉帝宣命矣。"遂别去。

七针先生

天顺中，有七针先生者，尝持七药针，治人疮疾，多奇效，人遂以"七针"目之。先生亦以此自名。又能图写山水，自比辋川，公卿多重之。先是，张三丰以仙画称奇，朝廷屡求不得，近臣因以七针上闻，诏进，写山水一幅，最为称旨。但性嗜酒，且好谩骂权倖。浊吏某，利其技精，聘至家，厚待之，倩其作画，以图干谒。一日，帝又以美绢赐写，时七针醉矣，居小楼上，浊吏以绢付七针，七针置之床头。夜闻呕秽声甚剧，浊吏心急，烛之，七针跃起曰："快甚、快甚！"举视皆麻雀，跃跃欲飞，尚未点睛。浊吏不得已，进呈帝览。帝称异，即命点睛，对曰："臣所写不可点睛，点则飞去。"帝弗信，促之。七针乃举笔乱窜，讫，帝玩而笑曰："此物真欲飞也？"语终，即有无数小雀，冲云而去，至浊吏之乡，尽弹其田谷，殆无遗粟，连疆者固无恙也。七针亦遁去。事闻上，再诏见，不可得。帝以问礼部尚书胡濙，濙对曰："七针殆三丰耶？以'三丰'二字，横顺分观，盖如针之有七也。"帝惊异。

赠角黍翁

又天顺中，剑州有老翁者，忘其姓氏，日市角黍为生。视有贫者过，辄与一包，不取赀，或叩其故，老翁曰："是皆走乏人也，腹且饥，吾日售角黍，只求固吾本，而少有利焉，足矣。以余给人，特小惠耳，何足齿。"一日，日将晡，角黍不能售。倏有道人前过，乞赐一包，翁与之。食毕又乞，翁又与之。如是者几数十次，翁皆与之。道人大笑曰："翁真慷慨者，吾无他术，囊有紫珠一枚，可携回置瓮内，隔夕启视，中有奇妙焉。"语罢，道人飘然而去。翁带至家，竟如其教，时米瓮匮矣。明晨开之，瓮米已满。翁笑曰："道人所谓奇妙者，固如是耶？"遂取作角黍，卖三施七，来日启视，米又满。作业如常，人沾其惠者，咸啧啧称善。久之，翁殆异焉，因倒瓮觇之，紫珠不见，嗣后瓮亦不复生米矣。他日道人又来，语翁曰："吾某某也。翁惠已多，愿出世否？"翁不许，祖师乃出一粒，嘱曰："且食此，当更绵寿。"翁啖下，觉肺腑皆清。祖师去后，老翁年百余，端坐而逝。

圆通子曰：惜此翁不求仙道，然其满腔慈念，亦应长享遐龄矣。

诗挫番僧

成化中，方士流行，一时赐以诰敕，号为真人者，几盈都下。而西番僧劄巴坚参，以秘密教获宠，赐号"大智慧佛"，出入乘高舆，虽显贵过街，皆避其前导。一日，劄巴归赐院，突见褴褛道人，于照壁上题诗云："纷纷方士满朝端，又见番僧压显官。这等奴才称释道，老君含笑世尊叹[①]。”款落“坤断补题”。劄巴见之，大怒，命士卒擒之。风沙起处，道人不见。或曰：坤卦断而言补者，此“丰”字也。于是共知为真仙三丰焉。厥后，劄巴之势稍挫。

圆通子曰：劄巴没脸。

一戏方士

成化中，羽流扰扰，出入禁廷，祖师甚恶之。一日，遇方士赵、王二姓者，知其存心鬼蜮，将挟异术北行。因化为教主形状，以诡之曰：“吾张天师也，飞符召神，我法甚效，君等愿学否？”赵、王不信，祖师乃向空指画，倏有天兵天将，往来云气中，二人始异之，跪求符箓。祖师伪为密嘱状，赐之数符，二人大笑而去。其时，李孜省以五雷法得幸，二人投之，因此进身。帝询其能，二人以天师传符对，并请帝致斋三日，演法一观。帝如其教。临期，大设法坛，支吾终日不验，帝怒其奸诈，立命侍卫毙之。

圆通子曰：真仙之恶方士，犹君子之恶小人乎？吾师七戏方士，以正法簸弄邪法，务使群邪术败，宠幸日衰而后已。如吾师者，应封为荡邪卫正护国天师也。厥后成化末，罢夺僧道封号，虽系用科道言，安知不因吾师之默破其术，而乃疏之欤。（以下六则，俱作如是观。）

二戏方士

祖师又尝与方士刘某者，赌役鬼神。方士符初烧，祖师暗以法力掩之。轮及师符，即有鬼神无数，甲马狰狞，往来空际。方士惊奇，跪求指教，师慨然与之，并教以斩鬼妙法。方士大喜。挟技游京，颇称灵效，特未用斩鬼法耳。继援梁芳等，得入内廷。一夕，有宫监与宫婢相狎，适帝命刘召鬼，符使[②]烧而二鬼至，一男一女，调笑于宫楼之下，渐逼帝前，不知敬避，帝

---

① 叹，《道藏辑要》本作“欢”。

② 使，底本作“始”，据青空洞天朱道生刊本改。

惧，速命刘拔剑击之，则是宫婢云娥与宫监某某也。帝大怒，以刘侮己，即刻毙于坛内。

圆通子曰：一符杀三邪，非吾师逞毒手也。以正卫国，真是慈悲耳。

三戏方士

方士郭成显，无赖徒也。初学五雷法，颇效。行将入京，三丰祖师因于途中截之，相逢道左，诡名赛天师。先语郭曰："子身藏五雷诀耶？"郭惊其先知，料是神人，不敢隐匿，连声唯唯。赛天师曰："吾尚有六雷法赐汝，依法行持，能召天仙化女，御风游凡。近日李孜省，权倾中外，尔以此法投之，则显要可立致也。"郭大喜，请受其传，叩头辞去。进干孜省，先用五雷，孜省以为同道，深信纳之。郭笑曰："岂惟是哉！吾更有六雷在也。传吾者云，此法能召天姝。"孜省雀跃，促郭演之，郭乃故持身分，命广法坛，务穷精致，红灯翠幛，境界一新。孜省之姬妾，倚阁明妆，皆观郭术何如。郭乃按法行符，绕坛咒喝，果有仙姝四五，冉冉而来，各跨赤虬，止于坛上。其中有二女，尤为妖丽，双喉度曲，宛转莺声，歌曰："侬与儿夫据要津，法衣解却昵红裙。此威此福难长久，朝倚栏干泪湿云。"音节清脆，似嘲似讽，如惧如哀。孜省之党，初睹美人则生怜，继闻歌词则大惑，细思其意弥震恐。忽然雷雨当空，风沙竞作，满坛灯火皆灭，狐城鼠社，水扑烟昏。霎时云敛，纤月挂檐，觉有呻吟声，在坛深黑处，复然明烛照之，只见姬妾数人，各跨一呆汉，赤体弯腰，若僵迷状，睇视之，则皆孜省门下所养术士法徒也。强命家奴，各扶过去，再觅郭成显，尚立法坛，满口糊词，摇头掐指，若得意然。孜省羞怒交作，拔佩剑砍之，抛其尸于后园池内，禁家人勿言。谁知此夕丑声，早流于外矣，孜省益危悚不安。

圆通子曰：六雷法竟有许妙用，不知吾师从何处得来。汉唐方士流行之际，惜无此书。

四戏方士

彭华为吏部左侍郎，继结万安、孜省，遂得入内阁，预机务事，势焰日彰，威福自擅，屏逐忠良，其门下亦多方士。一日病热，凉药鲜效，乃命方士熊钟代求名医。熊闻都门外有某某者，岐黄颇精，遂往延之。路遇一道人，背负药囊，手挑画板，上书四句云："一张膏药，贴好疮痍。三封大丹，牢笼方术。"夫所谓一张三封者，是隐著其姓字也。猝然相遇，以为表其医道，故熊弗察耳。外售解热丸，熊欲购之，道人故昂身价，谓："吾丸匪特愈病，并可轻身。"熊弗信，道人以一丸自啖，两足凭虚，离地数尺许，熊即倒拜，乞卖一丸。道人故嘱曰："此丸与大贵人食之，必能白日飞升。其去世后，则袭显位易易也。"熊本无仙意，但欲如彭华辈，身列要津足矣。因将丸回，述其灵异，彭华于昏愦中吞之，头脑涔涔，如中鸩毒状，寻复大吐，吐后遂得风疾。熊伺其误，遂遁。彭华亦以病罢黜。

圆通子曰：热中之病，凉剂难疗。夫惟吐其火而赐以风，则心热退矣。若方士者，热中更胜[①]于彭华，不爱神仙，只贪富贵，何不待他飞升，便自逃走。

五戏方士

太行西山马仙翁，能以神箭射鬼，人多求之，无弗效者。道士邓常恩，素闻其能，及为太常卿，阴贼险狠[②]，暗害一人，每入府中为厉。乃命其徒陈歪儿，往求马术。陈即往，途遇一道人，风骨昂昂，手执长弓（张也），腰插七剑（三丰也），自云射鬼，百发百中，而不言其姓字。陈疑焉。同行至晚，于破庙中栖宿。林昏月黑，从篁古木中，鬼声啾啾然，陈大惧。道人曰："尔可以观吾射也。"即于窗隙内，张弓射之，其鬼哀号而去，陈乃折服。明晨，乞其艺，道人慨然与之。遂回京师，述其情事，诡云："马仙已往，今幸得此神箭，皆大人之福也。"常恩喜甚。夜来昏月濛濛，府园中鬼声又起，即命陈一奏其技。常恩转过回廊，于对面楼窗上觇之。忽见鬼飞入楼，陈遂挽强弓，决妙矢，羽声响处，大叫一声，应弦而倒，烛之，则常恩也。幸中左臂，不致陨命，陈即逃。

① 胜，青空洞天朱道生刊本作"甚"。
② 狠，底本及诸本俱作"很"，校者改。

圆通子曰：杀人之罪已甚矣，乃至欲诛其魄，残忍孰甚。西山之行，即得马仙神箭，安知不转射常恩？

六戏方士

阁臣万安，深中宽外。其时万贵妃，宠冠后宫，安称子侄行，内外之声援益固。并求方士房中术进之，妃大喜。居无何而妃卒。方万安之求此术也，方士路逢渊，高谈采战，以术授安，后自称法师，命安往西山受道，路先于途中待之。数日不至，无聊中，散步郊墟，忽遇一道叟，松颜鹤发，齿高面红，如赤松、黄石辈。问其姓，不答；叩其道，不言。叟笑吟曰："路逢冤，路逢冤，今日何缘遇万安？"飘然而去。路大惊，逡巡欲返。尔时日色沉山，林昏鸦噪，四顾茫然，顿迷去向。又见一樵叟，荷薪而过，叩其姓曰张，而不言名。路求指迷，老叟指青灯处，即是旅店，一谢而别，遂投宿焉。破椽萧萧，中夜闻隔屋叹声，眤隙而窥，则万安也。私心怜之，又欲近之，遂抽其破壁而过，以图一叙深情。时安已神倦，枕手而眠，忽闻壁响，疑是劫贼，乃举坐凳一击，其人遂扑。呼随侍觇之，则自称法师之路逢渊也。安究其情，则知为问候而来，伏地请罪，路亦忍痛作礼，问安曰："相公不趋大道，胡亦至此乎？"安言："吾奉师命，欲往西山，夜梦仙叟，对吾指示云：'万安万安，访道西山，西山大路不逢缘。'吾故趋车小道而来，不料与师相遇，竟作此一段恶戏。"

圆通子曰：以方士为法师，愚已甚矣。师不成师，故应受坐凳一击。厥后，万安仍以房术进后宫，被宪宗察出，遂罢。则徒弟，亦失时矣。

七戏方士

成化末，梁芳、李孜省、邓常恩、赵玉芝，先后谪戍，继皆遇赦。而太监蒋琮，力言芳等罪状，决不可赦，故梁、李废死，而邓、赵仍戍边。先谪戍时，于途见旅壁遍处题云："孜省梁芳，罪恶大彰，遇赦不宜赦，令渠下狱亡。常恩玉芝，谪戍西夷，逢赦不当赦，长与中土离。"款落"封三张"云。

圆通子曰：群小被谪，已无生气，然小人心痴，必有回望三台，冀复大用，如万安黜归时者，故吾师题此戏之，以了局一党也。

道观题诗

嘉靖末，诏求天下方书。时南京道观崇清寺，壁上有四绝句，款落“隐仙张玄玄题”。常有神灯，夜照其字，后忽为雷电取去。诗见《云水集》中。

大闹魏祠

天启中，魏忠贤生祠，几遍天下，而东华门外一所，尤为壮丽。日有褴褛疯道三人，奋步游观，突入祠内，击忠贤土偶像，粪土泥沙，污秽满面，复于壁上大书四句云：“淫祠靡靡，王室如毁。锦绣江山，竟委于鬼。”（委鬼，“魏”字）守祠吏一见大惊，方欲扭执，而三疯不见矣。吏恐忠贤闻之，即时洗伐，觉诗壁余香，土偶余臭，是夕忠贤一身皆痛楚云。

圆通子曰：快事快事！可补《明史》之遗，使阅者奋袂起舞。

道逢吕祖

顺治初，秦蜀未平，时有一道士，披裘往来，隐显莫测，行且叹息，叹已复笑，笑已复歌。歌曰：“乾坤明不明，豺虎尚横行。拂袖归三岛，蓬莱看水清。”又有一道士，佩剑执拂而来，依声和之。和曰：“五更天欲明，出栈看云行。与子同归去，天得一以清。”飘然而至，佩剑者先谓披裘者曰：“三丰先生，今可以休息矣。”这道士稽首相答，语语禅锋，了不可释。忽然放大毫光，空中红云飞舞，结成“吕”字，二道士腾空而去。此事载欧养真《纪乱书》中。

枯梅复生

康熙间，麟游道上马家店，有枯梅一株，椿颇奇古，不知何年种也。适值冬雪天寒，有张道人身披破衲，晓行至此，呼店主具面食，煮未稠，即送至席上。道人曰："咱不食生面，与枯梅食之，待他快活。"掷其面于树稍，摊钱而去。店主异焉。明晨觇之，枯梅已著花矣[①]，桠杈皆作"丰"字状。马店因此大售，时时以面水灌之，仍枯。

圆通子曰：吕祖活樟，邱祖活柏，张祖活梅，皆可谓恩及草木。

青云障暑

祖师游蜀山，山多黄荆，时值天暑，诸父老芟锄田野，不胜酷热。师将黄荆枝结成圈子，戴于头上，只见青云如笠，浮浮空际，随之往来。时有见者，多效之，殊大清凉，不生热疾。乡老赋之曰："首戴黄荆，虽少青云覆顶；身居绿野，不妨赤日当头。"至今遂成农圃故事云。

圆通子曰：或折枝作帽，或采叶作茗，此物皆大佳。

西溪假寐

同州有田翁者，家称富有，生平颇好善。及其殁也，有一道人来吊，自称"天外散人"（取唐诗"天外三丰"之句，藏其号也）。嘱其子，葬其父于秦岭山中，土起乳包，两石相抄处，且曰："吾与人卜地，只令无风水、泥沙、蝼蚁足矣。切勿妄听盲师，复行迁改。"田葬其父，十年平平。后为某师所惑，谈封说拜，顿起他心，欲改葬焉。闻道人尚在西溪亭，田往询其可否。及至亭间，道人正酣睡石上，田以手推移再三，道人作朦胧语曰："而翁正安卧，何来移动为也。"田不悟，复强推之。道人鼻息齁齁，竟不之答。田遂还家，仍从某师语，往开其墓，田公遗骨如黄金然，殊大悔恨。而某师强词夺理，卒移他区，不十年而田产凋零。再访道人，云已去年他往也。寻又逢某师，见其目瞽，丐于市云。

圆通子曰：田公之子，可谓不孝之甚者。

---

① 矣，空青洞天朱道生刊本作"也"。

补辑

金箔交辉

洪武初，平阳真仙张金箔，世造金箔纸，故以金箔自名，深藏道术，游戏人间，尝以金箔为药，与人治疾，无不奇效。忽又有张金点者，身著淡蓝袍，满袍皆贴金点，遂以金点为号，见者粲然。金点曰："人有疾而服吾一点，其疾必瘳。"时有求试者，效验如神，亦不索价。是时南省多疫症，金点一身，日为众人拥取，直至点尽而止。明日来市中，其点如故，咸拜为神师。越月后，疫症稍止，金点曰："吾今事尽，将归云山矣。"遂脱其金点道袍于地，人竞夺取，张化为金光，冲天而去。他日刘诚意闻之，曰："此必张三丰，诡为金点，与张金箔相辉映也。"

梦里传方

明有朱生者，兖州人也。性慈孝，忽得眼疾，对面不见物，朝夕拜天，遂梦一金色神人，长髯如戟，道貌飘然，招朱至前，曰："子心诚恪，吾有妙方赐汝，一点必明。但用好焰硝一两，铜器镕化，入飞过黄丹二分，片脑二分，铜匙急炒，入罐内收之。每点少许，其灵效有未可具述者。"朱醒而异之，即照神传调治，越日复明。朱感其神验，向空焚香，竭诚礼拜。他日到兖城，路经张仙观，入内瞻仰，忽见仙容，与梦中神人仪装无二，不觉竦然，并发愿传刊其方于世。今其方，尚载《本草纲目》中。

度汪梦九

汪公锡龄，字梦九，徽州歙县人。明嘉靖进士，按察忠愍公后裔，家素丰余，能好礼义，继客扬州江都，遂侨寓焉。公生而神异，少有夙慧，壮有治才。娶刘氏，性极恬静，尝梦女仙何一阳，颇爱玄学，与公俱二十余年，颂偈而逝。公亦不复娶。平生出处，由别驾官至四川剑南观察，辑兵爱民，人皆德之。到任二载，剑南多雨，公乃自断指甲，徒步往祷于眉山，拈香七日而天晴，咸以为仁慈所感。归经娑罗坪，忽遇至人张三丰先生来游峨眉，一见如旧。先生觉之曰："方今圣天子在上，又有贤宰辅，名公卿相与佐治，君无忘蓬莱共处时也。"公乃大悟本来，为沈万三分神寄世，并知三丰为恩师，再求指度，师乃授以金丹要旨。公暇即静坐于高幖、凌云两山，建修屋舍丹房，并于就日峰，自创一椁，号"藏蜕[①]居"。夜与仙师往来。尔时民物恬熙，辕门满草矣。所未决去者，因尚有老亲在耳。继升云南永北，即请终养，恐长滞于软红也。乃以次丁在，不合定例，遂阻。寻又授河南通省河道副使，因便道，抵扬州，过楚江，复遇三丰先生，传以秘诀，遽抱奇病归。时元配刘恭人，去世多年，命其子思敏，扶柩入蜀，葬之就日峰，而公病益剧，绝粒月余，面转红畅。一日，谓弟曰："汝善事父，吾将往矣。"薰沐正襟，空中隐隐有彩云下覆，突见一气，从顶门出，乃终。（时雍正甲辰二月初七日丑时仙升）举尸入棺，轻如蝉蜕，方知成真得道人也。其子奉遗命，合刘恭人柩，同扶入川，瘗于就日峰上。后有巴南樵夫，见公于峨山，从一奇伟道人，飞行峭壁，仍如当日容状[②]，髭须飘飘然。

长乙子曰：题系《度汪梦九》，而此作乃如梦九先生小传，何也？盖先生观察剑南，流风善政，至今犹称颂之。兼以仙根道器，忠孝两全，故祖师亟来指度，以卫吾道。兹作搜轶事、撷遗闻，并照其寿藏碑跋著之，仍以著祖师度世之勤，而代写梦九出处也。

附：梦九先生《自题藏蜕居记》

道人姓汪，名锡龄，字梦九，号圆通。江南徽州府歙县水界山人，侨寓扬州府江都县。历官别驾、州牧、户工二部，任四川剑南观察，受修养秘法于张三丰先生之门。爱凌云山水清幽，自营葬地于就日峰内，穴得云中仙座之形，扦已山亥向，为将来藏骨之所。留题七律一诗，录之于后："自扦吉穴

---

① 蜕，底本等作"脱"，据后《自题藏蜕居记》改。

② 状，空青洞天朱道生刊本作"貌"。

埋仙骨，水绕山环倍有情。就日清泉垂德泽，丹霞静室守佳城。道人久脱尘凡累，孝子无劳风木惊。莫说老夫原未死，何妨标挂见分明。”雍正元年岁次癸卯四月初三日，圆通道人建椁自记。

秦安溷迹

秦安县有张蓬头，自云中州人，又称天外人。顶挽单髻，冬夏着一破衲，游行市上，状类疯癫。好事者畀以酒食，不问精粗多寡，啖辄尽。初未见其醉饱也，时或数日、或数十日不饮食，亦无饥渴态。晚宿寺观平地上，恒经旬不起，群以为死，足蹴之，乃欠伸张目曰："寐未熟，何溷而公为也？"县人蔡生，有别墅，在城西石佛寺，花木明秀，廓槛回环，欲奉之往，蓬头殊不辞。生性[1]喜交游，以墅为外宅，日与品竹弹丝者，相为征逐。蓬头了不为意，日方落，即僵卧如尸，终夜不闻息声。偶叩其术，曰："圣经次节，乃儒释道三教入门初基，由定而至得[2]，其途乃分。踏实一切者，孔门也；空诸一切者，牟尼也；超乎一切者，太上也。君称茂才，当自领之耳。"生妻最悍妒，诟骂翁姑，生畏之如虎。探知生与道者，并诸交在别墅为戏，怒甚，即往斥逐。生惧以告，蓬头曰："无伤，俟其来，我自当之。"比至，见蓬头当门坐，怒声雷动，肆口傑偢，直前以左右手力批两颊，蓬头怡然不动，妻觉两手痛不可忍，急归，而十指肿若悬槌，已发疔毒，嚎呼半夜，天晓死矣。迨乾隆四十九年四月，蓬头忽劝蔡归家，蔡心迷游戏，难之，强而后可。至正月望，逆狪马心明，携其党，自伏羌窜归石峰堡，道经石佛寺，蹂躏殆尽，而蔡独免。后有陈野仙者，亦来游秦安。野仙，平凉人，冠服作道装，而饮酒食肉，起居作息如常人，结庐龙门山危峰峭壁，殆飞鸟所不能到，不知何以上下也。其踪迹颇不远人，欲觅之，峰下呼陈爷即至。或叩以休咎，不答，但云："由他、由他！"又尝与乡人移石上崖，又尝与友人噀水灭火，一切灵异，未可俱述。兹闻野仙来游，蔡即延至其家，令与蓬头相见，而野仙若甚自惭者。留三日，野仙辞去。蔡因问蓬头，野仙何如？曰：

---

① 性，空青洞天朱道生刊本作"恒"，似字形近而误。

② 此盖指《大学》"知止而后有定，定而后能静，静而后能安，安而后能虑，虑而后能得"一句而言。

“修仙有二，其上乘自静功入门，首戒妄念，次学胎息，再演降龙伏虎之法。此皆易事。惟金丹难炼耳，丹成便可飞升，来往自如矣。今野仙，乃符箓一派，静则云霞，动则霹雳，然必传授正、蕴秘深，真师来度，亦成南宫列仙，否则五百年后，难免雷劫矣。幸野仙存心仁厚，每以其法救人困苦，虽系别道，吾将以大道传之。”居无何，蓬头亦飘然去。野仙貌肥黑，礼仪甚恭。蓬头面奇古，而神极清，去来倏忽，如游龙然。

虚舟子曰：海亭言张真人，每尝往来城市，徉狂散发，自称蓬头，神也哉！真人之住世也，不示异，不见为仙，徒示异，又恐似野仙。夫惟扫除旁门，独标正道。而以诛悍妇，救蔡家，略露其以道兼法之妙，则真人之神通大矣！可惜蔡生不悟。

《张三丰先生全集》卷二

古文

圆通道人　藏本

长乙山人　补辑

遁园、蟠山居士　校字

陈雷谷传

雷谷仙翁陈可复，定海人也。生而疏爽，丰骨不凡。自少好仙术，无功名意。遇平江林道人铨，传以召雷法。时值大旱，祷祈莫应。或有戏者曰："陈道士能召雷雨。"命至官庭，将俟其不验而侮辱之。可复即以法兴云，须臾雷电大作，雨下尺余。常至鄞之天庆观。中秋，有方士赏月，可复不与其会。戏以墨水噀空，顷即乌云蔽月，而雨黑雨，坐客惊避，衣尽缁矣。众知其所为，延之入席，云收雾敛，月复朗然。其响应率皆类此。至元间，世祖诏见，命主长春宫。暇则杜门静坐，不与客见焉。

陈中行传

元江东明道书院山长，教授温州。陈公名遇，字中行，金陵人也。公外和内刚，深知大义。明太祖渡江，御史秦元荐之。帝致书征至，与语，大悦。俾典戎务，咨以机密，授供奉，不受；后又拜学士、中书左丞、宏文大学士、太常卿、礼部尚书，皆辞；又赐金帛等物，亦不受。高庙三幸其第，引入内赐坐，病则赐医药。年七十二，无疾而终。帝再三震悼，赐以棺帛。当时在廷公卿，皆以为无此宠遇。方公之初见太祖也，只劝其戒杀，以为生民之望，及诘以元政何如，公惟流涕而已。诏对之暇，焚香危坐，若山中老僧者。太祖数遣人觇之，公正念《金刚经》，曰："以如是降伏其心，以如是降伏其心。"故始终不相疑焉。然其不受人职，亦可谓忠于元者也。《元史》不载，吾故表而志之。

完璞子列传

完璞子，姓程名瑶，字光杓，新安人。征士抟霄之子也。状貌魁梧，性情豪宕。母倪氏，梦神人以赤玉授之而生。幼有神悟，诵经史如已熟读者然。倪氏卒，哀毁如成人。自是日日勤学，所谓孔孟心传、河洛宗旨，皆贯通焉。及长，娶周氏。氏名锡，字元姬，长知书理，阅《纲目》传记，能较其异同，称闺中博士。姬于君为同庚，而君生以冬至，元姬生以夏至，盖一少阳，一少阴也。孝翁敬夫，暇则聆光杓诵读，恒以义理相质。抟霄弃世后，守制如礼。服阕北游，宋濂一见即奇之，曰："风尘外物，抟霄为不死矣。"寻辞去。从吴桢学剑，甫期月而即尽其能，乃佩剑出游。遇王仲都于句曲，授以大道，命择地修炼。遂还北[①]岳，潜修十二载，道成，时年三十六也。始归家见元姬，课子读书，遂独寝中堂。元姬潜窥，见其趺坐于榻，顶有金光，照耀一堂[②]。诘朝请曰："夫子何不以道相授乎？"光杓曰："方欲度尽天下，岂吝于子？但未谢恩师，故未敢也。"遂往大翮山，谒见王真君，赐号完璞子，拜谢而去。

携剑游晋阳，转之荆楚。时有姚广孝者，出家妙智庵，法名道衍，虽从佛教，却喜谈兵，尝游南阳新野，访卧龙遗迹，题诗于庙，津津自喜。忽有一人，坐于其侧，大喝曰："和尚何人？敢诮武侯耶？"衍大惊，见其道装佩剑，容貌清奇，作礼曰："无心之咏叹，道长何责之深也？敢请从来。"道者云："吾号完璞，惟喜遨游，苍林碧巘，皆吾庐也。"仰天大笑而去。衍后为

① 北，底本作"白"，据空青洞天朱道生刊本改。
② 堂，空青洞天朱道生刊本作"室"。

燕王所倚，助恶篡国，故完璞一羞之也。

建文初，燕入会葬讫，还至淮阴，次子高煦，引兵来接，忽然风雾大作，沙石乱飞，无路可出，猛闻喝声曰："且饶汝！"天即清明，见一道者，按剑而哂。煦欲问询，风过不见矣。归令道衍占之，曰："此仙家游戏耳。"盖完璞自羞道衍后，即知燕王入朝，故于中途显遁甲以警之。夏四月，太祖小祥，燕遣世子煦、燧等入临，魏国公徐辉祖密奏请留之，煦入辉祖厩，盗良马先逃。时完璞访余于武当，遥见煦来，因掣剑指之，其马惊嘶跑转，控勒不止，欲下不能，直至江口，如从云雾中坠下。燕后围济南，铁铉令军民诈降，遂败燕于城下。时道衍亦在军中，出营巡视，一人至前曰："余有破城之诀。"以秘函付之即去。衍启视云："赞画军机，曾不识诈降之计。师到济南多不济，问何如刘诚意？全未。"衍览之，耻惧交集，细忆其人，宛似武侯庙前所遇者。

完璞复去游淮上，值燕师进攻沧州，高煦殿后。俄而冰雹大作，齐奔北军，煦带重伤而走。周隐遥真人适来相遇，怪而问之曰："燕王应运之主，何为挫之？"完璞曰："先生误矣！燕王棣，今之管、蔡也。时无周公，使彼得行其志。而先生以应运归之，若此则强藩叛国，皆称应运，而纲常从此坠地矣。小子念此，殊不敢狥俗情，故尝两羞广孝，三辱高煦，盖欲振饬大伦，维持名教，使千秋以[①]后，知燕王之师，为山林仙客所不能容者，定非应运之主也。自古真人崛起，则必除残去暴，上如汤武，次如高光，乃克称应运焉。近今如太祖开国，平贼寇，继大元，亦可称为应运。然天以天下与明，率当以祖宗传贻者尊为天命，燕王不据位，安知建文之后，遂无世子耶？矧其立位以来，操心仁孝，上天原无改易之心，而燕王以强凌弱，此不过如乡人之豪夺其宗人之产，于天命何与乎？乃高煦暴物，佐父称兵，道衍奸奴，辅渠肆志，浅识者犹不平，况豪士哉？吾闻先生为角[②]里公贤孙，抑思商山辅翼，何不重少子而重嫡子？使当日戚后之儿，亦居惠帝之位，先生其许之否？"隐遥语塞，遂各分手而去。

完璞仍还山居，元姬来拜曰："婚嫁之事，妾已代君完之，盍即以道相授

① 以，《道藏辑要》本作"之"。

② 角，诸本均作"角"。角里公，即角里先生，"商山四皓"之一，汉代著名隐士。

乎？”遂传以返本还元之诀，日夜修炼。完璞子亦自温养胎婴，九年胎孙复孕，可以分身应物，神游千里。时元姬容颜日少，悟彻前因，乃与完璞子同登瑶岛之上矣。

赞曰：程完璞者，忠义神仙也。然其羞广孝，挫高煦，说隐遥，壮则壮矣，毋乃龙性未驯乎？既闻温养添孙，入包山玞楼，与徐君同修《仙史》，则又儒雅之甚矣。

慧通子列传

慧通子，姓徐，名人瑞，字辑五，滇池侯徐景夫英之子也。母宏氏，初生一姊名大姑，继生慧通，时洪武元年四月初八日也。龆龄时，死而复生，忽开神慧。先是，滇池侯性情豪迈，奋志从军，转徙于外，卒不能归，时慧通尚年稚也。尝[①]师韩教授，淹贯经史，里人有神童之目。而慧通天性澹远，素慕玄修。日自馆舍归，途遇赤须道士，招前语曰：“穉子有心学道，抑知道不远人乎？忠孝仁义，道之基也。”遂传以妙品，逸入深林不见。慧通归家，乃存心报本，矢志忠诚。既念老父从征，音书久绝，遂欲遍处寻求，以母孤清，无人奉侍，不敢遽行。姊适娄江朱云章，专事游侠，言欲为朝廷出力，图取功名。慧通闻而叹曰：“朱哥亦作此想耶[②]？”心窃忧之，未尝为母告也。

娶陶氏，幼名钟姑，后改名复，字于根，心灵善悟，能读古经文。姑少慧通一年，而月日时则皆同也。能事老姑，人称双孝焉。慧通以内助贤顺，乃聚徒教授，馆谷奉亲。嗣后生齿渐蕃，谋生转拙，乃学为岐黄之业，精痘科，兼善治疫疠。国之人赖以活者，盖不可胜数矣。

侧闻朱云章勤王战死，遂具舟往慰大姑。因思父亦从军，未卜何如，而寻亲之念，于是益切，谓穷天极地，必往求之也。时年已三十，五绺长髯，口河眉剑，目秀鼻隆，喜服天蓝袍、淡黄裙，飘飘然有神仙意，携二童相随。舟至江西，小儿患病者，咸求医治，馈遗之物，用度外，悉施贫苦。飘零楚蜀，至瞿塘三峡。又闻徐侯在滇南，爰往探之。至沐府问询，始知向镇

① 尝，诸本作“常”，据文义改。

② 耶，《道藏辑要》本作“也”。

大理，已去世二载也。沉痛欲绝，即日泣奔大理征寻，甫得于北门外之和平里。步入中庭，满怀怆戚，忽见两少年趋出瞪视，彼此惊疑。盖徐侯当日闻宏氏生子已亡，故更纳严、唐二姬，以继宗祧，而复生此二子也。相视相诘，方知为嫡庶弟昆，遂请两姨出拜焉。命二弟引往墓所，庐居七日，哀毁如礼。此时归省念起，欲请两姨同二弟东归。以姻亲在此，不愿重迁，乃拜别就道而还。

初抵家宅，即入中堂拜母，猛见丧帏一具，揭视之，灵柩俨然，失声曰："此何为也？"家之人，咸来泣拜。钟姑曰："自君之去[①]矣，老姑积于思虑，卒然而昏。"慧通闻言，哀痛无既，乃行祭葬之礼，复深庐墓之情。

一日，遇前赤须人至，曰："吾西山隐仙也。闻吾子孝德动天，合当长生度世。"即召其夫妇至前，传以大丹之诀，慧通与钟姑，乃拜隐仙，为弟子。仙既去，遂各净扫丹房，勤心修炼，不一载，而金丹已成。他日出游西山，再遇仙师，传以神丹，乃于林屋洞天，起炉超炼，白雪[②]满空，红霞遍地，自是而阖宅皆升矣。

方慧通之初入西山也，见危岩深处，有石门焉。屈身而入，伏行既久，仿佛若有光，由是琼钟一叩，万象皆明，洞然之中，别有天地（凡皆是入室时之景象也[③]）。其间林泉旷廓，云水飞扬，溪山猿鹤，相啸于云烟之外，而瓦屋楼台，亦与人间无异。遍观其闲院，堂曰"堂堂"，亭曰"亭亭"，轩曰"轩轩"，阁曰"阁阁"，慧通至此，几不知身在何处也。突有二吏来迎，云："奉玄圣命，专候仙才。"遂引慧通至石楼，额曰"扶楼华藏"，二吏止之于中，返身扃门而去。慧通静坐沉思，一使供餐，琴书在几，香茗当前。及观楼壁，已有太上敕笺，命其细检琅函，纂修《仙史》，功成后，许其全家一见。于焉握仙管，拂云缣，日日勤研，功夫清谨，举凡古今仙迹，大道流传，无不编次详明，炳如星日。如是者，不知几朝暮矣。始见一丈人，启钥开关而进，慧通拜之，丈人曰："吾即此洞主灵威子也。子成希有[④]之功，仙凡幸甚。"慧通谢之，求赐闲游。丈人曰："子今可以出观，宝眷已移前第

---

① 去，底本、青空洞天朱道生刊本俱作"出"，从《道藏辑要》本。

② 雪，《道藏辑要》本作"云"。

③ 本句，底本无，据青空洞天朱道生刊本顶批补。

④ 有，青空洞天朱道生刊本作"自"，《道藏辑要》本作"有多"，皆误。

矣，请往见。”（婴儿、姹女两团圆之意[①]）慧通乃下扶楼，青童前导，先从戊己门，转达东堂，瞥见钟姑，易服宫妆，敛衽曰：“君可往见公姑。”乃更入内院，见其母同一伟貌胡叟并坐逍遥榻上（圣父、灵母生真仙之意[②]），慧通泣拜母前，叩其来略。母曰：“吾昨逝后，见赤须道者，督一金刚神，日夜围护，言候汝子道成，即得齐登仙界。其并坐者，即汝父也。”一时父母妻子，咸聚首于林屋洞天之中。嗟乎！慧通之仙秩，其荣及于全家者，固若斯乎？夫挟济人之术，以寻万里之亲，可谓仁孝兼备矣。乃去则父殁而不得见，入则母死而不及送，人子之苦，莫甚于斯。及至扶楼编史，阖家度世，然后知天之报施仁孝，固不爽矣。后封为征时太史，兼寰中拯[③]济使，钟姑为易隐净贞夫人。（此传妙合丹经仙笔[④]。）

赞曰：徐慧通者，仁孝神仙也。馆谷养母，借医寻父，若博学多能，以成其为人者。然惜其远寻亡父，而不能转见生母，又何留此缺恨也！人子至此，故惟有出家访道，冀我族之同升也。然使无仙才，以成《仙史》之功，亦几几乎其难哉！

沈线阳小传

沈线阳者，万山长女也。声宏体硕，无女子相。生三岁而失去，莫知所之。方万山之徙云南也，吾往会于滇上，同炼天元大药，至期年而始成。日者线阳来见，已隔三十余年，父女相逢，两不相识，细询之，始知其为长女也。自小离亲，几成永诀，然在髫稚，亦不自知。其别庭闱之际，即遇薛真阳，古称中条玄女者是也。名之为玉霞，号之以线阳，命掌神剑，兼守玉匣诸秘法，得授灵通大道。吾与万山正炼天元，爰此来滇，共服成药，皆真阳教之也。万山大喜，即出成丹，与全家服之，皆冲举焉。线阳愿大慈深，慨然有普救生灵之志，尝言：“能忍者，有裨于道；好杀者，必丧其元。”遂与父散游四方，随时化度云。呜呼！可谓女仙中英雄矣。

---

① 底本无，据青空洞天朱道生刊本顶批补。

② 底本无，据青空洞天朱道生刊本顶批补。

③ 拯，《道藏辑要》本作“极”，字形近而误刻。

④ 底本无，据青空洞天朱道生刊本顶批补。

余氏父女传

东南之地多仙材[①]，而可与点化之诀者，惟沈家眷属。余十舍者，万山之婿也。少好施与，万山以幼女妻之，并传以丹砂妙道，丰饶与妇翁相颉颃。万山徙云南，故十舍亦受株累，非无因也。至滇上，时西平侯沐春深抚慰也，侧见余氏女，风致端闲，宛然仙格，愿请赘于十舍，十舍允焉。及入西平府，薄其嫁赀不丰，颇不为礼。余女曰："公所利者，财耳，措之极易。"教备汞熔之，脱金环投入其内，有声如蝉鸣，真汞已干，而环如故。以汞揩[②]铜铁，悉成金宝无算，侯大悦。西平侯之镇云南也，前后七年，大修屯政，其得力于余夫人者多矣。后乞名号于吾，拜为小弟子，因名蕙刚，字健阳。与其父母同服万山翁大药，遂飞升于昆明池上。

芦汀夜话

长江月白，霜露满汀，万山先生，子欲闻予之出处乎？予当生时，一鹤自海天飞来，咸谓令威降世。后知丁公仍在灵墟，予思彼人也，我亦人也，予岂不得似丁公？每嗟光阴之倏忽存没，富贵如风灯草尘，以是日夕希大道，弃功名，撇势利，云游湖海，拜访名师，所授虽多，皆旁门小法，与真道乖违，徒劳勤苦。延祐初，年已六十七，心命惶惶，幸天怜悯，初入终南，即遇火龙先生，乃图南老祖高弟，物外风仪。予跽而问道，蒙师鉴我精诚，初指炼己功夫，次言得药口诀，再示火候细微、温养脱胎、了当空虚之旨，一一备悉。于是知欲进道者，必须法财两用，予素游访，兼颇好善，倾囊倒箧殆尽，安能以偿夙愿？不觉忧形于色。师怪，问之，予挥泪捉膝以告。重蒙授以丹砂点化之药，命出山修之。立辞恩师，和光混俗，将觅真铅八两，真汞半斤，同入造化炉中煅炼，转制分接，九还已周，借此赀财，以了大事。由是起盖丹房，一身端坐，虚心养气，虚气养神，气慧神清，广觅

① 材，青空洞天朱道生刊本作"才"。

② 揩，青空洞天朱道生刊本作"开"。

药材，时饮蟠桃酒，朝餐玉池液，如醉如痴，补气补血，但得汞有半斤，可待他铅八两，月数将圆，金花自现，十手捉虎擒龙，采得先天一气，徐行火候抽添，自合周天度数。知复姤，进火退符；识卯酉，防危虑险。十月功完，圣胎显象；九年面壁，与道合真。所谓“跨鹤青天[①]如大路，任教沧海变桑田”也。吾之出处，大概如此。请与子鼓枻而歌，以尽今宵之乐！

四皓考

商山四皓，皆避秦乱者。一曰东园公，姓唐名秉，字宣明，襄邑人。高洁自守，遁于邱园，故以为号焉。一曰夏黄公，姓崔名廓（或作“广”），字少通。避居夏里修道，故自号为夏黄公。一曰甪[②]里先生，吴人也。泰伯之后，姓周名术，字元道。逍遥自适，尝寓河内，更号灞上先生。此皆《陈留志》所记者，独绮里季不传焉。既阅皇甫谧《高士传》，乃知绮里翁者，姓朱名晖，字文季[③]。种芝养命，泉石栖真。四皓之清风，乃如是哉！

八遁序

三丰先生因朝廷屡诏，而假遁以深藏，乃浩然曰：遁之为用妙矣哉！天子不得臣，诸侯不得友。不谒君公，不逢权贵。不以长生之术，分人主励精图治之心。自求自用，自得自娱。望之若白云之在天，而舒卷无定也；即之如明月之印水，而动荡难收也。或隐廛市，或居山林，或杂俦伍之中，而人不识。大明以来，太祖诏之而不得，成祖求之而不能，是异人欤？是高士[④]欤？是有得而成飞仙者欤？生平所师慕者八人，尝写为轴而拜之。汉则严光、法真，晋则陶潜、戴逵，唐则卢鸿、轩辕集，宋则陈希夷、林和靖。遁之上九曰：“肥遁，无不利。”其此八公之谓乎？严子陵却光武曰：“唐尧著德，巢父洗耳。士固有志，毋相迫也。”顺帝征法高卿不至，郭正曰：“名可

① 天，青空洞天朱道生刊本作“霄”。
② 甪，诸本均作“角”，改。
③ 季，青空洞天朱道生刊本作“李”。
④ 士，青空洞天朱道生刊本作“人”。

得闻，身难得见，逃名而名随，避名而名追，可为百世之师矣。”[①]安道辞召辟而逃身入吴，渊明性恬淡而弃官归野，元宗聘卢浩然，欲靡以爵，不受，终隐嵩山。宣宗迎轩辕集于罗浮而问仙道，轩辕曰：“王者屏欲崇德，自然安享遐福，何必更求长生？”宋太宗谓诸臣曰：“华山陈抟，独善其身，不干势利，可谓方外士矣。”宋琪等问修真之道，先生曰：“山野之人，于时无用，君等协心同德，兴化致治，勤行修炼，无出于此。”林逋结庐孤山，终身不出，赐号和靖。此八公者，《史鉴》嘉之，《纲目》予之，非同捷径终南、移文北山者，得遁之义哉！今夫能为高隐，即是高真。方士羽流，纷纷躁进，自炫金丹，谎惑人主，究之暂时之迷，难逃天鉴之速。汉武帝好神仙，而李少君入矣，乃少翁术尽而首枭，栾大方尽而腰斩。唐宪宗好神仙，而皇甫镈得志矣，乃未几而宗李皆戮，又未几而柳泌伏诛。彼林灵素、魏汉津，论黄夸白，出入禁庭，其于宋徽宗时，亦奚有终身哉？甚矣！小人好进，而中主多愚矣。善夫李藩之言曰：“道盛德充，人安国理，何忧无尧舜之寿耶？”善夫张皋谓穆宗曰：“神虑淡，则血气和；嗜欲甚，则疾疹作。药以攻疾，无疾不可饵也。”善夫王昭素谓宋太祖曰：“治世莫若爱民，养心莫若寡欲。”善夫裴潾谏宪宗疏略曰：“方士难信也，世有真仙，彼必深潜崖壑，惟畏人知。凡伺候权门，自炫奇伎者，皆不轨狗利之人也。”三丰先生是真隐，亦是真遁，其立身愿效严、法、戴、卢、陶潜、林逋，其规箴愿师轩辕、希夷，而兼师其高尚，但愿求我者，转而忘我；诏我者，转而遗我，则我与八遁后先争高，而为圣朝之大遁也。

自题《敕封通微显化真人诰命》后跋

从古称真人者，必须外达真气、内涵真心、入有真操、出有真守，实之而得夫真道。弃世而不恋世，避人而不见人，不为势利所羁勒，不以黄白欺世主，岂若方术之士，谬邀锡命，而不自怍乎？由汉迄宋，其间明元机者，如吾尊崇之八遁，清风峻节，或逃名，或却聘，或功成勇退，或世衰遁藏，其怀真不露，奚常以长生药炫朝廷哉？余幼耽元理，晚得真诠，狂放自

① 语见《后汉书》卷八十三《逸民列传·法真》。

如，实厌流俗。窃以真人真君，锡自上帝者为宝，人间敕封，何足贵哉？夫惟天顺皇帝，亦明亦决，庙讳英宗，赐我诰命，乃受承之。至若成化、嘉靖之间，番僧劄巴、妖僧继晓，封国师、禅师；方士则邓常恩、李孜省、邵元节、陶仲文、唐秩、刘文彬，以及羽流数百，均系阿比宵小，设诡贪奸，妄称法师，普号真人，氾滥无涯，笑骂史册。当是时，碔砆乱玉，鱼目混珠，决不受此诰也。厥后或诛或罢，追夺前封，殆无遗匿，快哉乐哉！岂非上帝郑重敕典，不肯与人间滥予匪徒，而默削其浮名也哉？大元遗老三丰道人书。

与明冰壶《道法会同疏》

伏以大道至大，赖太上以传机；精微至精，冀全真之演教。法非道无以资其本原，道非法无以显其妙用。道法兼备，体用圆融。切念洞春（寓明玉家时，诡云姓庞，名洞春），天水云游，江湖懒散。悼彼日月，已兴大耋之嗟；顾我行藏，幸遘桑榆之景。或栖迟于林壑，或窈窕于崖溪。周、孔诸书，聊发端于幼稚；老聃《道德》，略适意于庞眉。霞友云朋，动念漫游方外；至人异士，垂怜踽踽世间。指以元微，得朽腐再生之橐籥；蹈斯蹊径，见劫刃不陨之卷阿。红铅、黑铅，煅炼方成影响；金液、玉液，坐卧略致疏通。虽未臻了道之涯，固已骋造元之辙。倒拖藜杖，入中阳之洞天；询此华封，是内江之胜治。昨蒙冰壶先生，屈身问道，投以琅函，专志输忱，敷陈楮币。虽初觌高明之面，已稔闻清雅之音。六甲风雷，顿能藏于符篆；三天将吏，率已属于指挥。拯难扶危，济人利物。公欲将此妙法贻我，我能不以元机奉公？（一本有“我幸遇鹤颈鱼腮，公亦逢犊鼻鼠耳”二句）胶漆相投，当无离别之理；道法同会，总结非常之缘。翻身椤透玉葫芦，选甚东西南北；信手拈来金菡萏，常存春夏秋冬。仙诺既容，光鉴是荷。

跋《道法会同疏》后

吾游内江诸山，闻有天关、地轴者，意其中必有秘典灵文，为养性立命之主旨。及登其天关，则三堆山耳。又寻其地轴，则石笋山耳。因慨然曰：

"世之有名无实者，固如是乎？"既闻明先生颇称好道，逮与先生俱，则又落落无奇，反欲以符咒相授，而不知有金丹。岂知道也者，自人身而有之，非旁门之左道也。先学静，次学悟，次学炼，次学养，其终乃出入乾坤，往来拯救，勤立功行，以待天符。故道可以兼法，而法不可以兼道，即或用妙术济人，亦惟以心为法，以神为符，以气为水，斯无投之不灵。若徒驱符遣咒，扰扰不休，若验若否，幻惑人心，有识者必将以方士目之。他日夜叉来逼，命系无常，此时用符不效，用咒不灵，虽素称为道士，道果安在哉？故欲学道者，只须就道寻道，毋以法为道也。存神过化，斯无道之非法耳。

跋《蓬莱仙奕图》

《蓬莱仙奕图》者，龙阳子湖湘冷谦所作。谦，武陵人，字启敬，龙阳其号也。中统初，与刑台刘秉忠仲晦、沙门海云游。无书不读，尤邃于《易》，及邵氏《经世书》，天文、地理、律历，以至众伎皆通之。至元中，秉忠入拜太保，参预中书省事，乃释业儒。从游霅川，与故宋司户参军赵孟頫子昂，于四明史卫王弥远府，睹唐李思训将军画，倾[①]然发之胸臆，遂效之。不月余，其山水、人物、窠石等，无异将军，其笔法傅彩，比将军尤加纤细，神品幻出，由是以丹青鸣当时。隶淮阳，遇异人，授中黄大丹，出示平叔《悟真》之旨，颖然而悟，如已作之。至正间，冷君已百数岁矣，其绿发童颜，如方壮不惑之年。时值红巾作乱，君避地金陵，日以济人利物为念，方药妙用如神。天朝维新，君有画鹤之诬，隐壁仙逝，则君之墨本绝迹矣。此卷乃至元六年五月五日为余作也。吾珍藏若连城之璧，而未尝轻以示人。今将访冷君于十洲三岛，恐后人不知冷君胸中邱壑三昧之妙，不识为真仙异笔，混之凡流，故识此。特奉遗元老太师淇国邱公，览此卷则神清气爽，飘然意在蓬莱之地，幸珍袭之，且以为后会云。时永乐壬辰孟春三日，三丰遁老书。（下有三丰[②]印章，见《皇明异人录》。）

按：《仙奕图跋》，郎草桥《七修类稿》强辨为伪，其辨云：永乐二年，

① 倾，青空洞天朱道生刊本作"顷"。
② 丰，《道藏辑要》本作"峰"，误。

转送洪国。洪国乃成祖心腹功臣，三丰至而敢匿不言耶？又云:《跋》谓“冷，武陵人”，而不知本钱塘，刘伯温曾在杭遇启敬。并《志》亦云，钱塘人。又云:《跋》谓“观李思训画，遂得其法，幻出神品，以丹青鸣于时”，何伯温之诗皆不言之，而止言善音律、术数耶？又云：三丰既孑身远游，岂复带画永乐时送人耶？又云:《跋》曰“冷在至正间，已百数岁”，若在洪武，必百数十岁矣。如此老，尚为人臣耶？就使为之，如太公、伏生，人必言之，何不见于书耶？

长乙曰：郎瑛之五辨，皆非也。观此图跋语，清矫不群，绝似丰仙手笔。其送洪国也，为留冷之画本耳。当其时必一见而即去，难留云鹤之踪。洪国即不必匿其来，成祖亦必知其不可追也。一、神仙游处无常，在钱塘则钱塘人，在武陵则武陵人，何定之有？二、刘伯温虽遇冷仙，并非晨夕过从，久而不去者，即有诗篇，安能事事题赠？况丹青薄技，当不必一见即夸也。三、画非难携之物，送人乃郑重之思，洪国门高，或可宝此不失也。四、仙家百余岁，乃寻常事耳。老为人臣，犹之老官柱史，复何疑哉？

与完璞书

向蒙鹤驾，见访武当，坐榻谈心，真不知门外有尘寰矣。特以愚情无定，救世为心，云水茫然，如舟不系。足下亦以白岳久离，佩剑归去。昨遇尊师王仲都先生，极奖足下才高悟敏，为及门之冠，并嘱愚遇足下，须以真诠赠君。噫！愚何敢为足下师哉！但以大器挺生，必有群仙为之辅导，以成蓬山第一流也。足下英气绝俗，壮志辟人，青蛇在手，九州往来，特恐有损静功耳。白岳崇深，正好胎养。倘能子生胎孙，孙复生子，则分身应用，而立功于人间，更不少矣。尊聪广大，谅不嫌渎。此意区区，难忘规谏，足下以愚为老友焉足矣。云水道人张三丰稽首。

《永乐大典》记

先儒有言，读书者多取，不如精取。自天子以至士庶，其学问同也。

永乐初，朝廷命尚[①]书胡广、侍讲王洪等，编成一书，名曰《大典》，计二万二千八百七十七卷，一万一千九十五本，目录六十卷。其表文尝见于《蟫精隽》中。夫《御览》《元龟》，不过千卷，求多者徒具望洋之叹而已。《大典》以万计，安能推布夫海内也哉！

“悟真”字解

噫！真，何由悟哉？世人皆欲悟真，而悟之不真，非悟也；真之不悟，非真也。今即字义解明之。悟者，觉也，求也。真者，实也，正也。夫人知之也。岂知“悟真”二字，书义亦深乎？“悟”从“吾”“心”，先当以修心为本。太上云：“吾从无量劫来，观心得道”是也。真者[②]，何也？《六书》云：“人受气以生，目最先，神之所聚，无非实也。故从‘目’从‘匕’。匕者，化也。又从‘[illegible]’（音浩），[illegible]者，气之形也。”可知欲炼道者，须先炼目，炼目乃能聚气，炼目并可收心，所谓“机在目”者是也。识得此机，便见真机；识得此机，便知息机；识得此机，便入妙机。悟如是，真如是也。请以告天下之悟真者。

刀尺赋

三丰先生，常携刀尺以遨游，空乎两大，浩乎十州。客有怪者，不知其由，先生乃为之赋曰：

是刀也，能开混沌；斯尺也，用絜蓬莱。故相随而不失，知造化之剪裁。尔其百点明星，双叉皎雪。绳墨从之，锋芒割若。分修短兮合宜，剪水云兮快绝。期妙用之无方，岂微能之足述。至如裁妙理，削尘嚣，量度数，别昏朝。火功寸寸，风信刁刁；胎养刻刻，羽衣飘飘。度龙门之万仞，如虎剑之两条；梦益州而不愿，与方丈而同超。刀兮刀兮，妙之又妙；尺兮尺兮，要所必要。匪欧冶之能熔，匪公输之能造。与我偕行，任他嘲笑。将求

① 尚，《道藏辑要》本作“上”，误。

② 真，繁体作“眞”，故云。

织女之云绡，缝出仙翁之衣帽。

歌曰：一刀一尺遍天涯，四海无家却有家。

　　破衲补成云片片，袖中笼住大丹砂。

湖南山中与胡给事夜话

汪圆通云："胡濙巡访之九年，行次湖南，憩驺山中。一夕三更人静，茶冷灯清，忽听有叩门声，俄然扉影自启，见一道者，貌似丰翁，胡欲狂叫，先生急掩其口，拂几细谈而去。此事明一代无有知者，昨先生降吾署中，言及此事，龄乃濡毫记之。"其言曰：

老先生巡行天下久矣，鼎湖龙既不可见，空谷驹又不可得，能不虚此遨游乎？今感故人之谊，权为雪夜之寻，突如其来，幸勿惊也。夫月满湖山，风清舍馆，南寺钟残，西窗烟冷，先生此时，亦曾忆天池老衲，是阁下前身否？子休矣！归去朝端，善为我隐。见作不见，知作不知，庶不至车殆马烦之后，重为万里劳人也。北还复命，计以明年。一路民情，敷陈圣听，其亦先生之功德也哉！

隐鉴

长乙山人　编次
遁园居士　敬纪
蟠山野客　校字

乾隆纯皇帝时，大学士张文和公廷玉奉敕纂修《明史》，其序《仙传》有云：明初周颠、张三丰之属，踪迹秘幻，莫可测识，而震动天子，要非妄诞取宠者所可几。诚哉，是言也。

张三丰先生隐鉴书法四条

一、隐于文章道学，嘉遁不出者，书曰“处士”，重纯儒也。

二、隐于泉石风流，乐志不移者，书曰“逸士”，重幽贞也。

三、隐于世治时变，解官不仕者，书曰“达士”，重明哲也。

四、隐于玄门净土，名利不贪者，书曰“居士”，重清修也。

上[①]《隐鉴》书法四条，实得品题微妙，此即一字褒也。或谓此四者，皆隐士也，何必分？曰：其气象之道学风流，退藏之早迟常变，自不同耳，非如此分疏，不能传其神致。外如高士、征士、节士、义士，皆可于四者统之。

总评：《隐鉴》笔法，篇篇清古，言言简淡，可作隐士小传读，正不必一一评论也。[②]

① 上，底本作“右”，按体例改。
② 总评，底本无，据空青洞天朱道生刊本增补。

元

无有先生

先生，大元逸民也。行藏莫测，或无或有，故以为号焉。生于元，游于明，神行于清，六百年来，不随物化。历世既久，阅人且多，见高尚其志者，每乐举以告人，非作隐士传也。盖与逍遥泉石之士，斟酌夫进退几宜而已。先生有言：隐之为道也有二，隐于衰世者，不可更仕兴朝；隐于兴朝者，不可藉隐弋名，以为仕宦之捷径。夫如是，则出处合宜，清高足录也。山人野客，即所言编辑成卷，以是为《隐鉴》一书。

刘梦吉

处士刘梦吉先生因，保定容城人也。天资颖悟，书过目不忘。初为经学，每阅注疏，叹曰："圣人精微，当不止此！"及得周、邵、程、朱之传，乃欣然曰："我固谓必有是也。"平时爱诸葛孔明"静以修身"之语，表所居曰"静修"。至元十九年，诏征入朝，擢左赞善大夫，以母老固辞，俸给一无所受。他日复诏之，终隐不出。

萧彝尊

处士萧彝尊先生𣂏，奉元人也。初出为府史，语当道不合，即引退。力学三十年，不干仕进。乡人有暮行遇盗者，诡曰："我，萧先生也"，盗惊愕释去。世祖时，辟为陕西儒学提举，不赴。后累授集贤直学士，改集贤侍读学士，皆不赴。无何，复拜太子右谕德，扶病至京师，入觐东宫，书《酒诰》为献，以朝廷时尚酒也。寻又称病，请解职，不许。俄擢集贤学士、国子祭酒，依前太子右谕德，俱引病力辞而归。其友张思廉，闻而叹曰："清高自守，功名不足以动其心，萧子可谓尚志之士矣。"

仇山村

逸士仇山村先生远，钱塘人也。遁迹江湖，博通经史。至元中，荐为溧阳教谕，转宝庆路教授，不赴。又改将仕郎、杭州路总管府知事，皆辞。家钱塘西城下，仰屋著书，闭门索句，或坐花间，独言独饮。尝闻其《闲居十咏》，真风流自赏之才也。今录二首，以见先生隐趣。诗曰："仰屋著书无笔力，闭门索句费心机。不如花下冥冥坐，静看蜻蜓蛱蝶飞。"又曰："茶瓯纱帽惯迎宾，不是诗人即道人。细雨斜风君莫出，绿阴门外有红尘。"

裘元量

达士裘元量先生万顷，淮海人也。少存达道志，意欲功成名遂，然后退藏其身。元贞初，公卿荐为司直，久之有厄闰之叹，遂绝意仕进，归维扬。茅屋数椽，栽松种竹，陶然得幽人趣。一日入深崖采药，得千岁黄精，蒸而食之，遂觉精神强健，登高山如履平地云。

吴伯清

达士吴伯清先生澄，崇仁人也。自幼潜心好学，著书立言，以宏吾道，诚当代之大儒。仕元为翰林学士。泰定初，引疾归家，杜门讲道。屡征不起，其恬退可嘉焉。惜其为宋朝乡贡，颇不满于人口也。号"草庐先生"。

陈茂叔

达士陈茂叔先生栎，休宁人也。性刚正，孝友，致力圣贤之学。延祐初，中乡式，即不赴礼部，教授于家，不出户庭数十年，其斯为重道德而轻功名者欤！

杜伯原

处士杜伯原先生本，清江人也。博学善文。武宗朝尝被召至京师，即求归，隐建宁武夷山中。文宗闻其名，征之不起。至正间，丞相脱脱荐之，召为翰林编修。使者趣至杭州，又称疾固辞。平居沉静寡欲，无疾言遽色，与人交，笃于道义。学者称"清碧先生"。

戴汝翼

处士戴汝翼先生羽，九江德安人也。隐居积学，征辟皆不就。尝云："澹泊明志，恬静致远，此孔明一生学问也。"因作《武侯通传》三卷。

武伯威

处士武伯威先生恪，宣德人也。好读《周易》，每日危坐。或问："先生学，以何为本？"曰："以静为本。"著《水云集》行世。

张光弼

达士张光弼先生昱，庐陵人也。元末行枢密院判官、浙江员外郎，窃据者辟之不赴。日以诗酒自娱，号"一笑居士"。有《春日》句云："一阵东风一阵寒，芭蕉长过石栏杆。只消几度懵腾醉，看得春光到牡丹。"盖料士诚之必败也。尝云："吾死后，埋骨西湖，题曰：诗人张光弼墓，足矣。"后竟如其言。

吴渊颖

处士吴渊颖先生莱，金华人也。隐居不仕，筑室于深褱（音袅）山中。研穷经史，悠然自得。善论文，尝云："作文如用兵，有正有奇。正者法度，如步武分明；奇者不为法度所缚，千变万化，坐作击刺，一时俱起，及其欲止，部武各还其队，原不曾乱。"闻者服之。其同乡黄晋[①]卿、柳传道辈，亦以文章鸣世，咸深重焉。

许白云

处士许白云先生谦，金华人也。自少力学，受业于宋末金仁山之门，居数年，而尽得其奥。屏迹入华山中，潜心养志，不求闻达。朝野交荐，力辞不起，是诚安于义命，而非伪隐沽名，以为仕宦之捷径者也。其教人以开明心术、变化气质为先，而独不教人以科举之文，曰："此义利所由分也。"

王原吉

达士王原吉先生逢，江阴人也。至正间，屡征不赴。避乱于上海之乌泾，筑草堂以居，自号"最闲园丁"，世所谓"席帽山人"者也。

---

① 晋，底本作"缙"，从《元史·本传》改。

陶宗仪

逸士陶宗仪先生宗，天台人也。元统间，避难于松江城南之吉林里。雅好著述，虽力耕畎亩，恒以笔砚自随。置一瓮树下，遇有所得，即书以投其中，久之成帙，曰《南村辍耕录》。至正间，屡辞辟举。洪武六年，举人才至京，力辞放归。

蔡清贞①

逸士蔡清贞先生微，琼山人也。通经史，好泉石，元末隐居不仕。筑室深山，问学者咸斗酒豚肩以就之，先生无不解说。人谓海南儒者，未能或之先也。

顾仲瑛

逸士顾仲瑛，名德辉，昆山人也。才情妙丽，轻财结客。筑别业于茜泾之西，造三十六亭馆，曰“玉山佳处”。招致四方文学之士，置酒赋诗其中。以母丧归绰溪，张士诚辟之，遂削发庐墓，自号“金粟道人”。明初，闻太祖严苛，欲按江南富族，乃托僧伽而遁。所著有《玉山璞稿》，并刻交游诗四十余家，曰《草堂雅集》，俱传于世。

李高冈

逸士李高冈，名鸣凤，吴人也。轻财好客，与顾仲瑛相等，东南士大夫，咸钦重之。尝助朱太祖军粮二万斛，淡然无邀宠意。入明初，以国法严刻，遂约嘉定富民方二郎，同挈妻子家赀，泛舟江海而去。

杨廉夫

达士杨廉夫先生维祯，山阴人也。前泰定进士，署天台尹。后徙居于松，筑元圃蓬台于松江之上。海内荐绅大夫，与东南才俊之士，无不承盖扶轮，造门纳屦。尝吹铁笛，作《梅花弄》，见者以为神仙中人。世称“铁崖先生”。著《正统辨》，读者皆以为公论云。

---

① 贞，空青洞天朱道生刊本作“真”。

王山农

逸士王山农先生冕，元末会稽人也。身长多髯，少明经不偶，即焚书。读古兵法，戴高帽，披绿蓑，着长齿屐，击木剑，行歌于市，人以为狂。士之负材气者，争与之游。平生嗜画梅，画成必自赏也。明太祖闻而访之，既至，与粝饭蔬羹，山农且谈且食。帝喜曰："可与共大事。"授咨议参军，不受。一夕，梦罗浮仙人招之，醒即捉笔狂叫，写大梅一株，题以诗曰："我家洗砚池头树，个个花开淡墨痕。不要人夸好颜色，只留清气满乾坤。"明日，遂卒。同时蒲庵和尚复见心，见而称之曰："会稽王冕，梅花仙也。"

明天渊

达士明天渊先生濬，北人也。世祖朝明安之后。髯长过腹，高雅不群。仕元为学士，国亡，削发为僧，而髯如故。洪武初，太祖闻其名，召而问之曰："汝不仕吾，吾亦任汝，但削发留须，亦有说乎？"对曰："削发除烦恼，留须表丈夫。"帝笑而遣之。所著有《蒲庵集》行世。盖忠于元而得道者也。

张伯雨

逸士张伯雨先生天雨，杭人也。宋文忠公九成之裔。风神凝峻，词翰兼长，与杨载、虞集为文字交。后入茅山学道，遇陈上阳，传以清修，冲然有得。自号"句曲外史"。

虞伯生

达士虞伯生先生集，临川人也。生有神慧，三岁即知读书。长负才名，官奎章阁学士，即引疾归。平时慕陶渊明、邵尧夫，因构书室二间，左室书陶诗于壁曰"陶庵"，右室书邵诗于壁曰"邵庵"。恬然淡然，讴吟自适。时人称"二庵先生"（一曰"邵庵"）。

赵子常

达士赵子常先生汸，休宁人也。元末辅元帅汪同起兵，保乡井，授江南行枢密院都事。洪武二年，诏修《元史》。史成，不愿仕，隐居东山。与一二幽人，卜筑清溪，系舟沙屿，萧然无尘俗气。其经学甚传于世，号“东山隐者”。

汪德辅

达士汪德辅先生克宽，祁门人也。元季隐居环谷。洪武初，召修《元史》。书成，固辞不仕。隐居道人岩，研穷经学。其教授弟子，一以静心为本。

谢子兰

逸士谢子兰先生应芳，元末武进人也。自号“龟巢老人”。龟巢有二，一在滆上，一在横山，先后皆有记。其略云：“千岁之龟，巢于莲叶，以叶为巢，初不费经营之力也。暇与田夫野老，涉桑苧之园，过桃李之蹊，瓦盆浊酒，歌舞酬酢，若曳尾泥涂者。”又云：“平生所至，以龟巢名室，盖不以栋宇为巢，而以天地为巢也。峻宇雕墙，莫知其光；荜门圭窦，莫知其陋。”诵其文，可以知其达也。老人尝仕元，元亡不仕。其《启张云门》启云：“鲇上竹竿，往岁之功名可笑；龟巢莲叶，近年之身世如浮。以视予山小园，超然远矣。”

沈元吉

逸士沈元吉先生贞，长兴人也。元末隐居横玉山，自号“茶山老人”。明初不仕，与黄石为徒，白云为侣，始终不出。以比招之即来、麾之即去者，其人品相越何如矣！

徐仲由

达士徐仲由先生畛，淳安人也。元末举秀才，明初不仕，自号“松巢居士”。倚声度曲，不让古人。尝见其《满庭芳》句云：“清霜篱落，红叶林邱。渊明彭泽辞官后，不事王侯。”其高蹈之节，直从笛孔中度出。

黄子运

处士黄子运先生枢，元末休宁人也。洪武初被征，以躄足免，乡人呼“妙拐先生”。同时有吕不用、字则耕者，新昌人也。洪武二年，举本学教谕，以聋病辞，自号“石鼓山聋”。二公皆傲世不羁，得山林秀杰气者。

张惟中

处士张惟中先生庸，慈溪人也。元季[①]兵乱，窃据者署为上虞山长，不就。明初，屡聘不出，遁迹溪山，浩歌白石。闲与当代士大夫，诗酒往还，及劝以入官，则婉辞谢之。人谓其贞不绝俗，隐不违亲，郭林宗一流人也。

王仲光

逸士王仲光先生宾，长洲人也。与吴县韩奕、昆山王履，称“吴中三高”。幽怀萧散，放櫂烟江。尝与公望联吟，有“也知性僻难趋俗，却喜身闲不属人”之句，观此可以想见其异苔同岑也。

陈克昌

逸士陈克昌先生周，闽县人也。元末布衣，隐居石潭。尝倚竹作歌，以写其志。歌曰：“修竹兮青青，内虚兮外直。素节兮贞姿，寒暑兮一色。泠泠[②]兮朝夕，予舍之兮焉适？”

梁不移

逸士梁不移先生兰，泰和人也。自号“畦乐先生”。邹仲熙谓其“隐居乐道”，王希范称其“养[③]志邱园”，吾见其西畦自适，悠然有陶潜之趣，旷然有魏野之思。

程抟霄

处士程抟霄先生翔，元末新安人也。明道之后，世传理学。洪武初，命旁求隐士，或荐先生，不起。二年春，又访山林遗老，共修《元史》，或再以先生举，终不赴。后诏儒臣修礼书，宋濂曰：“非抟霄不能也。”奏之，帝不欲强致，命就其家咨访。有劝之仕者，笑而不答，但曰：“人爵不如天爵

---

① 季，《道藏辑要》本作“末”。

② 泠泠，《道藏辑要》本作“冷冷”。

③ 养，空青洞天朱道生刊本作“素”。

贵，功名何似道名高？”自此深藏不出，朝廷比之商山。

徐方舟

逸士徐方舟先生舫，元末桐庐人也。性好诗词，筑室于江皋之上，水竹云烟，助其吟啸。时刘伯温被征，邀之同行。舫荷蓑笠相见，酌酒赋诗而别。

韩公望

处士韩公望先生奕，吴人也。生于元至顺时。及长，嗜读书，无所不览，少有目眚，筮卦得蒙，知疾不可疗，遂扁其室曰“蒙斋”。洪武间，绝意仕进。郡守姚善迫欲见之，奕乃泛舟入太湖，往来烟波自适。姚叹曰：“韩先生所谓，名可闻，身不可见者也。”

明

焦始谟

达士焦始谟先生[①]谋，江阴人也。与明太祖为旧交，及帝都南京，日思其人，屡诏不赴，将命使臣索之，谋忽荷鸡豚村酒，由御道入，帝喜其来，以物付光禄，治具共饮甚欢。席前出金、银、角三带，命其自取以官之。谋取其角者，因授以千户。无何，径出高桥门，挂冠带于树间而去。

孙太初

逸士孙太初先生一元，明初人也。风神秀朗，踪迹奇幻，元巾白袷，以铁笛鹤瓢自随。高风所至，士大夫皆为之倾动。尝栖太白之巅，称“太白山人”。又尝西入华，南入衡，东登泰，北登医吾，南寻吴会，恒栖迟不去。与刘麟、龙宽、陆昆、吴珫[②]，号“苕溪五隐”。

---

① 先生，诸本俱无，校者补。

② 珫，《道藏辑要》本作“玹”。

王廷珪

逸士王廷珪先生珙，明初常熟人也。卜宅于虞山之北，萧溪之上，植竹万竿，容与其中。其逸兴清凉，诗怀缥缈，人谓如秋月春云，令人景仰。

王先生

（曾为建文之臣，以国变隐。故达可知节士、义士，俱可以达士包之）

达士王先生者，以忠节隐其名。永乐初，寓居金华府东阳县之东山，自号“大呆子”。仪容俊伟，趣识超群，惟披麻戴笠，不服常服，日盘桓于山南村落之间，狂歌自适。其与宴游者，皆不识其姓氏。惟与王姓俱，则以宗兄称之，遂以王先生呼焉。尝与村中人曰：“他日吾逝，只祈敛吾尸，悬于林杪足矣。”时又号“玉华山樵”。张三丰闻而叹曰：“此建文遗臣也。”

徐延之

逸士徐延之先生伯龄，自号“箨冠子”，钱塘人也。天资敏妙，书过目不忘，特性情疏荡，不拘小节。对客每赤足科头，内衣无系带，行辄委堕，人多笑之。士大夫慕名而来者，一见后，即倦与往还，然其鸿才高致，终不可没也。性甘肥遁，尤善鼓琴。所著有《大音正谱》《醉桃佳趣》《香台集》《蟫精隽》《旧雨堂稿》，非外野而内文者欤？

王原夫

处士王原夫先生逢，饶州乐平人也。淹贯经史，研精理学，朝廷屡召不赴。深居崖谷，冲和淡然。宣德初，复以明经召见，力辞归家。著《言行志》诸书。学者称“松坞先生”。

俞古章

逸士俞古章先生杭之，富阳人也。肥遁邱园，名闻湖海。宦游于浙者，皆欲得睹其眉宇为快。正统间，藩臬诸公，先后封章荐举，不起。亲友间有劝之者，则为聋病谢之。闲游山泽，或对木石而谈，如疯颠状，人卒莫之信也。一日，吴和州又欲荐之，先生乃以诗力辞焉。诗云：“青云有路念绨袍，迢递和州荐剡劳。下乘难随千里马，虚名恐误九方皋。嵇康自信随时懒，少室谁云索价高。纵使阳和动邹律，秋风双鬢[1]已萧骚。”

徐勉仁

处士徐勉仁先生恕，宁波人也。正统间，以古文鸣世。甬东好文者，皆就其门而学焉。先生居山泽间，凡求名之士，虽系[2]旧友，皆弗与流连。少年中有慕隐者，则奖许之，曰：“绿鬢青山，正堪掩映。颜、闵、伊、周，各行其是而已。”后屡有国召，皆不应。移家于杭，竟著书以终其身。

许澹初

居士许澹初先生，魏谿叟也。正统间，叟年九十，忽然弃家学道，不知所之。其同庚有石内含者，桐城人，居郭北石塘，享年一百有三，子众孙繁。百岁之日，赋诗忆澹初云：“庚申共守人何处，甲午同生独咏诗。”盖亦明之籛铿也。

沈启南

逸士沈启南先生周，长洲人也。景泰中，以贤良应诏，力辞不赴。号“石田翁”。诗文之外，兼[3]工画石，高古清奇，笔墨与人品相肖。

方元素

逸士方元素先生太古，兰谿人也。自号“寒谿子”。清旷夷犹，超然出类。或问：“先生何事？”答曰：“万卷图书销日月，一湾鸥鹭共朝昏。”

程叔朋

逸士程叔朋先生玄辅，歙县人也。歌啸林泉，不求闻达。同邑知李献吉，而不知有叔朋，欣如也。自号“龙谷道人”。

---

① 鬢，古同“鬓”。

② 系，空青洞天朱道生刊本作“是”。

③ 兼，《道藏辑要》本作“益”，误。

秦仲孚

逸士秦仲孚先生奭，无锡人也。性至孝，其父修敬公，偶中心痛，仲孚刺胸前血和酒饮之。母氏殷，偶有膝伤，吮之即愈。郡县上其事，诏旌其门曰“孝子”。泰陵即阼，赐以冠带。尝作溪山清兴堂、清远阁，结亭于后，曰“涤烦”。《溪桥散步诗》，可为仲孚行照，其诗云：“扫阁观书兴未[①]阑，绿阴清昼更多闲。杖藜扶我溪桥步，看尽湖南十里山。”

董萝石

萝石董先生澐，海宁人也。以能诗闻江湖。年六十，游会稽，见阳明，与之语，连日夜，乃请为弟子，阳明不许。澐归，织一缣为贽，曰：“澐之诚，积若此缕矣。”因纳拜，从游。其子弟招之曰：“何老而自苦若此？”曰：“吾从吾之所好耳。”因号“从吾道人”。

吴康斋

处士吴康斋先生与弼，崇仁人也。游京师，从杨溥学，见伊洛渊源，辄有尚友之志，以圣贤为必可师，收敛身心，倡明理学。天顺二年，诏征至文华殿，授左春坊、左谕德，不拜。帝欲强职之，凡三辞焉。遂称疾归，闭门讲学，从者千数百人。号“康斋居士”。

娄克贞

处士娄克贞先生谅，上饶人也。少与吴康斋游，其学以收放心，为居敬之门；以何虑何思、勿忘勿助，为居敬要旨。王阳明尝受业焉。号“一斋先生”。

陈白沙

达士陈白沙先生献章，广东新会人也。中乡举，即屏居不出。闻江西吴康斋，讲学临川，遂弃其学而学焉。教人不立语言文字，以主静为先，随处体认天理，紧要在勿忘勿助。又曰：“学者以自然为宗，以忘己为大，以无欲为至。”布政使彭韶、总督朱英闻其名，交章荐剡，乞以礼征聘。吏部尚书

① 未，底本作“末”，据空青洞天朱道生刊本改。

某谓，献章例应听选，非隐士比，安用聘。召至京，令就试吏部。献章称疾不赴，乞归奉母，乃授检讨。自后屡召不起。

薛敬轩

达士薛敬轩先生瑄，字德温，山西河津人也。登进士第，官礼部侍郎。天顺间，在阁数月，见石亨等用事，叹曰："君子见几而作，不俟终日。"遂致仕归，隐居龙门山中。其学以复性为主，充养邃密，言动皆可法。著《读书录》二十卷，学者宗之。

张海观

逸士张海观先生锡，钱塘人也。天顺壬午领乡荐，春闱不偶，授山阴教谕，旋即引退林泉。家有竹数竿，作亭其内，名曰"医俗"，并自为记以赞之。其略云：余退闲之志，既不可医，乃挂冠神武门，几二十禩[①]。既而作老圃于家，种筼筜数百个，皆着鞭持节，因作小亭于其间，为柱六，覆以茅，取穷朴之意。坐于是亭，则清声戛玉，医耳之繁嚣；幽香细细，医鼻之铜臭；柯[②]叶如翠，医目之尘氛；笋供茶馔，医口之贪饕；虚心劲节，又可以医夫自满而失守者。因取坡老诗，名之曰"医俗亭"。噫！世有高梁画栋而主人则俗者，何不一过此亭哉！

金元玉

逸士金元玉先生琮，上元人也。尝游浙之赤城山，徘徊不忍去，因自号"赤城山农"。居尝遐啸清视，人莫能窥。处己接物，高简粹白。与史痴翁，同称"金陵二隐"。痴翁名忠，性豪爽，不事权贵，自号"痴翁"，署所居楼曰"卧痴"。

唐伯虎

达士唐伯虎先生寅，吴人也。举南畿解元，以冤锢，遂放浪形迹，然其

---

① 禩，异体字为"祀"。殷代指年。

② 柯，空青洞天朱道生刊本作"桐"。

出入天人间。宸濠慕而聘之，寅度濠有反志，佯狂自免。奇趣溢发，或寄于诗，或托于画，文采风流，照耀江左，图其石曰“江南第一风流才子”。晚皈依佛乘，自号“六如居士”。

罗达夫

达士罗达夫先生洪先，吉水人也。以进士第一官赞善，疏请预定东宫庙仪，忤旨落职归，屏居不出。辟石洞，隐居其中，制半榻，默坐三年，事能前知。尝曰：“不可以虚见为得手，须日日收敛，不使后天习气乘机潜发，始不负一生耳。”

赵淮献

逸士赵淮献先生金，乌程布衣也。正德时，征诏不起。造其门者，如入深崖邃壑。恒坐小艇，出入江湖，陶然自乐。南垣、箬溪二尚书，结岘山会，造庐请入社，不许。平生颐养，清静安恬。年九十，自为祭挽，无疾而逝。

沈子登

逸士沈子登先生仕，杭州人。明刑部侍郎锐之子也。身居贵介，志慕清真。野服山中，划然长啸。自号“青门山人”。举此以励世族之恋浮华者。

陈寄[①]委

逸士陈寄委先生体文，江阴人也。筑耕舍于郊西，有田数十亩，力耕而食。宾至必为治酒，酒酣，即赋诗。诗有云：“得鱼便沽酒，有酒且留人。如此即为乐，何须复苦贫。无鱼亦无酒，宜主不宜宾。如此即高卧，何愁不及晨。”可谓达人之言矣。同时有五岳、十岳诸山人者，率皆以韦布效荐绅气，最为可鄙。畎亩中有此，庶几率真。

顾英玉

达士顾英玉先生璟，上元人也。仕至副使，即归隐白下，或谓其致仕太

① 寄，《道藏辑要》本作“奇”。

早，何以退养清廉？曰："若使宦囊有物，正非所以养清廉也。"坐卧一小楼，匾曰"寒松"。尝训蒙以自给。霍渭崖宗伯，欲以废寺田百亩资之，拒不纳。其固穷若此。

朱君佐

达士朱君佐先生谏，温州乐清人也。仕至副使，即谢政归。结庐雁荡山，翛然有尘外之致。或有劝其出山者，曰："岂以五斗易我五珍！"五珍，谓龙湫茶、奇音竹、金星草、山药、官香鱼也。五者皆雁山所产。

徐先生

达士徐先生昌，闽之崇安人也。潜心理学，以明经训导莆田。亲丧回籍，服阕不起。或劝之再仕，昌泣曰："吾为升斗禄，冀养亲也。今亲不逮养，奚仕为？"遂筑室武夷山中，深藏不出。

来矣鲜

达士来瞿塘先生知德，字矣鲜，蜀之梁山人也。幼有至行，嘉靖时举于乡，归养不出。其学以致知为本，敦伦为要。有司疏荐，授翰林院待诏，不赴。生平著述甚宏，惟《易注》独殚心力。先读《易》于釜山草堂，六年不能窥其门径，乃远客万县瞿塘深山之中，沉潜反复，忘食忘寝，久之豁然有悟，积二十九年，而后成书。以后观天地，察造化，与物无触，悠然自得而已。

罗整庵

处士罗整庵先生，名钦顺，字允升，江西太和人。朝廷屡诏不起。嘉靖中，复征为吏部尚书，亦固辞。是时璁、萼用事，整庵岩居杜门，潜心格致之学。尝云："立身行己[①]，必先打破义利关头，否则扰扰到底。"所著有《困知纪》。

① 己，《道藏辑要》本作"以"。

谢子佩

达士谢子佩先生廷藩，富顺人也。嘉靖进士，官浙江签事，遂归养不出。万历初，巡抚曾省吾，奏廷藩隐居三十年，著书乐道，宜加京秩，风励山林。诏即家，赠太仆少卿。时人称为“山中太仆”。

陆子传

达士陆子传先生师道，长洲人也。登嘉靖进士。甫仕仪部，即告归养，时年未三十也。杜门却扫，三十余年，手抄典籍数千卷。风流儒雅，为世所宗，而其清高好道，尤人不能。

李印南

逸士李印南先生应箕，字子骑，黄冈麻城人也。万历间，世尚苛条，遂为老圃不出。时两广赋税频加，南北之民，多有如菜色者。印南作《老圃吟》曰：“吁嗟圃兮，吾与尔犹存；吁嗟虫兮，毋啮我菜根。肉糜肉糜，此上人之所食，而非野人之所宜。”闻者咸太息焉。尝于锄下掘一龙神像，朝夕虔奉。忽梦有金甲碧面者，与语片时，以后决未来事，效应如响。一日谓其弟与子曰：“今蜀三大寇已平矣，贤者避世，其次避地。”乃背其神往，遁迹川中。

虞长儒

达士虞长儒先生淳熙，钱塘人也。万历进士，仕吏部主事。解官归，得葛岭栖霞之胜，冲烟蹑屐，终日陶然。黄寓庸传之曰：“以儒为行，以玄为功，以禅为归，以山水为寄托，以词翰为游戏。”诚足囊括平生矣。

安我素

达士安我素先生希范，无锡人也。仕吏部主事，以昌言罢官归。杜门不出，出则乘一舫。图陶元亮、张季鹰、苏端明、米南宫诸名贤于倚窗，为烟水伴，恣其所之，乐而忘返。

姚公绶

达士姚公绶先生绶，嘉善人也。由御史出知永宁府，解官归。作“沧江虹月之舟”，往来吴越间，望之者，宛若神仙中人。家设亭馆，名曰“丹邱”，人称为“丹邱先生”。

周叔大

处士周叔大先生奕，滇之金齿人也。幼而奇嶷，长益凝重，其学问一以知止为归。力耕养母，不撄势利。尝遇一丹士，欲以术授之。奕曰：“多金何为？内丹何如寡欲，外丹何如节用？子休矣！我儒门道士，其取精用宏也久矣。”

陆嗣端

达士陆嗣端先生澄原，平湖人也。天启乙丑进士，历官员外郎。以不附东林，被察闲住。其封事略云：“臣甘寡援孤立，为硁硁之小人，决不依草附木，为疑似之君子。”由是见嫉东林，排之甚力。一官罢去，长啸而归，盖古狂狷之流也。每见溪上人家，小桥流水，恒徘徊久之而不能去。

闻隐鳞

逸士闻隐鳞先生龙，鄞县人也。寄怀高远，托迹衡茅，每当风来竹外，云冷松根，辄遂其萧野之趣。或称其诗如溪上人家，曲几疏窗，长与水云弄色。吾谓其性情亦然。

陈仲醇

逸士陈仲醇先生继儒，号眉公，华亭人也。年甫壮，即弃名习隐。结庐于小昆山之阳，买舟载书，称无名钓徒。每当草蓑月冷，铁笛霜清，觉张志和、陆天随去人未远。

殷方叔

逸士殷方叔先生仲春，秀水人也。躬耕永乐之南村，怡然自乐。陈仲醇所谓："却羡白头殷处士，鹁鸪声里独耕田"者也。葭墙草[①]屋，不蔽风雨。慕王绩为人，亦自号"东皋子"。农事之闲，以医为业。得钱入市，买断简残书读之。

朱白民

逸士朱白民先生鹭，吴人也。负奇气，尝独游黄山，远寻嵩华。崇祯[②]初，骑驴入都，欲上赋颂，不果归。结庐于郡西之华山莲子峰下，躬亲井臼，不愿见豪贵。时与王芥庵、赵凡夫，称"吴下三高"，而白民为最。

李因仲

达士李因仲先生天植，平湖人也。崇祯癸酉举人。晚更名确，字潜夫。隐居龙湫山中，万松台畔，茅屋一间。人称其高蹈远引，诗含清江碧嶂之音。

谢汇先

达士谢汇先先生遴，宜兴人也。崇祯癸酉举人。晦迹衡门，种菜一畦，不入州府。陈其年寄怀诗云："半亩牛宫绕菜田，锄畦汲水独悠然。芒鞵[③]一緉千金值，不踏城中又十年。"

陆茂璩

居士陆茂璩先生连（一作"琏"），吴县人也。两中武科，甲申后，削发为僧，居莲子峰下。藤萝窈窕，结榻崖中，万峰当户，一涧绕门。自号"了缘道人"。有《枫江遗稿》。

黎左岩

达士黎左岩先生元宽，南昌人也。登崇祯进士，历浙江提学副使，以忤温体仁罢归。构草庐于谷鹿洲，与生徒讲学，淡然自守。顺治初，有荐之

---

① 草，青空洞天朱道生刊本作"茅"。

② 祯，青空洞天朱道生刊本、《道藏辑要》本俱作"贞"，误，下同。

③ 鞵，同鞋。

者，以母老固辞，终身不出。

方密之

达士方密之先生以智，桐城人也。登崇祯进士，官检讨，负海内名。明亡，削发，改名宏智，字无可，号“药地和尚”。遍游名山不返。所著有《周易图》《烹雪录》《浮山全集》。

刘念庭

达士刘念庭先生伯渊，慈溪人也。由进士，官至按察副使，引疾致仕，年百有余岁。先生自隆庆五年释褐，万历十六年归家，至崇祯十一年，春秋已八十矣。时危国变，隐者犹存，《八秩自嘲诗》，足见其志。诗云：“谓我归田早，假令不早有何好？几人欲归不得归，黄犬东门添懊恼。”闻者高之。厥后更名托空子，遁入深山不见。

张昊东

达士张昊东先生若羲，华亭人也。崇祯癸未进士。甲申以后，潜身村野，躬自灌园。故友访之，则荷锄戴笠，相揖于紫瓜白苋之间。破屋数椽，淡如也。或自称为“寒松子”。

魏叔子

逸士魏叔子禧，江西宁都人也。明末诸生，与弟礼结庐于金华之翠微峰，偕隐不出。公卿闻其名，皆愿见之，弗往。礼，字季子，遍游海内名山，与叔子同居翠微，常有双鹤来伴云。

刘钦尔

达士刘钦尔先生永锡，大名魏县人也。举崇祯孝廉，授长洲教谕。明亡，隐于阳澄湖。巡抚欲荐之，以疾固辞。家贫，衣食或不给，处之泰然。常自操舟鼓枻出，至中流作歌，歌竟而返。望夕阳在山，独婆娑于烟树之下。

夏元真[①]

达士夏元真先生道，大名人也。举崇祯孝廉，即绝意仕进。明亡，率妇子入山，耕绩自食。或操斤作纺车以鬻，人爱其坚緻，咸争购之。短衣行歌，声振林木。间为诗文，脱稿即弃去。诸子读书，只令识字记数，长则牧牛负薪，溷其迹于烟霞焉。

林明儁

达士林位旃先生明儁，平都人也。慷慨有志，少时即能为诗、古文、词。崇祯甲申，蜀陷，阁部王应熊承旨讨贼，膺荐举第一人，授兵部职方司主事。明亡不出。顺治间，题授副使，称病不仕。后举博学鸿词，亦不赴。结庐桐阴，旷然自适，隐居三十余年。尝在平都请乩，余偶临其笔，赠以“铁肝石胆”四字。所著有《淡远堂文集》《巴字园诗集》《梧桐居近集》存世。

清

黄太冲

处士黄太冲先生宗羲，余姚人也。受业于明儒刘念台之门，研究先贤之学，以是从游者日众。康熙十八年，都御史徐元文，特荐于朝，太冲以疾辞。斋心危坐，力扫外缘。其著述上下千古，穿穴群言，自天官地志、三教九流之书，无不精研。学者称“梨洲先生”。

仇知几

达士仇知几先生兆鳌，字沧柱，鄞人也。少从黄宗羲，讲切性命之学，为诸生，有盛名。官吏部右侍郎，即引疾归。与会稽陶存存，研穷修养秘旨。久之，松颜鹤貌，照耀山林，盖浩然有得者也。所著有《四书说约》《杜诗详解》及《黄老参悟》诸书行世。

---

① 真，青空洞天朱道生刊本作“贞”。

陶存存

达[1]士陶存存先生素耜（元名式玉），会稽人也。少游越水吴山，燕台金阙，其才华益盛。登康熙进士[2]，即退处山阴。往来霍僮洞天，遇方外至人，传以修养秘法，遂焚时艺之文。作《道言五种集注》及《丹家杂义》，以招后学。仇知几称其“笑傲林泉，乐天达命”，洵知言也。自号“清净心居士”，又曰“通微道人”。

颜钦明

达士颜先生钦明，戎泸[3]人也。康熙丙午举于乡，研穷经史之学。吴三桂据蜀时，士大夫多为迫胁，钦明独抗节不出。蜀平，结屋于玉蟾山下，终身不迹城市。

沈越溪

逸士沈越溪先生巨儒，万县人也。寄怀高尚，肥遁山中，自号“西溪野人”。四川总制李培之，知其夙学，劝之仕，不应。辟堂数椽，日以吟[4]笑为乐，望眉宇者，咸目为巢父、许由。

程伍乔

达士程伍乔先生梦星，江都人也。登康熙进士，官编修。以丁艰归，遂终身不出，盖淡于荣利者也。筑篠园，并漪南别业，讴吟偃仰于其中。每当竹摇翠雨，云度湖阴，便与幽人佳客，烹茶啖饼，即景言诗。望之者，不啻有孤云野鹤之象。

张幻花

达士张奕山先生梁，娄县人也。登康熙进士，即退隐西溪。筑葆闲堂十景，备水竹花药之胜。奕山善鼓琴，遇山水深处，及风月佳时，安弦动操，

① 达，《道藏辑要》本作“遗”，误。
② 登康熙进士，青空洞天朱道生刊本作“乃初得科第”。
③ 泸，青空洞天朱道生刊本作“卢”。
④ 吟，诸本均作“冷“，据文义改。

仙驭为之停空。子侄皆显贵，或劝之出山，清要可立致，笑不答也。心空及第，专务禅修，自号“幻花道人”。

金寿门

逸士金寿门先生农，钱塘布衣也。天怀冷峭，不与时趋，岁晚务闲，得人忙我暇之趣。尝于腊月杪，出其家酿，要诸邻翁谈笑，泛论古今逸民，真高士也。中年作汗漫游，遍走齐鲁、燕赵、秦晋、楚闽而归。尝愿如邋遢道人，日行千里；又愿如玉溪生，打钟扫地，作清凉山行者。乾隆间，寄迹扬州，隐于书画之间。

李客山

逸士李客山先生果，长洲布衣也。读书味道，隐于南冈。忍饥诵经，衡门两板，时或樵薪不继，怡然也。尝云：“富贵可乐，不如神仙；朝市可住，不如林泉。”乾隆间，巡抚雅公，闻其名访之，避而不见，真吴中高士也。

赵鸥白

达士赵鸥白先生翼，一号瓯北，字云松，阳湖人也。乾隆二十六年，探花及第，官贵西道。以母老乞养，遂不复出。鸥白休官既早，游屐亦宽。尝游天台、雁荡、武夷诸峰，洒然有挟仙遨游之想。过贵州福泉山，徘徊于礼斗亭中，录《打坐歌》去。晚年饭后，行道遥法，遂得年登大耋。管领林塘者，凡数十年。

殷果园

逸士殷果园先生如梅，元和人也。安贫乐道，幽节自贞。人或访之，则见曲水一湾，衡门两版，在横桥疏柳间，箪瓢屡空，弗①如也。尝题一联云：“林卧真堪忘岁月，心闲应不愧神仙。”余神游见之，直评其为逸士。

---

① 弗，青空洞天朱道生刊本作“自”。

吴竹桥

达士吴竹桥先生蔚光，昭文人也。登乾隆进士，官礼部主事，初入词馆，即改仪曹。渴慕烟山，复辞华膴，向禽之志切，箕颍之情[①]深矣。啸傲湖山，覃研文史，搜奇碑版，跌宕琴樽。人皆羡其风流，吾独重其高隐。

罗两[②]峰

逸士罗两峰先生聘，歙县布衣也。后寄几于扬州，尝受业于寿门，笔有奇情，喜画鬼物。凡有所遇，皆写长卷记之，成《鬼趣图》。余神游两峰之斋，鬼皆起拜，真奇事也。既能画，更能诗，喜游山水，更好禅宗。尝作《起信录》，释禅、净两家之惑。

翁澹生

逸士翁澹生先生春，华亭布衣也。性情清旷，诗笔萧闲，许用晦、罗昭谏犹不逮也。其友人序其集云："嗜恬淡，甘寂寞。菽水奉母，耕读教弟，四十不娶，亦不就有司试。为诗如朱弦疏越，一唱三叹。"八句尽澹生矣。翁游扬州，题壁有"二分月影关山梦，一派涛声今古愁"之句。余适化老道闲游，碍"愁"、"梦"二字，非逸士所言，为改"梦"为"共"、"愁"为"流"，取"共此一轮月，沧江流不息"之义。翁重过见之，悚然下拜曰："改吾诗者，非仙笔不能也。"

徐洄溪

逸士徐洄溪先生大椿，吴江布衣也。性好湖山，不慕荣利，平时以清净为宗。辟草堂于太湖之滨，门前七十二峰，青入座间。著[③]《阴符经解》及《道德句解》，灿然可观。自营藏帨[④]居，题一联云："满山灵草仙人药，一径松风处士坟"。余神游见之。

---

① 情，青空洞天朱道生刊本作"清"。箕颍，箕山和颍水。相传尧时，贤者许由曾隐居箕山之下，颍水之阳。后因以"箕颍"指隐居者或隐居之地。

② 两，青空洞天朱道生刊本作"雨"。

③ 著，诸本俱作"注"，据文义改。

④ 帨，青空洞天朱道生刊本作"脱"，似疑作"蜕"。

《张三丰先生全集》卷三

大道论

圆通道人　藏本

长乙山人　编次

蟠山、遁园埜客　同校

上篇

夫道者，统生天、生地、生人、生物而名，含阴阳动静之机，具造化玄微之理，统无极，生太极。无极为无名，无名者，天地之始；太极为有名，有名者，万物之母。因无名而有名，则天生、地生、人生、物生矣。今专以人生言之。父母未生以前，一片太虚，托诸於穆，此无极时也。无极为阴静，阴静阳亦静也。父母施生之始，一片灵气，投入胎中，此太极时也。太极为阳动，阳动阴亦动也。自是而阴阳相推，刚柔相摩，八卦相荡，则乾道成男、坤道成女矣。故男女交媾之初，男精女血，混成一物，此即是人身之本也。嗣后而父精藏于肾，母血藏于心，心肾脉连，随母呼吸，十月形全，脱离母腹。斯时也，性浑于无识，又以无极伏其神，命资于有生，复以太极育其气。气脉静而内蕴元神，则曰真性；神思静而中长元气，则曰真命。浑浑沦沦，孩子之体，正所谓天性、天命也。

人能率此天性，以复其天命，此即可谓之道，又何修道之不可成道哉？奈何灵明日著，知觉日深，血气滋养，岁渐长成[①]，则七情六欲，万绪千端，

① 成，青空洞天朱道生刊本作“岁”。

昼夜无休息矣。心久动而神渐疲，精多耗而气益惫，生老迫而病死之患成，并且无所滋补，则瘵病频生，而欲长有其身，难矣。观此生死之道，人以为常，诚为可惜，然其疾病临身，亦有求医调治，望起沉疴，图延岁月者，此时即有求生之心，又何益乎？予观恶死之常情，即觅长生之妙术，辛苦数年，得闻仙道。

仙道者，长生之道也，而世人多以异端目之。夫黄、老所传，亦正心、修身、治国、平天下之理也，而何诧为异端哉？人能修正身心，则真精、真神聚其中，大才、大德出其中。圣经曰："安而后能虑"，富哉言乎！吾尝论之矣。有如子房公之安居下邳，而后能用汉报韩；诸葛君之安卧南阳，而后能辅蜀伐魏；李邺侯之安养衡山，而后能兴唐灭虏。他若葛稚川之令勾漏、赵清源之刺嘉州、许真君之治旌阳，是皆道成住世、出仕安民者，彼其心不皆有君父仁义之心哉！孔子鄙隐、怪，孟子拒杨、墨。隐也者，乃谶纬说、封禅书之类；怪也者，乃微生高、陈仲子之类，仙家不然也。长春朝对，皆仁民爱物之言；希夷归山，怀耿介[①]清高之致，何隐、怪之有哉？杨子为我，墨子薄亲，仙家不尔也。三千功行，济人利世为先资，二十四孝，吴猛、丁兰皆仙客，又何杨、墨之可同哉？孔曰"求志"，孟曰"尚志"，问为何志？曰"仁、义"而已矣。仁属木，木中藏火，大抵是化育光明之用，乃曰仁；义属金，金中生水，大抵是裁制流通之用，乃曰义。仙家汞铅，即仁义之种子也。金木交并，水火交养，故尝隐居求志，高尚其志，而后汞铅生，丹道凝。志包仁义汞铅，而兼金木水火之四象，求之尚之者，诚意为之，意土合而五行全，大道之事备矣。故孔、孟当日，只辟隐怪、杨墨，而未闻攘斥佛、老。唐、宋以来，乃有韩、朱二贤，力辟二氏，诸大儒和之，群小儒拾其唾余，以求附尾，究竟辟著何处？反令世尊含笑，太上长叹。小儒辈不过徒吹滥竽，未必有韩、朱之识见也。何言之？韩、朱之辟二氏者，辟其非佛、非老之流，非辟真学佛、老者也。不然《昌黎诗集》往来赠答，又何以极多二氏之人？如送张道士有诗，送大颠有诗，送惠师、灵师皆有诗。或以为借人发议，故于惠师云："吾疾游惰者，怜子愚且淳"；于灵师亦云："方将

① 介，底本作"直"，青空洞天朱道生刊本作"今"，依《道藏辑要》本作"介"。《楚辞·离骚》："彼尧舜之耿介兮，既遵道而得路。"王逸注："耿，光也；介，大也。尧舜所以有光大圣明之称者，以循用天地之道，举贤任能，使得万事之正也。"

敛之道，且欲冠其颠"，似讥之也[①]。然何以于张道士，尽无贬词；于大颠师，全无诮语？盖此二师者，乃真仙、真佛之徒。张仙以尚[②]书不用而归真，颠佛以聪明般若而通禅，虽昌黎亦不能下手排之、肆口毁之也。且其家又生韩湘仙伯，雪拥蓝关，盖已知远来者之非凡人也。朱子少年，亦尝出入二氏，盖因不得其门而入，为二氏之匪徒所迷，故疑其虚无荒诞，空寂渺茫，回头抵牾耳。迨其晚年学博，则又爱读《参同契》，并云："《参同》之书，本不为明《易》，盖借此以寓其进退行持之候耳。"更与人书云："近者道间，不挟他书，始得熟玩《参同》"，是更津津然以仙道为有味也。然则韩、朱二贤，特辟其非佛、非老之流，非辟真学佛、老者也。否则前后一身，自相矛盾，则二贤亦可笑也。

予也不才，窃尝学览百家，理综三教，并知三教之同此一道也。儒离此道不成儒，佛离此道不成佛，仙离此道不成仙，而仙家特称为道门，是更以道自任也，复何言哉！平允论之曰：儒也者，行道济时者也；佛也者，悟道觉世者也；仙也者，藏道度人者也。各讲各的妙处，合讲合的好处，何必口舌是非哉！

夫道者，无非穷理尽性，以至于命而已矣。孔子隐诸罕言，仙家畅言之、喻言之，字样多而道义微，故人不知耳。人由天地而育，亦由父母而生，含阴阳动静之机，具造物玄微之理。人能体生身之道，顺而用之，则鼻祖耳孙，嗣续而成；逆而用之，则真仙上圣，亦接踵而出，同其理也。《悟真篇》云："修身之事，不拘男女。此金丹大药，虽愚昧野人，得之立登仙位。"不拘贵贱贤愚、老衰少壮，只要素行阴德，仁慈悲悯，忠孝信诚，全于人道，仙道自然不远也。又须洞晓阴阳，深参造化，察其真伪，得阴阳之正气，觅汞铅之真宗，方能换骨长生，居不夜之天，玩长春之景，与天地同久，日月同明，此正大丈夫分内事也。

至于旁门邪径，御女采阴，服炼三黄，烧饵八石，是旁门无功也。又有以按摩导引，吐纳呵嘘，修服药草，为养生之方者，虽能暂去其疾，难逃老衰命尽，而被达人耻笑也。伯端翁云："闭息一法，若能忘机绝念，亦可入定

① 也，青空洞天朱道生刊本作"矣"。

② 尚，底本作"上"，据青空洞天朱道生刊本改。

出神。奈何精气神属阴，宅舍难固，不免有迁徙之苦。”更有进气补血，名为抽添接命之术者，亦能避疾延年，保身健体，若欲服食、养就胎仙，必不能也。其他旁门邪径，乃实为吾道之异端也，何足道？

或者谓人之生死，皆有数定，岂有违天数而逃死者？独不思福自我求，命自我造，阴骘可以延年。学长生者，只要以阴功为体，金丹为用，则天数亦可逃也。伏维我太上道祖，列圣高真，施好生之心，广度人之愿，宏开玄教，秘授仙方，名曰金丹。原始要终，因此尽露天机，大泄玄奥，其中行持妙用，三候三关，九琴九剑，药材法器，火候符章，悉已敷衍全备，各宜详究诸经，以还其性命之本。

予论虽俗，义理最美，所谓真实不虚也。倘得者，无所猜疑，庶可以行持下手，虽不遇明师好友，得遇此书，即如师友在前，自能顿悟无上也。较诸行世丹经，悉合一理，罔不洞彻，实属苦海之慈航，指迷之智烛，虽曰行之惟艰，然勿畏难而苟安也。再有进箴者，身抱金丹之后，即宜高隐洞天，深藏福地，勿以黄白卖弄朝廷，为方士之先导，隐显度世，以待天符，白日飞升，不露圭角，此方为无上上品真人，历万劫而不坏者也。后来同志，玩之鉴之。

长篇巨观，首探大道之源，而讲生人之理，与人生老病之故，引彼回头向道，修正治平，如古来英雄神仙，身名两树，忠孝两全，非同杨墨、隐怪。使人知此道，亦儒道也。养汞培铅，无异乎居仁由义。韩、朱辟二氏，只辟二氏之假徒，更为通论。外扫旁门邪径，一归于穷理尽性，以至于命之道，振聋发聩之洪响，经天纬地之大文。

中篇

天地之间，至灵至贵者，人也；最忙最速者，时也；可大可久者，金丹也。惜人多溺于功名富贵场中，爱欲恩情之内，狼贪不已，蛾扑何休，一朝大限临身，斯时悔之何及？惟其甘分待终，就死而已。谁知有长生不老之方，谁悟有金丹灵药之妙，诚可惜哉！此金丹灵药，非世间之所无，非天上之不可得者，只在于同类中求之，乃生身固有之物也。简而且易，至近非遥。余尝有《金丹赋》记之，词极朗鬯，今追忆其中段云：“夫造金丹者，始则借乾坤为玄牝，学造化于阴阳。识二八之相当，知坎离之互藏。候金气之满足，听水潮之汪洋。继则看铅花于癸后，玩月夕于庚方。制刀圭于片晌，罢龙虎之战场。唤金公而归舍，配玉女而入房。”果能此道矣，虽愚必明，虽柔必强。

先儒曰：“圣人不言易，以滋人之惑；亦未尝言难，以阻人之进。”若人用意追求，殷勤修炼，自必入圣超凡，长登寿域，永享无穷之乐也，岂小补哉？且人为功名富贵，亦有备极穷苦而后可成者。若以劳苦之心，易而为修炼之心，将见九还到手，万劫存神，以比功名富贵，孰短孰长耶？仲尼曰：“不义而富且贵，于我如浮云。”又曰：“其为仁矣，不使不仁者加乎其身。”不仁不义，莫甚于狂贪妄想。胡氏曰：“志于道，则外物不足以累其身。”《悟真》曰：“若会杀机明反复，始知害里却生恩。”是知欲求还丹，必先绝欲。勤于杀机者，刻刻有灵剑在手，外欲乍乘，急须就起杀机，勿容纵意，久久纯熟，对境无心，即可行反本归根之道。《易·翼》曰：“终日乾乾，反复道也。”反复之道，得长生之果证也。人胡不勉而行之？万物如草木之汇，犹能归根反本，以历岁时。人为万物之灵，动至死地，是反不如草木也，能不愧乎？夫此反本归根之道，又非邪径旁门之说也。世人以德行为先，阴功为本，察阴阳造化之机，求玄牝乾坤之妙，辨二八坎离之物，定金花水月之时，施降龙伏虎之威，明立命生身之处，其间致虚守静，他主我宾，日月交光，戊己为用，则丹成反掌矣。《易》曰：“男女媾精，万物化生。”人有此身，亦因父母而得，倘无父母，身何有乎？故作金丹之道，与生身事同，但顺则成人，逆则成仙，顺逆之间，天地悬隔，只要逆用阴阳，自然成就，并非邪径旁门也。

兹余所论，大泄真机，皆列圣口传心授之旨，人能照此下手行持，自能夺天地玄妙之功，穷鬼神不测之奥，诚金丹之口诀也。除此之外，再无别传。先贤云：“圣人未生，道在天地；圣人已往，道著六经。”予之末论，虽不敢与圣经相比，亦可为问道之正途，如拨云雾而见青天，似剪荆棘而寻大路，坦然无碍，豁然有门。学者若能专心研究，自然默契仙缘，幸勿轻易视之也。万金难换，百宝难求，勿示非人，尚其重之。

《悟真篇》云：“学仙须是学天仙，惟有金丹最的端。”此篇专讲金丹外药，而金液内药，亦次其中矣。反反复复，总劝人及时省悟，炼己求铅，觉世婆心，传神简上。旧赋一段，句句口诀，有志者，再求口诀中之口诀，则还丹不难矣。

下篇

一阴一阳之谓道。修道者，修此阴阳之道也。一阴一阳，一性一命而已矣。《中庸》云："修道之谓教。"三教圣人，皆本此道以立其教也。此道原于性，本于命。命犹令也，天以命而赐人以令也；性即理也，人以性而由天之理也。夫欲由其理，则外尽伦常者其理，内尽慎独者其理。忠孝友恭，衷乎内也，然著其光辉，则在外也；喜怒哀乐，见于外也，然守其未发，则在内也。明朗朗天，活泼泼地，尽其性而内丹成矣。夫欲全其令，则殷勤顾之者此令，依法用之者此令。存心养性，此顾命之勤劳也；集义生气，此用令之法度也。炼气化神，炼神还天，复其性，兼复其命，而外丹就矣。吾愿后之人，修此正道，故直言之。

修道以修身为大，然修身必先正心诚意。意诚心正，则物欲皆除，然后讲立基之本，气为使焉，神为主焉。学者下手之初，必须知一阳初动之候，真铅始生之时。其气迅速如电，而不能久居于先天，霎时而生癸水，顷刻而变经流，迨至生形化质，已属后天而不可用矣。昆仑之上有玄门，其窍甚小，阴阳会合时，不许动摇，待其情性相感，自然彼我相通。凡有形质者，不能升入窍内，夫惟真气橐籥，乃能进于窍内也。故圣人直指先天一炁，冲开此窍。又曰：修行之径路，可以续命延年，修真而全真，无来无去，不生不灭。

今之愚人，闻说有用阴阳之道者，却行御女巧诈之术，正如披麻救火、飞蛾扑灯，贪其美色，胡肆纵横，日则逞力多劳，夜则恣情纵欲，致使神昏气败，髓竭精枯，犹不醒悟，甘分待终。古之贤人不然，忠孝两全，仁义博施，暗行方便，默积阴功，但以死生为念，不以名利关心，日则少虑无思，夜则清心寡欲，以此神全炁壮，髓满精盈。每叹凡躯，如石中之火，似水上之沤。未闻道者急求师，已闻道者急求药。又能广参博采，信受奉行，求先天之大药，寻出世之丹方，忙忙下手速修，惟恐时不待人。

夫道者，岂是旁门小技，乃至人口传心授，金液还丹之妙道也。非定息二乘之法，乃最上一乘之道。以有为入无为，以外药修内药；以己而求彼，以阴而配阳；以铅而投汞，以炁而合神。无为者，非防危守城之方、温养沐浴之事，乃得丹之后，脱胎神化之功也；有为者，非采战提吸之术、九一动摇之法，乃安静虚无之道，守雌不雄，寂然不动，感而遂通，此即未得丹之前，炼己筑基之事也。有为、无为，体用之始终，已见于此；内药、外药，出处之法相，又详于彼。外药者，在造化窟中而生；内药者，在自己身中而产。内药是精，外药是炁；内药养性，外药立命，性命双修，方合神仙之道。大修行人，欲求先天外药，必炼己以待阳生，用神炁炼成慧剑，采金水匀配柔刚。古人采药进火，全凭此物，除七情之患，去五贼之害。若无炼己，以去贼之患害，则不能常应常静，魂魄焉能受制？情欲岂不相干？若要入室施功，临炉下手，则外火虽动，而内符不应。只因刚柔未配，以此慧剑无锋，群魔为害，心神不宁，欲念杂起，故乃逐境飘流，致使汞火飞扬，圣胎不结。如使炼己纯熟，则心无杂念，体若太虚，一尘不染，万虑皆空，心死则神活，体虚则气运，方许求一阳之道、二候之功。还丹容易，炼己最难。凭慧剑剖破鸿蒙，舒匠手凿开混沌。却用阴阳颠倒之法，水火既济之道，乃行地天交泰。使阳居下，火必照上；令阴在上，水能润下。只要苦行忍辱，身心不动，己之性若住，彼之气自回。人能如此，便得守雌不雄，寂然不动，感而遂通之效也。太极将判之间，静已极而未至于动，阳初复而未离乎阴，候此真先天炁降，以法追摄，送入黄庭之中，日运己汞，包固周密，汞气渐多，铅气渐散，合丹于鼎。又须调停真息，周流六虚，至声寂而意合，乃气匀而脉住，丹始凝结。只待圣胎气足，十月功圆，脱胎神化，降生婴儿，调之纯熟，出入纵横，往来无碍，不被群魔引诱，只待九转功成，面壁之时，炼精则化炁，炼神则化虚，形神俱妙，与道合真，此大丈夫功成名遂之时也。

是道古人不传于世，盖缘愚人信之不笃，行之不勤，而且反生诽谤，是以秘而不传。予自得遇至人以来，述此修身秘要，以警觉后学。同志者，各加黾勉，共陟仙都。

此篇穷性命之真，发圣贤仙佛之理，本本原原，如疏如注。有为、无为之序，内药、外药之分，养胎、脱胎之妙，尽著简编，观止已！蔑以加矣！

玄机直讲

圆通道人　藏本
长乙山人　增订
蟠山逸士、卓庵居士　同校

炼丹火候说二篇

（删节《樵阳经》[①]）

夫功夫下手，不可执于有为，有为都是后天，今之道门，多流此弊，故世罕全真；亦不可着于无为，无为便落顽空，今之释门，多中此弊，故天下少佛子。此道之不行，由于道之不明也。

初功在寂灭情缘，扫除杂念。除杂念，是第一着筑基炼己之功也。人心既除，则天心来复；人欲既净，则天理常存。每日先静一时，待身心都安定了，气息都和平了，始将双目微闭，垂帘观照心下肾上一寸三分之间（必寻有活动气处相依，方不落空，方不执滞[②]），不即不离，勿忘勿助，万念俱泯，一灵独存，谓之正念。斯时也，于此念中，活活泼泼；于彼气中，悠悠扬扬，呼之至上，上不冲心；吸之至下，下不冲肾，一阖一辟，一来一往，行之一七、二七，自然渐渐两肾火蒸，丹田气暖，息不用调而自调，气不用炼而自炼。气息既和，自然于上中下，不出不入，无来无去，是为胎息，是为神息，是为真橐籥、真鼎炉，是为归根复命，是为玄牝之门、天地之根。气到此时，如花方蕊，如胎方胞，自然真气薰蒸营卫，由尾闾，穿夹脊，升上泥丸，下鹊桥，过重楼，至绛宫，而落于中丹田，是为河车初动。但气至而神未全，非真动也，不可理他。我只微微凝照，守于中宫，自有无尽生

① 空青洞天朱道生刊本、《道藏辑要》本均作："此祖师删改前人之作以示人者，故附入《全集》。"

② 本句批注，底本无，据空青洞天朱道生刊本、《道藏辑要》本增补。

机，所谓“养鄞鄂”者此也。

行之一月、二月，我神益静。静久则气益生，此为神生气、气生神之功也。或百日，或百余日，精神益长，真气渐充，温温火候，血水有余，自然坎离交媾，乾坤会合，神融气畅，一霎时间，真气混合，自有一阵回风，上冲百脉，是为河车真动。中间若有一点灵光，觉在丹田，是为水底玄珠，土内黄芽。尔时一阳来复，恍如红日初升，照于沧海之内，如雾如烟，若隐若见，则铅火生焉。方其乾坤坎离未交，虚无寂灭，神凝于中，功无间断，打成一团，是为五行配合。至若水火相交，二候采取，河车逆转，四候得药。神居于内，丹光不离，谓之大周天，谓之行九转大还也。此时一点至阳之精，凝结于中，隐藏于欲净情寂之时，而有象有形。到此地位，息住于胎，内外温养，顷刻无差，又谓之十月功夫也。

又

夫静功在一刻，一刻之中，亦有炼精化气、炼气化神、炼神还虚之功夫在内，不独十月然也。即一时一日、一月一年皆然。

坐下闭目存神，使心静息调，即是“炼精化气”之功也。回光返照，凝神丹穴，使真息往来，内中静极而动，动极而静，无限天机，即是“炼气化神”之功也。如此真气朝元，阴阳反覆，交媾一番，自然风恬浪静。我于此时，将正念止于丹田，即是“封固火候”。年月日时，久久行此三部功夫，不但入圜十月也。故曰：运之一刻，有一刻之周天；运之一时一日、一月一年，即有一时一日、一月一年之周天也。然一刻中，上半刻为温，为进火、为望、为上弦、为朝屯、为春夏；下半刻为凉、为退符、为晦、为下弦、为暮蒙、为秋冬。一时则有上四刻、下四刻之分，即一日一月一年，皆同。此之谓攒簇阴阳五行，一刻之功夫，夺一年之气候也。到此乃[①]是真空真静，或一二年，至十年百年，打破虚空，与太虚同体，此为“炼神还虚”之功也。

前功十月既满，须时时照顾婴儿，十步百步，千里万里，以渐而出，倘或放纵不禁，必致迷而不返。仙经曰：“神入气成胎，气归神结丹”，所谓

① 乃，底本作“仍”，据空青洞天朱道生刊本、《道藏辑要》本改。

"一点落黄庭"是也。但人杂念少者得丹早，杂念多者得丹迟。

此法简易，奈人不肯勇猛耳。若能恒久行持，必然透金贯石，入水蹈火，通天达地。再行积功累行，服炼神丹大药，必然形神俱妙，白昼飞升，全家拔宅，此又在功德之浅深何如耳。设或不服神丹，只顾阳神冲举，回视旧骸，一堆尘土，夫亦白日羽翰，万劫长存，可与宇宙同泰[①]者矣。

返还证验说

七返九还之法，下手兴功，先将上窍阳里真阴，入内金鼎气海之中，与下窍真阳配合。阳里真阴，即是自家元神，属三魂；下窍真阳，即是身中元气，属七魄。其先后二气一合，则坎离自交，魂魄混合，神气凝结，胎息自定，每日如外夫妇交情美快，切不可着他，水火自然既济，发运四肢，如外火之生焰焰相似，只要水火均平，此是小周天火候。调和薰蒸，喉息倒回元海，则外阳自然入内，真火自然上冲，浑身苏软，美快无穷，腹内如活龙动转升降，一日有数十样变化。婴儿姹女，自然成合，此是采阴补阳一节。

修炼玉液还丹，即筑基炼己，积内法财，终日逍遥，昼夜常明，乃长生久视之初阶也。世人常借五谷养命，数日不食，则气饥死矣。若人年老，下元亏损，骨髓俱空，不能胜五谷之气，是五谷能养人，亦能杀人。若会内外交接，水火既济，气血逆流，五脏气合，脾胃开畅，食入腹中，亦能化气、生精、养神。人果能得下手天机，直候骨髓盈满，腹脐如孕妇人一般，却不是有胎形相，不过是气满、精盈、神全而已。如果三全，则真火煅炼，调神炼虚，大丈夫功成名遂之时也。

奉劝学人，参访宗师，苦求至人，抉破一身内外天机，明白下手速修，炼己待时，候一阳至，择地入室，炼此龙虎大丹。必要僻静，鸡犬不闻之处，外边又要知音道友，不要一个闲杂人来到，恐防惊散元神。先言和光同尘，今言僻静处，何也？炼己于尘俗，养气于山林，是入室兴功，下手之时也。要超凡入圣，岂是小可的事？必须要一尘不染，万虑俱忘，丝毫无挂，一刀两断，永作他乡之客，终无退悔之心。持空炼神，守虚炼性，浑身五

---

① 泰，底本、空青洞天朱道生刊本皆同，《道藏辑要》本作"春"。

脏、筋骨气血，都化成青气，专心致志，演神纯熟，成形受使，星回斗转，随心所变，直养得浑身无有皱纹，如蜘蛛相似。上七窍生光，昼夜常明，身如太虚，才是正时候，方可求仙道。这应验，气满神全，法财广大，方可炼大丹，才叫做一个丹客。工夫既得，时候自至，七窍光明，三阳开泰，神剑成形，趁水顺风发火，雷轰电闪，方夺外天机，下手擒拿，采吾身外真铅，以龙嫁虎，驱虎就龙。若会攒簇，不失时节，湛然摄起海底之金，即开夹脊，上泥丸，落入水晶宫之内，与木汞配合，不过半刻，攒簇已定，真火冲入四肢，浑身骨肉，火烧刀割相似，最难禁受，就是十分好汉，到此无一分主张。防危虑险，沐浴身心，水火既济，顷刻间，浑身如炒豆子一般相似，一齐爆开，浑身气血，都会成形说话，就在身上闹成一堆。舌根下，又有两穴，左为丹井，右为石泉，此正是廉泉穴，随骨脉一齐开，下肾水上涌到，如外水泉一般，咽纳不完，滋味甚异，比糖蜜更不相同。又其至妙者，临炉下手之初，地将产其金莲，天亦垂乎宝露，忽然一点真汞下降，透心如冰凉，即运一点神火随之，攒簇于交感宫内，浑然湛然，如千千战鼓之鸣，万万雷声之吼，又即是自己一身百脉气血变化，休要惊怕，只要踏罡步斗，执剑掌印，这里正是凶恶处，三回九转，降帅召将，如此防顾，于虚空中，或见龙虎相交，天地交泰，日月交宫，见众仙诸佛，功夫到此，诸境发现，切不可认他，恐着外邪。既认元神，汞铅相投，三日才生大药，三日里最难过，遍世界都是邪境，四面神号鬼哭，八方杀气狼烟，此正是大开关工夫。到此十个九个都吓杀了，心不可有恐怖，盖己虽化成神，却是阴神，阴神最灵，能千变万化，诸境为害，他岂肯善善降伏，前人说得好：“你会六通神，方才脱生死；你若不会六通神，休想成道。”混沌又至三十时辰二日半，气气相通，气满至极，忽然活泼泼地，迸[①]出太阳流珠，脱壳入口，百万龙神，尽皆失惊，此是元阳真丹药入口，始知我命不由天也。仙云：“这回大死今方活。”又云：“一战而天下平。”即是此等地位，这才是天地交泰，日月交宫。真阳之药到口，顷刻周天火发，骨胎化作一堆肉泥，阳神脱体，撒手无碍。专心致志，持空养虚，以空养神，以虚养心，随心变神。夫万物皆天地生发，吾万神朝拜而宾服，厌居尘世，逍遥蓬岛，自有三千玉女奉侍，终日

① 迸，诸本均作“逆”，据方春阳点校本改。

蟠桃会上，饮仙酒，戴仙花，四大醺醺，浑身彻底玲珑，海底龟蛇出现，万神受使，才是真铅、真汞颠倒，浑身紫雾毫光，瑞气千条，是五龙大蛰法也。

炼之百日，玄关自开，婴儿显相，龟蛇出现，自然蟠绕。学者到此地位，口中才干得外汞。炼之六个月，体似银膏，血化白浆，浑身香气袭人，口中出气成云，此是灵丹成熟，一块干汞，人服之永不死矣，亦能治死人返活。炼之十个月，阳神脱体，一身能化千万身。只候十二月，夺尽天地全数，阳神已就，浑身出入，八[①]万四千阳神，步日月无影，入金石无碍，入水不溺，入火不焚，刀兵不能伤，鬼神不能测，变化无穷，已成真人也。浑身气候，无不是真药，鸡餐成凤，犬食成龙，此理鬼神也难明，若不见过这样言语，必不信大药金丹也。

造化工夫，三回九转，七返八还，火候细微，攒簇口诀，只三五日间，把天地都颠倒过，都是自然，人身造化阴阳，亦是自然，却要体天地造化，方可成就。事从做过、见过，从试应验，到自然处，工夫虽是一年，火候细微，只在百日之内，动静凶恶，只在几日一时里，得内外攒簇，顷刻湛然。圣胎成就，产黍米之珠，吞入腹内，周天火足，脱胎换骨，只是要持空养虚，余皆自然。今人果得明师指示，先炼己于尘俗，积铅于廛市，攒年簇月，攒日簇时，大定之中，只在一刹那间，不出半个时辰，把天地都颠倒过，运火十月之工，体天地自然之法。若不能死中求活，焉能逃出三灾八难哉！

服食大丹说

三清俸禄，玉皇廪给，非先圣贤哲，焉能受得？如许旌阳、葛仙翁、殷真君等八百余家，俱是成道之后，方炼服食，以度群迷。仙云："内丹成，外丹就。"此言人得正传，先积精累气，收积内外法财，养得气满神全，金光出现，昼夜常明，如是则吾身内丹成，而吾身外丹亦发相矣。凡看书不可按图索骏，学者于昼夜常明之时，药苗已生，方可采吾身外之药，配吾身中之雌雄，以得金丹入口，周天火候发现，顷刻湛然，撒手无碍，才似[②]金蝉脱

① 八，空青洞天朱道生刊本、《道藏辑要》本作"只"，误。

② 似，空青洞天朱道生刊本、《道藏辑要》本作"是"。

壳。默朝上帝，中遇仙举，受其天禄，万神朝礼，能折天补地，摘星握月，驱雷转斗，呼风唤雨，举意万神，使觑天地如手掌相似。这福德胜三辈天子，智慧胜七辈状元。到这般时候，方可炼服食金丹。此丹如黍米一粒，落于地则金光烛天，方名神丹。若不通神，敢说是外丹服食？此理奥妙，天机深远，金种金，银种银，外边无有别灵神。此黄白之术，不是凡间金银，为母遏气。果得正传，能产先天大药，认得黄芽白雪，此为黄白，方可为母遏气，以炼神丹。但是金银水药，都属后天，且又不知真阳、真阴同类，万万无成。

慨世学者，真假不辨，不遇正人，都是盲修瞎炼，实修性命之士，若未遇真师，且潜心看书。夫古圣丹书，不空说一字、妄言一句。只是后人不识邪正，又不知圣贤书中，都是隐语譬喻，遭遇庸师，执认旁门，毒药入心，又无通变，似是而非，自高自是，声音颜色，拒人千里之外，则高人望望然去之，况仙圣乎？学者未遇正人时，当小心低意，积功累行，遇魔莫退，遭谤勿嗔，重道轻财；一遇正人，笃志苦求，抉破一身内外两个真消息，忽然醒悟诸书，才不为人迷惑。若是志人君子，实心为命，扫尽旁门，重正心猿，重立志气，低心下意，经魔历难，苦求明师，穷取生身受气初。初者，是元始祖气，此气含着一点真阳、真阴。夫真阳、真阴，产于天地之先，混元之始，这颗灵明黍米宝珠，悬在虚空，明明丽丽。但未有明师指破的人，如在醉梦相似，离此一着，都是旁门。此灵明宝珠，于虚空之中，包含万象，潜藏万有，发生万物，都是这个。

一粒黍米说

此物在道门中，喻真铅、真汞，一得真得，不可着于乾坤、日月、男女上，只于己身内外安炉立鼎。炼己持心、明理见性之时，攒簇发火，不出半刻时辰，立得黍米玄珠，现于曲江之上。刀圭入口，顷刻一窍开，百脉齐开，浑身筋骨、五脏血肉，都化成气，与外水银相似。到此时候，用百日火功，方有灵妙，一得永得，无有返还，住世留形，炼神还虚，与道为一矣。

此物在佛门中，说是真空真妙觉性。下手端的，炼魔见性，片晌工夫，发起三昧真火，返本还元，一体同观，大地成宝，霞光万道，五眼六通，炼金刚不坏之身，了鬼神不测之妙也。

此物在儒门中，说是无极而太极。依外天地而论，无极是天地周围，日月未判之前，四维上下，混混沌沌，如阴雾水气，直至时到，气满相激，才是太极。是时也，日月既生，清浊自分，在上为天，在下为地，天之清气为纯阳，地之浊气为纯阴。雨露从天降，是阳能生阴；万物从地生，是阴能生阳。天地是个虚无，包藏无穷尽、无边际。天之星宿神祇，动静转轮，各有方位；地下万物，按四时八节，自然发生，总论只是虚空。

夫日月是天地之精，上照三十三天，下照九极万泉，东西运转，上下升降，寒暑往来。日是纯阳之体，内含一点真阴之精，属青龙、姹女、甲木、水银、金乌、三魂，即是外；月是纯阴之体，内含着一点真阳之气，属白虎、婴儿、庚金、朱砂、玉兔、七魄，即是内。人身造化同天地，故人身亦有真日月，道在迩，人何求之远也！三魂属性，性在天边；七魄属命，命在海底。内外通来"性命"两个字，了却万卷丹书。性属神是阴，命属气是阳，故曰"一阴一阳之谓道"。千经万卷，皆是异名，然真性命，及幻法象，若不得真传，则又不可知耳。

仙云："四大一身皆属阴，未知何物是阳精。"又云："涕唾精津气血液，七般灵物总属阴。"乃后天渣质之浊阴，非真阴也。真阴与真阳相对，真阴既不知，焉能知真阳乎？今之学者，不惟不知真阳，亦且不知真阴；若知真阴，亦必知真阳矣。不遇明师，焉能猜度？学者穷取一身中天地人三才之妙，穷一身内外真炉鼎之端的，即①一身内外阴阳之真消息。如不得旨，一见诸书异名，心无定见，执诸旁门，无有辨理。既不知穷理，则心不明；心既不明，则不能见性；既不见性，焉能至②命？古人云："只为金丹无口诀，教君何处结灵胎！"

登天指迷说

（迷，一作"南"）

道也者，生天地，育万物，放之则包罗虚空，敛之则退藏于密，两仪、

① 即，空青洞天朱道生刊本、《道藏辑要》本作"及"。

② 至，底本作"致"，据空青洞天朱道生刊本、《道藏辑要》本改。

日月、五行，都是道中之造化耳。物物各具一太极，即道也。人人心上有先天，亦道也。五行顺，而生人、生物；五行逆，而成仙、成佛。故云："五行顺则法界火坑，五行逆则大地七宝。"这五行之精，秘于四大形山不内不外之密处，只是百姓日用而不知耳[①]。民可使由之，顺行也；不可使知之，逆行也。夫鱼在水中，不知其为水也；人居气内，不知其为气也。此譬喻当潜心究竟，回光返照，明心见性，果证仙佛，复何难哉？

今人学道，个个自卖聪明，自夸伶俐，自称会家，终无了悟。又有一等小根盲人，见先圣所言外阴阳、外炉鼎、外药物，执迷子女为鼎器，则又可哀已也。某见酷好炉火者，百无一成。又以轩辕铸九鼎而成道，以为必用鼎器九人，谬之甚矣。尝见有进过五七鼎，亦无成就者，且人念头一动，先天淳朴即散。先天既丧，后天虽存，究何益于身心？不过聊存其四大而已。这样下愚，岂知天不言而四时行、百物生之妙哉？夫人身造化，同乎天地，但不知天何得一以清、地何得一以宁，且又不知主张造化的是谁？若能以清静为体，镇定为基，天心为主，元神为用，巧使盗机，返还天真，归根复命，岂患不至天地圣位？至用女鼎一节事，万无此理！

假使有缘之士，得遇真师，先行玉液还丹，炼已和光，操持涵养，回光返照，此即见性明心之事也。既见其性，更求向上之事，乃金液还丹。情来归性，直到真空地位，大用现前，龙女献一宝珠，金光发现，至此方为一得永得。亥、子之交，剥、复之间，于太阳初动兴功时，手探月窟，足蹑天根，回风[②]混合，从此有百日功灵之妙。此金液还丹，乃阴阳五行之大道也。除此玉液金液、性命双修、清静自然之道，余皆旁门小法。

某于一身内外，安炉立鼎，攒簇口诀，药物火候细微，已得虚空法度，便去入室，行外药入腹大事，发火行功。到秘密处，有虚空万神朝礼，仙音戏顶，此事鬼神难明。怎奈因自己不能炼已于尘俗，未得积铅于市廛，气脉又未甚大定，基址也未得三全，理虽融而性未见，故万物发现凶险，心神恍

① 李道纯《中和集·问答语录》："玄关者，至玄至妙之机关也，宁有定位？着在身上即不是，离了此身，向外寻求，亦不是。泥于身，则着于形；泥于外，则着于物。夫玄关者，只于四大五行不着处是也。余今设一譬喻，令汝易于晓会。且如傀儡手足举动，百般舞蹈，在乎线上关捩，实由主人使之。傀儡比得人之四大一身，线比得玄关，抽牵底主人比得本来真性。傀儡无线，则不能动。人无玄关，亦不能运动。"

② 风，底本作"光"，据空青洞天朱道生刊本、《道藏辑要》本改。

惚，不能做主。又因外边，无知音道侣护持看守，触其声色，惊散元神，激鼎翻炉，劣了心猿，走了意马，神不守舍，气不归元，遭其阴魔。何为阴魔？我不细言，后学不知。皆因真阳一散，阴气用事，昼夜身中，神鬼为害，不论睁眼合眼，看见鬼神来往，即耳中亦听得鬼神吵闹，白日间觉犹可，到晚来最难过，不敢静定一时，我身彼家海底命主，兑金之戊土，冲返五脏，气血皆随上腾，身提不着地，杀身丧命，真乃鬼家活计也。某乃暂弃前功，遵师训指，大隐市廛，积铅尘俗，摄情归性，杀机返覆，自幼至老，被天地人物盗去的天真，今于虚无中、尘色内，却要夺盗返还于我天性之中，方得元精、元气、元神之三全，至是乃心明理融，理融见性，身心大定，五行攒簇，才去行上等事而了大道。想前代贤哲，多有中道而废，皆因未曾炼己持心，金来归性，以至二候得药，于四候进火之时，不知虚空法度，粗心大意，是以白玉蟾有“再砍秋�节”之叹焉。谁知虚空消息，至微、至凶、至恶，若是擒捉不住，定不饶人。

若是学人，知一身内外两个真消息，了然无碍，方去操持涵养，克去己私，复还天理，则还丹工夫，至简至易。终日采吾身外之黄芽，以候先天之琼浆，此正是“饮酒戴花悟长生”之妙也。若混元一事，则无意无必，无固无我，恁生恁死，忘人忘物，如游手好闲，不务生理，终日穿街过巷，玩景怡情，淫房酒肆，兀坐忘言，岂不动世人之惊疑哉？摄境积铅，法财两用，岂不致俗子之笑谤哉？是以必资通都大邑、有力之家，以为外护，目击道存，韬光晦迹。仙云：“要贪天上宝，须用世间财。”夫天上宝，非指青天之上而言也，乃吾身上九阳鼎之宝也，故轩辕铸九鼎而飞升。世之迷徒，一闻“天上宝”三字，遂执天上日月为水火，乃于月出庚方，用两目行度数以采之，为真水真铅；于日出卯时，亦运两目采之，为真火真汞。夫天上地下、乾坤坎离、男女内外炉鼎，喻吾一身之内外阴阳而言，并无男女等相。仙云：“凡有所相，皆是虚妄。”还丹本无质，至哉斯言，尽矣。世间学好的人，必不为损人利己之事。宇宙间男女所赖以生而不死者，惟此一点阳精而已。岂有学仙的人，采女人之精而利己之身哉？此与世之杀人者，有何异焉？

又先圣言彼家男女、两家两国，及内外炉鼎等说，若人不得正传，其不错认者几希矣。某曾遇明师，耳提面命，抉破虚空内外两个真消息，不敢私于一己，冒禁相付，把一身天地人之造化，三教经书，药物火候，日月交合，盈满度数，尽都抉破，不立文字，但说真言，使学者无错认迷修之误。是书在处，有神物护持，若无缘下流见之，亦不过瞽唱之文词耳。是金丹大道，万劫难遇，正是踏破芒鞋无觅处，得来全不费功夫。学者果能涵养于造次颠沛流离之际，保此方寸不失，是天理复矣。天理既复，然后求向上外药入腹事，顷刻湛然，脱胎换骨，浑然化一道金光，大地成宝，身外生身，阳神脱体，持空养虚，此是五龙大蛰法，受诸逍遥，超出风、水、火之三劫，不在生、老、病、死、苦中矣。今人不去修行，有贪图炉火外丹服食者，此又迷之甚矣。

按：此篇乃《玄要》下篇《道情总说》。“登天指迷”，即道情词曲之总名也。篇末云：“下流见之，不过瞽唱文词”，即此可知为道情总说。

注《九皇丹经·龙虎铅汞论》

道君论龙虎、铅汞、抽添，正要后世有根有缘者，从此下手。虽曰“神仙还是神仙做”，吾却偏曰“凡人亦可做神仙”。只怕不明金丹理，方入地狱为兽员。

此龙属阳，自阳一失，却是一阴；此虎属阴，自阴有宝，却是一阳。龙，即我之玄关也；虎，即彼之玄牝也。龙却好淫[①]，我却不泄一水，添一点土，偏要成一个“瑶”字，成为玉液至宝；虎却好吃，我却不泄真火，加一“柬”字，偏要成个“炼”[②]字，收为金液至宝。虎虎虎，那怕你张口漏牙，把人亡魂丧胆，我却有伏虎手段，将你为空中色、色中空，用龙一戏，把你为龙虎风云会，不怕你不为我、把你虎穴中虎子得来，入我三田之中；龙龙龙，纵任你是淫欲之物，我却有降龙手段，那怕你变化无穷，我用一那吒金刚圈，降住你，抽你筋，做为一条养性接命的金带，时时系着，那怕你不去向太极真人前，请一点真一不二法门来，与我为混合之大道也。

铅，即两弦之铅；汞，即我身天地之汞。有日月之光明，天地才成“地天泰”，不为“天地否”。人身自父母生来，原有一汞一铅、男女交媾之理，

---

① 淫，繁体作“滛”。
② 炼，繁体字作“煉”。

故曰“乾为父，坤为母”，“男女媾精，万物化醇”，“易为先天之太极”。人不明此一理，只把汞去投铅，生男生女，不把铅来投汞，成佛成仙。这个铁馒头打得破，何难为三丰中之三丰也。

注吕祖《百字碑》

养气忘言守，

凡修行者，先须养气。养气之法，在乎忘言守一。忘言，则气不散；守一，则神不出。

诀曰：缄舌静，抱神定。

降心为不为。

凡人之心，动荡不已。修行人，心欲入静，贵乎制伏两眼。眼者，心之门户，须要垂帘塞兑。一切事体，以心为剑，想世事无益于我，火烈顿除，莫去贪着。

诀云：以眼视鼻，以鼻视脐，上下相顾，心息相依，着意玄关，便可降伏思虑。

动静知宗祖，

动静者，一阴一阳也。宗祖者，生身之处也。修行人，当知父母未生之前，即玄牝也。一身上下，乾坤八卦，五行四象，聚会之处，乃天地未判之先，一点灵光而成，即太极也。心之下，肾之上，仿佛之内，念头无息，所起之处，即是宗祖。所谓动静者，调和真气，安理真元也。盖呼接天根，吸接地根，即阖户之谓坤、辟户之谓乾。呼则龙吟云起，吸则虎啸风生，一阖一辟，一动一静，贵乎心意不动，任其真息往来，绵绵若存。调息至无息之息，打成一片，斯神可凝，丹可就矣。

无事更寻谁。

若能养气忘言守，降伏身心，神归炁穴，意注规中，混融一炁，如鸡抱卵，如龙养珠，念兹在兹，须臾不离。日久工深，自然现出黍米之珠，光耀如日，默化元神，灵明莫测，即此是也。

真常须应物，应物要不迷。

此道乃真常之道，以应事易于昏迷，故接物不可迷于尘事。若不应接，则空寂虚无。须要来则应之，事去不留，光明正大，乃是不迷。真性清静，元神凝结。

诀曰：着意头头错，无为又落空。

不迷性自住，性住气自回。

凡人性烈如火，喜怒哀乐，爱恶欲憎，变态无常，但有触动，便生妄想，难以静性。必要有真惩忿，则火降；真寡欲，则水升。身不动，名曰炼精，炼精则虎啸，元神凝固；心不动，名曰炼气，炼气则龙吟，元气存守。念[①]不动，名曰炼神，炼神则二气交，三元混，元气自回矣。三元者，精、气、神也；二气者，阴阳也。修行人应物不迷，则元神自归，本性自住矣。性住则身中先天之气自回，复命归根，有何难哉！

诀曰：回光返照，一心中存，内想不出，外想不入。

气回丹自结，壶中配坎离。

修行人，性不迷尘事，则炁自回，将见二炁升降于中宫，阴阳配合于丹鼎，忽觉肾中一缕热炁，上冲心府，情来归性，如夫妇配合，如痴如醉。二气絪缊，结成丹质，而炁穴中水火相交，循环不已，则神驭炁、炁留形，不必杂术自长生。

诀曰：耳目口三宝，闭塞勿发通。真人潜深渊，浮游守规中。直至丹田气满，结成刀圭也。

阴阳生反覆，普化一声雷。

功夫到此，神不外驰，气不外泄，神归炁穴，坎离已交，愈加猛烈精进，致虚之极，守静之笃，身静于杳冥之中，心澄于无何有之乡，则真息

① 念，空青洞天朱道生刊本、《道藏辑要》本作“意”。

自住，百脉自停，日月停景，璇玑不行，太极静而生动，阳产于西南之坤。坤，即腹也，又名曲江。忽然一点灵光，如黍米之大，即药生消息也。赫然光透，两肾如汤煎，膀胱如火炙，腹中如烈风之吼，腹内如震雷之声，即复卦天根现也。天根现，即固心王，以神助之，则其炁如火，逼金上行，穿过尾闾，轻轻运，默默举。一团和气，如雷之震，上升泥丸，周身涌跃，即“天风姤卦”也。由月窟，至印堂，眉中漏出元光，即太极动而生阴，化成神水甘露，内有黍米之珠，落在黄庭之中，点我离中灵汞，结成圣相之体，行周天火候一度，烹之炼之，丹自结矣。

白云朝顶上，甘露洒须弥。

到此地位，药即得矣。二气结刀圭，关窍开通，火降水升，一炁周流，从太极中，动天根，过玄谷关，升二十四椎骨节，至天谷关，月窟阴生，香甜美味，降下重楼，无休无息，名曰“甘露洒须弥”。

诀曰：甘露满口，以目送之，以意迎之，送下丹釜，凝结元气以养之。

自饮长生酒，逍遥谁得知。

养气到此，骨节已开，神水不住，上下周流，往来不息，时时吞咽，谓之长生酒。

诀曰：流珠灌养灵根性，修行之人知不知。

坐听无弦曲，明通造化机。

功夫到此，耳听仙乐之音，又有钟鼓之韵，五气朝元，三花聚顶，如晚鸦来栖之状，心田开朗，智慧自生，明通三教经书，默悟前生根本，预[①]知未来休咎，大地山河，如在掌中，目视万里，已得六通之妙，此乃实有也。吾行实到此际，若有虚言以误后学，天必诛之。遇之不行，罪遭天谴。非与师遇，此事难知。

① 预，底本、空青洞天朱道生刊本、《道藏辑要》本均作“豫”，改。

都来二十句，端的上天梯。

自“养炁忘言”，至此二十句，皆是吕祖真正口诀，工夫无半点虚伪，乃修行上天之阶梯。得悟此诀与注者，可急行之，勿妄漏泄，勿示匪人，以遭天谴。珍重奉行，克登天阙。

吕祖抱度人洪愿，而传此《百字碑》；张祖抱度人大愿，而注此《百字碑》。张祖之心，即吕祖之心也。故曰：纯阳、三丰，乃神仙中耳目。西月跋。[①]

① 此跋语，底本无，依空青洞天朱道生刊本补。

道言浅近说

长乙山人　辑

蟠山、卓庵居士　仝校

一[①]

夫道者，其层次须知三候三关。大抵不外四言：“无为之后，继以有为；有为之后，复返无为”而已。

二

内丹功夫，亦有小三候。积精累气为初候，开关展窍为中候，筑基炼己为三候。下手于初候求之，大抵清心寡欲，先闭外三宝，养其内三宝而已。

三

《系辞》：“穷理、尽性，以至于命”，即是道家层次，一步赶步工夫。何谓穷理？读真函，访真诀，观造化，参《河》《洛》，趁清闲而保气，守精神以筑基。一面穷理，一面尽性，乃有不坏之形躯，以图不死之妙药。性者，内也；命者，外也。以内接外，合而为一，则大道成矣。“以至于”三字，明明有将性立命、后天返先天口诀在内，特无诚心人，再求诀中诀以了之也。

四

“凝神调息，调息凝神”八个字，就是下手工夫。须一片做去，分层次而不断乃可。凝神者，收已清之心，而入其内也。心未清时，眼勿乱闭，先要自劝自勉，劝得回来，清凉恬淡，始行收入气穴，乃曰凝神。凝起神了，

① 本篇序号，皆点校者划归体例所加。

然后如坐高山而视众山众水，如燃天灯而照九幽九昧，所谓“凝神于虚”者，此也。调息不难，心神一静，随息自然，我只守其自然，加以神光下照，即调息也。调息者，调度阴蹻之息，与吾心中之气，相会于气穴中也。

五

心止于脐下，曰疑神；气归于脐下，曰调息。神息相依，守其清静自然，曰勿忘；顺其清静自然，曰勿助。勿忘勿助，以默以柔，息活泼而心自在，即用钻字诀。以虚空为藏心之所，以昏默为息神之乡，三番两次，澄之又澄，忽然神息相忘，神气[①]融合，不觉恍然阳生，而人如醉矣。

六

真消息，玄关发现时也。凡丹旨中，有“先天”字、“真”字、“元”字，皆是阴阳鼎中生出来的，皆是杳冥昏默后产出来的，就如混沌初开诸圣真一般，以后看丹经，可类推矣。

七

学道甚难，传道亦不易。传道者甚勤，学道者可懒乎？传道者耐烦，学道者可不耐烦乎？学不精，功不勤，心不清，神不真，以此入道，万无一成。孔子曰：“知几其神乎！”不曰其念其意，而曰“其神”，可见微动之息，非神不知也。今为分之曰：微动者几，大动者直。欲知其几，使心、使意、使念，终不得见也。神乎！神乎！

八

神要真神，方算先天。真神者，真念是他，真心是他，真意是他。如何辨得真？诀曰：“玄关火发，杳冥冲醒，一灵独觉”者是也。丹家云：“一念从规中起”，即真神、即真念也。又云：“微茫之中，心光发现”，即真神、即真心也。又云：“定中生慧，一意斡旋”，即真神、即真意也。真神从不神中炼出，学者知之。

---

① 气，空青洞天朱道生刊本“炁”。

九

学道人，原有常格宜破，乃能引心入理。热心去，则冷心来；人心绝，则道心见。此吾所以撇功名势利，弃儿女家园也。顶真学道，要把道当为奇货可居，乃有效验。

十

大道以修心炼性为首，性在心内，心包性外，是性为定理之主人，心为栖性之庐舍。修心者，存心也；炼性者，养性也。存心者，坚固城郭，不使房屋倒坍，即筑基也；养性者，浇培鄞鄂，务使内药成全，即炼己也。心朗朗，性安安，情欲不干，无思无虑，心与性内外坦然，不烦不恼，此修心炼性之效，即内丹也。

十一

世有学道数月，而不见其寸进者，为无真心向道也。人若有心于道，自然无事于心；人若心重于道，自然心轻于事；人若心浓于道，自然心淡于事。守其性兮不散乱，存其神兮不昏沉，又安有渴睡杂念之扰哉？咄！理胜欲则存，欲胜理则亡。

十二

潜心于渊，神不外游；心牵于事，火动于中。火动于中，必摇其精。心静则息自调，静久则心自定。死心以养气，息机以纯心。精、气、神为内三宝，耳、目、口为外三宝。常使内三宝不逐物而游，外三宝不透中而扰，呼吸绵绵，深入丹田。使呼吸为夫妇，神气为子母，子母夫妇，聚而不离，故心不外驰，意不外想，神不外游，精不妄动，常薰蒸于四肢，此金丹大道之正宗也。

十三

大道从“中”字入门。所谓“中”字者，一在身中，一不在身中。功夫须两层做：第一寻身中之中，朱子云“守中制外”。夫守中者，须要回光返照，注意规中，于脐下一寸三分处，不即不离，此寻身中之中也；第二求不在身中之中，《中庸》云“喜怒哀乐之未发”，此未发时，不闻不见，戒慎幽独，自然性定神清，神清气慧，到此方见本来面目，此求不在身中之中也。以在身中之中，求不在身中之中，然后人欲易净，天理复明，千古圣贤仙佛，皆以此为第一步功夫。

十四

打坐之中，最要凝神调息，以暇以整，勿助勿忘，未有不逐日长工夫者。

十五

凝神调息，只要心平气和。心平则神凝，气和则息调。心平“平”字最妙，心不起波之谓平，心执其中之谓平，平即在此中也。心在此中，乃不起波。此中，即丹经之玄关一窍也。

十六

修炼不知玄关，无论其他，只此便如入暗室一般，从何下手？玄关者，气穴也。气穴者，神入气中，如在深穴之中也。神气相恋，则玄关之体已立。

十七

古仙云：“调息要调真息息，炼神须炼不神神。”真[①]息之息，息乎其息者也；不神之神，神乎其神者也。总要无人心，有道心。将此道心，返入虚无，昏昏默默，存于规中，乃能养真[②]息之息，得不神之神。

十八

初学必从内呼吸下手，此个呼吸，乃是离父母重立胞胎之地。人能从此处立功，便如母呼亦呼[③]、母吸亦吸之时，好象重生之身一般。

---

① 真，底本作“不”，据空青洞天朱道生刊本、《道藏辑要》本改。

② 真，底本作“不”，改同上。

③ 母呼亦呼，底本漏缺，据空青洞天朱道生刊本、《道藏辑要》本增补。

十九

大凡打坐，须将神抱住气，意系住息，在丹田中宛转悠扬，聚而不散，则内藏之气与外来之气，交结于丹田。日充月盛，达乎四肢，流乎百脉，撞开夹脊双关，而上游于泥丸，旋复降下绛宫，而下丹田。神气相守，息息相依，河车之路通矣。功夫到此，筑基之效已得一半了，总是要“勤、虚、炼”耳。

二十

调息须以后天呼吸，寻真人呼吸之处。古云：“后天呼吸起微风，引起真人呼吸功。”然调后天呼吸，须任他自调，方能调得起先天呼吸，我惟致虚守静而已。真息一动，玄关即不远矣。照此进功，筑基可翘足而至，不必百日也。

二十一

《道德经》“致虚极，守静笃”二句，可浑讲，亦可拆讲。浑言之，只是教人以入定之功耳。拆言之，则虚是虚无，极是中极，静是安静，笃是专笃。犹言致吾神于虚无之间，而准其中极之地，守其神于安静之内，必尽其专笃之功。

二十二

人心者二，一真一妄。故觅真心者，不生妄念，即是真心。真心之性格，最宽大、最光明；真心之所居，最安然、最自在。以真心理事，千条一贯；以真心寻道，万殊一本。然人要用他应事，就要养得他壮大，就要守得他安闲，然后劳而不劳，静而能应。丹诀云：“心走即收回，收回又放下，用后复求安，求安即生悟”也。谁云闹中不可取静耶？

二十三

游方枯坐，固非道也。然不游行于城市云山，当以气游行于通身关窍内乃可；不打坐于枯木寒堂，须以神打坐于此身妙窍中乃可。

二十四

学道以丹基为本。丹基既凝，即可回家躬耕养亲，做几年高士醇儒，然后入山寻师，了全大道。彼抛家绝妻、诵经焚香者，不过混日之徒耳，乌足道！

二十五

保身以安心养肾为主。心能安，则离火不外荧；肾能养，则坎水不外湍。火不外荧，则无神摇之病，而心愈安；水不外湍，则无精涸之症，而肾愈澄。肾澄则命火不上冲，心安则神火能下照，神精交凝，乃可以却病，乃可以言修矣。

二十六

凡人养神、养气之际，神即为收气主宰。收得一分气，便得一分宝，收得十分气，便得十分宝。气之贵重，世上凡金凡玉，虽百两不换一分，道人何必与世上争利息乎？利多生忿恚，忿恚属火，气亦火种，忿恚一生，气随之走，欲留而不能留。又其甚者，连母带子，一齐飞散，故养气以戒忿恚为切。欲戒忿恚，仍以养心、养神为切。

二十七

功名多出于意外，不可存干禄之心。孔子曰："学也，禄在其中矣。"修道亦然，不可预贪效验。每逢打坐，必要心静神凝，一毫不起忖度希冀之心，只要抱住内呼吸做功夫。

二十八

炼心之方[①]，自小及大。如今三伏大炎，一盏饭可也，再求饱不可也；一片凉可也，再求大凉不可也；数点蚊不足畏也，必求无蚊不能也。自微及钜，当前即炼心之境。从[②]苦中求甘、死里求生，此修道之格论也。

---

① 方，空青洞天朱道生刊本、《道藏辑要》本作"法"。

② 从，底本及空青洞天朱道生刊本无，据《道藏辑要》本增补。

二十九

金丹之道，虽曰易知难行，然不可不求其知，以为行之地也。知苟不正，行于何往？知苟不精，行安所入？知且未熟，奚云口诀？

三十

学道之士，须要清心、清意，方得真清之药物也。毋逞气质之性，毋运思虑之神，毋使呼吸之气，毋用交感之精。然真精动于何时，真神生于何地，真气运于何方，真性养于何所，是不可不得明辨以晰者，而细言之也。

三十一

气慧者，神自清。气即人身之时神表也，有何难知？特患心不静定耳。进气，是修道第一步要紧工夫。若不静心细参，则不能知终知始，如何便得下手？懵懂下手，知此不知彼，心中忙了又忙，遂时时有琐碎之心，而不团聚，故本一心，分作数心，何能一心做工夫？凡学道，总要诚一，一枪下马，免得另来打战。

三十二

凡下手打坐，须要心神两静，空空寂寂，鬼神不得而知。其功夫只宜自考、自信，以求自得。所谓诚其意者，毋自欺也。诚于中，自形于外，是以君子必慎其独。

附：三丰先生辑说

一[①]

先生曰：空青洞天，向多有仙真来游，留下丹诀去者，此亦度人觉世之心也。山中人何必另寻瑶草、别采仙花，只此是救命符、延年药也。今特节录存之，以公好道之士。

① 本篇序号，皆点校者划归体例所加。

二

白紫清《调息诀》云：夫调息有法度，有器用，有火候，三者有参伍错综之妙用，须知之熟、思之稔，下手自砉然而解。调息火候，有摄取之息，必要能虚、能谦，精方入鼎，所谓缩地法也；有采取之息，神要不动不摇，药自就范，所谓拿云手也；有交媾之息，须要六根大定，片念不生；有进火之息，以意逼之，所谓“起巽风，运坤火”是也；有退符之息，以神敛之[①]，所谓“归其根，复其命”是也；有卯酉沐浴之息，乃柔字而已。诸般调息与法度、器用，宜参看。调之者，调度得其宜也。

三

紫清翁《玄关诀》云：玄关者，求玄之关道，玄妙之机关也。有体有用。何谓体？寂然不动。何谓用？感而遂通。不动有时候。神气交媾之初，絪缊缊缊，浑浑沦沦，是为一关，所谓“四大五行不着处”是也；神气交媾之际，昏昏默默，杳杳冥冥，是又一关[②]，所谓“无声无臭，无内无外”是也；及至静极生动，而用乃出焉，混混续续，兀兀腾腾，真气从规中起，是又一关，所谓“念头起处为玄牝”是也；念头起处，醉而复苏，有一个灵觉，当下觉悟，是又一关，所谓“时至神知”是也；此时以灵觉为用，如线抽傀儡，机动气流，微微逼过尾闾，是又一关，所谓“斡转魁罡运斗杓”，正此时也；沐浴卯门又一关；飞上泥丸，又一关；归根复命，沐浴酉户，又一关；大休歇，大清净，空空忘忘，还于至静，又一关。玄关之体用如此，千经[③]万论，皆在是也。

四

紫清翁《炉鼎诀》云：《四百字》宜熟玩“此窍非凡窍”一首，道尽鼎器之妙。“此窍”二字，分内外两个看。“非凡”者，赞词也。乾坤合之，为外窍；神气藏于其中，为内窍。神气交而坎离生，坎离交而元精产。此

---

① 以神敛之，底本缺，据空青洞天朱道生刊本、《道藏辑要》本增补。

② 是又一关，底本缺，据空青洞天朱道生刊本、《道藏辑要》本增补。

③ 经，底本及空青洞天朱道生刊本作“金”，据《道藏辑要》本改。

精不是寻常精，乃是“白虎首经至宝”也，得之者，立登仙界。此就还丹言。若小丹所用，则试与人言曰：“此窍非凡窍，阴阳共合成。名为二气穴，内有真阳生。”可晓然矣。仙家有三秘：火候、药物、炉鼎，此诗尽炉鼎之妙矣。

五

紫清翁《动几论》云：孔子曰：“几者动之微”。又曰：“夫乾，其动也直。”孟子以“直养”，是以微动之直，养而至大，塞乎天地之间也。直，刚气也，即乾爻之“一”也，即初九也，即颜子“得一”之“一”也。“直”与“一”一也，动在人之窍中，十二时皆有。总要静以存之，方能动以察之耳。无味之中寻有味，无事之中寻有事，其在斯乎？

六

陆潜虚者，明嘉靖间回翁度之。其《论调息法》云：如何是勿忘？曰：守自然。如何是勿助？曰：顺自然。如何守？曰：依息。如何顺？曰：平息。依息则息能通息矣，平息则息能匀息矣。问：守与顺是二乎？是一乎？曰：知所以守，则知顺之矣；知所以顺，则知守之矣。是二是一，原是不错。由博返约，惟在凝神，切勿用意。如①用意，则非真意。真意从静中生，鸿濛初判，无有染着，乃克用之。故要死过来乃知生，不知生亦不知死，生死是动静深机。

七

潜虚翁《又论调息法》云：凡调息以引息者，只要凝神入气穴。神在气穴中，默注阴蹻，不交而自交，不接而自接，所谓“隔体神交理最详”，古仙已言之确矣。所谓“离形交气，别有口传”也。所谓“男不宽衣，女不解带，敬如神明，爱如父母”，皆此凝神聚气而已，故曰“道归自然”。《参同》曰：“自然之所为兮，非有邪伪道。”此之谓也。

① 如，底本及空青洞天朱道生刊本作“知”，据《道藏辑要》本改。

八

潜虚翁《三论调息法》云：今夫水与水合，火与火合，风与风合，云与云合，常理也。调息者，以气合气，何待强为？只要凝神入气穴，神光下照阴蹻脉，不期而会者，一气之感通，自然而然也。《屯》卦曰："以贵下贱，大得民也。"《咸》卦曰："止而悦，男下女，是以亨。"《易》于交接之道，盖已言之的矣。但调息之法，有法功，有器用，丹道始终不离。

九

先生曰：吾与涵虚子谈七返九还金液大丹之道。涵虚曰：据先生言，是皆刀圭妙用耳。他日见涵虚作《戊己二土篇》，深合元意，爰录而传之。学人欲了长生，舍此不能通神也。

涵虚曰：《悟真篇》云："离坎若还无戊己，虽含四象不成丹。只缘彼此怀真土，遂使金丹有返还。"此四句诗，极尽和合丹头之妙。盖以火中生木汞，水里产金铅，木火金水，含四象于坎离之间，此时离中有己，坎中有戊，二土为媒，四象可合也。或谓真意属土，土有戊己，得非有二意乎？曰：似也，然非也。名为意则一，号为土则二，以一意分作两意，乃有二土之可名，始有内外之可别。然必知动、知静焉。原夫戊土者，外药也，阴里真阳也，以动为主，故取坎之期，惟侦其动，知动者意也，即以知动之时为一土；己土者，内药也，阳里真阴也，以静为主，故填离之后，致养于静，知静者意也，即以知静之时为一土。此一意分为两意，而可名为二土者也。又以两意合为一意，斯无二土之可拘，并无内外之可执，然必能动、能静焉。原夫己土者，内丹也，亦可变为戊土。以离日而映坎月，种铅得铅，只见戊而不见己，静能入乎动也。戊土者，外丹也，亦可化为己土。以坎阳而补离阴，种汞得汞，只见己而不见戊，动能并乎静也。此两意合为一意，而不拘为二土者也。然则彼此怀真土，亦各怀其一土乎？亦共怀其一土乎？聪明活泼人，自了然也。金丹返还之道，非此真意不行，匪惟和合四象，并能驱使四象。何也？盖以木中藏火，投之水乡而火发，木载金升，汞去复来，火得金而为返也。水里生金，烹以火功而水沸，金随木上，铅去复回，金得火而为还也。金火返还之术，即是七返九还金液大丹。人欲大丹成就，舍此真意奚由哉？

紫阳曰："赤龙黑虎各西东，四象交加戊己中。"陶仙谓："龙从火出，青龙变为赤龙；虎向水生，白虎更名黑虎。"只这"龙虎赤黑"四字，已具四象。交加者，攒簇也。愚按：作丹之士，欲使四象攒簇，必令五行相辏，其所谓"戊己中"者，不是离中、坎中，乃是中宫、中央也。东西间隔，刀圭合之，二物变为四象，四象团入一村，一村聚会五行，五行聚而丹乃结。故下二句曰："复姤自兹能应用，金丹谁道不成功。"复、姤运[①]用，十月火符也。进火于复，退符于姤，运用抽添，自然中度，金丹乃可成矣。

丹家以"戊己"为"刀"、"二土"为"圭"者，结字肖形，正示人以打合之意。但二土为圭，人所共知。戊己为刀，人所鲜知者。潜虚云："有一士人，会意而解'㇆'（音捏）己字，'丿'（音撇）戊字，前无所本，似为得之。"涵虚云：非无本也。琴谱以数字攒一字，一字取一画，合左右按弹之法，备见于一字之中。此即以琴谱为本者也。"㇆"者己之头，"丿"者戊之旁，戊己二土，以"刀圭"两字合之，盖望人将"离己"、"坎戊"之二土，合为一处也。仙家隐语，往往如是。

① 运，空青洞天朱道生刊本、《道藏辑要》本作"应"。

《张三丰先生全集》卷四

玄要篇

圆通道人　藏本
长乙山人　补正
卓庵道士　校订
蟠山埜客　编次

《玄要篇》自序①

玄素叹人生光阴有限，富贵无常，若风灯草露，存没倏忽。自古及今，比比皆然，深可惊省。以是日夕，希慕大道，弃功名，撇势利，云游湖海，遍访名师。所授虽多，总皆旁门小法，行于身心，无所益也。考诸丹经，而又不合，与道乖违。徒劳勤苦，性命惶惶，不得一遇至人，以了生平之愿。

延祐②间，幸天怜我，初入终南，得遇火龙先生，询是图南高弟，绿鬓朱颜，俨乎物外神仙，春秋不知其几许矣。玄素异之，礼拜师事，跪问大道。蒙师慈悯③，鉴我精诚，初指炼己功夫，次传得药口诀，再示火候细微，与夫温养节度、脱胎神化、了当虚空之旨，无不一一备悉，真所谓口口相传，心心相授。得闻斯道，何幸如之？又云：造斯道者，必须法财两用，而后可以有为。乃玄素以勤于游访，兼颇好善，倾囊倒箧殆尽，安能造斯

① 本篇原在卷二《古文编》内，现移于此。
② 祐，青空洞天朱道生刊本作“佑”，误。
③ 悯，青空洞天朱道生刊本作“悲”。

道哉？不觉每日忧形于色，师遂怪而问之。玄素又挥泪跪告。重蒙怜悯，授以丹砂点化之术，及赐汞见立干之药。玄素遂出山，双修性命，乃拜辞恩师。

于是和光混俗，觅真铅八两，真汞半斤，同入造化炉中，煅炼日魂月魄，攒簇五行，和合四象，水火配对，金木调停，真土凝结，交姤温养，转制分胎，三次超脱，九转以周，自见黄芽白雪，明乾点化，妙不可言，到此何患无财以了大事！特择善地，起盖茅庵，端坐静室，虚心养神，安神养气，气慧神清，方求鼎器。暮饮蟠桃酒，朝餐玉液波，如醉如痴，若婴儿赤子，补气补血，丹田温暖，返老还童。自觉汞有半斤，可待他铅八两，是数者须候月之明圆，其铅花自然露见，下手擒龙捉虎，采彼先天一点真铅，吞入腹中，能干我汞。徐徐火候烹煎，自有斤两法度，既合周天之数，又必爻策无差，进火退符知复姤，虑险防危识卯酉。十月功完，圣胎显象，九年面壁，与道合真，跨鹤青天如大路，任他沧海变桑田，此大丈夫功成名遂之时也。始信有此出世之法，虽有拱璧以先驷马，争如坐进此道，皆因广积阴功，累行方便，得遇至人而成也。

玄素幸荷天庇，得以有成，虽不敢妄泄真传，亦不敢缄默闭道，因是作为修炼内外金丹歌论诗词，编次成录，以觉后学，名曰《玄要篇》（一曰《节要篇》）。其行道之工夫，与得道之口诀，及成道之旨趣，诚无有切于此者矣。倘有志之士，得遇是书，虽不得玄素之亲传，又奚异玄素之面授也哉！

时永乐十一年癸巳岁孟秋月既望日元邋遢道人张玄素三丰自序

玄要篇上

仿古二章

（自注：《参同》云："吾不敢虚说，仿效古人文"，题名取此。）

一

元始祖气，朴朴昏昏。元含无朕，始浑无名。

混沌一破，太乙吐萌。两仪合德，日月晦明。

乾交坤变，坤索乾成。异名同出，一本共根。
内外虚实，刚柔平均。阴阳燮理，变化分形。
真精真气，恍惚杳冥。坎离颠倒，运施五行。
既济生神，未济死临。仙道谨守，鬼道邪倾。
人希天道，速避鬼门。由仙希天，道炁长存。

（均，一作“匀”。）

二

天地大道，含和抱中。玄玄之祖，妙妙之宗。
玄妙贯通，劈破鸿蒙。窍门橐籥，朱雀烧空。
庚方月现，西南得朋。笑倾玄酒，宴饮黄中。
二八成就，乌兔混融。神光默默，黄屋玄翁。
巽风鼓吹，满鼎霞红。水火进退，朝屯暮蒙。
子午运用，卯酉无功。十月数足，卦象翻终。
了命功全，纯阳气冲。神几妙用，道法无穷。

（中，一作“钟”。）

此二章，俗本皆作一首，题作《金丹内外火候总论》，心窃非之。后得汪仙藏本，不觉爽然。

上天梯

大元飘蓬[①]客，拂拂髯如戟。一曲上天梯，可当飞空锡。
回思访道初，不转心如石。弃官游海岳，辛苦寻丹秘。
辞我亡亲墓，乡山留不得。别我中年妇，出门天始白。
舍我丱角儿，掉头离火宅。人所难毕者，行人已做毕。
人所难割者，行人皆能割。欲证长生果，冲举乘仙鹤。
后天培养坚，两足迈于役。悠悠催我心，流年驹过隙。
翘首终南山，对天三叹息。天降火龙师，玄音参一一。
知我内丹成，不讲筑基业。赐我外丹功，可怜谆告切。

① 蓬，空青洞天朱道生刊本、《道藏辑要》本作“远”。

炼己忘世情，采药按时节。先天无斤两，火候无爻策。
只将老嫩分，但把文武别。纯以真意求，刀圭难缕晰。
十月抱元胎，九年加面壁。换鼎复生孙，骑龙起霹雳。
天地坏有时，仙翁寿无极。

（沉雄顿挫，作古歌行读。月。）[①]

亲口诀

圣师亲口诀，明[②]方万古遗。传与世间人，能有几人知。
衣破用布补，树衰以土培。人损将何补，阴阳造化机。
取将坎中丹，金花露一枝。庆云开天际，祥光塞死基。
归已昏昏默，如醉亦如痴。大丹如黍米，脱壳镇无为。
优游天地廓，万象掌中珠。人能服此药，寿与天地齐。
如若不延寿，吾言皆是非。

答永乐皇帝

天机不肯轻轻泄，犹恐当今欠猛烈。
千磨万难费辛勤，吾今传与天地脉。
皇帝寻我问金丹，祖师留下长生诀。
长生之诀诀何如，道充德盛即良图。
节欲澄心澹神虑，神仙那有异功夫。

此下又有五言一首："金丹重一斤，闭目静存神。只在家中取，何劳向外寻。炼成离女汞，吞尽坎男精。金丹并火候，口口是元音。"系吕祖所作，盖当时书以答永乐皇帝者。

道情歌

（别本作《了道歌》）

道情非是等闲情，既识天机不可轻。

① 本句，底本无，依空青洞天朱道生刊本顶批补。

② 明，空青洞天朱道生刊本、《道藏辑要》本作"名"。

先把世情齐放下，次将道理细研精。
未炼还丹先炼性，未修大药且修心。
心修自然丹信至，性清然后[①]药材生。
药材生，紧加功，雷声隐隐震虚空。
电光灼处寻真种，风信来时觅本宗。
霞光万道笼金鼎，紫云千丈罩天门。
若还到此休惊怕，稳把元神守洞门。
如猫捕鼠兔逢鹰，急急着力又加勤。
万般景象皆非类，一颗红光是至真。
此个红光是春意，其中有若明窗尘。
中悬一点先天药，远似葡萄近似金。
到此全凭要谨慎，丝毫念起丧天真。
待他一点自归伏，身中化作四时春。
一片白云香一阵，一番雨过一番新。
终日绵绵如醉汉，悠悠只等洞中春。
遍体阴精都剥尽，化作纯阳一块金。
此时气绝如小死，打成一片是全真。
到此功成才了当，却来尘世积功勋。
行满功成天命诏，阳神出现了真灵。
此言休向非人说，不逢达者莫轻论。
其中切切通玄理，此真之外更无真。
收拾行囊牢封固，他日功成可印心。
可印心，五十二句要君寻。
若有虚言遭天谴，说与非人鞭丧身。

炼铅歌

炼铅之法何人晓，得此便为真仙了。
痛嗟老大无觅处，遍游五湖及三岛。

① 然后，底本、空青洞天朱道生刊本同，《道藏辑要》本作“自然”。

六十七岁入终南，得遇真人传至宝。
真铅生于天地先，何用石金与木草。
炼之九九功若成，杳冥之内生金宝。
金骨一根动天地，二八调和生美形。
美形才生居土釜，须要念念牢封固。
一阳火起要温养，二阳火起有神功。
若到三阳同①泰卦，腾腾猛火烧虚空。
退尽阴符生灵质，灵质才生天地毕。
若还亏损再调和，再居土釜生灵质。
五千四八②全其数，方尽炼铅真妙趣。
寄③语后来同志者，莫将炼铅看容易。

（语，一作“与”。）

先天一炁歌

生来本是先天炁，隐在形山人难遇。
分明说破君须记，一弦春水包形势。
下口将来入口吞，十二雷门都惊惧。
醉兮醉兮复醉兮，丹田春透红如玉。
蟠桃漫饮瓮头香，巽风鼓动元和气。
阴魔战退一腔春，神号鬼哭翻天地。
功完行满足三千，乘鸾跨鹤飞仙去。

铅火歌

大药之生有时节，亥末子初正半夜。
精神相媾合光华，恍恍惚惚生明月。
媾罢流下喷泡然，一阳来复休轻泄。
急须闭住太玄关，火逼药过尾闾穴。

① 同，底本、空青洞天朱道生刊本同，《道藏辑要》本作“开”。
② 八，空青洞天朱道生刊本作“百”。
③ 寄，空青洞天朱道生刊本缺漏，《道藏辑要》本作“嘱”。

采时用目守泥丸，垂下左上且凝歇。
谓之瞻理脑升玄，右边放下复起折。
六六数毕药生乾，阳极阴生往右迁。
须开关门以退火，目光下瞩守坤田。
右上左下才凝住，三[①]八数了一周天。
此是天然真火候，自然升降自抽添。
也无弦望与晦朔，也无沐浴共长篇。
异名剪[②]除譬喻扫，只斯两句是真诠。

（夜，作入声读。）

“左右”二字，作“前后”看，勿误。三丰自记。

了道歌

神不外游精不泄，气不耗散灵芽植。
五行四象入中宫，何虑金丹不自结。
内有真神[③]外有应，满目空花降白雪。
一阳来复亥子交，当中现出团圞月。
急忙下手用功夫，金逢望远不堪摘。
呼吸运起玄关火，青天劈破鸿濛裂。
黄河逆转上昆仑，九窍三关都透辟。
化为琼浆吞入腹，哑子吃蜜难分说。
到此功程要谨慎，采取沐浴按时节。
二品阴阳物类同，两般内外火符别。
灵药得来片晌时，温养还须十个月。
老成更要过三年，三三如九面丹壁。
丹成长啸出山去，隐显立功著化迹。
上帝闻名下紫书，诏我朝天飞空碧。

① 三，底本、空青洞天朱道生刊本同，《道藏辑要》本作“二”。

② 剪，空青洞天朱道生刊本、《道藏辑要》本作“扫”。

③ 神，底本作“辰”，据空青洞天朱道生刊本、《道藏辑要》本改。

后人依此用勤修，便是三清会上客。

（起三句，别刻作“气不散乱精不泄，神不外游血入穴。攒来四象进中宫”。）

打坐歌

初打坐，学参禅，这个消息在玄关。
秘秘绵绵调呼吸，一阴一阳鼎内煎。
性要悟，命要传，休将火候当等闲。
闭目观心守本命，清净无为是根源。
百日内，见应验，坎中一点往上翻。
黄婆其间为媒妁，婴儿姹女两团圆。
美不尽，对谁言，浑身上下气冲天。
这个消息谁知道，哑子做梦不能言。
急下手，采先天，灵药一点透三关。
丹田直上泥丸顶，降下重楼入中元。
水火既济真铅汞，若非戊己不成丹。
心要死，命要坚，神光照耀遍三千。
无影树下金鸡叫，半夜三更现红莲。
冬至一阳来复始，霹雳一声震动天。
龙又叫，虎又欢，仙乐齐鸣非等闲。
恍恍惚惚存有无，无穷造化在其间。
玄中妙，妙中玄，河车搬运过三关。
天地交泰万物生，日饮甘露似蜜甜。
仙是佛，佛是仙，一性圆明不二般。
三教原来是一家，饥则吃饭困则眠。
假烧香，拜参禅，岂知大道在目前。
昏迷吃斋错过了，一失人身万劫难。
愚迷妄[①]想西天路，瞎汉夜走入深山。
元机妙，非等闲，漏泄天机罪如山。

① 妄，底本作“忘”，据空青洞天朱道生刊本、《道藏辑要》本改。

四正理，着意参，打破玄关妙通玄。
子午卯酉不断夜，早拜明师结成丹。
有人识得真铅汞，便是长生不老仙。
行一日，一日坚，莫把修行眼下观。
三年九载功成就，炼成一粒紫金丹。
要知此歌何人作，清虚道人三丰仙。

道要秘诀歌

道要歌，道要歌，不知道要必遭魔。
看玄关，调真息，知斯二要修行毕。
以元神，入气海，神气交融默默时，便得一玄真主宰。
将元气，入黄庭，气神和合昏昏际，又得一玄最圆明。
一玄妙，一玄窍，有欲观窍无观妙。
两者玄玄是要机，异名同出谁知道。
看玄关，无他诀，先从窍内调真息。
神恬气静极自然，妙自无生现太极。
古仙翁，多半语，恐泄真机不妄举。
或言有定在中央，或言无定自领取。
到而今，我尽言，此在有定无定间。
有定曰窍无曰妙，老君所说玄又玄。
指分明，度有情，留与吾门作赏音。
遇而不修为下鬼，为圣为凡随乎人。
初下手，最难行，离了散乱又昏沉。
大丈夫，有真学，必将神气分清浊。
先天神兮最清明，后天神兮乃浊物。
扫除浊物守清明，闭塞三宝居灵谷。
这灵谷，即窍儿，窍中调息要深思。
一息去，一息来，息息相依时相偎。
幽幽细细无人觉，神气团冲九窍开。
照此行持得窍妙，昏沉散乱从何来？

大道歌

君今洗耳听吾言，道有先天与后天。后天渣质为无用，先天一点号真铅。昧真铅，迷本性，此是修行第一病。玉清殿上少人行，吾今指破神仙境[①]。命要传，性要悟，入圣超凡由汝做。静功悟性动取药，内有龟蛇颠倒缩。一阳发动便行功，斡转天关须猛烈。阴生在午阳坎中，卯酉行持要从容。斗柄拨轮来紫府，笑迎仙子客黄公。黄婆宫中会姹女，姹女婴儿自相配。要筑基，须炼己，炼纯熟，明采取。蒙师指我一段功，先将九窍关门通。九窍原在尾闾穴，先从脚底涌泉冲。涌泉冲起渐至膝，膝下功夫须着力。释氏即此号芦芽，又如虫行又如刺。过膝徐徐至尾闾，有如硬物来相抵。方行最上一切功，三段功夫有口诀。从此三关一撞开，泥丸顶上转将来。金锁关穿下鹊桥，重楼十二真奇哉。重楼即名绛宫室，绛宫黄庭有端的。黄庭一室须要精，精在中间一点灵。切莫糊涂为隐秘，黄庭便是真玄关。不识玄关端的处，真铅采来何处安？君不见，《悟真》诗，须凭玄牝立根基。真精既返黄金室，一颗明珠永不离。又不见，《参同》书，状似蓬壶比不诬。下闭称无上闭有，两孔穴法气相须。从今讲道谈玄理，除此为之都是虚。关已开，功已积，制剑要明真消息。莫邪[②]尚且铁为之，何况我剑本来直。天为炉，地为冶，金水相停切莫野。子午行功要铸成，能刚能柔能取舍。剑已全，采真铅，采取鸿濛未判先。若还采得后天气，只是将他命苟[③]延。二七时，有真机，神州赤县当求之。法财两用若求得，就好切思细详别。粉红云，野鸡色，唇若涂硃肤似雪。聪明智慧性温良，神光漆采[④]发纯黑。气清视正步行端，方用中间算年月。五千四八[⑤]生黄道，杳杳冥冥生恍惚。依时采取定浮沉，不可毫厘令过越。此际须明三日弦，妙在西方庚辛白。慧剑灵，内心诚，敲竹相通始鼓琴。天梯宜用不可缺，密密深机那个能？海底巨鳌休乱钓，恐惊去了不回程。炉莫损，候要别，采过后天延岁月。一个时辰分六候，只于二候金丹就。尚余四候有神功，妙在心传难泄

---

① 境，底本及空青洞天朱道生刊本、《道藏辑要》等本俱作“镜”，校者改。

② 莫邪，底本及空青洞天朱道生刊本、《道藏辑要》等本俱作“镆鎁”，校者改。

③ 苟，底本及空青洞天朱道生刊本同，《道藏辑要》本作“却”。

④ 采，底本及空青洞天朱道生刊本同，《道藏辑要》本作“珠”。

⑤ 八，空青洞天朱道生刊本、《道藏辑要》等本俱作“百”。

漏。真铅来，发神火，西到东来先觅我。运我真汞一点红，相迎相迓成一颗。过三关，升泥丸，下得重楼入广寒。又不痴，又不慧，又不醒兮又不醉。若非遍体使精神，怎得夫妻成匹配？丹既定，心喜幸，屯蒙两卦朝昏应。也知沐浴在其中，卯酉之时不宜进。守城垣，罢战功，增得灵砂满鼎红。如斯十月功夫足，器皿丹房一撒空。入深山，抱元一，万事俱空不费力。寒暑饥劳不可侵，巍巍九载面墙壁。朝来北海暮瀛洲，忽然功行齐完日。水府三官算寿年，一封丹书下瑶天。青鸾白鹤舞翩翩，直至通明封拜罢，永作长生不老仙。

真橐籥歌

休言大道无为作，底事房中弄橐籥。
欲时不动片时闲，紫气红光乱灼灼。
青龙喜，白虎恶，青龙缠定乌龟壳。
两条正气透天宫，决然上有三清阁。
阁内分明有玉池，中有长生不死药。
依时下手采将来，服了蓬莱受快乐。

玄关一窍歌

玄关一窍通真诀，乾坤辟破蓬壶阔。
黄庭有个元翁客，抱琴待守天边月。
二水清兮三水浊，金花开，兑头缺。
峨眉山上紫霞飞，霞飞化了红炉雪。
龙吟逼，虎啸迫，灵龟吸尽金乌血。
骑龙挂剑醉归家，运转三关朝北阙。

炼铅歌

太上道，复重宣，抉[①]破先天与后天。
只论铅生于癸后，不言阳产于癸先。

① 抉，底本作“决”，据空青洞天朱道生刊本、《道藏辑要》本改。

拴意马，锁心猿，无杂念，意须专。
断却贪嗔三毒灭，剿除爱欲五贼潜。
华池水，上谷泉，古人用此润三田。
若知返本延年药，须是还丹续命铅。
出北海，走西川，施匠手，种金莲。
生擒虎髓炉中炼，活捉龟精鼎内煎。
先天气，太素烟，醍醐一灌驻容颜。
得了任他寒暑变，服之跳出生死关。
寻首经，觅初弦，吾今指出妙中元。
水火既济交一遍，阴阳会合数三千。
到彼岸，不须船，灭虑除情绝妄缘。
静静清清看命宝，昏昏默默守胎仙。
受辛苦，二三年，阳神出现圣功圆。
养火无虞全造化，长生不老寿同天。

金丹歌

金丹一粒重一斤，世人知得永长生。
筑基扫尽尘间事，炼己只是养元神。
黄庭土釜先天汞，万虑皆空绝世情。
离了己身不是道，执着己身也是空。
我今泄漏天机理，说与学道诸英雄。
目前现有长生路，千万凡夫迷本宗。
扫尽灵台无一念，身闲清静运玄功。
呼吸虚无神守舍，百脉归源如水清。
身中自有真铅现，一颗红光似月明。
玄关往来无定位，阴阳升降有时辰。
年中取月月取日，中秋现出月光轮。
三旬只在家里坐，时刻不离紫微星。
南面对观北斗柄，正是日午打三更。
西北安炉炼灵药，东南立鼎法神功。

鼎炉相对真做手，慧剑挂在水晶宫。
黄婆勾引为媒聘，灵龟入炉深更深。
醍醐灌顶真橐籥，采取先天一气真。
一息一纽天谷穴，河车搬运上昆仑。
过了鹊桥入华池，降下重楼十二层。
尾闾夹脊三关过，金公归舍入黄庭。
铅来投汞猫捕鼠，汞去投铅兔见鹰。
九转神丹入金鼎，十月胎完造化成。
寒暑不知真造化，体变纯阳是真金。
尘中积行三千满，白日飞升朝玉京。

金液还丹破迷歌

还丹诀，还丹诀，吾今仔细与君说。旁门小术路三千，除此金丹都是僻。万般渣质皆非类[①]，真阴真阳正栽接。阴阳交，铅汞接，婴儿姹女空中烈。龙虎上下转升腾，海底灵龟弄星月。长黄芽，飞白雪，水中金露先天诀。真黄婆，真橐籥，金丹就是长生药。先筑基，后进药，百日功夫牢抱着。若追二气归黄道，三家相见仙胎结。性要炼，命要接，休在人间虚岁月。若将铅汞归真土，添汞抽铅永不灭。乌八两，兔半斤，二物同入戊己村。两头武，中间文，四象擒来一处烹。十月功勤火候足，纯阳炼就寿无穷。换鼎移胎三五载，九年面壁出阳神。玄是祖，牝是宗，先天先地万般根。点开透地通天眼，斡转天关斗逆行。窍要开，气自通，雷转斗柄声正轰。海底云汲龙翻浪，泥丸风生虎啸声。若会阴阳颠倒法，乾坤造化立时成。讲《悟真》，说《参同》，此理原来是一宗。此药虽从房中得，金丹大液事不同。饶服气，空炼精，闭尾闾，望飞升，不得金丹总不成。鸟兽类，知全形，龟纳鼻息能调气，鹿运尾闾亦炼精。又有鹤胎常稳抱，夜伴云松静养神。畜生到有千年寿，为人反不悟长生。遍世人，贪利名，不怕阎罗鬼簿情。人有生灭畜有死，三寸气断鬼为邻。先天药，后天药，此是阴阳真妙物。先天药，能超脱，后天药，延命壳。世人若会栽接机，长生不死还大

① 类，空青洞天朱道生刊本、《道藏辑要》本作“小”，误。

觉。性要修，命要全，采得先天种泥丸。童儿修，精气全，静里一炁可升天。只有无为身不破，才是修真大罗仙。幼年间，丧了[①]阳，半路出家性颠狂。乾爻走入坤爻里，变成离卦内虚张。取将坎位中心实，返本还原复作阳。真水火，配阴阳，世人莫要乱思量。饶你无为空打坐，不免亡身葬北邙。习静功，守中黄，到老差殊枉一场。纵然明了真如性，阴魄投胎入鬼乡。延命药，返魂浆，金丹就是药中王。若将一粒吞归腹，返老还童寿命长。又休妻，又绝粮，持斋说法往西方。任你旁门千万法，除斯同类总成狂。我把天机都泄漏，还丹端的是仙方。累代神仙从此得，脱离尘世上天堂。我劝后来学道者，休听邪师说短长。若得口诀金丹药，延年住世寿无疆。以此修出长生路，报答师恩谢上苍。著斯诀，作慈航，行满功圆感玉皇。破迷金液谁人作，万古流传元化张。

龙虎还丹指迷歌

一

饶君到处问仙梯，一阳初动始称奇。
水淹昆仑翻碧海，虎啸岩头是祖基。
直指逍遥捷径处，一轮明月照须弥。
水中虎，火中龙，八卦五行显耀中。
捉得龙兮生紫雾，伏了虎兮金花[②]露。
二象何缘立道根，只因久假曹溪路。
男配女，阴配阳，交媾分明战一场。
戊己土，作黄房，神气清兮是药王。
炼得紫金丹粒就，跨鹤乘鸾朝玉皇。

二

虎藏碧海伴儿眠，龙自扶桑日里旋。
待等一阳春意动，虎放金光龙吐涎。

① 了，空青洞天朱道生刊本作“也”，《道藏辑要》本作“元”。
② 花，底本作“光”，据空青洞天朱道生刊本、《道藏辑要》本改。

腰悬宝剑收龙雾，虎见龙归自共潜。
二物相随归戊己，一炉真火慢烹煎。
子至午，火候严，卯酉加临莫放闲。
吞祖气，啖琼浆，色内真空那个详？
炼之只在生身处，十殿冥王共此方。
速顿悟，莫痴贪，休道老人说异端。
饶尔翻谈三藏法，不悟无生也是闲。
打破这个铁馒头，自在逍遥亿万年。

注《九皇丹经》

三月生魂金丹三还一返歌

一月一月，都是少莲花里真精血。不须安炉立鼎，只用无为抽彻。也不候两弦炁到，候只候印堂星阙。也不候八两半斤为活子，候只候五千四八[①]正当月。不用神交与体隔，只用上呼下吸两口[②]说。一来浑身暖，二来囟门彻，三来天目开，便见大千世界。此等效验处，方是生胞、生胎、生魂的的来。分咐修仙子，须向云中跨鹤，切莫沙土中埋。

注《九皇丹经》

四月生魄金丹四还二返歌

老祖名为降魔护道祖，贯通七魄制于西。酉内有真金，金能保长生。帝真魄命元，从此妙元元。洞房花烛夜，对境忘情耶。嗒哩唧，嚷哩唧，金吒木吒吒喃唧，唵，似我也，似我也，南无般若波罗密唧。

注《九皇丹经》

七月开心七窍金丹七还五返歌

道君坐太微，降生大天尊。垂此真法语，引人上玉清。一个𪛉字诀，七个月象形。左二右三名为五，太极浑然有五灵。五灵方得七窍开，须把天目

① 八，空青洞天朱道生刊本、《道藏辑要》等本俱作“百”。
② 口，空青洞天朱道生刊本作“〇”。

运此来。叫人修真的的是，穿破机关上琼台。

注《九皇丹经》

十月形神坚固金丹十还歌

弄玉仙姑吹玉箫，声声吹入元关窍。此窍名为天地根，先天足来八[1]景自生神。八景生了二十四诸天，九窍自通灵。圣胎原借真一炁，王母瑶池泛金液、莲花心。心心含著黄芽生，香在里，锦乾坤。夺得真香妙氤氲，保我劫劫常存。自我[2]纯阳道祖一泄此，万世贤良细用心。蓬莱岛，当留名，瀛洲会，须效许真君，白日间，拨宅飞升。三丰今日苦叮咛，但愿人人俱有寿，阳合元根。

固漏歌[3]

一

说玄妙，讲玄妙。运精神，转九窍，三关八门都撞倒。
闭黄房，修丹灶，休将六贼来喧闹。
主人翁，哈哈笑，守住黄庭来撤[4]要。
婴儿来，姹女叫，两家一处成玄妙。
结金丹，怀中抱，浑身一片霞光照。
坐丹田，清虚号，紫气红光常晃耀。
上至须弥泥丸宫，下至涌泉彻幽奥。
七宝池内将宝盗，杂精杂气都不要。
琼枝玉蕊金花新，珊瑚玛瑙车𤦲造。
固漏身，固漏窍，不锴锴，固漏鳌。
十二重楼都开导，七经八脉合三焦，百骸四体皆征效。
大肠周，小肠烁，上下鹊桥平稳趟。
赵州桥上去饮茶，甘河里边听人叫。

① 八，空青洞天朱道生刊本、《道藏辑要》等本俱作“百”。
② 我，空青洞天朱道生刊本、《道藏辑要》等本俱作“从”。
③ 此诗误刻入《云水集》，依据空青洞天朱道生刊本、《道藏辑要》本调整。
④ 来撤，空青洞天朱道生刊本作“单檄”。

大运通，小运到，三家相见同欢乐。
我把一身固漏坚，万载千秋无老少。

二

固漏形躯炼太阳，精炁神全守中黄。
铅汞熬煎成至宝，金丹一粒放毫光。
婴儿显象长相守，与天同寿免无常。
有人学得《固漏歌》，便是长生不老方。

了道歌[①]

混世虫，混世界，终日混，无宁奈。真孔窍，人不解，寻得着，真自在。莫人喜，莫人爱，无人嫌，无人怪。不参禅，不礼拜，不打坐，懒受戒。走天涯，看世界，遇酒吃几杯，遇肉啖几块，化碗饭，塞皮袋，寻块布，遮四大。房屋破，自家盖，主人公，要安泰。不登名利场，不管成和败。不欠国家粮，不少儿女债。他来寻我，我无挂碍。朝游五湖边，暮宿青山内。顽石当枕头，青天作被盖。虎豹不能侵，妖魔不敢害。不觉睡到日头红，无恐无惊无怖骇。从今打破是非门，翻身跳出红尘外。拍手打掌笑呵呵，自在自在真自在。

回文诗[②]

（象返还也。一作“平越府还丹题”，一作“流塘回文”）

桥边院对柳塘湾，夜月明时半户关。
遥驾鹤来归洞晚，静弹琴坐伴云闲。
烧丹觅火无空灶，采药寻仙有好山。
瓢挂树高人隐久，嚣尘绝水响潺潺。

---

① 底本无，依据空青洞天朱道生刊本、《道藏辑要》等本增补。

② 底本原在《大丹诗八首书武当道室示诸弟子》后，据空青洞天朱道生刊本、《道藏辑要》本排序调整。

金丹诗三十六首

养道皈真

（张、邓本与俗本，皆无“皈真”二字）

落魄江湖数十秋，逢师咬破铁馒头。
十分佳味谁调蜜？半夜残灯可着油。
信道形神堪入妙，方知性命要全修。
自从会得些儿后，忘却人间万斛愁。

（斛愁，一作“事休”。）

离尘归隐

（张、邓本无“离尘”二字）

一片闲心绝世尘，寰中寂静养精神。
素琴弹落天边月，玄酒倾残瓮底春。
五气朝元随日长，三花聚顶逐时新。
炼成大药超凡去，仔细题诗警后人。

（顶，亦作“鼎”。）

扫境修心

（张、邓本作“筑基”，俗本作“扫境筑基”）

纷纷内外景如麻，有地驰驱事可夸。
撒手不迷真捷径，回头返照即吾家。
六根清净无些障，五蕴虚空绝点瑕。
了了忘忘方寸寂，一轮明月照南华。

（绝，别作“没”。）

力敌睡魔

（张、邓本作“敌魔”，俗本作“采药筑基”）

气昏嗜卧害非轻，才到初更困倦生。
必有事焉常恐恐，只教心要强惺惺。
纵当意思形如醉，打起精神坐到明。
着此一鞭须猛省，做何事业不能成？

一求玄关

（张、邓本无“一求”二字）

一孔玄关要路头，非心非肾最深幽。
膀胱谷道空劳索，脾胃泥丸莫漫搜。
神气根基常恍惚，虚无窟里细探求。
原来只是灵明处，养就还丹跨鹤游。

（莫漫搜，一作“实可羞”。）

再求玄关

傀儡当场会点头，应知总是线来抽。
抽他虽是依人力，使我人抽又孰谋？
原赖主公常月白，期教到处好风流。
炼丹若要寻冬至，须向灵台静里求。

总论玄关

身即乾坤勿外求，虚灵一窍最深幽。
二三自许同为侣，一四何妨与共俦。
五土建中司发育，巽风起处定刚柔。
自从识得还元妙，六六宫中春复秋。

镕铸神剑

师传铸作青蛇法，坤鼎乾炉煅炼成。
非铁非金生杀气，无形无影自通灵。
掣来匣外乾坤窄，收入胸中芥子生。
万两黄金无觅处，隐然身畔斩妖精。

后天筑基

（张、邓本作“栽接”，别本作“后天培养”）

气败血衰宜补接，明师亲授口中诀。
华池玉液逐时吞，桃坞琼浆随日吸。
绝虑忘思赤子心，归根复命仙人业。
丹田温暖返童颜，笑煞顽空头似雪。

（归根复命仙人业，别本作“无情少意丈夫烈”，今照汪本拨正易之。）

后天炼己

（张、邓本无“后天”二字，俗本作“动静筑基”）

炼己功夫谁得知，精灵常与我相随。
一尘不染心俱静，万虑皆忘性若痴。
邪贼无由侵内境，学人终日侍严师。
饥来解饮长生酒，每日醺醺醉似泥。

（学人，一作“圭公”。）

炼己得药

炼己功夫继筑基，心头万虑已忘之。
一轮月色相为伴，五夜雷声独自知。

雪向静中飞白点，芽从虚处长黄枝。
夺他阳炁归来孕，产个千年跨鹤儿。

（炼己功夫，一作“牢固阴精”。之，一作“机”。千年，一作“婴儿”。儿，一作“飞”。）

炼己下手

（张、邓本无“炼己”二字）

体隔神交理甚详，分明下手两相当。
安炉立鼎寻真种，对境忘情认本乡。
拿住龙头收紫雾，凿开虎尾露金光。
真铅一点吞归腹，万物生辉寿命长。

先天鼎器

（张、邓本作“鼎炉”）

一从识破鸿濛窍，认得乾坤造化炉。
不用神功调水火，自然灵气透肌肤。
朝朝黄鹤藏金鼎，夜夜银蟾灌玉壶。
要识金丹端的事，未生身处下功夫。

先天真铅

（张、邓本无“真铅”二字）

举世人多好入玄，入玄不识这先天。
五千日内生黄道，三十时辰认黑铅。
不在乾坤分判后，只于父母未生前。
此般至宝家家有，自是愚人识见偏。

（见偏，一作“不全”。）

先天大药

（张、邓本无“先天”二字，俗本作“自得先天”）

信道金丹理最精，先天一点少人明。
不拘贫富家家有，无论贤愚种种生。
吞向腹中方有孕，将来掌上却无形。
世人问我难回答，遥指天边月出庚。

（遥，一作“直”。）

擒捉先天

（张、邓本作“金铅接命”，不在三十六首之内）

笑睹神州有妙玄，耳边切切细相传。
凿开混沌寻金汞，劈破鸿濛捉水铅。
黍米一珠含北海，蟾光万道照西川。
若人采得吞归腹，何虑凡夫不作仙。

凝聚先天

（张、邓本作“金铅接命”，不在三十六首之内）

识得金丹正好为，元微只向此中奇。
牝门一粒真铅动，玄户三家造化基。
凝结丹田生玉叶，送还土釜长琼芝。
世人欲达先天理，须认红花顶黑龟。

（基，一作“机”。琼，一作“灵”。）

认药采取

（张、邓本不在三十六首内）

日红海底山头月，灵山会上寻茄色。

花开鸟唱一天春，颠倒龙涎配虎血。
神光射入玉壶田，密数坤申子午诀。
刀圭百日大丹成，丹成永做蓬莱客。

直指真铅

（张、邓本无）

真铅本是月中华，西北相生共一家。
雌里怀雄成至宝，黑中取白见灵芽。
金多水少方为贵，阴盛阳衰未足夸。
更识其间包戊土，时时炉火起丹砂。

直指真汞

（张、邓本无）

真汞原来日里精，东三南二自相生。
木中藏火非闲说，雄里怀雌是宝珍。
莫使一毫阴浊染，须教全体太阳明。
其间己土培元气，炼得灵芽渐长成。

铅汞相投

（张、邓本无）

真铅真汞两相投，似漆如胶意未休。
以汞投铅如[①]浴日，将铅制汞若添油。
铅调汞性常依傍，汞爱铅情乐泳游。
内外五行攒簇定，结成赤白大丹头。

① 如，底本作“同”，据据空青洞天朱道生刊本、《道藏辑要》本改。

颠倒妙用

（此首别本以吕祖“星辰聚会入离乡”诗攒入其中，今得原本，完璧归赵）

寻真访道有何难，只要人心识倒颠。
休向山林寻至药，必须城市觅真铅。
青龙锁住离交坎，白虎牵回兑入乾。
此术效他行将去，自然有路上青天。

和合丹头

（俗本作“结丹点黄”，张、邓本无）

既生黄道始生荄，必有真阳应候回。
三昧火从离位发，一声雷自震宫来。
气神和合养灵质，心命相依结圣胎。
透得里头消息子，三关九窍一时开。[①]

（命，一作“性”。）

三家相见

（张、邓本作“结丹”）

央请黄婆善作媒，无中生有荷栽培。
却因姹女当时待，勾引郎君自外来。
两窍相通无隔碍，中宫聚会不分开。
翕然好合春无限，产个婴儿号圣胎。

九转大还

（俗本作“发蒙”，张、邓本无）

九转还丹下手功，要知山下出泉蒙。

① 此首，系出自元李道纯《中和集》卷之五《述工夫》第三首《进火》，略有改动而成。

安炉妙用凭坤土，运火功夫藉巽风。
兑虎震龙才混合，坎男离女更和同。
自从四象归中后，造化机缄在我躬。[①]

（躬，一作“侬”，出韵。）

火候细微

年月日时攒一刻，一刻不刻阴阳别。
抽添符候兔鸡临，升降功夫龙虎烈。
虑险防危罢火功[②]，称铢分两同爻策。
自然数足合周天，日日如斯行十月。

（一刻，一作“应知”。符，一作“火”。升降功夫龙虎烈，一作“进退工夫升降毕”。）

脱胎神化

（张、邓本无“神化”二字）

丹成我命不由天，陵谷任[③]他有变迁。
荣辱无干随处乐，利名不挂逐[④]时颠。
但知壶内乾坤景，谁记人间甲子年？
欲问归踪何处是，醉中遥指白云边。

（欲，一作“借”。）

面壁九年

（张、邓本无“九年”二字）

九年面壁养神体，默默昏昏如炼己。

---

① 此首，系出自元李道纯《中和集》卷之五《述工夫》第一首《发蒙》，略有改动。
② 功，底本作“攻”，据据空青洞天朱道生刊本、《道藏辑要》本改。
③ 任，空青洞天朱道生刊本、《道藏辑要》本作“随”。
④ 逐，空青洞天朱道生刊本、《道藏辑要》本作“遂”。

无束无拘得自由，随缘随分能知止。
心同日月大辉光，我与乾坤为表里。
打破虚空不等闲，收来[①]六合一黍米。

（能，一作“安”。）

换鼎分胎

（别本无“换鼎”二字）

重安炉鼎立坤乾，巧手移丹入上田。
道德崇高神益迈，虚空粉碎法无边。
从今易舍还成质，以后分胎又入玄。
儿养孙兮孙养子，老翁老母一齐仙。

附：别本此首前六句云：“丹砂汞死即真铅，投胎养汞亦如前。须识铅中常发火，要知火里好栽莲。从今夺舍当成质，自后投胎又入玄。”语多重杂，而“夺舍投胎”，乃是四果之学，却不是道，俗本之误如此。

转制通灵

养得玄孙渐长成，强宗胜祖善谋营。
昨宵灯下逢佳偶，今日堂前产俊英。
个个孩儿森玉树，飘飘仙嗣簇金茎。
一班胜似连城璧，无税良田只自耕。

九转灵变

（张、邓本无）

九转丹砂岁月深，养成舍利鬼神钦。
一炉白雪浑如玉，满鼎黄芽胜似金。

① 来，空青洞天朱道生刊本、《道藏辑要》本作“拾”。

曾见鸾飞和凤舞，但看虎啸与龙吟。
五金八石皆成宝，还炼天元拔宅升。

修炼天元

（张、邓本无）

天元丹品问谁知，有自无生世所稀。
天地为炉真造化，阴阳作药自玄微。
鸡餐变鹤青云去，犬食成龙白昼飞。
到此方称高妙极，许君携手一同归。

潇洒优游

（张、邓本作“道成杂咏”。一本分《潇洒优游》为二首，以此诗作《潇洒》。以吕祖“似水如云一片心”为《优游》。均误。）

道人久已泯耳目，潇洒自如脱拘束。
朝从扶桑日头起，暮去昆仑云脚宿。
青牛过关知几年，此道分明在眼前。
昨夜瑶琴三叠后，一天风冷月娟娟。

了道度人

（俗本作“别杭州友人”）

铁笛双吹破晓烟，相逢又隔几多年。
曾将物外无为事，付在毫端不尽传。
白发数茎君已老，青云几度我当先。
世间穷究只如此，何若同游归洞天。

总咏内事

（张、邓本作“总咏大丹”）

清净身心修内药，栽培气血返童姿。
借他铅鼎寻真种，点我凡躯入圣基。
十月怀胎加漫火，九年面壁养灵儿。
嫦娥最爱儿年少，夜夜笙歌宴玉池。

总咏外事

（张、邓本无）

真铅真汞结夫妻，两意交欢产个儿。
幼子成人离祖业，玄孙主事建新基。
恢宏家道成三业，大展门庭第九枝。
满室堆金何足羡，但看拔宅住瑶池。

咏先天鼎

二七谁家女，眉端彩色光。人皆贪爱欲，我看是亲娘。
一点灵丹透，浑身粉汗香。霎时乾我汞，换骨作纯阳。

（张、邓刻本，于此诗题下注云：“以合太乙含真。”他本作“采取先天”。入三十六首之内，均误。）

金丹诗二十四首

此二十四首《金丹诗》，以象二十四气也。泸州廖复盛刊刻讹误，剿袭沽名，尝辑古仙诗歌为一部，名曰《醒道雅言》，而于群真姓字，大半不书，欲使未见者诧为己作，正丰翁所谓“鬼计悭贪窃道玄”者也。今照汪仙真本改正，以复旧观，庶使好道者，不致迷误耳。

一[①]

采取先天炼后天，循环二炁共根源。
欲知有象原无象[②]，须识初弦与下弦。
杳杳乾坤将判处，冥冥父母未生前。
服之混沌犹如梦，变化婴儿寿万年。

二

月本无光借日光，每从晦朔定阴阳。
蟾乌交媾含[③]真质，牛女相期入杳茫。
自是魂灵应魄圣，从他地久与天长。
学人解得玄中妙，紫府高悬姓字香。

三

七日阳来下鹊桥，上桥夫妇任逍遥。
逆回海水流天谷，倒转风帆运斗杓。
手握乾坤分造化，时凭年月步周遭。
神仙手段常如此，那与庸夫斗舌苗。

四

橐籥吹嘘藉巽风，搬来坤火自鸿濛。
徐徐摄上昆仑顶，渐渐吞回土釜宫。
铅汞相投成至宝，精神凝合变婴童。
将来跳出乾坤外，不属璇玑造化中。

五

安炉立鼎炼金丹，水怕干兮火怕寒。
既未煅时常守护，屯蒙行处要勤看。

① 本篇序号，皆点校者划归体例所加。
② 象，底本作“相”，据空青洞天朱道生刊本、《道藏辑要》本改。
③ 含，空青洞天朱道生刊本作“合”。

抽铅添汞须加紧，虑险防危莫放宽。
毫发差殊功不就，半途而废复行难。

六

龙升虎降转河车，赤火擒来制白砂。
二炁凝胎铅自减，三花聚顶汞还加。
开炉漫搅成钟乳，起鼎应知是马牙。
两物齐拿休纵放，放之失却美金花。

七

采回坤地水金多，种在乾家入爱河。
阳火阴符依进退，铅龙汞虎自调和。
浆收东位成甘露，酒饮西方醉绮罗。
但要至诚勤爱护，胎圆十月化青娥。
（收，一作“取”。）

八

夺得乾坤一点精，阴阳交媾自然成。
夫妻会合攒三姓，戊己交加簇五行。
朔望屯蒙鸡兔跃，晦弦既未虎龙争。
地天收在玄关内，运转河车霹雳声。

九

身中水火即阴阳，二气相孚化紫光。
日日醍醐延命酒，时时吞咽返魂浆。
玄机不许庸人识，大药须令志士尝。
九转功完还太始，坤柔炼尽变乾刚。

十

火性炎炎水性流，河车搬运自然周。

昆仑片玉原无价，沧海明珠竟暗投。
三昧初从离下发，一符始自坎中浮。
自家消息谁能会，莫向人前插话头。

十一

修仙须要修天仙，金液神丹仔细看。
添在离宫抽在坎，寄于兑位种于乾。
死生了当非神气，性命功夫在汞铅。
世上纷纷谈道者，几人于此达真诠？

十二

炼己寻真固不难，先擒兔髓配乌肝。
牵龙就虎归根窍，制汞投铅复命关。
金气往来通夹脊，河车搬运上泥丸。
夫妻共入黄婆舍，火候调停自结丹。

十三

阖辟乾坤橐籥形，屯蒙呼吸坎离精。
鼎和四象真铅降，炉备三才妙汞生。
一有两无同变化，两无一有共相成。
时人要识玄中妙，配合青娥仔细论。

十四

中宫戊己自知音，二物媒来共一心。
姹女用吹无孔笛，金公为抱没弦琴。
深深密密谁能测，杳杳冥冥孰解寻？
指日还丹成就后，总教大地尽黄金。

十五

温温铅鼎透帘帏，认定人身活子时。

虎啸一声忙采取，龙吟初动[①]急施为。
守城野战天翻地，入室防危坎复离。
夺得团团龟凤髓，请君服食赴瑶池。

十六

入室虚心炼大丹，神功妙用不为难。
能窥天巧参元气，解饮刀圭夺紫丸。
朔望符来三姓合，晦弦火退五行攒。
羿妃纵会奔蟾窟，争似青娥驾彩鸾。

十七

木中砂汞水中金，漫向离宫坎位寻。
只就乾坤分主客，还依龙虎定浮沉。
故能金木成三姓，遂使夫妻共一心。
庭院归来相聚会，黄婆媒妁是知音。

十八

真炉真鼎发真机，采药须凭亥尽时。
铅母氤氲光欲动，金胎跳跃火临期。
休忘气候调真息，但守虚无运坎离。
临阵莫教轻纵敌，兢兢业业更防危。

十九

十月功完造化坚，若加火候必伤丹。
仙房器皿[②]浑忘却，宝鼎玄[③]炉不用看。
面壁九年形脱壳，身超三界体生翰。
只缘黍米吞归腹，行满功成跨凤鸾。

---

① 动，空青洞天朱道生刊本、《道藏辑要》本作“敕”，误。
② 器皿，空青洞天朱道生刊本、《道藏辑要》本作“气血”。
③ 玄，空青洞天朱道生刊本作“京”，《道藏辑要》本作“金”，皆误。

二十

上吞下咲两弦弦，逐节隄防入玉田。
往往来来宾返主，夫夫妇妇倒和颠。
结丹已喜婴儿兆，出壳皆凭圣母全。
远近遨游看四正，东西南北任周旋。

二十一

韬光晦迹隐红尘，有作谁知妙更真。
伏虎降龙须混俗，超凡入圣乃惊人。
深深秘秘修丹道，白白明明显至神。
《药镜》玄机俱泄尽，古今由此达天津。

二十二

《金碧》《参同》及《指玄》，《翠虚》《性命》与《思[①]仙》。
《阴符》宝字逾三百，《道德》灵文贯五千。
《入药镜》中推橐籥，《悟真篇》内究蹄筌。
金丹切近叮咛语，总论前弦与后弦。

二十三

火候功夫本自然，能通此妙即神仙。
五行攒簇盗天地，八卦循环作圣贤。
造化炉中烹日月，乾坤鼎内产金莲。
有人识得玄[②]微理，随我飞升朝帝前。

二十四

虔诚稽首拜星君，顶礼星辰护本身。
二十八宿齐朗耀，三百六度尽分陈。

① 思，空青洞天朱道生刊本、《道藏辑要》本作“忠”，误刻。
② 玄，空青洞天朱道生刊本作“京”，《道藏辑要》本作“精”，皆误。

上圣能攒年月日，中宫保合气精神。
照临应许增遐寿，掩映还同二曜新。

大丹诗八首书武当道室示诸弟子

（此诗亦被廖复盛剿袭改更，于丹旨多有悖谬，自称法师，误认不少，难免识者之笑也。今照原本，复还旧观。）

一[①]

学道修真出世尘，遨游云水乐天真。
身中灵药非金石，腹内神砂岂水银。
采炼功夫依日月，烹煎火候配庚辛。
黄婆媒娉三家合，饮酒观花遍地春。

二

采取[②]他家一味铅，捉精炼气补先天。
前弦八两后弦八，内药还时外药还。
紫府玄宫垂宝露，黄芽白雪化金蟾。
神仙妙用常如此，火里能栽九节莲。

三

初关中关与后关，下田中田与上田。
层次原来分井井，火功须要法乾乾。
室窗透亮三更到，昼夜通红九鼎全。
文武阴阳勤转炼，辟开万窍好朝天。

四

身内功夫我自知，天机玄妙许[③]谁窥？

① 本篇序号，皆点校者划归体例所加。
② 取，空青洞天朱道生刊本作“聚”。
③ 许，空青洞天朱道生刊本作“二”，《道藏辑要》本作“有”，皆误。

初寻龙虎来争战，又见龟蛇喜唱随。
天地倒颠观否泰，火符起止在虚危。
南辰北斗映前后，日月乌蟾来往飞。

五

修真大道乾坤祖，采取阴阳造化功。
要制天魂生白虎，须擒地魄产青龙。
运回至宝归中舍，变化阳神入上宫。
一炁凝成丹一粒，人能吞服貌如童。

六

道法傍门有万千，不知火候总徒然。
先穷妙理将真悟，后拜明师把诀传。
欲使三家情意合，只凭一点道心坚。
朝朝煅炼精神炁，结就真神上九天。

七

寻真要识虚无窍，功夫只在意所到。
往来顺逆炼阴阳，升降坎离在颠倒。
恍恍惚惚太极生，杳杳冥冥婴儿兆。
出玄入牝由自然，若忘若存守坛灶。

（忘，去声。）

八

知先达后炼金丹，火冷水干做不全。
上德无为成至圣，下功有作在周天。
一阳动处窥天地，二品合时生佛仙。
月里栽花无片晌，蟾光现出照西川。

琼花诗

琼枝玉树属仙家，未识人间有此花。
清致不沾凡雨露，高标长带古烟霞。
历年既久何曾老，举世无双莫浪夸。
几欲载回天上去，拟从博望借灵槎。

七绝

（道书中杂辑）

一

真心浩浩无穷极，无限神仙从里出。
世人躭着小形骸，一颗玄珠人不识。

二

佛印指出虚而觉，丹阳诀破无中有。
捉住元初那点真，万古千秋身不朽。

三

泝流一直上蓬莱，散布甘泉润九垓。
从此丹田沾润泽，黄芽遍地一齐开。

四

年月日时空有着，卦爻斤两亦支离。
若曾会得绵绵意，正是勿忘勿助时。

五

大药无多只一丸，须求同类两相欢。
世人欲问长生诀，先觅阴阳二品丹。

玄要篇下

圆通道人　藏本

长乙山人　订正

遁园居士、蟠山野客　同校

登高台

按:《参同契》有“瞋目登高台”之句，犹言抉破重玄，使人心目明亮，如登高台，远近皆见也。调名取此。

金丹造化妙难言，玄微道理谁分辨？幸遇明师指，抉破水中天。先教咱守定玄关，盘膝坐调神理炁，除思虑塞兑垂帘。次教咱，鼓动巽风，搬运水火，守固真精，保定元阳，拨转天关。又只见，黄河水，滔滔逆流，从涌泉，灌尾闾，至夹脊，升上泥丸。过明堂，入华池，神水渐涨，下重楼，入绛宫，直至丹田。这才是筑基炼己，从今后，住世延年。（此乃小还丹功夫。[①]）

更欲求最上乘，飞升道理，还教咱重安炉，复立鼎，采取先天配后天。遇子午，专行火候；逢卯酉，沐浴金丹。（照道书校正）再教咱，先明天地机，次把阴阳辨（亦作“变”）。有天先有母，无母亦无天，这才是，大道根源。把周天从头数，将乾坤颠倒安。采后天，殷勤玉炼；夺先天，成圣成仙。

我已曾拜明师，心心相授，口口相传。筑基时先明橐籥，炼己时只用真铅。坎中满，离中之物；离中虚，取坎还填。逆成仙，龙吞虎髓；顺成人，虎夺龙涎。喜的是木龙藏汞，爱的是金虎吐铅。月之圆，存乎口诀；时之子，妙在心传。采先天之功，全凭戊己；夺后天之炁，龙虎初弦。

青龙白虎相争战，玉兔金乌一处抟。防只防，身中无慧剑；怕只怕，

① 此句，底本无，据空青洞天朱道生刊本顶批补。

急水滩头挽不住船；等只等，黄婆勾引；候只候，少女开莲。此事难言，五千日内君须算，三十时辰暗里盘。子前午后分明看，铅阳未动，癸现于前，真铅、真阳随后边。药到临炉，此时休怠慢，急速下手擒入关，随后用六百抽添。十月胎圆，婴儿出现。面壁九年，独露真诠，才做个阆苑蓬莱物外仙。

按：祖师词曲，前无所谱，只在发明丹旨耳。然谱皆古人所创，何妨自我作古耶？“登高台”，本《参同》之句，以为调名，恰与玄音雅称。或谓立题固妙，分段太多，不知词谱中如《哨遍》《莺啼序》之类，亦有三四段者，此分四段，有何不可？正不得以令、慢、单、双相拘也。

天仙引

（俗作《南宫词》，原名《天仙引》）

按：《悟真》云：“学仙须是学天仙，惟有金丹最的端”，原名取此，望人甚深。后四调，稍有不同，即以词家分体论，此篇作第一体。

第一体

因寻地内天，为觅云中电。时时降意马，刻刻锁心猿。昼夜不眠，炼己功难间，持心志愈坚。闭三宝，内守深渊；擒五贼，外观上苑。令彼我如如稳稳，使阴阳倒倒颠颠。退群魔，全凭慧剑，采乌龟始气，取白虎初弦。将天根直竖，把月窟空悬。显神通向猛火里栽莲，施匠手在弱水里撑船。

扫荡的心清意静，保养的精盈气全。不羡他美丽娇花，只待他甘露醴泉，使无情放下娘生面。攻神州，破赤县，捉住金精仔细牵，送入丹田。防危虑险除杂念，定息安神绝妄缘，沐浴洗心罢争战，圣胎脱然。面壁九年，炼神还虚，是咱功程满。

第二体

看《归根复命篇》，观养性修真卷。方知金里水，才识地中天。微妙玄玄，原来生杀隔一线，龙虎隐二弦。讲玄牝，《道德》仙经；穷戊己，《悟真》圣典。论庚方生金所在，说兑位产药川源，分明直指于赤县。如露如电，如雾如烟，只等的乌龟吐气，白虎喷涎。

斩三尸，境灭魔潜；擒五贼，马卧猿眠。追神气入归元海，运真炁周流涌泉，采金精纳入丹田。自然贯穿，浑身百节周流遍。心似火，意如电，养育金丹，汞渐添，闭兑忘言。九年面壁功无间，八极神游遍大千，七返婴儿自出现。六贼遁焉，五行数全，四海人知归阆苑。

第三体

先调呼吸匀，后把金木并。铅精藏牝户，汞液隐玄门，造化之根。杳冥中有信，恍惚无见闻。养药苗常令炉全，取黄芽不教鼎损。使元神不离方寸，觅金水灌入昆仑，仗慧剑追逼群魔。闭三宝持心意谨，擒五贼炼己功勤。断贪嗔祛除万虑，遇时景不染一尘。

我只待，曲江上月吐庚申，形山里踏雪寻春。采金精方离赤水，和真息周流一身，运己汞包裹阳精。炉火常[①]温，时时刻刻加精进。如愚蠢，似痴钝，默坐忘言。且守贫，保养全真。俺向那深山面壁无人问，静室灰心惟俺亲。调神息，凭咱训，不言十月怀孕，只言九载辛勤，今日行足功圆方证本。

第四体

闲看《龙虎经》，静玩《入药镜》，本来铅一味，假作许多名。他在水底潜形，暗[②]寄希夷顶，端居造化坑。赤洒洒隐在甘泉，密匝匝藏于丹井。我只待，冬至令一阳初动，秋分时二炁方升。华池有信玄珠迸，当仁施德，立义设刑，防其变诈，引诱欢情。

观神州，气盛阳腾；见赤县，癸动铅生。赤条条，龙头直竖；红拂拂，龟眼圆睁；黑洞洞，虎口出声。相争显能，使阴阳颠倒，把金木交并。捉北方玄武龟精，锁在黄庭。沐浴常扫三田静，温养须教九转灵。积满阴功八百行，名书上清，神登玉京，宴赏罢蟠桃酩酊。

---

① 常，空青洞天朱道生刊本作“长”。

② 暗，空青洞天朱道生刊本、《道藏辑要》本作“赠”，误。

第五体

不容意马狂，岂把心猿放。三尸无扰攘，六贼尽归降。魔境俱忘，保养的精神壮，调和的气血强。诸虑忘，离却贪嗔；万缘尽，不生妄想。遣神女侍炉铸剑，藉金水配对柔刚。凭匠手生擒活捉如翻掌，开刀圭锁钥，解龙虎绳缰。饮延年仙酒，吃续命琼浆。

丹入腹遍体生香，情归性换骨回阳。休心景牢封土釜，灭意春深闭洞房。远声色固守真常，隄防损伤，如遇使纵休轻丧。十月后，婴儿降，调理的通灵会神，独步仙乡。谁知静里乾坤大，我爱壶中日月长。任你人间是非谤，披云衣鹤氅，捧丹书玉章，紫府神仙齐庆赏。

按:《天仙引》，亦是祖师创调，命名之义，极为雅正。盖必须如此，乃是金丹大道，若作《南宫调》词，则小矣。南宫，乃符箓之派，与金丹不同，且列南宫者，尚有轮回，方得成道。《太上度人经》云:"末学道浅，仙品未充，运应灭度，身经太阴，临过之时，同学至人，为其行香，诵经十遍，以度尸形。如法魂神径上南宫，随其学功计日而得更生，转轮不灭，方得神仙。"据此，则南宫之流，乃夺舍投胎之辈也。天仙妙旨，岂可以南宫名哉？又此词，不可分段，兹分两段者，亦因可分之处而分之也。张、邓刻本，分为三段，一段名《鹊桥仙》，二段名《玉女摇仙佩》，三段作《尾声》，盖唱道情者为之也。且《鹊桥》《玉女》，乃是古曲名，祖师所作，既不拘拘旧谱，则孟浪安名有何意味？今照汪本正之。

一枝花

（一作《美金花》）

按：玉蟾翁《快活歌》云:"黄芽半夜一枝春"，本集《后五更》云:"一枝春色金花丽"，盖取此为调名也。词照彭好古选本、张邓刻本，及《神仙鉴》参订。

第一

行持造化功，下手调元炁。自从师传后，独自守无为。玉液长提，元炁归真位。透三关，过尾闾，逆转河车上泥丸。撞昆仑，发震如雷，甘泉香生甜如蜜。入玉池化作金液，逍遥饮，甘露自垂。下重楼十二阶梯，牢封固护守坚持，原来是精气神三般儿。归根复命，原来是金木水火土五行攒簇。

玄中玄，有不死还丹；妙中妙，有接命的根基。谁不行，谁不会，谁不做，都只在采取先天一窍迷，怎肯胡为？俺也向花丛中，敲竹鼓琴心似水。从今参透真消息，忘物忘形，子前午后可为持，卯酉之中沐浴时。讲甚么生死轮回，说甚么姹女婴儿，都只要，采取鸿濛未判一粒黍米。

（先天一窍迷，彭选本作“天窍路上迷”。米，张、邓刻本作“珠”字，此照彭选本。）

第二

心如出水莲，意似云中电。昨宵因小事，误入丽春院。时时降意马，刻刻锁心猿。昼夜不眠，炼己功无间。闭三宝内守黄房，擒五贼外观上院。令彼我如如稳稳，使阴阳倒倒颠颠。退群魔怒提起锋铓剑，敢取他出墙花儿朵朵新鲜。挂起我娘生铁面，我教他也无些儿动转。娇夭体态，十指纤纤，引不动我意马心猿。

俺是个试金石儿，高低便见；俺是个铁馒头，下口难餐；俺是个清静海，一尘不染；俺是个夜明珠，空里长悬。道坚志远，幼年间常把身心炼。绝名利，不去贪，捉三尸，鼎内煎。我的心坚，我学的造化无人见。愁则愁功不成、名不就，空把时光转；愁则愁日月如梭趱少年。有一日拨转天关，腾空在半天，那时节才把冷淡家风道教阐。

（黄，邓选作“银”。）

第三

先明天地机，次把阴阳配。有天先有母，无母亦无天，此是道教根源。把周天从头数，将乾坤颠倒安。月之圆存乎口诀，时之子妙在心传。提起我无刃锋铓剑，怕则怕急水滩头难住船，感则感黄婆勾引，候则候少女开莲，此事难言。

五千日近坚心算，三十时辰暗里盘。我将龙头直竖，他把月窟空悬。显神通向猛火里栽莲，施匠手在逆水上撑船。不羡他美丽娇花，只待他甘露醴泉。攻神州，破赤县，捉住金精仔细牵，送入丹田。防危虑险除杂念，沐浴自然。面壁九年，才做个阆苑蓬莱物外仙。

（醴，彭、张选本作“生”字。）

第四

因求大道玄，走尽天涯畔。撇功名势利，弃家业田园。万般辛苦，衣破鞋穿师难面。愁则愁六七十年光阴短，入终南，感得火龙亲口传。命玄[①]出山，觅侣求铅。遍访名贤，尽是些诡计悭贪窃道玄。

也是俺该有那出世因缘，幸遇着仗义疏财沈万三。争奈他力薄难全，俺只得把炉火烹煎。九转完，向丽春院采药行符。经五载，入武当山。面壁调神又九年，猛听[②]得朝命宣。欲待要不睹君王面，又恐怕胡尚书性命难全。驾云直上朝阳殿，官家见喜悦龙颜。俺欲待口口相传，恐违了玉皇命言，俺只得跨凤乘鸾上九天。

（因求大道玄，《仙鉴》作“访道求玄”。也是俺该有那出世因缘，张、彭诸本作“诡计设奸，令我要求个出世姻缘”。俺欲待，张、彭诸本作“我本要与你”。跨凤乘鸾，别本作“驾鹤腾空”。）

咏蛰龙法

渔父词

蛰法无声却有声，声声说与内心听。
神默默，气冥冥，蛰龙虽睡睡还醒。

蛰龙吟

睡神仙，睡神仙，石根高卧忘其年，三光沉沦性自圆。气气归玄窍，息息任天然。莫散乱，须安恬，温养得汞性儿圆，等待他铅花儿现。无走失，有防闲；真火候，运中间。行七返，不艰难；炼九还，何嗟叹。静观龙虎战场战，暗把阴阳颠倒颠。人言我是蒙眬汉，我却眠兮眠未眠。学就了，真卧禅，养成了，真胎元，卧龙一起便升天。此蛰法，是谁传？曲肱而枕自尼

① 玄，底本、空青洞天朱道生刊本同，《道藏辑要》本作“俺”。玄，即张三丰自称。

② 听，底本作“可”，据空青洞天朱道生刊本、《道藏辑要》本改。

山，乐在其中无人谙。五龙飞跃出深潭，天将此法传图南。图南一派俦能继？邋遢道人张丰仙。

美金华二首

（一作“一枝花”，一作“未遇外护词”，均误）

题义：按《参同》云：“古记题《龙虎》，黄帝美《金华》。”《龙虎》《金华》，皆古圣垂训书也。丹家以金华比真铅，故《契》云：“卒得金华，转而相因。化为白液，凝而至坚。”盖言汞得真铅而化液，入黄庭而成至宝也。又云：“铅体外黑，内怀金华。”盖以造丹者，于黑铅之中，取出白金，制成戊土，名曰“美金华”，则金华之贵重极矣。调名取此。

一

金华朵朵鲜，无财难修炼。不敢对人言，各自糊盘算。访外护未遇高贤，把天机牢抱几年。聊试验，妙更玄，凭慧剑，采先天。今日方知，道在目前，才信金丹有正传。吹的是无孔之笛，弹的是无絃之弦。喜的是黄芽白雪，爱的是首经红铅。饮的是延命仙酒，服的是返魂灵丹。做的是壶中活计，戏的是海底金蟾。捉将日月炉中炼，夺得乾坤鼎内煎。这是我修行真诀，出家手段。恨当初，俺无钱，昼夜告天也可怜。到而今，时来运转，只待我行满功圆，撒手逍遥物外仙。

（妙更玄，一作“也有些儿玄妙”。）

二

金华玉蕊鲜，世人难分辨。长生须伏气，栽接要真铅。筑基炼己采后天，玉液还丹。纵得了住世延年，还要图金液九还。堪嗤大众学神仙，一个个尽都是盲修瞎炼，一程程谁晓得实究真参。天地里黄芽长遍，满乾坤白华开绽，总待他水尽金生月正圆，我这里手提宝剑挂南山。诛尽了七情六欲，恩爱牵缠；扫尽了万里浮云，一尘不染。唬的那五鬼三尸心胆寒。我把阴阳颠倒颠，用神机暗合周天，戒身心防危虑险。轻轻的摇动地轴，慢慢的拨转天关，霹雳一声天外天。

一诀天机

（一作“真口诀”）

《敲爻歌》云：“时人不达花中理，一诀天机值万金”。调名取此。

说与你，真口诀；指与你，天边月。月圆时，玉蕊生；月缺时，金花卸。三五按时节，老嫩细分别。送入黄婆舍，休教走漏泄。栽接栽接，灵龟吸尽金乌血；烈决烈决，做个蓬莱三岛客。

（卸，读“息”。）

玄关交媾曲

（俗抄道情本作“驻云飞”）

大道本无说，妙理话难彻，玄关一点达摩诀。上至昆仑泥丸顶，下至重渊涌泉穴。铅为母，汞为爹，铅汞阴阳把子结，姹女婴儿一处歇。

（爹，叶的。）

阴阳交会曲

（俗抄道情本作“金平调”）

颠倒坎中离，龙虎风云会。妙玄一点包天地，毫厘大小人不知，返三回五透天机。离归坎，坎归离，坎离水火运东西，婴儿姹女作夫妻。阴盗阳精取坎实，阳伏阴精补离虚，三三六六分天地。这些功夫非容易，变乾坤漏泄先天炁。

洞天清唱六叠

（俗抄道情本作“雁儿落”）

邱祖《青天歌》：“昼夜清音满洞天”，盖指独露全真时也。调名取此。

一叠

俺则待、剖开混沌包，劈破鸿濛窍。俺则待，觅一滴续命浆，寻一枝还[①]魂草。俺只见虎啸气来潮，癸动药生苗。会黄婆、将琴鼓教，见金公、

① 还，空青洞天朱道生刊本、《道藏辑要》本作“返”。

把竹板敲。不觉的丹田热烧，原来是命宝归黄道。那时节、把神息匀调，静观水火交。

二叠

俺将那、没底篮仗人挑，俺把那、没弦琴怀中抱。俺轻轻拨正赤凤头，嘿嘿钻入乌龟窍。擒阳气，过鹊桥，运阴符，急相包。忽然觉、泥丸如汤沸，丹田似火烧。设屯蒙，忘昏晓，达四肢，薰蒸到。若有那魔境相招，俺这里、只是静坐，如如不动摇。

三叠

炼己将五贼平，换景把七情并。制伏的六欲宁，扫荡的三田净。性定[1]自通灵，心虚内照明。配刚柔，金水称；会阴阳，颠倒行。既济功成，万神悉听命。闻诏飞升，丹台阶已注名。

（称，去声。）

四叠

俺只待隐市廛，默静功。俺只待择善地，方作用。俺只待仗慧剑，将白雪培，凭匠手、把黄芽种。俺只待搬火炼真空，寻光破鸿濛。俺只待摄二炁，归离户，采一阳、入震宫。学旌阳行踪，冲举乘丹凤。仿轩辕神通，飞升跨火龙。

五叠

采铅精，配汞苗，立炉鼎，修玄要。夺乾坤造化机，会日月盈亏妙。合水火，左右烧；使魂魄，往来交。按四时，不失序；顺八节，应卦爻。辨昏朝，明消长；观天道，须教周天十二遭。

六叠

七返火[2]珠明了性，九还金液大丹成。霹雳一声，早见真人出顶。

---

① 定，底本作“地”，据空青洞天朱道生刊本、《道藏辑要》本改。

② 火，空青洞天朱道生刊本、《道藏辑要》本作“大”，误。

丽春院词二首

（别本所载二首，与此词全不相同，另录于杂词之内）

一

丽春院内月轮高，琼树花新破寂寥。半夜开丹灶，三更运斗梢。
玉汉银河谁得到，牛郎织女天边笑。紫府会仙曹，归去来兮俗垢消。

二

丽春院内日华清，金液还丹已炼成。欲令情归性，须将性合情。
富贵功名休再问，婴儿姹女风流甚。炉鼎放光明，从此昆仑顶上行。

西江月

（俗抄道情本作“桂枝香”，非）

道在玄关一窍，窍包元气元精。元精元气养元神，神满自然动静。
动静三回九转，九转[①]变化乾坤。乾坤颠倒种仙[②]根，根发西江月正。

自题《无根树词》二首

鹧鸪天

按：此调五六二句，当作三字句，叶一韵，乃是《鹧鸪天》。一本作“难与世人条辨论”，以二句为一句，则又似《瑞鹧鸪》也。兹两存之。○《瑞鹧鸪》，与七律体同。

道法流传有正邪，入邪背正遍天涯。
飞腾罕见穿云凤，陷溺多成落井蛙。
难与辨，乱纷华，都将赤土作丹砂。
要知端的通玄路，细玩无根树下花。

---

① 九转，空青洞天朱道生刊本、《道藏辑要》本作“周流”。

② 仙，空青洞天朱道生刊本、《道藏辑要》本作“花”。

卖花声

无根树下说真常，六道含灵共一光。
会得威音前后事，本无来去貌堂堂。

无根树道情二十四首

题义：无根树者，指人身之铅气也。丹家于虚无境内，养出根株，先天后天，都自无中生有，故曰“说到无根却有根”也。炼后天者，须要入无求有，然后以有投无；炼先天者，又要以有入无，然后自无返有。修炼根蒂，如是而已。二十四首，皆劝人无根树下，细玩仙花，其药物、气候、栽接、采取之妙，备载其中，此道情之不朽者也。

（眉批：世上有《无根树二解》，发明元妙，殆无遗蕴，有志于道者览观之。[1]）

一[2]

无根树，花正幽，贪恋红尘谁肯修？
浮生事，苦海舟，荡去飘来不自由。
无边无岸难泊系，长在鱼龙险处游。
肯回首，是岸头，莫待风波坏了舟。

二

无根树，花正微，树老将新接嫩枝。
桃寄柳，桑接梨，传与修真作样儿。
自古神仙栽接法，人老原来有药医。
访明师，问方儿，下手速修犹太迟。

（微，一作“危”。真，一作“行”。）

---

① 据空青洞天朱道生刊本、《道藏辑要》本补入。

② 本篇序号，皆点校者划归体例所加。

三

无根树，花正青，花酒神仙古到今。
烟花寨，酒肉林，不犯荤腥不犯淫。
犯淫丧失长生宝，酒肉穿肠道在心。
打开门，说与君，无酒无花道不成。

（寨，一作“巷”。）

四

无根树，花正孤，借问阴阳得类无？
雌鸡卵，难抱雏，背了阴阳造化炉。
女子无夫为怨女，男子无妻是旷夫。
叹迷徒，太模糊，静坐孤修气转枯。

五

无根树，花正偏，离了阴阳道不全。
金隔木，汞隔铅，阳寡阴孤各一边。
世上阴阳男配女，子子孙孙[①]代代传。
顺为凡，逆为仙，只在中间颠倒颠。

（木，一作“水”，非。）

六

无根树，花正新，产在坤方坤是壬。
摘花戴，采花心，花蕊层层艳丽春。
时人不达花中理，一诀天机值万金。
借花名，作花身，句句《敲爻》说得真。

（壬，一作“人”。）

七

无根树，花正繁，美貌娇容似粉团。

① 子子孙孙，底本及空青洞天朱道生刊本同，《道藏辑要》本作“生子生孙”。

防猿马，劣更顽，挂起娘生铁面颜。
提出青龙真宝剑，摘尽琼花朵朵鲜。
趁风帆，满载还，怎肯空行到宝山。

（琼花，一作“墙头”。到，一作“过”。）

八

无根树，花正飞，卸了重开有定期。
铅花现，癸尽时，依旧西园花满枝。
对月才经收拾去，又向朝阳补衲衣。
这玄微，世罕知，须共神仙仔细推。

（又向，一作“旋称”。微，一作“机”。）

九

无根树，花正开，偃月炉中摘下来。
延年寿，减病灾，好结良朋备法财。
从兹可成天上宝，一任群迷笑我呆。
劝贤才，休卖乖，不遇明师莫强猜。

十

无根树，花正圆，结果收成滋味全。
如朱橘，似弹丸，护守隄防莫放闲。
学些草木收头法，复命归根返本元。
选灵地，结道庵，会合先天了大还。

十一

无根树，花正亨，说到无根却有根。
三才窍，二五精，天地交时万物生。
日月交时寒暑顺，男女交时妊始成。
甚分明，说与君，只恐相逢认不真。

（妊始，一作“孕自”。）

十二

无根树，花正佳，对景忘情玩月华。
金精旺，耀眼花，莫在园中错拣瓜。
五金八石皆为假，万草千方总是差。
金虾蟆，玉老鸦，认得真铅是作家。

（耀眼花，此句诸本皆错。园，一作“篮”。）

十三

无根树，花正多，遍地开时隔爱河。
难攀折，怎奈何，步步行行龙虎窝。
采得黄花归洞去，紫府题名永不磨。
笑呵呵，白云阿，准备天梯上大罗。

十四

无根树，花正香，铅鼎温温现宝光。
金桥上，望曲江，月里分明见太阳。
吞服乌肝并兔髓，换尽尘埃旧肚肠。
名利场，恩爱乡，再不回头空自忙。

十五

无根树，花正鲜，符火相煎汞与铅。
临炉际，景现前，采取全凭渡法船。
匠手高强牢把舵，一任洪波海底翻。
过三关，透泥丸，早把通身九窍穿。

十六

无根树，花正浓，认取真铅正祖宗。
精炁神，一鼎烹，女转成男老变童。

欲向西方擒白虎，先往东家伏青[1]龙。
类相同，好用功，外药通时内药通。

十七

无根树，花正娇，天应星兮地应潮。
屠龙剑，缚虎绦，运转天罡斡斗梢。
煅炼一炉真日月，扫尽三千六百条。
步云霄，任逍遥，罪垢凡尘一笔消。

十八

无根树，花正高，海浪滔天月弄潮。
银河路，透九霄，槎影横空泊斗梢。
摸着织女支机石，踏遍牛郎驾鹊桥。
遇仙曹，胆气豪，盗得瑶池王母桃。
（泊，一作“北”。）

十九

无根树，花正双，龙虎登坛战一场。
铅投汞，阴配阳，法象玄珠无价偿。
此是家园真种子，返老还童寿命长。
上天堂，极乐方，免得轮回见阎王。
（偿，一作“宝”，非。）

二十

无根树，花正奇，月里栽培片晌时。
拿云手，步云梯，采取先天第一枝。
饮酒带花神气爽，笑煞仙翁醉似泥。
托心知，谨护持，惟恐炉中火候飞。

① 青，底本及及空青洞天朱道生刊本作“了”，据《道藏辑要》本改。

二十一

无根树，花正黄，产在中央戊己乡。
东家女，西家郎，配合夫妻入洞房。
黄婆劝饮醍醐酒，每日醺蒸醉一场。
这仙方，返魂浆，起死回生是药王。

（家，一作“舍”。醺蒸，一作“掀开”。）

二十二

无根树，花正明，月魄天心逼日魂。
金乌髓，玉兔精，二物擒来一处烹。
阳火阴符分子午，沐浴加临卯酉门。
守黄庭，养谷神，男子怀胎笑煞人。

二十三

无根树，花正红，摘尽红[①]花一树空。
空即色，色即空，识透真空在色中。
了了真空色相灭[②]，法相长存不落空。
号圆通，称大雄，九祖超升上九重。

（圆，一作“玄”。）

二十四

无根树，花正无，无影无形难画图。
无名姓，却听呼，擒入中间造化炉。
运起周天三昧火，煅炼真空返太无。
谒仙都，受天符，才是男儿大丈夫。

（影，一作“相”。谒，一作“赴”。）

① 红，底本作“金”，据空青洞天朱道生刊本、《道藏辑要》本改。
② 灭，底本作“法”，据空青洞天朱道生刊本、《道藏辑要》本改。

四时道情

春[①]

春色可人、可人，桃杏花开满眼新。山园风物嫩，看来到也无忧闷。仙喜的是洞府去游春，子晋先生吹玉笙，玉笙吹与知音听。俺则道闲来时，焚一炷香，抚一曲琴。

夏

夏赏荷池、荷池，两个鸳鸯水面飞。摆列成双对，清风明月闲游戏。仙喜的是吕祖遇钟离，二翁留下长生地，终南山上乘云去。俺则道闲来时，焚一炷香，下一盘棋。

秋

秋景云疏、云疏，远岫苍黄木叶枯。夜看银河布，牛郎到把织女度。仙喜的是卖卜隐成都，君平先生挈玉壶，日得百钱把酒沽。俺则道闲来时，焚一炷香，看一卷书。

冬

冬景雪飞、雪飞，万里关山似玉堆。和靖掩庐睡，天寒鹤守孤山内。仙喜的是湘子度文公，屡劝回头不肯回，蓝关路上才相会。俺则道闲来时，焚一炷香，画一树梅。

道情四首，乃吾隐终南时，作以自唱者。其体带《竹枝》，节节硬逗，看似不接，其妙正在不接之接也。自记。

青羊[②]宫留题道情四首

一

觅故人天涯不见，叹迷徒要学神仙。有一等守顽空的，有阴无阳是孤

---

① 本篇标题，皆点校者划归体例所加，下同。

② 羊，底本、空青洞天朱道生刊本作“阳”，依《道藏辑要》本改。

炼。有一等用鼎器的，舍死忘生谈采战。各执一端，玄关不知在那边。莫把无为来妆拌，尽都是空门面。怎得个云朋霞友也，混俗和光过几年。访道须要访先天，先天是神仙亲口传。神仙、神仙，只在花里眠。

二

炼黍米，须要有法财两件。心腹事，须要托二三为伴。怎得个张环卫共谈玄，马半州同修炼？薛道光曾把俗还，王重阳幸遇良缘。伯端翁访友在扶凤县，达摩祖了道在丽春院。才晓得花街柳巷也，正好参禅，再休题清净无为空坐闲。访道须要访先天，先天是神仙亲口传。神仙、神仙，只在花里眠。

三

访明师，殷勤了无限。都说是实授真传，某神仙同法眷。一个说补上田，一个说益下元。一个说守中黄，是正法眼。更笑他，两肾中间当玄关。似[①]这等千门万户也，百尺高竿，闪了无数英贤。访道须要访先天，先天是神仙亲口传。神仙、神仙，只在花里眠。

四

学仙的听吾言，切莫要盲修瞎炼。须晓得内外阴阳，同类的是何物件。必须要依阴阳，修出阴阳；依世法，修出世间。顺成人，逆成仙，一句儿超了千千万。再休题清净无为也，不得还丹，总是枉然。访道须要访先天，先天是神仙亲口传。神仙、神仙，只在花里眠。

五更道情

题义："五更"须活看，只是功夫不息之义，勿谓一更是一更功夫、二更是二更功夫也。余类推。

一

一更初，独牧青牛，勿纵狂行，不放闲游。我这里换景移情，攀花折

① 似，底本、空青洞天朱道生刊本同，《道藏辑要》本作"是"。

柳，密炼潜修。闭六门、无为静守，擒五贼、有法拘囚。匹配刚柔，耐得春秋，炁盛神全，采药何愁？

二

二更里，匹配调和，逐散诸阴，赶退群魔。俺只要招凤来巢，唤龟还窟，引虎归窝。看铅生、须知谨守，逢月现、认得真么？下手莫错，望远时过，赤水含珠，造化无那。

三

三更中，一阳才萌，赤县门开，真炁方升。这时节微露铅华，初含玉蕊，半吐金精。锁心猿、龙吟云应，拴意马、虎啸风生。采颗芝英，送入黄庭，封固无虞，百日功灵。

四

四更残，饮罢醍醐，乘槎张骞，笑煞麻姑。凭这点灌溉三田，融通百脉，润泽肌肤。周流遍、牢关土釜，升降毕、谨守如初。念虑皆无，声色尽除，温养胎仙，十月功夫。

五

五更终，添汞抽铅，换鼎分胎[①]，移上丹田。从今后阳长阴消，性成命全，体固身坚。静调神、一周渐大，勤面壁、九载还元。行满功圆，八百三千，与道合真，便是神仙。

五更道情

一

一更里，铅汞全，三尸六贼都游散。心猿意马牢拴定，铅鼎温温水不寒，诸魔不敢抬头看。安神息，任天然，龙自吟，虎自欢。这椿妙理行持惯，遍身水火配离坎。成仙成圣何嗟叹，要做个长生也不难。曾记得火龙直

① 胎，空青洞天朱道生刊本、《道藏辑要》本作“丹”。

指得还丹，逍遥自在，自在神仙。

二

二更里，丹诏来，乘龙跨凤青霄外。大还到手人人爱，方信金丹好药材。母见娇儿共一堆，安稳睡，且妆呆。清虚地，不染埃，从今灭却冤家债。做一个长生不老，养就了杏脸桃腮。

（母见娇儿，一作“怀抱儿童”。）

三

三更里，活子时，仙家美景现华池。灵龟吸尽金乌髓，丹凤啣来玉兔脂。玄明酒，醉如痴，群阴尽，艳阳期。一枝春色金花丽，佳人有意心相许，郎君把玩两情怡。得遇了还元返本，寿与天齐。

四

四更里，更漏深，铅生癸后阴阳分。正值一弦金水满，恰似莺花二月春。不贪财，不爱名，饮琼浆，听玉音。碧天连水清波净，虚白堂前拴意马，无影树下锁心猿。三回九转真人现，得遇了先天大道，寿比乾坤。

（癸，一作“子”。分，一作“顺”。）

五

五更里，采得他，功名富贵都抛下。一心盼望蓬莱景，十洲三岛便为家。免欲火，无牵挂，这长生，在自家。养育恩情休要差，逢人莫说艰难话，刀兵虎全然不怕。任你是艳色垂帘，再不恋路柳墙花。

五更道情

一

一更里，入禅房，清净身心不用忙，心猿意马休轻放。守定灵台白玉光，无事真人里面藏。主翁端坐昆仑上，黄婆勾引入洞房。婴儿姹女配成双，三家会合曲江上。

二

二更里，上蒲团，思念父母未生前，本来面目常发现。采取先天补后天，三关运转至泥丸。华池神水频吞咽，水火相交暖下田。偃月炉中至宝煎，三回九转把丹炼。

三

三更里，一阳生，坎离交媾结婚姻，无牵无挂常清净。海底泥牛直上奔，绵绵一炁透昆仑。金水夫妻来交并，白雪生长在黄庭。炼就金丹不坏身，方才识透玄关性。

四

四更里，觅宗风，西来大意在其中，时时常把功夫用。皓月当空彻顶红，照看自己主人翁。方知炉内铅投汞，玲珑塔里现真宗。金丹炼就了真空，千年万载身不动。

五

五更里，合天机，玄关一窍少人知，谁人识得生死地？全凭戊己产婴儿，金光灿烂现牟尼。至宝收在丹田里，养就灵根与天齐。阳神妙体同太虚，黍珠一粒包天地。

五更道情

静中观面观象，搜寻道窍根源。太乙炉中运周天，三昧真火煅炼。

箭射九重铁鼓，三关运转泥丸。拿着宝月配日眠，此时铅汞相见。

（上调《西江月》。）

按：此乃古仙词唱，祖师借来，作《五更道情》引首，故仍之。

一

一更里，马稳，莫放猿猴跳。气静神清，自然心地扫。看守黄庭，运转先天道。清静闲观，透出玄中妙。

乘一时，才心定，性在天边海底命，悟着青铜镜。青铜镜，无象光明铁陀硬。你看你，变乾坤，采日精，尽都听，法王令。

二

二更里，炉内，万朵莲花放。炼就黄芽，一点从天降。死中拨活，无象却有象。普照十方，到处皆明亮。

看天沟，明耀耀，牧放群羊拍手笑，早把云梦跳。云梦跳，脚踏灵台高声叫。你看你，领金牌，把名表，得证了，无为道。

三

三更里，调理，巍巍全不动。一枕孤眠，识破黄粱梦。白鸦来朝，太极光明洞。海水枯干，颗颗珍珠弄。

紫阳宫，独自立，水晶宫里闲游戏。好个九品无生地，都帅大堂金刚列。你看你，上天梯，怎得知，珊瑚石，真琉璃？

（立，叶利。）

四

四更里，猛勇，要把魔王战。无象宫中，使出双尾剑。战退魔王，万里成一片。体貌纵横，又入蓬莱院。

这消息，谁知道，自己思量自己笑。好个玄中妙、玄中妙，一副棋子盘中闹。你看你，士相卒，摆列炮，进车马，将军照。

五

五更里，方醒，自觉心开悟。急紧加功，再进竿头步。奔到紫阳宫，透出漕溪路。这些功夫，等闲休分诉。

提金容，把剑首，自己收拾休教漏。放出蛟龙斗、蛟龙斗，莫把羊儿饥饿瘦。你看你，隄防很，贼不偷，守定了，周天候。

五更道情

倒卷黄河一脉通，养来柔弱似婴童。

世人若问长生路，笑指蓬莱碧海东。

一

一更里，修行要仔细。休教意马走东西、走东西，猿猴锁在方寸地。这青牛、老子能骑，这青牛、老子能骑[①]。金丹花儿勾一，宝剑插在炉里。龙虎交，会坎离，水火颠倒成既济。金丹花儿快乐念，念上一声佛，南无混沌世界佛，南无花开叶儿落。

花开叶落，比阳生阴尽之时。若是凡花，则花开叶亦生矣。余仿此。

二

一更里，修行提正念。十字街前炼金丹、炼金丹，不用水火不用炭。只要悟、打坐参禅，只要悟、打坐参禅。金丹花儿勾二，黄婆引去婴儿。上泥丸，透玄关，婴儿姹女两团圆。金丹花儿快乐念，念上一声佛，南无释迦牟尼佛，南无花开叶儿落。

三

二更里，修行要团圆。姹女婴儿在两边、在两边，黄公黄婆为媒眷。将二家、结就因缘，将二家、结就因缘。金丹花儿勾三，说起生死不难。说不难，却又难，不在身边在那边。金丹花儿快乐念，念上一声佛，南无西方如来佛，南无花开叶儿落。

四

二更里，修行要心专。手提一根无影剑、无影剑，六贼赶至魔王殿，将三尸、斩首目前，将三尸、斩首目前。金丹花儿勾四，我今遇着明师。与咱指，一条路，时时刻刻用功夫。金丹花儿快乐念，念上一声佛，南无大肚弥勒佛，南无花开叶儿落。

五

三更里，修行要防危。休将六贼搬弄你、搬弄你，聚气凝神总不移。烧纸钱、送将出去，烧纸钱、送将出去。金丹花儿勾五，我今得了功夫。采先

① “这青牛、老子能骑”，为校者增补。该句处，原注“重一句，下仿此”，故补，下同。

天，补后天，滚出云门天外天。金丹花儿快乐念，念上一声佛，南无接引准提佛，南无花开叶儿落。

六

三更里，修行莫漏机。黄河倒卷上天梯、上天梯，玄关站定青牛蹄。颠倒颠、取坎填离，颠倒颠、取坎填离。金丹花儿勾六，狮子炼成火猴。我今想，去云游，翻过甲子到瀛洲。金丹花儿快乐念，念上一声佛，南无十八罗汉佛，南无花开叶儿落。

七

四更里，修行要用心。双树林中点慧灯、点慧灯，照见世尊他去。极乐国、门前等一等，极乐国、门前等一等。金丹花儿勾七，空中有人提携。骑青牛，过玄关，炼颗金丹圆又圆。金丹花儿快乐念，念上一声佛，南无燃灯古老佛，南无花开叶儿落。

八

四更里，修行要用功。须看西南起巽风、起巽风，水火既济颠倒用。将药火齐入炉中，将药火齐入炉中。金丹花儿勾八，婴儿姹女赴龙华[①]。主人翁，认得他，打成一片是作家。金丹花儿快乐念，念上一声佛，南无大鹏金翅佛，南无花开叶儿落。

九

五更里，修行金鸡叫。迷人不是这条道、这条道，铁树开花蕊不少。完满了、自有根梢，完满了、自有根梢。金丹花儿勾九，说起人人皆有。说起有，却又无，说无说有永不休。金丹花儿快乐念，念上一声佛，南无孔雀明王佛，南无花开叶儿落。

十

五更里，修行太阳红。须防火候一场空、一场空，霞光万道金莲涌。完

① 赴龙华，空青洞天朱道生刊本、《道藏辑要》本作“荣华”，误。

满了、自然成功，完满了、自然成功。金丹花儿勾十，我今来在家里。见主人，笑嘻嘻，我问真人在那里？金丹花儿快乐念，念上一声佛，南无长耳定光佛，南无花开叶儿落。

十一

念罢五更到天明，正东闪上小桃红、小桃红。东生西落催人老，躲三灾、报答师恩。金丹花儿勾十一，我今来在深山里。搭一座，草茅庵，降龙伏虎自然宽。金丹花儿快乐念，念上一声佛，南无阿弥陀佛，南无花开叶儿落。

（红，叶横。）

十二

念罢五更一坦明，一道红光是至真。黄龙透出三关顶，到今日、跨鹤飞升。金华[①]十二一齐开，玉皇老子丹书来。穿仙衣，坐莲台，炼就金身全不坏。金丹花儿快乐[②]念，念上一声佛，南无无量受福佛，南无花开叶儿落。

九更道情

（时无九更，而此以“九更”名者，更，更去声，言更番修炼，以成九转之数也。）

生我之门死我路，几个惺惺几个悟？
夜来铁汉自思量，长生不死由人做。

按：此乃钟祖句，亦祖师引来，以作《九更》起首者。

一

一更里，回心向善，为生死、其实艰难。自从离了古灵山，混沌初分下世间。西方有本，丢下根原。来在东土，性命落凡，失迷了，老母当初未生前。

---

① 华，空青洞天朱道生刊本、《道藏辑要》本作“花”。
② 金丹花儿快乐，底本缺，校者仿前词句补。

二

二更里，成人长大，城市中、立下根芽。知饥知渴知上下，不知生死何处发。二房居住，不识真假。不修出路，只顾眼下，顺六贼，坏了自己主人家。

三

三更里，邪淫休念，牢锁定、意马心猿。花街柳巷少贪顽，别人妻女成婚眷。尽是破戒，尽是魔缠。二鬼来勾，不敢倒看，入地府，那时难见如来面。

四

四更里，贤愚难辨，惺悟的、识破机关。看见世人不久远，百岁光阴急如箭。及早回头，正是中年。拜求明师，口诀相传，指与你，从前本来娘生面。

五

五更里，皈依如来，为生死、斩断恩爱。观见世事好伤怀，恐怕惹下轮回债。心猿锁定，休教损坏。提出正念，无边无界，趁香风，及时正好早归来。

六

六更里，细认本宗，将猿猴、锁在房中。若来若去莫放松，昼夜挂剑守深宫。四门上锁，压定妖风。看破红尘，尽是浮空，主人翁，时时常把真经诵。

七

七更里，要脱尘埃，多亏[①]了、恩师携带。受持三规并五戒，发下洪誓永不开。世事皆小，生死事大。斩断轮回，金刚不坏，滚浪里，现出一枝白莲来。

八

八更里，把守真铅，古弥陀、倒坐玄关。呼吸元阳上下转，前后三三一

① 亏，空青洞天朱道生刊本、《道藏辑要》本作“承”。

担担。黄河倒卷，泥牛耕田。鹊巢灌顶，地涌金莲，须弥顶，透出一道灵光现。

九

九更里，苦炼三家，红炉中、火候不差。无影树下现金花，性命二字两头发。三车搬运，赵州斟茶。去到西方，参拜佛家，小婴儿，见娘呵呵喜笑煞。

叹出家道情七[①]首

《出家》七首，羽流多套袭以为己作，又有疑为罗洪先所作者，非也。末篇云："五十二句玄中理，明明白白说与君"，盖指道情歌也。据此观之，的系丰师所传无疑。继阅汪本，更为可证。

一

叹出家，到也奇，看破了世路云泥。一心不染红尘事，任凭他浮名美利。任凭他爱子娇妻，劳形不如归山去。俺怎肯终日奔驰，俺怎肯终日寻思？修行当发冲天志，做一个慷慨男子。打破了生死机关，无烦无恼无忧虑。

二

叹出家，到也幽，断却了妄念忧愁。人生那得无尘垢，俺怎肯图利贪求？俺怎肯空自罢休，断然不落无常手。发洪誓去把师求，发洪誓时把真修。自然有日功[②]成就，任凭我跨鹤乘舟。任凭我散步优游，真玄道妙谁参透？

三

叹出家，到也深，学些儿借假修真。行住坐卧把真心定，爱的是养气提神，喜的是木降金升。灵光现出圆如镜，顷刻间窍窍通灵。黄河[③]水运转昆仑，自然认得真玄牝。

① 七，底本作"九"，但诗歌七首，据空青洞天朱道生刊本、《道藏辑要》本改。
② 功，空青洞天朱道生刊本、《道藏辑要》本作"丹"。
③ 河，底本作"庭"，据空青洞天朱道生刊本、《道藏辑要》本改。

四

叹出家，到也玄，看破了打坐参禅。主人现出是何物件，玄中理默默无言，动静处添汞抽铅。如痴如醉神不倦，进火时文武相煎[①]。温养时子后午前，水火既济同烹炼。

五

叹出家，到也精，准备着猛将强兵。隄防六贼来搬运，任凭他驾雾腾云，任凭他惯战争能，全凭妙用将他胜。举慧眼万骑齐奔，提慧剑斩断魔精。三尸束手魔王顺，现出了赤胆忠心。自然见富国安民，一战功成皆宁静。

六

叹出家，到也高，学了些散淡逍遥。顺逆颠倒通玄妙，一瓢饭能吃多少。三杯酒面像仙桃，花街柳巷呵呵笑。小葫芦常挂在腰，万灵丹带上几包。到处与人行方便，遇缘时美酒佳肴。淡薄时饮水箪瓢，富贵穷通由天造。任凭他身挂紫袍，任凭他骏马金貂。转眼难免无常到，三寸气顷刻缥缈[②]。一家人哭哭叫叫，那管他[③]子贤和孙孝。算将来修道为高，延年寿病减灾消。无忧无虑无烦恼，等时来到步云霄。会八仙去上仙桥，那时方显玄中妙。

七

叹出家，到也真，洗心源必要清净。玄中理方可见明，修真养性谁来问？俺也曾过了些崎山峻岭，走了些州县府城，大都廛市和光混。有一等不犯腥、不犯淫。有一等宽怀忍气财分明，西南国上把朋来进[④]。昔日里醉似昏昏，醒眼看四海苍生，红尘滚滚金花嫩，天边月谁人认真？世上事那件分明？人人抱着个修仙兴。五十二句玄中语，明明白白说与君。拜明师要访高人，殷勤了才得长生赠。

---

① 煎，底本作“炼”，据空青洞天朱道生刊本、《道藏辑要》本改。

② 顷刻缥缈，空青洞天朱道生刊本、《道藏辑要》本作“缥缥缈缈”。

③ 他，空青洞天朱道生刊本、《道藏辑要》本作“你”。

④ 进，空青洞天朱道生刊本、《道藏辑要》本作“敬”。

天边月道情九首

（取“天边月出庚”之义）

一

天边月，月影明，照见人间似覆盆，覆盆多少冤家阵。累劫修才得人身，失却了万劫难寻，难寻八宝真如性。贪妻子羊伴虎群，夸富贵倚势欺贫，欺贫还有天报应，到不如跳出红尘，拜明师、早去修行，那时自有仙家分。

二

天边月，月影幽，贪恋荣华谁肯休？不休那得仙缘凑。叹世人，系孤舟，好一似水上浮沤，浮沤散却难依就。到不如早早回头，拜明师、倒跨青牛。积功累行丹成后，守志时四海云游。得志时步上瀛洲，那时节、姓名才上金阶奏。

三

天边月，月影寒，要做神仙也不难，不难要把三尸斩。降龙钵、口口相传，伏虎盂、妙诀难言，难言莫与匪人显。大神通、火里栽莲，高匠手、逆水撑船。逆水撑船休要乱，主人翁掌定风帆。浪滚中采取真铅，那时方赴灵霄殿。

四

天边月，月影高，有个神仙驾鹊桥，鹊桥路险人难到。黄庭宫、采取药苗，银河内、长有水潮，水潮方显玄中妙。有牛郎、降下天曹，那织女、忙把手招，牛郎织女同欢笑。愿上天、赐一个黄婆，好姻缘恍惚相交，功完行满天书诏。

五

天边月，月影孤，修行人，大丈夫。大丈夫、才入修行路，张仙姑、曾拜吕祖。有龙女献上宝珠，宝珠拥出嫦娥护。泥丸宫降下琼酥，如珠橘、酿酒醍醐，醍醐到口如甘露。进阳火要退阴符，入丹田牢牢封固，那时自有通天路。

六

天边月，月影飘，有个神仙品玉箫，玉箫品出通天窍。地天泰、不动不摇，颠倒用、手段要高，手段高、方显玄中妙。白雪飞飞上九霄，黄芽长长就灵苗。先天奥妙谁知晓，滚盘珠、难画难描。牟尼殿紧[①]固坚牢，那时方把师恩报。

七

天边月，月影低，十八弟子戏牟尼，牟尼竟入长生地。西来意、如醉如痴，观自在清净无为，无为妙用有为起。铅投汞、寿与天齐，水火交、永保无虞，三尸缩首魔王避。延寿酒，不用杯，甜如蜜、自饮刀圭，醺醺去赴蟠桃会。

八

天边月，月影圆，古松树下悟真玄，真玄只许自家见。鸾凤飞腾在高山，鹦鹉唱守在泥丸，泥丸得见婴儿面。唧月华不后不前，抱日眠无地无天。无天反做玲珑殿，愿上天、赐阵清烟，抱黍米升上云端，那时方赴灵霄殿。

九

天边月，月影无，无相无形难画图，画图难入修行谱。无名姓、却听招呼，无方体、谁认亲疏？亲疏妙用全不露。无念时何用功夫，无想处本体如如，如如才是娘生路。无色界有条真路，无罣碍有个仙都，那时才把彩云步。

一扫光道情十二首

一

一扫光，照见真，拍拍满怀都是春。
玉非宝，珠非珍，北邙路儿不随身。
有象有形皆是假，无声无臭始为真。
身非道，道非心，莫把身心当真人。

---

① 紧，底本等均作“坚”，校改。

二

一扫光，照见君，花前月下醉醺醺。
文非字，学非文，东君笑人寡见闻。
桃红柳绿李花白，一挥而就不思寻。
人纷纷，物纭纭，无异于人自超群。

三

一扫光，照见帝，神化机关一旦契。
鱼自跃，鸢自飞，造化何常潜算计？
气化形生基始兆，一点冲和归根蒂。
包虚空，生天地，一见百事自如意。

四

一扫光，照见主，豁然洞观来时路。
陆乘车，水舟渡，不移一步天堂处。
顷刻而成理最真，立跻圣域语非误。
不窥牖，不出户，便知天下有把握。

（握，读“务”。）

五

一扫光，照见生，一点冲和二五精。
性即理，命即情，氤氲妙用一时成。
迷时取之头头错，悟后拈来处处神。
死自死，生自生，培由栽兮覆由倾。

六

一扫光，照见灵，朝游暮宿玲珑亭。
醒也宁，睡也宁，春来无处不青青。
达聪不听有弦琴，明目须读无字经。
毋恍惚，毋窈冥，常宁常静常惺惺。

七

一扫光，照见一，一贯一毕一归一。
圣也一，贤也一，天地万物无非一。
人间百虑皆一致，天下殊途同归一。
仙也一，凡也一，一了百当自简易。

八

一扫光，照见心，儒书佛典仙子经。
尽赘瘤，皆附瘿，都是各道其道人。
立图设象枉费心，巧譬曲喻徒敲唇。
不执迹，不泥文，即是神而明之人。

九

一扫光，照见明，混沌初分焉有文?
秦焚书，汉注经，注经经亡焚书存。
心口相传文字授，总是无事惹事情。
无衣钵，无剑琴，才算一尘不染人。

十

一扫光，照见仙，始信通字是强言。
窍非妙，牝非玄，非水非火非汞铅。
也无无极合有极，也无先天与后天。
性归命，命归天，复命归根混沌前。

十一

一扫光，照见佛，须知彼岸无有佛。
佛非心，心非佛，枉自持斋念弥勒。
莫把灵山当佛地，除却灵山别有佛。
圆陀陀，光灼灼，千圣不传这一着。

（勒，音“六”。）

十二

一扫光，照见圣，通天彻地一轮镜。
静中动，动中静，一任万物不相侵。
花开花落地自贞，云来云去天常净。
正大光，光大正，分而能合定能应。

鹧鸪天

战魔须战睡魔先，此是修行第一鞭。
目下辛勤熬一夜，壶中日月换千年。
筑基事，志要坚，须凭玄牝觅玄玄。
神归气复成丹体，然后开炉讲炼铅。

五更道情

一

一更里，万事休，抖精神，坐床头。
巍巍不动主人守，偃月炉中黄芽逗。
七宝林中玉液流，真阳一撞三关透。
顷刻间、水火既济，灌泥丸、降下重楼。

二

二更里，要心坚，三尸神，在目前。
七情六欲来磨炼，目前仗起青锋剑。
倒跨白牛走上山，阳神去把阴兵战。
顷刻间、水火既济，一霎时、撞过三关。

三

三更里，要持行，采先天，兔逢鹰。
杳冥之内来真信，铅汞相投归炉鼎。
取坎填离入内庭，黄婆用意相勾引。
顷刻间、水火既济，六月天、井底成冰。

四

四更里，用功勤，要高提，智慧灯。
方把虎龙擒得定，紫阳双修性与命。
散则成炁聚成形，九还七返真人认。
顷刻间、水火既济，退阴符、炼就阳神。

五

五更里，莫放参，将白牛，赶上山。
婴儿出见明珠现，金丹一粒如珠点。
收来放去任回还，尸贼锁在空王殿。
顷刻间、水火既济，百日功、老变童颜。

玄机问答[①]

前见羽流抄本，有三丰先生自问自答二条，极为玄妙。或以为永乐遥问，而先生遥答之者，是亦一说也。

其问云：这[②]道人，开口就讲道。我问你，这呼吸，谁收谁闭？谁举谁提？父母未生时，这一点真阳动静，在那里修根养蒂？在那里立命安基？你与我讲个元音，明个道理，切莫要错讲糊支！

其答云，那道人，稽首便答道：你看我，这呼吸，自收自闭，自举自提。父母未生时，那一点真阳动静，在虚无内修根养蒂，虚无内立命安基。这是咱讲的元音，明点[③]道理，又何必指东猜西？

保和先生四大铭[④]

大器量铭

人要把天地间，人民庶物、灵灵蠢蠢、好好歹歹的气象，一肚装得下，臧否不挂于口，喜怒不形于色，此方是兼容并包大器量。

---

① 本篇，底本刻入《云水集》内，据空青洞天朱道生刊本、《道藏辑要》本调整。
② 这，底本作“者”，校者改。
③ 点，空青洞天朱道生刊本作“的”。
④ 本篇，底本刻入《云水集》内，空青洞天朱道生刊本、《道藏辑要》本漏缺。

大学问铭

人要把天地间，穷通得丧、苦苦甜甜、浓浓淡淡的境遇，一眼看得穿，无往而不相宜，无入而不自得，此方是学圣希贤大学问。

大涵养铭

人要把天地间，生老病死、牵牵缠缠、劳劳碌碌的事情，一脚蹬得开，淡泊以养其志，清净以安其神，此方是切己关身大涵养。

大豪杰铭

人要把天地间，圣贤仙佛、高高大大、真真实实的功夫，一肩担得住，穷理尽性至于命，积精累气以成真，此方是空前绝后大豪杰。

《张三丰先生全集》卷五

云水前集

歙县圆通真人汪锡龄梦九氏　藏本

圆峤外史　增辑

翱翔散人　编次

槃山、遁园野客　同校字

《云水前集》序

《云水前集》者，我三丰先生在元、明间所作者也。永乐时，胡广等收入《大典》之内，世间少得其本。嘉靖中，诏求方书，仍从《大典》中翻出梓行，颁示国师等等。锡龄于康熙五十九年[①]，得此本于扬州书肆，宝而藏之，即花谷藏书也。后有起者，将此板刊出，必能传其人，读其诗，知先生之清风高节，为不可及也。

圆通弟子谨识

① 康熙五十九年，1720 年。

云水集[①]

登华表山

华表山高爽气凌，令威骑鹤此飞升。
乍看雨脚从空至，未必云头阻我登。
独立峰峦心旷远，遥观渤海兴奔腾。
他年愿步丁公后，长啸蓬邱第一层。

游辽阳诸山作

千里辽阳自往还，眼中山色画中看。
人夸地气来长白，我欲云峰炼大丹。
风过列屏横淡霭，雨余群嶂各高寒。
此间好觅长生路，入世休言出世难。

甲子秋游燕京作

我不愿登黄金台，我只愿饮黄花杯。醉里昏昏忘天地，古今名利总尘埃。休驰骤，且徘徊，早将壮岁尘缘了，五岳三山归去来。

呈廉阁老

真人不露真，玄门不露玄。方士乃何物？自献徒纷然。
尧舜享高寿，无为静也专。几曾饵金石，而乃得遐年。
我爱廉夫子，忠悃心拳拳。上书攻异教，肝同铁石坚。
吾家有二老，至今作天仙。子房师辟谷，志和隐钓船。
素与天子近，不谈汞与铅。功成身勇退，英雄则有焉。
帝王自有事，岂在白云边？凡为大臣者，孔戒必当先。
我爱廉夫子，正气如孟贤。

（时人有“廉孟子”之目。）

① 底本和《道藏辑要》本等前后两集刻印次序颠倒，今给予调整。

题止善堂呈主人

半点尘埃不许侵，四围垂柳正阴阴。
主人自是能知止，无物能摇至善心。

廉平章以书荐余名于刘仲晦太保感而咏此

贤与贤相近，得逢推荐人。愧非梁栋质，名动帝王臣。
有意求勾漏，无心据要津。辞尊往说法，愿现宰官身。

送廉公之江陵

我有老亲，头已白矣。我得微官，公之德矣。
公自爱才，我非贪禄。公往江陵，民皆受福。

博陵上仲晦相公

姓字劳公记，山人入宦场。一官容懒散，百姓尽淳良。
囹圄生秋草，男儿思故乡。别求贤令尹，吾不坐琴堂。

有感

毛义从兹隐，葛洪岂恋官？欲寻李太白，同说大还丹。
家国伊人任，孤哀独我单。潸然双泪落，飞雁影高寒。

答刘相公书

太平良宰相，千古能几人？青囊乃余事，不愧帝王臣。得公一语重千金，公书赐我我动心。所言地理无人识，惟我默默信其深。公何为者重贱子，此恩此德提吾耳。公柬来时独憾迟，亲骸已葬不敢起。长白干龙数千里，我从小干藏之矣。不望名，不望利，只望吾亲安斯地。穴城大山宫小山，门有仙桥获我意。以此答公公谅之，莫云小子强陈词。他日访公邢州道，八盘山下请公思。

读先子房传有感

纷纷六国众诸侯，扫入秦疆汉又收。
若使沛公如项羽，子房未必肯依刘。

家居无事，忽有邱道人见访，临别诗以赠之

我见先生方外来，先生见我笑颜开。
无官自合寻黄石，有客何妨共绿醅。
出世心从天海落，入山兴与岳云回。
几时佩剑携长笛，相访高真到碧台。

遥挽刘仲晦相公

（时至元十一年冬月初旬也）

博学其余事，今之古大臣。澹然忘嗜欲，高矣脱风尘。
举世谁知我，登朝屡荐人。八盘他日过，清[①]酒奠公神。

三十二岁北游

幽冀重来感慨忘，乌纱改作道人装。
明朝佩剑携琴去，却上西山望太行。
（西山，太行别阜也。）

上曲

疏柳苍黄尽夕曛，悠悠漉水净尘氛。
芒鞋独上尧峰顶，西望常山只白云。

恒岳

毕昴精凝处，恒山气象高。藤萝牵绝壁，松柏吼飞涛。
朔野何空阔，灵风乃怒号。结庐仙岭上，望里兴飞豪。
（山有望仙岭。）

---

① 清，青空洞天朱道生刊本作“甬”，《道藏辑要》本作“清”。

悠悠歌北岳作

（时至元三十一年甲午岁也[①]）

悠悠歌，悠悠歌，四十八岁空销磨，人生寿命能几何？株守恒山十六载，燕赵往来成逝波。倒不如携琴剑、整笠蓑，东走蓬莱唱道歌。

东游

此身长放水云间，齐鲁遨游兴自闲。
欲访方壶圆峤客，神仙万古住三山。

赠棠邑令家希孟弟

我到清河上，棠花处处开。老兄骑虎出，吾弟跨鹤[②]来。
政事由求侣，乾坤宰相才。四知良[③]不愧，相与坐斯台。

（治内筑有四知台。）

游岱宗步希孟弟原韵

轶荡天门上石关，人生到此拓雄观。
西崖宛峙神仙阜，东海谁投任子竿[④]。
七十二家封禅古，三千余里[⑤]范围宽。
与君共坐秦松下，一阵天风扑面寒。

日观早起观日

天鸡一唱海门开，日涌波涛出海来。
万里眼光红不断，三山头脑绿成堆。
遥闻笙鹤从空降，只见云龙带雨回。

---

① 《道藏辑要》本作“时至元三十一年甲午岁初也”。

② 跨鹤，底本、《道藏辑要》本作“割鸡”，青空洞天朱道生刊本作“刭鹤”，从左江书局本。

③ 良，《道藏辑要》本作“长”。

④ 竿，《道藏辑要》本作“牵”。

⑤ 里，《道藏辑要》本作“异”。

别有飞仙挥鹿麈，令人企首望蓬莱。

山中寻张忠高隐处有作

岩栖谷饮旧家风，今我寻翁不遇翁。
仙阜一声发长啸，白云飞在太山中。

丹岩山

丹岩顶上蓬莱阁，可望蓬莱不可即[①]。
天风海水荡心胸，苍苍浪浪自开阖。
我到东牟眼界空，诗情豪放若英雄。
朝暾远出扶桑外，楼台贝阙金银宫。
拍手长歌云鹤起，仙人冉冉来前矣。
把杯祭海祝海神，为展光明千万里。
遥情欲观海外天，天浮海际海无边。
欲驾飙车飞过去，未能羽化心茫然。

徂徕山

百丈奇峦百树松，松松古干老苍龙。
山间六逸今安在，几度言寻到此峰。

河东

三年步履遍河东，戴月披星两袖风。
登山笑倚一根竹，遇水闲弹三尺桐。
海岳几时逢道侣，尘寰何处访仙翁？
不如觅个安闲地，了了忘忘养寸衷。

① 即，《道藏辑要》本作“却”，误。

雷泽晚行

水复山重路渺茫，此中应是白云乡。
晚来独自行雷泽，明月清风望首阳。

游中条山

九天浮翠郁岩峣，绿笠青蓑映碧霄。
款款心儿思上界，翩翩羽客到中条。
脚头不用黄河濯，肩臂[①]常将白日挑。
两片飞凫轻似鹤，王官谷里过溪桥。

中州纪行

中州南北遍寻真，到处高歌吊古文。
滚滚烟飞卿相宅，茫茫日落帝王坟。
身如断梗随流水，臂负瑶琴带夕曛。
来日又从河内去，袖中携取太行云。

王屋山

海内大洞天，王屋称第一。终古飞白云，至今护元室。
岩鹤[②]响笙簧，峰尖挂月日。我欲结茅居，炼取神仙质。

嵩岳

重离大火开丹壁，表正中州真峻极。
仙灵隐隐立三台，太少峨峨分两室。
我今访道如青莲，奇峰六六造其巅。
石上弹琴思缥缈，云中飞鹤舞翩翻。
忽然口渴忆玄酒，手掬山泉聊漱口。
晚来明月挂溪松，松涛几阵如雷吼。

---

① 臂，《道藏辑要》本作“背”。
② 鹤，空青洞天朱道生刊本作“壑”。

静中有动动偏闲，椰瓢棕拂坐岩间。
不遇真师亦快活，留将鸿爪记嵩山。

西游

胸中五岳待[①]全探，泰岱恒嵩已过三。
今日更登西华去，白云开处望终南。

关中旅寺有怀

抛别家山处处游，塞云关月几经秋。
丁公有志归华表，子晋何时返故邱。
今日渭南如旅雁，去年河北似浮鸥。
溪泉放艇寻诗句，两岸风篁几万头。

华岳

巉巉大华俯全秦，百二河山此地尊。
云起谪仙搔首处，雨过神女洗头盆。
闲从翠嶂寻松实，醉看青天枕石根。
我爱希夷高卧迹，应携后进入玄门。

扶风明月山中，有清风洞，过而口占

明月山头玩明月，清风洞口坐清风。
吟风啸月吾将老，对月听风响未终。

宝鸡晚行

倏尔游秦凤，飘然到宝鸡。路随流水远，山压暮云低。
对面三峰立，关心一榻栖。结茅聊息足，吾亦老磻溪。

① 待，《道藏辑要》本作“侍”，误。

小庐题壁

陈仓山下道人家，不种桑田不种麻。
埋姓埋名藏僻地，自薪自汲老生涯。
几重石嶂撑如虎，一个茅庐小似蜗。
气健身强年已暮，乾坤何处问丹砂？

书怀

心命惶惶亦可怜，风灯雨电逼华年。
不登阆苑终为鬼，何处云峰始遇仙。
九死常存担道力，三生又恐落尘缘。
瓣香预向终南祝，应有真人坐石边。

终南山呈火龙先生

白云青霭望中无，已到仙人碧玉壶。
拚却芒鞋寻地肺，始瞻大道在天都。
乾坤二[①]气藏丹室，日月两丸曜赤炉。
实与先生相见晚，慈悲乞早度寒儒。

出终南二首

一

生平好善访仙翁，十万黄金撒手空。
深谢至人传妙诀，出山寻侣助元功。

二

一蓑一笠下终南，云白山青[②]万象涵。
他日大丹熔炼就，重来稽首拜仙庵。

① 二，《道藏辑要》本作“一”。
② 青，《道藏辑要》本作“清”。

丹成作歌

洞里深藏太古春，心虚气静养元神。
直寻世外千年乐[①]，不惹[②]人间半点尘。
时饮蟠桃酒，时采灵芝根，如醉如痴气血生。
八两真铅汞半斤，月圆花现景难论。
捉虎擒龙浑易事，先天一炁要殷勤。
火候分明度数的，十月功完脱圣真。
凡愚何处求丹法，此是吾家不二门。

由夔府下江陵作

十二巫峰历历游，夔门长啸下荆州。
朝吟落月峨眉碛，暮对斜阳燕尾洲。
山水苍茫怀道侣，乾坤浩荡少仙俦。
不如自跨辽东鹤，乘舆[③]还乡省故邱。

辽阳积翠村二首

一

手执长弓逐鸟飞，是谁知是老翁归？
白杨墓上留诗句，城郭人民半是非。

二

纷纷景象乱如麻，身世粗[④]完早出家。
莫待巢危复累卵，功名势利眼前花。

燕赵闲游，晤邱长春，遂同游西山

天寒白日澹幽州，燕市重寻旧酒楼。
新学疯狂为醉汉，故交豪杰已荒邱。

① 乐，空青洞天朱道生刊本、《道藏辑要》本作“药”。
② 惹，《道藏辑要》本作“染”。
③ 舆，底本作“兴”，据《道藏辑要》本改。
④ 粗，空青洞天朱道生刊本作“初”。

驹光不似壶中日，蚁命犹如水上沤。
我遇至人谈大道，西山晴雪共遨游。

津门柳

津门柳，津门柳，岁岁年年，丝丝缕缕。
长与官家绾别离，能绾游仙去路否？
一声长啸出天津，破衲飘然不回首。

两湖吟

化作渔翁荡小舟，湖南湖北任遨游。
酒干直欲吞云梦，吟罢高飞过鄂州。
万里遥看吴地月，一声长啸楚天秋。
湘滨老叟相逢笑，手指嘉鱼下钓钩。

（嘉鱼，县名。）

赤壁怀古

（赤壁有数处，在嘉鱼者，乃周郎破曹处也）

石壁巉巉压水隈，三分事业此间开。
龙争虎斗今安在？月白风清我又来。
滚滚长江淘日夜，茫茫战垒激风雷。
兴酣欲拉坡仙啸，吹笛乘舟共往回。

洞庭晤吕纯阳先生

这回相见不无缘（先生句），访道寻真数十年。
雅度翩翩吹凤笛，雄风凛凛佩龙泉。
身从海岳来斯地，手拂湖云看远天。
愿学先生勤度世，洞庭分别到西川。

题阳台[①]

为雨为云最有神，莫将尘梦拟真人。
仙环隐隐从空下，一片恩膏一片春。

蜀市题

朝隐青城暮入峨，蜀中来往阅人多。
眼看白日忙忙去，口唱蓝仙踏踏歌。
一个葫芦无价宝，两川风月安乐窝。
山林廛市遨游遍，到处题诗认得么？

太和山道成口占二绝

一

太和山上白云窝，面壁功深似达摩。
今日道成谈道妙，说来不及做来多。

二

九年无事亦无诗，默默昏昏不自知。
天下有人能似我，愿拈丹诀尽传之。

题武当山

七十二峰苍翠间，武当山色似衡山。
明朝飞过湖南去，八九峰头自往还。

衡岳

今日完全五岳游，身骑黄鹤驻峰头。
曾于北镇先寻访，直到南衡始罢休。
万里漫云燕楚隔，两山刚被坎离收。
天然道妙同行辙，又看湘波九面流。

① 空青洞天朱道生刊本、《道藏辑要》本漏刻标题。

登岳阳楼用杜韵

欲上君山顶，飞吟到此楼。一湖南北限，千里水云浮。
沙外几行雁，天边数点舟。江河渟蓄处，广大不奔流。

道走河南，公卿颇有闻余名者，书此笑之

弃却功名浪荡游，常将冷眼看公侯。
文官武将皆尘土，绿黛红妆尽髑髅。
鹤驾高飞南嶂月，鸦声乱噪北邙秋。
离离草色俱凋谢，早向云山问路头。

晚步咸阳

天边飞雁排云表，我亦长吟咸阳道。
咸阳古道草迷离，百代王侯尽枯槁。
西行万里多感怀，人生岂若神仙好？
任他沧海变桑田，鹤貌松姿长不老。

带月过武功飞行至栈

布衲椰瓢欠整齐，夜来飞过渭河西。
白云叫破梁山雁，凉月催回鲁店鸡。
出世多游秦蜀路，摩崖自看往来题。
身行险栈如夷坦，始识鸾车胜马蹄。

锦江

江自岷山走蜀都，顺流东去出夔巫。
扁舟愿效元真子[①]，更号烟波小钓徒。

---

① 元真子，即玄真子张志和（732—774），唐代著名诗人，曾弃官弃家，浪迹江湖，著有《玄真子》十二卷、《大易》十五卷。

江上吟

学得渔翁欸乃腔，高歌自驾木兰艭。
云帆历乱迷三楚，烟水苍茫过九江。
收拾乾坤归小艇，任他岁月付奔泷。
此身放浪原无定，孤雁凌波影一双。

游庐山

远望屏峰九叠张，到来初识是仙乡。
唤回山虎吟溪月，呼起云龙抱石梁。
高岸吼时飞瀑布，淡烟浮处满炉香。
道人分外添幽兴，消受匡庐日月长。

吴越吟

大江南北任浮沉，游遍苏杭道益深。
跨鹤吴山容我啸，飞鸾禹穴避人寻。
茫茫笠泽藏渔艇，淡淡苕溪洗客襟。
水秀峰奇吴越路，飘然自背落霞琴。

元杭省左司员外郎家光弼昱庐陵人，余游杭州相遇于湖，自谓将有湖山之志，书此壮之

君我相逢姓又同，莫将高尚托虚空。
而今气象兼舒惨，自古贤豪善始终。
千载西湖多隐遁，六桥南渡老英雄。
骑驴放艇留佳话，请与先生道此风。

天目闲居歌

临安秀气钟天目，晨朝自放白云出。
石池高注两峰头，波光圆净如日月。

道家三十六[1]洞天，琼册琅函万古传。
结庐小住山之巅，青鸾白鹿共周旋。
闲来便到杭州去，笑傲湖山得真趣。
化作游僧倚杖行，三生石上谁相遇？
梅花屿，杨柳堤，瑶笙画舫自东西。
道人长啸归山去，回观世上烟迷迷。

赠广海和尚

深入浮屠断世情，奢摩他行恰相应。
天花隐隐呈微瑞，风叶琅琅咏大乘。
室密昼闲云作盖，庭空夜静月为灯。
定中万象无何有，到此谁能见老僧？

遇家伯雨外史杭州人

看破浮生远市寰，歌声踏踏上茅山。
老兄赠汝无他物，惟有仙家一味闲。

游金陵赠沈万三

秦淮落落大渔家，看破浮云似暮霞。
乘月泛舟沽绿酒，感君从我问丹砂。
黄中妙理何人识，白下英雄此个夸。
愿把赀财参道法，一堂妻子不咨嗟。

别万三

群雄扰扰尽征戡，我与先生把道谈。
今日东南王气盛，他年晤子到西南。

① 六，诸本均作“四”，校者改。

西湖二首

一

湖上红亭亭上人，亭前水写眼前身。
青蓑绿笠何为者，我是烟波画里真。

二

人歌人笑满朱舲，杨柳长亭复短亭。
却爱渔翁闲雅甚，自摇小艇到西泠。

赠金粟道人

玉山佳处好园亭，多少游人入画屏。
蓦地将来都撒去，清心澹虑水泠泠。

还蜀吟

六合是我家，二曜为我烛。我虽辽东人，游蜀似还蜀。
淡淡巫山云，弯弯峨眉月。鲜鲜锦江波，熙熙巴子国。
到处阐玄风，颠狂自怡悦。鸾驭止何方，又到青城宿。

归秦

自蜀来秦不避秦，西秦久住似秦人。
宝鸡石上题诗句，谁识逍遥物外身。

大元至正二十六年丙午暮秋，金台观游魂七日，归来付杨轨山一偈

（诗喻元终明始意，盖二十八年，即洪武元年也）

元气茫茫返太清，又随朱雀下瑶京。
剥床七日魂来复，天下齐看日月明。

入蜀

剑门雄壮蜀山高，飞去飞来鹤亦劳。

万点苍尖分历落，千重碧嶂几周遭。
时时牧笛吹秋草，处处樵风吼暮涛。
最爱峨眉峰顶月，清晖白上道人袍。

渔父词

湘雨湖云满钓蓑，逃名隐姓乐如何。
新日月，旧山河，成败兴亡莫管他。
洞庭睡到长天晓，谁识高人张志和。

（新日月，指明；旧山河，指元。）

赠焦始谟先生

子陵高屈汉光武，一个客星照万古。
如今我见焦先生，高节清操谁为伍？
少与皇明乃旧交，风声洒洒吹许巢。
故人崛起做天子，几回丹诏来山坳。
一豚蹄与一壶酒，径来见帝酬吾友。
大呼光禄治山肴，对饮哈哈笑拍手。
席前三带角银金，命公取之观其心。
强持角带作游戏，幽情默默在云林。
朝廷从此称千户，先生冷笑何足数。
飘然抛去入名山，子房永别汉高祖。

（起结相映，妙合自然。[①]）

余阅山水多年，所尝留意者，蜀之大峨、楚之武当，因各构一庐，为往来栖真之所。出则青鸾万里，入则白云一窝。佳夕澄清，在武当栖云庐，望大峨留月庐作此

楚蜀频来自往还，结庐高卧两名山。
静中偶动仍非静，闲里能安乃是闲。

① 此句，底本无，据空青洞天朱道生刊本顶批补。

只候紫书来阙下，细研丹诀度人间。
武当夜对峨眉月，遥忆吾徒已闭关。

栖云庐闲望

云木苍苍满翠微，道人闲眺立岩扉。猛禽鸷鸟无猜忌，门外冲烟踏叶归。

风卷山云飞过水，雨飘柳絮落残春。精庐镇日全无事，两卷《黄庭》养性真。

闲吟

一

数声猿鹤响松关，坐冷孤云意欲闲。
有迹已教同世外，无心何必去人间。
林阴棋局空残劫，炉底雌雄见大还。
流水桃花杳然在，一回头隔万重山。

二

天地悠悠一片云，何心重与结声闻。
迷离红翠花三树，町疃高低鹿一群。
自是清空通沆瀣，不将摇落叹河汾。
虚无枉把灵台凿，混沌由来总不分。

将之巴蜀，示门人邱元靖

苦心苦行守栖云，大道他年寄与君。
莫舍吾庐轻易出，致教人赋《北山》文。

题玄天观寄蜀王

等闲钓罢海中鳌，一笑归来祖晋陶。
花吐碧桃春正好，笋抽翠竹节还高。
心怀凤阙龙鳞会，身寓龟城马足劳。

何必终南论捷径，宦情于我似鸿毛。

（节，一作“叶”。）

成都留题姜氏家

往往来来度有情，葫芦游戏锦江城。
身藏大道无人识，只爱梅枝插土生。

却聘吟

（洪武十八年）

流水行云不自收，朝廷何必苦征求。
从今更要藏名姓，山北山南任我游。

读元故提举杨廉夫先生集

铁崖吹铁笛，清韵满崖中。末世声名大，深山气象空。
为文超宇宙，守节老英雄。惟有华亭月，清高似此公。

尝作《八遁篇》，并为《八赞志》，景仰也。今录其赞于此

严子陵光

昭昭严光，谦谦光武。帝曰子陵，胡不相辅？
严曰陛下，毋容相苦。归钓富春，一竿千古。

法高卿真

矫矫法真，千载几人？只闻其声，不见其身。
亦非钓誉，亦非隐沦。孔曰求志，孟曰天民。

陶渊明潜

挺挺陶潜，晋室贤士。五柳可居，五斗难絷。
带月而归，采花而至。柴桑之间，如葛天氏。

戴安道逵

轩轩戴逵，高节自命。抱义而居，却书而遁。
谢元一疏，身名两定。陶然洒然，鼓琴适性。

卢灏然鸿

超超卢鸿，嵩山之巅。逍遥居士，快活神仙。
赐官不受，赐服不穿。草堂何处，白云满天。

轩辕集

落落轩辕，罗浮远引。木食草衣，云衾石枕。
帝以道问，公将道隐。匪同金石，如卖脂粉。

陈希夷抟

浩浩希夷，守正怀奇。不夸丹道，不露元机。
不令人测，只求己知。华山高卧，吾师之师。

林和靖逋

卓卓林逋，独有孤山。离尘绝垢，气慧神闲。
探梅而去，招鹤而还。不入城市，长啸峰间。

（以上八赞，皆先生自己写照也，风韵高于诗品。）[1]

外有焦孝然先像赞一首，今附于此

皎皎焦先，汉室高贤。或曰隐士，或曰神仙。
草庐可托，风雪可眠。三诏不起，於戏孝然。

将之云南，先寄故人

（并序）

余自洪武二年己酉，至二十四年辛未，居武当二十有三年矣。其间著丹

① 据空青洞天朱道生刊本、《道藏辑要》本顶批增补。

经，舒清啸，晦迹韬光，云来鹤往。近闻沈三山，得罪朝廷，徙于滇上，株连其婿余君。西南之约，吾其行乎？爰为作此，先慰天南海曲之迁戍者。

壶中日月洞中春，二十三年静里身。
遥知远徙云南客，蠢雨蛮风忆故人。

滇南会沈子三山，兼赠令倩余十舍

一家眷属小游仙，翁婿同居滇海间。
玉润[①]郎君余十舍，冰清老丈沈三山。
都因象齿能为祸，未触龙鳞早犯颜。
今日我来齐度脱，大丹还胜大刀环。

赠沈线阳、余飞霞两女仙

线阳仙女，薛真阳之高徒，沈三山之长女也。弱龄出世，父徙云南，忽来拜省，与余女同服大药，冲举而去。余女者，十舍令爱，西平侯沐春夫人，得母翁外丹之传。飞霞，乃吾赐号也，尝有小传记之。

十舍非无子，三山亦有儿。仙姑与妹女，阆苑两灵芝。
服我天元药，飞身[②]昆明池。老翁开笑眼，吾道属娇痴。

夜郎

朝别昆明下夜郎，崇山处处有仙乡。
鱼年共赛神鸡碧，鸟道高飞我鹤黄。
细径遥盘关索岭，诸峰宛抱武侯冈。
由来木密多幽地，笑杀南人住此方。

① 润，《道藏辑要》本作“涧”。
② 身，空青洞天朱道生刊本作“升”。

曲靖到黔阳

真峰顶上紫鸾翔，送我看山到贵阳。
一路飞吟声未散，先生已过古城乡。

平越福泉山礼斗吟

此山云水尽澄清，夜夜焚香表悋诚。
首戴莲花朝北斗，星君为我署[①]长生。

由思南过黔江题乌鸦观

万里长江渺碧霞，彤云飞映到乌鸦。
崖寒木落仙寰别，水秀山奇景物华。
游子楼头倾竹叶，牧童牛背落梅花。
兴来一览乾坤阔，笑傲湖天岁月赊。

巴岳山赠僧定一

巴川挺巴岳，苍苍翠几重。不是匡庐山，中有香炉峰。
偶焉此驻足，欣与高僧逢。我有竹枝杖，变化为青龙。
持以赠禅客，他日倘相从。

北津楼

（在顺庆府北五里，今诗碑犹存）

谁唤吾来蜀内游，北津楼胜岳阳楼。
烟迷沙岸渔歌起，水照江城岁月收。
万里清波朝夕涌，千层白浪古今浮。
壮怀无限登临处，始识关南第一州。

凌云峰

蜀山灵秀属凌云，水木清华远俗氛。

---

① 署，《道藏辑要》本作“著”。

九顶烟中鸾凤啸，仙音不与世间闻。

鹤鸣山

沽酒临邛入翠微，穿崖客负白云归。
逍遥廿四神仙洞，石鹤欣然啸且飞。

赠完璞子见访武当

如吾子者仙豪也，跨虎龙兮壮士哉。
天下往还扶日月，剑端游戏喝风[①]雷。
战场三夺高煦气，谈笑两羞广孝才。
今日劝君归洞府，婴儿还要产婴孩。

赠王先生歌

（建文臣也）

王先生，忠义全，自号大呆子，亦曰性天然，埋名隐姓如疯癫。或住玉华邱壑内，或往[②]金华山泽边。山边村落时来往，士人诗酒相周旋。醉后出神思故主，两眼汪汪哭向天。平常衣服与人异，披麻戴笠心事传。先生闲[③]与野人言，死后将吾系树巅。得非地无干净土，一心愿做鹤巢仙。

答永乐皇帝

皇帝陛下，福德无疆。臣本野夫，于时无益。荷蒙宸翰，屡下太和，车马数驰，猿鹤相讶。伏愿陛下，澄心治理，屏欲崇德，民福主福，民寿主寿。方士金石，勿信为佳。恭进一诗，乞赐一览。外附口歌三章，皆系山人祛欲修身之道，毋视为异术，则臣幸甚。

地天交泰化功成，朝野咸安治道亨。
皇极殿中龙虎静，武当云外鼓钟清。
臣居草莽原无用，帝问刍荛若有情。

① 风，空青洞天朱道生刊本作“云”。
② 往，空青洞天朱道生刊本作“住”。
③ 闲，《道藏辑要》本作“间”。

敢把微言劳圣听，澄心寡欲是长生。

朝真作

（永乐十四年午月朔日，南极万寿会也）

一朝明主又朝元，南极宫中列绮筵。
红日当阶呼万寿，庆云满座会群仙。
道通卦气身居兑，名序爻班位让乾。
手捧丹书归福地，度人心事更无边。

（元，一作“天”。）

南京道观崇清寺题壁

一

千古丹经载圣经，两言定静可延龄。
何须遍处求方术，致使妖书乱典型。

（书，一作“言”。）

二

烟霞客抱长生诀，山泽臞游不老春。
谁与皇家谈此理，不修治道想修真！

三

天罗已网邵元节，地狱才收陶仲文。
他有灵丹应不死，此人既死复何云。

四

玉皇案吏无天子，金阙楼台属隐沦。
我愿君王端拱坐，澄思屏欲是玄因[①]。

读《蒲庵集》

蒲庵道貌足清腴，话到沧桑每叹吁。

① 因，空青洞天朱道生刊本作“音”。

不仕他人甘削发，要还故我耳留须。
打钟得句凭谁赏，飞锡凌空乐自娱。
一点丹心藏智烛，明光皎皎照昏衢。

隐居吟

（武当南岩中作）

三丰隐者谁能寻，九室云岩深更深。
漠漠松烟无墨画，淙淙涧水没弦琴。
玄猿伴我消尘虑，白鹤依人稳道心。
笑彼黄冠趋富贵，并无一个是知音。

西苑宫词

自注云：正德、嘉靖间，曾受封诰，是时宫中日日以请鸾为戏，故作此诗，以存讽谏之意，勿谓神仙不知国体也。

一

西苑无人白昼长，至尊端敬吕纯阳。
神仙早已知名分，不受分宜一炷香。

（严嵩，分宜人。）

二

泥金写疏达瑶池，静候青鸾降笔词。
圣驾独含周穆意，宫人要看女仙诗。

（词，一作“时”。）

三

张颠请过又周颠，草写空同至道篇。
天子醮坛开口笑，朕今封汝作天仙。

四

五云扶辇圣人来，始见通天别有台。
此处不行郊社礼，拈香一拜望蓬莱。

云水后集

圆通真人　藏帙
长乙山人　参订
卓庵道人　访辑
蟠山居士　校字

《云水后集》序

《云水后集》者，锡龄与三丰先生相遇后所作者也。先生神游天海，兴好朗吟。或来剑南道署，必有新诗垂示。集而抄之，裒然成卷，异日与《前集》并刊，以志先生鸿印，庶几见我先生之神妙也夫！

圆通弟子谨跋

大峨遇梦九观察口占赠之[①]

上界神仙吏，人间大隐来。为民祈雨降，何日御风回？
石向蓬山卧，桃曾阆苑栽。功成归去好，早早炼灵台。

赴西池仙会

十洲三岛会群英，跨鹤骖鸾到碧城。
剑佩声飞琳阙远，炉烟气绕贝宫清。
黄金殿上翻金箓，白玉堂前奏玉笙。
照室明珠千万颗，修身自幸得长生。

① 此下内容，至《闹中苦》，误刻入《云水前集》，校者给予调整。

天外来

天外来，天外来，衣冠全不染尘埃。
鹤背翻云空宇宙，龙涎喷雨出山隈。

游峨眉小雷门

一

行穿野外入云根，自有青松锁洞门。
石壁倒流千丈水，道人清坐钓矶温。

二

白云深处复闲行，铁笛横吹嶂有声。
樵子寻余寻不得，化为奇石古先生。

访梦九石堂溪上清晖精舍

绿阴门掩道人家，烟篆随风一缕斜。
洞里酒香流竹叶，溪边春过失桃花。
只余我辈颜长好，纵遇尘埃幔可遮。
到此乾坤真别有，山林试驭五云车。

快快吟

快快快，红尘外。闲闲闲，白云间。
妙妙妙，松崖一声啸。来来来，蓬岛瑶花开[①]。

石室山用五言全仄书石上

尽日坐石室，古洞自寂寂。竹隐数万笋，绿径少过客。
鸟语唤卓午，气静倚[②]翠壁。踏到水涧外，鹿步响木叶。
忽见伐木者，对面两静立。问我姓与字，一笑不可识。

① 蓬岛瑶花开，《道藏辑要》本作“蓬鸟岛花开”，误。
② 倚，《道藏辑要》本作“何”，误。

过圆通静室

今夕春风分外清，风来画阁响檐铃。
落花满地何人识，呼起红灯照绿棂。

题梦九丹房

（集古）

楼观沧海日，壁挂昆仑图。大隐在朝市，尘中一丈夫。

闹中苦

闹中苦况极凄凉，尘海悲歌泣数行。
世事如棋不易着，人情似胆最难尝。
问谁解得风波险，游子相逢面目苍。
我愿浮生多息足，白云深处乐无央。

静中乐[①]

静中乐事倩谁传，鱼鸟亲人喜欲颠。
野步安闲真福地，山居快活即壶天。
将云补嶂浮青竹，引水通池养白莲。
都是一般清意味，谁知幽客自陶然。

留题天竺院赐叶居士

将去又留半刻谈，春风回绕径三三。
不知门外闲花落，细拨炉灰坐小庵。

山行

细雨空濛碧嶂深，好山无数影沉沉。
萧然野寺人踪少，草满仙坛静道心。

① 《静中乐》，至《静室》，底本误刻入《云水三集》，据空青洞天朱道生刊本调整。

自述与汪子

做尽疯狂妆尽呆，归真守道远尘埃。
风波险处抽身转，水月光中鉴面来。
山顶时闻元鹤啸，石头小坐白云陪。
这般景象谁能得，说与同门笑眼开。

采莲歌

莲叶莲花正满塘，纳凉人坐水中央。
忽闻艇子撑烟外，荡得芙蓉满涧香。

听梦九子思敏读书

最宜听是读书声，隔院传来字字明。
杨柳当窗草满地，春宵雨过一斋清。

籥云歌赐梦九

君莫羡鸿行远，鹤翥空。君莫夸豹披雾，虎啸风。听我歌一曲，其气更熊熊。渥洼余吾生青龙，是名天马马之雄。西涉流沙数万里，一蹴上与青云通。云程迢迢，云气濛濛，云衢渺渺，云影溶溶。忽然几阵罡风，吹入四蹄上，直踏十三万仞来苍穹。噫嘻乎！快不可追，高不可及，惟[①]有仙之人兮，与尔长相从。

御风吟

生不愿歌大风怀壮士，亦不愿乘长风破万里。尝愿身如古列子，仙乎仙乎其乐只，今日道成有如此，飘飘然、泠泠然、浩浩然，凭虚御风而不知其所止。

能仁院留题

漠漠连朝雨，濛濛万树云。江声随岸转，渔唱隔溪闻。

① 惟，青空洞天朱道生刊本、《道藏辑要》刊本均作“怕”。

天地诗中大，楼台画里分。绮窗斜倚处，仙客远尘氛。

晚晴

小雨收回远嶂青，晚来秋气满中庭。
明朝纵有晴光到，也带清凉入翠屏。

静室

地隔红尘隐绿萝，静中时听雨声多。
来朝旭霁开空碧，笑策云骈上大罗。

题梦九院中

小乾坤里大乾坤，中有吾家不二门。
劝汝世间求道客，休从尘海走浑浑。

初秋夜行千风寺听人弹琴

新雨涤残暑，早秋生嫩凉。夜游黄叶寺，人唱白云乡。
梵磬沈方丈，龛灯照法堂。爱他弹绿绮，清韵自琅琅。

紫芝洞题石

江云湿，江天碧，烟外钟声初歇。木苍苍，山寂寂，拄[①]杖闲观如鹤立。洞门瑶草封丹室，静中谁识古仙客？

晚景

月黑山深虎啸风，壮夫行过剑光红。
神仙采药归来晚，听得樵歌唱水中。

长清院

春雨春烟两度游，都于小院暂勾留。

---

① 拄，《道藏辑要》本作“挂”，误。

乾坤事事皆如寄，花酒闲吟乐自由。

示梦九

得剑除烦恼，弹琴引静机。道心从此悟，流水过渔矶。

山行戏装地仙状

披烟客过蓑衣岭，冒雨人归斗笠山。
莫道龙蛇捉不住，长歌已在白云间。

山行夜过清晖阁

拍手时吟啸，徐徐度翠微。千崖新雨洗，万嶂湿云飞。
夜阁琴声静，秋阶草色肥。泠然清兴远，倚树立岩扉。

九峰山

渡江飞上翠微巅，九顶蒙蒙秀入烟。
我自清音亭畔望，东来一鹤似坡仙。

闲眺

山借云霞藏峻骨，水将舟舫送行人。
乾坤一览饶吟兴，造物从[①]来各有因。

初春

春风送我鹤车驰，又到仙坛小集时。
新李初含雪白蕊，嫩桃都放水红枝。
隔年乍别重相聚，今日齐逢笑咏诗。
不用拘拘守绳尺，乾坤烟景尽堪思。

① 从，空青洞天朱道生刊本作“原”。

岳阳楼晚步

虫声唧唧透窗幽，一片新凉已似秋。
残雨尚闻檐际落，莫将长笛倚高楼。

归去来

归去来兮归去来，蓬宫云散月华开。
身骑黄鹤九千里，到此丹台半夜才。

石帆山高道士草庵

一

清夜焚香爱我庐，蒲团打坐乐何如。
月光飞到秋窗外，笑卷疏帘看道书。

二

云拥寒山山拥庐，道心澄静自如如。
鹤闲虎卧松崖下，采药归来又读书。

维扬口占三绝

一

秋山隐隐水迢迢，放艇闲吟廿四桥。
绿柳千行鸦万点，夕阳红处听吹箫。

二

瓜步潮声挟雨声，秋随鸿雁到芜城。
只今明月二分夜，犹爱吴侬度凤笙。

三

人生到处足遨游，莫把尘埃老黑头。
手握金丹抵万贯，公然跨鹤出扬州。

游陈道士菊轩

路转东篱一杖斜，晴光满地照黄花。

绿樽映日图元亮，乌帽临风写孟嘉。
三径草生尘迹少，两畦烟散野阴遮。
道人负手行歌处，不见峰峦露髻丫。

咏红叶示人

草木无情却有情，丹枫乌柏[①]可怜生。
登楼笑指寒山醉，倚槛初疑小雪晴。
真气已枯空有色，夕阳相对总无声。
峰间独爱梅花好，守白凌霜体自贞。

西峰亭

夜月归来客掩关，江亭流水响空山。
倚楼长啸鹤声起，天外孤烟岭上还。

山中吟

山中古日月，壶里大春秋。愿他急早赋宜休，若不休时总是愁。愁、愁、愁，白了人头。

匡庐[②]硖子中行

桥窄让人先过去，天空由我独飞行。
新诗两句传心迹，又见吹来海月清。

游戏

来来往往原无碍，往往来来度有情。
醉跨苍龙游玉宇，闲呼白鹤到瑶京。
上天陪得高真坐，下地能随丐者行。
木叶做衣云作笠，神通自在属先生。

① 柏，底本作“柏”，音韵不合，改。乌柏，落叶乔木，种子可榨油，树皮和叶可入药。
② 匡庐，空青洞天朱道生刊本作“臣泸”。

庐山雨后题石

飞瀑悬崖石，一落一千丈。骤雨洗烟岚，一峰一屏嶂。
海风吹我来，山云随我上。头簪瑶草花，口诵渔家唱。
拍掌而登楼，幽阁琴声亮。信笔写龙蛇，字字作活像。
欲识我为谁，笔架峰头望。

过三香阁赠居士

喤喤虎啸出山冈，课课鱼声响佛堂。
最是梅花疏月外，儒书读到五更长。

与梦九

我唱无根却有根，琪花瑶草欲封门。
洞中藏得小天地，睡倒[①]盘陀石上温。

能仁院

风卷残黄落满山，老僧晏坐掩柴关。
蜡梅一树香于雪，白昼无人我更闲。

游南峰

山如好友常谋面，水似行人屡掉头。
绿黛重重波曲曲，教侬一步一勾留。

题陈道人像

一

卷帘相与看新晴，小阁茶烟气味清。
朗诵《黄庭》书一卷，梅花帐里坐先生。

二

先生丰度自高寒，头戴方巾两足盘。

① 倒，《道藏辑要》本作“到”。

欲向晴峰[①]看雪露，起身携杖挂蒲团。

梅屿

北风吹雪古云寒，岭上梅花此际看。
三百树头飞片片，一时回舞到林端。

马蹄月

马蹄月，马蹄月，人事奔波，劳劳碌碌。不识红尘苦，岂识清虚乐？清虚乐，蒲团打坐，焚香一炷，弹琴一曲。

黄山题石

天外风吹鹤，池中水见龙。我今长啸去，三十六云峰。

石生泉

凿石得清泉，泉流仍洗石。戴笠出山来，一笑空烟碧。
（冷峭。）

天亭山

亭亭天亭峰，跨鹤上崖去。空山静无人，独与云枫[②]遇。

自题画像

风日清于酒，水云淡若诗。乾坤壶里坐，这个老仙师。

四言

性田无翳，心地自明。雨余山色，历历空青[③]。

① 峰，《道藏辑要》本作“山”。
② 枫，底本作“相”，据空青洞天朱道生刊本改。
③ 青，空青洞天朱道生刊本作“清”。

再过台城

再访台城路，重摇两桨游。鸦啼疏柳岸，蝉噪六朝秋。
曲水环京口，奇峰抱石头。青鞋无皂帽，笑眼对轻鸥。

游戏吟

游戏红尘下翠微，神仙事业只慈悲。
平心付[①]物原非子[②]，信手敲诗不用推。
龙气远舒云片片，鹤声高咏豕累累。
愿人共悟长生理，天海飞吟乐唱随。

题圆通绰绰山房

一

有余退步留遐福，无事抽身乃达人。
淡雨微云风荡漾，莺花天气正青春。

二

花到二分逾秀劲，月当十四已团圆。
及时两字人能会，便得逍遥快乐天。

① 付，《道藏辑要》本作“什”。
② 子，空青洞天朱道生刊本作“天”，《道藏辑要》本作“有”。

云水三集

长乙山人　编次

遁园埜客　校字

蟠山、藏崖逸士　同订

《云水三集》序

《云水三集》，三丰先生再游剑南之作也。雍正间，先生来此，提撕梦九观察，尝往还于高标、凌云，观察去而先生隐矣。迩来圆阳老人、卓庵居士，及遁园、蟠山诸野客，志在山林，性耽泉石，隐士生而先生又至矣。青城、大峨之间，或遇老樵子水石逍遥，或遇老渔夫溪山吟啸，缁衣黄冠，种种变化，久之而乃知其中有先生在，此亦我曹之幸也。先生法相，不轻示人，即示人，人亦不识。清词妙语，惟事笔谈。不言吉凶祸福，不语黄白丹砂，其所常谈者，忠孝仁慈、谦和清静而已。间或放为诗歌，响遏云水。飞吟既久，墨记日多，爰梓而存之，使人知神仙之乐，只如是已，又何异焉！

汉嘉长乙山人李西月谨识[①]

云水三集

重游剑南歌

（并引）

剑南自汪观察去后，余不到嘉州，又一百年矣。近观少微星，朗照乎凌云、乌尤、青衣、长乙之间，爰作重游剑南诗，以志访焉。

---

① 此句，底本及诸本无有，据方春阳点校本增补。

化鸾化鹤化云烟，又化渔樵与老仙。
隐显遨游度有缘，少微星照九峰巅。
或寻崖谷咏诗篇，或观水石弄溪泉。
或骑黄犊来山前，或抱青琴坐松边。
不知不悔住林园，不忮不求养性田。
是皆处士与高贤，我愿访之共周旋。
妙绝青衣古洞天，峨眉一气相钩连。
倒拖铁杖寻幽偏，中有数人谈自然。
快哉乎！不到剑南今百年，再来犹是张玄玄。

白云庵

卓午林阴雨气凉，千竿修竹覆经堂。
老僧放梵云初净，室小身闲日正长。

潇湘吟

花外风来桂子落，秋气清空，鸿雁高飞湘水曲。湘水曲，一笛长吹，游仙快乐。

渔父词

一只船儿坐卧宽，风波险处自平安。
云淡淡，水漫漫，洞庭烟雨当诗看。
晓来独坐君山下，只见芦花扑钓竿。

七夕雨

听罢缑山子晋笙，又闻秋雨韵瑽琤。
大风吹下天河水，不作凄凄楚楚声。

游蜀

阆苑归来蜀地游，一身时被白云留。
烟蓑雨笠闲装束，化个农夫乐自由。

寒冬游峨

携手游峨峰，冬寒生木末。
风从北嶂来，黄叶满崖谷。
深林折磴中，犹有千秋雪。

与遁园

日日复日日，秘秘复秘秘。有诗徐徐吟，有酒绵绵吸。醉中狂笑无人识。绿阴满地日当栏，与君共坐磐陀石。

农人引

场圃当窗面面佳，客来相与话农怀。
田家乐，洵不乖，春风春雨到茅斋。

题涵虚金丹诗[①]

仙骨一身笔一枝，兴来高唱百篇诗。
从今更长金丹价，万两黄金莫卖之。

泌水山房

泌水洋洋见道机，池亭深处看鱼飞。
白云一片空中去，天外霞光映碧晖。

示槃山

莫要忧来莫要愁，莫将尘虑扰心头。
山间明月江中水，涤荡胸怀万事休。

双清阁和髯仙原韵

阁外人来三两个，壶中日照几千秋。
诸郎各奋青云路，我辈宜居白玉楼。

① 此下内容，至《书轩然台匾》，底本误刻入《云水前集》。

笑把庚辛齐撒手，谁将甲子记从头？
蓬山会上年年乐，不唱红尘懊恼讴。

附：髯仙双清阁原韵

撑肠文字五千卷，转眼蓬山八百秋。
点点星光寒堕水，茫茫云气远吞楼。
沙中写了诗无数，阁外栽将竹万头。
风到齐闻笙韵发，道人拍掌正清讴。

冬至

昨日阳伏阴，今日阴见阳。阴阳晴雨[1]隔，送客到山堂。
山堂脱木响，萧萧十月霜。霜多阴气冱，隐隐雁南翔。
洞庭发长啸，一笛过三湘。

元夕轩然台

高会逢元夕，楼台与岁新。江山俨如画，灯火尽皆春。
洒落千山雨，消除万里尘。蒙蒙烟树月，此处见吾真。

清漪观

青衣水绕清漪观，满眼清漪画者希。
江上晚烟帆影远，树中春雨磬声微。
何年结下长生社，此处频来宝杖飞。
蓑笠老翁人不识，口边闲唱鹤来归。

西江月

云外浑忘宇宙，壶中不计春秋。三月归来乐自由，满眼江山如旧。
花木及时栽植，亭台到处优游。自古名山住我俦，对境吟诗酌酒。

① 雨，《道藏辑要》本作“隔”，误。

道院即事

春阴黯黯护元门，槛外花枝嫩有皴。
尽日垂帘相对坐，无声无色话玄[①]因。

书轩然台匾

诸子今宵共一斋，道人自写轩然台。
岂惟诸子谈奇妙，即我亦夸笔神来。
海水天风随吾肘，拈毫不觉龙蛇走。
动摇五岳凌沧洲，四座欣欣笑拍手。
笑拍手，字迹永存台不朽。

仙家乐用涵虚韵

空青洞里道人家，静静清清远俗哗。
瀑布倒飞丹嶂雨，山塘闲种白莲花。
林间把酒消清昼，石上横琴抱落霞。
此是修真好去处，何须海岳问灵砂。

附：原作

蓬莱岛上古仙家，修炼长生远世哗。
铁树常栖千岁鹤，瑶峰笑采四时花。
眠龙唤起游青嶂，猛虎骑来到赤霞。
吹片白云封了洞，一炉纯火养丹砂。

老游仙图

八百三千数早赢，而今善果更如京。
奇踪异迹频频著，竹杖棕鞋处处行。
千岁翁皆成故友，万年历与纪长生。
年来溷迹游尘世，又学浮邱易姓名。

① 玄，《道藏辑要》本作“京”，误。

附：吕祖和作

久随日月辨虚嬴，未领云霞飞玉京。
五老应添六老坐，八公常饯九公行。
山间每遇赤松子，世上浑疑白石生。
今古事情都看破，十洲三岛尽知名。

（嬴，与“盈”同。）

附：涵虚同作

昨见[①]吹箫女姓嬴，让他年少步天京。
风尘溷迹谁知到，月夜飞空独自行。
早学人间都散汉，曾师乾竺古先生。
芝苓顿顿家常足，海岳遨游得寿名。

附：藏崖同作

昔从老子避秦嬴，百世年华莫与京。
古鬓长髯飘洒洒，三山五岳唱行行。
曾烧大药用无尽，又见扶桑枯复生。
一笑蓬莱水清浅，已忘其姓与其名。

附：蟠山同作

神丹饵后气充嬴，云水逍遥遍四京。
天地同流真快活，海山长啸独游行。
养成老鹤胎重孕，食过蟠桃实又生。
鸾驭偶临彭祖墓，笑他导引枉沽名。

老隐仙图

先入桃园避乱嬴，不随伪隐谒神京。
家移翠嶂心逾静，话到红埃足懒行。

① 见，《道藏辑要》本作“夜”。

抱瓮丈人呼至友，接舆狂士拜先生。
儿孙个个调鸾鹤，忘却尘中利与名。

附：吕祖和作

化为鸾鹤气嬴嬴，寿考年来近百京。
洞里烟霞长啸傲，山中日月自流行。
种瓜不类东陵子，逃世能先北郭生。
溪水桃花隔尘世，未闻时事与时名。

附：涵虚同作

辟世那知项灭嬴，并忘刘辟汉西京。
芝田十亩呼龙种，藜杖一枝趁鹿行。
古洞心空长自得，多年齿落又重生。
青溪白石闲来往，总是埋名与避名。

附：藏崖同作

手种青松已长嬴，无忧无虑免京京。
放怀箕颖空天地，陪伴巢由定止行。
秋圃春田游太古，渔山樵水过平生。
不干半点尘埃事，直以无名作姓名。

附：蟠山同作

不为吏隐学侯嬴，跨犊高歌胜跨京。
猿鸟队中曾变化，云霞深处独飞行。
梅妻鹤子为仙眷，绿鬓苍髯是友生。
莫怪老人高尚志，清风久不慕荣名。

南峰

随兴游山即爱山，山中山外与云还。
青蓑绿笠行峰顶，初五蛾眉月正弯。

潮阳宫

蛩语啾啾闹佛堂，极凄凉处不凄凉。
闲吟十二栏干外，月色朦胧到上方。

山斋夜集

清风洒洒飘林外，凉月纤纤挂竹梢。
此夜花斋同把酒，谈元拍手尽仙曹。

乌尤绝顶

大江如[①]带夹城来，霁色清明瓦屋开。
外看估帆云共远，中藏僧院竹相偎。
奇峰直抵波涛壮，爽气遥飞烟雾回。
此地真成方外胜，携壶踏叶上高台。

游青衣山

新晴山色好，趁此访青衣。客整冲云屐，村飘卖酒旗。
携壶踏高顶，扫石话元机。此境谁堪比，金陵燕子矶。

游砥柱山

一

路从怪竹丛中过，人自高峰顶上行。
暂扫苔花相坐语，桂林深处午钟清。

二

松外时闻百鸟音，探幽携手上高岑。
聊借桂宫书小句，一山风送静中吟。

三

花朝时节百花香，访胜提壶到上方。

① 如，《道藏辑要》本作“外”，误。

我爱乌尤奇绝处，烟霞[①]来抱老文昌。

四

入翠微兮出翠微，乌尤山里白云飞。
松林竹岛相萦拂，长啸一声天外归。

竹抱斋听门人杨蟠山读予《云水前集》

杨生矫矫瘦丰姿，爱我当年云水诗。
竹院清风明月夜，听他搔首咏迟迟。

宴听潮轩送李西来之阆中

归来来又去，去去早归来。酒共离人饮，轩因送别开。
潮声驱远岸，月色冷空杯。挽客重排宴，池边共往徊。

题竹抱斋

曲径通幽远世喧，空斋半背倚深村。
楼钟缥缈来云际，栏槛回环绕石根。
修竹千头栖鸟友，小塘一口种鱼孙。
最怜雨后排窗望，无数青山到寺门。

花酒吟

花开可喜落堪哀，莫放花前酒数杯。
饮酒簪花神气爽，有花有酒去还来。

题印月、涵日二池

红栏倒印诗仙院，碧水深涵我佛居。
好是紫薇花下看，枝枝树影立池鱼。

① 霞，底本作“云”，据空青洞天朱道生刊本改。

天门引二首

一

稳步天门笑眼开，黄金为殿玉为台。
凡人莫望仙车引，自驾云梯许上来。

二

欲问云梯何处通，云梯即在汝身中。
若知炼气还丹妙，平地飞升上碧空。

诗仙院祀太白、东坡

瓣香常拜两公诗，文彩风流后进师。[①]
千古精神若相接，大家乘月上峨眉。

元夕过杨子新筑蟠山草堂

我是三丰叟，门横一字山。今宵来汝宅，风景甚相关。
春气临新舍，林塘入小湾。杨家清白第，果尔出尘寰。

轩然台

轩然台上客，静坐远尘氛。树影浮丹嶂，钟声叩白云。
三峨空际立，九顶望中分。好是长江上，秋潮静夜闻。

江楼

分神游海岳，长啸过江峰。秋气满楼阁，高窗云自封。

长乙山房留题

一

不可居无竹，悠然别有天。庐中藏日月，崖外拥林泉。
诗酒娱千古，乾坤付七弦。最怜好风景，灯月照门前。

① 此下内容，至《双清阁同飞仙联句限十五咸韵》，底本误刻入《云水前集》。

二

酒多诗益放，山静室弥清。今夕乃何夕，笔情谈道情。
案头千字古，檐外一灯明。纵目观村落，主人雅趣生。

题《道德经东来正义》

回翁首序定评论，自[①]叙尤开入[②]德门。
又见关中来紫气，真看李下毓玄孙。
欲教后世人同度，能使先天道益尊。
多少注家推此本，宝函长护镇昆仑。

自焚画下火偈

天仙不滞旧形躯，一画何能见道欤？
烈火光中今日去，阳神纷碎满空虚。

轩然台

白云深处晓鸡鸣，听到铜壶第五更。
群雁早冲秋塞远，七星高映斗坛清。
乾坤大笑无边际，海岛飞吟有色声。
好是山楼横玉笛，早秋[③]斜月过江城。

用长乙韵

山居休说软红事，门外长留濯锦江。
处处栽根延命药，时时打个定心桩。
我来绮阁风生座，人诵《黄庭》日满窗。
最爱九秋情意好，羽人同唱羽仙腔。

---

① 自，《道藏辑要》本作“目”，误。
② 入，《道藏辑要》本作“八”。
③ 秋，底本作“吹”，据空青洞天朱道生刊本改。

最凄凉

叹世人、尘情不了，全不想、世外逍遥。家中丧却无价宝，将何买路登三岛？空老、空老！

和吕纯阳先生元韵

和声常用笛，炼气不离琴。寄语圆阳子，须知大道情。
天开孤月照，云起万山沈。别岛闲居客，何劳访大林。

双清阁同飞仙联句限十五咸韵

小设蓬山宴，凉宵入翠岩。乾坤游客路，天地散人衔。
大啸云中鹤，遥呼海上帆。桫罗三岛树，仙雁九秋缄。
笠戴瀛洲雨，烟披火浣衫。风箫吹瑟瑟，龙驭出巉巉。
折柬邀明月，题诗写赤函。琼浆排画阁，宝杖倚星杉。
此地原离垢，群真尽隔凡。霓裳歌上界，瑶草拾灵岩。
笑语沧桑事，铺陈石鼎瑊。昂头空碧落，赓韵答韶咸。

冬日自蓬莱至蜀之行云阁

飞身啸出海门东，又别蓬莱到此中。
满腹元精凝耿耿，从头妙手运空空。
万行草字双毫落，千嶂烟霞一路红。
试看蜀山山叠秀，最怜木[①]叶褪霜枫。

闻涵虚山人弹琴

（时秋雨初收，雁声过塞时也）

雨余山静听丝桐，宝篆银灯照阁中。
欲与太无相混合，直令诸有尽皆空。
江声远应月摇水，岚气初沈风入松。
最爱清心传指上，不须举目送飞鸿。

---

① 木，《道藏辑要》本作“才”，误。

得句示居士

风送滩声来阁上，云将雨气入山中。
西崖伐木闻柴斧，北涧鸣榔放钓筒。
我与渔樵相溷迹，谁知山水隐仙翁。
笑将得句传居士，方外来寻路可通。

联句

共此好风日（韩清夫），群真相唱酬（白紫清）。
长歌空世界（邱长春），一笑度江楼（三丰）。
气与乾坤合（清夫），心同水月幽（紫清）。
古今多少事（长春），忘却洞天秋（三丰）。

清吟

清茗清香清道心，清斋清夜鼓清琴。
人能避浊谈清静，跳入云山不可寻。

初春偕李长乙过蟠山小饮

东风如大药，一到活枯荄。径草茸茸合，园林处处皆。
菜花黄似染，村水净于揩。并爱南溪上，青山气象佳。

赠李圆阳

万无解印还家后，再有贪凡下界时。
只把性天朝暮养，休将心地鬼神知。
乾坤浩荡琴三弄，气息调和笛一枝。
欲向阴阳修出世，须从阴阳外修之。

重九日，与回翁及蓝养素、白玉蟾同游峨眉

雨后飞行上大峨，尘寰下视瘴烟多。
群真雅集成高会，万里空明各放歌。

鹤啸入云蓝板和，鸾鸣通汉白车过。
独余吕老无词曲，挥剑穿崖笑擘窠。

重阳后一日

烟村江树景茫茫，画意诗情引兴长。
寄语山坛诸弟子，不妨赏雨补重阳。

约诸子游青城洞天二首

一

欲寻仙院访仙踪，请上岷山第一峰。
十月小阳春气好，洞天深处话从容。

二

仙院依然展碧窗，青城细话景无双。
一声清磬云门晓，山月依楼未过江。

新津老君山

手招仙客上云霄，张子来吹碧玉箫。
太清妙境谁能识，只在心中认泬寥。
哈哈、携手逍遥，呵呵、同步天桥。
两个葫芦盛美酒，大家同醉访松乔。

长生宫

翠木参天处，云行到此宫。路抄黄叶外，山在赤城中。
别院供回老，遗辉想范公。来朝凌绝顶，浩气驭长空。

饮鹤巢亭

仙家小饮最高峰，正在青城一点中。
无数白云围几席，插天屏障列西东。

天师洞木桥

木桥横过碧云溪，流水声中绿影低。
好在两山崖合处，听他仙鸟隔林啼。

青城山联句

浯同道士乐长吟（吕纯阳），天外飞行步碧岑（三丰）。
山喜来龙开大面（刘海蟾），仙皆停鹤话同心（白紫清）。
三台隐隐冲烟出（中山），九室层层入雾深（三丰）。
犹忆当年离世网（海蟾），飘然云路咏松阴（紫清）。

白云青云两溪

云行风淡淡，山静水潺潺。不尽清凉意，都来泉石间。
道人吹铁笛，老衲闭柴关。信步东西涧，高真共往还。

鹤鸣山

道士来时石鹤鸣，飞神天谷署长生。
只今两涧潺湲水，助我龙吟虎啸声。

天谷洞

天谷本天生，长歌石窍鸣。栖神须此地，坐炼大丹成。

赠长乙山居主人

秋雨连宵暑气除，中元佳夕画难如。
溪风岭月神仙友，豆架瓜棚处士庐。
我辈遵行老氏法，山人能注孔门书。
焚香读《易》谈玄理，儒道同源天地初。

秋晚至岳云楼

秋江楼上看秋灯，点点秋灯照水明。

我自两湖吟到此，长天空阔有余声。

缥缈山戏招圆阳、长乙

道士身藏缥缈山，洞门风细水潺潺。
白龙高卧玉池冷，黄鹤暮归松顶闲。
手捻琪花凭石几，肩横铁杖步天关。
二君早晚来相访，三十六峰廿四湾。

游潮洋寺

吾从海岳来，带得海云至。敞袖放云飞，云去封山寺。

游罗浮山

戏骑罗浮大蝴蝶，神游栩栩遍岑寂。
忽然变出真容来，又是一蓑与一笠。
玉蟾峰上且徘徊，遥见海琼飞到来。
二人拍手发长啸，苍崖叠巘何崔嵬。
绿毛仙，黄野人，山中隐现多仙真。
何不竟为东道主，扫石安杯饮数巡。
海风洒洒来天外，吹出罗浮好境界。
快哉快哉真快哉，紫清携手归蓬莱。

雨后看峨眉坡仙句作起

峨眉翠扫雨余天，渺渺吟情字字仙。
收拾岚光归笔下，放开豪气立楼前。
诗中有画谁能悟，静里无愁最可怜。
爱此烟霞铺半壁，令侬幽兴满山川。

登瓦屋山

大冈高远压峨岷，顶上云开眼界新。
万树风号来虎气，诸峰雨过出龙神。

辟支崖有千秋雪，弥勒洞无半点尘。
大地河山归脚下，西方世界此超伦。

附：蟠山同作

瓦屋山高一桁平，天仙飞入化人城。
毫光放出云光白，爽气收回石气清。
万壑松杉嘘远籁，千崖雨露滴新晴。
条条匹练从空落，倒泻银河更有声。

江涨

西北下雨东南晴，晴江忽见波涛生。
满岸儿童齐拍手，山奔水立雷声吼。
划然滩石浪冲开，如马如牛逸蹄来。
仙之人兮从空降，只见川心飞雪浪。
化作浮槎荡漾行，随风逐浪到蓬瀛。

早秋山居

芭蕉雨过天然翠，菡萏风摇自在凉。
正好谈禅凭水阁，个中又有木樨香。

雨中看覆篷山

中峨不肯露长眉，正值斜风细雨时。
渔父眼前同入画，墨云头上急催诗。
山如承盖偏非小，峰以退藏益见奇。
笑我一蓑兼一笠，与君相对两迷离。

汉张桓侯诞日

在唐留姓（睢阳）宋留名（武穆），万古回环正气撑。
杀贼雷霆走精锐，运筹冰雪净聪明。

当阳喝[①]震曹无色，刁斗铭传汉有声。
车骑英雄文武备，成都醉酒祀麾旌。

即景六言

疏雨梧桐滴沥，秋风杨柳苍黄。
行吟蓼花潭上，看出画图水乡。

久雨

风风雨雨暗新秋，御气仙人踏水游。
烟寺钟声云外湿，江天帆影雾中收。
瑶坛早见月离毕，玉笛长吟风满楼。
欲唤白龙归洞去，天心人事两悠悠。

元夕后一夕同诸子集听吟风馆

风竹潇潇韵满楼，师生夜话在林邱。
元宵已过何劳说，莫把光阴付水流。

示隐士二绝

一

久识团阳是隐星，峨眉山下养真灵。
闲邀野士谈丹诀，夜月寒烟户不扃。

二

水田深处白云飞，听彻秧歌入翠微。
昨夜鸠声啼不断，今朝细雨入茅扉。

题王生持平子宅

半房山色映檐牙，绿竹阴阴照碧纱。
老子于斯兴不浅，桃源深处古人家。

---

① 喝，《道藏辑要》本作“唱”，误。

携诸子游龙泓二绝

一

龙泓口内有青山，一湾一湾复一湾。
试待晴[①]明风日丽，又携云屐试寻攀。

二

正是山钟打暮天，诸生请上草蒲团。
吾将化个云仙子，来往楼中啸晚烟。

回轩然台

今夕分神下太清，天风吹下玉箫声。
云衢开展三霄静，雪月交辉万里明。
候我全身骑鹤降，寄君一语待鸡鸣。
青衣岛上清漪观，楼阁参差似碧城。

暮春

今日好天气，春风吹绿杨。水随行客转，花自过溪香。
蝴蝶飞依草，蜉蝣舞过墙。我观诸造物，回首叹沧桑。

清溪令

（词）

春去多矣，听杜鹃啼时，五更须起。鸟尚勤勤，问蒲团中人，谁能遣此？欲使神活心先死，死心汉、即是那神仙种子。

即景示诸子

知音从古少，山色雨余多。点点云边出，巍巍岭上过。
林泉风日静，野寺水烟和。一样池中物，红蕖映绿波。

① 晴，《道藏辑要》本作“清”。

销夏

销夏宜于古佛楼，群山众水座前收。
江风满袖云涛吼，一笑长吟浩气流。

夏杪轩然台二首

一

滚滚滩声到寺门，登楼倚阁四山昏。
只余一点红釭[①]照，笑共游仙把酒樽。

二

风雨潇潇入画楼，山寺清凉已近秋。
隔江野树云烟绕，似倩倪迂笔里收。

新秋

斗柄横天汉，新秋渐指西。梧桐风乍起，吹月过桥堤。

新秋夜雨示团阳、持平二子

一

说道谈元不计年，逍遥物外古神仙。
尘尘扫去根根净，始得吾家最上禅。

二

秋色从西万里来，梧桐雨落到苍苔。
笑拈几句题山石，吟罢嫣然对酒杯。

高楼秋夜

夜静高楼上，秋江见远灯。渔家相笑语，并坐补丝缯。

秋雨

漏天风雨洒，平地水云生。漠漠三秋暗，飘飘一笠行。

① 釭，《道藏辑要》本作“缸”，误。

飞仙谁见影，来雁未闻声。我更骑鸿去，潇湘接海晴。

秋夜闻雁

雨声淅沥到三更，野寺鸣钟分外清。
正逢雁字横秋塞，风雪关山一万程。
稻粱泽国知何处，我笑飞鸿向南度。
长空碧宇叹宵征，神仙跨汝潇湘去。

秋晴示团阳、持平二子

皇天施好雨，陂塘秋水肥。鸟欢红稻剩，仙驾白云飞。
物我各闲适，乾坤随所归。神游嬉造化，气聚款禅扉。
雅兴连丹嶂，高吟动翠微。新诗随地赋，剔壁写苔衣。

九日登轩然台

去年今日会山亭，天为重阳特放晴。
今岁依然循此例，道人初打午钟清。

寒露

此日逢寒露，深宵白露寒。凉秋来塞外，黄叶下林端。
远嶂灯光出，高云雁语盘。笑吹长笛去，楼阁倚飞栏。

秋夜万景楼

随意登临到此来，天风莽荡撼楼台。
挥毫直拂烟霞起，隔岸渔灯出水隈。

秋日东坡楼

七星花发照楼前，暮落朝开最可怜。
赖有拒霜心一点，故将秋色更增妍。

瓶梅

天寒玉蕊正含香，雪地栽培气候长。
莫把铜瓶来供养，始能留得满庭芳。

晚景

江云隐隐认沙洲，又听钟声出寺楼。
我欲凌风一长啸，数群鸦噪隔烟浮。

对景

楼外大江来，青山隔岸开。峨云遮不断，我自海峰回。

秋日与诸生集轩然台饮酒杂唱

拍掌临风啸，清讴满座听。水光浮槛白，山气入楼青。
把酒谈玄理，当窗诵道经。诸天应大笑，师弟各忘形。

秋夜与诸生复集轩然台

一

细雨纱窗外，虫吟不忍听。云封千树黑，夜静一灯青。
禁句谁能道，前人总未经。自拈蕉叶写，草字作龙形。

二

此乐今年少，今宵莫负之。听风兼听雨，谈道复谈词。
各唱《无根树》，休夸限韵诗。不拘诸法律，高咏自怡怡。

月里江山

江山月里画中求，倚阁开窗远近收。
峰顶压云深入夜，竹稍沾露重凝秋。
虫声唧唧啼苔砌，灯影荧荧照树头。
遥看榕阴涵晚雾，濛濛烟树隐高楼。

秋夕

淡淡星河夜，秋风响桂林。凉云三径晓，冷露一楼侵。
竹影高怀僻，山居道意深。迩来无别语，尘扰漫关心。

堪叹

堪叹世人不学仙，四时常怕病来缠。
岂知一气原无敌，气满身中命可延。

笑呵呵

笑呵呵，复高歌，风流醉舞出烟波。
披渔蓑，走岩阿，日暮江山乐事多。
我在斜阳村外过，何人知我醉婆娑。

与诸子定雨

今日东南大雨行，槐风梅雨甚关情。
上天不与分明说，个里阴阳一炁成。

爱竹堂

白雨清风，洒然来自蓬宫。琼花满地香冉冉，扑上帘栊。这三伏天气，人间尽在热恼中。争如我仙家快乐也，海上飞蓬。

喜光于来岳云楼

有缘千里来相会，无累一身任远游。
我爱阆州李居士，飘然来到岳云楼。

乐乐乐

说说说，乐乐乐，风正停，月未出，滩正明[①]，秋气肃。我有一道情，深深浅浅说。人能脱尽尘中俗，后天真气频温服。不怕风寒，不遭瘟疫，年可

① 明，底本作“鸣”，据空青洞天朱道生刊本改。

延兮嗣可续。万般都是精神作，精神作兮获多福。不要符来不要药，但遇天行尽扫却，乐乐乐。

晓吟

日观峰头趁晓来，忽闻山寺鼓钟催。
扶桑顶上天鸡唱，一带红霞曙色开。

示朱生、李生

二子将稀古，抽身远市喧。澄心宜寡欲，养气戒多言。
阆水辞千里，嘉[①]山住一番。从今寻本性，自此脱尘樊。

题族人德轩墓

孝友人家百忍堂，能修祖德自流芳。
德轩稳卧方山下，产作灵芝九朵香。

示刘白酒、李鱼溪

白酒渔竿客，青山道衲风。二生皆可笑，年壮髭须翁。
世外烟霞古，江边气象空。早研清净理，几片白云中。

寻幽

雅水雅山寻雅士，嘉山嘉水乐嘉宾。
偶闻云外青鸾语，知有蓬莱客到门。

新秋即事仿回翁体

新秋新雨后，月出嫩凉生。江影涵空碧，星光照太清。
凭楼吹玉笛，跨鹤度瑶京。往来无定所，飞啸步蓬瀛。

---

① 嘉，《道藏辑要》本作“佳”。

送阆泉阆山归阆中同碧城道人联句

云水客如雁（三丰），新春向北归（碧城）。
关山千里远（三丰），道德一身肥（碧城）。
不问亭长短（三丰），那知世是非（碧城）。
飘然任[①]来去（三丰），腊岸柳依依（碧城）。

仲春初旬示诸生

一年不与一年同，岁月犹如箭脱弓。
花下团圆春宴好，振将吟兴唱和风。

飞吟

朗吟云梦晓，飞过洞庭春。飘然无定所，掉臂入峨岷。呵呵！者风流谁得似也？曰回道人。

题麻仙姑听何仙姑吹笙图

按行蓬岛入云天，欲访青霞女洞仙。
一曲瑶笙何韵冷，别来阆苑已千年。

① 任，《道藏辑要》本作“往”。

《张三丰先生全集》卷六

天口篇

长乙山人　敬辑
卓庵道人　校字
蟠山埜客　参订

先民有言：“圣为天口。”愚非圣，安能代天立言？特以维皇上帝，阴骘下民。发聩振聋，本照临之美意；劝善规过，亦普度之良因。舌端艾艾期期，不辞根钝；天下林林总总，恳听吾言。爰作训体文若干篇，名曰《天口》，盖以报碧翁崇褒之意云尔。

洞玄真人臣张三丰书

正教篇

古今有两教，无三教。奚有两教？曰正、曰邪。奚无三教？惟一、惟道。一何以分？分何以三？盖自有孔、老、牟尼，乃至有孔、老、牟尼，虽至有孔、老、牟尼，仍非有孔、老、牟尼。

孔，固儒也；老，固道也；牟尼，固释也。然有所分，故究无所分；故以无所分，故必有所合，故不孔亦不老，不老亦不牟尼，牟尼、孔、老，皆名曰“道”。

孔之“绝四”，老之“抱一”，牟尼之“空五”，皆修己也；孔之“仁民”，老之“济世”，牟尼之“救苦”，皆利人也。修己利人，其趋一也。彼世人之别为孔、老、牟尼者，盖以名分、不察实也，抑以形分、不按理也。见为孔、老、牟尼，即非孔、老、牟尼，虽非孔、老、牟尼，还是孔、老、牟尼。

孔、老、牟尼，皆古圣人。圣人之教，以正为教，若非正教，是名邪教。儒家杨墨，道家方士，释家妖僧，亦三教也。虽分三教，仍一邪也。是故分三教者愚，分邪正者智。

儒书篇

六经而外，立言可法者，必推孔门，不谈出世，不讲玄经，盖恐人落身崖壑，无实行也。孔、颜存心，只望人隐居求志，行义达道。道在济人，山林无非朝市；道在修己，朝市不染山林，故出言实多玄义，而解人之索甚难。

《大学》第二节，孔子之“修身”也；为仁用“四勿”，颜子之“炼己”也。功夫未纯，不离陋巷；功夫已熟，不忘国家，故能隐中求行，行中达隐。隐处有孔、颜，行处亦有孔、颜，乃至无行无隐，而非有孔、颜。神明在我，变化从心，真大道也。

孔子传曾子，曾子传子思，《中庸》一部，道妙深明。悟玄之家，窃取成真者，恒河沙数。子思而后，厥推孟子。持心养气，勿助勿忘，充天塞地，至大至刚。人人得度，默默取将；浩然之妙，口诀难言。辟邪辅正，杨、墨掀翻。

吾愿尔士庶，不须三岛求真，只向《四书》领取，以颜、曾、思、孟为明师，以子、臣、弟、友为功行，以身心、性命为汞铅，以义精仁熟为升举。修道时，莫贪用道；养道时，莫贪行道；得道时，便可显道。道不可显，飘然而返，传之名山，源流自远。

禅旨篇

于意云何而名为释？牟尼云：“吾好释，故以释开教，取释去万缘之意。”于意云何而又为佛？大士云：“吾好佛，故以佛设教，取觉悟众生之意。”

如是我闻，释主离世；如是我闻，佛主醒世。金[①]经数百藏，无非超脱尘垢，警悟沉迷。是故牟尼清净，复得大士清净；牟尼总其清净，大士普其清净。非有所执其清净，非有所坏其清净，非有所吝其清净，乃至无清净、非清净，非清净、亦清净，是大清净，是满清净。

人能呗诵潮音，必得清净心，必得般若心。但得般若，便忘般若；不忘般若，即非般若。既非般若，不名般若。非非般若，乃是般若。得般若者，是谓之释，是可成释，是有释释。是释非有释释，是释自有释释，是谓之佛，是可成佛，是有佛佛。是佛非有佛佛，是佛自有佛佛。牟尼，如是也；大士，如是也，即沙门比丘，亦如是也。不如是，能成释不？不也。不如是，能成佛不？不也。何以故？即释是释，非释即非释；即佛是佛，非佛即非佛。何以故？释外无释，取释为释；佛外无佛，取佛为佛。何以故？释释释意，并无释意，乃已释意；佛佛佛念，并无佛念，乃实佛念。不释而释者上乘，不佛而佛者大乘。释佛之经藏，即释佛而成藏，是谓正法眼藏。

玄音篇

玄学以功德为体，金丹为用，而后可以成仙。仙品有五，实言之则只四。

一曰人仙。人仙者，炼元精而补元气，已培修仙之本，然能养健，不离生死，此人中仙也。

一曰地仙。地仙者，炼元气而结内丹，已无漏通之患，然可陆行，不离尘块，此地中仙也。

一曰神仙。神仙者，炼元炁而化元神，已有神通之妙，水火无害，又名水仙；炼神还虚，即天仙也。是故天仙而下为神仙，神仙而下为地仙，地仙而下为人仙，人仙而下，则有鬼而无仙也。

鬼者，纯阴；仙者，纯阳。人得半阴半阳，则不离乎生死，缺阴之半则成仙，缺阳之半则成鬼。故人在可仙、可鬼之中，亦暂在可仙、可鬼之中。欲逃出可仙、可鬼之中，即当住天仙、神仙之中。

① 金，《道藏辑要》本作“全”。

回头识岸，撒手离尘，丹经万言，总在自己。认己为他，即落旁门。前圣遗书，亦须善玩。非金非石，非汞非铅，非炉非鼎，非女非男，非日非月，非坤非乾，非公非母，非龙非虎，非乌非兔，非牝非牡。玄在何处？玄在玄处。妙在何处？妙在妙处。我有真传，不敢妄言；人有真情，亦不闭门。广积阴功，始为仙品；广行方便，始是仙基；广修因果，始是仙根。

若得是人而求吾道，吾愿与说最上乘法，指点微言，必如拨云雾而见青天，长啸而去。

此篇指陈仙品，明明朗朗，惟望人积阴功而求真传，则神仙之道，实不难至也。

五德篇

人生有五德，吾尝以譬天地之五行、人身之五经。仁属木也，肝也；义属金也，肺也；礼属火也，心也；智属水也，肾也；信属土也，脾也。是知五德之不可少一，犹如五经之不可绝一，即如五行之不可缺一。

人皆曰木不可少也，而何以无仁也？无仁者，必无养育之念，其肝已绝，而木为之槁枯矣。

人皆曰金不可少也，而何以无义也？无义者，必无权宜之思，其肺已绝，而金为之朽钝矣。

人皆曰火不可少也，而何以无礼也？无礼者，必无光明之色，其心已绝，而火为之衰熄矣。

人皆曰水不可少也，而何以无智也？无智者，必无清澄之意，其肾已绝，而水为之昏涸矣。

人皆曰土不可少也，而何以无信也？无信者，必无交孚之情，其脾已绝，而土为之分崩矣。

是知为人者，必先有心之五德，而后有身之五经。仁不绝，肝气生；义不绝，肺气平；礼不绝，心气明；智不绝，肾气灵；信不绝，脾气醒。德包乎身，身包乎心，身为心用，心以德明。是身即心，是心即身，是五德即五经。德失经失，德成身成，身成经成，而后可以参赞天地之五行。

孝行篇

桂宫列楹联，百行孝为先。文祖能行孝，馨香万万年。
故其于一身，成道即成仙。成仙即成圣，成圣即兼贤。
光明开日月，爱慕通地天。世人欲希孝，孝真百行原。
虞舜百揆叙，孝在明扬前。周文百度贞，孝居令闻先。
曾子贵三道，事亲独大焉。闵子冠四科，事母独殷然。
古来多孝子，略略为敷宣。莫作孝典看，须作孝则观。
或为米之负，或遗羹之甘；或瞻云之白，或表衣之斑。
或哭杖力减，或怀橘味鲜；或祷竹生笋，或感石流泉。
或念乌反哺，或祈鱼跃渊；或捧安阳檄，或废蓼莪篇。
或思而罢晏，或奉而刻颜。此皆贤哲流，岂无德功言？
就其百事好，不若孝缠绵。惟孝始能友，移孝可作忠。
惟孝型于妻，以孝信乎朋。一孝包五伦，须知孝可风。
至孝孝在心，爱慕见天真。中孝孝在身，奉养宜殷勤。
口中虽讲孝，能道要能行。面上徒妆孝，欺人并欺亲。
孝德无穷尽，一念得一分。分分而寸寸，寸寸格天神。
孝孝复孝孝，肫肫复肫肫。我作此孝经，经中之大经。

淫恶篇

桂宫题楹帖，万恶淫为首。所以恶报多，不如淫报丑。
天刑件件奇，天罚样样有。或诱他人妻，己妻为人诱；
或搂他人女，己女为人搂；或以奸杀身，或以奸绝后；
或倾家业财，或夺功名寿；或生子孙贱，或随诳骗走。
淫报极纷纷，笔谈难缕缕。此恶放过谁，伊胡不回首？
漫曰淫者盈，罪满报方临。即淫即有报，天鉴不容情。
一条淫鬼案，可叹真可叹。劝汝世间人，莫把淫戒犯。
未见不可思，既见不可乱。处女不可戏，节妇不可玩。

遇人妻妾女，当作姊妹看。勿污婢与奴，勿狎[①]妓与旦。
红粉一时花，精神一刻散。保身须出坑，离苦须过岸。
即汝妻与妾，闺情亦宜节。欲生端相儿，须立敬避格。
或逢圣神诞，或逢日月食；或当祀灶期，或当忌辰日；
或遇阴晦交，或遇雷电疾。必分被与床，或分床与室。
天神察其恭，求福福自锡。天仙重其操，访道道可获。
再能免诸恶，更是大豪杰。

施报篇

富贵之家积善易，欲求善报则不易，非不报善也，必衡其量而报之。贫贱之家积善难，而得善报则不难，非独报善也，亦衡其量而报之。至于非富非贵、非贫非贱者，积善获报，夫亦称量予之也。

以助金论，富贵助金，百金十功；贫贱助金，十金十功。以济人论，富贵济人，百人十善；贫贱济人，十人十善；非富非贵、非贫非贱者，自当以中人定论也。富贵而借口中人，不可；借口贫贱，尤不可。前人聚，后人消矣；前人强，后人弱矣。虽然，富贵而行善得当，寥寥数百金，亦必有大报也，但当扩而充之耳。贫贱而强学中人，不可；强学富贵，尤不可。奉养缺，罪过生矣；冻馁深，妻子怨矣。虽然，贫贱而行善得当，茫茫家道倾，必即有大报也，但当权而用之耳。

天固不负善人也，倘有居富贵而吝赀财，以善多而报少，以善速而报迟，遂不留心作善者，其召祸必不常，其逢凶必不少，望族转瞬而冰消，侯门再过而灰烬，均此类也。居贫贱而谈功果，以善少而报少，以善迟而报迟，遂敢轻心视善者，其召祸必更奇，其逢凶必更甚，惨淡刀兵之际，流离病疫之间，皆由此也。其处非富非贵、非贫非贱者，亦是此例（每作宕往夷犹之致，揽之不尽[②]）。何也？身居富贵者，有积善之势，有积善之权，人生处此，即有善而无报，亦分内事，衣丰食丰，声有名有，但得常常若此，享

① 狎，底本及《道藏辑要》本俱作“狭”，据义改。
② 此句，底本无，从空青洞天朱道生刊本顶批补，下同。

其安荣，及其子孙，是亦善报矣。乃敢薄善而不为，以望报肆其狂贪，故上天转移其权而与善士，绝不肯稍留余情。居贫贱者，无积善之势，无积善之权，人生处此，遇小善而即行，似非奇事，惜字惜物，爱人爱儒[①]，但得常常若此，结土成山，结水成海，必得善报矣。乃敢非善而不为，以望报昏其心志，故上天益加其穷，以诛恶类，绝不肯稍存私覆。善报如是，恶报如是。非富非贵、非贫非贱者，请试观之；尔富尔贵、尔贫尔贱者，请试思之（安得此公道之言）。

嗟乎！施报之理，惟圣贤看之甚明，惟仙佛处之甚大，豪侠之士，或有过情者，然世人能如豪侠亦足矣。吾也少好施与，幸上九清，故于天人报应，洞彻颇详，此岂玄微之说哉？虽天心亦皆如是也，然天何言哉！

盈亏篇

天下国家之事，尝有消长晦明，一盈一亏。常人目为天运，达士归之人心，理固正也，词固醇也，吾何议论之云云？然世有未盈则亏，欲亏不亏者，此情此故，吾当亹亹发明，以为世劝。

国家之气势，安极始危，乃有一传而生事变，再世而叹危亡者（为国家言，而一身可推矣）。谓为亏欤，何以尚有中兴？谓非盈欤，何以忽萌大难？（停顿有处）盖不亲贤才，则奸雄坏政；不敦诗礼，则子孙奢狂。人事承平之会，当存履险之思（犍接）。思患预防，君子宜儆惕焉，以尽上天之历数，然天亦无尽数之时也，人日持盈，万万年亦可至耳。国家之气机，乱极始治，乃有运将衰而复盛，势稍降而复升者。谓不亏欤，何以几邻累卵？谓已亏[②]欤，何以复享安磐？盖临崖勒辔，即可免其颠危；触景回头，自可绵其世祚。人情宴饮之微，尚难存尽欢之想，即小征大，君子宜猛省焉，以挽上天之劫数，然天亦无劫数之见也，人日畏亏，平平者自可久耳。

咦！天心在人事中矣，人何不勉于善哉！

---

① 儒，《道藏辑要》本作“物”。

② 亏，底本作“盈”，据空青洞天朱道生刊本改。

毁誉篇

人何以故而毁我？人何以故而誉我？彼何以故而毁人？彼何以故而誉人？望人誉而功不至，斯毁之矣；防人毁而过能悛，斯誉之矣。是故毁誉我者无其渐，我招毁誉有其渐；毁誉人者无其因，人招毁誉有其因。吾爱天下人，不求誉而行可誉之事；吾恶天下人，不畏毁而行可毁之端；吾耻天下人，不知毁誉而湮没以终。湮没以终，人不毁而自毁也。生前以有过自毁者，人必誉之；生平以有功自誉者，人必毁之。虽然，誉人而过乎其实，标榜之风必起矣；毁人而过乎其实，求全之辈可诛矣。世人勉之戒之！

修短篇

谁合修，谁合短，皇矣下观，原无别眼。欲教民物共长生，大块芸芸必充满。是故仁则寿，恶则谴；功则寿，过则减；养则寿，戕则损（音散）。仙佛圣贤劫可免，以歌当话招流返。

穷达篇

达之人兮无穷愁，愁之人兮少达[①]修。荣枯两途兮一春一秋，吾亦两居兮隐显自由。人命忙忙兮其驶如箭，达何足欢兮穷何足叹？境可缚兮非英雄，命可安兮且闲玩。读书养道兮浩气犹龙，颜瓢点瑟兮孔许其同，原襟宓琴兮吾亦可从。庐中龙兮上云霄，湖上驴兮自逍遥。云之出兮为霖雨，流之退兮访松乔。抑或无心仕进兮严竿王樵（即王质），何必自苦兮闷死蓬蒿。

人品篇

人品近似之界，不可不明。

---

① 达，空青洞天朱道生刊本作“德”。

有人焉，正气自存，离群特立，人以为"傲"也，吾以为"毅"；

有人焉，谦光自处，与世无殊，人以为"流"也，吾以为"和"；

有人焉，优游自适，率乎天真，人以为"惰"也，吾以为"安"；

有人焉，啸咏自如，由乎天命，人以为"狂"也，吾以为"达"；

有人焉，郑重持身，丰裁峻节，人以为"骄"也，吾以为"严"；

有人焉，浑厚立己，性格坚苍，人以为"拙"也，吾以为"朴"；

有人焉，义利分明，一私莫着，人以为"矫"也，吾以为"介"；

有人焉，襟怀卓异，一尘不亲，人以为"僻"也，吾以为"高"；

有人焉，雍和满著，不识文词，人以为"俗"也，吾以为"儒"；

有人焉，清净为缘，不知经忏，人以为"愚"也，吾以为"觉"；

有人焉，饮食无异，寒暑不灾，人以为"怪"也，吾以为"仙"。

贤否错出之间，有相似而实不同者，不可不细观也。勿有薄人心、厚己心，轻人心、重己心，无人心、有己心，则至人之精神出矣。舜居深山中，其所以异于人者几希，及其闻一善言，见一善行，而舜如赤城之标，朱光在天上矣。

快活篇

有安城老叟，言于危城公曰："吾闻生太平之世，为太平之人，无上无下，居易居仁，子亦知快活之事乎？请为子小赋而陈之：

红埃滚滚，苦海滔滔。循吾分，守吾操；养吾浩，全吾高。保太和兮淡世虑，灭争竞兮少气淘。耐清寒兮增学养，忘嗜欲兮住林皋。出为好官兮无罪戾，入为达士兮免牢骚。训儿孙兮戒淫赌，教妇女兮肃庭户。耕不歉乎官租，学不荒乎德圃。饮社酒兮治聋，为天民之巨拇。庞庞兮貌古，落落兮神全。任是非之杂沓，斯怨尤之胥捐。能放生而戒杀，亦养性兮延年。与乡老兮谈格言，招后辈兮讲功过。将成己而成人，化千个而万个。铺野席于茆堂，推山翁为上座。池栽君子之莲，篱种陶公之菊。山香处士之梅，涧满幽人之竹。随遇而安，乐乎不乐？今吾子两道愁眉，一腔死血。足踏市朝，身抛泉石。入而不安，出而无益。既好贪兮又好争，羌好穿兮又好吃。与尘市而同磨，看夕阳之转灭。"

危城乃愀然曰："噫！仙叟之教我者，至于斯夫！谨受训。"深揖而退。

能让篇

养和之室，积厚之家，西壁东堂，宜书格语。譬如吃亏一条，人多不平，不知吾能忍让，即是为自己养和，为子与孙积厚之事。今将圣神贤士，至理名言，约书几句，以为人劝。

有云："便人乃自便，宜人乃自宜，我便人不便，我宜人不宜"者；有云："吃得亏、人多厚福，赚得盈时总是亏"者；有云："若使人人皆得胜，人间谁合受亏人"者；有云："乾坤两字盈虚定，吃尽亏时劫已除"者。予亦有句云："亏我多时天不忍，老天定与我便宜。"诸生勉乎哉！吃亏人，终不受亏也。

忠恕篇

忠恕者，宣圣一贯之传也。一以贯者何？忠为体，而恕为用也。中心为"忠"，由中立心也。如心为"恕"，如人之心也。己立立人之义，其在斯乎？

忠所以贯乎恕也，以恕道为仁，则能不欲勿施，天心无人欲之扰。以恕道处世，则能犯而不校，人心无横逆之来；以恕道治世，则能所恶勿施，臣心无残酷之政。圣贤道理，滴滴归源，真可以终身行之者也。使徒欲如己之心，而不欲如人之心，则其心必生是己非人心、厚己薄人心、重己轻人心、利己害人心、成己败人心。诸如此心，皆不如人心。既不如人心，安能如己心？虽欲如己心，贪多害己心；不能如己心，忍多坏己心。其心坏，其心失也。其心失，无中心也。中心亡而仁根死，无怪其心不恕也。然则不忠者，亦以贯乎不恕也。

吾愿尔士人，寻一贯之旨，存一贯之真，庶非孔门之罪人也。

虚无篇

虚无者，老、释同传之旨也。虚者何？虚心也。心虚故神清，神清故性慧，大超脱、大解悟，从此生矣。无者何？无我也。无我故无人，无人故无欲，大清净、大欢喜，从此得也。今汝两门人，不明虚无，只探实有。“实有”二字，其名亦佳，究竟入迷者如谷之数。日求实而谈金石，无一得也；日求有而参禅偈，生六尘也。无量恒河沙，谁是第一波罗蜜哉？吾悯尔等愚，吾开尔等智。观心虚而至性慧，知虚之能取实也；观无我而至无欲，知无之能包有也。孔子毋我，颜子斋心，虽儒家尚如是也，况尔等乎？

养生篇

人之所欲，莫甚于生；欲得其生，须重其生；欲重其生，切莫轻生。杀身成仁，见危授命，非轻生也。平日保其生，至此用其生，乃不同夫虚生，乃虽死而犹生。忠臣义士，烈女贞媛，惟重生者能之也。若夫生值太平，躬逢盛世，或贵或贱，全孝全忠，为国家耆英，为世间人瑞，则生生者，不可不知养生也。养生之论，与修真不同。修真可以逃劫数，道也；养生可以延年命，术也。然养生而不明古今天人之理，亦终无集验之方。

上古之民，浑朴为风，寡虑寡思，寡言寡笑，寡视寡听，粗衣粝食，不识不知，故能保全其真，以永眉寿。近今之民，浮华日启[①]，多虑多思，多言多笑，多视多听，丰衣厚食，荡志荡神，故尝戕伐其性，以致夭亡。

天道之泰，在乎能复，日昃又中，月缺又圆，雨漏又晴，雷鸣又蛰，故能留不敝之神，以绵天运于常新；人道之否，在乎多剥，精任其泄，气任其亏，神运不停，形摇不守，故难回已惫之身，聊居人世于朝暮。然则养生者，药食为后，保护为先，学天道可也，学古人可也。

五劫篇

呜乎，悲哉！凡人之有五劫也。五劫维何？生、老、病、死、苦也。人岂不必生？但当直而生、正而生，不可罔而生也。

生为圣贤，夭犹生也，英灵在世，声名在世，馨香在世，与仙佛何异

① 浮华日启，底本缺，据空青洞天朱道生刊本补。

焉？独有生而恶、生而暴、生而酷者，一生之后，必不复生，不必不与生，正当与之生，绵绵劫劫，皆入恶趣，受无间罪，虽欲不生，不可得也。生，一劫也。如是而沉沦世上，困厄人间，不知回向，不识变迁，悠悠老矣，又一劫也。如是而精耗形枯，神亡气竭，药不能补，养不能回，恹恹病矣，又一劫也。如是而无常忽至，大限已临，身家何处，妻子何人，匆匆死矣，又一劫也。如是而有恶必报，有过必报，转徙阴曹，啾啾啼泣，是极苦矣，又一劫也。幸而托生有日，或命带刀兵，或命带水火，或命带诸疾难，或命带诸困穷，仍将流连于五劫之中而无底止，不必说到刀山地狱间也。堕此劫者，非有因果，非有德功，不能消其罪戾。

故人之一生，须要修善积福，返本还元，庶克同上春台，咸登极乐。有生长生，长生不生，不生故不灭，不灭故超脱也。人其勉诸！

敬神篇

神也者，妙万物而为言者也。上帝以神道设教，故神实司乎善恶。凡聪明正直者，皆以神之权授之。夫天神为神[①]，主引万物；地神为祇，主提万物。此神德之荡荡者，百姓日受而不知，亦惟尽乎人以合乎天地焉可也。若夫岳渎郊坛、庵堂祠院，其间之竖碑立像者，无非振古之精神，寺宇崇宏，声灵赫曜[②]，瞻望者莫不肃然起敬也。然而香火盛，则祈福之人多；祷告繁，则邀福之人至，神岂为人所愚哉？

夫神之出处不一，要皆从正气中来。《鲁语》曰："圣王之制祀也，法施于民则祀之，以死勤事则祀之，以劳定国则祀之，能御大灾则祀之，能捍大患则祀之。"加之山川社稷，皆有功烈于民者也。夫曰"法施于民"，原不期人之报也；"以死勤事"，原不冀人之感也；"以劳定国"，原不望人之恩也；"御大灾"、"捍大患"，原不待人之求也；广功德于人间，原不俟人之祝也。即或春秋典重，斋诞频临，入庙者，亦止祈神灵以保我君国，而于己无与也；亦止祈神灵以保我父母，而于己无与也；亦止祈神灵以泽我民物，而于

---

① 神，底本、青空洞天朱道生刊本俱作"申"，据《道藏辑要》本改。

② 曜，诸本俱作"濯"，校者改。

己无与也；亦止祈神灵以超度沉魂滞魄，而于己无与也。而且肃吾身，洁吾念，澹吾虑，濯吾肺肝，敬其心，以敬神焉，则不求福而自获福也。是则敬神者，不如自敬其心之为妙也。

凡人心即神，神即心。无愧心，始无愧神；可对神，仍可对心，抑非心之外，遂无神也。相在尔室，相在尔心焉耳。有如天之神，栖乎日，日光所照，何处不明？人心之神，栖乎目，目光所到，何物不见？人顾欲谄媚神祇，以图消其罪垢，岂可得哉？

戒之曰：敬神之道有二，下流之谄渎不与焉。上士存心正大，立功行而至意遥深，居处之间，恐神鉴察，有福有庆，仍归神恩，斯人也，虽未焚香秉烛，恭叩庙门，而已得敬神之大道也；中士存心谨恪，言帝天而身益震慑，善念之生，因神鼓励，有功有德，必荷神庥，斯人也，抑或斋戒沐浴，参礼菩萨，亦可谓敬神之小道也。至于外饰小心，中藏大慝，纷纷往来，朔日谷日，神将曰："尔来乎，吾正索尔！勿谄我，勿渎我，尔敬我香，我加尔锁，归去革心，庶乎其可。"

爱人篇

万物之生，惟人最灵，既灵于物，须爱其生。毋以阴谋陷人，毋以利器伤人，毋以药物毒人，毋以权势厄人。陷人、伤人、毒人、厄人者，明有国刑，暗有天罚，终难逃也。今夫飞物之能言、能舞，植物之有香、有色，动物之可驯、可玩，潜物之可育、可娱者，人犹爱之，人岂不重于物哉？今观[①]尔世人，相生相聚，无相凌虐，出入往来，当思爱人之名，成人之名；爱人之功，成人之功；爱人之事，成人之事；爱人之利，成人之利。夫成人之名，即所以成己之名也；成人之功，即所以成己之功也；成人之事，即所以成己之事也；成人之利，即所以成己之利也，皆爱也。其成人之名与功、事与利者，勿掩忠臣之忠，勿窃勋臣之勋，勿毁节孝之妇，勿谤童女之贞。勿妒能，亦勿假人之能；勿忌才，亦勿昧人之才；勿隐善，亦勿盗人之善；勿扬恶，亦勿效人之恶。勿阴阻人之进阶，勿妄抹人之文字，勿败人之盛

① 观，《道藏辑要》本作"劝"。

举，勿隳人之善行，勿坏人之良图，勿损人之富寿，勿占人之田土，勿弄人之赀财，勿助匪人而夺仁人之风水，勿党小人而诱名家之子孙。胞与之怀，难尽述也。以故永命天尊，惓惓于勿辱善良，勿欺穷困，勿离人父子，勿间人骨肉，勿破人婚姻，勿侮人聋聩，以及救人之难，济人之急，悯人之孤，容人之过，拯人疾苦，赒人饥寒，提携亲族，赈济邻朋，矜孤恤寡，敬老怜贫者，皆于人而爱之也。

嗟乎！天生亿兆，为仁人用仁之地，为善人积善之场。果能推心广博，保育群黎，居富贵而爱人者，必裕后昆；居贫贱而爱人者，必能显达。惟天佑善，惟帝福人，伊古以来，最多最速。故欲知处世之道者，吾仍劝之曰"爱人"。

医药篇

医之为道也，能活国，亦能病国；药之于世也，能活人，亦能杀人，不可不慎其术也。中有理焉，学之无尽，行之无穷。

药分君、臣、佐、使，病分虚、实、旧、新，凡医士皆能言之，而能知之者罕也。圣贤学问精而志气益下，道德高而心怀益谦，操岐黄者，亦宜如是。不可自轻，不可自误，不可自欺。自欺欺人，自误误人，自轻轻人，其罪集于乃躬也。故此道立功易，取过亦易；积福难，招祸不难。欲求有功无过、有福无祸，则必兢兢自持。脉理微细，浅学难知。

今劝尔医士，入病人之榻，先问从来，勿以药试人也；今劝尔病家，对医士之前，先明原故，勿以命试医也。以命试医，咎在己；以药试人，咎在医。更宜扶危急，莫高身价；救困穷，莫计金赀。能洞见其症候者，即行拯拔；不能见其症候者，以俟高明，则积稳诚之善也。更劝汝儒学者流，多考灵方，细研医旨，勿秘勿妄，利己利人。范文正、陆宣公，人臣之心思，且于医三致意焉，人可忽于医道哉？

相卜篇

上人有相，下人有相，中人无相。上人有命，下人有命，中人无命。惟上与下，性受难移，不必论也。兹惟尔中人，不上不下，可上可下，或上或下。不上不下仍是下，可上可下犹是下，或上或下终是下，离下绝下乃非下。

相自我改，命自我造，古人有言，不汝欺也。即操相算者，亦止相汝身，难相汝心；亦止算汝命，难算汝德。不能相汝心，即不能相汝身也；不能算汝德，即不能算汝命也。莫受相者愚，心智于相也，心体正，好相也；莫被算者鬼，德神于算也，德性坚，好命也。吾愿尔世人，自相自算；吾愿尔相者，劝人修心；吾愿尔算者，劝人积德。一切骨气，且照书谈；一切运气，且照书推。推已复言德，谈已复言心，寓劝化于相算之中，麻衣三祖、子平先生，必赐尔等衣饭矣。

堪舆篇

惟天覆善恶，惟地载善恶，惟仙师为天地埋藏善恶。天无私覆，地无私载，仙师无私恩。人有私欲，则见理不明。地理者，天理也。既有天理，即无人欲，故此道，惟聪明正直、圣人贤士，乃克言之。今汝世人，妄谈风水，冒渎山灵，举亲骸以求福禄，对时师以论殃祥，或代搜求，或自寻觅，赚人货财，要人夸好，如此人心，安知天理？十个堪舆九个穷，何足怪也。仙师赐地，吉人与吉，凶人与凶，吉不受恩，凶不受怨，理自公也，心自明也。吾尝与人讲堪舆，即以堪舆兼报应，亦是如此。夫司地者，仙师也。职既与仙，便不与凡。人向凡夫求地，何不向凡夫求仙？

训世文

长乙山人　编次

遁园、蟠山埜客　校字

戒淫说

天道无往不复，此理有固然，事有必至也。人生天地间，禀五行之秀，具刚正之气。夫夫妇妇，人道之常，越礼乱伦，等诸禽兽，淫邪之行，志士所当力戒。夫天下蠢然者莫如物，乃雎鸠定偶而不相乱，哀雁孤鸣而不成行。人不如鸟，负此人名，逊物之灵矣。奈此蚩蚩之氓，不解色即是空，同于幻泡，犹羡红颜绿鬓，恩爱缠绵，岂知人同此心，返观可悟！

尔等于淫人妇女时，转思吾妇女若伴淫人，尔必心中如刺，眼内如火，奋击追杀，刻不容缓，何至以我淫人，自鸣得意乎？此时天地鬼神，临之在上，质之在旁，瞋目切齿，谋为报应，灾祸之至，定不旋踵，兴言及此，能不寒心？又况舍身利剑，碎首邻阶，阳台之梦未终，泉台之扃已掩，青燐[①]碧血，皆红粉之恋为之。美人原是胭脂虎，岂不信哉？即不至此，强者鸣官，弱者隐恨，宗族含不解之羞，夫妇绝百年之好，死生莫测，祸变多端，或隐图报复，或暗地伤残，至若夫若子，世玷清名，永为话柄，是杀人之惨，只及一人，而淫污之毒，不啻杀其人于数世也。

夫好色之人，己身不正，一种柔肠媚骨，不能制人，必多为人所制。由是徇私情，废孝友，父母兄弟，弃置不顾，舍此一好之外，懵然无知矣。由是妻妾子女，失所防闲，任其秽乱闺闱，默为报应，亦必懵然无知矣。且好淫者，子孙必多夭，后嗣必不蕃，何则？我之子孙，我之精神种之。今以有限之精神，供无穷之花柳，譬之以斧伐木，脂液既竭，实必消脱，其所生之

① 燐，《道藏辑要》本作“怜”。

单弱也，在所必然。薄之又薄，弱之又弱，覆宗绝嗣，适得其常，淫祸之烈，可胜言哉？

嗟乎！人寿几何，百年一瞬。纵不顾名节，不守身命，未有不念及子孙，谋及血食者，苟一计及，方追悔之不暇，又何娱乐，尚思逞欲哉？若夫空门清节，孀寡冰心，更不比一切尤物冶容，仅云品行所关，身家所系，其为不可，无容多赘。是在有志者，清心为基，知耻为用，坚忍为守，戒惧为志，持之以不苟，养之以湛如。举凡诲淫之书，付与祖龙；狎昵之友，擯不与通。殚精会神，图为有益，将见何名不立，何利不收？而五福之休，毕集我躬矣。岂非理有固然，事有必至哉？是为劝。

此原作也，常州孙念劬曾刊于《全人矩矱》中。

戒淫文

天地生人，禀五行之秀，具两大之精。夫夫妇妇，人道之常；草草花花，狭邪之径。倘窥墙钻穴，越理乱伦，是如豭之寄、狗之合、鸳鸯之在野、鹑鸽之混巢，则人也，而等诸禽兽矣。况夫物之蠢然者，亦有时知其配偶，关雎定位而不乱，凤凰于飞而长偕，人不如鸟，又何人之足名乎？奈何蚩蚩者氓，不寻礼义之防，每犯邪淫之戒。红颜绿鬓，恩爱相缠，窃玉偷香，颠狂日甚。岂知人同此心，即同此理；人同此理，即同此情。

我愿尔欲界中人，于欲淫人妇女时，回头猛省，设若吾妇女被人牵染，枕边调笑，曲尽绸缪，而以己介于其旁，目睹此种情况，未有不刺眼焚心，张拳怒发，奋击交加，刻不容缓者。吁嗟乎！人同此情，即同此理；人同此理，即同此心。污一人，污其数世；污他人，仍污自己。淫欲之念，不可不急除也。犯淫之报，戒淫之书，古圣先贤，条例最多，惟愿回头者，觅而观之。

敬日月文

天地之有日月，犹人之有两目也。目之所视，喜洁净，喜端方，人人皆然。今使人对尔目而便溺，必怒甚；对尔目而澡洗，必羞甚；对尔目而咒骂，必恚甚。奈何昭昭下视，而不加敬也。且自有日月而后，阴阳分，昼夜别，视见明。是故日西沉而白昼尽，人有目而昏昏焉；月西落而清夜晦，人有目而茫茫焉。人得日月之照临，人窃日月之光耀，人不知日月之至德，可乎哉？今劝尔世人，存敬畏心，体尊仰意，勿对日月便溺，勿对日月澡洗，勿对日月咒骂。对日月便溺者，则有十万神煞，激射其人，必得奇病；对日月澡洗者，则有十万阴兵，针刺其骨，必得寒疾；对日月咒骂者，则有一万纠察神，默记其过，从而困厄之，从而殄灭之。故日月不可不敬也，世人勉之戒之！

劝世修理坟墓文

尝思屋舍为生人之宅，坟墓乃亡人之家。瓦漏墙圮，风雨飘洒，生人不能安也；土崩椁坍，蚁入虫钻，亡人奚以安乎？今劝世人，各培祖墓。有才量，独任其功，福之来也己受之；无措施，自出其力，灵之妥也荫随之。勿恤钱财，勿惰心力，家业素丰者，须知今日之荣耀，仍是祖人之遗留；家道崛起者，须知今日之亨通，仍是祖人之孙子，于我何功、于我何德？生前衣我、食我，高厚之恩难酬；死后朝思、暮思，泉壤之地宜切。世世培修，尔之子孙还厚尔；年年补葺，神之善报益觉神。不信者，夭贫、死绝、寒微；诚信者，寿富、安康、贵显。尝见佳城冷落，即知后世荒凉。石碣卧寒烟，子嗣隤颓者几姓？荒邱埋腐草，儿孙堕败者千[①]家！人孰无情，谁能遣此？吾今说个常情，尔当明其道理。讲风水者培沙枝，观瞻尚取其包护；修墓基者为台砌，地脉尚不肯伤残。而且寻常百姓之家，甫葬先骸之日，两旁密种疏篱，一抔勤累土石。如何前日经营，忽到后人荒废？今谕尔等，人人拜扫，好土[②]宜加；岁岁游观，恶木宜拔。斯坟头无缺陷之害，脉气弥蒸；佳城有茂草之生，树根安入？祖灵安妥，贤嗣繁昌。若违吾训，定遭神谴。

俯仰沉吟，苍凉感叹，绝世丰神。

---

① 千，空青洞天朱道生刊本作“子”，《道藏辑要》本作“孑”。

② 土，底本作“上”，据空青洞天朱道生刊本改。

地理说

地居三才之中，言地理而天人之理即相应焉。人欲相地，天亦相人；人欲择地，地亦择人。世间固多有谈地之理者，然亦知有得地之理乎？谈地之理人主之，得地之理天主之，而地复为隐之而显之。

夫知地之难求，而即不求其地者，不可也；然知地之难求，而犹欲强求其地者，亦不能也。昔子平先生有云：“地理之说，本不为荫后而起，然后嗣取以妥先灵，先灵即以福后嗣，此一以贯之之道也。”今夫地有三等，而得地者，亦分三层。

上等之地，上应星象，下呈舆图，天地生成，卦行安定，全是天工，而人力不与焉。此等惟圣贤豪杰，大有德行阴功之士，乃能得之。

中等之地，亦系生成景象，然有变化于其间，八卦相荡，五行相推，一团真气，隐隐隆隆，此等惟老成忠厚，小有德行阴功之士，乃能得之。

次等之地，一山一水，随地铺陈，十里一见，百里再见，无处非有，无处不可求，然亦要知龙之来历，山之向背，土之颜色，妙于裁取，巧于安排，以山川合罗盘，不可以罗盘合山川，地人相得，始得其平，此等凡老成忠厚、无怨无恶者，即可得之。

此三等之大义也，而其下不足议矣。并无吉地以处不善之人也，牛眠吉壤岂易言哉？嗟乎！人虽善相夫地，天亦善相夫人也；人虽善择乎地，地亦善择夫人也。人可不勉为吉人，以得吉地也哉？吾见世之求地者甚多，因作“地理说”，以醒之焉。

《张三丰先生全集》卷七

九皇经

空青洞天　藏本
长乙山人　敬录
卓庵道士　恭校

斗母元尊九皇真经

祝香赞

天中斗，心中斗，敬斗先敬心，敬心还敬斗。星[①]符七返七，数合九还九。宝鼎焚香，皈依斗母。三沐三薰，稽首顿首。

志心皈命礼

太初神后，天竺圣人。主宰魁罡，往来印度。躬居高上之境，极建大中之天。统摄万灵，游行三界。丹成九鼎，道济群生。大悲大愿、大圣大慈、一炁梵王、先天神后、摩利支天斗母无上元君。

志心皈命礼

至真传道，太清选仙。居武当而启教，为文始之正传。如痴如醉，混仙

① 星，空青洞天朱道生刊本作“心”。

迹于丽春；教孝教忠，阐玄风于华夏。度万三于滇海，婿女同升；续龙虎之神通，道法兼备。十方宝筏，三教宗师。大悲大愿、大慈大仁、至玄至妙、至奇至神、东华首相、三清外臣、雷霆神吏、灵宝天师、太和一炁始祖、道通文远真君、通微显化天尊。

志心皈命礼

玉清内相，金阙选仙。化身为三教之师，掌法判五雷之令。黄粱梦觉，忘世上之功名；宝剑光辉，斩人间之妖怪。四生六道，有感必孚；三界十方，无求不应。黄鹤楼中留胜迹，紫芝洞内炼灵砂。存圣像于云崖，显仙踪于玉宇。阐法门之香火，作玄嗣之梯航。大圣大慈、大仁大孝、开山启教、玄应祖师、天雷上相、灵宝真人、纯阳演正警化孚佑帝君、兴行妙道天尊、普度光圆自在文尼真佛。

开经玄蕴咒

一炁胎无极，先天先地根。洞虚含造化，恭肃候神明。
月吐白毫相，云归赤色门。天潢随转运，帝辇不留停。
德合三元理，功传九子灵。巍巍真父母，郁郁古经文。
至道包玄妙，真人体至诚。虔心能感格，万古署长生。

先天神后斗姆元尊大道九皇真经

尔时先天道后、斗姆元尊，居一炁梵天、斗枢宫内，与周御国王斗父天尊俱，俯观下方，有一真人，姓张名通，道号昆阳，乃系九皇第五天禽临凡。修道于北元南明之际，寄迹嵺峨福泉山，虔诚礼斗，候诏飞升。斗姆慈心感动，璇玑运处，划然一声，现出光明妙相，乘七豕之车，一时辰内，即降真人礼斗坛中。结彩云，悬宝座，而为说此《九皇真经》。真人稽首顿首，伏拜座前。

是时斗姆告真人曰："起！吾语汝。吾即摩利支天，万泰阳也。天皇之前，吾已出世。地皇之先，吾住西洲天竺国，运大神通，往来印度。继见北洲郁单越，周御国王，辰祭从，心慈好善，因往助之。觅净土，筑垣阙，持书戊己之宫，实养金胎之室，一团神炁，三次超脱，为生圣嗣九头。长曰天英，是为人皇，后升玉真仙灵；二曰天任、三曰天柱、四曰天心、五曰天禽、六曰天辅、七曰天冲、八曰天芮、九曰天蓬，琼林玉蕊，亭亭森森，是为九子，是号九皇。人皇与群季，分治九州，称居方氏，仁风灏荡，普惠群生。九皇升举，子母同居。元始称吾为先天道后，以著养育九皇之德。鸿钧在手，掌握斗枢。九皇上应[①]九星，九星环绕一垣。吾凭一炁妙，更化七元君，九辰或下世，七元代运行。"

斗姆曰："若世有修德行道之人，敬问九皇所司、七元所代者，但与说北斗列星，其所宰皆可知也。斗为天车，运于中央，临制八表，燮理阴阳。建四时，和五行，定诸纪，移节度，均系于斗。一为天枢，主阳德；二为天璇，主阴刑；三为天玑，主福善；四为天权，主祸恶；五为玉衡，主生杀；六为开阳，主百谷；七为摇光，主六师；八居开阳之左，名曰辅星；九居摇光之右，名曰弼星，皆所以佐斗成功者也。"

于是，说大圣北斗九皇星君列号曰：

"大圣北斗九皇第一，阳德贪狼星君；大圣北斗九皇第二，阴刑巨门星君；大圣北斗九皇第三，福善禄存星君；大圣北斗九皇第四，殄恶文曲星君；大圣北斗九皇第五，生杀廉贞[②]星君；大圣北斗九皇第六，树谷武曲星君；大圣北斗九皇第七，统师破军星君；大圣北斗九皇第八，左辅洞明星君；大圣北斗九皇第九，右弼隐光星君。"

"如是星君名号，灿著天文。掌延生注死之籍，司福善祸淫之权。天子诸侯，公卿士庶，一切生命，均属斗宫。若有善男子、善女人，身遭老病，种种苦趣，但能悔罪消愆，诚心礼斗，诵此大道经训，燃点九皇神灯，照护命宫，自然转祸为福，化祲为祥，所有效验，不可具述。"

斗姆曰："北斗之回旋，端望七元之返复。其体坤中乾，其性柔中刚；道阐妙中妙，气禀阳中阳。秦末之年，显化西汉，现身说法，面服高皇。若有祈福善人，欲睹七元金仙大圣之仪者，必先扫除尘念，清净心源，恭身叩首，

① 应，空青洞天朱道生刊本作"映"。

② 贞，空青洞天朱道生刊本作"真"。

冥目静观。天乐浮空之际，自现金容，自露金身，有若麻姑神像，有若上元夫人。女子英雄之气，慈悲普救众生。但得七元君，陟[①]降于中庭，诸邪皆鷁退，百福自骈臻。”

于是说《北斗七元解厄应验咒[②]》曰：

大圣北斗七元君，能解一身厄；大圣北斗七元君，能解二竖厄；大圣北斗七元君，能解三尸厄；大圣北斗七元君，能解四杀厄；大圣北斗七元君，能解五贼厄；大圣北斗七元君，能解六淫厄；大圣北斗七元君，能解七伤厄；大圣北斗七元君，能解八难厄；大圣北斗七元君，能解九横厄；大圣北斗七元君，能解十魔厄。

圣哉七元君，福及信善人。有疾皆能解，无常不敢侵。

神于医治病，应似谷传声。欲睹光明像，焚香候月生。

斗姆曰："七元返复，又望九皇回还。敬七元者，能使人却死延生；敬九皇者，更令人成仙作佛。若有善男女，先礼七元高真，复礼九皇大圣，其居家住宅，必有甘露下降，醴泉发生，掬而饮之，返老还童，金光罩体。再于九皇位前，一周供养，九载行持，功成行满，跨鹤升空。礼斗善报，有如是者。”

于是，说《北斗九皇应验咒》曰：

大圣北斗九皇君，能解一切厄；大圣北斗九皇君，能解二曜厄；大圣北斗九皇君，能解三灾厄；大圣北斗九皇君，能解四缘厄；大圣北斗九皇君，能解五蕴厄；大圣北斗九皇君，能解六尘厄；大圣北斗九皇君，能解七杀厄；大圣北斗九皇君，能解八风厄；大圣北斗九皇君，能解九幽厄；大圣北斗九皇君，能解十缠厄。

神哉九皇君，恩光遍九垠。无障无灾体，不生不灭身。

往来勤度世，天地普游春。道法无边际，祥云护上真。

斗姆重告真人曰："七元九皇，皆吾先天一炁相接而生。一炁之动静，阴阳晦朔，昼夜昏晓，皆倡率焉。一气之造化，五行八卦，河洛易数，皆浑括焉。年月日时，天干地支，东西南北，山川海岳，卵胎湿化，无非一炁之所

① 陟，底本、空青洞天朱道生刊本俱作“涉”，据《道藏辑要》本改。

② 咒，底本无，据空青洞天朱道生刊本补。

在，大无不包，细无不入，信之者生，背之者死，从之者昌，违之者亡。三教大众[①]，均宜知此。汝本九皇第五天禽下界，不恃前因，只凭现在，现在能修，前因可续，七九功成，将臻圣境，故吾说此经典，名曰《先天一炁九皇真经》。吾说汝传，最为亲切。此经在处，万灵守卫，千圣称扬，三元梗概，一气相连。熟读此经，克离死生；熟读此经，克悉玄因。宝而传之，非人勿示。”

斗姆说经将毕，天仙列宿来迎，还于斗宫。是时真人受得妙法，上对斗姆言："某今誓愿流行，以传善士。若有男女，受持读诵，我当与斗中仙官，所在拥护。”

于是再拜斗姆，而说赞曰：

“家有《九皇经》，本命降真灵；家有《九皇经》，父母保长生；家有《九皇经》，七祖皆超升；家有《九皇经》，九玄亦登真；家有《九皇经》，诸厌化为尘；家有《九皇经》，万邪自归正；家有《九皇经》，众恶永消清；家有《九皇经》，十族自生荣；家有《九皇经》，长保亨利贞。”

斗姆曰："善哉善哉！汝可宣扬正教，功德无边，按引后生，同修道果。”真人稽首礼谢，信受奉行。

先天神后斗姆元尊大道九皇真经

先天纯阳氏孚佑帝君曰："某昔与涵三大众，敷说瞻星礼斗章，以为世传斗科，仅有礼拜之仪，而少秘密之诀。今观斗姆元尊与昆阳真君所说《九皇》经典，浑三元之大道，明一炁之灵通，足与《太上五斗》，后先同揆也。上士修之，必能超凡入圣；中士悟之，亦可见性明心。普愿三千大千、百世万世中人，皈依崇奉，功德无量。某今为礼斗之士，宣列科条。凡习《九皇真经》者，先要清除斗室，屏息尘缘，面北稽首，端拱而立，恍如斗姆天容，降临在上，又如千真万圣，环侍其间，然后虔诚礼斗。身欲其端，心欲其正，神欲其定，意欲其慧，气欲其和，声欲其平。升降有节，进退有文；起止有仪，兴伏有度。先拜睿号，次诵真经。诵经礼毕，复持斗咒二章。某

① 众，空青洞天朱道生刊本作“罪”，误。

虽不敏，窃尝考诸《道藏》《佛藏》，而知斗姆梵音，有数十余条，不能使人遍持。兹将藏经所载简切灵应者，与诸善士一宣扬之。”

《斗姆心咒》曰：曩谟啰怛曩，多啰夜野，怛你也他，阿迦摩枭，摩迦摩枭，阿度摩枭，支钵啰摩枭，摩诃支钵啰摩枭，阿怛驮，曩摩枭，摩里支野摩枭，曩谟粹都帝，啰乞吹，啰乞吹，韐娑，缚萨怛缚难左，娑缚怛啰，娑缚娑喻钵捺啰，吠毗药，娑缚贺，南无三漫多没驮喃，唵吗哩嗟，咤娑诃。

梵音便读：南无来旦拿，多来夜野，旦你也拖，阿迦摩徙，摩迦摩徙，阿度摩徙，卜不来摩徙，摩诃卜不来摩徙。阿旦陀，拿摩徙，摩利卜野摩徙，拿摩岁都帝，来吉槎，来吉槎，牟沙，韈萨旦韈烂左，娑韈旦来，沙韈娑于[①]不纳来，费皮药，娑韈贺，南无三漫多母驼南，安麻利即，芒娑诃。

又宣扬《北斗心咒》曰：唵呴哌哪，吸吸哪，啰喽哪，喈咀哪，呲喈哪，哦顊哪，哦唧哪，唵，吽，吽，吽，唄胝帝，赊苏吒，阿若密吒，呜嘟吒，唄嗜吒，啵嚩啼吒唧，微若吒，俱啰啼吒，嗜摩吒，萨婆诃。

梵音便读：唵勾底那，及及那，罗娄那，昔答那，止昔那，拔头那，拔耶那，唵，吽，吽，吽（念汞），俱胝帝，赊苏渣，阿惹密渣，乌都吒，俱耆渣，波赖帝渣耶，微惹渣，俱罗帝渣，耆摩渣，萨婆诃。

纯阳帝君，宣述斗咒已毕，真人百拜稽首，而说统赞曰：“福泉峰顶，秋月三更，长空一碧净无尘。天姆慈心，感格降山亭。说法台前，仙花灿灿馨，倏忽到而今。孚佑帝君，述咒补真经。大悲大愿，天姥[②]亦欢欣。”

先天神后、摩利支菩萨、斗姆无上元尊。（九称）

愿以此功德，普及于一切。

我今得受持，光华传万劫。

① 于，空青洞天朱道生刊本作“子”，误。

② 姥，《道藏辑要》本作“姆”。

洞玄经

长乙山人　敬辑
卓庵居士　珍本
皤山埜客　校字

洞玄度人宝忏诸天无上真经

开经偈

太和一气转鸿濛，演教人寰霁月红。包罗万象森群峰，慈爱文章锦绣胸。鼓铸元黄气，潜吹[①]橐籥风，经为天口话高穹。

经文

尔时金阙至尊玉皇上帝，端拱弥纶之境，高临焰摩之天，红云捧座，身现三十二色宝光，照临下界。睿念惓惓，因降玉音，垂训左右诸弼，而白众言："方今海宇群生，沐承平之化，多乡善之人，但有独善，必须兼善；若无兼善，即非善善。汝等愿力宏深，更须乘时阐教，默赞熙朝，仁风远播，化雨长施，慈悲度越群伦，仙秩还超圣境。"

是时玉虚师相真武玄帝，稽首上言："臣自黄帝时，养真太和，克成上道，叨侍紫霄，迄今四千余载，始生一人，天师之后，号曰全一，广立功行，有大神通，辟邪演正，敷训元明。南极会上，曾封为继武真人，谓其光显太和，追[②]踪臣后。玉清至尊，封为广慈普度；上清至尊，封为飞龙济世；太清至尊，封为文远真君。西南诸省，屡受鸿庥。臣念此真，足当钜任，但

① 吹，青空洞天朱道生刊本作"明"。
② 追，《道藏辑要》本作"道"，误。

恐职微，难宏普教，至尊加宠，必不负恩。现诣昊天，敬申高听。”

至尊闻奏，喜畅天颜，敕宣陛见，毋致逡巡。真君乃从容入觐，稽首座前，玄光覆顶，圣眷欣欣。

帝曰：“卓哉！尔全一真君，深明大道，师相称扬，已知尔德，果能推心浩远，畅发玄经，伫命仙苑史臣，代制宝诰，锡尔光荣。兹将尔全一真君，晋秩洞玄帝君、玉虚右相，参法天师，监察无方，便宜行事，上下八极，任尔游行，有功无过，再申宠锡。”

玉音下垂，真君拜命。帝受拜已，乃退黄金之殿，居赤玉之宫。昊天师相，即命玄天侍从，导引洞玄帝君，流览北极，宴叙三朝，与诸真列宿，洗程饯送。乃复遨游三清，恳垂宝训。

元始天王曰：“天地未判，鸿鸿濛濛。五居十内，玄统黄中。胚胎万物，涵养三才。静而生动，混沌初开。”

又说最上法言曰：“太和之气，种于乾父。震为长男，生自坤母。出日入月，辟门阖户。掌握阴阳，为道根祖。人若遇之，寿延万古。”

灵宝天王曰：“顺道成人，逆道成丹。造丹之法，以让以谦。立中生正，兀兀腾腾。下闭地户，上开天门。人若见此，道炁长存。急急如律令，侍卫我法身。火符驱万邪，一点注黄庭。”（要言不烦[1]）

道德天王曰：“至道之精，不在繁言。外缘屏去，神注丹田。人心忘忘，天息绵绵。往来内院，顺彼自然。或长或短，或后或前。生气灏灏，如车转旋。行之纯熟，便可成仙。”（要言不烦）

诸天训已，昊天使至，复赐瑶函一章，并锡宝珪、宝印、宝剑、宝册、九德偃月冠、七星如意簪、素绡绮霞之帔、紫绡华衮之裳、羽属绛彩之裙、八宝铢衣、元光玉履、飞云金辂、羽盖琼轮，仗九光之节，予十绝之幡，前踞双凤，后随八鸾，千乘万骑，朗耀清虚。望阙谢恩，返躬无既。帝君乃拜辞诸天上圣，奉教推行。

洞玄帝君，降行云之阁，开度世之航（开度世之航，乃此一卷经根原）。尔时漏天久雨，暑月凝寒，人民怨咨，稻粱淹浸。法筵初起，瑞雾团团，佳气频临；清风洒洒，朗星照水。曙日出山，乃登妙台，用开宝训。

① 此句，底本无，据空青洞天朱道生版本顶批增补，下同。

帝君曰："大哉！至道之微，以言洞达；至道之精，以言明彻。经可为法，尊圣经以法吾法；经本常道，尊圣经以道吾道。非有法相，非无法相，日用行习，即呈法相；非有道名，非无道名，事理伦常，即是道名。从经者昌，违经者亡。吾普法言于薄海，吾宣道妙于遐方，吾引善人于仙乡。"

又言："天人之间，只有福善、祸淫两条。是故作善者，降之千祥；不善者，降之百殃。修身之士，止于至善，而心定六尘，不扰六根，由是三尸去，五贼除。尸贼不能逞其毒，殃害不能近其身，积善之中，有驱殃之法焉。非积善之后，而乃有善报也；实去恶之时，而已无恶报矣。三圣大典，善量无边；三圣大经，善缘普度。人何不勉而行之？"

帝君曰："经典聿成，人宜遵奉。十方大众，六合群生，敬唪瑶章，须知宝训。夫读书须当为己，而演经先在济人。慈悲广注，福禄来崇。兹谕尔善男信女，每值良辰，焚香礼拜，或居静地，扫阁翻书，须存三大愿，广立无量功。一愿君王仁圣，民物咸亨；二愿父母康强，宗族共盛；三愿沉魂滞魄，度世超生。存希有量，合三无心，不求福而福自降，不禳祸而祸自平。此经唪处，神鬼齐听，为此谕行，各宜遵信。"

帝君曰："经文最重，参礼为尊。先民有言，至诚感格，神驾临虚，人须顶敬。勿夸水陆之奇珍，勿饰法筵之仪器。心清室静，气聚香霏，如睹列圣诸尊，三元五岳，洞天福地，海岛山洲，一切神灵，都来顶上，列列皈依，合掌恭敬。"

志心朝礼（此句每念圣号，一位一声，即行礼拜）

玉清圣境元始天尊、上清真境灵宝天尊、太清仙境道德天尊、玉皇大天尊玄穹高上帝、九天应元雷声普化天尊、北极素王玄圣道君、南极长生赤精大帝、东华木公青阳大帝、西华金母元皇上帝、中央黄老元皇上帝、周御国王斗父天尊、摩利支天斗母元尊、诸天诸界诸尊圣父大帝、诸天诸界诸尊圣母元君、日宫太阳帝君、月宫太阴皇君、三元三品三官大帝、五方五岳诸尊大帝、三十六天一切尊帝、九天开化文昌元皇道君、西来开化释迦牟尼佛王、普陀显化灵感观世音王、然灯古佛玉虚明皇大帝、北极真武玄天仁威大帝、佑圣司命帝君、翊圣保德帝君、玉清首相关圣帝君、天枢上相武侯帝君、太初玄元铁祖齐阳帝君、金阙上相钟祖正阳帝君、玉清内相吕祖孚佑帝君、玉清侍节韩祖恒阳帝君、普化玄觉张祖飞阳帝君、太清上相曹祖洪阳帝君、西华清妙何祖一阳元[①]君、上清真宰蓝祖养素帝君；

◎八真派演一切广道真君、太清右相刘祖海蟾帝君、上清右相王祖重阳帝君、符阳邱真君、紫阳张真君；

◎南北二派列位真君、龙虎正法辅元演教正一始祖；

◎龙虎掌法列代仙师、太白救化青莲先生玉清文妙真君、苏文忠公东坡先生衡文翼道真君、苏文定公颍滨先生衡文辅道真君；

◎历代文儒一切得道真君、上清首相隐仙寓化犹龙二祖文始先生、上清真宰隐仙寓化犹龙三祖麻衣先生、太清静宰隐仙寓化犹龙四祖希夷先生、上清右相隐仙寓化犹龙五祖火龙先生、玉虚右相参法天师犹龙六祖昆阳先生、宏愿沈真君、晋愿汪真人；

◎祖师派演一切真人、海上三山一切高真、海内十洲一切高真、十大洞天一切高真、四大空同一切高真、四大名山一切高真、四大部州一切女[②]真、三十六洞天高真、七十二福地高真、四十大名山高真、清源妙道赵真君；

◎历代斩邪护国神、历代大忠义之神、历代大孝节之神、济生上化药王孙真君、济生普化药王许真君；

◎历代一切济生真君、历代地仙仙师、历代剑仙仙师、云天二十八宿万象星君；

六十甲子支干列位星君、十二宫神分野星君、当年本命元辰星君、三百六十应感天尊、九天司命东厨定福府君、天上天下值日功曹考校仙官、天上天下值日纠察豁落大将、雷门守将十二天君、五百灵官感应一切天君、本府城隍硕德尊神、本县城隍辅德尊神、通天都府司瘟王[③]者、下界行瘟一切尊神、当方土地社令神祇、飞符传语赍奏之神。

一切大慈悲，十方诸神众。祥云满虚空，弟子今顶礼。

愿存三大愿，普注人人身。弟子今世非，以及前生恶。

悉令得消除，永生行善心。

志心归命礼，传经仙师洞玄无上帝君（三称三叩毕）

是时，诸天尊帝，集清微之天，临虚明之殿，三清上座，列圣中分，有

① 元，《道藏辑要》本作“帝”。

② 女，《道藏辑要》本作“高”。

③ 王，底本、《道藏辑要》本作“主”，据空青洞天朱道生刊本改。

一高真，孚佑帝君，出班稽首，而白[①]诸天尊言："弟子今观下界，善缘结自西南，洞玄大开经典，度人无量，奉教推施，明德新民，天恩无既，臣愿述《洞玄经赞》曰：

"人习《洞玄经》，定生方正心；人习《洞玄经》，定生慈祥心；人习《洞玄经》，定生清净心；人习《洞玄经》，定生智慧心；人习《洞玄经》，定生超悟心；人习《洞玄经》，定生仙佛心。"

伏以《洞玄经》者，诸天尊之宝训，四大洲之祥光。此经在处，万神皆护；此经在处，万仙同助。于是说《洞玄大忏》，拜谢天恩。

"人礼《洞玄忏》，能解疾苦厄；人礼《洞玄忏》，能解是非厄；人礼《洞玄忏》，能解刀兵厄；人礼《洞玄忏》，能解水火厄；人礼《洞玄忏》，能解邪魔厄；人礼《洞玄忏》，能解网罗厄；人礼《洞玄忏》，能解瘟瘴厄；人礼《洞玄忏》，能解厄中厄；人礼《洞玄忏》，能解厄外厄。"

孚佑帝君，说是赞已，敬恳洞玄帝君，展金阙之瑶函，发雷音而醒世，群真列圣，咸此听闻。于是，洞玄帝君，启昊天上帝宝训，而与下民宣曰：

"仁慈清净，为道之心。谦和诚默，为道之行。高明博厚，为道之门。养三奇灵，为道之根。道重知死，乃能知生。亦重知生，知死方真。无极而死，太极而生。其精湛洁，其气浑沦。其神虚寂。其道圆成。人能知此，碧落飞升。"

道德天王曰："三教同源，一编万古。佐我玄风，扬吾正道。尔诸仙众，盍同称举。"

于是，列圣群真，合掌赓歌，和声而退。复次，玄天大帝，谒玉虚之座，进金阙之廷，恭上瑶函，恳垂宝诰。诰曰：

"玉虚上相，金阙高真。德畅人神，经开井鬼。广三千之功行，醒亿万之沉迷。昔从元岳而成真，今继玄天而阐化。扶正教，无党无偏；辟旁门，有声有色。诛杀乾坤之方士，挽回道德之宗风。指先天而对月，招后进以升云。妙道无方，玄微莫测。至灵至圣、至大至尊、体合自然、神凝般若、三教真宰、一气权衡、参法天师、洞玄帝君、犹龙六祖、隐仙寓化、虚微普度天尊。"

---

① 白，青洞天朱道生刊本作"曰"。

洞玄帝君，拜受诰已，诸天神圣，亦返天宫。只见祥云冉冉，华日辉辉。帝君乃返本坛，敷说此经，而为世人言曰：

愿以此功德，推及于万世。与一切众生，皆成无上道。

志心朝礼，诸天度人无量经。（三称而退）

《洞玄经》者，度世之航也。经中所述，皆诸天垂训法语。我三丰先生，遵经演之，洞明玄蕴，洞达玄微，于是受封洞玄帝君，于是说此《洞玄真经》。有缘遇此，宝之重之。

弟子西月敬志[①]

① 本段，底本无，据空青洞天朱道生刊本补。

菩提圆妙经

长乙发僧　编次

遁园行者、蟠山庵主　同校字

偈曰

谈经阐妙出尘埃，云鼓三声坐法台。

日上峰头旋过去，还应红到别山来。

菩提言：我昔在太和庵中，敦修玄教，内抱真如，隐显度人，现种种相，作种种方便，勤立功行，以待天符，尘垢满衣，常乐我静。日坐菩提树下，与弟子圆庆，及诸比邱徒俱圆庆。尔观此菩提妙种，无香有香，香无不闻；无光有光，光无不照。香光遍满，总属无心。乃念我佛上乘，本性充足，慈悲普护，自然寂照，亦非有心，是曰菩提。菩提嘉名，实始于此。昔往西天神游，参礼世尊，启请释旨，默契禅宗。世尊大喜，敕赞宣扬，而与大众言曰：

“神光熙照，性海澄清。在尘出尘，隐世度世。现医身而扶危拔困，倡大众而阐道传经。果证大罗金仙，道比达摩尊者。大仁大愿、大慈大悲、玄玄祖师、救难天尊、邋遢静光佛、菩萨摩诃萨。”

翌往南海落迦，瞻仰尊者，潮音浩浩，佛法无边，启请佛意，得并释宗，因为诵《菩提妙经》，赞扬慈悲。观音觉王，即醮甘露，而为秘咒，助我功德。西南两参，香光同盛，法周沙界，性体圆充，释佛大乘，咸如我道，今付梵鼓，朗诵《菩提》。

于意云何，而名为释？世尊云：“吾好释，故以释开教，取释去万缘之意。”

于意云何，而又为佛？慈航云：“吾好佛，故体佛设教，取觉悟众生之意。”

“如是我闻，释主离世；如是我闻，佛主醒世。释中有佛，无香光自有香光，如菩提然。佛中有释，有香光本无香光，亦如菩提然。释典佛经，无非超脱尘垢，警悟沉迷。是故世尊清净，复得慈航清净；世尊总其清净，慈航普其清净。非有所执其清净，非有所坏其清净，非有所吝其清净，乃至无清净，非清净；非清净，亦清净，是大清净，是满清净。人能呗诵《菩提》，必得清净心，必得般若心。但得般若，便忘般若；不忘般若，即非般若；既非般若，不名般若；非非般若，乃是般若。得般若者，是谓之释，是可成释，是有释释，是释非有释释，是释自有释释；是谓之佛，是可成佛，是有佛佛，是佛非有佛佛，是佛自有佛佛。世尊如是也，慈航如是也，即沙门比邱，亦如是也。不如是，能成释不？不也。不如是，能成佛不？不也。何以故？即释是释，非释即非释；即佛是佛，非佛即非佛。何以故？释外无释，取释为释；佛外无佛，取佛为佛。何以故？释释释意，并无释意，乃已释意；佛佛佛念，并无佛念，乃实佛念。不释而释者，上乘；不佛而佛者，大乘。佛释之经藏，即释佛而成藏，是名正法眼藏。”

菩萨述已，尔时青鸾白凤，交加和鸣。圆庆，暨诸比邱徒众，皆大欢喜，叹为稀有，顶礼持行，即述《慈航咒》曰：

“菩提谛，菩提揭谛，揭菩提谛，谛揭菩提谛，菩提萨埵谛，菩提萨摩诃。”

《菩提》一经，盖得于西湖慈净寺如湛上人者。上人为炅虚大师法孙，炅虚者，江南高僧也。幼精禅旨，业宗大乘。晚主慈净寺，雅重此经。入寂后，如湛珍藏者二十余年。道光初，来游峨眉。同人与如湛遇，甚洽，因以此经相示，并云玄教之中，有此菩提，而人不识也。其时刘、杨诸君，采辑全书，适得此本，因恭录而敬存之。

邋遢静光佛代传普陀大慈明心神咒

观自在菩萨摩诃萨，从定观中，俯视苦海，蔑内车诸不善道，乃以阿閦鞞，扫除诸不善道，普愿三千大千世界中人，若俱胝，若僧胝，若毗卢遮罗，悉令回心向善，善心那罗延，无分三千大千中人，是何宾头卢，是何颇罗堕，皆得登波罗密多，皆得登阿耨多罗三藐三菩提。

即说《陀罗尼真言》曰：

“唵念念念，念念念，阿鞞跋致，如如耶，摩诃菩提，菩提萨埵，乾陀诃提，菩提萨摩诃。”

和南观世音，亲授大慈咒。

愿以此功德，提醒无量众。

曩谟大慈尊观自在菩萨摩诃萨。（三称）

钟偈

（隐仙派寺观所用）

十方尘静（一、二、三）叩钟声，宣普度之灵文，演清虚之妙品。伏愿君王仁圣，万国承平；更祈父母康宁，千家和顺。自古忠贞节烈，个个扬名；从今痛苦颠连，人人获庆。九幽六道四生，回元返本；古墓荒郊冷殡，度魄超魂。广拔乎刀兵水火，瘴疫夭亡之辈，各免悲鸣；并祝乎鳏寡孤独，羁旅流离之人，咸归顺境。合阴阳而全性命，能消罪垢凡尘；凭德行以立乾坤，可对天高地迥。为儒为佛，能周一十二万遐龄；希圣希真，不落三千六百邪径。扫除悲伤恐惧、爱欲贪嗔，降伏意马心猿、虎情龙性。福禄来成，天上神仙接引；山门清净，人间道炁长存。

志心朝礼，先天一炁三清道祖天尊；

志心朝礼，昊天金阙高上玉皇天尊；

志心朝礼，九天应元雷声普化天尊；

志心朝礼，太乙救苦寻声赴感天尊；

志心朝礼，历代传道无上众圣祖师；

志心朝礼，历劫掌道无上众圣仙师；

志心朝礼，诸天诸地岳渎神祇；

志心朝礼，北斗南斗列宿星君；

志心朝礼，尽虚空界一切灵感众神；

志心朝礼，无量解厄经；

志心朝礼，无量度人经。

三教经

长乙山人　遵注
卓庵道人　敬录
空青洞天信善诸子　同校

前三教上圣灵妙真经

三部真经，笔仿《黄庭》。其言本劝人顶敬神圣，而却于金丹之道，亦具其中。字面字义，皆可奉行。愚本不敢赞一辞，因奉师手授，并命其即授为注，愚乃退而注之。

题解曰：前，指太极之先。三教，谓立命、了命、复命之传。上圣，喻言上品金丹。灵，比先天元神，极隐微而难测。妙，含兑中少女，纳震男之阳光。真经，即真铅也。昔上阳真人注《太上度人妙经》，作题颂曰："太上端居太极先，本于父母未生前。度人度我真经度，若问真经癸是铅。"愚于此题亦云。

孚佑帝君开经赞

先天祖炁，默默深深。琴弹法韵，笛奏仙音，香花满室似瑶林。内院沉沉，无上三尊圣驾临。

先天祖炁，大药也。默默深深，未判时也。琴，喻致和也。笛，喻调息，并喻空中也。香花句，比铅花出鼎。末二句，实指一尘不染，至诚感动也。一偈已见全经之旨。

经文[①]

尔时洞玄张仙真，虬龙捧笔演真经。经言三教古圣人，道高万世享明禋。东周尼山素王生，冬月望日临昌平（周正建子，冬月属戌，于今则属九月十五日也）。**西方悉达牟尼身，四月八日临卫城**（商正建丑，四月属辰，于今则属三月初八日也）。**十方三界太上君，二月十五降威灵**（商正建丑，二月属寅，于今则属正月十五日也）。**几千百载转鸿钧，元炁足兮钟圣英。天上地上此三尊，浩浩劫劫皆知名。**

尔时者，尔即己我之对，时即阳生之时，先天大道，皆自尔时发露，故说真经，多用此语作起。祖师演《洞明经》，晋秩洞玄。洞，无所不通；玄，能穷其妙。今又演此《灵妙真经》，包括金丹大药。虬，属阴；龙，属阳。阴阳会于笔下，大道出于真经也。经言古圣人出世成道之后，受享万代明禋，勉后学顶礼圣人，勉后学诚求金丹也。然此上圣三尊，诞期不同，即可想先天药产，活子时亦不可拘。圣人要数千百载转鸿钧，元炁充足而后钟育其灵，此正如金丹之道，必越五千四十八日，然后金气足而水潮生也。天地之上，惟此三圣最尊；一身之中，惟此[②]金铅最贵。浩浩劫劫，皆闻其名，得丹之后，经浩劫而不坏也。

吾今敷说三圣经，水有渊源树有根。愿人体此三圣恩，岁逢圣诞抒虔诚。不须籩豆如朝廷，不须忏会鸣鱼鲸。只须斋肃正冠巾，洒扫精庐绝纤尘。空空虚室然银灯，香篆盘旋一缕清。水果茗花洁且馨，卑躬顶礼候云軿。愿保乾元亨利贞，愿断贪痴爱欲嗔，愿习《道德》五千文，愿行三教游长春。一念真参念不纷，鸿庥下赐不因循。三圣统该万部神，予福予寿谁阻令[③]（音临）。

祖师以敬圣人之意，敷说真经，则尊真经者，即当如尊圣人。先天一炁，自虚无中出，似莫测其根源，而岂知阳产癸中，实是水有源、木有本，

① 经文，此两字系点校者整理时所加。后两经同此，不再一一出注。

② 此，《道藏辑要》本脱漏。

③ 令，空青洞天朱道生刊本作“临”。

但愿人体念其本源之恩。若逢真一炁临，必抒虔诚迎迓，如值圣人诞期焉。《参同契》曰："至诚专密，谨候日辰"是也。君子以此道为贵，则籩豆之事，付与司存[①]；忏会之徒，任彼僧道。我惟斋吾心，肃吾神，入室临炉，正冠岸巾而待。以黄房为精庐，以玄关为虚室，纤尘尽扫，万虑皆空，金银光现，俨若明灯。银灯，喻铅鼎也。一缕清香，即是一阳初气。水果茗花，正佛家药物之喻也。尔时水源至清，玉蕊初发，岂不洁且馨乎？《参同》曰："真人至妙，若有若无。"尔时要卑躬顶礼，曲听旋视，则真人之云軿方至，候真人如候圣人也。乾元亨利贞，比五行之攒簇。贪痴爱欲嗔，须一丝之不挂。《道德》五千言，说此真常道也。参酌乎三教之训，乃许大用当前，得之俄顷，永保长春，故曰"一念真参，鸿庥下赐"也。不因循者，片晌凝[②]成阳丹也。三姓会合于中宫，万神皆为之听令，故曰"统该万部"也。福我寿我，全在先天。一身之识神，谁敢阻哉？

若把真经当真金[③]，胜似人间凡铅银。至诚专密怀奇珍，汝家定许不空贫。润身润屋富庚辛，安居自在乐无垠。匪惟减病[④]而延龄，亦将立命以全形。暗中黑籍除幽冥，视履嘉祥瑞霭兴。眼前已展大门庭，身后还育贤玉昆。积功累行洽比邻，风行乡党化为仁。百年蝉蜕返瑶京，朱霞拥护登天门。

真经，直[⑤]指真金，祖师至此明说也。真金，为长生命宝，岂是凡铅、凡银所可同[⑥]语？但当至诚专密，宝若奇珍，则真金返舍，黄白满堂，夫岂复叹家贫乎？润屋润身、安居自在，皆言凝合丹头，真炁在抱也。阳丹到手，不[⑦]但如炼己筑基，只堪减病延年，直可立命全形，长生久视也。斯时也，仙班题姓，黑籍除名，所谓罪垢凡尘一笔消也。视履之间，安然澹然，大展门庭，丹庐署仙人之府，再以阳丹母气，擒伏阴丹子气，炼成金液九还，复加以换鼎分胎，则金昆玉仲，个个会骑鹤也。由是而隐显人寰，积功

① "籩豆之事，付与司存"，《论语·第八章·泰伯篇》云："笾豆之事，则有司存。"
② 凝，青空洞天朱道生刊本作"结"。
③ 金，底本作"经"，据青空洞天朱道生刊本改。
④ 病，《道藏辑要》本作"寿"，误。
⑤ 直，青空洞天朱道生刊本作"即"。
⑥ 同，青空洞天朱道生刊本作"则"。
⑦ 不，青空洞天朱道生刊本作"之"。

累行，既度了我，复度他人，天符一到，白日飞升，则“朱霞拥护登天门”矣。上根道器，须体经义实行，乃可臻此，勿谓终身口诵，即可成仙也。

莫逢圣诞不关心，忿恚交加逞恶声。房中昵色并宣淫，天神察夺难留停。平时敬圣极忳忱，到此尤宜戒惧深。此刻全无顶礼情，即此可以推居恒。

人逢圣诞，最要关心。时值阳生，须当用意。若犹忿恚逞恶，贪恋淫色，未有不走真气者，非特自损其身，天神纠察，亦将夺其寿年。待时炼己，固属忳忱；入室临炉，更深戒惧。求铅无郑重之情，则居恒炼己，亦可推其不纯也。此节反复诰诫，词旨极明。

吾愿人人奉祗承，洗心涤虑孤衷纯。视虽不见听不闻，俨然三圣乘红云。宣尼威仪旭日暾，釋迦法象秋月轮。函关紫气来缤纷，使人瞻畏时兢兢。高山景仰弥殷勤，士庶终非凡俗伦。

敬圣者，须致钦承；求铅者，宜守静笃，洗心涤虑，纯其[①]衷以观其复焉。纯与杂相反，求丹纯诚，乃克有济。大抵气定神凝则纯，欲动情胜则杂；按候求铅则纯，非时妄作则杂。又况先天之炁，默默深深，无声无影，不见不闻，夫惟恭己视听，乃如有见有闻也。观圣人之乘云，若真人之出鼎，师所谓：“一颗红光是至真”也。如旭日者，阳光新现，初三之夕也；如秋月者，金水充足，十五之夜也。如紫气者，真气腾腾，玄关火发也。丹家言初三、又言十五者，初三象金水之气新，十五象金水之气足。气不足，则水不生。初三、十五，须在一时看，须作一串想，不可以数算计也。若以数算计，安得谓之活子时乎？初三之中，即兼十五。初三，则二分药嫩；十五，则二分水清，仍是一阳才动，三日出庚时也。[②]阳气纯全，《黄庭》云：“三五合契九九节”是也。[③]此时进火，则有紫气入关之象，否则稍迟刻数，即落后天，而阳丹难就也。故当要瞻望兢兢，勿失爻动之候。高山景仰，所谓“形山对面迎真人”也。丹家知此，虽士庶亦超凡伦，入圣之机，就在此

① 其，青空洞天朱道生刊本作“兵”，误。

② “二分水清，……三日出庚时也”，青空洞天朱道生刊本、《道藏辑要》刊本缺。

③ “阳气纯全，……‘三五合契九九节’是也”，底本、青空洞天道光刻本俱无，据《道藏辑要》本补。

一战成功，人可不重其事哉？师传口诀，尽泄于此，为同志告。

中天花雨遍乾坤，说法台前气象新。山河大地生光明，莲社花开白雪春。上帝嘉怜演真经，遣神侍卫来丙丁。是日是夜月出庚，清辉朗映虚危星。碧落隐隐闻箫笙，捧炉信士望空迎。尊经为主身为宾，从此修持解邪祲。

中天，比虚无之境。花雨，譬金水之生。虚无妙合乾坤，鼎炉在其中，天星地潮，正如遍满乾坤也。说法台，炼丹所也。台前之气象何如？泥丸云：“山河大地发猛火。”张果云：“开炉已觉放光明。”此台前之气象也。莲社花开白雪春，铅花现，如雪花白也。上帝，喻心君。心爱真金，即运神火以炼之，《悟真》谓“更假丁公煅炼”也。是日是夕，正逢月出庚方，虽明演经之时，正表求金之时也。清光吐露，照映虚危之穴；碧落箫笙，恰似汞迎铅入，夫妇交欢景象。捧炉信士，即指修丹之人。我投彼家，彼反主而我反宾，宾主浮沉，彼我颠倒，极是求丹妙法。从此修持，得丹入鼎，则阴消阳盛，可解邪祲矣。

天地不和诵真经，风雷雨霁及时行。节气不和诵真经，春秋冬夏能调匀。邦国不泰诵真经，东南西北庆咸亨。民物不安诵真经，山陬水泽尽欢欣。九幽九狱闻真经，可超滞魄度亡魂。名山名院藏真经，可接羽士引高僧。

诵，谓修持也。天地，比一身。一身之运动无常，则雨暴风飘，坎离奔逸，雷轰露冷，男女惊狂。欲使风雷雨露之顺布，则必善修真经也。气节，言四时。四时之政令不审，则春卯秋酉，沐浴乖违；冬暑夏霜，阴阳反变。欲使春夏秋冬之合符，亦必善修真经也。邦国，比丹基。真经安全，则东南西北皆共庆。民物，亦比丹基。真经泰定，则山陬水泽皆相欢。他如幽狱、魂魄，皆属阴邪，得真经而阴退也。山院羽僧，体存阳半，得真经而阳全矣。

真经妙谛包层层，真经首重圣诞辰。片晌信受亦生荣，矧能永保登上乘。千祥未可具敷陈，瑶函参透即蓬瀛。巍巍宣说《灵妙经》，洞玄主宰天师孙。

妙谛层层，承上段而总束之。民物、邦国、气节、天地，其于筑基、炼已、采药、和丹之层次，密包其中。然此篇真经，只重金丹大事，故开首即讲圣诞，以比先天之生金丹。以真阴、真阳二八同类之物，擒在一时，炼成一粒阳丹，其造化在片晌。人能片晌信受，即能片晌生辉。况又保而不失，举阳丹以合阴丹，炼为金液九还，岂非更登上乘乎？九还成就，千祥云集，人能参透瑶函，则与蓬山不远也。宣说此经，阐扬灵妙，若非洞参玄微之主宰，其孰能之？主宰为谁？张天师圣孙，三丰祖师也。惟真师能谈真道，夫岂易言者哉！

中三教大圣灵应真经

中，喻自外入内，金来归性之功也。三教，喻养性、见性、复性之道，与前三教，合取一义。大圣，比大还。灵，即一粒灵丹。应，比内外相应。真经者，金液也。

孚佑帝君开经赞

醍醐灌顶，味酽香醲。法台扫净，花雨弥空，白云开嶂出晴空。满院和风，遥望三尊圣德容。

当头一偈，已见此经，皆言金液大还之旨，兹不必注。

经文

洞玄至人张仙翁，经传《灵应》下苍穹。道有三圣位居中，先倡后随声教隆。一尊邹峄兖州东，一尊潮音落迦峰，一尊关令启玄风，道行华夏及胡戎。中三圣人降天宫，恩波浩浩泽溶溶。集义为气精神充，至刚至大谁陶熔？寻声赴感慈悲洪，救苦救难苏尘蒙。文始先生如游龙，领袖群真参化功。三圣灵光间气钟，亦因学养足三冬。大人尚志饬儒躬，居仁由义出群雍。普陀念道抱孤衷，十魔九难证圆通。石楼山上云霞封，苦志精修神丹红。拔宅齐升直上冲，至今明月照萝松。

《灵应真经》，祖师下苍穹，传与人间，何殊甘露下降也。三圣虽殊，总一复性之道，总一守中之理，故皆位乎中焉。先倡后随者，前三圣倡之，中三圣随之，有如金丹倡于前，金液随于后也。《参同》云：“卒得金华，转而相因。化为白液，凝而至坚。”又曰：“金华先倡，解化为水。”金华者，先天一炁而已。功夫到此，声教愈隆。当其先三圣之出处，各有不同，然皆是乾金之体，钟灵毓秀，下降天宫，恩佑世人。此亦如金丹入鼎，与乾交合之后，渡鹊桥，上昆山，旋化为一盏醍醐，灌顶门而下鹊桥，归黄房而结灵丹也。浩浩溶溶，实形美液之状。此丹也，乃是集义而生，义属金，至大至刚，天地不能陶铸。又复寻声而至，至比还，救苦救难，甘露遍洒尘迷。他日破顶而出，矫若游龙，可参造化之功也。灵光如此，无非自修持养育得来。亚圣之尚志，慈航之炼道，石楼之修丹，皆同此也。

吾愿人间尽恪恭，仰瞻功德如高崧。若闻三圣诞期逢，茗香馥郁水花浓。默诵真经荡涤胸，如沾圣惠睹真容。俨然入庙调笙镛，俨然入寺谐鼓钟。池上龟浮听敲筒，云间凤舞和丝桐。法驾青鸾白鹤从，有感即应庆重重。

金液之生，祖师愿人敬重之。此个诞期，是比金液生时。茗香馥郁水花浓，比其香如酥、甘如蜜也。荡涤胸襟，始沾金液之惠，结成灵质，如睹金光之容，此等道味，非凡人所得尝也。陈上阳真人云：“刀圭入口，运已真火以养之。”运火之际，忽觉夹脊真气，上冲泥丸，沥沥然有声，似有物触上脑中，须臾如雀卵颗颗，自腭下重楼，如冰酥香甜，甘美无比。觉有此状，乃验得金液还丹，徐徐咽归丹田。自此而后，常常不绝。闭目内观脏腑，历历如照烛，渐次有金光罩体也。至于笙镛以调之，钟鼓以乐之，正金公与青娥相见时也。敲竹唤龟，龟听我唤；鼓琴招凤，凤受彼招，此即《悟真篇》之旨也。青鸾，喻龙之弦气。白鹤，喻虎之弦气。龙吞虎啖，内外药凝，有感即应，声气相通也。此言金液内药，必合金丹外药，而后成功庆幸耳。

儒生顶敬开明聪，缁流顶敬豁痴聋，羽人顶敬振昏瞢（音蒙）。**莫将三圣分三公，三教殊途妙自同。养性存神万里融，见性定神万法空。玄门退步多英雄，炼性调神合其宗。**

学真道之人，无分三教，只要敬重灵药，结为灵丹，则养性存神，见性定神，炼性调神，三教皆合一宗也。

真经讽出韵琤瑽，璎珞琅玕相玲珑。涨墨消除宝焰熊，世间当用赤纱笼。可以传之戒商工，可以表之勉士农，可以训世而课童，可以户诵而龛供，可以迪吉而免凶，可谓玉应而金舂。真经细玩垂帘栊，方知三圣身始终。时雨化物生葱茏，甘露洒天垂芙蓉。九篇文势拥河灉，言言宝筏度人艒。

真经，比金液。触泥丸而有声，故曰“韵琤瑽”。结成大丹，则与佛家璎珞、外丹琅玕，玲珑相映也。涨墨除而宝焰熊，喻如铅乾汞添也。灵丹入鼎，百脉归根，环匝关防，运符包裹，即如赤纱笼也。众生识此，皆可入道。《参同》云：“覆谬众文，传世迷惑，遂使宦者不仕，农夫失耘，商人弃货，志士家贫，吾甚伤之。”祖师与魏伯阳，同慈悲也，故为重言可以以晓之。人能细玩真经，则三圣之始终可知，金丹之始终亦可知也。孟子之时雨，大士之甘露，文始之词源，皆如此。金液大丹，真乃度世宝艒。

学儒学佛学仙踪，不知三圣皆凡庸。覆载林林与总总（音忽），愿人顶礼毋疏慵。三圣之书如菽菘，千门万户备飧饔。三圣之道如穹窿，八方四极齐帡幪。对经思圣宜肃雝，灵台勿使念憧憧。静养天怀若稚种，主人明月白曈昽。时时刻刻戒轻松，温温存存加研功。经堂四面暖云烘，一粒心花含紫茸，入圣超凡由我侬。

人不知三圣之功，必皆坠落凡庸；人不知金液之道，必不能成神仙。愿人对经思圣，愿人照经炼丹也。炼丹之法，先要净扫灵台，勿使念扰。合丹之后，又要静养婴儿，心如明月，时时刻刻，温温存存，此十月功夫也。经堂，喻丹田。暖云烘照，《悟真》云：“内有天然真火，炉中赫赫长红”者也。结成一粒心花，则入圣超凡，由我做矣。

莫忘君父违孝忠，莫学冥顽逞禅锋，莫效旁门落倥侗，下堕泥犁入鬼丛。三圣在天日曈昽，显良佑善开阴濛。真经传出气如虹，文光赫赫斗牛冲。高提长剑倚崆峒，天仙灵圣号三丰。

莫忘四句，戒人立大本、求大道也。三圣在天，明如皎日，默为良民善士，扫去灾邪，此亦如九还到手，正阳立而诸阴散矣。经气如虹，光赫赫而射斗牛，正如婴儿出胎，破顶冲霄的气象。今日之长剑高提，倚崆峒而说法者，即从大道得来，位登[①]无上，三丰仙师也。

后三教大圣灵通真经

后，指丹成之后。此三教，义取同归。大圣，即大道。灵通，则变化无方。真经者，真圣也。

一阳何祖开经偈

修经圆满，普度良缘。香凝宝篆，地涌金莲，大儒大佛大罗仙。跨凤登天，又见三尊圣象严。

真经修圆满，是指大道已成也。惟当普度良缘，位证至无上耳。此篇立意，即如此偈。

经文

洞玄真人张玄玄，怀抱真经与世宣。于今又说三圣篇，三篇九圣九阳全。梓潼文帝七曲巅，达磨初祖一茎莲。孚佑独撑大愿船，派开南北道无边。三圣灵通普八埏，修身苦行曾经年。孝友仁慈功德完，广行三教心拳拳。过江面壁志向坚，道包三教神闲闲。终南十试屹如山，大哉三教公能肩。人见无为乐自然，谁知有作在其先。

祖师抱真常之道，重与世宣，又作第三篇，以全九阳之数，喻九还之成就也。三位圣人，皆证大道，然皆自苦行修来。《悟真》曰："始于有作无人见，及至无为众始知"，正此意也。无为，喻面壁之事。若云神通显化，则是圣人之慈悲，却又有为于世也。

三圣慈悲满尘寰，化迹无方难缕谈。十七世为卿相班，《阴骘文》中常

① 登，据文义似当作"证"字，《后三教大圣灵通真经》注中有"位证至无上"云云。

有言。万古宏恩堪咏叹（音谈），**福星朗照御微垣。东西土说大乘禅，少林寺上岂无缘。六朝衲子正纷然，非师谁与挽狂澜。佩剑遨游遍海天，英雄男女授真诠。奇名幻**[1]**姓题山川，九州妇孺皆闻焉。**

此段言三圣之分胎出神，灵通显化。盖望后之成真者，亦如三圣慈悲，训俗化人，黜邪扶正，朝游北岳，暮宿苍梧，普度良缘也。

今我宣扬志士前，功果须如三圣圆。成圣成佛与成仙，善心善量宜广宽。若无德行培本元，动有群魔作障缠。道成混迹隐烟寰，仙阶他日乃高迁。

此段勉后人，上希三圣，敦崇功果，广修德行，而后能成大道也。

三圣之心如醴泉，沛泽长流济后贤。向使清河忘人间，何必现身为宰官？向使多那隐涅槃，何来五叶下西乾？向使回翁永隔凡，谁度何王与刘韩？三圣之心最缠绵，后尘谁步许谁联。

此段即三圣之功德，而反言之。若使三圣道成，全无显迹[2]，安有若大慈悲、若大法派哉？谁步后尘？虽似祖师自喻，亦以勉励后学。

今我敷辞不惮烦，望人精进穷瑶函。文祖真经阐妙鸾，注参《大洞》包灵丹。达祖真经见诗缄，珍藏腹内养泥丸（达摩祖有诗句云："腹内运真经，泥丸别主宾。"）。**吕祖真经极大观，诗词歌论韵珊珊。万人皆度万人欢，巍巍宝驾驻云端。**

此段言三圣著述，皆以上品丹道为主。文昌帝君，本以儒而参明《大洞》，得成神圣者也。圣贤何尝不学仙道耶？达磨祖师，亦以佛教修[3]炼金丹，得成神僧者也。是真佛释，何尝不求仙道耶？而吕祖，则不待言也。万人皆度，三圣婆心，不已见三教之同源哉？

我愿群生顶礼虔，每逢吉诞焚旃檀。花水果灯洁且鲜，尘埃净扫豁松关。默诵真经见圣颜，一轮海日上三竿。万里朱霞照大千，恍如聋哑捧华

---

① 幻，《道藏辑要》本作"约"，误。

② 迹，空青洞天朱道生刊本作"路"，《道藏辑要》本作"露"。

③ 修，《道藏辑要》本作"似"。

銮。宛如飞锡半空旋，又见红云起碧蓝。笑迎黄鹤舞翩翻**，天神天将摇雷鞭，三圣凌风入紫烟。**

此段即三圣之法象。灵通，喻出神之妙用。吉诞，比脱胎之时。松关，比上丹田。尘埃脱尽，方是还虚。见圣颜，喻见己身法象也。日升霞照，喻神光也。三圣之法驾，即比今日之法驾也。神将雷鞭，所谓天丁迎卫、霹雳一声天外天也。

莫道乩沙难求攀，至今训草如邱峦[①]**。莫言只履遗市廛，至今蓬发尚回还。莫谓栖真止**[②]**涵三，至今常降岳云坛。**

此段言三圣之灵通。不但当日道成，显化人间，即今教训人寰，其神德犹未已也。颂曰："性量圆满，法周沙界。万缘虽息，一真自在。现[③]种种相，及万万代。引导群迷，真修不坏。"（颂语极好）

於戏三圣泽咸沾，愿人凛凛对庄严。为演真经作疏笺，不须问卦与祈签。只须积德养清廉，自有神庥叠次覃。文昌笔录皆诬传，胡僧棒偈那须参？《灵宝毕法》休研钻，真经妙谛挟针砭，瑶台说法掀美髯。

此段言沾三圣之泽者，必体三圣之真道。祖师真经，即当修行之士，一通洪愿疏文，但愿积德养廉，修成大道，不须打卦求签也。道成之后，神庥叠赐，有如天符累诏。他如妄学笔录，求文帝开悟聪明；妄谈棒偈，谓佛法原来如是；修持《灵宝》，只图却病延年者，皆非三圣之真传也。祖师作三篇大经，标明大道，正可为世人针砭。古仙云："为甚此心开大道，只因原向道中来。"祖师慈悲之心，不又与三圣相同哉？师髯最美，当年遨游云、贵，人皆呼为"美髯张公"。登台说法，如见掀髯微笑也。

---

① 峦，《道藏辑要》本作"蛮"。

② 止，空青洞天朱道生刊本作"只"。

③ 现，空青洞天朱道生刊本作"见"。

《张三丰先生全集》卷八

闲谈类

长乙山人　编辑

卓庵居士　参订

蟠山、遁园野客　同校

水石闲谈

闲谈

一

张子曰：世人谓读书十年，养气十年。他把读书、养气，分为两节事件，便不是圣贤学问。夫读书所以研理，养气所以炼性，性理功夫，就在读书、养气，并行不悖之中。宣圣云："学而时习之。"此便是研炼性理，纯一不已处。

二

张子曰：陶渊明北窗高卧，自谓"羲皇上人"。此便是他清风峻节，守志前朝气象，特其出语高超，而人不觉耳。

三

张子曰：道人愿士子早完功名之愿，尽乎人事，即时撒手。人能功成勇退，便为得时。所患者，溺入功名场中，恋恋不休，则愚人也。

四

张子曰：功名无大小，总要及时进退。何以能知其时？凡于功名中，平心一想，曰吾之功名，不过止于是也，即止之，便可得其时也。抑或有不尽头处，然宁不及，毋求太过。淮阴侯不如子房公，元微之不如白香山，皆其求尽之心蔽之也。向使子房、香山，亦有求进之心，则子房固不难再列台辅，香山亦可转升宰相，然安知其终不与淮阴、微之同一鲜终而已哉？故知进退者，乃能称为哲人。

五

张子喟然叹曰：茫茫岁序，逐景漂流，吾见人寰中，求名求利之辈，转瞬而拾青紫，数岁而拥丰资者，千百人中不数人。即有其人，高爵大权，难压阎罗尊者；黄金白玉，难买无常不临。又或有居富而寿、居贵而安者，终归白杨墓下，秋风潇潇，凉气惨人。其子孙不肖，又看转眼荒凉，有何益也？况乎大富大贵，骤富骤贵，多畏人妄加横逆，谩骂指谪[①]，倘或不行善事，被人诅咒，有随口而凋零，有随口而穷困者，人人快意，个个欢心，其实天报昭彰，非人口之转移也。人能看得破，撇得开，自然不羡人富，不羡人贵，求吾安命之理，守我修身[②]之道。人竞嚣嚣，我独默默，人皆烦恼，我独清凉，又安问人之达与不达、穷与不穷，为旁观之不平也哉！

六

张子曰：人寿一事，上人有定，下人有定，中人无定。中人少善少恶，天欲延之不可，天欲迫之又不可，于是任他自生自死于其中。保则生，不保则死，故修身尚焉。修身而兼以积功累行，以企于长生久视者尚焉。若下等人，多过多恶，即修身亦不得长生，如其身上之精气而削之剥之、死之罚之而已矣。上等则不然，以上等而修长生，长生可证也；即不愿修长生，然其

① 谪，诸本均作“摘”，据文义改。

② 身，空青洞天朱道生刊本作“真”。

正气撑空，亦得联班神道，否则转投人世，亦必生入仁善之家。天理若此，有何难晓哉！

七

张子曰：自古忠贞节烈，杀身成仁之时，便有七返还丹景象。当其一心不动，一志不分，浩然之气，立其中而生其正，任他刀锯鼎镬，都视为幺魔试我，毫不动摇，我只收留义气，聚而不散，凝而至坚。火候至此，则英雄之光气，亘万年而不灭也。仙家入室临炉，就要有此手段。

八

张子曰：人当亲在，须要及时尽孝为佳，否则亲容一去，因时追感，伤情有不可言者。今日当秋，山林中，有守制者，听吾道来："又是秋商露满林，碧云天外望亲心。黄芦白草霜中老，泪洒泉台几尺深。"试诵此诗，能弗惨然！

九

张子曰：人于孝道，务宜各尽天良，不能一样，却是一样。同归于"孝"字中，乃可。欲免门闾之望，就宜归家奉养；欲求显扬之义，就宜矢志皇路；欲要保身为孝，就宜寡欲清心，徒托空谈无益也。二三子显扬未能，归家时少，到不如寡欲清心，体曾、孟两贤之训为善也。若不清心寡欲，只是妄想名而名不成，妄想利而利不就，妄想一切而一切不可得，形神憔悴，父母之颜状未衰，人子已有老惫之态，是欲言孝而孝亦不久，反令父母惟其疾之忧，多远游之虑，不幸而人子一死，反添父母伤悲，反使父母埋葬。由此思之，孝在何处？不将为毕世之罪人也乎？吾道以清心寡欲为本，实属保身之方，再加以色和颜顺，身敬意诚，则于孝有得矣。

十

张子曰：儒生作茂才后，多落处馆一派。须知就馆谷以奉养，亦儒家之方便门也。然孔、孟贻后人以诗书，原不教人渔利，至后世而有此脩金[①]之

① 脩金，旧时送给老师的酬金。原义为干肉，古时弟子用来送给老师做见面礼。

事，则即此物以奉亲，正所谓小用小效者耳。然不可贪心无厌，为子孙作安闲之计，以诗书为利薮，乃不为圣贤之罪人也。

十一

张子曰：人欲尽忠孝，立大节，必先要清心养气。若无真心、真气，必不能尽忠孝、立大节也。盖忠孝者，本乎真心；大节者，原乎真气。欲得真心、真气，又当以静为主，乃能存得起真心，养得起真气。

十二

张子曰：人要寻内快活，勿寻外快活。孔子之“乐在其中”，内快活也。若徒愿乎其外，是欲求外快活，而反生其烦恼也。

十三

张子曰：儒生家，多得泄精症者，虽缘心火不纯，亦因彻夜谈笑、永夜读书，引丹田之气，尽纵于口角之间，致使精失其伴，遂有此泄精症耳。善保身者，谈笑宜少，读书宜和。

十四

有一后生，得慵软之病。张子曰：汝宜趁此冬晴，运小石，砌小坞；携山锄，删枯草，未馁则止。日日如此，悠游运动，若园丁然，则通身气血活而不滞也。

十五

张子曰：豪杰之士，做好人，行好事，只求其心之所安，并不存借善邀福之念。明明上帝，亦只有福善祸淫之道，以待常人，而不举以待豪杰也。夫为善而得福，豪杰之所宜有，而非豪杰之所尽有。顾其轰轰烈烈，善作善为，以留于天壤，而千载不敝其神，食馨香于冥漠者，亦何莫非天之所以报豪杰也。吾观古来忠臣孝子、义士仁人，夭折患难之间，而慨然也，而恍然也。

十六

张子曰：读书立品，儒者急务，而保身之道，足包立品于其中。保身者，必去骄奢淫佚，扫荡邪行，故保身可包立品也。夫保身之道，自曾子传之，至孟子而光大其说。养心寡欲，持志守气，此保身之圭臬也。而修真之道，即以此为正法门。但人心蒙蔽，闻保身而以为常谈，闻修真而以为奇异，欲求知修真悟道者，已难之矣。

十七

张子曰：一日无孔、孟之学，天下无好人；一日无庄、老之学，英雄无退步。

十八

王居士云：以茹素为除荤。张子曰：荤与素不同也。道家戒五荤，方书谓葱、韭、薤、蒜、芸苔。此五者，辛臭散气，故字从“艸”、“军”，犹言艸中之兵，并主克伐者也。养气者忌之。释家重茹素，以其戒杀放生，故凡畜类之肉，皆屏而不食。世人以朔、望等日茹素，而平时仍嗜肥甘，素犹不素也。吾为茹素除荤者计曰：善口不如善心，体君子远庖之训可也。[①] 养气即能养腹，遵至人臭味之戒可也。

十九

张子谓忍辱、受辱二道士曰：凡人外营，亦必内营，内修醇厚，外福亦加。忙中偷得一分闲，即得一分调养；静里读得一日书，即得一日好处。若只向外边奔驰，则刊落本原，愈见其薄矣。

二十

张子谓卓庵曰：保身以安心养肾为主，心能安则离火不外荧，肾能养则坎水不外漓。火不外荧，必无神摇之病，而心愈安；水不外漓，必无精泄之

① 《孟子·梁惠王上》：“君子之于禽兽也，见其生，不忍见其死；闻其声，不忍食其肉，是以君子远庖厨也。”

患，而肾愈澄。肾澄则命火不上冲，心安则神火能下照，精神交凝，结为胎息，可以却病，可以延年。

二十一

张子曰：涵养中，有大学问；和平处，有真性情。诸子须要容人之所不能容，忍人之所不能忍，则心修愈静，性大愈纯。

二十二

三月三日，山中诸子，浴乎锦水之湄，风乎青林之下，听子归啼，忽有木叶坠地，折叠如函，启视之，则有如鱼子兰者，封裹其内。问之土人，曰：杜宇珠也。问有何用？曰：弗知也。适张子戴笠逍遥而来，与二三子言曰：汝欲知杜宇珠之故乎？蜀王入山之后，蜀人思之，故王命子归，赐蜀民以珠。子归者，蜀王之鸟使，原名谢豹。王曰："子归吾国，慰我人民。"故谢豹又名谢报，杜宇命之报谢云。其珠或赤或黄，或青或紫，五色无定，可辟人家鬼祟。遇鬼祟者，暗举此珠投之即散，但不可令人知觉，默念："蜀王蜀王，珠光珠光，投鬼鬼去，杀鬼鬼亡，我持灵珠，作作生芒，无阴不尽，阴尽回阳，吾奉九天元师命，急急如律令敕。"又云：以珠之多少，卜年之丰歉甚灵。

二十三

张子曰：人当静养身体，素位而行，随遇而安，则心性和平，神气冲淡。

二十四

张子谓受辱曰：汝教小子，须严约束，否则性气一坏，长大来汝又恨他，是自爱之而自弃之也。

二十五

张子偕云石、卓庵辈，冬寒时节，走乱山中，遇见鬼语啾啾。问之土神，则皆人之祖灵父魄。阴森肃杀，坟墓萧条，棺椁颓坏，衣冠骸体，俱受寒侵。怜之者，能无骨悚心酸？此古人所以有省墓送寒衣之事也。

二十六

张子谓山中人曰：夏日宜早起用功，日出后，觅微凉处，收心静坐，切勿向日中大热时去睡，睡而不昏犹可，睡而昏者，精液化汗而出，可惜可惜。

二十七

张子曰：吾昨游两界山，见有老妪坐崖而笑，笑已又哭，心异为妖狐，既乃[①]落崖而毙。趋前视之，已为雷击，盖千年狸妖也。吾不知其何为，询之火车灵官，云曾食人，故击之耳。夫两界山，当青天白日之地，尚有此物，况深僻荒崖哉！

二十八

张子喟然曰：世人朝夕奔波，总云“不得已”，其实有何不得已，惟心中有不得已，故尝言“不得已”耳。且今不得已，而将来必已，老矣死矣，此之谓已，何不得已之有哉？诸子有明哲知几者，从此已之。

二十九

张子谓调理劳瘵者曰：夫人治病，要心静，要心平，要心缓，不可希图速效。服药不加病，即是速效。然后一日微好，二日微好，三日渐好，虽属迟缓，比那逐日添病、转眼即亡者，又不啻有天渊之隔。

三十

张子游岳云之上，止吟风之馆，而与诸生言曰：今日山清人静，心远地偏，洵是难得风景，诸子各赋新诗，再命涵虚子一弹再鼓，以助吟兴，不亦乐乎？人即不能鼓琴，亦须善学听琴，以消其一切涴涴（音勿）浊浊之私欲，糊糊涂涂之妄想。静听琴音，如游太古，声籁俱沉，旷然遐思，超然绝俗，泠然善，悠然深，如我亦在鼓琴之间，忘乎尘事，与虞、周相遇，与孔、孟相见，伯牙、子期，又其后焉，乃为上等幽人，否则俗人耳、浅人耳，何足共居？吾极爱此金秋之气，至清至肃，安得携一壶酒、一张琴、一

① 乃，《道藏辑要》本作“而”。

枝笛，登陟乎高峰之顶，笑玩大地山河？烟濛濛，云淡淡，看日暖暖之村墟，波渺渺之长川。彼时笛声起乎林梢，琴声发乎石上，酒气通乎红泉碧嶂之间，山禽自鸣，空翠洒落，真快事也。不知诸子，亦有此兴趣否？

三十一

张子谓老年道士曰：汝辈到今日年纪，须要死心踏地做功夫，俗事以“莫管他”三字为主，则万念冰消。凡人身中皆有窍，窍中皆有生气，若无生气，安能保护形躯？只是有气发生，而人不知静察耳。今为汝说八句闲话，以当暮鼓晨钟。“人要懂点窍，知点几，留点神，下点气，你便想得穿，看得破，做得事，成得人。”此是无心之谈，即是汝等当用心学问。定为心，静为神，虽有窍而心不定于其中，何从知几乎？

三十二

张子谓山居道流曰：回翁招人向道，其中有无限婆心。在人固恐难成，此千古学道[①]之同病，然而冲天有志，道亦不阻英雄也。人怕软弱不振，若打起精神，祖师亦必默助。

三十三

张子谓山中隐者曰：人在山中称隐，须要知山林之乐。夫山林之乐，又不在乎山林也。在有以乐乎山林者，而后山林助其乐。与山林相安于空空静静、幽幽雅雅、淡淡恬恬之中，此之谓能乐山林之乐者也。

三十四

张子曰：人要立刻能闲，乃为高手。若云且慢，待我摒挡数日，然后来缓缓寻究，此便是庸夫口角，愚人心肠。

① 道，空青洞天朱道生刊本作“问”。

三十五

张子谓圆阳子[①]曰：子能割恩爱，撒红尘，今日可定汝终身矣。以后平平荡荡，永无危险，人生至此乐哉！好天气，好山水，好亭台，好朋友，好风景，从今日起，从今日受，从今日领悟可也。

三十六

张子曰：仙家地理，须合丹道同悟。即如圆阳子怡云山庄，住宅一区，坐落在两山之间，不吞不吐，若开若阖，用倚粘之法，结平安之宅，真乃黄庭下、关元上之大中极也。此等天机，何人知道?

三十七

张子曰：山静恰宜谈至道，心清惟爱爇名香，此当前妙景也。吾偶拈此二语，圆阳为我续之。

三十八

张子谓道流曰：人要在家出家，在尘出尘，在事不留事，在物不恋物，方是道家种子。不必拘于无事，亦不泥于想事也。

三十九

张子戴凉叶斗篷，逍遥云外。一日闻踏歌之声，自烟中来，诸生听之，盖伤大道之难传，黄冠之徒混日月也。其歌云："光阴快快，学道迟迟。流水空山，独步寻思。只怕眼前光景，霎时间，喉中气断，梦梦无知。生前梦梦无知，醒来后尚有那走肉行尸。怕只怕无常到了，骨冷堪悲。那会儿劫劫轮回，全然不晓得雨打花枝。"

四十

张子以韩仙渔鼓，按节传情，唱《尘海苍凉之曲》曰："飞龙子，在天游，开口不离忠孝，往来尽是瀛洲。欲传道，把人求，叹因缘处处不偶，叹

① 子，底本无，据空青洞天朱道生刊本补。

人生几个回头。风前烛，水上舟，容易熄，往下流。势利家园谁个久，儿孙交好尽成仇。转眼便落无常手，荒烟蔓草埋髑髅。樵人伐木往来走，牧童磨坏碑石头。问野人，此是谁家墓，道几句，不知不知，鬼泪啾啾。噫嘻乎，骑鹤仙人归去休。”

四十一

张子出清微天界，入淡远山中，弟子数人，烹泉款洽。先生曰：吾今以《混元仙曲》，戏赠圆阳，众生为我歌之，添作林泉佳话也。是时李山樵敲唤龟之竹，杨居士椎招凤之琴，刘野人按行云之板，遂为先生唱曰：“圆阳道士真游戏，访道抛官如敝屣。八年失耦梦孤栖，夜凉铁枕寒鸳被。看容颜白了髭须，论年华犹余生意。我劝你，早觅黄婆，娶个娇妻。男下女，颠倒坎离；雄做雌，调和神气。天台仙子的温柔婿，张果老儿的美丽妻。美丽妻，温柔婿，洞房中不知天地。性情交感，命共眉齐。浑浑沦沦，那时才见你真心；恍恍惚惚，那时才见你真意。这道情，是你的初步仙梯。笑呵呵，传与你，三丰道人走笔题。”曲终，见亭前月白，楼外天青，环坐石坛，相视而笑。

诗谈

（亦水石闲谈也）

一

张子曰：《书》曰：“诗言志。”注曰：“在心为志，发言为诗。”是知志也者，乃人心中之灵性；诗也者，特灵性之流露也。神仙七返九还，炼此虚灵妙性，以成万古不死之谷神，见于日月光气之外则有象，隐于日月光气之中则无形。神之所至，发为诗歌，诗不同，灵性有各异也。吾尝与诸仙，往来旷野，出没烟霞，每见群真妙句，辄心记而笔存之，以入于《水石闲谈》之类。

二

吕翁诗，提笔甚高，发声最朗，游行之句，美不胜收。今录数首，以见先生灵性不与人同也。

《七夕游岳云仙院》云：

始罢缑山宴，重来古寺游。疏风梧叶院，细雨豆花秋。

远嶂云初敛，长天雾乍收。新凉今若此，玉笛倚高楼。

《过武昌城楼》云：

武昌城郭故依然，楚国人家近水边。

槛外大江淘日夜，阁中长剑倚云天。

词人坐啸南楼月，渔父歌回西塞烟。

吹笛老翁闲更甚，朗吟一曲响千年。

《同韩清夫游匡庐六绝句》云：

（一）

云外庐山九叠青，开窗对嶂读《黄庭》。

个中有景何人识，抛卷翻身入翠屏。

（二）

雨后新篁绿浸人，径趋深处避红尘。

韩笙吕笛双双度，一样仙音两化身。

（三）

陶然何处不陶然，在地逍遥似在天。

瀑布倒流三百丈，一时清气满崖边。

（四）

信口歌成信手题，剔残苔藓翠高低。

忽闻梵鼓来烟际，林木葱茏过虎溪。

（五）

一字诗成一字飞，天边黄鹤载余归。

坛前有客难留我，心似闲云入翠微。

（六）

唤起眠龙出海门，须臾天际雨翻盆。

长空一剑又飞去，请看东南树影昏。

俱清朗可爱。

三

性灵与回翁相近者，莫如韩清夫先生，有《闲吟》一首云：

静抱没弦琴，细吹无孔笛。一弹天地清，一吹天地阔。一吹复一弹，尽是神仙曲。

《和吕祖》云：

虎在门前鹤在庐，瑶笙宛转笛相如。
我来不是云山客，湘水之流曲折书。

语皆雄阔。

四

蓝采和[①]，自号养素[②]先生，有《答人问仙居》绝句云：

踏踏歌残便上升，藏真养素[③]古先生。
问余近日居何处，天上神仙住玉京。

颇有采和风度。

五

尝见韩、蓝、曹、何《关中踏歌联句》云：

乾坤偌大似琼壶，拍板闲吟一丈夫。
风雨长安春已暮，落花满地步于于。

真得把袂逍遥、一唱三叹之乐。

六

昆仑麻姑，自号碧城仙子，其诗以丰韵胜人。有《题岳云坛三绝句》云：

（一）

跨凤骖鸾下碧城，笑看云外月光清。
昆仑万里天风送，摇曳琼环玉珮声。

---

① 采和，底本作“岳山”，依青空洞天朱道生刊本改。
② 养素，青空洞天朱道生刊本、《道藏辑要》本俱作“长啸”。
③ 藏真养素，青空洞天朱道生刊本“岳山长啸”。

（二）

足履青云过海山，瑶笙在手意闲闲。

云中现出金霞帔，一路清吟到此间。

（三）

岳云坛上访回翁，子弟两三敲道筒。

风声荡漾云声细，楼阁明灯照夜红。

又有《步虚》三首云：

（一）

我本昆仑女散仙，曾看海水变桑田。

神通八极闲游戏，环珮声摇碧落边。

（二）

髻头高插美金华，拜别西池阿母家。

嬝嬝天风吹袖带，步虚全仗紫云车。

（三）

酝酿长生酒不难，只凭手内有灵丹。

阿侬本是天仙子，醉共嫦娥宿广寒。

七

碧城仙姑，常师藐姑神人，一日师徒步虚，降锦江亭上。神人题词云：

看江潮，势苍莽，摇得山云淡荡。

隔河灯影有无中，一幅新词来笔上。

意徘徊，开轩望，这亭儿，甚清爽。

姑和之云：

水茫茫，山莽莽，山水轩前浩荡。

雨余蛙鼓闹堂堂，一路潮声月初上。

月中来，云边望，晚风凉，意清爽。

八

清逸仙人，在唐称诗中大家，性灵飘逸，尝降于世。其《修禊节降双清阁》云：

读书迈千古，携剑干诸侯。琐琐不中意，大醉隐糟邱。

黄唐原不远，秦汉如急流。忽忽眼前事，浑然无所愁。

青山行吟老，颇爱谢宣楼。题诗十万首，付与天地留。

我自有真宰，浩乎归瀛洲。今日谈修禊，茫茫付一瓯。

海仙执简召，随风过十州。东行三神山[①]，群真同遨游。

一饮五千斗，撑肠文字流。无何有之乡，长啸去海头。

《洞天歌》云：

海山寻灵药，灵药不自海山求。乾坤运橐籥，橐籥不是乾坤鞲。金丹原是吾家物，神仙都要英雄作。夜来饮酒王母前，云道蟠桃今已熟。太白长啸安期歌，一时群仙莫我何。吾将跨虬游六合，虚空寥寥无雪迹。大风自北来，吹起寒云叠叠开。安得酒如雨，从空饮之无尽取。安得酒如泉，坐地饮之眼朝天。狂吟拍手耸方肩，问我何人李青莲。

九

东坡先生，仙才，与太白并峙，乘风啸月，灵性长存。有《江南送秋》诗云：

片片秋云远，茫茫秋水多。青山红树外，征雁渺关河。

蓟北寒逾峭，江南气已和。小阳春甫到，迎送两相过。

《题韩清夫小像》云：

御殿承香吏，分胎吏部家。闲心忘富贵，总角趣烟霞。

钵种长生果，园栽不老花。八仙同寿考，万劫抱丹砂。

首叩蓝关马，胸藏赤火鸦。千秋贤叔侄，儒道两无涯。

《自题笠屐图》云：

山人故态本狂奴，醉写田间笠屐图。

好句有时堪作画，闲心无日不提壶。

楼头赏月邀禅客，谷口冲烟访钓徒。

自去自来随自得，一声长啸入林枢。

《过东峰》云：

① 山，《道藏辑要》本作“仙”。

不到东峰久，江山仍似前。芭蕉落满地，雪意好参禅。

《游湖口占》：

（一）

细细疏烟瑟瑟波，水心亭外画船多。
瑶笙十里谁家舫，听得红儿唱櫂歌。

（二）

风斜雨细葛衫轻，三两银刀出水明。
我爱芰荷香不断，竹西深处有人行。

《咏磨刀雨》云：

荆州洒遍雨如膏，竟为英雄砺宝刀。
最是武昌城下水，千秋呜咽卷雷涛。

《咏白菜》云：

清于雪水白于霜，老圃天寒一味香。
却笑山僧长茹素，和脂煮出不能尝。

《自赠》云：

平生不作愁眉事，今日东坡作散仙。
解向江山留胜迹，长将姓字挂云烟。

《游清道心山房》六言云：

气慧神清道在，山空人静琴幽。
一榻茶烟袅袅，三分酒意悠悠。

又《些些语》词云：

清阴绕，绕落花，窗外鸟声小。
鸟声小，修竹一枝斜处好。
翠羽嘤嘤啼彻晓，刚眠一觉。

清丽绵芊之笔，不减当年灵性，非真仙不能也。

十

邵尧夫，儒仙也，尝见其显化士林，作《观易吟》云：

庖牺大圣人，画卦传万古。阴阳变化机，乾坤为易祖。
吾隐安乐窝，天地乃同伍。窥破圣贤心，恬淡自得所。

浑浑灏灏，置之《击壤》篇中，仍然无异。

十一

白玉蟾，仙家才子也，名山碑版，留咏甚多。每遇高人逸士，必赠以诗。其《题居易堂》云：

林下风潇潇，窗前竹密密。难得素心人，共话新秋夕。
把酒醉茅堂，焚香读《周易》。琼山到此来，宾主兴无极。

又《赠圆阳山人》云：

归山隐迹话长生，日逐闲云自在行。
处处回光来返照，朝朝对境要忘情。
扫除尘土劳人梦，署起乾坤散客名。
莫道幽居研炼苦，游心冥漠自空清。

十二

张紫琼，饶州人也，元初得道，诗多秀劲之作。《自赠》六言云：

心如雪夜钟声，貌似霜天梅格。
白云深处闲行，那识仙家旷逸。

《咏胎息》云：

非助非忘妙吸呼，修行要解这功夫。
调停二炁生胎息，再向中间设鼎炉。

十三

邱长春《清秋过岳云楼》云：

浩浩天风吹满楼，峰中云气涌林邱。
雨声响处檐铃杂，方丈萧然一院秋。

饶有俊逸之致。

十四

张紫阳《自寿》诗云：

海筹万古计芳辰，得道年来八百春。

分个孩儿骑鹤去，虚空粉碎见全身。

非上真不能也。

十五

希夷老祖，元气浑沦，有《答人问姓》五绝云：

一气淘今古，阴阳造化奇。问余名与姓，睡汉老希夷。

十六

吾师火龙先生，不甚喜作诗，以其淡于名誉也。今记其偶吟一绝云：

道号偶同郑火龙，姓名隐在太虚中。

自从度得三丰后，归到蓬莱弱水东。

十七

飞霞仙子，余十舍女也，服神丹飞空。尝降云南紫霄观，留题一绝，款落“飞霞”而去。诗云：

久住瑶池碧玉楼，忽骑彩鹤下灵邱。

世人欲问飞霞姓，曾抱金丹侍沐侯。

十八

陆潜虚，淮海人也。嘉靖中，遇吕祖得道，平生著述甚富，有《老子元览》二卷，《阴符经测疏》一卷，《参同契测疏》一卷，《金丹就正篇》一卷，《紫阳四百字测疏》一卷，《方壶外史》八卷，《南华副墨》八卷。近日同门中，有白白子者，注《道德经》，名《东来正义》，潜虚题之云：

一注能将道奥开，重看紫气自东来。

弹琴度笛真名士，说法谈经大辨才。

我坐方壶玩沧海，君登圆峤压蓬莱。

今朝共坐江亭上，口诵《南华》自笑呆。

盖因白白子，亦作《圆峤外史》《道窍谈》《悟真、参同杂解》诸书故也。

乩谈

（亦水石闲谈也）

一

或问：乩沙之术，小伎也，而好者纷纷，谈者赫赫，其术果何自耶？其皆可信耶？否耶？

张子曰：昔回翁欲与涵三诸子发明此妙，而终未竟其说也，吾今特明之：

“乩”者，稽也，稽以考信也。《说文》曰：“卜以问疑也。”故偏旁从“占”，正旁从“乚”（音隐）。“乚”，古“隐[①]”字也。《尔雅·释言》：“隐，占也。”注曰：“隐，度也。”疏曰：“占者视兆，以验吉凶，必先隐度也。”吾谓，占语成而犹待隐度，则与不占者同，何必占？然亦有义焉在其中矣。天仙、神仙，不喜与人言祸福，只劝人修身俟命，故言训词则无隐，言丹道则无隐，他若救人开方亦无隐，以外一切如问吉凶成败，则无不隐，其隐之意者，仍是推托他，不与之言也。否则，明指其祸福，将应获福者，以为可喜而自狂，或转福而成祸矣；又应受祸者，以为可畏而自迫，反惧祸而邀福矣。夫福也，岂可邀哉？惟作善，可降祥耳。其隐语也，犹言不待语而易明也，抑且隐之义犹不止此。仙家自道成之后，步日月无影，透金石无声，凡人不能见，故于乩沙中，草写龙蛇，千言万态，以示其不灭。然乩，假术也。自古真人，皆斥为方士之行，今又何为降其笔？盖因近日成风，公卿士庶，每多信，好其术，神仙以度人觉世为切，故即借其乩，以默相天下人，以此即假成真耳。但学乩沙者，有二等，一胜一败。上等以德行胜，诚感胜，因缘胜，即不善乩，仙家犹欲往度之，况其知乩乎？即其乩而引诱之，不用符章，自然高真降室也。下等以险恶败，虚诳败，贪欲败，彼即善乩，仙家不近之，况其冒渎乎？随其乩而簸弄之，妄用符咒，反教引鬼入室也。吾辈自跳出五行以来，虽天地犹不能约束，阴阳犹不能陶铸，即欲请之，亦必礼之，于符咒乎何用？呵呵，此术士之所以欺愚人，仙家之所以恶术士也。今吾即乩言乩，即以是为乩训焉。

① 隐，青空洞天朱道生刊本作“稽”。

二

或又问：请乩之道，固当以德行、诚感、因缘，而不以符咒也。然南宫仙道，又有以符咒役使神道者，何故？

曰：南宫一派，虽则动用符咒，然此乃高真传授，与世人救厄除害者。此等秘录，非人间梨枣所有，即能得之，亦必推心利物，乃为功行宏深。苟或私心妄用，天帝亦加以霹雳而殒其命，夺其术矣。故虽南宫符咒，也要心恭[①]心诚，乃有灵效。若彼乩厮符咒，则未可同日语也，况加以不恭不诚乎？诸子于此，可以自明矣。

三

张子曰：上天原无福善、祸恶之心，则降祥、降殃，人自召之；上天若有福善、祸恶之心，则降祥、降殃，人自知之。素行善而获福，此必然之理也，即有祸焉，亦暂矣；素行恶而得祸，此必然之事也，即有福焉，亦暂矣。何必舍己外问哉？乃吾见蚩蚩者氓，祈于神则求签问卦，祷于仙则扶鸾请乩，若以神与仙为必知祸福者。迨其后验则信之，不验则疑之，其疑与信者，仍一愚人之故态也。夫神仙固知祸福，然亦何必以人心之所已知者，而重言复语之哉？其求神与仙而验者有故，善人问福而福至，恶人畏祸而祸临，若有与之相合者，然非签与卦、鸾与乩之灵也。其求神与仙而不验者，亦有故，善人问祸，无祸可加，恶人问福，无福可赐，若有与之相左者，然亦非签与卦、鸾与乩之不灵也。天下之龟筮算数，皆如是耳，人何不可自知哉？吾生平不喜人求签问卦、扶鸾请乩，止愿人个个修德，时时内省而已矣。

四

张子曰：神仙有度人之愿，假乩笔而讲道谈元者有之；神仙有爱人之量，假乩笔而劝善惩恶者有之；神仙有救人之心，假乩笔而开方调治者有之。若云判断祸福，则有人之善恶在，吾前章宣示已明，不复再论。独异者，寰宇之中，闻有设乩求地理，请乩论天心之辈者，此皆方士遗风，上界正神察其奸诈，未有能逃天罚者。

① 恭，底本作“公”，据青空洞天朱道生刊本改。

题赠类

长乙山人　考辑

蟠山埜客、卓庵居士　同校

古今题赠

一

明永乐成祖文皇帝予张三丰书

皇帝敬奉书真仙张三丰先生足下：朕久仰真仙，渴思亲承仪范。尝遣使奉香致书，遍诣名山虔请。真仙道德崇高，超乎万有，体合自然，神妙莫测。朕才质疏庸，德[①]行菲薄，而至诚愿见之心，夙夜不忘。敬再遣使，谨致香奉书虔请，拱候雷车凤驾，惠然而来，以副朕拳拳仰慕之怀。敬致书。

外予诗有“寄语真仙张有道，为言竚俟长相思”之句，见《征异录》，未载全首。

二

蜀献王椿：王高皇帝第十一子，洪武十一年封，二十三年之国成都，永乐末薨，有《献园集》。

赠张三丰先生

忆昔蓬莱阆苑春，欢声未尽海扬尘。

恢宏事业无多子，零落亲朋有几人。

① 德，青空洞天朱道生刊本作“道”。

失马塞翁知是福，牧牛仙子慕全真。
吾师深得留侯术，善养丹田保谷神。

送张三丰遨游

昔观太极图，阴阳有反覆。元气止于坤，天心又来复。
我皇振戎衣，群真佐命出。画桶周颠仙，吹笙冷协律。
张氏尤多才，各负英灵骨。临山有铁冠，平阳产金箔。
先生与之三，高风更卓卓。众人皆有为，老翁竟无欲。
唐虞今在兹，巢由独快乐。传[1]我治心方，得公延命药。
海天万里遥[2]，因缘容后续。

三

湘献王柏：王高皇帝第十二子，洪武十一年封之国荆州。王善道家言，尝自号紫虚子，建文初薨。

太和山寻张三丰故居

张玄玄，灵神仙（别本无此三字）。朝饮九渡之清泉，暮宿南岩之紫烟。好山浩劫知几度，不与景物同推迁。我来不见徒凄然，孤庐高出古松巅。第有老猿接臂相攀缘，张玄玄，灵神仙。遥仰乘[3]飙游极表，茅龙乔鹤上青天。（别本无此四句）

四

宁献王权：王乃高皇帝第十六子，洪武二十四年封，二十七年之国大宁，永乐二年移居南昌。博学好古，旁通释老，志慕冲举，自号臞仙，盖亦淮南八公之流也。

---

① 传，青空洞天朱道生刊本作“何”，误。
② 遥，青空洞天朱道生刊本作“游”。
③ 乘，《道藏辑要》本作“神”。

太和隐士歌怀丰仙

太和隐士张三丰，诏征不至真潜龙。
老而得道玄之宗，长生久视若乔松。
自古神仙吾靡从，惟君能继扶摇踪。
不见高人世外容，令渠心性若尘封。
匡庐之山云濛濛，烟霞终日荡心胸。
先生其来教我侬，愿随铁杖入瑶峰。
噫嘻乎！所思不见，弱水蓬山路万重。

（心，一作“吾”。）

五

蜀定王友垓：王乃献王椿孙，悼庄世子。好学循理，工诗赋，善草书，著有《定园集》十卷。

题玄天观忆丰仙

福地喜重来，登临亦快哉。蓬壶连海岛，云洞隔尘埃。
羽客乘鸾去，仙人驾凤回。谈玄闲坐久，欲去且徘徊。

六

蜀惠王申鉴：王乃献王椿曾孙，著有《惠园集》。

题张[①]丰仙像赞

若有人兮，出世匪常。曩自中土，移居朔方。奇骨森立，美髯戟张。距重阳兮未远，步虚靖之遗芳。飘飘乎神仙之气，皎皎乎冰雪之肠。爰寻师而问道，岁月亦云其遑遑。既受诀于散圣，复续派于瓜王。全一真之妙理，契未判之纯阳。南游闽楚，东略扶桑。历诸天之洞府，参化人而翱翔。曰儒曰释，曰老曰庄，皆潜通其奥旨，乃怀玉而中藏。长绦短褐，至于吾邦。吾不知其甲子之几何，但见其毛发之苍苍。盖久从赤松之徒，而类夫圯上之子房。

---

① 张，青空洞天朱道生刊本作“三”。

七

胡濙：濙字源洁，武进人。建文二年，历官礼部尚书，谥忠安。

祥符寺访张三丰先生不遇

交情久已念离群，独向山中礼白云。
龙送雨来留客住，鹿啣花至与僧分。
疏星出竹昏时见，流水鸣渠静夜闻。
却忆故人从此隐，题诗谁似鲍参军。

八

沈元秀：元秀，一名秀，字万三，号三山。明初南京[①]人，事迹详见本集中。

又按：《渊鉴类函·富部》：沈公，亦名富，字仲荣[②]，行三，故吴人呼万三。为江南第一家。有二子：茂、旺。太祖定鼎金陵，召廷见，令岁献白金千锭、黄金百斤。甲马钱谷，多取资于茂。茂后得罪，发辽阳从戎，又穴地得金牛马，亦累千云。

炼丹怀三丰师

（一）

祖师传我术无穷，铸鼎烧丹宝焰红。
八百火牛耕夜月，三千美女笑春风。
黄芽灿灿初盈釜，白雪纷纷更满空。
顶上神符未许食，还须九转毕玄功。

（二）

深谢吾师爱万三，西南相约待何年。
黄金重浊聊施济，白玉轻清乃妙玄。
百尺竿头须进步，千秋题目是修仙。

① 京，青空洞天朱道生刊本作“中”，误。
② 荣，青空洞天朱道生刊本作“滐”。

地元秘法难穷尽，还觅神丹候祖传。

潮阳寺题壁

秦淮落落老渔翁，以艇[①]为家任转蓬。
一自真师传道后，跨鸾飞入海天中。

九

查慎行：字悔馀，号初白，本名嗣琏，字夏重，海宁人。康熙举人，官编修。工诗，富篇什，著有《敬业堂集》。[②]

福泉山张三丰礼斗亭

（尚存）

清池照影树扶疏，昼静廊空想步虚。
阅世人来棋散后，出山云淡雨晴初。
穷尘滚滚孤亭在，浩劫茫茫百战余。
华表鹤归应有泪，旧时城郭半邱墟。

（亭前有浴仙池、长生桂。）

十

汪锡龄：字梦九，号圆通，事见本集中。

西湖舟中，感飞龙师降示引神之诀，即事书怀，命儿子思敏记之

火中铁柱英雄骨，雪里梅花道士心。
插汉冰山知欲压，满湖烟水趁闲吟。
将同北郭看霞举，懒向东方咏陆沉。
都赖先生明指教，留侯病死亦愔愔。

（插汉冰山知欲压，谓某总督也）

① 艇，青空洞天朱道生刊本作“舡”。
② 青空洞天朱道生刊本、《道藏辑要》本俱无此小传，据方春阳点校本补录。

十一

陈政：字七之，秦淮大商，自号淮河隐者。

读《明史·方伎传》有作

十年不见成皇帝，如此清高少见之。

《明史》误归《方伎传》，谁知太华有希夷。

（有，一作“隐”。）

十二

钱陈群：字集斋，浙江嘉兴县人。康熙六十年进士，官刑部侍郎，加尚书，致仕归田，谥文端。有《香树斋诗集》。

恭和御制燕九日王新庄观灯元韵

田家春酒十分浓，恰为迎銮气更融。

报社鼓连祈社鼓，落灯风接试灯风。

仙携邋遢来空碧，人立秋千唱比红。

里社毛苌诗派在，至今鸿爪许谁同。

（仙携邋遢：张邋遢与处机，同时访道，后皆仙去。里社：臣视学畿辅，曾于雪夜与诸生讲道论诗于此。）

十三

赵翼：字云松，号瓯北，一号鸥白，阳湖人。乾隆二十六年殿试第三人及第，官至贵西道。

张三丰礼斗亭

（在平越高真观后）

高真古观郁葱茏，犹说仙翁斗检封。

遗迹已无华表鹤，借名曾访鼎湖龙。

山深时或飘丹粟，人老惟思伴赤松。

我已退闲期学道，前途尚许一相逢。

（胡濙访三丰，兼访建文也）。

十四

李调元：号雨村，绵州人。乾隆癸未科殿试第二人，入词林，视学广东，官至通运河道。

祥符寺读明胡濙访张三丰诗碑因和其韵

（并序）

寺殿之东，有明嘉靖九年，王汝宾刻礼部尚书胡濙成化四年访张三丰诗碑。考《明纪》，永乐五年丁亥，命户科给事中胡濙，携道士巡游天下，访仙人张三丰，去十年始还。或曰：兼访建文君也。碑作“成化四年”及“礼部尚书”，皆误。

胡公诗思实超群，望气谁知为紫云。
不向吴都瞻日色，应从蜀地识星分。
天师去后神呵护，道士来时鬼哭闻。
永乐何人误成化，写碑空笑张吾军。

陈广文携酒再游草堂

（节录）

何处可携樽[①]，惟有草堂寺。清晨赴宿诺，诸子连翩至。
细径堕幽篁，屈曲得佳致。遗像在中堂，瞻谒赑屃二。
一为何氏勒，刊本家藏秘。一碑镌差小，乃出丁制置。
更有数丰碣，落笔龙蛇避。泛草唐人诗，别眩符篆字。
三丰与山峰，未可究同异。坐令白发僧，登登日捣硾。
杜老不云乎，文章千古事。

（注云：碑款以“三丰”为“山峰”。愚按：此碑必在未改“三丰”之前所书者。）

---

① 樽，底本、青空洞天朱道生刊本俱作“尊”，改。

十五

张问安：字季门，遂宁人。孝廉应考教习，就校官。著《亥白诗草》。

游草堂后，复往[①]青羊宫，历二仙庵，归饮庚堂斋中书事

郊游向草堂，路转青羊宫。
老子顾我忽微笑，天人之貌真犹龙。
神羊崭然见头角，辇自都下由先公。
祈祷能使腰脚健，人来个个摩青铜。
院后参天十万竹，一龛万缘藏其中。
寺邻复爱好庭宇，二仙祠桂阴尤浓。
绕径尚嫌着屐远，连臂竟作逾垣从。
金鱼尺半戏浅沼，花犬三五惊幽丛。
当门大壁嵌横石，蛟龙郁勃光熊熊。
如箝在口指画肚，谁欤书者张三丰。
归来相对说奇遇[②]，酒肴罗列双灯红。

（一龛万缘藏其中：以下减去数句尤健。）

十六

张君[③]瑞：字辑五，号凤洲。由拔贡中本省经魁，官成都华阳教谕、夔州府教授。致仕还嘉州，自号凌云叟，别号半一居士，慕全一也。所著有《挹爽轩集》。

三丰墨迹

（书孟浩然“春眠不觉晓”五截句于高标殿壁上）

落花啼鸟喜平生，仙迹咸夸笔手清。
风雨不摧山顶墨，龙蛇欲抱阁边楹。
当年天子空相索，此地高标旧有声。

---

① 往，青空洞天朱道生刊本作“行”。
② 奇遇，青空洞天朱道生刊本作“立置”。
③ 君，底本缺，据青空洞天朱道生刊本补。

殿上碧纱谁护得，楼台紫气绕通明。

十七

董承熙：字葆光，号槲园，垫江人。嘉庆二十二年进士，翰林院庶吉士，浙江青田县知县、嘉定府教授。

花朝游高标山

高楼屹屹压城闉，无数山光照眼新。
一自仙人留墨妙，鸟啼花落几经春。

十八

李迦秀：迦原名嘉。一字西来，号遁叟，别号翩翾散人。嘉庆戊寅恩科解元，己卯连捷进士，官中书，改保宁府教授，致仕还嘉州。

宝鸡金台观怀古

（一）

拂去征尘上翠巅，金台观里谒金仙。
前朝两诏犹存石，隔岸三峰远插天。
半口丹炉烹日月，一条藤杖卓云烟。
未知驾鹤游何处，信是逍遥不计年。

（二）

七载中书宦未成，归途犹幸拜先生。
残春欲醒黄粱梦，古洞如游白玉京。
天子尚难亲道貌，微官何苦老征尘。
下山薄暮频回首，恍见飞龙上太清。

十九

张其相：号松亭，乐山县人，庠生。

三丰楼怀古

曾读《明史方伎传》，丰公仙迹多奇幻。不饰边幅任天然，一衲一蓑无改换。游踪偶尔寓金台，自言当逝脱尘埃。盖棺有声启复活，逍遥得得来西蜀。前不见洪武，后不见永乐。缘何独谒蜀献王，秀才奇遇增辉光。二仙庵壁留墨妙，龙蛇倒绾精神肖。清风吹入汉嘉来，高标掷笔更奇哉。游戏人间或隐现，神龙首尾那全见。况复日行千里余，谁能追逐候起居。胡给事，朱内侍，枉赍玺书与香币，荒徼遍寻总不遇。讵知仙踪到处留，士夫钦仰乐潜修。平易近人人常接，不向宣室问前席。至今遗像肃楼中，大耳圆目下颐丰。须髯如戟神如镜，任人祈祷声相应。一瓣心香供祖前，何时亲指道中元。

（洪武呼献王为“蜀秀才”。）

二十

王筠：字竹荪，乐山县人。

福泉山三丰先生自写真容石刻

仙风道骨画中呈，麈尾飘然气象清。
茗椀香炉长侍侧，三花聚顶见先生。

（首戴仙花，故云。）

二十一

董江：字醒凡，号洗凡居士，垫江人。醒凡既妙弦歌，又工书画。尝临三丰先生真容，则以瑶琴三叠、玉笛一枝，遥想绝世超凡之致。

张三丰观潮处

（在遵义府乌江上）

大海翻身不计年，路人犹自说神仙。
江山到此无尘垢，邱壑栖迟有夙缘。
隔岸烟钟初度岭，当门雪浪欲掀天。
遥知静坐观潮日，胜读《南华》秋水篇。

二十二

杨钟涛：字春平，号复渟，乐山县人，上舍生。

胡给事访张三丰

元鹤飘然下，乾坤间气钟。币书承帝命，云水访仙踪。

踏破空明界，飞吟缥缈峰。一肩担日月，两眼认乔松。

笠屐拚千里，烟霞历万重。观应金碧住，宫合玉清逢。

十载风尘涉，三山石洞封。归来遗响在，派衍果犹龙。

二十三

李朝华：号秦峰，乐山县人，外舍生。

胡给事访张三丰

凤诏来丹陛，鸾车入紫烟。此行劳给事，何处访真仙?

氏系推龙虎，光辉隐市廛。高踪如启敬，幻迹胜周颠。

雨雪星轺冷，山河岁月迁。遍寻秦蜀路，踏破水云天。

剑佩归三殿，风霜阅十年。建文同物色，鹤驾更飘然。

二十四

李朝拔：号苹岩，乐山县人。

胡给事访张三丰

缥缈虚无际，行行访鹤踪。使臣拚十[①]载，皇帝仰三丰。

短褐长绦式，圆睛大耳容。烟霞高隐士，天地老仙宗。

礼具书香币，言寻水石松。有人传跨虎，何处觅飞龙。

踏破云千里，空经路万重。归朝谈幻迹，遗想入瑶峰。

---

① 十,《道藏辑要》本作“千”。

二十五

刘光泽：字季三，号洄峰居士，犍为县人。

天谷洞怀古

鸿濛一窍接长生，张老来时石鹤鸣。
绝地通天仙客路，穿云裂石洞箫声。
窈冥内有琼扉影，清净中无世俗情。
欲炼还丹须此地，何人得似杜东瀛。

（仙客路：在危崖上。杜东瀛：唐杜光庭炼丹于此）

二十六

张深褀：号壑渟，龙游人。[①]

题张仙太和山打睡图

写出华胥调，神仙睡味浓。太和元气合，高卧白云封。
有伴皆眠鹤，无声即蛰龙。任人呼邋遢，积雪满寒松。

二十七

李元植：字芊荃，乐山县人，内舍生。著《长乙山房稿》。

鹤鸣山思仙歌

神仙个个会骑鹤，此鹤独为张氏得。
虚靖初来飞天上，三丰再过响崖壑。
不遇高真不肯鸣，一鸣便有香风生。
至今五百有余岁，松间眠石[②]静无声。
或是主人尚雌伏，蛰藏胎息卧云谷。
待他长啸入山来，便照前番应声出。

① 张深褀，青空洞天朱道生刊本作“张升鸿：字子远，号鹤亭，乐山县人”。
② 石，青空洞天朱道生刊本作“鹤”。

平泉隐者炼丹砂，抱琴携酒踏烟霞。
冷涧潺湲喧日夜，深崖窈窱藏仙家。
正是幽人栖息处，四围青壁嘘云雾。
八卦亭前缓缓行，迎仙阁上层层步。
想见先生礼白云，一瓢一衲远尘氛。
三征不至傲洪武，十载难求逾建文。
变化无方谁识面，昨宵梦里曾相见。
羽衣道士翩然来，唤醒仙坛渴睡汉。

（虚靖初来飞天上：见《仙传》，又古诗云："一一鹤声飞上天"。）

张三丰八卦亭

（在鹤鸣山）

隐仙长放水云坳，八卦亭中万象包。
直取先天排气候，独寻僻地玩羲爻。
百围大木曾亲种，一孔元关许共敲。
欲领阴阳参造化，客来好与鹤同巢。

二十八

杨廷峻：字不拔，号铁根，乐山县人，外舍生。

读《云水集》

天风吹，海水立，走云万里连空碧。飞龙老子爱飞吟，遗响于今透金石。方冠破衲行天涯，异水奇山是我家。古洞幽深眠白鹿，洪钧陶铸出丹砂。万户侯封何足数，满山松石谁为伍？丈夫雅志慕清高，岂甘名利老尘土。先生曾乘宦海舟，椿萱谢世赋宜休。向平壮岁抛家去，婚嫁何能迟胜游。百尺竿头忙进步，逢师指破通天路。认得生前旧主人，花街柳巷不迷误。一段因缘自碧翁，江南有客慕玄功。八百火牛耕夜月，三千美女笑春风。白下英雄欣相助，煅炼金花得外护。回首终南遇火龙，阿堵囊空泪频诉。水面风来得意时，金陵无事步迟迟。一朝采得庚方月，浑似鲲鹏跃天池。丹成拂袖湖山去，任他龙蟠与虎踞。持椰饮遍酒家楼，养我乾坤浩然气。壶里逍遥春复秋，不求闻达于诸侯。密敕遍寻荒徼外，高节清风同巢由。山北山南歌踏踏，披蓑戴笠卧云石。化鸾化鹤化渔樵，何处不逢仙邋遢。性量圆融满大千，慈云复荫剑南天。欲补心中未了事，沈仙才度又汪仙。剑南观察蓬莱客，前身素具英灵骨。峨眉祷雨忽逢师，德辅飘然归环谷。扬州蝉蜕[①]返清虚，手泽心传留丹庐。嫏嬛秘密鬼神护，方士何曾梦此书。六百年来气承接，有若珠联与璧[②]合。光争日月耀乾坤，风动林泉引豪杰。道德崇高妙莫名，沆瀣淋漓浣太清。世外人歌《云水集》，应当頫首拜先生。

（八百火牛耕夜月，三千美女笑春风：用沈万三句。）。

二十九

李岱霖[③]：字云石，号桂圃，洪雅人，上舍生。

元岳太和山九室岩三丰先生高隐处

元岳峰高卓万寻，至人曾卧白云深。
千章古木封丹嶂，一带寒烟护碧岑。
洞口风清闲弄笛，松间月白照弹琴。
只今三十六岩里，犹想先生金玉音。

三十

刘光[④]焯：字叔纲，号灼庵，衡阳人，成均士。

武当南岩三丰先生炼丹处

（集《云水诗》《玄要篇》句）

（一）

流水行云不自收，一声长啸楚天秋。

① 蜕，空青洞天朱道生本作“脱”。
② 璧，底本、空青洞天朱道生本俱作“壁”，据城西草堂抄本改。
③ 本篇和下篇，文字错简在《云水后集》，今移于此处。
④ 光，空青洞天朱道生本作“元”。

直寻世外千年乐[1]，忘却人间万斛愁。
自是清空通沆瀣，常将冷眼看公侯。
洞中藏得小天地，养就还丹跨鹤游。

（二）

面壁调神又九年，谁知幽客自陶然。
黍珠一粒包天地，铁笛双吹破晓烟。
节欲澄心澹神虑，埋名隐姓如疯颠。
炼成大药超凡去，撒手逍遥物外仙。

咏史

明帝访三丰，十年不可得。闻在南山南，已往北山北。
到处乐逍遥，奇名称邋遢。广莫即吾乡，太和为我宅。
是时方士流，自献何纷沓。先生愧励之，墨中独见白。
天海落云声，风尘难物色。飞龙又潜龙，隐显谁能测？

① 乐，《道藏辑要》本作“药”。

汇记

长乙山人　编辑

蟠山、遁园居士　同校

隐镜编年

梦九汪氏曰：先生之为真仙也，闻之者多矣。其为隐士也，知之者少矣。公余心静，适金使君式训过访，焚香话先生奇踪。使君曰："公胡不书隐为镜，发明先生大节乎？"锡龄曰："诺。"爰仿《纲目》体纪之，名曰《隐镜编年》，崇征实也。自是而先生隐迹，与先生年谱，均在兹矣。后有万年，同志者共续之。

〔**纲**〕洪武十七年甲子夏，诏求故元退老、一百三十七岁老人、武当山隐士张三丰，不见。

〔**目**〕三丰，懿州人。元定宗二年生，至元间，以博陵令致仕。访道于终南、太白之间，得希夷正传。其学以忠孝慈恭为体，河洛、易象为用。至正二十七年丁未，三丰已百二十岁矣。戊申闰七月，元数已终，明太祖承天受命，三丰遂遁迹深山。十七年，大封功臣，华夷宾服，诏求德高寿尊之士。闻元张三丰隐武当山，一百余岁，至是诏之，不见。

〔**发明**〕书"故元退老"，特表其贞也。书"一百三十七岁[①]老人"，特尊其寿也。书"武当山隐士"，则高节清风，可为百世之师矣[②]。

〔**纲**〕十八年春，以沈万三、邱元靖，再求武当山隐士张三丰，不见。

〔**目**〕万三，南京人。元靖，武当人。均系三丰弟子。太祖诏二人求之，以弟子必能劝驾也，仍不可致。

---

① 岁，青空洞天朱道生刊本作"年"，误。

② 矣，《道藏辑要》本作"也"。

金氏曰：书法“以沈万三、邱元靖”求三丰，一“以”字直揭出太祖牵制林泉之心。孰知高节自贞者，虽弟子不能强师也。再求不见，诏愈迫而迹愈隐矣。

〔纲〕二十四年夏，又以张宇初，求武当山隐士张三丰，终不见。

〔目〕宇初，龙虎山人。天师后裔，袭剑印，号真人，盖三丰同宗也。至是以宇初求之，终不见。

金氏曰：以张宇初求三丰，是以族人觅族人，亦前番故智也。三求之而三不见，夫岂捷径终南、借隐[①]沽誉者，所可同哉？

〔纲〕永乐五年丁亥，命胡濙访求隐士张三丰，十年，不见。

〔目〕户科给事中胡濙，旧与三丰相识。成祖慕三丰高风，至是命胡濙求之，遍巡天下，兼察建文帝所在。去十年，始还。

金氏曰：史称访张三丰，为觅建文所在，其实非也。夫隐士名动前朝，成祖在藩邸，久闻其事，安知不慕其德高寿尊，急思延之于阙下，如宋太宗之得见陈希夷，以为快者。兹曰：“兼访建文所在”，庶乎曲达成祖之心也。

〔纲〕十年三月，命孙元虚（字碧云），于武当山，预候隐士张三丰，不至。

〔目〕前胡濙等去访三丰，已及五年，成祖欲见之心，刻刻不忘，意其必至武当，故命元虚赍书币于武当，预为候之。

金氏曰：观“命孙元虚于武当预候”，则成祖愿见之诚，盘旋于隐士之身者至矣！岂真为建文哉？

〔纲〕十四年正月，帝命安车，迎请武当山隐士张三丰，不至。

〔目〕前年孙元虚奉命，在武当山建宫拜候，至去年冬，三丰始归武当，元虚大悦，令人驰报于帝。今年春，帝命安车迎请，忽又他适，帝颇悒然。

金氏曰：成祖“命安车迎请”，意之诚，礼之至，古今无二，先生其入见矣。[②]

〔纲〕十四年五月，武当山一百六十八岁老隐士张三丰入朝。

〔目〕帝以愿见之心，切切难得，乃命胡广至武当山泣祷。三丰闻之，

---

① 隐，青空洞天朱道生刊本作“名”。

② 本条诸本缺，据方春阳点校本增补。

即藏其身于洞中，引出阳神，化为隐士，戴竹冠，披鹿裘，飞入金殿，稽首阶前。时帝正御朝，望而异之，询知为三丰，即钦问长生之道。三丰曰："寡欲澄心，澹神汰虑，此陛下长生之道也。"帝曰："先生数不见朕，今何轻身至此？"三丰曰："臣本野夫，于时无用，故能修辟谷，出泥丸。今见陛下，乃臣阳神耳。昔太祖高皇帝，不能溺周颠于江上、制冷谦于麾前，皆法身，非色身也。臣今一见，特酬苦索之心。"言讫，隐去。帝封为"飞龙先生"。及胡濙、胡广诸臣还朝，闻三丰已来谒帝去矣。

金氏曰："一百六十八岁老隐士"，大书特书，有凭有据，山林中千古一人而已。又曰："今见陛下，乃臣阳神。"由是知白日飞腾，出阳神者能之也。先生真犹龙乎！

〔纲〕天顺三年春，隐仙张三丰来朝。

〔目〕帝素敬道德之士，三丰鉴其诚，乃现全神晋谒。紫面凝硃，修髯如戟，髻垂脑后，若玄武然，腹大肩厚，腰绦手[①]笠而来。稽首言曰："臣三丰，愿陛下修己安人，黜邪崇正。"忽隐去。帝亲制诰文褒之，封为"通微显化大真人"。

金氏曰：隐士称为"隐仙"，所以表高人之不死也。一谒一封，均有明文可证，古人岂欺我哉？自是而神仙之名，永颂不诬也。

〔纲〕成化二十二年春，诏特封前太和山隐士张三丰为"韬光尚志真仙"（周颠为"宣猷辅化真仙"）。

〔目〕时僧道两徒，滥窃封诰，贪纵不法，帝厌之。因科道官进奏，遂削僧道两徒国师、真人之号，特封三丰为"韬光尚志真仙"，周颠为"宣猷辅化真仙"。

〔发明〕书"前太和山隐士"，表其高风峻节，不同方士之卑污也。封"真仙"，黜伪道也。

〔纲〕嘉靖四十二年秋，封张三丰为"清虚元妙真君"。

〔目〕帝晚年颇好元秘，闻三丰显化南京，遍索其书，得《玄要篇》。阅之，叹曰："我朝真仙也。"遂封为"清虚元妙真君"，并敕于三丰旧栖处，建清虚观祀之。

---

① 手，《道藏辑要》本作"首"。

〔**发明**〕“清”则不染于物，“虚”则太空同体，二字甚佳。

〔**纲**〕天启三年秋，张三丰神现宫廷，晋封“飞龙显化宏仁济世真君”。

〔**目**〕帝因时事多故，宫廷中设箕求仙，忽见红光覆座，光中现三丰真容。帝叩曰：“真仙教我，真仙护我。”降语甚密，移时隐去。帝感之，照前“飞龙先生显化真人”，晋封为“飞龙显化宏仁济世真君”。

梦九氏曰：“先生清皎之光，照耀明朝也至矣。”

时地

先世汉时留侯张子房，世居沛国丰邑。九世孙道陵天师，寓江西信州龙虎山，遂以道传其家焉。裔孙裕贤，宋时人也。南渡末，自迁辽东，生子昌，昌生三丰（见《子房世家》及《三丰本传》）。

元初人，正。

《本传》：元定宗丁未四月初九日子时诞生，此说为正。

金时人，误。

《明史》：“或曰金时人。”按《元史》：“太宗成吉思可汗，九年甲戌五月，举兵南代金，攻懿州，节度使高同山死之，辽州遂入元管。”据此考先生生时，辽州久为元有，实非金时人明矣。

元末人，误。

无名氏传云：“出自元末。”此不待辨，而知其误矣。

明初人，误。

亦见《别传》。

辽阳懿州人，正。

《列传》皆同。《元史》：“元初以辽阳为东京。”世祖至元中，改立辽阳等处行省，统路七，一曰辽阳路，初领一府，曰婆娑府，后废止，领州二；一曰辽阳州，一曰盖懿州。《明史》：“懿州距京师一千七百里。”辽阳州，明改定辽卫，复改为辽阳州县，又改为辽东都指挥司。

天目人，误。

《四川通志》：“一作天目人。”或因其曾寓天目耳。《云水前集》，有《天目山歌》。

冀州人，误。

义州人，误。

易州人，误。

俱见俗本，三州皆北地也。冀、义、易，与懿音相近，故误。

圣父母墓，在辽阳积翠山。

见《云水前集》，先生《答刘仲晦》诗云："长白干龙数千里，我从小干藏之矣。"九阳子《辽东纪行》云："长白在故会宁府南六十里，横亘千里，高二百里。其岭有潭，周八十里，深不可测，人呼为天池。南流为鸭绿江，北流为混同江，南北之间，有大干龙，蜿蜒其内，又有一枝小干龙。至辽阳积翠山，张三丰先生之祖墓在焉。"穴[①]城大山宫、小山门，有仙桥，获我意，洵不诬也。

时地补[②]

闽人，误。

《滇黔纪游》云："三丰，闽人。洪武间，以军籍戍平越郡，篷头赤脚丐于市，人呼为邋遢翁。"〇以祖师为闽人，或因曾寓闽中耳。至谓以军籍戍平越郡，殊不可解。岂沈万三徙边之日，祖师亦有贵阳之戍耶？然洪武间，太祖访祖师，则又何也？

宝鸡人，误。

明·都穆游王屋山，记道士陈性常，旧住武当之自然庵，今年七十有八，而神气清茂，似有道者。移居兹山，已二十年，其学乃仙人张三丰之正传。为予言，三丰名元元，辽阳人，自号三丰逊[③]叟，世人鲜知其名。正统间犹在，不知所之。予曰："人传为陕右之宝鸡人，何也？"性常曰："宝鸡常寓，非彼产也。"

---

① 穴，青空洞天朱道生刊本作"次"。

② 此篇原刻在《玄要篇》后，现移至此。

③ 逊，疑应作"遁"字。

名号

先生尝自言云：吾之名号，多与古今人同，知之即改，于心乃安，以故渺渺无定也。一名“通”，与本支远祖高公之子同；一名“金”，与别支远祖汉大司马同，均见《留侯世家》。一名“思廉”，与元玉笥生字同；一名“玄素”，与唐太宗时言官同；一名“玄化”，与葛玄弟子同。因就两名中，各取上一字，为“玄玄子”，又与太上圣号同。乃更为“山峰”，又与朴阳子同。复易为“三峰”，又与采战者同，殊可笑矣。但此“三峰”之字，传呼已久，不欲再行改更。因忆乾爻之连，而有坤爻之断，不足以还纯乾也，乃从坤土之中，植一根浩然之气，补其断而全其一焉。自今以往，当更名“全一”，字“三丰”，名号于是乎大定。他若貌容疏野，不修边幅，世人之呼我为“张邋遢”者，乃千古独得之奇，有一无二之作也。呵呵！（《洞天记》）

名通。见陆子渊《玉堂漫笔》。

名金。见《夔府志》。

以前二名，先生自谓与远祖同。按《留侯世家》：“不疑嗣为侯，生二子，曰典，曰高。典生默，默生大司马金，金生阳陵侯千秋，千秋生子嵩，嵩生壮、赞、彭、睦、述，其后多以功烈著。高生通，通生无妄，无妄生里仁，里仁生浩，浩生刚，刚生翳。”翳客于吴之天目山，妻林氏，生道陵，复归沛郡，后寓信州龙虎山。

名思廉。见《夔州府旧志》。

此名，先生自谓与玉笥生字同。按《元史》：“山阴诗人玉笥生张宪，字思廉，负才气，走京师，创言天下事，不用，遂入富春山，混缁黄以自放。张士诚据吴，辟为都事。吴亡，变姓名，遁杭州。杨廉夫所谓铁门能诗者也。”

外又有章思廉者，遂昌人也。居寿光宫为道士，诵《太上度人经》有悟，遂不语，亦或不食，逾四十年仙去。

名玄素。见《玄要篇·自序》。

名玄化。见《玄要篇·还丹歌》内。

此二名，先生自谓与唐太宗言官同，与葛元弟子同。按：开元初，台谏张玄素，以直声闻，太宗赐银青光禄大夫。又按：张玄化，尝寓汝州，为葛玄弟子。一日召道士周元亨，戒之曰："吾化后，勿损吾躯。"既化，元亨如命，葬城北二里。后二年，汝州卒有入蜀者，逢玄化于巴峡间，令持书与周尊师。汝卒还，投书于周，开缄视之，则玄化亲笔，谢其葬之善也。遂率郡人，启墓觇之，惟故履存焉。宋政和时，封冲妙先生。

此二名，先生自谓与金明医洁古老人同，与葛元弟子同。按：金易州明医张洁古，亦名玄素，举进士不第，以医学传也。[①]

字玄玄。

此字，先生自谓与太上圣号同。按：《唐书》老子称"玄元皇帝"。又，白乐天诗云："玄玄《道德》五千言。"

字山峰。字三峰。

此二字，先生自谓与朴阳子同，与采战者同。本集《正讹》内，辨之已明，兹不复赘。

字君实。

《列传》皆作名，惟子渊《漫笔》，及本传作字为正。

字铉一。字全一。字三丰。号昆阳。

均见本集传中。

《洞天记》先生云："自今以往，更名全一，字三丰，名号于是乎大定。"

长乙按：先生名号，屡更屡同，后来作传者，实当以此言为正。

遗迹

平越灵迹[②]

福泉山，在府城南数里。《通志》："仙人张三丰修真处。"前为高真观，后为礼斗亭，亭前有浴仙池，夏不溢，冬不涸，可以疗病。（《平越府志》）

对奕石，在府城南，福泉山后，世传张三丰与隆平侯张信对奕处。（同上）

---

① 此条，据空青洞天朱道生刊本、《道藏辑要》本增补。

② 以下十二则，原书均无标题，据方春阳校本增补，下同。另外，编次参照方春阳点校本调整。

礼斗亭，在府城南，高真观内，世传明初仙人张三丰，常礼斗于此。（同上）

《打坐歌》碑文，在福泉山高真观内，仙人张三丰所作，言道家之用。（同上）

天启间，平越李太守敬香福泉山，张三丰降于亭中，草书短歌一首，龙蛇飞舞，至今石刻犹在。其歌云："礼斗亭，礼斗亭，礼斗亭，张仙藉此证修真。日月悬头上，风云过眼尘。摩利元君，支天圣人，当年间鉴我精诚，今朝列仙班，显化通灵，敢忘了，托迹引津。偶闻太守索吾名，聊借俚言为镜。"（《平越县志》）

平越府南门度石梁，过南街，道旁有高真观，为张三丰仙师道场。从北向西南行，曰卓笔山，稍西上高坡，曰倒马坡。坡半见隔山石壁如屏，悬崖千仞，壁上有仙师影，首戴华阳冠，侧身杖策而行，分明可见。其旁刻"神留宇宙"四大字，云是仙师留记，为海内灵迹。三丰祠，在平越府城内，有礼斗亭，亭前石池名浴仙，深四五尺许，冬夏不涸。池旁有桂树已久枯，有道人来浴池中，以破衲挂树上，树复活。天启元年夏，驻镇新添司理李若楠请鸾，降笔书一词曰："礼斗亭，礼斗亭，张仙借此作修真。日月悬头上，风云过眼尘。茉莉[①]元君，支天圣人，当年曾格我精诚，今朝列仙班，显化通灵，敢忘了，托迹玄津。偶闻父母索吾名，聊借俚言为镜。"今有石碑存祠中。[②]

平越郡城内，有张邋遢修道故迹，在高真后。洪武间，云游至此，结茅为亭。闭户静坐。与指挥张某善，尝与饮博，指城南月山寺地曰："葬此可封侯。"张从之，后果以战功封隆平。今亭前一池，冬夏不涸，旁有一桂，亦其手植。府南五里，即武胜关，隔溪绝壁，有三丰遗照，戴华阳巾，侧身携杖而行，俨然图画。旁有明抚军郭青螺书"神留宇宙"四大字。下有夜滴金桥，虽晴夜，亦雨洒数点。又有晚霞落照，不计晴雨，俱有斜晖。（见江阴陈鼎《纪游》）[③]

---

① 茉莉，核之应作"摩利"，校注。

② 本段底本无，据空青洞天朱道生刊本、《道藏辑要》本补录。

③ 此段，底本刻在《玄要篇》之后，题名"遗迹补"，现移至此。

金碧旧居

宝鸡县东二里，有泉散流山麓，曰娑罗泉。泉出山巅。金碧观，仙人张三丰所居也，土窟犹存。(《云栈纪程》)

剑南显化

剑南道旧署，在今嘉定府试院中，昔汪公观察剑南，张三丰先生显化其署，因即高标之麓，建亭祀之，士民称三丰楼者是也。楼前有静室数椽，回廊[①]曲槛，风榭花坛，即汪公息心处也。每夕由署内启后辕，拾级登山，从安乐园旧址，披云拂树而上，至楼前必露香虔告，以表清净仁慈之衷。仙翁俯鉴其诚，即现法身相示，并与谈经论史，作字吟诗，所传秘密，不可殚述。(阮友桐《闻见草书》)

乌江观潮

遵义府乌江，有张三丰观潮处。青山隔岸，白水当门，至今石像犹在。(《贵州通志》)

巴岳遗物

巴川县（即今铜梁）南十五里巴岳山，有张三丰所留扇、砚、竹杖各一，至今寺僧，以为宝焉。(《四川通志》)

凌云留像

凌云寺，在栖鸾、集凤两峰之间，中有古碑，刻丰仙坐石观书像，上题“敕封飞龙济世真人、通微显化天尊、三丰张先生圣像”二十一字，皆隶书。(《凌云志》)

青衣别岛

嘉州东南数里，有孤屿枕于江上，与乌尤、马鞍相近，旧志名“青衣别岛”。张三丰先生显迹其间，士民创亭台祀之。中有诗仙院、纯阳宫、轩然台、

① 廊，空青洞天朱道生刊本作“廓”，误。

听潮轩、竹抱斋、印月涵日二小池。先生皆有留咏，亦胜事也。(《洞天记》)

鹤鸣柏树

大邑县鹤鸣山中，迎仙阁下，有张三丰手植柏树，大可五十围。今已老矣，只存枯椿，椿内复生子柏，亦近十围之大。(《四川旧志》)

鹤鸣玩易

鹤鸣山中有八卦亭，相传为张三丰先生观《易》处。其图以太极居其中，伏羲卦位包其外，盖言阴阳消长之义，以明丹火之进退耳。(《洞天记》)

名臣求访

惠帝之崩于火[①]也，或言遁去，诸旧臣多从者，帝疑之。五年，遣濙颁御制诸书，并访仙人张邋遢，遍寻天下州郡乡邑。隐察建文帝安在，至十四年乃还。(《明史·胡濙传》)

太祖命真人张宇初，访求三丰，今有真人表，载在武当碑志。成祖命给事胡濙，天下物色，有手书并诗，载《双槐岁抄》。(《七修小注》)

鹤鸣山迎仙阁外，有胡濙访张三丰诗碑，为苔藓所蚀，只剩“磊落精神如蕴玉”之句，前后模糊，然已可宝重矣。款落“给事□濙”，三字犹在。(《邛州旧志》)

明胡忠端尚书，成祖朝，屡奉命访张三丰真人，故吾乡口号有“胡老尚书赶张邋遢”之语。(《毗陵见闻录》)

峨眉栖真

旧志载鬼谷子、严君平、白玉蟾、张三丰，俱在峨眉。曾见《神仙真诰》云：鬼谷为太玹师，治青城山；严君平尚在峨眉，未著何秩。三丰在明初，与夔府开元寺僧广海善，临别留诗一首，草鞋一双，沉香三片而去。味此则三丰游蜀，必来峨眉无疑也。《白集》遍查，无“峨眉”只字，惟今峨眉县南三十里，有玉蟾湾，缘崖蹑蹬，上有玉蟾洞，可容千人，洞壁石色如

---

① 火，青空洞天朱道生刊本作“大”。

云母，仿佛见肩背丝绦，相传为玉蟾尸解处。（蒋虎臣《峨眉志余》）

笔墨游戏

三丰仙翁，每喜书唐诗，作龙蛇体，得者多刻石以为世宝。《池州旧志》云：青牛宫石刻一律，字体异常，人称仙笔。其诗云："仙境闲寻采药翁，草堂留话此宵同。试看山下云深处，信有人间路不通。泉引藕花来洞口，月将松影过溪东。求名心在闲难遣，明日马蹄尘土中。"此书唐人诗也。嘉靖间，都御史刘大谟跋云：是刻如雷电鬼神，变幻莫测，却又不失六书矩度，信非异人不能。九龙主人，宜加呵护，若为飚车羽轮辇去，岂不可惜哉！（《洞天记》）

丰仙书"仙境闲寻"诗，款落"玉皇道丈太和子书"。按：张仙曾隐元岳太和山，故自号为"太和子"。俗称陈希夷笔迹，非也。郎草桥谓此书，乃好奇未仕者所为，首曰"仙境闲寻"，末曰"求名心在"。仙尚有此言耶？而不知太和子者，盖喜唐人名作，借以骋仙笔耳。今四川成都府二仙庵，亦有此碑，盖搨本移刊者也。又尝见峨眉石刻，有"春风倚棹阖闾城，帝子远辞丹凤阙"二本，字字作龙蛇倒缩之势，笔法更为奇妙，款落"张仙手题"，然亦录唐人句也。若以诗论，又必曰"青袍今已误儒生"，非神仙语也。（同上）

祥符寺壁上，有张三丰墨书"翔符禅院"四字，以"祥"作"翔"，极蟠拿飞舞之妙。童山诗所谓"旁有四字大如斗，擘窠云自三丰手"者也。（《绵州杂志》）

三丰仙翁，有手书六言墨绢，在成都卓氏家。其诗云："浩气冲乎宇宙，巍巍湛湛无他。白玉毛头狮子，原来只在我家。"字挟天风海涛之势，盖明末笔迹也。（《桐君尺牍》）

高标山大殿外，左壁书孟浩然诗："春眠不觉晓，处处闻啼鸟。夜来风雨声，花落知多少。"二十字，笔势伸缩飞舞尽致，殿壁多敝改，惟此壁不垩，墨色如新，人以为三丰仙笔云。（《乐山县志》）

嘉州城东九顶山，瞻云峰，有三丰仙翁手书"说法台"三字，刻于崖上。其上为清晖阁，即仙翁与汪观察讲道处也。（《乐山县志》）

黄公望，字子久，年九十余，碧瞳丹颊。一日于武陵虎跑寺，方同四客立石上，忽四山云雾涌溢，片时遂不见子久，以为仙去。予向疑耽画者饰之，今翻《道藏》玉文金笈，经公望编录者非一。其师则金蓬头，其友则莫

月鼎、冷起敬、张三丰，乃知此老原从十洲来，绘事特其狡狯之一耳。（见《紫桃轩杂缀》）

按：公望画擅一时，张祖、冷谦亦皆以画家北派驰名于世，其墨迹必多在名士家，故人遗迹云。[①]

道坛记

坛以道名，崇本也。神仙从道出身，则以道叩者，必以道降焉。夫设坛请仙，士大夫多奇此事，但其中有可信者，有不可信者。鸾手正则可信，邪则难信；诚则可信，伪则难信；清雅则可信，浊俗则难信。况仙才仙笔，吐辞必异夫人，出语必立其大。若诗文鄙陋，义理粗疏，牛鬼蛇神，惑民诬世，此岂仙人之言哉？呜呼！噫嘻！我知之矣。

先生曰："若辈之所为，屏置不论可也。吾与二三子，谈妙理，守清高，兴到笔随，则河洛卦爻、道德忠孝、先儒格论、老庄尹列、《参同》《悟真》之旨，用以充其学而放其言焉，岂不快哉？"又云："人以吉凶从违、求仙解脱，验则信，不验则否，二三子亦无效此愚情也。吉凶由天定，知之何益？不知何损？理在则气在，气在则数在。主宰者，理也；流行者，气也；生克者，数也。只求理之所安，虽气数亦不违也。"居士等憬然悟曰："大哉言乎！先生之教我侪者至矣。"爰书《道坛记》数则，以表其真，庶几好道者，得见先生也。

先生约诸子，载酒凌云，设坛于东坡楼上，讲《道德》数章，各各听受。乃命携琴者，捧琴案上，爇名香，展古画，相率而下。时同人啜茗前轩，山僧四五，笑对江山。忽闻楼上琴声，隐隐如洞天春晓，荡荡若潇湘水云，而楼中故无人也。诸生是日，咸闻先生之琴焉。

初冬寒峭，晓雪微晴，先生降于山中，为诸子讲道消寒，并云："吾今雪里行吟，有能从我游者否？"俄闻小沙弥言："门前有一披蓑道士，其行如飞。"涵虚生追之不及，记以诗云："先生在世少人知，我识先生步又迟。雪满溪桥无履印，云归海岳有情思。仙风过去应千里，鹤驾重来更几时？比似

① 此"黄公望"段，底本刻在《玄要篇》之后，题名"遗迹补"，现移至此。

追韩尤不易，归途踏月想丰姿。”

先生偕诸子，入青城山，觅结茅养静之区，流连难去。一日于飞仙石上书曰：“吾今现身，与诸子一观。”行至上清宫后，忽见一童子作畏人之状，避入大石中，诸生不以为然。复倚危壁行，细径盘空，下至天师洞，并无所见，仍还上清。某生曰：“今日之童子，必先生也。遁身石中，是教人退藏于密也。”

先生留诸子，在青城山中，勾留数日。观大面之奇，空青插汉；订同心之雅，虚白生庭。一日为诸子言曰：“归去乎哉！姚将军下雪封山矣。”遂促装过邛州，行至太平场十五里，回望名山，早已彤云布岭，雪意漫空矣。

先生与檗山子曰：“士不能奋身廊庙，便当潜身邱壑，仰事俯畜，怡然一堂，好道躬耕，亦颜、闵之学也。若夫[①]城市繁嚣，往来酬酢，劳人草草，何如桑者闲闲！”檗山闻之，即移家于蟠[②]谷之中，守身养体，家计平安，始信先生谈理，效如桴鼓。

甲午夏，猓夷出大堡，焚掠村墟。有丁氏女者，与其弟被掳，贼怜之，为解其缚，将欲诱夺焉。女大骂不屈，伺隙投江而逝。先贼之来也，父冯河，母溺死，女抱母尸出。弟被掳三年，遁归冷碛，汎泣诉其事，总府徐公（名致远）属士大夫扬之。山中诸子，以此乞先生题，先生即书云：“丁长英，烈女子，大堡贼来掳村里。女执不辱投江死，死抱母尸出江水。”题毕，云：“此女他日，必与节烈者，同享千秋。”亦越五年，嘉州有李魏氏者，夫亡守节，母姑继逝，翁贫不自振。氏还归魏家，依父纺绩，兼养其翁，将俟节全孝尽，出家从女冠游。父老病，恐旦夕死，反令女无所依也，因托媒妁之言，再醮于宋姓。氏闻之，泫然泣下，强谓其父曰：“我明日，当往李郎之墓一祭别焉。”魏然之。揭朝，乘肩舆，出西郭，行至中途，给舆夫曰：“我将往山后探亲，今有钗在，汝持归我家，即可换取舆资矣。”氏觇其行远，即奔观音滩，跃入江中，以全其节。时乐邑明府毛公（讳辉凤）闻之，即祷诸江神，为护完体。逾日，得其尸于道士观，面貌如生，遂同李氏子合葬焉。更为请旌建祠，以丁烈女祔食其内。云坛诸子，始信先生题赠丁女时，其言为不虚也。

---

① 夫，《道藏辑要》本作“走”。

② 蟠，青空洞天朱道生刊本作“檗”。

序传外记

三丰先生传

缺名

三丰者，幽北辽阳异州人也。姓张，名君实，字玄玄，号三丰，封曰“通微显化真人”。出自元末时。真人之父讳昌，又名子安，三丰乃第五子也。幼时因染目疾，百药罔效，于是舍送碧乐宫，师事张云庵为徒，从学全真正教。初，师之生也，迥多异质，龟形鹤骨，大耳圆目，须髯如戟。顶作一髻，或戴偃月冠，手执竹杖，一笠一衲，寒暑御之。不饰边幅，人呼为张邋遢。日行千里，静则瞑目。旬日不食，一朝或啖升斗辄尽，或避谷数日自若。诚潜静坐，一毫尘事不著。矢志慕大道而不果，遂遍游湖海，流寓宝鸡金台观栖焉。忽一旦辞尘，留颂而逝，有邻人杨轨山，与之置棺殓讫。临窆，柩内吼声如雷，众惧，发视之，颜色如生，寻苏。复冒艰辛，涉躐名山大泽，偶于雍之终南，遇火龙先生，传以口诀，授以秘妙，示以出游，和其光，同其尘，觅侣于越，求铅于沈，内外丹始成。既而历诸胜地，于楚之武当山炼养，结庵于玉虚宫前古木林邱下，九转金丹，成其大道，猛兽不惊，鸷鸟不攫，人恒异之。尝与乡人言：“此山异日当大显”。居二十三年，拂袖游方而去。曾入蜀中，凡名山仙迹犹存，善书龙蛇草字，至今蜀人宝之。逮永乐十年，帝敕正一孙碧云，于武当山，建宫拜候。天顺中，赠为“通微显化真人”。自此出没无常，度人无量，莫知所终。手著《节要篇》《鹧鸪天》等词行世，言道家之用，兼成真之法。内外丹经，词甚微妙，古来魏伯阳之《参同》、崔公之《入药镜[①]》、吕祖之《敲爻》，皆入圣超凡之极则，但文义精微奥隐，虽破万卷，不能仿佛，惟紫阳之《悟真》，更详明众祖师之遗经，然亦未可骤烛也。独三丰所著《节要篇》，明白确当，口诀显然，俾后学者，

① 镜，底本作“境”，据青空洞天朱道生刊本改。

得以一见了悟。其所以阐归复之正路，作玄嗣之梯航，明性命之双修，类阴阳之配取，济度群迷，普惠众生，永传太上之道而不坠，玄之又玄，众妙之门，复灿然于今日，而力辟旁门外道，黜邪崇正，使坚志勤修，无致失足歧途，得期速效，是乃真人之慈悲，功德不可思议矣。

吴镇响云洞天刻《玄要篇》序

此书传自张三丰祖师，抉道之奥，搜道之髓，实万世之元秘，学道之正鹄也。世有以此为采战之术者，诬亦甚矣。然不可咎，为生谤也。刘宋时，有张山峰，传御女采战之术，闻者不察，遂讹"山峰"为"三丰"，而以采战相訾謷，究亦粗心好议论，不细玩其书之旨趣。书中《金丹论》不云乎："人有以此为御女采战，是犹披麻救火、飞蛾扑灯。"覆按之，自不妄以相议矣。灵机、灵谧，历年辛苦，穷究简摩，虽不敢谓为窥其奥窔，而其中根源节次，颇喜得其二三。所未[1]克涉藩篱，而不敢自暇自逸，必欲殷勤谦下，多方延访者，外丹之秘耳。此书久无刻本，恐传写者多亥豕之讹，又久而腐朽漶漫也。爰付剞劂，以永其传。俾有志者，不昧所趋，庶几紫阳祖师"万人一字、万人一字"之愿，若合符节，或克遂其万一也。祖师在天之灵，应默有以牖我也。学道弟子张灵机、邓灵谧盥手题。

岳云坛序

张紫琼

昆阳先生，慈悲普度者也。遇儒言儒，遇释言释，遇道言道。而其于道也，遇大器讲天仙，遇中器讲地仙，遇小器讲人仙。而其于人也，遇上等讲道行，遇中等讲因果，遇下等讲报应。有教不分类，因才以施功，直欲遍海内众生而各成就之。大哉！其回祖之后，独立宏愿者哉！

《张三丰先生全集》终

① 未，《道藏辑要》本作"谓"。

附录一：凡例十二则

（空青洞天朱道生刊本）

一、此书访辑，知多遗漏，然其诗古文词，鉴论经训，皆宗三教之旨，以垂百世之言，亦涵三宫所云："《吕祖全书》辑未全，而义则全也"，故曰《全集》。

二、出处显化，凡子虚乌有、院本浮谈之类，皆所不取。兹特取史志记传、道门实录者，以为观鉴。

三、先生法像，见于石刻者甚，欲尽传之，难以描写。今兹特取立、坐、行、眠，临成四幅，从简赅也。

四、《正讹》《显迹》《汇记》诸篇，前后有互见者，其详略却自不同。阅者首尾参观，则先生之实事益见。

五、此书得于他处所刻、黄冠所抄者，类多讹误，惟汪本特为近善。兹刻凡系汪仙所藏，必题"圆通道人藏本"，志自来也。

六、《云水前集》皆系先生住世时所作，编年纪月，如见平生。其有散见于各省志传者，皆集中之作也，故不注某诗见某志。

七、《云水后集》《三集》，一系度汪仙时所作，一系住空青时所作，故仍以编年序之，纪神游也。闻他处有先生乩沙，恐其人鬼杂出，难以尽信，间有可信者，则录于《汇记》之内，正集不敢滥收。

八、此书前刻大板，各部顶批失落者甚多，并且篇页错乱。内有《云水诗集》，难以清正。近有张之洞[①]者，督学四川，捐赀翻刻袖板，校正无讹，亦且便于行箧。凡此刊补遗，尽皆编次其中。

九、此书内有《灵宝毕法》丹经，乃修仙之捷径。凡读此经者，尽心修身，金丹大道有何难哉！

---

① 张之洞（1837—1909），字孝达、香涛，河北省沧州市南皮县人，晚清名臣、清代洋务派代表人物。咸丰二年（1852年）十六岁中顺天府解元，同治二年（1863年）二十七岁中进士第三名探花，授翰林院编修，历任教习、侍读、侍讲、内阁学士、山西巡抚、两广总督、湖广总督、军机大臣等职。著有《张文襄公全集》传世。1873—1876年，为四川学政。

十、《玄要篇》诗古、道情，别刻混为一卷，兹照汪仙藏本，分“诗古”为上卷，“道情”为下卷。其不与《云水诗》相参者，《云水》系先生事迹，《玄要》乃先生道言也。

十一、《明史》文翰类所载道书目，其中有先生《金丹直指》一卷，又《金丹秘诀》一卷，即今《大道论》《玄机直讲》与《玄要篇》也。又名《节要》，又名《捷要》，俱见《神仙通鉴》。兹照汪仙所藏、先生自订者名之，不复更易。

十二、此书雕成之后，专望博雅君子，爰仿古人编辑搜轶，补附卷末，再有所得，依此续之。

附录二：虚白堂志

（空青洞天朱道生刊本）

《丰祖全书》初刊已行海内矣，养生妙道，多具其中。阆中高士朱桐荪，见而悦之，恐其板多经刷印，易于漫漶，乃翻为袖珍板式，以便行箧，且能多印数千部，流传世间，真善举也。又《无根树》有刘、李二注，并附钟辑《灵宝毕法》，系修养延年，阐发玄蕴，更为透彻，亦有大板行世，桐荪见之，必更收入袖板中也。虚白堂志。

附录三：张三丰先生全集总目

（空青洞天朱道生刊本）

一卷：序　诰　传　仙派　正讹　显迹

二卷：古文　隐鉴

三卷：大道论　玄机直讲　道言浅近

四卷：玄要篇上　玄要篇下　补遗

五卷：云水前集　云水后集　云水三集

六卷：天口篇　训世文

七卷：九皇经　三教经　度人经　菩提经　钟偈

八卷：水石闲谈　古今题赠　隐镜　汇记

拾遗卷

祖师玄要篇

邓灵谧、张灵机　敬刊

板存吴镇响云洞天

重刻《玄要篇》序

此书传自张三丰祖师，抉道之奥，搜道之髓，实万世学道之正鹄也。世有以此为采战之术者，诬亦甚矣。然不可咎，为生谤也。刘宋时，有张山峰，传御女采战之术，闻者不察，遂讹“山峰”为“三丰”，而以采战相訾謸，究亦粗心好议论，不细玩其书之旨趣。书中《金丹论》不云乎：“人有以此为御女采战，是犹披麻救火、飞蛾扑灯。”覆按之，自不妄以相议矣。灵机、灵谧，历年辛苦，穷究简摩，虽不敢谓能窥奥窔，而其中根原节次，颇喜得其二三。所未克涉藩篱，而不敢自暇自逸，必欲殷勤谦下，多方延访者，外丹之秘耳。此书久无刻本，恐传写者多亥豕，又久而腐朽漶漫也。爰付剞劂，以永其传。俾有志者，不昧所趋，庶紫阳祖师“万人一宇、万人一字”之愿，得此书者，若合符节，或克遂其万一也。祖师在天之灵，应默有以牖我也。谨序。

大清道光六年二月谷旦、学道弟子张灵机、邓灵谧盥手敬题

皇明天顺皇帝敕封三丰张真人诰命

奉天承运，皇帝制曰：朕惟仙风道骨，得天地之真元，秘典灵文，集阴阳之正气。顾长生久视之术，成超凡入圣之功。旷世一逢，奇踪罕见。尔真人张三丰，芳姿颖异，雅志孤高。得仙箓之秘诀，饵金鼎之灵膏。去来倏忽，实得造化之机；隐显渺芒，吻合乾坤之妙。兹特赠尔为通微显化真人，锡之诰命，以示褒崇。尚期指教，式会来英。

《玄要篇》自序

武当山落魄道人张玄素　撰

玄嗟人生光阴有限，富贵无常，若风灯草露，存没倏忽。自古及今，比比皆然，深可惊省。以是日夕希慕大道，弃功名，撇势利，云游湖海，遍访名师。其所授虽多，总皆旁门小法，行于身心，无所益也。考诸丹经，而又不合，与道乖违。徒劳勤苦，性命惶惶，不得一遇至人，以偿生平之愿。延祐间，幸天怜我，初入终南（一作“寓南”），得火龙先生，询是图南高弟，绿鬓朱颜，俨乎物外神仙，春秋不知其许矣。玄即异之，礼拜师事，跪问大道。蒙师慈悯，鉴我精诚，初指炼己功夫，次传得药口诀，再示火候细微，与夫温养节度、脱胎神化、了当虚空之旨，无不一一备悉，真所谓口口相传，心心相授。得闻斯道，何幸如之？又云造斯道者，又必须法财两用，而后可以有为。乃玄素以勤于游访，兼颇好善，倾囊倒箧殆尽，安能造是道哉？不觉每日忧形于色，师遂怪而问之。玄素又挥泪跪告。重蒙怜悯，授以丹砂点化之术，及赐汞见立干之药。遂玄素出山，双[①]修性命，乃拜辞恩师。于是和光混俗，觅真铅八两，真汞半斤，同入造化炉中，煅炼日魂月魄，攒簇五行，和合四象，水火配对，金木调停，真土打合，交姤温养，转制分胎，三次超脱，九转已周，自见黄芽白雪，明乾点化，妙不可言，到此何患无财以了大事？特择善地，起盖茅庵，端坐静室，虚心养神，安神养气，气

① 双，底本作“归”，从《张三丰全集》。

慧神清，方求鼎器。暮[①]饮蟠桃酒，朝飡玉液池，如醉如痴，若婴儿赤子，补气补血，丹田温暖，返老还童。自觉汞有半斤，可待他铅八两，是数者，须候月之明圆，其铅花自然露见，下手捉龙擒虎，采彼先天一点真铅，吞入腹中，能干我汞。徐徐火候烹煎，自有斤两法度，既合周天之数，又必[②]爻策无差，进火退符知复姤，防危虑险识卯酉。十月功完，圣胎显象，九年面壁，与道合真，跨鹤青霄如大路，任他沧海变桑田，此大丈夫功成名遂之时也。始信有此出世之法，虽有拱璧以先驷马，争如坐进此道，皆因广积阴功，累行方便，得遇至人而成也。玄素幸荷天庇，得以有成，虽不敢妄泄轻传，亦不敢缄默闭道，因是作为修炼内外金丹歌论诗词，编次成录，以觉后学，名曰《玄要篇》(一曰《节要篇》)。其行道之工夫，与得道之口诀，及成道之旨趣，诚无有切于此者矣。倘有志之士，得遇是书，虽不得玄素之亲传，又奚异玄素之面授也哉!

时大明永乐癸巳岁孟秋月既望、元邋遢道人张玄素三丰自序

金丹论

夫修真者，《易》曰:“一阴一阳之谓道也。”但有顺逆之殊耳，且如顺去则女人有孕，逆来则男子怀胎，故修身与生身，其[③]理同而无异也。《悟真篇序》云:“其生杀之机，隔一线之地，理合义同。”凡学者，必须要知一阳初动之候，真铅始生之时，其气迅速如电，而不能久居于先天，霎时而生癸水，顷刻而变经流，生形化质，已属后天。且则因我之玄门窍小，若阴阳会合，亦不许动摇，待情性自然相感。凡有形质，不能升入窍内，然非真气橐籥，岂能进于窍乎?故圣人直指先天一炁，冲开此窍。又曰:修行之径路，可以续命延年，修真而全真，无来无去，不生不灭。

今之愚人，闻说有为、用阴阳之道，却行御女巧诈之术，正如披麻救火、飞蛾扑灯，贪其美色，胡肆纵横，日则逞力多劳，夜则恣情纵欲，致使神昏气败，髓竭精枯，犹不醒悟，甘分待终。古之贤人不然，乃忠孝两全，仁义博施，暗行方便，默积阴功，但以死生为念，不以名利关心，日则少虑

① 暮，底本作“对”，从《张三丰全集》。
② 必，底本作“比”，从《张三丰全集》。
③ 其，底本作“真”，据文义改。

无思，夜则清心寡欲，以此神全气壮，髓满精盈。每叹凡躯，如石中之火；常嗟幻体，似水上之沤。未闻道者，急求师；已闻道者，急求药。又能广参博采，信受奉行，求先天之大药，寻出世之丹方，忙忙急急，下手速修，惟恐时不待人。

夫道者，岂是日用常行之事？乃圣人口传心授，金液还丹之妙道也。非定息二乘之法，乃最上一乘之妙。以有为入无为，以外药修内药；以己而求彼，以阴而配阳；以铅而投汞，以炁而合神。夫无为者，防危守城之方、温养沐浴之事，乃得丹之后，脱胎神化之功也；夫有为者，不是采战提吸之术、九一动摇之法，乃是安静虚无之道，行守雌不雄之功，有寂然不动之法，是未得丹之前，炼己筑基之事。然已言者，有为、无为，体用之始终；而未言者，内药、外药，出处之法象。夫外药者，在造化窟中而生；内药者，在自己身中而产。内药是精，外药是炁；内药养性，外药立命，性命双修，方合神仙之道。大修行人，欲求先天外药，必炼己以待阳生，用神气炼成慧剑，采金水以配柔刚。古人采药进火，全凭此物，除七情之患，去五贼之害。若无炼己，以去贼之患害，则不能常应常静，魂魄焉能受制？情欲岂不相干？若要入室施功，临炉下手，则外火虽动，而内符不应。只因刚柔未配，以此慧剑无锋，群魔为害，心神不宁，欲念杂起，故乃逐景飘流，致使汞火飞扬，圣胎不结。如使炼己纯熟，则心无杂念，体若太虚，一尘不染，万虑皆空，心死则神活，体虚则气运，方许求一阳之道、二候之功。还丹容[①]易，炼己最难。凭慧剑，剖破鸿蒙；舒匠手，凿开混沌。却用阴阳颠倒之法，水火既济之道，乃行地天交泰之功，使阳居下，火必照上，令阴在上，水能润下，只要苦行忍辱，身心不动，己之性若住，彼之气自回，便得守雌不雄之功，寂然不动，感而遂通之妙。却向太极将判之间，静已极而未至于动，阳初复而未离乎阴，候此真先天炁降（有口诀），以法追摄（有口诀），送入黄庭之中，日运己汞，包固周密，汞气渐多，铅气渐散，合丹于鼎。又须调停真息，周流六虚，然声寂而意合，乃炁均而脉住，丹始凝结。只待圣胎炁足，十月功圆，脱胎神化，降生婴儿，调之纯熟，出入纵横，往来无碍，不被群魔引诱，只待九转功成，面

① 容，底本作“再”，据《大道论》改。

壁之时，炼精则化炁，炼神则还虚，形神俱妙，与道合真，此大丈夫功成名遂之时也。

是道古人不传于世者，盖缘愚人信之不笃，行之不勤，而且反生诽谤，是以秘而不传。予自得遇至人以来，述此修身秘要，以警觉后学。同志者，各加黾勉，共陟仙都。

金丹内外火候总论

元始祖炁，朴朴昏蒙。混沌一破，太乙吐萌。二象合德，日月生明。乾因坤破，坤索乾成。异名同出，一本其根。内外虚实，刚柔均分。阴阳燮理，变化分形。真神真液，恍惚杳冥。坎离颠倒，运施五行。既济生神，未济死临。仙道谨守，鬼道易邪。天道之道，其理分明。玄玄之主，妙妙之宗。玄妙贯通，劈破鸿濛。窍门橐籥，朱雀烧空。庚方月现，西南得朋。玄酒方淡，宴饮黄钟。二八成就，乌兔混融。巽风吹鼓，满鼎霞红。神风默默，黄屋玄翁。水火进退，朝屯暮蒙。子午运用，卯酉无功。十月数足，卦象翻终。本命胎全，纯阳炁冲。神机妙用，道法无穷。

金液还丹破迷歌

还丹诀，还丹诀，吾今仔细与君说。旁门小术路三千，除此金丹都是僻。万般渣质皆非类，真阴真阳正栽接。阴阳交，铅汞接，婴儿姹女空中烈。龙虎上下转升腾，海底灵龟弄星月。长黄芽，飞白雪，水中金露先天诀。真黄婆，真橐籥，金丹就是长生药。先筑基，后进药，百日功夫牢抱着。若追二炁归黄道，三家相见仙胎结。性要炼，命要接，休在人间虚岁月。若将铅汞归真土，添汞抽铅永不灭。乌八两，兔半斤，二物同入戊已村。两头武，中间文，四象擒来一处烹。十月功勤火候足，纯阳炼就寿无穷。换鼎移胎三五载，九年面壁出阳神。玄是祖，牝是宗，先天先地万般根。点开透底通天眼，斡转天关斗逆行。窍要开，气自通，雷转斗柄声正轰。海底云吸龙翻浪，泥丸风生虎啸声。若会阴阳颠倒法，乾坤造化立时成。讲《悟真》，说《参同》，此理原来共一宗。此药虽从房中得，金丹大液事不同。饶服炁，空炼精，闭尾闾，望飞升，不得金丹总不成。鸟兽类，知生死，鹿运尾闾而炼精，龟纳鼻息自固形。鹤养胎息而炼神，畜生倒有千年寿，为人反不悟长生。遍世人，贪利名，不怕阎罗鬼簿情。人有生灭畜有死，三寸气断鬼为邻。先天药，后天药，此是阴阳真妙药。先天药，能超脱，后天药，延命壳。世人若会栽培机，长生不死还大觉。性要修，命要全，采得先天种泥丸。童儿修，精气全，静里一炁可升天。只有无为身不破，才是修真大罗仙。幼年间，丧了阳，半路出家性颠狂。乾爻走入坤爻里，变成离卦内虚张。取将坎位中心实，返本还原复作阳。真水火，配阴阳，世人莫要乱思量。饶你无为空打坐，不免亡身葬北邙。习静功，守中黄，到老差殊枉一场。纵然明了真如性，阴魄投胎入鬼乡。延命药，返魂浆，金丹就是药中王。若将一粒吞归腹，返老还童寿命长。又休妻，又绝粮，持斋说法往西方。任你旁门千万法，除斯同类总成狂。我把天机都泄漏，还丹端的是仙方。累代神仙从此得，脱离尘世上天堂。我劝后来学道者，休听邪师说短长。若得口诀金丹药，延年住世寿无疆。以此修出长生路，报答师恩谢上苍。著斯诀，作慈航，行满功圆感玉皇。破迷金液谁人作，万古流传元化张。

大道歌

君今洗耳听吾言，道有先天与后天。后天渣质为无用，先天一点号真铅。昧真铅，迷祖性，此是修行第一病。玉清殿上少人行，吾今指破神仙镜。命要传，性要悟，入圣超凡由汝做。静功悟性动取药，内有龟蛇颠倒缩。一阳发[①]动便行功，斡转天关须猛烈。阴生在午阳坎中，卯酉行持要从容。斗柄拨轮来紫府，笑迎仙子客黄公。黄婆宫中会姹女，姹女婴儿自相配。要筑基，须炼己，炼驯熟，明采取。蒙师指我一段功，先将九窍八门通。九窍元在尾闾穴，先从脚里涌泉升。涌泉升起渐至膝，膝下功夫须着力。释氏即此号芦芽，又如虫行又如刺。过膝徐徐至尾闾，有如硬物来相抵。方行最上一切功，三段功夫在口诀。从此三关一撞开，泥丸顶上转将来。金锁关穿下鹊桥，重楼十二真奇哉。重楼即名真绛室，绛宫黄庭有端的。黄庭一室须要精，精在中间一点灵。切莫糊涂为隐秘，黄庭便是真玄关。真铅采来何处安？君还不见古人题，若还不信长生术，但去桑间看接

① 发，底本作“法”，据《张三丰全集》改。

梨。君不见，紫阳真人书。虎跃龙腾风浪粗，中央正位产玄珠。从教谈道谈玄理，除此为之都是虚。关已开，功已积，制剑要明真消息。镆鎁尚且铁为之，何况我剑本来直。天为炉，地为冶，金水相停切莫野。子午行功要铸成，能刚能柔能取舍。剑已全，采真铅，采取鸿濛未判先。若还采得后天气，只是将他命苟延。二七时，有真机，神州赤县当求之。法财两用若求得，就好切思细详别。粉红云，野鸡色，唇若涂朱肤似雪。聪明智慧性温良，神光漆采发纯黑。气清行瞭步行端，方用中间算年月。五千四八生黄道，依时采取定浮沉，不可毫厘令过越。此际须明三日弦，妙在西方庚辛白。慧剑灵，心以诚，敲竹相通始鼓琴。天梯宜用不可缺，密密深机那个能？海底巨鳌休乱钓，恐惊去了不回程。炉莫损，候要别，采个后天延岁月。一个时辰分六候，只于二候金丹就。尚余四候有神功，妙在心传难漏泄。真铅来，发神火，西到东来先觅我。还我真汞一点红，相迎相迓成一颗。过三关，升泥丸，下得重楼入广寒。又不痴，又不慧，又不醒兮又不醉。若非遍体使精神，怎得夫妻成匹配？丹既定，心喜幸，屯蒙两卦朝昏应。也知沐浴在其中，卯酉之时不宜进。守城垣，罢战功，增得灵砂满鼎红。如斯十月功夫足，器皿丹房一撒空。入深山，抱元一，万事俱空不费力。寒暑饥劳不可侵，巍巍九载面墙壁。朝来北海暮瀛洲，忽然功行齐完日。水府三官来算寿，一封丹诏下瑶天。青鸾白鹤舞翩翩，直至通明封拜罢，永作长生不老仙。

了道歌

道情非是等闲情，既识天机不可轻。先把世情齐放下，后将道理细研精。细研精，未炼还丹先炼性，未修大药且修心。修心自然丹信至，性清然后药材生。药材生，雷声隐隐震虚空。电光灼处寻真种，风信来时觅本宗。霞光万道笼金鼎，紫云千丈罩天门。若还到此休惊怕，稳把元神守洞门。守洞门，如猫捕鼠兔逢鹰，急急着力又加功。万般境象皆非类，一颗红光是至真。此个红光是春意，其中有若明窗尘。中悬一点先天药，远似葡萄近似金。到此全凭要谨慎，丝毫念起丧天真。待他一点自归伏，身中化作四时春。一片白云香一阵，一番雨过一番新。终日绵绵如醉汉，悠悠只等洞中春。遍体阴精都剥尽，化作纯阳一块金。此时气绝如小死，打成一片是全真。到此功成才了当，却来尘世积功勋。行满功成天命诏，阳神出现了真灵。此言休向非人说，不逢达者莫轻论。其中切切通元理，此真之外更无真。收拾行囊牢封固，他日功成可印心。五十二句要君寻，若有虚言遭天谴，说与非人鞭丧身。

道髓歌

太上道，复重宣，决破先天与后天。只论铅生于癸后，不言阳生于癸先。拴意马，锁心猿，无杂念，意须专。断却贪嗔三毒灭，剿除爱欲五贼潜。华池水，上谷泉，古人用此润三田。若知返本延年药，须是还丹续命铅。走西川，施逞匠手，种金莲。生擒虎髓炉中炼，活捉龟精鼎内煎。先天炁，太素烟，醍醐一灌驻容颜。得了任他寒暑变，服之跳出死生关。寻首经，觅初弦，吾今指出妙中元。水火既济交一遍，阴阳会合数三千。到彼岸，不须船，灭虑除情绝妄缘。静静清清看命宝，昏昏默默养胎仙。受辛苦，二三年，阳神出，圣功圆。养火无虞全造化，长生不老寿同天。

南宫词

（五首，取五行之义。）

其一

（鹊桥仙）

因寻地内天，为觅云中电。时时降意马，刻刻锁心猿。昼夜不眠，炼己功夫间，持心志愈坚。闭三宝，内守深渊；擒五贼，外观上苑。

（玉女摇仙佩）

令彼我，如如稳稳，使阴阳倒倒颠颠。退群魔，锋铓慧剑，采乌龟始气，取白虎初弦。将天根直竖，把月窟空悬。显神通、向猛火里栽莲，施匠手、在弱水里撑船。扫荡的心清意静，保养的精盈气全。不羡他美丽娇花，只待他甘泉露焉，使无情、放下娘生面。攻神州，破赤县，捉住金精仔细牵，送入丹田。

（尾声）

防危虑险除杂念，定息安神绝妄缘，沐浴洗心罢争战，圣胎脱然。面壁九年，炼神还虚，是咱功程满。

其二

（鹊桥仙）

看归根复命篇，观养性修真卷。方知金里水，才识地中天。微妙元元，原来生杀隔一线，龙虎隐二弦。讲元牝，《道德》仙经；穷戊己，《悟真》圣典。

（玉女摇仙佩）

论庚方、生金处，说兑位，产药川源，分明直指于赤县。如露如电，如雾如烟，只等的、乌龟吐气，白虎喷涎。斩三尸，境灭魔潜；擒五贼，马卧猿眠。追神水、入归元海，运真炁、周流涌泉，采金精、纳入丹田。自然贯穿，浑身百节周流遍。心似火，意如电，育养还丹汞渐添，闭兑忘言。

（尾声）

九年面壁功无间，太极神游遍大千，七返婴儿自出现。六贼遁焉，五行数全，四海人知归阆苑。

其三

（鹊桥仙）

先调呼吸均，后把金木并。铅精藏牝户，汞液隐玄门，造化之根。杳冥中有信，恍惚无见闻。养药苗、常令炉全，取黄芽、不教鼎损。

（玉女摇仙佩）

使元神、不离方寸，觅金水、灌入昆仑，仗慧剑、追逼群魔。闭三宝、持心意谨，擒五贼、炼己功勤。断贪嗔、祛除万虑，遇时景、不染一尘。我只待曲江上，月吐庚申，俺向形山，雪里寻春。采金精、方离赤水，和真息、周流一身，运己汞、包裹阳精。朝昏火温，时时刻刻加精进。如愚蠢，似痴钝，默坐忘言且守贫，保养全真。

（尾声）

俺向那深山面壁无人问，静室灰心惟俺亲。调神息，凭咱训，不论十月妊娠，只言九载苦辛，今日行足、功圆方证本。

其四

（鹊桥仙）

闲看《龙虎经》，静玩《入药镜》，本来铅一味，假作许多名。他在水底潜形，暗寄希夷顶，端居造化坑。赤洒洒隐在甘泉，密匝匝藏于丹井。

（玉女摇仙佩）

我只待冬至令，一阳初动，秋分时、二炁方升。华池有信玄珠迸，当仁施德，立义设刑，防其诈，引诱欢情。观神州，炁盛阳腾；见赤县，癸动铅生。赤条条，龙头直竖；红拂拂，龟眼圆睁；黑洞洞，虎口出声。相争显能，使阴阳颠倒，把金水交并。捉北方玄武龟精，锁在黄庭。

（尾声）

沐浴常扫三田净，温养须教九转灵。积满阴功八百行，名书上清，神登玉京，宴赏罢、蟠桃酩酊。

其五

（鹊桥仙）

不容意马狂，岂把心猿放。三尸无扰攘，六贼尽归降。魔境俱忘，保养的精神壮，调和的气血强。诸虑忘，离却贪嗔；万缘净，不生妄想。

（玉女摇仙佩）

遣神女、侍炉铸剑，藉金水、配对柔刚。凭匠手、生擒活捉，如翻掌。开刀圭锁钥，解龙虎之缰。饮延年仙酒，吃续命琼浆。丹入腹、遍体生香，情归性、归性换骨回阳。休心景、牢拴土釜，灭意春、深闭洞房。远声色固守真常，隄防损伤，如遇使纳休轻丧。十月后，婴儿降，调理的、通灵会神，独步仙乡。

（尾声）

谁知静里乾坤大，我爱壶中日月长。任你人间是非谤，披云衣鹤氅，捧丹书玉章，紫府神仙齐庆赏。

雁儿落

（五首）

其一

俺则待，剖开混沌包，劈破鸿濛窍。俺则待，觅滴续命浆，寻粒延年药。我只见，虎啸气来潮，癸动药生苗。会黄婆、将琴鼓教，见金公、把竹敲。不觉的丹田热烧，原来是命宝归黄道。把神息匀调，静观水火交。

其二

俺将那、没底篮仗人挑，俺把那没弦琴、怀中抱。俺轻轻调直赤凤头，嘿嘿钻入乌龟窍。俺这里，擒真炁，过鹊桥，运阴符，急相包[①]。忽然觉、泥丸如汤沸，丹田似火烧。设屯蒙昏晓，达四肢，薰蒸到。有魔境相招，我这里、如如不动摇。

其三

炼已将五贼平，换景把七情并。制伏的六欲宁，扫荡的三田净。性定自通灵，心虚则照明。配刚柔，行方应；会阴阳，颠倒行。既济功成，万神悉听命。闻诏飞升，丹台阶已注名。

其四

俺只待、隐市廛，默进功。俺只待、择善地，方作用。俺只待、仗慧剑，将白雪培，凭匠手、把黄芽种。俺只待、搬火炼真空，寻光剖鸿濛。俺只待、摄二气归离户，采一阳、入震宫。学旌阳行踪，冲举乘丹凤。仿轩辕神通，飞升跨火龙。

其五

采铅精，配汞苗，立炉鼎，修玄要。夺乾坤造化机，会日月盈亏妙。合水火，左右烧；使魂魄，往来交。按四时，不失序；顺八节，应卦爻。辨昏朝，明消长；观天道，须教周天十二遭。

折桂令

（五首）

其一

一更初，独牧青牛，勿纵狂行，不放闲游。我这里换景移情，摘花折柳，密炼潜修。闭三宝、无为而守，擒五贼、有法拘囚。匹配刚柔，奈得春秋，炁盛神全，采药何愁？

① 包，底本作“色”，据《张三丰全集》改。

其二

二更里，匹配调和，逐散诸阴，赶退群魔。招风来巢，唤龟还窟，引虎归窝。初发动、知谨守看，一阳生、认得真么？下手莫错，望远时过，赤水含珠，造化无那。

其三

三更中，一阳才萌，赤县门开，其真方升。微露铅华，和含玉蕊，半吐金精。锁心猿、使龙吟云应，拴意马、等虎啸风生。采颗芝英，送入黄庭，封固无虞，百日功灵。

其四

四更残，饮罢醍醐，乘槎张骞，笑杀麻姑。贯荣卫身，通血脉形，润达肌肤。周流遍、牢关土釜，升降毕、谨守如初。念虑皆无，声色忘乎，温养胎仙，十月功夫。

其五

五更终，添汞抽铅，换胎脱鼎，移上丹田。阳长阴消，性成命住，体固身坚。静调神、时习而演，温养火、面壁巍然。八百功圆，行满三千，与道合真，便是神仙。

一枝花

一

行持造化功，下手调元气。自从师传后，独自守无为。玉液长提，元气归真位。透三关，过尾闾，推河车，运上泥丸。撞昆仑，发震如雷，甘泉香生甜如蜜。入玉池、化作金液，逍遥饮、甘露自降。下重楼十二阶梯，牢封固、护守坚持，原来是精气神。三般儿、归根复命，原来是金木水火土，五行攒簇。

玄中玄，有不死还丹；妙中妙，有接命的根基。谁不行，谁不会，谁不做，都只在采取先天窍路上迷，怎肯胡为？俺也向花丛中，敲竹鼓琴心似水。从今参透真消息，忘物忘形，子前午后可为持，卯酉之中沐浴时。讲甚么生死轮回，说甚么姹女婴儿，总只要，采取鸿濛未判，一粒黍珠。

二

心如出水莲，意似云中电。昨宵因小事，误入丽春院。时时降意马，刻刻锁心猿。昼夜不眠，炼己功无间。闭三宝、内守黄房，擒五贼、外观上院。令彼我、如如稳稳，使阴阳倒倒颠颠。退群魔、怒提起锋铓剑，取采他、出墙花儿、朵朵新鲜。挂起我娘生铁面，我教他也无些儿动转。娇妖体态，十指纤纤，引不动我意马心猿。

俺是个试金石儿，高低便见；俺是个铁馒头，下口难飡；俺是个清净海，一尘不染；俺是个夜明珠，空里长悬。道坚志远，幼年间、常把身心炼。绝名利，不去贪，捉三尸，鼎内煎。我的心坚，我学的造化无人见。愁则愁，功不成、名不就，空把时光转；愁则愁，日月如梭趱少年。有一日拨转天关，腾空在半天，那时节才把冷淡家风道教阐。

三

先明天地机，次把阴阳配。有天先有母，无母亦无天，此是道教根源。把周天、从头数，将乾坤颠倒安。月之圆、存乎口诀，时之子、妙在心传。提起我身中、无刃锋铓剑，怕则怕、急水滩头难住船，感则感、黄婆勾引，候只候、少女开莲，此事难言。

五千日近、坚心算，三十时辰、暗里蟠。我将龙头直竖，他把月窟空悬。显神通、向猛火里栽莲，施匠手、在逆水上撑船。不羡他美丽娇花，只待他甘露生泉。攻神州，破赤县，捉住金精仔细牵，送入丹田。防危虑险除杂念，沐浴自然。面壁九年，才做阆苑蓬莱物外仙。

四

因求大道玄，走尽天涯遍。别父母妻儿，弃家产田园。万般辛苦，衣破鞋穿师难面。愁则愁、六七十年光阴短，入终南、感得火龙亲口传。命玄出山，觅侣求铅。遍访名贤，尽是诡计设奸窃道贪。

我要求个出世姻缘，幸遇着仗义疏财沈万山。又奈他力薄难全，我只得把炉火烹煎。九转完，向丽春院、采药行符。经五载，入武当山。面壁出神又九年，猛可得朝命宣。欲待要不睹君王面，又恐怕、胡尚书性命难全。驾云直上朝阳殿，官家见、喜悦龙颜。我本要与你口口相传，恐违了玉皇命言，我只得驾鹤腾空上九天。

槖籥

休言大道无为作，因甚房中弄槖籥。欲时不动片时闲，紫气红光乱灼灼。青龙喜，白虎恶，青龙缠定乌龟壳。两条正气透天宫，决然上有三清阁。阁内分明有玉池，中有长生不死药。依时下手采将来，服了蓬莱受快乐。

先天炁

玄关一窍通真诀，乾坤辟破蓬壶阔。黄庭有个元翁客，抱琴待守天边月。二水清兮三水浊，金花开，兑头缺。峨眉山上紫霞飞，霞飞化了红炉雪。龙吟逼，虎啸迫，灵龟吸尽金乌血。骑龙挂剑醉归家，运转三关朝北阙。

金铅接命

笑睹神州有妙玄，耳边切切细相传。凿开混沌擒金汞，劈破鸿濛捉水铅。黍米一珠含北海，蟾光万道照西川。若人采得吞归腹，何虑凡夫不作仙。（此药在三十时辰、两日半，定时采取。）

木汞一点红，金铅三斤黑

生来本是先天炁，隐在形山人难遇。分明说破君须记，一弦春水色形势。下口将来入口吞，十二雷门都惊惧。醉兮醉兮如醉兮，丹田春透红如玉。蟠桃慢饮瓮头香，巽风鼓动元和气。阴魔战退一腔春，神号鬼哭翻天地。功完行满足三千，乘鸾跨鹤飞仙去。

红铅接命

学得机关正好为，玄微只向此中奇。牝门一粒真铅动，玄户三家造化机。凝结丹田生玉叶，送还土釜长灵芝。世间要识先天理，认得红花顶黑龟。

认药采取

日红海底山头月，灵山会上寻茄色。花开鸟唱一天春，颠倒龙涎配虎血。神光射入玉壶田，密数坤申子午诀。刀圭百日大丹成，丹成永做蓬莱客。

真口诀

说与你，真口诀；指与你，天边月。月圆时，玉蕊生；月缺时，金花卸。三五按时节，老嫩细分别。送入黄婆舍，休教走漏泄。栽接，灵龟吸尽金乌血；烈决，做个蓬莱三岛客。

总咏大丹

（以象先天一炁）

清净身心筑了基，栽培气血返童姿。借他铅鼎先天药，点我凡躯入圣基。十月怀胎加慢火，九年面壁养灵儿。嫦娥最爱儿年少，夜夜笙歌宴玉池。

咏先天鼎

（以合太乙含[①]真）

二七谁家女，眉端彩色光。人皆贪爱欲，我看是亲娘。一点灵丹透，浑身粉汗香。霎时乾我汞，换骨作纯阳。

内外金丹诗十六首

（以准一斤之数）

其一　闻道

落魄江湖数十秋，逢师咬破铁馒头。十分佳味谁调蜜？半夜残灯可着油。信道形神堪入妙，方知性命要全修。自从会得些儿后，忘却人间万事休。

其二　归隐

一片闲心绝世尘，寰中寂静养元神。素琴弹落天边月，玄酒倾残瓮底春。五炁朝元随日长，三花聚顶逐时新。炼成大药超凡去，仔细题诗警后人。

---

① 含，底本作“舍”，改。

其三　玄关

一孔玄关要路头，非心非肾最深幽。膀胱谷道空劳力，脾胃泥丸实可羞。神炁根基常恍惚，虚无窟里细搜求。原来只是灵明处，养就还丹跨鹤游。

其四　铸剑

师传铸作青蛇法，坤鼎乾炉煅炼成。非铁非金生杀气，无形无影自通灵。掣来匣外乾坤窄，收入胸中芥子生。万两黄金无觅处，隐然身畔斩妖精。

其五　筑基

纷纷内外景如麻，有地驰驱事可夸。撒手不迷真捷径，回头返照即吾家。六根清净无些障，五蕴虚空绝点瑕。了了忘忘方寸寂，一轮明月照南华。

其六　炼己

炼己工夫谁得知，精灵常与我相随。一尘不染心遍静，万类俱忘性若痴。邪贼无由侵内主，学人终日侍严师。饥来解饮长生酒，每日醺醺醉似泥。

其七　栽接

气败血衰宜补接，明师亲授口中诀。华池玉液逐时吞，桃坞琼浆随日咽。绝虑忘思赤子心，无情少意丈夫烈。丹田温暖返童颜，笑煞顽空头似雪。

其八　采药

炼己功夫是筑基，心头万虑总忘机。一轮明月相为伴，半夜雷声独自知。雪向静中飞白点，芽从虚处长黄枝。夺他阳炁归来孕，产个婴儿跨鹤飞。

其九　先天

举世人多好入玄，入玄不识这先天。五千日近生黄道，三十时当认黑铅。不在乾坤分判后，只于父母未生前。此般至宝家家有，自是愚人识不全。（父母未生前，即于未生身处，下工夫也。）

其十　鼎炉

自从凿破鸿濛窍，认得乾坤造化炉。不用神功运水火，自然灵炁透肌肤。朝朝黄鹤藏金鼎，夜夜银蟾贯玉壶。要识金丹端的事，未生身处下工夫。

其十一　下手

体隔神交理甚详，分明下手两相当。安炉立鼎寻真种，对景忘情认本乡。拿住龙头收紫雾，凿开虎尾露金光。真铅一点吞归腹，万物生辉寿命长。

其十二　结丹

仰俯黄婆善作媒，无中生有自栽培。故教姹女当时待，勾引郎君自外来。两窍相通无滞碍，宫中聚会不分开。翕然吻合春无限，产个婴儿号圣胎。

其十三　大药

信道金丹理最精，先天一点少人明。不拘贫富家家有，无问贤愚种种生。吞向腹中真有孕，将来掌上却无形。有人问我难回答，直指天边月出庚。（月出庚，口诀取象。）

其十四　火候

年月日时簇一刻，应知不刻阴阳别。抽添符候兔鸡临，进退工夫龙虎烈。虑险防危罢火功，称铢分两同爻策。一片数足合同天，日日如斯行十月。（一刻、不刻口诀。）

其十五　面壁

九年面壁养神体，默默昏昏如炼己。无束无拘得自由，随缘随分安知止。心同日月大辉光，我与乾坤为表里。打破虚空不等闲，收来六合一黍米。

其十六　脱胎

丹成我命不由天，陵谷从他有变迁。荣辱无干随处乐，利名不挂逐时颠。但知壶内乾坤景，谁识人间甲子年？借问归踪何处是，醉中遥指白云边。

无根树歌二十四首

其一

无根树，花正幽，贪恋荣华谁肯休？浮生事，苦海舟，荡去飘来不自由。无边无岸难泊系，长在鱼龙险处游。肯回首，是岸头，莫待风波坏了舟。

其二

无根树，花正微，树老将新接嫩枝。桃寄柳，桑接梨，传与修行作样子。自古神仙栽接法，人老原来有药医。访明师，问方儿，下手速修犹太迟。

其三

无根树，花正孤，借问阴阳得类无？雌鸡卵，难抱雏，背了阴阳造化炉。女子无夫为怨女，男子无妻是旷夫。叹迷徒，太模糊，静坐孤修气转枯。

其四

无根树，花正青，酒色神仙古到今。烟花寨，酒肉林，不断荤腥不犯淫。犯淫丧失长生宝，酒肉穿肠道在心。打开门，说与君，无酒无花道不成。

其五

无根树，花正偏，离了阴阳道不全。金隔木，汞隔铅，阳寡阴孤各一边。世上阴阳男配女，生子生孙代代传。顺为凡，逆为仙，只在中间颠倒颠。

其六

无根树，花正多，遍地开时隔爱河。难攀折，怎奈何，步步行行龙虎窝。采得黄花归洞府，紫府题名永不磨。笑呵呵，白云窝，准备天梯上大罗。

其七

无根树，花正开，偃月炉中摘下来。延寿算，减病灾，好结良朋备法财。从兹可得天上宝，一任群迷笑我呆。劝贤才，休卖乖，不遇明师莫强猜。

其八

无根树，花正亨，说到无根却有根。三才窍，二五精，天地交时万物生。日月交时寒暑顺，男女交时妊始成。甚分明，说与君，惟恐相逢认不真。

其九

无根树，花正飞，卸了重开定有期。铅花现，癸尽时，依旧西园花满枝。对月残景收入了，又向朝阳补衲衣。这玄机，世罕知，须共神仙仔细推。

其十

无根树，花正黄，色在中央戊己乡。东家女，西家郎，配作夫妻入洞房。黄婆劝饮醍醐酒，每日醺蒸醉一场。这仙方，返魂浆，起死回生是药王。

其十一

无根树，花正新，产在坤方坤是人。摘花戴，采花心，花蕊层层艳丽春。时人不达花中理，一诀天机值万金。借花名，作花身，句句《敲爻》说得真。

其十二

无根树，花正佳，对月忘情玩月华。金精旺，绕眼花，莫在园中错拣瓜。八石五金皆是假，万草千方总是差。金虾蟆，玉老鸦，认得真铅是作家。

其十三

无根树，花正奇，月里栽培片向时。拿云手，步云梯，采取先天第一枝。饮酒带花神气爽，笑杀仙翁醉似泥。托心知，谨护持，惟恐炉中火候飞。

其十四

无根树，花正繁，美貌娇容似粉团。防猿马，劣更顽，挂起娘生铁面颜。提着青龙真宝剑，摘尽红花朵朵鲜。趁风帆，满载还，怎肯空行过宝山。

其十五

无根树，花正双，龙虎登坛战一场。铅投汞，阴配阳，法象玄珠无价偿。

此是家园真种子，返老还童寿命长。上天堂，极乐方，免得轮回见冥王。

其十六

无根树，花正浓，认取真铅正祖宗。精炁神，一鼎烹，女转成男老变童。欲向西方擒白虎，先往东家伏子龙。类相同，好用功，内药通时外药通。

其十七

无根树，花正鲜，符火相煎汞与铅。临炉际，境现前，采去全凭渡法船。匠手高强牢把舵，一任洪波海底翻。过三关，透泥丸，早把通身九窍穿。

其十八

无根树，花正高，海浪滔天月弄潮。银河路，透九霄，槎影横空北斗梢。摸着织女支机石，踏遍牛郎驾鹊桥。遇仙曹，胆气豪，盗得瑶池王母桃。

其十九

无根树，花正香，铅鼎温温现宝光。金桥上，望曲江，月里分明见太阳。吞服乌肝并兔髓，换尽尘埃旧肚肠。名利场，恩爱乡，再不回头为尔忙？

其二十

无根树，花正明，月魄天心逼日魂。金乌髓，玉兔精，二物擒来一处烹。阳火阴符分子午，沐浴加临卯酉门。守黄庭，养谷神，男子怀胎笑煞人。

其二十一

无根树，花正圆，结果收成滋味全。如朱橘，似弹丸，护守隄防莫放闲。学些草木收头法，复命归根还本元。选灵地，结道庵，会合先天了大还。

其二十二

无根树，花正红，摘尽红花一树空。空即色，色即空，识透真空在色中。了了真空色象法，法象长存不落空。号玄通，称大雄，九祖超升上九重。

其二十三

无根树，花正娇，天应星兮地应潮。屠龙剑，缚虎绦，运转天罡旋斗梢。煅炼一炉真日月，扫尽三千六百条。步云霄，任逍遥，罪垢凡尘一笔消。

其二十四

无根树，花正无，无影无形难画图。无名姓，却听呼，擒入丹田造化炉。运起周天三昧火，煅炼真空返太无。受天符，赴仙都，才是男儿大丈夫。

敌魔

气昏嗜卧害非轻，才到初更困倦生。必有事焉常恐恐，只教心要强惺惺。纵当意思形如醉，打起精神坐到明。着此一鞭须猛省，做何事业不能成?

再求玄关

傀儡当场会点头，应知总是线来抽。抽他虽是依人力，使我人抽又孰谋?原赖主公常月白，期教到处好风流。炼丹若要寻冬至，须向灵台静里求。

总论玄关

身即乾坤勿[①]外求，虚灵一窍最深幽。二三自许同为侣，一四何疑与共俦。五土建中司发育，巽风起处定刚柔。自从识得还元妙，六六宫中春复秋。

平越府还丹题

桥边院对柳塘湾，夜月明时伴户闲。遥驾鹤来归洞晚，静弹琴坐片云关。烧丹觅火无空灶，采药寻仙有好山。瓢挂树高人影久，嚣尘绝水响潺潺。

道成杂咏

道人久已泯耳目，潇洒自然脱羁束。朝向扶桑暮外来，暮去昆仑云脚宿。青牛过关几个年，此道分明在眼前。昨夜瑶琴三叠后，一轩风冷月娟娟。

---

① 勿，底本作“物”，据《张三丰全集》改。

别杭州友人

铁笛双吹破晓烟，相逢又隔一年前。曾将物外无为事，付在毫端不尽传。白发数茎君已老，青云几度我当先。世间穷究只如此，莫若同游归洞天。

《玄要篇》终

跋

张三丰祖师金丹秘诀，贵州平越直隶州高真观碑文：

初打坐，学参禅，这个消息在玄关。秘秘绵绵调呼吸，一阴一阳鼎内煎。性要悟，命要传，休将火候当等闲。闭目观心守本命，清静无为是根源。百日内，见应验，坎中一点往上翻。黄婆其间为媒妁，婴儿姹女两团圆。美不尽，对谁言，浑身上下气冲天。这个消息谁知道，哑子做梦不能言。急下手，采先天，灵药一点透三关。丹田直上泥丸顶，降下重楼入中元。水火既济真铅汞，若非戊己不成丹。心要死，命要坚，神光照耀遍三千。无影树下金鸡叫，半夜三更现红莲。冬至一阳来复始，霹雷一声震动天。龙又啸，虎撒欢，仙乐齐鸣非等闲。恍恍惚惚存有无，无穷造化在其间。玄中妙，妙中元，河车搬运过三关。天地交泰万物生，日饮甘露似蜜甜。仙是佛，佛是仙，一性圆明不二般。三教原来是一家，饥则吃饭困则眠。假烧香，拜参禅，岂知大道在目前。昏迷吃斋错过了，一失人身万劫难。愚迷妄想西方路，瞎汉夜走入深山。元机妙，非等闲，妄泄天机罪如山。是正理，着意参，打破元关妙通玄。子午卯酉不断夜，早拜明师结成丹。有人识得真铅汞，便是长生不老仙。行一日，一日坚，莫把修行眼下观。三年九载功成就，炼成一粒紫金丹。

三丰丹诀[①]

张三丰传

神仙张三丰，一名君实，一名仲猷，字玄玄，道号昆阳，又称斗蓬，又呼张邋遢，辽东懿州人。甫七岁，能棋，随手应局，人莫能敌，十岁习儒业。早失怙恃，后学道，遇郑思远祖师，授以至道（郑思远，晋人，抱朴子葛稚以之师。昔左元放授道于老葛仙翁玄，玄授郑思远，思远授葛玄之孙葛洪）。生于绍兴辛卯八月十五日（绍兴改年三十二年无辛卯，或丁卯年），丰姿魁伟，龟形鹤骨，大耳圆眼，须如戟，顶中作一髻，身被一衲，负巨蓬，手中常持方尺。在武当山，结庵展旗峰下。先入华山洞，栖真数十年。后郑思远祖师命了俗缘，乃混俗归闽，补刑曹吏因群囚劫狱，连坐戍边夜郎之平越，遂住高贞观。今有礼斗亭、浴仙池、长生桂，皆其仙迹也。

丹成后，时元年丙申。太上诏曰："王方平五十三仙，掌华林洞。"于三月十五日册封为华林洞妙应真人，赐以玄冠双旒、霓羽碧履，时年六十六岁。因仑谷万尊师，亦在受诏五十三仙之列，曾著《方壶胜会图》，然后知三丰真人之始末也。

大明天顺年，敕封通微显化真人。于元末居宝鸡县金堂观，至正丙午九月二十日，自言辞世，留颂而逝。土民杨轨山置棺殓讫，临窆发之复生，乃入蜀。洪武初，至太和山冷坐，结庵玉虚宫。庵前古木五株，常栖其下，猛兽不噬，鸷鸟不搏，人益异之。衲不垢弊，皆号为"邋遢张"。有问其仙术，竟不一答，问经书则涎津不绝口。登山轻捷如飞，隆冬卧雪中，鼾齁如雷。常语武当乡人曰："兹山异日当大显。"道士邱玄靖请为弟子，遂教以道妙。帝于乙丑遣沈万三敦请，了不可得。乃召玄靖至，与语悦之，拜监察御史，赐之室不受，超擢太常卿。

① 《三丰丹诀》，选自傅金铨《道书十七种》。

金陵沈万三，又名万山，秦淮大鱼户。心慈好施，其初仅饱暖。遇三丰真人，见其生有异质，龟形鹤骨，大耳圆目，身长七尺余，修髯如戟，顶作一髻。或戴偃月冠，手持方尺，一笠一衲，寒暑御之，不饰边幅，日行千里。所啖升斗辄尽，或辟谷数月自若。万三心知其异，常烹鲜鱼暖酒，邀饮干芦洲，苟有所需，即极力供奉。偶于月下对酌，三丰谓曰："子欲闻余之出处乎？"万三启请，三丰曰："予当生时，一鹤自海天飞来，咸谓令威降世，后知丁公仍在灵墟。予思舜亦人也，予岂不得似丁公？每嗟光阴倏忽，富贵如风灯草尘。是以日夕希慕大道。弃功名，薄势利，云游湖海，拜访明师。所授虽多，皆傍门小法，与真道乖违，徒劳勤苦。延祐年间，已六十七岁（六十七岁，元仁宗三年为延祐，元年延祐共七年。从延祐元年逆数六十七年，值南宋度宗咸淳二年丙寅），此心惶惶。幸天怜悯，初入终南即遇火龙先生，乃图南老祖高弟，物外风仪，予跪而问道。蒙师鉴我精诚，初指炼己工夫，次言得药口诀，再示火候细微、温养脱胎、了当虚空之旨，一一备悉。于是知进斯道，必须法财两用。予素游访，兼颇好善，倾囊倒箧殆尽，安能以偿夙愿？不觉忧形于色。师怪而问之，予挥泪促膝以告。重蒙授以丹砂点化之药，命出山修之。立辞恩师，和光混俗，将觅真铅八两、真汞半斤，同入造化炉中，煅炼转制分接。九还已毕，藉此赀财以了大事。由是起造丹房，端坐虚心养气，虚气养神，气慧神清，广觅药材。时饮蟠桃酒，朝餐玉池液。如醉如痴，补气养血。但得汞有半斤，可待他铅八两。月数将圆，金花自显。一手捉虎擒龙，采得先天一气。徐行火候烹煎，自合周天度数。明复姤进火退符，识卯酉防危虑险。十月功完，圣胎显象，九年面壁，与道合真，所谓'跨鹤青霄如大路，任教沧海变桑田'也。"言讫，呵呵大笑。万三闻言，五体投地曰："尘愚愿以救济，非有望于富寿也。"三丰曰："虽不敢妄泄轻传，亦不敢缄默闭道。予已审知子之肺腑，当为作之。"于是置办药材，择日起炼，七七启视，铅汞各遁。三丰嗟咄不已，万三自谓机缘未至，复尽所蓄，并卖船网以补数。下功及半，忽汞走焚，茅盖皆爕。万三深叹福薄，三丰劝其勿为。夫妇毫无怨意，苦留再炼。奈乏赀财，议鬻幼女。三丰若为不知，窃喜志坚，一任所为。令备朱里之汞，招其夫至前，出少许药，指甲挑微芒，乘汞热投下，立凝如土。复以死汞点铜铁，悉成黄白，相接长生。三丰略收丹头，临行谓曰："东南王气大盛，他日将晤子于西南也。”遂入巴中。

万三以之起立家业，安炉大炼，不一载富甲天下。凡遇贫乏患难，广为周急，商贾贷其资以贸易者遍海内。其丹室有一联云：“八百火牛耕夜月，三千美女笑春风。”世谓其得聚宝盆，故财源特沛。斯时世乱兵荒，万三惧有祸患，乃毁弃丹炉器皿，敛迹欲隐。京城自洪武门至水西门坍坏，下有水怪潜窟，筑之复崩。帝素忌沈万三年命相同而大富，召谓曰：“汝家有盆能聚宝，亦能聚土筑门乎？”万三不敢辨，承命，起筑立基，即倾者再三。无奈，以丹金数片暗投，筑之始成，费尽巨万，因名曰“聚宝门”。帝尝犒军，召万三贷之曰：“吾军百万，得一军一两足矣。”万三如数输之。帝瞷其无困苦状，由是急欲除之，马后苦谏，乃议流南岭，株连其婿余十舍亦流潮州。万三遂轻身挈妻奴而去，委其家资。未几命再徙十舍于云南。既至滇，沐春抚慰之，欲妻余氏女。十舍允之，及过府，沐侯见薄其嫁资，曰：“不丰不为礼。”女曰：“公所利者财耳，措之亦易。”教备汞铅，脱耳环投之，声如蝉鸣，其汞已干，环仍如故。以汞开铜铁，成宝无算，沐侯大喜。是秋，三丰践约来会，同万三炼人元服食大药，明年始成。

初万三有长女三岁忽失去，迄今三十余年，一旦归家，曰：“儿少遇祖薛真阳，即中条玄母，改名化度，呼女为玉霞，号线阳，掌玉匣诸秘法，为师擎神剑，得授灵通大道。命回就服成药，当以拯济立功。”万三即出药，全家共服，皆能冲举。玉霞声洪体硕，无女子相，慨然有普救生灵之志，遂与父散游于世，随时救度。

永乐时，尚书胡广言张三丰实有道法，广具神通，录其《节要篇》并《无根树》二十四首、金液还丹歌、大道歌、炼铅歌、地元真仙了道歌、题丽春院二阕、琼花诗、青羊宫留题诸作上呈。帝览之，虽不测其涯底，知其有合大道，遣使访之。有言初入成都，见蜀王操（太祖第十一子），王不喜道，退游襄邓间，居武当二十三年，一旦拂袖游方而去。帝于壬辰春，敕正一孙碧云，于武当建宫拜候。三月初六日，帝赐手书曰：“皇帝敬奉书真仙张三丰先生足下：朕久仰真仙，渴思亲承仪范。尝遣使奉香致书，遍诣名山，虔请真仙。伏惟道德崇高，超乎万有，体合自然，神妙莫测。朕才质疏庸，德行菲薄，而至诚愿见之心，夙夜不忘。敬再遣使，谨致香奉书虔请，拱候雷车凤驾，惠然而来，以副朕拳拳仰慕之怀。敬奉书。”

越三载，飘然而至。碧云呈御书，三丰览而笑，答书曰："圣师真口诀，明言万古遗。传与世间人，能有几人知？衣破用布补，树衰以土培。人损将何补？阴阳造化机。取将坎中丹，金花露一枝。庆云开天际，祥光塞死基。归己昏昏默，如醉亦如痴。大丹如黍米，脱壳真无为。优游天地廓，万象掌中珠。人能服此药，寿与天地齐。如若不延寿，吾言都是非。天机未可轻轻泄，犹恐当今欠猛烈。千磨万难费辛勤，吾今传与天地脉。皇帝寻我问金丹，祖师留下神仙诀。金丹重一斤，闭目静存神。只在家中取，何劳向外寻。炼成离女汞，吞尽坎男精。金丹并火候，口口是玄音。"

碧云劝驾不听，留居一室，出则伴游，令人驰报于帝。丙申春正，帝又命安车迎接，复又他适。帝怒谓胡广曰："斯人徒负虚名，能说不能行，故不敢来见耳。卿往招致不得，亦难见朕也。"广惧，星夜奔至武当，立宫庭哀泣。佑圣帝君尝奏三丰道行于玉帝。是夏五月，驾临南极，宣召至会所。三丰将随玄天官属同行，适见胡广情切，乃出，许其诣阙。先自飞身而去，帝正在朝。见一褴褛道士，肩披鹿裘，立于阶前稽首。帝问知是三丰，笑而命坐问道。三丰曰："闻迁北平时，金水河冰凝龙凤之状，即此是道。"于是从容步下阶陛，一时卿云瑞彩，弥满殿庭，良久始散，三丰去矣。君臣叹异，始信真仙。及胡广还，帝赐劳之，寻拜为相。

金液还丹歌

还丹诀，还丹诀，听我仔细与君说。旁门小术路三千，除此金丹都是错。万般渣质皆非类，真阴真阳真栽接。阴阳交，铅汞接，婴儿姹女空中列。龙虎上下转升腾，海底灵龟弄星月。长黄芽，飞白雪，水中金露先天诀。真黄婆，真橐籥，金丹就是延年药。先筑基，后进药，百日功夫牢抱著。若返二物归黄道，三家相见先天结。性要炼，命要接，休在人间虚岁月。若将铅汞归真土，抽铅添汞永不灭。乌八两，兔半斤，二物同入戊己村。两头武，中间文，四象擒来一处烹。十月功夫火候足，炼就纯阳寿无穷。换鼎移胎三五载，九年面壁出阳神。玄是祖，牝是宗，先天先地万物根。点开透底通天火，斡转天关斗逆行。窍要开，气自通，雷转斗柄声正轰。海底灵龟翻波浪，泥丸风生虎啸声。若会阴阳颠倒法，乾坤造化立时成。讲《悟真》，说《参同》，此理原来共一宗。此药虽从房中得，金丹大道事不同。饶服药，空炼精，龟纳鼻息能固气，鹤养胎息而炼神。畜生到有千年寿，为人反不悟长生。世间人，贪名利，不怕阎王鬼无情。人有生灭鬼有死，三寸气断一场空。先天药，后天药，此是阴阳真妙诀。先天药，能超脱，后天药，延命壳。世人若会栽接法，长生不死还大觉。性要修，命要全，来得先天种泥丸。童儿修，精气全，静里一气可升天。岂知无为身不破，终是真修大罗仙。幼年间，丧了阳，半路出家性颠狂。乾爻走入坤宫里，却成离卦内虚张。取将坎位中心实，返离还元复作阳。真水火，配阴阳，世人莫要胡思想。饶你无为空打坐，难免死后丧忙忙。习静工，躯误到老一场空。纵然明了真如性，阴魄投胎入鬼乡。延命药，返魂浆，金丹就是药中王。若将一粒吞入腹，返老还童寿命长。又休妻，又绝粮，说法斋戒往西方。任你旁门千万法，除此同类都是狂。我把天机全泄漏，还丹却是这个方。累代仙师从此得，脱离尘世上天堂。我劝后人学道者，休听邪师说短长。若得口诀金丹药，延年住世永无疆。依此修出长生路，报答祖师谢上苍。功行精，诏书至，大罗天上朝玉帝。破迷金液谁人作，万载留传元代张。

大道歌

君今洗耳听吾言，妙在先天与后天。后天浊质为无用，先天一点为真铅。欲采先天要下功，先教九窍八门通。九窍元在尾闾穴，先从脚底涌泉升。涌泉升起渐至膝，膝下工夫须着力。释氏即号穿芦芽，又如虫行又如刺。过膝看看至尾闾，有如硬物抵方形。最上一乘功三段，功夫到此存口畔。从此三关一撞开，泥丸顶上转将来。金锁开，穿下重楼十二重。重楼既过到降宫，降下黄庭有端的。黄庭一宝需要积，积在中间一点灵。若还无此真玄关，真铅采得何处安？君不见古人题：“若还不识长生术，但去桑间看接梨。”又不见紫阳书：“虎跃龙腾风浪粗，中央正位产玄珠”。从教学，谈玄理，除此为之都是虚。关已开，功已施，铸剑要明真消息。天为炉，地为鼎，水火相停功莫野。子午行功若铸成，能刚能柔能取舍。剑已全，采真铅，采取鸿濛未判先。若还采得先天铅，须是教他寿命延。二六时，有真机，神州赤县当求之。法财两样若求得，就好切思细详别。粉红云，野鸡色，唇如涂朱肤似雪。气清神瞭步行端，方用中间延岁月。五千四十归黄道，依时不可令过越。此际虽从一三五，妙在西方庚辛白。炉火候，要分别，先采后天延岁月。一个时辰分六候，只于二候金丹就。尚余四候有神功，妙在师传难泄漏。天梯宜用不可无，秘密玄机那个悟？海中巨鳌休乱钓，恐惊去了不延身。守城垣，野战功，增得灵砂满鼎红。如此十月功夫足，器皿丹房一彻空。入山九载面墙壁，养得婴儿似我形。皮囊自此深山掷，荡荡悠悠蓬莱仙。朝在北海暮瀛洲，忽然功行齐完全。水府三官来算寿，青鸾白鹤舞翩翩。直至通灵诰封罢，永作长生不老仙。

炼铅歌

炼铅之法知者少，知此便为真仙了。痛嗟老夫无觅处，遍游五岳及三岛。六十三岁入终南，得遇真师传至道。真铅生于天地先，何用杂类求诸草？炼到九九功自成，杳冥之内生真金。金桥一根动天地，二八调和生美形。美形才生居土釜，须要念念牢封固。一阳火起要温温，二阳火起有神功。若到三阳逢泰卦，腾腾猛火炼虚空。退尽阴符生美质，只待五千四十八，方合炼丹真妙趣。寄语后代学仙者，莫将炼铅看容易。

了道歌

道情非是等闲情，既识天机不可轻。先把世情齐放下，后将道理细研精。未炼还丹先炼性，未修大药先修心。修心自然丹性至，性清然后药材生。雷声隐隐震虚空，电光灼处寻真种。风信来时觅本宗，霞光万道笼金鼎，紫云千丈罩天门。若还到此休惊怕，稳把元神守洞门。如猫捕鼠兔逢鹰，急急着力紧加功。万般景象皆非类，一个红光是至真。此个红光生春意，其中有若明窗尘。中悬一点先天药，远似葡萄近似金。到此全凭要谨慎，丝毫念起丧天真。待他一点自归伏，身中化作四时春。一片白云香一阵，一翻雨过一翻新。终日醺醺如醉汉，悠悠只守洞中春。遍体阴精都剥尽，化作纯阳一块金。此时气绝如小死，打成一片是全真。到此功成才了当，却来尘世积功勋。行满功成天命诏，阳神出现了真灵。此言休向非人说，不逢达者莫轻论。其中切切通玄理，此真之外更无真。收拾锦囊牢封固，他日功成可印心。五十二句君要寻，若有虚言遭天谴，误尔灵官鞭丧身。

一枝花四首

其一

行持造化功，下手调元气。自从师传后，独自守无为。金液常提，元气归真位。透三关，过尾闾，推河车运上泥丸，撞昆仑发振如雷，甘泉生香甜如蜜，入华池化作金液逍遥饮。甘露自降，下重楼十二阶梯，牢封固护守坚持，原来是精气神三般儿归根复命，原来是金木水火土五行攒簇。玄中玄，有不死还丹；妙中妙，有接命的根基。谁不行？谁不会？都只在先天窍路上迷。怎敢胡为？俺向花丛中敲竹鼓琴心似冰，从今参透真消息。忘物忘形，子前午后可分持，卯酉之中沐浴时。讲甚么生死轮回？说甚么姹女婴儿？都只在采取洪濛未判一粒黍米。

其二

心如出水莲，意似云中电。昨宵因小事，误入丽春院。时时降意马，刻刻锁心猿，昼夜不眠。炼己功，无间断。闭三宝，内守黄房；擒五贼，外观上院。令彼我如如稳稳，使阴阳倒倒颠颠。退群魔，怒提起锋芒剑，敢采他出墙花儿朵朵鲜。挂起我娘生铁面，我教他也无些儿动转。娇娇体态，十指纤纤，引不动我意马心猿。俺是个试金石儿，高低便见；俺是个铁馒头，下口难餐；俺是个清静海，一尘不染；俺是个夜明珠，空里长悬。道坚志远，幼年间拜明师，长把身心炼。绝名利，不去贪，处三尸，鼎内煎。我的心坚，我学的造化无人见。愁则愁，功不成，名不就，空把时光转。怕则怕日月如梭趱少年，有一日拨转天关腾空在半天，那时节才把冷淡家风道教阐。

其三

先明天地机，次把阴阳配。有天先有母，无母亦无天，此是道教根源。把周天从头数，将乾坤颠倒安。月之圆，存乎口诀；时之子，妙在心传。提起我身中无刃锋芒剑，怕只怕急水滩头难住船。感只感黄婆勾引，候只候少女开莲。此事难言，五千日近坚心算，三十时辰暗里盘。我将龙头直竖，他把月窟空悬。显神通向猛火里栽莲，施匠手在逆水上撑船。不羡他美丽娇花，只待他甘露生泉。攻神州，破赤县，捉住金精仔细牵，送入丹田。防危虑险除杂念，沐浴自然。面壁九年，才做个阆苑蓬莱物外仙。

其四

因求大道玄，走尽天涯遍。别父母妻儿，弃家产田园，万般辛苦，衣破鞋穿师难面。愁则愁，六七十年光阴短。入嵩南，感得火龙亲口传，命我出山觅侣求铅。访遍名贤，都是诡计设奸窃盗贪。我要个出世因缘，幸遇着仗义疏财沈万山。又奈他力薄难全，我只得把炉火烹煎。九转完，向丽春院采药行符经五载；入武当，面壁出神又九年。猛个的朝命宣，欲待要不睹君王面，又恐怕胡尚书性命难全，驾云直上朝王殿，官家见喜悦龙颜。我本要口口相传，恐违了玉皇命言。我只得驾鹤腾空上九天。

未遇外护词二首

其一

金花朵朵鲜，无钱难修炼。不敢对人言，各自胡盘算。访外护未遇高贤，把天机怀抱数十年。受尽了无限苦楚，熬尽了多少艰难。聊试验，颇有些玄妙，诚然见先天与后天。今日方知道在目前，才信金丹有正传。吹的是无孔之笛，用的是琴上一弦，喜的是红芽白雪，爱的是首经红铅，饮的是延命仙酒，服的是返魂灵丹，做的是壶中活计，习的是道妙玄玄。捉将日月炉中炼，夺得乾坤鼎内煎。这是我修行的真诀，出家的手段。恨只恨我无钱，昼夜告苍天，可怜助俺。有一日时来运转，功成行满，撒手逍遥物外仙。

其二

金花玉蕊鲜，时人难分辨。长生须服炁，栽接用真铅。筑基炼己采后天，玉液还丹，若得了住世延年，还要进金液还丹。可笑多少学仙客，一个个都是盲修瞎炼。大地的黄芽长遍，满乾坤金花开绽。待他水尽金生月正圆，我这里铺派着剑挂南山。诛尽了七情六欲，恩爱牵缠，扫尽了万里浮云，一尘不染。唬的他五鬼三尸心胆寒，我把他阴阳颠倒颠。用神机暗合周天，戒身心防危虑险。轻轻的摇动地轴，慢慢的拨转天关，霹雳一声天外天。

取先天

二七谁家女，眉端彩色光。人见贪情欲，我看似亲娘。
一点灵丹出，浑身粉汗香。霎时干我汞，换骨作纯阳。

闻道

落魄江湖数十秋，逢师咬破铁馒头。十分佳味谁餐蜜，半夜残灯可着油。信道形神堪入妙，方知性命要全修。自从识破些儿后，忘却人间万户侯。

铸剑

师传铸作青龙剑，坤鼎乾炉煅炼成。非铁非金生杀炁，无形无影自通灵。掣开匣内三千窄，收入胸中芥子星。万两黄金无觅处，隐然身畔斩妖精。

敌魔

气昏嗜卧害非轻，才到初更困倦生。必有事焉常恐恐，只教心内强惺惺。纵当意思形如醉，打起精神坐到明。着他一鞭须猛省，做何事业不能成？

筑基

牢固阴精是筑基，真灵常与气相随。一尘不染身偏静，万虑俱忘我独知。邪贼无由侵内界，主公终日对严师。渴来解饮长生酒，每日醺醺醉似泥。

炼己

炼己工夫谁得知？心头万事总忘机。一轮明月为知己，半夜雷声我独知。雪向静中飞白点，牙从空谷长黄枝。夺得阳炁归来孕，产个婴儿跨鹤飞。

玄关

一孔玄关要路头，非心非肾最深忧。膀胱谷道空劳力，脾胃泥丸实可差。神炁归根常恍惚，虚无窟里细搜求。原来只是灵明处，养就还丹跨鹤游。

后天培养

（栽接）

气败血衰宜补接，明师亲受口中诀。华池玉液随时吞，桃坞琼浆随口咽。绝虑忘思赤子心，无情少意丈夫烈。丹田温养返童颜，笑杀顽童头似雪。

先天下手

体隔神交理最详，端然下手两相当。安炉立鼎寻真种，对境忘情认本乡。拨住龙头收紫雾，顿开虎尾落金光。真铅一点吞归腹，万物增辉寿命长。

辨先天铅

（真铅）

举世多人爱入玄，入玄不识这真铅。五千秘语明明说，二八当时陀陀圆。不在乾坤分判后，止于父母未生前。此般至宝家家有，自是愚人识不全。

先天鼎器

自从凿破鸿濛窍，认得乾坤造化炉。不用神功调水火，自然灵气入肌肤。朝朝黄鹤藏金窟，夜夜银蟾入玉壶。要识金丹端的处，未生身处下工夫。

下手

体隔神交理最详，端然下手要相当。安炉立鼎寻真种，对景忘情认本乡。拨住云头收紫雾，顿开虎尾落金光。真铅一点吞归腹，万物增辉寿命长。

黄婆

央请黄婆善作媒，无中生有苦栽培。故教姹女当时待，勾引郎君自外来。两窍相通无阻滞，中门会聚不分开。翕然吻合无春限，产个婴儿号圣胎。

潇洒

道人久已泯耳目，萧然自如脱羁束。朝从扶桑日头起，夜向昆仑云脚宿。青牛人去已多年，此道分别在目前。昨夜瑶琴三叠后，一天风冷月婵娟。

了脱胎

丹成我命不由天，陵谷从他有变迁。荣辱无干随处乐，名利不染逐时颠。但知壶内乾坤景，不识人间甲子年。借问我家何处是，醒来遥指白云边。

别杭州友人

铁笛双吹破晓烟，相逢又是一年间。会时物外无为事，付在毫端不尽言。白发数茎君老矣，青云几度我当先。世间究竟只如此，莫问同游归洞天。

辨真铅

（以下外金丹炉火）

真铅本是月中华，两处相生共一家。雌里怀雄成至宝，黑中孕白长黄芽。金多水少方为妙，阴胜阳亏未足夸。更识其中包戊土，将来炉内配丹砂。

辨真汞

真汞原是日里精，东三南二自相生。火中藏水非闲说，雄里怀雌实是真。莫使一毫缠世染，须教全体耀光明。其中己土叨铅气，炼得黄芽渐长成。

以铅养汞

真铅真汞两相投，如胶似漆意未休。以汞投铅如种谷，将铅入汞似耕畴。上安丙火温三两，下住壬水泉一瓯。内外五行攒簇定，结成赤白大丹头。

分胎

丹砂汞死即真铅，抱养新砂亦似前。须识铅中常发火，要知火里好栽莲。从今夺舍当成质，自然投胎又入玄。儿生孙兮孙生子，老翁老母一齐捐。

转制通灵

养得玄孙渐长成，强宗胜祖喜经营。昨宵灯下逢佳偶，今日堂前产俊英。漫羡幼儿多玉树，遂夸宗子总成茎。些儿不换连城璧，无税庄田只自耕。

地元功满

九转丹砂岁月深，子灵惟与我相亲。一炉白雪浑如玉，满鼎黄芽胜似金。曾见鸳飞和凤舞，时闻虎啸与龙吟。五金八石皆成宝，再炼天元拔宅升。

天元神丹

天元丹品是何知？有自无生世所稀。天地为炉真造化，阴阳非药最玄微。鸡餐变凤青云去，犬食成龙白昼飞。漫羡天元当日好，后来许汝一同归。

至药

与君说破我家风，太阳移在月明中。明月太阳天上药，人服之时跨鸾鹤。万户千门总是错，学取吾家那一着。急急下手莫延迟，跳出五行真快乐。

总咏

清静身心筑了基，栽培元气养颜姿。借他铅鼎先天药，点我残躯入胜基。十月怀胎加慢火，九年面壁养婴儿。嫦娥喜爱儿年少，夜夜笙歌宴玉池。

总咏外事

真铅真汞结夫妻，两意交欢产个儿。儿又成人离祖业，孙儿主事建新基。新基家产成三业，大展门庭第九枝。满室堆金何足羡，但看拔宅住瑶池

无根树二十四首

鹧鸪天

道法留传有正邪，入邪背正遍天涯。飞腾罕见穿云风，陷溺多成落井蛙。难与辨，乱吩哗，都将赤土作丹砂。要知微妙通玄理，细玩无根树下花。

一封书二十四首

其一

无根树，花正幽，贪恋荣华谁肯休？浮生事，苦海舟，荡去飘来不自由。

无岸无边难系泊，常在鱼龙险处游。肯回首，是岸头，莫待风波坏了舟。

其二

无根树，花正危，树老将新接嫩枝。梅寄柳，桑接梨，传与修真作样儿。自古神仙栽接法，人老原来有药医。访明师，问方儿，下手速修犹太迟。

其三

无根树，花正孤，借问阴阳得类无？雌鸡卵，怎抱雏？背了阴阳造化炉。女子无夫为怨女，男子无妻是旷夫。叹迷徒，太模糊，静坐孤修气转枯。

其四

无根树，花正偏，离了阴阳道不全。金隔木，汞间铅，阴寡阳孤各一边。世上阴阳男女配，生子生孙代代传。顺为凡，逆为仙，只在其中颠倒颠。

其五

无根树，花正双，龙虎登坛战一场。铅投汞，阴配阳，结颗明珠无价偿。此是家园真种子，返老还童寿命长。上天堂，极乐方，免得轮回见阎王。

其六

无根树，花正多，遍地开时隔爱河。难攀折，怎奈何？步步行从龙虎窝。采得黄花归洞去，紫府题名永不磨。笑呵呵，白云窝，准备天梯上大罗。

其七

无根树，花正繁，美貌娇容赛粉团。防猿马，劣更顽，挂起娘生铁面颜。提着青龙真宝剑，摘尽墙花朵朵鲜。趁风帆，满载还，怎肯空行到宝山。

其八

无根树，花正奇，月里栽培片晌时。拿云手，步月梯，采得先天第一枝。饮酒戴花神思爽，笑杀仙翁醉如泥。托心知，谨护持，时恐炉中火候飞。

其九

无根树，花正黄，色占中央戊己乡。东家女，西舍郎，配作夫妻入洞房。黄婆劝饮醍醐酒，一日掀开醉一场。这仙方，返魂浆，起死回生是药王。

其十

无根树，花正飞，卸了重开有定期。铅花现，癸尽时，依旧西园花满枝。对月残经收拾了，施逐朝阳补纳衣。这玄机，世罕知，须共神仙仔细推。

其十一

无根树，花正清，花酒神仙古到今。烟花地，酒肉林，不断荤腥不犯淫。犯淫丧失长生宝，酒肉穿肠道在心。打开门，说与君，无酒无花道不成。

其十二

无根树，花正新，产在坤方坤是人。摘花蒂，采花心，花蕊层层艳丽春。时人不达花中理，一诀天机直万金。借花名，比花身，句句《敲爻》说得真。

其十三

无根树，花正亨，说起无根却有根。三才窍，二五精，天地交时万物生。日月交时寒暑顺，男女交时孕字成。甚分明，泄于人，犹恐相逢认不真。

其十四

无根树，花正红，摘尽红花一树空。空即色，色即空，识破真空在色中。了了真空色相法，相法长存不落空。号圆通，镇大雄，九祖超升上九重。

其十五

无根树，花正开，偃月炉中摘下来。添年寿，减病灾，好结良朋备法财。从此可求天上宝，一任群迷笑我呆。劝贤才，莫卖乖，不遇明师莫强猜。

其十六

无根树，花正香，铅鼎温温宝现光。金桥上，望曲江，月里分明见太阳。

吞服乌肝并兔髓，换尽尘埃旧肚肠。利名场，恩爱乡，再不回头为汝忙。

其十七

无根树，花正明，月白天心逼日魂。金乌髓，玉兔精，二物抟来一处烹。阳火阴符分子午，沐浴加临卯酉门。守黄庭，养谷神，男子怀胎笑杀人。

其十八

无根树，花正圆，结果收成滋味全。如朱橘，似弹丸，守护提防莫教闲。学些草木收头法，复命归根返本源。选灵地，结道庵，会合先天了大还。

其十九

无根树，花正鲜，符火相煎汞与铅。临炉际，景现前，采取须凭渡法船。匠手高强牢把舵，一任红波海底翻。过三关，透泥丸，早把通身九窍穿。

其二十

无根树，花正浓，认取真铅正祖宗。精气神，一鼎烹，女转成男老变童。欲向西园牵白虎，先去东家伏青龙。类相同，好用功，内药通时外药通。

其二十一

无根树，花正娇，天应星兮地应潮。屠龙剑，缚虎绦，运转魁罡斡斗杓。煅炼一炉真日月，扫尽三千六百条。步云霄，任逍遥，罪垢凡尘一笔勾。

其二十二

无根树，花正佳，日月开时玩月华。金精旺，耀眼花，莫要篱中错摘瓜。八石五金皆是假，万草千方总是差。金虾蟆，玉老鸦，采得真的是作家。

其二十三

无根树，花正高，海浪滔天月弄潮。银河路，透九霄，槎影横空泊斗梢。摹着织女支机石，踏遍牛郎架鹊桥。入仙曹，胆气豪，偷得瑶池王母桃。

其二十四

无根树，花正无，无相无形难画图。无名姓，却听呼，擒入三田造化炉。运起周天三昧火，煅炼真形返太虚。谒仙都，受符箓，才是男儿大丈夫。

青羊宫留题四首

其一

觅故人天涯不见，叹迷徒要学神仙。有一等守顽空的在蒲团上孤坐，有一等用鼎器的在房中采战。各执着一端，玄关不知在那边，尽把无为来装相，都是虚门面。怎得云朋霞友，也混俗和光度几年。先天是神仙亲口传，神仙神仙，只在花里眠。

其二

炼黍珠须要法财两件，心腹友二三为侣伴。怎得个韩陈为友，马林卢同修炼？王真人幸遇有缘，薛道光又要还俗，达摩祖了道在丽春院。必定是花街柳巷也，要休夸清净无为枯坐间。先天是神仙亲口传，神仙神仙，只在花里眠。

其三

访明师殷勤了无限，人人都说是真传，实授某神仙，同法眷。一个说是补上田，一个说是益下元，一个说守中黄是正理，更羡他两肾中间眉目前。似这等千门万户也，百尺竿头闪了英贤。先天是神仙亲口传，神仙神仙，只在花里眠。

其四

学神仙的听吾劝，切莫要盲修瞎炼。须晓得内外阴阳，同类的是何物件？必须要依世法修出世间。顺生人，逆生丹，一句儿超脱了千千万。再休提清净无为，孤修独坐，何处觅玄关？先天是神仙亲口传，神仙神仙，只在花里眠。

玄　谭

（录自《四库禁毁书丛刊》子部，第 019 册，336~341 页）

三丰先生，姓张，名君宝，字全一。生有异质，尝与人议论三教等书，如决江河。其所雅言，专以忠孝仁义劝世。我明太祖高皇帝，遣三山高道，访于四方，竟弗至。太宗御极，遣使至书曰“真仙张三峰足下”，复命礼科都给事中胡濙，道录任一愚，岷州卫指挥杨永吉，遍诣名山，访求未获。特敕正一张碧云于武当山建宫以候。天顺中，赠化通微显化真人，锡之诰命。

而侍立翠湖，乃先生高弟也，有灵异。《通纪》《传》《双槐岁抄》，及他诸刻。而有以三峰为三丰，误矣。

玄歌

道情非是等闲情，既识玄微不可轻。先把事情都放下，听我次第歌玄歌。未炼还丹先炼性，未修大药且修心。心静自然丹性至，性清然后药苗生。药苗生，雷声隐隐震虚空。电光烁处寻真种，风信来时觅本宗。岂曰风雷交电烁，许多境象难尽言。若还至此休惊怕，稳把元神守洞门。心身寂然俱不动，如猫捕鼠又如鹰。许多境象虽非外，一个红光是至真。这些一点春意足，其间若有明窗尘。一点元是先天药，远似葡萄近似金。到手全然宜谨慎，丝毫念起丧天真。待他一点自归伏，身中造化四时春。一片白云香一阵，一番雨过一番新。终日绵绵如醉汉，悠悠只守洞中春。身中阴气都剥尽，变成纯阳不坏金。几回气绝如小死，打成一片号全真。至是洪名班列籍，却宜人世积阴功。功成一日天书至，纯阳出现了真灵。此言休与非人说，漏泄天机霹雳轰。嘱咐仙童并道侣，不逢达者莫轻论。其中句句通玄理，此真之外更无真。收拾锦囊牢固闭，他日行功可印心。可印心，五十二句要君寻。三峰若有虚花语，万劫轮回地狱中。

近得览三峰先生《玄歌》一章，复命梓氏标于《玄谭》之上，然《玄歌》乃以修心炼性为先，而所谓真种本宗，阴剥阳纯，住世累功者，是皆玄门之渐教也。若《玄谭》则以外景无无为至，而所谓窍中之窍，长胎住息，紫金黑铁者，不谓玄门之极致乎！学者诚能比而观之，则天下之道无余蕴矣。

玄谭

张三峰曰：夫道，中而已矣。故儒曰执中，道曰守中，释曰空中。而其所谓中者，窍中之窍者中也。予独慨乎世人之不识中也，或求之九宫之中，曰泥丸，而不得也；或求之脐下一寸二分，曰丹田，而不得也；或求之心脐相去八寸四分，而以中一寸二分为中，与夫两肾之间，前对脐轮，而不得也。夫以有形求之，而皆不能得也。乃复逆而度之，则曰关曰玄关，牝曰玄化，岂虚无之谷，而不可以有形求欤？夫以无形求之，而又不能得也。乃复逆而度之，则曰无而不着于无，有而不着于有，岂非有非无，而不在于有无间欤？智过颜、闵、真难强猜。予今冒禁言之，实非予之得已也，盖以神仙降生于此时者众，以救世也。或官矣，或士矣，农工商矣，道矣，释矣，予故作此篇，以籲徕之，俾知救世，复返天上，而不坠落于尘寰者，此予之心也。图说如下：

释氏外景

外景也者，外其身而虚空之，先了性也

张三峰曰：释氏了性，须要持斋，故太虚是我，先空其身。其身既空，天地亦空，天地既空，太空亦空，空无所空，乃是真空。

张三峰曰：无无乃出天外，虚空以体无无。

道家内景

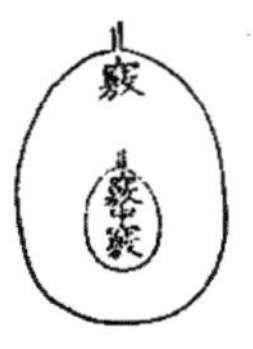

内景也者，内其身而胎息之，先了命也

张三峰曰：胎因息长，息因胎住，而窍中之窍，乃神仙长胎住息之真去处也。天地虽大，亦一胎也，而日月之往来，斗柄之旋转者，真息也。又不观三氏之书乎，《易经》曰："成性存存，道义之门。"《道德经》曰："玄之又玄，众妙之门。"《遗教经》曰："制之一处，无事不办。"皆直指我之真去处而言之。所谓吾身一天地也，然此真去处也，虽曰不依形而立，而窍中之窍，夫岂无其形哉？今乃借物以明之，譬之乂口然，实其中则张，虚其中则弛。而窍之能张能弛，亦复如是。

张三峰曰：起手时须先凝神，入于窍中之窍，息息归根，而中实矣，中实而胎长矣。然神本生于窍中之窍，而寄体于心宫，予尝谓之元是我家旧物，而复返于我也。

张三峰曰：窍中之窍者，神室也。神室即气穴，即中黄。盖黄乃土之正色，而土意也，故坎之土戊，其意常在于离，离之土己，其意常在于坎，此其性情然也，而自有相投合之机矣。若能识其投合之机，而以意送之，神凝气住，则自然结成一点金丹，至简至易，而非有穿凿也。此盖以母之气伏子之气，而子母之气相眷恋于窍中之窍矣，丹其有不成者乎？

张三峰曰：神凝于窍中之窍者，譬之鸡子，而乂口则包乎其外者，外窍也。凝神而入于窍中之窍焉者，即鸡之雌得雄之阳，两意混合，而雏全矣。

张三峰曰：又尝譬之阳物然，能刚能柔，能张能弛也。然谓之此窍也，窍非凡窍，则可。而谓之此窍也，形无其形则不可。

张三峰曰：神凝于窍中之窍者，譬果子之仁也。窍中窍者，果核中之两片，以抱仁也。外窍者，果核也。

张三峰曰：始而采取吾身一点真汞，而归于我之真去处者，内服也，丹名紫金。继而太虚中自然有一点真汞以与内服紫金相为混合者，外服也，丹名黑铁。故紫金者，阴丹也，以内服吾身之金精也；黑铁者，阳丹也，以外服太虚中金精性也。然金刚也，而铁则金中之最刚者。黑铁之丹，虽曰自外来，然亦不可得而内外也。

张三峰曰：内服而一坎一离者，一雌一雄也；外服而一金一铁者，一雌一雄也。

张三峰曰：紫金黑铁，浑然混合，盖不特充塞天地焉者，乃真了命也。夫不囿于天地，则可以位乎天地；可以位乎天地，则可以育乎万物。岂不以天地生生之真机在我，而为万物之所造命者乎？黑铁功用则固若是，其大矣。若徒内服紫金，直可以了一身之命已尔，而命则终非其有也。

张三峰曰：虚空者，佛性之本原，出于自然者也。若黑铁外丹，乃虚空中凝起一颗，而复返于虚空者，佛性之本原也。然外服黑铁，全靠功行，功行未及，孰臻其极？故此黑铁也，殆非圣师之所能传与，亦非夫人之所能修持以少致其力也。

张三峰曰：十月火候，全在周天，周天运用，但全在斗柄，斗柄建令，全在真息。

张三峰曰：火候之要，只在于时时照顾，以烹以镕。

张三峰曰：即月即日，即时即刻，都分得春夏秋冬，自然而然也。若能念念在兹，照顾不离，则自有旋转真息，一降一升，而水火木金相为进退矣。

张三峰曰：火之功最大，盖火之性能融物之真焉者也。故未得丹时，须藉火以养之，又藉意以调之。然火候微旨，概自从古以来，而学道之人少有知之者。要而言之，其穴有三,三者惟当顺适而利用之，太过则损之，不及则益之，俾得中和，而水干火寒之病矣。此须口授，非可笔之文词间也。

张三峰曰：意到则息自内调，故周天运用，切不善意为之。

张三峰曰：外服黑铁，脐带上时有异光。脐带者，命根也，亦能刚能柔。外服火候，当于此处节取寒湿消息，意到亦能伸，而缩亦由乎意也。

张三峰玄谈已，乃复谓桃氏子曰：子之内服紫金丹也，盖十有余岁矣。至于黑铁之丹，真古今之所希有也，子今既得之，而火候之说，乃圣人之所深秘也，予既为子详之，子其勉之，其所以为我籲徕，以俾复返于天上者，端有赖乎子，子其勉之。

万历九年夏四月三日弟子姚文羽传梓。

三教弟子卢文辉重校。

张三峰先生，国初时显化普度，诸家纪录悉其事，太祖太宗遣臣遍觅，莫知踪迹。万历九年，顾访我师龙江夫子，剧谈玄秘而去，恐声闻难以应命，故晦其名曰桃氏子。是时性如卢君，年方志学，羽翼斯道，兆已定矣。

戊戌季冬谷旦，三教门人永嘉张鸣鹤顿首百拜谨识。

张三丰真人玄谭集①

张三丰真人自序

仆自幼酷好炉火，百无一成。

是指世传用炉用鼎。如世所传黄白，乃用药点而成，确确有之，而药皆隐号，不有指示，药不可得，抱朴子载，是也，先生所言盖指此。然余闻先生元季所事，得至旌阳许祖，法假药物作媒引，感乾炁坤炁，以成黄白，故炉而非炉，鼎而非鼎，是即所居之地，以行之道，并无炉鼎形迹可见者，姑射山神人皆能之。故凡此炁一到，惟见电掣雷轰。行竣，则此瓦砾，立成黄白。所成之金，可历成年，无或稍变。我山子春梅祖，亦事此事于北宋徽钦间，事载韩箕筹《三山馆录》。是道而非术。我师太虚翁得受于泥丸李祖，自恐得用不当，是即浪用，有干玄谴，旌阳从学，前车可鉴也。至如抱朴所事，乃药法，有误五百年后之人，志士宜戒，吕祖不之行，我师逼煅所得，慈哉！慈哉！

然余更有所闻而目击者，不为之告，是负吾好友冯君云彪矣。冯君，番禺人，见余性豪，曰："以子之用财，家必中落。而豪性自若，必堕羽士术中，而且不悔也。"余切叩之再，君乃慨然曰："世有黄白术，知否？"余曰："是至道，非术也。第非凡人能行！"君曰："余所知是药法，第非中国所事，其法传自东西二洋，闽广羽士颇知之。余亦得自羽流，就正于红毛贡使，百用百灵，能携百万黄白，孤行万里，是携魂而弃魄耳。其源出自神人，而为被难难人而行，今则变为妖民聚财而贮也。盖金有五金，咸具魂魄，得药八两，能提黄魂两许。魂提难易有差等，黄难于白，白难于铜，铜难于铁，铁难于铅。铁法不行于中国，吾今所留，惟黄与白。"于是令余取银十两，置诸羊城罐，发炉镕之，覆以松脂。焰熄取凉，色白无光，取以碎之，极松而轻，曰："所存魄也。"顷复置诸罐，极火以煅，凝不之化，乃更覆以松脂，

① 本篇选自闵一得《古书隐楼藏书》。

加入硝矿，声若阴雷。曰："可矣。"凉而验之，灿然有光。取出称之，得黄亦如白数。曰："惜不以铅魄入之，可加重至两许也。"仍取入罐，覆亦如初，焰熄验之，便成白魄。于是重发炉，覆亦如昔，焰熄验之，仍成白物，称勿稍失。乃大笑曰："何如，何如。可知药法之神如此，世间鼎飞炉炸，都是提魂，先生今而后，可不堕是术也矣。"得见，谨誌诸心，兹因真人述及，爰笔以告同人云。

又以轩辕铸九鼎而成道，以为用鼎九人，仆也会进过五七鼎，并无成就。且人念头一动，先天纯朴即散。先天即丧，后天虽存，何益于身心？不过健其四大而已。这样无知下愚之徒，岂知天不言而四时行、百物生之妙哉。人身造化同天地，但不知天之清、地之宁也，且不知主宰造化是何物。若能知此清净为体，以定为基，天心为主，元神为用，三盗相宜，还返天真，复命归根，何患不至圣人地位哉！

按：此盗字，当从三皇拆字诀解。盗也者，物次于皿之谓，藏而守之之义。

如鼎一事，纵有所得，不过却病延年而已，否则有害无益。仙佛所为，万万无此事，断断无此理也。何以故？丧其无象，散其无体，是以不出于万物有形之表也。今人多言"七七白虎双双养"，以为用十四之鼎器。噫！岂知"两七聚，辅翼人"，即经云"履践天光，呼吸育清"之妙？又言"花酒悟长生"，俱执以为鼎器。又岂知"月圆时玉蕊生，月缺时金花谢"之喻，坤复之间，得先后天，常似醉之语哉？仙又言"家家有之"，何男女鼎器之用？此乃知和光同尘，积铅于市廛，法财两用，方得大药现前之说也。不遇真师，皆错认男女相之为鼎器，可胜叹哉！有缘之士，得遇真师，潜心默炼，则金丹可坐而致，同志之士，宜三复是书，而毋为盲人所惑也。

三丰真人小像跋

三丰先生，姓张，名君宝，字全一。生有异质，尝与人议论三教等书，如决江河。其所言，专以忠孝仁义劝世。我太祖高皇帝，遣三山高道，访于四方，竟弗至。太宗御极，遣使至书曰"真仙张三丰足下"，复使礼科都给事中胡濙，道录任一愚，岷州卫指挥杨永吉，遍诣名山，访求未获。特敕正一张碧云于武当山建宫以候。天顺中，赠化通微显化真人，锡之诰命。而侍立翠湖，乃先生高弟也，有灵通。《纪》《传》《双槐岁抄》，及他诸刻。而有以三丰为三峰，误矣。三峰古书名，不著姓氏，旁术也。先生安亵取以自号乎？

此跋载在《玄谭集》真人像后，未审何人所作。姑录此以仍其旧。世以三峰采战，即为先生之术，不知采战所谓三峰者，指女子口、乳、阴窍以为言，而先生之号乃三丰。丰者，丰神，先天之英。曰三丰，盖取三才之丰，而音韵适合耳。况先生明初人，旌阳《石函记》已有大辟三峰御女术说，又如道光、泥丸、玉蟾诸仙翁，早共排斥三峰采战于千年百年之上，先生尚未世生，顾安得指此邪术出自先生！有谓先生不幸自号三峰故耳，余谓先生自号，岂有故犯邪术书名之理？兹跋已明言矣。晋揣先生自著《破迷直指》，及其自叙，世之君子，亦可自信世传之误也矣。而世犹断断执迷不悟，何哉？

三丰真人玄谭全集

张三丰真人著

金盖山人闵一得茗敷参校

玄谭

张三丰曰：夫道，中而已矣。故儒曰致中，道曰守中，释曰空中。而内丹之所谓中，窍中之窍也。窍中之窍，乃真中也。余独慨夫世人之不识中也，或求之九宫之中，曰泥丸，而不得也；或求之脐下一寸三分，曰丹田，而不得也；或求之心脐相去八寸四分，而以中一寸二分为中，与夫两肾之间，前对脐轮，而不得也。夫以有形求之，而皆不能得也。乃复逆而度之，则关曰玄关，牝曰玄化，岂虚无之谷，而不可以有形求欤？夫以无形求之，而又不能得也。乃复逆而度之，则曰无而不着于无，有而不着于有，岂非有非无，而不着于有无间欤？智过颜、闵、真难强猜。予今冒禁言之，非得已也，盖以神仙降生于此时者众，以救世也。或官矣，或士矣，农工商贾矣，道矣，释矣，故作此篇，以籲徕之，俾知救世，复返天上，而不堕落于尘寰者，此余之心也。图说如后：

释氏外景图

（原批：此是三才合一之本体，必合道家内景而修，方合医世功法。）

◯

外景也者，外其身而虚空之，先了性也。

张三丰曰：释氏了性，须要持斋，故太虚是我，先空其身。其身既空，天地亦空，天地既空，太空亦空，空无所空，乃是真空。

又曰：无无乃出天地，外虚空以体无无。

道家内景图

（原批：此是三教合持之功法，必用释氏外景以体之身心。初学斯无或漏，而医世之学乃圆，有事半功倍之妙。）

内景也者，内其身而胎息之，先了命也。

张三丰曰：胎因息长，息因胎住，而窍中之窍，乃神仙长胎住息之真去处也。天地虽大，亦一胎也，而日月之往来，斗柄之旋转者，真息也。又不观三氏之书乎，《易经》曰："成性存存，道义之门。"《道德经》曰："玄之又玄，众妙之门。"《遗教经》曰："制之一处，无事不办。"皆直指也。

我之看书无滞，才知圣凡一炁，不为盲人迷惑。扫尽旁门，重整心猿，重发志气，低心下意，历魔历难，苦求明师，穷取受炁之初。初者，先天始祖祖炁。此炁含著一点真阴真阳，产于天地之先，混元之始。这个灵明黍米宝珠，悬在至空至正之中，明明洒洒，但有未明旨的人，若醉相似，离此一着都是旁门（沈氏曰：黍米宝珠，即戊土也，按《洛书》之数，金木水火皆居八方，独戊己居虚无之中。故云至空至正之中也）。这个灵明宝珠，于空悬之中，包含万象，发生万物，都是此⊙者。此物在道，喻为真铅真汞，一得永得。不可执乾坤、日月、男女相上去，只于己身内外安炉立鼎，炼己持心，明理见性之时，攒簇发火，不出乎一个时辰，立得一黍玄珠，现于曲江之上。刀圭入口，顷刻之间，一窍开百窍齐开，火发四肢，浑身筋骨血肉都化成炁，与外水银相似。到此时候，用百日火力，方有灵妙，一得永得，勿有还返，住世留形，炼神还虚，与道为一矣。

〇此物在释门，说是真空，真如觉性。若知下手端的，炼魔见性，片晌功夫，发起三昧真火，返本还元，一体同观，天地咸空，霞光万道，五眼六通，炼成金刚不坏之身，了鬼神窥不破之机。

〇此物在儒是无极而太极。依外天地而论，无极是天地周图，日月未判之前，四维上下不辨，一混混沌沌，如阴雾水，及气至时到，气满相激。才生太极。太极是日月，只要体法天地日月，不是要采天地之日月也。日月既生，天地自分。清气在上为天，虚无一派神祇，都是清炁精明之光曜也；浊气在下，大地山河人民，俱在地下。五谷一切万物，虽在地发生，都借天气方得有生。天之清气为纯阳，地之浊气为纯阴，而露从天降，是阳能生阴，万物从地生，是阴能生阳。天地是个虚无包藏，无穷尽，无边际。天之星宿神祇，其动转各有方位，地下万物，按四时八节，发生总自虚无。夫日月是天之精，上照三十三天，下照九泉黄极，东西运转，上下升降，寒暑往来。日是纯阳之体，内含一点真阴之精，属青龙、姹女、甲木、水银、金乌、三魂，即是外彼；月是纯阴之体，内含一点真阳之炁，属白虎、婴儿、庚金、朱砂、玉兔、七魄，即是内我。人身造化同天地，故人身亦有真日月，道本在迩，而人反求诸远也。三魂属性，性在天边；七魄属命，命在海底。内外通来性命两个字，了却万卷书。性属神是阴；命属炁是阳，故曰“一阴一阳之谓道”也。那个真阴与真阳相对，这个真阴之精既不知，又乌知这一点真阳之炁乎？今之学者，不惟不知真阳，亦且不知真阴，若知真阴，则真阳亦自知之矣。不遇真师，枉用猜疑，是道在天地，天地亦不知也。学者穷究身中天地人三才之妙窍，一身内外阴阳真消息，如不得旨，一见诸书之异名，必无定见，执诸旁门，无能辨理。既不能穷理，则心不明，心既不明，则性天不能如朗月。既不能见性，焉能知命？噫！只为丹经无口诀，教君何处结灵胎。

外，先天真阳。此☉图是一身内外之造化，名通天窍，炼丹炉，躲生死路，生身处，父母未生前，五行不到处。一点真阳，明明在四大形山秘密处，此个消息，玄之又玄。此个灵明宝珠在人身，与外天地日月同体，是一身之祖炁。“今日说破真父母，明朝不怕死和生”，即太上慈悲所言，《黄庭经》外景之旨也。

中，身中。○此图是产天地之造化，剑铸雌雄，药看老嫩，全在此中，安天立地，不离此中。万劫因缘要正传，是天炁下降不到地，地炁上升不到天，空里常悬，理最难明，故曰“中间一窍少人知，须要明师亲口传”。然乾坤交姤亦在此也，坎离交姤亦在此也。

内，海底命主。◉此一图是海底金精之灵龟，吾身彼家之兑金，戊土之命主。浑身百脉，五脏六腑，全凭此物执掌，且成仙成佛，超生出死，亦凭此穴安排。实是个固命之地，养命之方，却诸病不生，为万炁之根蒂，乃一身中之太极，即太上慈悲所言，《黄庭》内景之旨也。

天、地、人三才，实在自己一身而言。以后天论之，则于身中有象有方；若以先天究之，则生天、生地、生人、生物，无象无方之物也。仙云：“先天不得后天，无以招摄；后天不得先天，无以变化。”此是天地人，在己身内外，上中下三个真消息，三个真炉鼎，又属三教，三乘妙法，体外天地人三才，廓外三教经书。此个五行中人之五行，皆在性命中，岂求之他人哉！《悟真篇》云：“三五一都三个字，古今明者实然稀。”仆说的不是大言，且不论火候攒簇细微，只说三个五行，百万人中无一知者。若知三才相盗，返此之本，还此之元，传精送神，偷精换气，颠倒采取，若人敢承当，要作仙佛也不难。

凡学修炼者，先穷取一身内外真炉鼎；若不识内外真炉鼎，则无处下手。既知安炉立鼎之在内外，及阴阳往来之旨，便穷取真铅真汞，及内外药生的时候，方可进火修炼。若不知吾身内外药材，则炉鼎中煅炼何物？

外，真铅真汞。⊙此个窍，己身内外真炉鼎。安九阳之鼎，铸慧剑以定时候，开关采药，硃里回汞，攒簇沐浴，水火既济，持空养虚，只在此窍，含著一点真硃砂水银，明明在身不内不外之地，万人不识。离此一着，都是盲修瞎炼。此就是己身外五行，外炉鼎，外造化，即轩辕所铸九阳之鼎是也。（原批：此圈，说即言太极之蕴，其象⊙如此。个中一、，乃言阴阳未判时，其象乃、如此，曰外者，以此一圈来自坎卦下爻，变返太极，而具有真铅真汞，故得喻曰外炉鼎、外造化也。其实不出一身，而象则如此。）

中，坤土釜。○此个窍，正是攒簇结胎，生天地人物，及风云雷雨，都在此中宫正位。此是神室宝鼎，产内外二药，铸雌雄二剑，抽铅添汞，候取点化丹药，故曰“中间一窍少人知”。（原批：按中圈即上圈中之一点，下圈中之空白，有而不有，乃是真体，其得而象者如此。）

内，脐下命主。◉此个窍，乃兴功之根本，成道之梯航。安炉立鼎在内，水火锻炼，法财俱足，神气完全，上七窍生光，才是真正时候，方可采吾身外炉鼎之药，以配身中之雌雄。又全凭此穴，调神纯熟，万神受使，星回斗转，方可夺外天机也。（原批：按此图说，亦只言太极之蕴，其象如此。个中空白，乃是真阳，其外黑，乃是真阴，而曰内者，以此外黑来自离中中爻，木汞赖以不飞，乾铅赖以生活者，引而返归乾位，故曰内也。三图作用，全在中图。三段宗旨如此。）

夫上一窍乃纯阳之体，内含一点真阴之精，是我身彼家之物，属外在内，即“两肾中间一点明”发之于外，故喻他也；下一窍乃纯阴之体，内藏著一点真阳之气，是吾身我家之物，属内，即乾宫泄入坤位之物，故喻我也。上窍内是女体，外是男子；下窍内是男体，外是女身。故仙翁多以男女彼我喻也。然中间一窍为中宫，黄婆，媒舍，若会此处颠倒配合，方可成圣。

夫命宝从己身之外来，还是自己坤位之物，却在吾法身中——色身内之他家也，故仙云“采取不离自己元神”是也。世之学者，不得正传，无处下手，执己又不是，离己也不是。谁知一点元阳，明明洒洒，在己身玄中高处，隐藏于不内不外之密处，内外一气牵连，千古不传之秘。然人身现成放着两个真消息，与外天地日月同体，不差毫发。是天地乃万物之最大者，人为万物中之最灵者。天地不过是个大人，人不过是个小天地，所以人身造化同天地也。谁能省悟人人有个通天窍？人人有一味长生不死药，人人有个炼丹炉，人人有个上天梯，人人有个人不识，人人不信有长生不死方，人人不信有白日升天路，情愿受死，哀哉痛哉！

凡炼大还丹，先要补虚，只补得骨髓盈满，方可炼金液大还丹。夫下手功夫，先采上窍阳里真阴，入内金鼎气海之中，与肾经配合。夫阳里真阴，即是自己元神真形，在外属三魂；下窍阴里真阳，即是身中元炁，属七魄。其先后二炁一会，则坎离自交，魂魄混合，神凝气结，胎息自定。每日如夫妇交情，美快无比，切不可着意。水火既济，发运四肢，如外火活焰相似，只要水火均平（原批：曰均平，是藏有真意中调之意，故曰均平。），此是小周天火候。调和薰蒸，喉中真息倒回元海，则下肾自入内，真火自然冲入四肢，浑身软美快无穷，腹内如活龙回转升降，有数十样变化，婴儿姹女自然交合，此是采阳补阴，筑基炼己一节事。夫修炼金液大还丹，广积内外法财，终日逍遥，昼夜常明，则长生久视之道也。世人全赖五谷养命，若数日不食，则气脱而死也。若人老，则下元虚损，骨髓俱空，不能胜五谷之气，是五谷能养人亦能杀人。若会内水火既济，气血逆流，则五脏气和，脾胃开畅，食入腹中，亦能化气，生精生神。果得天机下手功夫，直候骨髓盈满，腹脐如满胎妇人一般，却不是果有胎块之形象也，不过气满、精满、神满而已。如果三全，则真火煅炼，调神炼气，大丈夫自有功成名遂之时也。仆今奉劝世人，参访苦求功夫，决破一身内外天机，下手速修，炼己待时，时候一至，择地入室，炼此龙虎大丹。必要僻静，鸡犬不闻之处，外边只要知音道侣，不许一个闲杂人来到，恐防惊神。仙言和光同尘，仆言僻静处，何也？盖炼己于尘俗，养气于山林也。

金液还丹，乃超凡入圣之道，非他事之可比，必须一尘不染，万虑俱忘，一刀两段，丝毫无挂，永作他乡之客，终无退悔之心，如此立志，乃是出家。入室时，持空炼神，守虚养气，直养得精血充盈，筋骨柔和，身无皱纹，如蜘蛛相似，上七窍生光，昼夜长明，心如太虚，才正是时候，方可求仙。又专心致志，演神纯熟，成形受使，星回斗转，随意所变，直到这个时候，才是气满神全，法财广大，方可炼大丹，方作得一个丹客也。

功夫既行，七窍生光，三阳开泰，神剑成形，趁水推船，因风发火，一阳内生，方可夺外天机，下手开关，采吾身外金丹，以龙嫁虎而作夫妇也。若会攒簇，湛然摄起海底之金郎，即后开夹脊，通泥丸，落入水晶宫内，与木汞配合，不过半个时辰，攒簇已定，真火冲入四肢，浑身骨肉火烧刀割相似，最难禁受，就是十分好汉，到此无分主张，须要防危虑险，沐浴身心，水火既济，顷刻浑身如炒豆子一般相似，百窍一齐爆开，浑身气血都会成形、都会说话，就在身上吵成一堆。舌根下又有两穴，左为丹井，右为甘泉，名正涌穴，随骨脉一齐开，下肾水涌到口，即时咽纳不及，滋味甚异，比沙糖大不相同。直至三十时辰两日半，狂水已尽，专候天癸降，此正是时候，忽然一点真铅下降，凉如冰片，即时下一点真汞迎之。攒簇之后，浑身湛然，如千百面战鼓之声，又如百万颗雷霆之吼，此即一身百脉气血变化所致，休要惊怕，只要踏罡步斗，执剑掌印，这里正是凶恶处，三回九转，降师召将（原批：曰踏罡、曰步斗、曰执剑、曰掌印，皆比喻，莫认作南宫宫法以降魔，学者不可不省。曰踏罡，诚意是也，曰步斗正心是也，曰执剑，不为物误，须凭慧剑以指之义，曰掌印者，修按师传，不入歧途，全凭印证，毋或自欺之义。曰降师者，乃或就授师而问难，或取经书而体证焉。召将者，志能帅气，帅其志气以行事也。），如此防顾，于虚空中或见龙虎相交，天地交泰，日月合宫，诸仙诸境发现，切不可认以为真，恐著外邪，既得真铅投汞，三日之后才生大药。当此两家争战之时，仆若不亲口说破，十个九个都吓杀了也，心有恐怖，即遭魔障。既炼先天元阳，遍体都化成神，返来害己，虽化成形，却是阴神，阴神最灵化，能千变万化诸境为害，未肯善善降伏。常人有言："你会六通神，方才说死生；不会六通神，休思伏鬼神。"既伏不得鬼神，休想成道。若使鬼神不能相见，焉能为害？混混又至三十时辰两日半，气气相通，气满至极。忽然活泼泼捧出太阳流珠，脱壳入口，百万龙神尽皆惊失，此是元神，真丹药入口，始知"我命由我不由天"也，仙云"这回大死今方活"，又云"一战而天下平"。到此地位，才是真正天地交泰，日月交宫。真阳之药到，顷刻周天火发，骨胎化作一堆肉泥，阳神脱体，撒手无碍，专心致志，持空守虚，随神变化。夫万物皆天地所发生，则万神皆朝礼而宾服。厌居尘世，逍遥蓬莱，有三千玉女侍奉，终日蟠桃会上，饮仙酒，戴仙花，四大醺醺，浑身彻底玲珑，海底龟蛇自然蟠绕，到此才是真五龙大蛰法也。炼之百日，玄关自开，婴儿现相，龟蛇出现，万神受使，才是真铅真汞颠倒，浑身紫雾毫光，瑞气千条，红光罩体，学者到此地位，口中才得干汞。炼之六个月，体似银膏，血化白浆，浑身香气袭人，口中出气成云，此是灵丹成就，人服之永不死，亦能治死人返活。

炼之十个月，阳神脱体，一身能化为十万身。只候十二个月，夺尽天地全数，阳神已就，浑身脱去八万四千阴神，步日月无影，入金石无碍，入水不溺，入火不焚，刀兵无所容其刃，鬼神莫能测其机，变化无穷，乃成真人矣。浑身气候，都是真药，鸡餐成凤，马食成龙，人服成仙，此理鬼神亦难明，若不见过做过，这等言语谁人肯信？夫大药金丹，造化功夫，三回九转，火候细微，攒簇口诀，只在五七之间，把天地都颠倒过，都是自然而然。虽是自然，却要知体法天地造化，方可成就，却不是要在天地日月上然后成道也。

夫大药入口事，从做过，从见过，从试过，应到自然处。功夫虽一年，火候细微只在百日之内，动静凶恶只在九十日以里，得内外而攒簇，顷刻湛然，圣胎成就，产个黍米之珠，吞入腹中，周天火发，脱胎换骨，只要持空养虚，余皆自然而然。今人果得真师明示，先去炼己于尘俗，积铅于市廛，攒年簇月，攒日簇时、簇刻，大定之中，只在一刹那间，不出半个时辰，把天机都颠倒过，运火十月之功，体天地自然之法，若不能死中求活，焉能逃出三灾八难之外哉！大学之士，聪敏智慧，闻一知十,三教经书，能讲能说，不过明性理字义而已，而于金丹造化，大道天机，内外两个真消息，焉能省悟？若果遇至人，真传实授，便主穷理尽性开悟，如水归大海，省诸丹书，横竖无不是道。诸子丹书，前人不肯妄言，一句句字字不空，只是人不能省悟。譬如说“金丹吞入腹”之言，不能得旨之人，就错认在口腹上说话，岂知窍妙吸尽西江之玄哉！譬如说天地、日月、男女上去了，都是胡猜胡说。执着旁门，声音颜色，拒人于千里之外，不肯谦恭下士，终无了悟，反吹毛求疵，诽谤高人，焉能得其法术哉！反为天人之共恶，是皆地狱种子，诚可哀也。奉劝世人，如遇至人，切不可执着己见，当虚心参访，苦求明师，方不致自误也。

⊙此督脉也（原批：一圈即我一身，、即督脉，此我身法身之阳也。）。督者，总也，总领一身之气脉也。正是天地未判，父母未生身前，先天元阳祖炁，浩劫长存，亘古至今而不坏者也。

○此任脉也（原批：一圈即我身中间空洞洞，是我法身之真阴，性是也。）。任者，仁也，乃生生不息之元气也。净罗罗，圆陀陀，赤洒洒，精喇喇，明丽丽，光灼灼，活泼泼，此物是象帝之先，万神之祖，包含万象，发生万物，释云摩尼珠，道云黍米玄珠，医云活滚滚一丸真灵丹妙药，实千古不传之秘。今人不明此理，亦无传授，又不醒悟，焉知内外二字之妙。任督二脉实先后天之玄，诚哉百姓日用而不知也。

督脉，⊙此窍是生身之源，未有此身，先有此窍，非凡孔窍之窍也，乃玄机之妙窍也。此消息正是父母未生前一点元阳祖炁。

任脉，○此窍是一身五脏之主，内外执掌，全在此窍，若知颠倒攒簇，是生五脏之根，未有五脏，先有此窍，未生此身，先生此窍也。此个消息是养命之方，留命不死之根蒂。

这上中下三个真消息，若得正传，能归根复命，使四炁归入下元，魂魄不散，水火既济，有何病症！这元阳得传授明白，或遇法网不能脱，不能成道，不得已然后将海底命主，为四炁之根本，发起命主，归元炁不散，用一着撒手无碍，舍此消息，亦可再出头而学道也，此是鬼神不测之玄机。这先天元炁，黍米玄珠，真心传得明白，勤而行之，忽然大悟，则三教经书，了然在吾目前，不待思索，自然解悟。以大理论，则浑身上下，内外血气，俱后天渣滓之浊阴，唯秘密处一点元阳，是个纯阳，此真形属心，此心是真空心，非这个血肉心。此真心万人不识，其中别有个乾坤世界。仆把内外三心，述之于后。

外心——天心（原批：此心位在脑，人脑百会穴中是也，以其得自坤卦上爻，故曰外。）：〇此心是真空心，曰玄关，通天窍，正是内外五行真炉鼎。凡开关发火，踏罡步斗，执剑掌印，了鬼神窥不破之机，全在此心，要知法度可也。

中心——人心（原批：此心非血肉之心，乃即外内心，圈中之空空洞洞者是，而却有位可考，位在心下脐上，神室是也，故曰中。）：〇此心是中心一窍也，为黄婆舍，内外攒簇，看时定候，全凭黄婆是也。安炉立鼎，为炼内外二药，老嫩要辨，真伪亦然，出自此心也。

内心——地心（原批：此心在脐内一寸三分，不在脐下一寸三分也，以其得自乾卦中爻，故曰内。）：〇此心正海底命主，万神之蒂。凡修大乘，先修小乘，筑基炼己，聚积法财，保养炁气，全在此穴，要识刚柔。

此三个心，在一身内外三个消息，若会把天地颠倒过，打开无缝锁，一句了却古弥陀。此三心万古不传之秘，除了这血肉心，还有三个真心，这三心贯通虚无真空。若明这个真心，则天地万象，包含在这空心里。这个空心含著真阴真阳，然真空消息是把无缝锁，终不能开，生死何处躲？仙云：“金针容易得，玉线最难穿。要知生死路，如滚芥投针。”喻言阴阳，阴阳是性命，谁人识得么？然人觉三日、五日，一七、二七、三七日，回首要留命不死，当捉住水、火、风不散，归我身中彼家兑之命主，不要动心，是不死之方。若人年老，不能行持了道，要回首去，如瓜儿一熟，蒂儿一落，全在这些消息，一知时候，发海底命主，归上虚无元性，自然魂魄不散，任从自己，方不迷矣。

正道歌

一

我有一口诀，长叹无处说。天下访不著，人人不可说！顺丹逆是仙，此是真口诀。万般枉费心，都是胡扭捏。熟记《悟真篇》，求师仔细别。自然些子妙，玄机神莫测。融融乾坤髓，拣时用意啜。要须地下宝，须明天上月。浮沈看老嫩，水源别清洁。若逢野战时，猿马休颠劣。宾来先作主，主来后作宾。黄婆媒姹女，交媾丹自结。外面黑如漆，里面白如雪。中间黄紫烂，肉青皮似血。结就五炁丹，三尸阴鬼灭。玲珑剔透人，痴聋喑哑拙。心也无得思，口也没得说。用文须用武，采取按时节。金鼎常令暖，玉炉毋令热。交媾顷刻间，温养十个月。男子会生产，产个三岛客。活吞一粒丹，天仙来迎接。九年功行满，稳步朝金阙。

二

道情不是等闲情，既识玄机不可轻。先把世情都放下，后将妙理自研明。未炼还丹先炼性，未修大药且修心。心定自然丹性至，性清然后药材生。雷声隐隐震虚空，黄庭紫雾罩千寻。若还到此休惊怕，只把元神守洞门。守洞门，如猫捕鼠兔逢鹰。万般景象都非正，一个红光是至真。此个红光生异象，其中犹若明窗尘。中含一点先天气，远似葡萄近似金。到手全凭要谨慎，丝毫念起丧天真。待他一阳归洞府，身中化作四时春。一片白云香一阵，一番雨过一番新。终日绵绵如醉汉，悠悠只守洞中春。遍体阴精都剥尽，化作纯阳一块金。此时气绝如小死，打成一片是全真。到此功夫为了当，却来尘世积功勋。功成行满天命诏，阳神出现了真灵。此言休与非人说，轻泄天机霹雳轰。嘱咐仙朋与道侣，不逢达者莫轻论。其中句句通玄妙，此真之外更无真。收拾锦囊牢闭固，他日修行可印心。可印心，五十二句要君听。若有虚言遭横死，误尔灵官鞭碎身。

三丰张真人破疑直指全卷

论言直指

金丹破疑直指

世有一等小根盲人，见先仙所言外阴阳、外炉鼎、外药物，便执迷以女人为鼎器，诚可哀也。这样无知之徒，岂知清静大道，有三身四智、内外鼎炉、内外药物、内外火候之玄哉！岂知万物皆备于我，天地造化皆同我之大哉！

假如有缘之士，得遇真师，先行玉液内还丹，炼己和光，操持涵养，回光返照，此明心见性之事。若夫金液还丹，乃情归性，直到真空地位，大用现前，龙女现一宝珠，发现至此，方为一得永得。亥子之交，坤腹之间，于一阳初动兴功之时，手探月窟，足蹑天根，回风混合，从此方有百日功灵之验，金液还丹乃全此五行之大事也。除此性命双修清静之道，馀皆旁门小术耳。

吾于一身内外，安炉立鼎之妙，攒簇五行口诀，药物火候细微已得，不知虚空法度，便去入室行外药入腹大事，发火兴功。行到秘密处，有虚空万神朝礼，仙音戏顶，此事鬼神难明，只因自己不能炼己于尘俗，未得积铅于市廛（原批：即此尘俗市廛，亦要活看。悟则市廛即深山，迷则深山亦廛市矣。），气脉又未大定，基址亦未三全，理虽融而性未见，故万神发现，凶险百出，心神恍惚，不能作主。又因外边无知音道侣护看防守，着其声色，惊散元阳，激鼎焚炉，劣了心猿，走了意马，神不守舍，气不归元，遭其阴魔。何为阴魔？我不细说，后学不知。皆因真阳一散，阴气用事，昼夜身中鬼神为害，不论睁眼合眼，耳中只听鬼神噪闹，白日间犹可，到晚最为难过，不敢定静一时，我身彼家海底命主，兑金之戊土，冲翻五脏百脉，血气皆随上腾，连身提起不着地，杀身丧命，鬼家活计。仆暂弃前功，遵师训指，大隐市廛，积铅尘俗，摄情归性，杀机返心。自幼至老，被天地人物盗去天真，今于虚无中尘色内，却要盗夺返还于我天性之中，方得元精、元气、元神，欲还三全，全凭虚极静笃，造致万物芸芸，乃得各复归根。根归理融，理融见性，身心大定，五行攒簇，才去行向上事而了道也。

想先代贤哲，多有中道而废者，皆因未曾炼己持心，金来归性，以至二候得药，于四候进火之时，不知虚空法度，粗心大意，是以白公有“再斫松筠节”之叹。谁知虚空消息，至细至微，至凶至恶，若是擒捉不住，定不饶人。学人能知一身内外两个消息，了然无碍，从此操持涵养，克去己私，复还天理，则还丹之功，至简至易，终日操吾身外之黄花，以候先后二天之琼浆，此正是“饮酒戴花悟长生”之妙也。然混元一事，则毋意、毋必、毋固、毋我，任死任生，忘人忘我，终日穿街过市，玩景怡情，于淫房酒肆，兀坐妄言，岂不动人之惊疑笑谤哉！摄境积铅，法财两用，岂不致俗子之欺弄祸身哉！是以藉通都大邑有力之家，以为外护，目击道存，韬光晦迹。仙云：“若贪天上宝，须用世间财。”乃吾身天上九阳鼎之大宝也。

凡寄生于宇宙之间，男女所赖以生而不死者，唯此一点阳精而已，岂有学仙的人，男子学道必用女人，女人学道必用男子，是败坏天下之风化，皆无知禽兽之所为也。噫！言语不通，执迷不悟，岂仙佛之眷属乎？学者果能操持涵养，于造次颠沛流离之际，不失方寸，然后求向上外药入腹事，顷刻湛然，脱胎换鼎，浑身化一道金光，大地成空，身外有身，阳神脱体，持空养虚，此是五龙大蛰法。仙云：“内丹不成，外丹不就。”言人得正传，且先积精累气，并积内外法财，养得气满神全，金光出现，昼夜常明，则此时内丹成，而吾身外丹法象现矣。凡看书不可按图索骥，学者于昼夜常明之时，药苗一生，方可采吾身外药，配吾身中之雌雄，一得金光入口，周天火发，顷刻湛然，撒手无碍，才是金蝉大脱壳也。学者未遇人时，当小心低意，积功累行，遇魔勿退，遇谤勿嗔，重道轻财；一遇至人，笃志苦求，决破一身内外两个真消息，忽然醒悟真去处而言之，所谓吾身一天地也。然此真去处，虽曰不依形而立，而窍中之窍，夫岂无形哉！今乃借物以明之，譬之乂口然，实其中则张，虚其中则弛。而窍之能张能弛，亦复如是。

起手时先须凝神，入于窍中之窍，息息归根而中实矣，中实而胎长矣。

然神本生于窍中之窍，而寄体于心宫，余尝谓之原是我家之物，而复返于我也。

窍中之窍者，神室也。神室即气穴，即中黄。盖黄即土之正色，而土意也，故坎之土戊，其意常在于离，离之土己，其意常在于坎，此其性情然也，而自有相投合之机矣。若能识其投合之机，而以意送之，神凝气住，则自然结成一点金丹，至简至易，而非有穿凿也。此盖以母之气伏子之气，而子母之气相眷恋于窍中之窍，丹岂有不成者乎？

《无根树词》二注[①]

（板藏空青洞天）

序

天台《悟真》，发明内外二药、返还大事，当时浅识无知，或疑为炉火采战之书。叶文叔不明返还，又复以清净浮言附骥行世。翁葆光见而笑曰："此不知金丹者也。"遂为注以匡正之。陆子野、陈上阳更[②]加发挥，《悟真》三注出，而叶注遂湮。辽阳张三丰先生，天仙也。在武当时，曾作《无根树道情》二十四首，与紫阳《悟真》后先伯仲，世亦有认为采战炉火者。涵虚喟然曰："道之不行，由于道之不明也。"每欲著解彰之，恨无同心丹友。栖云刘悟元，以宏通大辩之才，作书数十种传世。其中有《无根树注解》，涵虚取而观之，词源浩大，理境圆通。由是欣然大喜，喜其先得我心之所同然也。其中有未尽泄者，涵虚乃为补之，内外药物、返还火候、先后炉鼎，发泄无遗。自是而《无根二解》，宛然《悟真三注》也。解成，问序于予，予不敏，为记其用心如此。

丁未立秋日青霞洞主人同师弟何西复拜识

《无根树解》序[③]

余自童子时，常闻道者诵三丰真人《无根树》词，虽不知取义，而心窃爱之。及长慕道，常读此词，细研深究，无门可入。后遇先师龛谷老人，指示端倪，方知其中藏造化之机，泄性命之源，言简理明，包括丹道始终之

① 本篇以空青洞天本《无根树二注》点校，参校《道藏辑要》本。

② 更，洞天本二作"道"，《道藏辑要》本作"遂"。

③ 此序，底本无，从刘一明《道书十二种》增补。

序，吐露火候前后之秘。久欲解释，阐扬所蕴，苦无刻本，数十年来所见者，皆录本耳。因其字句错伪甚多，彼此不同，且失词调，不敢下笔遗笑于大方。世传贵州高真观有所藏刻文，其录本自彼处传出者，惜余未亲见也。近因好学者，欲刻刊普传，正合余多年宿志，爰是细心校阅，稍正错讹，聊解大义，一以彰真人度世之婆心，一以助学者入门之炬灯，至于词调有无，无甚关系，亦余事耳。若有知词调君子，添补全璧，此尤余之所望也。

大清嘉庆七年岁次壬戌桂月悟元子自序

三丰张真人源流

真人辽东懿州人，姓张名君实，字元元，号三丰子，又号昆阳。或云姓张名玉，字君宝，号元元子。宋末时人。生有异质，龟形鹤骨，大耳圆目。身长七尺余，修髯如戟，顶作一髻，常戴偃月冠。一笠一衲，寒暑御之。不饰边幅，人皆目为张邋遢。所啖升斗辄尽，或避谷数月自若。延祐间，年六十七，入嵩南，遇吕纯阳、郑火[①]龙，得金丹之旨，修炼成道。或云入终南，得火龙真人之传，修炼成道。秦淮渔户沈万山，又名万三，好善乐施，限于家贫，不能如愿，真人传以点石成金之术遂其愿。万三，自号三山道士，其丹室有联云："八百火牛耕夜月，三千美女笑春风。"世称为聚宝盆，城西南三山街，是其故居。真人于元末居宝鸡金台观，至正丙午九月二十日，自言辞世，留颂而逝。土民杨轨山，置棺殓讫，临窆复生，时年一百三十岁矣。从此入蜀，至太和山，结茅于玉虚庵。庵前古木五株，尝栖其下，猛兽不伤，鸷鸟不搏，众皆惊异。有人问仙术，绝不答；问经书，则论说不倦。尝语武当乡人曰，"此山当大显。"后永乐间，皇帝敕修武当，真人隐于工人之中，勤劳行功，人皆不识，惟碧云孙真人深知。时碧云为武当山住持，与真人来往，多受真人益。真人名达天庭，皇帝遣使屡召不赴，惟以诗词托碧云奏之。后以道授道人丘元靖，不知所终。（本《仙鉴》所载）

① 火，底本作"六"，误。

永乐皇帝访三丰书

皇帝敬奉书真仙三丰张先生足下：朕久仰真仙，渴思亲承仪范。尝遣使奉香致书，遍谒名山虔请。真仙道德崇高，超乎万有，体合自然，神妙莫测。朕才质疏庸，德行菲薄，而至诚愿见之心，夙夜不忘。敬再遣使，谨致香奉书虔请，拱候龙车凤驾惠然而来，以副朕拳拳仰慕之怀。敬奉书。

三丰托孙碧云转奏书词

圣师亲口诀，明方万古遗。传与世间人，能有几人知？衣破用布补，树衰以土培。人损将何补，阴阳造化机。取将坎中宝，金花露一枝。庆云开天际，祥光塞死基。归已昏昏默，如醉亦如痴。大丹如黍米，脱壳证无为。优游天地廓，万象掌中珠。人能服此药，寿与天地齐。如若不延寿，吾言皆是非。

金丹重一斤，闭目静存神。只在家中取，何劳向外寻。炼成离女汞，吞尽坎男精。金丹并火候，口口是元音。

自题无根树词二首

鹧鸪天

道法流传有正邪，入邪背正遍天涯。飞腾罕见穿云凤，陷溺多成落井蛙。
难与辨，乱纷哗，都将赤土作丹砂。要知端的通玄路，细玩无根树下花。

卖花声

无根树下说真常，六道含灵共一光。
会得威音前后事，本无来去貌堂堂。

明洪武十七年岁在甲子中和节大元遗老张三丰自记于武当天柱峰之草庐

张三丰祖师《无根树词》注解

栖云山刘悟元　注

长乙山李涵虚　增解

〔刘注〕“无根树”者，词之名也。凡树有根，方能生发；树若无根，必不久长。人生在世，生老病死，忽在忽亡，百年岁月，石火电光，亦如树之无根也。仙翁二十四词，以《无根树》为名，叫醒世人，使其看破浮生梦幻，早修性命耳。

〔李解〕无根树，以人身气言。人身百脉，皆生于气，气生于虚无之境，故曰“无根”。丹家于虚无境内，养出根荄，先天后天，皆自无中生有，是无根乃有根之原也。炼后天者，须要入无求有，然后以有投无；炼先天者，又要以有入无，然后自无返有。修炼根因，如是而已。但人身之气，有少、壮、老之不同；修炼之气，有前、中、后之各异。二十四章，合一年气候，皆劝人无根树下，随时看花，此道情之尽美尽善者也。

一

〔刘云〕叹世。〔李云〕劝人养幽花。

无根树，花正幽，贪恋荣华谁肯休？
浮生事，苦海舟，荡去飘来不自由。
无岸无边难泊系，常在鱼龙险处游。
肯回首，是岸头，莫待风波坏了舟。

（悟元云：不知此是何调。涵虚云：唱道情者，名《挽乌云》。）

〔刘注〕花者，树之精神发焕。人之身如树也，人之真灵如树之花也。凡树有根，故能生发而开花。惟人身无根，生死不常，全凭一点真灵之气运动，真灵旺则身存而生，真灵败则身亡而死。人之存亡生死，听其真灵之旺败耳。是真灵者，虽为人树之花，而实为人树之根。玉阳以此真灵谓“黄芽”，伯阳以此真灵谓“金花”，纯阳以此真灵谓“灵根”，紫阳以此真灵谓“真金”，尧夫以此真灵谓“天根”，仙翁以此真灵谓“金精”，诸家丹经又以此真灵谓“先天一炁”，其名多端，总形容此一物也。此物生于先天，藏于后天，位天地，统阴阳，运五行，育万物，其大无外，其小无内，放之则弥六合，卷之则退藏于密。以体而论，在儒则谓“太极”，在道则谓“金丹”，在释则谓“圆觉”；以用而论，在儒则谓“明德”、谓“天地之心”，在道则谓“灵宝”、谓“黍珠玄珠”，在释则谓“正法眼藏、涅槃妙心”。人之真灵，本来圆陀陀，光灼灼，净倮倮，赤洒洒，不生不灭，不色不空，处圣不增，处凡不减，因交后天，庶民去之，君子存之，便有圣凡之分。庶民去之者，去此真灵而逐于假灵也。君子存之者，存此真灵而不逐于假灵也。因其庶民逐于假灵，于是真灵幽暗不明，顺其所欲，贪恋荣华，争名夺利，不肯休歇，认假为真，百忧感其心，万事劳其形，如苦海之舟，飘来荡去，常在鱼龙凶险之处乱游。若能猛省回头，顿超彼岸，莫待风波坏舟，丧却性命。一失人身，万劫难出矣。

〔李解〕山人在“无根树”下幽居有年矣，每欲阐发幽玄，以招同类。时步山园中，见花木清幽，自饶丰致，乃悟此“幽”字，为二十四章“无根树”生发之源。幽，深也，虚无之境也。天下虚无之境，皆道人花木坛场，故吾山老师题竹抱斋句云：“三径幽花香自在，四园修竹影交加。”妙哉言乎，与此同也。花不深幽，香不自在，红尘间事，日夕难安。竹影交加者，虚心与静气相依，使人气养其心，心养其气，气盛理充，心安神全，可以葆吾真，可以含吾灵。悟元以“真灵”二字，为人之树花、树根，其言亦当。真灵者，真知、灵知也。灵知属性为阴，真知属情为阳，性情不坏，则真灵全备。无奈为七情六欲，销之耗之，则内损其性，外损其情，而真灵没矣。真灵没，则有树无花，有树无根。悟元之大[①]意如此。吾更有说者，花生于树，树生于根，根生于无，真灵之体，实从虚无里胚胎，故曰“花正幽”。无里胚胎者，即人先天之智慧，又为人之虚灵，无影无形，具众理而应万事，圣贤用之而有余，仙佛养之而各足，但不可与情欲相干。情欲相干，日取无中之有，以为应用，将日取其有，必日丧其无，日丧其无，必日丧其根，丧其根则丧其树，丧其树则丧其花。俗云：“人老颠东，树老心空”，智慧竭矣，虚灵散矣，有何真灵乎？凡此皆贪恋荣华，不肯休息，日做浮生之事，全不

① 大，底本二作“天”，底本一与《道藏辑要》本同。

想百年倏忽，人死事丢。身坐苦海之舟，又不想一旦无常，性沉舟覆，无边无岸，泊系维难，一荡一游，鱼龙险处，奔奔波波，劳劳碌碌，徒伤吾之智慧，锢蔽我之虚灵，有何益哉？仙师于此，悲悯殊深，乃掉慈航度之曰：世人之所以深入苦海，陷溺难出者，皆因不肯回首，不识岸头耳。若肯回首，即是岸头。岸头者，觉路也。能登觉路，则智慧复来，虚灵长在，已往之非不可谏，将来之是[①]犹可追，神气虽衰，返还有术，切莫待风波汹涌，打坏了舟，庶几乎舟存人存，可为彼岸之需、出坎之助也。

二

〔刘云〕勉力学人。〔李云〕劝人栽接。

无根树，花正微，树老重新接嫩枝。
梅寄柳，桑接梨，传与修真作样儿。
自古神仙栽接法，人老原来有药医。
访明师，问方儿，下手速修犹太迟。

（悟元注本“微”作“危”，与衰微之意亦相似。）

〔刘注〕人多疑年老力衰，精神有限，如树花败危，无有生发，还不得元，复不得本，而遂自暴自弃，待死而已。试观世间老树，接以嫩枝，重新发荣，如梅树寄柳树，桑树接梨树，此皆无情之物，尚能复生，何况人为万物之灵，得天地之正气，老而无有药医乎？药医之道是何道？即老而栽接之道。欲知此道，急访明师，求问真方。果得真方，下手速修犹太迟也。

〔李解〕微，衰微也。人老则元气衰微，不可不急急栽补，观之梅寄柳、桑接梨，则有式样矣。寄者，比丹法寄居兑户、寄体西邻之意；接，比丹法以性接命、以我接彼之意。故梅寄柳、桑接梨，正是今人修真样子、古仙栽接方儿。栽接者，医老之方也。接树有良方，而言梅柳、桑梨者，同类也。夫以老枝劈开，而以嫩枝插入，夹之捆之，好土合之，牝牡相衔，此接树法也。医老之方，亦必以类入类，妙土打合，而后返老还元。是法也，明师知之，在人访求耳。速修犹迟者，恐其时不待人，无常忽至，性未明而命未

① 是，底本二作“世”，底本一与《道藏辑要》同。

立，走入渺茫鬼域矣。何仙姑云："阆苑中，蟠桃上生垂柳枝，扶桑上结交梨子，此东王公与西王母指示仙方也。"三丰之言非无据。

三

〔刘言〕炼己之功。〔李言〕明花柳之妙。

无根树，花正青，花酒神仙古到今。
烟花寨，酒肉林，不断荤腥不犯淫。
犯淫丧失长生宝，酒肉穿肠道在心。
打开门，说与君，无酒无花[①]道不成。

（悟元注本"青"作"清"，然"青"乃初生新嫩之时，与清而无染者，正相近也。）

〔**刘注**〕金丹之道，以至清毫无滓质为归著，然欲其至清，须要在至浊中度出，能于至浊中绝无点染，方是真清，故曰"无根树，花正清，花酒神仙古到今"也。何以见其花酒，能成神仙哉？烟花寨、酒肉林，皆易足迷人之处，能于烟花寨中，见色不色，不为烟花所惑；于酒肉林中，随缘度日，不为酒肉所累，则是不犯淫欲、不断荤腥，而食[②]色之性俱化，道心常存，人心常灭，真灵无伤无损，大道可冀。其曰"不断荤腥"者，非贪荤腥，乃酒肉穿肠，而心不计较也。不犯淫而心无烟花矣，酒肉穿肠而心无酒肉矣。心无烟花，自有长生仙花；心无酒肉，自有延命仙酒。有仙花，有仙酒，即到清真之仙乡，彼世之避烟花而忌酒肉者，岂知凡花凡酒中能出神仙？岂知无酒无花，道不能成乎？《敲爻歌》云："酒是良朋花是伴，花街柳巷觅真人，真人只在花街玩。"可谓"花正清"之妙用矣。

〔**李解**〕凡人食色之性最重，三丰仙师即借花酒以指点。夫贪花酒者多矣，抑知有花酒神仙乎？身中元炁，青青秀嫩，人能食之御之、饮之簪之，自然神清气爽，此之谓花酒神仙，自古及今皆有，然非世上之烟花寨、酒肉林也。烟花酒肉，昏人神志，酒肉气荤腥，烟花动淫欲，斯二者皆害也，而

① 无酒无花，《道藏辑要》本作"无花无酒"。
② 食，底本二作"失"，底本一与《道藏辑要》本同。

淫欲甚于荤腥。善炼己者，逢食便食，不另需索，故不断荤腥而荤腥已忘，见色非色，不恋娇娥，斯不犯淫欲而淫念[①]乃绝。非然者，精亡液漏，为害不少，故《黄庭经》云："叶落树枯失青青，专闭御景乃长宁。"以是知犯淫欲者，必丧失长生之宝。酒肉穿肠，道犹在心，花酒何尝迷人哉？人自迷于花酒耳！不觅凡花凡酒，必见仙花仙酒，仙花仙酒，成道之助，即无根树上青嫩之花也。味厚色佳，最能滋补。仙师打开元门，说与君听，若无此等花酒，道难成也。

四

〔刘云〕辟[②]旁门。〔李云〕叹孤修。

无根树，花正孤，借问阴阳得类无？
雌鸡卵，难抱雏，背了阴阳造化炉。
女子无夫为怨女，男子无妻是旷夫。
叹迷徒，太模糊，静坐孤修气转枯。

〔**刘注**〕修真之道，须要阴阳得类，方能成全一个真灵之宝。若有阴无阳、有阳无阴，是谓孤花无类，真灵不成，亦如雌鸡之卵焉。难抱雏者，盖以背了阴阳交感造化之炉也。又如女子无夫、男儿无妻，怎能生育？彼世之盲汉，不穷阴阳之理，不推造化之源，糊涂干事，或观空，或定息，或思神，或守窍，或搬运，皆是静坐孤修，阴而不阳，不特无益于性命，而且有伤于性命，愈修而气愈枯矣。

〔**李解**〕孤，指内修言。内修养性，不能立命，以其孤而无偶，不生命宝。犹之雌鸡无雄鸡匹配，虽能生卵，却不能抱出雏鸡。今人以修性为养气者，而不知其气正孤阴也。欲要不枯，须以真阳配真阴，乃为同类之物，借问修道人，得了同类否？今夫真阳者，义也；真阴者，道也。配义与道，则不孤矣。但此中有三叠层次，始以真阴生真阳，次乃以真阳配真阴，次又从阴阳交感中产出真灵浩气，岂若雌鸡之卵难抱雏哉？不能抱雏者，因其背了

① 念，《道藏辑要》本作"欲"。

② 辟，底本及《道藏辑要》本俱作"劈"，改。

阴阳之义、造化之炉也。阴阳者，夫妇也。圣人之道，造端乎夫妇，化生乎万物，人间男女夫妻，亦如是也。女若无夫，则孤阴不生而为怨女；男若无妻，则孤阳不养而为旷夫，此理之晓然易知者，乃世上[①]迷徒，过于模糊，以为静坐孤修，可以明心，可以见性，可以一超直入，全不讲阴阳匹配，吾恐日日坐，日日修，顽空殿上行，寂灭海中戏，久之而其气转枯索矣。

五

〔刘言〕匹配阴阳。〔李言〕颠倒阴阳。

无根树，花正偏，离了阴阳道不全。

金隔木，汞隔铅，阳寡阴孤各一边。

世上阴阳男配女，生子生孙代代传。

顺为凡，逆为仙，只在中间颠倒颠。

〔**刘注**〕《易》曰：“一阴一阳之谓道。”《悟真》云：“阴阳得类归交感，二八相当自合亲。”若阴阳各偏，或阳感而阴不应，或阴求而阳不招，或阳过而阴不及，或阳盛而阴不足，皆是真灵之花有偏，不中不正，道不成全也。人之真情如金，真知如铅，二物属刚；灵性如木，灵知如汞，二物属柔。真情真知，刚而易沉；灵性灵知，柔而易浮。若以性求情，情来归性，以真制灵，灵归于真，刚柔相应，阴阳和合，化为一气，生机长存而不息矣。如情不归性，灵不归真，是谓“金隔木，汞隔铅，阳寡阴孤各一边”，焉能返本还元，结成真灵之丹哉？试观世上，男女相配，生子生孙，代代相传而相续，可知修真之道，阴阳相合，生仙生圣，亦能代代相传而不息，但不过有顺逆之分，仙凡之别。顺则为凡，逆则为仙，所争者在中间颠倒耳。这个“中”字，其理最深，其事最密，非中外之中，非一身上下之中，乃阴阳交感之中，无形无象，号为天地根、阴阳窍、生杀舍、元牝门，人生在此，人死在此，为圣为贤在此，作人作兽亦在此。修道者，能于此处立定脚跟，逆而运之，颠倒之间，灾变为福，刑化为德，所谓“一时辰内管丹成”也。噫！中间人不易知，颠倒人亦难晓。采战家，以男女交合之处为中间，

① 上，底本二作“土”，底本一与《道藏辑要》同。

以男采女血为颠倒；搬运家，又以黄庭穴为中间，以气血后升前降为颠倒。凡此[①]皆所以作俑而已，岂知神仙中间颠倒之义乎？好学者，早为细辨可也。

〔**李解**〕偏，指阴阳相隔，不能成全作丹也。夫阴阳合中，则刀圭凝而道术全备。金木铅汞，即阴阳也。木精[②]汞性皆属阴，金气铅情皆属阳，精气相须，性情交感，金恋木仁，木爱金义，汞去迎铅，铅来投汞，方无间隔之病，得生大药真身。若是阴孤阳寡，各在一边，则阴阳不配，偏而不全，安能化生至宝，流传万代乎？匹配之法，仙凡相似，只是凡人用顺，仙家用逆耳。悟元谓"中间颠倒"人不能知，吾谓这"逆"字，人亦不知。中间颠倒，先要知"逆"字妙用。人能知逆，则金木铅汞，皆在中间[③]。阴阳乾坤，尽行颠倒，而且有等等事件，皆回旋于"逆"字之内，得药还丹，片晌可期也。

六

〔刘言〕药生之时。〔李言〕坤申之理。

无根树，花正新，产在坤方坤是人。
摘花戴，采花心，花蕊层层艳丽春。
时人不达花中理，一诀天机值万金。
借花名，作花身，句句《敲爻》说得真。

〔**刘注**〕新者，本来之物，埋没已久，忽而又有之谓，花至于新，光辉复生，如月现于西南坤方，纯阴之下，一点微阳吐露，比人之虚室生白，真灵发现，复见本来面目矣。这个本来面目，即我本来不死之真人，有此人则为人，无此人则非人，乃我之秉受于天，而得以为人者是也。但此真人，不轻现露，非可常见，当虚极静笃、万缘俱寂之时，恍惚有象。虚极静笃，即坤纯阴之象，故曰"产在坤方坤是人"。这个人久已为尘垢掩埋，绝无踪迹，一旦现象，便是新花，时不可错，急须下手，摘之采之，以为我有。摘花戴者，摘此真人之花也。采花心者，采此真人之心也。渐摘渐采，由少而多，积厚流光，真灵不昧，则花蕊层层，万理昭彰，随心走去，头头是道，其艳

① 此，底本二作"所"，底本一与《道藏辑要》本同。
② 精，底本二作"金"，底本一与《道藏辑要》本同。
③ 中间，《道藏辑要》本作"其中"。

丽如春日，阳气遍地，处处花开矣。但此花人人俱有，人人俱见，人人不达，每多当面错过。若有达之者，超凡入圣，刹那间耳，故曰“一诀天机值万金”。仙翁慈悲，借花之名，作花之身，即有形无，句句“敲爻”，分说先天之旨，盖欲人人成道，个个作仙，奈何时人不达此花中之理，而犹有以御女闺丹妄猜妄作者，虽仙翁亦无如之何也。可不叹诸！

〔**李解**〕悟元讲“人”字是本来面目，是曾见过此人者，故不觉语长心重，达己达人，慈悲切矣。但“坤是人”的“是”字，尚未醒露。原夫花以比人，人即借花为喻，花正新者，如人到归根处，致虚守静，观彼一阳来复，不觉春色又新矣。这花在坤方发现，即坤见花，即花见人，花生处，即人生处，故曰“坤是人”也。丹法种铅于金乡，播汞于火地，金火位乎西南，西南得朋，金火合处，正在坤方之上，此人乃金身火体，一片纯阳，吾人真气是[①]也，一曰真情。惚兮恍兮，其中有象，热如火，艳如花，花[②]气薰人浓似酒，得之所以如醉也。此时也，吾即摘而戴之，时不可过也。吾更采取其心，直须吞尽也。由花及蕊，透入层层，真个是艳丽春宫，时人知其外而不知其中，必不达花中妙理。花中妙理，纯是天机，天机流露，一诀能值万金。此中四、五、六、七句，皆吕祖《敲爻歌》语。丰翁云：“吕祖以人身借花之名，以花身作人之身，我句句用《敲爻》语，极说得真切有味也。”

七

〔刘言〕乘时采取。〔李言〕临炉定静。

无根树，花正繁，美貌娇容赛粉团。
防猿马，劣更顽，挂起娘生铁面颜。
提出青龙真宝剑，摘尽墙头朵朵鲜。
趁风帆，满载还，怎肯空行过宝山。

（“墙头”作“琼花”，“琼花”作“墙头”，吾皆见过。此注作“墙头”讲有味，故从之。）

---

① 是，底本二作“位”，底本一与《道藏辑要》本同。

② 花，底本二作“不”，底本一《道藏辑要》本同。

〔刘注〕先天真灵发焕，一本万殊，随时玩象，无物不在，花甚繁也。当其正繁，英华毕露，精神外用，易于争奇好胜，卖弄风流，故曰“美貌娇容赛粉团”。于斯时也，须要防危虑险，牢拴猿马，挂起娘生铁面，提著青龙宝剑，对景忘情，摘尽墙头方露之花，不使些子逐于色相，耗散真气也。娘生面颜者，即无识无知之铁面。青龙宝剑者，即不染不著之真性。娘生铁面，即是青龙宝剑，两者同出而异名，以体言为娘生铁面，以用言为青龙宝剑。铁面者，定体也；宝剑者，慧器也。定以用慧，慧以成定，定慧相需，体用不离。先天真灵，即色即空，常应常静，无渗无漏，是谓“摘尽墙头朵朵鲜”也。墙头朵鲜，是方出墙而未离墙头，真气未散之时，于此而摘取之，绝无滓质，纯是天真，渐生渐采，渐摘渐收，必摘至于无所摘而后已。噫！大药难遇，大法难逢，幸而遇逢，时不可错，乘此风帆，急须摘取鲜花，满载而还，怎[①]肯空过宝山，自贻后悔也。

〔李解〕繁，即盛满时也。美貌娇容，比先天一气，即仙翁《五更道情》所谓：“群阴尽，艳阳期，一枝春色金花丽”是也。赛粉团者，药生之时，即花魔赛美之时。古仙云：“先天发现，药魔易起。”若非炼己纯熟，见美不动，谁能得金花于半刻哉？故曰“防猿马，劣更顽”，即《一枝花》道情所谓：“娇夭体态，十指纤纤，引不动我意马心猿”者也。挂起娘生铁面颜，拿出定力，“正教他，也无些儿动转”也。“提出青龙真宝剑，摘尽墙头朵朵鲜”，与“退群魔，怒提起锋芒慧剑，敢采他，出墙花儿朵朵新鲜”同一义也。悟元以铁面为定，宝剑为慧，真是知音，但定慧二者，非从炼己得来，则定非真定，慧非真慧，不可取用于临事也。《一枝花》云：“时时防意马，刻刻锁心猿，昼夜不眠，炼己功无间”，直须炼到那，“俺是个清净海，一尘不染”，方是真定；“俺是个夜明珠，空里长悬”，方是真慧。墙头者，花已出墙而犹在墙，这叫做出墙花儿，火最清，候最真，非得师传人不解，非系过来人不知。若晓得花枝出墙时，即行采来，便是仙家手段。摘尽者，一口吸尽，吞入我家，非言渐摘渐收也。渐摘渐收，乃温养抽添之事，尚在后头一著。“趁风帆，满载还”，四候合丹，急起河车运回矣，“怎肯空行过宝山”。宝山，乃先天生处○。丹法炼时为药，采时为药，养时则为火，然有药则有

① 怎，底本作“急”，据《道藏辑要》本改。

火，但非温养之火耳。此章主[①]采药解为正。

八

〔刘言〕进退阴阳。〔李言〕温养还丹。

无根树，花正飞，卸了重开有定期。
铅花现，癸尽时，依旧西园花满枝。
对月才经收拾去，又向朝阳补衲衣。
这玄机，世罕知，须共神仙仔细推。

（悟元注本“又向”作“旋趁”，字异而意同也。惟“才经”作“残经”，作人心私欲解，收拾所以退阴贼也，未免误中误。）

〔刘注〕人之精神衰败，真灵耗散，如花之飞扬谢落矣。然花谢落，犹有重开之期，人衰败亦有返还之道。返还之道为何道？即阴中复阳，已谢重开之道。铅花者，道心真知之光辉。癸水者，人心客气之私欲。铅花发现，道心不昧，癸水消尽，人心常静。道心不昧，人心常静，依旧真灵无亏无损，本来圆成之物，复见于此，是花已谢而重开满枝矣。因其癸水要尽，故“对月残经收拾去”，因其铅花要现，故“旋趁[②]朝阳补衲衣”。人心之私欲，如外来之客气，如月之残经；道心之真知，乃本来之正气，如日之阳光。对月而残经收拾，扫去人心之私欲，所以退阴也；朝阳而旋补衲衣，渐添道心之真知，所以进阳也。退阴退至于阴气绝无，方是残经收拾了；进阳进至于阳气纯全，方是衲衣补完成。阴尽阳纯，还元返本，本来面目全现，谢了重开，岂虚语哉？这个谢了重开之天机，世人罕知。若欲知之，须共神仙推究原始要终，方能知也。

〔李解〕悟元所注，其理甚佳，然非此章本义。按此就还丹温养言。飞，上下也，乃朝进阳火、暮退阴符之意。卸了者，还丹则[③]叶落归根，正指复命也。复命之后，又取外炉金水，抽铅添汞，温养灵胎。《悟真》谓：“外炉增减要施功。”《参同》谓：“候视加谨慎，审察调寒温，周旋十二节，节尽更

① 主，底本二作“注”。
② 趁，底本作“逐”，据《道藏辑要》本改。
③ 则，底本二作“得”。

须亲。”丰翁谓：“遇子午专行火候，逢卯酉沐浴金丹”是也。故曰：“重开有定期”。重开之物，即下文“西园花枝”也。铅花现，癸尽时者，还丹大药，铅生癸后，铅生则采之，金逢望远则不堪尝，惟于五千四十八日癸水初潮之后，斟酌用功，擒住首经至宝，乃为上上。癸生为十四，癸尽为十五，一片阳光，正此时也。以人身言，无非大静中之大动耳。采而吞之，遂成还丹，但大丹到手，外铅复生，丹家必取为温养之用，故曰“依旧西园花满枝”云云。“对月才经收拾去”，抽铅也；“又向朝阳补衲衣”，添汞也。收拾之法，须明月之晦朔，故以对月为言；补衣之法，须用日之朝暮，故以朝阳为喻，此玄家微意也。这等玄微，世间罕有知者，如欲知之，须共得道神仙仔细推求，庶几不谬耳。

九

〔刘言〕偃[①]月炉。〔李言〕天上宝。

无根树，花正开，偃月炉中摘下来。
延年寿，减病灾，好结良朋备法财。
从兹可成天上宝，一任群迷笑我呆。
劝贤才，休卖乖，不遇明师莫强猜。

〔刘注〕先天真灵之宝，无形无象，无方无所，从何而采，以结还丹？然虽无形无象，无方无所，亦有花开之时。当开之时，恍惚中有象，杳冥内有精，其精甚真，其中有信，法象如偃月。俗工家不知古人取象之意，或指为两肾中间，或指为眉间明堂，或指为肉团顽心，更有作俑魔头，指为妇人产门，大错大错！夫所为偃月者，偃仰之月也。天上之月，每月初三，西南坤地，黑体之下，现出峨眉之光◐，其光偃仰，故名偃月，在卦为纯阴之下，微阳渐生☷，为复，在人为静极又动，虚室生白，天地之心萌动。此心内含一点先天祖气，从黑暗之处，微露端倪，有象偃月之光。因其这一点祖气，为天地之根，为五行之本，能以造仙佛，能以作圣贤，能以固性命，又号为偃月炉。这个天地之心，与天地合其德，与日月合其明，与四时合其

---

① 偃，底本二作“信”，底本一与《道藏辑要》本同。

序，与鬼神合其吉凶，难逢难遇。幸而偶逢，时不可错，急须下手摘来，谨封牢藏，勿令渗漏，可以延年寿，可以减病灾，但此延年寿、减病灾之事，非有大功大行者不能行，非有大志大力者不能作，必须外结良缘以修德，内备法财以用诚，乃能感动皇极而得天宝。法财者，非凡间之财，乃法中之财，即专心致志，真履实践，一念不回之善财。上阳真人云："天或有违，当以法财精诚求之。盖欲求天宝，须尽人事，人事不尽，是无法财，无法财而妄想天宝，难矣。"欲求天宝者，可不先备法财乎？天宝非别物，即真灵炼成之金丹，亦即天地之心复全之还丹，曰真灵，曰天地之心者，以未修炼言也；曰天宝，曰金丹者，以修炼成熟言也。天宝既得，万有皆空，根尘俱化，入于不识不知、无人无我之境，一任群迷笑我呆矣。这个呆事，须要明师口传心授，非可强猜而知。仙翁云："劝贤才，休卖乖，不遇明师莫强猜"，其提醒后人者多矣。

〔**李解**〕开，言玉蕊初生也。偃月炉，在人身中无定所，亦无定时，因其阳气初动，静中有光，故以晦极生明之新月比之。此月在天，有庚方，有初三，皆有时地可指，若在人身，则现处即庚方，现时即初三，不可预定也。偃月何形？刘图是也◓。偃兼仰言，九分黑，一分白，黑中见白，阳气初生，故现白光于上而为偃月。今人所言者，有如此形◒，是仰月，非偃月也。何以云摘下来乎？其言摘下者，以其气在空中也。丹家见此一线白光，亦不可轻起河车，惟宜以淡泊之神、冲和之意，从气生处采之，故曰"偃月炉中摘下来"。神气相合之际，俄而阳光大现，有如十五圆形○，是为中秋月，是为气足潮生，方行驱之黄道，送之黄庭，由是则年寿可延、病灾可减矣。良朋法财者，同心好道之士，肯出善财，为人护法，助人成道者也。悟元《修真辨（难）》及此章注解，仍以法财为身中之物，此盖矫贪之论也。平心言之，法财有二：一内法财，真金也；一外法财，假宝也。借假修真，确不可少，但不宜格外贪取耳。至于天宝炼成，装憨卖痴，抱璞怀玉，群迷笑我为呆子，俱可一概任之矣。然炼天宝者，岂易言哉！非遇明师不知也。

十

〔刘言〕还丹成熟。〔李言〕还丹入山。

无根树，花正圆，结果收成滋味全。
如朱橘，似弹丸，护守堤防莫放闲。
学些草木收头法，复命归根返本原。
选灵地，结道庵，会合先天了大还。

〔**刘注**〕真灵之宝，去者复来，旧者仍新，无伤无损，依然本来原物，是花之圆也。圆之云者，言其结果收成滋味全也。夫金丹成就，五行攒簇，四象和合，仁、义、礼、智、信混成一理，精、神、魂、魄、意归于一气，更得符火烹煎成熟，化为纯阳之物，活活泼泼，其赤如朱橘，其圆如弹丸。当斯时也，守护堤防，十二时中，不得放闲，韬光养晦，学些草木收头之法，复命归根，返于[①]本源，以待静极又动，会合先天，以了大还丹之事。此言还丹成就，再造[②]大丹之功也。盖还丹只完的当年本有原物，乃超凡之事，吕祖所谓："三铅只得一铅就，金果仙芽未现形"者是也。大丹是从还丹又做向上事业，乃入圣之事，吕祖所谓："再安炉，重立鼎，跨虎乘龙离凡景"者是也。若只修还丹，不再造大丹，只了得初乘之道，不过是一个完全人耳，焉能入于圣人之域哉？所谓选灵地、结道庵者，非外之灵地、道庵，乃内之灵地、道庵。修道至于归根复命，还丹事毕，温之养之，神气充足，则丹灵矣，是谓灵丹。从此灵地，再安炉，重立鼎，是谓结道庵，曰选灵地者，等候一阳生也。一阳生，乃先天中静极而动之阳，非若还丹乃后天中所生先天之阳也。虽皆先天，但有先后之别耳。欲了大还丹，非会合先天中之阳不能成功，故曰"会合先天了大还"。大丹成就，方入圣基。若大丹未成，只是半途[③]事业，非修道之全功。释典云："百尺竿头不动人，虽然得入未为真。百尺竿头重进步，十方世界是全身。"即此了大还之谓乎？

〔**李解**〕圆，指还丹，有性情团圆之意也。其法功在致虚守静，观彼

① 于，底本二作"本"，底本一与《道藏辑要》本同。
② 造，底本、《道藏辑要》本俱作"追"，据文义改。
③ 途，《道藏辑要》本作"涂"。

庚方月生，喻如阳气初动，即运己汞迎之，外触内激而有象，内触外感而有灵，如磁吸铁，收入丹田，还外丹也。此法至简至易，故古仙云：“不出半个时辰，立得成就。”夫丹有二品，而分之则有三乘。三乘丹法，皆采铅花，皆称还丹，但有大小先后之不同耳。一曰初乘，名为结丹，又名玉液还丹，后天中返先天，去癸取壬，而以玉液培之，圆成内丹，此尽性之学，人仙也。一曰上乘，即[①]号还丹，又曰七返，以后天所返之先天，种出先天，立为丹母，此立命之学，地仙也。一曰大乘，名为九转大还丹，其药以十五夜月圆为喻，先天中先天，火到即行，化为白液，吞归腹内，凝而至坚，是为金液还丹，至灵至妙，成圣成真，此性命双[②]了之学，天仙也。花正圆者，即以上乘丹基言之也。算结了一果，收了一成，然其炼铅之法，二物相吞，五行皆备，此之谓滋味全也。是丹也，虽非大乘之丹，然亦赤洒洒有如朱橘，圆陀陀宛似弹丸，功夫至此，必须默默照顾，绵绵若存，否则怀抱不亲，易于走失，故当护守隄防，莫放闲焉。学些草木收头法，《易》所谓：“以此洗心，退藏于密”也。复命归根返本原，《契》所谓：“白里真居，方圆径寸”也。选灵地，结道庵，悟元谓灵地、道庵在人身中，然亦有内外二用：内边灵地、道庵，必求灵台清净，神气冲和，而以道人之心太平庵结于其中；外边灵地、道庵，必求灵山福地，嚣尘不扰，而以道人之白云茅庵结乎其内。如是则心迹双清，真力弥满，铅中产阳，会之合之，道成九转大还，则圣功了当矣。

十一

〔刘言〕真一之气。〔李言〕交媾之所。

无根树，花正亨，说到无根却有根。
三才窍，二五精，天地交时万物生。
日月交时寒暑顺，男女交时孕始成。
甚分明，说与君，犹恐相逢认不真。

---

① 即，《道藏辑要》本作“则”。

② 双，底本二作“归”。

〔**刘注**〕先天真灵之宝，具众理，应万事，寂然不动，感而遂通，天下之故，无处有碍[①]，无往不利，是花之亨也。花既亨，是树虽无根而花却有根。其根为何根？乃生天、生地、生人三才之窍，阴阳五行妙合二五之精。因其是三才之窍、二五之精，先天而生乎阴阳，后天而藏于阴阳，一气分而为阴阳，阴阳合而成一气，故天地阴阳，上下相交，合为一气而万物生；日月阴阳，来往相交，合为一气而寒暑顺；男女阴阳，彼此相交，而孕始成。观于天地、日月、男女，一阴一阳相交，方有造化，可知性命之道，非阴阳相交合一，不能完成。是一气者，即性命之根、生死之窍。有此一窍，则阴阳相交而生，无此一气，则阴阳相背而死。人之生死，只在此一气存亡之间耳。但人不知此一气是何物事，存于何处，或疑此气为呼吸之气，或搬运上升下降于黄庭，或聚气于丹田，或聚气于眉间，或聚气于天谷，或聚气于脑后，种种不绝，千奇百怪，终落空亡。殊不知先天真一之气，视之不见，听之不闻，搏之不得，圣人以实而形虚，以有而形无。实而有者，真阴、真阳；虚而无者，二八两弦之气。两者相形，一气居中，凝结成丹，此乃"虚空中事业"，何得以有形有象之物猜之？又何得以有方有所之窍作之哉？仙翁以其人皆不识此一气，故以三才窍、二五精示之，又以天地、日月、男女相交示之，分明将一气与人指出，但[②]恐人遇此一气，当面认不真耳。悟元斗胆，不避罪谴，今再为仙翁传神写意，分明说与大众。要知先天真一之气，不是别物，即是一点真灵之气，因其此气刚健中正，故谓真一；因其此气易知简能，故谓真灵。一真灵真，绝无滓质，故谓先天之物。真一也，真灵也，同出异名，非有两物，不知有人认得真否？

〔**李解**〕亨，通达也。一气通达，即从下文"交"字中出来。夫花生于树，树生于根，根生于无，是"无根"却"有根"也。无根之根，即生天、生地、生人之根，此根乃虚无一窍，故称为三才窍。此窍为交精之所，故曰"三才窍，二五精"。二五者，天五为一五，地十又一五，二五即二土也，二土合而刀圭成焉。泥丸云："玄关一窍无人识，此是刀圭甚奇绝。"盖二五交精之地，即产药之渊源也。大修行人，于此虚无一窍，知其为交媾之所，必

① 碍，底本二作"本"，底本一与《道藏辑要》本同。

② 但，底本二、《道藏辑要》本俱作"偶"。

能使“先天一气，自虚无中来”，交之为用，大矣哉！以故天地交，则万物生；日月交，则寒暑顺；男女交，则孕始[①]成，此皆交媾之证也。此其理甚是分明，人人易晓，却人人不晓，仙师广大慈悲，说与君听，只要在二八相逢之处，将两气合成一团，斯大药可生也。但恐龙虎相逢，吐出两弦之气，炼丹人认不真耳。

十二

〔刘言〕金精开旺。〔李言〕认取金精。

无根树，花正佳，对景忘情玩月华。
金精旺，耀眼花，莫在园中错拣瓜。
五金八石皆为假，万草千方总是差。
金虾蟆，玉老鸦，认得真时是作家。

（悟元注本“对景忘情”作“月月开时”。）

〔**刘注**〕先天灵宝，刚健中正，纯粹精也，其花最佳。当正佳之时，如月华开放，金精旺盛，而人宜玩之，不可当面错过也。月月开者，应时而开，非时不开，按月定期，动静有常，丝毫不爽也。金精者，金之精明，在月则谓月华，在人则谓真精。真精者，真灵之精，无时有昧，故以月华、金精喻之。真灵人不易知，观于月与金之真而可知；真灵人不易见，观于月之华、金之精而即见。凡物之精华，久而有坏，惟月华月月开放，金精万年不减，月华、金精如是，人之真精亦如是，但真精有时不精者，因后天阴气蔽之，而其本体未尝泯灭也。金精旺，即是真精旺，真精正旺，明照世界，气充宇宙，白雪飞空，黄芽满地，金光耀眼，左之右之，无不是花矣。但此真精，无形无象，非色非空，不可以有心求，不可以无心守，只可神会，不可口言，虽是明明朗朗，现现成成，人人常见，人人不识，最难认真。修道者，须要极深研几，真知灼见，方可下手，不得认假为真，似是而非，却在园中错拣瓜也。彼世间盲修瞎炼之辈，或疑金精为有形有象之物，而遂炼五金八石，服万草千方，与我非类，焉能结丹接命，岂不大差乎？虾蟆为水中

① 始，底本二作“如”，底本一与《道藏辑要》本同。

之物属阴，虾蟆而云金，为阴中之阳，黑中之白，我之真知是也；老鸦为上飞之物属阳，老鸦而云玉，为阳中之阴，雄中之雌，我之灵知是也。真知、灵知，方是我同类之物，方是我性命之宝。取此二物，合而成丹，真而至灵，灵而至真，真灵不散，浑然天理，不色不空，不生不灭，所谓月华者即此，所谓金精者即此，月华开，金精旺，岂有不长生者哉？但人多认不得真知、灵知是何物事[①]，若有认得真者，便是修道老作家，未有不成道者。噫！金丹之道，差之毫厘，失之千里，认得真者，有几人哉？

〔**李解**〕佳者，美也。美金花之称也，丹家以真铅为美金花。《参同》云："铅体外黑，内怀金花。"兹于黑铅之中，取出白金，以朱汞配之，产出先天一气，此正是美金花也。返之于己，便成还丹，但还丹必先炼己，炼己纯则还丹易。对景忘情者，炼己纯熟之后，一切美景，毫不动情，只贪玩这点其气，这点真气，名为月华。何又名为月华？益以月之圆，可以测气之候也。《悟真》云："八月十五玩蟾辉，正是金精壮盛时。"此与"玩月华"，同一法眼。夫月自初三而生，陆仙[②]比之气嫩；月至十五而满，陆仙比之气足，气足则金精壮盛。金精者，月华中发现之物，同出异名，旺则黄芽满鼎、白雪弥空，慧眼观之，照耀如花，丹士以通天剑取来，及时进火，制成还丹，惟此花而已矣。切莫丢了真花，反在园中拣那假瓜，以致叹其错误也。非特拣瓜为错，即五金八石，亦皆假而不真，万草千方，总属差而不是，欲求不假不差者，惟此金精而已矣。这金精，从何处生来？你看那金虾蟆、玉老鸦[③]，即是生来之处。虾蟆为水中阴物，名之曰金，则坎中真阳也；老鸦为天上阳物，名之曰玉，则离中真阴也。真阴与真阳交感，生出两弦之气，又以两弦之气，生出真一之气。月华也，金精也，皆此物也，但要人认得真耳。如其认得真时，即是明通火候辨铅的老作家。

① 事，《道藏辑要》本作"件"。

② 陆仙，指明人陆西星。

③ 玉老鸦，底本二作"玉者精"，底本一与《道藏辑要》本同。

十三

〔刘言〕采取药物。〔李言〕攀折黄花。

无根树，花正多，遍地开时隔爱河。
难攀折，怎奈何，步步行行龙虎窝。
采得黄花归洞去，紫府题名永不磨。
笑呵呵，白云阿，准备天梯上大罗。

（悟元本"爱"作"碍"，差。）

〔**刘注**〕宇宙之间，俱是道气充塞，凡真灵光照之处，即是有花之处，其花甚多，遍地开矣。无如遍地花开，而人当面不识，如河之阻碍，虽欲攀折，最难攀折，亦莫奈何也。其难攀折者，以其举世之人，皆为名利所牵，为恩爱所绊，弃真认假，以苦为乐，步步走的龙虎凶险之地，与性命之道相违，故难攀折耳。若是勇猛丈夫、决烈男子，直下脱卸世缘，求师口诀，借假修真，于众花中拣采至中至正之黄花，归于洞中，温养成丹，延年益寿，则紫府题名，永不磨灭矣。黄花，即色正中央，戊己乡之黄花，花正中正，纯是生机，并无杂气，生机归洞，四时长春，如居于白云窝中，逍遥自在，别有天地非人间，岂不呵呵大笑，自知快乐乎？到此地位，还丹已得，再安炉，重立鼎，做向上之事，准备天梯，而作大罗天仙矣。

〔**李解**〕先天本来之物，贤不加增，愚不加减，人人皆有，个个皆生，花正多也，特为爱河所阻，致使本来湮没。纵然遍地花开，其如爱河之相隔何哉？爱河者，后天欲界之人心，能阻先天之道心，道心既阻，则欲攀折仙花难矣。为今之计，怎奈之何？仙师为学者告曰：除非步步寻求，行行探访，走了一重山，又度一重水，直入龙虎之窝，庶可见其本来也。这龙从火里出，这虎向水中生，能从后天中吐出先天之气，龙藏于阴，虎藏于阳，阴阳交媾，生出龙虎，龙虎交媾，生出金花。这金花，在西南坤方，坤土色黄，其花亦是黄花，人能采得黄花，拿回洞去，结成金丹，则紫府题名永不磨矣。笑呵呵，深造自得也。白云阿，居安资深也。如欲竿头重进，至于天仙，非再安炉鼎，高架天梯，不能做大罗天仙。欲做天仙者，由此而准备天梯可也。

十四

〔刘言〕阴中生阳。〔李言〕鼎中产药。

无根树，花正香，铅鼎温温现宝光。
金桥上，望曲江，月里分明见太阳。
吞服乌肝并兔髓，换尽尘埃旧肚肠。
名利场，恩爱乡，再不回头空自忙。

〔**刘注**〕先天真灵，众美毕集，万善同归，其气最香，当其正香之时，即铅鼎温温现宝光之时。铅鼎者，真知也。以其真知，能以去旧取新，能以修仙成真，故谓铅鼎。宝者，即真灵之宝，真灵非真知不现，盖真知具有道心，道心内含先天真一之气，是谓真灵。铅鼎温温，是刚柔相当，不偏不倚，而鼎立矣。鼎立，则道心发现；道心发现，则真灵之光渐生，是谓现宝光。金桥者，金也；曲江者，水也。上金桥而望曲江，水中有金之象。水中有金，阴中生阳，即是月里见太阳，亦是“铅鼎温温现宝光”也。铅鼎光现，阴阳合德，神气相御乘时，故入造化窝中，令其住而不令其去，是谓“吞服乌肝并兔髓”。乌肝色青，日精也，象灵知之灵性；兔髓色白，月华也，象真知之真情。吞服乌肝并兔髓，则性不离情，情不离性，真而至灵，灵而至真，性情如一，真灵不昧，圆陀陀，光灼灼，净倮倮，赤洒洒，一切后天积聚泻去，道心常存，人心永灭，换尽尘埃旧肚肠矣。肚肠换过，万事皆空，利名恩爱，何恋之乎？

〔**李解**〕香乃不闻不臭之香，至清至洁之香，即先天初现，不染于后天时也。铅鼎者，外鼎也。造铅之法，必立外鼎于西南，名曰坤乡，又曰坤母。母体本虚，必资乾父日精，方能产铅。日精者，龙汞也（即下文“乌肝”）。龙为长子，子代父体，投入母怀，则气精交感，先天真铅之鼎于此而立。钟祖云：“太阳移在月明中”，此即立鼎之法也。下文云：“月里分明见太阳”，即此温温之时也。铅鼎温温，则宝光现矣。宝光者，命宝之光，此光发观，正为先天之气，白象从眉眼上映出，吕祖曰：“温温铅鼎，光透帘帷”。又曰：“审眉端，有朕兆”，同此景也。金桥者，下鹊桥也，在西南路上，为金气照耀之所。曲江者，气绕鹊桥，光印西南也。昔人注吕祖“曲江上，月华莹净”之句，指曲江为小肠十二曲，误入魔道矣。又有指为口鼻之间者，其入魔道尤甚。惟陈泥丸先生云：“西南路上月华明，大药还从此处生。记得古人诗一句，曲江之上鹊桥横。”深为得旨。何也？西南属坤，坤为腹，宝光现处，月华正明，月华明处，金气正出，故于金桥之上，望见曲江，江上有月，正照金桥也。月华朗耀，阴中阳生，故曰“月里分明见太阳”。太阳者，日也。日中阳乌，日之精也。吞服乌肝者，饵东方之日精，并服兔髓者，食西方之月华，精华合服，大药乃生，日月并吞，金丹具体，故曰“吞服乌肝并兔髓，换尽尘埃旧肚肠”矣。又何有恩爱名利，扰[①]我清心，再为之回头思想，终日空忙也哉？

十五

〔刘言〕临炉下功。〔李言〕温养功夫。

无根树，花正鲜，符火相煎汞与铅。
临炉际，景现前，采取全凭度法船。
匠手高强牢把舵，一任洪波海底翻。
过三关，透泥丸，早把通身九窍穿。

〔刘注〕真灵之宝，尘垢退尽，至清至净，花岂不鲜乎？然其所以鲜者，全赖符火相煎铅汞之功夫。真灵者，真知、灵知之体；真知、灵知，乃真灵之用。真灵分而为真知、灵知，真知、灵知合而为真灵。烹煎真知之铅、灵知之汞，即烹煎真灵也。烹煎者，以真知而制灵知，以灵知而顺真知，真知、灵[②]知凝结，复成真灵之宝，其花之鲜，言语难形容矣。但真灵易结，火候最难。紫阳翁云：“纵识朱砂与黑铅，不知火候也如闲。大都全藉修持力，毫发差殊不作丹。”特以金丹之道，采药有时，炼药有法，若不知时、不知法，虽大药在望，不为我有，故临炉下功之际，恍惚中有象，杳冥内有精，一点真灵之光，从虚无中透出，似有似无，非色非空，景象现前，此大药发生之时也。此时即有三尸六贼、五蕴七情诸般之幻景，亦现于前，

① 扰，底本二作“一”，底本一与《道藏辑要》本同。
② 灵，底本二作“顺”，底本一与《道藏辑要》本同。

必须稳驾法船，牢把舵楫，对景忘情，一任海底翻波起浪，不动不摇。如是用功，渐采渐炼，扶阳抑阴，愈久愈力，功夫到日，自然精化为气，气化为神，神化为虚，过此三关，泥丸风生，法相现露，而周身九窍之阴气，亦皆化矣。三关非工家尾闾、夹脊之说，乃炼精、炼气、炼神之三关，炼精化气为初关，炼气化神为中关，炼神化虚为上关，过此三关，神合太虚，出入无碍，是谓透泥丸，盖泥丸宫为藏神之所也。周身九窍方著幻身上说，过三关，上泥丸，法身成就，而幻身百脉九窍，阴气化为阳气，亦皆窍窍光明，即百万四千毫毛，亦化为护法神也。学者不可以辞害意也。

〔李解〕此章以温养言。悟元谓过三关、透泥丸、穿九窍，非工家尾闾、夹脊之说，乃经三炼之后，神合其虚，出入无碍，能使幻身九窍，窍窍光明，其说可也。但上头数句，若不就温养时言，则入室还丹、温养脱胎，尽杂于一词之中，似非仙师逐段指点本意，今但以温养言之。鲜者，鲜明也，温养功深，日新月盛之象。符火者，屯蒙值事，朝进阳火，暮退阴符也。夫子时阳生，进火宜子，至于朝则寅时矣，不于子而于寅者，火生在寅，阳气发旺，故于此时进火；午时阴生，退符宜午，至于暮则戌时矣，不于午而于戌者，火库居戌，阴气主藏，故于此时退符。退符所以添汞也，进火所以抽铅也，以铅制汞，以汞含铅，铅日减而汞日增，故曰“符火相煎汞与铅”。临炉者，以临外炉言，非入室临炉时也。入室炼铅，必用鼎器，至于温养，则用炉而不用鼎也。然炉有外炉，亦有内炉，紫阳云：“内有天然真火，炉中赫赫长红”，此即内炉也；又曰：“外炉增减要勤功，绝妙无过真种”，此即外炉也。临炉之际，美景现前，此不是宝光现前，亦不是幻景当前，乃内炉文火、外炉武火也。文武烹煎，渐采渐取，渐取渐添，温养时有不可间断功夫，全要法船匠手，不为风波所动，扰我元功[①]，然后法船广运，往来不绝，如达摩之载金过海，直超彼岸矣，故曰“采取全凭度法船，匠手高强牢把舵，一任洪波海[②]底翻”云云。末三句，刘注已明，兹不复解。

① 元功，底本二作“克勤”，底本一与《道藏辑要》本同。

② 海，底本二脱漏，底本一与《道藏辑要》本同。

十六

〔刘言〕认取真铅。〔李言〕一味真铅。

无根树，花正浓，认取真铅正祖宗。
精气神，一鼎烹，女转成男老变童。
欲向西方擒白虎，先往东家伏青龙。
类相同，好用功，外药通时内药通。

（悟元注本“浓”作“秾”，“擒”作“牵”，“方”作“园”，皆无大异也。）

〔刘注〕秾者，秾盛广多也。花正秾盛，其间即有美恶偏正相杂，须得真正仙花，方可采取而用。真正仙花为何花？即真铅也。真铅即真知之真情，乃真灵之发现，以其真知外阴内阳，外黑内白，故谓真铅，又谓水中金，又谓水乡铅，又名月中华，其名多端，皆象此真知之一物也。惟此真知，内含先天真一之始气，乃阴阳之本，五行之根，仙佛之种，圣贤之脉，为修道者之正祖宗。认得祖宗，取归我家，敬之奉之，须臾不离，则精气神三者，自然聚于一鼎，无庸勉强。盖以其父归之，其子焉往？更加符火烹炼之功，虽女可以转男，虽老可以变童。女转男者，非形体转男，盖女子纯阴，修炼成道，化阴成阳，亦同男子。老变童者，非面容变童，盖老者气枯，修炼成道，返本还元，亦如童子。但女转成男、老变为童之道，虽是认取真铅、真知，还要先能炼己。若炼己不熟，真知不来，虽来而亦不留，故曰“欲向西园牵白虎，先往东家伏青龙”。白虎属西方金，喻真情也；青龙属东方木，喻真性也。真情、真性，本来一家，何待牵伏？因其交于后天，真中杂假，真情变为假情，恩中带杀，如虎出穴，奔西伤人，不为我有，而反依居他家矣。真情既变为假情，于是真性有昧，亦化而为假性，假者用事，真者退位，性情不和，如龙东虎西，两不见面矣。若欲复真，必先去假；若欲牵情，必先调性。调性之功，乃炼己之功。炼己者，炼其气质之性也。气质之性化，则真性自现。真性现，则不动不摇，而真情亦露；真情露，则假情不起，可以牵回白虎，与青龙配合，情性相恋矣。白虎，即真铅祖宗，同出异名，以其真知刚强不屈，故谓白虎；以其真知柔中藏刚，故谓真铅。牵白虎，即是取真铅。牵之云者，非有强制，乃不牵之牵，性定[①]自然情归，特以同类者相从，阴阳内外有感应之道也。性主处[②]内属阴，内药也；情主营外属阳，外药也。阴阳原是一气，性情固是同根，内药能通，外药未有不通，内外相通，性求情而情恋性，性情和合，真灵凝结，还丹有象矣。纯阳翁云："性住气自回，气回丹自结。"紫阳翁云："若要修成九转，先须炼己持心。"此皆言还丹先要炼己也。噫！真铅易取，炼己最难，炼己之功大矣哉！

〔李解〕浓，言情之浓也。铅乃人之真情[③]，真铅发现，则其情正浓，只要认得真，取得来，则金丹立就。盖此真铅者，黄中正位之体，大丹之祖宗也。取来制汞，三家相见结婴儿，推而广之，千千百百，子子孙孙，皆自此真铅发脉，故以真铅为祖宗。精气神，一鼎烹，此即铅归汞伏，三家相见之后也。但造真铅者，其先有女转成男、老变为童之妙诀。原夫离宫之火，真精也；坎宫之水，真气也；坎离中间，又有妙土为用，真神也，一曰真意。气精交感，以神主之，则水底金生，火中汞降，又以神执其平衡，调其胜负，猛烹极炼，则火蒸水沸，金亦随水上腾，此即精气神一鼎烹之力也。及其入于离宫，离火为坎水所灭，不飞不走，气得神而住，精得神而凝，铅汞俱死，同归厚土，三姓会合于中宫，炼成一个紫金丹，此又精气神一鼎烹之妙也。当其先东家之子，寄体于西，西方之兑，正为少女，少女代坤母行事，女鼎中现出震男，是女转成男矣。此男号九三郎君，其年甚少，实是木公道父，投身子胎而生者，故木公转号公子，是老变为童矣。这公子骑的白虎，出游西方，甚是勇猛，时有道人见而问之曰："你这骑虎的童男，可是木公所化的么？"童男知道人心有正觉，不敢隐瞒，答曰："是。"道人遂回头笑曰："水乡铅，只一味。崔公之言真也。"今欲呼回童男，须要擒他白虎，白虎乃童男随身元气化的坐骑。你欲往西方擒他白虎，必先往东家伏了青龙。盖白虎者，金情也；青龙者，木性也。以木交金，则木中火发，火转逼金而回；以金并木，则金中水腾，水转灭火而住。此四者，相异而实相同，

① 定，底本二作"之"，底本一与《道藏辑要》本同。
② 处，底本二作"不"，底本一与《道藏辑要》本同。
③ 情，底本二作"铅"。

异类而实同[1]类。既然同类，故好用我玄功，使其会在一处，由是内迎外合，外归内伏，外药既通内药，内药亦通外药也。此篇只言真铅，不言真汞，盖有铅即有汞，不言汞而汞在其中矣，故曰“外药通时内药通”。铅也，气也，男也，童也，虎也，皆外药也；精也，女也，老也，龙也，皆内药也。至于神，则在内外精气之间。

十七

〔刘言〕采取火候。〔李言〕六门火候。

无根树，花正娇，天应星兮地应潮。
屠龙剑，缚虎绦，运转天罡斡斗杓。
煅炼一炉真日月，扫尽三千六百条。
步云霄，任逍遥，罪垢凡尘一笔消。

〔**刘注**〕真灵藏于后天，为积习客气掩蔽，花最难发，间或有时而发，一点光辉，从虚无中透出，如珠如露，嫩弱秀丽，其象最娇，似开未开，浑沦元气，在天应星之明而不大，在地应土之潮而未湿，星明地湿，皆阳气初动之象。阳气初动，即真灵花娇[2]时也。当其正娇，易于识神借灵生妄，性乱情移，急须猛烹速炼，杜渐防微，扶阳抑阴，以护命宝。屠龙剑，所以防气性；缚虎绦，所以制妄情。气性不发，则真性[3]现；妄情不起，则真情生。真性现，真情生，是运转魁罡，斡旋斗杓，转杀为生，变刑成德，可以煅炼一炉真日月矣。日者，阳中有阴之象，喻真性所含之灵知，灵知为雄中之雌，真阴也；月者，阴中有阳之象，喻真情所含之真知，真知为黑中之白，真阳也。煅炼真阴、真阳，两位大药，归于一气，凝结成丹，吞而服之，延命却期。此乃最上一层之妙道，非三千六百旁门著空执相事业也。盖以大道成就，步云霄，任逍遥，万般罪垢凡尘，皆一笔勾消。彼三千六百旁门，皆在臭皮囊上做作，适以惹罪垢凡尘，焉能消罪垢凡尘哉！

〔**李解**〕娇，以秀嫩言，一阳初萌之时也。天比上，地比下，阳生之时，

① 同，底本二作“相”。
② 娇，底本二作“嫩”。
③ 性，底本、《道藏辑要》本俱作“灵”，据上下句文义改。

眉上有点点星光，昔人谓为“天应星”；腹中有浩浩潮气，昔人谓为“地应潮”。药生朕兆，原有如此，良不诬也。悟元以天之星辉、地之潮湿，比阳气初[①]生，不大不润，亦是一解。更有以《入药镜》为言者，“天应星”指上鹊桥，“地应潮”指下鹊桥，均有妙理。然吾窃闻之，应星应潮，以应月应时言，即星悟月，即潮悟时，此正是大还丹要紧火候。余摘《参同》数语，以为印证。《参同》云：“金计十有五，水数亦如之。临炉定铢两，五分水有馀。二者以为真，金重如本初。其三遂不入，火二与之俱。”此即应星、应潮之正义也。金必十五两重者，金准月数，取金精壮盛之意。五千四十八日，天真之气始全，十五两金能生十五分水，上半月十五日是也。水数与金数相应，即潮数与星数相应。若金水不足，则真水不生，此谓天不应星、地不应潮，何以定铢两乎？若要应星应潮，就以上半月之十五日为定，自朔至望，以一日半为一分，两个一日半，三日出庚矣。这才是二分真水，天也应星，地也应潮。若至初五，则是三分，三分不入用；若至初八，则是五分，五分更有馀，均非应星、应潮也。必以二分之水，配以二分之火，乃是真应星、真应潮，二者坎水之真信，金初生水，刚到二分时候，水源至清，有气无质，即白虎首经也。虎正吐气，龙即以二分真火迎之，炼为丹本。至于生二分水之金，又必要等至十五，金精始旺，水潮乃生，所谓二七之期，真铅始降，此亦[②]应星、应潮也。或者问：火何以必须二分？曰：一时功夫，分三符六候，止用一符二候之火，斯龙虎平匀，相吞相啖。到这时候，必要执剑降龙，拿绦伏虎；运罡斡斗，归于中宫，日月交精，烹之炼之，则正道得矣。

我吾山老师，还有一讲，更精密醒露，并详述于此。乾天为阳，星即天之火精，阳中阴也；坤地为阴，潮即地之水气，阴中阳也。精为火父，气为水母，乾父与坤母交，则离火与坎水生焉，故曰“天应星，地应潮”。应之云者，彼此相与感应之机也。《参同》云：“方诸非星月，焉能得水浆？”可知天光照地，应之以星者，地气承天，即应之以潮也。仙家以天之星，喻人心中之火，火即人之性也，性属龙，设有不降，则星飞火散。故当执屠龙之

① 初，底本二作“不”，底本一与《道藏辑要》同。

② 亦，底本二作“是”。

剑以降之，剑比大慧也；以地之潮，喻人身中之水，水即人之情也，情属[①]虎，设有不伏，则潮浸水流，故当持缚虎之绦以伏之，绦比大智也。大巧若拙，大智若愚，智慧冥冥，即生妙心，转天罡，斡斗杓者，非妙心不能为力。天罡，北斗也。天罡主生，在乎斗杓，斗杓指处，即有生气。人身妙心，能运天罡之杓，则能转杀为生矣。斗杓回旋，金丹入内；金丹入内，妙心还我。妙心者，不生不灭之真身，与天地合其德，与日月合其明，即人身真日月也。欲求妙心，必从后天中返先天，先把外日月交光于外，明火候，知符刻，乃能得之。及其归也，又要以内日月交光于内，昼夜长明，调和养育，则煅炼一炉真日月矣。是为金丹大道之妙谛，七返九还之重玄，扫尽三千六百旁门，可以步云霄，任逍遥，罪垢凡尘一笔消矣。若不明此大道，断无解脱日子，罪垢凡尘，日日加增，可不悟哉？

十八

〔刘言〕逆用气机。〔李言〕善用盗机。

无根树，花正高，海浪滔天月弄潮。
银河路，透九霄，槎影横空泊斗梢。
摸著织女支机石，踏遍牛郎驾鹊桥。
入仙曹，胆气豪，盗得瑶池王母桃。

（悟元注本“泊”作“斡”，“盗”作“窃”。）

〔**刘注**〕先天大道，包罗天地，运行日月，超乎万有，花开正[②]高，其高如月在天上，光射海底。海浪滔天，水不能溺月之光，而月反能弄水之潮，亦犹人在苦海境遇之中，境遇不能伤其真，而反借境遇以炼真。又如银河路远，直透九霄，人不易渡，然有仙槎横空，斡旋斗梢，即能渡之。昔张骞乘仙槎渡银河，而见牛女二星相会，此可征也。以理而论，世间亦有仙槎，亦能渡银河。世间仙槎为何物？金丹大道是也。金丹大道，在虚空中作事[③]业，能以转乾坤，逆阴阳，夺造化，超凡入圣，是亦仙槎也。然

① 属，《道藏辑要》本作“即”。
② 正，《道藏辑要》本作“甚”。
③ 事，底本作“世”，据《道藏辑要》本改。

仙槎之妙，在乎斗梢之运用。斗梢者，北斗第七星瑶光是也，又名天罡。天罡所指处吉，所坐处凶，盖以指处有生气存焉。扭回斗梢，刹那之间，阴阳相合，生机萌芽，绝不费力，故曰“摸著织女支机石，踏遍牛郎驾鹊桥”。织女属阴，牛郎属阳，鹊桥为牛女相会之处，摸著机石，踏遍鹊桥，以阴招阳，阳来会阴，阴阳相会，金丹有象。此种道理，尽在波浪里做出，虚空中施为，所以能“入仙曹，胆气豪，窃得瑶池王母桃”也。瑶池在西，王母为老阴，即坤母也。桃者，丹也，即震之一阳也。王母桃，即坤中孕震之象，丹在西而窃取归东，则为我家所有而丹还矣。但此还丹之妙，其妙在乎阴阳相会，阴阳相会之妙，尤在乎大海波中，逆运气机，不动不摇耳。能于大海波中，不动不摇，真是有胆气丈夫，九霄有何不可上？银河有何不可渡？王母蟠桃有何不可窃乎？彼世之习静忘形，仅在寂灭中作事者，焉知有此？

〔李解〕高，指虚空而言。海浪滔天者，即紫阳翁所谓“风浪粗、产玄珠”之时也。风起浪涌，声震虚空，故曰“滔天”，而一个玄珠，正如团团秋月，现于海上，故曰“月弄潮”也。逆挽银河，上透九霄，仿佛张骞乘槎，影横空际，气机于此直达矣。然河槎前行，必先有个指引，方不使水经滥行，不由河道，此斗梢之上，所以为泊系之所也。这“泊”字下得最妙，人间泊船，乃止宿之意，仙客河槎，则以斗梢为靠，端行直指，势不容泊，其言泊斗梢者，正其不可泊、不得泊，就于斗梢泊之。随斗运转，行中有止，杀里逢生，犹之英雄豪杰，直傥做事，风利不泊，乃是大结局、大兴会之时，不泊胜于泊，泊犹之不泊．斯其为泊斗梢也。织女、牛郎，天上阴阳二星，年年七夕相会。织女属阴，机石比汞，牛郎属阳，鹊桥乃牛女相逢之处，即金汞会合之方。上言斗梢，此言女牛，是斗为女牛之媒也。牛郎欲会织女，非斗不能圆成，斗转则牛郎渡河，金与汞合矣。吕祖云：“进火功夫牛斗危”。泥丸云：“妙在尾箕斗女牛”，同此意也。摸著机石，则以汞迎铅，踏遍鹊桥，则铅汞一路，从此天缘有分，志气能伸，可以遇仙曹而胆气豪矣。此何故哉？以其盗得瑶池王母桃耳。悟元以瑶池在西，王母为坤母，桃即坤中孕震之象，丹在西而窃取归东，以成还丹，其注明矣，但“窃”字不及“盗”字现成。东方盗桃，一也；坎卦为盗，二也。东方盗桃，恰往西方取金；坎卦为盗，恰向水底求铅。盗之为义，妙也哉！

十九

〔刘言〕阴阳抟结。〔李言〕化生玄珠。

无根树，花正双，龙虎登坛战一场。
铅投汞，配阴阳，法象玄珠无价偿。
此是家园真种子，返老还童寿命长。
上天堂，极乐方，免得轮回见阎王。

〔**刘注**〕金丹，乃阴阳二气相激而成象，是花须成双而后有用也。阴阳者，一龙一虎也，一铅一汞也。龙为真性，汞为灵知，又为元神，俱属阴；虎为真情，铅为真知，又为元精，俱属阳。龙虎战者，性情抟聚也。铅投汞者，精神凝结也。性情抟聚，精神凝结，阴阳相配，一气混合，真灵圆明，法身有象，圆陀陀，光灼灼，如一粒玄珠，为无价之宝矣。此宝非外来之物，乃我家园之真种子，本来原有，因交后天，迷失无踪，今得阴阳调和，无而复有，去而复来。种于家园，本立道生，生生不息，返老还童，延寿无穷，上于天堂极乐之方，可免轮回之苦矣。

〔**李解**〕双者，两弦之气也。两弦之气合，则龙虎登坛，相吞相啖，战即吞啖之意。一场大战，龙虎平匀，虎战龙则以铅投汞，龙战虎则以阴配阳，阳铅与阴汞交，斯无价宝生矣。《悟真》云："虎跃龙腾风浪粗，中央正位产玄珠。"玄珠乃先天一气，仙佛本原，吾家真种，而非外物，因为后天所掩，久不现象，今在龙虎坛中，阴汞阳铅，结为真夫妇，遂从后天坎离之内，返出先天，故曰"法象玄珠无价偿"。此是[①]家园真种子，得之者返老还童，延命[②]益寿，上天堂，登极乐，免得轮回见阎王也。此言龙虎阴阳，相战相配之法，须于"花正娇"一章注内，觅其火候可也。

---

① 此是，底本二作"从此"。
② 命，底本二作"生"。

二十

〔刘言〕一时还丹。〔李言〕还丹温养。

无根树，花正奇，月里栽培片晌时。
拿云手，步云梯，采取先天第一枝。
饮酒戴花神气爽，笑煞仙翁醉似泥。
托心知，谨护持，惟恐炉中火候飞。

〔**刘注**〕先天真灵，无而能有，缺而能圆，花[①]甚奇也。然正所以奇者，先天为后天掩蔽，杳然无踪，若欲栽培，片晌之间，即能回春。回春之妙，要采取先天第一枝之花。第一枝是生物之祖气，乃生天、生地、生人之灵根，不落于形象，不落于空亡，含而为真空，发而为妙有，至中至正，至精至粹，恍惚杳冥，如露如电。不可以有心求，不可以无心守，有心求之，则著于相，无心守之，则著于空，是在乎性定情忘，回光返照，虚极静笃，不采而采，不取而取，自然先天真一之气，自虚无中来，凝而为黍米之珠，内外光明，如戴仙花，神气爽畅，如饮仙酒。戴花饮酒，乐在其中，不识不知，顺帝之则，如入于醉乡矣。当斯时也，还丹已结，复见娘生面目，无用外炉加减，急须内炉温养，神明默运，谨守护持，一意不散，时防火候差池[②]也。心知者，非外心知之人，乃内自知之心。火候缓急，心自知之，心知而不昧心，自然火候不差，金丹成熟也。

〔**李解**〕奇者，令人不测也。不惟人不能测，即阴阳亦不能测。若是能测，则阴阳不会，难[③]入杳冥，何以栽培先天乎？月里栽培者，三日出庚，药材新嫩，就在这庚方月内，栽培金花，必以二分火，配二分水，混沌片时，而后有先天第一枝鼎内生出，此片晌功夫也。片晌之间，先天第一枝果然发现，妙心主事，即时逆转天罡，回翔云汉，此即拿云之手、步云之梯，采取先天第一枝也。饮酒者，饮此第一仙酒，先天化白液矣。戴花者，戴此第一仙花，先天回阳春矣。花即是酒，酒即是花，饮之戴之，酒是良朋花是

① 花，底本二作“栽”。
② 池，底本作“迟”，据《道藏辑要》本改。
③ 难，底本二作“杂”，字形近而讹。

伴，令人神气冲和，浑浑如醉，故曰“饮酒戴花神气爽，笑煞仙翁醉似泥”。心知者，同心也，即自己妙心也。谨护持者，以妙心看火候也。但护持有数件，炉火有两端。火候未足，则屯蒙抽添以护之，须用外炉加减；火候已足，则昼夜含光以护之，不用外炉加减。十月数全，九年已过，则真人出顶门矣。否则外炉不该去而急去，则火候未足而丹不大；外炉该去而不去，则火候太过而丹必伤；内炉不该去而急去，则火候未纯而丹不灵；内炉该去而不去，则火候如愚而丹不出。凡此，皆炉中火候有差池也。是所望于心知，精谨护持，乃不致有差池耳。飞，即差池之意，〇与前“花正飞”章同看。

二十一

〔刘言〕调和阴阳。〔李言〕得药还丹。

无根树，花正黄，产在中央戊己乡。
东家女，西舍郎，配合夫妻入洞房。
黄婆劝饮醍醐酒，每日醺蒸醉一场。
这仙方，返魂浆，起死回生是药王。

（悟元注本“产在”作“色正”。）

〔刘注〕黄者，中央戊己之正色。戊为阳土主动，己为阴土主静，戊己居中，相合为真信，又谓真意。花色正黄，则真灵入于中央正位矣。然真灵中正，非性情如一不能。东家女，木性也；西舍郎，金情也。一性一情，配作夫妻，入于洞房宥密之处，更得黄婆于中劝饮醍醐，调停火候，则不和者而必和，既和而长和。醍醐酒，非世间之糟汁，亦非身内精津血液有形之物，乃阴阳交感絪缊中和之气，合而为真一之精，通而为真一之水，滋味香甜，古人谓玉液，谓琼浆，谓甘露，又谓醍醐，总以形容此一点中和之气耳。劝饮者，不冲和而必调至于中和。修道至于阴阳冲和，常应常静，远观其物，物无其物，近观其身，身无其身，内观其心，心无其心，不识不知，顺帝之则，日日饮醍醐，而入于醉乡矣。这个醉中趣味，是神仙之方，是返魂之浆，能以起死，能以回生，乃大药王也。中央、戊己、黄婆，皆真信之异名。以阴阳和合言，则谓中央；以运行阴阳言，则谓戊己；以调和阴阳言，则谓黄婆；以动作言，则谓真信；以静定言，则谓真意：故一物而有数名，总而言之，一真信而已。识得此信，即于此信上下实落功夫。始而以性求情，既而以情归性，又既而性情和合，又既而性情浑化，结成一个真灵至宝。始之终之，无非此一信成功，信之为用大矣哉！归到实处，真灵中正，即是性情相合。性情相合，便有个真信在内。真信现时，性情自不相离，真灵自然中正，三者相需而仍相因也。

〔李解〕黄，正色也，佛家之正觉、儒道之正气也。其在释典，则曰黄花；其在仙经，则曰黄芽。但黄芽有二种，一个是初三新药，一个是十五大药。《悟真》云："黄芽生处坎离交"，此即初三新药也。黄芽生处，即当交媾坎离，以种第二个黄芽。《悟真》曰："种得黄芽渐长成"，此即第二个黄芽，十五日之大药也。黄芽长成，实因坎离交媾。夫坎离之交媾者，交媾于中央戊己乡也。中央乃精气成团之处，戊己乡乃动静调合之所，调合成团[①]，片晌间从中产出黄芽，故曰"产在中央戊己乡"。这黄芽名字极多，以本章言之，即西舍郎也。西舍郎，金气也。东家女，汞精也。采回金气，制伏汞精，此金汞返还之道，即"配合夫妻入洞房"也。既入洞房，又要有黄婆守之，黄婆即上章所言心知也。夫妻两个，恐防不谐，则精神意气，难入中和之境，而丹不成，故要有黄婆伏侍，劝饮醍醐。醍醐者，外资温养之精，内服中和之气也。黄婆乃是知心人，炉中火候，自然不差，朝暮之间，频频劝饮，每日醺蒸醉一场，真快乐也。此酒不是凡间酒，乃仙方所制之酒，名曰返魂浆，可以起死，可以回生，小药外药，皆不能及，是为药之王也。此章乃二候求铅之后，四候还丹功夫。求铅乃外事，初三月出庚施功，名之曰以火配水[②]，以龙就虎，以阴会阳，以离交坎，以性合情，以汞投铅，以女嫁男，以后天生先天，总之是以精合气，乃外药也，其功夫在外，只用一符二候，立为丹基。还丹乃内事，十五月圆时施功，名之曰以水灭火，水乃天癸之水，以虎嫁龙，虎乃西方之虎，以阳伏阴，阳乃含真之阳，以坎填离，坎乃先天之坎，以情归性，情乃金情之情，以铅制汞，铅乃真一之铅，以男配女，男乃纯乾之男，以先天制后天，总之是以真气合真精，乃内药也，其功夫在内，须用二符四候，结为金丹。凡此，皆古人所未分晰者，吾于此详陈

① 团，底本二作"园"，底本一与《道藏辑要》本同。

② 火配水，《道藏辑要》本作"水配火"。

之，庶阅丹经之际，了然于二药之分也。

二十二

〔刘言〕凝结圣胎。〔李言〕擒伏火药。

无根树，花正明，月魄天心逼日魂。
金乌髓，玉兔精，二物擒来一处烹。
阳火阴符分子午，沐浴加临卯酉门。
守黄庭，养谷神，男子怀胎笑煞①人。

〔刘注〕先天真灵，本体光辉，通天彻地，照破一切，花正明也。其所以明者，乃阴阳二气，和合而成之。人之一己纯阴，如月之黑暗无光，必借他家不死之方，而后阳生，如月借日光，而后得明。月魄逼日魂，阴阳相交，能以在天心朗耀，即真知、灵知相合，真灵不昧之象。金乌髓者，日魂也，在人为雄中之雌，即灵知之真阴。玉兔精者，月魄也，在人为黑中之白，即真知之真阳。前云乌肝、兔髓，此云乌髓、兔精，大有分别，不可同看。盖乌肝、兔髓乃还丹药物，是真知、灵知，阴阳未会而方会，故云乌之肝、兔之髓；乌髓、兔精乃大丹药物，是真知能灵，灵知能真，阴阳已会而相合，故云乌之髓、兔之精。未会而方会，勉强之功，假中复真也；已会而相合，自然之用，真中更真也。取此两味真药，抟于一处，烹出阳中之阳，即行子午卯酉火候，完全金液大丹。但所谓子午卯酉者，非天边之子午卯酉，乃身中之子午卯酉。真知现，即是子，法当用刚进火，而鼓真知出玄；灵知来，即是午，法当用柔退符，而取灵知入牝；真知进于中正即是卯，法当沐浴，此中正而不过进；灵知退于中正即是酉，法当沐浴，此中正而不过退。此符火沐浴之道，万古不易之法。若以天边子午卯酉，按时用功，则失之远矣。符火不差，沐浴合时，阴阳相应，不偏不倚，元牝立而谷神即生于其中矣。黄庭者，中央正位，即阴阳相合之中一窍，又号为元牝之门。元阳牝阴，阴阳合，有此窍；阴阳偏，无此窍。有此窍即有谷，有谷即有神；无此窍即无谷，无谷即无神。谷即黄庭。黄者，中色；庭者，虚也。因其中

① 煞，底本、《道藏辑要》本俱作“杀”，据《张三丰全集》之《无根树》改。

虚，故以黄庭名。虚则灵，灵则神，是谓谷神。试观山中，两山壁列，中间一谷，人呼之则谷应声，此应之声即谷神也，俗名崖娃娃。人之阴阳会合，其中有神，亦犹是也。然不到阴阳相合地位，无此中，无此谷，安有神居？若果到阴阳相合时，便有个中，便有个谷，而神自生，所谓“先天之气，自虚无中来”者即此，所谓“真空而含妙有”者即此，所谓“要得谷神长不死，须凭玄牝立根基”者即此。果阴阳合而为一气，则谷神镇居黄庭，是谓男子怀胎。曰“守黄庭”者，守中也。曰“养谷神”者，抱一也。守中抱一，十月功毕，身外有身，即与天地并长久。此等真实法相，系虚空中事业，不从色相[①]中做出，彼一切在臭皮囊上弄搬运功夫，妄想成圣胎者，岂知谷神之所以为谷神乎？

〔**李解**〕明，乃大药发生，虚室生白，放大光明，大醒、大悟、大觉时也。这大药乃铅中之阳，丹中之金，先天中先天，如月魄之在天心，与日魂相逼而成，团团辉光，非若初三一线，远在天边，现出[②]蛾眉也。“逼”字下得要紧，乃相亲相近，一处相煎之意。日月合璧，日魂尽注于月魄，万里光明，天心雪亮。二物擒来一处烹，不是擒了金乌，又擒玉兔，乃是擒金乌以搦玉兔，单擒一物归来，即所以擒二物也。当其擒来之际，也有子午卯酉四候投关之火，由是而金乌飞入广寒宫，复以金乌之髓，调和玉兔之精，既而使玉兔之精，尽化为金乌之髓，这才是月魄逼日魂，善于一处烹者。斯时也，阳魂圆满，阴魄无形，二物变为一物，一物中有二物，阴尽阳全，光明大放，故称为铅中之阳，丹中之金，先天中先天，到此地位，乃为金液大药，亦按子午卯酉，行四候服食之功，此方是九转大还丹也。何时为子？阳生为子，故当进阳火。何处为午？阴降为午，故当退阴符。沐浴者，调停自然，不急不缓，此等功夫，当加于阳火临卯、阴符临酉之门，则阳不过刚、阴不过柔，刚柔得中，出入合度也。昔陶存存先生阐明《参同契》行火秘诀，而录其师《火候歌》于注中，余深佩服，今亦附书于此，以为印证。歌云：“忆我仙翁道法，总是吾家那著。原无子午抽添，岂有兔鸡刑德。问吾子在何时，答曰药生时节。问吾午在何时，不过药朝金阙。卯时的在何时，红

① 相，底本作“象”，据《道藏辑要》本改。

② 现出，底本二作“近在”。

孩火云洞列。若无救苦观音，大药必然迸裂。此即沐浴时辰，过此黄河舟楫。再问何为酉门，即是任同督合。此时若没黄裳，药物如何元吉。过此即为戌库，请向库中消息。此是一贯心传，至道不烦他觅。”夫药临卯门，必用观音之静者，观音之静，管摄严密，不使红孩逞势，则甘露发生；至于酉门，则以黄裳裹之，不使元珠倾泻，则白液乃凝，此沐浴之妙用也。黄庭者，中央也。谷神者，虚灵也。守中央而养虚灵，则法身呈象，一个男子，宛如女子怀胎，笑煞人亦爱煞人也。

二十三

〔刘言〕真空法相。〔李言〕圆通自在。

无根树，花正红，摘尽红花一树空。
空即色，色即空，识破真空在色中。
了了真空色相灭，法相长存不落空。
号圆通，称大雄，九祖超升上九重。

（悟元注本“金花”作“红花”，较好，故从之。“灭”作“法”字，错。）

〔刘注〕金丹大道，以无声无臭，超出万象为归著，何尝花有红色乎？若稍有色，后天气质犹未化尽，大道不成。古仙云：“一毫阴气不尽不仙”。盖有一毫阴气不尽，即有一毫阳气不全，真灵犹有损坏之时，算不得九还七返金液大丹之道。修道者，须要摘尽红花，消灭无始劫以来客气尘根，归于万有皆空，还于父母未生以前、无声无臭面目而后已。然空之云者，非同土木无心寂灭之谓，有借假全真，以真化假之道，故曰“空即色，色即空，识破真空在色中”。盖一味无心，则著于空；若稍有心，则著于色。曰“空即色”者，是不空也；曰“色即空”者，是不色也。不空不色，即空即色，是真空存于色中矣。曰“了了真空无色相，法相常存不落空”者，真空一了百当，原无色相，既无色相，即有法相；既有法相，必不落空。因其是真空，所以有法相；因其有法相，所以无色相，无色相，有法相，所以空之真而真于空也。修道至于真空而有法相，法相而存真空，一灵妙有，法界圆通，成金刚不坏之躯，水火不能侵，刀兵不能加，虎兕不能伤，称为大英雄。不但身列仙班，即九祖亦皆超升天堂，同为神矣。昔释迦牟尼佛修丈六金身法相，居于大雄宝殿者，即此道也。

〔李解〕红，乃大药法象。仙师《道情歌》与《无根树》皆要紧之作，即彼可以见此也。《道情歌》云："万般景象皆非类，一颗红光是至真。"红光发现，其花正红，红花到手，真药已得，除此红花，无药可采。温养事毕，炉鼎全丢，一切花花树树，皆不讲也，故曰"摘尽红花一树空"。花既空矣，我道得矣，我道既得，空不空矣。空既不空，空即是色，色非有色，色即是空。识透真空不空，真空即在色中，此色非色相之色，乃法相之色。了当真空，则色相全灭；色相全灭，则法相长存；法相长存，即是真空不空。圆通者，功行圆满，万法皆通，真空之体用备矣。既号圆通，必称大雄；既称大雄，必做神仙宗伯，安得不九祖超升，同上九重哉！

二十四

〔刘言〕返归虚无。〔李言〕证位三清。

无根树，花正无，无相无形难画图。
无名姓，却听呼，擒入中间造化炉。
运起周天三昧火，煅炼真空返太无。
谒仙都，受天符，才是男儿大丈夫。

（悟元本"中间"二字作"三田"，然悟元仍作中间妙窍解。）

〔刘注〕先天真灵之宝，体本虚空，一气混成，有何花乎？既无其花，无形无象，难画难图矣。难画难图，画且不可，图且不可，尚有何名何姓？然虽无名无姓，却又至虚至灵，寂然不动，感而遂通，如呼谷传声，真空中藏妙有也。有此感而遂通之妙，即于此通处下手，擒入于三田造化炉中，用三昧真火煅炼成真，自真空而可返于太虚。道返太虚，则空无所空，一真而已，别无他物也。三田非工家气海、绛宫、泥丸之说，乃精气神三丹聚会之丹田，谓元牝[①]之门，又名元关窍，又名中黄庭，又名造化炉，又名太乙坛，又名戊己门，总而言之曰虚无窍。先天真灵之宝，统精气神之三物，真灵既复，三物皆复，自造自化，絪缊冲和，结为一块，始而自无以造有，既而自

① 牝，底本二作"此"，底本一与《道藏辑要》本同。

有以化无，煅炼真空，即是化无之妙。自有化无，形神俱妙，与太虚同体，功行圆满，谒仙都而受天符[①]，为十极大罗真人，大丈夫之能事毕矣。

赞曰：吐老、庄之秘密，续钟、吕之心传。揭示先天妙理，劈开曲径虚悬。鼎炉邪正分判，药物真假显然。空色混为一气，刚柔匹配两弦。咦！丹法始终皆泄尽，火符进退俱写全。二十四词长生诀，知者便成不死仙。

〔李解〕“无”字，承上章“空”字之意，进一层言，以作二十四首结局。炼丹至于空，已尽善矣，然有真空之念，则即有法相之念，空犹不及无也。老君曰：“观空亦空，空无所空，所空既无，无无亦无，湛然常寂。”这才是大超脱、大解悟、大清净、大圆觉，何也？湛然之妙，有而若空，空而且无，不可以形相求，不可以画图写，因其无形无相，所以难画难图，只恁其湛然而已。前此采取先天，尚有金姓名精者、黄姓名芽者、白姓名元者，今此湛然之真，却无名姓，虽无名姓，却听招呼，空谷传声，声声相应。问焉以言，受命如向，天下之至精也；寂然不动，感而遂通，天下之至神也。此何故哉？以其湛然之真，藏在无中耳。圣贤仙佛之理，深达造化，无中藏有[②]，到此地位，诡怪神奇，如冷启敬、张景华、周颠仙之流是也。我三丰先生，以道为体，又必以无擒无，入于中间虚无之境，大造大化，炉中运起周天三昧真火，煅之炼之，务使虚空法身，返于太无。太无者，圣真之境，玉清混洞太无天、上清赤混太无天是也。炼成仙道，只受太清官秩，能返太无，则先朝[③]道德，次朝玉宸，次朝元始，证果三清也。返之云者，天下愚夫愚妇，皆是三清中人，只因宿念有差，一劫低一劫，仍做愚夫愚妇，不能复返圣真之境，倘其回心向善，访道寻师，由筑基炼己，七返九还，炼至于空，复至于无，由无而返于太无，仍然是三清客也。但煅炼真空，必用周天三昧之火。周天者，非河车之谓，乃任[④]天而动，空际盘旋，深造密化，道法自然也。三昧者，非阳火之谓，乃天一地二，合而为三，我于天地之中，立鼎安炉，神冥气漠，此以仙炼仙之火，天元神丹也。功成行满，上朝三天，谒仙都，受天符，或封真君，或封帝君，或封天尊，或命作五岳名山、

---

① 符，底本作“图”，据《道藏辑要》本改。

② 有，底本二作“中”，底本一与《道藏辑要》本同。

③ 朝，底本二作“清”，底本一与《道藏辑要》本同。

④ 任，底本二作“在”。

洞天福地师相选仙等职，这才是真正男儿，极大丈夫，神乎至矣！

赞曰：洒弥天之花雨，布满地之黄金。手敲鱼鼓简板，口歌上洞仙音。四洲齐度，万古道情。呵呵！悟元处处语真灵，先把吾家主意存。山人照本宣真诀，度世宏开不二门。

张祖《无根树词注解》道情共二十四首全卷终

张三丰与《张三丰全集》

道教丹道之学，传承非常古老，有历史记载以来，代有高真辈出。春秋战国时期，以老子、庄子、列子等为代表，他们的著作分别被尊为《道德真经》《南华真经》和《冲虚真经》。东汉魏伯阳综合黄老、大易、炉火三家之说，作《周易参同契》，被后世誉为“万古丹经王”。降及隋唐，《参同契》大显于世，在朝野间掀起了丹道修炼的高潮，该时以钟离权和吕洞宾为代表，被世人奉为“上洞八仙”。吕洞宾曾立誓“必须度尽众生，方肯上升也”[①]，修炼成功后，接引仙材，随缘度化，成为道教和民间最著名的神仙。随后陈抟、刘海蟾、张紫阳、白玉蟾、王重阳、丘处机、陈致虚等一大批高真出现。降及元、明以来，最具影响力和传奇色彩的道教仙人，当首推张三丰真人，赫赫有名，震动朝野。他的影响力以及在道教信仰的程度上堪与吕洞宾相伯仲，是丹道修炼的大成就者，是丹道修炼的代表性高真，同时也是武当道脉的开创者和太极拳的缔造者。

张三丰生平事迹

张三丰真人，隐显人间，神秘莫测，堪称神龙见首不见尾，属于“犹龙”式的传奇人物。[②]他的名字、籍贯、生平、行道等都充满着神秘，让人难以捉摸。

---

① 《吕祖全书》卷一《本传》。

② 《史记·老子韩非列传》载孔子云：“鸟，吾知其能飞；鱼，吾知其能游；兽，吾知其能走。走者可以为罔，游者可以为纶，飞者可以为矰。至于龙，吾不能知其乘风云而上天。吾今日见老子，其犹龙邪！”

一、名字之奇

张三丰，一说名通，或说名金、名全一、名君实、名君宝、名玄素、名玄化、名思廉；一说字君宝，或说字君实、字全一、字铉一、字山峰、字三峰、字玄玄；其号或称昆阳、或玄玄子、或保和容忍三丰子等等。《明史·方伎传》载："名全一，一名君实，三丰其号也。"又谓："颀而伟，龟形鹤骨，大耳圆目，须髯如戟。寒暑惟一衲一蓑"，"以其不饰边幅，又号张邋遢"。李西月经过考证，得出结论："名全一，字三丰"，同时这个名字也隐含有丹诀奥秘。"三"字象乾卦之三连（☰），"丰"字为坤卦之六段（☷）召摄"先天一气自虚无中来"塞之而成乾卦（☰），"三丰"二字蝉联正是一个六阳的乾卦（䷀），是为大还丹之象，是为全其一也。吕洞宾《得大还丹》诀云："修修修得到乾乾，方号人间一醉仙。"[①] 张三丰自己也谓："因忆乾爻之连，而有坤爻之断，不足以还纯乾也，乃从坤土之中，植一根浩然之气，补其断而全其一焉。自今以往，当更名全一，字三丰，名号于是乎大定。"又说："若貌容疏野，不修边幅，世人之呼我为'张邋遢'者，乃千古独得之奇，有一无二之作也。"[②]

二、籍贯之异

张三丰的籍贯问题，各家的记载也不一致，聚讼纷纭。《陕西通志》说是宝鸡人，《山西通志》说是平阳人，《四川通志》说是天目人，甚至还有冀州人、易州人、闽人等等说法。《明史·方伎传》载："张三丰，辽东懿州人。"李西月考证，认为是"辽阳"人，因为三丰真人父母的墓在辽阳积翠山。这些歧异的籍贯说，也给人们增添了神奇的印象。

三、生卒之谜

张三丰的生活时代，也有很多种说法。据相关史料记载，或称宋时人，或称金时人，或称元初人，或称元末人，或称明初人，说者纷纷，莫衷一是。另外，生于何时，卒于何时，更是一个谜团。据汪锡龄《三丰先

---

① 《纯阳先生诗集》卷一。

② 《张三丰全集·汇记·名号》。

生本传》记载，三丰真人诞生于“（元）定宗丁未，……时四月初九日子时也。”也就是宋理宗淳祐七年，则为1247年。在同传中又称“延祐元年，年六十七，始入终南”。延祐是元仁宗的年号，延祐元年系1314年。若按传统年龄以虚岁计推算，应是六十八岁，而不是六十七岁。至于卒年，更是难以可考。汪锡龄《三丰先生本传》记载：“至正十九年……仍还秦，居宝鸡金台观。九月二十日，阳神出游。土人杨轨山以先生辞世，买棺收殓。”元至正十九年，是1359年，已是113岁高龄。又谓：“临窆之际，柩有声如雷，启视复生。盖其阳神出游，朴厚者见之，以为宛其死矣。后乃携轨山遁去。”所以三丰真人并没有真正死亡，仅是“阳神出游”，宛若死亡而已。《明史·方伎传》载：“（明）洪武二十四年……后居宝鸡之金台观，一日自言当死，留颂而逝。县人具棺殓之，及葬，闻棺内有声，启视则复活。乃游四川，见蜀献王。”洪武二十四年，则是1391年，三丰真人更是145岁了。虽然明洪武、永乐等皇帝多次派人寻觅三丰真人的踪迹，都是无功而返，但尚有“永乐中犹在”“正统间犹在”等传说。如果明正统（1436—1450）间尚在，那么三丰真人已经200岁左右了。《明史·方伎传》最后说：“终莫测其存否也”，似乎给这个谜团画上了句号，其实是留下了更多的谜团、悬念和传说。明万历年间林兆恩（1517—1598）《林子三教正宗统论》收录有署名张三峰的《玄谭》一篇，后有张鸣鹤所撰的跋语云：“张三峰先生，国初时显化普度，诸家纪录悉其事，太祖太宗遣臣遍觅，莫知踪迹。万历九年，顾访我师龙江夫子，剧谈玄秘而去，恐声闻难以应命，故晦其名曰桃氏子。”万历九年，则是1581年，三丰真人已经335岁了。清康熙年间（1662—1723）汪锡龄任剑南观察时遇到三丰真人，当时已经470余岁了。李西月称清道光（1821—1851）初年在峨眉山遇到三丰真人[①]，则已经580余岁了。这些种种的传说，正显示了道教仙人的神秘和神奇之处，让人产生无限的遐思和向往。通过以上资料的梳理表明，张三丰真人生于宋，仕于元，行道于明，称其为宋时人、元时人，或称明时人都可以，然而终究称为元时或明时人更为妥帖，因为其主要活动都集中在这两朝时期。

---

① 《张三丰全集·卷一·后列仙传》“白白先生”条。李西月《三车秘旨》“李涵虚真人小传”。

四、帝崇之隆

张三丰真人修道有成，显迹甚多，是有明一代享誉最盛的道教仙真。明太祖朱元璋和明成祖朱棣都曾多次遣使寻访他，遍及全国城乡山林。明任自垣《大岳太和山志》（明宣德六年编纂）载："（洪武）二十四年（1391），太祖皇帝遣三山高道使于四方，清理道教，有张玄玄可请来。"《明史》载："太祖故闻其名，洪武二十四年（1391）遣使觅之，不得。"明成祖朱棣多次派人对三丰真人进行寻访，长达十二年之久。《大岳太和山志》载："永乐初太宗文皇帝（即成祖）慕其（张三丰）至道，致香书累遣使请之。"《明史·胡濙传》："（永乐）五年（1407），（成祖）遣濙颁御制诸书，并访仙人张邋遢，遍行天下州郡乡邑。"《汉天师世家》载四十三代天师张宇初被敕寻访张三丰："戊子（即永乐六年，1408）十月，（成祖）手敕俾邀请真仙张三丰。己丑（永乐七年，1409）再敕寻访张三丰。"永乐十年（1412）二月初十日成祖致张三丰《御制书》更表达了他对张三丰的渴慕之情。《御制书》说："皇帝敬奉书真仙张三丰先生足下：朕久仰真仙，渴思亲承仪范，尝遣使致香丰书，遍谒名山虔请。真仙道德崇高，超乎万有，体合自然，深妙莫测，朕才质疏庸，德行菲薄，而至诚愿见之心夙夜不忘。敬再遣使谨致香奉书虔请，拱候云车风驾，惠然降临，以副朕拳拳仰慕之怀。敬奉书。"成祖对张三丰的仰慕之情溢于言表。命道士孙碧云前往武当山见张三丰，并以御制诗赐之，其中有"若遇真仙张有道，为言伫俟长相思"之句。永乐十四年（1416），对寻访未果大失所望，怒谓胡广说："朕屡次三番相邀，张三丰缘何拒而不见？"永乐十五年（1417）明成祖遣宝鸡医官苏钦等斋香书遍访名山求之，又遣龙虎山道士奉书请之。此后二百多年间，明朝历代皇帝都对张三丰真人崇敬有加。明英宗朱祁镇天顺三年（1459）封张三丰为"通微显化真人"，明宪宗朱见深成化二十二年（1486）封张三丰为"韬光尚志真仙"，明世宗朱厚熜嘉靖二十四年（1563）封张三丰为"清虚元妙真君"，明熹宗朱由校天启三年（1623）封张三丰为"飞龙显化宏仁济世真君"。可见张三丰真人在明朝屡被皇帝加封尊崇，然而翻开一部《二十四史》会发现，没有一个道士不以受到皇帝的召见为荣，可是张三丰真人却属于一个"例外"，一直隐而不见。也说明荣华富贵、尊崇高爵并不能打动其心，摇其神志，品格之高，不愧被称为"隐仙"。

五、创派之广

道教非常重视道脉传承，道脉如血脉，不得有丝毫混淆不清之处。据《张三丰全集》“道派”中记载：“大道渊源，始于老子。一传尹文始，五传而至三丰先生。……文始传麻衣，麻衣传希夷，希夷传火龙，火龙传三丰，或以为‘隐仙派’者。”又指出：“文始隐关令、隐太白，麻衣隐石堂、隐黄山，希夷隐太华，火龙隐终南，先生隐武当，此隐派之说也。夫神仙无不能隐，而此派更为高隐。孔子曰：‘老子其犹龙乎！’言其深隐莫测也，故又称‘犹龙派’云。”此派以高蹈隐逸为宗风，故称为“隐仙派”，又称为“犹龙派”。

据任自垣《大岳太和山志》载：三丰真人“洪武初，来入武当，拜玄帝于天柱峰。遍历诸山，搜奇览胜。尝与耆旧语云：‘吾山异日与今日大有不同矣。我且将五龙、南岩、紫霄去荆榛，拾瓦砾，但粗创焉。’命丘玄清住五龙，卢秋云住南岩，刘古泉、杨善澄住紫霄。又寻展旗峰北陲，卜地结草庵，奉高真香火，曰‘遇真宫’。黄土城卜地立草庵，曰‘会仙馆’。语及弟子周真德：‘尔可善守香火，成立自有时来，非在子也。至嘱，至嘱。’洪武二十三年，拂袖长往，不知所止。二十四年，太祖皇帝遣三山高道使于四方，清理道教，有张玄玄可请来。永乐初，太宗文皇帝慕其至道，致香书累遣使臣请之，不获。后十年，敕大臣创建宫观一新，玄风大振。”由此可以看做三丰真人创立道派之始。

《张三丰全集》“后列仙传”记载，该道派传人有沈万三、邱元靖（清）、卢秋云、周真得（德）、刘古泉、杨善登（澄）、明玉（冰壶先生）、王宗道、李夫子、汪锡龄、白白先生（李西月）等人。虽然记载了三丰真人传有以上弟子若干人，但是从现在掌握的史料看，三丰真人并未组织建立道派，宗奉他的道派可以说是由信仰者组成的。“隐仙派”和“犹龙派”的名称，大抵最早出现在李西月重编的《张三丰全集》之中，该派之名实是肇始于李西月真人，是以尊奉三丰真人为祖师的道派。

《三丰全集》“后列仙传”中所载的“白白先生”就是李西月真人的隐名，谓“道光初，遇张三丰先生于绥山，传以交媾玄牝、金鼎火符之妙。既更遇纯阳祖师，得闻药物采取之微。”李西月因得张三丰和吕洞宾二位仙人的传授，潜修数载而完成金丹，并遵照三丰和吕祖的嘱咐著有《东来正义（道德经注释）》《无根树注解》《九层炼心》《道窍谈》《三车秘旨》等，编纂《三丰全集》和吕祖《海山奇遇》《纯阳诗集》，同时创立道派。据史料记载，在李西月真人住世之时，就是以“隐仙派”或“犹龙派”、“大江西派”等自称。该派源出西蜀，其最初成立之际，除了作为领袖的李西月外，尚有活跃人物三十余人。依《张三丰先生全集》《吕祖全书》和《乐山县志》所载来看，主要有刘卓庵（光焯，道愚，明阳）、刘光泽（遁园）、杨廷峻（蟠山、道果，培阳）、李岱霖（字云石，道霖，济阳）、藏崖居士、李迦秀（字西来，号遁叟，别号翩翾散人，东方生，皈虚，圆阳）、董承熙（字葆光，号槲园）、张君瑞（字辑五，号凤洲，自号凌云叟，别号半一居士）、张其相（号松亭，道相）、王筠（持平）、董江（字醒凡，号洗凡居士）、杨钟涛（字春平）、李朝华（号秦峰）、李朝拔（号萃岩）、张升鸿（号鹤亭）、李耀先、朱道生（晚成子）、李退谷、李元琏等。他们大多籍属四川乐山，或隶同省他县，而其本身的活动范围亦以乐山、西蜀为中心。[①]

在清末、民国初期，据统计以张三丰真人为始祖的道派，竟然有十五个道派流行。藏于北京白云观的《诸真宗派总薄》中记载宗祖张三丰真人的道派有：自然派、三丰祖师自然派、三丰派、三丰祖师日新派、日新派、三丰祖师蓬莱派等八个道派。另外尚有武当派、榔梅派、邋遢派、新宗派、檀塔派、蓬莱派、王屋山自然派、三丰自然派、三丰日新派、三丰清微派等。其中榔梅派，又称武当本山派，创始人是三丰之徒孙碧云真人，创立于明永乐年间，列《诸真宗派总薄》第七十七派，记载其传代派字为：“碧山传日月，守道合自然。性理通玄得，清微古太元。真静常悠久，宗教福寿长。庆云冲霄汉，永远大吉昌。”至今仍有传人。[②]

三丰真人的崇拜最初兴起于湖北武当山，随着武当道的远播，遂在其他地区分衍出更多的小支派，充分说明了张三丰真人对道派孳衍的影响力和道教信众的欢迎程度。

---

① 李涵虚《道德经注释》（东来正义）载：“月居青岛数载，尝以老子清净法指示晚成朱子、结成李子、回风刘子。”《张三丰全集》载：“嘉州东南数里，有孤屿枕于江上，与乌尤、马鞍相近，旧志名青衣别岛，张三丰先生显迹其间，士民创亭台祀之。中有诗仙院、纯阳宫、轩然台、听潮轩、竹抱斋、印月涵日二小池。”青岛，即是“青衣别岛”。

② 参考胡孚琛主编《中华道教大辞典》“武当派”“榔梅派”“隐仙派”等词条。中国社会科学出版社，1995 年 8 月第 1 版。

六、造拳之妙

英国学者李约瑟在其巨著《中国科学技术史》中讲："张三丰的名字，现在多与中国拳的一个派别——太极拳联系在一起。"诚然，追溯太极拳的起源，没有不需要探求张三丰真人的。太极拳家陈微明（1881—1958）《太极拳术》（1925 年）"张真人传"中说："世传太极拳术，乃（张三丰）真人所传也"。吴志青（1887—1951）在《太极正宗·弁言》中也说："考各家太极拳之源流，均称系丹士张三丰所传授。"[①] 吴图南（1885—1989）在《国术概论》（1937 年）中讲："所谓太极拳，名十三势，一名长拳云。"又说："所传之太极拳，即三丰先师之十三势也。"[②] 杨澄甫（1883—1936）《太极拳体用全书》中所载《太极拳论》云："长拳者，如长江大海，滔滔不绝也。掤履挤按，採挒肘靠，此八卦也；进步退步、左顾右盼、中定，此五行也。掤履挤按，即乾坤坎离四正方也；採挒肘靠，即巽震兑艮，四斜角也。进退顾盼定，即金木水火土也。合之则为十三势也。原注云：此系武当山张三丰祖师遗论，欲天下豪杰延年益寿，不徒作技艺之末也。"在书首《张真人传》中叙述张三丰真人创立太极拳的缘由说："一日在室读经，有鹊在庭，其鸣如争论，真人由窗视之，鹊在树，注目下睹，地上有一长蛇，蟠结仰顾，少顷，鹊鸣声上下，展翅相击，长蛇采首微闪，躲过鹊翅，鹊自下复上，俄时性躁，又飞下翅击，蛇亦婉蜒，轻身闪过，仍着盘形。如是多次，真人出，鹊飞蛇走。真人由此悟以柔克刚之理，因按太极变化，而成太极拳，动静消长，通于易理，故传之久远，而功效愈著。"[③]

太极拳，属于武术内家拳之一种。明末清初黄宗羲（1610—1695）在《南雷文定·王征南墓志铭》中云："少林拳勇名天下，然主于搏人，人亦得而乘之。有所谓内家者，以静制动，犯者应手即扑。故别少林为外家，盖起于宋之张三丰。三丰谓武当丹士，徽宗招之，道梗不得进，夜梦玄帝（真武）授之拳法，厥明以单丁杀贼百余。三丰之术，百年之后，流于陕西，而王宗为最。温州陈州同，从王宗授之，以此教其乡人，由是流传于温州。嘉靖间，张松溪为最著。"清雍正十一年（1733）曹秉仁纂《宁波府志·卷

① 吴志青：《太极正宗》，上海，大东书局，1936 年 9 月初版。

② 吴图南：《国术概论》（影印），北京，中国书店，1984 年 3 月第 1 版，第 63 页。

③ 杨澄甫：《太极拳体用全书》，北京，中华书局，1934 年 2 月初版，第 69 页。

三十一》也记载:“张松溪,鄞人,善搏,师孙十三老,其法自言起于宋之张三峰,三峰为武当丹士,徽宗召之,道梗不前,夜梦元帝授之拳法,厥明以单丁杀贼百余,遂以绝技名于世。由三峰而后,至嘉靖时,其法遂传于四明,而松溪为最著。”

至清末民初,内家拳大行于世,成为国人习武的主流。内家拳不仅限于武功,而且与道教内丹紧密联系。道教内丹是内家拳的一大来源,张三丰真人是道教内丹修炼的集大成者,在因缘际会之下将内丹与武术相结合创立了内家拳,不仅可以在技击中以柔克刚而取胜,而且更有利于内丹修炼,以至延年益寿,其妙无穷。内家拳更偏重于丹道、养生,将道教性命双修之旨融于拳法中,具有贵柔尚意的特点,以心息相依、舒缓匀和、以意引气、自然轻松、以柔克刚、灵活婉转、莫测端倪为行拳要领。道教内丹第一层功夫就是筑基炼己,张三丰真人将太极拳与丹道的紧密结合,可以作为内丹修炼中的筑基功之一。太极拳作为一种动功,配上拳势呼吸,运行气血,疏通经脉,有利于静功的修炼,动静结合以成道,甚至可以说修炼内丹应练太极,练好太极须要炼内丹也。

《全集》的编纂与刊刻

据明清两朝目录学家的记载,张三丰著述在明代已有刻本、抄本等传世。如明嘉靖《天水冰山录》载有《张三丰金丹节(要)》一部,手抄,严嵩藏;万历四年(1576)朱睦㮮《万卷堂书目》载有《金丹小成》一卷、《金丹直指》一卷、《秘旨》一卷、《修养保身秘法》一卷;赵台鼎所著《脉望》载有《道法会同疏》;黄虞稷(1626—1692)撰《千顷堂书目》(完成于1680年)载有《张三丰真仙遗事》一卷、《金丹秘旨》一卷、《金丹直指》一卷;《明史·艺文志》(1739年)载有《金丹直指》一卷、《金丹秘旨》一卷;阮元、范懋撰《天一阁书目》(1804年)有张三丰《金丹节要》二卷。

清康熙间人汪锡龄在《三丰祖师全集序》说:“将我祖师丹经二卷,诗文若干篇”,“祖师显迹三十余则”,以及得于扬州书肆的“花谷藏书”,并“拾遗文”,编成《三丰全集》,“将付梓”,可惜未能刊版传世。清道光时李西月据“梦九藏旧本”重编《张三丰先生全集》,李迦秀在《叙》中说:“长乙山人（李西月）、遁园居士，……得（张三丰）先生书于梦九（汪锡龄）六世孙名昙者之家，十存七八。因采诸书以补之，寿诸梨枣，以成梦九欲遂之志焉。”李涵虚（西月）也在《叙》中说：“卓庵刘君（光焯），得汪书而补纪之，刊版传世。”虽说是李西月重编《张三丰先生全集》，其实是以李西月为核心的一个编纂团体共襄该事。在空青洞天道光年间刻本《凡例十三则》记载，抄录底本者有嘉州杨建峻、东冈李岱霖、犍为刘光焯、刘光泽，同采访者有李迦秀、李朝华、李元瑞、黄令仪、王筠、王琮、胡大文、曾炳元，皆乐山人。还有阆中李耀先，与前诸人共同向劝梓完成的。

从清道光二十四年（1844）至民国十五年（1926）计82年间，《张三丰全集》曾多次刊刻，现将笔者所寓目的版本介绍如下。

1. 刊刻于清道光二十四年（1844）的《张三丰先生全集》，署“板藏青空洞天”，称之为“青空洞天道光刊本”。此板刊刻，诚如《凡例十三则》所说：“兹刻凡系汪仙所藏，必题‘圆通道人藏本’，志自来也。”如卷三《大道论》题为：“圆通道人藏本、长乙山人编次、蟠山、遁园埜客同校”。

2. 刊刻于清同治末、光绪初之间阆中朱道生（朱桐荪，晚成子）刊印的《张三丰先生全集》，署“青空洞天藏本”，可以称为“青空洞天朱道生刊本”。该书首有《虚白堂志》，记录了刻印缘起：“《丰祖全书》初刊已行海内矣，养生妙道，多具其中。阆中高士朱桐荪，见而悦之，恐其板多经刷印，易于漫漶，乃翻为袖珍板式，以便行箧，且能多印数千部，流传世间，真善举也。”《凡例十二则》讲：“此书前刻大板，各部顶批失落者甚多，并且篇页错乱。内有《云水诗集》，难以清正。……校正无讹，亦且便于行箧。凡此刊补遗，尽皆编次其中。”是对“道光刊本”的一些讹误和错简进行了校正，对个别文字也有删改。每卷的题署与“道光刊本”不同，每卷均署为“汉嘉长乙山人李西月重编、张道渊子深氏敬书、阆中朱道生晚成子敬刊、侄瑛春城、朱瓒素园、男璜蟠溪同校字”。《凡例》有：“近有张之洞者，督学四川，捐赀翻刻袖板”云云。张之洞（1837—1909）督学四川的时间为清同治十二年（1873）至光绪二年（1876），因此该本刊刻的时间在此期间。

3. 有署“城西草堂”的《张三丰全集》抄本，字体端正清秀，当出自饱学儒士之手，系依据“青空洞天道光刊本”所抄录，抄录时间不知。

4. 刊刻于清光绪三十二年间（1906）成都二仙庵《重刊道藏辑要》续毕

集之中的《张三丰先生全集》，可以称为“《道藏辑要》刊本”。该本是依据“青空洞天朱道生刊本”为底本重新镌刻，对底本文字讹误略有修改。书首无《虚白堂志》。后附刻《无根树词注解》。

5. 民国八年（1919）秋月上海江左书林印行的《三丰全书》，系以“青空洞天朱道生刊本”为底本石印，增补有《无根树词注解》和《灵宝毕法》，可以称为“上海江左书林石印本”。民国十五年（1926）仲春上海中原书局印行，经比对该本实据江左书林版重印，内容卷目同前，可以称为“上海中原书局石印本”。该二石印本文字讹误较多，且有部分文字删节。书首有《虚白堂志》。

李西月重编《张三丰全集》以“崇道弃术、救世为用”为原则，翻检大量文献，搜罗历史遗著，涉及正史志乘、野史笔记、坊刻秘传等文献多达四十余种，十分注重对史料的甄别考证，同时对一些作品进行了旁征博引、评跋批注，极尽用功之能事。这一举措对于后人了解张三丰真人丹道思想是功不可没的！

中华内丹学典籍丛书

太极张三丰全书

（下　续编）

太极炼丹秘诀

道术汇宗

神速万应方

盛克琦　整理

华龄出版社
HUALING PRESS

整理说明

一、《太极张三丰全书》空青洞天朱道生刊本《凡例十二则》中指出："此书雕成之后，专望博雅君子，爰仿古人编辑搜轶，补附卷末。再有所得，依此续之。"本书收录题名张三丰和太极修炼等资料共计十篇，作为《张三丰全集》之续编也。

二、英国学者李约瑟在《中国科学技术史》中讲："张三丰的名字，现在多与中国拳的一个派别——太极拳联系在一起。"追溯太极拳的起源需要探求张三丰真人。太极拳家陈微明（1881–1958）在《太极拳术》（1925年出版）"张真人传"中说："世传太极拳术，乃（张三丰）真人所传也。"吴志青（1887–1951）在《太极正宗·弁言》中也说："考各家太极拳之源流，均称系丹士张三丰所传授。"[①] 吴图南（1885–1989）《国术概论》（1937年出版）中也说："所传之太极拳，即三丰先师之十三势也。"[②] 杨澄甫（1883–1936）《太极拳体用全书》书首《张真人传》中叙述了创立太极拳的缘由："一日在室读经，有鹊在庭，其鸣如争论，真人由窗视之，鹊在树，注目下睹，地上有一长蛇，蟠结仰顾，少顷，鹊鸣声上下，展翅相击，长蛇采首微闪，躲过鹊翅，鹊自下复上，俄时性躁，又飞下翅击，蛇亦婉蜒，轻身闪过，仍着盘形。如是多次，真人出，鹊飞蛇走。真人由此悟以柔克刚之理，因按太极变化，而成太极拳，动静消长，通于易理，故传之久远，而功效愈著。"[③] 太极拳，是武术内家拳之一种，与道教内丹修炼联系紧密。张三丰真人是道教内丹修炼的集大成者，在因缘际会之下将内丹与武术相结合创立了太极拳，即可以在技击中以柔克刚而制敌取胜，也有利于内丹修炼使身体化柔弱为强壮，达到健身防病、延年益寿的目的。太极拳偏重于丹道与养生，将道教性

---

① 吴志青：《太极正宗》，大东书局，1936年9月初版。

② 吴图南：《国术概论》（影印），63页，中国书店，1984年3月第1版。

③ 杨澄甫：《太极拳体用全书》，69页，中华书局，1934年2月初版。

命双修之旨融于拳法中，具有贵柔尚意的特点，以心息相依、舒缓匀和、以意引气、自然轻松、以柔克刚、灵活婉转、莫测端倪为行拳要领。道教内丹第一层功夫就是筑基炼己，将太极拳与丹道的紧密结合，可以作为内丹修炼中的筑基功之一。太极拳作为一种导引动功，配上拳势呼吸，运行气血，疏通经脉，有利于静功的修炼，动静结合以成道，可以说修炼内丹应练太极，练好太极也须要炼内丹。

三、《张三丰太极炼丹秘诀》六卷，民国十八年（1929）上海中西书局印行，题“墨井书屋藏版”。该书当是清末民初之人截取《张三丰全集》部分内容，糅杂多种道书编纂而成。收入萧天石主编《道藏精华》第 2 集之五，由台湾自由出版社出版，本篇据此点校。

四、《张三丰道术汇宗》四卷，与《张三丰武术汇宗》合刊，又题“一名《武当派仙侠真传》”，勾章徐雍辑注，民国年间上海中西书局印行。台湾真善美出版社曾于 1968 年 9 月影印出版。该书与《张三丰太极炼丹秘诀》性质相同，系汇集多家内容而成。本篇据香港圆玄学院重印本点校，参校了《张三丰全集》《古书隐楼藏书》等。

五、《张三丰武术汇宗》一卷九章，又名《武当派仙侠真传》，题有“卷五武术篇”，实为《张三丰道术汇宗》第五卷，《道术汇宗》四卷则系“道术篇”。本篇据北京图书馆藏《张三丰道术武术汇宗》下册点校。徐雍，生平不详。纵观《汇宗》二篇，可窥见徐雍对张三丰祖师虔敬至诚，于太极丹法之史料搜集、理论研究颇有建树，尤其运用西方生理学观点阐解太极养生原理独显特色。《张三丰道术武术汇宗》与《张三丰太极炼丹秘诀》二书，均系上海中西书局印行，可以视作互为补充的关系。

六、《黄庭要道》，题名“张三丰真人传”，本篇根据萧天石《道藏精华》第 2 集之三排印本点校。萧天石先生评云：“《黄庭要道》一书，相传为张三丰真人秘传抄本。所述全系工夫步骤，循序以进，历阶而升，步步工程，指点详明，殊不易得。惟详考其义旨与行文，复按三丰真人其他著述，则知或为后人及门人所托名，然绝非等闲人所可道出也。其三‘四两步工夫，仍多隐诀未泄者，不可即据以行。因其揭示程序简明，可为仙学阶梯，故并选录之。”

七、《清虚真人张三丰入室静功金丹口诀》，现依据抄本整理。篇中内容，系杂抄而成，颇难确定是张三丰之作品。

八、《灵宝源流》，署名张三丰撰，有铅印本藏于天津医学高等专科学校图书馆，收录于《中国中医古籍总目》（薛清录主编）。本篇据清嘉庆年间刊本《道德真源》所收《灵宝源流》为底本点校。

九、《太极拳谱》，以《谦让堂太极拳谱》为主体，搜集清末民国以来多种太极拳书籍所载拳论汇录而成。主要参考有《太极拳势图解》（许禹生著，1921 年北京京城印书局出版）、《太极拳术》（陈微明著，1925 年上海中华书局出版）、《太极拳》（吴图南著，1931 年上海商务印书馆出版）、《太极拳使用法》（杨澄甫著，1931 年文光印务馆出版）、《太极拳体用全书》（杨澄甫著，1934 年上海大东书局出版）、《太极拳九诀八十一式注解》（吴孟侠、吴兆峰编著，1958 年人民体育出版社）、《太极拳研究》（唐豪、顾留馨编著，1964 年人民体育出版社出版）等等。

十、《太极功》，又名《宋氏家传太极功源流支派论》，系吴图南先生（1885–1989）珍藏抄本古谱。本篇据《吴图南太极功》（吴图南讲授、马有清编著）所载古谱《太极功》录入，并参校了吴图南珍藏抄本。

十一、《新刊三丰张真人神速万应方》，据《张三丰全集・凡例十三则》记载张三丰有“仙传医方”，“皆明所作，别有成书传世，兹不合编”。现依据日本“东京国立博物馆”藏江户（1603–1868）初期抄本“称意馆藏本”整理，补入本书。《神速万应方》，成书于明代，署“容山探玄子孙天仁集、书林作德堂叶静斋刊”，内容曾被明李时珍《本草纲目》所转引。感谢北京古赞医师帮助审读，纠正讹误。

十二、《三丰轶事搜录》，云南大理州文联编《大理古佚书钞》，收录明朝李浩著《三迤随笔》、玉笛山人著《淮城夜语》、张继白著《叶榆稗史》三部抄本史料，现将该书内涉及张三丰事迹的内容摘录成编，补入本书。

十三、本书点校忠实于原著，内容结构、编排次序不作调整，即使有些内容略有重复，也不作删节，以体现原编著者的风格和思想。个别明显错字，直接改正，不出校记。

由于校者学识疏漏，能力有限，点校讹误必然很多，敬请专家学者和丹道爱好者批评指正。来函请发电子邮件：shengkq999@163.com。

盛克琦

2022 年 11 月 8 日识于唐山

目 录

第二编　张三丰道术汇宗

第三编　张三丰武术汇宗

第四编 黄庭要道

第五编　清虚真人张三丰入室静功金丹口诀

第六编　灵宝源流

第七编　太极拳谱

第八编　太极功

第九编　新刊三丰张真人神速万应方

第十编　三丰轶事搜录

第一编　张三丰太极炼丹秘诀

张三丰　著

重刊《太极炼丹秘诀》前序

萧天石

张三丰真人者，道家丹鼎派中新派之开山祖也。此派又称太极派，其太极拳尤盛传于世，迄今无论东方、西方，更无论男女老幼，无不习此而不懈，乐此而不疲，以其确可收却病强身、延年益寿之功也。三丰真人虽以太极拳著盛誉于世，人咸尊之为祖师，敬之如神明，然其真正极博大而又极高明之处，不在其太极拳，而在其于丹鼎派中炼丹修行明道证道之崇高境界。其于道也，南北双修，内外双圆，不但即身成就，尤能得“神化无方”之妙用，而自在逍遥，随缘济世，超然物外，游戏人间，度人无算，救人无算，所传道妙，有《张三丰全集》行于世。丹鼎派复有张三峰者，为丹鼎家中东派钜子[①]，纯主阴阳双修，彼家为用，同类采补，取坎作丹，邪而非正，术而非道，可以安乐延年，而不可以证道登真。其《三峰丹诀》一书，大行于世，左道旁门家，概奉之为万金不换之秘笈。实则非三丰真人之所作，其《全集》内亦无该书，读者幸勿误将二人视为一人是幸！

太极拳，世人习者多矣，且复代出名师高人，然能由此而入道证道者实

① 此论张三峰为东派钜子，系误说，不为确论。——校者注。

鲜。彼等类皆只是精于拳术，精于拳技与技击而已，未能入于“太极道”，更不知“太极道”为何物？太乙山人曾云：“拳通太极风云外，道在阴阳造化中。”又云：“形势千般皆下品，神气运化亦非真。”良以就丹家言，太极拳只可视之为助道品、卫道品，与入道之下手门径而已！三丰真人名其书为《太极炼丹秘诀》，而不称“太极拳秘诀”者，即知主在炼“太极金丹”，拳术只是丹法之导引耳。世之太极拳师，十九都落在“拳师境界”上，下焉者则多视之为一种强身运动与卫身运动或上乘武术而已，未能更上重楼，使之道化，三丰有知，其当千古太息而无慨也。良以“有形未若无形好，有势何如无势佳”？此则未闻道者，谁能了悟“出于形势之外，而入于神气之中”？炼乎阴阳之妙，而超乎造化之奇，方可能合书中“安乐延年法、长生不死法、超凡入圣法”而一之，以上入于道。此所以自古以来，太极拳名家，能超凡而入于圣者寡也！

观乎三丰真人于斯书，首冠《重阳祖师十论》于卷端，在《修道编》又首冠《大道论》于篇首，谆谆于传道、授业、解惑，旨在使后世之习此者，切不可心止于拳，以落入小乘。而须力自向上，而期上合于丹，精进于道。凡能进入于道的境界者，亦自能透出于形化、势化、技化，而上入于气化、神化境界。须知，心不住拳方为圣，拳能神化始入真！否则即能技雄万夫，亦仍是一个凡夫俗子身！何能望其能具有仙风道骨，飘逸绝尘，同天地、并宇宙以为终始哉！

《张三丰太极炼丹秘诀》卷一

传纪

列传

（《明史》）

张三丰，辽东懿州人。名全一，一名君实，三丰其号也。以其不饰边幅，又号张邋遢。颀而伟，龟形鹤骨，大耳圆目，鬚髯如戟。寒暑惟一衲一蓑，所啖升斗辄尽，或数日一食，或数月不食。书过目不忘。游处无恒，或云能一日千里。善嬉谐，旁若无人。尝游武当诸岩壑，语人曰："此山异日必大兴。"时五龙、南岩、紫霄，俱毁于兵，三丰与徒，去荆榛，辟瓦砾，创草庐居之，已而舍去。太祖故闻其名，洪武二十四年，遣使觅之不得。后居宝鸡之金台观，一日自言当死，留颂而逝。县人具棺殓之，及葬，闻棺内有声，启视则复活。乃游四川，见蜀献王。复入武当，历襄汉，踪迹益奇幻。永乐中，成祖遣给事中胡濙，偕内侍朱祥，赍玺书香币往访，遍历荒徼，积数年不遇。乃命工部侍郎郭琎、隆平侯张信等，督丁夫三十余万人，大营武当宫观，费以百万计。既成，赐名"太和太岳山"，设官铸印以守。竟符三丰言。或言三丰金时人，元初与刘秉忠同师，后学道于鹿邑之上清宫，然皆不可考。天顺三年，英宗赐诰，赠为"通微显化真人"，终莫测其存否也。

三丰先生本传

汪锡龄　敬述

三丰先生姓张，名通，字君实。先世为江西龙虎山人，故尝自称为天师后裔。祖父裕贤公，学精星算。南宋末，知天下王气将从北起，遂携本支眷属，徙辽阳懿州。有子名居仁，亦名昌，字子安（一字仲安），号白山，即先生父也。壮负奇气，元太宗收召人才，分三科取士，子安赴试，策论科入选。然性素恬淡，无仕宦情，终其身于林下。定宗丁未夏，先生母林太夫人，梦元鹤自海天飞来，而诞先生，时四月初九日子时也。丰神奇异，龟形鹤骨，大耳圆睛。五岁目染异疾，积久渐昏。其时有张云庵者，方外异人也。住持碧落宫，自号白云禅老。见先生奇之，曰："此子仙风道骨，自非凡器，但目遭魔障，须拜贫道为弟子，了脱尘翳，慧珠再朗，即送还。"太夫人许之，遂投云庵为徒。静居半载，而目渐明，教习道经，过目便晓，有暇兼读儒、释两家之书，随手披览，会通其大意即止。忽忽七载，太夫人念之，云庵亦不留，遂拜辞归家，专究儒业。

中统元年，举茂才异等。二年，称文学才识，列名上闻，以备擢用，然非先生素志也。因显扬之故，欲效毛庐江捧檄意耳。至元甲子秋，游燕京。

时方定鼎于燕，诏令旧列文学才识者待用，栖迟燕市。闻望日隆，始与平章政事廉公希宪识。公异其才，奏补中山博陵令，遂之官。政暇访葛洪山，相传为稚川修炼处。因念一官萧散，颇同勾漏，予岂不能似稚川？越明年而丁艰矣，又数月而报忧矣。先生遂绝仕进意，奉讳归辽阳，终日哀毁，觅山之高洁者，营厝甫毕，制居数载，日诵洞经。倏有邱道人者，叩门相访，剧谈玄理，满座风清，洒然有方外之想。道人既去，因束装出游，田产悉付族人，嘱代扫墓，挈二行童相随。北燕赵，东齐鲁，南韩魏，往来名山古刹，吟咏闲观，且行且住。如是者几三十年，均无所遇，乃西之秦陇，挹太华之气，纳太白之奇。走褒斜，度陈仓，见宝鸡山泽，幽邃而清，乃就居焉。中有三尖山，三峰挺秀，苍润可喜，因自号为三丰居士。

延祐元年，年六十七，始入终南，得遇火龙真人，传以大道。更名玄素，一名玄化，合号玄玄子，别号昆阳。山居四载，功效寂然。闻近斯道者，必须法财两用，平生游访，兼颇好善，囊箧殆空，不觉泪下。火龙怪之，进告以故，乃传丹砂点化之诀，命出山修炼。立辞恩师，和光混俗者数年。泰定甲子春，南至武当，调神九载，而道始成。于是湘云巴雨之间，隐显遨游，又十余岁，乃于至正初，由楚还辽阳，省墓讫，复之燕市，公卿故交，死亡已尽矣。遂之西山，遇前邱道人，谈心话道，促膝参同，方知为长春先生符阳子也。别后，复至秦蜀，由荆楚之吴越，侨寓金陵，遇沈万三，传以丹道，事在至正十九年。临别，先生预知万三有徙边之祸，嘱曰："东南王气正盛，当晤子于西南也。"仍还秦，居宝鸡金台观。九月二十日，阳神出游。土人杨轨山以先生辞世，买棺收殓。临窆之际，柩有声如雷，启视复生。盖其阳神出游，朴厚者见之，以为宛其死矣。后乃携轨山遁去。又二年，沧桑顿改，海水重清，元纪忽终，明运又启，先生乃结庵于太和，故为疯汉，人目为邋遢道人。道士邱元靖，安静可喜，秘收为徒。他日入成都，说蜀王椿入道，不听，退还襄邓间，更莫测其踪迹矣。

洪武十七年甲子，太祖以华夷宾服，诏求先生，不赴。十八年，又强沈万三敦请，亦不赴。盖帝王自有道，不可以金丹金液，分人主励精图治之思。古来方士酿祸，皆因游仙入朝，为厉之阶。登圣真者，决不为唐之叶法善、宋之林灵素也，前车可鉴矣。二十五年，乃遁入云南，适太祖徙万三于海上，缘此践约来会，同炼天元，服食大药。明年成，始之贵州平越福泉山，朝真礼斗，候诏飞升。建文元年，完璞子访先生于武当，适从平越归来，相得甚欢。永乐四年，侍读学士胡广，奏言先生深有道法，广具神通。五年丁亥，即命胡濙等，遍游天下访之。十年壬辰，又命孙碧云，于武当建宫拜候，并致书相请。直逮十四年，并不闻有踪迹。帝乃怒，谓胡广曰："卿言张三丰蕴抱玄机，胡弗敢来见朕也？"斥广寻觅之。广大惧，星夜抵武当，焚香泣祷。是年五月朔，为南极万寿，老君命诸仙及朝大会，时先生亦在诏中，遂与玄天官属，御气同行，适见胡广情切，乃按云车，许以陛见。入朝后，即赴上清之命，飘然而去。明年，胡濙等还朝，终未得见先生也。

吾师乎！吾师乎！其隐中之仙乎！其仙中之神乎！其神仙而天仙者乎！继荷玉诏，高会群真，位列兑宫，身成乾体，故能神通变化，济世度人。四围上下，虚空处处，皆鸾骖所至，将所谓深藏宏愿，广大法门者，吕祖之后，惟先生一身而已。

锡龄风尘俗吏，几忘本原，观察剑南，又鲜仁政，滥叨厚禄，辜负皇恩。两年来，曦天少见，水潦频增，龄乃跣足剪甲，恭祷眉山之灵。拈香七日，晴光普照，画景遥开，奇峰异水间，幸遇先生。鉴龄微忱，招龄入道，并示《丹经秘诀》一章，及《捷要篇》二卷，照法修炼，始识玄功。因此悔入宦途，游情山水，迩乃自出清俸，结庐凌云，未知何年何日，蝉脱尘网，采瑶花、奉桃实，敬献先生也。龄侍先生甚久，得悉先生原本又甚详，爰洗浊怀，恭为纪传，以付吾门嗣起者。

张三丰外传

神仙张三丰，一名君实，一名仲猷，字玄玄，道号昆阳，又称斗蓬，又呼张邋遢，辽东懿州人。甫七岁，能棋，随手应局，人莫能敌，十岁习儒业。早失怙恃，后学道，遇郑思远祖师，授以至道。生于绍兴辛卯八月十五日，丰姿魁伟，龟形鹤骨，大耳圆眼，须如戟，顶中作一髻，身被一衲，负巨蓬，手中常持方尺。在武当山，结庵展旗峰下。先入华山洞，栖真数十年。后郑思远祖师命了俗缘，乃混俗归闽，补刑曹吏因群囚劫狱，连坐戍边夜郎之平越，遂住高贞观。今有礼斗亭、浴仙池、长生桂，皆其仙迹也。

丹成后，时元年丙申。太上诏曰："王方平五十三仙，掌华林洞。"于三月十五日册封为华林洞妙应真人，赐以玄冠双旒、霓羽碧履，时年六十六岁。因仑谷万尊师，亦在受诏五十三仙之列，曾著《方壶胜会图》，然后知三丰真人之始末也。

大明天顺年，敕封通微显化真人。于元末居宝鸡县金堂观，至正丙午九月二十日，自言辞世，留颂而逝。土民杨轨山置棺殓讫，临窆发之复生，乃入蜀。洪武初，至太和山冷坐，结庵玉虚宫。庵前古木五株，常栖其下，猛兽不噬，鸷鸟不搏，人益异之。衲不垢弊，皆号为"邋遢张"。有问其仙术，竟不一答，问经书则涎津不绝口。登山轻捷如飞，隆冬卧雪中，鼾齁如雷。常语武当乡人曰："兹山异日当大显。"道士邱玄靖请为弟子，遂教以道妙。帝于乙丑遣沈万三敦请，了不可得。乃召玄靖至，与语悦之，拜监察御史，赐之室不受，超擢太常卿。

金陵沈万三，又名万山，秦淮大鱼户。心慈好施，其初仅饱暖。遇三丰真人，见其生有异质，龟形鹤骨，大耳圆目，身长七尺余，修髯如戟，顶作一髻。或戴偃月冠，手持方尺，一笠一衲，寒暑御之，不饰边幅，日行千里。所啖升斗辄尽，或辟谷数月自若。万三心知其异，常烹鲜鱼暖酒，邀饮于芦洲，苟有所需，即极力供奉。偶于月下对酌，三丰谓曰："子欲闻余之出处乎？"万三启请，三丰曰："予当生时，一鹤自海天飞来，咸谓令威降世，后知丁公仍在灵墟。予思舜亦人也，予岂不得似丁公？每嗟光阴倏忽，富贵如风灯草尘。是以日夕希慕大道。弃功名，薄势利，云游湖海，拜访明师。所授虽多，皆傍门小法，与真道乖违，徒劳勤苦。延祐年间，已六十七岁，此心惶惶。幸天怜悯，初入终南，即遇火龙先生，乃图南老祖高弟，物外风仪，予跪而问道。蒙师鉴我精诚，初指炼己工夫，次言得药口诀，再示火候细微、温养脱胎、了当虚空之旨，一一备悉。于是知进斯道，必须法财两用。予素游访，兼颇好善，倾囊倒箧殆尽，安能以偿夙愿？不觉忧形于色。师怪而问之，予挥泪促膝以告。重蒙授以丹砂点化之药，命出山修之。立辞恩师，和光混俗，将觅真铅八两、真汞半斤，同入造化炉中，煅炼转制分接。九还已毕，藉此赀财以了大事。由是起造丹房，端坐虚心养气，虚气养神，气慧神清，广觅药材。时饮蟠桃酒，朝餐玉池液。如醉如痴，补气养血。但得汞有半斤，可待他铅八两。月数将圆，金花自显。一手捉虎擒龙，采得先天一气。徐行火候烹煎，自合周天度数。明复姤进火退符，识卯酉防危虑险。十月功完，圣胎显象，九年面壁，与道合真，所谓‘跨鹤青霄如大路，任教沧海变桑田’也。”言讫，呵呵大笑。万三闻言，五体投地曰：“尘愚愿以救济，非有望于富寿也。”三丰曰：“虽不敢妄泄轻传，亦不敢缄默闭道。予已审知子之肺腑，当为作之。”于是置办药材，择日起炼，七七启视，铅汞各遁。三丰嗟咄不已，万三自谓机缘未至，复尽所蓄，并卖船网以补数。下功及半，忽汞走焚，茅盖皆燬。万三深叹福薄，三丰劝其勿为。夫妇毫无怨意，苦留再炼。奈乏赀财，议鬻幼女。三丰若为不知，窃喜志坚，一任所为。令备朱里之汞，招其夫至前，出少许药，指甲挑微芒，乘汞热投下，立凝如土。复以死汞点铜铁，悉成黄白，相接长生。三丰略收丹头，临行谓曰：“东南王气大盛，他日将晤子于西南也。”遂入巴中。

万三以之起立家业，安炉大炼，不一载富甲天下。凡遇贫乏患难，广为周给，商贾贷其资以贸易者遍海内。其丹室有一联云：“八百火牛耕夜月，三千美女笑春风。”世谓其得聚宝盆，故财源特沛。斯时世乱兵荒，万三惧有祸患，乃毁弃丹炉器皿，敛迹欲隐。京城自洪武门至水西门坍坏，下有水怪潜窟，筑之复崩。帝素忌沈万三年命相同而大富，召谓曰：“汝家有盆能聚宝，亦能聚土筑门乎？”万三不敢辨，承命，筑立基即倾者再三。无奈，以丹金数斤暗投，筑之始成，费尽巨万，因名曰“聚宝门”。帝尝犒军，召万三贷之曰：“吾军百万，得一军一两足矣。”万三如数输之。帝瞷其无困苦状，由是急欲除之，马后苦谏，乃议流南岭，株连其婿余十舍亦流潮州。万三遂轻身挈妻奴而去，委其家资。未几命再徙十舍于云南。既至滇，沐春抚慰之，欲妻余氏女。十舍允之，及过府，沐侯见薄其嫁资，曰：“不丰不为礼。”女曰：“公所利者财耳，措之亦易。”教备汞铅，脱耳环投之，声如蝉鸣，其汞已干，环仍如故。以汞开铜铁，成宝无算，沐侯大喜。是秋，三丰践约来会，同万三炼人元服食大药，明年始成。

初万三有长女三岁忽失去，迄今三十余年，一旦归家，曰：“儿少遇祖薛真阳，即中条玄母，改名化度，呼女为玉霞，号线阳，掌玉匣诸秘法，为师擎神剑，得授灵通大道。命回就服成药当以极济立功。”万三即出药，全家共服，皆能冲举。玉霞声洪体硕，无女子相，慨然普救生灵之志，遂与父散游于世，随时救度。

永乐时，尚书胡广言张三丰实有道法，广具神通，录其《节要篇》并《无根树》二十四首、金液还丹歌、大道歌、炼铅歌、地元真仙了道歌、题丽春院二阕、琼花诗、青羊宫留题诸作上呈。帝览之，虽不测其涯底，知其有合大道，遣使访之。有言初入成都，见蜀王操（太祖第十一子），王不喜道，退游襄邓间，居武当二十三年，一旦拂袖游方而去。帝于壬辰春，敕正一孙碧云，于武当建宫拜候。三月初六日，帝赐手书曰："皇帝敬奉书真仙张三丰先生足下：朕久仰真仙，渴思亲承仪范。尝遣使奉香致书，遍诣名山，虔请真仙。伏惟道德崇高，超乎万有，体合自然，神妙莫测。朕才质疏庸，德行菲薄，而至诚愿见之心，夙夜不忘。敬再遣使，谨致香奉书虔请，拱候雷车凤驾，惠然而来，以副朕拳拳仰慕之怀。敬奉书。"

越三载，飘然而至。碧云呈御书，三丰览而笑，答书曰："圣师真口诀，明言万古遗。传与世间人，能有几人知？衣破用布补，树衰以土培。人损将何补？阴阳造化机。取将坎中丹，金花露一枝。庆云开天际，祥光塞死基。归已昏昏默，如醉亦如痴。大丹如黍米，脱壳真无为。优游天地廓，万象掌中珠。人能服此药，寿与天地齐。如若不延寿，吾言都是非。天机未可轻轻泄，犹恐当今欠猛烈。千磨万难费辛勤，吾今传与天地脉。皇帝寻我问金丹，祖师留下神仙诀。金丹重一斤，闭目静存神。只在家中取，何劳向外寻。炼成离女汞，吞尽坎男精。金丹并火候，口口是玄音。"

碧云劝驾不听，留居一室，出则伴游，令人驰报于帝。丙申春正，帝又命安车迎接，复又他适。帝怒谓胡广曰："斯人徒负虚名，能说不能行，故不敢来见耳。卿往招致不得，亦难见朕也。"广惧，星夜奔至武当，立宫庭哀泣。佑圣帝君尝奏三丰道行于玉帝。是夏五月，驾临南极，宣召至会所。三丰将随玄天官属同行，适见胡广情切，乃出，许其诣阙。先自飞身而去，帝正在朝。见一褴褛[①]道士，肩披鹿裘，立于阶前稽首。帝问，知是三丰，笑而命坐问道。三丰曰："闻迁北平时，金水河冰凝龙凤之状，即此是道。"于是从容步下阶陛，一时卿云瑞彩，弥满殿庭，良久始散，三丰去矣。君臣叹异，始信真仙。及胡广还，帝赐劳之，寻拜为相。

① 褛，底本作"缕"，改。

历代显迹纪

度沈万三

沈万三者，秦淮大渔户也。心慈好施，其初仅温饱。至正十九年，忽遇一羽士，神采清高，龟形鹤骨，大耳圆目，身长七尺余，修髯如戟。时戴偃月冠，手持刀尺，一笠一衲，寒暑皆然，不饰边幅。日行千余里，所啖升斗辄尽，或辟谷数月，而貌转丰。万三心异之，常烹鲜鱼暖酒，邀饮芦洲，苟有所需，极力供俸。偶于月下对酌，羽士谓曰："子欲闻吾出处乎？"万三启请，乃掀髯笑曰："吾张三丰也。"遂将生世出世、修真成真之由，叙述一篇，言讫，呵呵大笑。万三闻言，五体投地，称祖师者再，并乞指教，曰："尘愚愿以救济，富寿非敢望也。"祖师曰："虽不敢妄泄真传，亦不欲缄默闭道。予已深知子之肺肠，当为作之。"于是置办药材，择日启炼，七七启视，铅汞各遁，祖师嗟咄不已，万三自谓机缘未至，复尽所蓄，并售船网以补数。下工及半，忽汞走如焚，茅盖皆毁。万三深叹福薄，祖师亦劝其勿为。夫妇毫无怨意，苦留再炼。赀财已匮，议鬻幼女，祖师若为不知，窃喜其志坚，一任所为。令备朱里之汞，招其夫妇至前，出药少许，指甲挑微芒，乘汞热投下，立凝如土，复以死汞点铜铁，悉成黄白，相接长生。祖师遂略收丹头。临行嘱曰："东南王气大盛，当晤子于西南也。"遂入巴中，万三以之起立家业，安炉大炼，不一载富甲天下，凡遇贫乏患难，广为周给。商贾贷其赀以贸易者，直遍海内，世谓其得聚宝盆，故财源特沛。斯时世乱兵荒，万三惧有祸，乃毁丹炉器皿，自号三山道士。至今南京城西南街，即其迁处。会同馆，即其故居。后湖中地，即其花园旧址也。

《仙鉴》评："外丹成，为内丹之助。"然真道难闻，千举万败。人每以三丰为口实，至受诳不悟，当思己有万山福量，乃可遇之。苟或不然，愿且置是。

寓金台观

元至正丙午年，宝鸡金台观，有道翁者，貌若百余岁，忽于九月二十七日，自言辞世，留颂而逝。土民杨轨山，置棺殓讫，临窆，柩有声如雷，发之复生。跃起，谓轨山曰："吾张三丰也。天师后裔，幼好学道。今吾大丹已成，神游天海。吾子善人也，难得，难得。"遂教以避世延年之术，寻携轨山同去。

圆通子曰：世人尽如轨山，则路无暴骨矣。如此方便人，仙真安得不度。

隐太和山

洪武初，祖师入太和山，于玉虚宫畔，结庵冷坐。庵前古木五株，阴连数亩，云气滃然，故尝栖其下。猛兽不噬，鸷鸟不搏，人咸异之。衲衣垢弊，皆号为邋遢张。有问其仙术，竟不一答。问经书，则津涎不绝口。登山轻捷如飞，隆冬卧雪中，鼾齁如雷。常语太和乡人曰："兹山异日当大显。"道士邱元靖，叩其出处，始识为三丰祖师。请为弟子，遂传以道妙。

《神仙鉴》评："左道旁门，最能惑人，如箭射虚空，还复坠地。惟觅得真种子，潜修密炼，至丹成果熟，寒暑不能侵，阴阳不能贼，纵横自在，来去随心，方为实际。"如三丰者，所当景仰。

寄常遇春

洪武二年己酉六月，常遇春进攻大兴州，直拔开平，追奔数百里，大获全胜，遂清蓟北。秋七月，师次柳河州，遇春得疾，谓众将曰："予生时，有老翁至门，付一函云：煌煌尾宿，矫矫虎臣，和中遇主，柳下归神。前日张真人三丰，自五台寄书，又是此数字。今至柳河州而病，吾其逝矣。"寻卒于军（年三十四）。去年戊申，帝初即位，亦尝钦问四十二代天师张冲虚，曰："北征如何？"天师曰："朝廷有福，大将归真。"

见蜀王椿

（太祖第十一子，封蜀王，名椿。或作操，似误。）

洪武中，太祖封子椿为蜀王。是时两川久定，人物恬熙，倏有老翁者，神完貌古，行动如飞，一日方冠博带，翩然见王，说以入道，王不听，然心异其老健，欲幕栖之。老翁笑吟曰："何必终南论捷径，宦情于我似鸿毛。"王高其节。一日谓王曰："藩封虽好，然须志退心虚，乃保无祸。吾张三丰也，将与海岛诸仙，游于寥廓矣。"王作诗以送之，有"吾师深得留侯术，静养丹田保谷神”之句，亦不相留，祖师遂去。或曰：其后诸王，如谷王穗、辽王植，多有不保其封，而蜀王得以居安乐土者，皆祖师教之云。

按：祖师见蜀王椿之后，遨游川贵云广，云车无定，显迹最多，未尝枯坐一山。或言初入成都，见蜀王椿，王不喜道，退还襄邓间，居武当二十三年，一旦游方，拂袖而去。

圆通子读此一则，题一绝云：“入幕仙翁一老皤，相逢不识奈如何。名言几字将王报，保得藩封受用多。”

寓指挥家

洪武中，祖师游蜀，侨寓环卫姜指挥家，行踪诡异，而人不识。常戴一笠，笠甚大，虽小户出入不碍，系铁丝绦，备极工致。朝夕居一磐石上，尝折枯梅枝，插土即生，花皆下垂，故成都昔年，犹遗“照水梅”云。

寓开元寺

夔府城西开元寺，唐了休禅师道场也。明初祖师来游，与僧广海善，寓居于寺者七日，临别赠以诗，并留草履一双、沉香三片而去。后海以诗及二物献文帝，答赐玉环一枚，千佛袈裟一领。今犹置寺中，称世宝云。（见《成都府志》，并见《夔州府志》。）

三却廷诏

洪武十七年甲子，帝以华夷宾服，诏求真人张三丰，莫知所往。明年春，复强其弟子沈万三敦请，了不可得，又召邱元靖入朝。祖师因呈一诗，并嘱邱曰：“奏语明天子，谓吾将遨游海外矣。”其诗云：“流水行云不自收，朝廷何必苦征求。从今更要藏名姓，山北山南任我游。”帝览而纵之。寻拜邱为监察御史，赐美室，均不受。邱可谓不忘师教也。（《神仙鉴》有三诏之事，而无寄诗一段。）

圆通子曰：严子陵，其吾师之前身耶！

滇南践约

洪武中，京城自洪武门，至水西门坍坏，下有水怪潜窟，筑之复颓。帝向忌沈万三，年命相同而大富。召谓曰："尔家有盆能聚宝，亦能聚土筑门乎？"万三不敢辨，承命起筑。立基即倾者三，乃以丹金数片，暗投其内，筑之始成，费盖钜万。帝尝欲犒军，召万三贷之，曰："吾军百万，但得一军一两足矣。"万三如数输之，帝瞰其无困苦状，由是欲除之。罪以他事，议流岭南。万三遂轻身携妻孥去，而委其家赀。未几，命再徙于云南。既至滇，万三无聊，忽有弓长翁者，传云"践约来会"，万三请见，则三丰祖师也。祖师笑曰："犹记东南气盛，西南相见之语乎？"万三爽然。因与炼天元，服食大药，明年始成，万三与全家饵之，皆能冲举。

圆通子曰：撒手赀财，即成上仙，其施济已多矣。

游鹤鸣山

洪武末，有道人游邛之鹤鸣山，山有二十四洞，以应二十四气。道人入山时，石鹤复鸣，人咸惊异。居半载，入天谷洞不出，门书"三丰游此"四字，时已一百余岁矣。（《蜀通志》作"三百余岁"，似误。）

圆通子曰：奇。

题诗警祸

建文嗣位初，户部门前，薄暝有老翁闲步，如土地形状者。风过处，忽不见，明晨觇双扉上，于右扉题一诗云："燕子将营垒（一作"巢阁"），龙孙不在潭。波平风又起，海上问三三。"末三字，写于双扉交关处，人多不解。户部侍郎卓敬见之，以为"三"字写门中，盖借门缝作"丰"字中画也。心知为三丰仙翁，并念燕子者，是指燕王；龙孙者，是指建文，其语殊凶。其字旋落。卓乃密疏，请徙封燕王棣于南昌，万一有变，尚可控制。疏入，竟不听。

圆通子曰：卓侍郎聪明可爱，惜忠言逆耳，致使燕封篡位。吾师其亦不得已而题诗欤？不然，岂不知建文之不听哉！

混迹京师

永乐初，有宦客游京师，丰姿清矫，拂拂修髯，而衣服礼容，似公车客状。居京颇久，与户科给事中胡濙相契，常作诗酒之会。喜拟"文选体"，多不存稿。客闻朝中僚属事毕，闲谈多言神仙事。又闻侍读胡广，欲举张三丰仙术上闻，客心厌之。一日，饮于客斋，忽谓胡濙曰："吾友善事明君，我将远引深山也。"濙惊，叩其故，不答。数叩之，乃掀髯笑曰："吾即三丰子也。"言毕迳去，不知所往。其后胡濙访三丰祖师，因有"却忆故人从此隐，题诗谁似鲍参军"之句云。

一晤因缘

永乐四年冬，詹事府主簿南阳张朝用，常见一道人，行止异奇，足不履地，手捻梅花，口吟"秋水"。趋前询之，乃三丰仙翁也。明年，帝命胡濙游访，因荐朝用同行，已不知其去向矣。

道示明玉

永乐中，有羽客游内江，寓明玉道人家，诡云庞姓，微示以异，尝履极险不坠，涉水无少濡。明玉善符咒，多奇验，欲传授羽客，羽客笑曰："我以道俸君，君乃以法授我耶？"乃作《道法会同疏》一通与之。明玉大惊，跪请其名号，乃知为三丰祖师也。居岁余，胡濙物色之，遂不留（《四川通志》作"遂同玉见胡"，与《明纪》不合，兹特正之）。寻又来往峨眉山中。

明殿飞升

明成祖自遇西僧哈立麻之后，颇萌道心。尚书胡广，因言张三丰实有道法，录其《捷要篇》上呈。帝览之，虽不测其涯涘，知其有合玄机，遣使访之。壬辰春，又敕孙碧云至武当拜候，三月初六日并赐书。越三载，始至武当，碧云呈御书，祖师览讫，笑答一函。碧云劝入朝，不可。留居室内，出则同游，令人驰报于帝。丙申春正，帝命安车迎请，忽又他适。帝乃斥胡广求之，广大惧，即至武当恳祷。祖师见其情切，乃出，许其诣阙。先自飞身而去，帝正在朝，忽见一褴褛道人，肩披鹿裘，立于阶前，稽首冷笑。帝问是三丰，殷勤命坐，即求谈道。祖师遂唱"访道求玄、走尽天涯"之曲，曲终，从容下阶，一时卿云瑞霭，弥满殿廷，良久始散，祖师去矣。君臣叹异，始信真仙。及胡广还朝，上颇赐劳之。

按:《明纪》永乐丁亥，帝命胡濙等遍访三丰，去十载始还。兹连丁亥顺数至丙申，正是十年，乃于五月初，先有陛见之事，不知濙等还朝在五月前否？若在五月后，便往来相左矣。

《神仙鉴》评：仙道有易髓换骨、不必蜕化者，有育就婴孩、引神出见者，有太阴炼形、尸解成真者，皆足以证道。而完璞之育就胎孙，三丰之飞升金殿，非重安九鼎，再立乾坤，何能至此？由是而观，丹道岂易言哉！

玄光表异

永乐丙申岁五月朔，为南极老人万寿之会，老君命太微尹真人，传示群真。尹向西北行，举头见一簇玄光，从空飞至，迎视，乃三丰先生。尹告以老君之旨，三丰曰："吾已荷玉帝宣命矣。"遂别去。

七针先生

天顺中，有七针先生者，尝持七药针，治人疮疾，多奇效，人遂以"七针"目之。先生亦以此自名。又能图写山水，自比辋川，公卿多重之。先是，张三丰以仙画称奇，朝廷屡求不得，近臣因以七针上闻，诏进，写山水一幅，最为称旨。但性嗜酒，且好漫骂权倖。浊吏某，利其技精，聘至家，厚待之，倩其作画，以图干谒。一日，帝又以美绢赐写，时七针醉矣，居小楼上，浊吏以绢付七针，七针置之床头。夜闻呕秽声甚剧，浊吏心急，烛之，七针跃起曰："快甚、快甚！"举视皆麻雀，跃跃欲飞，尚未点睛。浊吏不得已，进呈帝览。帝称异，即命点睛，对曰："臣所写不可点睛，点则飞去。"帝弗信，促之。七针乃举笔乱窜，讫，帝玩而笑曰："此物真欲飞也？"语终，即有无数小雀，冲云而去，至浊吏之乡，尽弹其田谷，殆无遗粟，连疆者固无恙也。七针亦遁去。事闻上，再诏见，不可得。帝以问礼部尚书胡濙，濙对曰："七针殆三丰耶？以'三丰'二字，横顺分观，盖如针之有七也。"帝惊异。

赠角黍翁

又天顺中，剑州有老翁者，忘其姓氏，日市角黍为生。视有贫者过，辄与一包，不取赀，或叩其故，老翁曰："是皆走乏人也，腹且饥，吾日售角黍，只求固吾本，而少有利焉，足矣。以余给人，特小惠耳，何足齿。"一日，日将晡，角黍不能售。倏有道人前过，乞赐一包，翁与之。食毕又乞，翁又与之。如是者几数十次，翁皆与之。道人大笑曰："翁真慷慨者，吾无他术，囊有紫珠一枚，可携回置瓮内，隔夕启视，中有奇妙焉。"语罢，道人飘然而去。翁带至家，竟如其教，时米瓮匮矣，明晨开之，瓮米已满。翁笑曰："道人所谓奇妙者，固如是耶？"遂取作角黍，卖三施七，来日启视，米又满。作业如常，人沾其惠者，咸啧啧称善。久之，翁殆异焉，因倒瓮觇之，紫珠不见，嗣后瓮亦不复生米矣。他日道人又来，语翁曰："吾某某也。翁惠已多，愿出世否？"翁不许，祖师乃出一粒，嘱曰："且食此，当更绵寿。"翁啖下，觉肺腑皆清。祖师去后，老翁年百余，端坐而逝。

圆通子曰：惜此翁不求仙道，然其满腔慈念，亦应长享遐龄矣。

诗挫番僧

成化中，方士流行，一时赐以诰敕号为真人者，几盈都下。而西番僧劄巴坚参，以秘密教获宠，赐号"大智慧佛"，出入乘高舆，虽显贵过街，皆避其前导。一日，劄巴归赐院，突见褴褛道人，于照壁上题诗云："纷纷方士满朝端，又见番僧压显官。这等奴才称释道，老君含笑世尊叹。"款落"坤断补题"。劄巴见之，大怒，命士卒擒之。风沙起处，道人不见。或曰：坤卦断而言补者，此"丰"字也。于是共知为真仙三丰焉。厥后，劄巴之势稍挫。

圆通子曰：劄巴没脸。

一戏方士

成化中，羽流扰扰，出入禁廷，祖师甚恶之。一日，遇方士赵、王二姓者，知其存心鬼蜮，将挟异术北行。因化为教主形状，以诡之曰："吾张天师也，飞符召神，我法甚效，君等愿学否？"赵、王不信，祖师乃向空指画，倏有天兵天将，往来云气中，二人始异之，跪求符箓。祖师伪为密嘱状，赐之数符，二人大笑而去。其时，李孜省以五雷法得幸，二人投之，因此进身。帝询其能，二人以天师传符对，并请帝致斋三日，演法一观。帝如其教。临期，大设法坛，支吾终日不验，帝怒其奸诈，立命侍卫毙之。

圆通子曰：真仙之恶方士，犹君子之恶小人乎？吾师七戏方士，以正法簸弄邪法，务使群邪术败，宠幸日衰而后已。如吾师者，应封为荡邪卫正护国天师也。厥后成化末，罢夺僧道封号，虽系用科道言，安知不因吾师之默破其术，而乃疏之欤。（以下六则，俱作如是观。）

二戏方士

祖师又尝与方士刘某者，赌役鬼神。方士符初烧，祖师暗以法力掩之。轮及师符，即有鬼神无数，甲马狰狞，往来空际。方士惊奇，跪求指教，师慨然与之，并教以斩鬼妙法，方士大喜，挟技游京，颇称灵效，特未用斩鬼法耳。继援梁芳等，得入内廷。一夕有宫监与宫婢相狎，适帝命刘召鬼，符使烧而二鬼至，一男一女，调笑于宫楼之下，渐逼帝前，不知敬避，帝惧，速命刘拔剑击之，则是宫婢云娥与宫监某某也。帝大怒，以刘侮己，即刻毙于坛内。

圆通子曰：一符杀三邪，非吾师逞毒手也。以正卫国，真是慈悲耳。

三戏方士

方士郭成显，无赖徒也。初学五雷法，颇效。行将入京，三丰祖师因于途中截之，相逢道左，诡名赛天师。先语郭曰："子身藏五雷诀耶？"郭惊其先知，料是神人，不敢隐匿，连声唯唯。赛天师曰："吾尚有六雷法赐汝，依法行持，能召天仙化女，御风游凡。近日李孜省，权倾中外，尔以此法投之，则显要可立致也。"郭大喜，请受其传，叩头辞去。进干孜省，先用五雷，孜省以为同道，深信纳之。郭笑曰："岂惟是哉！吾更有六雷在也。传吾者云，此法能召天姝。"孜省雀跃，促郭演之，郭乃故持身分，命广法坛，务穷精致，红灯翠幛，境界一新。孜省之姬妾，倚阁明妆，皆观郭术何如。郭乃按法行符，绕坛咒喝，果有仙姝四五，冉冉而来，各跨赤虬，止于坛上。其中有二女，尤为妖丽，双喉度曲，宛转莺声，歌曰："侬与儿夫据要津，法衣解却昵红裙。此威此福难长久，朝倚栏干泪湿云。"音节清脆，似嘲似讽，如惧如哀。孜省之党，初睹美人则生怜，继闻歌词则大惑，细思其意弥震恐。忽然雷雨当空，风沙竞作，满坛灯火皆灭，狐城鼠社，水扑烟昏。霎时云敛，纤月挂檐，觉有呻吟声，在坛深黑处，复然明烛照之，只见姬妾数人，各跨一呆汉，赤体弯腰，若僵迷状，睇视之，则皆孜省门下所养术士法徒也。强命家奴，各扶过去，再觅郭成显，尚立法坛，满口糊词，摇头掐指，若得意然。孜省羞怒交作，拔佩剑砍之，抛其尸于后园池内，禁家人勿言。谁知此夕丑声，早流于外矣，孜省益危悚不安。

圆通子曰：六雷法竟有许妙用，不知吾师从何处得来。汉唐方士流行之际，惜无此书。

四戏方士

彭华为吏部左待郎，继结万安、孜省，遂得入内阁，预机务事，势焰日彰，威福自擅，屏逐忠良，其门下亦多方士。一日病热，凉药鲜效，乃命方士熊钟代求明医。熊闻都门外有某某者，岐黄颇精，遂往延之。路遇一道人，背负药囊，手挑画板，上书四句云："一张膏药，贴好疮痍。三封大丹，牢笼方术。"夫所谓一张三封者，是隐著其姓字也。猝然相遇，以为表其医道，故熊弗察耳。外售解热丸，熊欲购之，道人故昂身价，谓吾丸匪特愈病，并可轻身。熊弗信，道人以一丸自啖，两足凭空，离地数尺许，熊即倒拜，乞卖一丸。道人故嘱曰："此丸与大贵人食之，必能白日飞升。其去世后，则袭显位易易也。"熊本无仙意，但欲如彭华辈，身列要津足矣。因将丸回，述其灵异，彭华于昏愦中吞之，头脑涔涔，如中鸩毒状，寻复大吐，吐后遂得风疾。熊知其误，遂遁，彭华亦以病罢黜。

圆通子曰：热中之病，凉剂难疗。夫惟吐其火而赐以风，则心热退矣。若方士者，热中更甚于彭华，不爱神仙，只贪富贵，何不待他飞升，便自逃走。

五戏方士

太行西山马仙翁，能以神箭射鬼，人多求之，无弗效者。道士邓常恩，素闻其能，及为太常卿，阴贼险狠，暗害一人，每入府中为厉。乃命其徒陈歪儿，往求马术。陈即往，途遇一道人，风骨昂昂，手执长弓（张也），腰插七剑（三丰也），自云射鬼，百发百中，而不言其姓字。陈疑焉。同行至晚，于破庙中栖宿。林昏月黑，从篁古木中，鬼声啾啾然，陈大惧。道人曰："尔可以观吾射也。"即于窗隙内，张弓射之，其鬼哀号而去，陈乃折服。明晨，乞其艺，道人慨然与之。遂回京师，述其情事，诡云："马仙已往，今幸得此神箭，皆大人之福也。"常恩喜甚。夜来昏月濛濛，府园中鬼声又起，即命陈一奏其技。常恩转过回廊，于对面楼窗上觇之。忽见鬼飞入楼，陈遂挽强弓，决妙矢，羽声响处，大叫一声，应弦而倒，烛之，则常恩也。幸中左臂，不致陨命，陈即逃。

圆通子曰：杀人之罪已甚矣，乃至欲诛其魄，残忍孰甚。西山之行，即得马仙神箭，安知不转射常恩？

六戏方士

阁臣万安，深中宽外。其时万贵妃，宠冠后宫，安称子侄行，内外之声援益固。并求方士房中术进之，妃大喜，居无何而妃卒。方万安之求此术也，方士路逢渊，高谈采战，以术授安，后自称法师，命安往西山受道，路先于途中待之。数日不至，无聊中，散步郊墟，忽遇一道叟，松颜鹤发，齿高面红，如赤松、黄石辈。问其姓，不答；叩其道，不言。叟笑吟曰："路逢冤，路逢冤，今日何缘遇万安？"飘然而去。路大惊，逡巡欲返。尔时日色沉山，林昏鸦噪，四顾茫然，顿迷去向。又见一樵叟，荷薪而过，叩其姓曰张，而不言名。路求指迷，老叟指青灯处，即是旅店，一谢而别，遂投宿焉。破椽萧萧，中夜闻隔屋叹声，眡隙而窥，则万安也。私心怜之，又欲近之，遂抽其破壁而过，以图一叙深情。时安已神倦，枕手而眠，忽闻壁响，疑是劫贼，乃举坐凳一击，其人遂扑。呼随侍觇之，则自称法师之路逢渊也。安究其情，则知为问候而来，伏地请罪，路亦忍痛作礼，问安曰："相公不趋大道，胡亦至此乎？"安言："吾奉师命，欲往西山，夜梦仙叟，对吾指示云：'万安万安，访道西山，西山大路不逢缘。'吾故趋车小道而来，不料与师相遇，竟作此一段恶戏。"

圆通子曰：以方士为法师，愚已甚矣。师不成师，故应受坐凳一击。厥后，万安仍以房术进后宫，被宪宗察出，遂罢。则徒弟亦失时矣。

七戏方士

成化末，梁芳、李孜省、邓常恩、赵玉芝，先后谪戍，继皆遇赦。而太监蒋琮，力言芳等罪状，决不可赦，故梁、李废死，而邓、赵仍戍边。先谪戍时，于途见旅壁遍处题云："孜省梁芳，罪恶大彰，遇赦不宜赦，令渠下狱亡。常恩玉芝，谪戍西夷，逢赦不当赦，长与中土离。"款落"封三张"云。

圆通子曰：群小被谪，已无生气，然小人心痴，必有回望三台，冀复大用，如万安黜归时者，故吾师题此戏之，以了局一党也。

道观题诗

嘉靖末，诏求天下方书。时南京道观崇清寺，壁上有四绝句，款落“隐仙张玄玄题”。常有神灯，夜照其字，后忽为雷电取去。诗见《云水集》中。

大闹魏祠

天启中，魏忠贤生祠几遍天下，而东华门外一所，尤为壮丽。日有褴褛疯道三人，奋步游观，突入祠内，击忠贤土偶像，粪土泥沙，污秽满面，复于壁上大书四句云：“淫祠靡靡，王室如毁，锦绣江山，竟委于鬼。”守祠吏一见大惊，方欲扭执，而三疯不见矣。吏恐忠贤闻之，即时洗伐，觉诗壁余香，土偶余臭，是夕忠贤一身皆痛楚云。

圆通子曰：快事快事！可补《明史》之遗，使阅者奋袂起舞。

道逢吕祖

顺治初，秦蜀未平，时有一道士，披裘往来，隐显莫测，行且叹息，叹已复笑，笑已复歌。歌曰：“乾坤明不明，豺虎尚横行。拂袖归三岛，蓬莱看水清。”又有一道士，佩剑执拂而来，依声和之。和曰：“五更天欲明，出栈看云行。与子同归去，天得一以清。”飘然而至，佩剑者先谓披裘者曰：“三丰先生，今可以休息矣。”这道士稽首相答，语语禅锋，了不可释。忽然放大毫光，空中红云飞舞，结成“吕”字，二道士腾空而去。此事载欧养真《纪乱书》中。

枯梅复生

康熙间，麟游道上马家店，有枯梅一株，椿颇奇古，不知何年种也。适值冬雪天寒，有张道人身披破衲，晓行至此，呼店主具面食，煮未稠，即送至席上。道人曰：“咱不食生面，与枯梅食之，待他快活。”掷其面于树稍，摊钱而去。店主异焉。明晨觇之，枯梅已著花也，桠杈皆作“丰”字状。马店因此大售，时时以面水灌之，仍枯。

圆通子曰：吕祖活樟，邱祖活柏，张祖活梅，皆可谓恩及草木。

青云障暑

祖师游蜀山，山多黄荆，时值天暑，诸父老芟锄田野，不胜酷热。师将黄荆枝结成圈子，戴于头上，只见青云如笠，浮浮空际，随之往来。时有见者，多效之，殊大清凉，不生热疾。乡老赋之曰："首戴黄荆，虽少青云覆顶；身居绿野，不妨赤日当头。"至今遂成农圃故事云。

圆通子曰：或折枝作帽，或采叶作茗，此物皆大佳。

西溪假寐

同州有田翁者，家称富有，生平颇好善。及其殁也，有一道人来吊，自称"天外散人"（取唐诗"天外三丰"之句，藏其号也）。嘱其子，葬其父于秦岭山中，土起乳包，两石相抄处，且曰："吾与人卜地，只令无风水、泥沙、蝼蚁足矣。切勿妄听盲师，复行迁改。"田葬其父，十年平平。后为某师所惑，谈封说拜，顿起他心，欲改葬焉。闻道人尚在西溪亭，田往询其可否。及至亭间，道人正酣睡石上，田以手推移再三，道人作朦胧语曰："而翁正安卧，何来移动为也。"田不悟，复强推之。道人鼻息齁齁，竟不之答。田遂还家，仍从某师语，往开其墓，田公遗骨如黄金然，殊大悔恨。而某师强词夺理，卒移他区，不十年而田产凋零。再访道人，云已去年他往也。寻又逢某师，见其目瞽，丐于市云。

圆通子曰：田公之子，可谓不孝之甚者。

《张三丰太极长生诀》卷二

重阳祖师十论

论打坐一

王重阳云："坐久则身劳，既不合理，又反成病。但心不着物，又得不动，此是真定正基。用此为定，心气调和，久益轻爽。以此为念，则邪正可知。若能心起皆灭，永断觉知，入于忘定。倘任心所起，一无收制，则与凡夫原来不别。若惟断善恶，心无指归，肆意浮游，待自定者，徒自误耳。若遍行诸事，言心无所染，于言甚善，于行极非。真学之流，特宜戒此。今则息妄而不灭照，守静而不着空，行之有常，自得真见。事或有疑，且任思量，令事得济，所疑复悟，此亦生慧正根。悟已则止，必莫有思。思则以智害性，为子伤本。虽骋一时之俊，终亏万代之业。一切烦邪乱想，随觉即除。若闻毁誉善恶等事，皆即拨去，莫将心受。受之则心满，心满则道无所居。所有见闻，如不见闻，即是非、善恶不入于心。心不受外，名曰虚心。心不逐外，名曰安心。心安而虚，道自来居。”

论虚心二

经曰：人能虚心，虚非欲道，道自归之。内心既无住着，外行亦无所为。非净非秽，故毁誉无从生。非智非愚，故利害无由挠。实则顺中为常，权则与时消息。苟免诸累，是其智也。若非时非事，役思强为者，自为不著，终非真学。何耶？心如眼，纤毫入眼，眼即不安。小事关心，心必动乱。既有动病，难入定门。修道之要，急在除病，病若不除，终难得定。有如良田，荆棘不除，嘉禾不茂。爱欲思虑，是心荆棘，若不剪除，定慧不生。此心由来依境，未惯独立。乍无所托，难以自安。纵得暂安，还复散乱。随起随灭，务令不动，久久调熟，自得安闲。无论昼夜，行住坐卧，及应事接物，当须作意安之。若未得安，即须安养，莫有恼触。少得安闲，即堪自乐，渐渐驯狎，惟益清远。且牛马家畜也，放纵不收，犹自生梗，不受驾御；鹰鹯野鸟，为人羁戏，终日在手，自然调熟。心亦如是，若纵任不收，惟益粗疏，何能观妙。

论不染三

或曰：夫为大道者，在物而心不染，处动而神不乱。无事而不为，无时而不寂。今独避动而取安，离动而求定。劳于控制，乃有动静。一心滞于住守，是成取舍，两病都未觉。其外执，而谓道之阶要，何其谬耶？答曰：总物而称大，通物之谓道，在物而不染，处事而不乱，真为大矣，实为妙矣。

然吾子之见有所未明，何者？子徒见贝锦之辉煌，未晓如抽之素丝。才闻鹤鸣之冲天，讵识先资于谷食。蔽日之干，起于毫末。神凝至圣，积习而成。今徒知言圣人之德，而不知圣人之所以德也。

论简事四

修道之人，莫若简事。知其闭要，识其轻重，明其去取。非要非重，皆应绝之。犹人食有酒肉，衣有罗绮，身有名位，财有金玉，此皆情欲之余好，非益生之良药。众皆徇之而自致亡败，何迷之甚也。

论真观五

夫真观者，智士之先觉，能人之善察也。一食一寐，俱为损益之源；一行一言，堪作祸福之本。巧持其末，不若拙守其本。观本知末，又非躁竞之情。收心简事，日损有为。体静心闲，方可观妙。然修道之身，必资衣食。事有不可废，物有不可弃者，须当虚襟以受之，明目而当之。勿以为妨，心生烦躁。若因事烦躁，心病已动，何名安心？夫人事衣食，我之船舫也，欲渡于海，必资船舫。因何未度，先废衣食。虚幻实不足营为，然出离虚幻，未能遽绝。虽有营求，莫生得失之心。有事无事，心常安泰，与物同求不同贪，同得而不同积。不贪故无忧，不积故无失。迹每同人，心常异俗。此言行之宗要，可力为之。

论色恶六

前节虽断缘简事，病有难除者，但依法观之。若色病重者，当知染色都由想耳。想若不生，终无色事。当知色想外空，色心内忘，忘想心空，谁为色主？经云：色者想耳。想悉是空，何关色也？若见他人为恶，心生嫌恶者，犹如见人自戕，引颈承取他刀，以害自命，他自为恶，不干我事，何故嫌恶，为我心病？不但为恶者不当嫌，即为善者亦须恶，何也？皆障道故也。业由我造，命由天赋，业之与命，犹影响之逐形声，既不可逃，又不可怨，惟有智者，善观而达识之，乐天知命，故不忧贫病之苦也。经云：天地不能改其操，阴阳不能回其孽。由此言之，真命也，又何怨焉？喻如勇士逢贼，挥剑当前，群凶奔溃，功勋一立，荣禄终身。今之贫病恼乱我身，则寇贼也。立刻正心，则勇士也。恼累消除，则战胜也。湛然常乐，则荣禄也。凡有苦事来迫我心，不以此敌之，必生忧累，如人逢贼，不立功勋，弃甲背军，逃亡获罪，去乐就苦，何可悯哉？若贫病交侵，当观此苦，由我有身，患何由托？经曰：及吾无身，吾何有患。

论泰定七

泰定者，出俗之极也，致道之初基，习静之成功，持安之毕事。形如槁木，心若死灰，无取无舍，寂灭之至。无心于定，而无所不定。故曰泰定。庄子曰："宇泰定者，发乎天光。"宇，心也。天光，慧也。心为道之区宇，虚静至极，则道居而慧生。慧出本性，非是人有，故曰天光。但以贪爱浊乱，遂至昏迷，性迷则慧不生。慧既生矣，宝而怀之，勿以多知而伤于定。非生慧难，慧而不用难。自古忘形者众，忘名者寡。慧而不用，是忘名也，天下希及之，故为难。贵能不骄，富能不奢，为无俗过，故得长守富贵。定而不动，慧而不用，故得深证真常。庄子曰：知道易，勿言难。知而不言所以天，知而言之所以人，古之人天而不人。又曰：古之治道者，以恬养智，智生而无以智为也，谓之以智养恬，智与恬交相养，而和理出其本性也。恬智，则定慧也。和理，则道德也。有智不用而安且恬，积而久之，自成道德。自然震雷破山而不惊，白刃交前而不惧，视名利如过隙，知生死如溃瘤。用志不分，乃凝于神，心之虚妙，不可思议。

论得道八

夫道者，神异之事，灵而有性，虚而无象，随迎不测，影响莫求，不知其然而然。至圣得之于古，妙法传之于今。道有深力，徐易形神，形随道通，与神合一，谓之神人。神性虚融，体无变灭，形以道通，故无生死。隐则形同于神，显则神同于气，所以踏水火而无害，对日月而无影。存亡在己，出入无间。身为泽质，犹至虚妙，况其灵智益深益远乎？《生神经》云：身神并一，则为真身。又《西升经》云：形神合同，故能长久。然虚无之道，力有浅深，深则兼被于形，浅则惟及于心。被形者，神人也。及心者，但得慧觉，而身不免谢。何者？慧是心用，用多则心劳。初得小慧，悦而多辩，神气漏泄，无灵光润身，遂至早终，道故难备。经云尸解，此之谓也。

是故大人，舍光藏辉，以斯全备。凝神宝气，学道无心，神与道合，谓之得道。经云：同于道者，道亦得之。山有玉，草木以之不凋。人怀道，形骸以之永固。资熏日久，变质同神。炼形入微，与道冥一。智照无边，形超靡极。总色空而为用，舍造化以成功。真应无方，其惟道德。

坐忘枢翼九

夫欲修道成真，先去邪僻之行。外事都绝，无以干心，然后内观正觉。觉一念起，即须除灭。随起随灭，务令安静。其次，虽非的有贪着，浮游乱想，亦尽灭除。昼夜勤行，须臾不替。惟灭动心，不灭照心，但凝空心，不凝住心。不依一法，而心常住。此法玄妙，利益甚深。自非夙有道缘，信心无二者不能。若有心倾至道，信心坚切，先受三戒，依戒修行，敬终如始，乃得真道。其三戒者：一曰简缘，二曰除欲，三曰静心。勤行此三戒，而无懈退者，则无心求道，而道自来。经曰：“人能常清净，天地悉皆归。”由此言之，简要之法，可不信哉？然则凡心躁竞，其来固久，依戒息心，其事甚难。或息之而不得，或暂停而旋失，去留交战，百体流汗。久久行持，乃得调熟。莫以暂收不得，遂废千生之业。少得静己，则于行住坐卧之时，涉事喧闹之所，皆须作意安之。有事无事，常若无心。处静处喧，其志惟一。若束心太急，则又成疾气，发狂痴，是其候也。心若不动，又须放任宽急得中，常自调适，制而无着，放而不逸，处喧无恶，涉事无恼，此真定也。不以涉事无恼，故求多事。不以处喧无动，故来就喧。以无事为真宅，以有事为应迹。若水与镜，遇物见形。善巧方便，惟能入定。发慧迟速，则不由人。勿于定中，急急求慧。求慧则伤性，伤性则无慧。不求慧而慧自生，此真慧也。慧而不用，实智若愚。益资定慧，双美无极。若定中念想，则多感众邪百魅，随心应现，惟令定心之上，豁然无覆；定心之下，旷然无基；旧孽日消，新业不造；无所缠碍，迥脱尘网，行而久之，自然得道。

夫得道之人，心身有五时七候。

心有五时者：一、动多静少；二、动静相半；三、静多动少；四、无事则静，遇事仍动；五、心与道合，触而不动。心至此地，始得安乐。罪垢灭尽，无复烦恼。

身有七候者：一、举动顺时，容色和悦；二、宿疾普消，身心清爽；三、填补夭伤，还元复命；四、延数千岁，名曰仙人；五、炼形为气，名曰真人；六 、炼气成神，名曰神人；七、炼神合道，名曰至人。

若久学定心，身无五时七候者，促灵秽质，色谢归空，自云慧觉，复称成道，实所未然。

坐忘铭十

常默元气不伤，少思慧烛内光。不怒百神和畅，不恼心地清凉。
不求无谄无媚，不执可圆可方。不贪便是富贵，不苟何惧君王。
味绝灵泉自降，气定真息日长。触则形毙神游，想则梦离尸僵。
气漏形归垄上，念漏神趋死乡。心死方得神活，魄灭然后魂强。
博物难穷妙理，应化不离真常。至精潜于恍惚，大象混于渺茫。
道化有如物化，鬼神莫测行藏。不饮不食不寐，是谓真人坐忘。

（十论终）

重阳祖曰：心忘念虑，即超欲界。心忘缘境，即超色界。心不着空，即超无色界。离此三界，神居仙圣之乡，性在清虚之境矣。

张三丰曰：此王重阳祖师十论也。无极大道，尽寓其中。空青洞天，向多有仙真来游。遗留丹诀道言以去者，此亦度人觉世之心。重阳祖师之十论，亦本斯旨也。山中人得此训言，又何必另寻瑶草，别采仙花，即此是长生药、不老丹也。恭录之，以示后之好道者。

运用周身经脉诀

早功

日将出即起，面对太阳光，吸气三口，即将口闭。提起丹田之气到上，即将口闭之气，与津液咽下。然后将身往下一蹲，两手转托腰眼。左足慢慢伸直，三伸，收转左足。又，右足伸直，三伸，收转右足。将头面朝天一仰，又朝地一俯，伸起腰，慢立起。两手不用，就拿开。立起之时，将右手慢慢掌向上，三伸，往下一耸。又，左手慢伸起，将掌向上，三伸，亦往下一耸。然后一步一步，作一周围，一步步完，将两足在圈内一跳，静坐一刻，取药服之。

午功

正午，先盘膝坐，两手按膝，腰直起，闭目运气，一口送下丹田。念曰："本无极之化身，包藏八卦有真因。清通一气精其神，日月运行不息。阴阳甲乙庚辛，生克妙用，大地回春。扫除六贼三尸，退避清真。开天河之一道，化玉之生新。圆明有象，净彻无垠。养灵光于在顶，出慧照于三清。不染邪祟之害，不受污秽之侵。水火既济，妙合地天人。学道守护，五方主令元神。四时八节，宰治之神，养我魄，护我魂，通我气血，生育流行。天罡地煞，布出元精。二十四炁十二辰，妙应灵感，观世音、太上老元君、道祖侣真人、一一玉清真王、长生大帝，化作太极护法韦陀，日月普照来临。"（念七遍）开目，运动津液，徐咽下。将左手按腰，右足伸出。右手按腰，左足伸出。伸出后，将两足并合，往前一伸，头身后一仰，立起。将两掌擦热，往面一擦，擦到两耳，左手按左耳，右手按右耳，两手中指上下交，各弹三下，往项下一抹到胸。左手擦心，右手在背腰中一打，然后两手放开，头身往下一勾，再以右手往前头一拍，抬起腰身。左手腹中一抹，然后前足换后足，往前跳三步，退三步。口中津液，作三口咽下，朝西吐出一气，复面东吸进一气。闭鼓气一口送下，此导阴补阳也。

晚功

面朝北，身立住。左右手，捧定腹。两足并，提起一气。运津液，待满口，一气咽下。两手左右一伸如一字，掌心朝外竖起，将少蹲，作弯弓之状。左手放前，对定心。右手抬过头，掌朝上，四指捻定，空中指直竖。右掌朝下，捻大少指，中三平竖。两手相对，如龙头虎颈抱合之相。头于此时侧转，面向东，往前一起一蹲，走七步，立正，将两手平放，以右手抱左肩，左手抱右肩，蹲下，头勾伏胸前，两目靠闭膀中间，呼吸一回。将两目运动，津液生起，以舌尖抵上腭，上下齿各四五下，将津液徐徐咽。两手一抄，蹤起一步，右手往上一抬，放下。左手往上一抬，放下。轮流三次。左足搭右足，往下一蹲，立起。右足搭左足，往下一蹲，立起，将腰扭转一次。乃呵气一口，收转气，两手在膝盖上各捻两三下，左边走至右边，右边走至左边，共八十步，此要对东北走，东北对西南走。完，坐下，略闭神一会，将两手对伸一下，站起，再服晚药。以清水漱净口，仰众到寅，再住，翻动睡之。此通养神功，败魂聚魄也。

打坐浅训

一

修炼不知玄关，无论其他，只此便如入暗室一般，从何下手？玄关者，气穴也。气穴者，神入气中，如在深穴之中也。神气相恋，则玄关之体已立。

二

古仙云："调息要调真息息，炼神须炼不神神。"真息之息，息乎其息者也；不神之神，神乎其神者也。总要无人心，有道心，将此道心，返入虚无，昏昏默默，存于规中，乃能养真息之息，得不神之神。

三

初学必从内呼吸下手，此个呼吸，乃是离父母重立胞胎之地。人能从此处立功，便如母呼亦呼、母吸亦吸之时，好象重生之身一般。

四

大凡打坐，须将神抱住气，意系住息，在丹田中宛转悠扬，聚而不散，则内藏之气，与外来之气，交结于丹田。日充月盛，达乎四肢，流乎百脉，撞开夹脊双关，而上游于泥丸，旋复降下绛宫，而下丹田。神气相守，息息相依，河车之路通矣。功夫到此，筑基之效已得一半了，总是要"勤、虚、炼"耳。

五

调息须以后天呼吸，寻真人呼吸之处。古云："后天呼吸起微风，引起真人呼吸功。"然调后天呼吸，须任他自调，方能调得起先天呼吸，我惟致虚守静而已。真息一动，玄关即不远矣。照此进功，筑基可翘足而至，不必百日也。

六

《道德经》“致虚极，守静笃”二句，可浑讲，亦可析讲。浑言之，只是教人以入定之功耳。析言之，则虚是虚无，极是中极，静是安静，笃是专笃。犹言致吾神于虚无之间，而准其中极之地，守其神于安静之内，必尽其专笃之功。

七

人心者二，一真一妄。故觅真心者，不生妄念，即是真心。真心之性格，最宽大、最光明；真心之所居，最安然、最自在。以真心理事，千条一贯；以真心寻道，万殊一本。然人要用他应事，就要养得他壮大，就要守得他安闲，然后劳而不劳，静而能应。丹诀云“心走即收回，收回又放下，用后复求安，求安即生悟”也。谁云闹中不可取静耶？

八

游方枯坐，固非道也。然不游行于城市云山，当以气游行于通身关窍内乃可，不打坐于枯木寒堂，须以神打坐于此身妙窍中乃可。

九

学道以丹基为本。丹基既凝，即可回家，躬耕养亲，做几年高士醇儒，然后入山寻师，了全大道。彼抛家绝妻、诵经焚香者，不过混日之徒耳，乌足道哉！

十

保身以安心养肾为主。心能安，则离火不外荧；肾能养，则坎水不外漏。火不外荧，则无神摇之病，而心愈安；水不外漏，则无精涸之症，而肾愈澄。肾澄则命火不上冲，心安则神火能下照，神精交凝，乃可以却病，乃可以言修矣。

十一

凡人养神、养气之际，神即为收气主宰。收得一分气，便得一分宝，收得十分气，便得十分宝。气之贵重，世上凡金凡玉，虽百两不换一分，道人何必与世上争利息乎？利多生忿恚，忿恚属火，气亦火种，忿恚一生，气随之走，欲留而不能留。又其甚者，连母带子，一齐飞散。故养气以戒忿恚为切，欲戒忿恚，仍以养心、养神为切。

十二

功名多出于意外，不可存干禄之心。孔子曰："学也，禄在其中矣。"修道亦然，不可预贪效验。每逢打坐，必要心静神凝，一毫不起忖度希冀之心，只要抱住内呼吸做功夫。

十三

炼心之法，自小及大。如今三伏大炎，一盏饭可也，再求饱不可也；一片凉可也，再求大凉不可也；数点蚊不足畏也，必求无蚊不能也。自微及钜，当前即炼心之境。苦中求甘、死里求生，此修道之格论也。

十四

学道之士，须要清心、清意，方得真清之药物也。毋逞气质之性，毋运思虑之神，毋使呼吸之气，毋用交感之精。然真精动于何时，真神生于何地，真气运于何方，真性养于何所，是不可不得明辨以晰者，而细言之也。

十五

凡下手打坐，须要心神两静，空空寂寂，鬼神不得而知。其功夫只宜自考、自信，以求自得。所谓诚其意者，毋自欺也。诚于中，自形于外，是以君子必慎其独。

十六

打坐之中，最要凝神调息，以暇以整，勿助勿忘，未有不逐日长工夫者。

十七

凝神调息，只要心平气和。心平则神凝，气和则息调。心平“平”字最妙，心不起波之谓平，心执其中之谓平，平即在此中也。心在此中，乃不起波。此中，即丹经之玄关一窍也。

打坐歌

初打坐，学参禅，这个消息在玄关。秘秘绵绵调呼吸，一阴一阳鼎内煎。性要悟，命要传，休将火候当等闲。闭目观心守本命，清净无为是根源。百日内，见应验，坎中一点往上翻。黄婆其间为媒妁，婴儿姹女两团圆。美不尽，对谁言，浑身上下气冲天。这个消息谁知道，哑子做梦不能言。急下手，采先天，灵药一点透三关。丹田直上泥丸顶，降下重楼入中元。水火既济真铅汞，若非戊己不成丹。心要死，命要坚，神光照耀遍三千。无影树下金鸡叫，半夜三更现红莲。冬至一阳来复始，霹雳一声震动天。龙又叫，虎又欢，仙乐齐鸣非等闲。恍恍惚惚存有无，无穷造化在其间。玄中妙，妙中玄，河车搬运过三关。天地交泰万物生，日饮甘露似蜜甜。仙是佛，佛是仙，一性圆明不二般。三教原来是一家，饥则吃饭困则眠。假烧香，拜参禅，岂知大道在目前。昏迷吃斋错过了，一失人身万劫难。愚迷妄想西天路，瞎汉夜走入深山。天机妙，非等闲，泄漏天机罪如山。四正理，着意参，打破玄关妙通玄。子午卯酉不断夜，早拜明师结成丹。有人识得真铅汞，便是长生不老仙。行一日，一日坚，莫把修行眼下观。三年九载功成就，炼成一粒紫金丹。要知此歌何人作，清虚道人三丰仙。

积气开关说

其端作用，亦如前功，以两手插金锹，用一念归玉府，全神凝气，动俾静忘。先存其气，自左涌泉穴，起于膝胫，徐徐上升三关，约至泥丸，轻轻降下元海。次从右涌泉穴，俾从右升降，作用与左皆同。左右各运四回，两穴双升一次，共成九转，方为一功。但运谷道轻提，踵息缓运，每次须加九次，九九八十一次为终。其气自然周流，其关自然通彻。倘若未通，后加武诀，逐次搬行。先行狮子倒坐之功，于中睁睛三吸，始过下关，后乃飞金精于肘后，掇肩连耸，自升泥丸，大河车转。次撼昆仑，擦腹搓腰八十一，研手摩面二十四，拍顶转睛三八止，集神叩齿四六通。凡行此功，皆缩谷闭息。每行功讫，俱要嗽咽三分，方起摇身，左右各行九纽。此为动法，可配静功，互为运行，周如复始，如此无间，由是成功。上士三昼夜而关通，中士二七以透彻，下士月余关亦通。功夫怠惰，百日方开，若骨痛少缓其功，倘睛热多加呵转。一心不惰，诸疾无侵。其时泥丸风生，而肾气上升。少刻鹊桥瑞香，而甘露下降。修丹之士，外此即诬。若非这样开道，岂能那般升降而炼己配合也哉？

太极拳论

一举动，周身俱要轻灵，尤须贯力，气宜鼓荡，神宜内敛，毋使有凸凹处，毋使有断续处。其根在脚，发于腿，主宰于腰，形于手指。由脚而腿、而腰，总须完整一气，向前、退后，乃得机、得势。有不得机、得势处，身便散乱。其病必于腰腿求之，上下、前后、左右皆然。凡此皆是意，不在外面。有上即有下，有前即有后，有左即有右。如意要向上，即寓下意，若将物掀起而加以挫之之力，斯其根自断，乃坏之速而无疑。虚实宜分清楚，一处自有一处虚实，处处总此一虚实，周身节节贯串，无令丝毫间断耳。

长拳者，如长江大海，滔滔不绝也。十三势者，掤、捋、挤、按、采、挒、肘、靠、此八卦也；进步、退步、右顾、左盼、中定，此五行也；掤、捋、挤、按，即坎、离、震、兑四正方也；采、挒、肘、靠即乾、坤、艮、巽四斜角也。进、退、顾、盼、定，即金、木、水、火、土也。

附：清・山阴王宗岳《太极拳经》

太极者，无极而生，阴阳之要也。动之则分，静之则合，无过不及，随屈随伸。人刚我柔谓之走，我顺人背谓之粘。动急则急应，动缓则缓随。虽变化万端，而惟性一贯。由着熟而渐悟懂劲，由懂劲而阶及神明，然非用力之久，不能豁然贯通焉。虚灵顶劲，气沉丹田，不偏不倚，忽隐忽现，左重则左虚，右重则右杳，仰之则弥高，俯之则弥深，进之则愈长，退之则愈促。一羽不能加，蝇虫不能落。人不知我，我独知人。英雄所向无敌，盖由此而及也。斯技旁门甚多，虽势有区别，概不外壮欺弱、慢让快耳。有力打无力，手慢让手快，是皆先天自然之能，非关学力而有为也。察四两拨千斤之句，显非力胜。观耄耋能御众之形，快何能为？立各平准，活似车轮。偏沉则随，双重则滞，每见数年纯功，不能运化者，率自为人制，双重之病未悟耳。若欲避此病，须知阴阳。粘即是走，走即是粘。阴不离阳，阳不离阴。阴阳相济，方为懂劲。懂劲后，愈练愈精，默志揣摩，至从心所欲。本是舍己从人，多误舍近求远。斯为差之毫厘，谬以千里，学者不可不详辨焉。

学太极拳须敛神聚气论

太极之先，本为无极。鸿蒙一炁，混然不分，故无极为太极之母，即万物先天之机也。二炁分，天地判，始成太极。二炁为阴阳，阴静阳动，阴息阳生。天地分清浊，清浮浊沉，清高浊卑。阴阳相交，清浊相媾，氤氲化生，始育万物。人之生世，本有一无极，先天之机是也。迨入后天，即成太极。故万物莫不有无极，亦莫不有太极也。人之作用，有动必有静，静极必动，动静相因，而阴阳分，浑然一太极也。人之生机，全恃神气。气清上浮，无异上天。神凝内敛，无异下地。神气相交，亦宛然一太极也。故传我太极拳法，即须先明太极妙道。若不明此，非吾徒也。

太极拳者，其静如动，其动如静。动静循环，相连不断，则二炁既交，而太极之象成。内敛其神，外聚其气。拳未到而意先到，拳不到而意亦到。意者，神之使也。神气既媾，而太极之位定。其象既成，其位既定，氤氲化生，而演为七二之数。

太极拳总势十有三：挪、捋、挤、按、采、挒、肘、靠、进步、退步、右顾、左盼、中定，按八卦、五行之生克也。其虚灵、含拔、松腰、定虚实、沉坠、用意不用力、上下相随、内外相合、相连不断、动中求静，此太极拳之十要，学者之不二法门也。

学太极拳，为入道之基，入道以养心定性，聚气敛神为主。故习此拳，亦须如此。若心不能安，性即扰之。气不外聚，神必乱之。心性不相接，神气不相交，则全身之四体百脉，莫不尽死。虽依势作用，法无效也。欲求安心定性，敛神聚气，则打坐之举不可缺，而行功之法不可废矣。学者须于动静之中，寻太极之益；于八卦、五行之中，求生克之理，然后混七二之数，浑然成无极。心性神气，相随作用，则心安性定，神敛气聚，一身中之太极成，阴阳交，动静合，全身之四体百脉，周流通畅，不粘不滞，斯可以传吾法矣。

太极行功说

太极行功，功在调和阴阳，交合神气，打坐即为第一步下手功夫。行功之先，犹应治脏，使内脏清虚，不着渣滓，则神敛气聚，其息自调。进而吐纳，使阴阳交感，浑然成为太极之象，然后再行运各处功夫。

冥心兀坐，息思虑，绝情欲，保守真元，此心功也。

盘膝曲股，足跟紧抵命门，以固精气，此身功也。

两手紧掩耳门，叠指背弹耳根骨，以祛风池邪气，此首功也。

两手擦面待其热，更用唾沫遍摩之，以治外侵，此面功也。

两手按耳轮，一上一下摩擦之，以清其火，此耳功也。

紧合其睫，睛珠内转，左右互行，以明神室，此目功也。

大张其口，以舌搅口，以手鸣天鼓，以治其热，此口功也。

舌抵上颚，津液自生，鼓漱咽之，以润其内，此舌功也。

叩齿三十六，闭紧齿关，可集元神，此齿功也。

两手大指，擦热揩鼻，左右三十六，以镇其中，此鼻功也。

既得此行功奥窍，还须正心诚意，冥心绝欲，从头做去，始能逐步升登，证悟大道。长生不老之基，即胎于此。

若才得太极拳法，不知行功之奥妙，掣置不顾，此无异炼丹不采药，采药不炼丹，莫道不能登长生大道，即外面功夫，亦决不能成就。必须功拳并练，盖功属柔而拳属刚，拳属动而功属静，刚柔互济，动静相因，始成为太极之象。相辅而行，方足致用。此练太极拳者，所以必先知行功之妙用。行功者，所以必先明太极之妙道也。

太极行功歌

两气未分时，浑然一无极。阴阳位既定，始有太极出。

人身要虚灵，行功主呼吸。呵嘘呼呬吹，加嘻数成六。
六字意如何？治脏不二诀。治肝宜用嘘，嘘时睁其目。
治肺宜用呬，呬时手双托。心呵顶上叉，肾吹抱膝骨。
脾病一再呼，呼时把口嘬。仰卧时时嘻，三焦热退郁。
持此行内功，阴阳调胎息。大道在正心，诚意长自乐。
即此是长生，胸有不死药。

太极拳歌

十三总势莫轻视，命意源头在腰隙。
变转虚实须留意，气遍身躯不少滞。
静中触动动犹静，因敌变化示神奇。
势势揆心须用意，得来不觉费工夫。
刻刻留心在腰间，腹内松净气腾然。
尾闾中正神贯顶，满身轻利顶头悬。
仔细留心向推求，屈伸开合听自由。
入门引路须口授，工夫无息法自休。
若言体用何为准？意气君来骨肉臣。
想推用意终何在？益寿延年不老春。
歌兮歌兮百卌字，字字真切义无遗。
若不向此推求去，枉费功夫贻叹息。
掤捋挤按须认真，上下相随人难进。
任他巨力来打我，牵动四两拨千斤。
引进落空合即出，粘连黏随不丢顶。

附：十三势行功心解

以心行气，务令沉着，乃能收敛入骨。以气运身，务令顺遂，乃能便利从心。精神能提则起，则无迟重之虞，所谓顶头悬也。意气须换得灵，乃有圆活之趣，所谓变动虚实也。发动须沉着松净，专主一方。立身须中正安舒，支撑八面。行气如九曲珠，无往不利（气遍身躯之谓）。运动如百炼钢，何坚不摧？形似持鬼之鹄，神如捕鼠之猫。静如山岳，动若江河。蓄劲如开弓，发劲如放箭。曲中求直，蓄而后发，力由脊发，步随身换。收即是放，断而复连。往复须有摺叠，进退须有转换，极柔软，始能极坚硬。能呼吸，然后能灵活。气以直养而无害，劲以曲蓄而有余。心为令，气为旗，腰为毒，先求开展，后求紧凑，乃可臻于慎密矣。

又曰：先在心，后在身，腹松，气敛入骨，神舒体静，刻刻在心。切记一动无有不动，一静无有不静，牵动往来气贴背，敛入脊骨，内固精神，外示安逸，迈步如猫行，运动如抽丝。全神意在精神，不在气。在气则滞，有气者无力，无气者纯刚，气若车轮，腰如车轴。

行功十要

面要常擦，目要常揩，耳要常弹，齿要常叩，
背要常暖，胸要常护，腹要常摩，足要常搓，
津要常咽，腰要常揉。

行功十忌

忌早起科头，忌阴室纳凉，忌湿地久坐，忌冷着汗衣，
忌热着晒衣，忌汗出扇风，忌灯烛照睡，忌子时房事，
忌凉水着肌，忌热火灼肤。

行功十八伤

久视伤精，久听伤神，久卧伤气，久坐伤脉，
久立伤骨，久行伤筋，暴怒伤肝，思虑伤脾，
极忧伤心，过悲伤肺，至饱伤胃，多恐伤肾，
多笑伤腰，多言伤液，多睡伤津，多汗伤阳，
多泪伤血，多交伤髓。

太极拳七十二路图势

太极起式（一图） 揽雀尾（二至五图） 单鞭（六图） 提手（七图） 白鹤亮翅（八图） 搂膝拗步（九图） 手挥琵琶（十图） 左右搂膝拗步（十一、十二图） 手挥琵琶（十三图） 进步搬拦捶（十四、十五图） 如封似闭（十六图） 十字手（十七图） 抱虎归山（十八图） 肘底看锤（十九图） 左右倒辇猴（二十、二十一图） 斜飞式（二十二图） 提手（二十三图） 白鹤亮翅（二十四图） 搂膝拗步（二十五图） 海底针（二十六图） 扇通臂（二十七图） 撇身捶（二十八图） 上步搬拦捶（二十九、三十图） 揽雀尾（三十一至三十三图） 单鞭（同三十六图） 左右云手（三十四、三十五图） 单鞭（三十六图） 高探马（三十七图） 左右分脚（三十八、三十九图） 转身蹬腿（四十图） 左右搂膝拗步（四十一图） 进步栽锤（四十二图） 翻身白蛇吐信（四十三图） 上步搬拦捶（四十四图） 蹬脚（四十五图） 左右披身伏虎（四十六、四十七图） 回身蹬腿（四十八图） 双风贯耳（四十九图） 左蹬腿（五十图） 转身蹬腿（五十一图） 上步搬拦捶（五十二、五十三图） 如封似锁（五十四图） 十字手（五十五图） 抱虎归山（五十六图） 斜单鞭（五十七图） 左右野马分鬃（五十八、五十九图） 上步揽雀尾（六十至六十三图） 单鞭（同六十八图） 玉女穿梭（六十四至六十五图） 上步揽雀尾（六十六、六十七图） 单鞭（六十八图） 云手（六十九、七十图） 单鞭下势（七十一图） 金鸡独立（七十二、七十三图） 倒辇猴（七十四、七十五图） 斜飞式（七十六图） 提手（七十七图） 白鹤亮翅（七十八图） 搂膝拗步（七十九图） 海底针（八十图） 扇通臂（八十一图） 撇身捶（八十二图） 上步搬拦捶（同三十二、三十三图） 揽雀尾单鞭（八十三至八十六图） 云手（八十七、八十八图） 单鞭（八十九图） 高探马（九十图） 十字腿（九十一图） 搂膝指裆锤（九十二） 上势揽雀尾（九十三、九十六图） 单鞭下势（同七十一图） 上步七星（九十七图） 退步跨虎（九十八图） 转身摆莲（九十九图） 弯弓射虎（一百图） 上步搬拦捶（一百零一、一百零二图） 如封似锁（一百零三图） 十字手（一百零四图） 合太极（一百零五图）

7
4
1
8
5
2
9
6
3

16
18
10
17
14
11
15
18
12

25
92
19
26
22
20
27
24
21

34
31
28
?5
32
30
36
33

39
37
40
38

44
41
45
49
46
48

50
47
51
48
52
49

59
56
53
60
57
54
61
58
55

68
65
62
69
66
63
70
67
64

77
74
71
78
75
72
79
76
73

80
81
82
83
84
85
86
87
88

95
92
89
96
93
90
97
94
91

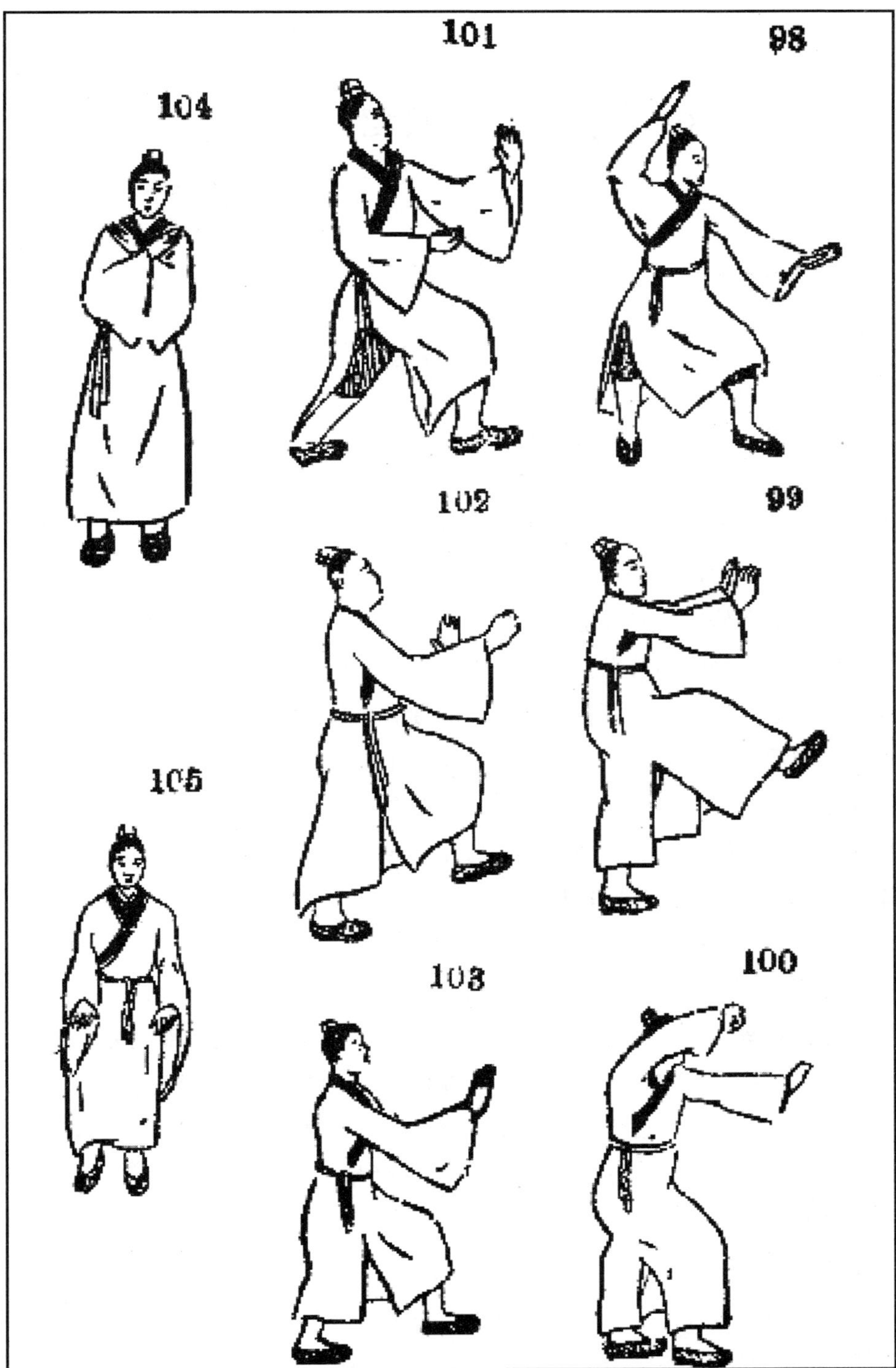
101
98
104
102
99
105
103
100

《张三丰太极炼丹秘訣》卷三

修道篇

大道论（上）

夫道者，统生天、生地、生人、生物而名，含阴阳动静之机，具造化玄微之理，统无极，生太极。无极为无名，无名者，天地之始；太极为有名，有名者，万物之母。因无名而有名，则天生、地生、人生、物生矣。今专以人生言之。父母未生以前，一片太虚，托诸於穆，此无极时也。无极为阴静，阴静阳亦静也。父母施生之始，一片灵气，投入胎中，此太极时也。太极为阳动，阳动阴亦动也。自是而阴阳相推，刚柔相摩，八卦相荡，则乾道成男、坤道成女矣。故男女交媾之初，男精女血，混成一物，此即是人身之本也。嗣后而父精藏于肾，母血藏于心，心肾脉连，随母呼吸，十月形全，脱离母腹。斯时也，性浑于无识，又以无极伏其神，命资于有生，复以太极育其气。气脉舒而内蕴元神，则曰真性；神思静而中长元气，则曰真命。浑浑沦沦，孩子之体，正所谓天性、天命也。

人能率此天性，以复其天命，此即可谓之道，又何修道之不可成道哉？奈何灵明日著，知觉日深，血气滋养，岁渐长岁，则七情六欲，万绪千端，昼夜无休息矣。心久动而神渐疲，精多耗而气益惫，生老迫而病死之患成，并且无所滋补，则瘵病频生，而欲长有其身，难矣。观此生死之道，人以为常，诚为可惜，然其疾病临身，亦有求医调治，望起沉疴，图延岁月者，此时即有求生之心，又何益乎？予观恶死之常情，即觅长生之妙术，辛苦数年，得闻仙道。

仙道者，长生之道也，而世人多以异端目之。夫黄、老所传，亦正心、修身、治国、平天下之理也，而何诧为异端哉？人能修正身心，则真精、真神聚其中，大才、大德出其中。圣经曰："安而后能虑"，富哉言乎！吾尝论之矣。有如子房公之安居下邳，而后能用汉报韩；诸葛君之安卧南阳，而后能辅蜀伐魏；李邺侯之安养衡山，而后能兴唐灭房。他若葛稚川之令勾漏、赵清源之刺嘉州、许真君之治旌阳，是皆道成住世，出仕安民者，彼其心不皆有君父仁义之心哉！孔子鄙隐、怪，孟子拒杨、墨。隐也者，乃谶纬说、封禅书之类；怪也者，乃微生高、陈仲子之类，仙家不然也。长春朝对，皆仁民爱物之言；希夷归山，怀耿介清高之致，何隐、怪之有哉？杨子为我，墨子薄亲，仙家不尔也。三千功行，济人利世为先资，二十四孝，吴猛、丁兰皆仙客，又何杨、墨之可同哉？孔曰"求志"，孟曰"尚志"，问为何志？曰"仁、义"而已矣。仁属木，木中藏火，大抵是化育光明之用，乃曰仁；义属金，金中生水，大抵是裁制流通之用，乃曰义。仙家汞铅，即仁义之种子也。金木交并，水火交养，故当[①]隐居求志，高尚其志，而后汞铅生，丹道凝。志包仁义汞铅，而兼金木水火之四象，求之尚之者，诚意为之，意土合而五行全，大道之事备矣。故孔、孟当日，只辟隐、怪、杨、墨，而未闻攘斥佛、老。唐、宋以来，乃有韩、朱二贤，力辟二氏，诸大儒和之，群小儒拾其唾余，以求附尾，究竟辟着何处？反令世尊含笑，太上长叹。小儒辈不过徒吹滥竽，未必有韩、朱之识见也。何言之？韩、朱之辟二氏者，辟其非佛、非老之流，非辟真学佛、老者也。不然《昌黎诗集》往来赠答，又何以极多二氏之人？如送张道士有诗，送大颠有诗，送惠师、灵师皆有诗。或以为借人发议，故于惠师云："吾疾游惰者，怜子愚且淳"；于灵师亦云："方将敛之道，且欲冠其颠"，似讥之矣。然何以于张道士尽无贬词，于大颠师全无诮语？盖此二师者，乃真仙、真佛之徒。张仙以尚书不用而归真，颠佛以聪明般若而通禅，虽昌黎亦不能下手排之、肆口毁之也。且其家又生韩湘仙伯，雪拥蓝关，盖已知远来者之非凡人也。朱子少年，亦尝出入二氏，盖因不得其门而入，为二氏之匪徒所迷，故疑其虚无荒诞，空寂渺茫，回头抵牾耳。迨其晚年学博，则又爱读《参同契》，并云："《参同》之书，本不为明《易》，盖借此以寓其进退行持之候耳"。更与人书云："近者道间不挟他书，始得熟玩《参同》"，是更津津然以仙道为有味也。然则韩、朱二贤，特辟其非佛、非老之流，非辟真学佛、老者也。否则前后一身，自相矛盾，则

① 当，底本作"尝"，改。

二贤亦可笑也。

予也不才，窃尝学览百家，理综三教，并知三教之同此一道也。儒离此道不成儒，佛离此道不成佛，仙离此道不成仙，而仙家特称为道门，是更以道自任也，复何言哉！平允论之曰：儒也者，行道济时者也；佛也者，悟道觉世者也；仙也者，藏道度人者也。各讲各的妙处，合讲合的好处，何必口舌是非哉！

夫道者，无非穷理尽性，以至于命而已矣。孔子隐诸罕言，仙家畅言之、喻言之，字样多而道义微，故人不知耳。人由天地而育，亦由父母而生，含阴阳动静之机，具造物玄微之理。人能体生身之道，顺而用之，则鼻祖耳孙，嗣续而成；逆而用之，则真仙上圣，亦接踵而出，同其理也。《悟真篇》云："修身之事，不拘男女。此金丹大药，虽愚昧野人，得之立登仙位。"不拘贵贱贤愚、老衰少壮，只要素行阴德，仁慈悲悯，忠孝信诚，全于人道，仙道自然不远也。又须洞晓阴阳，深参造化，察其真伪，得阴阳之正气，觅汞铅之真宗，方能换骨长生，居不夜之天，玩长春之景，与天地同久，日月同明，此正大丈夫分内事也。

至于旁门邪径，御女采阴，服炼三黄，烧饵八石，是旁门无功也。又有以按摩导引，吐纳呵嘘，修服药草，为养生之方者，虽能暂去其疾，难逃老衰命尽，而被达人耻笑也。伯端翁云："闭息一法，若能忘机绝念，亦可入定出神。奈何精气神属阴，宅舍难固，不免有迁徙之苦。"更有进气补血，名为抽添接命之术者，亦能避疾延年，保身健体，若欲服食、养就胎仙，必不能也。其他旁门邪径，乃实为吾道之异端也，何足道？

或者谓人之生死，皆有数定，岂有违天数而逃死者？独不思福自我求，命自我造，阴骘可以延年。学长生者，只要以阴功为体，金丹为用，则天数亦可逃也。伏维我太上道祖，列圣高真，施好生之心，广度人之愿，宏开玄教，秘授仙方，名曰金丹。原始要终，因此尽露天机，大泄玄奥，其中行持妙用，三候三关，九琴九剑，药材法器，火候符章，悉已敷衍全备，各宜详究诸经，以还其性命之本。

予论虽俗，义理最美，所谓真实不虚也。倘得者无所猜疑，庶可以行持下手，虽不遇明师好友，得遇此书，即如师友在前，自能顿悟无上也。较诸行世丹经，悉合一理，罔不洞彻，实属苦海之慈航，指迷之智烛，虽曰行之惟艰，然勿畏难而苟安也。再有进箴者，身抱金丹之后，即宜高隐洞天，深藏福地，勿以黄白卖弄朝廷，为方士之先导，隐显度世，以待天符，白日飞升，不露圭角，此方为无上上品真人，历万劫而不坏者也。后来同志，玩之鉴之。

大道论（中）

天地之间，至灵至贵者，人也；最忙最速者，时也；可大可久者，金丹也。惜人多溺于功名富贵场中，爱欲恩情之内，狼贪不已，蛾扑何休，一朝大限临身，斯时悔之何及？惟其甘分待终，就死而已。谁知有长生不老之方，谁悟有金丹灵药之妙，诚可惜哉！此金丹灵药，非世间之所无，非天上之不可得者，只在于同类中求之，乃生身固有之物也。简而且易，至近非遥。余尝有《金丹赋》记之，词极朗鬯，今追忆其中段云："夫造金丹者，始则借乾坤为玄牝，学造化于阴阳。识二八之相当，知坎离之互藏。候金气之满足，听潮水之汪洋。继则看铅花于癸后，玩月夕于庚方。制刀圭于片晌，罢龙虎之战场。唤金公而归舍，配玉女而入房。"果能此道矣，虽愚必明，虽柔必强。

先儒曰："圣人不言易，以滋人之惑；亦未尝言难，以阻人之进。"若人用意追求，殷勤修炼，自必入圣超凡，长登寿域，永享无穷之乐也，岂小补哉？且人为功名富贵，亦有备极穷苦而后可成者。若以劳苦之心，易而为修炼之心，将见九还到手，万劫存神，以比功名富贵，孰短孰长耶？仲尼曰："不义而富且贵，于我如浮云。"又曰："其为仁矣，不使不仁者加乎其身。"不仁不义，莫甚于狂贪妄想。胡氏曰："志于道，则外物不足以累其身。"《悟真》曰："若会杀机明反复，始知害里却生恩。"是知欲求还丹，必先绝欲。勤于杀机者，刻刻有灵剑在手，外欲乍乘，急须就起杀机，勿容纵意，久久纯熟，对境无心，即可行反本归根之道。《易·翼》曰："终日乾乾，反复道也。"反复之道，得长生之果证也。人胡不勉而行之？万物如草木之汇，犹能归根反本，以历岁时。人为万物之灵，动至死地，是反不如草木也，能不愧乎？夫此反本归根之道，又非邪径旁门之说也。世人以德行为先，阴功为本，察阴阳造化之机，求玄牝乾坤之妙，辨二八坎离之物，定金花水月之时，施降龙伏虎之威，明立命生身之处，其间致虚守静，他主我宾，日月交光，戊己为用，则丹成反掌矣。《易》曰："男女媾精，万物化生。"人有此身，亦因父母而得，倘无父母，身何有乎？故作金丹之道，与生身事同，但顺则成人，逆则成仙，顺逆之间，天地悬隔，只要逆用阴阳，自然成就，并非邪径旁门也。

兹余所论，大泄真机，皆列圣口传心授之旨，人能照此下手行持，自能夺天地玄妙之功，穷鬼神不测之奥，诚金丹之口诀也。除此之外，再无别传。先贤云："圣人未生，道在天地；圣人已往，道著六经。"予之末论，虽不敢与圣经相比，亦可为问道之正途，如拨云雾而见青天，似剪荆棘而寻大路，坦然无碍，豁然有门。学者若能专心研究，自然默契仙缘，幸勿轻易视之也。万金难换，百宝难求，勿示非人，尚其重之。

大道论（下）

一阴一阳之谓道，修道者，修此阴阳之道也。一阴一阳，一性一命而已矣。《中庸》云："修道之谓教。"三教圣人，皆本此道以立其教也。此道原于性，本于命。命犹令也，天以命而赐人以令也；性即理也，人以性而由天之理也。夫欲由其理，则外尽伦常者其理，内尽慎独者其理。忠孝友恭，衷乎内也，然著其光辉，则在外也；喜怒哀乐，见于外也，然守其未发，则在内也。明朗朗天，活泼泼地，尽其性而内丹成矣。夫欲全其令，则殷勤顾之者此令，依法用之者此令。存心养性，此顾命之勤劳也；集义生气，此用令之法度也。炼气化神，炼神还天，复其性，兼复其命，而外丹就矣。吾愿后之人，修此正道，故直言之。

修道以修身为大，然修身必先正心诚意。意诚心正，则物欲皆除，然后讲立基之本，气为使焉，神为主焉。学者下手之初，必须知一阳初动之候，真铅始生之时。其气迅速如电，而不能久居于先天，霎时而生癸水，顷刻而变经流，迨至生形化质，已属后天而不可用矣。昆仑之上有玄门，其窍甚小，阴阳会合时，不许动摇，待其情性相感，自然彼我相通。凡有形质者，不能升入窍内，夫惟真气橐籥，乃能进于窍内也。故圣人直指先天一炁，冲开此窍。又曰：修行之径路，可以续命延年，修真而全真，无来无去，不生不灭。

今之愚人，闻说有用阴阳之道者，却行御女巧诈之术，正如披麻救火、飞蛾扑灯，贪其美色，胡肆纵横，日则逞力多劳，夜则恣情纵欲，致使神昏气败，髓竭精枯，犹不醒悟，甘分待终。古之贤人不然，忠孝两全，仁义博施，暗行方便，默积阴功，但以死生为念，不以名利关心，日则少虑无思，夜则清心寡欲，以此神全炁壮，髓满精盈。每叹凡躯，如石中之火，似水上之沤。未闻道者急求师，已闻道者急求药。又能广参博采，信受奉行，求先天之大药，寻出世之丹方，忙忙下手速修，惟恐时不待人。

夫道者，岂是旁门小技，乃至人口传心授，金液还丹之妙道也。非定息二乘之法，乃最上一乘之道。以有为入无为，以外药修内药；以己而求彼，以阴而配阳；以铅而投汞，以炁而合神。无为者，非防危守城之方、温养沐浴之事，乃得丹之后，脱胎神化之功也；有为者，非采战提吸之术、九一动摇之法，乃安静虚无之道，守雌不雄，寂然不动，感而遂通，此即未得丹之前，炼己筑基之事也。有为、无为，体用之始终，已见于此；内药、外药，出处之法相，又详于彼。外药者，在造化窟中而生；内药者，在自己身中而产。内药是精，外药是炁；内药养性，外药立命，性命双修，方合神仙之道。大修行人，欲求先天外药，必炼己以待阳生，用神炁炼成慧剑，采金水匀配柔刚。古人采药进火，全凭此物，除七情之患，去五贼之害。若无炼己，以去贼之患害，则不能常应常静，魂魄焉能受制？情欲岂不相干？若要入室施功，临炉下手，则外火虽动，而内符不应。只因刚柔未配，以此慧剑无锋，群魔为害，心神不宁，欲念杂起，故乃逐境飘流，致使汞火飞扬，圣胎不结。如使炼己纯熟，则心无杂念，体若太虚，一尘不染，万虑皆空，心死则神活，体虚则气运，方许求一阳之道、二候之功。还丹容易，炼己最难。凭慧剑剖破鸿蒙，舒匠手凿开混沌。却用阴阳颠倒之法，水火既济之道，乃行地天交泰，使阳居下，火必照上，令阴在上，水能润下，只要苦行忍辱，身心不动，己之性若住，彼之气自回。人能如此，便得守雌不雄，寂然不动，感而遂通之效也。太极将判之间，静已极而未至于动，阳初复而未离乎阴，候此真先天炁降，以法追摄，送入黄庭之中，日运己汞，包固周密，汞气渐多，铅气渐散，合丹于鼎。又须调停真息，周流六虚，至声寂而意合，乃气匀而脉住，丹始凝结。只待圣胎气足，十月功圆，脱胎神化，降生婴儿，调之纯熟，出入纵横，往来无碍，不被群魔引诱，只待九转功成，面壁之时，炼精则化炁，炼神则化虚，形神俱妙，与道合真，此大丈夫功成名遂之时也。

是道古人不传于世，盖缘愚人信之不笃，行之不勤，而且反生诽谤，是以秘而不传。予自得遇至人以来，述此修身秘要，以警觉后学。同志者，各加黾勉，共陟仙都。

安乐延年法

《玉书》曰："大道无形，视听不可以见闻；大道无名，度数不可以筹算。资道生形，因形立名。名之大者，天地也。天得乾道而积气以覆于下，地得坤道而托质以载于上。覆载之间，上下相去八万四千里，气质不能相交。天以乾索坤而还于地中，其阳负阴而上升。地以坤索乾而还于天中，其阴抱阳而下降。一升一降，运于道，所以天地长久。"

《真源》曰："天地之间，亲乎上者为阳，自上而下，四万二千里，乃曰阳位。亲乎下者为阴，自下而上，四万二千里，乃曰阴位。既有形名，难逃度数。且一岁者，四时、八节、二十四气、七十二候、三百六十日、四千三百二十辰。十二辰为一日，五日为一候，三候为一气，三气为一节，二节为一时，四时为一气。"

"一岁以冬至节开始，是时也，地中阳升，凡一气十五日上升七千里。三气为一节，一节四十五日，阳升共二万一千里。二节为一时，一时九十日，阳升共四万二千里，正到天地之中，而阳合阴位。是时阴中阳半，其气为温，而时当春分之节也。过此，阳升而入阳位，方曰得气而升，亦如前四十五日立夏。立夏之后，四十五日夏至，夏至之节，阳升。通前计八万四千里，以到天，乃阳中有阳，其气热。积阳生阴，一阴生于二阳之中，自夏至之节为始。是时也，天中阴降，凡一气十五日下降七千里，三气为一节，一节四十五日，阴降共二万一千里。二节为一时，一时九十日，阴降共四万二千里，以到天地之中，而阴交阳位。是时阳中阴半，其气为凉，而时当秋分之节也。过此，阴降而入阴位，方曰得气而降，亦如前四十五日立冬。立冬之后，四十五日冬至，冬至之节，阴降，通前计八万四千里以到地，乃阴中首阴，其气寒。积阴生阳，一阳生于二阴之中。自冬至之后，一阳复升，如前运行不已，周而复始，不失于道。"

"冬至阳生，上升而还天。夏至阴生，下降而还地。夏至阳升，到天而一阴来；冬至阴降，到地而一阳来，故曰夏至、冬至。阳升于上，过春分而入阳位，以离阴位。阴降于下，过秋分而入阴位，以离阳位，故曰春分、秋分。凡冬至阳升之后，自上而下，非无阴降也，所降之阴，乃阳中之余阴，止于阳位中消散而已。纵使下降得位，与阳升相遇，其气绝矣。凡夏至阴降之后，自下而上，非无阳升也，所升之阳，乃阴中之余阳，止于阴位中消散而已。纵使上升得位，与阴降相遇，其气绝矣。阴阳升降，上下不出于八万四千里，往来难逃于三百六十日，即温、凉、寒、热之四气而识阴阳，即阳升阴降之八节而知天地。以天机测之，庶达天道之绪余。若以口耳之学，较量于天地之道，安得筹算而知之乎？"

《比喻》曰："道生万物，天地乃物中之大者，人为物中之灵者。人同天地，以心比天，以肾比地。肝为阳位，肺为阴位。心肾相去八寸四分，其天地覆载之间比也。气比阳而液比阴，子、午之时，比夏至、冬至之节；卯、酉之时，比春分、秋分之节。以一日比一年，以一日用八卦，时比八节。子时，肾中生气。卯时，气到肝。肝为阳，其气旺，阳升以入阳位，春分之比也。午时，气到心，积气生液，夏至阳升到天，而阴生之比也。午时，心中液生。酉时，液到肺。肺为阴，其液盛，阴降以入阴位，秋分之比也。子时，液到肾，积液生气，冬至阴降到地，而阳生之比也。周而复始，运行不已。日月循环，无损无亏，自可延年。"

《真诀》曰："天地之道一得之，惟人也。受形于父母，形中生形，去道愈远。自胎完气足之后，六欲七情，耗散元阳，走失真炁。虽有自然之气液相生，亦不得如天地之升降。且一呼元气出，一吸元气入，接天地之气，既不能留之，随呼而复出，本宫之气，反为天地夺之，是以气散难生液，液少难生气。当其气旺之时，日用卯卦，而于气也，多入少出，强留在腹。当时自下而升者不出，自外而入者暂住，二气相合，积而生五脏之液，还元愈多，积日累功，见验方止。"

《道要》曰："欲见阳公长子，须是多入少出。从他儿女相争，过时求取真的。"

《金诰》曰："所谓大道者，高而无上，引而仰观，其上无上，莫见其首。所谓大道者，卑而无下，俛而俯察，其下无下，莫见其基。始而无先，莫见其前。终而无尽，莫见其后。大道之中而生天地，天地有高下之仪。天地之中而有阴阳，阴阳有始终之数。一上一下，仰观俯察，可以测其机。一始一终，度数推算，可以得其理。以此推之，大道可知也。”

《真源》曰：“即天地上下之位，而知天地之高卑。即阴阳始终之期，而知天道之前后。天地不离于数，数终于一岁。阴阳不失其宜，宜分于八节。冬至一阳生，春分阴中阳半，过此纯阳而阴尽。夏至阳太极而一阴生，秋分阳中阴半，过此纯阴而阳尽。冬至阴太极而一阳生，升降如前。上下终始，虽不能全尽大道，而不失大道之体。欲识大道，当取法于天地，而审于阴阳之宜也。”

《比喻》曰：“以心肾比天地，以气液比阴阳，以一日比一年。日用艮卦比一年，用立春之节。乾卦比一年，用立冬之节。天地之中，亲乎下者为阴。自下而上，四万二千里，乃曰阴位。冬至阳生而上升，时当立春。阳升于阴位之中，二万一千里，是阳难胜于阴也。天地之中，亲乎上者为阳，自上而下，四万二千里，乃曰阳位。夏至阴生而下降，时当立秋，阴降于阳位之中，二万一千里，是阴难胜于阳也。时当立夏，阳升而上，离地六万三千里，去天二万一千里，是阳得位而阴绝也。时当立冬，阴降而下，离天六万三千里，去地二万一千里，是阴得位而阳绝也。一年之中，立春比一日之时，艮（即丑寅时）卦也。肾气下传膀胱，在液中微弱，乃阳气难升之时也。一年之中，立冬比一日之时，乾（即戌亥时）卦也。心液下入，将欲还元复入肾中，乃阴盛阳绝之时也。人惟阴阳不和，阳微阴多，故病多。”

《真诀》曰：“阳升立春，自下而上，不日而阴中阳半矣（艮卦丑、寅气微。）。阴降立冬，自上而下，不日而阳中阴半矣（乾卦戌、亥气散。）。天地之道如是。”

“唯人也，当艮卦气微，不知养气之端；乾卦气散，不知聚气之理。日夕以六欲七情，耗散元阳，使真气不旺，走失真气，使真液不生。所以不得如天地长久。故古人朝屯暮蒙，日用二卦，乃得长生在世。朝屯者，盖取一阳在下，屈而未伸之义，其在我者，养而伸之，勿使耗散。暮蒙者，盖取童蒙求我，以就明弃暗，乃阴间求阳之义。其在我者，昧而明之，勿使走失。”

“是以日出当用艮卦之时，以养元气，勿以利名动其心，勿以好恶介其意。披衣静坐，以养其气，绝念忘情，微作导引。手脚递互伸缩三五下，使四体之气齐生，内保元气上升，以朝于心府。或咽津一两口，搓摩头面

三、二十次，呵出终夜蕴聚恶浊之气。久而色泽充美，肌肤光润（艮卦养元气。）。”

“又于日入，当用乾卦之时，以聚元气，入室静坐，咽气搐外肾。咽气者，是纳心火于下；搐外肾者，是收膀胱之气于内（乾卦聚元气。）。使上下相合，肾气之火，三火聚而为一，以补暖下田。无液则聚气生液，有液则炼液生气，名曰聚火，又曰太乙含真气也。早朝咽津摩面，手足递互伸缩，名曰散火，又名曰小炼形也。”

《道要》曰：“花残叶落深秋，玉人懒上危楼。欲得君民和会，当时宴罢频收。”

《金诰》曰：“太元初判而有太始，太始之中而有太无，太无之中而有太虚，太虚之中而有太空，太空之中而有太质。太质者，天地清浊之质也。其质如卵，而玄黄之色，乃太空之中，一物而已。”

“阳升到天，太极而生阴，以窈冥抱阳而下降。阴降到地，太极而生阳，以恍惚负阴而上升。一升一降，阴降阳升。天地行道，万物生成。”

《真源》曰：“天如覆盆，阳到难升。地如磐石，阴到难入。冬至而地中阳升，夏至到天，其阳太极而生阴。所以阴生者，以阳自阴中来而起于地，恍恍惚惚，气中有水，其水无形，夏至到天，积气成水，是曰阳太极而阴生也。夏至而天中阴降，冬至到地，其阴太极而阳生。所以阳生者，以阴自阳中来而出于天，杳杳冥冥，水中有气，其气无形，冬至到地，积水生气，是曰阴太极而阳生也。”

《比喻》曰：“以身外比太空，以心肾比天地，以气液比阴阳，以子午比冬夏。子时乃曰坎卦，肾中气生。午时乃曰离卦，心中液生。肾气到心，肾气与心气相合，而太极生液。所以生液者，以气自肾中来，气中有真水，其水无形，离卦到心，接着心气，则太极而生液者如此。”

“心液到肾，心液与肾水相合，而太极复生于气。所以生气者，以液自心中来，液中有真气，其气无形，坎卦到肾，接着肾水，则太极而生气者如此。可比阳升阴降，至太极而相生，所生之阴阳，阳中藏水，阴中藏气也。”

《真诀》曰：“肾中生气，气中有真水。心中生液，液中有真气。真水、真气，乃真龙、真虎也。阳到天而难升，太极生阴。阴到地而难入，太极生阳。天地之理如此。人不得比天地者，六欲七情，感物丧志，而耗散元阳，走失真气。当离卦肾气到心，神识内定，鼻息少入迟出，绵绵若存，而津满口咽下，自然肾气与心气相合，太极生液。及坎卦心液到肾，接着肾水，自然心液与肾气相合，太极生气，以真气恋液，真水恋气，液与真水本自相合，故液中有真气，气中有真水，互相交合，相恋而下，名曰交媾龙虎。若火候无差，抽添合宜，三百日养就真胎，而成大药，乃炼质焚身，朝元超脱之本也。”

《道要》曰：“一气初回元运，真阳欲到离宫。捉取真龙真虎，玉池春水溶溶。”

《金诰》曰：“天地者，大道之形。阴阳者，大道之气。阴阳者，大道之气。寒、湿、热、凉，形中有气也。云、雾、雨、露，气中有象也。地气上升，腾而为云，散而为雨。天气下降，散而为雾，凝而为露。积阴过，则露为雨、为霜、为雪；积阳过，则雾为烟、为云、为霞。阴中伏阳，阳气不升，击搏而生雷霆。阳中伏阴，阴气不降，凝固而生雹霰。阴阳不合，相对而生闪电。阴阳不匹配，乱交而生虹霓。积真阳以成神，而丽乎天者星辰。积真阴以成形，而壮乎地者土石。星辰之大者日月，土石之贵者金玉。阴阳见于有形，上之日月，下之金玉也。”

《真源》曰：“阴不得阳不生，阳不得阴不成。积阳而神丽乎天而大者，日月也，日月乃真阳而得真阴以相成也。积阴而形壮于地而贵者，金玉也，金玉乃真阴而得真阳以相生也。”

《比喻》曰：“真阳比心液中真气，真阴比肾气中真水。真水不得真气不生，真气不得真水不成。真水、真气，比于离卦，和合于心上、肺下，如子母之相恋、夫妇之相爱。自离至兑，兑卦阴旺阳弱之时，比日月之下弦、金玉之在晦，不可用也。日月以阴成阳，数足生明。金玉以阳生阴，气足生宝。金玉成宝者，盖以气足而进之于阳。日月生明者，盖以数足而受之于魂。比于乾卦进火，炼阳无衰，火以加数，而阳长生也。”

《真诀》曰：“离卦龙虎相交媾，名曰采药。时到乾卦，气液将欲还元，而生膀胱之上、脾胃之下、肾之前、脐之后、肝之左、肺之右、小肠之右、大肠之左，当时脾气旺而肺气盛，心气绝而肝气弱。真气本以阳气相合而来，阳气既弱，而真气无所恋，徒劳用工。而采合必于此时，神识内守，鼻息绵绵。以肚腹微胁，脐肾觉热太甚，微放轻勒，腹脐未热，紧勒；渐热，即守常，任意放志，以满乾坤，乃曰勒阳关而炼丹药，使气不上行，以固真水。经脾宫，随呼吸而搬运于命府黄庭之中，气液造化时，变而为精，精变而为珠，珠变而为汞，汞变而为砂，砂变而为金，乃曰金丹，其功不小矣。”

《道要》曰：“采药须凭玉兔（采药，心气。玉兔，肾水。），成亲必藉黄婆，等到雍州相见（雍州，乾卦。），奏传一曲阳歌。”

长生不死法

《金诰》曰：“阴阳升降，不出天地之内。日月运转，而在天地之外。东西出没，以分昼夜。南北往来，以定寒暑。昼夜不息，寒暑相推。积日为月，积月为岁。月之积日者，以其魄中藏魂，魂中藏魄也。岁之积月者，以其律中起吕，吕中起律也。日月运行，以合天地之机，不离乾坤之数。万物生成，虽在于阴阳，而造化亦资于日月。”

《真源》曰：“天地之形，其状如卵。六合之内，其圆如球。日月出没，运行于一天之上，一地之下。上下东西，周行如飞轮。东生西没，日行阳道。西生东没，月行阴道。”

“一日之间，而分昼夜。冬至之后，日出自南而北。夏至之后，日出自北而南。冬之夜乃夏之日，夏之夜乃冬之日。一年之间，而定寒暑。”

“日月之状，方圆八百四十里。四尺为一步，二百六十步为一里。凡八刻二十分为一时，十二时为一日。一月三十日，共三百六十时，计三千刻，一十八万分也。且以阳行乾，其数用九。以阴行坤，其数用六。魄中魂生，本自旦日。盖九不对六，故三日后，魄中生魂。凡一昼夜，一百刻六十分，魂于魄中，一进七十里。六昼夜进四百二十里，而魄中魂半，乃曰上弦。又六昼夜，进四百二十里，通前共进四百二十里，而魄中魂全，阳满阴位，乃曰月望。自十六日为始，魂中生魄。凡一昼夜，一百刻六十分，魄于魂中，一进七十里。六昼夜，共进四百二十里，而魂中魄半，乃曰下弦。又六昼夜，进四百二十里，通前共进八百四十里，而魂中魄全，阴满阳位。月中尚有余光者，盖六不尽九，故三日后，月魄满宫，乃曰月晦。月旦之后，六中起九。月晦之前，九中起六。数有未尽，而生后有期。”

“积日为月，积月为岁。以月言之，六律六日。以六起数，数尽六位。六六三十六，阴之成数也。以日言之，五日一候。七十二候，八九之数。

至重九以九起数，数尽六位。六九五十四，阳之成数也。一六、一九，合而十五。十五，一气之数也。二十四气，当八节之用，而见阴阳升降之宜。一六、一九，以四为用，合四时而倍之，一时得九十，四九三百六，变为阳之数二百一十六，阴之数一百四十四，计三百六十数，而足满周天。"

《比喻》曰："阴阳升降，在天地之内，比心肾气液交合之法也。日月运转，在天地之外，比肘后飞金晶之事也。日月交合，比进火加减之法也。阳升阴降，无异于日月之魂魄。日往月来，无异于心肾之气液。冬至之后，日出乙位，没庚位，昼四十刻，自南而北，凡九日东生西没，共进六十分。至春分昼夜停停，而夏至为期，昼六十刻。夏至之后，日出甲位，没辛位，昼六十刻，自北而南，凡九日东升西没，共退六十分。至秋分昼夜停停，而冬至为期，昼四十刻。昼夜分刻，准前后进退，自南自北，月旦之后，三日魂生于魄，六日两停。又六日魂全，其数用九也。月望之后，魄生于魂，六日两停，又六日魄全，其数用六也。岁之夏至，月之十六日，乃日用离卦之法，人之午时也；岁之冬至，月之旦日，乃日用坎卦之法，人之子时也。天地阴阳升降之宜，日月魂魄往来之理，尚以数推之，交合有序，运转无差。人之心、肾、气、液、肝、肺、魂、魄，日用虽有节次，年月岂无加减乎？"

《真诀》曰："坎卦阳生，当正子时，非始非终，艮卦肾气交肝气。未交之前，静室中披衣握固，正坐盘膝，蹲下腹肚，须臾升身，前出胸而微偃头于后。后闭夹脊双关，肘后微扇一二，伸腰，自尾闾穴，如火相似，自腰而起，拥在夹脊，慎勿开关。即时甚热、气壮，渐次开夹脊关，放气过关。仍仰面，脑后紧偃，以闭上关，慎勿开之。即觉热极、气壮，渐次开关，入顶，以补泥丸髓海。须身耐寒暑，方为长生之基。"

"次用还丹之法。如前出胸伸腰，闭夹脊，蹲而伸之，腰间火不起，当静坐内观，如法再作，以火起为度。自丑行之，至寅终而可止，乃曰肘后飞金晶，又曰抽铅，使肾中气生肝气也。"

"且人身脊骨二十四节，自下而上三节，与内肾相对，自上而下三节，名曰天柱。天柱之上，名曰玉京。天柱之下，内肾相对，尾闾穴之上，共十八节，其中曰双关。上九、下九，当定一百日，通遍十八节而入泥丸。"

"必于正一阳时，坎卦行持，乃曰肘后飞金晶。离卦采药，乾卦进火烧药，勒阳关，始一百日飞金晶入脑，三关一撞，直人上宫泥丸。自坎卦为始，至艮卦方止。自离卦采药，使心肾气相合，而肝气自生心气，二气纯阳，二八阴消，熏蒸于肺，而得肺液下降，包含真气，日得黍米之大，而入黄庭，方曰内丹之材，即百日无差，药力全。”

“凡离卦采药用法，依时内观，转加精细。若乾卦进火烧药，勒阳关，自兑卦为始，终在乾卦。如此又一百日，以肘后飞金晶，自兑卦至震卦方止。”

“离卦采药之时，法如旧以配，自坤至乾卦行持，即二百日无差，圣胎坚。勒阳关法，自坤卦至乾卦方止，如此又一百日足，泥丸充实，返老还童，不类常人。采药就，胎仙完，而真气生，形若弹圆，色同朱橘，永镇丹田，而作陆地神仙。”

“三百日后行持，至离卦罢采药，坤卦罢勒阳关，即行玉液还之道。故自冬至后，方曰行功，三百日胎完气足，而内丹就，真气生。”

“凡行此法，方为五行颠倒，三田返覆。未行功以前，先要匹配阴阳，使气液相生，见验方止。次要聚散水火，使根源牢固，而气行液住，见验方止。次要交媾龙虎，烧炼丹药，使采补还丹，而煅炼铅汞，见验方止。十损一补之数足，而气液相生，见验方止。上项行持，乃小乘之法，自可延年益寿。”

“若以补完坚固，见验方止。方可年中择月。冬至之节，月中择日。甲子之日，日中择时。坎离乾卦，三时为始。一百日自坎至艮，自兑至乾。二百日后，自坎至震，自坤至乾。”

“凡此下功，必于幽室静宅之中，远妇人女子，使鸡犬不闻声，臭秽不入鼻，五味不入口。绝七情六欲，饮食多少，寒热有度。虽寤寐之间，而意恐损失。行功不勤，难成乎道。如是三百日，看应验如何。”

《玉书》曰：“真阴、真阳，相生相成。见于上者，积阳成神，神中有形，而丽乎天者，日月也；见于下者，积阴成形，形中有形，而丽乎地者，金玉也。金玉之质，隐于山川，秀媚之气，浮之于上，与日月交光。草木受之以为祯祥，鸟兽得之以为异类。”

《真源》曰：“阳升到天，太极生阴。阴不足而阳有余，所以积阳生神。阴降到地，太极生阳。阳不足而阴有余，所以积阴生形，上之日月，下之金玉，真阳有神，真阴有形，其气相交，而上下相射，光盈天地，则金玉可贵者，良以此也。是知金玉之气，凝于空，则为瑞气祥烟；入于地，则变醴泉芝草。人们受之而为英杰，鸟兽得之而生奇异。盖金玉之质，虽产积阴之形，而中抱真阳之气，又感积阳成神之日月，真阳之下射而宝凝矣。”

《比喻》曰：“积阴成形，而内抱真阳，以为金玉。比于积药而抱真气，以为胎仙也。金玉之气，入于地，而为醴泉芝草者，比于玉液还丹田也。金玉之气，凝于空，而为瑞气祥烟者，比于气炼形质也。凡金玉之气，冲于天，随阳升而起；凡金玉之气，入于地，随阴降而还。既随阴阳升降，自有四时，可以液还丹田、气炼形质，比于四时加减，一日改移也。”

《真诀》曰：“采补见验，年中择月，月中择日，日中择时，三时用事，一百日药力全，二百日圣胎坚，三百日真气生、胎仙圆。谨节用功，加添依时，三百日数足之后，方行还丹炼形之法。”

“凡用艮卦飞金晶入脑，止于巽卦而已，此言飞金晶三百日后也。离卦罢采药，坤卦罢勒阳关，只此兑卦下手，勒阳关，至乾卦方止。既罢离卦，添入咽法炼形。”

“咽法者，以舌搅上腭两颏之间，先咽了恶浊之津，次退舌尖以满。玉池津生，不漱而咽。凡春三月，肝气旺而脾气弱，咽法日用离卦。凡夏三月，心气旺而肺气弱，咽法日用巽卦。凡秋三月，肺气旺而肝气弱，咽法日用艮卦。凡冬三月，肾气旺而心气弱，咽法日用震卦（飞金晶法，咽亦不妨。）。凡四季之月，脾气旺而肾气弱，人以肾气为根源，四时皆有衰弱。每四时季月之后十八日，咽法日用兑卦，仍以前咽法并用之。独于秋季，止用兑卦咽法，而罢艮卦之功。”

“以上咽法，先依前法而咽之，如牙齿玉池之间，而津不生，但以舌满上下而闭玉池，收两颏，以虚咽而为法。止于咽气，气中自有水也。咽气如一年（三十六次至四十九次。）为数，又次一年（八十一次），又次一年（一百八十一次）为见验，乃玉液还丹之法。行持不过三年，灌溉丹田，沐浴胎仙，而真气愈盛。若行此玉液还丹之法，而于三百日养就内丹，真气才生。”

“艮卦飞金晶，一撞三关，上至泥丸，当行金液还丹之法。自顶中前下金水一注，下还黄庭，变成金丹，名曰金丹。行金液还丹，当于深密幽房，风日凡人不到之处，烧香叠掌，盘膝而坐，以体蹲而后升，才觉火起，正坐绝念，忘情内观，的确艮卦飞金晶入顶，但略昂头偃项，放令颈下，如火方点头，向前低头曲项，退舌尖进后，以抵上腭。上有清冷之水，味若甘香，上彻顶门，下通百脉，鼻中自闻一种真香，舌上亦有奇味，不漱而咽，下还黄庭，名曰金液还丹。春夏秋冬，不拘时候，但于飞金晶入脑之后节，次行此法，自艮至巽而已。晚间勒阳关法，自兑至乾而已。凡行此法，谨节胜前，方可得成。究竟止于炼形住世，长生不死而已，不能超脱也。”

《金诰》曰：“积阳成神，神中有形。形生于日，日生于月。积阴成形，形中有神。神生于金，金生于土。随阴阳而生没者，日月之光也。因数生光，数本于乾坤。随阴阳而升降者，金玉之气也，因时起气，时本于天地。”

《真源》曰：“日月之光，旦后用九，晦前用六。六、九，乾坤之数。金玉之气，春夏上升，秋冬下降。升降，天地之时。金生于玉，玉生于石，石生于土，见于形而在下者如此。日中金乌，月中玉兔，月待日魂而光，见于神而在上者如此。”

《比喻》曰：“日月，比气也。肾气比月，而心气比日。金玉，比液也。肾液比金，而心液比玉。”

“所谓玉液者，本自肾气上升而到于心，以合心气，二气相交而过重楼，开口不出，而津满玉池，咽之而曰玉液还丹，升之而曰玉液炼形。是液本自肾中来而生于心，亦比土中生石，石中生玉之说也。

“所谓金液者，肾气合心气而不上升，熏蒸于肺。肺为华盖，下罩二气，即日而取肺液。在下田自尾闾穴升上，乃曰飞金晶入脑中，以补泥丸之宫。自上复下降而入下田，乃曰金液还丹。既还下田复升，遍满四体前复上升，乃曰金液炼形，是亦金生于土之说也。”

“凡欲炼形飞金晶者，当在静室中，切禁风日，遥焚香，密启三清上圣，臣所愿长生在世，传行大道，演化告人。当先自行炼行之法，欲得不畏寒暑，绝啖谷食，逃于阴阳之外，咒毕，乃咽之。”

《真诀》曰：“背后尾闾穴曰下关，夹脊曰中关，脑后曰上关，始飞金晶以通三关。肾比地，心比天。上到顶，以比九天。”

“玉液炼形，自心至顶，以通九天，三百日大药就，胎仙圆而真气生。前起则行玉液炼形之旧道，后起则行飞金晶之旧道。金晶玉液，行功见验。”

“自坎卦为始，后起一升入顶，以双手微闭双耳，内观如法。微咽于津，乃以舌抵定牙关，下闭玉池，以待上腭之津，下而方咽。咽毕复起，至艮卦为期。冬春两起一咽，秋夏五起一咽。凡一咽数，秋夏不过五十数，春冬不过百数。自后咽罢，升身前起，以满头面、四肢、五指，气盛方止。再起再升，至离卦为期。凡此后起咽津，乃曰金液还丹。还丹之后，而复前起，乃曰金液炼形。”

“自艮卦之后，炼形至离卦方止。兑卦勒阳关，至乾卦方止。以后起到顶，自上而下，号曰金液还丹。金丹之气前起，自下而上，曰金液炼形，形显琪树金花。若以金液还丹，未到下元而前后俱起，乃曰火起焚身。此是金液还丹炼形，既前后俱起，兼了焚身。凡行此等，切须谨节苦志，而无懈怠，以见验为度也。”

《道要》曰：“起后终霄闭耳，随时对饮金波。宴到青州方住，日西又听阳歌。”

超凡入圣法

《金诰》曰：“一气初判，大道有形，而列二仪。二仪定位，大道有名，而分五帝。五帝异地，各守一方。五方异气，各守一子。青帝之子，甲乙受之，天真木德之，九炁。赤帝之子，丙丁受之，天真火德之，三炁。白帝之子，庚辛受之，天真金德之，七炁。黑帝之子，壬癸受之，天真水德之，五炁。黄帝之子，戊己受之，天真土德之，一炁。自一炁生真一，真一因土出，故万物生成在土，五行生成在一。真元之道，皆一炁而生也。”

《玉书》曰：“一、三、五、七、九，道之分而有数。金、木、水、火、土，道之变而有象。东、西、南、北、中，道之列而有位。青、白、赤、黄、黑，道之散而于质。数归于无数，象反于无象，位至于无位，质还于无质。欲道之无数，不分之则无数矣。欲道之无象，不变之则无象矣。欲道之无位，不列之则无位矣。欲道之无质，不散之则无质矣。无数，道之源也。无象，道之本也。无位，道之真也。无质，道之妙也。”

《真源》曰：“道源既判，降本流末。悟其真者，因真修真，内真而外真自应矣。识其妙者，因妙造妙，内妙而外妙自应矣。天地得道之真，其真未应，故未免有位。天地得道之妙，其妙未应，故未免乎有质。有质则有象可求，有位则有数可推。天地之间，万物之内，最贵惟人。即天地之有象可求，故知其质气与水也。即天地之有数可推，故知其位远与近也。审乎如是，而道亦不远于人也。”

《比喻》曰："天地有五帝，比人之有五脏也。青帝甲乙木，甲为阳，乙为阴，比肝之气与液也。黑帝壬癸水，壬为阳，癸为阴，比肾之气与液也。黄帝戊己土，戊为阳，己为阴，比脾之气与液也。赤帝丙丁火，丙为阳，丁为阴，比心之气与液也。白帝庚辛金，庚为阳，辛为阴，比肺之气与液也。凡春、夏、秋、冬之时不同，而心、肺、肝、肾之旺有月。"

《真诀》曰："凡春三月，肝气旺。肝旺者，以父母真气，随天度运而在肝。若遇木日，甲乙克土，于辰、戌、丑、未之时，依时起火炼脾气。余日兑卦时，损金以耗肺气，是时不可下功也。坎卦时，依法起火，炼肾气。震卦时，入室，多入少出。息住为上，久闭次之，数至一千息为度。当时内观如法，一任冥心闭目。青色自见，渐渐升身以入泥丸，自寅至辰，以满震卦（一千息以上尤佳，以息息渐微为度。如息住，不须连数。）。"

"凡夏三月，心气旺。心旺者，以父母真气，随天度运而在心。若遇火日，丙丁克金，于兑卦时，依法起火，炼肺气。余日坎卦时，损水以耗肾气，是时不可下功也。震卦时，依法起火，炼肝气。离卦时，入室，依前行持，赤色自见，渐渐升身以入泥丸，自巳至未，以满离卦（一千息以上尤佳，其说如前。）。"

"凡秋三月，肺气旺，肺旺者，以父母真气，随天度运而在肺。若遇金日，庚辛克木，于震卦时，依法起火，炼肝气。余日离卦时，损火以耗心气，是时不可下功也。巽卦时，依法起火炼脾气。兑卦时，入室，依前行持。白色自见，渐渐升身以入泥丸，自申至戌，以满兑卦。"

"凡冬三月，肾气旺。肾旺者，以父母真气，随天度运而在肾。若遇水日，壬癸克火，于离卦时，依法起火炼心气。余日辰、戌、丑、未时，损土以耗脾气，是时不可下功也。兑卦时，依法起火，炼肺心。坎卦时，入室，依前行持，黑色自见，渐渐升身，以入泥丸，自亥至丑，以满坎卦。"

《道要》曰："凡行此法，不限年、月、日、时，一依前法，以至见验方止。其气自见，须是谨节不倦，弃绝外事，止于室中用意，测其时候。用二个纯阳小子，或结交门生，交翻往复，供过千日，可了一气。一以夺十，一百日见功，五百日气全。可行内观，然后聚阳神，以入天神，炼神合道，入圣超凡。炼气之验，但觉身体极畅，常仰升腾。丹光透骨，异香满室。次，静中外观，紫霞满目，顶中下视，金光罩体。奇怪证验，不可备纪。"

《金诰》曰："大道本无体，寓于气也。其大无外，无物可容。大道本无用，运于物也，其深莫测，无理可究。以体言道，道始有外内之辨。以用言道，道始有观见之基。观乎内而不观乎外，外无不究而内得明矣。观乎神而不观乎形，形无不备而神得见矣。"

《真源》曰："以一心观万物，万物不谓之有余。以万物挠一气，一气不谓之不足。一气归一心，心不可为物之所夺。一心运一气，气不可为法之所役。心源清彻，一照万破，亦不知有物也。气战刚强，万感一息，亦不知有法也。物物无物，以还本来之象。法法无法，乃全自得之真。"

《比喻》曰："以象生形，因形立名。有名则推其数，有数则得其理。盖高上虚无，无物可喻。所可比者，如人之修炼。节序无差，成就有次。冲和之气，凝而不散。至虚真性，恬淡无为。神合乎道，归于自然。当此之际，以无心为心，如何谓之应物？以无物为物，如何谓之用法？真乐熙熙，不知已之有身，渐入无为之道，以入希夷之域，斯为入圣超凡之容。"

《真诀》曰："此法合道，有如常说存想之理，又如禅僧入定之时，当择福地置室，跪礼焚香，正坐盘膝，散发披衣，握固存神，冥心闭目。午时前，微微升身，起火炼炁。午时后，微微敛身，聚火炼丹。不拘昼夜，神清气合，自然喜悦。坐中或闻声莫听，见境勿认，物境自散。若认物境，转加魔障。魔障不退，急急向前，以身微敛，敛而伸腰，后以胸微偃，偃不伸腰，少待，前后火起高升，其身勿动，名曰焚身。火起，魔障自散于躯外，阴邪不入于壳中。始此三两次已，当想遍天地之间，皆是炎炎之火，火毕清凉，了无一物。但见车马歌舞，轩盖绮罗，富贵繁华，人物欢娱，成队成行。五色云升，如登天界，及到彼中，又见楼台耸翠，院宇徘徊，珍珠金玉，满地不收，花果池亭，莫知其数。须臾，异香四起，妓乐之声，嘈嘈杂杂，宾朋满座，水陆俱陈，且笑且语，共贺太平，珍玩之物，互相献受。当此之际，虽然不是阴鬼魔障，亦不得认为好事。盖修真之人，弃绝外事，甘受寂寞，或潜迹江湖之地，或遁身隐僻之隅，绝念忘情，举动有戒，久受劬劳，而历潇洒，一旦功成法立，遍见如此繁华，又不谓是阴魔，将谓实到天宫。殊不知脱凡胎，在顶中自已天宫之内，因而贪恋，认为实境，不用超脱之法，止于身中，阳神不出，而胎仙不化，乃日出昏衢之上，为陆地神仙，仅可长生不死而已，不能脱质升仙，而归三岛以作仙子，到此可惜！学人自当虑超脱虽难，不可不行也。”

《道要》曰：“不无尽法已减省故也。”

《金诰》曰：“道本无也，以有言者，非道也。道本虚也，以实言者，非道也。既为无体，则问应俱不能矣。既为无象，则视听俱不能矣。以玄微为道，玄微亦不离问答之累。以希夷为道，希夷亦未免视听之累。希夷、玄微，尚未为道，则道亦不知其所以然也。”

《玉书》曰：“其来有始，而不知大道之始，何也？其去有尽，而不知大道之终，何也？高高之上虽有上，而不知大道之上，无有穷也。深深之下虽有下，而不知大道之下，无有极也。杳杳莫测名道，随物所得而列等殊，无为之道，莫能穷究也。”

《真诀》曰：“超者，超出凡躯，而入圣品。脱者，脱去俗胎，而为仙子。是神入气胎，气全真性。须是前功节节见验正当，方居清净之室，以入希夷之境。内观认阳神，次起火降魔，焚身聚气，真气升在天宫，壳中清净，了无一物。当择幽居，一依内观。三礼既毕，平身不须高升，正坐不须敛伸。闭目冥心，静寂朝元之后，身躯如在空中，神气飘然，难为制御。默然内观，明明不寐，山川秀丽，楼阁依稀，紫气红光，纷纭为阵，祥鸾绿凤，言语如簧，异景繁华，可为壶中真趣，而洞天别景，逍遥自在，宜然不知有尘世之累。是真空之际，其气自转，不须用法依时。”

“若见青气出东方，笙簧嘹亮，笙节车马，左右前后，不知多少。须臾南方赤气出，西方白气出，北方黑气出，中央黄气出，五气结聚而为绿云，乐声嘈杂，喜气熙熙，金童玉女，扶拥自身，或跨火龙，或乘玄鹤，或跨绿鸾，或骑猛虎，升腾空中。自下而上，所遇之处，楼台观宇，不能尽陈，神祇官吏，不可备说。又到一处，女乐万行，官僚班列，如人间帝王之仪，圣贤毕至。当此之时，见之旁若无人。乘驾上升，以至一门，兵卫严肃，而不可犯。左右前后，官僚女乐，留恋不已，终是过门不得。轩盖覆面，自上而下，复入旧居之地。如此上下，不厌其数，是调神出壳之法也。”

“积日纯熟，一升而到天宫，一降而还旧处，上下纯无滞碍，乃自下而上，或如登七级宝塔，或如上三层琼楼，其始也，一级而复一级，七级上尽，以至顶中，辄不得下视，恐神惊而恋躯不出。既至七级之上，则闭目便跳，如寐如寤，身外有身，形如婴儿，肌肤鲜洁，神采莹然。回视故躯，亦不见有所见之者，乃如粪堆，又如枯木，憎愧万端，辄不可顿弃而远游。”

“盖其神出未熟，圣气凝结而成，须是再入本躯，往来出入，一任遨游。始乎一步、两步，次二里、三里，积日纯熟，乃如壮士展臂，可千里、万里，而形神壮大，勇气坚固，然后寄凡骸于名山大川之中，从往来应世之外，不与俗类等伦。”

“或行满而受天书，骖娈乘凤，跨虎骑龙，自东自西，以入紫府，先见太微真君，次居下岛，欲升洞天，当传道积行于人间，受天书而升洞天，以为天仙。”

“凡行此法，古今少有成者。盖以功不备而欲行之速，便为此道。或功验未证，止事静坐，欲求超脱；或阴灵不散，出而鬼仙，人不见形，来往去住，终无所归，止于投胎就舍，而夺人躯壳，复得为人。或出入不熟，往来无法，一去一来，无由再入本躯，神魂不知所在，乃释子之坐化、道流之尸解也。”

“故行此道，要在前功见验正当，仍择地筑室，以远一切腥秽之物、臭恶之气、往来之声、女子之色，不止于触其直气，而神亦厌之。既出而复入，入而不出，则形神俱妙，与天地齐年，而浩劫不死。既入而复出，出而不入，如蝉脱蜕，迁神入圣，此乃超凡脱俗，以为真人仙子，而在风尘之外，寄居三岛之州者也。”

《道要》曰：“不无尽法已灭息矣。”

归源论

三教鼎立，如一屋三门，中无少异。儒立人极，孝弟之道，报本反始，正心诚意，道德之源，此范围形体之道，入世之法也。仙佛在声臭之表，形气之先，出世之法也。出世必基于入世，欲求出世之功，先讲入出之道。儒其大宗矣。今之道人，傍教门以求衣食，其陋者只知领法派、带徒弟、兴旺庙宇；称异者，读《清静经》，行清静法，栖岩住壑，友寒猿伴，冻鹤木石草衣，守死一生，何其愚也。道流无知，俗人无目，但闻某人入山几载，某人打坐几年，便谓有道，彼岂知同类得朋，人须人度之事乎？离去家中，背却伦常，阴寡阳孤，便成乖舛，与道背矣。须知至道在人类中而有在，气血中而求。上阳子曰：三教圣人，非同类不为功，此其奇也。

天地之大德曰，生道者，生之德也。生之德，阳气也。有一分阴不仙，有一分阳不死。阴阳妙用，在于生杀。生杀为消长之机，复姤为起止之处。复见天地之心，姤有履霜之惧。否泰者，顺逆也。地天曰泰，天地曰否，止而悦，男下女，故不曰阳阴，而曰阴阳；不曰始终，而曰终始。始终是尽，终始无穷，造化深机，在于顺逆而已。顺生人物，逆成仙佛，共此一机，惟逆不易知耳。虚无生妙，有事至乎常，昔别君未婚，儿女忽成行。从前是无，忽然而有。无是有之根，有是无之始。天下万事万物，何一非自无而有，自有而无。自无而有曰造，自有而无曰化。生生不已，化化无穷。自一世界，至千万世界，无有不同，开辟以来，天地定位，日月中旋，煦妪万物，至于今不二。

道者，其无极乎！无极而太极，无极在浑然之表，太极兆将动之萌，亥子中间，所谓“今年初尽处，明日未来时”。究其机，无出乎动静。静极而动，动极而静，一动一静，互为其根。分阴分阳，玄牝乃立。玄牝立，而万化滋彰矣。山泽通气，呼吸回环；斗旋日运，无息停留。大极在天地，空谈其理；太极在人身，实行其用。其用云何？活子是也。天地根，万物母，真元始、真太极也。太极即道，道即药，药即丹，丹即一。《契》曰：“一者以掩闭，世人莫知之。”《悟真》曰：“三五一都三个字，古今明者实然希。”曰世人莫知，曰古今莫晓，其难遇难窥，如此其重且大也。迷徒学道，妄却心思，迷却耳目，以盲引盲，迷迷相指，直至老死，不知悔悟。执其说如铜泻铁铸，可怜此辈，非深孽重，无异戴盆，滔滔皆是，古今一辙，可为浩叹。吾为此悲，特著《试金石》一书，为志师之左证，执此以辨真伪，如杲日当空，魍魉自遁。二十四问，能迎刃而解，则《参同》、《悟真》彻矣。若一语模棱，便非真实。又以其言，印之丹经，稍有不合，便非透底之学。盖此事有一知，有半知，有全然不知。半知者，已为难得，又要问何以必通都大邑，何以必俗服了事，丹房如何置，器皿如何样，鼎如何强弱选，如何合法换，如何度数，如何是火，如何是药，如何是丹？一有支吾，非其人矣。彼无师授，妄意猜度，多记丹经，腾其口说，冠簪是饰，犬羊之鞟耳，亟宜远之。

“不因师指，此事难知。”斯事最重师友，第一在寻真师，第二在觅良友。真师难遇，古今同叹。邪师妄人，遍地皆是。初学志士，此为第一件要紧大事也。此处一错，走入歧途，则终身难见天日矣。道人千万，尽是旁门，无有一是，经曰："真诀必要真仙授，世人说者有谁真。"又曰："道法三千六百门，人人各执一苗根。谁知真正互微诀，不在三千六百门。"盖神机秘密，上天所宝，五浊凡流，一身罪垢，何由得遇？遇亦不闻，闻亦不信，信亦不切。何为不信？缘浅福薄，千般隔阻，不令其知。太上开清静之门，接引后进，使之修静养心，解除夙孽，不婚不官，脱其世网。数世之后，垢净孽除，志念不差，始令获遇真师，得闻至诀。再能精进不怠，德备性全，天爱人敬，可望行矣。行必法财具备，侣地周全，护卫严密，然后以清静心，行无为法，克日可成，甚易易也。但恐炼心不死，自投地狱，虽有神圣，无如之何。《经》曰："君子得之固穷，小人得之轻命。"谓此也，可不慎哉！

世人动言修道，曰修则是长远之事，再世之因。当称曰炼，便是现在世之事，凡我后学，立德、立功之贤，但愿人人成仙、个个作祖。精心切究，我身未有之前，性在何处，命在何处？一太虚耳。赖父母媾精，托造化以成形，命斯立矣，性亦寄焉。性者，太虚无垠，一灵炯炯，无中之真有也。命者，先天至精，一气氤氲，有中之真无也。神气相交，有无互入。性命分，各言其体；性命合，始行其用。性无命不立，命无性不全。始以性而修命，终以命而全性。性命双修，阴阳合一。五行全，四象备，奠三才，符二气，龙虎交，铅汞配，老嫩分，子午契，火候无差，功成顷刻，易莫易于此矣。云水天涯，芒芒大地，谁是至人，难辨真伪。托耳于凡庸，罔不背谬，余足迹半天下，闻见多矣。强不知以为知，虚装道貌，或曰"我是邱祖第几派嫡嗣"，或曰"我得某真人秘传口诀"，夸耀求售，摇唇鼓舌，使耳食之夫，惊喜若狂，深中其毒，牢不可破。吁！可叹也，难莫存于此矣。

天爱学道之人，《唱道真言》谓：初立念时，便有神圣窥其心。若志愿真切，神圣喜之不胜。仙之求人，甚于人之求仙，信矣！奈世人随波逐浪，不肯苦志，虽曰学道，无异凡流。利欲薰心，种成恶孽，轮回六道，去而复来，来而复去。为男为女，为孤贫，为物类，遇刀兵、水火之灾，受饥寒、疾痛之苦，遭冤狱、虎蛇之凶，皆在仙佛悲悯之中，自作自受，天何容心，必欲如是哉？佛言"有生皆是苦"，至哉言乎！今欲超登彼岸，脱离苦海，有何法术延生续命，令枯骨重荣乎？城郭千年如故，不见化鹤归来，坏土嶙岣，空悲往昔，有志之士，良可悲矣！

欲界民人，心如乱丝，贪念、忿念，色欲念、货财念、高己卑人念、妨人利己念，时刻无宁，造就恶孽，生世坎坷，轻重受报。神圣悲怜，悯其迷昧，救之不能，劝之不得。乃立一敛心之法，使之邀福求嗣，朝山拜庙，结香会，为坛壝，顶礼慈云，诚敬肫虔，尘念顿息，污染不存，种彼福田矣。昔无一是，今暂不非，虽有恶人，斋戒沐浴，亦可以事上帝，其谓是乎？

仙经佛典，慈心救世，更为咒语，使诵者不解其辞，无意义可味，无文理可思，用以拔其孽识，截其知见，欲障除而心天现，真理出而万念空。驱除杂念，洗心之妙法也。

佛云“真实稀有”，谓真有此秘密难知稀有之事也。又曰：“若说是事，诸天及人，皆当惊疑。”上阳子曰：“人之惊疑，器识鄙浅。云何诸天亦复惊疑？则必有可惊、可疑之事者。”世人偏不于“惊疑”二字究心，自信其耳目，谓入山是道，清静是修，顽心浅识，亦恶知有圣神之奇事哉？

草木蕴一年之精，发而为华，因华乃实。然则地之海潮，女之月信，无以异矣。木无不华之果，女无不血之胎，是血即人之华也。

果核亦具天地阴阳之象，左大右小，中含一仁，三才之理具矣。芽蘖萌生，根骑两半，一树万千花实，入土而万千其株。桃则成桃，李则成李，各从其类，各有其气也。物理即天地之理，达人观化，可悟玄机。孔子罕言仁，仁之道大。人也者，天地之仁也。合而言之，道也。二人为仁，即阴阳也。鼎立才万物皆备，不亦大乎？

轮倒退，车前趋，进退之理，消长之机，有成必毁，有盈必亏。任他奇巧万变，有能不法天象地、外规矩方圆，而制器成能者乎？夫道，亦法天象地而已矣。

至道在人身，至理存天壤，理充于两间，道隐于血气。世人再不于形形色色中求玄妙，单要去虚无寂静理觅真玄，岂不闻人在气中、气在人中乎？钟离祖曰：“道气在人身中，不在天地。”然不遇真师，何从而得此息哉？

生明，金也。金之色白，始生魄水也。水之色黑，非金水分形之显验乎？阳魂阴魄，互为室宅。“上弦金半斤，下弦水半斤。两弦合其精，乾坤体乃成。”

大道无言，有说皆糟粕耳。盖虚无莫测，有何形象之可述哉？惟彼羲皇画此一画，并无言说，盖已剖露天心，太极之端倪见矣。然此特显诸仁耳，其用尚藏。今之丹经，显用者也。开明性命，指出心天。无为道之体，有作道之用。明体达用，真青云之士也，世不多得矣。

善言天者，必验于人；善言理者，必征诸事。天道、人道，原是一贯。伦纪肇修，立功立德，斯为凝受之本，不同于泛泛矣。曷观之《金锁钥》乎？金锁钥者，金丹之锁钥也，乃于金丹发挥只结尾一句，于人道则呢呢二千言。又秦元君奉元皇帝君命，著《坤宁经》，教女人修仙，凡二十四章，其言金丹只一章，言性天者二章，余皆言闺帷懿范，痛改前非。读者不达根本修持，谓其不言道而言事。余曰："千里之行，始于足下，此真所以训道也。天圣至慈，不肯以泛泛待人，深愿从此进步，庶几其成。真正必由之路，世人视为闲言，夫元皇授命，岂有闲言哉？觉世之言切，饰伪之心诬，宜乎其不入也。"

非常之事，必待非常之人。仙者，非常之事也。"欲求天仙者，当立一千三百善"，圣有明训。旧心不改，寸功未积，是自诬也。世间富贵，非薄福者可承。矧此超迹苍霄之事，万神听命，不有丰功伟行，其何以服鬼神乎？

《易》以天地似，故不违。魏公因之以明丹道，作《参同契》，为万古丹经之祖。《悟真》曰："《阴符》宝字逾三百，《道德》灵文满五千。今古上升无限数，尽从此处达真诠。"一贯相传，再无不有达《参同》、《悟真》者。今之道流，冥行妄说，扪心自问，能无愧乎？不肯寻师，所谓"惜一时之屈，甘罔极之庸"。只顾口舌欺人，不念欺心自误。虚度岁月，甘分老死，上阳子深叱此辈为教中罪人，敢言修行一事哉？其辞若憾，其实深怜之也。

推类结字，形至粗浅，因文揣事，义极精微。古"衜"字是首行，今为首之首，下之顺生之象也。仙经圣语，言顺而不言逆，教人即顺以求逆，究生身之根，成长生之果。生仙是造化，生人亦是造化。圣凡虽殊，造化则一。《易》与天地准，故能弥纶天地之道。天地至精，形而为两曜。两曜横则为朋，竖则为易，叠则为丹。丹之为字，日头月脚，中一点为黍珠，一画乃得一也。汉以前谓之道，汉以下谓之丹。丹之义，至深切矣。合乾坤，运日月，采乌兔之真精，成水火之妙用。一阖一辟，往来不穷，通乎昼夜，法天象地。药如是成，丹如是结矣。

世法象金丹者，凡四：

一大士象，左为龙女献珠，右为善财合掌。女本阴也而居左，阴中含阳也；男本阳而居右，阳中含阴也。此珠在龙女身边，非善财不可得。红孩儿，火也；金圈手足，禁之也。鞠恭致敬以求珠。大士居中，真性为主也。

二刘海戏蟾，蟾者，海底金蟆，能吐月；钱者，内方外圆，有乾坤之象，非则海底之金，必不可得。海蟾仙翁姓刘，名操，五代时为燕相，燕王刘守光之叔也，年六十余，受度于纯阳吕祖。今绘形如小儿，返老还童也。

三方朔偷桃，西王母之桃，此桃三千年一开花。朔，始也；一，元也；桃为王母之丹，不死之药也；被东方之朔盗去，北坎之金，复还南离而成乾矣。

四道祖立教，一教分三，一为道人，岩栖观虔，清静之基也；二为道士，有妻室儿女之欢，阴阳之象也；三为张天师，势而有力，护法之象也。三者离则俗士三人，三者合则金丹大道。

抱朴子曰："览金丹之道，使人不欲复视方书。诚以九丹金液，道之至重，神霄所秘，世无有能知者。"又曰："学道者，如忧家之贫，如愁位之卑，安有不得哉？"今余亦曰："不患不知，患不苦求；不患不行，患不积德。阴骘之士，天眷必深，舍此则求之无门，学人勉之。"

道生天地，其大无垠；道生人物，其数无极。古之神圣，著经说法，以人身一小天地，天地一大宗师。澄其心如秋水，空其心如太虚。效法天地，非效法也，直似之耳。有乾坤之对待，有日月之光明。月有圆缺，海有潮汐。有冬夏二至，有春秋二分。有四时，有八节，有二十四气，有七十二候。岁周一天，无或舛错。攒归片刻之内，纳之一息之中，成天下之亹亹，谓非学之至大者乎？

经曰："只要专心效法天。"《阴符》曰："观天之道，执天之行，尽矣。"天之道从何观？天之行从何执？不言而品物亨，四时成。观之无门，执之无所，虽有圣智，莫测其处。此师恩之所以重于罔极也。

道无穷极，无终始，无来去，无迹可窥，无理可测。在形色之中而不有，居冲漠之表而不无。造化之主，万象之君，生天地而天地不知其功，育万物而万物不知其德。为之而不居，功成而绝迹，无得而称，强名曰道。所谓无始之始，是曰元始。元始之道，是曰元炁，即先天也，谓其先于天地而有也。《易》曰："先天而天勿违。"天且勿违，其大至矣！学道者，其求得此先天元始之炁，谓之得一，一得而万事毕矣。其得一何也？曰极也。阴极则阳，阳极则阴；清极则浊，浊尽则清。天一之生，至清至洁；天命之性，纯净无疵。性命分，则属两家；性命合，则成一气。神从中主，气运两头，运在其中矣。

贤人知养性之功，至人明造命之道。人之赋形禀性命而生，失性命而死。性命之于人，重矣。学性命之学，非学之至乎？一身之尊，心为主。心有真体，非肉团也。真心无心，无生灭，无去来。有生灭去来者，皆孽识耳。圣人教人拔尽识根，以超生死；教人性命双修，以成仙佛。谨将诸经之言性命，分而列之，使人易彻，德全功备，驯至其极，造化神工，无出此矣。

《张三丰太极炼丹秘诀》卷四

炼丹篇

炼丹火候说（上）

夫功夫下手，不可执于有为，有为都是后天，今之道门，多流此弊，故世罕全真；亦不可着于无为，无为便落顽空，今之佛门，多中此弊，故天下少佛子。此道之不行，由于道之不明也。

初功在寂灭情缘，扫除杂念。除杂念，是第一着筑基炼己之功也。人心既除，则天心来复；人欲既净，则天理常存。每日先静一时，待身心都安定了，气息都和平了，始将双目微闭，垂帘观照心下肾上一寸三分之间，不即不离，勿忘勿助，万念俱泯，一灵独存，谓之正念。斯时也，于此念中，活活泼泼；于彼气中，悠悠扬扬，呼之至上，上不冲心，吸之至下，下不冲肾，一阖一辟，一来一往，行之一七、二七，自然渐渐两肾火蒸，丹田气暖，息不用调而自调，气不用炼而自炼。气息既和，自然于上中下，不出不入，无来无去，是为胎息，是为神息，是为真橐籥、真鼎炉，是为归根复命，是为玄牝之门、天地之根。气到此时，如花方蕊，如胎方胞，自然真气薰蒸营卫，由尾闾，穿夹脊，升上泥丸，下鹊桥，过重楼，至绛宫，而落于中丹田，是为河车初动。但气至而神未全，非真动也，不可理他。我只微微凝照，守于中宫，自有无尽生机，所谓“养鄞鄂”者此也。

行之一月、二月，我神益静。静久则气益生，此为神生气、气生神之功也。或百日，或百余日，精神益长，真气渐充，温温火候，血水有余，自然坎离交媾，乾坤会合，神融气畅，一霎时间，真气混合，自有一阵回风，上冲百脉，是为河车真动。中间若有一点灵光，觉在丹田，是为水底玄珠，土内黄芽。尔时一阳来复，恍如红日初升，照于沧海之内，如雾如烟，若隐若见，则铅火生焉。方其乾坤坎离未交，虚无寂灭，神凝于中，功无间断，打成一团，是为五行配合。至若水火相交，二候采取，河车逆转，四候得药。神居于内，丹光不离，谓之大周天，谓之行九转大还也。此时一点至阳之精，凝结于中，隐藏于欲净情寂之时，而有象有形。到此地位，息住于胎，内外温养，顷刻无差，又谓之十月功夫也。

炼丹火候说（下）

夫静功在一刻，一刻之中，亦有炼精化气、炼气化神、炼神还虚之功夫在内，不独十月然也。即一时一日、一月一年皆然。

坐下，闭目存神，使心静息调，即是“炼精化气”之功也。回光返照，凝神丹穴，使真息往来，内中静极而动，动极而静，无限天机，即是“炼气化神”之功也。如此真气朝元，阴阳反覆，交媾一番，自然风恬浪静。我于此时，将正念止于丹田，即是“封固火候”。年月日时，久久行此三部功夫，不但入圜十月也。故曰：运之一刻，有一刻之周天；运之一时一日、一月一年，即有一时一日、一月一年之周天也。然一刻中，上半刻为温，为进火、为望、为上弦、为朝屯、为春夏；下半刻为凉、为退符、为晦、为下弦、为暮蒙、为秋冬。一时则有上四刻、下四刻之分，即一日一月一年，皆同。此之谓攒簇阴阳五行，一刻之功夫，夺一年之气候也。到此乃是真空真静，或一二年，至十年百年，打破虚空，与太虚同体，此为“炼神还虚”之功也。

前功十月既满，须时时照顾婴儿，十步百步，千里万里，以渐而出，倘或放纵不禁，必致迷而不返。仙经曰：“神入气成胎，气归神结丹”，所谓“一点落黄庭”是也。但人杂念少者得丹早，杂念多者得丹迟。

此法简易，奈人不肯勇猛耳。若能恒久行持，必然透金贯石，入水蹈火，通天达地。再行积功累行，服炼神丹大药，必然形神俱妙，白昼飞升，全家拨宅，此又在功德之浅深何如耳。设或不服神丹，只顾阳神冲举，回视旧骸，一堆尘土，夫亦白日羽翰，万劫长存，可与宇宙同泰者矣。

服食大丹说

三清俸禄，玉皇廪给，非先圣贤哲，焉能受得？如许旌阳、葛仙翁、殷真君等八百余家，俱是成道之后，方炼服食，以度群迷。仙云："内丹成，外丹就。"此言人得正传，先积精累气，收积内外法财，养得气满神全，金光出现，昼夜常明，如是则吾身内丹成，而吾身外丹亦发相矣。凡看书不可按图索骥，学者于昼夜常明之时，药苗已生，方可采吾身外之药，配吾身中之雌雄，以得金丹入口，周天火候发见，顷刻湛然，撒手无碍，才是金蝉脱壳，默朝上帝，中遇仙举，受其天禄，万神朝礼，能拆天补地，摘星握月，驱雷转斗，呼风唤雨，举意万神，使觑天地如手掌相似，这福德胜三辈天子，智慧胜七辈状元，到这般时候，方可炼服食金丹。此丹如黍米一粒，落于地则金光烛天，方名神丹。若不通神，敢说是外丹服食？此理奥妙，天机深远，金种金，银种银，外边无有别灵神。此黄白之术，不是凡间金银，为母遏气，果得正传，能产先天大药，认得黄芽白雪，称为黄白，方可为母遏气，以炼神丹。但是金银水药，都属后天，且又不知真阳、真阴同类，万万无成。

慨世学者，真假不辨，不遇正人，都是盲修瞎炼，实修性命之士，若未遇真师，且潜心看书。夫古圣丹书，不空说一字、妄言一句。只是后人不识邪正，又不知圣贤书中，都是隐语譬喻，遭遇庸师，执认旁门，毒药入心，又无通变，似是而非，自高自是，声音颜色，拒人千里之外，则高人望望然去之，况仙圣乎？学者未遇正人时，当小心低意，积功累行，遇魔勿退，遭谤勿嗔，重道轻财，一遇正人，笃志苦求，抉破一身内外两个真消息，忽然醒悟诸书，才不为人迷惑。若是志人君子，实心为命，扫尽旁门，重正心猿，重立志气，低心下意，经魔历难，苦求明师，穷取生身受气初。初者，是元始祖气，此气含着一点真阳、真阴。夫真阳、真阴，产于天地之先，混元之始，这颗灵明黍米宝珠，悬在虚空，明明丽丽。但未有明师指破的人，如在醉梦相似，离此一着，都是旁门。此灵明宝珠，于虚空之中，包含万象，潜藏万有，发生万物，都是这个。

圣母灵胎

圣母产灵胎，勿泄真铅气。升降是黄轻，黄轻能制汞。
黄婆能养砂，真铅可作匮。火数要分明，定养一七日。
硃砂作银团，直到三十配。紫粉神符匮，养炼功成满。
要合真铅数，化为紫金霜，点化无穷歇。
我独得其诀，莫与匪人说。谨慎守定心，不敢轻漏泄。
银铅为根本，砂汞是子孙。转转升降同，接接无差别。
铅中有天地，铅生五彩光。池煎圣母诀，里外是黄金。
皆是铅中炁，将来产子孙。结送入丙丁，煅炼分刚决。
养足三七火，母子自分别。圣母金砂养，子入闷鼎烈。
五日分造化，插骨真白雪。火数四大围，直到消足色。
我得过关法，方可浇淋接。汞见立时乾，成宝永不灭。
赤铜点成银，黑铅变白雪。仔细要推详，字字无差别。
我得师传授，秘密真口诀。铅汞虽在外，全在池中月。
直到九九数，此物纯阳绝。八石总不同，草木皆差别。
得此真正金，切勿轻泄漏。

第一转

先用二八铅母，次用对停阴炼。入阳池内，加大火，若火数欠少，则金花不发现，子灰不成，功夫全在于此。煎炼既久，发尽金花，铅沉银浮。待看凝神定汁，铅生五彩，方才住火，冷定，将池起出打破，将铅又对母八两，入池煎炼一次。如此九九足数，母似金色，任意养砂匮子。

第二转

将圣母斫作小块，入盒内伏气三日。三方火半斤，补全神气，会合先天，足日取出，摘去母，以药作匮，方可超凡入圣。

第三转

结圣胎产子之法：将灵母盒内取出卷鼎，进汞四两。先将水池放得平正，早晚添水。水怕干，火怕寒。此二物不均，则圣胎不结。初火半斤，周围一日。次日加火半斤，共该一斤，养六日一周。诀曰：“火令铅制汞，汞使铅来迎。”上火下水，日足取出，子母相盗，灵胎自结，号曰圣子。虽识真铅、真汞，不知火候难成。二物欠火，则圣胎不结。盖火性缓，斯能融物。鼎要紫红，圣胎自结。若火数微，水数胜，则铅汞不交。凡结胎之鼎，不可太红。太红者，恐伤圣母。诀曰：“火大伤其母，火小子不成。”正是银与汞合，子与母恋，实为吞盗之妙。既结子已成，收母，入灵药盒内，补全神气听用。

第四转

将灵子配金汞四两，每两进好赤金五分，同前闷鼎内，提上明炉底。火要一候足，一大火卧倒，冷取出，入匮养之。

第五转

地天泰卦，伏气之法：颠倒薰蒸，而有神功。先将圣母剪碎入卷炉中，以铁线略交住，安灵子，如法封固，行颠倒之法。上火下水，薰蒸三日，冷定取出，乃将圣母入匮，补全神气听用。

第六转

训子炼神之法：将伏气灵子入闷鼎内，煅炼二次，打成锭子，取出，斫如三四分小块，同药拌匀，复入卷鼎内。底火一香，温养一候，冷定，取出灵子，再用母照前伏气日足，消之不折则灵矣。

第七转

行过关之法：四两入药，八两共入闷鼎，悬炉内。鼎先要微红，方将风匣慢扇三百六十之数足，冷取出，看是紫色，是目下过关之妙。

第八转

将过关灵子四两，接汞二两，入闷鼎，明炉养火一候。又炼一候，打一大火，取出，复入卷鼎炉，复母一候。又灵药养一候，再配成戊土过关，乃为超凡入圣也。

第九转

灵子六两，接生汞四两，伏母炁，薰蒸过关，如前。至此汞不返还矣。

九转之后，升黄轻。其法以灵子一斤，加砂一两六钱，入水火鼎内。底火升三七日，上用锡壶一把，滴水，日足冷出，盏上生出，一以灵芝，名曰黄轻，又曰大丹之药。一分烀汞二两，中间水银一钱，点铜三两成宝，上以碗盛水，悬布涤滴之。

制铅秘诀

黑铅者，乃玄天之神水，生于鸿濛之前，产于天地之先，中含五彩，内蕴先天，作金丹之鼻祖，为造化之枢机。内藏真汞，变化水银，故曰“先天真水银”。木体原无制造，缘炼丹之士，不知根本。斯铅出山，内有银精，被土人采而煎炼，搀和铜铁，煅成汁后，入灰池煎出白金，仍将铅底熔化成铅，倾销成块，贩卖客商。经二番烧炼，安得复存先天之真炁耶？若先天真炁泄尽，只留一味枯体，安能制伏硃砂？必须采出山真铅，安入造化炉中，神火煅炼，化成黄汁，补足先天之体。如此得铅，方遂修丹之士，才是丹门中药物。书曰：“火不正而违天，药不正而背元。”

因斯铅难得，后贤无奈，借用凡铅，只得以同类之物，补其真气。故取坎铅，倾成薄片，剪如掌大，再以上等无名异打开，内含紫青色者为妙，名曰“土精”，乃日月雨露精华所结。将此药末，与薄铅层层开隔，铺于大盆中，不拘三、五十斤，上亦以盆扣定，铁线十字扎紧，封固，于空室内，周围下谷糠六、七斗。如此火炼，三日冷定取出，铅如黑漆之形，内含五彩之色，才堪制伏硃砂。书曰：“若要铅灵，须凭火炼。”斯言得之矣。

制银秘诀

银者金精，铅者水基。水者道枢，其数为一。母藏子腹，子隐母胎。金水同宫，日月合璧。此是真胎产于黑铅之中，故曰“黑中有白”，谓“虎向水中生”也。欲作丹房之金鼎，必须出山之银为鼎器，招摄先天真阳之炁、日月纯粹之精，有中生无，无中生有。炼白返赤，作金丹之梯航；夫妇交孕，胜人间之鸳枕。

本无制造，因斯难得，后贤无奈，借用凡银，以法炼成金鼎，制伏砂汞，然后赖母仗砂，往往无成者何也？因不知斯银之出处根苗，而妄用之故耳。盖缘斯银在也，搀和铜铁，倾销万遍，真炁走失，精华枯竭，止存顽质，安得有灵？必须以法制之，方堪作用。书曰：“圣人无奈缺真铅，穷取凡铅鼎内煎。”又曰：“黑铅相伴白铅煎，二炁交加银炼铅。”法以制铅半[①]斤，凡银八两，共入白玉池中，逍遥炉内，如法煎炼。壬真癸尽，三开三合之际，急宜着意取起，以作丹房之鼎器。书曰：“铅中癸水，凭火烧干；银内阴魔，仗铅载退。”银吞铅中之阳炁，铅克母内之阴精。银中阳满而阴癸自消，阳内阴绝而阳花自现。九九功完，兑金始净，中含金橘而若绛桃。又曰：“若无采药临炉诀，百炼千烧母不黄。”

凡我同志，留心于此篇之中，内藏真机。要知药生之时，急急采之，如夫妇交感种子之道一同。如经水未来，或经水过期，月信不准而行交感，安有受胎之理？知者细观池内，采取先天真一之炁，看如新月初生之景，阳光将萌之时，急以外药真精，投入母腹之内，先天后天，互相包裹，排火周天，倒池退符去火，冷定取出，似金橘而裹金砂，若明月而含红日。书曰：“今年将尽处，明日未来时。”即采药之火候也。外药固中之物，天魂地魂是也，各为父精而非杂物。书曰：“阳精不与阴精合，费尽家财总不成。”老则望远，嫩则无用，高明忌之。

制砂秘诀

砂者，南离之火，外阳而内阴，中含真汞，号曰天旷，遇火则飞，逢金则伏。外阳者，南方朱雀之象，丙丁之位；内阴者，东方青龙之象，甲乙之

① 半，原作“中”，据义改。

位。欲制者，畏水中之金公，故砂有飞走之患，铅有制伏之力。其木逢金而必克，火遇水而绝烟。砂汞银铅，互相克制，水火既济，金木交并，会中宫而生真土，名曰“戊己”。乃青龙白虎两弦真炁，结而为圭，实乃乌肝、兔髓也。

因初起难得此真砂，故圣人借用凡砂，入阴阳池鼎，以法制之，化为真土，转制砂汞，以为金丹，乃凡中取圣之玄妙也。制砂之法，先以黑铅投踵息圣土池中煎炼，癸尽壬真，金花初绽，庚方月现，一道娥眉，以红入黑，取坎填离。颠颠倒倒，片向时间，结为夫妇，聚为魂魄。金木通灵，水火既济。四候温养，二候得药，而成圭刀之黍米。离实为乾，坎[①]虚成坤，化作乾坤之鼎。乾育震男，坤生兑女，中宫交会而生真土，土产真金，号曰“舍利”，为点化之灵田。智士若能知此坎离之交，金木之并，采药之真，则砂可制而汞可伏也。书曰：“圣人无别药，一味水中金。”今人以凡金、凡银而炼砂汞，是以女妻女，不知道者也，又不知水中之金为真金也。此金有炁无质，安肯等闲住于杂物之上哉！

制汞真诀

汞者震木也，乃东方甲乙之象，居角亢之位，生于离也。有气有质之物，性善飞走，变化莫测，号曰“青龙”。其体滑似水，惟土可克；其色青属木，惟金能伐。若能降伏此龙，立可点化五金，堪以济贫助道之资。其所畏者，坎宫之戊土；所惧者，水中之真金。故圣人有“汞传金炁”之说、“水银烹金精”之论。名虽有二，实是一理。

缘初起难得此金汞，故借凡砂汞，以法制之。古云“水银死时水银死”，正此谓也。制之之法，以汞投入踵息池中，重楼叠叠，仔细封完，三方底火薰蒸三十六时，阳文阴武，抽退汞中之阴癸，盗出坎户之真金。其轻而上浮者为圣汞，重而下浊者为胎银。其灵者能补砂中不足之元神，能去砂中阴浊之尘垢。浊者能点铜铁为金，能养活砂成银。此又分派之应验也。书曰：“若要圣母生圣嗣，先将去夺先天。”又有辛金之鼎，传庚金之祖炁，以金制汞，以汞投金，传金之炁，盗金之精。如此产出精华，转制凡砂，亦名过关。砂

① 坎，原作“坤”，据义改。

之吭焰，赖此而息；离之真火，仗此通灵。乃丹家之要法，炼道之枢机，味之，味之。

金精阳炁要法

金精者，铅中之乾金；阳炁者，砂中之阳神也。乃金火二物是也。紫阳翁言：“水银烹金精，硃砂炼阳炁。”人皆言是一串话头，毕竟分解不清。且有烹金精之说，而无炼阳炁之方，使学者如盲人寻路，岂知南北东西？瞎摸胡猜，以为浑然之说也。

余谓金精阳气，乃两般之做手，实一样之功夫。理则一同，法则二端。知者大丹可造，迷者远隔于山。法曰：“水银烹金精”，人以活水银入黑铅之中，谓之水银烹金精，可笑之甚。水银者，谓黑铅中之银，真水银是也。乃先天真一之炁，无质无形之物，实难擒捉。故以辛金为鼎，招摄归中，炼白返赤，化为黄酥，名曰“水银烹金精”之玄是也。乃以辛而烹庚金，无形而住于有形，二五妙合，同类相招，人皆未解也。“硃砂炼阳炁”，今人亦多不明白，只言水银而硃砂，硃砂而水银，一个道理，两样话说，教人如何下手？如聋听管籥，那别宫商。苦哉，苦哉！法曰：金精既明，将制过水银，同煎金精之母，关作一家，升出清汞，配玄元之火，与硃砂入鼎，共烹三日，砂脱红衣，内添汞髓，岂不是炼阳炁之称乎？若非后天之辛精，将何以烹先天之水银？非后天之木汞，将何以炼硃砂阳炁乎？

金火论

金火乃丹家之至要。知“金火”二字，则万事俱备，一举而成。今之炼士，有言以白银为金，砂皮为火，非也，是不知道也。金者，自水中而生，乃先天之真银也。此物生育天地万物，至神至灵，难擒难缚。故圣人以白金为鼎，运行水火，招住白金鼎中，攒年簇月，炼至九阳，凝成金鼎。金生火化为黄液，能擒后天，闻炁而死。圣人炼此金火，转至天吭。或制木汞，以金制汞，名曰“水银烹金精”之玄。或有以汞投铅，传出铅中之金而炼砂制吭。不知铅中之金，乃为庚金，辛金不在其内。铅中骨肉，何敢失也？又有砂中取火而为真火，非也。然砂中之火，乃为黄吭，实乃砂中之灵英，后天之有形。故将此物制砂制汞，乃生熟相制之意也。盖丹道妙在真火，书曰：

"真火无形，遇物而现。"非有形之物，知者味之。

踵息炼气篇

大哉先天一炁兮，中立玄牝，是谓橐籥，终于无极；至哉后天两仪兮，七八生门，加倍无路，终于有情。天人一致，人仙两途，岁月如流，光阴若霎，冥阳永隔。呜呼！旁蹊易入，正道难臻；人道不修，仙道远矣。真常有得，要自功夫，其为妙用，行乎昼夜之间。

少食宽衣，坐于静室之内。手握心印，足踵地户，舌柱上腭，唇齿相关。调踵息而绵绵，合入合出；定身心而默默，内静外澄。一念规中，万缘放下。四门外闭，两目内睹。想见黍美之珠，权作黄庭之主。方存性日在泥丸，仍安命月于丹府。似有如无，神凝气结。如是良久，憩息天然，徐徐咽下真气，缓缓纳入丹田。冲起命元，领督脉，过尾闾，而上升泥丸；追动性元，引任脉，注明堂，而降下丹府，甘露乃送丹田，是则寂然不动，感而遂通，此则体交而神不交也。

龙虎交加，即安炉立鼎，调和鼎鼐，亦为燮理阴阳。如此两弦交并，动静四功，共为一周天火候。次第勤行，周如复始。善使三关纯熟，二气和合，此则神交而体不交也。

举动橐籥，往来意内，频扇慢鼓，巽风上下，随意升降。进而徐呼，退而猛吸。先扇四九，且止就定。仍行四六，内协轻提，就可咽气一泓，仍要括腹二八，如此共行三度，各用六次为周。或乃顺而行之，或乃颠倒之妙。每次炼毕，仍行静功。或后三元，上下九转。恐气未得上升，加以武机三诀。临炉交炼，昼夜四功，静运动机，常行尤妙。临期潮候，月出庚方，可以扇动。凡铅成就，不终一刻，但得三五度凡铅，可延寿二三百岁。

行功之际，别有妙用。常饮仙家酒，休折临落花。闲抚没弦琴，慢吹无孔笛。如是功夫，至玄至妙。但行紧急，有损无益。

金丹大道，全在形交；玉液玄机，别无妙术。故曰："采药容易，炼已最难。"务令性灵神融，心灰意定。功成百日，妙夺周天。还丹之道，无出于兹；栽接之功，不过如是。但勇猛易就，怠惰难成。诚为玉液炼已之枢，真乃金水铸剑之要。

择财助道

必须善财，预储完足，不令缺乏。若系孽财，必代受孽报，审慎择之。

择地立基

必居市廛，依有势有力之家。有势无力，则浩大之费，无从取给；有力无势，则外患多端，无由弹压。或就乡居，土宜红黄，上无古墓，中有甘泉，傍有善邻，不近牛池粪窖，山川清淑，斯为福地。否则，恐不克谐于事。此地之所以必择也。

择侣同修

必择同心之侣，为生死之交。秉性纯和，忠孝友悌。扶持丹室，勤劳不倦。朝夕防危，恐临炉有失。一得丹时，如醉如痴，全在侣伴黄婆，小心调护，否则生杀之机顷刻矣。

筑立丹台

所谓入室，室者，修真之丹房也。室共三层，前一大厅，厅前敞地，左右门房。

第二层中堂正室，左右厢各三间，左厨右库，正中积财以备用。厨中供监斋天将牌位。正中三间，供祖师、五祖、七真、十六天将神位，供桌上净水、香烛、花瓶。排列古器，用日月规，将时对准，并经书全集，早晚参拜。正中左右为行法护卫之居，中间隔断，只留一孔，方尺许，以进饮食。

后堂三间，左右厢各三间，正中三间，东青龙房，西白虎房。正中供上帝祖师牌位，子午正向，左丹室，右神室。窗明几净，四周高墙，勿令人窥探。栏杆清幽，栽花卉，养鹤鹿，为静女散心之地。

周天定时

时者，非年月日中之时，乃先天活子时也。修真之士，若求还丹，必定其时。须择鼎器，或三、五、六、七者，自他所生之时算起，每一日十二时，每一月要三十日，每一年要十二月。又将闰月之数作算不除。以十二岁初年属子，二年丑，三年寅，四年卯，五年辰，六年巳，七年午，八年未，九年申，十年酉，十一年戌，十二年亥，此为年中周天也。

调月周天，将十三岁第一个月为子，至十二个月为亥，此月中周天也。

又言日中周天，却将十四岁初一起，每两日半三十时，当一月记三十日，总共三百六十时，为十二月，此日中周天也。

再说时中周天，就丑年丑月初一日子时起，初三日巳时止，共三十时，此为时中周天也。所云“三日月出庚”者，此之谓也。虽然是三日月出庚，又未得其真传，以初三日为采药之时，不知真龙配合也。若至初三日，药过时而生质矣。譬如三十日为晦，初一日为朔，天上日月二精，每于晦朔两气相射，则太阴感阳光而有孕。如初二日，月与日同出同没。至初三日日落，月现一痕蛾眉于庚方，庚乃兑金，即乾金也。巳归西南坤兑，少阴之象矣。要求大药，必于活三十日夜，活亥时后二候，活得一日活子时前四候，共六候之内，得药得丹也。前四候之初，验鼎：唇紫面赤，眉间光润，癸尽壬真，乃药生之时。经曰：“细审五分刚到二，鱼鳞片片起祯祥。”

九转龙虎金丹

配合起手

用真正老矿髓，即饱银砂，形如绵软，嫩白不夹石者，每两出宝八钱。用十两研细为末，内隐坎水正一真铅。此铅中戊土含月魄，先天真阳，太阴月华，下弦之气，是谓“虎向水中生”。颠倒玄机，而为黑汞。黑者玄武，银者金精。太朴未散，是恍惚中物，不可见其质者，名为抽髓。

真正硃砂，形如豆大，精神光彩。无夹石者，每两出汞八钱，用十两成其颗粒，内隐离火正一真汞。此砂中己土含日魂，先天真阴，太阳日精，上弦之气，是谓“龙从火里出”。颠倒玄机，而为红铅。红为朱雀，铅是汞精。太朴未损，是杳冥中居，不可见其形者，名曰抽精。

山泽净银十两，剉为细末，或为银粉，用盐凡梅汤，煮洗令净，用白芨水，调稠于磁盒神室中，贴作胎胞匮，并盖盒。将矿研为细末，先铺匮底一层，然后层层与真汞并精彩硃砂间装，真铅末盖头，以胎胞盖之。又用磁神室盖覆封固合缝，又用护火外匮磁鼎或罐，量其大小，内装底细末，将神室安放匮内，中间四围匮底，用淡末装合匀满，瓦盖覆，仍封固严密，下地炉或灰缸，三方一鼎火，共一斤之数，卯酉抽添，养火七日夜，开看翻腾一次，封固复养。照前火候日夜足，开看，取砂一粒，烧试成珠，无硫焰不折可。其烧试有焰，或折多者，再照前火候养七日夜，方可就与真铅末混为一处，通研极细，故曰："铅用髓，汞用精，精髓相合丹必成。"诗曰："铅汞成真体，阴阳混太元。但知行二八，便可炼金丹。"此谓二八金丹铅汞是也。可为真父母，丹之祖也。又为四象五行真土，又为三家相见。到此方产婴儿，子母相生，是为第一转。

第一转　土擒砂汞混元丹

右将前银末胞胎匮不可损坏，仍将真铅、真汞末四抱一之数于胞胎匮中下炉，依前火候，三七夜足，取砂开看，青色可用。如紫红者，再养，务要养死。共凑死砂若干，不可烧汞，研为细末，修养第二转。

第二转　日精月华龙虎丹

将前银末胎胞匮不用，又将前配真铅、真汞末，用白芨水调稠于磁室中，贴作丹基祖匮，令干，汞不可损坏。又用山泽真母二两，研成一、二分小块，先铺一两在匮底，又将前养死混元丹砂研为细末，于母丹基祖匮内，四抱一之数，仍用金箔与丹砂层层间隔，再将碎银块一两盖鼎，将盒如法固济，令干，仍入护火匮内，照前火候，三七夜足，开盒取砂，烧试不折，透青黑者收。再养一、二次，共得砂若干。亦不可浇汞，亦研为细末，修养第三转丹砂。

第三转　神汞金液返还丹

右将丹基祖匮内汞不可损坏，另收，转辗用之，不离此匮。仍将混元丹砂末，白芨水调稠，贴于磁神室中作匮。又将养死日精月华丹砂，研为细末，四抱一之数。又用金箔拌养，层层间装，如法固济，仍入护火匮内，照前火候，三七日夜足，取砂一钱，烧试成珠。硃里汞五分，虚养三日夜足，取出，砂汞一钱五分，点茅一两成宝。试之有验，余不浇汞，研为细末，修养第四转丹砂。

第四转　玉房金汞灵砂丹

将前日精月华丹砂末，用白芨水调稠，贴于磁神室中作匮，令干。将神汞金液返还丹砂，研为细末，二抱一之数，金箔拌养，硃砂封固，令干。仍入护火匮内，照前火候养，日夜足，务令砂死。每死砂一两，浇硃里汞五钱，虚养三日夜足，取出，每砂一钱，可点铜锡一两五钱。入铅池煎成至宝，将匮出余砂，或烹炼返粉，每丹三分，可点铜锡一两。却将养死汞熔汁，铸成神鼎一只，形如鸡子样，将来干汞。余砂末研细，修养第五转丹砂。

第五转　朝种暮收玉田丹

将前金液返还丹砂末，白芨水调稠，贴入丹鼎神室内作匮，令干。将养死玉房金液灵丹砂，研为细末，用金箔拌养丹砂，层层间装，照前固济令干。入护火匮内，照前火候，三七日夜足，取出，每砂一两，浇砂里汞五钱，虚养三七夜足，又用金箔拌入丹基祖匮内，养火三日夜足，每砂一钱，可点铜锡干汞一两。或烹炼丹泥，亦用生熟相接之法。又将匮出砂汞为末摊平，如栽莲，养雌、雄、硫药，养火一七日夜足，摘出三黄为末，拌养灵砂粉霜，有昼夜之功同造化，余末修养第六转丹砂。

第六转　灵芽遍体纯阳丹

将玉房金汞灵砂丹末，用白芨水调稠，贴入丹鼎神室内作匮，用麸金四两，拌养好硃砂四两，照前火候，三七日夜足，开看，摘去麸金，将受过金气丹砂，又用五转养出朝种暮收玉田丹砂，研为细末，与砂同金箔层层间装，照前火候，养三七日夜足，取出，硃砂四两，浇金汞二两，虚养三日足，又用养死的雌、雄、硫末，拌养金汞金砂之丹三分，分作三次，点成上色黄金。又将匮出丹砂，或养砒、硇、硼、凡等药真死，转养第五转丹砂，随类点化余砂。如不点化，不用雌、雄等药，只用麸金拌养气足，又将前朝种暮收砂末于鼎摊平，插数孔种入硃砂，照前火候，养三七日夜足，其汞已成灵芽玉笋，取出点化五金，俱成至宝。金砂为末，又能转制九转，可以服食，修养第七转丹砂。

第七转　黄芽气结精英丹

将灵砂遍体纯阳丹砂末，二抱一之数，于鼎神室中，拌养无损坏好砂一、二两，照前火候，养三七日夜足，取出，每砂一两浇硃里汞一两。对停，虚养三日足，又用金箔拌砂汞，入鼎丹基祖匮中，养火三日足，取出，每砂一钱，点铜锡二两，干汞一两至成宝。匮出余砂，养与前死雌雄末一处，研为细末，入磁水火鼎内，如法固济，令干，下炉，上水下火，升一炷香，候冷取出，其天盘上着明窗金尘，另收。每汞尘一分，搽掺水银二两，成赤色黄金。水火升帮坠底者，入耳锅镕汁，铸金鼎神室一只，转养金砂。又将前养的玄黄气结精英丹砂，配前养砒、粉、硼、硇、胆矾等药照前入水火鼎，打出天盘。轻清者名为白雪粉霜也，也有搽掺铜鈇之功。白者化银。又将打余砂为末，修养第八转丹砂。

第八转　霞绫长生丹

将前养的玄黄气结精英丹砂末，二抱一之数，于金鼎神室中，拌养好砂三两，照前火候，养三七日夜足，将砂摘出，就打火金鼎，黄土金箔贴一层，令干。对停，浇金汞，虚养三日足，仍用前养雌雄末与砂一处研为细末，照前入水火鼎，升出为黄晕紫粉。每分匀汞银一两，成上色赤金，有搽掺之功。如不加雌雄等药升打，只用金鼎胎接养，三日气足，修养第九转丹砂。

第九转　脱胎神化灵宝丹

将霞绫紫府长生丹砂末，于金鼎神室中，拌养好硃砂四两，照前火候，养三七日足，取出。养丹砂一、二次，浇硃里汞，对停，虚养三日。又用珍珠、琥珀等为末拌匀，入金鼎，慢火温养，五日取出。服食，内摘丹一、二两。仍将第一转丹砂末，每一两加硃里汞五钱，入闷鼎，先文后武，打一火，待鼎冷定，取出研碎，逐块用金箔包之，入金鼎神室中，用霞绫紫府丹砂末拌养，七日足，另收。又将第二转起，至第八转丹砂，照前配汞入鼎，打出，逐块用金箔包之，用长生丹砂拌养，七日足。转辗养毕，俱成通灵之药。点黄白数饼，供奉先师，用玄豹皮收贮。

大丹起手秘诀

（西江月三首）

其一

若得水金十六两，须将木火均匀。
同归丹鼎火温温，三十时辰为准。
不用水火升降，后有二八余零。
阴阳交泰即长生，还向丹房问鼎。

水金十六两，即先天真一炁一斤，是戊己也；木火均匀者，即精明好硃砂。以此二物，夫妇和合，同归丹鼎室中，文火温养三十时辰，而砂熟成药也。凡生砂色红，熟砂色黑，用火烧试成珠，方为死也。

采先天真土、真铅法：用一炁铅四两，又用好文母四两，入硬池熔化，取起，炼于灰池内，将凝未凝之际，将制的铅银，投母银于内，久之，生出药来，嫩黄色收下，即先天真铅发生其面。取下研细末，入光明硃砂四两封固，下灰缸三十时辰足，其砂死矣。取出硃砂，将乏药收起。如养过乏药，取来研细，复入鼎内，又养砂。每乏药二两，养砂五钱，其力弱了，要四七方得砂熟。

其二

既有初子四两，将来制立乾坤。
形如鸡子二弦分，腹内空虚经寸。
进退阴符阳火，擒收地魄天魂。
鸿濛颠倒法乾坤，便是登仙捷径。

神室也，如初子有一两，入沙锅中熔化，用荷叶急搅不歇，久而尽成砂粉矣。候冷吹去灰，以白芨调和，用鹅卵壳新笔涂刷，干了又涂，涂完为度。又外用纸巾泥一层，待干，入火一煅，中壳以成灰子，银已铸成鼎矣，名曰神室大丹，至此点化近矣。将鼎头钻一孔指大，进光明神炁好硃砂四两，封口，入灰缸养五日。每日子时进火一两五钱，至午退去残火，又进一两五钱，此头一日行火也。次一日卯进酉退，如前抽换。第三日又从子时起火，午落。第四日卯酉抽添，第五日或卯酉兼行。何也？盖前四日子、午、卯、酉火均，而此日恐少卯酉火故也。四方火换尽，火止，砂尽灵矣。此砂一钱，可点茅一两成宝。其茅初点黑色，入金沿池煎过，即成雪花文银也。

其三

黑成灵砂至宝，必造金液还丹。

三人同志可修仙，一一须当备办。

做个神仙活计，莫同尘世交关。

知心养成大还丹，勿得轻传泄漏。

熟灵砂二两，研为细末。用上好光明硃砂一两，白芨水拌湿，滚煎砂末，晒干，再又滚，滚完为度。复入汞灵母匮内封固，下灰缸，养火九日，开看而砂胎色鲜，此所为还丹也。砂本太阳晥光，乃真火炁结而成，今养熟返其本色。夫丹灵而赤存，存有点赤返白之妙，故曰："死水银能固活人，活水银能固死人。"每水银一斤，用此灵砂四两，入闷鼎封固，打火二香，其汞死矣。每死汞一钱，点茅一两。入铅池煎过，即成白银伏子的黄母形式。将黄酥母用铁丝缠住，纸巾泥涂一钱厚，焙干，入鼎，庶子母不相侵犯，但金气交而体不交也。

黄母形式

用先天矿石中炼出的仙银为真铅，硃里汞为真汞。一个养磁点银成金，一个养硇点铁成银。其神室重一斤，用死汞造神室祖匮，于后不可犯邪气。此匮乃祖祖圣圣之秘。

我有一亩田，团团似月圆。炼出金光祖，耕牛不可牵。

长命金丹

炼神母诀

银一两，铅为伴，三足炉中凭火炼。

阴消阳纯火候足，铅花退尽银自干。

金花浪里层层滚，五色霞光紫雾现。

铅遇癸生须急采，金逢望远不堪尝。

金满面，到此急急不住扇。

足用大火三炷香，池中清浊方为验。

急急投进砂神室，磁盒扣住准三钱。

周围土固要牢坚，此时不可轻迟慢。

起盏一饼黄银末，上等重有一两三。

此为戊己真不错，养砂炘汞立时见。

若能养砂十三两，九九功成妙无边。

用出山银一两，铅砂九两，先将银铅各一两，入飞仙池，用三足炉上下覆盖，如碗大，自然火炼之。待铅花发现，鸿濛将判，方投铅一铢。凡炼铅时，将前铅九两去一两，落八两，分为十八铢，每铢四钱四分四厘，余铅一两，同前母入铅炼之。待铅尽，鸿濛持势，方投一铢。徐看徐投，池内铅多者，用棍搅出，待铅铢投尽，方加硬炭，三炷香为度。看母纯阳，如潭底之日，焦红溶溶，再投死神火三钱，复扣少时，神母成珠，此为黄酥也。二钱可养干汞一两，点赤十两。此黄酥一钱，养砂四两。入鼎养七日，即将此砂补髓添超脱，接转无穷矣。

死汞炼一斤，名曰真父母。将来养硃砂，点金过北斗。

将前己土养死芽子一斤，斫碎小块，加金铅末拌匀，入罐封固，养火七日。打一火，抽去阴炁，取出入锅，炼大火三炷香，提下冷定，枯铅在上，子银在下，取出过关，入灰池煎宝，为一转之功。

一转过关死汞养砂

过了铅关转转成，神龙脱化自然灵。

汞养硃砂砂脱汞，汞灵砂死大丹成。

一转丹砂死，多蒙老母恩。

抽添凭未济，水火别寒温。

诀曰：用过关汞银一两，斫小块，配硃砂八两，入鼎封固，养火七日。取出，入罐封固。打一火，将升盏灵药一钱，干汞二两成宝，子银另收。要用，将内真土作汞泉匮，以养硃砂，故曰：“汞死号黄芽，黄芽复养砂。死砂凭浇汞，九转不离砂。”

二转丹砂变化

二转灵芽三转砂，灵芽颠倒吞汞花。

产下无数婴儿出，个个抛金会种瓜。

二转死硃砂，脱出真汞芽。

真汞养砂死，通灵妙更佳。

诀曰：将黄芽复养砂二转，灵砂芽养砂八两，即砂死。铅浇汞，每砂一两，吞汞五钱，养火七日，取出，加硼砂三钱，入鼎封固，打火三炷香，取出分胎，子母前后，各收听用。

三转烹白雪

三转通灵妙若神，不须超脱自然真。

工夫到此知音少，试点红铜变白银。

三转灵芽子，将来养硃砂。

点银如粪土，堪以济贫家。

诀曰：将三转死砂脱出子银，每一鼎只用二两，加川粉二钱。银作小块，粉沾身，装闷鼎内。用水盆一个，内放新砂一块，令水淹过一分，将鼎提上明炉，底红一指，三转白雪养砂开铁。将鼎提新砂上激冷，又烧又激冷。如此行七日，其汞俱成白雪，可以养砂八两。倘汞或多，行炼老阳法。用天疏一两，银硼五钱，同研为末，与银穿衣，入罐封固，养火三日。打一火，与一转、二转、三转以上烹白雪工夫一般。此诀造化，不费人力。一转汞银须过关，即此死砂脱出子银也。二、三不必过关，只用超脱之法，铸成神室。灰缸养砂，火大恐伤神室。温温之法，三七日取出，砂似碧天。五分开铁成宝。将此八两进汞四两，养三七，接养四次，与砂银一般，三分开铁一两成宝，养砂进汞四两，其砂名玉金砂。

四转造玉金砂

四转灵芽变化多，擎来初出白云窝。

任教大地尘沙变，万劫英灵永不磨。

四转硃砂死，凡母脱青衣。

制造无差失，还丹亦易为。

诀曰：将前浇汞玉金砂二斤，一斤铸神室，如鸡子样。余一斤留炼白，或老阳栽接。养砂八两，若加玄霜更妙。将砂入神室封固，又入磁鼎固济如法。七日足，丹紫红，胎色不变化，作紫粉一分，开铁成宝。

五转紫粉养黄轝

五转灵芽多变通，消磨虎气一团龙。

谁知鼎内温温火，取出其中紫变红。

五转硃砂死，通玄合圣机。

关严灵父发，脱化退青皮。

诀曰：五转硃砂变紫粉，入室养黄轝金胎。如养得黄，须用麸金为母，依四转配合，用好砂八两入神室，麸金铺底盖头，如法固济。温温七七日足，取出，丹砂变成紫粉，号磨金砂，可作金母，以浇金汞。须制伏，用黄连、黄柏、黄芩，如雌黄之象，可浇金砂四两，淋汞一两。火候小心，浇一次仍归祖金内，养二七日足，淋一次。此金砂一分，点五金，皆成黄金也。六转金汞养金砂，将浇过紫金砂汞银铸神室，余银作末，火养为金砂，又将金砂浇淋，汞养金汞云。

六转金汞养金砂

六转工夫气转灵，霞光射出鬼神惊。

明珠万斛应无价，留得些儿养性情。

六转硃砂死，精灵实可夸。

有人能到此，立地是仙家。

诀曰：将紫汞铸成神室，名曰金鼎，余金作末，二抱一，养七日足，皆成金砂。再将金砂淋金汞，养金蚕，变金液。依前配合封固，照前四转，火功日足，一分干汞四两，即成紫金。

七转紫金养金蚕

朝种胡麻暮即收，功成七转复何忧？

等闲莫与时人说，独对嫦娥笑未休。

七转金砂死，光明普照通。
学人能到此，点尽泰山铜。

诀曰：将前六转金汞，铸神室一个，上下二釜，照前二抱一养砂，配合封固，养七日，取出，浇汞五钱，仍养七日。进汞养毕，朝种暮收，一分干汞六两，俱成黄金。

八转金蚕养黄轝

子产孙兮孙复孙，红铅黑汞魄归魂。
好将玉钥开金锁，跳出长生不二门。
八转硃砂死，称名号大丹。
点金等岱岳，惟许济贫寒。

诀曰：用七转金蚕一斤，浇千叶雌八两，入神室固济，养火三日，其火即伏。又进磁雌半斤，乃入神室，养火三日，此汞尽成黄轝。此药一分，点五金，皆成黄金。

九转黄轝养神符

九转工完妙更玄，一粒能教汞立干。
造化岂知全在我，任教沧海变桑田。
九转灵砂死，火功已到乾。
其中玄妙理，莫与世人传。

诀曰：将八转黄轝一斤，每两加玄霜二钱，神室封固，养火三日。取出，用阳城罐一个，入药四两，如法固济，上水下火，打一火，冷开看，升盏灵药，紫气金丹，收入磁器，楮汁为丸，如黍米大，绢袋悬井七日，以去火毒。拜祭天地神明祖师，用井花水吞一粒，永为陆地神仙。

《张三丰太极炼丹秘诀》卷五

炼丹歌咏

养道皈真

落魄江湖数十秋，逢师咬破铁馒头。十分佳味谁调蜜？半夜残灯可着油。信道形神堪入妙，方知性命要全修。自俛会得些儿后，忘却人间万斛愁。

离尘归隐

一片闲心绝世尘，寰中寂静养精神。素琴弹落天边月，玄酒倾残瓮底春。五气朝元随日长，三花聚顶逐时新。炼成大药超凡去，仔细题诗警后人。

扫境修心

纷纷内外景如麻，有地驰驱事可夸。撒手不迷真捷径，回头返照即吾家。六根清净无些障，五蕴虚空绝点瑕。了了忘忘方寸寂，一轮明月照南华。

力敌睡魔

气昏嗜卧害非轻，才到初更困倦生。必有事焉常恐恐，只教心要强惺惺。纵当意思形如醉，打起精神坐到明。着此一鞭须猛省，做何事业不能成？

一求玄关

一孔玄关要路头，非心非肾最深幽。膀胱谷道空劳索，脾胃泥丸莫漫搜。神气根基常恍惚，虚无窟里细探求。原来只是灵明处，养就还丹跨鹤游。

再求玄关

傀儡当场会点头，应知总是线来抽。抽他虽是依人力，使我人抽又孰谋？

原赖主公常月白，期教到处好风流。炼丹若要寻冬至，须向灵台静里求。

总论玄关

身即乾坤勿外求，虚灵一窍最深幽。二三自许同为侣，一四何妨与共俦。五土建中司发育，巽风起处定刚柔。自从识得还元妙，六六宫中春复秋。

镕铸神剑

师传铸作青蛇法，坤鼎乾炉煅炼成。非铁非金生杀气，无形无影自通灵。掣来匣外乾坤窄，收入胸中芥子生。万两黄金无觅处，隐然身畔斩妖精。

后天筑基

气败血衰宜补接，明师亲授口中诀。华池玉液逐时吞，桃坞琼浆随日吸。绝虑忘思赤子心，归根复命仙人业。丹田温暖返童颜，笑煞顽空头似雪。

后天炼己

炼己功夫谁得知，精灵常与我相随。一尘不染心俱静，万虑皆忘性若痴。邪贼无由侵内境，学人终日侍严师。饥来解饮长生酒，每日醺醺醉似泥。

炼己得药

炼己功夫继筑基，心头万虑已忘之。一轮月色相为伴，五夜雷声独自知。雪向静中飞白点，芽从虚里长黄枝。夺他阳气归来孕，产个千年跨鹤儿。

炼己下手

体隔神交理甚详，分明下手两相当。安炉立鼎寻真种，对境忘情认本乡。拿住龙头收紫雾，凿开虎尾露金光。真铅一点吞归腹，万物生辉寿命长。

先天鼎器

一从识破鸿濛窍，认得乾坤造化炉。不用神功调水火，自然灵气透肌肤。朝朝黄鹤藏金鼎，夜夜银蟾灌玉壶。要识金丹端的事，未生身处下功夫。

先天真铅

举世人多好入玄，入玄不识这先天。五千日内生黄道，三十时辰认黑铅。不在乾坤分判后，只于父母未生前。此般至宝家家有，自是愚人识见偏。

先天大药

信道金丹理最精，先天一点少人明。不拘贫富家家有，无论贤愚种种生。吞向腹中方有孕，将来掌上却无形。世人问我难回答，遥指天边月出庚。

擒捉先天

笑睹神州有妙玄，耳边切切细相传。凿开混沌寻金汞，劈破鸿濛捉水铅。黍米一珠含北海，蟾光万道照西川。若人采得吞归腹，何虑凡夫不作仙。

凝聚先天

识得金丹正好为，元微只向此中奇。牝门一粒真铅动，玄户三家造化基。凝结丹田生玉叶，送还土釜长琼芝。世人欲达先天理，须认红花顶黑龟。

认药采取

日红海底山头月，灵山会上寻茄色。花开鸟唱一天春，颠倒龙涎配虎血。神光射入玉壶田，密数坤申子午诀。刀圭百日大丹成，丹成永做蓬莱客。

直指真铅

真铅本是月中华，西北相生共一家。雌里怀雄成至宝，黑中取白见灵芽。金多水少方为贵，阴盛阳衰未足夸。更识其间包戊土，时时炉火起丹砂。

直指真汞

真汞原来日里精，东三南二自相生。木中藏火非闲说，雄里怀雌是宝珍。莫使一毫阴浊染，须教全体太阳明。其间己土培元气，炼得灵芽渐长成。

铅汞相投

真铅真汞两相投，似漆如胶意未休。以汞投铅如浴日，将铅制汞若添油。铅调汞性常依傍，汞爱铅情乐泳游。内外五行攒簇定，结成赤白大丹头。

颠倒妙用

寻真访道有何难，只要人心识倒颠。休向山林寻至药，必须城市觅真铅。青龙锁住离交坎，白虎牵回兑入乾。此术效他行将去，自然有路上青天。

和合丹头

既生黄道始生荄，必有真阳应候回。三昧火从离位发，一声雷自震宫来。气神和合养灵质，心命相依结圣胎。透得里头消息子，三关九窍一时开。

三家相见

央请黄婆善作媒，无中生有荷栽培。却因姹女当时待，勾引郎君自外来。两窍相通无隔碍，中宫聚会不分开。翕然好合春无限，产个婴儿号圣胎。

九转大还

九转还丹下手功，要知山下出泉蒙。安炉妙用凭坤土，运火功夫藉巽风。兑虎震龙才混合，坎男离女更和同。自从四象归中后，造化机缄在我躬。

火候细微

年月日时攒一刻，一刻不刻阴阳别。抽添符候兔鸡临，升降功夫龙虎烈。虑险防危罢火功，称铢分两同爻策。自然数足合周天，日日如斯行十月。

脱胎神化

丹成我命不由天，陵谷随他有变迁。荣辱无干随处乐，利名不挂逐时颠。但知壶内乾坤景，谁记人间甲子年？欲问归踪何处是，醉中遥指白云边。

面壁九年

九年面壁养神体，默默昏昏如炼己。无束无拘得自由，随缘随分能知止。心同日月大辉光，我与乾坤为表里。打破虚空不等闲，收拾六合一黍米。

换鼎分胎

重安炉鼎立坤乾，巧手移丹入上田。道德崇高神益迈，虚空粉碎法无边。从今易舍还成质，以后分胎又入玄。儿养孙兮孙养子，老翁老母一齐仙。

转制通灵

养得玄孙渐长成，强宗胜祖善谋营。昨宵灯下逢佳偶，今日堂前产俊英。个个孩儿森玉树，飘飘仙嗣簇金茎。一班胜似连城璧，无税良田只自耕。

九转灵变

九转丹砂岁月深，养成舍利鬼神钦。一炉白雪浑如玉，满鼎黄芽胜似金。曾见鸾飞和凤舞，但看虎啸与龙吟。五金八石皆成宝，还炼天元拔宅升。

修炼天元

天元丹品问谁知，有自无生世所稀。天地为炉真造化，阴阳作药自玄微。鸡餐变鹤青云去，犬食成龙白昼飞。到此方称高妙极，许君携手一同归。

潇洒优游

道人久已泯耳目，潇洒自如脱拘束。朝从扶桑日头起，暮去昆仑云脚宿。青牛过关知几年，此道分明在眼前。昨夜瑶琴三叠后，一天风冷月娟娟。

了道度人

铁笛双吹破晓烟，相逢又隔几多年。曾将物外无为事，付在毫端不尽传。白发数茎君已老，青云几度我当先。世间穷究只如此，何若同游归洞天。

续金丹诗二十四首

此上三十首，为《金丹大道诗》，此二十四首则续《金丹诗》，以象二十四气也。泸州廖复盛刊刻讹误，剿袭沽名，尝辑古仙诗歌为一部，名曰《醒道雅言》，而于群真姓字，大半不书，欲使未见者诧为己作，正丰翁所谓“鬼计悭贪窃道玄”者也。今照汪仙真本改正，以复旧观，庶使好道者，不致迷误耳。

一[①]

采取先天炼后天，循环二炁共根源。欲知有象原无象，须识初弦与下弦。杳杳乾坤将判处，冥冥父母未生前。服之混沌犹如梦，变化婴儿寿万年。

二

月本无光借日光，每从晦朔定阴阳。蟾乌交媾合真质，牛女相期入杳茫。自是魂灵应魄圣，从他地久与天长。学人解得玄中妙，紫府高悬姓字香。

三

七日阳来下鹊桥，上桥夫妇任逍遥。逆回海水流天谷，倒转风帆运斗杓。手握乾坤分造化，时凭年月步周遭。神仙手段常如此，那与庸夫斗舌苗。

四

橐籥吹嘘藉巽风，搬来坤火自鸿濛。徐徐摄上昆仑顶，渐渐吞回土釜宫。铅汞相投成至宝，精神凝合变婴童。将来跳出乾坤外，不属璇玑造化中。

五

安炉立鼎炼金丹，水怕干兮火怕寒。既未煅时常守护，屯蒙行处要勤看。抽铅添汞须加紧，虑险防危莫放宽。毫发差殊功不就，半途而废复行难。

六

龙升虎降转河车，赤火擒来制白砂。二炁凝胎铅自减，三花聚顶汞还加。

① 本篇序号，皆点校者划归体例所加。

开炉漫搅成钟乳，起鼎应知是马牙。两物齐拿休纵放，放之失却美金花。

七

采回坤地水金多，种在乾家入爱河。阳火阴符依进退，铅龙汞虎自调和。浆收东位成甘露，酒饮西方醉绮罗。但要至诚勤爱护，胎圆十月化青娥。

八

夺得乾坤一点精，阴阳交媾自然成。夫妻会合攒三姓，戊己交加簇五行。朔望屯蒙鸡兔跃，晦弦既未虎龙争。地天收在玄关内，运转河车霹雳声。

九

身中水火即阴阳，二气相孚化紫光。日日醍醐延命酒，时时吞咽返魂浆。玄机不许庸人识，大药须令志士尝。九转功完还太始，坤柔炼尽变乾刚。

十

火性炎炎水性流，河车搬运自然周。昆仑片玉原无价，沧海明珠竟暗投。三昧初从离下发，一符始自坎中浮。自家消息谁能会，莫向人前插话头。

十一

修仙须要修天仙，金液神丹仔细看。添在离宫抽在坎，寄于兑位种于乾。死生了当非神气，性命功夫在汞铅。世上纷纷谈道者，几人于此达真诠？

十二

炼己寻真固不难，先擒兔髓配乌肝。牵龙就虎归根窍，制汞投铅复命关。金气往来通夹脊，河车搬运上泥丸。夫妻共入黄婆舍，火候调停自结丹。

十三

阖辟乾坤橐籥形，屯蒙呼吸坎离精。鼎和四象真铅降，炉备三才妙汞生。一有两无同变化，两无一有共相成。时人要识玄中妙，配合青娥仔细论。

十四

中宫戊己自知音，二物媒来共一心。姹女用吹无孔笛，金公为抱没弦琴。深深密密谁能测，杳杳冥冥孰解寻？指日还丹成就后，总教大地尽黄金。

十五

温温铅鼎透帘帏，认定人身活子时。虎啸一声忙采取，龙吟初动急施为。守城野战天翻地，入室防危坎复离。夺得团团龟凤髓，请君服食赴瑶池。

十六

入室虚心炼大丹，神功妙用不为难。能窥天巧参元气，解饮刀圭夺紫丸。朔望符来三姓合，晦弦火退五行攒。羿妃纵会奔蟾窟，争似青娥驾彩鸾。

十七

木中砂汞水中金，漫向离宫坎位寻。只就乾坤分主客，还依龙虎定浮沉。故能金木成三姓，遂使夫妻共一心。庭院归来相聚会，黄婆媒妁是知音。

十八

真炉真鼎发真机，采药须凭亥尽时。铅母氤氲光欲动，金胎跳跃火临期。休忘气候调真息，但守虚无运坎离。临阵莫教轻纵敌，兢兢业业更防危。

十九

十月功完造化坚，若加火候必伤丹。仙房气血浑忘却，宝鼎金炉不用看。面壁九年形脱壳，身超三界体生翰。只缘黍米吞归腹，行满功成跨凤鸾。

二十

上吞下咽两弦弦，逐节堤防入玉田。往往来来宾返主，夫夫妇妇倒和颠。结丹已喜婴儿兆，出壳皆凭圣母全。远近遨游看四正，东西南北任周旋。

二十一

韬光晦迹隐红尘，有作谁知妙更真。伏虎降龙须混俗，超凡入圣乃惊人。深深秘秘修丹道，白白明明显至神。《药镜》玄机俱泄尽，古今由此达天津。

二十二

金碧参同及指玄，翠虚性命与思仙。阴符宝字逾三百，道德灵文贯五千。入药镜中推橐籥，悟真篇内究蹄筌。金丹切近叮咛语，总论前弦与后弦。

二十三

火候功夫本自然，能通此妙即神仙。五行攒簇盗天地，八卦循环作圣贤。造化炉中烹日月，乾坤鼎内产金莲。有人识得玄微理，随我飞升朝帝前。

二十四

虔诚稽首拜星君，顶礼星辰护本身。二十八宿齐朗耀，三百六度尽分陈。上圣能攒年月日，中宫保合气精神。照临应许增年寿，掩映还同二曜新。

大丹诗八首书武当道室示诸弟子

一①

学道修真出世尘，遨游云水乐天真。身中灵药非金石，腹内神砂岂水银。采炼功夫依日月，烹煎火候配庚辛。黄婆媒娉三家合，饮酒观花遍地春。

二

采聚他家一味铅，捉精炼气补先天。前弦八两后弦八，内药还时外药还。紫府玄宫垂宝露，黄芽白雪化金蟾。神仙妙用常如此，火里能栽九节莲。

三

初关中关与后关，下田中田与上田。层次原来分井井，火功须要法乾乾。室窗透亮三更到，昼夜通红九鼎全。文武阴阳勤转炼，辟开万窍好朝天。

---

① 本篇序号，皆点校者划归体例所加。

四

身内功夫我自知，天机玄妙有谁窥？初寻龙虎来争战，又见龟蛇喜唱随。天地倒颠观否泰，火符起止在虚危。南辰北斗映前后，日月乌蟾来往飞。

五

修真大道乾坤祖，采取阴阳造化功。要制天魂生白虎，须擒地魄产青龙。运回至宝归中舍，变化阳神入上宫。一炁凝成丹一粒，人能吞服貌如童。

六

道法傍门有万千，不知火候总徒然。先穷妙理将真悟，后拜明师把诀传。欲使三家情意合，只凭一点道心坚。朝朝煅炼精神炁，结就真神上九天。

七

寻真要识虚无窍，功夫只在意所到。往来顺逆炼阴阳，升降坎离在颠倒。恍恍惚惚太极生，杳杳冥冥婴儿兆。出玄入牝由自然，若忘若存守坛灶。

八

知先达后炼金丹，火冷水干做不全。上德无为成至圣，下功有作在周天。一阳动处窥天地，二品合时生佛仙。月里栽花无片晌，蟾光现出照西川。

无根树道情二十四首

无根树者，指人身之铅气也。丹家于虚无境内，养出根株，先天后天，都自无中生有，故曰“说到无根却有根”也。炼后天者，须要入无求有，然后以有投无；炼先天者，又要以有入无，然后自无返有。修炼根蒂，如是而已。二十四首，皆劝人无根树下，细玩仙花，其药物、气候、栽接、采取之妙，备载其中，此道情之不朽者也。

一[①]

无根树，花正幽，贪恋红尘谁肯修？浮生事，苦海舟，荡去飘来不自由。无边无岸难泊系，长在鱼龙险处游。肯回首，是岸头，莫待风波坏了舟。

二

无根树，花正微，树老将新接嫩枝。桃寄柳，桑接梨，传与修真作样儿。自古神仙栽接法，人老原来有药医。访明师，问方儿，下手速修犹太迟。

三

无根树，花正青，花酒神仙古到今。烟花寨，酒肉林，不犯荤腥不犯淫。犯淫丧失长生宝，酒肉穿肠道在心。打开门，说与君，无酒无花道不成。

四

无根树，花正孤，借问阴阳得类无？雌鸡卵，难抱雏，背了阴阳造化炉。女子无夫为怨女，男子无妻是旷夫。叹迷徒，太模糊，静坐孤修气转枯。

五

无根树，花正偏，离了阴阳道不全。金隔木，汞隔铅，阳寡阴孤各一边。世上阴阳男配女，子子孙孙代代传。顺为凡，逆为仙，只在中间颠倒颠。

六

无根树，花正新，产在坤方坤是人。摘花戴，采花心，花蕊层层艳丽春。时人不达花中理，一诀天机值万金。借花名，作花身，句句《敲爻》说得真。

七

无根树，花正繁，美貌娇容似粉团。防猿马，劣更顽，挂起娘生铁面颜。提出青龙真宝剑，摘尽墙头朵朵鲜。趁风帆，满载还，怎肯空行到宝山。

---

① 本篇序号，皆点校者划归体例所加。

八

无根树，花正飞，卸了重开有定期。铅花现，癸尽时，依旧西园花满枝。对月才经收拾去，又向朝阳补衲衣。这玄微，世罕知，须共神仙仔细推。

九

无根树，花正开，偃月炉中摘下来。延年寿，减病灾，好结良朋备法财。从兹可成天上宝，一任群迷笑我呆。劝贤才，休卖乖，不遇明师莫强猜。

十

无根树，花正圆，结果收成滋味全。如朱橘，似弹丸，护守堤防莫放闲。学些草木收头法，复命归根返本元。选灵地，结道庵，会合先天了大还。

十一

无根树，花正亨，说到无根却有根。三才窍，二五精，天地交时万物生。日月交时寒暑顺，男女交时妊始成。甚分明，说与君，只恐相逢认不真。

十二

无根树，花正佳，对景忘情玩月华。金精旺，耀眼花，莫在园中错拣瓜。五金八石皆为假，万草千方总是差。金虾蟆，玉老鸦，认得真铅是作家。

十三

无根树，花正多，遍地开时隔爱河。难攀折，怎奈何，步步行行龙虎窝。采得黄花归洞去，紫府题名永不磨。笑呵呵，白云阿，准备天梯上大罗。

十四

无根树，花正香，铅鼎温温现宝光。金桥上，望曲江，月里分明见太阳。吞服乌肝并兔髓，换尽尘埃旧肚肠。名利场，恩爱乡，再不回头空自忙。

十五

无根树，花正鲜，符火相煎汞与铅。临炉际，景现前，采取全凭渡法船。

匠手高强牢把舵，一任洪波海底翻。过三关，透泥丸，早把通身九窍穿。

十六

无根树，花正浓，认取真铅正祖宗。精炁神，一鼎烹，女转成男老变童。欲向西方擒白虎，先往东家伏青龙。类相同，好用功，外药通时内药通。

十七

无根树，花正娇，天应星兮地应潮。屠龙剑，缚虎绦，运转天罡斡斗梢。煅炼一炉真日月，扫尽三千六百条。步云霄，任逍遥，罪垢凡尘一笔消。

十八

无根树，花正高，海浪滔天月弄潮。银河路，透九霄，槎影横空泊斗梢。摸着织女支机石，踏遍牛郎驾鹊桥。遇仙曹，胆气豪，盗得瑶池王母桃。

十九

无根树，花正双，龙虎登坛战一场。铅投汞，阴配阳，法象玄珠无价偿。此是家园真种子，返老还童寿命长。上天堂，极乐方，免得轮回见阎王。

二十

无根树，花正奇，月里栽培片晌时。拿云手，步云梯，采取先天第一枝。饮酒带花神气爽，笑煞仙翁醉似泥。托心知，谨护持，惟恐炉中火候飞。

二十一

无根树，花正黄，产在中央戊己乡。东家女，西家郎，配合夫妻入洞房。黄婆劝饮醍醐酒，每日醺蒸醉一场。这仙方，返魂浆，起死回生是药王。

二十二

无根树，花正明，月魄天心逼日魂。金乌髓，玉兔精，二物擒来一处烹。阳火阴符分子午，沐浴加临卯酉门。守黄庭，养谷神，男子怀胎笑煞人。

二十三

无根树，花正红，摘尽红花一树空。空即色，色即空，识透真空在色中。了了真空色相灭，法相长存不落空。号圆通，称大雄，九祖超升上九重。

二十四

无根树，花正无，无影无形难画图。无名姓，却听呼，擒入中间造化炉。运起周天三昧火，煅炼真空返太无。谒仙都，受天符，才是男儿大丈夫。

四时道情

春[①]

春色可人、可人，桃杏花开满眼新。山园风物嫩，看来到也无忧闷。仙喜的是洞府去游春，子晋先生吹玉笙，玉笙吹与知音听。俺只道闲来时，焚一炷香，抚一曲琴。

夏

夏赏荷池、荷池，两个鸳鸯水面飞。摆列成双对，清风明月闲游戏。仙喜的是吕祖遇钟离，二翁留下长生地，终南山上乘云去。俺则道闲来时，焚一炷香，下一盘棋。

秋

秋景云疏、云疏，远岫苍黄木叶枯。夜看银河布，牛郎到把织女度。仙喜的是卖卜隐成都，君平先生挈玉壶，日得百钱把酒沽。俺则道闲来时，焚一炷香，看一卷书。

冬

冬景雪飞、雪飞，万里关山似玉堆。和靖掩庐睡，天寒鹤守孤山内。仙喜的是湘子度文公，屡劝回头不肯回，蓝关路上才相会。俺则道闲来时，焚一炷香，画一树梅。

① 本篇标题，皆点校者划归体例所加，下同。

道情四首，乃吾隐终南时，作以自唱者。其体带《竹枝》，节节硬逗，看似不接，其妙正在不接之接也。自记。

《张三丰太极炼丹秘诀》卷六

水石闲谈

闲谈

一

张子曰：世人谓读书十年，养气十年。他把读书、养气分为两节事件，便不是圣贤学问。夫读书所以研理，养气所以炼性，性理功夫，就在读书、养气并行不悖之中。宣圣云："学而时习之"，此便是研炼性理，纯一不已处。

二

张子曰：陶渊明北窗高卧，自谓"羲皇上人"。此便是他清风峻节，守志前朝气象，特其出语高超，而人不觉耳。

三

张子曰：道人愿士子早完功名之愿，尽乎人事，即时撒手。人能功成勇退，便为得时。所患者，溺入功名场中，恋恋不休，则愚人也。

四

张子曰：涵养中，有大学问；和平处，有真性情。诸子须要容人之所不能容，忍人之所不能忍，则心修愈静，性大愈纯。

五

张子曰：功名无大小，总要及时进退。何以能知其时？凡于功名中，平心一想，曰吾之功名，不过止于是也，即止之，便可得其时也。抑或有不尽头处，然宁不及，毋求太过。淮阴侯不如子房公，元微之不如白香山，皆其求尽之心蔽之也。向使子房、香山亦有求进之心，则子房固不难再列台辅，香山亦可转升宰相，然安知其终不与淮阴、微之同一鲜终而已哉？故知进退者，乃能称为哲人。

六

张子喟然叹曰：茫茫岁序，逐景漂流，吾见人寰中，求名求利之辈，转瞬而拾青紫，数岁而拥丰资者，千百人中不数人。即有其人，高爵大权，难压阎罗尊者；黄金白玉，难买无常不临。又或有居富而寿、居贵而安者，终归白杨墓下，秋风潇潇，凉气惨人。其子孙不肖，又看转眼荒凉，有何益也？况乎大富大贵，骤富骤贵，多畏人妄加横逆，谩骂指谪，倘或不行善事，被人诅咒，有随口而凋零，有随口而穷困者，人人快意，个个欢心，其实天报昭彰，非人口之转移也。人能看得破，撇得开，自然不羡人富，不羡人贵，求吾安命之理，守我修真之道。人竞嚣嚣，我独默默；人皆烦恼，我独清凉，又安问人之达与不达、穷与不穷，为旁观之不平也哉！

七

张子曰：人寿一事，上人有定，下人有定，中人无定。中人少善少恶，天欲延之不可，天欲迫之又不可，于是任他自生自死于其中。保则生，不保则死，故修身尚焉。修身而兼以积功累行，以企于长生久视者尚焉。若下等人，多过多恶，即修身亦不得长生，如其身上之精气而削之剥之、死之罚之而已矣。上等则不然，以上等而修长生，长生可证也；即不愿修长生，然其正气撑空，亦得联班神道，否则转投人世，亦必生入仁善之家。天理若此，有何难晓哉！

八

张子曰：自古忠贞节烈，杀身成仁之时，便有七返还丹景象。当其一心不动，一志不分，浩然之气，立其中而生其正，任他刀锯鼎镬，都视为妖魔试我，毫不动摇，我只收留义气，聚而不散，凝而至坚。火候至此，则英雄之光气，亘万年而不灭也。仙家入室临炉，就要有此手段。

九

张子曰：人当亲在，须要及时尽孝为佳，否则亲容一去，因时追感，伤情有不可言者。今日当秋，山林中，有守制者听吾道来："又是秋商路满林，碧云天外望亲心。黄芦白草霜中老，泪洒泉台几尺深。"试诵此诗，能弗惨然！

十

张子曰：人于孝道，务宜各尽天良，不能一样，却是一样。同归于"孝"字中，乃可。欲免门闾之望，就宜归家奉养；欲求显扬之义，就宜矢志皇路；欲要保身为孝，就宜寡欲清心，徒托空谈无益也。二三子显扬未能，归家时少，到不如寡欲清心，体曾、孟两贤之训为善也。若不清心寡欲，只是妄想名而名不成，妄想利而利不就，妄想一切而一切不可得，形神憔悴，父母之颜状未衰，人子已有老惫之态，是欲言孝而孝亦不久，反令父母惟其疾之忧，多远游之虑，不幸而人子一死，反添父母伤悲，反使父母埋葬。由此思之，孝在何处？不将为毕世之罪人也乎？吾道以清心寡欲为本，实属保身之方，再加以色和颜顺，身敬意诚，则于孝有得矣。

十一

张子曰：儒生作茂才后，多落处馆一派。须知就馆谷以奉养，亦儒家之方便门也。然孔、孟贻后人以诗书，原不教人渔利，至后世而有此脩金之事，则即此物以奉亲，正所谓小用小效者耳。然不可贪心无厌，为子孙作安闲之计，以诗书为利薮，乃不为圣贤之罪人也。

十二

张子曰：人欲尽忠孝，立大节，必先要清心养气。若无真心、真气，必不能尽忠孝、立大节也。盖忠孝者，本乎真心；大节者，原乎真气。欲得真心、真气，又当以静为主，乃能存得起真心，养得起真气。

十三

张子曰：人要寻内快活，勿寻外快活。孔子之“乐在其中”，内快活也。若徒愿乎其外，是欲求外快活，而反生其烦恼也。

十四

张子曰：儒生家多得泄精症者，虽缘心火不纯，亦因彻夜谈笑、永夜读书，引丹田之气，尽纵于口角之间，致使精失其伴，遂有此泄精症耳。善保身者，谈笑宜少，读书宜和。

十五

有一后生，得慵软之病。张子曰：汝宜趁此冬晴，运小石，砌小坞，携山锄，删枯草，未馁则止。日日如此，悠游运动，若园丁然，则通身气血活而不滞也。

十六

张子曰：豪杰之士，做好人，行好事，只求其心之所安，并不存借善邀福之念。明明上帝，亦只有福善祸淫之道，以待常人，而不举以待豪杰也。夫为善而得福，豪杰之所宜有，而非豪杰之所尽有。顾其轰轰烈烈，善作善为，以留于天壤，而千载不敝其神，食馨香于冥漠者，亦何莫非天之所以报豪杰也。吾观古来忠臣孝子、义士仁人，夭折患难之间，而慨然也，而恍然也。

十七

张子曰：读书立品，儒者急务，而保身之道，足包立品于其中。保身者，必去骄奢淫佚，扫荡邪行，故保身可包立品也。夫保身之道，自曾子传之，至孟子而光大其说。养心寡欲，持志守气，此保身之圭臬也。而修真之道，即以此为正法门。但人心蒙蔽，闻保身而以为常谈，闻修真而以为奇异，欲求知修真悟道者，已难之矣。

十八

张子曰：一日无孔、孟之学，天下无好人；一日无庄、老之学，英雄无退步。

十九

王居士云：以茹素为除荤。张子曰：荤与素不同也。道家戒五荤，方书谓葱、韭、薤、蒜、芸苔。此五者，辛臭散气，故字从“艸”、“军”，犹言草中之兵，并主克伐者也。养气者忌之。释家重茹素，以其戒杀放生，故凡畜类之肉，皆屏而不食。世人以朔、望等日茹素，而平时仍嗜肥甘，素犹不素也。吾为茹素除荤者计，曰：善口不如善心，体君子远庖之训可也。养气即能养腹，遵至人臭味之戒可也。

二十

张子谓忍辱、受辱二道士曰：凡人外营，亦必内营，内修醇厚，外福亦加。忙中偷得一分闲，即得一分调养；静里读得一日书，即得一日好处。若只向外边奔驰，则刊落本原，愈见其薄矣。

二十一

张子谓卓庵曰：保身以安心养肾为主，心能安则离火不外荧，肾能养则坎水不外湍。火不外荧，必无神摇之病，而心愈安；水不外湍，必无精泄之患，而肾愈澄。肾澄则命火不上冲，心安则神火能下照，精神交凝，结为胎息，可以却病，可以延年。

二十二

三月三日，山中诸子，浴乎锦水之湄，风乎青林之下，听子归啼，忽有木叶坠地，折叠如函，启视之，则有如鱼子兰者，封裹其内。问之土人，曰：杜宇珠也。问有何用？曰：弗知也。适张子戴笠逍遥而来，与二三子言曰：汝欲知杜宇珠之故乎？蜀王入山之后，蜀人思之，故王命子归赐蜀民以珠。子归者，蜀王之鸟使，原名谢豹。王曰：“子归吾国，慰我人民。”故谢豹又名谢报，杜宇命之报谢云。其珠或赤或黄，或青或紫，五色无定，可辟人家鬼祟。遇鬼祟者，暗举此珠，投之即散，但不可令人知觉，默念：“蜀王蜀王，珠光珠光，投鬼鬼去，杀鬼鬼亡，我持灵珠，作作生芒，无阴不尽，阴尽回阳，吾奉九天元师命，急急如律令敕。”又云：以珠之多少，卜年之丰歉甚灵。

二十三

张子曰：人当静养身体，素位而行，随遇而安，则心性和平，神气冲淡。

二十四

张子谓受辱曰：汝教小子，须严约束，否则性气一坏，长大来，汝又恨他，是自爱之而自弃之也。

二十五

张子偕云石、卓庵辈，冬寒时节，走乱山中，遇见鬼语啾啾。问之土神，则皆人之祖灵父魄。阴森肃杀，坟墓萧条，棺椁颓坏，衣冠骸体，俱受寒侵。怜之者，能无骨悚心酸？此古人所以有省墓送寒衣之事也。

二十六

张子谓山中人曰：夏日宜早起用功，日出后，觅微凉处，收心静坐，切勿向日中大热时去睡，睡而不昏犹可，睡而昏者，精液化汗而出，可惜可惜。

二十七

张子曰：吾昨游两界山，见有老妪坐崖而笑，笑已又哭，心异为妖狐，既乃落崖而毙。趋前视之，已为雷击，盖千年狸妖也。吾不知其何为，询之火车灵官，云曾食人，故击之耳。夫两界山，当青天白日之地，尚有此物，况深僻荒崖哉！

二十八

张子喟然曰：世人朝夕奔波，总云“不得已”，其实有何不得已，惟心中有不得已，故尝言“不得已”耳。且今不得已，而将来必已，老矣死矣，此之谓已，何不得已之有哉？诸子有明哲知几者，从此已之。

二十九

张子谓调理劳瘵者曰：夫人治病，要心静，要心平，要心缓，不可希图速效。服药不加病，即是速效。然后一日微好，二日微好，三日渐好，虽属迟缓，比那逐日添病、转眼即亡者，又不啻有天渊之隔。

三十

张子游岳云之上，止吟风之馆，而与诸生言曰：今日山清人静，心远地偏，洵是难得风景，诸子各赋新诗，再命涵虚子一弹再鼓，以助吟兴，不亦乐乎？人即不能鼓琴，亦须善学听琴，以消其一切涴涴浊浊之私欲、糊糊涂涂之妄想。静听琴音，如游太古，声籁俱沉，旷然遐思，超然绝俗，泠然善，悠然深，如我亦在鼓琴之间，忘乎尘事，与虞、周相遇，与孔、孟相见，伯牙、子期，又其后焉，乃为上等幽人，否则俗人耳、浅人耳，何足共居？吾极爱此金秋之气，至清至肃，安得携一壶酒、一张琴、一枝笛，登陟乎高峰之顶，笑玩大地山河？烟濛濛，云淡淡，看日暧暧之村墟，波渺渺之长川。彼时笛声起乎林梢，琴声发乎石上，酒气通乎红泉碧嶂之间，山禽自鸣，空翠洒落，真快事也。不知诸子，亦有此兴趣否？

三十一

张子谓老年道士曰：汝辈到今日年纪，须要死心踏地做功夫，俗事以“莫管他”三字为主，则万念冰消。凡人身中皆有窍，窍中皆有生气，若无生气，安能保护形躯？只是有气发生，而人不知静察耳。今为汝说八句闲话，以当暮鼓晨钟：“人要懂点窍，知点几，留点神，下点气，你便想得穿，看得破，做得事，成得人。”此是无心之谈，即是汝等当用心学问。定为心，静为神，虽有窍而心不定于其中，何从知几乎？

三十二

张子谓山居道流曰：回翁招人向道，其中有无限婆心。在人固恐难成，此千古学问之同病，然而冲天有志，道亦不阻英雄也。人怕软弱不振，若打起精神，祖师亦必默助。

三十三

张子谓山中隐者曰：人在山中称隐，须要知山林之乐。夫山林之乐，又不在乎山林也。在有以乐乎山林者，而后山林助其乐。与山林相安于空空静静、幽幽雅雅、淡淡恬恬之中，此之谓能乐山林之乐者也。

三十四

张子曰：人要立刻能闲，乃为高手。若云且慢，待我摒挡数日，然后来缓缓寻究，此便是庸夫口角，愚人心肠。

三十五

张子谓圆阳子曰：子能割恩爱，撒红尘，今日可定汝终身矣。以后平平荡荡，永无危险，人生至此乐哉！好天气，好山水，好亭台，好朋友，好风景，从今日起，从今日受，从今日领悟可也。

三十六

张子曰：仙家地理，须合丹道同悟。即如圆阳子怡云山庄，住宅一区，坐落在两山之间，不吞不吐，若开若阖，用倚粘之法，结平安之宅，真乃黄庭下、关元上之大中极也。此等天机，何人知道？

三十七

张子曰：山静恰宜谈至道，心清惟爱爇名香，此当前妙景也。吾偶拈此二语，圆阳为我续之。

三十八

张子谓道流曰：人要在家出家，在尘出尘，在事不留事，在物不恋物，方是道家种子。不必拘于无事，亦不泥于想事也。

三十九

张子戴凉叶斗篷，逍遥云外。一日闻踏歌之声，自烟中来，诸生听之，盖伤大道之难传，黄冠之徒混日月也。其歌云："光阴快快，学道迟迟。流水空山，独步寻思。只怕眼前光景，霎时间，喉中气断，梦梦无知。生前梦梦无知，醒来后尚有那走肉行尸。怕只怕无常到了，骨冷堪悲。那会儿劫劫轮回，全然不晓得雨打花枝。"

四十

张子以韩仙渔鼓，按节传情，唱《尘海苍凉之曲》曰："飞龙子，在天游，开口不离忠孝，往来尽是瀛洲。欲传道，把人求，叹因缘处处不偶，叹人生几个回头。风前烛，水上舟，容易熄，往下流。势利家园谁个久，儿孙交好尽成仇。转眼便落无常手，荒烟蔓草埋髑髅。樵人伐木往来走，牧童磨坏碑石头。问野人，此是谁家墓，道几句，不知不知，鬼泪啾啾。噫嘻乎，骑鹤仙人归去休。"

四十一

张子出清微天界，入淡远山中，弟子数人，烹泉款洽。先生曰：吾今以《混元仙曲》，戏赠圆阳，众生为我歌之，添作林泉佳话也。是时李山樵敲唤龟之竹，杨居士椎招凤之琴，刘野人按行云之板，遂为先生唱曰："圆阳道士真游戏，访道抛官如敝屣。八年失偶梦孤栖，夜凉铁枕寒鸳被。看容颜白了髭须，论年华犹余生意。我劝你，早觅黄婆，娶个娇妻。男下女，颠倒坎离；雄做雌，调和神气。天台仙子的温柔婿，张果老儿的美丽妻。美丽妻，温柔婿，洞房中不知天地。性情交感，命共眉齐。浑浑沦沦，那时才见你真心；恍恍惚惚，那时才见你真意。这道情，是你的初步仙梯。笑呵呵，传与你，三丰道人走笔题。"曲终，见亭前月白，楼外天青，环坐石坛，相视而笑。

诗谈

一

张子曰:《书》曰:"诗言志"。注曰:"在心为志，发言为诗"。是知志也者，乃人心中之灵性；诗也者，特灵性之流露也。神仙七返九还，炼此虚灵妙性，以成万古不死之谷神，见于日月光气之外则有象，隐于日月光气之中则无形。神之所至，发为诗歌，诗不同，灵性有各异也。吾尝与诸仙，往来旷野，出没烟霞，每见群真妙句，辄心记而笔存之，以入于《水石闲谈》之类。

二

吕翁诗，提笔甚高，发声最朗，游行之句，美不胜收。今录数首，以见先生灵性不与人同也。

《七夕游岳云仙院》云：

始罢缑山宴，重来古寺游。疏风梧叶院，细雨豆花秋。

远嶂云初敛，长天雾乍收。新凉今若此，玉笛倚高楼。

《过武昌城楼》云：

武昌城郭故依然，楚国人家近水边。
槛外大江淘日夜，阁中长剑倚云天。
词人坐啸南楼月，渔父歌回西塞烟。
吹笛老翁闲更甚，朗吟一曲响千年。

《同韩清夫游匡庐六绝句》云：

（一）

云外庐山九叠青，开窗对嶂读《黄庭》。
个中有景何人识，抛卷翻身入翠屏。

（二）

雨后新篁绿浸人，径趋深处避红尘。
韩笙吕笛双双度，一样仙音两化身。

（三）

陶然何处不陶然，在地逍遥似在天。
瀑布倒流三百丈，一时清气满崖边。

（四）

信口歌成信手题，剔残苔藓翠高低。
忽闻梵鼓来烟际，林木葱茏过虎溪。

（五）

一字诗成一字飞，天边黄鹤载余归。
坛前有客难留我，心似闲云入翠微。

（六）

唤起眠龙出海门，须臾天际雨翻盆。
长空宝剑又飞去，请看东南树影昏。

俱清朗可爱。

三

性灵与回翁相近者，莫如韩清夫先生，有《闲吟》一首云：

静抱没弦琴，细吹无孔笛。一弹天地清，一吹天地阔。
一吹复一弹，尽是神仙曲。

《和吕祖》云：

虎在门前鹤在庐，瑶笙宛转笛相如。
我来不是云山客，湘水之流曲折书。

语皆雄阔。

四

蓝采和，自号养素先生，有《答人问仙居》绝句云：

踏踏歌残便上升，岳山养素古先生。
问余近日居何处，天上神仙住玉京。

五

尝见韩、蓝、曹、何《关中踏歌联句》云：

乾坤偌大似琼壶，拍板闲吟一丈夫。
风雨长安春已暮，落花满地步于于。

真得把袂逍遥、一唱三叹之乐。

六

昆仑麻姑，自号碧城仙子，其诗以丰韵胜人。有《题岳云坛三绝句》云：

（一）

跨凤骖鸾下碧城，笑看云外月光清。
昆仑万里天风送，摇曳琼环玉珮声。

（二）

足履青云过海山，瑶笙在手意闲闲。
云中现出金霞帔，一路清吟到此间。

（三）

岳云坛上访回翁，子弟两三敲道筒。

风声荡漾云声细，楼阁明灯照夜红。

又有《步虚》三首云：

（一）

我本昆仑女散仙，曾看海水变桑田。

神通八极闲游戏，环珮声摇碧落边。

（二）

髻头高插美金华，拜别西池阿母家。

袅袅天风吹袖带，步虚全仗紫云车。

三

酝酿长生酒不难，只凭手内有灵丹。

阿侬本是天仙子，醉共嫦娥宿广寒。

七

碧城仙姑，常师藐姑神人，一日师徒步虚，降锦江亭上。神人题词云：看江潮，势苍莽，摇得山云淡荡。

隔河灯影有无中，一幅新词来笔上。

意徘徊，开轩望，这亭儿，甚清爽。

姑和之云：

水茫茫，山莽莽，山水轩前浩荡。

雨余蛙鼓闹堂堂，一路潮声月初上。

月中来，云边望，晚风凉，意清爽。

八

清逸仙人，在唐称诗中大家，性灵飘逸，尝降于世。其《修禊节降双清阁》云：

读书迈千古，携剑干诸侯。琐琐不中意，大醉隐糟邱。

黄唐原不远，秦汉如急流。忽忽眼前事，浑然无所愁。

青山行吟老，颇爱谢宣楼。题诗十万首，付与天地留。

我自有真宰，浩乎归瀛洲。今日谈修禊，茫茫付一瓯。

海仙执简召，随风过十州。东行三神山，群真同遨游。

一饮五千斗，撑肠文字流。无何有之乡，长啸去海头。

《洞天歌》云：

海山寻灵药，灵药不自海山求。乾坤运橐籥，橐籥不是乾坤鞲。金丹原是吾家物，神仙都要英雄作。夜来饮酒王母前，云道蟠桃今已熟。太白长啸安期歌，一时群仙莫我何。吾将跨虬游六合，虚空寥寥无雪迹。大风自北来，吹起寒云叠叠开。安得酒如雨，从空饮之无尽取。安得酒如泉，坐地饮之眼朝天。狂吟拍手耸方肩，问我何人李青莲。

九

东坡先生，仙才，与太白并峙，乘风啸月，灵性长存。有《江南送秋》诗云：

片片秋云远，茫茫秋水多。青山红树外，征雁渺关河。

蓟北寒逾峭，江南气已和。小阳春甫到，迎送两相过。

《题韩清夫小像》云：

御殿承香吏，分胎吏部家。闲心忘富贵，总角趣烟霞。

钵种长生果，园栽不老花。八仙同寿考，万劫抱丹砂。

首叩蓝关马，胸藏赤火鸦。千秋贤叔侄，儒道两无涯。

《自题笠屐图》云：

山人故态本狂奴，醉写田间笠屐图。

好句有时堪作画，闲心无日不提壶。

楼头赏月邀禅客，谷口冲烟访钓徒。

自去自来随自得，一声长啸入林枢。

《过东峰》云：

不到东峰久，江山仍似前。芭蕉落满地，雪意好参禅。

《游湖口占》云：

（一）

细细疏烟瑟瑟波，水心亭外画船多。

瑶笙十里谁家舫，听得红儿唱棹歌。

（二）

风斜雨细葛衫轻，三两银刀出水明。

我爱芰荷香不断，竹西深处有人行。

《咏磨刀雨》云：

荆州洒遍雨如膏，竟为英雄砺宝刀。

最是武昌城下水，千秋呜咽卷雷涛。

《咏白菜》云：

清于雪水白于霜，老圃天寒一味香。

却笑山僧长茹素，和脂煮出不能尝。

《自赠》云：

平生不作愁眉事，今日东坡作散仙。

解向江山留胜迹，长将姓字挂云烟。

《游清道心山房》六言云：

气慧神清道在，山空人静琴幽。一榻茶烟袅袅，三分酒意悠悠。

又《些些语》词云：

清阴绕，绕落花，窗外鸟声小。

鸟声小，修竹一枝斜处好。

翠羽嘤嘤啼彻晓，刚眠一觉。

清丽绵芊之笔，不减当年灵性，非真仙不能也。

十

邵尧夫，儒仙也，尝见其显化士林，作《观易吟》云：

庖牺大圣人，画卦传万古。阴阳变化机，乾坤为易祖。

吾隐安乐窝，天地乃同伍。窥破圣贤心，恬淡自得所。

浑浑灏灏，置之《击壤》篇中，仍然无异。

十一

白玉蟾，仙家才子也，名山碑版，留咏甚多。每遇高人逸士，必赠以诗。其《题居易堂》云：

林下风潇潇，窗前竹密密。难得素心人，共话新秋夕。

把酒醉茅堂，焚香读《周易》。琼山到此来，宾主兴无极。

又《赠圆阳山人》云：

归山隐迹话长生，日逐闲云自在行。

处处回光来返照，朝朝对境要忘情。

扫除尘土劳人梦，署起乾坤散客名。

莫道幽居研炼苦，游心冥漠自空清。

十二

张紫琼，饶州人也，元初得道，诗多秀劲之作。《自赠》六言云：

心如雪夜钟声，貌似霜天梅格。白云深处闲行，那识仙家旷逸。

《咏胎息》云：

非助非忘妙吸呼，修行要解这功夫。

调停二炁生胎息，再向中间设鼎炉。

十三

邱长春《清秋过岳云楼》云：

浩浩天风吹满楼，峰中云气涌林邱。

雨声响处檐铃杂，方丈萧然一院秋。

饶有俊逸之致。

十四

张紫阳《自寿》诗云：

海筹万古计芳辰，得道年来八百春。

分个孩儿骑鹤去，虚空粉碎见全身。

非上真不能也。

十五

希夷老祖，元气浑沦，有《答人问姓》五绝云：

一气淘今古，阴阳造化奇。问余名与姓，睡汉老希夷。

十六

吾师火龙先生，不甚喜作诗，以其淡于名誉也。今记其偶吟一绝云：

道号偶同郑火龙，姓名隐在太虚中。

自从度得三丰后，归到蓬莱弱水东。

十七

飞霞仙子，余十舍女也，服神丹飞空。尝降云南紫霄观，留题一绝，款落“飞霞”而去。诗云：

久住瑶池碧玉楼，忽骑彩鹤下灵邱。

世人欲问飞霞姓，曾抱金丹侍沐侯。

十八

陆潜虚，淮海人也。嘉靖中，遇吕祖得道，平生著述甚富，有《老子玄览》二卷，《阴符经测疏》一卷，《参同契测疏》一卷，《金丹就正篇》一卷，《紫阳四百字测疏》一卷，《方壶外史》八卷，《南华副墨》八卷。近日同门中，有白白子者，注《道德经》，名《东来正义》，潜虚题之云：

一注能将道奥开，重看紫气自东来。

弹琴度笛真名士，说法谈经大辨才。

我坐方壶玩沧海，君登圆峤压蓬莱。

今朝共坐江亭上，口诵《南华》自笑呆。

盖因白白子，亦作《圆峤外史》、《道窍谈》、《悟真、参同杂解》诸书故也。

乩谈

一

或问：乩沙之术，小伎也，而好者纷纷，谈者赫赫，其术果何自耶？其皆可信耶？否耶？

张子曰：昔回翁欲与涵三诸子发明此妙，而终未竟其说也，吾今特明之：“乩”者，稽也，稽以考信也。《说文》曰：“卜以问疑也。”故偏旁从“占”，正旁从“乚”。“乚”，古“稽”字也。《尔雅·释言》：“隐，占也。”注曰：“隐，度也。”疏曰：“占者视兆，以验吉凶，必先隐度也。”吾谓，占语成而犹待隐度，则与不占者同，何必占？然亦有义焉在其中矣。天仙、神仙，不喜与人言祸福，只劝人修身俟命，故言训词则无隐，言丹道则无隐，他若救人开方亦无隐，以外一切如问吉凶成败，则无不隐，其隐之意者，仍是推托他，不与之言也。否则，明指其祸福，将应获福者，以为可喜而自狂，或转福而成祸矣；又应受祸者，以为可畏而自迫，反惧祸而邀福矣。夫福也，岂可邀哉？惟作善，可降祥耳。其隐语也，犹言不待语而易明也，抑且隐之义犹不止此。仙家自道成之后，步日月无影，透金石无声，凡人不能见，故于乩沙中，草写龙蛇，千言万态，以示其不灭。然乩假术也，自古真人皆斥为方士之行，今又何为降其笔？盖因近日成风，公卿士庶，每多信好其术，神仙以度人觉世为功，故即借其乩以默相天下人，以此即假成真耳。但学乩沙者有二等，一胜一败。上等以德行胜，诚感胜，因缘胜，即不善乩，仙家犹欲往度之，况其知乩乎？即其乩而引诱之，不用符章，自然高真降室也。下等以险恶败，虚诳败，贪欲败，彼即善乩，仙家不近之，况其冒渎乎？随其乩而簸弄之，妄用符咒，反教引鬼入室也。吾辈自跳出五行以来，虽天地犹不能约束，阴阳犹不能陶铸，即欲请之，亦必礼之，于符咒乎何用？呵呵，此术士之所以欺愚人，仙家之所以恶术士也。今吾即乩言乩，即以是为乩训焉。

二

或又问：请乩之道，固当以德行、诚感、因缘，而不以符咒也。然南宫仙道，又有以符咒役使神道者，何故？

曰：南宫一派，虽则动用符咒，然此乃高真传授，与世人救厄除害者。此等秘录，非人间梨枣所有。即能得之，亦必推心利物，乃为功行宏深，苟或私心妄用，天帝亦加以霹雳而殒其命，夺其术矣。故虽南宫符咒，也要心恭心诚，乃有灵效。若彼乩厮符咒，则未可同日语也，况加以不恭不诚乎？诸子于此，可以自明矣。

三

张子曰：上天原无福善祸恶之心，则降祥降殃，人自召之；上天若有福善祸恶之心，则降祥降殃，人自知之。素行善而获福，此必然之理也，即有祸焉，亦暂矣；素行恶而得祸，此必然之事也，即有福焉，亦暂矣。何必舍己外问哉？乃吾见蚩蚩者氓，祈于神则求签问卦，祷于仙则扶鸾请乩，若以神与仙为必知祸福者。迨其后验则信之，不验则疑之，其疑与信者，仍一愚人之故态也。夫神仙固知祸福，然亦何必以人心之所已知者，而重言复语之哉？其求神与仙而验者有故，善人问福而福至，恶人畏祸而祸临，若有与之相合者，然非签与卦、鸾与乩之灵也。其求神与仙而不验者，亦有故，善人问祸，无祸可加，恶人问福，无福可赐，若有与之相左者，然亦非签与卦、鸾与乩之不灵也。天下之龟筮算数，皆如是耳，人何不可自知哉？吾生平不喜人求签问卦、扶鸾请乩，止愿人个个修德，时时内省而已矣。

四

张子曰：神仙有度人之愿，假乩笔而讲道谈玄者有之；神仙有爱人之量，假乩笔而劝善惩恶者有之；神仙有救人之心，假乩笔而开方调治者有之。若云判断祸福，则有人之善恶在，吾前章宣示已明，不复再论。独异者，寰宇之中，闻有设乩求地理，请乩论天心之辈者，此皆方士遗风，上界正神察其奸诈，未有能逃天罚者。

第二编　张三丰道术汇宗

勾章　徐雍　辑注

绪言

张三丰者，隐于道家，工导引服气之术。《明史》尝载其《列传》，言金时人，元初与刘秉忠同师。明成祖遣给事中胡濙偕内侍朱祥，赍玺书香币往访，遍历荒徼，积数年不遇。《宁波府志》纪张三峰，宋之技击家，本武当丹士，徽宗召之，道梗不前，夜梦神授拳法，厥明以单丁杀贼百余，遂以绝技名于世。后传其术于四明，明嘉靖时张松溪最著名。所谓内家拳也，其法主于御敌，非遇困厄则不发，发则所当必靡。（按：拳勇之技，少林为外家，武当张三丰为内家。三丰之后，有关中人王宗，宗传温州陈州同，州同明嘉靖间人。故今内家之传，盛于浙东。顺治中，王来咸，字征南，其最著者，靳人也。编者曰：今沪上致柔拳术社社长陈微明，靳人也。其太极拳传自北平杨露禅，盖出于三丰之嫡裔云。）

准是以观，自徽宗以迄明初，凡二百数十年，先生犹存于世。仙家善于摄生，长生久视，安乐延年，初非怪事也？《汉留侯世家》：不疑嗣为侯，生二子，曰典、曰高。典生默，默生大司马金，金生阳陵侯千秋，千秋生子嵩，嵩生壮、讚、彭、睦、述，其后多以功烈著。高生通，通生无妄，无妄生里仁，里仁生浩，浩生刚，刚生翳。翳客于吴之天目山，妻林氏，生道陵。复回沛郡，后寓信州老虎山。

故先生尝自言自曰：吾之名号，多与古今人同，知之即改，于心乃安，以故渺渺无定也。一名“通”，与本支远祖高公之子同；一名“金”，与别支远祖汉大司马同，均见《留侯世家》。一名“思廉”，与元玉笥生字同；一名“玄素”，与唐太宗时言官同；一名“玄化”，与葛玄弟子同。因就两名中，各取上一字，为“玄玄子”，又与太上圣号同。乃更为“山峰”，又与朴阳子同。复易为“三峰”，又与采战者同，殊可笑矣。但此“三峰”之字，传呼已久，不欲再行更改，因忆乾爻之连，而有坤爻之断，不足以还纯乾也，乃从坤土之中，植一根浩然之气，补其断而全其一焉。自今以往，当更名“全一”，字“三丰”，名号于是乎大定。他若貌容疏野，不修边幅，世人之呼我为“张邋遢”者，乃千古独得之奇，有一无二之作也。《洞天记》载先生自言如此，则先生之系出留侯从可知矣。

史称三丰辽东懿州人，故先生《答刘仲晦》诗云：“长白干龙数千里，我从小干藏之矣。”盖长白山一支小干龙，至辽阳积翠山，先生之祖墓在焉。然《滇黔纪游》云：“三丰，闽人。洪武间，以军籍戍平越郡，篷头赤脚丐于市，人呼为邋遢翁。”此实荒谬之谭。以先生为闽人，或因曾寓闽中之故。至谓以军籍戍平越郡，殊不可解。岂沈万三徙边之日，先生亦有贵阳之戍耶？然洪武间，太祖访之，则又何也？

明都穆《游王屋山记》：道士陈性常，旧住武当之自然庵，今年七十有八，而神气清茂，似有道者。移居兹山，已二十年，其学乃仙人张三丰之正传。为予言，三丰名玄玄，辽阳人，自号三丰遁叟，世人鲜知其名。正统间犹在，不知所之。予曰：“人传为陕右之宝鸡人，何也？”性常曰：“宝鸡常寓，非彼产也。”

又俗传为冀州、义州、易州人，皆误也。《四川通志》谓“天目人”。先生《云水集》中载有《天目山歌》。盖其尝寓天目耳。夫挥道之徒，如野鹤闲云，行踪靡定，安能以鹤楼卓锡之地而视为乡井耶？宋濂有言：“天地为棺椁，日月为含燧。”儒家犹如斯，而况以尘世为火宅之佛道家乎？

道家之言曰：“外药了命，内药了性。”命者，肉体也。性者，精神也。道家兼治性命，服气炼丹，所以了性也；导引技击，所以了命也。故佛道二家，靡不从事内外之功也。先生居鄂之武当山，修真之余，发明太极拳等，以柔制刚，号武当派内家拳。其拳矫捷似猱，委蜿如龙，可以却病，可以御敌，盖实古仙导引之类也。清初歙人汪锡龄，编先生《全集》，其《序》

曰："其为儒道也，身可进亦可退；其为仙道也，身能飞亦能潜。进退飞潜之间，即犹龙之大道也。"赞美甚当。独于先生之为内家拳鼻祖，阙焉不叙。而《集》中所载显迹事实，授秦淮渔户沈万三汞点铜铁，悉成黄白（见本局出版《张三丰太极炼丹秘诀》）。盖鼎炉药物、铅汞采取之说，实道家指自身修炼而言。黄白采战云者，皆方士之麆言，旁门邪说而已。

嗟夫！方今文明竞进之世，人事繁赜，物竞甚烈，青年之士，苟不知摄生之道，所谓"文化病""都市症"者，辄易发生，小则晕眩、虚怯、怔忡、梦遗诸病丛生，重则痨瘵、癫痫、自杀等，相继以起，何不惧哉？矧天世乱频仍，浩劫洊至，唯有佛老之学，群起提倡，则大可以挽世界之劫运，小可以全性命于乱世，此编辑本书之区区微意也。

东邻日本，非所谓世界之文明国乎，士大夫近方拏究佛老之学，以西方之科学解决东方之哲学，发明甚夥，世亦未尝以迷信诋之。庄生有言："吾生也有涯，而知也无涯。"安能以有涯之见，而诋无涯之知耶？本书辄本斯旨，编辑成书，其玄微妙旨，并以科学之说注诠之，其亦有裨于世乎！

卷一　传纪

列传一

《明史》

张三丰，辽东懿州人。名全一，一名君实，三丰其号也。以其不饰边幅，又号张邋遢。颀而伟，龟形鹤背①，大耳圆目，须髯如戟。寒暑惟一衲一蓑，所啖升斗辄尽，或数日一食，或数月不食。书过②目不忘。游处无恒，或云能一日千里。善嬉谐，旁若无人。尝游武当诸岩壑，语人曰："此山异日必大兴。"时五龙、南岩、紫霄，俱毁于兵，三丰与徒，去荆榛，辟瓦砾，创

① 背，底本作"骨"，据《张三丰全集》改。
② 过，底本作"经"，据《张三丰全集》改。

草庐居之，已而舍去。太祖故闻其名，洪武二十四年，遣使觅之不得。后居宝鸡之金台观，一日自言当死，留颂而逝。县人具棺殓之，及葬，闻棺内有声，启视则复活。乃游四川，见蜀献王。复入武当，历襄汉，踪迹益奇幻。永乐中，成祖遣给事中胡濙，偕内侍朱祥，赍玺书香币往访，遍历荒徼，积数年不遇。乃命工部侍郎郭琎、隆平侯张信等，督丁夫三十余万人，大营武当宫观，费以百万计。既成，赐名"太和太岳山"，设官铸印以守。竟符三丰言。或言三丰金时人，元初与刘秉忠同师，后学道于鹿邑之上[①]清宫，然皆不可考。天顺三年，英宗赐诰，赠为"通微显化真人"，终莫测其存否也。

列传二

汪锡龄

三丰先生姓张，名通，字君实。先世为江西龙虎山人，故尝自称为天师后裔。祖父裕贤公，学精星算。南宋末，知天下王气将从北起，遂携本支眷属，徙辽阳懿州。有子名居仁，亦名昌，字子安（一字仲安），号白山，即先生父也。壮负奇器[②]，元太宗收召人才，分三科取士，子安赴试，策论科入选。然性素恬淡，无仕宦情，终其身于林下。定宗丁未夏，先生母林太夫人，梦玄鹤自海天飞来，而诞先生，时四月初九日子时也。丰神奇异，龟形鹤骨，大耳圆睛。五岁，目染异疾，积久渐昏。其时有张云庵者，方外异人也。住持碧落宫，自号白云禅老。见先生奇之，曰："此子仙风道骨，自非凡器，但目遭魔障，须拜贫道为弟子，了脱尘翳，慧珠再朗，即送还。"太夫人许之，遂投云庵为徒。静居半载，而目渐明，教习道经，过目便晓，有暇兼读儒、释两家之书，随手披阅，会通其大意即止。忽忽七载，太夫人念之，云庵亦不留，遂拜辞归家，专究儒业。

中统元年，举茂才异等。二年，称文学才识，列名上闻，以备擢用，然非先生素志也。因显扬之故，欲效毛庐江捧檄意耳。至元甲子秋，游燕京。时方定鼎于燕，诏令旧列文学才识者待用，栖迟燕市。闻望日隆，始与平章

---

① 上，底本作"太"，据《张三丰全集》改。

② 器，底本作"气"，据《张三丰全集》改。

政事廉公希宪识。公异其才，奏补中山博陵令，遂之官。政暇访葛洪山，相传为稚川修炼处。因念一官萧散，颇同勾漏，子岂不能似稚川？越明年而丁艰矣，又数月而报忧矣。先生遂绝仕进意，奉讳归辽阳，终日哀毁，觅山之高洁者，营厝甫毕，制居数载，日诵洞经。倏有邱道人者，叩门相访，剧谈玄理，满座风清，洒然有方外之想。道人既去，因束装出游，田产悉付族人，嘱代扫墓，挈二行童相随。北燕赵，东齐鲁，南韩魏，往来名山古刹，吟咏闲观，且行且住。如是者几三十年，均无所遇，乃西之秦陇，挹太华之气，纳太白之奇。走褒斜，度陈仓，见宝鸡山泽，幽邃而清，乃就居焉。中有三尖山，三峰挺秀，苍润可喜，因自号为三丰居士。

延祐元年，年六十七，始入终南，得遇火龙真人，传以大道。更名玄素，一名玄化，合号玄玄子，别号昆阳。山居四载，功效寂然。闻进[①]斯道者，必须法财两用，平生游访，兼颇好善，囊箧殆空，不觉泪下。火龙怪之，进告以故，乃传丹砂点化之诀，命出山修炼。立辞恩师，和光混俗者数年。泰定甲子春，南至武当，调神九载，而道始成。于是湘云巴雨之间，隐显遨游，又十余岁，乃于至正初，由楚还辽阳，省墓讫，复之燕市，公卿故交，死亡已尽矣。遂之西山，遇前邱道人，谈心话道，促膝参同，方知为长春先生符阳子也。别后，复至秦蜀，由荆楚之吴越，侨寓金陵，遇沈万三，传以丹道，事在至正十九年。临别，先生预知万三有徙边之祸，嘱曰："东南王气正盛，当晤子于西南也。"仍还秦，居宝鸡金台观。九月二十日，阳神出游。土人杨轨山以先生辞世，买棺收殓。临窆之际，柩有声如雷，启视复生。盖其阳神出游，朴厚者见之，以为宛其死矣。后乃携轨山遁去。又二年，沧桑顿改，海水重清，元纪忽终，明运又启，先生乃结庵于太和，故为疯汉，人目为邋遢道人。道士邱元靖，安静可喜，秘收为徒。他日入成都，说蜀王椿入道，不听，退还襄邓间，更莫测其踪迹矣。

洪武十七年甲子，太祖以华夷宾服，诏求先生，不赴。十八年，又强沈万三敦请，亦不赴。盖帝王自有道，不可以金丹金液，分人主励精图治之思。古来方士酿祸，皆因游仙入朝，为厉之阶。登圣真者，决不为唐之叶法善、宋之林灵素也，前车可鉴矣。二十五年，乃遁入云南，适太祖徙万三于

① 进，底本作"近"，据《张三丰全集》改。

海上，缘此践约来会，同炼天元，服食大药。明年成，始之贵州平越福泉山，朝真礼斗，候诏飞升。建文元年，完璞子访先生于武当，适从平越归来，相得甚欢。永乐四年，侍读学士胡广，奏言先生深有道法，广具神通。五年丁亥，即命胡濙等，遍游天下访之。十年壬辰，又命孙碧云于武当，建宫拜候，并致书相请。直逮十四年，并不闻有踪迹。帝乃怒，谓胡广曰："卿言张三丰蕴抱玄机，胡弗敢来见朕也？"斥广寻觅之。广大惧，星夜抵武当，焚香泣祷。是年五月朔，为南极万寿，老君命诸仙及朝[①]大会，时先生亦在诏中，遂与玄天官属，御气同行，适见胡广情切，乃按云车，许以陛见。入朝后，即赴上清之命，飘然而去。明年，胡濙等还朝，终未得见先生也。

吾师乎！吾师乎！其隐中之仙乎！其仙中之神乎！其神仙而天仙者乎！继荷玉诏，高会群真，位列兑宫，身成乾体，故能神通变化，济世度人。四围上下，虚空处处，皆鸾骖所至，将所谓深藏宏愿，广大法门者，吕祖之后，惟先生一身而已。

锡龄风尘俗吏，几忘本原，观察剑南，又鲜仁政，滥叨厚禄，辜负皇恩。两年来，曦天少见，水潦频增，龄乃跣足剪甲，恭祷眉山之灵。拈香七日，晴光普照，画景遥开，奇峰异水间，幸遇先生。鉴龄微忱，招龄入道，并示《丹经秘诀》一章，及《捷要篇》二卷，照法修炼，始识玄功。因此悔人宦途，游情山水，迩乃自出清俸，结庐凌云，未知何年何日，蝉脱尘网，采瑶花、奉桃实，敬献先生也。龄侍先生甚久，得悉先生原本又甚详，爰洗浊怀，恭为纪传，以付吾门嗣起者。

列传三

佚名

神仙张三丰，一名君实，一名仲猷，字玄玄，道号昆阳，又称斗蓬，又呼张邋遢，辽东懿州人。甫七岁，能棋，随手应局，人莫能敌，十岁习儒业。早失怙恃，后学道，遇郑思远祖师，授以至道。生于绍兴辛卯八月十五日，丰姿魁伟，龟形鹤骨，大耳圆眼，须如戟，顶中作一髻，身被一衲，负

① 朝，《张三丰全集》本作"期"。

巨蓬，手中常持方尺。在武当山，结庵展旗峰下。先入华山洞，栖真数十年。后郑思远祖师，命了俗缘，乃混俗归闽，补刑曹吏，因群囚劫狱，连坐戍边夜郎之平越，遂住高贞观。今有礼斗亭、浴仙池、长生桂，皆其仙迹也。

丹成后，时元年丙申。太上诏曰："王方平五十三仙，掌华林洞。"于三月十五日册封为华林洞妙应真人，赐以玄冠双旒、霓羽碧履，时年六十六岁。因仑谷万尊师，亦在受诏五十三仙之列，曾著《方壶胜会图》，然后知三丰真人之始末也。

大明天顺年，敕封通微显化真人。于元末，居宝鸡县金堂观，至正丙午九月二十日，自言辞世，留颂而逝。土民杨轨山置棺殓讫，临窆发之，复生，乃入蜀。洪武初，至太和山冷坐，结庵玉虚宫。庵前古木五株，常栖其下，猛兽不噬，鸷鸟不搏，人益异之。衲不垢弊，皆号为"邋遢张"。有问其仙术，竟不一答，问经书，则涎津不绝口。登山轻捷如飞，隆冬卧雪中，鼾齁如雷。常语武当乡人曰："兹山异日当大显。"道士邱玄靖请为弟子，遂教以道妙。帝于乙丑遣沈万三敦请，了不可得。乃召玄靖至，与语悦之，拜监察御史，赐之室不受，超擢太常卿。

金陵沈万三，又名万山，秦淮大鱼户。心慈好施，其初仅饱暖。遇三丰真人，见其生有异质，龟形鹤骨，大耳圆目，身长七尺余，修髯如戟，顶作一髻。或戴偃月冠，手持方尺，一笠一衲，寒暑御之，不饰边幅，日行千里。所啖升斗辄尽，或辟谷数月自若。万三心知其异，常烹鲜鱼暖酒，邀饮于芦洲，苟有所需，即极力供奉。偶于月下对酌，三丰谓曰："子欲闻余之出处乎？"万三启请，三丰曰："予当生时，一鹤自海天飞来，咸谓令威降世，后知丁公仍在灵墟。予思舜亦人也，予岂不得似丁公？每嗟光阴倏忽，富贵如风灯草尘。是以日夕希慕大道。弃功名，薄势利，云游湖海，拜访明师。所授虽多，皆傍门小法，与真道乖违，徒劳勤苦。延祐年间，已六十七岁，此心惶惶。幸天怜悯，初入终南，即遇火龙先生，乃图南老祖高弟，物外风仪，予跪而问道。蒙师鉴我精诚，初指炼己工夫，次言得药口诀，再示火候细微、温养脱胎、了当虚空之旨，一一备悉。于是知进斯道，必须法财两用。予素游访，兼颇好善，倾囊倒箧殆尽，安能以偿夙愿？不觉忧形于色。师怪而问之，予挥泪促膝以告。重蒙授以丹砂点化之药，命出山修之。立辞恩师，和光混俗，将觅真铅八两、真汞半斤，同入造化炉中，煅炼转制分接，九还已毕，藉此赀财以了大事。由是起造丹房，端坐虚心养气，虚气养神，气慧神清，广觅药材。时饮蟠桃酒，朝餐玉池液，如醉如痴，补气养血，但得汞有半斤，可待他铅八两，月数将圆，金花自显。一手捉虎擒龙，采得先天一气，徐行火候烹煎，自合周天度数。明复姤[①]进火退符，识卯酉防危虑险。十月功完，圣胎显象，九年面壁，与道合真，所谓‘跨鹤青霄如大路，任教沧海变桑田’也。”言讫，呵呵大笑。万三闻言，五体投地，曰：“尘愚愿以救济，非有望于富寿也。”三丰曰：“虽不敢妄泄轻传，亦不敢缄默闭道。予已审知子之肺腑，当为作之。”于是置办药材，择日起炼，七七启视，铅汞各遁。三丰嗟咄不已，万三自谓机缘未至，复尽所蓄，并卖船网以补数。下功及半，忽汞走焚，茅盖皆燬。万三深叹福薄，三丰劝其勿为。夫妇毫无怨意，苦留再炼。奈乏赀财，议鬻幼女。三丰若为不知，窃喜志坚，一任所为。令备朱里之汞，招其夫至前，出少许药，指甲挑微芒，乘汞热投下，立凝如土。复以死汞点铜铁，悉成黄白，相接长生。三丰略收丹头，临行谓曰：“东南王气大盛，他日将晤子于西南也。”遂入巴中。

万三以之起立家业，安炉大炼，不一载富甲天下。凡遇贫乏患难，广为周给，商贾贷其资以贸易者，遍海内。其丹室有一联云：“八百火牛耕夜月，三千美女笑春风。”世谓其得聚宝盆，故财源特沛。斯时世乱兵荒，万三惧有祸患，乃燬弃丹炉器皿，敛迹欲隐。京城自洪武门至水西门坍坏，下有水怪潜窟，筑之复崩。帝素忌沈万三年命相同而大富，召谓曰：“汝家有盆能聚宝，亦能聚土筑门乎？”万三不敢辨，承命，起筑立基，即倾者再三。无奈，以丹金数斤暗投，筑之始成，费尽巨万，因名曰“聚宝门”。帝尝犒军，召万三贷之曰：“吾军百万，得一军一两足矣。”万三如数输之。帝瞷其无困苦状，由是急欲除之，马后苦谏，乃议流南岭，株连其婿余十舍，亦流潮州。万三遂轻身挈妻奴而去，委其家资。未几，命再徙十舍于云南。既至滇，沐春抚慰之，欲妻余氏女。十舍允之，及过府，沐侯见薄其嫁资，曰：“不丰不为礼。”女曰：“公所利者财耳，措之亦易。”教备汞铅，脱耳环投之，声如蝉鸣，其汞已干，环仍如故。以汞开铜铁，成宝无算，沐侯大喜。是秋，三丰践约来会，同万三炼人元服食大药，明年始成。

① 姤，底本作“垢”，改。

初万三有长女三岁忽失去，迄今三十余年，一旦归家，曰："儿少遇祖薛真阳，即中条玄母，改名化度，呼女为玉霞，号线阳，掌玉匣诸秘法，为师擎神剑，得授灵通大道。命回就服成药，当以拯济立功。"万三即出药，全家共服，皆能冲举。玉霞声洪体硕，无女子相，慨然有普救生灵之志，遂与父散游于世，随时救度。

永乐时，尚书胡广言张三丰实有道法，广具神通，录其《节要篇》并《无根树》二十四首、金液还丹歌、大道歌、炼铅歌、地元真仙了道歌、题丽春院二阕、琼花诗、青羊宫留题诸作上呈。帝览之，虽不测其涯底，知其有合大道，遣使访之。有言初入成都，见蜀王操(太祖第十一子)，王不喜道，退游襄邓间，居武当二十三年，一旦拂袖游方而去。帝于壬辰春，敕正一孙碧云，于武当建宫拜候。三月初六日，帝赐手书曰："皇帝敬奉书真仙张三丰先生足下：朕久仰真仙，渴思亲承仪范。尝遣使奉香致书，遍诣名山，虔请真仙。伏惟道德崇高，超乎万有，体合自然，神妙莫测。朕才质疏庸，德行菲薄，而至诚愿见之心，夙夜不忘。敬再遣使，谨致香奉书虔请，拱候雷车凤驾，惠然而来，以副朕拳拳仰慕之怀。敬奉书。"

越三载，飘然而至。碧云呈御书，三丰览而笑，答书曰："圣师真口诀，明言万古遗。传与世间人，能有几人知？衣破用布补，树衰以土培。人损将何补？阴阳造化机。取将坎中丹，金花露一枝。庆云开天际，祥光塞死基。归己昏昏默，如醉亦如痴。大丹如黍米，脱壳真无为。优游天地廓，万象掌中珠。人能服此药，寿与天地齐。如若不延寿，吾言都是非。天机未可轻轻泄，犹恐当今欠猛烈。千磨万难费辛勤，吾今传与天地脉。皇帝寻我问金丹，祖师留下神仙诀。金丹重一斤，闭目静存神。只在家中取，何劳向外寻。炼成离女汞，吞尽坎男精。金丹并火候，口口是玄音。"

碧云劝驾不听，留居一室，出则伴游，令人驰报于帝。丙申春正，帝又命安车迎接，复又他适。帝怒谓胡广曰："斯人徒负虚名，能说不能行，故不敢来见耳。卿往招致不得，亦难见朕也。"广惧，星夜奔至武当，立宫庭哀泣。佑圣帝君尝奏三丰道行于玉帝。是夏五月，驾临南极，宣召至会所。三丰将随玄天官属同行，适见胡广情切，乃出，许其诣阙。先自飞身而去，帝正在朝。见一褴褛道士，肩披鹿裘，立于阶前稽首。帝问，知是三丰，笑而命坐问道。三丰曰："闻迁北平时，金水河冰凝龙凤之状，即此是道。"于是从容步下阶陛，一时卿云瑞彩，弥满殿庭，良久始散，三丰去矣。君臣叹异，始信真仙。及胡广还，帝赐劳之，寻拜为相。

列传四

祇园居士

张邋遢，名君实，字铉一，别字玄玄。辽东懿州人，张仲安第五子也。丰姿魁伟，龟形鹤骨，大耳圆目，须髯如戟，顶作一髻。自号保和容忍三丰子。手执刀尺，寒暑惟衣一衲。或处穷寂，或游市口，浩浩自如，旁若无人。有问之者，终日不答一语，及与论三教经书，则吐辞滚滚，皆本道德忠孝。每遇事，辄先知。或三五日、或两三月始一食，然登山如飞。或隆冬卧雪中，齁鼾如雷。时人咸异之，因呼为张邋遢。元末居宝鸡金台观，尝一日辞世而逝，从者为棺殓，及窆发视之复生。乃入蜀抵秦，游襄邓，往来长安，历陇岷甘肃。洪武初，入武当，登天柱峰，遍历名胜，使弟子邱元靖住五龙，卢秋云住南岩，刘古泉、杨善登住紫霄，乃自结草庐于展旗峰北，曰遇真宫，草庵于土城，曰会仙馆，令弟子周真得[①]守之。洪武庚午，拂袖长往，不知所之。明年，太祖遣三山道士，请造朝，了不可见。或云住青州云门洞。永乐初，遣给事中胡濙、指挥杨永吉等物色之，不得。十年二月，成祖为书，诏道士元虚子往武当，于玄玄旧游处，建道场焚书，冀有闻焉，不获。仍御制诗赐之，有“若遇真仙张有道，为言伫俟长相思”之句。天顺末，或隐或现。上闻之，封“通微显化真人”。后往来鹤鸣山半年，不知所终。

列传五

〔明〕郎瑛

张仙，名君实，字全一。辽东懿州人。别号玄玄，又号保和容忍三丰子，时人又称张邋遢。天顺三年，曾来谒帝。予见其像，须鬓竖上，一髻背垂，面紫大腹，而携笠者。上为锡诰之文，封为“通微显化大真人”。

① 得，底本作“符”，据《张三丰全集》改。

列传六

〔明〕陆西星

三丰老仙，龙虎裔孙也。其祖裕贤公，学能兼占象。移家于金之懿州，与子昌，隐于民间。及懿为元人所拔，始稍稍以名字闻，然昌公固优游世外者也。夫人林氏，先以二乳生四子，曰遨、曰游、曰道、曰遥，皆早殁。既更举①二子，曰通、曰达，通即老仙也。降诞之夕，林梦斗母元君，手招大②鹤止屋，长啸三声而惊寤，遂就褥焉。幼有异质，长负才艺。游燕京，故交刘秉忠见而奇之，曰："真仙才也"。默挈之，久乃得一宰于中山③苦寒之地，以丁忧归，遂不复出。尝言"富贵如风灯草露，光阴似雨电浮沤"，乃决志求道。访师终南，得闻火龙妙谛。渐乃徉狂④垢污，人不能识。生平诗文，每起稿于树皮苔肉、茶汤匕箸间，积数十年，犹能记诵，然未尝录以示人也。故元朝文艺中，无有知者。子道意，孙鸣鸾、鸣鹤。鸾入明初，迁淮扬，六世孙花谷道人（即鸾嫡孙）与余为方外友。其家有林园之胜，老仙尝至其家。叩以当年轶事，则书云游诗若干首⑤、宝诰数章、丹诀一函，命藏之。花谷每为余言，不胜使人遐想也。

列传七

圆峤外史

先生辽阳懿州人也。名号屡更，游行无定，人多不测其踪。刘秉忠同师于前，廉希宪荐剡于后，至元间，以宰官致仕。洪武初年，太祖屡诏不出，盖其托仙远遁，以全仕元之节者也。故尝自称曰"大元遗老"，又尝自赞曰"大元逸民"。君子深慨其神仙名重，遂至掩其孤忠耳。平生访道，历尽艰

① 举，底作"与"，从青空洞天道光刊本《张三丰全集》改。

② 大，底本作"玄"，据《张三丰全集》改。

③ 中山，今河北省定州市。

④ 狂，底本作"徜"，据《张三丰全集》改。

⑤ 首，青空洞天朱道生刊本、《道藏辑要》本作"篇"。

辛，终南遇师之后，觅侣求铅者，足遍天涯，乃于武当山，修成大道。所可异者，先生未降世，而武当一席，早为安排。昔希夷先生，游太华，遇异人孙君仿，曰："武当九室岩，深静可居。君后有徒孙，更能发迹此山，君光大张。"盖已知名山有主人，大道有法嗣也。岂不异乎？尝闻苦竹真君传记于钟离云房，谓"他日有两口者，为汝弟子"，而其后竟遇吕祖。夫岂至人降灵，必先有年月日时、里居姓氏，预定于大罗天上耶？不然，何言之验也！圆通真人，为先生弟子，亦不能请究其故。《本传》一篇，记叙精详，《仙鉴》、《明纪》，考政皆合，然后知先生之籍贯生成，修真得道，有如是其全备者。

隐镜编年

刘元焯

梦九汪氏曰：先生之为真仙也，闻之者多。其为隐士也，知之者少矣。公余心静，适金使君式训过访，焚香话先生奇踪。使君曰："公胡不书隐为镜，发明先生大节乎？"锡龄曰："诺。"爰仿《纲目》体纪之，名曰《隐镜编年》，崇征实也。自是而先生隐迹，与先生年谱，均在兹矣。后有万年，同志者共续之。

〔纲〕洪武十七年甲子夏，诏求故元退老、一百三十七岁老人、武当山隐士张三丰，不见。

〔目〕三丰，懿州人。元定宗二年生，至元间，以博陵[①]令致仕。访道于终南、太白之间，得希夷正传。其学以忠孝慈恭为体，河洛、易象为用。至正二十七年丁未，三丰已百二十岁矣。戊申闰七月，元数已终，明太祖承天受命，三丰遂遁迹深山。十七年，大封功臣，华夷宾服，诏求德高寿尊之士。闻元张三丰隐武当山，一百余岁，至是诏之，不见也。

〔纲〕十八年春，以沈万三、邱元靖，再求武当山隐士张三丰，不见。

〔目〕万三，南京人。元靖，武当人。均系三丰弟子。太祖诏二人求之，以弟子必能劝驾也，仍不可致。

---

① 博陵，今河北省定州市。

〔纲〕二十四年夏，又以张宇初求武当山隐士张三丰，终不见。

〔目〕宇初，龙虎山人。天师后裔，袭剑印，号真人，三丰同宗也。至是以宇初求之，终不见。

〔纲〕永乐五年丁亥，命胡濙访求隐士张三丰，十年，不见。

〔目〕户科给事中胡濙，旧与三丰相识。成祖慕三丰高风，至是命胡濙求之，遍巡天下，兼察建文帝所在。去十年，始还。

〔纲〕十年三月，命孙元虚，字碧云，于武当山预候隐士张三丰，不至。

〔目〕胡濙等去访三丰，已及五年，成祖欲见之心，刻刻不忘，意其必至武当，故命元虚赍书币于武当，预为候之。

〔纲〕十四年正月，帝命安车，迎请武当山隐士张三丰，不至。

〔目〕前年孙元虚奉命，在武当山建宫拜候，至去年冬，三丰始回武当，元虚大悦，令人驰报于帝。今年春，帝命安车迎请，忽又他适，帝颇怅然。

〔纲〕十四年五月，武当山一百六十八岁老隐士张三丰入朝。

〔目〕帝以愿见之心，切切难得，乃命胡广至武当山祈祷。三丰闻之，即藏其身于洞中，引出阳神，化为隐士，戴竹冠，披鹿裘，飞入金殿，稽首阶前。时帝正御朝，望而异之，询知为三丰，即钦问长生之道。三丰曰："寡欲澄心，澹神汰虑，此陛下长生之道也。"帝曰："先生数不见朕，今何轻身至此？"三丰曰："臣本野夫，于时无用，故能修辟谷，出泥丸。今见陛下，乃臣阳神耳。昔太祖高皇帝，不能溺周颠于江上、制冷谦于麾前，皆法身，非色身也。臣今一见，特酬苦索之心。"言讫，隐去。帝封为"飞龙先生"。及胡濙、胡广诸臣还朝，闻三丰已来谒帝去矣。

〔纲〕天顺三年春，隐仙张三丰来朝。

〔目〕帝素敬道德之士，三丰鉴其诚，乃现全神晋谒。紫面凝朱，修髯如戟，髻垂脑后，若玄武然，腹大肩厚，腰绦手笠而来。稽首言曰："臣三丰，愿陛下修己安人，黜邪崇正。"忽隐去。帝亲制诰文褒之，封为"通微显化大真人"。

〔纲〕成化二十二年春，诏特封前太和山隐士张三丰为"韬光尚志真仙"。

〔目〕时僧道两徒，滥窃封诰，贪纵不法，帝厌之。因科道官进奏，遂削僧道两徒国师、真人之号，特封三丰为"韬光尚志真仙"，周颠为"宣猷辅化真仙”。

〔纲〕嘉靖四十二年秋，封张三丰为“清虚元妙真君”。

〔目〕帝晚年颇好玄秘，闻三丰显化南京，遍索其书，得《玄要篇》。阅之，叹曰：“我朝真仙也。”遂封为“清虚元妙真君”，并敕于三丰旧栖处，建清虚观祀之。

〔纲〕天启三年秋，张三丰神现宫廷，晋封“飞龙显化宏仁济世真君”。

〔目〕帝因时事多故，宫廷中设箕求仙，忽见红光覆座，光中现三丰真容。帝叩曰：“真仙教我，真仙护我。”降语甚密，移时隐去。帝感之，照前“飞龙先生显化真人”，晋封为“飞龙显化宏仁济世真君”。

梦九氏曰：“先生清皎之光，照耀明朝也至矣。”

显迹纪

三丰真人，神通广大，历代显迹，不胜枚举。若度沈万三、寄常遇春、大闹魏祠、道逢吕祖、七戏方士、玄光表异、明殿飞升，异迹灵举，详载本局[①]出版《张三丰太极炼丹秘诀》中，兹复补述数则如左。

金箔交辉

洪武初，平阳真仙张金箔，世造金箔纸，故以金箔自名，深藏道术，游戏人间，尝以金箔为药，与人治疾，无不奇效。忽又有张金点者，身著淡蓝袍，满袍皆贴金点，遂以金点为号，见者粲然。金点曰：“人有疾而服吾一点，其疾必瘳。”时有求试者，效验如神，亦不索价。是时南省多疫症，金点一身，日为众人拥取，直至点尽而止。明日来市中，其点如故，咸拜为神师。越月后，疫症稍止，金点曰：“吾今事尽，将归云山矣。”遂脱其金点道袍于地，人竞夺取，张化为金光，冲天而去。他日刘诚意闻之，曰：“此必张三丰，诡为金点，与张金箔相辉映也”。

① 本局，概指上海中西书局。《张三丰太极炼丹秘诀》，民国十八年（1929年）十一月由墨井书屋藏版、上海中西书局印行。

梦里传方

明有朱生者，兖州人也。性慈孝，忽得眼疾，对面不见物，朝夕拜天，遂梦一金色神人，长髯如戟，道貌飘然，招朱至前，曰："子心诚恪，吾有妙方，赐汝一点必明。但用好焰硝一两，铜器镕化，入飞过黄丹二分，片脑二分，铜匙急炒，入罐内收之。每点少许，其灵效有未可具述者。"朱醒而异之，即照神传调治，越日复明。朱感其神验，向空焚香，竭诚礼拜。他日到兖城，路经张仙观，入内瞻仰，忽见仙容，与梦中神人，仪装无二，不觉竦然，发愿传刊其方于世。今其方，尚载《本草纲目》中。

度汪梦九

汪公锡龄，字梦九，徽州歙县人。明嘉靖进士，按察忠愍公后裔。家素丰余，能好礼义，继客扬州江都，遂侨寓焉。公生而神异，少有夙慧，壮有治才。娶刘氏，性极恬静，尝梦女仙何一阳，颇爱玄学，与公俱二十余年，颂偈而逝。公亦不复娶。平生出处，由别驾官至四川剑南观察，辑兵爱民，人皆德之。到任二载，剑南多雨，公乃自断指甲，徒步往祷于眉山，拈香七日而天晴，咸以为仁慈所感。归经娑罗坪，忽遇至人张三丰先生来游峨眉，一见如旧。先生觉之曰："方今圣天子在上，又有贤宰辅、名公卿，相与佐治，君无忘蓬莱共处时也。"公乃大悟本来，为沈万三分神寄世，并知三丰为恩师，再求指度，师乃授以金丹要旨。公暇即静坐于高嫖、凌云两山，建修屋舍丹房，并于就日峰，自创一椁，号"藏蜕居"。夜与仙师往来。尔时民物恬熙，辕门满草矣，所未决去者，因尚有老亲在耳。继升云南永[①]北，即请终养，恐长滞于软红也。乃以次丁在，不合定例，遂阻。寻又授河南通省河道副使，因便道，抵扬州，过楚江，复遇三丰先生，传以秘诀，遽抱奇病归。时元配刘恭人去世多年，命其子思敏扶柩入蜀，葬之就日峰而公病益剧，绝粒月余，面转红畅。一日，谓弟曰："汝善事父，吾将往矣。"薰沐正襟，空中隐隐有彩云下覆，突见一气，从顶门出，乃终。（时雍正甲辰二月初七日丑时仙升）举尸入棺，轻如蝉蜕，方知成真得道人也。其子奉遗命，合刘恭人柩，同扶入川，瘗于就日峰上。后有巴南樵夫，见公于峨山，从一

① 永，底本作"水"，据《张三丰全集》改。

奇伟道人，飞行峭壁，仍如当日容貌，髭须飘飘然。

长乙子曰：题系《度汪梦九》，而此作乃如梦九先生小传，何也？盖先生观察剑南，流风善政，至今犹称颂之。兼以仙根道器，忠孝两全，故祖师亟来指度，以卫吾道。兹作搜轶事、撷遗闻，并照其寿藏碑跋著之，仍以著祖师度世之勤，而代写梦九出处也。

附：梦九先生《自题藏蜕居记》

道人姓汪，名锡龄，字梦九，号圆通。江南徽州府歙县水界山人，侨寓扬州府江都县。历官别驾、州牧、户工二部，任四川剑南观察，受修养秘法于张三丰先生之门。爱凌云山水清幽，自营葬地于就日峰内，穴得云中仙座之形，扦已山亥向，为将来藏骨之所。留题七律一诗，录之于后："自扦吉穴埋仙骨，水绕山环倍有情。就日清泉垂德泽，丹霞静室守佳城。道人久脱尘凡累，孝子无劳风木惊。莫讶老夫原未死，何妨标挂见分明。"雍正元年岁次癸卯四月初三日，圆通道人建椁自记。

秦安溷迹

秦安县有张蓬头，自云中州人，又称天外人。顶挽单髻，寒夏着一破衲，游行市上，状类疯癫。好事者畀以酒食，不问精粗多寡，啖辄尽。初未见其醉饱也，时或数日、或数十日不饮食，亦无饥渴态。晚宿寺观平地上，恒经旬不起，群以为死，足蹴之，乃欠伸张目曰："寐未熟，何溷而公为也？"县人蔡生，有别墅在城西石佛寺，花木明秀，廊槛回环，欲奉之往，蓬头殊不辞。生恒喜交游，以墅为外宅，日与品竹弹丝者相为征逐。蓬头了不为意，日方落，即僵卧如尸，终夜不闻息声。偶叩其术，曰："圣经次节，乃儒释道三教入门初基，由定而至得，其途乃分。踏实一切者，孔门也；空诸一切者，牟尼也；超乎一切者，太上也。君称茂才，当自领之耳。"生妻最悍妒，诟骂翁姑，生畏之若虎。探知生与道者并诸交，在别墅为戏，怒甚，即往斥逐。生惧以告，蓬头曰："无伤，俟其来，我自当之。"比至，见蓬头当门坐，怒声雷动，肆口傑僦，直前以左右手力批两颊，蓬头怡然不动，妻觉两手痛不可忍，急归，而十指肿若悬槌，已发疔毒，嚎呼半夜，天晓死矣。迨乾隆四十九年四月，蓬头忽劝蔡归家，蔡心迷游戏，难之，强而后可。至正月望，逆獨马心明，携其党，自伏羌窜归石峰堡，道经石佛寺，蹂躏殆尽，而蔡独免。后有陈野仙者，亦来游秦安。野仙，平凉人，冠服作道装，而饮酒食肉，起居作息如常人，结庐龙门山，危峰峭壁，殆飞鸟所不能到，不知何以上下也。其踪迹颇不远人，欲觅之，峰下呼陈爷即至。或叩以休咎，不答，但云："由他、由他！"又尝与乡人移石上崖，又尝与友人噀水灭火，一切灵异，未可俱述。兹闻野仙来游，蔡即延至其家，令与蓬头相见，而野仙若甚自惭者。留三日，野仙辞去。蔡因问蓬头，野仙何如？曰："修仙有二，其上乘自静功入门，首戒妄念，次学胎息，再演降龙伏虎之法。此皆易事，惟金丹难炼耳，丹成便可飞升，来往自如矣。今野仙，乃符箓一派，静则云霞，动则霹雳，然必传授正、蕴秘深，真师来度，亦成南宫列仙，否则五百年后，难免雷劫矣。幸野仙存心仁厚，每以其法救人困苦，虽系别道，吾将以大道传之。"居无何，蓬头亦飘然去。野仙貌肥黑，礼仪甚恭。蓬头面奇古，而神极清，去来倏忽，如游龙然。

虚舟子曰：海亭言张真人，每尝往来城市，徉狂散发，自称蓬头，神也哉！真人之住世也，不示异，不见为仙，徒示异，又恐似野仙。夫惟扫除旁门，独标正道。而以诛悍妇，救蔡家，略露其以道兼法之妙，则真人之神通大矣！惜夫蔡生不悟。

芦汀夜话

长江月白，霜露满汀，万山先生，曰子欲闻予之出处乎？予当生时，一鹤自海天飞来，咸谓令威降世。后知丁公仍在灵墟，予思彼人也，我亦人也，予岂不得似丁公？每嗟光阴之倏忽存没，富贵如风灯草尘，以是日夕希大道，弃功名，撇势利，云游湖海，拜访名师，所授虽多，皆旁门小法，与真道乖违，徒劳勤苦。延祐初，年已六十七，心命惶惶，幸天怜悯，初入终南，即遇火龙先生，乃图南老祖高弟，物外风仪。予跽而问道，蒙师鉴我精诚，初指炼己功夫，次言得药口诀，再示火候细微、温养脱胎、了当空虚之旨，一一备悉。于是知欲进道者，必须法财两用，予素游访，兼颇好善，倾囊倒箧殆尽，安能以偿夙愿？不觉忧形于色。师怪问之，予挥泪促膝以告。重蒙授以丹砂点化之药，命出山修之。立辞恩师，和光混俗，将觅真铅八两，真汞半斤，同入造化炉中煅炼，转制分接，九还已周，借此赀财，以了大事。由是起盖丹房，一身端坐，虚心养气，虚气养神，气慧神清，广觅药材，时饮蟠桃酒，朝餐玉池液，如醉如痴，补气补血，但得汞有半斤，可待他铅八两，月数将圆，金花自现，十手捉虎擒龙，采得先天一气，徐行火候抽添，自合周天度数。知复姤，进火退符；识卯酉，防危虑险。十月功完，圣胎显象；九年面壁，与道合真。所谓“跨鹤青霄如大路，任教沧海变桑田”也。吾之出处，大概如此。请与子鼓枻而歌，以尽今宵之乐！

遗迹纪

福泉山，在府城南数里，《通志》“仙人张三丰修真处”。前为高真观，后为礼斗亭，亭前有浴仙池，夏不溢，冬不涸，可以疗病。

对奕石，在府城南福泉山后，世传张三丰与隆平侯张信对奕处。

礼斗亭，在府城南高真观内，世传明初仙人张三丰，常礼斗于此。

《打坐歌》碑文，在福泉山高真观内，仙人张三丰所作，言道家之用。（以上《平越府志》）

平越府南门度石梁，过南街，道旁有高真观，为张三丰仙师道场。从北向西南行，曰卓笔山，稍西上高坡，曰倒马坡。坡半见，隔山石壁如屏，悬崖千仞，壁上有仙师影，首戴华阳冠，侧身杖策而行，分明可见。其旁刻“神留宇宙”四大字，云是仙师留记，为海内灵迹。三丰祠，在平越府城内，有礼斗亭，亭前石池名浴仙，深四五尺许，冬夏不涸。池旁有桂树已久枯，有道人来浴池中，以破衲挂树上，树复活。天启元年夏，驻镇新添司理李若楠，请鸾降坛，书一词曰：“礼斗亭，礼斗亭，张仙借此作修真。日月悬头上，风云过眼尘。茉莉元君，诸天圣人，当年曾格我精诚。今朝列仙班，显化通灵，敢忘了，托迹玄津。偶闻父母索吾名，聊借俚言为镜。”今有石碑存祠中。（《平越府志》）

遵义府乌江，有张三丰观潮处。青山隔岸，白水当门，至今石像犹在。（《贵州通志》）

宝鸡县东二里，有泉散流山麓，曰娑罗泉。泉出山巅。金碧观，仙人张三丰所居也，土窟犹存。（《云栈纪程》）

三丰仙翁每喜书唐诗，作龙蛇体，得者多刻石，以为世宝。《池州旧志》云：青牛宫石刻一律，字体异常，人称仙笔。其诗云：“仙境闲寻采药翁，草堂留话此宵同。试看山下云深处，信有人间路不通。泉引藕花来洞口，月将松影过溪东。求名心在闲难遣，明日马蹄尘土中。”此书唐人诗也。嘉靖间，都御史刘大谟跋云：是刻如雷电鬼神，变幻莫测，却又不失六书矩度，信非异人不能。九龙主人，宜加呵护，若为飚车羽轮辇去，岂不可惜哉！（《洞天记》）

丰仙书“仙境闲寻”诗，款落“玉皇道丈太和子书”。按：张仙曾隐元岳太和山，故自号为“太和子”。俗称陈希夷笔迹，非也。郎草桥谓此书，乃好奇未仕者所为，首曰“仙境闲寻”，末曰“求名心在”。仙尚有此言耶？而不知太和子者，盖喜唐人名作，借以传仙笔耳。今四川成都府二仙庵，亦有此碑，盖搨本移刊者也。又尝见峨眉石刻，有“春风倚棹阖闾城，帝子远辞丹凤阙”二本，字字作龙蛇倒绾之势，笔法更为奇妙，款落“张仙手题”，然亦录唐人句也。若以诗论，又必曰“青袍今已误儒生”，非神仙语也。（同上）

祥符寺壁上，有张三丰墨书“翔符禅院”四字，以“祥”作“翔”，极蟠拿飞舞之妙。童山诗所谓“旁有四字大如斗，擘窠云自三丰手”者也。（《绵州杂志》）

巴州县南十五里巴岳山，有张三丰所留扇、砚、竹杖各一，至今寺僧，以为宝焉。（《四川通志》）

三丰仙翁有手书六言墨绢，在成都卓氏家。其诗云：“浩气冲乎宇宙，巍巍湛湛无他。白玉毛头狮子，原来只在我家。”字挟天风海涛之势，盖明末笔迹也。（《桐君尺牍》）

高标山大殿外，左壁书孟浩然诗：“春眠不觉晓，处处闻啼鸟。夜来风雨声，花落知多少。”二十字，笔势伸缩，飞舞尽致，殿壁多敝改，惟此壁不垩，墨色如新，人以为三丰仙笔云。（《乐山县志》）

嘉州城东九顶山，瞻云峰，有三丰仙翁手书“说法台”三字，刻于崖上。其上为清晖阁，即仙翁与汪观察讲道处也。（《乐山县志》）

凌云寺，在栖鸾、集凤两峰之间，中有古碑，刻丰仙坐石观书像，上题“敕封飞龙济世真人通微显化天尊三丰张先生圣像”二十一字，皆隶书。（《凌云志》）

嘉州东南数里，有孤屿枕于江上，与乌尤、马鞍相近，旧志名“青衣别岛”。张三丰先生显迹其间，士民创亭台祀之。中有诗仙院、纯阳宫、轩然台、听潮轩、竹抱斋、印月涵日二小池。先生皆有留咏，亦胜事也。(《洞天记》)

大邑县鹤鸣山中，迎仙阁下，有张三丰手植柏树，大有五十围。今已老矣，只存枯椿，椿内复生子柏，亦近十围之大。(《四川旧志》)

鹤鸣山迎仙阁外，有胡濙访张三丰诗碑，为苔藓所蚀，只剩“磊落精神如蕴玉”之句，前后模糊，然已可宝重矣。款落“给事□濙”，三字犹在。(《邛州旧志》)

鹤鸣山中，有八卦亭，相传为张三丰先生观《易》处。其图以太极居其中，伏羲卦位包其外，盖言阴阳消长之义，以明丹火之进退耳。(《洞天记》)

太祖命真人张宇初，访求三丰，今有真人表，载在武当碑志。成祖命给事胡濙，天下物色，有手书并诗，载《双槐岁抄》。(《七修小注》)

明胡忠端尚书，成祖朝，屡奉命访张三丰真人，故吾乡口号有“胡老尚书赶张邋遢”之语。(《毗陵见闻录》)

旧志载鬼谷子、严君平、白玉蟾、张三丰，俱在峨眉。曾见《神仙真诰》云：鬼谷为太玄师，治青城山；严君平向在峨眉，未著何秩。三丰在明初，与夔府开元寺僧广海善，临别留诗一首，草鞋一双，沉香三片而去。味此则三丰游蜀，必来峨眉无疑也。《白集》遍查，无“峨眉”只字，惟今峨眉县南三十里，有玉蟾湾，缘崖蹑蹬，上有玉蟾洞，可容千人，洞壁石色如云母，仿佛见肩背丝绦，相传为玉蟾尸解处。(蒋虎臣《峨眉志余》)

平越郡城内，有张邋遢修道故迹，在高真后。洪武间，云游至此，结茅为亭。闭户静坐。与指挥张某善，尝与饮博，指城南月山寺地曰：“葬此可封侯”。张从之，后果以战功封隆平。今亭前一池，冬夏不涸，旁有一桂，亦其手植。府南五里，即武胜关，隔溪绝壁，有三丰遗照，戴华阳巾，侧身携杖而行，俨然图画。旁有明抚军郭青螺书“神留宇宙”四大字。下有夜滴金桥，虽晴夜，亦雨洒数点。又有晚霞落照，不计晴雨，俱有斜晖。(江阴陈鼎《纪游》)

黄公望，字子久，年九十余，碧瞳丹颊。一日于武陵虎跑寺，方同四客立石上，忽四山云雾涌溢，片时遂不见子久，以为仙去。予向疑耽画者饰之，今翻《道藏》玉文金笈，经公望编录者非一。其师则金蓬头，其友则莫

月鼎、冷起敬、张三丰，乃知此老原从十洲来，绘事特其狡狯之一耳。(《紫桃轩杂缀》)

按：公望画擅一时，张祖、冷谦，亦皆以画家北派驰名于世，特其墨迹不多觏耳。

卷二　丹经秘诀

中孚子按语①：中国三千年之书契，并无现代社会之出版系统和信息检索系统，存世之著作多靠传抄。印刷术发明之后，历代朝廷设有藏书机构，遂使中华文明典籍保存冠于全球。丹道学自古靠师徒秘传，关键法诀绝少付梓流于社会，故各派传人自珍其抄本互不交流，发生重复出版、重复抄写之事在所难免。张三丰真人之丹法正传，为三家相见之龙虎丹法，明代丹家尚能知之，清代伍柳派兴起，遂愈传愈秘隐而不彰矣。此书吾在访道期间数见其抄本，有题为“三丰真人天元丹法”者，有直题“丹经秘诀”者，其内容似为《性命圭旨》之节录，而闵一得则题为《尹真人东华正脉皇极阖辟证道仙经》收入《古书隐楼藏书》中，香港圆玄学院则又以《丹经秘诀》之名由徐雍辑入《张三丰道术汇宗》。此书被丹家多派传抄且更换名目重复出版，亦奇矣。

闵一得将《太乙金华宗旨》和此书推为丹道正宗付梓，应是别具只眼。今《太乙金华宗旨》已被德国传教士卫礼贤译为《金花的秘密》由瑞士分析心理学家容格作序传遍世界矣，惜乎此书尚无外文译本。《太乙金华宗旨》托名吕洞宾真人，此书则托名张三丰真人，观其法脉确与三丰派丹法相通。此书采之于《性命圭旨》，又与全真道尹志平一脉传授相关。闵一得《跋》中云：“北派龙门十一代闵一得读是经毕，欢喜踊跃，百拜稽首，谨献一偈。偈曰：‘至真妙道隐西天，东土重闻赖师述。是名《皇极阖辟经》，道宗玄旨

① 中孚子按语，摘录自《丹道法诀十二讲》，胡孚琛著，社会科学文献出版社，2009年9月第1版，859-860页。

该儒释。即修即证道并行，功用默申医世说。’”闵一得述其师沈太虚“谓此经上承正脉，是通天彻地之道。长生久视，乃其余事。”要之，此书乃明代三丰派弟子所传，称天元丹法，纯守清净，用工平实，可谓之丹家正脉矣。

丹道之师传，不过因师指而择路耳，不贵其秘密，而贵其真实。余将所得手抄本与各家刊本对校，稍加圈点，附以按语，再次付梓，无非引起世人对此经书之重视耳。此天元丹法脉络清楚，功法系统，即为初入道之学者所必需而可学可行者。凡修清净丹法之学人，得此天元丹法，和《张三丰全集》中之多种语录互参，必可步入清净丹法之坦途矣。

第一章　添油接命

原人生受气之初，在胞胎内，随母呼吸，受气而成，此缕与母相连，渐推渐开，中空如管，气通往来，前通于脐，后通于肾，上通夹脊，由明堂至山根而生双窍，由双窍下至准头，而成鼻之两孔，是以名曰鼻祖。斯时我之气通母之气，母之气通天地之气，天地之气通太虚之气，窍窍相通，无有阂隔。及乎数足，裂胞而出，剪断脐带，囫地一声，一点元阳，落于脐轮之后，号曰天心，虚灵一点是也。自此后天用事，虽有呼吸往来，不得与元始祖炁相通。人生自幼至老，断未有一息注于其中。尘生尘灭，万死万生，皆为寻不着旧路耳。所以太上立法，教人修炼，由其能夺先天之正气。所以能夺者，由其有两孔之呼吸也。所呼者，自己之元气，从中而出；所吸者，天地之正气，从外而入。人若使根源牢固，呼吸之间，亦可夺天地之正气，而寿命延长。若根源不固，所吸天地之正气，恒随呼吸而出，元气不为己有，反为天地所得，则不得其门而入耳。盖常人呼吸，皆从咽喉而下，不能与祖气相通，所谓“众人之息以喉”也。若至人呼吸，直贯明堂而上。盖切切然以意守夹脊双关，自然通于天心一窍，得与元始祖气相连，如磁吸铁，而同类相亲，即庄子[①]所谓“真[②]人之息以踵”也。踵者，深也，即“真人潜深渊，浮游守规中”之义。既潜深渊，则我命在我，而不复为大冶所陶矣。

---

① 子，底本作“生”，改。
② 真，底本作“至”，改。

此窍初凝，即生两肾，次而生心，其肾如藕，其心如莲，其梗中空外直、拄地撑天。心肾相去八寸四分，中余一寸二分，谓之腔子里，乃心肾往来之路、水火既济之乡。欲通此窍，先要穷想山根，则呼吸之气，方渐次而通夹脊、透泥丸，以达于天心祖窍，而子母会合，破镜重圆。渐渐扩充，则根本完固，救住命宝，始可言修炼工夫。行之既久，一呼一吸，入于气穴，乃自然而然之妙也。

按了真子曰："欲点长明灯，须用添油法。"一息尚存，皆可复命。人若知添油之法，续尽灯而复明，即如返魂香点枯荄而重茂也。油干灯绝，气尽身亡，若非此窍，则必不能添油，必不能接命，无常到来，懵懵而去矣。可不哀哉？吕祖曰："塞精宜急早，接命莫教迟。"接则长生，不接则夭死也。人生气数有限，而盛不知保，衰不知救，刘海蟾曰："朝伤暮损迷不知，丧乱精神无所据。"细细消磨，渐渐衰耗，元阳斯去，阖辟之机一停，呼吸之气立断。噫！生死机关，迅何如也？而世人不肯回心向道者，将谓繁耶？抑畏难耶？然于此着功法，最是简易，但行住坐卧，常操此心，藏于夹脊之窍，则天地真气，随鼻呼吸，以扯而进，自与己之混元真精凝结丹田，而为吾养生之益。

盖此窍之气，上通天谷，下达尾闾，周流百节之处，以天地无涯之元气，续我有限之形躯，自是容易。学者诚能凝神夹脊之窍，守而不离，久久纯熟，则里面皎皎明明，如月在水，自然散其邪火，消其杂虑，降其动心，止其妄念。忘念止，则真息自现；真息现，而真念无念。真息无息，息无则命根永固，念无则性体常存。性存命固，息念俱消，即性命双修之第一步功也。张崇烈云："先天气从两窍中来，西江水要一口吸尽。"即此义也。

嗟！夫人生如无根之树，全凭气息以为根株，一息不来，即命非我有。故修长生者，首节专以保固真精为本，精旺自然精化为气，气旺自然充满四肢。四肢充满，则身中之元气，不随呼而出，天地之正气，恒随吸而入。久之胎息安、鄞鄂固，斯长生有路矣。

按：道家言性命，性乃精神，命乃肉体。必先肉体坚强，始可修炼。此章言添油接命，注重固精调息，实为炼己筑基之要道。而行住坐卧，常操此心，藏于夹脊之窍，尤为道家真髓。至云人生如无根之树，全凭气息，以为根株，一息不来，即命非我有，实具至理。不知人身之根，即在丹田。煅炼丹田，即犹植物之灌溉其根也，丹田之重要如此。

真人尝撰《无根树道情二十四首》，其《序》曰："无根树者，指人身之铅气也。丹家于虚无境内，养出根株，先天后天，都自无中生有，故曰'说到无根却有根'也。炼后天者，须要入无求有，然后以有投无；炼先天者，又要以有入无，然后自无返有。修炼根蒂，如是而已。二十四首，皆劝人无根树下，细玩仙花，其药物、气候、栽接、采取之妙，备载其中，此道情之不朽者也。"

无根树道情二十四首

一[①]

无根树，花正幽，贪恋红尘谁肯修？浮生事，苦海舟，荡去飘来不自由。无边无岸难泊系，长在鱼龙险处游。肯回首，是岸头，莫待风波坏了舟。

二

无根树，花正微，树老将新接嫩枝。桃寄柳，桑接梨，传与修真作样儿。自古神仙栽接法，人老原来有药医。访明师，问方儿，下手速修犹太迟。

三

无根树，花正青，花酒神仙古到今。烟花寨，酒肉林，不犯荤腥不犯淫。犯淫丧失长生宝，酒肉穿肠道在心。打开门，说与君，无酒无花道不成。

四

无根树，花正孤，借问阴阳得类无？雌鸡卵，难抱雏，背了阴阳造化炉。女子无夫为怨女，男子无妻是旷夫。叹迷徒，太模糊，静坐孤修气转枯。

五

无根树，花正偏，离了阴阳道不全。金隔木，汞隔铅，阳寡阴孤各一边。世上阴阳男配女，子子孙孙代代传。顺为凡，逆为仙，只在中间颠倒颠。

六

无根树，花正新，产在坤方坤是人。摘花戴，采花心，花蕊层层艳丽春。时人不达花中理，一诀天机值万金。借花名，作花身，句句《敲爻》说得真。

---

① 本篇序号，皆点校者划归体例所加。

七

无根树，花正繁，美貌娇容似粉团。防猿马，劣更顽，挂起娘生铁面颜。提出青龙真宝剑，摘尽琼花朵朵鲜。趁风帆，满载还，怎肯空行到宝山。

八

无根树，花正飞，卸了重开有定期。铅花现，癸尽时，依旧西园花满枝。对月才经收拾去，又向朝阳补衲衣。这玄微，世罕知，须共神仙仔细推。

九

无根树，花正开，偃月炉中摘下来。延年寿，减病灾，好结良朋备法财。从兹可成天上宝，一任群迷笑我呆。劝贤才，休卖乖，不遇明师莫强猜。

十

无根树，花正圆，结果收成滋味全。如朱橘，似弹丸，护守堤防莫放闲。学些草木收头法，复命归根返本元。选灵地，结道庵，会合先天了大还。

十一

无根树，花正亨，说到无根却有根。三才窍，二五精，天地交时万物生。日月交时寒暑顺，男女交时妊始成。甚分明，说与君，只恐相逢认不真。

十二

无根树，花正佳，对景忘情玩月华。金精旺，耀眼花，莫在园中错拣瓜。五金八石皆为假，万草千方总是差。金虾蟆，玉老鸦，认得真铅是作家。

十三

无根树，花正多，遍地开时隔爱河。难攀折，怎奈何，步步行行龙虎窝。采得黄花归洞去，紫府题名永不磨。笑呵呵，白云阿，准备天梯上大罗。

十四

无根树，花正香，铅鼎温温现宝光。金桥上，望曲江，月里分明见太阳。吞服乌肝并兔髓，换尽尘埃旧肚肠。名利场，恩爱乡，再不回头空自忙。

十五

无根树，花正鲜，符火相煎汞与铅。临炉际，景现前，采取全凭渡法船。匠手高强牢把舵，一任洪波海底翻。过三关，透泥丸，早把通身九窍穿。

十六

无根树，花正浓，认取真铅正祖宗。精炁神，一鼎烹，女转成男老变童。欲向西方擒白虎，先往东家伏青龙。类相同，好用功，外药通时内药通。

十七

无根树，花正娇，天应星兮地应潮。屠龙剑，缚虎绦，运转天罡斡斗梢。煅炼一炉真日月，扫尽三千六百条。步云霄，任逍遥，罪垢凡尘一笔消。

十八

无根树，花正高，海浪滔天月弄潮。银河路，透九霄，槎影横空泊斗梢。摸着织女支机石，踏遍牛郎驾鹊桥。遇仙曹，胆气豪，盗得瑶池王母桃。

十九

无根树，花正双，龙虎登坛战一场。铅投汞，阴配阳，法象玄珠无价偿。此是家园真种子，返老还童寿命长。上天堂，极乐方，免得轮回见阎王。

二十

无根树，花正奇，月里栽培片晌时。拿云手，步云梯，采取先天第一枝。饮酒带花神气爽，笑煞仙翁醉似泥。托心知，谨护持，惟恐炉中火候飞。

二十一

无根树，花正黄，产在中央戊己乡。东家女，西家郎，配合夫妻入洞房。黄婆劝饮醍醐酒，每日醺蒸醉一场。这仙方，返魂浆，起死回生是药王。

二十二

无根树，花正明，月魄天心逼日魂。金乌髓，玉兔精，二物擒来一处烹。阳火阴符分子午，沐浴加临卯酉门。守黄庭，养谷神，男子怀胎笑煞人。

二十三

无根树，花正红，摘尽红花一树空。空即色，色即空，识透真空在色中。了了真空色相灭，法相长存不落空。号圆通，称大雄，九祖超升上九重。

二十四

无根树，花正无，无影无形难画图。无名姓，却听呼，擒入中间造化炉。运起周天三昧火，煅炼真空返太无。谒仙都，受天符，才是男儿大丈夫。

第二章 凝神入窍

太上云："吾从无量劫来，观心得道，乃至虚无。"夫观心者，非观肉团之血心，若观此心，则有血热火旺之患，不可不慎也。夫人有三心，曰人心、道心、天心。人心者，妄心也；道心者，照心也；天心者，元关祖窍，气穴是也。太上观心者，以道心而普照天心也。

太上又曰：入窍观心之法，凝神定息，清虚自然，六根大定，百脉平和，将向来夹脊双关所凝，潜入命府，谓送归大冶牢封固。命门一窍，即脐后一寸二分，天心是也，一名神炉，又名坤炉，息之起止，在此一穴。

盖自气穴起息，状如炉烟，随吾呼吸，仍不外乎黄庭为之主张者，盖有元神在故也。调处之法，乃以道心而照天心，则此灵谷之中，气机虽繁，有神以主，亦仍如如不动，本体常存，神与气合，紧紧不离，是名外炼，而不失夫胎息。盖如凝神于炁穴，时时收视返听，照顾不已，则此气穴，亦自寐寐惺惺，永无昏沉，而睡魔自遣，且能应抽应添，运用自如矣。《楞严经》云："一根既返元，六根自解脱。"盖无六根，则无六识；无六识，则无轮回种子；既无种子，则我一点真心，独立无倚，空空荡荡，光光净净，斯万劫而常存也。每见专务顶门之性为宗者，是不知命也；专务坤炉修命为宗者，是不知性也。纯阳曰："修命不修性，此是修行第一病；只修祖性不修丹，万劫阴灵难入圣。"若此凝神入窍之法，乃性命双修之诀，盖得中央黄晕所结之神以宰之耳。人若识于此处，而迎吾一点元神，入于元始祖窍、天心气穴之中，绵绵续续，勿助勿忘，引而亲之，一若升于无何有之乡，则少焉呼吸相含，神气相抱，结为丹母，镇在下田。待时至时，则摄吾身先天灵物，上引三才真一，油然下入，合我身中铅汞，即成无上英华，融而化之，有如北辰居所，众星皆拱之验，是皆元神潜入气穴所致，故诸气归根，万神听令。然而古哲谓是黄叶，非真金也。必须久久行之，先天性命，真正合一，如汞投铅而相制伏，而大丹真孕其中矣。盖以此段工夫，神既入窍，则呼吸亦在窍内，而吾鼻中呼吸，只有一点，而微若无，方为入窍之验。验验不失，乃得真金焉。

按：此章所论，皆丹经所未泄，了道成真，秘旨备焉。夫所谓太上观心，盖即内观、外观、远观是也。人心虽妄，当于此心之后，而退藏之。妙用无穷，皆基于此。佛家天台宗之观止，即此道耳。其法盖以观虚、观无，且观静寂也。如是观，若勿观，玄窍始开，若一杂有意念，其弊便莫测耳。又凡修持者，每日以子午卯酉四时为则，每时或坐一香、三香，运双关所凝之神，藏于气穴。守而不离，则天地之元始祖气，得以相通而入，斯时毛窍已开，必须再坐一、二香，将神敛下，方可出户，否则恐干外邪，不可不慎。

第三章 神息相依

天谷之神，湛然寂然，真性也；神炉之中，真气氤氲而不息者，真命也。之两者，即真水火、真乌兔、真夫妇，使二者纽结一团，混合一处，炼在一炉。二六时中，神不离气，气不离神，性不离命，命不离性，二者则二而一、一而二者也。其功与前章之功，一贯而下，每日子前午后，定息静坐，开天门以采先天，闭地户以守胎息，纳四时之正气，以归正室，以养胎真，渐采渐炼，以完乾体，以全亲之所生、天之所赋。真汞八两，真铅半斤，气若婴儿，阴阳吻合，混沌不分，出息微微，入息绵绵，内气不出，外气反入。久之，神炉药生，丹田火炽，两肾汤煎，此胎息还元之初、众妙归根之始也。则一刻工夫，可夺天地一年之节候。璇玑停轮，日月合璧，真是"万里阴沉春气到，九霄清彻露华凝"，妙矣哉，真阳交感之候欤。盖神入气中，犹天气之降于地；气与神合，犹地道之承于天，《易》曰"大哉乾元，万物资始"也。盖一阳不生于复，而出于坤，坤虽至阴，然阴里藏阳，大药之生，实根柢于此。药将产时，譬如孕妇保胎一般，一切饮食起居，俱应小心谨慎。诗云："潮来水面侵堤岸，风定江心绝浪波。性寂情空心不动，坐无昏愦睡无魔。"此惟凝神气穴，定心觉海，元神与真气相依相恋，自然神满不思睡，而真精自凝，铅汞自投，胎婴自栖，三尸自灭，九虫自出，其身自觉安而轻，其神自觉圆而明，若此便是长生路。修真之士，果能将夹脊双关所凝之神，藏于气穴，守而不离，则一呼一吸，夺先天元始祖气，尽入气穴之中。久而其气充满，畅于四肢，散于百骸，无有阻滞，则自然神炉药生，而两肾汤煎、丹田火热，则开自关焉。

按：此一段工夫，妙在照之一字。照者，慧日也。慧日照破昏衢，能见本来面目。《心经》云："照见五蕴皆空。"空者，光明之象也。五蕴皆空，则六识无倚，九窍玲珑，百关透彻，空空荡荡，光光净净。惟到此地，方为复我本来之天真，还我无极之造化。明心见性，汞去金存，再行添油入窍之功，神息永不相离，只待婴儿成形，移居内院（即泥丸，又曰玉清宫），以待飞升之日也。

第四章 聚火开关

开关乃修真首务，胎息即证道根基。未有不守胎息，而望开关，不待开关，而能得长生住世者。许真人曰："关未开，休打坐，如无麦子空挨磨；开得关，透得锁，六道轮回可躲过。"此不刊之论也。

开关之法，择黄道吉日，入室静定，开天门以采先天，闭地户以守胎息，谨候神炉药生，丹田火炽，两肾汤煎，见此功效，上闭巽窍，塞兑垂帘，神息归根，以意引气，沉于尾闾，自与水中真火纽作一股，直撞三关。当此之时，切勿散漫，倒提金锁，以心役神，以神驭气，以气冲火，火炽金镕，默默相冲，自一息至数百息，必要撞开尾闾，火逼金过太元关，而闾口内觉刺痛，此乃尾闾关开之验。一意后冲，紧撮谷道，以鼻息在闾抽吸，内提上去，如推车上高坡陡处，似撑船到急水滩头，不得停篙住手，猛烹急炼，直逼上升。再经夹脊双关，仍然刺痛，此又二关开通之验。以神合气，以气凝神，舌拄上腭，目视顶门，运过玉枕，直达泥丸顶上，融融温暖，息数周天数足，以目左旋三十六转，铅与汞合，真气入脑而化为髓。再候药生，仍行前功，每日昼夜，或行五七九次，行之百日，任督自然交会。一元上下，旋转如轮，前降后升，络绎不绝。内有一股氤氲之气，如云如雾，腾腾上升，冲透三关，直达紫府。渐采渐凝。久则金气布满九宫，补脑之余，化而为甘露，异香异美，降入口中，以意送入黄庭土府，散于百络，否则送炉。如是三关透彻，百脉调合，一身快畅，上下流通，所谓"醍醐灌顶得清凉，同入坤炉大道场"者此也。

百日之功，无间时刻，关窍大开，方可行采药归壶之事。不然纵遇大药，而关窍不开，徒费神机，采亦全无应验。故余尝曰："不炼还丹先炼性，未修大道且修心。修心自然丹性至，性至然后药材生。"还虚子曰："开关之法，妙在神守双关一窍。盖此窍能通十二经络，善透八万四千毛窍，神凝于此，闭息行持。久之精满气化，气满自然冲开三关，流通百脉，畅于四肢，窍窍光明。"此为上根利器也。然于中下之士，行功怠缓，则关窍难开，必得[①]丹田火炽，两肾汤煎，依法运行，方能开通。故经云："神行则气行，神住则气住。"开关功夫，不外乎此。"

按：吕纯阳《医世功法》入手，亦以开关为第一要义。盖人身最重要之器官，即为脊柱。自尾闾以至泥丸，满蓄精髓，外有交感神经，分达全身。近代欧美盛行之按脊术，善治百病，脊柱之重要，概可想见。道家修炼，重在开关，以通精气，甚有深意在也。此章功夫，始而妙在神气纽在一股，默默透后上冲，次则直如推车上半山，渡江临急流，必欲登峰达岸而后已。学者专心致志，努力行持，自有此效。

第五章 采药归壶

采药必用夜半子时，其时一阳初动者，太阳正在北方，而人身之气在尾闾，正与天地相应，乃可以盗天地之机，夺阴阳之妙，炼魂魄而为一，合性命以双修。盖此时乃坤复之际，天地开辟于此时，日月合璧于此时，草木萌蘖于此时，人身阴阳交会于此时，至人于此时而采药，则内征外应，若合符节，乃天人合发之机，至元而至妙者也。经云："食其时，百骸理，盗其机，万化安。"又云："每当天地交合时，盗取阴阳造化机。"

于亥末子初之时，清心静坐，凝神定息，收视返听，一念不生，万缘尽息。浑沦如太极之未分，溟涬如两仪之未兆，湛然如秋江之映月，寂然如止水之无波，内不知乎吾身，外则忘乎宇宙。虚极静笃，心与天通，先天大药，随我呼吸而入于黄庭。周天数足，铅汞交结，天然真火，薰蒸百脉，周流六虚，冲和八表。一霎时雷轰巽户，电发坤门，五蕴空明，九宫透彻，玉鼎汤煎，金炉火炽，黄芽遍地，白雪漫天，铅汞髓凝，结如黍珠。三十六宫花似锦，乾坤无处不春风。诀曰："存神惟在肾，水火养潜龙，含光须脉脉，调息顺鸿蒙。"此乃封闭之要诀也。

按：金丹大药，孕于先天，产于后天，其妙在乎太极将判未判之间。静已极，而未至于动；阳将复，而未离乎阴。斯时也，冥冥兮如烟岚之罩山，濛濛兮如雾气之笼水，霏霏兮如冬雪之渐凝渐聚，沉沉兮如浆水之渐淀渐

---

① 必得，底本作"一旦"，据《古书隐楼藏书》本改。

清，俄顷痒生，毫窍肢体如绵，心觉恍惚而阳物勃举矣。此时阳气通天，信至则琼钟一扣，玉洞双开，时至气化，药产神知，地雷震动巽门开，龙向东潭踊跃来，此是玄关透露，精金出矿之时矣。邵尧夫云："恍惚阴阳初变化，絪缊天地乍回旋。中间些子好光景，安得工夫入语言。"白玉蟾云："因看斗柄运周天，顿悟神仙妙诀，一些真阳生坎位，补却离宫之缺。自古乾坤，这些离坎，日月无休歇。今年冬至，梅花依旧凝雪。先圣此日，闭关不通来往，皆为群生设，物物总含生育意，正在子初亥末，造物无声。水中火起，妙在虚危穴，如今识破金乌，飞入蟾窟。"所谓虚危穴者，即地户禁门也。其穴在于任督二脉中间，上通天谷，下达涌泉。故先圣有言："天门常开，地户永闭。"盖精气聚散常在此处，水火发端亦在此处，阴阳变化亦在此处，有无交入亦在此处，子母分胎亦在此处，故仙家名为生死窟。《参同契》云："筑固灵株"者，此也。"拘畜禁门"者，此也。《黄庭经》云："闭塞命门保玉都"者，此也。"闭子精路可长活"者，此也。盖真阳初生之时，形如烈火，状似炎风，斩关透路而出，必由此穴经过。因闭塞紧密，攻击不开，只得驱回尾闾，连空焰赶入天衢，望上奔，一撞三关，直透顶门，得与真汞配合，结成大丹，非拘束禁门，安能采药入壶耶。

一阳动处众阳来，玄窍开时窍窍开。收拾蟾光归月窟，从兹有路到蓬莱。

第六章　卯酉周天

夫先天大药，入于黄庭者，采药也。卯酉周天，左右旋转者，收功也。余撰《铅火秘诀》云："大药之生有时节，亥末子初正二刻。精神交姤含光华，恍恍惚惚生明月。姤毕流下喷泡然，一阳来复休轻泄。急须闭住太玄关，火逼金过尾闾穴。采时用目守泥丸，垂于左上且凝歇。谓之专理脑生玄，右边放下复旋折。六爻数毕药升乾，阳极阴生往右迁。须开关门以退火，目光下瞩守坤田。右上左下六凝住，三八数了一周天。此是天然真火候，自然升降自抽添。也无弦望与晦朔，也无沐浴达长篇。异名剪除譬喻扫，只斯数语是真诠。"此于采药归壶后行之，则所结金丹，不致耗散。大药采来归鼎，若不行卯酉周天之功，如有车无轮，有舟无舵，欲求远载，其可得乎？

其法先以法器顶住太玄关口，次以行气主宰，下照坤脐。良久，徐徐从左上照乾顶，少停，从右下降坤脐，为一度。如此三十六转，为进阳火。三十六度毕，去了法器，开关退火，亦用行气主宰，下照坤脐。良久，徐徐从右上照乾顶，少停，从左下降坤脐，为一度。如此二十四，为退阴符。吕祖云："有人问我修行法，遥指天边月一轮。"此即行气主宰之义也。

此功与采药归壶之功，共是一连。采取药物于曲江之下，聚火载金于乾顶之上，乾坤交媾于九宫，周天运转而凝结，故清者凝结于乾顶，浊者流归于坤炉。逐日如此抽添，如此交媾，汞渐多而铅渐少，久而铅枯汞乾，阴剥阳纯，结成牟尼宝珠，是为金液大还丹也。盖坎中之铅，原是九天之真精，离中之汞，原是九天之真气。始因乾体一破，二物遂分两弦，常人日离日分，分尽而死。而至人法乾坤之体，效坎离之用，夺神功，改天命，而求坎中之铅，制离中之汞，取坎中之阳，制离中之阴，盖阳纯而复成乾元之体也。紫阳曰："取将坎位中心实，点化离宫腹内阴。自此变成乾健体，潜藏飞跃尽由心。"丹经云："移来北斗过南辰，两手双擎日月轮。飞趁昆仑山顶上，须臾化作紫霄云。"皆言周天之道也。

按：乾坤交媾，后升前降，采外药也。左旋三十六，以进阳火；右转二十四，以退阴符。皆收内药而使来归壶，不致耗散也。日积月久，炼成一黍米之珠，以成真人者，即此也。世人只知有乾坤交姤，而不知卯酉周天，是犹有车而无轮，有舟而无舵，欲望远载，其可得乎？书中谓用目守泥丸云云。盖目者，阳窍也。人之一身皆属阴，唯有这点阳耳。我以这一点之阳，从下至上，从左至右，转而又转，战退群阴，则阳道日长，阴道日消，使真炁上下循环，如天河之流转，眼之功用大矣哉。夫妇人小产，牛马落胎，并抱鸡之卵，俱双目已全，而脏腑未成形，乃知目乃先天之灵，元神所游之宅也。《皇极经世书》曰："天之神，栖于日；人之神，发于目。"岂非目，为吾身中之大宝也欤？

第七章　长养圣胎

三丰真人曰：始初那点金精，浑然在矿，因火相逼，遂上乾宫，渐采渐积，日烹日镕，损之又损，炼之又炼，直至烟消火灭，方才成一粒龙虎金丹。圆陀陀，活泼泼，辉煌闪灼，光耀昆仑，放则迸开天地窍，归复隐于翠微宫。此时药也不生，轮也不转，液也不降，火也不炎，五气俱朝于上阳，三花皆聚于乾顶，阳纯阴剥，丹熟珠灵，此其候也。

然鼎中有宝非真宝，欲重结灵胎，而此珠尚在昆仑，何由得下而结耶？必假我灵，申透真阳之气以催之，太阳真火以逼之。催逼久，则灵丹自应时而脱落，降入口中，化为金液，而直射于丹扃之内，霎时云腾雨施，雷轰电掣，鏖战片晌之间，而消尽一身阴滓，则百灵遂如车之辏毂，七宝直如水之朝宗矣。许宣平曰："神居窍而千智生，丹入鼎而万种化。"然我既得灵丹入鼎，内外交修，炼之又炼，至与天地合德，则太虚中自有一点真阳，从鼻窍而入于中宫，与我之灵丹合而为一。盖吾身之灵，感天地之灵，内征外应，浑然混合。老子云："人能常清净，天地悉皆归。"

当此两阳乍合，圣胎初凝，必须时常照觉，谨慎护持，如小龙之初养珠，如幼女之初怀孕，牢关圣室，不可使之渗漏。更于一切时中，四威仪内，时时照顾，念念在兹，混混沌沌，如子在抱，终日如愚，不可须臾间断也。葛仙翁曰："息息归中无间断，天真胎里自坚凝。"陈虚白曰："念不可起，念起则火炎；意不可散，意散则火冷。"惟要不起不散，含光默默，真息绵绵，此长养圣胎之火候也。

按：道家之言圣胎也，与三丰真人相发明者綦夥。吕纯阳云："天生一物变三才，交感阴阳结圣胎。"白玉蟾云："鸡能抱卵心常听，蝉到成形壳始分。"钟离翁云："胎内婴儿就，勤加温养功。时时照丹扃，刻刻守黄中。"陈泥丸云："男儿怀孕是胎仙，只为蟾光壳壳圆。夺得天机真造化，身中自有玉清天。"龙眉子云："形如雀卵团团大，间似骊珠颗颗圆。龙子脱胎吞入口，此身已证陆神仙。"白真人云："怪事教人笑几回，男儿今也会怀胎。自家精血自交媾，身里夫妻是妙哉。"王重阳云："闲中偶尔到天台，忽见霞光五色开。想是金丹初变化，取归鼎内结婴孩。"薛紫贤云："四象包含归戊土，辛勤十月产婴孩。"张紫阳云："婴儿是一含真炁，十月胎圆入圣基。"陈致虚云："饥餐渴饮困来眠，大道分明身自然。十月圣胎完就了，一声霹雳出丹田。"此皆道家言圣胎之道也。然佛家亦有言之，《楞严经》云："如胎已成，人相不缺，名方便具足住，容貌如佛，心相亦同，名正心住，身心合成，日益增长，名不退住，十身灵相，一时具足，名童真住。形出成胎，亲为佛子，名法王子住。表以成人，如国大王。以诸国事，分委太子，彼刹利王世子长成，陈列灌顶，名灌顶住。夫入如来种者，以种性为如来之种子，以自造化如来也，故曰道胎，又曰觉胤。其与妇人之婴儿，玄门之胎仙，亦何异哉？”及至形成出胎，亲为佛子，岂不是“真人出现大神通，从此天仙可相贺”耶？盖丹书梵典，皆蕴妙谛，但人不知而蓦直看过，犹如遗珠路旁而不拾，岂不惜哉！窃谓人身中之至要者，曰电，即道家之所谓精气神也，修炼至于长养圣胎，此电已炼成纯熟，故名曰胎。一旦婴儿现形，出神脱壳，则此电已能运用自如，故获不可思议之效也。丹书称喻繁晦，识浅之徒，遂从而诬之，病在不肯虔心研究耳。

第八章　乳哺婴儿

修真之士，一旦火候已足，圣胎已圆，犹果之必熟，儿之必生，弥历十月脱胎。释氏以此谓之“法身”，老氏以此谓之“婴儿”。盖炁穴，原是神仙长胎住息之乡，赤子安身立命之处。婴儿既宴坐静室，安处道场，须藏之以玄玄，守之以默默，始假坤母黄芽以育之，继聚天地生气以哺之，此感彼应。其中自呼自吸，自阖自辟，自动自静，自由自在。若神仙逍遥于无何有之乡，纵到此大安乐处，仍须关元，勿令外缘六尘魔贼所侵，内结烦恼奸回所乱。若坐若卧，常施莹净之功，时行时止，广运维持之力，方得六门不漏，一道常存。真体如如，丹基永固，朝夕如此护持，如此保固，如龙之养珠，如鹤之抱卵，而不敢顷刻之偶忘，方谓“真人潜深渊，浮游守规中”也。其法以眼观内窍，以耳听内窍，潜藏飞跃，总是一心，则外无声色、臭味之牵，内无意必固我之累，方寸虚明，万缘澄寂，而我本来之赤子，遂怡怡然安处其中矣。老子云：“外其身而身修，忘其形而形存。”如心空无碍，则神愈炼愈灵；身空无碍，则神愈炼愈精。炼到形与神而相涵，身与心而为一，才是形神俱妙，与道合真者。古仙云：“此际婴儿，渐露其形，与人无异。”愈要含华隐跃，镇静心田者，若起欢心，即为着魔。婴儿既长，自然脱窍，时而上升乾顶，时而出升虚际，时而顿超三界，外不在五行中出没，隐现人莫能测，修道必经之境。古哲处之，惟循清虚湛寂焉，是为潜养圣婴之至道。偈曰：“含养胞胎须十月，婴儿乳哺要千朝。胎离欲界升内院，乘时直上紫云霄。”

按：火候已定，圣胎已完，全赖灵父圣母，阴阳凝结以成之。虽然婴儿显象，尚未老成，须六根大定，万虑全消，而同太虚之至静，则婴儿宴居静室，安处道场，始能得灵父圣母虚无之祖炁，以养育之。养育之法，神归大定，一毫不染，开天门以采先天，闭地户以守坤室。无昼无夜，刻刻提防，勿令外缘六尘所侵，内贼五阴嗔魔扰乱。心心谨笃，三年婴儿老成，自得超升天谷，直与太虚不二矣。

第九章　移神内院

三丰真人曰：始而有作有为者，采药结丹，以了命也。终而无作无为者，抱一冥心，以了性也。昔达摩面壁九年，方超内院；世尊冥心六载，始脱藩笼。夫冥心者，深居静室，端拱默默，一尘不染，万虑潜消，无思无为，任运自如，无视无听，抱神以静，体含虚极，常觉常明，此心常明，则万法归一。婴儿常居于清净之境，栖止于不动之场，则色不得而碍之。

“无位真人居上界，空寂更无尘可碍。[①]有为功就又无为，无为也有功夫在。”所请居上界者，盖即婴儿之栖天谷也。空寂明心者，盖即吕祖“向晦入宴息，冥心合道”之法也。“无为也有功夫在”者，盖即太上即身即世，即世即心，遥相固济之宗旨。其次盖即谭长真所云：“婴儿移居上丹田，端拱冥心合自然。修道三千功行满，凭他作佛与升仙”也。谓必移居天谷者，非必以地峻极于天，实以其纯一不杂，婴儿居此，自无一毫情念得起，但起希仙作佛之心，便堕生死窟中，不能得出。夫此清净体中，空空荡荡，晃晃朗朗，一无所有，一无所住，心体能知。知即是心，心本虚寂，至虚至灵。由空寂虚灵而知者，先知也。由空寂虚灵而觉者，先觉也。不虑而觉者，谓之正觉。不思而知者，谓之真知。虽修空不以空为证，不作空想，即是真空。虽修定不以定为证，不作定想，即为真定。空定真极，通达无碍，一旦天机透露，慧性灵通，乍似莲花开，恍如睡梦觉，忽然现乾元之境，充满于上天下地，而无尽藏，此正心性常明，炯炯不昧，晃朗宇宙，照彻古今，变化莫

① 此二句底本无，按内容据《古书隐楼藏书》补。

测，神妙无方。虽具肉眼，而开慧眼之光明；匪易凡心，而同佛心之觉照，此由见性见到彻处，修行修到密处，故得一性圆明，六根顿定。

何谓六通？玉阳大师曰："坐到静时，陡然心光发现，内则自见肺腑，外则自见须眉，知神踊跃，日赋万言，说法谈玄，无穷无极，此是心境通也。不出庐舍，预知未来，身处室中，见墙见物，此是神境通也。正坐之间，霎时迷闷，混沌不分，少顷，心窍豁然大开，天地山河，犹如掌上观纹，此是天眼通也。能闻十方之语，如耳边音，能忆前生之事，如眼前境，此是天耳通也。或昼或夜，能入大定，上见天堂，下见地狱，观透无数来劫，及宿命所根，此是宿性通也。神通变化，出入自如，洞见众生心内隐微之事，意念未起，了然先知，此是他心通也。"若是者，何也？子思曰："心之精神谓之圣。"故心定而能慧，心寂而能感，心静而能知，心空而能灵，心诚而能明，心虚而能觉。

功夫至此，凡一切善恶境界，楼台殿阁，诸佛众仙，不可染着，此时须用虚空之道，而扩充之。则我天谷之神，升入太虚，合而为一也。再加精进，将天谷元神，炼到至极至妙之地，证成道果。太上曰：将此身世身心，融归入窍。外则混俗和光，出处尘凡，而同流俗，往来行藏，不露圭角，而暗积阴功，开诚普度，以修以证。是正性命双修之妙用，究其旨归，不外皇极阖辟之玄功。

《易》曰"先天而天弗违"者，盖言机发于心，两大之气机，合发而弗违也。此即人能弘道之旨，而功法不外神栖天谷，行夫不识不知，惟深惟寂，阳光不漏，故能愈扩愈大，弥远弥光，自然变化生神，生之又生，生之无尽；化之又化，化之无穷。

东华帝君曰："法身刚大通天地，心性圆明贯古今。不识三才原一个，空教心性独圆明。"是言当以普济为事，是即行满三千，功圆八百之旨也。又曰："世间也有修元者，先后浑凝类圣婴。若未顶门开巨眼，莫教散影与分形。"是言杂有后天。后天有形，一纸能隔，况骨肉乎？若夫先天，金玉能透，何劳生开巨眼哉？惟其杂有后天，开眼而出，虽可变化无穷，未能与天合德，故须加以九年面壁之功，淘洗净尽，乃与天合，自然跳出五行之外，返于无极之乡。证实相，玄之又玄；得真功，全之又全，成金刚不坏之体，作万年不死之人，自觉觉他，绍隆道种。三千功满，而白鹤来迎；八百行圆，而丹书来诏，飞升金阙，拱揖帝乡。

《中和集》云："成就顶门开一窍，个中别有一乾坤。"然此顶门，岂易开哉？先发三昧火以透，不通，次聚太阳火以冲之，二火腾腾，攻击不已，霎时红光遍界，紫焰弥天，霹雳一声，天门开也。吕祖亦云："九年火候真经过，忽而天门顶中破。真神出现大神通，从此天仙可称贺。"此言后天未净，破顶而出也。至于积功累行，全在神栖内院之时。余（三丰真人自称）昔有句云："功圆才许上瑶京，无限神通在色身。行满便成超脱法，飘然跨鹤觐三清。见今金阙正需材，邱氏功高为救灾。止杀何如消杀劫，三千世界尽春台。"即言此事也。

按：诸仙脱壳，各有不同，有从宝塔出者，有从红楼出者，有看月而出者，有对镜而出者，未必皆由于冲顶门而出也。一旦功满道成，乘云气，御飞龙，升玉京，游帝阙，劫火洞烧，我则优游于真如之境。桑田变海，我则逍遥于极乐之天，聚则成形，散则成气，隐显莫测，变化无穷。入水火而不溺不焚，步日月而无形无影，刀兵不能害，虎兕不能伤，阎罗不能止其死，帝释不能宰其生，纵横自在，出入自由。信乎紫阳之言曰："一粒灵丹吞入腹，始信我命不由天。"此大丈夫得意之秋、功成名遂之日也。人生到此，宁不快哉！宁不快哉！

第十章　炼虚合道

水邱子曰："打破虚空万亿劫，既登彼岸舍舟楫。阅尽丹书万万篇，末后一句无人说。"李真人曰："欲说未说今将说，即外即内还虚寂。气穴为炉理自然，行满功圆返无极。"高真人曰："此秘藏心印，皆佛佛相授，祖祖相承。迄今六祖衣钵，止而不传，世传炼神还虚而止者，犹落第二义，非无上至真之道也。"

禅关一窍，息心体之，一旦参透，打开三家宝藏，销释万法千门，还丹至理，豁然贯通，而千佛之秘藏，复开于今世。盖释曰禅关，道曰玄窍，儒曰黄中。事之事之，方能炼虚合道，乃为圣谛第一义，即释氏最上一乘之法也。

此法无他，只是复炼阳神，以还我毗庐性海，以烹以炼，浊尽清纯，送归天谷。又将天谷之神，退藏于密，如龙养颔下之珠，似鹤抱巢中之卵，即内即外，即气即心，凝成一粒，谨谨护持，无出无入，眼前即是无量寿国。而此三千大千世界，咸各默受其益，无有圭角可露，虚寂之极，变化之至，则其所谓造化者，自然而复性命，自然而复空虚，到此则已五变矣。变不尽变，化不尽化，此通灵变化之至神者也。故神百炼而愈灵，金百炼而愈精，炼之又炼，则炉火焰消，虚空现若微尘，尘尘蕴具万顷冰壶世界。少焉，神光满穴，阳焰腾空，自内窍达于外窍，外大窍九，以应九州。大窍之中，窍窍皆大神光也。小窍八万四千，以应郡邑，小窍之中，窍窍皆大神光也。澈内澈外，透顶透足，在在皆大神光。

再摄归祖窍之中，一尘不染，寂灭而静定，静定之久，则红光如奔云发电，从中窍而贯于上窍，则更无论大小之窍，而神光动耀，照彻十方，上天、下地、中人，无处不照耀矣。如是更加敛摄，消归祖窍之中，一尘不染，寂灭而静定。静定之久，则六龙之变化已全，而神更变为舍利之光，如赫赫日轮，从祖窍之内，一涌而出，化为万万毫光，直上于九霄之上，普照大千世界。一如大觉禅师所说，偈言："一颗舍利光烈烈，照尽亿万无穷劫，大千世界总皈依，三十三天咸统摄。"故太上有云："天地有坏，这个不坏。"这个才是先天主人翁，这个才是真性本体，这个才是金刚不变、不换之全真，这个是无始以来、不生不灭之元神，这个大神通、大性光觉照阎浮提，普度一切，才是不可称、不可是、不可思议之功德也。

卷三　玄谭

三丰真人自序

仆自幼酷好炉火，百无一成。又以轩辕铸九鼎而成道，以为用鼎器九人，仆也曾进过五七鼎，并无成就。且人念头一动，先天纯朴即散。先天即丧，后天虽存，何益于身心？不过健其四大而已。这样无知下愚之徒，岂知天不言而四时行、百物生之妙哉？人身造化同天地，但不知天之清、地之宁也，且不知主宰造化是何物。若能知此清净为体，以定为基，天心为主，元神为用，三盗相宜，还返天真，复命归根，何患不至圣人地位哉！

如鼎一事，纵有所得，不过却病延年而已，否则有害无益。仙佛所为，万万无此事，断断无此理也。何以故？丧其无象，散其无体，是以不出于万物有形之表也。今人多言“七七白虎双双养”，以为用十四之鼎器。噫！岂知“两七聚，辅翼人”，即经云“履践天光，呼吸育清”之妙？又言“花酒悟长生”，俱执以为鼎器。又岂知“月圆时玉蕊生，月缺时金花谢”之喻，坤复之间，得先后天，常似醉之语哉？仙又言“家家有之”，何男女鼎器之用？此乃知和光同尘，积铅于市廛，法财两用，方得大用现前之说也。不遇真师，皆错认男女相之为鼎器，可胜叹哉！有缘之士，得遇真师，潜心默炼，则金丹可坐而致，同志之士，宜三复是书，而毋为盲人所惑也。

玄谭

张三丰曰：夫道，中而已矣，故儒曰“致中”，道曰“守中”，释曰“空中”。而内丹之所谓“中”，窍中之窍也。窍中之窍，乃真中也。余独慨夫世人之不识中也，或求之九宫之中，曰泥丸，而不得也；或求之脐下一寸三分，曰丹田，而不得也；或求之心脐相去八寸四分，而以中一寸二分为中，与夫两肾之间，前对脐轮，而不得也。夫以有形求之，而皆不能得也。乃复逆而度之，则关曰玄关，牝曰玄化，岂虚无之谷，而不可以有形求欤？夫以无形求之，而又不能得也。乃复逆而度之，则曰“无而不着于无，有而不着于有”，岂非有非无，而不着于有无间欤？智过颜、闵，真难强猜。予今冒禁言之，非得已也，盖以神仙降生于此时者众，以救世也。或官矣，或士矣，农工商贾矣，道矣，释矣，故作此篇，以籲徕之，俾知救世，复返天上，而不堕落于尘寰者，此余之心也。图说如后：

释氏外景图

○

外景也者，外其身而虚空之，先了性也。

张三丰曰：释氏了性，须要持斋，故太虚是我，先空其身。既空其身，天地亦空，天地既空，太空亦空，空无所空，乃是真空。

又曰：无无乃出天地，外虚空以体无无。

道家内景图

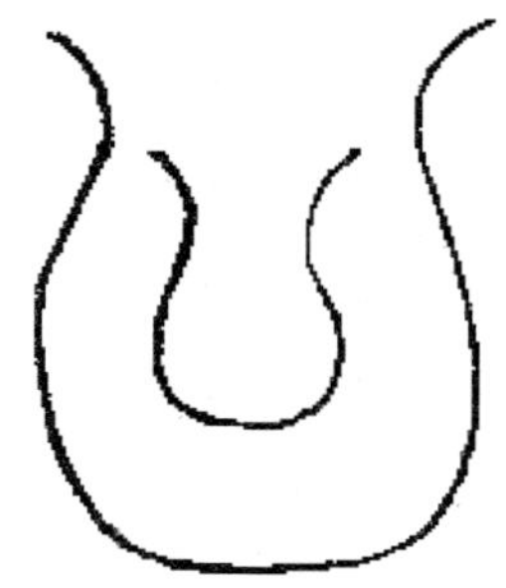

内景也者，内其身而胎息之，先了命也。

张三丰曰：胎因息长，息因胎住，而窍中之窍，乃神仙长胎住息之真去处也。天地虽大，亦一胎也，而日月之往来，斗柄之旋转者，真息也。又不观三氏之书乎，《易经》曰："成性存存，道义之门。"《道德经》曰："玄之又玄，众妙之门。"《遗教经》曰："制之一处，无事不办。"皆直指也。

我之看书无滞，才知圣凡一炁，不为盲人迷惑。扫尽旁门，重发志气，低心下意，历魔历难，苦求明师，穷取受炁之初。初者，先天始祖之炁，含着一点真阴真阳，产于天地之先，混元之始。这个灵明黍米宝珠，悬在至空至正之中，明明洒洒，但有未明旨的人，若醉相似，离此一着，都是旁门。这个灵明宝珠，于空悬之中，包含万象，发生万物，都是此⊙者。此物在道，喻为真铅真汞，一得永得。不可执乾坤、日月、男女相上去，只于己身内外安炉立鼎，炼己持心，明理见性之时，攒簇发火，不出乎一个时辰，立得一黍玄珠，现于曲江之上。刀圭入口，顷刻之间，一窍开百窍齐开，火发四肢，浑身筋骨血肉都化成炁，与外水银相似。到此时候，用百日火力，方有灵妙，一得永得，勿使返还，住世留形，炼神还虚，与道为一矣。

○此物在释门，说是真空，真如觉性。若知下手端的，炼魔见性，片晌工夫，发起三昧真火，返本还元，一体同观，天地咸空，霞光万道，五眼六通，炼成金刚不坏之身，了鬼神窥不破之机。

○此物在儒，是无极而太极。依外天地而论，无极是天地周图，日月未判之前，四维上下不辨，一混混沌沌，如阴雾水，及气至时到，气满相激，才生太极。太极是日月，只要体法天地日月，不是要采天地之日月也。日月既生，天地自分。清气在上为天，虚无一派神祇，都是清炁精明之光曜也；浊气在下，大地山河人民，俱在地下。五谷一切万物，虽在地发生，都倚天气方得有生。天之清气为纯阳，地之浊气为纯阴，而露从天降，是阳能生阴，万物从地生，是阴能生阳。天地是个虚无，包藏无穷尽、无边际，天之星宿神祇，其动转各有方位，地下万物，按四时八节，发生总自虚无。夫日月，是天之精，上照三十三天，下照九泉黄极，东西运转，上下升降，寒暑往来。日是纯阳之体，内含一点真阴之精，属青龙、姹女、甲木、水银、金乌、三魂，即是外彼；月是纯阴之体，内含一点真阳之炁，属白虎、婴儿、庚金、朱砂、玉兔、七魄，即是内我。人身造化同天地，故人身亦有真日月，道本在迩，而人反求诸远也。三魂属性，性在天边；七魄属命，命在海底。内外通来性命两个字，了却万卷书。性属神是阴，命属炁是阳，故曰“一阴一阳之谓道”也。那个真阴与真阳相对，这个真阴之精既不知，又乌知这一点真阳之炁乎？今之学者，不惟不知真阳，亦且不知真阴，若知真阴，则真阳亦自知之矣。不遇真师，枉用猜疑，是道在天地，天地亦不知也。学者穷究身中天地人三才之妙窍，一身内外阴阳真消息，如不得旨，一见诸书之异名，必无定见，执诸旁门，无能辨理。既不能穷理，则心不明，心既不明，则性天不能如朗月。既不能见性，焉能知命？噫！只为丹经无口诀，教君何处结灵胎。

〔外〕先天真阳。此图，是一身内外之造化，名通天窍、炼丹炉、躲生死路、生身处、父母未生前、五行不到处。一点真阳，明明在四大形山秘密处，此个消息，玄之又玄。此个灵明宝珠在人身，与外天地日月同体，是一身之祖炁。“今日说破真父母，明朝不怕死和生”，即太上慈悲所言，《黄庭经》外景之旨也。

〔中〕身中。○此图，是产天地之造化，剑铸雌雄，药看老嫩，全在此中，安天立地，不离此中。万劫因缘要正传，是天炁下降不到地，地炁上升不到天，空里常悬，理最难明，故曰“中间一窍少人知，须要明师亲口传”。然乾坤交姤亦在此也，坎离交姤亦在此也。

〔内〕海底命主。此一图，是海底金精之灵龟，吾身彼家之兑金，戊土之命主。浑身百脉，五脏六腑，全凭此物执掌，且成仙成佛，超生出死，亦凭此穴安排。实是个固命之地，养命之方，却诸病不生，为万炁之根蒂，乃一身中之太极，即太上慈悲所言，《黄庭》内景之旨也。

天、地、人三才，实在自己一身而言。以后天论之，则于身中有象有方；若以先天究之，则生天、生地、生人、生物，无象无方之物也。仙云："先天不得后天，无以招摄；后天不得先天，无以变化。"此是天地人，在己身内外，上中下三个真消息，三个真炉鼎，又属三乘妙法，体外天地人三才，廓外三教经书。此个五行中人之五行，皆在性命中，岂求之他人哉？《悟真篇》云："三五一都三个字，古今明者实然稀。"仆说的不是大言，且不论火候攒簇细微，只说三个五行，百万人中无一知者。若知三才相盗，返此之本，还此之元，传精送神，偷精换气，颠倒采取，若人敢承当，要作仙佛也不难。

凡学修炼者，先穷取一身内外真炉鼎。若不识内外真炉鼎，则无处下手。既知安炉立鼎之在内外，及阴阳往来之旨，便穷取真铅真汞，及内外药生的时候，方可进火修炼。若不知吾身内外药材，则炉鼎中煅炼何物？

〔外〕真铅真汞。☉此个窍，己身内外真炉鼎。安九阳之鼎，铸慧剑以定时候，开关采药，硃里回汞，攒簇沐浴，水火既济，持空养虚，只在此窍，含着一点真硃砂水银，明明在身不内不外之地，万人不识。离此一着，都是盲修瞎炼。此就是己身外五行、外炉鼎、外造化，即轩辕所铸九阳之鼎是也。

〔中〕坤土釜。○此个窍，正是攒簇结胎，生天地人物，及风云雷雨，都在此中宫正位。此是神室宝鼎，产内外二药，铸雌雄二剑，抽铅添汞，候取点化丹药，故曰"中间一窍少人知"。

〔内〕脐下命主。●此个窍，乃兴功之根本，成道之梯航。安炉立鼎在内，水火锻炼，法财俱足，神气完全，上七窍生光，才是真正时候，方可采吾身外炉鼎之药，以配身中之雌雄。又全凭此穴，调神纯熟，万神受使，星回斗转，方可夺外天机也。

夫上一窍，乃纯阳之体，内含一点真阴之精，是我身彼家之物，属外在内，即"两肾中间一点明"发之于外，故喻他也；下一窍，乃纯阴之体，内藏着一点真阳之气，是吾身我家之物，属内，即乾宫泄入坤位之物，故喻我也。上窍内是女体，外是男子；下窍内是男体，外是女身。故仙翁多以男女彼我喻也。然中间一窍，为中宫、黄婆、媒舍，若会此处颠倒配合，方可成圣。

夫命宝，从己身之外来，还是自己坤位之物，却在吾法身中、色身内之他家也，故仙云“采取不离自己元神”是也。世之学者，不得正传，无处下手，执己又不是，离己也不是。谁知一点元阳，明明洒洒，在己身玄中高处，隐藏于不内不外之密处，内外一气牵连，千古不传之秘。然人身现成放着两个真消息，与外天地日月同体，不差毫发，是天地乃万物之最大者，人为万物中之最灵者。天地不过是个大人，人不过是个小天地，所以人身造化同天地也。谁能省悟人人有个通天窍？人人有一味长生不死药，人人有个炼丹炉，人人有个上天梯，人人有个人不识，人人不信有长生不死方，人人不信有白日升天路，情愿受死，哀哉痛哉！

凡炼大还丹，先要补虚，只补得骨髓盈满，方可炼金液大还丹。夫下手工夫，先采上窍阳里真阴，入内金鼎气海之中，与肾经配合。夫阳里真阴，即是自己元神真形，在外属三魂；下窍阴里真阳，即是身中元炁，属七魄。其先后二炁一会，则坎离自交，魂魄混合，神凝气结，胎息自定。每日如夫妇交情，美快无比，切不可着意。水火既济，发运四肢，如外火活焰相似，只要水火均平，此是小周天火候。调和薰蒸，喉中真息倒回元海，则下肾自入内，真火自然冲入四肢，浑身苏软，美快无穷，腹内如活龙回转升降，有数十样变化，婴儿姹女，自然交合，此是采阳补阴、筑基炼己一节事。

夫修炼金液大还丹，广积内外法财，终日逍遥，昼夜常明，则长生久视之道也。世人全赖五谷养命，若数日不食，则气脱而死也。若人老，则下元虚损，骨髓俱空，不能胜五谷之气，是五谷能养人，亦能杀人。若会内水火既济，气血逆流，则五脏气和，脾胃开畅，食入腹中，亦能化气，生精生神。果得天机下手工夫，直候骨髓盈满，腹脐如满胎妇人一般，却不是果有胎块之形象也，不过气满、精满、神满而已。如果三全，则真火煅炼，调神炼气，大丈夫自有功成名遂之时也。仆今奉劝世人，参访苦求工夫，决破一身内外天机，下手速修，炼己待时，时候一至，择地入室，炼此龙虎大丹。必要僻静，鸡犬不闻之处，外边只要知音道侣，不许一个闲杂人来到，恐防惊神。仙言和光同尘，仆言僻静处，何也？盖炼己于尘俗，养气于山林也。

金液还丹，乃超凡入圣之道，非他事之可比，必须一尘不染，万虑俱忘，一刀两段，丝毫无挂，永作他乡之客，终无退悔之心，如此立志，乃是出家。入室时，持空炼神，守虚养气，直养得精血充盈，筋骨柔和，身无皱纹，如蜘蛛相似，上七窍生光，昼夜长明，心如太虚，才正是时候，方可求仙。又专心致志，演神纯熟，成形受使，星回斗转，随意所变，直到这个时候，才是气满神全，法财广大，方可炼大丹，方作得一个丹客也。

工夫既行，七窍生光，三阳开泰，神剑成形，趁水推船，因风发火，一阳内生，方可夺外天机，下手开关，采吾身外金丹，以龙嫁虎而作夫妇也。若会攒簇，湛然摄起海底之金郎，后开夹脊，通泥丸，落入水晶宫内，与木汞配合，不过半个时辰，攒簇已定，真火冲入四肢，浑身骨肉火烧刀割相似，最难禁受，就是十分好汉，到此无分主张，须要防危虑险，沐浴身心，水火既济，顷刻浑身如炒豆子一般相似，百窍一齐爆开，浑身气血都会成形、都会说话，就在身上吵成一堆。舌根下，又有两穴，左为丹井，右为甘泉，名正涌穴，随骨脉一齐开，下肾水涌到口，即时咽纳不及，滋味甚异，比沙糖大不相同。直至三十时辰两日半，狂水已尽，专候天癸降，此正是时候，忽然一点真铅下降，凉如冰片，即时下一点真汞迎之。攒簇之后，浑身湛然，如千百面战鼓之声，又如百万颗雷霆之吼，此即一身百脉气血变化所致，休要惊怕，只要踏罡步斗，执剑掌印，这里正是凶恶处，三回九转，降师召将，如此防顾，于虚空中，或见龙虎相交，天地交泰，日月合宫，诸仙诸境发现，切不可认以为真，恐着外邪，既得真铅投汞，三日之后，才生大药。当此两家争战之时，仆若不亲口说破，十个九个都吓杀了也，心有恐怖，即遭魔障。既炼先天元阳，遍体都化成神，返来害己，虽化成形，却是阴神，阴神最灵化，能千变万化诸境为害，未肯善善降伏。常人有言："你会六通神，方才说死生；不会六通神，休思伏鬼神。"既伏不得鬼神，休想成道。若使鬼神不能相见，焉能为害？混混又至三十时辰两日半，气气相通，气满至极。忽然活泼泼，捧出太阳流珠，脱壳入口，百万龙神，尽皆惊失，此是元神，真丹药入口，始知"我命由我不由天"也。仙云："这回大死今方活"。又云："一战而天下平"。到此地位，才是真正天地交泰，日月交宫。真阳之药到，顷刻周天火发，骨胎化作一堆肉泥，阳神脱体，撒手无碍，专心致志，持空守虚，随神变化。夫万物皆天地所发生，则万神皆朝礼而宾服。厌居尘世，逍遥蓬莱，有三千玉女侍奉，终日蟠桃会上，饮仙酒，戴仙花，四大醺醺，浑身彻底玲珑，海底龟蛇，自然蟠绕，到此才是真五龙大蛰法也。炼之百日，玄关自开，婴儿现相，龟蛇出现，万神受使，才是真铅真汞颠倒，浑身紫雾毫光，瑞气千条，红光罩体，学者到此地位，口中才得干汞。炼之六个月，体似银膏，血化白浆，浑身香气袭人，口中出气成云，此是灵丹成就，人服之永不死，亦能治死人返活。

炼之十个月，阳神脱体，一身能化为十万身。只候十二个月，夺尽天地全数，阳神已就，浑身脱去八万四千阴神，步日月无影，入金石无碍，入水不溺，入火不焚，刀兵无所容其刃，鬼神莫能测其机，变化无穷，乃成真人矣。浑身气候，都是真药，鸡餐成凤，马食成龙，人服成仙，此理鬼神亦难明，若不见过做过，这等言语，谁人肯信？夫大药金丹，造化工夫，三回九转，火候细微，攒簇口诀，只在五七之间，把天地都颠倒过，都是自然而然。虽是自然，却要知体法天地造化，方可成就，却不是要在天地日月上，然后成道也。

夫大药入口事，从做过，从见过，从试过，应到自然处。工夫虽一年，火候细微，只在百日之内，动静凶恶，只在九十日以里，得内外而攒簇，顷刻湛然，圣胎成就，产个黍米之珠，吞入腹中，周天火发，脱胎换骨，只要持空养虚，余皆自然而然。今人果得真师明示，先去炼已于尘俗，积铅于市廛，攒年簇月，攒日簇时、簇刻，大定之中，只在一刹那间，不出半个时辰，把天机都颠倒过，运火十月之工，体天地自然之法，若不能死中求活，焉能逃出三灾八难之外哉？大学之士，聪敏智慧，闻一知十,三教经书，能讲能说，不过明性理字义而已，而于金丹造化，大道天机，内外两个真消息，焉能省悟？若果遇至人，真传实授，便主穷理尽性开悟，如水归大海，省诸丹书，横竖无不是道。诸子丹书，前人不肯妄言，一句句字字不空，只是人不能省悟。譬如说“金丹吞入腹”之言，不能得旨之人，就错认在“口腹”上说话，岂知窍妙吸尽西江之玄哉！譬如说天地、日月、男女上去了，都是胡猜胡说。执着旁门，声音颜色，拒人于千里之外，不肯谦恭下士，终无了悟，反吹毛求疵，诽谤高人，焉能得其法术哉？反为天人所共恶，是皆地狱种子，诚可哀也。奉劝世人，如遇至人，切不可执着已见，当虚心参访，苦求明师，方不致自误也。

⊙此督脉也。督者，总也，总领一身之气脉也。正是天地未判，父母未生身前，先天元阳祖炁，浩劫长存，亘古至今，而不坏者也。

○此任脉也。任者，仁也，乃生生不息之元气也。净罗罗，圆陀陀，赤洒洒，精喇喇，明丽丽，光灼灼，活泼泼，此物是象帝之先，万神之祖，包含万象，发生万物，释云“摩尼珠”，道云“黍米玄珠”，医云“活滚滚一丸真灵丹妙药”，实千古不传之秘。今人不明此理，亦无传授，又不醒悟，焉知“内外”二字之妙。任督二脉，实先后天之玄，诚哉百姓日用而不知也。

督脉，⊙此窍是生身之源，未有此身，先有此窍，非凡孔窍之窍也，乃玄机之妙窍也。此消息，正是父母未生前一点元阳祖炁。

任脉，○此窍是一身五脏之主，内外执掌，全在此窍，若知颠倒攒簇，是生五脏之根，未有五脏，先有此窍，未生此身，先生此窍也。此个消息，是养命之方，留命不死之根蒂。

这上中下三个真消息，若得真传，能归根复命，使四炁归入下元，魂魄不散，水火既济，有何病症？这元阳得传授明白，或遇法网不能脱，不能成道，不得已然后将海底命主，为四炁之根本，发起命主，归元炁不散，用一着撒手无碍，舍此消息，亦可再出头而学道也，此是鬼神不测之玄机。这先天元炁，黍米玄珠，真心传得明白，勤而行之，忽然大悟，则三教经书，了然在吾目前，不待思索，自然解悟。以大理论，则浑身上下，内外血气，俱后天渣滓之浊阴，唯秘密处一点元阳，是个纯阳，此真形属心，此心是真空心，非这个血肉心。此真心万人不识，其中别有个乾坤世界。仆把内外三心，述之于后。

外心——天心：○此心是真空心，曰玄关，通天窍，正是内外五行真炉鼎。凡开关发火，踏罡步斗，执剑掌印，了鬼神窥不破之机，全在此心，要知法度可也。

中心——人心：○此心是中心一窍也，为黄婆舍，内外攒簇，看时定候，全凭黄婆是也。安炉立鼎，为炼内外二药，老嫩要辨，真伪亦然，出自此心也。

内心——地心：○此心正海底命主，万神之蒂。凡修大乘，先修小乘，筑基炼己，聚积法财，保养汞气，全在此穴，要识刚柔可也。

此三个心，在一身内外三个消息，若会把天地颠倒过，打开无缝锁，一句了却古弥陀。此三心，万古不传之秘，除了这血肉心，还有三个真心，这三心贯通虚无真空。若明这个真心，则天地万象，包含在这空心里。这个空心，含着真阴、真阳，然真空消息，是把无缝锁，终不能开，生死何处躲？仙云：“金针容易得，玉线最难穿。要知生死路，如滚芥投针。”喻言阴阳，阴阳是性命，谁人识得么？然人觉三日、五日，一七、二七、三七日，回首要留命不死，当捉住水、火、风不散，归我身中彼家兑之命主，不要动心，是不死之方。若人年老，不能行持了道，要回首去，如瓜儿一熟，蒂儿一落，全在这些消息，一知时候，发海底命主，归上虚无元性，自然魂魄不散，任从自己，方不迷矣。

正道歌

一

我有一口诀，长叹无处说。天下访不着，人人不可说。顺丹逆是仙，此是真口诀。万般枉费心，都是胡扭捏。熟记《悟真篇》，求师仔细别。自然些子妙，玄机神莫测。融融乾坤髓，拣时用意啜。要须地下宝，须明天上月。浮沉看老嫩，水源别清洁。若逢野战时，猿马休颠劣。宾来先作主，主来后作宾。黄婆媒姹女，交姤丹自结。外面黑如漆，里面白如雪。中间黄紫烂，肉青皮似血。结就五炁丹，三尸阴鬼灭。玲珑剔透人，痴聋喑哑拙。心也无得思，口也没得说。用文须用武，采取按时节。金鼎常令暖，玉炉毋令热。交姤顷刻间，温养十个月。男子会生产，产个三岛客。活吞一粒丹，天仙来迎接。九年功行满，稳步朝金阙。

二

道情不是等闲情，既识玄机不可轻。先把世情都放下，后将妙理自研明。未炼还丹先炼性，未修大药且修心。心定自然丹性至，性清然后药材生。雷声隐隐震虚空，黄庭紫雾罩千寻。若还到此休惊怕，只把元神守洞门。守洞门，如猫捕鼠兔逢鹰。万般景象都非正，一个红光是至真。此个红光生异象，其中犹若明窗尘。中含一点先天气，远似葡萄近似金。到手全凭要谨慎，丝毫念起丧天真。待他一阳归洞府，身中化作四时春。一片白云香一阵，一番雨过一番新。终日绵绵如醉汉，悠悠只守洞中春。遍体阴精都剥尽，化作纯阳一块金。此时气绝如小死，打成一片是全真。到此工夫为了当，却来尘世积功勋。功成行满天命诏，阳神出现了真灵。此言休与非人说，轻泄天机霹雳轰。嘱咐仙朋与道侣，不逢达者莫轻论。其中句句通玄妙，此真之外更无真。收拾锦囊牢闭固，他日修行可印心。可印心，五十二句要君听。若有虚言遭横死，误尔灵官鞭碎身。

三丰张真人破疑直指全卷

金丹破疑直指

世有一等小根盲人，见先仙所言外阴阳、外炉鼎、外药物，便执迷以女人为鼎器，诚可哀也。这样无知之徒，岂知清静大道，有三身四智、内外鼎炉、内外药物、内外火候之玄哉！岂知万物皆备于我，天地造化皆同我之大哉！

假如有缘之士，得遇真师，先行玉液内还丹，炼己和光，操持涵养，回光返照，此明心见性之事。若夫金液还丹，乃情归性，直到真空地位，大用现前，龙女现一宝珠，发现至此，方为一得永得。亥子之交，坤腹之间，于一阳初动兴功之时，手探月窟，足蹑天根，回风混合，从此方有百日功灵之验，金液还丹乃全此五行之大事也。除此性命双修清静之道，馀皆旁门小术耳。

吾于一身内外，安炉立鼎之妙，攒簇五行口诀，药物火候细微已得，不知虚空法度，便去入室，行外药入腹大事，发火兴功。行到秘密处，有虚空万神朝礼，仙音戏顶，此事鬼神难明，只因自己不能炼己于尘俗，未得积铅于市廛，气脉又未大定，基址亦未三全，理虽融而性未见，故万神发现，凶险百出，心神恍惚，不能作主。又因外边无知音道侣，护看防守，着其声色，惊散元阳，激鼎焚炉，劣了心猿，走了意马，神不守舍，气不归元，遭其阴魔。何为阴魔？我不细说，后学不知。皆因真阳一散，阴气用事，昼夜身中鬼神为害，不论睁眼合眼，耳中只听鬼神噪闹，白日间犹可，到晚最为难过，不敢定静一时，我身彼家海底命主，兑金之戊土，冲翻五脏百脉，血气皆随上腾，连身提起不着地，杀身丧命，鬼家活计。仆暂弃前功，遵师训指，大隐市廛，积铅尘俗，摄情归性，杀机返心。自幼至老，被天地人物盗去天真，今于虚无中、尘色内，却要盗夺返还于我天性之中，方得元精、元气、元神，欲还三全，全凭虚极静笃，造致万物芸芸，乃得各复归根。根归理融，理融见性，身心大定，五行攒簇，才去行向上事而了道也。

想先代贤哲，多有中道而废者，皆因未曾炼己持心，金来归性，以至二候得药，于四候进火之时，不知虚空法度，粗心大意，是以白公有“再斫松筠节”之叹。谁知虚空消息，至细至微，至凶至恶，若是擒捉不住，定不饶人。学人能知一身内外两个消息，了然无碍，从此操持涵养，克去己私，复还天理，则还丹之功，至简至易，终日操吾身外之黄花，以候先后二天之琼浆，此正是“饮酒戴花悟长生”之妙也。然混元一事，则毋意、毋必、毋固、毋我，任死任生，忘人忘我，终日穿街过市，玩景怡情，于淫房酒肆，兀坐妄言，岂不动人之惊疑笑谤哉？摄境积铅，法财两用，岂不致俗子之欺弄祸身哉？是以藉通都大邑，有力之家，以为外护，目击道存，韬光晦迹。仙云：“若贪天上宝，须用世间财。”乃吾身天上九阳鼎之大宝也。

凡寄生于宇宙之间，男女所赖以生而不死者，唯此一点阳精而已，岂有学仙的人，男子学道必用女人，女人学道必用男子，是败坏天下之风化，皆无知禽兽之所为也。噫！言语不通，执迷不悟，岂仙佛之眷属乎？学者果能操持涵养，于造次颠沛流离之际，不失方寸，然后求向上外药入腹事，顷刻湛然，脱胎换鼎，浑身化一道金光，大地成空，身外有身，阳神脱体，持空养虚，此是五龙大蛰法。仙云：“内丹不成，外丹不就。”言人得正传，且先积精累气，并积内外法财，养得气满神全，金光出现，昼夜常明，则此时内丹成，而吾身外丹法象现矣。凡看书不可按图索骥，学者于昼夜常明之时，药苗一生，方可采吾身外药，配吾身中之雌雄，一得金光入口，周天火发，顷刻湛然，撒手无碍，才是金蝉大脱壳也。学者未遇人时，当小心低意，积功累行，遇魔勿退，遇谤勿嗔，重道轻财；一遇至人，笃志苦求，决破一身内外两个真消息，忽然醒悟真去处，所谓吾身一天地也。然此真去处，虽曰不依形而立，而窍中之窍，夫岂无形哉？今乃借物以明之，譬之乂口然，实其中则张，虚其中则弛。而窍之能张能弛，亦复如是。

起手时，先须凝神，入于窍中之窍，息息归根而中实矣，中实而胎长矣。然神本生于窍中之窍，而寄体于心宫，余尝谓之原是我家之物，而复返于我也。

窍中之窍者，神室也。神室即气穴，即中黄。盖黄即土之正色，而土意也，故坎之土戊，其意常在于离，离之土己，其意常在于坎，此其性情然也，而自有相投合之机矣。若能识其投合之机，而以意送之，神凝气住，则自然结成一点金丹，至简至易，而非有穿凿也。此盖以母之气伏子之气，而子母之气相眷恋于窍中之窍，丹岂有不成者乎？

卷四 邋遢道人语录

一

一切男女，从无始已来，为有种种恩爱贪欲，不出轮回世界。一切胎卵湿化，种种性相，皆因爱欲而生性命。性因爱而生，命因欲而有。皆因爱欲，而起逆顺生嫉妒，从此轮回绵绵不断。法言："欲净其土,。当净其心。若心清净，轮回自息。"

按："轮回"，以科学言之，亦确可通。盖人死者物质，不死者灵魂。灵魂者，其即电乎？视其人之善恶，而异其电之性质，善气相感，戾气相应，犹如电性有相驱相吸之理，此所以有六道之轮回乎？佛言："爱不生，不生娑婆；念不一，不生极乐。"张真人之言，即此意也。

二

人寿一事，上人有定，下人有定，中人无定。中人少善少恶，天欲延之不可，天欲迫之不可，于是任他自生自死于其中。保则生，不保则死，故修身尚焉。修身而兼以积功累行，以企于长生久视者尚焉。若下等人，多过多恶，即修身亦不得长生，如其身上之精气，而削之剥之、死之罚之而已矣。上等则不然，以上等而修长生，长生可证也；即不愿修长生，然其正气撑空，亦联班神道，否则转投人世，亦必生入仁善之家。天理若此，有何难晓哉！

按：张真人之所谓"天理"，实即人事，可不勉哉！

三

张子尝谓病瘵者曰：夫人治病，要心静，要和平，要心缓，不可希图速效。服药不加病，即是速效。然后一日微好，二日微好，三日渐好，虽属迟缓，比那逐日添病、转眼即亡者，又不啻有天渊之隔。

按：张真人发明太极拳、仙家八段锦等，实为治病唯一之药物。若煎药服饵，殊落下乘也。

四

保身之道，以安心养肾为主。心能安，则离火不外荧；肾能养，则坎水不外漏。火不外荧，必无神摇之病，而心愈安；水不外漏，必无精泄之患，而肾愈澄。肾澄则命火不上冲，心安则神火能下照，精神交凝，结为胎息，可以却病，可以延年。

五

儒生多得泄精症者，虽缘心火不纯，亦因彻夜谈笑、永夜读书，引丹田之气，尽纵于口角之间，致使精失其伴，遂有此泄精症耳。善保身者，谈笑宜少，读书宜和。

按：心，火也，火性上炎。肾，水也，水性下流。故不知胎息静坐之人，心肾不交，水火不济，易患头晕、目眩、耳鸣、精泄诸症。必也心气向下，肾气向上，两者交结，镇于丹田，则百病遂治。道家坐功之精义，不过如此。

六

天地以气生人，故人一日一时，未尝能离乎气。鱼之在水，两腮翕动，无有停时。人在宇宙间，两鼻翕张，亦无有停时。所以统辖造化之气，人赖之以生也。故曰："食其时，百骸理。动其机，万化安。"为此也。人生奔驰劳顿，气因之骤矣。骤则出多入少，外者不入，内者愈虚，所以死期将至。惟至人观天道，执天行，抱神以静，气气归脐，寿齐天地矣。故知人生天地间，虽可见者，形；所以能长久者，气。

七

俗谓人之雄健者曰："有气力"。以见力与气，元自相通，力从气而出也。凡叫喊、跳跃、歌啸、狂舞、奔走、超逸之类，凡以力从事者，皆能损气。古之善养生者，呼不出声，行不扬尘，不恒舞而熊经鸟伸，不长啸而呼吸元神，殆皆息力以生气乎！

按：内家拳家，必须调息，即是此理。

八

上品上药，神与气、精。精能生气，气能生神，则精气又生，神之本也。保精以裕气，裕气以养神，此长生之要方。但心为精主，意为气马。心驰意动，则精气随之行。故泯其心所以存其心，忘其神所以养其神。气盛神全，自然底于神化。

按：道家之精髓，全在一"气"字。古仙云："气是添年药，心为使气神。若能神气旺，便是得仙人。"黄帝《内经》曰："食风者，灵而延寿；食谷者，多智而劳神；食草者，愚痴而多力；食肉者，则勇而多嗔；服气者，长存而得道。"气之于人，洵有密切之关系哉！

九

却病之术，有行功一法。虚病，宜存想收敛，固秘心志，内守之工夫以补之。实病，宜按摩导引，外发之工夫以散之。凡热病，宜吐故纳新，口出鼻入以凉之；冷病，宜存气闭息、用意生火以温之。此四法，可为治病捷径，胜服草木金石之药远矣。

按：精神治病，莫详于隋天台智者大师《小止观六妙法门》，而吹以去热，呼以去风，唏以去烦，呵以下气，嘘以散滞，呬以解极。此则道家服气疗病法中，又常言也。

十

人始死，耳目口鼻、手足形体具足，而父母、兄弟、妻子莫之爱者，谓其神之去也。然则人之所爱者，在神不在形矣。而今人所养，顾在形不在神，何耶？今人作文神去，作事神去，好声神去，好色神去。凡动静运用纷纭，神无不去，人莫之惜顾，神绝乃独悲之深焉，是何见之晚也。人之致思发虑，致一思，出一神，注一念，出一神，如分火焉，火愈分，油愈干；火愈小，神愈分；精愈竭，神愈少。及其绝而悲之深焉。是何见之晚也？古仙云："神一出，便收来，神返身中气自回。如此朝朝并暮暮，自然翁姬返童孩。"保神之要，盖可知焉。

十一

《续仙传》有卖药翁，尝呼曰："有钱不买药吃，尽作土馒头去。"此言最警悟，人之不为土馒头寡矣。不悟奈何？但药有数种，苦不能辨。有灵药，可以益寿延年；有至药，可以起死回生；有神药，可以回阳换骨。若夫金石草木，但可治病，虽有迟速，末后一堆土馒头如故。

按：导引术、按摩术、胎息术，益寿延年之灵药也。金丹术、炼丹秘诀，回阳换骨之神药也。苟能勤苦修炼，未有不获效者。

十二

心动则神疲。凡诸伎艺营营，与人角胜者，未有不减年者也。伎艺之中，作诗弈棋，劳神独甚。孙李泉五更作诗，以劳成疾而卒。王同墟与客弈，忽瞑目，呼之不应，则死矣。噫！伤生之事，岂独在酒色之间哉？

按：晚近文明进步，人事日繁，都市之人，多患神经衰弱之文化病，即原于心动神疲之故也。故佛老思想之提倡，实为当今唯一之急务，此余编行道书之区区微意耳。

十三

内养秘诀，得之未真，未可轻试，屡有因之而召祸者。曾见有人试内视之诀，行火太急，乃痢下五色而死。有一苏友，从方外学闭气诀于某寺，仅半载，亦病痢下而亡。某士夫，闻一同年病疽发而殒，云：此必曾学坐功也。询之果然。以是知遇诀未真，欲益反损。可不惧哉？

按：坐功流弊极大，非得明师指授，往往有害，诚如张真人所言："夫欲住世超凡，谈何容易。"必也绝虑尘世，诚心问道，庶或有得。凡念未释，得失心切，欲求神仙，安可得耶？不如炼习导引、技击，以强体魄，履和适顺，以养精神，则延年益寿，不难获也。

十四

阴阳本不相对，待造化之生物也。阳入于阴，阴留阳而不得飞，则生；阳出于阴，阳不顾阴而不能留，则死。是生死俱系于阳，固与阴不相关也。仙家谓："一分阳气不尽不死，一分阴气不尽不仙。"然则阴阳岂可对待言哉？虽然，阳之所在，不独生死以之，即诸物之灵蠢亦以之。人，阳气在上，故耳目聪明，于物最灵。鸟兽，阳气与阴气混淆，故蠢。草木，阳气在根，故尤蠢。以此为言，则人之阳气，安可不宝？耳聋目瞆，阳将散矣。是以君子先时竟竟，惟阳是守，有以也夫。

按：人能谦和冲澹，所以保阳也。阴毒奸险，所以失阳也。王守仁自号"阳明"，钟离权号曰"正阳"，吕嵒号曰"纯阳"，盖仙家莫不守阳也。

十五

壮年嗜欲，一时不见，久之渐至怯薄。譬如富家妄费，一时不见，久之渐至贫穷。自然之理。人听见在旦暮，故不悟耳。

十六

井不汲不溢，精不用不盈。何则？以水由地中，汲则益之；精充身中，损则充之。本非有溢而盈也。世人不解斯理，谓汲井不见其损，不知汲频则地元竭；用精不见其耗，不知用频则真元涸。是以明于汲井之理者，井养而不穷；明于用精之道者，神用而不竭。

按：此两则，可为嗜欲者之当头棒喝。

十七

读书立品，儒者急务，而保身之道，足包立品于其中。保身者，必去骄奢淫佚，扫荡邪行，故保身可包立品也。夫保身之道，自曾子传之，至孟子而光大其说。养心寡欲，持志守气，此保身之圭臬也。而修真之道，即以此为正法门。但人心蒙蔽，闻保身而以为常谈，闻修真而以为奇异，欲求知修真悟道者，已难之矣。

张子曰：一日无孔、孟之学，天下无好人；一日无庄、老之学，英雄无退步。

十八

张子谓老年道士曰：汝辈到今日年纪，须要死心踏地做功夫，俗事以“莫管他”三字为主，则万念冰消。凡人身上皆有窍，窍中皆有生气，若无生气，安能保护形躯？只是有气发生，而人不知静察耳。今为汝说八句闲话，以当暮鼓晨钟。“人要懂点窍，知点儿，留点神，下点气，你便想得穿，看得破，做得事，成得人。”汝等当用心学问。定为心，静为神，虽有窍而心不定于其中，何从知几乎？

按：近世生理学家，以肌肤列入呼吸系统，盖汗孔兼司呼吸作用也。张子谓：“凡人身上皆有窍，窍中皆有生气”，此说颇为吻合。盖人能“体呼吸”，则全身数万毛孔皆能使空气自由出入，不亦可辅助肺呼吸乎？以养生上言，已获莫大之益。张子云云，则又进于道矣。

十九

修真有难易，成人破漏之躯，与童真修炼自别。盖童真原是乾体，不破不漏，非破乾而成离者比。欲修纯乾，止用得一段纯阳工夫耳。若成人，必补离成乾，然后更着工夫，所以难也。

二十

张全山官学职，年八十有六，有少容。张子曰：官虽小，若以为贵；家虽贫，若以为富。年老生一子且幼，若以为众且壮也，欣然无忧戚之色。且不形之论议，真实作自家事，宜其寿也。

二十一

顾豫斋好静修，筑馆佘山，弥岁不归。谈内养一诀，止是专气致柔，如婴儿作不生计，则长生可冀。若分别尔汝、高下，有敬慢、有爱憎，皆是有生后事，非未生前工夫也。此可谓得修养之奥。

二十二

陆筠台少病寒证，瘥而不慎，遂病亡阳。稍闻人声，辄悸欲死。服药累年无效，陆乃尽除药饵。日事睡卧，待毙而已。如是者五年，病似少瘥，性颇通灵。门有隶人至，呼曰：隶人至矣。有友人至，呼曰：有友人某至已。而数里外之事，率能前知。更年余，乃起，如少壮时。数月，少汩人事，灵知遂昧，不复如其病卧时矣。

按：此精神病也，以念佛法治之，辄效，服药初无益也。盖念经为如来之方便法门，能统一人之精神，获催眠治疗之效，不能以迷信诋之也。至于能知数里外之事，此即佛老两家所谓“六通”是也。人心如镜，人欲如尘，镜不蔽尘，故能独见纤毫之物。少汩人事，灵知遂昧，即镜为尘埃所蔽之理也。

二十三

蒋道林抱羸疾，岁乙亥，病益甚，唠血几不起。蒋乃谢却医药，借寓道林寺，只以一力自随，闭目趺足，默然澄心，常达昼夜。一日，忽香津满颊，一片虚白，炯炯见前，冷然有省，而沉疴已去矣。蒋尝曰：初读《论语》及《关》《洛》诸书，颇见得“万物一体，是圣学立根处”，未敢自信。直到三十二、三岁，因病往寺中静坐，将怕死念头一齐断却，如此者半年。一旦，忽觉此心洞然，宇宙浑属一身，呼吸痛痒，全无间隔。乃信明道所谓“廓然大公无内外”是如此，“自身与万物平等”是如此。

按：蒋所言犹为修真指初步，而却病延年已有余矣。明成鹫法师曰：“偶从东家席上，遇一异人，来自燕京，众皆称为张仙者。多默少语，是夜同宿室中，对榻灭烛就寝。异人兀坐面壁，不交一言。坐至子半，榻中耿耿有光，未几光洞屋，极急起视之，异人遍体毫发放光四射，予固知其非常，坐以待旦。鸡初鸣，光复摄入如平时。晨起，就榻拜请其术。异人笑而不答，少顷，乃云：幸汝勿予惊也，惊则予与汝皆死矣。予闻而悚然”云。朱文正公（珪）曰：“吾三十九岁，夜坐，忽腹间自暖，由脊上贯于顶，甘液自颚下注，由是流转至老不绝。”然则蒋道林之“香津满颊，一片虚白”，皆为静坐必至之境。初无可异，然之三人者，犹在下中二乘，以言证果，复乎远矣。

二十四

薄滋味，所以养气；去嗔怒，所以养性；处污辱卑下，所以养德；守一清静恬淡，所以养道。名不着于簿籍，心不系于势利，此所以脱人之彀，与天为徒也。

二十五

心定则情忘，体虚则炁运，心死则神活，阳盛则阴消，自然之理，昧者不知。但以为子孙计，反以学道者为无益，何不思之甚也。

二十六

予年四十余，方遇师入道，所以鬓皤然，腹中别有一绀发者，何由知之？向往蜀中十余年，所养神炁耳。譬如空谷有呼之者，随呼而应之，岂别物哉！但其中冲虚故也。吾友不信，诚静处之，当自知之。

二十七

清静之道，人能辨之，则尽善尽美矣。丹经云："人能常清净，天地悉皆归。"言天地者，非外指覆载之天地也，盖指身中之天地也。人之膈以上为天，膈以下为地。若天气降，地脉通，上下冲和，精炁自固矣。

按：天欲其清轻，地欲其重浊，乃可无病，故昔人有"虚心实腹"之言。所谓天气降，地脉通，即心肾相交、坎离交姤之说也。

二十八

张子谓圆阳子曰：子能割恩爱，撇红尘，今日可定汝终身矣。以后平平荡荡，永无危险，人生至此乐哉！好天气，好山水，好亭台，好朋友，好风景，从今日起，从今日受，从今日领悟可也。

二十九

张子曰：山静恰宜谈至道，心清惟爱爇名香，此当前妙景也。吾偶拈此二语，圆阳为我续之。

按：宋章子厚尝言神仙升举事云，形滞难脱，临行必须假名香百余斤，焚以佐之。坐客或疑而未和。章举近岁庐山有崔道人者，积香数斛，一日尽废，置至老峰下，徐焚之，默坐其旁，烟盛不相辨，忽跃起，已在峰头上。盖仙佛家之焚香，不仅清心已也。

三十

人要寻内快活，勿寻外快活。孔子之“乐在其中”，内快活也。若徒顾夫外，是欲求外快活，而反生其烦恼也。

三十一

有一后生，得慵软之病。张子曰：汝宜趁此冬晴，运小石，砌小坞，携山锄，删枯草，未馁则止。日日如此，悠游运动，若园丁然，则通身气血活而不滞也。

按：都市之人，往往劳心多，而劳力少，嗜欲戕其身，声色摇其精，俾昼夜晨昏颠倒，此所以多疾病而夭殂也。曷学老农、园丁，勤动终日，而享其天年乎？

三十二

专精养神，不为物杂，谓之清。反神复气，安而不动，谓之静。制念以定志，静身以安神，保气以存精。思虑兼忘，冥想内观，则身神并一。身神并一，则近真矣。

三十三

神者，魂也，降之于天；鬼者，魄也，经之于地。是为神能服气，形能食味。气清则魂爽，形劳则魄浊。服气者，绵绵而不死，身飞于天；食味者，混混而殂，形归于地。修行之士，性命双修，形神合一，故能长生。

三十五

弈秋，通国之善弈者也。当弈之时，有吹笙过者，乍而听之，则弈败矣。非弈道暴败，情有暂暗，笙滑之也。隶首，天下之善算也。有鸣鸿过者，弯弧掇之，将发未发之间，问以三五，则不知也。非三五难算，意有暴昧，鸿乱之也。奕秋之奕，隶首之算，穷微尽数，非有差也。然而心在笙鸿，而弈败算挠者，是心不专一，游情外务也。瞽无目，而耳亦可以察，专于听也；鳖无耳，而目亦可以闻，专于视也。瞽鳖之微，而听察聪明审者，用心一也。

道成四生，广育万物；性入万类，因人成器。明行者器，贪饵者绝。是以道生一，德生二，人生三。故天生万物，以人为贵。人能知贵，可以成器。成器者，大通无极，返于以一也。

按：太极者，一也。太极生二仪，阴阳也。阴阳生万物，天地人三才，以生万物，而人为最贵，故当燮理阴阳，还于太极，以成道也。

三十六

灵气谓之神，阴气谓之鬼，烦气谓之虫，豸杂气谓之禽兽，奸气谓之精邪。气之浊者，愚痴凶虐；气之刚者，高严壮健；气之柔者，仁慈敦笃。所以君子行正气，小人行邪气。

按：吴章庐先生曰："仁者寿，圣人之言也。予尝执此以观天下之人，凡气之温和者寿，慈良者寿，宽宏者寿，厚重者寿，简默者寿。盖温和也、慈良也、宽宏也、厚重也、简默也，皆仁之一端，其寿之长，决非猛厉、残忍、偏狭、轻薄、浅躁者之所能及也。"此犹以言摄生之道耳。

三十七

入山僻静，绝人往来，每日块坐一榻，更不展卷。当极静时，恍然觉吾此心，中虚无物，旁通无穷，有如长空，云气流行，无有止极，有如大海，鱼龙变化，无有间隔，无内外可指，无动静可分，上下四方，往古来今，浑成一片，所谓无在而无不在。吾之一身，乃其发窍，固非形质所能限也。故仁者，浑然与物同体。

按：此似宋儒理学家之说，可与常人言之，若佛老家之修真，则又有无穷之妙矣。

三十八

晴空之中，有蠓蚋者，因雨而生，见阳而死；朽壤之上，有菌芝者，生于朝，死于夜。则知生者死之根，死者生之根。

按：人皆由妇人牝户而生，故又曰生门。然蠓蚋蜉蝣，莫不交尾之后而死。人亦有好色而亡身者，故牝户亦得名之曰死门。于此，亦可明生死之根。

三十九

张子戴凉叶斗篷，逍遥云外。一日闻踏歌之声，自烟中来，诸生听之，盖伤大道之难传，黄冠之徒混日月也。歌曰："光阴快快，学道迟迟。流水空山，独步寻思。只怕眼前光景，霎时间，喉中气断，梦梦无知。生前梦梦无知，醒来后尚有那走肉行尸。怕只怕无常到了，骨冷堪悲。那会儿劫劫轮回，全然不晓得雨打花枝。"

四十

张子出清微天界，入淡远山中，弟子数人，烹泉款洽。先生曰：吾今以《混元仙曲》，戏赠圆阳，诸生为我歌之，添作林泉佳话也。是时李山樵敲唤龟之竹，杨居士椎招凤之琴，刘野人按行云之板，遂为先生唱曰："圆阳道士真游戏，访道抛官如敝屣。八年失偶梦孤栖，夜凉铁枕寒鸳被。看容颜白了髭须，论年华犹余生意。我劝你，早觅黄婆，娶个娇妻。男下女，颠倒坎离；雄做雌，调和神气。天台仙子的温柔婿，张果老儿的美丽妻。美丽妻，温柔婿，洞房中不知天地。性情交感，命共眉齐。浑浑沦沦，那时才见你真心；恍恍惚惚，那时才见你真意。这道情，是你的初步仙梯。笑呵呵，传与你，三丰道人走笔题。"曲终，见亭前月白，楼外天青，环坐石坛，相视而笑。

按：真人所著诗歌甚多，若《金丹诗》、《大丹诗示武当弟子》、《无根树道情》等，洋洋洒洒，亡虑数万言，皆所以昌明大道者也。上诗所云黄婆，乃指中央之土，黄庭是也。娇妻，则指胎息大丹，故下有"颠倒坎离"之说。盖言心肾相交、水火既济之理，而以男女之辞出之，实寓金丹大道之理耳。

四十一

上帝原无福善祸恶之心，则降祥降殃，人自召之。上帝若有福善祸恶之心，则降祥降殃，人自知之。素行善而获福，此必然之理也，即有祸焉，亦暂矣；素行恶而得祸，此必然之事也，即有福焉，亦暂矣。何必舍己外问哉？乃吾见蚩蚩者氓，祈于神则求签问卦，祷于仙则扶鸾请乩，若以神与仙为必知祸福者，迨其后验则信之，不验则疑之，其疑与信者，仍一愚人之故态也。夫善人问福而福，恶人畏祸而祸，非签卦、扶乩之灵也；善人问祸，无祸可加，恶人问福，无福可赐，亦非签卦、扶乩之不灵也。天下之龟筮算数，皆如是耳。曷若人自修德，时时内省以积善乎？

按：卜筮术数，时有小验，然迷信之，足以阻人进取之志。六一居士曰："虽曰天命，岂非人事？"《礼》云："积善之家，必有余庆：积恶之家，必有余殃。"此两语，堪为迷信术数之人戒也。

四十二

心止于脐下，曰疑神；气归于脐下，曰调息。神息相依，守其清净自然，曰勿忘；顺其清净自然，曰勿助。勿忘勿助，以默以柔，息活泼而心自在，即用钻字诀。以虚空为藏心之所，以昏默为息神之乡，三番两次，澄之又澄，忽然神息相忘，神炁融合，不觉恍然阳生，而人如醉矣。

四十三

潜心于渊，神不外游；心牵于事，火动于中。火动于中，必摇其精。心静则息自调，静久则心自定。死心以养气，息机以纯心。精、气、神为内三宝，耳、目、口为外三宝。常使内三宝不逐物而游，外三宝不透中而扰，呼吸绵绵，深入丹田。使呼吸为夫妇，神气为子母，子母夫妇，聚而不离，故心不外驰，意不外想，神不外游，精不妄动，常薰蒸于四肢，此金丹大道之正宗也。

四十四

大道从"中"字入门。所谓"中"字者，一在身中，一不在身中。功夫须两层做：第一寻身中之中，朱子云“守中制外”，夫守中者，须要回光返照，注意规中，于脐下一寸三分处，不即不离，此寻身中之中也；第二求不在身中之中，《中庸》云“喜怒哀乐之未发”，此未发时，不见不闻，戒慎幽独，自然性定神清，神清气慧，到此方见本来面目，此求不在身中之中也。以在身中之中，求不在身中之中，然后人欲易净，天理复明，千古圣贤仙佛，皆以此为第一步功夫。

四十五

大凡打坐，须将神抱住气，意系住息，在丹田中宛转悠扬，聚而不散，则内藏之气与外来之气，交结于丹田。日充月盛，达乎四肢，流乎百脉，撞开夹脊双关，而上游于泥丸，旋复降下绛宫，而下丹田。神气相守，息息相依，河车之路通矣。功夫到此，筑基之效已得一半了，总是要“勤、虚、炼”耳。

四十六

人心者二，一真一妄。故觅真心者，不生妄念，即是真心。真心之性格，最宽大、最光明；真心之所居，最安然、最自在。以真心理事，千条一贯；以真心寻道，万殊一本。然人要用他应事，就要养得他壮大，就要守得他安闲，然后劳而不劳，静而能应。丹诀云：心走即收回，收回又放下，用后复求安，求安即生悟也。谁云闹中不可取静耶？

四十七

游方枯坐，固非道也。然不游行于城市云山，当以气游行于通身关窍内乃可，不打坐于枯木寒堂，须以神打坐于此身妙窍中乃可。

四十八

凡人养神、养气之际，神即为收气主宰。收得一分气，便得一分宝，收得十分气，便得十分宝。气之贵重，世上凡金凡玉，虽百两不换一分，道人何必与世人争利息乎？利多生忿恚，忿恚属火，气亦火种，忿恚一生，气随之走，欲留而不能留。又其甚者，连母带子，一齐飞散。故养气以戒忿恚为切，欲戒忿恚，仍以养心、养神为切。

四十九

功名多出于意外，不可存干禄之心。孔子曰："学也，禄在其中矣。"修道亦然，不可预贪效验。每逢打坐，必要心静神凝，一毫不起忖度希冀之心，只要抱住内呼吸做工夫。

五十

张子曰：有物焉，一粒黍米，在道门中，喻真铅、真汞，一得真得，不可着于乾坤、日月、男女上，只于己身内外安炉立鼎。炼己持心、明理见性之时，攒簇发火，不出半刻时辰，立得黍米玄珠，现于曲江之上。刀圭入口，顷刻一窍开，百脉齐开，浑身筋骨、五脏血肉，都化成气，与外水银相似。到此时候，用百日火功，方有灵妙，一得永得，无有返还，住世留形，炼神还虚，与道为一矣。

张子曰：有物焉，一粒黍米，在佛门中，说是真空真妙觉性。下手端的，炼魔见性，片晌工夫，发起三昧真火，返本还元，一体同观，大地成宝，霞光万道，五眼六通，炼金刚不坏之身，了鬼神不测之妙也。

按：张真人所云"一粒黍米"，即道家之"大丹"、佛家之"舍利子"。在儒家言之，所谓无极、太极是也。无极是天地、日月末判之前，四维上下，混混沌沌，如阴雾水气，直至时到，气满相激，才是太极。是时也，日月既分，在上为天，在下为地，天之清气为纯阳，地之浊气为纯阴。雨露从天降，是阳能生阴；万物从地生，是阴能生阳。天地是个虚无，包藏无穷尽、无边际。天之星辰，动静转轮，各有方位；地下万物，按四时八节，自然发生。玄宗所谓："道生一，一生二，二生三，三生万物"是也。此我国道家之宇宙论、进化论，实较近代西哲学说为有价值也。

五十一

道家胎息之法，以玄牝为鼻。鼻者，气之所由出入以为息也。佛藏中有《安般守意经》云：其法始于调身、调息，以为凡出入鼻中而有声者，风也；虽无声而结滞，犹粗悍而不细者，气也。去是二者，乃谓之息。然后自鼻端，至脐下，一二数之，至于十，周而复始，则有所系而趋于定，则又数以心，随息听其出入。如是反复调和，一定而不可乱，则生灭道断，一切三昧，无不现前。宋道士陈彦真，常教人令常寄其心纳之脐中，想心火烈烈下注丹田，如是坐卧起居不废，行之既久，觉脐腹间如火，则旧疾尽除也。

五十二

东坡云："岭南天气卑陋，湿气蒸溽，而海南尤甚。秋夏之交，物无不腐坏者，人非金石，其何以能久？然儋耳颇有老人，百有余岁者，往往皆是，八九十岁者，不论也。乃知寿夭无定，习而安之，则冰蚕火鼠，皆可以生。吾当湛然无思，寓此觉于物表，使折胶之寒无所施其冽，流金之暑无所措其毒，百余岁何足道哉？彼愚老人，初不知此，特如蚕鼠生于其中，兀然受之而已。一呼之温，一吸之凉，相续亡有间断，虽长生可也。"庄子曰："天之穿之，日夜无间，人则固塞其窦。"岂不然哉？

五十三

孟子曰："养心莫善于寡欲。"老子曰："不见可欲，使心不动。"圣贤拳拳然，以欲为害道，可不慎乎？刘元城南迁日，尝求教于涑水翁曰：闻南地多瘴，设有疾以贻亲忧奈何？翁教以绝欲少疾。元城时盛年，乃毅然持戒惟谨。赵清献、张乖崖至抚剑自誓，甚至以父母影像设之帐中。盖遣欲之难如此。坡翁亦云：服气养生，难在去欲。苏子卿啮雪啖毡，蹈背出血，无一语少屈，可谓了然生死之际，然不免与胡妇生子穷海之上且如此，况洞房绮纨之下乎？乃知此事，未易消除。香山翁佛地位人，晚年病风放妓，犹赋不能忘情吟。王处仲凶悖小人，知体敝于色，乃能一旦感悟，开阁放妓。盖天下事勇决为之，乃可进道。

五十四

李博，宣和间仕大府卿，因职事陛对。

徽宗问曰：知卿年弥高而色不衰，中外称卿有内丹之术，可具术以进。

博曰：陛下盛德广渊，睿智日新，学有缉熙于光明，臣虽不学，敢以诚对，谨领圣训，容臣具术以进。

明日乃进，曰：臣闻内观，所以存其心也；外观，所以养其气也。存其心，养其气，则真火炉鼎日炎，神水华池日盛矣。长生久视，上下与天地同流，天道运而不积，圣人知而行之，大道甚易，知其易，行以简，以简易而天下之理得也。夫人之所恃以生者气也，气住则神住，神住则形住，形住则长生久视，自此始矣。盖日月运转，寒暑往来，天地所以长久。吹嘘呼吸，吐故纳新，真人所以住世。故丹元子曰：形以神住，神以气集，气体之充也，形神之舍也。气实则成，气虚则敚；气住则生，气耗则灭。此广成子所以保气，而烟萝子所以炼气也。然则一言而尽，保炼之妙者，其惟咽纳乎？故曰：一咽二咽，云蒸雨至；三咽四咽，内景充实；七咽九咽，心火下降，肾水上升，水火既济，则内丹成，可以已疾，可以保生，可以延年，可以超升。臣谨删其繁紊，撮其枢要，直书其妙，以著于篇。

《上篇》曰“进火候”：每日子后午前，若于五更初阳盛时尤佳，就坐榻上，面东或南，握固，盘足，合目，主腰而坐，澄心静虑，内藏五脏，仰面合口，鼻中引出清气，气极则生，要而咽之。每一咽，缩穀道一缩，再引则再如之，至再至三，若气极不能任，则低头微开口以吹，宁出勿令耳闻出气之声，如此凡三次，是为进火一周天。俟气调匀，然后行水。

《下篇》曰“行水候”：进水鼻中，取鼻涕，口中取液，聚为一处，多多益办，俟甘而热，即闭口，仰面，亚腰，左顾一咽，正中一咽，分三咽而下，内想一直下丹田。每一咽，亦缩穀道一缩，如此一遍，是为行水一周天。每进火、行水毕，然后下榻，行履自如。

《后叙》曰：五行水火为初，人生水火为急，此是极易之要法，上夺天地造化，学道修真之士，初行须觉脐下如火，饮食添进，四肢轻快，是其验也。行而久之，则发白再黑，齿落重生，精神全具，复归婴儿，寒暑不能侵，鬼神不能寇，千二百岁，寿比彭老，渐为真人矣。

徽宗见而嘉纳之，梁师成录其说以示人，乃简易之道，第行之者，不能悠久耳。

五十五

导引家云：心不离田，手不离宅。此语极有理。又云：真人之心，如珠在渊；众人之心，如泡在水。此善譬喻者。

五十六

叶石林曰：天下真理，日见于前，未尝不昭然与人相接。但人役于外，与之俱驰，自不见耳。惟静者，乃能得之，余少尝与方士论养生，因及子午气升降，累数百言，犹有秘而不肯与众共者，有道人守荣在傍笑曰：此何难，吾尝坐禅，至静定之极，每子午觉气之升降，往来于腹中。如饥饱有常节，吾岂知许事乎？惟心内外，无一物耳，非止气也。凡寒暑燥湿，有犯于外，而欲为疾者，亦未尝悠然不逆知其萌，余长而验之，知其不诬也。在山居久，见老农候雨旸，十中七八。问之，无他，曰：所更多耳。问市人，则不知也。余无事，常早起，每旦必步户外，往往僮仆，皆未兴其中。既洞然无事，仰观云物景象，与山川草木之秀，而志其一日为阴为晴、为风为霜、为寒为温，亦未尝不十中七八。老农以所更，吾以所见，其理一也。乃知惟一静，大可以察天地，近可以候一身，而况理之至者乎？

五十七

丰城李仲武，尝言丹徒令以捕寇徙官，令初尉临海，得寇魁，年八十，筋力绝人，盛寒卧地，饮冰了不畏，人皆妖妄疑之。既就捕，令讯无他，自言年三十许时，有道人告云：凡物经火乃能寿。土赴水即溃，为瓦砾乃至千年；木仆地即朽，炭之埋没更坚致。人之灼艾，犹是也。用其语，岁炙丹田百炷，行之盖四十余年矣。盗既坐弃市，令密使人决其腹视之，有白膜总于脐，脐若芙蕖状，披之凡数十重，岂一岁一膜耶？

五十八

夫日月是天地之精，上照三十三天，下照九极万泉，东西运转，上下升降，寒暑往来。日是纯阳之体，内含一点真阴之精，属青龙、姹女、甲木、水银、金乌、三魂，即是外；月是纯阴之体，内含一点真阳之气，属白虎、婴儿、庚金、朱砂、玉兔、七魄，即是内。人身造化同天地，故人身亦有真日月，道在迩，人何求之远也？三魂属性，性在天边；七魄属命，命在海底。“性命”两个字，了却万卷丹书。修真之道，从可知焉。

按：性在天边，指眉心也。命在海底，指丹田也。

注吕祖《百字碑》

吕祖抱度人洪愿，传《百字碑》；张祖抱度人大愿，注此《百字碑》，张祖之心，即吕祖之心也。故曰：纯阳、三丰，乃神仙耳目。

养气忘言守，

凡修行者，先须养气。养气之法，在乎忘言守一。忘言，则气不散；守一，则神不出。诀曰：缄舌静，抱神定。

降心为不为。

凡人之心，动荡不已。修行人，心欲入静，贵乎制伏两眼。眼者，心之门户，须要垂帘塞兑。一切事体，以心为剑，想世事无益于我，火烈顿除，莫去贪着。诀云：以眼视鼻，以鼻视脐，上下相顾，心息相依，着意玄关，便可降伏思虑。

动静知宗祖，

动静者，一阴一阳也。宗祖者，生身之处也。修行人，当知父母未生之前，即玄牝也。一身上下，乾坤八卦，五行四象，聚会之处，乃天地未判之先，一点灵光而成，即太极也。心之下，肾之上，仿佛之内，念头无息，所起之处，即是宗祖。所谓动静者，调和真气，安理真元也。盖呼接天根，吸接地根，即阖户之谓坤、辟户之谓乾。呼则龙吟云起，吸则虎啸风生，一阖一辟，一动一静，贵乎心意不动，任其真息往来，绵绵若存。调息至无息之息，打成一片，斯神可凝，丹可就矣。

无事更寻谁。

若能养气忘言守，降伏身心，神归炁穴，意注规中，混融一炁，如鸡抱卵，如龙养珠，念兹在兹，须臾不离。日久工深，自然现出黍米之珠，光耀如日，默化元神，灵明莫测，即此是也。

真常须应物，应物要不迷。

此道乃真常之道，以应事易于昏迷，故接物不可迷于尘事。若不应接，则空寂虚无。须要来则应之，事去不留。光明正大，乃是不迷，真性清静，元神凝结。诀曰：着意头头错，无为又落空。

不迷性自住，性住气自回。

凡人性烈如火，喜怒哀乐，爱恶欲憎，变态无常，但有触动，便生妄想，难以静性。必要有真惩忿，则火降；真寡欲，则水升。身不动，名曰炼精，炼精则虎啸，元神凝固；心不动，名曰炼气，炼气则龙吟，元气存守。意不动，名曰炼神，炼神则二气交，三元混，元气自回矣。三元者，精、气、神也；二气者，阴阳也。修行人应物不迷，则元神自归，本性自住矣。性住则身中先天之气自回，复命归根，有何难哉！诀曰：回光返照，一心中存，内想不出，外想不入。

气回丹自结，壶中配坎离。

修行人，性不迷尘事，则气自回，将见二炁升降于中宫，阴阳配合于丹鼎，忽觉肾中一缕热气，上冲心府，情来归性，如夫妇配合，如痴如醉。二气絪缊，结成丹质，而炁穴中水火相交，循环不已，则神驭炁、炁留形，不必杂术自长生。诀曰：耳目口三宝，闭塞勿发通。真人潜深渊，浮游守规中。直至丹田气满，结成刀圭也。

阴阳生反覆，普化一声雷。

功夫到此，神不外驰，气不外泄，神归炁穴，坎离已交，愈加猛烈精进，致虚之极，守静之笃，身静于杳冥之中，心澄于无何有之乡，则真息自住，百脉自停，日月停景，璇玑不行，太极静而生动，阳产于西南之坤。坤，即腹也，又名曲江。忽然一点灵光，如黍米之大，即药生消息也。赫然光透，两肾如汤煎，膀胱如火炙，腹中如烈风之吼，腹内如震雷之声，即复卦天根现也。天根现，即固心王，以神助之，则其炁如火，逼金上行，穿过尾闾，轻轻运，默默举。一团和气，如雷之震，上升泥丸，周身涌跃，即“天风姤卦”也。由月窟，至印堂，眉中漏出玄光，即太极动而生阴，化成神水甘露，内有黍米之珠，落在黄庭之中，点我离中灵汞，结成圣相之体，行周天火候一度，烹之炼之，丹自结矣。

白云朝顶上，甘露洒须弥。

到此地位，药即得矣。二气结刀圭，关窍开通，火降水升，一炁周流，从太极中，动天根，过玄谷关，升二十四椎骨节，至天谷关，月窟阴生，香甜美味，降下重楼，无休无息，名曰“甘露洒须弥”。诀曰：甘露满口，以目送之，以意迎之，送下丹釜，凝结元气以养之。

自饮长生酒，逍遥谁得知。

养气到此，骨节已开，神水不住，上下周流，往来不息，时时吞咽，谓之长生酒。诀曰：流珠灌养灵根性，修行之人知不知。

坐听无弦曲，明通造化机。

功夫到此，耳听仙乐之音，又有钟鼓之韵，五气朝元，三花聚顶，如晚鸦来栖之状，心田开朗，智慧自生，明通三教经书，默悟前生根本，预知未来休咎，大地山河，如在掌中，目视万里，已得六通之妙，此乃实有也。吾行实到此际，若有虚言以误后学，天必诛之。遇之不行，罪遭天谴。非与师遇，此事难知。

都来二十句，端的上天梯。

自“养气忘言”，至此二十句，皆是吕祖真正口诀，工夫无半点虚伪，乃修行上天之阶梯。得悟此诀与注者，可急行之，勿妄漏泄，勿示匪人，以遭天谴。珍重奉行，克登天阙。

第三编　张三丰武术汇宗

（一名《武当派仙侠真传》）

武术篇

第一章　导言

自来佛老家流辄擅拳技之术，昔菩提达摩，卓锡少室面壁九年，恍然有悟，鉴于僧众萎靡多病，创拳法十八手。至其徒觉远，扩而充之，至七十二手，世号少林拳，亦曰外家拳。三丰真人，丹士也，隐于鄂之武当山，丹道既成，恍然悟人生之构造，乃创太极拳、武当剑，世号武当派，亦曰内家拳。其法纯任自然，如环无端，动作均极圆活，不用力而长内劲，犹深合《易经》之理。夫太极者，举人一身而言也，然乾为首，坤为腹，人所共知也，至于腰为太极，谁得而知之？何以言之？夫两肾为腰，腰象太极；太极生两仪，两仪即脊骨两旁两胯两股大筋也；两仪生四象，四象即四肢，两仪之筋，上通两腋下，后之大筋，发于胳膊之下，由两胯后筋发于两腿；四象生八卦，八卦即四肢八筋也，八八生六十四卦，即手足指筋，五十六筋合四肢八筋，即六十四卦也。

太极拳以力由腰发，至于两仪，筋由两仪之筋发于四肢，此为用心法；由四肢八筋发于手足指筋，此为用手法，为用足法。故太极拳皆以身玩四肢，而他拳以四肢玩身，故不可及。以科学原理言之，即合于生理力学之原理，岂得以浅陋视之乎？褚民谊先生谓：国技为王道，西人体育为霸道，旨哉言乎！

或云：太极拳之流别凡五，至三丰真人乃大昌明，故后世尊之为祖师。一派唐朝许宣所传者，凡三十七式，传宋远桥；一派俞氏所传者，为先天拳，授自李道子，传俞清慧；一派韩拱月传程灵洗，至程氏后裔名珌者，改名小九天，计十四手；一派殷利享所传者，为后天法，传胡镜子，再传宋仲殊，共十七式。

至三丰真人，蔚为大观，因居武当山，世号武当派。盖在初发明时，仅十三式，至是成百余手，后人因称之曰“太极长拳”是也。相传三丰之术，为夜梦元帝所授，厥明，以单丁杀贼首百人，宋徽宗召之，道梗不得进也。明初，传关中王宗，再传温州陈州同。至嘉靖间，传张松溪、张翠山，是名温台派。松溪传四明叶近泉，再传吴昆山、周云山、单思南、陈贞石、孙继槎。昆山传李天目、徐岱岳。再传余仲波、吴七郎、陈茂宏。云山传卢绍岐，贞石传董扶兴、夏枝溪。继槎传僧耳、僧尾、姚石门、柴元明。思南传王征南（黄梨洲《南雷文定》中有传），再传甘凤池。清初，传山右王宗岳，著有《太极拳谱》，颇多发明，数传至河南蒋发、陈长兴，长兴传广平杨露禅、陈耕耘、李白魁诸人。今日海上之传太极拳者，若吴鉴泉、武汇川、陈微明诸人，皆露禅之嫡派也，故无不推尊三丰真人为祖师。夫真人，为道家一代之宗师，《明史》有传，班班可考。故其拳法合于道学，宜于养生。以丹法而运用于拳法，有百利而无一害，可以却病，可以强身、强国、强种，胥于此求有何难哉，有何难哉？虽然真人常言：太极长拳者，欲天下豪杰延年益寿，不徒做技艺之末也。间尝搜集真人遗著，长拳以外，亡虑十余种，若《修道论》、《炼丹术》、《无根树诗》、《水石闲谈》等等，俱详《上集》中。若太极拳，则近人之著述已多，本书所载，仅序其纲。其他练身运气之道，有为外间未见者，靡不搜罗无遗，诚如真人所言，“欲天下豪杰延年益寿，不徒做技艺之末也”云尔。

第二章　仙家八段锦

《八段锦》，一名“拔断筋”，为古时练身法，盖脱胎于华佗《五禽图》、彭祖熊经鸟伸诸法。甚合人体生理之构造，运动之原理，而又包含运气调息之法，以视西人之徒手体操，日人之柔术，较为有益者也。且练法简易，节目甚少，人事纵繁，习练甚不费时，允推最善易行之练身法。三丰真人本古仙导引秘法，撰成《仙家八段锦》，于内外功，兼收并蓄，习之功效易见。

即病人年老者，不能起而习练，在卧床亦得行之，一月后渐见功效，三月后病去身健，半年后返老还童，体轻神足，步履如飞。若年青者习之，其效尤易见矣。惟习练须有恒心，不可或作或辍，自当毅勇前进，朝晚习练不怠，庶有效验可见也，学者不可不知。兹请述其方法如下：

一段　叩齿咽津

冥心静气，或趺坐，或面东直立，每次叩齿三十六数，然后以舌抵上颚，久则津生满口，便当咽之。咽数以多为妙。

按：齿为骨之余，与人健康极有关系。故人之年纪，曰年龄，曰年齿，盖齿为第一步之消化器。齿而不强，有害消化强大，且齿与肾亦有关系。古仙云："小便时，当紧闭牙关，所以强神也。"故齿常叩击，使筋骨活动。精神清爽，至老而不衰落也。修真之士，常能齿落重生，发白复黑，此则非修养有法不易致此，而常人之欲保齿，当行上法。以视西人所谓齿宜常刷，口宜常漱，尤具妙理。盖刷齿，所以涤垢，固为宜然，不知牙外之珐琅质，久刷易损，损则牙内资质最易朽落。若能常叩，可免此病也。至于舌抵上颚，可以冥心，可以调息，可以生津，最具妙谛。不见夫龟蛙乎，蛙舌时抵上颚，舌根反生，龟息绵绵若存，能通任脉，故每届冬日，不动不食，不死不生，是名"冬眠"。昔葛仙翁能久居水底不死，此皆服气胎息之道，而其初莫不以舌抵上颚，为服气之基本习练也。适津液满口，使咽下，汩汩有声，灌溉五脏，下注丹田，则火自降矣。此法为练习炁通任脉，心肾相交之初步，非欧西卫生家之所能梦见者耳。

二段　浴面鸣鼓

将两手自相磨热，覆面擦之，自颈及发际，如浴面之状，以肌肉觉热而止。然后双手掩耳，以指弹脑后两骨二十四次，其声壮胜为佳。

按：人身有电，摩擦乃生。摩擦颈面，流通气血，日久容光焕发，奕奕有神，此犹今日新发明之电疗，其犹效自不待言也。《丹经》称脑后之部，曰玉枕、曰泥丸，为三关中之上关，以指弹之，名曰"鸣天鼓"。所以双手掩耳者，盖泥丸乃听政之府，召我阳神集于泥丸，所以致灵也。此为开关之基，亦所以补脑益神耳。

三段 旋肩托天

先将两肩扭转七次，握拳，以鼻收气，运至泥丸，即向天擎起，随放左右膝上，如前法行五次。

按：膏肓穴，在肩上背心两旁，为药石针砭灸所不到之处。常将两肩扭转，能散一身诸症，盖又能运动胸腹腰三部，故获效极伟。两手托天，可以泻三焦之火。若能十指交错，掌心翻上，两肘毋屈。同时两踵高举，复将两手左右平伸，掌心翻上，如是动作四五次，尤为有益。

四段 左右开弓

右足向右一步，屈膝作骑马式，沉气于下丹田。然后将左手伸直，握固竖一指，右手作扳弓状，两眼注视竖指，如是左右互行三次，能泻三焦之火。

按：拳家最重骑马式，所谓骑马式者，所以稳固重心，气沉丹田，实为基本之习练也。道家谓：人身如天地，天欲清轻，地欲其重浊，世人不明此理，遂至上重下轻，百病丛生，大命乃倾，可不哀哉！拳家之习练马步，玄门之气沉丹田，皆所以挽救斯弊也。若复练习两臂，左右开弓，则筋肉尤易发达，气血自是舒畅，然必气沉丹田，注意两足，方能泻三焦之火也。又，此法于黑夜中时时习练，亦可以锻炼目力，使其脑清目朗，较常人为锐敏也。

五段 擦丹田穴

将左手兜托肾囊，右手摩擦丹田穴三十六次，后将左手换转，如前法行之。

按：肾囊关系人之健康极大，故测验其人之健康与否，肾囊实为最便利之标准。大概肾囊温暖而紧缩者，康健无病；寒冷而弛宽者，为心身不健康之特征。试观婴孩，一旦患病，其肾囊莫不弛宽下垂。此段手托肾囊，即所以运输气血，使其健全而温暖也。人之丹田，犹草木之根也，培养丹田，犹培养树根，使其发荣滋长，不易凋萎也。昔有术士，年以艾灸其丹田，年九十余而死，人见其丹田，如茧如膜，层层剥之，又若年轮，于此可见，丹田之有关于生命也大矣。此段按摩丹田，应自左而右，以应肠之运行，又可旋及腹部，以助消化之机能。盖按摩能分泌肠腺，增进肠之蠕动也。

六段　摩内肾穴

纳气丹田，将两手搓热，向背后擦肾经、命门两穴，各三十六次。

按：古人有言："肾暖则生精。"向背后擦肾经、命门两次，使其大热，则精自生。然非再加非常真火，大煅一场，则精伏于膀胱之间，相火一动，则油然走泄，所谓遗精是也。必也再加修真之功，使运于丹田，则精自化气，始获其益焉。仙哲以人之初学，其神不灵，其气不吐，其火不足，一身之关窍脉络，半有积痰壅滞其间，引之导之，不易见功，而病翻生，故有此段云尔。

七段　摩夹脊穴

此穴在脊椎之末，肛门之上，统一身之血脉，以两指摩之，使热，为开尾闾之预备，运之大有补益。

按：道家谓人身二脉，最为重要。自上颚，缘鼻、头脑，循脊柱以至尾闾，名曰督脉，所谓"缘督以为经"是也。自下颚，循气道以至膀胱，名曰任脉。修真之士，一旦成功，精气能周流全身。在督脉者，有三关，开之最难，尾闾为最下一关，摩擦之使热，所以为开此关之预备耳。又，脊柱全部，时以干布摩擦，至红润而止，亦有大效。生理学家谓：沿脊柱皆有交感神经。近世有发明按脊术者，皆与道家"开督脉"之说相发明。须知此脉，非循环血液之脉，乃流行精气之脉耳。武进蒋竹庄（维乔）先生自言：早年尪瘠多病，某保险公司医生谓两年之内必死，辞却不允保险。先生乃治静坐术，一日，三关忽开，督脉遂通，舒适异常，至今精神甚健，能日行山程六七十里而不倦。云佛道家摄生之精髓，岂近代粗浅之卫生学说所能及乎！（龟通任脉，鹿通督脉，故皆长寿。）

八段　濬泉洒腿

用左手抱住左脚，右手擦左脚心涌泉穴，三十六次。换转右脚，如前行之。然后左足立定，右足提起，洒七次，后换右足立定，如前行之。

按：脚心有穴，名曰涌泉，乃通气血之所。按摩使热，冬令得免足冷之患。洒腿时，若不能直立，可背倚于桌旁、柱侧行之。常行之，能使气血和洽，行动爽健，老年人行之尤妙。

右法八段，每日晨起、临卧，各行一次，不可间断，其效立见。或作、或辍，必无效也。

第三章　仙家易筋经

《易筋经》，古时练身之法也。创自西竺达摩祖师，般剌蜜谛译义，分内功、外功。内功主静，外功主动。唐时嵩山少林寺僧，多传习之。《经》分上下两卷，世鲜刻本。或取其《十二势图》与《十二段锦》合刻，统名《内功图说》。三丰真人，为武当派之祖，当撷少林《易筋经》精髓，著为《仙家易筋经》，刚柔兼重，内外并蓄，习之可以延年去病，效验宏伟。若能深造，其用不翅技击。昔岳武穆发明形意拳，董海川访道江南渝花山，遇丹士授以八卦拳，不知皆起源于《易筋经》。几经变化，乃蔚为内家拳。故练习有恒，变化生巧，便见其效用于无涯耳。兹请分段胪述如左。

一段　韦驮献杵势

定心息气，身体立定。两手如拱，存心极静。

预备，两足成九十度立正。腿并膝，直目平视。

（一）两臂平屈于肩前，十指向上合掌，如韦驮献杵势。首略前屈，目视两掌。（如一图）

（二）两臂向左右推开，直伸，十指向上，头即复正，目视前方。

（三）如（一）（二）举动，习续演一次。（如二图）

（四）两臂由肩前屈，向上伸，掌心向上，两手指尖相接，头向后屈，目视两手背。（如三图）

如法行四四之数，至末次时，两臂勿向上伸，即由肩前直向下伸。

二段　摘星换斗势

单手高举，掌须下覆，目注两掌，吸气不呼，鼻息调匀，用力收回，左右同之。（如四图）

（一）右臂上伸，掌心向下，指端向左，肘直，头向左屈，目视掌心。左手握拳，置手背后右腰际，肘向后挺。

（二）右臂由左下画半圆形，手握拳，置于背后左腰。左臂上伸，掌心向下，指尖向右，肘直，头向右屈，目视左手掌心。

（三）同（一）。

（四）同（二）。

如法行四四数，至末数时，足尖并合，两手握拳，屈于胸旁。

三段　出爪亮翅势

掌向上分，足指拄地，两肋用力，并腿立直，鼻息调匀，目观天门，牙咬，舌抵上颚，十指用力，腿直，两拳收回，如挟物然。（如五图）

（一）两肩向前平伸，十指张开，两拇指相触，两踵提起，目视手指。

（二）两肩由前下向左右上举，掌心向前，十指张开，两拇指相触，两踵落地，即复提起

（三）两肩由左右下垂，即复上举，两踵亦放下提起一次。

（四）两肩前下，握拳，屈于肋间，肘向后掣，两拳置于腰际。两踵放下。如法行四四数，至末数时，两手握拳，臂仍屈于胸旁，足尖仍闭。

四段　倒曳牛尾势

小腹运动，空松前跪，后腿伸直，二目观拳，两膀用力（如六图）

（一）马步（右足向右踏出一步，屈膝，如骑马姿势然）。两掌左右推出，掌心向侧，指端向上，目视前方。

（二）左踵移向左，左膝伸直，右踵移向右，右膝仍屈，右手由后下前上画一圆形，握拳，臂右举，肘微屈如弧形，头向右转。目视右拳，左手亦握拳，臂仍左举。

（三）同（一），惟左右方向相反。

（四）同（二），惟左右方向相反。

如法行四四数，至末次时，两臂下垂，上体起立，足尖分开，右足并上，复立正姿势。

五段　鬼拔马刀势

单膀用力，夹抱颈项，自头收回，鼻息调匀，两膝立直，左右同之。

（如七图）

（一）上体向右屈，右臂屈于颈后，左臂由左下屈于背后，两手相握于背上。

（二）上体复正，右手掌心向上，指端向左，臂向上伸。左手掌心向下，指端向右，臂向下伸，务使小指与尻骨相接触。

（三）上体向左屈，左臂屈于颈后，右臂由右下屈于背后，两手相握于背上。

（四）上体复正，左手掌心向上，指端向右，臂向上伸。右手掌心向下，指端向左，臂向下伸，务使小指与尻骨相接触。

如法行四四之数，至末数时，足尖并合，两臂下垂。

六段　三盘落地势

目注牙呲，舌抵上颚，睛瞪口裂，两腿分跪，两手抓地，反掌托起，如托物然，两腿收直。（如八图）

（一）右足向右踏出一步，两膝下屈作骑马式，两手握拳，屈于胸之两旁，肘向后挺。

（二）两膝努力向下屈，两臂由身旁向后下伸，十指用力张开，目平视，举踵。

（三）两腕经两腿之旁，绕过两膝，十指相纽，掌心向上，两腕屈于腹部之前，与上臂成九十度之角形，两膝略起，仍复骑马式。

（四）两膝伸直，十指相纽，两臂由身前屈向上伸，同时掌心翻向上，头向后屈，目视两手。

如法行四四之数，至末数时，上体起立，两臂下垂，右足并上，足尖分开，复立正姿势。

七段　青龙探爪势

肩背用力，平掌探出，至地围收，两目平注。（如九图）

（一）足膝勿动，上体与头略向右转，左臂向右伸出，掌心向上，高与眉齐，大指屈于掌中。右手握拳，屈于胸之右侧，肘向后挺。目视左掌。

（二）上体由前下屈，至左起立，向左旋转，此时足膝皆不能屈动，左臂由右下画半圆形于身前，而至左侧。（手掌近地，目随左掌而行。）左手即握拳，臂屈于胸之前侧，肘向后挺，右臂即向左伸出，掌心向上，指尖向左，高与眉齐。目视右掌。

（三）上体由前下屈，至右起立，向右旋转，此时足膝皆不能屈动，右臂由左下画半圆形于身前，而至右侧。（手掌近地。目随右掌而行。）右手即握拳，臂屈于胸之右侧，肘向后挺，左臂即向右伸出，掌心向上，指尖向右，高与眉齐。目视左掌。

（四）与（二）同。

如法行四四之数，至末数时，两手握拳，臂屈于胸之两旁，右足向右踏出一步，两膝屈下，作骑马式。

八段 卧虎扑食势

膀背十指用力，两足蹲开，前跪后直，十指拄地。腰平头昂，胸向前探，鼻息调匀，左右同之。（如十图）

（一）左踵移向左，左膝伸直，右趾移向右，右膝仍屈，身向右转，上身向前屈，两手指尖着地，目视前方。

（二）两手着地，臂用力挺直，右足向后伸，与左足相并，两膝伸直，足趾着地。

（三）左足仍屈。

（四）左踵移向右，膝仍屈，右趾移向左，复骑马式，两手握拳，屈于胸前，第二次换足行之。如是量力，再向左右各行数次。

至末数时，两臂仍屈于胸旁，作骑马式。

九段 打躬势

两肘用力，夹抱后脑，头前用力探出，牙咬，舌抵上颚，躬身低头至腿，头耳掩紧，鼻息调匀。（如十一图）

（一）两手十指相纽，置于头颈之后，两膝伸直，上体向前屈，头略抬起。

（二）上体复正，两膝仍屈，复骑马式。

（三）与（一）同。

（四）与（二）同。

十段　掉尾式

膝直，膀伸，躬鞠，两手交推至地，头昂目注，鼻息调匀，徐徐取入，脚跟顿地，二十一次，左右膀伸七次。盘膝静坐，口心相注，闭目调息，定静后起。（如十二图）

（一）两膝勿屈，上体向前下俯，两手十指相纽，以掌心着地，头略抬起。

（二）体仍前屈，两手十指相纽于小腿之后，手背向后。

（三）复（一）之姿势。

（四）两手十指仍纽，两臂由前上高举，上体向后屈。

如法行四四之数。至末数时。两臂下垂。复立正姿势。

附：仙家易筋经十二图

附：古法易筋经浅说

古法又有《易筋经廿四式》者，分三部，每部八式。由浅入深，较为复杂，盖已类与拳术矣。苟能循序递进，习练不辍，不唯可以却病延年，亦足以御敌，其为用岂不伟哉！

练习须知

一、初时练习，宜分段操练，数月后，渐次连续数段行之，半年即可半部或全都连续操练矣。

二、初时练习，次数宜缓缓加增，不可骤然增进。

三、习练时必须舌抵上颚，调息凝神，不可胡思乱想，神不贯注。

四、习练前二十分钟时，宜略进饮食。

五、练习既毕，宜缓行数十步，藉舒筋骨。年迈衰弱之人，则躺椅上，亦可使人摩擦四肢，以和血脉。

六、每日黎明起身后，宜行一次。晚时就枕前，宜行一次。能习练有恒，不使间断，自觉身心爽适，精神饱满，健步如飞，愉快非常，半年之后，定获奇效。

七、习练时须自然活泼，虚实分明，最忌闭气胸中，必于肺部有损。

八、习练时，晨宜东向，晚宜南向。于空旷清洁幽静之处行之，尤佳。

第一部

第一式

面向东立，首微上仰，目微上视，两足与肩，宽窄相齐，脚站平，不可前后参差，两臂垂下，肘微曲，两掌朝下，十指尖朝前，点数七七四十九字，十指尖想往上跷，两掌想往下按，数四十九字，即四十九跷按也。

预备：两足向左右分开一步，其距离与肩阔相等，足尖相前，两足立于一直线上，两臂垂于身之两旁，离身约二寸许，肘微曲，两手掌心向下，十指指端向前，目注前方。

练法：每唱一数，两手指端向上一跷，两掌向下一按，同时两踵提起复放下，共四十九唱。

第二式

前式练后，即八指叠为拳，拳背朝前，两大指伸开，不叠拳上，两大指跷起，朝身，不贴身，肘微曲。每数一字，拳加一紧，大指跷一跷，数四十九字，即四十九紧，四十九跷也。

预备：两臂两足仍如前式，将两手八指曲叠为拳，拳背向前，两大指伸直，不叠于拳上，指端向身，相距约寸许。

练法：每唱一数，两手大指向上一跷，拳即紧握一次，同时两足尖跷起放下，共四十九唱。

第三式

前式练后，将大指叠在中指中节上为拳，趁势往下一拧，肘之微曲者，至此伸矣。虎口朝前，数四十九字，每数一字，拳加一紧，即四十九紧也。

预备：两臂两足，仍如前式，将两手大指叠于中指节之上，拳背向前。

练法：每唱一数，两肘向下伸直，拳即用力握紧一次，两膝向下深屈（踵勿提起），同时肘复屈，膝复直，共四十九唱。

第四式

前式练毕，将两臂平举，向前伸，拳掌相离尺许，虎口朝上，拳与肩平，肘微曲，数四十九字，拳加四十九紧。

预备：两足仍如前式，两手握紧，臂平举于前，两拳之距离高低，与肩相等，虎口向上，两肘稍屈。

练法：每唱一数，两拳用力紧握一次，足不移动，两膝略向下屈，两大腿向中间闭合，再将两腿分开，两膝伸直，共四十九唱。

第五式

前式练毕，将两臂直竖起，两拳相对，虎口朝后，头微仰，两拳不可贴身，亦不可离远，数四十九字，每数一字，拳加一紧。

预备：两足仍如前式，两手握紧，臂向上举，拳心相对，两拳之距离，与肩相等，肘微曲。

练法：每唱一数，两拳用力握紧一次，头向后屈即复正，共四十九唱。

第六式

前式练毕，两拳上对两耳，离耳寸许，肘与肩平，虎口朝肩，拳掌朝前，数四十九字。每数一字，肘尖想往后用力，拳加一紧。

预备：两足仍如前式，两臂左右平举，小臂屈于肩上，两手握拳，正对两耳，离耳约寸许，肘与肩平，虎口向下，拳心向前。

练法：每唱一数，两肘用力向后一挺，拳即紧握一次，同时上体向右转，后即复正。再唱一数，两肘用力向后一挺，掌即紧握一次，同时上体向左转，后即复正，共四十九唱。

第七式

前式练毕，全身后仰，两臂横伸，直与肩平，虎口朝上，数四十九字。每数一字，想二拳往上往后用力，胸向前合，拳加一紧。

预备：两足仍如前式，两臂向左右平举，虎口向上，拳心向前。

练法：每唱一数，上体向后一仰，两足尖离地，后即复原，两拳向后用力握紧一次，共四十九唱。

第八式

前式练毕，将两臂平转向前，与第四式同，但此两拳略近些，数四十九字。每数一字，拳加一紧。

预备：两足仍如前式，两手握拳，臂平举于前，两拳相离约寸许，两肘微曲，虎口向上，拳心相对。

练法：每唱一数，上体向前一屈，两踵离地，同时体踵复原，两拳即用力握紧一次，共四十九唱。

第二部

第一式

前式练毕，将两拳掌收回，向胸前两乳之上些一抬，即翻拳掌向前，上起对鼻尖，拳背食指节尖，即离鼻尖一二分，头微仰，数四十九字，每数一字，拳加一紧。

预备：两足仍如前式，两大臂向左右举，小臂平屈于肩前，两拳相离约寸许，虎口向上，掌心向内。

练法：每唱一数，掌心用力由下翻向前，两拳即握紧一次，两膝下屈，同时掌心仍翻向内，两膝复伸直，共四十九唱。

第二式

前式练毕，将两拳离开，肘与肩平，两小臂直竖起，拳掌向前，虎口遥对两耳，数四十九字，每数一字，每数一字，拳加一紧，想往上举，肘尖想往后用力。

预备：两足仍如前式，两大臂仍左右举，小臂则直立竖起（成半方形，即两臂半向上屈），拳掌向前。

练法：每唱一数，两拳用力握紧一次，两肘用力向后一挺，上体趁势向后屈，同时体即复正，共四十九唱。

第三式

前式练毕，将两拳翻转向下，至脐，将两食指之大节，与脐相离一二分，数四十九字。每数一字，拳加一紧。数毕，吞气一口，随津以意送至丹田，如此吞送气三口。

预备：两足仍如前式，两手握拳，臂屈于身前，拳置于腹脐之前，约距半寸许，拳心向内，虎口向上。

练法：每唱一数，两拳即用力握紧一次，上体向右弯曲，即复正，两唱一数，两拳仍用力握紧一次，上体即向左一屈，即复正。

第四式

吞气三口毕，不用数字，将两拳松开，两手垂下，直与身齐，手心向前。往上端与肩平，脚跟微起，以助手上端之力，如此三端，俱与平端垂物之用力相同。再将两手叠作拳，举起过头，用力捽下，三举三捽，再向左右足一蹬，先左后右。各三蹬毕，仍东向静坐片时以养气。

预备：两足仍如前式，两臂垂下，十指掌心向前。

练法：每唱一数，两臂向前平举，掌心向上，臂即下垂，同时两踵尽力提起，即放下。再唱一数，两手握拳，掌心向上，臂由前上高举，即复由前下垂，同时两踵尽力提起，即放下。

第五式

继续第三式吞气三口毕，将两拳伸开，手心翻向上，至乳下寸许，十指尖相离二三寸，数四十九字。每数一字，想手心翻平，想气贯十指尖。若行此式，省去第四式亦可。

预备：两足仍如前式，两大臂平举于左右，小臂平屈于肩前，十指伸直，掌心向上，指端相离约二寸许。

练法：每唱一数，两手掌心翻向下，两足足尖移向内，同时即掌心翻向下，足尖仍复原式，共四十九唱。

第六式

前式练毕，将两手平分开，横如一字，与肩平，手掌朝上，胸微向前，数四十九字。每数一字，手掌手指，想往上往后用力。

预备：两足仍如前式，两臂向左右平举，十指伸直，掌心向上。

练法：每唱一数，胸向前一挺，两手指与掌用力，由上向后画一圆形。共四十九唱。

第七式

前式练毕，两臂平转向前，数四十九字。每数一字，想气往十指尖上贯，平掌朝上微端。

预备：两足仍如前式，两臂平举于前，十指伸直，掌心向下。

练法：每唱一数，两臂向上举（手背向上，手指向前），即复前举，上体向后屈，即复正，共四十九唱。

第八式

前式练毕，将两手为掌撤回，拳掌朝上，拳背朝下，两肘挟过身后，数四十九字。每数一字，拳加一紧。两拳不可贴身，亦不可离远。

预备：两足仍如前式，两手握拳，臂屈于胸旁，拳背向下，两臂离身约二寸许。

练法：每唱一数，两膝下屈（踵勿离地），即复伸直，两拳用力握紧一次，两肘向后一挺，共四十九唱。

第三部

第一式

将拳伸开，指尖朝上，掌往前如推物之状，以臂伸将直为度。每数一字，掌想往前推，指尖想往后用力。数四十九字毕，如前第二部第三式，数字吞气法行之，送入丹田之后，歇息养神亦可。

预备：两足仍如前式，两臂向前伸，十指尖向上，掌心向前，两肘微曲，两膝下屈与大腿相平，作骑马式。

练法：每唱一数，足膝不动，两手掌心向前推，十指用力向后，两肘即伸直复屈，共四十九唱。

第二式

前式练毕，将两手为拳撤回，拳掌朝下，拳背朝上，两肘挟过身后，数四十九字。每数一字，拳加一紧。两臂不可贴身，亦不可离远。

预备：两膝伸直，足仍分开如前式，两手握拳，臂屈于胸旁，拳背向上，掌心向下，两臂离身约二寸许，上体向后屈。

练法：上体仍屈，两拳用力握紧一次，两肘即向后一挺。

第三式

接前吞气后，将两手心朝下，手背朝上，两手向下，身体向前扑，两手离地约寸许，起立置二手于乳上，再扑，两臂与手向下，用力起扑四十九次。

预备：上体复正，足仍左右分开，两大臂平举于左右，小臂平屈于肩前，两手十指伸直，掌心向下。

练法：每唱一数，两膝屈作骑马式，上体前屈，两臂向下伸，两手掌心近地，目视手背，同时膝伸直，体复正，臂平屈，目前视，复还原式。

第四式

接前吞气后，将两手心朝下，手背朝上，两手起至胸前乳上，趁势往下一蹲。脚尖略分开些，脚跟离地三五分，两手尖相离二三寸，数四十九字。每数一字，两臂尖想往后用力，想气贯至十指尖上。

预备：两足仍如前式，两臂仍平屈于肩前，掌心仍向下，十指指尖相离约二寸许，两膝略屈，两踵离地约寸许。

练法：每唱一数，膝仍屈，两肘用力向后一挺，同时两脚跟移向内，即复原式，共四十九唱。

第五式

前式练毕，将两手分开如一字，两臂与肩平，手心朝下，胸微往前，数四十九字。每数一字，两手往后用力。

预备：两膝伸直，两踵落地，两足仍左右分开，两臂向左右平举，手心向下，上体向前屈。

练法：每唱一数，上体仍向前屈，两臂用力由上向后一挺，共四十九唱。

第六式

前式练毕，将身一起，趁势右手在内，左手在外，右手掌向左推，左手掌向右推，数四十九字。每数一字，右手掌向左用力，指尖往右用力，左手掌向右用力，指尖往左用力。

预备：上体复正，两足仍如前式，两臂收回，交叉屈于胸前，十指指尖向上，左手掌心向右，臂在外，右手掌心向左，臂在内。

练法：每唱一数，右掌向左推，手指用力向右，左掌向右推，手指用力向左，两足弗动，膝屈，两大腿用力向内并合。同时即复原式，共四十九唱。

第七式

前式练毕，左手及臂在上，右手及臂在下，左手臂朝下，右手臂朝左，两臂皆曲向，数四十九字，想气贯十指尖为度，两臂不可贴身。

预备：两足仍如前式，右臂平屈于胸前，掌心向左，左臂屈于胸前，掌心向右，十指向上，臂屈，适成九十度之角形，离身约寸许。

练法：每唱一数，左掌向左拉，右掌向右拉（即两臂肘向左右挺也），足尖趁势向上一翘，共四十九唱。

第八式

前式练毕，将两臂下垂，手心翻转向后，肘曲，十指尖亦曲，每数一字，想气贯十指尖为度俱照前式，数四十九字为毕。每照前式，照字吞气，平端捽手蹬足毕，向东静坐片时，不可说话用力。如要上顶为者，于五十日后，行到第三部第四式，眼向上瞪，牙咬紧，将前后左右各三扭，以意贯气至顶上，则为贯上顶矣。六十日后，以意贯气至下部，则为达下部矣。

预备：两足仍如前式，两臂垂于身后之两旁，手心向后。

练法：每唱一数，臂勿动，肘一屈，十指指端，用力向上一蹻，两膝屈伸一次，共四十九唱。

以上《易筋经》，共三部二十四式，原本分为第一套十二式，第二套五式，第三套七式，习练时毋须全练，初时宜分式操练，数月后，渐次连续数式行之，半年后即可一二部连续行之矣。

右法为古人《二十四式易筋经》，较《仙家易筋经》稍为繁复，虽皆滥觞于古仙熊经鸟伸、导引诸法，可以活泼气血，增长内劲，而为学技击者之基本习练，不可废也。北平郝氏，世习此术，男女罔不寿愈古稀，而精神矍铄，不知医药为何事。盖其族子孙，世传其术，自幼即习练有素也。又吾乡陈氏，其先世经商崇明二激镇，镇滨大海，出没多盗，陈氏子弟，即日习斯技，故皆努力过人，海盗无敢觊觎者，至今后裔，独擅斯技，岂非此术之不僅却病延年哉！故于三丰真传《仙家易筋经》之后，赘录此法，以供采办云尔。

第四章　太极拳谱

道家之言曰：道体之本原，曰无极，无极而生太极，太极生两仪，两仪生四象，四象生八卦。如吾心寂然无思，一念不起，是无极也。然此心未发，自有照然之不昧本体，是太极也。阳动以喻太极，阴静以喻无极。动之始则阳生，动之极则阴生。始静则柔，极静则刚。三丰真人之创太极拳、太极剑，即由斯理而发明者也。

真人之言曰："太极长拳者，如长江大海，滔滔不绝也。十三势者，掤、捋、挤、按、采、挒、肘、靠，此八卦也；进步、退步、左顾、右盼、中定，此五行也。掤、捋、挤、按，即乾、坤、坎、离四正方也；采、挒、肘、靠，即巽、震、兑、艮四斜角也。进、退、顾、盼、定，即金、木、水、火、土也。"真人自言："创造此拳，欲天下豪杰延年益寿，不徒作技艺之末也。"

太极图

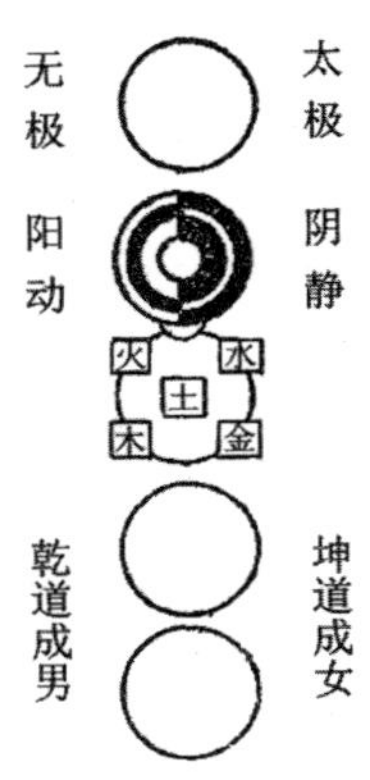

万物化生

无极歌

无形无象无纷拿，一片神行至道夸。
参透虚无根蒂固，浑浑沌沌乐无涯。

太极歌

太极原生无极中，混元一气感斯通。
先天逆运随机变，万象包罗易理中。

太极八方五位图

十三势行功心解

以心行气，务令沉着，乃能收敛入骨。以气运身，务令顺遂，乃能便利从心。精神能提得起，则无迟重之虞，所谓"顶头悬"也。意气须换得灵，乃有圆活之趣，所谓"变动虚实"也。发动须沉着松净，专主一方。立身须中正安舒，支撑八面。行气如九曲珠，无往不利（气遍身躯之谓）。运动如百炼钢，何坚不摧。形如搏兔之鹄，神如捕鼠之猫。静如山岳，动若江河。蓄劲如开弓，发劲如放箭。曲中求直，蓄而后发。力有脊发，步遂身换。收既是放，断而复连。往复须有摺叠，进退须有转换。极柔软，始能极坚硬；能呼吸，然后能灵活。气以直养而无害，劲以曲蓄而有余。心为令，气为旗，腰为柱。先求开展，后求紧凑，乃可臻于缜密矣。

又曰：先在心，后在身。腹松，气敛入骨，神舒体静，刻刻在心。切记一动无有不动，一静无有不静，牵动往来气贴背，敛入脊骨。内固精神，外示安逸。迈步如猫行，运动如抽丝。全神意在精神，不在气，在气则滞。有气者无力，无气者纯刚。气若车轮，腰如车轴，似松非松，将展未展，劲断意不断，藕断丝亦连。

学太极拳须敛神聚气论

太极之先，本为无极，鸿蒙一炁，混然不分，故无极为太极之母，即万物先天之机也。二炁分，天地判，始成太极。二炁为阴阳，阴静阳动，阴息阳生，天地分清浊，清浮浊沉，清高浊卑。阴阳相交，清浊相媾，氤氲化生，始育万物。

人之生世，本有一无极，先天之机是也。迨入后天，即成太极。故万物莫不有无极，亦莫不有太极也。人之作用，有动必静，静极必动，动静相因，而阴阳分，浑然一太极也。人之生机，全恃神气，气清上浮，无异上天；神凝内敛，无异下地，神气相交，亦宛然一太极也。故传我太极拳法，即须先明太极妙道，若不明此，非吾徒也。

太极拳者，其静如动，其动如静，动静循环，相连不断，则二炁既交，而太极之象成。内敛其神，外聚其气，拳未到而意先到，拳不到而意亦到。意者，神之使也。神气既媾，而太极之位定。其象既成，其位既定，氤氲化生，而演为七二之数。

太极拳总势，十有三，掤、捋、挤、按、採、挒、肘、靠，进步、退步、右顾、左盼、中定，按八卦五行之生克也。其虚灵、含拔、松腰，定虚实、沉坠、用意不用力、上下相随、内外相合、相连不断、动中求静，此太极拳之十要，学者之不二法门也。

学太极拳为入道之基，入道以养心、定性、聚气、敛神为主，故习此拳亦须如此。若心不能安，性即扰之；气不外聚，神必乱之。心性不相接，神气不相交，则全身之四体百脉，莫不尽死，虽依势作用，法无效也。欲求安心定性，敛神聚气，则打坐之举不可缺，而行功功法不可废矣。

学者须于动静之中，寻太极之益；于八卦五行之中，求生克之理。然后混七二之数，浑然成无极。心性神气，相随作用，则心安性定，神敛气聚，一身中之太极成，阴阳交，动静合，全身之四体百脉，周流通畅，不黏不滞，斯可以传吾法矣。

太极行功说

太极行功，功在调和阴阳，交合神气，打坐即为第一步下手功夫。行功之先，犹应治脏，使内脏清虚，不着渣滓，则神敛气聚，其息自调，进而吐纳，使阴阳交感，浑然成为太极之象，然后再行运各处功夫。

冥心兀坐，息思虑，绝情欲，保守真元，此心功也。

盘膝曲股，足跟紧抵命门，以固精气，此身功也。

两手紧掩耳门，叠指背弹耳根骨，以祛风池邪气，此首功也。

两手擦面待其热，更用唾沫遍摩之，以治外侵，此面功也。

两手按耳轮，一上一下摩擦之，以清其火，此耳功也。

紧合其睫，睛珠内转，左右互行，以明神室，此目功也。

大张其口，以舌搅口，以手鸣天鼓，以治其热，此口功也。

舌抵上腭，津液自生，鼓漱咽之，以润其内，此舌功也。

叩齿卅六，闭紧齿关，可集元神，此齿功也。

两手大指，擦热揩鼻，左右卅六，以镇其中，此鼻功也。

既得此行功奥窍，还需正心诚意，冥心绝欲，从头做去，始能逐步升登，证悟大道，长生不老之基，既胎于此。若才得太极拳法，不知行功之奥妙，掣置不顾，此无异炼丹不采药、采药不炼丹，莫道不能登长生大道，即外面功夫，亦决不能成就，故必须功拳并练也。盖功属柔，而拳属刚。拳属动，而功属静。刚柔互济，动静相因，始成为太极之象，相辅而行，方足致用。此练太极拳者，所以必先知行功之妙用。行功者，所以必先明太极之妙道也。

推手八字诀解

（掤）架也，俗曰招架。在太极拳中，其功用，由下而上，掤架敌，使力不得着我，又可以烘托敌人之手足，皆掤之用也。

（捋）展舒也。遇敌交手时，以捋法，以化解其劲也。

（挤）排也，撞也。凡以手腕臂肘推排敌人各部，使不能前进，皆挤之用也。

（按）捺也，据也。遇敌袭击时，用劲抑按敌人各部，使其失劲，皆按也。

（採）摘也，取也。其用以攫取敌人之各部。

（挒）同捩，转捩也。捩住敌人各部，使其前倾，或趁其来劲，仍使其后仰之谓也。

（肘）胳膊弯曲处曰肘。《后汉书》，“欲命驾，数数被肘”，此即掣肘之义。拳家多以曲臂，直抵敌人胸腹肋胁各部，是即用肘。太极拳多在推、挤、拥、靠中求妙用也。

（靠）偎也。戏剧中有靠把，武术中有靠手、靠打等名词。太极拳中之靠手，最为重要，盖无论何势，非相靠不能懂劲，而后始可贴、黏、随、连以击敌也。

推手歌

（推手，一名打手）

掤捋挤按须认真，上下相随人难进。
任他巨力来打我，牵动四两拨千斤。
引进落空合即出。贴连黏随不丢顶。

歌诀一

顺项贯顶两膀松，束烈下气把裆撑。

胃音开劲两捶争，五指抓地上弯弓。

虚灵顶劲，气沉丹田，提顶调裆，心中力量，两背松，然后窒，开合按势怀中抱，七星势，视如车轮，柔而不刚。彼不动，己不动，彼微动，而已先动。

由脚而腿，由腿而身，练此一气，如转鹘之鸟，如猫擒鼠，发动如弓发矢，正其四体，步履要轻随，步步要滑齐。

歌诀二

举动轻灵神内敛，莫教断续一气研。

左宜右有虚实处，意上寓下后天还。

一举动，全身俱要轻灵，尤需贯串。

气宜鼓荡，神宜内敛，无使有凸凹处，无使有断续处，其根在脚，发于腿，主宰于腰，行于手指，由脚而腿、而腰，总须完整一气，向前退后，乃能得机得势。

有不得机得势处，身便散乱。其病必于腰腿求之。

上下、前后、左右皆然，凡此皆是意，不在外面，有上即有下，有前则有后，有左即有右。如意要向上，即寓下意，譬之将植物掀起，而加以挫之之力，斯其根自断，损坏之速，乃无疑。

虚实要分清楚，一处自有一处虚实，处处总此一虚实。周身节节贯串，无令丝毫间断耳。

歌诀三

拿住丹田练内功，哼哈二气妙无穷。

静分静合屈伸就，缓应急随理贯通。

拿住丹田之气，炼住元形，能打哼哈二气。

太极者，无极而生，阴阳之母也。动之则分，静之则合，无过不及，随屈就伸。

人刚我柔谓之走，人背我顺谓之黏。

动急则急应，动缓则缓应，虽变化万端，而理与性惟一贯，由着熟而渐至懂劲，由懂劲而阶级初明，然非用力之久，不能豁然贯通焉。

歌诀四

忽隐忽现进则长，一羽不加至道藏。

手慢手快皆非似，四两拨千运化良。

不偏不欹，忽隐忽现。左实则左虚，右重则右轻。仰之则尔高，俯之则尔深，进之则愈长，退之则愈促。

一羽不能加，蝇虫不能落。人不能知我，我独知人。雄豪所向无敌，盖皆由阶而及也。

斯技旁门甚多，虽势有区别，概不外乎强欺弱，慢让快耳。有力打无力，手慢让手快，是皆先天自然之能，非关学力而有也。

察四两拨千金之力句，显非力胜。观耄耋能御众之形，快何能为？立如秤准，活似车轮，偏沉则随，双重则滞。

每见数年纯功，不能运化，率自为人所制者，变双重之病未悟耳。欲避此病，须知阴阳，黏即是走，走即是黏，阴不离阳，阳不离阴，阴阳相济，方为懂劲。

懂劲后，越练越精，默识揣摩，渐至从心所欲，本是舍己从人，多无舍近求远，所谓差之毫厘，谬以千里，学者不可不详辩焉。

此论句句切要，并无一字陪衬，非有夙慧之人，未能悟也。先贤不肯妄传，非独择人，亦恐枉费工夫耳。

歌诀五

掤履挤按四方正，采撷肘靠斜角成。

乾坤震兑乃八卦，进退顾盼定五行。

长拳者，如长江大河滔滔不绝也。

歌诀六

十三总势莫轻视，命意源头在腰际。

变转虚实需留意，气遍身躯不少滞。

静中触动动犹静，因敌变化示神奇。
势势扪心须用意，得来不觉费功夫。
刻刻留心在腰间，腹内松净气腾然。
尾闾中正神贯顶，满身轻利顶头悬。
仔细留心向推求，屈伸开合听自由。
入门引路须口授，工夫无息法自休。
若言体用何为准，意气君来骨肉臣。
想推用意终何在，益寿延年不老春。
歌兮歌兮百卌字，字字真切义无遗。
若不向此推求去，枉费工夫贻叹息。

气贴背后，敛入脊骨。静动全身，意在蓄神。不在聚气，在气则滞。

内三合（心与意合。意与气合。气与力合），与外三合（手与足合。肘与膝合。肩与胯合）共为六合。

歌诀七

（即二十字诀）

披闪儋搓歉，黏随拘拿扳。
轻掤搂摧掩，撮坠续挤摊。

斤对斤，两对两，不丢不顶，五指紧聚，六节表正，七节要合，八节要扣，九节要长，十节要活，十一节要静，十二节抓地。

三尖相照，上照鼻尖，中照手尖，下照足尖。能顾元气，不跑不滞，妙令其熟，牢牢心记。

能以手望枪，不动如山，动如雷霆，数十年工夫，皆言无敌，果然信乎！

高打高顾，低打低应，近打近乘，退打退跟，紧紧相随，升降未定，沾黏不脱，拳打立根。

太极拳式

此拳流传既久，式样匪一。大概有河南派、温台派、开合太极之分，与三丰真人之原谱，遂有出入焉。真人所传者，为：

（1）太极。（2）太极起式。（3）揽雀尾。（4）单鞭。（5）提手上势。

（6）白鹤亮翅。（7）搂膝拗步。（8）手挥琵琶。（9）进步或卸步搬拦捶。（10）如封似闭。（11）抱虎归山 。(12）肘底看捶。（13）倒撵猴。（14）斜飞势。（15）海底针。（16）扇通背。（17）撇身捶。（18）抎手。（19）高探马（左）。（20）分脚（右）。（21）高探马（右）。（22）分脚（左）。（23）转身蹬脚。（24）进步裁锤。（25）翻身二起脚。（26）双峰贯耳。（27）野马分鬃。（28）玉女穿梭。（29）下势。（30）金鸡独立。（31）迎面拳。（32）十字摆莲。（33）搂膝指膛锤。（34）上步七星。（35）退步跨虎。（36）转脚摆莲。（37）弯弓射虎。（38）上步高探马。（39）迎面拳。（40）上步揽雀尾。（41）合太极。

河南派之长拳，其谱如左：

（1）揽雀尾。（2）单鞭。（3）提手。（4）白鹤亮翅。（5）搂膝步。（6）琵琶式。（7）搂膝步。（8）左搂膝步。（9）搂膝步。（10）琵琶式。（11）白鹤亮翅。（12）搂膝步。（13）进步搬拦锤。（14）如封似闭。（15）十字手。（16）抱虎归山。（17）肘底看锤。（18）倒撵猴。（19）斜飞式。（20）提手。（21）白鹤亮翅。（22）搂膝步。（23）海底针。（24）扇通臂。（25）撇手捶。（26）上步搬拦锤。（27）进步揽雀尾。（28）单鞭。（29）摆手。（30）单鞭。（31）高探马。（32）右分脚。（33）左分脚。（34）转身蹬脚。（35）搂膝步。（36）进步栽锤。（37）翻身白蛇吐信。（38）上步搬拦锤。（39）蹬脚。（40）左右披身伏虎。（41）同身蹬脚。（42）双风贯耳。（43）左蹬脚。（44）转身蹬脚。（45）上步搬拦锤。（46）如封似闭。（47）十字手。（48）抱虎归山。（49）斜单鞭。（50）左右野马分鬃。（51）上步揽雀尾。（52）单鞭。（53）玉女穿梭。（54）上步揽雀尾。（55）单鞭。（56）摆手。（57）单鞭下势。（58）左右金鸡独立。（59）倒撵猴。（60）斜飞式。（61）提手。（62）白鹤亮翅。（63）搂膝拗步。（64）海底针。（65）扇通背。（66）撇耳捶。（67）上步搬拦锤。（68）进步揽雀尾。（69）单鞭。（70）摆手。（71）单鞭。（72）高探马。（73）鹊雀蹬枝，又名十字摆莲。（74）上步搬拦锤。 (75）上步揽雀尾。（76）单鞭。（77）下势。（78）左右披身。（79）喜鹊穿枝。（80）上步揽雀尾。（81）单鞭。（82）下势。（83）上步七星。（84）退步跨虎。（85）转身摆莲。（86）弯弓射虎。（87）上步搬拦锤。（88）如封似闭。（89）十字手。（90）合太极。

首都总司令部有李丽久先生者，教授太极拳，能以科学方法，施之教授，故其拳谱颇有改变，兹并附述之如次：

（1）预备式。（2）上左步挤手。（3）上右步揽雀尾。（4）开左步单鞭。（5）上右步提手上式。（6）白鹤亮翅。（7）开左步搂膝拗步。（8）琵琶式。（9）搂膝拗步，一二三。（10）琵琶式。（11）进步搬拦锤。（12）如封似闭。（13）并步十字手。（14）斜搂膝拗步。（15）转身抱虎归山。（16）并步揽雀尾。（17）开左步单鞭。（18）转正面肘底看锤。（19）倒撵猴，一二三。（20）上左步斜飞式。（21）上右步提手上式。（22）白鹤亮翅。（23）开左步搂膝拗步。（24）海底针。（25）肩通臂。（26）转身抛身锤。（27）并步揽雀尾。（28）开左步单鞭。（29）抎手，一二三。（30）开左步单鞭。（31）提步高探马。（32）斜退左步右分脚。（33）高探马左分脚。（34）转身分脚。（35）搂膝挪步，一二。（36）上左步裁锤。（37）翻身白蛇吐信。（38）上左步登右脚。（39）退右步打虎式。（40）踢右脚落步双风贯耳。（41）转身蹬左脚。（42）转身蹬右脚。（43）琵琶式。（44）并步搬拦锤。（45）如封似闭。（46）并步十字手。（47）斜搂膝拗步。（48）转身抱虎归山。（49）并步揽雀尾。（50）开左步单鞭。（51）琵琶式。（52）上右步野马分鬃。（53）上左步，二。（54）上右步，三。（55）上左步玉女穿梭。（56）转身上右拗步玉女穿梭，二。（57）野马分鬃。（58）上左步玉女穿梭，三。（59）转身上右步玉女穿梭，四。（60）琵琶式。（61）并步揽雀尾。（62）开左步单鞭。（63）抎手，一二三。（64）开左步单鞭。（65）下式。（66）上右步金鸡独立。（67）提左步探掌。（68）退左步倒撵猴，一二三。（69）上左步斜飞式。（70）上右步提手上式。（71）白鹤亮翅。（72）开左步搂膝拗步。（73）海底针。（74）扇通臂。（75）转身抛身锤。（76）井步揽雀尾。（77）开左步单鞭。（78）抎手，一二三。（79）开左步单鞭。（80）提步高探马。（81）落步探掌。（82）转身十字摆莲。（83）搂膝拗步，一二。（84）上左步指裆捶。（85）上右步揽雀尾。（86）开左步单鞭。（87）下式。（88）上右步七星。（89）退右步跨虎。（90）上左步探掌。（91）转身弯弓射虎。（92）上左步探掌。（93）转身抛身锤。（94）并步揽雀尾。（95）开右步单鞭。（96）合太极。

太极拳谱歌

太极起首揽雀尾，单鞭之后提手有。白鹤亮翅需神静，运续搂膝步法守。回环反复琵琶式，前后照顾神莫走。白鹤亮翅搂膝步，神明内运能持久。继以进步搬搁锤，如封似闭十字手。抱虎归山态纡徐，肘后看锤神抖擞。倒辇猴机斜飞式，提手复接鹤亮翅。搂膝步过海底针，扇通臂后撇身锤。既用上步搬拦锤，还看进步揽雀尾。单鞭抎手要分清，单鞭高探马何伟。左右分脚转身蹬，搂膝栽锤君莫非。翻身白蛇吐信式，上步搬拦蹬脚起。左右披身伏虎随，回身蹬脚风过耳。转身蹬脚若争先，上步搬拦捶回旋。如封似闭十字手，抱虎归山斜单鞭。野马分鬃揽雀尾，玉女穿梭体势全。上步揽雀尾单鞭，鬃手单鞭下势运。金鸡独立分左右，倒辇猴后斜飞轮。提手后接鹤亮翅，搂膝拗步海底针。扇通臂后撇身锤，上步揽锤次第寻。后接进步揽雀尾，单鞭抎手用意深。单鞭下势高探马，接连左右十字腿。上步搬拦揽雀尾，单鞭姿势君莫改。鹊雀穿枝神洋洋，上步揽雀见精彩。单鞭下式莫躲藏，上步七星莫用力。退步跨虎精气练，转脚摆莲斯为得。弯弓射虎敌难当，上步拦锤敌莫测。如封似闭十字手，最后殿以太极合。

附：诸民谊太极拳论

拳术所以锻炼身心，振奋精神也。然我国拳术，源流甚古，因其姿势功用之不同，而派别名称亦异，有以险奇为贵者，有以平易为贵者，则不尽皆能发达体育，而入主出奴，又纷呶无已。第溯其源流，则不外两家，即武当与少林。是武当主柔，劲蓄于内。少林主刚，劲显于外。晚近以还，少林之势甚盛，流传愈广，门类派别亦与众，相率标新立异，趋尚险奇，渐有失却体育本旨之势。初学者习之，辄事倍而功半，体弱者习之，尤害多而利少，故余殊所不取。太极拳者，内家拳术中最平易，而最能发达体育者也，故余嗜之特甚，无间寒暑，日必习之。习之既久，愈觉其奥妙无穷，其功用之伟，优点之多，诚非其他拳术所可企及。兹分为姿势、动作、用意、发劲、灵巧、养生数种，述之如下。

（一）姿势：太极拳之姿势甚多，总合之有五行、八卦之分，是谓十三势。何为五行？进、退、顾、盼、停是也。何为八卦？掤、捋、挤、按、采、挒、肘、靠是也。以上十三种之姿势，为学太极拳者，所必经之途经。使吾人逐日演习之，不稍间断，则若干年后，历练既深，拳术中之精奥，自能阐发无遗，而获益非浅。

（二）动作：太极拳之动作，须慢而匀。盖外家拳术，虽见速效，而流弊滋甚。若太极拳，则以活动筋骨为主，故一切运动，以柔活为上，惟其慢，始能柔，惟其匀，始能和，且各种动作俱成圆形，而一圆之中，虚实变化生焉。其无穷之奥妙，即在此虚实变化之中，初学者或未能知，习之既久，则得心应手，趣味无穷，即足以舒展筋骨，又能调和血气，可谓身心兼修，最合于发达体育之道者。

（三）用意：太极拳练习时，纯任自然，不尚用力用气，而尚用意。用力则笨，用气则滞，是故沉气松力为要。气沉则呼吸调和，力松则发展先天之力，排除后天之力。盖先天之力，乃固有之力；后天之力，为勉强之力。前者其势顺，后者其势逆。太极拳主逆来顺受，以顺制逆者，故不须用过分之力。惟外家之拳术，其用力、用气，每属于于勉强，强人以体能，故谓之硬工，习之不当，流弊滋多。且习硬工者，其力已尽量用出，毫无含蓄，虽习之多年，表面似有增进，实则其内部之力并未加长。若太极拳虽不用过分之力与气，而练习时全在意志。惟其能用意志也，所以能使其力蓄于内，不流露于外，气沉于丹田，不停滞于胸；惟其不用过分之力与气，故习之既久，积蓄之气力乃愈大，至必要时，仍能运用自如，毫无困难与勉强。譬犹劳动者终日工作，非不用气力也。然其所有之气力，皆已尽量用出，并无积蓄，故劳动若干年后，其气力依然如故。外家之硬工，亦若是耳。

（四）发劲：劲有刚柔之别。何为刚劲？无论劲之大小，含有抵抗性，而一往无前者，谓之刚劲。何为柔劲？随敌劲以为伸缩，而不加抵抗者，谓之柔劲。太极拳之妙处，在于与人交手时，不先取攻势，而能接受敌人之劲，初不加以抵抗，以其黏柔之力，化去敌人顽强之劲，待敌人一击不中，欲图谋再举之时，然后蹈瑕抵隙，顺其势而反守为攻，则敌人力竭之馀，重心移动，鲜有不失败者。盖太极拳之动作，本为无数圆形，而圆形之中，则为重心所在，处处立定脚根，虽敌人发劲极强，而以逆来须受之法引之入彀，待敌人之劲既出，重心既失，然后从而制之，所谓避实就虚，以柔胜刚之法也。

（五）灵巧：语云："熟能生巧。"太极拳即本此意以从事而深得个中三昧者，故太极拳之精粗，以功夫浅深为断。盖功夫深，则于其中之虚实变化，皆已了然，既了然于虚实之变化，则能于虚实变化中，求出巧妙之途径。故其所用之力，轻灵圆活。以视外工之用力、用气，专主于一隅，成为死笨之气力者，迥乎不同。且因其不用过分之力与气，故能持久而不敝，因其动作为圆形，故能处处稳定重心，重心稳定则基础巩固，无虑外力之来侵矣。

（六）养生：拳术本属体育一种，自以养生为主要，然此非所论于外家之硬工，惟太极拳始真能养生，无论强弱老幼，均可练习。吾人身体之发达，贵能平均，在生理上均有一定之程序，剧烈之运动，因不合于此种程序，结果多得其反。太极拳之动作，则轻软异常，而一动全身皆动，与全身任何部分，均无偏颇之弊，且因其动作柔和轻灵，故能调和气血，陶养性情，为最合于生理上之程序，能使身体平均发达者。且练习之时，无须用过分之力气，虽老弱病夫，亦不难为之，所谓却病延年，洵非虚语也。

附：太极剑之次序

（一）预备式。（二）上左步刺喉。（三）青龙摆尾。（四）倒拉鞭。（五）提剑望月。（六）左斜剑。（七）蛇形式，一二三。（八）琵琶剑。（九）磨盘式。（十）劈挂剑。（十一）抎盘剑。（十二）转身青龙摆尾。（十三）倒拉鞭。（十四）叶底藏花。（十五）蛰龙翻身，一二三。（十六）上左步斜飞式。（十七）上右步提剑望月。（十八）左斜剑。（十九）蛇形式。（二十）海底针。（二十一）下挑腕。（二十二）转身臂月。（二十三）青龙摆尾。（二十四）倒拉鞭。（二十五）抎手，一二三。（二十六）倒拉鞭。（二十七）穿剑退左步探海。（二十八）迎劈转环剑。（二十九）左分脚探海。（三十）转身蛇形式。（三十一）上左步下劈。（三十二）转身劈月。（三十三）上左步探海。（三十四）退右步劈虎式。（三十五）白猿托桃。（三十六）抱剑刺胸。（三十七）仙人指路。（三十八）转身地盘剑。（三十九）白鹤展翅。（四十）上左步琵琶式。（四十一）磨盘剑。（四十二）抎盘剑。（四十三）劈卦。（四十四）转身青龙摆尾。（四十五）倒拉鞭。（四十六）右琵琶式。（四十七）天边扫月。（四十八）斜飞式。（四十九）上右步天边扫月。（五十）上左步抎盘剑。（五十一）转身右抎盘剑。（五十二）天边扫月。（五十三）上左步抎盘剑。（五十四）转身右抎盘剑。（五十五）琵琶式。（五十六）青龙摆尾。（五十七）倒拉鞭。（五十八）抎剑，一二三。（五十九）拨草寻蛇。（六十）提剑刺胸。（六十一）蛰龙翻身，一二三。（六十二）斜飞式。（六十三）提剑望月。（六十四）左斜刺。（六十五）蛇形式。（六十六）海底针。（六十七）下挑腕。（六十八）转身劈月。（六十九）青龙摆尾。（七十）倒拉鞭。（七十一）抎剑，一二三。（七十二）穿剑式。（七十三）转身蛇形式，一二。（七十四）上右步指膽剑。（七十五）上右步青龙摆尾。（七十六）倒拉鞭。（七十七）拨草寻蛇。（七十八）上右步怀中抱月。（七十九）退右步白鹤亮翅。（八十）转身探掌。（八十一）龙形式。（八十二）上右步转身地盘剑。（八十三）白鹤亮翅。（八十四）转身青龙摆尾。（八十五）倒拉鞭。（八十六）抎盘剑。（八十七）退右步合剑。

第五章　道引仙术

古仙有导引摄生妙法，习之可以却病延年，久视长生，唯只有口诀，不详其理，易滋流弊。三丰真人迺取而注之，真理始阐，弊效晰然，洵养生之妙法哉！

（一）两手握固，闭目冥心。

人身一心耳，而其名有三：心之本位曰人心，其神脑注曰天心，其神腹注曰地心。其用有三：天心生精，地心生气，人心生血。欲收人心，必须握固。握固者何？以两手大指尖，各掐两手亥子纹间，而以四指包握大指成拳形是也。盖心乃至灵之物，但一着想，即住想处。况心具阴阳，其理奇而耦者，本位之心也。稽其寄宫，乃在两手之心，一经掐夫亥子纹而握固之，则我之人心，得住于本位矣。心居本位，则一身之气，咸自相拱护，不劳招聚，而自相聚于绛阙上下四傍也。

凡夫后天之气，其质润而温，凡其聚处，如云如雾然。于本位，则其云如雾之物，必先化而为液，下滴点心，便化为血。其间时候，谅非顷刻而化而成，是以握固之后，便应冥心。冥心须久，久则方妙，于是知养身家之所以必握固、必冥心也。

我言行是功，必须功夫长久些者，一以心静不易，而欲令其安然而冥，则尤非易。一以心冥而安，斯为真冥，而一身之气来朝。其朝绛阙也，谅非一朝便能化液，苟非聚之久而周，则如云如雾之效不现。且必吾心冥而且安也，则其所聚之气，亦始和之极，然后得有变化机呈焉。此一定之理，奈何可有马到成功之想乎？

闻之师云：世人中宫痰饮之多，酿成痼疾者，无他，每于食后脾倦，或瞪目呆定，或闭目冥定，其在绛宫上下四傍之气，亦随而拥护之，亦有如云如雾光景。但不到化液而起，或即到化液之后，彼不知内养之诀，而徒知便安一层，则所滴之液，不点入心，而傍落于中脘左右，则成痰。久久积多，则成痰饮症。世之修养家，亦多此停饮之症者，无他，于冥心一功上不加功，略行香寸许，或半寸许，即行他功，其灵液未化血而中止之故耳。

我深悉此病，故再劝人于此一步功上，着实加功。今故不惮烦而疏说如右，见者幸勿视为常谈而忽诸。噫，行得液滴化血之后，不按行调心之诀，则又将酿孩人病出矣。其说则剖陈于后云。

（二）舌抵上腭，一意调心。

夫人一身皆心也，虚处者心之体，实处者心之用。此之体用，乃贴粗浅一边说，其妙义乃气血焉。以一心之所主者，故曰“一身惟心”云。先哲教人修养，而于闭目冥心后，继以舌抵上腭、一意调心者，旨何在乎？舌为心之苗，舌抵上腭，则心之神便随而上注。盖神为气帅，气为血将，如是一作用，则我神已上居夫乾元，其中已具有存想泥丸一段妙用在其间矣。此不过略一存想我泥丸，或有明晃晃之气象，我则即用此明晃晃一光，遍将我身前前后后通体一罩，继即从事下句加功。其所谓加功者，不过先调息。看我气息随此光，自顶自口、自心自腹，次则继以虚其头，虚其心腹，是即存虚妙诀，妙诀之妙，在于存其虚意，而步步自里达外焉。谓之调者，有不虚处，以意虚之；有不通处，以意通之。有欲达外而若有墙壁紧向里迫然者，我则以意一散一松，则其中气象自能疏畅焉。或若有物兜住我气机，如被网锁然，我则以意一放一松一脱，其诀在放心于无何有之乡而已。此又在行之者，之能心领神会者也。此之谓调，此之谓一意调也。

闻之师曰：世多染吐络血，与夫赤浊、肠红、赤带者，其病类由如上所云。饮食困倦后，得养血化妙矣，无如所化，未行于络，为藏于肝，未统于脾，蹶然而兴起酬应焉，其血横行而无归，积而外发，遂成等等症，不胜骇人。世之养生，初行功时，无不见效，已而忽得等等之症而中止者比比，此非别有故，盖于调心一功，不加畅行耳。我亦深悉其弊，故不惮烦而详论之如右。

（三）神游水府，双擦腰肾。

夫血为精本，精为气源，而使之血化精，精化气者，神不游夫水府，则水冷而不化，其所积留于下部间者，乃顽液，并不得谓之精也矣。古人有言："肾暖则生精，心凉则生血。"味斯二语，则神之游夫水府也，非惟益乎肾，亦且利乎心矣。

其诀惟何？将我目光，内导心气，从我心后，分注两腰，各盘旋于左右两肾之间，则凡所生血即随气降，分注两肾，经我目神注旋不已，暖气自生，渐渐大热，如沸如炙，则随降之血，立化真液，而色纯白焉。此一物，盖即世人所谓精者。然此一物，不经夫两肾大热，如沸如炙，以至各于左右大热，会前升入脐轮，再加非常真火大煅一场，此物仅随向所积液伏于膀胱左右耳。相火一动，则油然走泄，是即世人所患遗精与白浊也。诀惟加功于两腰肾，使彼腰肾常大热，则脐轮一关，自得大热，而精自化气。其世有赤浊、赤带之症者，由所降心血，达至于腰，未经真火一烘，即随气流膀胱，隐伏而滞，后感外邪，一引而出，男曰赤浊，女曰赤带。于斯可悟双肾之不可不加擦，而神必肾游之妙义矣。

然不标曰神存、神运、神摩、神游，而曰双擦腰肾者，以人初学，其神不灵，其气不吐，其火不足，其一身之关窍脉络，半有积痰壅阻其间，引之导之，未易领教，则效不可必，而病可因积，故不得已而教之以手擦焉。呜呼！此先辈度世不得已之苦心，故立言如此。然有因而薄视之，以为事非内运，有为外功，置之勿行，以为有志，遂有等等病生，卒因功废。惜哉！余深洞悉其妙，且又洞悉世之流弊，故不惮烦而为缕详于右，见者幸勿视为常谈而忽诸。

但凡行是功者，擦勿用力，惟以心随掌转，自外达中，周而复始，不计擦之多寡，总以大热为妙，慎毋如俗僧之了诵《受生经》，虚行故事为戒。

何以故？人之一身，血气旺则无病得染，而神为气血之主，又以气血为养神之本。气血之为一身宝也，人人知也，而不知所以养之，故日就月衰，而回澜无计也。果能从事于上所言，而又能实心实力，恒久不废，何长生之不可逾及哉？

（四）心注尾闾，频耸两肩。

此段功夫，乃为初行上言辈救弊之法，亦养生家必行之作用也。盖心者，神之谓也。果如上言而久行之，其真炁自能攻穿尾闾，暖气冲脊，层层烘升，自达巅岭，原无事乎心注而频耸也。但彼初学之士，真气既衰，而神力又薄，其尾闾之关，闭塞而勿开。夹脊之节，二十有四，其间积痰，节节有之，苟不仗此有为作用，其穿关也固不易，而欲节节通升，焉能无阻？然事又不可中止，倘此尾闾不开，则所有精不固，而所降留之气，岂有肯安驻腹间？不变为腹胀胁疼、肛疮痔漏，则变为气忡心怔，小则亦必变为牙疼、眼赤、头眩等症。幸而关穿脊达，倘或中住，则有发背对口、脑疽等患。是以先哲开此不得已有为作用，以解种种之厄。

其诀，乃一意神注尾闾，而于粪门作忍大便势，其气则缩而提矣。如是行之，尾关必开，我则以头稍向前面，而又用意自下提上，耸其两肩，则其气自从夹脊，节节上升，升一节，则加一提耸之功，直觉此气已到玉枕骨间，则可从事于下文之所示也矣。

此一段工夫，稽即丹经所称“黄河逆流”一步玄诀。然其关有三：尾闾一也，夹脊二也，玉枕三也。今犹三关仅通其二云，我故曰：过此关，尚须从事于下所示者，以有玉枕一关耳。

（五）目视顶门，叩齿搅口。

曰目视者，非以开眼视之，乃以眼合着，其目则向下，而使其气上达，有如神在深渊，而一意上注之法，如是视则得矣。标曰顶门，要使学者察其气升，已过玉枕与否耳。然其间犹有一段大玄大妙，养生家必行一秘，藏而未之泄。

其诀惟何？亦仍在顶门两字间耳。顶者，顶高之谓。门乃天门。谓当导引此气，即从玉枕关，直冲上去，存冲到天上，要觉有窈窈冥冥，而日月星辰，犹在我神光之下，方为之足，如是，则我身后天浊气，化为先天清炁矣。如是后，方从事于叩齿搅口一工，斯无拖泥带水之弊焉。

然我所云天门者，非指上天之门，原是我之顶，而上通天气之门耳。此一门也，我身天罡真炁之所驻者。其炁下临，群阴悉化。此关一过，则我身所具三关，将势如破竹，有不待用兵将焉。此修养家至宝之物。而欲得此一气，非从破关直冲，上接天上之天罡，则此气凝结于顶门，不为我用。即或世从别法精修，亦乘云驭空，而神从天目出者，尚矣，然犹是神仙一门也。惟得此炁而进修之，自有白日冲举之妙。我师言之详矣，故于此关，犹详述如此。

至如口齿搅之，不过聚神引津之小作用耳。然于养生家，则大有所补云。陶贞白《真诰》，载有一夫，不解修炼，而命逾百岁，狱吏不敢近其所居。察其故，彼有风疾，其齿常自相击，乃疾使然。然于道，凡人叩齿，则身神毕集者。彼夫之齿，虽因风常击，而其身神，无敢或离，则其关窍，得护甚固，故身有光焰，鬼不得近。有以夫！《真诰》所载如此。至夫搅口者，以人舌下有二窍，一通心，一通肾，丹经所称水火华池是也。以舌搅之，其液自出，且默以引所后升气到口，以便吞咽，我故曰“大有所补”云尔。

（六）静运两目，频频咽气。

此一段，虽为初学说法，然其寓意，亦精玄也。其曰静运两目者，所以聚神也。以所升之气，已过玉枕，或已降注口中，则自有甘露随下，我必与舌搅得津同咽矣。而有余气，尚因叩搅，停驻泥丸。我则从事运目，自得润而热而凉，其神光圆白如珠，得悬于目前空际。而下曰频频咽气，不曰咽津，其旨玄矣哉！盖彼初学，阴液多而阳气微，虑有他变，咽气所以助阳也。令彼下田，得有常热之妙，身中水火始均，此补偏救弊之妙秘也。稽之丹书，自明事理之非妄云。我师云：夫丹道以阳为宗者，补肠即所以除阴。经云：“分阳不尽不成鬼，分阴不尽不成仙。”即此可悟矣。我愿见者循行，勿疑是嘱。第所咽气，不到下田，不可中止耳。

（七）澄神摩腹，手攀两足。

此一段，虽为初学而说，而藏火土相生、三家会聚之妙义也。有补土燥湿之功，有聚炁会神之妙，有五行会宗之用。夫神澄则浊质附土，摩腹则气运土驯。手攀者，必俯其身，则腹贮清炁，必自穿尾而达乎泥丸。两足乘攀，必直其胫，而外挺其气，达出必足。既而受攀，则足心阳气必自脚背而升，上至尾闾，随其腹穿之炁，而同升夹脊焉。此其中妙义，盖有不胜述者，核诸下文所述，其妙义自知不虚焉。

（八）俯身鸣鼓，数息凝神。

曰俯身，承上法而加以无为一用焉。盖觉两足之炁，已从尾关穿上，故放却两足，以手捧头，掌掩两耳，以指向玉枕下击之，其声如鼓，故曰鸣鼓。鸣鼓者何？所以致灵也。俯身而鼓，所以召我精神，自背而达上，所谓“乘槎达汉”之一法也。逮至数息，则又直身而坐行矣。

盖斯时也，神咸集于泥丸，将俯而听政矣。而返行数息，何也？泥丸乃听政之府，而燕息还在中黄，要知数息之时，我之阳神，业已退休土府矣。其数息也，所以进阳火也，此即息息归脐之妙，又即所谓安不忘危之道。故其数息之诀，不计数于升际，而着存于将降之候，则能息息归脐焉。故即继之以凝神之道，此盖借数息一法，为凝神作用云尔。

（九）摆腰洒腿，两手托天。

此一段，乃静极而动之妙用，盖非浅见之流所能测也。殆以加意凝神之后，我身气机，有所阻住，故心先行缓步，或十步，或二十步。退而坐，摆我腰，或九，或十，或十五。起而洒腰，左右咸如摆腰数。继即加以托天，数则或三、或五，其起也缓，其落也如之，总以骨节通畅，而不致气粗为妙。

（十）左右开弓，平心静气。

此一段，无甚深义，学者但依法循行可也

（十一）无我无人，心如止水。

此一段，似贴性功一边，而实炼命家脚踏实地之奇验焉。如每行功，无此一步，断无成就之理。其法总如初步行功，加以一尘不染，万法皆空之志行去，自得此真实境界。如果到此，而时候又久，其去大道也不远矣。

（十二）遍体常暖，昼夜充和。

功夫到此，去仙近矣。然其所以至此者，还从上文而得，盖非可幸致者。

第六章　运气仙术

（附 四禅图说）

设一静室，须要洁净，向南开窗，室内勿多陈列玩品，以乱心目。实广榻一座，铺宜适当，置大小机各一，笔砚楚楚，陈列道书一二部，挂仙佛画一幅，香炉茶具等，需用俱全。

每日定于丑寅时起身。此二时，乃精气发生之候，切勿沉睡，一觉即起，拥衾端坐，背宜直，心宜定，随意而坐。坐时，先以温茶漱口，吐气三口，以出内腑浊气，用舌抵住上腭，将上下齿相击三十六下。齿乃筋骨之余，击之，能使周身之筋骨活动也。少顷，则津液满口，分作三口咽之，以意送入下田，则五脏内之虚火自可降矣。咽时，将两手搓热，如浴面之状，以两手先擦鼻之两边，两目两耳，面上天庭，以及前后发际等处擦匀。使呼吸之气，微微出纳，擦毕即将两手抱耳，手心掩合两耳之孔，以食指弹中指，击脑后枕骨，各二十四下。后以两肩各扭二十四扭。将二手放于膝上，即摇头，以二目随左右两肩，各看二十四看，此法能通周身之气血也。看后即将两手握拳，向上轻轻擎起伸直，将手放开，手心朝天，微微用力如托物然，随得徐徐放下，于左右膝上，亦须擎放二十四次。擎放时，以鼻中之气，随手而运，擎起时收气，用意贯至十指，放下时微微出气。擎放后，即耸身舒肩。以两手平肩，作开弓之势，左右各开二十四次。开时须要闭气，以两目随手尖而转，此法可泻二焦之火。开后，将左手托起肾囊，以右手擦小腹三十六下，擦毕，再将右手托肾囊，以左手擦小腹亦三十六下。后即闭气，将两手搓热，先以左手，扳起龟头，以右手之中指，向玉茎之管，朝下擦至海底，两手相换，各擦三十六下。后将左手抱起左足，以右手掌擦左脚心三十六下。即换右手抱右足，以左手掌擦左脚底心，亦三十六下。后将两脚圈盘，以两手之背，反向后面腰际，各擦三十六下。后以两腿伸缩，各二十四次。此法能运周身之经络也。

以上做毕，即低头扳足，闭气良久，再做运气之功。此功以鼻收下田之气，用意运上泥丸，即转气由前放下，用双目真意，徐徐送至左右脚指，过脚底，由脚跟朝上，再收气一口，至谷道处，将肛门一合，以目意徐徐运至背心，转气分送两肩两臂，过手背，至中指，由手心，再收气一口，过手腕，运至胸前，过腮后，朝脑顶，由前转下明堂，过玄膺嗛下，送至中田炁穴，是为一转。少顷，再由下田起，照前连运七次，名曰运气之法。

运毕休息片时，再做导引之功。此功含眼光、凝耳韵、调鼻息、缄舌气。微漱津液、漱口，徐徐咽下。以自意默引，忽急忽缓，朝心下，过中宫，至下田，由膀胱分开，引至左右两腿，从膝下，过脚背，至脚底，由脚跟朝上，过膝湾，至肛门之际，如忍大便状，合做一处。从尾闾引至背心，朝上分送两肩，两臂，过手背，由指尖引过手前掌，一齐旋回，过手腕，至胸，过腮后，至脑海，以目意视顶，徐徐引过明堂，至上颚，以舌迎之，则津液满口，轻轻咽下，引至中田，又为一转。稍停，照前连引九次，是为导引仙法，能通诸脉，贯穿各窍，身中经络如有壅滞，可以渐次通畅也。

以上做毕，即将双目微开，守视中田炁穴，常使气息绵绵，上不冲心，下不冲肾，如有如无为佳。然运气导引之法，以心目暗视为主，以真意默运为用。盖意之所至，心亦至也；心之所至，气即随之也。初习可一小时，渐次加伸，倦即略睡，闭目养神，勿可酣睡。

晨光熹微即起身，量寒燠而衣衣，至空气流通处坐下，用运气之功七次。运后，用木梳理发百下，可散脑火，后即洗面漱口。宜食粥，用素菜，味宜淡，切勿过饱。食后摩腹，散步徐行，任意闲玩。辰巳时，或课或理，勿以小故生气，宜入室静坐，咽津数口，而行导引之功。运毕静守，定神于炁穴之中，倘若身坐心驰，不如不坐。坐时须宽衣解带，调息养神，目注中田。午时中餐，宜用美羹，不可过饱，约八分足矣。莫食生冷之物，餐毕洗脸，以茶过口。起行百步，一手摩腹，一手反擦背后腰际，约数十遍为止。未时，就在书案，或读快书，或吟诗赋，或与好友叙谈，悦怡幽情，莫劳乎神。申时，略饮茶点果品，适其所当，或弄笔，或抚琴。虽仙家清心养性之乐器，然亦不可勉强用心，略倦即止。酉时，晚餐勿迟，量饥而食，不可过饱。食后摩腹，徐徐百步。戌时，以热水洗脚，可降虚火，而去湿气。又以开水漱口，可涤一日饮食之毒。洗漱毕，静坐片时。烧香一炉，此可辟一切秽邪不祥等事。寝时，宜宽衣解带，用手掌各擦左右脚底，三十六下，即盘膝端坐，瞑目闭气，以一手兜托外肾，一手擦脑后枕骨，三十六下，即换手照上兜擦。毕，以手提起玉茎，如忍小便状，用目意由外肾龟头起，朝下过海底，合谷道，从后背中朝上，运过后三关，由前降下，从腹中，徐徐送入下田，接连七次。运毕睡下，睡后可无梦遗之患，此乃固精之法也。后三关，即尾闾、夹脊、玉枕是也。睡时，须侧身而卧，屈上一足，一手托头作枕，一手掩腹，身如弓形，勿想过去、未来、人我等事，惟思一善，存神于气穴之中，睡后可无怪梦之惊也。致虚翁曰："善乃入道之梯航，常人耳常闻善则肾不走精，口常语善则心不失神，鼻常嗅善则肺能安魄，眼常视善则肝能育魂，意常思善则脾能生炁，善即人之宝也，岂有不善可成道哉。"亥子二时，务宜安睡，培养元神，此乃涵育精炁之时也。至丑寅时，一觉即起，不可再睡。每日照上工作，二三月间，可以宿疾全消。此为养己之道也。

按：蜀人李庆云君，现年二百五十岁，尚精神健旺，食欲甚佳，不啻五十六岁之人。如此高寿，而又健康，实为当代之人瑞，旷古所稀有。有敂以长寿秘诀者，寿翁答曰：术甚简单，人人可学。（一）书必静心。（二）坐须如龟。（三）行须如鸽。（四）睡须如狗。人人能实行此四种养生法，活至二三百岁，何足异哉？三丰真人谓：睡时须侧身而卧，屈上一足，一手托头作枕，一手掩腹，身似弓形，此名睡禅，与李君之说相合也。

昔尹真人有四禅之说：

（一）行禅曰："行亦能禅坐亦禅，圣可如斯凡不然。"论人步履之间，不可趋犇太急，急则动息伤胎。必须安详缓慢而行，乃得气和心定。或往或来，时行时止，眼视于下，心藏于渊。即王重阳所谓："两脚任从行处去，一灵常与气相随。有时四大醺醺醉，借问青天我是谁。"白乐天云："天不择时适，足不择地安。穷通与远近，一贯无两端。"宝誌公云："若能放下空无物，便是如来藏里行。"《维摩经》云："举足下足，皆从道场来。"《法藏集》云："昼心夜心，常游法苑去。"皆行禅之说也。

图禅行

（二）立禅曰：若天朗气清之时，当用立禅，纳气法而接命。其法曰：“脚跟着地鼻辽天，两手相悬在穴边。一气引从天上降，吞时汩汩到丹田。”修真之士，或住或立，当冥目冥心，检情摄念，息业养神。已往事，勿追思；未来事，忽迎想；现在事，勿留念。欲得保身道诀，莫若闲静介洁。要求出世禅功，无如照收凝融。昔广成子告黄帝曰：“目无所见，耳无所闻，心无所知，神将形守，形乃长生。”其意大同，允为深切。

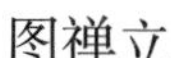

图禅立

（三）坐禅曰：坐不必趺跏，当如常坐。夫坐，虽与常人同，而能持孔门心法，则与常人异耳。所谓孔门心法者，只要存心在真去处是也。盖耳目之窍，吾身之门也；方寸之地，吾身之堂也；立命之窍，吾身之室也。故众人心处于方寸之地，犹人之处于堂也，则声色得以从门而摇其中。至人心藏于立命之窍，犹人之处于室也，则声色无所从入而窥其际，故善事心者，潜室以颐晦而耳目为虚矣。御堂以听政，而耳目为用矣。若坐时不持孔门心法，便是坐驰，便是放心。《经》曰："心念不起名为坐，自性不动名为禅。"又曰："坐久忘所知，忽觉月在地。冷冷天风来，蓦然到肝肺。"又曰："俯视一泓水，澄湛无物蔽。中有纤鳞游，默默自相契。"又曰："静坐少思寡欲，冥心养气存神。"此是修真要诀，学者可以书绅。

图禅坐

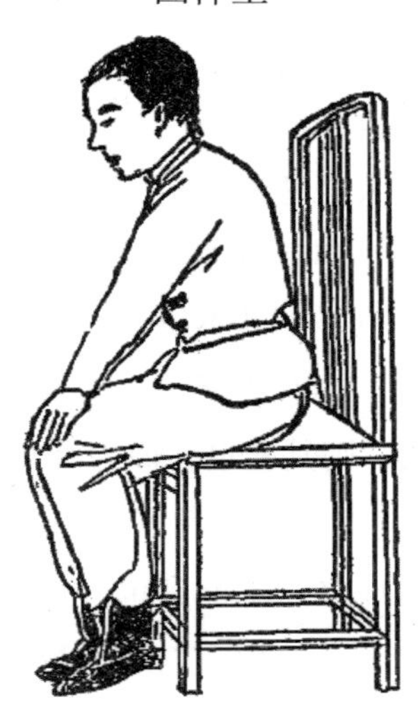

（四）卧禅曰：古人有言，修道易，炼魔难，诚是言也。盖人之真元，常在夜间走失，苟睡眠不谨，则精自下漏，气从上泄，元神无依，亦弃躯而出，三宝各自驰散，人身安得而久存哉？至人睡时，收神下藏于丹窟，与气合交，水火互相拘钤，则神不外驰，而炁自安定矣。今以常人言之，神则寄之于目矣。而夜寐既熟，则藏之于肾，至夙兴之时，而目之神有不爽然清乎？藉其不夜而肾神岂能清哉？今又以天道言之，日则丽之于天矣，而夜沦地中，则藏之于海，至启明之候，而天之气有不爽然清乎？藉其不夜而气岂能清哉？此即崔公《入药镜》所谓："水火交，永永老"是也。

今之人，懵然而睡，忽然而醒，是何物主之而使之觉也？夫魂与神并则觉，魄与尸合则昏。昏者，死之根；觉者，生之兆。魂属阳而喜清虚，魄属阴而好驰骋。魄者，鬼也；魂者，神也。神则日接之于物，夜形之于梦。黄粱未熟，南柯未寤，一生之荣辱富贵，百岁之悲忧悦乐，备当于一梦之间。使其去而不还，游而不返，则生死路隔，幽冥之途绝矣。由是观之，人不能自生，而所以生者，梦中之人为之也；人不能自死，而所以死者，梦中之人为之也。然不知所以梦，则亦不知所以死；不知所以觉，则亦不知所以生。梦中之有觉者，以梦之中而自有真觉者在焉。死中之有生者，以死之中而自有长生者在焉。是故因觉知生，因梦知死，知斯二者，可以入道矣。

夫人之觉也，耳其有不能听乎？目其有不能视乎？手其有不能持乎？足其有不能行乎？心其有不能喜、不能怒乎？而人之所睡也，耳固在也，何其不能听乎？目固在也，何其不能视乎？手固在也，何其不能持乎？足固在也，何其不能行乎？心固在也，何其不能喜、不能怒乎？由此觉之，则其死也，似为无知而无觉矣。而人之睡而梦也，而梦之时，亦有耳能听矣，而其听也，何其不属于人之耳乎？亦有目能视矣，而其视也，何其不属于人之目乎？亦有手能持矣，而其持也，何其不属于人之手乎？亦有足能行矣，而其行也，何其不属于人之足乎？亦有心能喜、能怒矣，而其喜也、怒也，何其不属于人之心乎？由此观之，则其死也，似为有知而有觉矣。

然死生通乎昼夜之道、梦觉之常者乎？古之真人，其觉也无忧，其寐也无梦，故无梦之境，非道成之后不能到也。初机之士，炼心未纯，昏多觉少，才一合眼，元神离腔，睡魔入舍，以致魂梦纷飞，无所不至，不惟神出气移，恐有漏炉迸鼎之患。若欲敌此睡魔，须用五龙盘体之法。诀曰：东首而寝，侧身而卧，如龙之蟠，如犬之曲。一手曲肱枕头，一手直摩脐腹。一只脚伸，一只脚缩。未睡心，先睡目。致虚极，守静笃，神气自然归根，呼吸自然含育，不调息而息自调，不伏气而气自伏。

依此修行，七祖有福。陈希夷已留形于华山，蒋青霞曾脱壳于王屋。此乃卧禅之旨，与导引之法不同者也。功夫到时，自然寝寐神相抱，远离颠倒梦想，即庄生所谓“古之真人，其觉也无忧，其寝也无梦”是矣。然虽睡熟，常要惺惺，及至醒来，慢慢辗转，此时心地湛然，良知自在，如佛境界。白乐天所谓：“前后际断处，念未生时。”此际若放，大静一场，效验真有不可形容者。昔尹真人静室中，有一联云：“觉悟时切不可妄想，则心便虚明；纷扰中亦只如处常，则事自顺遂。”

李真人《满江红》词云："好睡家风，别有个睡眠三昧。但睡里心存，睡中澄意，睡法既能知旨趣，便于睡里调神气。这睡功消息，睡安禅，少人会。"又《敌魔诗》云："坐中昏睡怎禁它，鬼面神头见也么。昏散皆因由气浊，念缘未断属阴多。潮来水面侵堤岸，风定江心绝浪波。性寂情空心不动，坐无昏散睡无魔。"

上古之人，有息无睡，故曰"向晦入宴息"。若一觉睡熟，阳光尽为阴浊所陷，如死人一般。若知宴息之法，当向晦时，耳无闻，目无见，口无言，心无累，鼻息无喘，四肢无动，那一点元神真炁，相恋相依，如炉中种火相似。久久纯熟，自然神满不思睡，气满不思食，精满不思欲，元炁自聚，真精自凝，胎婴自栖，三尸自灭，九虫自出，所谓睡魔不知从何而去矣。其身自觉安而轻，其心自觉虚而灵，其气自觉和而清，其神自觉圆而明。若此便入长生路，休问道之成不成哉！

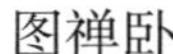
图禅卧

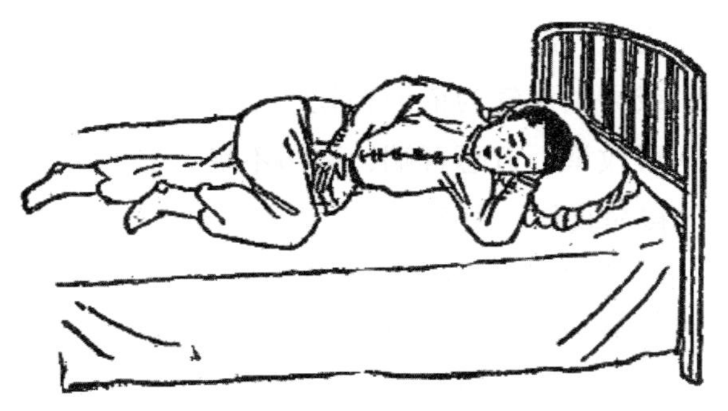

第七章 接命仙术

金丹之道，有所谓接命仙术者，曰采补、曰闺丹，旁门外道咸以此为接命之方。以真人之号三丰也，遂指为三峰采战之义。并引崔公《入药镜》曰："上鹊桥，天应星，地应潮。"《悟真篇》曰："敲竹唤龟吞玉芝，鼓琴招凤饮刀圭。近来透体金光现，不与凡人话此规。"谓皆言接命之道。不知接命之道，其浅者在于体魄之锻炼，可以延命，可以益寿，如上述各法皆是也。其精者在于炼丹，丹本人人具足，个个圆成，处圣不增，处凡不减，其太初则性命一家，阴阳混合，五行同气，既无可修，亦无可证。迨夫先天阳极，后天阴生，性命两离，阴阳相隔，五行错乱，足者有亏，圆者有缺，久而久之，亏者愈亏，缺者愈缺，而至于原失全失，埋没不彰。故有金丹返还之道，使人重复修持，返之还之，仍归于具足圆成，无亏无缺之原本而后已。

返还之道，即返还于性命一家，阴阳混合，五行同气耳。返还之法，仍在阴阳五行中修持，故有男女彼我，婴儿姹女，金公木母，女子郎君，黄婆媒聘，诸等法象，千方比喻，万象形容，总以和合阴阳，攒簇五行之理耳。盖人道藉凡夫、凡母而生色身，法道借灵父、圣母而生法身。圣凡之间，一逆一顺，天地悬隔也。三丰真人曰："顺为凡，逆为仙，只在中间颠倒颠。"诚哉是言也。夫所谓灵父、圣母者，即吾身中之真阴、真阳也。真阴、真阳，非身中后天有形有质之阴阳，乃无形无质之阴阳，一身后天之阴阳且用不得，而况身外之男女阴阳乎？乃世有不知性命为无形无质之阴阳，而以有形有质求之，以为接命之仙方，或弄三峰采战，或行九浅一深、死入生出之法，或度九女为九鼎九转，或采首经按前三后三，或摘首经梅子为服人参果，或取经后鲜血为吞真红铅，或神交而体不交，或隔帘而口吸气，或男下女上为颠倒阴阳，或男抽女气为依坤种乾，或服妇乳为接补，或御少女为炼剑，诸如此类，何可枚举？丑恶百端，秽污不堪，寡廉鲜耻，行同禽兽，而犹自号曰龙门嫡派接命真传。道至于此，尚忍言哉？尚忍言哉？

昔三丰真人曰："行御女之术者，是犹披麻救火、飞蛾扑灯。"有方士行此术有年，一旦精溢暴卒，其祸不待言矣。《神仙鉴》彭祖称太清景明三峰真君，而御女之术，实起于彭祖，采补房中，耦丧屡娶，后为殷王拘系，欲杀之，盖天律谴之也。中途脱逃，乃入华山归正云。又，刘宋时有张三峰者，号朴阳子，未入道，曾授人以房中御女方，天帝恶之，终于草岛游仙。何一阳仙姑游华山，曾见其金丹秘诀，悉备于身，因无天诏，难升天阙，深慨惜焉。夫三峰采战之术，《参同契》所谓"阴道九浅一"者是也。九一之谬，即御女之方，分上中下三峰，上峰言舌，中峰言乳，下峰言阴户，采人精气，托号泥水金丹。魏伯阳以前，已有此术。而宋张紫阳、陈泥丸诸老仙翁皆已斥之，故《玄要篇》云："有为者，非采战提吸之术，九一动摇之法。"即三丰真人，亦辟三峰之谬，复何言哉！

明时阁臣万安，深中宽外。其时万贵妃，宠冠后宫，安称子侄行，内外声援益固。并求方士房中术进之，妃大喜。居无何，而妃卒。方万安之求此术也，方士路逢渊，高谈采战，以术授安，后自称法师，命安往西山受道。路先于途中待之，数日不至，无聊中散步郊墟，忽遇一道叟，松颜发鹤，齿高面红，如赤松、黄石辈，问其姓不答，叩其道不言。叟笑吟曰："路逢冤，路逢冤，今日何缘遇万安。"飘然而去。路大惊，逡巡欲返。尔时日色沉山，林昏鸦噪，四顾茫然，顿迷去向。又见一樵叟，荷薪而过，叩其姓曰张，而不言名，路求指途，老叟指青灯处即旅店，一谢而别，遂投宿焉。破椽萧萧，中夜闻隔屋叹声，昵隙而窥，则万安也。私心怜之，又欲近之，遂抽其破壁而过，以图一叙深情。时安已神倦，枕手而眠，忽闻壁响，疑是劫贼，乃举坐凳一击，其人遂扑，呼随侍觇之，则自称法师之路逢渊也。安究其情，则知为问候而来，伏地请罪，路亦忍痛作礼。问安曰："相公不趋大道，胡亦至此乎？"安言："吾奉师命，欲往西山，夜梦仙叟，对我指示云：万安万安，访道西山，西山大路不逢缘。吾故趋车小道而来，不料与师相遇，竟作此一段恶戏。"于此可知真人之恶外道，故有此恶作剧也。

虽然真人非不言接命之道也，特非于身外求之耳。真人之言曰："夫采补者，旁门之小术，非仙家之大乘法也。"旁门小乘，有斋戒者，有休粮者，有采气者，有咽津者，有缩龟者，有烧炼者，有采阴者，有不动者，种种小术，不可备述。或以易于见功，或以易于惑人，故互相传授而不绝。于是妄引丹籍，耸人听闻，遂谓仙道在此而不在彼，不知采日月之精华，夺天地之大炁。心思意想，望结丹砂；多入少出，望补元阳；金枪不侧，逆河长流，既污人道，又遭天谴。攻病且不能，而何望其能与天同寿哉？指肝为龙，肺为虎，不解交合之真理；认坎为铅，离为汞，不求抽添之玄机。四时浇溉，欲长黄芽；一意不散，欲求大药。差年差月，废日废时，不识五行根底，安得三才造化？寻枝摘叶，舍本逐末，徒使大道日疏日远，异端并起，邪说横行，而失修真之本意，良可慨也。

缘督子曰："一点阳精，秘在形山，不在心肾，而在乎元关一窍。"夫所谓阳精者，以其至阳至精，而无一毫阴浊之气，即本来刚健中正纯粹之精也。藏之则为真空，发之则为妙有，是谓道心，古人名之曰真一之精，又曰真一水，又曰真一之气。盖此在人身中，主宰造化，却除诸邪。吾人当夜间寅卯之时，此物灌注丹田，氤氲勃发，遂觉快感。炼丹者即炼此宝，使结为丹，三年涵养，九年成功，遂发不可思验之妙用矣。夫阳精者，先天地而生；阴精者，后天地所生。前者为主，后者为宾。主者与我相亲，宾者与我相疏。若错认阴精为阳精，行房中御女之术，闭尾闾，勒阴精，妄想结丹，妄想接命，其能成哉？其能成哉？

三丰真人曰："世间阴阳男配女，生子生孙代代传。"又曰："顺为凡，逆为仙，只在中间颠倒颠。"此即真人言接命之秘诀也。淳于真人曰："阴在上，阳下犇。"此即言调和阴阳，坎离交姤，与三丰真人之意相同。盖阴者水也，其象为坤；阳者火也，其象为乾。鼎中有水，炉中有火，水性向下，火性向上。今使肾水上溉，心火下炎，水火既济，坎离交姤，此非所谓"顺为凡，逆为仙，只在中间颠倒颠"乎？然水火相济，阴阳之道也，造化之道也，亦金丹之道也。《易》曰："一阴一阳之谓道。"又曰："天地氤氲，万物化醇。男女媾精，万物化生。"是可知孤阴不生，独阳不长，阴阳相合，乃能生育。炼丹之道，匪采取阴阳，别无它术，故阴阳不可不辨。男女之阴阳，尘世之阴阳也，后天之阴阳也；心肾之阴阳，幻身之阴阳也，日月之阴阳也。冬至、夏至，一年之阴阳也；朔旦、望晦，一月之阴阳也。子时，午时，一日之阴阳也；二候、四候，一时之阴阳也。且阴阳有内外之分，内之阴阳，顺行之阴阳也；外之阴阳，逆运之阴阳也。既知阴阳，尤须调和相当，不多不少，不偏不倚，不急不缓，不有不无，不即不离，不躁不濡，或阳动而阴随，或阴感而阳应，或阳中用阴，或阴中用阳，或借阴以全阳，或用阳以制阴，或以内之阴阳而助外，或以外之阴阳而济内，内外合道，炉火功深，金丹结成，取而服之，长生不死。《悟真篇》云："内药还同外药，内通外亦须通。丹头和合类相同，温养两般作用。"此诚炼丹之道，接命之方者矣。

盖接命之道，简易可行，全在炼精化炁，炼炁化神，炼神还虚。故静坐之效，以视武术之锻炼体魂，不可同日而语。三丰真人谈道炼丹诸论，苟能践行有恒，一旦恍然自悟，必见异景，超凡入圣，与天同寿。太极、易筋诸技，盖犹为初学者之说法而已。然学道之人，必先调息绵绵若存，用之不勤，胎息既成，接命可待。真人之言曰：调息之法，气从左出者，即从胸左而下，兜腹转右，随转至脐上二寸许，内向一推，直附命门，此名进阳火。阳亏者，多运至三十六转而止。气从右出者，即从胸右而下，兜腹转左，随转之脐上二寸许，内向一推，直至下田，不附命门，此名退阴符。阴亏者，多运至二十四转而止。两鼻孔并出者，为中炁，则自绛阙，直抵中黄，于脐轮左旋三十六，右旋二十四，亦于脐上二寸许，向内一推，直入玄窍中，无思无虑，片刻而止，是名封炉。按此工法，能按十二时中不间断者，却是一大秘法，即接命之道是也。

第八章 柔术

（附：床上练身法、室内练身法、徒手练身法）

老子曰："专气致柔能婴儿。"今日东邻盛行之柔术，其即滥觞于斯乎？自来研究老子之《道德经》，颇多肤廓之谈，它姑不具论，即以摄生之道言之，殊富精髓。以愚所得，以为专气云者，即道家服气、胎息之道，为呼吸之妙谛。日本之柔术，以及我国武当拳术，靡不注重练气行功者也。致柔云者，尤为武当派拳术之特点。盖柔能克刚，舌以柔存，齿以坚折。技击然，处世何独不然，此道家之所以主柔也。且物之生机勃发者，莫不柔反之则死，故婴儿骨骼肌理自然柔软，生机畅遂。及年渐老则渐硬，即渐趋于死亡，动植物莫不如是。内家拳之优点，非外家拳所能及者，如是而已。

明万历年间，有陈元斌者，流亡至日本，传内家拳于福野七郎、左卫门诸人，其后日人又变通损益，称之曰柔术，又称柔道。至今彼邦学校中，多有设"柔术"一科，以便学生随意练习者。日俄战争，日人于短兵相接之时，即以此术制胜强俄，世称"武士道"、"大和魂"者。庸讵知即得之于我国者乎？三丰真人之言曰：初学拳技者，有二要：一曰气满，一曰体虚。何谓气满？譬如一体三面六手，心只一焉，其司机能力，全在乎心，当全神贯注，勿使有毫隙可乘，则自胸至趾，一动百摇，气即满矣。心若偏倚，则三面六手，不能随一心而呼应，是乃失却真位，精神虽到，而气不满，三面六手，徒有其形，未能遂与俱劲，亦何益耶？何谓体虚？其中有阴阳存焉，动曰阳，静曰阴；动即实，静即虚，但无形、无声、无色、无迹象可寻。倘按其实质，则又有形、有声、有色、有迹象之可寻也。初学坐马势者，以双手参差相握，覆于脐下，拳心之气，直通肚脐，脐能伸缩开闭，术即可观。行功时，调和阴阳，运用动静，自胸经过两肩，节节着力，每吞紧急，遇吐深沉，纳入丹田，达足趾而止。夫如是，则重心既定，气流周身，犹如鱼之有鳔，张缩浮沉，随意所至，何患不能克敌哉？三丰之言如斯，柔术之神髓，亦如此已耳。

然学柔术者，必先练习身体各机管之锻炼，以为基本之练习，请胪述之如次。

（一）练指法

晨起卧于床上，将两手十指，用力张开，臂向左右伸出，或向上伸，指端触着帐布，以四指第一、第二两节及大指第一节，用力曲弯，空抓帐布，随抓随伸，如法行数十次，日久自能见效。

或早晚立静室中，用力张开十指，轮流用力弯曲十余次，自小指起互纽各指上，亦能强固指关节也。或取圆净铁丸或石球一个，重约一斤左右，练法用五指抓住铁丸或石球，即放手掷下，在未落地时，仍用手指赶紧将铁丸或石球抓住，初学只能行十数次，日久渐加次数与丸珠之重量，则五指自觉有力矣。

或以酒坛一，以五指撮其口，用力提起，渐久加水坛中，增其重量，亦为练指妙诀。

惟以上各法，左右手皆须练之，以平均发达其肌肉，不可侧用一手也。

（二）练眼法

于未起身之前，将双目闭合，练法将眼球旋转，或向右，或向左，或上，或下，各行数次；再自左而右，自右而左，自上而下，自下而上，环转若干次。久之，目力强明，眼肌活泼，治一切目疾。

又在晚间小溲时，不可闭目，应张目咬牙。张目所以明目，咬牙所以固齿。

又于黑暗中，燃细香一支，距离先可七八尺，渐久渐远，以小石块投之，能投中细香为成功，亦练习目力之秘法也。

（三）练腿法

两手叉腰，两腿分开，约四尺许之宽，将身伏下，先屈左腿，伸直右腿，后屈右腿，伸直左腿。如法一腿伸直，一腿屈，行数十次。久之，两腿坚强活泼，且可仆腿近地，此为练习拳术之初步要法也。

又两手叉腰，先以左腿举起，摇摆十余次，继以右腿举起行之，是曰

"酒腿"。可泻三焦之火，亦练腿之良法也。

又两足分开，作骑马势，先伸左腿，以右手抵地，继伸右腿，以左手抵地，如是行十次，亦有大有效。

（四）练力法

初练之时，缝一布袋，量力装入细沙或米数十斤，悬于梁上，或木架上，以掌推、拳击、肘抵、肩撞、足踢等等，使袋振荡，再以拳打与脚踢等迎送之。日久，渐增布袋之重量，为练力者唯一之方法。

又于木架上悬一滑车，通以绳索，一端击以沙石等物，一端用力起之，日久，渐增沙石之重，亦练力者应为之法也。

（五）摩擦法

坐禅运动之后，自己或他人以干布摩擦胸、腹、背、腰、大小腿各部。或使人以双手合紧于腿上，将虎口用力搓摩数十次，换左腿及左右臂如法行之，则红润生热，血气流通，肌肉壮健，获益最大。

（六）行气法

舌抵上颚，趺坐调息，老子所谓"绵绵若存，用之不勤"。一旦功成，即觉丹田震动，一股热力，由尾闾，循夹脊，上冲泥丸，顿觉甘凉之味，咽下，而入于气海丹田，此为行气初见之效。（详见本局出版《练气行功秘诀》）

柔术提要

三丰真人所传之柔术，如上述六法，习之可以却病延年，永登康寿之域。若此节及太极拳，则可应捍敌方矣，兹请掇要述之如次。

练手法

斫、削、科、磕、靠、掳、逼、抹、芟、敲、摇、摆、撒、镰、嚣、兜、搭、剪、分、挑、绾、冲、钩、勒、耀、兑、换、括、起、倒、压、发、插等等。

练步法

垫步、后垫步、碾步、冲步、撤步、曲步、蹋步、敛步、坐马步、钓马步、连枝步、仙人步、分身步、翻身步、追步、逼步、斜步、绞花步。

穴法

死穴、哑穴、晕穴、咳穴、膀胱、蝦蟆、猿跳、曲池、锁喉、解颐、合谷、内关、三里等穴。

禁忌

懒散、迟缓、歪斜、寒肩、老步、腆胸、直立、软腿、脱肘、戳拳、纽臀、曲腰、开门捉影、双手齐出。

种类

长拳滚斫，分心十字，摆肘逼门，迎风铁扇，弃物投先，推肘捕阴，弯心杵肋，舜子投井，剪腕点节，红霞贯日，乌云掩月，猿猴献果，绾肘裹靠，仙人照掌，弯弓大步，兑换抱月，左右扬鞭，铁门闩，柳穿鱼，满肚痛，连枝箭，一提金，双架笔，金刚跌，双推窗，顺牵羊，乱抽麻，燕抬腮，虎抱头，四把腰等等。

基本练习分椿手、操手、空手三种。椿手为拳术之基础。演习此手者，所以使足步整齐，手法平均，而固定其基础也。及椿手既娴，则两人对演，是为操手，又曰对操，较椿手尤须有敏锐之视觉，活泼之肢体也。空手者，萃荟椿手、操手诸法，而于无障碍之地，不执器械，以敌多人，为学习武具之预备也。

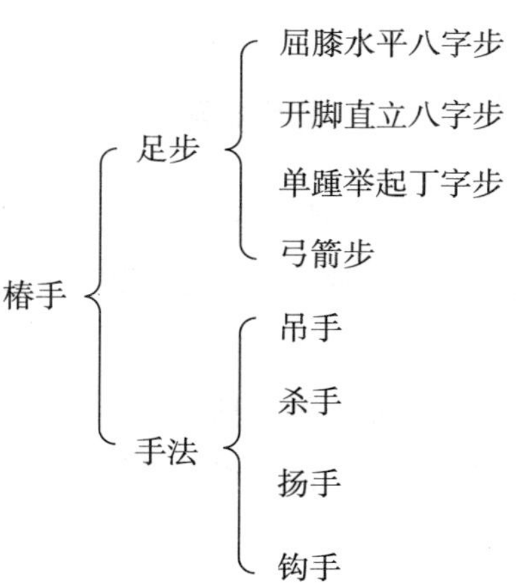

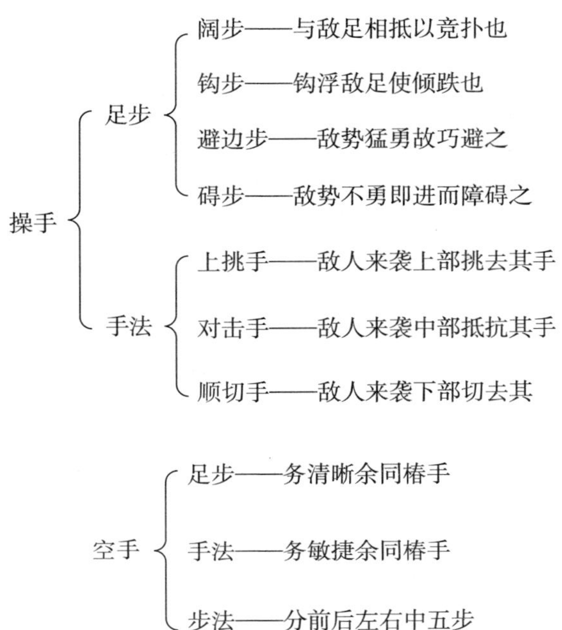

兹略举柔术数种，纵未尽其秘奥，学者能熟练之，则应用绰有余裕矣。

（一）抱月

右足向右至后大撒步，左足随转右作坐马势，两拳平阴相对为抱月，复搓前，手还斗门，足还连枝，仍四长拳，敛左右拳，紧叉当胸，阳面右外左内，两踭夹胁。

（二）扬鞭

足搓转向后，右足在前，左足在后，右足即前进追步，右手阳发阴，膊直，肘平屈横前，如角尺样，左手扯后，伏肋一敛，转面，左手亦阳发阴，左足进同上。

（三）斗门

左膊垂下，拳冲上当前，右手平屈向外，两拳相对，为斗门。以右足踝前斜，靠左足踝后，名连枝步。右手以双指从左拳钩进，复钩出，名乱抽麻。右足亦随右手向左足前钩进，复钩出，作小踢步还连枝。

（四）通臂

左手先阴，出长拳，左手伏乳，右手从右拳下，亦出长拳，右手伏乳，共四长拳，足连枝，随长拳微搓挪左右，凡长拳要对直，手背向内向外者，即病上述禁忌截拳，学者不可不知。

（五）仙人朝天势

将左手长拳，往右耳后，向左前斫下，伏乳，左足搓左，右手往左耳后，向右前斫下，钩起，搁左拳背，拗右手正当鼻前，似朝天势，右足跟划进当前，横向外靠，左足尖如丁字样，是谓仙人步。凡步俱蹲矬，直立者病，法所禁忌者也。

（六）煞锤

左手平阴屈横，右手向后兜至左掌，右足随右手齐进至左足后。

（七）两翅摇摆

两足搓右，作坐马步，两拳平阴着胸，先将右手掠开，平直如翅，复收至胸，左手亦然。

（八）坐山虎势

起斗门，连枝足搓向右，作坐马，两拳平阴着胸。

（九）分心十字

两手仍着胸，以左手撒开，左足随左手出，右手出长拳，循环三拳，右手仍着胸，以右手撒开，左足转回，左手出长拳，亦循环三拳。

（十）滚斫

进退三回，将前手抹下，后手斫进，如是者三进三退。凡斫法，上圆中直，下仍圆，如钺斧样。

（十一）冲掳

右手向后翻身直斫，右足随转向后，左足揭起，右拳冲下，着左膝上，为钓马步，此专破少林搂地、挖金砖等法者。右手掳左肘，左手即从右手内竖起，左足上前逼步，右足随进，后仍还连枝，两手仍还斗门。

（十二）翔翅

两足搓右，作坐马势，两拳平阴着胸，现将右手掠开，平直如翅，复收至胸，左手亦然。

（十三）纽拳

拳下垂，左手略出，右手下出上进，俱阴面，左足随左手，右足随右手搓挪，不转面两纽。

（十四）急步三追

右手撒开，转身，左手出长拳，同潭腿六路，惟六路用连枝步，至搓转，方右足在前，仍为连枝步，而此用进退敛步，循环三进。

（十五）双刀敛步

左膊垂下，拳直竖当前，右手平屈向外，叉左手内，两足紧敛步。

（十六）金鸡攀弓

右手复斫，右足搓转，左拳自上插下，左足钓马进半步，右足随还连枝步，即六路拳术钓马步也。

一、床上练身术

古法又有床上炼身术、徒手炼身术、室内炼身术数种，不录著作人姓氏，大概脱始于《八段锦》、《易筋经》。以其有益心身，易于习练，与三丰真人所创之炼身法，颇足以互相发明，爰附录于下，以供采择云尔。

第一段：早晚仰卧床上，舌抵上腭，调息注念丹田，然后叩齿三十六次，一面咽津下灌丹田，一面提吸肛门，凡五次。

第二段：搓手生热，熨摩颜面及耳后，继叩脑后天鼓三十六次。

第三段：搓手生热，按摩腹部，先以左手握外肾，右手自左下而右上，继以右手握外肾，左手自右上而左下，各作圆形，按摩三十六次。

第四段：全身伸直，两臂左右分开，两足直挺，用力伸张其体，先举左足，继举右足，忽起忽落，力乏而止。

第五段：两手按头，两足伸直，上举，左右回转成圆形，复反转数次，转毕，调息静卧斯须。

第六段：俯伏床上，全是端直不曲，两足相并，以两手指与两足尖支持全身，屈伸两臂，将全身忽上忽下（初学者可将腹与膝着于床，举上体而上下之，或以掌着床亦可）。

第七段：仰卧，以两手及足跟着床，提举全身若干次，然后调息静卧斯臾。

第八段：下床直立，两足左右分开，两臂上伸，手指相合，全身十分伸张，上体向左右屈曲。

第九段：姿势同前，上体前屈，右转，后转复前转，次左转，后转复前转，左右各五次。

第十段：两手叉腰，直立屈膝成九十度，两踵上举，足尖立地，上体正直不摇，复以踵着地，复原调息。

二、徒手练身术

学校中所行之体操，如瑞典式徒手，柔软体操之类，能使身体完全发达，而臻健康不老之境者也。然我国昔时亦有徒手练身之术，法简易行，尤适用于家庭个人之习练，非若外人之仅适用于学校也。兹请分述如下。

第一段：（1）两手叉腰直立。（2）两踵着地，足尖向左右张开。（3）举踵。（4）放下。（5）足尖复合。（6）举踵放下，足尖开张。

（注意）动作四回或八回，举踵时全身入力，放下时去力，足尖开敏捷，气沉丹田，舌抵上腭，调息细匀。

第二段：（1）两手叉腰，直立，足尖向外张开。（2）头前附复原。（3）引颈使头伸直，徐向后屈，再伸直。

（注意）动作四回或六回，练习时宜徐舒，尤宜兼行调息。例如头前俯及后屈之时，张胸吸气，头正视时吐气，动作既毕，两手放下。

第三段：（1）屈臂与肋腹密接，手指相并，接于肩。（2）两臂上伸，两掌相向对，两手距离较两肩稍广。（3）屈臂与前同，再放下两臂。

（注意）动作四回或八回，两臂屈伸，须轻快敏捷。

第四段：（1）两足左右分开，两手叉腰。（2）上体极力后屈，头宜正直，不可倒下。（3）复原。（4）腰以上前屈。（5）复原。

（注意）动作三回或六回，各节宜徐徐动作，不可躁急。上体前屈时，胸部须极力扩张，同时徐徐呼吸，后屈时吸气，复原时吐出之，前屈时吐气，复原时吸入之。

第五段：（1）直立。（2）两臂伸直，由前方上举，取第三段②之姿势。（3）由前方垂下。

（注意）动作四回或八回，须轻利迅速。

第六段：（1）两足左右张开，两手紧握两臂。（2）两臂向左振荡，同时上体左旋。（3）两臂向右振荡，同时上体右旋。

（注意）动作四回或八回，初时徐舒，后渐敏活。上体回旋时吸气，复正时吐出之。动作既毕，两臂下垂直立，为次回之准备。

第七段：（1）直立。（2）两手平举，同时举踵吸气。（3）屈膝，两手垂下，握拳，同时吐气。（4）伸膝，开拳，两手平举，吸气。（5）两手与踵齐下，吐气。

（注意）动作三回或六回，宜徐缓。

第八段：（1）仰卧，两手左右伸直。（2）两足斜开可四十五度，两踵相接。（3）尽力将两足举起。（4）复原。

（注意）动作三回或五回，脚平。下时宜缓不宜急。每次口中默数自一至十，或二十不等，默数愈多，愈有功效。

第九段：两足左右张开，两手叉腰，或上伸。（2）上体向右侧屈。（3）复正。（4）向左侧屈。（5）复正。

（注意）动作四回或八回。

第十段：（1）直立。（2）两手向前上举，同时举踵，吸气。（3）两手左右垂下，同时翻掌吐气。

（注意）动作四回或六回，两手上举及垂下时，均宜十分徐缓，使呼吸充足。

三、室内练身术

第一节　手臂运动

习练者，耸身立于杠下，两手抵地取势，纵身而上，坚攀杠杆，拇指向后，臂节直伸，足趾下垂，既乃徐徐运用臂力，引身上举，使颏及手与杠平而止。又复从容伸臂放下，递降递升，于升降之际，两足不能拳屈，循此接连操演，待适可而止。

吾人屋中门档，仅可作杠杆只用，设应用不便，室中另作一杠，所费无多，获益甚大也。（如第一图）

第二节 足部运动

习练者，两手把椅背，右足向前直伸而屈左膝，将身徐徐放下。俟臀遇足蹠而止，及将身渐渐站起，两手扔把椅背，更以左足向前直伸而屈右膝。

其屈伸动作，悉照前例，如此左右两足，互相交替，待与尽而止，凡足部运动所以用椅者，在乎使运动之人身体不侧，犹器械运动场之有木马也。（如第二图）

第三节　胸腹部兼臂肱运动

习练者，置身于两椅之间，两手各握一椅之背，拇指向内，足跟着地，作仰卧状，乃运用全身膂力，归诸两臂，使力举全体，愈高愈妙，然后将身徐徐放下，重复递升递降，如器械运动场平行杠杆之习练。

依此法运动，演者颇觉费力，初演时，两膝力不能胜，必致曲屈，练之愈久，自无此弊。然练者须量力行之，若习练一二次后，稍觉身体疲乏，宁可辍演为是，不可好胜猛进，而自取祸患也。（如第三图）

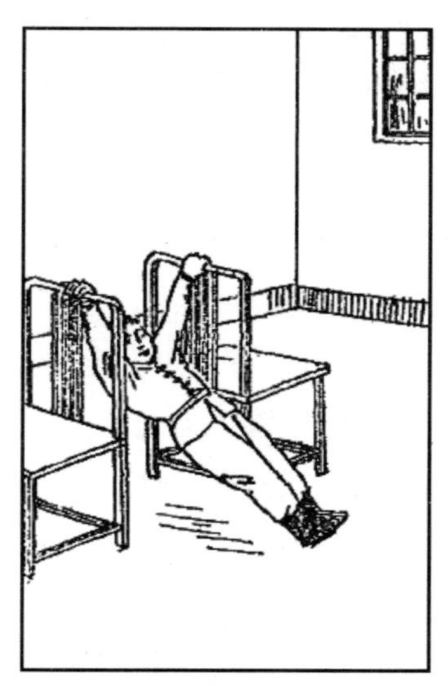

第四节　胸部及手臂运动

习练者，将身置两椅间，两手坚持椅档，足尖着地，身体躺直，头颈昂起，既而徐徐引身向下，及将着地，重复举起，上下次数，量力而行。惟习练时两膝不可曲屈，是为至要，此与器械运动场中平行杠杆相同。（如第四图）

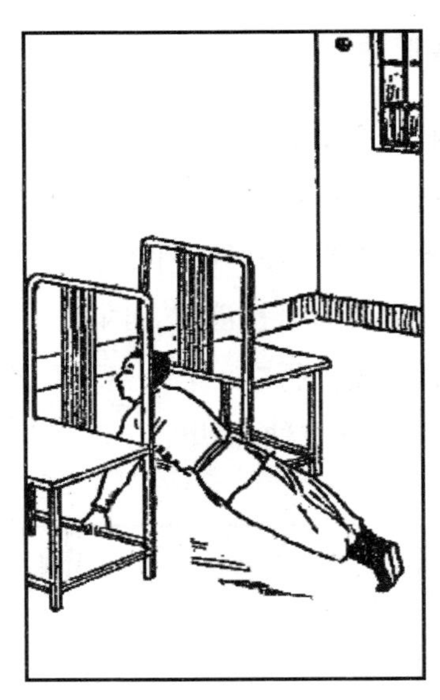

第五节　腹部运动

习练者，两手坚握椅背，拇手背向上，足尖伸直着地，全身仰天，弯作桥形，即而运用臂力，使全体升降，力乏而止。初学者脚力未足，不能挺直，则不妨稍屈，但演熟后，自无此弊。惟椅子甚轻，恐难支重，须用绳索缚之，以防倾覆之虞。（如第五图）

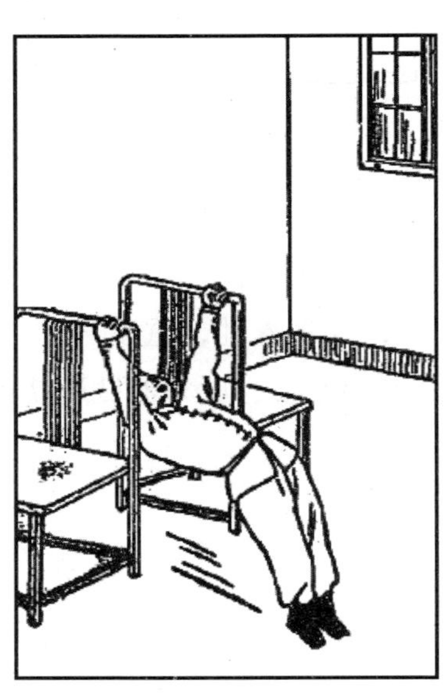

第六节　手臂上节运动

习练者，将全身仰卧，背臀足三者，均须着地。两手共握一椅，先由左侧运往右侧，既由右侧运往左侧，如是往返数次，力尽而止，惟臀与足，不能离地。背则不妨移动也。（如第六图）

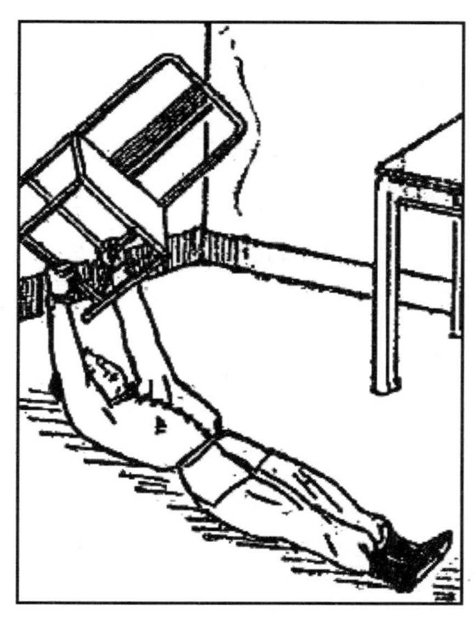

以上六则，皆本器械运动真理，而行之于室中，晨晚习之，皆极相宜。若在黎明起身之后，演戏既毕，继以沐浴，将周身多方摩擦，隔二三十分钟，进以晨餐，以营养肠胃之组织，则精神尤觉活泼，获益洵匪浅鲜哉！

第九章　剑仙纪闻

（一）地仙女行员

神仙之说，达者不道。然天下事无奇蔑有，以今日人类幼稚之智识，遂谓神仙万无是理，亦多见其不自量也。

沪上有某银行者，营业发达，职员众多。有X君者，亭亭玉立，翩翩年少，音貌酷肖女子。一日，行中同事挟X君宴于酒楼。宴毕，倡言赴某浴室沐浴，众咸报可，X君独默然。临行，竟托词遁去，众疑之。明日，行中得

X君辞职书,由是遂不到行矣。有W君者,好黄老之学,行气导引,志在清虚,所交多异人,闻其事,异之。造X君家而问焉,入门,一婢出,迓曰:“来客非W君乎?主人言与先生觌面有宿缘,惟今日犹未届其时,容待他日奉迓耳。”后W君与友饮于酒家,忽一婢来见,传言今日主人奉邀谈道,盖机缘已届也。W君且喜且惊,忻然随婢行,至见所谓X君者,固一好女子也。自言粤人,幼时见一老匄妇,蓬首垢面,衣服生虮虱,来其家求乞。怜之,畀以银圆一金,老匄妇笑曰:“有缘,有缘,箇妮子大有仙骨,可随老身来,求见尊师学道也”。惝怳间,随之行,至一山,崇崖高竦,古木参天,攀级登山,行于石飘之间,见奇花斓漫山谷,迥异尘世,一石洞窈然以深,随丐妇伛偻入,豁然开朗,一老尼跏趺其中,笑谓丐妇曰:“汝来大佳,窃恐度人未易耳。十魔九难,五蕴六贼,几见修真之士克底于成耶?”于是日习服气胎息之术,如是者三年,已臻坎离交姤,小周天功候,方入定间,尘心倏动,念别离父母三载,未审起居何如。尊师即叱曰:“汝尘心动矣,道亦止于此矣,明日可离此去也。”侬(X君自谓)言:“立泯尘心,誓成真觉。”师曰:“尘心一动,不可挽救。幸汝念在父母,不离孝思,故纵不能大成,犹得为地仙,可以固形助世,安乐延年。且汝尚须嫁夫生子,吾固言修真之士未易底于大成也。”W君曰:“夫人必已到六通境界,故能预知某之为某,及某之行踪耳。”X君曰:“此所谓他心通、天眼通也。侬夫现服务高昌庙兵工厂,以生活关系,乔装为银行职员。盖女子职业,犹在幼稚时代,不得已之苦衷也。”

持佛曰:葛洪有言,夫草泽间士,以隐逸得志,以经籍自娱,不耀文彩,不扬声名,不修求进,不营闻达,人独不能识之,况仙人,亦何急急令闻达朝阙之徒,知其所云为哉!持佛此纪,闻诸某有道先生,则刘向、抱朴所载,岂悉妄哉?

(二)梁海滨

杂书言剑仙之事甚多,所云白光一道,百步刺人,若囊中探物者,初以为小说家之言也。去年秋,学太极拳于蕲水陈微明先生,得闻有剑仙碻有其事。先生在北平,尝见二人,皆朴鲁类乡愚,盖有道者决不愿以术眩人,棲隐严阿,与天为徒而已。一昨于朋辈座上,某名士谈及剑仙,谓闻诸朱古薇侍郎言，海上七浦路有圆应道人者，所交多异人，有友曰梁海滨，粤人，治玄门之学，炼剑数年，只得小乘。因求师于武当山，四五日后，方自山麓至师所，石室俨然，巉岩插天，洵仙境也。师知其来意，便令跏趺服气，及炼剑之法。十四日后，忽见白光一道，自石室中飞出，其师已立其前，曰："汝剑已成，可下山矣。然此术也，非道也。道在丹籍中求之乎！"梁坚请学道，不愿下山。师曰："仙有仙骨，亦有仙缘，骨非药所能换，缘亦非情好所能结。必积功累德，而后列名于仙籍。仙骨以生，仙骨既成，真灵自尔感通，仙缘乃凑。汝于世尚有一番事业。功德未立，即能谢绝万缘，志在清虚，必无成也。"梁遂辞师下山。凡二日，已在山下。盖师授以辟谷导引之术，十数日未食矣。前年匪扰广州，时梁适办民团于某村，阖境安谧，未遭蹂躏，皆梁主持之力云。

（三）淮南孙超

淮南孙超，宦裔也。性聪慧，貌亦绝伦，幼失怙恃，家富而仗义乐施，里人胥尊重之。平生恶文学，嗜武技，闻人有艺，必访师之。一日，戏练猴拳于禾场，初见两臂横飞，久之浑身上下，为拳光所隐。围观者采喝如雷，续连不绝。俟拳毕，面不改色，气不发喘。围观者咸拜倒，孙意洋洋。旁有乞者，冷笑，讥孙拳不佳，孙佯不知。里人有好事者，怂恿孙与乞者一试，孙置之一笑。返家后，乞者求见，孙遂迎入，延之上坐，乞者亦不理。将欲询其姓氏，乞者支颐言曰："公之拳法固佳，一乡之中，见者有数。但武技一术，变化不鲜，术亦无二玄理，公方演者乃猴拳，此太保之家传耳，余不才亦略知之。公拳有数遗穴可寻，识者能知致命之点。公视余拳后，可自省悟。"言毕，不束不扎，轻移法步，跳跃飞腾。孙觇毕，揣思自法，果有遗穴可致命，且知乞者不凡，遂拜倒师之。乞者见孙意诚恳，点首允之。孙大喜，即令家人侍乞者沐浴更衣。乞者拒之，曰："余近三十年来，未尝一日换此服，更衣，余不愿也。"孙见不愿，亦不强。询以姓氏，乞者答曰："余无姓氏，惟以风尘子名之。"孙遂求传技能。乞者曰："稍安，余定不负公。"月余，孙仅得陆地飞腾法，日行三百里。乞者不乐安闲，辞孙他往。孙强留之，洒泪不忍别。乞者见孙至诚，遂动容曰："天地不尽，时日无期。余去后，俟三载后，尔来南岳，余有剑术可传，但在嘉平晦日耳，牢记不误。"

言罢，徜徉而去。孙虽乐不可支，而怀疑不定，自后日习技能，毫不稍懈。

光阴荏苒，瞬息三春将毕，孙遂束装赴湘省，游览南岳。仗陆地飞腾法，半月始抵，山路崎岖，跋涉甚苦，晦月之初，方涉其巅。游目骋驰，俯首低视，云雾层叠，莫得其所，于此寒冬之中，绝无人至，四求乞者，杳如黄鹤。正揣想焦急间，忽闻身后一阵笑声，回顾之，乃乞者束道装在，孙遂跪拜。道者挽起，曰："尔之道心既诚，性又侠义，富家娇养，而不畏辛苦，果如前约，真吾道之一良友也。"至夜，东方推上一轮明月，道者盘膝高坐，令孙跪伏，用手于泥丸穴摸弄。良久，始曰："吾乃欧阳春也，畴昔被难，修道终南，练剑二口，一曰飞龙，一曰洩恶。飞龙吾已收咽腹内，随时可吐纳于百里外，能取人首级。惟洩恶欲传付一人，代吾功课，故化装四访，三十余载，竟无一人。三年前，见尔侠心义胆，始欲将洩恶付尔，又恐尔富贵之子，不舍荣华，故约期三年，相见于此，不意尔竟心诚，如约而来，实尔之造化，亦吾剑有主矣。"如是道人将剑术修炼之法，概行授孙。半年后，孙返乡，遣散家仆，将家资分邻近之贫寒者，遂述之于乡人。乡人咸欲孙一试，孙口吐白光，迎风突长，如龙舞空中，孙跨剑光冉冉向西而邈。后有受孙恩惠而致富者，建一庙，绘像供之。前清余文正公过其境，庙中香火尚甚盛，近闻已颓毁不堪云。

（四）青邱子

青邱子，不知何许人，修道于武当山，游行天下，亦莫测其年岁。明嘉靖间，有王生者，好寻名山，博采方术，有高蹈遐举之想。偶入一山，遇其先人王重阳师，告之曰："子好道，真吾孙也。但汝骨格未就，因缘尚隔一尘，只可学剑仙之术，游戏人间，吾非汝师，汝师青邱子，现住武当山中，却归往寻，必得其真传。"生乃至武当，负囊独上，缘蹬攀跻，日向晚矣。忽见岩前苍松六株，中有茆屋数间，烟萝四合，仄径微通。叩门良久，童子出而迎入。仰见一道人，秀发庞眉，倚树而啸。谓生曰："尔祖王重阳，使汝来也。"拜罢，遣沐浴毕。令住菴后净室，室中有药鼎，高数尺，周遭封固，紫焰光腾，照耀林壑。生至，第教以守炉看火，添缩薪炭，不得擅离妄视而已。每昼有玉女二人，青童二人，更番值应。生偶问及鼎中何物，皆笑而不言。青邱子已具知之，怒诟欲驱之去，众皆跪请乃止，后遂不敢复问。

久之，丹鼎成矣。出其金液，可六百余斤，分而为二。又折之，至七八斤而止。移贮大磐上捣之，昼作夜息。渐渐而薄，因成铁片，择日铸成六剑，悬于绝壁之下，以飞瀑溅激其上。历旬日，剑质已柔，此六剑各有名。先生举其一畀生，令童子开其脑后藏之，亦无所苦。又令斋心七日，尽传击刺之秘。命往青城山结茆栖止，戒毋妄用，第一不得作世间非为事，致干天谴。又以其四分，授二青童、玉女，其一自佩。生往青城山年余，复来寻，则室庐如故，门户缄锁，寂无人居。问山中人，曰：“青邱先生去且一年矣。”生还行过荆南，见先生混迹丐者之中，乃相随同去，不知所终。

第四编　黄庭要道

张三丰真人传

静坐工夫步骤

第一步：行补身漏法（得却病延年之果）

一、诚意存于下丹田。

二、极力遏止杂念。

三、用目内视下丹田。

四、不可过于着意。

五、不见效验不止。

六、不可强调呼吸，须一任其自然。

七、不可著意，亦不可无意。

八、无念无思。

九、回诚去杂。

十、再检点诚意。

第二步：行换身法（成长生不死之果）

十一、紧闭阳关，不使阳气外泄。

十二、紧闭谷道，不使阳气外泄。

十三、意导阳气，使通过尾间（第一关）。

十四、返诚于下丹田，以生化其气。

十五、再意导阳气，通过尾间。

十六、意导阳气，使通过夹脊关（第二关）。

十七、仍返诚于下丹田，以待气通。

十八、再意导之。

十九、意引阳气，使通过玉枕关（第三关）。

二十、仍返诚于下丹田，以待其机。

二十一、引阳气，抵于黄庭。

二十二、一意绵绵，永存不散。

二十三、片刻不可驰放诚意。

第三步：行出神法（成脱胎之果）

二十四、诚意寂照中下二田，以补胎气之不足。

二十五、已至出神期之现象。

二十六、移神上田，设想由泥丸宫，上升空际。

二十七、如不能出时，仍返照中下田，以待其机。

二十八、阳神一出，随即收回，以收养育之功。

二十九、再行调神出壳。

三十、日日训练，存神上田。

三十一、抱道潜默，谨慎涵养。

三十二、阳神出游，逐步由近而远。

第四步：行还虚法（成与虚合真之果）

三十三、仍当静坐，无偏无倚。

三十四、渐而专待一片清虚，与太空冥合。

三十五、渐而真与虚无冥合。

三十六、直至无可虚无，方至其极。

第一步：行补身漏法——得却病延年之果

（甲）补身之理

人在母胎，以灵性一点，受母体气血生育，十月胎足，分离母体，遂有人形。由一岁至十六岁，阳气充足，丹田气满。有时气到阳关，外肾感发，即有情欲之思。一与妇人交合，于是十余年之元阳，遂至遗漏。此漏既开，最难复闭，为日渐久，则身体所生之精液，多由此窍遗漏（精液一去，元气随之），故成为败絮其中之躯壳。风雨摧残，寒暑凌逼，疾病感染，丧亡渐至，此人之所以不能长生也。需补身之理，既如上述，于是补身之法尚焉。其法行于既漏之身，将所漏之窍，复行塞闭，并将已漏之精，再行补足，及至精满气足，补功已毕，即神爽体健，百病不侵，延年益寿，不求自得，此为修真中之第一步也。

（乙）补身之诀

凡为既漏之身，情欲一动，则身中精气，随情欲直奔阳关，于是外肾暴举，即顺行其生物之规道，此亦天理自然，为造化之机，非人故欲如此也。

学习静坐，第一要注重精气，不使外泄，乃能补得身体。故静坐时，先须定其姿势（再详），次将诚意存于下丹田，一也。

极力遏止杂念，二也。

用目内视，即所谓“回光返照”下丹田，三也。

但不可过于着意，只下丹田时时有知觉即已，四也。

初入坐时，即抱定此旨，坚心做去，不见效验不止，五也。

初学静坐，呼吸自然不匀，但不可强调呼吸，及使心气不得自然（注意）。但能常将诚意存于下丹田，呼吸之气，自能渐深渐匀，六也。

静坐时，不可过于着意，亦不可一时无意，七也。

着意即落于“有”，无意即落于“空”，皆非道也（注意）。须设想一切皆“无”，即自己身体，亦不自觉其“有”，惟有一点诚意，存于下丹田，不偏不倚，无念无思，方合于静坐之道，八也。

初习静坐，凡以上之要道，往往一时不能做到，不妨渐渐而来（注意）。有时杂念忽起，是即诚意已驰（注意），宜再速收诚意于下丹田，则杂念自灭矣，九也。

有时忽见人物、花草诸幻像，是即诚意已冥（注意），宜再检点诚意，则其像自消矣，十也。

初学静坐，时间以半点钟，至一点钟为宜。静坐日久．以一点钟，至两点钟为宜。若不觉其苦，再延长时间，亦无不可。功纯则效速，功少则效缓，自择可也。古人静坐，每日以子午卯酉四次，约三月之久，即可将补身功夫完满

（注意）。惟因身体有强弱之不同，行法有得当与否，所以成效有迟、有速也。静坐一月之久，即觉心气平静，呼吸自和，渐而下丹田微觉震动，渐而胸中热液下降下丹田，渐而下田温暖，渐而震动，传及全身，达于四肢，渐而督脉血液，由背后起，过玉枕、上田、明堂、鹊桥、重楼，达于黄庭。

此系血液流通，与阳精过关入黄庭事不同，要明白心领。渐而全身血液，能随意聚于下丹田（意存则气血来潮，意散则气血分散。静坐日久，方能使全身气血，听命如意）。渐而下田异常温热，而内肾如汤煎，睾丸通过热气，渐而目前发光如电。渐而华池玉液盈溢，渐而脑后震响，渐而血脉畅通，渐而外肾不举，渐而阳关紧闭，复返童身，气足体轻，目明耳聪，百病不侵，延年之果得矣。

第二步：行换身法——以成长生不死之果

（甲）换身之理

迨至精气满足，下田真阳之气，必自寻道路，延注他方。故起下田，循下鹊桥，入尾闾，透三关，经上田，至明堂，渡上鹊桥，下重搂，抵黄庭，经循督、任、冲三脉，渐渐分润全身，灌溉百骸。于是身体之阳气渐增，阴气渐灭，近者六、七月，远则九、十月，即可阳气充满全体，肌肉发生光泽，神清食减，遂至大定。

此时之身体，气为阳气，血为阳液，骨内为阳质，风雨不能侵，寒暑不能入，长生之体，于以成矣。丹经所谓“过关服食”者，正此事也。惟以尚非不坏之体，因其仍为有形，有坏之可能性也。欲求永远免却轮回，当于此第二步完毕，再进第三步工程而后可。

（乙）换身之诀

补身已毕，是时一团阳气，聚满下田，昼夜温暖如阳春之日，丹经谓之大药，是为外丹。有此情况，仍宜照旧静坐，不可略有欣喜成效之念。

及至阳气满足，丹田不能容纳，其如火珠之气，即而他方寻觅窍道，上冲则有心脏压迫，不得伸张。于是下奔阳关，直冲外肾，外肾即有感触。此时宜紧闭阳关，不使外泄，此十一也。

阳关既闭，则冲过下鹊桥，转奔谷道。此时宜紧闭谷道，免泄其气，此十二也。

因谷道既闭，则冲至尾闾穴外。此时当以意引导之，使其通过尾闾关，此十三也。（尾闾本为阳气所经之旧道，因阳关一开，精气外泄，已久不经尾闾穴，故此穴久塞矣）。

然有时火候（功）不足（诚意如火，一心意所到，即是火，丹经之火候，即诚意之作用也），阳气不充，行至尾闾，力不能通，可不必强其过，仍返诚意于下丹田，照旧静坐，生化其气，此十四也。

待气机再动，如火珠之势，又至尾闾，仍以意引导，使其通过，此十五也。

一次或数次，必有通过之期。及至通过尾闾，此团热力，又至夹脊关，仍求通过，此乃第二关，此十六也。

能通则过之，否则，仍返诚意于下田，照旧静坐，以待气充，此十七也。

再以意引导之，此十八也。

既过夹脊，此团热气，则又行至玉枕关，此所谓第三关也。此时仍以意引之，使其通过玉枕，而入上田，此十九也。

能通则过之，否则，仍返诚意于下田，以待其机，仍照前二关法行之，此二十也。

三关既通，再引此团热气，经明堂，过上鹊桥，由口之左右谷，直下重楼，抵于黄庭，此二十一也。（阳气过穴，即奔鼻孔为通气之所，阳气有时由此泄漏，故上鹊桥之左右，下鹊桥之前后，皆为危险之境，注意！注意！）

由下丹田、阳关、下鹊桥、谷道、尾闾、夹脊、玉枕、上丹田、明堂，以讫黄庭，为任督两脉全通，过关服食之功已毕（丹经所谓阳气下重楼、黄庭为服食）。当另改坐功，与前不能同矣（至此为行大周天火候之时期矣）。静坐之法，以过关服食为主要关键，至此大道已得其半，是时只宜一意绵绵，永存不散，此二十二也。

不特静坐之时如是，即行走、饮食、睡卧之时，片刻不可弛放诚意。因诚意一散，阳气即不发。亦如炉鼎煮水，火旺则气旺，火灭则气无。以诚意喻火，非妄立之说也。丹经有曰："水怕干（水，指精气），火怕寒（火，指诚意）"。此二十三也。

过关服食，为补身、换身交替时期。过关服食之后，即当时时存意，使元阳祖炁，时时发生，由总脉分入支脉，由支脉分入全身，日日灌溉滋补，则身中之阴气，时时减少，阳气日见充盈，待阳气布满全身。肌肉筋骨，皆已变化，自然不食不饥[①]，不饮不渴，渐而厌弃世味，渐而体发异香，渐而不冷不热，渐而无睡眠，渐而静中气停，遂至大定。此为换身工夫完满。

第三步：行出神法——以成脱胎之果

（甲）出神之理

换身工夫既毕，即能绝食入定。入定之时，明明朗朗只有一团性气，即内丹也。内丹者，亦即阳神，是所谓“真吾”者也。见此一物，方为见性，方为认识自己。然此阳神，系由祖炁养成。身中祖炁，亦长养阳神。亦如妇人之气血，长养婴儿情形相似。不过婴儿在女人胎中长成人形，是为顺生；阳神在男人身中长成仙体，是为逆化。婴儿出生，阳神出壳，皆自然之理也。迨至阳神一出，是为第三步功夫已至，正果已得，大事已成（丈六金身）。上不受阴阳造化之作弄，下不受刀兵水火之灾危。飞升可至九天之上，瞬息可行万里之遥，光华与日月并明，寿命与太空同久，聚则成形，散则成气，神通广大，变化莫测矣。然犹有第四步功夫。不可不于百尺竿头，再进一步，以求毫无遗憾。

（乙）出神之诀

换身功夫已毕，精气充满全体，得至大定时期。大定者，即是虚空一片，呼吸皆停之期也。是当调神出壳，勿久羁于体中，亦即是长养完毕，须要出壳，此实自然之事，故不必顾虑其不出壳，亦不必谋其出壳。盖阳神不纯，无论何法，亦不能使之出于体外，是以出神时期，仍以诚意一点返照中下二田，使阳气发生，以补胎神之不足，此二十四也。

胎神气足，明明朗朗，如月在中天（但有一毫混浊，即是胎神不全）。

---

① 饥，底本作“肌”，校者改。

坐中忽有如雪花形像，纷纷飞舞于目前，即是出神时期至矣，此二十五也。

此时即当移神上田，设想自己由泥丸宫上升空际，此二十六也。

经屡屡设想与意导之，能出则出，如不能出，仍宜返照中下二田，再候其机，此二十七也。

机致一到，仍如法以意导引，久之自可出神。阳神已出，是即身外有身，名之曰法身，万劫不坏之体也。到此地步，方为功成名就，无轮回之苦，永作无上之真人矣。虽然，出阳神不可就此飞升，仍宜施行养育之功，故阳神一出，随即收回，此二十八也。

收回之后，再行调神出壳，此二十九也。

日日如此训练，久之即得自用。但此时静坐之功，惟存神上田而已，此三十也。

阳神出体之后，即有许多神通，万不可因此欣喜，外露光芒，宜抱道潜默，谨慎涵养，此三十一也。

即阳神出壳，起出亦不可远。先出一二步，即行收回。再出一二十步，即行收回。由近而远，日渐为之，无失迷之患，此三十二也。

如此训练三年，阳神乃得练达。纵横行千万里，亦无虑矣。此后或隐居名山，行九年面壁之功，或混俗世间，救济一切，以积功德，以大光前程。

第四步：行还虚之法——以成与虚无合真之果

（甲）还虚之理

阳神养成，性命即为了当，无生死之患。修炼至此，如停止不前，是未尽其道也。阳神之为物，系人之灵性与祖炁所合成者也。虽为气体，较一切后天有形之物，自更精粹。然犹有气性，仅限于祖炁界内，不能超入虚无之境，而与原始真空合体。佛法广大无边，老子在三十三天之上，皆喻“道”之极也。吾人修真，当于出神之后，除乳哺三年，尚须九年面壁。务使气性全消，而与太空合体，直至太空即为吾体，吾体即是太空。远在祖炁界外，造极“虚无原始”，方为至矣尽矣。不然，是即孙悟空一个筋头，打了十万八千里，仍不出如来佛掌中也。

（乙）还虚之诀

阳神既出体矣，修炼之事已毕。其实不然，凡由静坐而至出阳神者，系以法造成，为时太速。其往日之习性，恐难绝灭，即有不坏之身，尚无不迁之性，是了命而未尽性也。故于出神之后，仍当静坐。此时之坐法，体态仍旧，惟持阳神一点之灵存于上田，无偏无倚，允执厥中，此三十三也。

渐而“中”亦不执，“法”亦无有，专持一片清虚与太空冥合，此三十四也。

渐而太空亦无，真与虚无冥合，此三十五也。

虚之又虚，无之又无，无无直至无可虚无，方至其极，此三十六也。

是时虚无即是本性，本性合于虚无，灵体精纯，则又在“祖炁”之上矣。行道至此，谓之无上之上，立身至此，谓之无前之前，到尽头，真正功圆果而满矣。

附录

一、道语部位图释

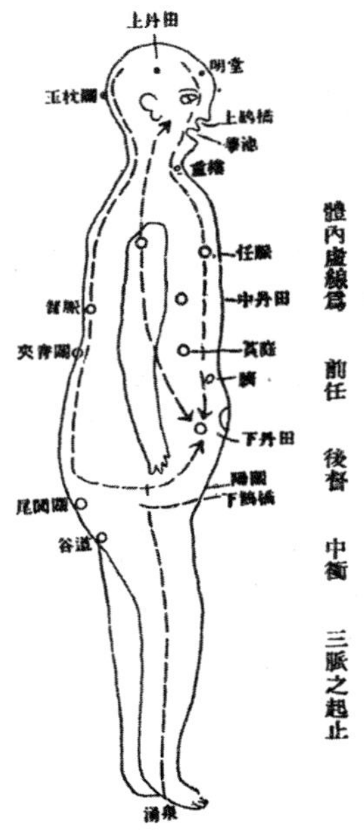

二、道语名词小释

三田、三关、三脉、二桥、明堂、重楼、阳关、谷道、涌泉[①]，皆血液、精气流通之窍道。静坐虽是清静无为之事实，庄子所谓“无为无不为”也。静中大有作用，非槁木死灰之比。

一、上田：即泥丸宫，脑之府也。

二、中田：即肺下胸间也。

三、下田：即脐下也。

四、尾闾：在背后脊柱之尾端。

五、夹脊：在脊柱之中间。

六、玉枕：在脑之后。

七、任脉：为前身之总脉，起下齿，终丹田。

八、督脉：为后身之总脉，起下丹田，终上齿。

九、冲脉：为身中之总脉，起舌尖，终下田。

十、上（鹊）桥：即两鼻孔之间也。

十一、下（鹊）桥：即阳关谷道之间也。

十二、明堂：在两眉之间。

十三、重楼：在咽喉之段。

十四、阳关：外肾之精道。

十五、谷道：肛门之口。

十六、涌泉：两脚之底。

十七、华池；舌下也。

十八、黄庭：腹中也。

① 泉，底本作“池”，校者改。

三、补身呼吸导引法

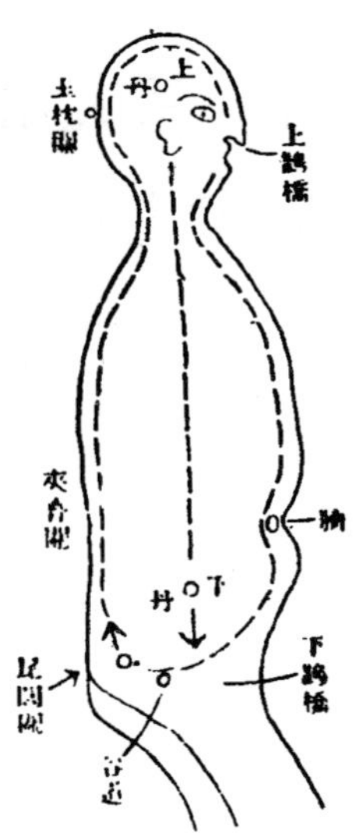

一、意用在上丹田，少顷，移用到下丹田，再放下至海底，要意用分明，导之以气，既已。

二、吸进时，舌如平时，一边吸，一边以意导引气，由谷道经背部三关，直趋上鹊桥。呼出时，舌尖向上，一边呼，一边以意导引气，由下唇经前腹下鹊桥，趋止谷道。如是，由后而前，呼吸导引九次，既已。

三、以意引至海底一点，置于下丹田，以意养之（静坐时，概可行之）。心意所止，即是“火”，不必切切于火候也。

说明：此为行呼吸导引，每静坐行九次（久之纯熟自然）。继之，行下丹田守护法，心意所止，火候自然，但不可过于着意，勿忘勿助可矣。

（完）

第五编 清虚真人张三丰入室静功金丹口诀

张三丰

夫修炼内丹之士，先须调定饮食，驱除杂念，静扫心田，洗心涤虑，断诸万缘，丝毫不染，内想不出，外想不入，于正念中，心若太虚，内外真白，一灵澄湛，心珠晃郎，照耀上下，内外莹彻。然后入静室，盘膝端坐，脚根闭住玉户，舌柱上腭，一手兜外肾，一手抱脐轮，调定呼吸，鼻引清气，闭息调阳，口吐浊气，微微轻出，勿令耳闻。眼观鼻，鼻观心，心观肾，肾上心下，肾前脐后，上不占天，下不占地，如虚空之中一窍，号曰阳窍。内通经络，外通皮肉，内生魂、生血、生神。自子至巳，此窍开，下窍闭，阳中有阴，号曰赤凤。脐轮之中，一窍内通五脏，外通筋骨，内炁生，生魄、生精；自午至亥，此窍开，上窍闭，阴中有阳，号曰黑龟。此二窍，修炼性命，颠倒阴阳，升降水火，能追二炁归黄道，会三性入元宫，返本还元，归根复命。

诀曰：以意归中。中者，玄关一窍也。心下三寸六分，肾上三寸六分，心肾正中是也。外除一寸二分，内除一寸二分，惟中间一寸二分是也。《救苦经》云："天上三十六，地下三十六"，正此地也。是时，务要身心大定，性灭情忘，含光默默，一心内守，保固真精，久久行持，真空发现，一性玲珑，静极阴生，阴极阳生，一阳初动之时。

诀曰：意为阴土，神为阳土。以意合神，复归于[①]坤土。坤土，命蒂也。

① 于，底本作"与"，校改。

正在何处是？咦！肾之前，脐轮之后，大肠之左，小肠之右，盘肠九曲，正中玄蒂是也。玄牝之内，隐一点真阳之祖炁。

口诀：采炼成药，时至炁化。药产神知，此阳生之时，自有应验矣！亦如妊妇怀胎，脐下撞动。又云："莫向天边寻子午，身中自有一阳生。"若到此时，耸肩[①]缩项，紧撮谷道，轻轻提起。意者，黄婆也。用此黄婆，穿尾闾，过九泉，渡上银河，撞透夹脊双关，至玉京天柱峰，冲开玉枕，升上泥丸天宫，混合一处，结成刀圭。升上为阳，降下为阴。升亦无数珠，降亦有斤两。务待面红耳热，浑身炁透，如龙相蒸。若验到此，乃药力所至，谓三花聚顶，五炁朝元。刀圭降下明堂，通鹊桥，入天井漕溪，吸下华池，如冰珠寒露，味同甘美，异香满室。片时不敢停留，恐药物耗散，须臾咽下十二重楼，归根复命。丹结于金胎神室之内，自然变化异常有验。火足十月胎完，婴儿出现，隐现莫测，纵横天地，步日月无影，入金石无碍，永作上品天仙，斯言尽矣！

诗曰：闭目自存神，阴阳重一斤。

炼成离女液，咽尽坎男津。

只在身中取，何须向外寻。

金丹真口诀，句句载玄音。

诀曰：嘱咐修仙学道之士，每日行持，只守命蒂。命蒂者，两肾之前，脐轮之后，中间虚空，谓踵息发生，玄之又玄处是也。此踵息者，乃天根之意也。如要下手做工夫，以亥末子初、一阳未生之时，先天炁未泄之前，敛意端坐，一意如石，下坠关元炁海穴中。双手握固，外肾脐门，紧闭玉户，一身之炁，含眼光，缄舌气，呼吸微微，须臾百脉伏息，四肢摇动相撼，外肾如汤煎，膀胱似火烧，此乃真阳发生之时也。急须凭意引阳炁上升，下至中宫。中宫者，土釜是也。只待热极，不可忍也，乃真火熏蒸，自然心液下降，此乃是"炼成离女液"也，又曰汞也。以意送下丹田，转过两肾中间，透夹脊双关，送上玉枕，随阳炁上升泥丸，舌柱上腭，待他神水下坠如雀卵，急咽重楼，此是"咽尽坎男津"也，又曰铅也。须臾灌嗽[②]，咽下中宫，

① 肩，底本作"耳"，校改。

② 嗽，疑为"漱"字。

此是铅汞相投，日月合璧是也。然后，缓缓放散，仍以意守中宫。久而行之，如此二百四十度，为一斤还丹之数也。百日立基，十月脱胎，为仙矣！金液还丹之道，乃仙圣口口相传之妙法。如误后人，予今身死之后，永堕[①]酆都，万劫幽考难出。后进道之士，得此丹法，可以珍重，勿示非人，秘之秘之。

赞曰：夜叹贤良有制伤，朝朝升语珪中璋。

一人不用千钧力，抱种生芽百世长。

丹就药炉龙虎伏，乾坤掘井水云乡。

客来问我生茅事，笑指壶中日月长。

诗曰：白玉连环两个圈，乾旋坤转本同圆。

中间一点真消息，不遇奇人誓不传。

诀曰：肾前脐后，各一寸三分，谓之玄关一窍。又一寸二分，谓之乾坤。戊己二土，戊专坎之门，己值[②]离之户。乾为性宗，坤为命祖。揆转天关，用神斡旋斗柄，心意使然，升降水火，颠倒阴阳，名曰“追二炁于元宫”。性去命来，命去性存，又谓之炼精化炁，炼气化神，炼神还虚，炼虚合道。

又曰：脐下一寸三分，谓之金胎神室，造化所产之地。左右有二穴，左为丹井，右为灵元，上通于脑，脑中有一府，名曰太阳府。府中有二穴，左为太壶穴，右为冲和穴。坎中有乾金，沉于水中为汞，又能通与性，戊掌先天真一之祖炁。离中兑金，母隐于子胎，今通于命，己掌后天正阴之宗神。金水又生流珠，能通东方甲乙木。汞，青龙所产之质，乃从西方庚辛金。铅，白虎所产之资，乃谓太乙含真之炁。坎水为婴儿，兑金为姹女。欲求先天之炁，必求戊土而后得之；欲求后天之神，必伏己土而后和之。金木发现，遇土和合，却成三姓，乃戊己能镇中宫。土能生金，金生水，水生本，木生火，火能克金，金克木，木克土，土克水。以生克两相制伏，会三性入元宫，是夫妇相合之道，乃子母相见之义，婴姹交姤之法也。

凡火候之用，起伏进退，如似月象，妙在攒簇。天地息数，阳火阴符，勿令失度。动则赤龙降水，静则白虎成形。还丹兆质，成其根本。脱胎神

---

① 堕，底本作“隋”，误。

② 值，底本作“直”，校改。

化，而为仙矣！若是时，略差忒纤毫不正，火数多燥，水数多滥，则朱汞别相涉水。赤龙奔逸，姹女逃亡，金公失道，何以成丹？紫阳曰："纵识朱砂与黑铅，不知火候也如闲。大都全藉修持力，毫发差殊不作丹。"火者，乃要神凝气定，呼吸俱无，六脉归根，三宫气满，日月停轮，璇玑不行，昼夜如一，纯粹不杂，久久相依，养成青阳之境，还丹始结，胎仙以成。若夫固济不密，金光祖炁走失，而难再遇，此乃最上一乘秘密天机也。凡行此火候，须用文武二火相行。夫用文火者，若一念不动之时，却将后天之气，任其自然，一呼一吸，微微入于鼻窍之中，心中杂念俱除。万缘放下，真性极静者，此是文火也。若一念走失，万境齐生之际，却将后天之气，勇猛决志，随意驱除，刚烈忿燥。凡心之火，提住念头，一呼一吸，轻轻出入于鼻中。待半时，一灵复静，万境消除，此武火也。

总录十步功夫目录于后：

第一踵息炼气　第二积气开关　第三三华聚顶

第四四象盘旋　第五五炁朝元　第六筑基炼己

第七沐浴抽添　第八默叩玄关　第九神通三昧

第十弃尘归山

第一踵息炼气

夫踵息者，肚脐是也。将口鼻之气，吸至脐轮，存息片时，从口散出，再吸再散。欲行则行，欲止则止。专心行至百日，丹田似火，气海熏蒸，永无泄漏，可见踵息之效也。这步功夫，是人初进玄门，固养丹田之法也。

诗曰：养炁忘言守命基，行定坐卧任呼吸。

一呼一吸为默运，休教元阳纵意出。

丹经云：绵绵不已，固蒂深根，正此之谓也，名为调阳。已过百日功夫，再行二步功夫。

第二积气开关

作用之法：每日至子午二时，手掐子诀，安心定气，紧撮谷道，着力三提，元海真气，撞开尾间，射透夹脊，冲开玉枕，气至泥丸，如冬至之气，上升到天，天本属阳。地气至天，谓之返本。这步功夫，名肘后飞金精，一名周天火候。祖师云：若要不老，还精补脑，正谓此也。专行二十一日，自觉泥丸风生，可知是开关之妙也。再行三步工夫。

第三明指三华聚顶

作用之法：夫三华者，精、气、神也。聚顶者，精本在下，原为阴水，返化为阳水。气升于顶，顶有一穴，名为天谷穴。炁至而化为谷神。阳炁为玄，阴炁为牝。玄者，炁也。牝者，精也。神者，精气所养之阳，故曰谷神，为三华聚顶。诗曰："若要谷神常不死"云云。

第四明指四象盘旋

作用之法：夫四象者，乃龟、蛇、龙、虎是也。在人身非有此物，人之性情为之龙虎也，精气为之龟蛇也。性情打成一片，为之降龙伏虎。精气交结一处，为之龟蛇相盘。龟行水路，蛇行气孔。龙有飞腾之藏，虎有跳跃之狂。十二时中，常妨四象，莫离一身。防之守之，是谓大礼。防者，用意隄防意马。真土者，积真土，固命基，夜使黄婆守性根。脐轮为命蒂，将四象昼夜用意，常守顶门、脐轮两肾处。日观肚脐，夜守顶门泥丸，上下往来，朝暮如此，谓之盘旋工夫，又名龙虎盘旋，一名龟蛇相交，一名和合四象，又曰周流金水。自古再有几人知端的。

诗曰：四象盘旋岂有难，昼夜盘旋任自然。

舌神正伦心无念，打破灵光别立天。

这步工夫，专行百日，有身轻体健之效，再行下步工夫。

第五明指五气朝元

作用之法：夫五气者，在外为金、木、水、火、土，在内为精、神、魂、魄、意。天元者，安身立命之初，是精气神存命之所。一名未生身处、中央正位，一名土釜，一名神室，一名中黄穴，异名多也，贴夹脊肾脐是也。此穴于太极之前，与太极相同也。若行长生，须要五气朝元之功。欲要五气朝元，先持五戒精严。五戒者，眼不邪视戒，魂在肝；鼻不闻味戒，魄在肺；耳不听声戒，精在肾；口不言邪戒，神在心；身不妄动戒，意在脾。此为五戒精严。先将意马守黄中，存鼻中之气归入源海之中，自然魂魄、心意、性情，同归土釜，故名五气朝元。古人云：神仙之道，行走坐卧，身心调畅，精全神全，如赤子之形，方是此中人也，神仙不远矣！

诗曰：五气朝元妙玄功，金木水火性非同。

先凭一志擒元马，绵绵五气自朝宗。

第六指出筑基炼己

作用之法：每遇阳生之时，须用一阳来复之际，提在黄庭，聚而不散，谓之筑基。后行火候炼已之法。丹书云："莫向天边寻子午。身中自有一阳生。"不用师传，焉知炼已筑基之功？不拘昼夜，不拘时候，忽觉玉茎举动，就是阳生，名为活子时，正是大药发生之时。玉茎一举，肾气动；二举，心气动；三举，肝气动；四举，肺气动；五举，真土意动。散乱，当人不能做住法。曰：正在三举之时，倒提小肠，着力紧作谷道，提在中黄，聚而不散。忽取口中金液，咽下三口，治得真阳不走不飞，为之筑基。存息真气，内裹呼吸，九九之数，谓之炼已。

诗曰：筑基炼已有何难，说破玄关掌握间。

末曾发火先积土，火炼之时水更添。

劣马拴在无影树，猿猴牢锁在形山。

众魔来侵心作主，叩齿三声走似烟。

第七明指沐浴抽添

作用之法：夫沐浴者，木旺在卯，每清晨沐浴两手之时，先调肝气，面向东坐，先把腹内浊气，从口呵出三口。后将鼻内清气，吸三次入丹田。两手搓热，摸左胁三十六度，后鸣天鼓、叩齿，自然肺中气定，自然邪气不生，谓之沐浴。若到午时，午为六阴之，凡心外邪火燥热，抽退阴符，鼻内呼吸多纳迟出，二十四口，名为退阴符二十四，抽出上阴邪。若至酉时金旺，先将两手搓热，摩肾堂、腰腿、腹、涌泉，遍身摩热，谓之接火。至此收足而坐，手掐金锁诀，鼻口气微出入，用意在黄庭宫内，呼吸九九之数，一身安泰，肺腑清宁，谓之沐卯浴酉，使金木交并。金木，是水火生产之源。若到子时，面朝北，正身端坐，手掐子诀，舌顶上腭，意在泥丸，天井神水，滴滴落至玉池，借鼻内清气，频频咽下，送至土府，三十六，谓之进阳火三十六度。又曰搓手退阴符，卯酉沐浴，子午抽添。祖师云："应四时采取，养九转成丹。"吕祖师云："悟得天井水，自然饮玉浆。"又曰："乘风吸气吞津，朝添八两，暮化半斤。"又曰："壶中旋添延命酒，鼎中收取返魂浆。"

诗曰：子午卯酉巳时工，不差分毫炼己形。

暂至刀圭无停住，意守中黄不落空。

这步工夫，每年月日不间断。

第八明指默叩玄关

作用之法：夫玄关者，自古神仙不指玄关之地位。此窍是个至妙、至玄之去处，乃真空也。世人一身所抱，又不知生在何处？既无地位，灵胎何自而结？天至地，八万四千里；人脐至心，八寸四分。四万二千里，上不近天，下不近地，为虚空。人心下脐四寸二分，上脐四寸二分，上不近心，下不着脐，前不着胃，后不着肾，左不倚肝，右不靠肺，其中正是玄关之位，又曰真空，仙佛结胎在此。

诗曰：此窍非凡窍，乾坤共合成。

名为神气穴，内有坎离精。

心下肾上处，肝西肺左东。

非肠非胃肺，一炁自流通。

虽知玄关，还要知默叩之法。须求外护，入静室，方可行事。入静室，有百日不语之功。心属阳，心内有一点真阴，名曰姹女。肾内有一点真阳，名为婴儿。使黄婆勾引婴儿、姹女，入中宫玄关，成其夫妇，朝欢暮乐，有谁知识？百日之内，塞兑垂帘。“内观其心，心无其心；外观其形，形无其形；远观其物，物无其物。三者既无，惟见于空。空亦无空，无所以空。”观玄关之内，一点如恍如惚，如杳如冥，似月在波心，才是功成果满。内景见前，任从心乐，才是无中生有之造化也。

诗曰：无中生有谁能会，身中夫妇独自知。

不用彼我求外药，无为工满跨鹤飞。

第九明指神通三昧

作用之法：夫三昧者，乃是真阳之处，纯熟之地。在天地之间，谓之六月三伏；在海，谓之蓬莱三岛。在人身有九宫，其中一宫名为上黄庭。人心有七孔，其中名为中黄庭。人之脐后，有骨一大块，上有九孔，其中一孔，名为下黄庭。又曰：上有九窍，正在两肾中间，混元一穴，其大如肚脐，名为下黄庭。昧者，如月初出，所谓之昧。神有三昧，谷神、阳神、元神。从顶门泥丸，是性根，为天谷，谷神常在上黄庭。命是元神，常在中黄庭。少阳之炁，名为婴儿。久久炼成老阳，又曰阳神，存养在黄庭。世人心有妄想，精泄气散，安有神也。此玄妙之功，言神通三昧及十方，无所不照，无所不通。一吸元神朝顶，一呼谷神下天台。呼吸之间游三岛，顷[①]刻之间到蓬莱。珠在盘中走，自在任开怀。饥飡一粒还嫌饱，渴饮琼浆意不回。真欢乐，真自在，无为也。

第十明指弃尘归山

作用之法：夫归山者归各山，脱下形山体化仙。初至名山形慢脱，九年功满便朝天。证果朝元归三岛，别是乾坤一洞天。

十步秘诀终

① 顷，底本作“倾”，校改。

西蜀白真人直言入室静功口诀

夫修炼之士，先要屏除人我万缘，不挂忠君孝亲，诸恶不作，众善奉行，济人利物，广行方便，普济群生，然后须授明师，参访大道，固守三宝。夫三宝者，乃身中精、气、神也。精者，乃先天之至精；气者，乃虚无之祖炁；神者，乃不坏之元神。故曰："大药三般精炁神，天然子母互相亲。回风混合归真土，煅炼工夫日日新。"当聚此三物，归于中黄之宫。夫未有身之前，而身中先有此窍，号曰丹鼎[①]药炉，又名乾坤日月、龙虎坎离、铅汞金丹，异名亦多。其丹鼎中，未有元神，先有此炉。自儿出母腹时，方才落草顶门中，原有一灵真性，即是自己元神是也。从虚无中而来，猛然団的一声出为呼，就此随吸，坠入丹炉之内，以接后天，是呼吸往来之气。故曰：上圈者，即是丹鼎，鼎中有一点元神，是一粒真性日光也；下圈者，即是药炉，炉中有一点元气，是一点祖命月华也。将鼎中真性，存于祖命炉中，谓神气交合，结成一粒黍米金丹，丹化阳神而賔与天也。

诗曰：金丹玉华烹日月，世人传得无为业。

一言打破太虚空，朝朝日日朝金阙。

修行之士，终日驱除心头念想，一毫不立，屏却万事，远离富贵，一笔都勾。然后扫静室，盘膝端坐，不可离于身心，觉照之机，在二六时中。少食宽衣，垂簾塞兑，含光默默，每日常存元神于药炉之中，不可须臾离也。只待阳复之时，急要运动后天之气。此气者，即是火也。先圣诸祖丹经，并不录于书中，实口口相传妙诀，予今恐误后人，故直言书之，将火候药物，讲写明白，用心煅炼一粒金丹也

文火、武火之说，在前接此念，如此行之，每日二六时中，依前端坐，修炼不怠，百日之期，自然精全、气足、神凝。三般大药俱全，然后在行末后一段工夫，实要了炼神还虚之理，筑基炼己之法。若工夫到此，自然真一之炁，从尾间，自夹脊，上玉枕，三关自通，故曰："炁满自然关节透，皆赖精炁用神意"，运冲和之炁也。觉一道真一热炁，自下而升，上泥丸

---

① 鼎，底本作"皂"，据下文校改。

宫。宫者，乃顶门中骨缝□[①]。静中忽热得头疼，久久静默之中，忽声响亮，顶中便开□[②]。开之后，头疼不可忍者，不为病症。头疼数日即愈，此天门开之验也。自开之后，常有万境现前现象，切不可惊怖，亦不可认他。若元神惊怖，随回心一念，提中宫，勿令走失，急用真火，则万境自然消散矣。元神日日如此，常不离身者是也。自元神为真火，又为真水，又为祖命，故曰：能安命月于丹田炁海之中，谓太乙含真元始先天之祖炁也。若到这一步地位上，须要加上前行工夫，昼夜遣除睡魔，身虚心无，含光静默，方等真火而至丹田，水火相见，而成大药。遣魔之法，只要文武而成大功。夫等火至者，非一年半载之功夫，实要夙生有分。若是根基浅薄，虽有前功一世，不遇真火，难成大药金丹，丹化阳神而入圣矣。盖前有根基、仙骨道分者，决然工夫成就，而火不难，决定成就。等火之法，亦无别法，只要前功常守药炉。假若今日下一分工夫，如□日日加功，一日紧似一日，一时紧如一时，只要缓缓时常静守前功也。若是到来静定之中，自有一点红光，似日光明，烜赫内外，通现之目前，照耀上下，乃谓真火，又谓真性天然也。故曰：常存性日于泥丸里，与前明月一现，不待顷刻，则日月交合，混同一处，而成一个圆光，定中若见，急急一吸，咽入中宫，此是采先天金丹之药也。前一轮红日，乃身中之汞影也。汞者，乃身中之真精也。真精以结于内，方得外现，当识汞精真影发现是也。即是真火，故上水下火颠倒之法，实乃先圣历代诸祖口传之妙诀，誓不露于纸笔之门。予今不避上天遣责，故将药物火候、了脱还虚、超凡入圣之功，备录书之，导引后学。仆愿天下有缘，修炼高士，如遇此书，不待师传而知此道也。若奉行斯道，亦不绝五祖七真诸祖之血脉也。奉劝同流，早归大道，脱离尘寰，接引玄徒，不遭世网，抛轮回苦足愿也。且夫得了水火、龙虎、金丹，故号为返本还元、归根复命，乃是“三家相见结婴儿”也。自此以后，须要进阳火、退阴符，抽添沐浴，以行十月之功。若纤毫有差，则药财消耗，火候亏缺，则前功俱废矣。

① □，底本脱漏，疑似作“处”。
② □，底本脱漏，疑似作“裂”。

最上一乘直指

夫最上一乘，无上至真之妙道也。以太虚为鼎，太极为炉，清静为丹基，无为为丹母，性命为铅汞，定慧为水火，窒欲惩忿为水火，性情合一为交并，洗心涤虑为沐浴，存诚定意为固济，戒定慧为三要，中为玄关，明心为应验，见性为凝结，三元混一为圣胎，性命打成一片为丹成，身外有身为脱胎，打破虚空为了当。此最上一乘之妙用，志士可以行之，功满德隆，直超圆顿，形神俱妙，与道合真。

太上归空口诀

凡人临命终时，四大分散，何处安身立命？先要每日功夫纯熟，放下万缘，系毫不挂一心，内守若神。离凡壳之时，从泥丸太极天门而出，不可离了此宫。若离了，即坠幽冥。是诸相色者，不可有毫发念起，正要澄心定意，紧守念头，不可分毫有起，无去无来，湛然而圆满，如香烟而起，直至太空白云深处，拨不开，吹不散，一灵真性，观万里如在目前，此乃真空也。行如掣电，坐若太虚，日月为邻，诸星为友，火不能烧，水不能湿，任意纵横，去来无碍，独露真空，便是安身超凡也。万劫常行，切不可思亲念友。但起一念，坠落人间，意如胞胎，万劫难出，是为下鬼，慎哉！此归空之至理也。

诗曰：大道不离方寸地，铅汞直撞透三关。
分明放条长生路，一点昏迷隔万山。
华池神水目无光，肾里针刺痛难当。
内观膀胱分先后，左三右四莫商量。
祖师口诀亲传授，六合眉间赍神山。
临行听打楼头鼓，不鸣定知几时去。
家又无真六亲死，后休交落空亡心。
中一着，安排定，免得临行脚下忙。

三丰张祖打坐歌

初打坐，学参禅，这个消息在玄关。嘿嘿绵绵调[①]呼吸，一阴一阳鼎内煎。性要悟，命得传，休把火候当等闲。闭目观心守本命，清静无为是根源。百日内，见应验，坎中一点往上翻。黄婆其间为媒聘，婴儿姹女就团圆。美不尽，对谁言，浑身上下气冲天。这个消息谁知道，哑子做梦不能言。急下手，采先天，一丸灵药透三关。丹田直至泥丸顶，降下重楼入中原。水火既济真铅汞，若非戊己不成丹。心要死，命要坚，神光照耀九大千。无影树下金乌叫，半夜三更显红莲。冬至一阳来复媾，炸雷一声震动天。龙要叫，虎撒欢，仙乐齐鸣不等闲。恍恍惚惚似有无，无穷造化在其间。玄中妙，妙更玄，河车搬载运三关。天地交泰万物生，日饮甘露如蜜甜。仙是佛，佛是仙，一性元明不二般。饥了吃饭困了眠[②]。假烧香，望生天，岂知大道在目前。趁哄吃斋空过了，一失人身万劫难。愚昧瞎汉，夜入深山。是正理，着意参，打破玄关妙中玄。子午卯酉正端的，早拜明师解连环。水火炉，戊己安，坎离颠倒结还丹。有人识的真铅汞，就是长生不老仙。玄妙法，不等闲，皇天圣道莫轻传。说与世人谨保守，泄漏天机罪如山。行一日，一日坚，休把修行眼前看。九载三年常一定，炼成一粒紫金丹。

论玄关一窍直指

夫玄关者，以无边傍定位，出者为玄，入者为牝，此乃玄之理也。在脐里一寸三分，是中丹田地位，故丹经云：八万四千里之中，为天地之中也。此正在心之下，脐轮之上，一寸三分，是为祖炁，实在脐里玄悬穴，内藏先天真一之炁，以通玄关之道，不与后天呼吸之炁相合，故有生死矣。欲得和合一处，必要运动周天之火候，煅炼金丹，以意存真一之炁，通与玄关一窍，存想、闭息、定神，如是良久，然后呼则天根，吸则地根，呼，则龙

① 调，底本脱漏，据《打坐歌》补。

② 眠，底本作“绵”，据《打坐歌》改。

吟一喜；吸，则虎啸风生。此乃呼吸风云，凝成金液，到于先天祖炁之宫是也。仍要存神，在于心中。心有七窍之孔，内藏一点真血是也。是母之血，为性根，其色赤，属南方丙丁火，位居离卦，中藏银，乃东方甲乙木，龙之弦气也，此为阳中之阴，故曰离中虚，即是外阳内阴。以意内存，想两肾中间一穴，内藏一点真阳，为戊土，直通脐轮一寸三分，是父一点真[①]精，为命宗，其色黑，属北方壬癸水，位居坎位，中藏真铅，虎之弦气也，此为阴中之阳，故曰坎中满，即是外阴内阳也。

夫人之后天呼吸之气，从气液止到肺腑，口鼻往来，散行一身四肢、五藏血脉之内，不得到于中宫命腑。若要后天炁，与中宫命府先天真一祖炁相接，往来和合，须要定意存神，运行周天火候，则后天呼吸之炁，随意到于中宫，始得与祖炁相接，交合往来。鼓动乾坤，橐籥制动，先后二天之气，同居中黄之宫，始为乾坤交姤，日月交并。

今来和合，坎离既济，此戊己二土，成一刀圭，是一静功金液大丹炼之中黄土府，寔为肾中之真阳，离中之真阴，所结而成。铅汞二物，既结金丹，须要闭息下定，一心默守中黄命府，是为行工修炼火候是也。既守定意，神不外游中黄，自然四象和而五行合。若把元神守一，温养十月，则仙胎自有胎矣。夫到此，始得长生久视之道。如此行持，则他日脱胎，位登仙榜，皆此也。

先天三宝，为三礼。自然之道，交感精、呼吸气、思虑神。夫人有三宝者，皆从天地中来，居先天，生妙体混成；在后天，而化之质感。无先天，不能生其后天；无后天，不能成其先天。后先二者之理，一体而分化，不可先后而损失也。是故以元精炼交感精，以元气炼呼吸气，以元神炼思虑神，而二物混成，与道合真，自然元精固，而交感之精不漏。元气注，而呼吸之气不出；元神全，而思虑之不起。修仙之法，全此三者而已矣。

祖师所谓："精全不思欲，气全不思食，神全不思睡。"又曰："三真三全，必定飞仙；三全三真，必定飞神。"斯言尽矣，学者审之。夫人身有三关者，乃精气神也。精居坎位，气居离位，神居中央。初关炼精化气，抽坎中之阳；中关化气化神，补离中之阴，而成乾也。上关炼神还虚，乾元运

① 真，底本脱漏，校补。

化，复归坤位而结丹。结丹之神气朗清，与太虚同体，内外真白，自然与道合真，是以静则养其性，动则养其命，性命双修，形神俱妙，此符火还丹妙诀尽也。故迷倾以证至简至易[①]，神仙之道，难逢难遇，半句言语，若得亲师诀破，我命在我不由天也。

许真君中黄内[②]旨

无极中黄大道，本是口传心授，惟恐初学之士，一时闻知，不能记忆明悟，吾念慈悯，故设此道，善行方便，令彼入耳着心，神领意会。传授既毕，登时焚之，勿泄天宝。恐后人不能悟，晓而书之。

天有九宫，地有九州，人有九窍。天有中黄，为太阳；地有中黄，为太阴；人有中黄，为丹扃，俱为之中黄八极。中言其位，黄言其色。中黄八极者，是八方总会去处，即中宫，即黄庭，即玄牝，即玄关一窍，即先天一炁，即止善之所，即黄极之道，即允执其中，即五行为之真土。五藏之中，为之真脾。五常为之真信。三气五神、药物火候、呼吸根蒂等事，尽在是矣。在儒家，则尧舜禹汤、文武周公、孔子相传者，即此道也。不废人事，但当正心处物，常应常静，吾祖师所谓："多言数穷，不如守中。"又云："三十辐，共一毂。"辐者，胁肋[③]也；毂者，中扃也，如车之中空心也。

"天地之间，其犹橐籥乎？"盖呼吸之谓也。呼，则脐气上升，遇土而止；吸，则心液下降，逢土[④]则息。是谓水火既济，炼成大丹。存心内守，故曰："真人潜深渊，浮游守规中。"吾常谓也："若欲道法多[⑤]，须是守丹扃。"夫中者，上下四维，不倚[⑥]不偏之谓。如天至地，八万四千里。人身中，与天地相似，心肾相去，八寸四分。中指节文为则，以脐上提起八寸四分之中，心下除三寸三分，肾上除三寸三分，中间一寸三分，是中黄之中，按

① 此句似有脱漏文字。
② 内，底本似"片"字，据《净明忠孝全书》改。
③ 肋，底本作"脂"，据《净明忠孝全书》改。
④ 逢土，底本作"近玉"，据《净明忠孝全书》改。
⑤ 多，《净明忠孝全书》作"灵"。
⑥ 倚，底本作"幸"，校改。

土十二气以一气成虚。《无上[①]妙经》云："天上三十六，地下三十六。"以应七十二候，亦为黄庭住所，大中至正之道，前圣不传之妙。唐朝祖师拔宅飞升矣。

法师洞真云：谨守谨守，莫后莫先。自然自然，玄之又玄。闻道之士，千生庆幸，夙有善缘仙质。得遇此道，尚资谈咲，泄漏非人，即有不测之祸、蔓迩之灾。既授毕，勉而行之。秘之戒之！

洞虚尹真人金丹一指上天梯

无极中黄大道，本是口传心授，不立文字。吾今[②]忻忻初学之士，时不能记忆，故悟为善巧方便。噫！令彼入乎耳、注乎心、眼观神会乎？夫天有九宫，地有九州，人有九窍。天有中黄，为太阳；地有中黄，为丹扃。俱为之中黄，即先天气，即玄关一窍，即止于至善，即黄极之道，即允执厥中，即道心，即真土，即真金。在五脏为之真脾，五行为之真土，五常为之真信。三焦、五神、药物、火候、呼吸，尽是也。行住坐卧之间，造次颠沛之际，则当注念，不可须臾离也。不废人事，宜正心处物，常应常静矣。

祖师云："多言数穷，不如守中。"又云："三十辐，共一毂。"辐者，肋肋[③]也。毂者，中扃也。八极者，八方筑底处也。又曰："天地之间，其犹橐籥乎？"呼吸之谓也。吸者，肾气上升，得土则止；呼者，心液下降，遇土则息，谓之水火既济，炼成大丹之基。凡人于此，诚能存乎？则法无不灵，道无不成，仙则俄而得也。盖天去地，八万四千里，心肾即一身之天地。以中指节文为则，自脐即地根，玉茎上是也。龟背上量起，至鸠[④]尾骨八寸四分。今言脐者，与肾相对。鸠尾骨者，即心掩骨也。心下除三寸六分，肾上除三寸六分。故经云："天上三十六，地下三十六"，言其纳而尽矣。中间一寸三分，为黄庭住念之所，成炼大丹之基。至大中正之道，千圣秘传，脱胎

---

① 上，底本作"之"，校改。

② 吾今，底本作"五十"，校改。

③ 肋，底本作"脂"，据《净明忠孝全书》改。

④ 鸠，底本作"鸣"，校改。《医宗金鉴·刺灸心法要旨》："鸠尾者，即蔽心骨也。其质系脆骨，在胸骨之下岐骨之间。"

神化，白日飞升[①]，实根于斯也。中者，里之上下，不偏不倚之谓也。

师云：谨守之，莫言之，皆自然也，乃玄之妙也。闻道之士，千生庆幸，夙有善缘，勿泄非人，则有不测之祸也。后而行之，八百地仙，重会于他日也。

师云："人心惟危，道心惟微。惟精惟一，允执厥中。"皇上帝降，衷于下民。《传》"人受天地中而生"者，一身之中也。心比天，肾比地，中比人。能一念常守其中，则意自然混而为一。今夫学而习者，习此道也；坐如尸坐，坐此道也；立如栽立，立此道也。尽心尽力，惟此者也。开天以来，三皇五帝、尧舜禹汤、文武周公、颜曾思孟，圣圣相传，即此道也。经云："离种种边，名为妙道。"离四边，居中矣。又曰："多言数穷，不如守中。"中者，天下之大本也。如此□久之间，深造圣贤之域。记之记之。

师云：存诚日用坐卧，念念不忘，道为子得矣。至于执着，非的大道正门。若存想、若咽嗽、若呼吸、若提拿、若闭缩、若运想、若按摩、若吐纳、若持守，皆非大道，此然之理。所为采取药也，是人一性情也。情识一动，即为精。如此，则药物何有哉？其法简易，采取药物者，精神魂魄意，则守于中。行住坐卧之间，不特涉事喧开之市，皆要一意居中，不逐物去。习之既久，自然打成一片，触境不动，方为真道入门之法。须处下百日功夫，经验满日，出室，依然接应人事，但诸佯为不会打算。行持习惯，自然自择去处。十月工夫，不可出门，惟恐觉迟。一月二月，身心纯熟。三月四月，神多；五月六月，多景象、多变化；七月八月，婴儿在眼鼻，舌顶上腭，脐中；九月十月，子母分胎。自首至尾，如鸡抱卵[②]，暖气相续。工夫满日，出室，不守一物，不着行持。大道者，乃我父母生前实命也，并不须执执行想。一念才动，便要全身归中。火候者，古法皆士坐，则日间闭目，睡魔相攻，妙在其中，不须作意。意到则行，亦莫间断中。身在不染不触，而金丹之道得也。三扬寅申、寅时坐定，为之行火；申时端坐，为之行水。鼻息绵绵，坐久自定，但无作用，时至自然。十二时，不拘坐端，口中有液，轻轻送下，不令耳闻，但卜扬必寅时，阳火盛。坐则日间闭目，夜开开目。

① 飞升，底本作"气峰"，校改。

② 卵，底本作"卯"，校改。

然之子午二时者，非也。令人于子午二时，为水火，子在积阴之下，午在盛阳之中，故不用乎？

论尾闾穴口诀

凡循长生不死，炼就龙虎金丹大药之士，先要知阴阳升降径路，然后可以下工，抽铅添汞，飞腾日月，返复阴阳真炁，上下颠倒，循环周而复始，自然煅炼成一粒金丹大药。夫人脊骨中二十节，径下第三节，名曰尾闾穴，又名龙虎、又名漕溪路、又名九重铁鼓。尾闾穴者，骨格样如金鼎，上有九窍，内外相通。脊骨两傍，三条路径，上冲直至顶门泥丸宫，下降复至下丹田，又复见尾阏穴。尾闾穴者，此是阳气上下升降之径路也。人脊骨中，上中下有三关，尾闾是下关；径上第八节，名曰中关；泥丸宫，名曰上关尾，此是三关也。披云真人云："撞透三关神泰定，冲开九寰气冲和。周天火候无疑至，半夜颠狂独自歌"是也。请君试向坟中拾骨，看上尾闾穴，骨自见分明矣。

紫阳真人直指秘诀

夫修真之要，以性命为根。性者，先天一点真阳是也。命者，后天一点真精是也。真阳隐于恍惚之中。

师云：五行不到处，父母未生前。真精，隐于两肾中间，因动而居肾前脐后，此性命所居之宫。不能修真，精以散，性以飘荡，阴盛阳衰，寿夭天年矣。所谓外药者，有先天而后天之说。以后天而言之，交感精、呼吸气、思虑神[①]；以先天而言之，先天至精、虚无空气、不坏元神。先天者，内药也；后天者，外药也。非外药不能补其内，不知内药，外药亦无所居。外药炼形，内药炼神。明内药者，能炼神而不能炼形；明外药者，能炼形而不能炼神。祖师云：高上之士，夙知得本，不炼外药，便炼内药。今之修丹之士，嗜欲所牵，而物欲交蔽，岂得有本？必先以外药炼煅，嗜欲之物，不能

① 神，底本脱漏，校补。

蔽交于前，中心不迁不动，而外药可知矣。予参访诸师，虽有丹诀录传，不肯分朋说破，多误后人。予今不避天遣，将前师不立文字、口传心授之妙诀，尽以漏尽于纸笔。学者有始终，若一行而不怠，乃得形神具妙，与道合真也。秘之秘之！

清静无为最上乘抱元守一真传秘诀

夫“清静无为”四字，自老子明所指之后，再无别传。是故清者为天，浊者为地。人生天地之中，谓有身者，曰“吾父母精血交合而有”者也。曰为者，作用也。盖言人禀天地之气，受父母之精血成形，为之人也。人为万物之灵，物有复命归根，人岂无返本还元之妙？是故天有春夏秋冬，人有情性水火。当以观天之道，知地之形。若有性命双修，一心苦志，行住坐卧，以意守中黄，应四时采取自身中精气神，养至九转，体成阳身也。欲修长生之道，须当谨守形山，独认无为，无中生有，降龙伏虎，和合四象，攒族五行，阴阳消长，火候抽添。若肯专修数载，行满功成，自有丹书来召，书不尽言。

清静无为玄妙功，世上能有几人通。
无中生有谁能会，全藉黄婆养性情。
海底婴儿随情去，天台姹女守顽空。
二人若得成夫妇，先将意马锁黄庭。

朗然子混俗歌

衣俗人不俗，衣变人不变。一生好风流，误了黎春院。
胭脂并相肩，红粉常作伴。行动引人精，吾心不改变。
他有斩人刀，吾有降魔剑。杀尽三尸鬼，贼兵不敢乱。
道德永长生，风清明月现。乌兔走东西，独把乾坤占。
稳步朝金阙，万两金难换。度一贞节女，仙榜有名现。
领入广寒宫，自赴蟠桃宴。仙酒饮几杯，醉倒青霄殿。
那时方才了，可称平生愿。苦劝世间人，听吾从头辩。

你们不怕死，我怕阎王唤。不论君臣宰，英雄豪杰汉。

端庄俊俏子，风流美女面。年迈精神少，容颜都改变。

无常一笔勾，万事不能干。爱河千尺苦，翻身难出岸。

话在舌尖起，意在心头干。言语大小德，从头说一遍。

夫人生以气为本，气以息为元，息以心为根，根以肾为蒂。心肾相去八寸四分，中有一脉，以通元息之浮沉。息总百脉，故一呼则百脉皆通，一吸则百脉皆闭。开则阳舒，闭则阴惨，是名玄关。一开一合，是名玄牝之门。开关风生，是名橐籥。顺乎自然，是名巽风。呼吸于根蒂之间，是名踵息。踵者，根之义也。起于此，终于此，为一息。众人之息以喉，盖起于喉而终鼻。真人之息以踵，盖起于根，终于穴，呼吸归根是也，是名真息，所谓气入于根为息。真水、真火者，住息为水，动息为火。

玄机问答

去欲收心谓之采，以炁补炁谓之药，撅天寻地谓之取。紫阳真人曰："采者，采真铅于肾府。取者，取真汞于心田。"原来仙家，本无采取，但以其肾中用真铅，心中用真汞，有似于采取者，故谓之采取耳。杨道生曰：大抵神仙立个采取名色，非教人运用也，乃教[①]人慎于运用也。盖一阳方生，最易有失。若身一动，便散了；此意一弛，也散了；杂念一兴，也散了；或被惊恐摇动，也散了。所以采取之时，必须身心意寂然不动，为气之规矩，然后先天之气有所管摄，而不致于散意纵横，自然循道上升，下降丹田，而成至宝也。陈虚白曰："身心不动为采药"，盖谓此也。正阳祖师云："传行之时，以法制之，使肾气不走失，炁中采取真一之水；心液不耗散，液中采取正阳之炁。"《复命篇》曰："采取须教密[②]，诚心辨妍丑。至难寻意脉。容易失寒泉"。又曰："采取未生珠，无象顶中居。宇宙擎在手，出入尽由渠。"又曰："采药非容易，烹煎亦不难。灵台无一物，真火透三关。"清庵诗曰："真铅真汞大丹头，采取还于罔象求。有作有为终是累，无求无执便无忧。常清

---

① 教，底本作"交"，校改。

② 密，底本作"蜜"，校改。

常静心珠现，忘物忘机命宝周。动静两途无罣碍，不离当处是瀛州。”又云：“炼汞烹铅本没时，学人当向定中推。客尘欲染心无着，天癸才生神自知。情寂[①]金来归性本[②]，精凝坎去补南离。两般灵物交并后，阴尽阳纯道可期。”

凡行工之际，扫除杂念，人我俱忘，神清气爽，入室端坐，混混沌沌，如父母未生之前一般。舌柱上腭，一意规中，存想黍米之珠，待华池神水到，便是冬至癸生是矣。急宜采之，即开口鼻，法天地、象乾坤、依坎离、如日月，竟如汞，便采铅。诀曰：“铅汞鼎中居，炼成无价宝。”凡采药之妙，口鼻微吸巽风，以一气□丹田绛宫。上弦闭定，炁入玄关黄庭宫。诀曰：“铅遇癸生须急采（即峰起），金逢望远不堪尝（即放下）。送归土釜牢封固（即收拾），次入流珠撕配当（即用采）。”紫阳曰：“夫采药之初，动乾坤之橐籥”云云（《金丹四百字序》内，有此一节）。

沐浴之法亦无别法。须当时时默候，如觉中宫及两肾若火烧，并满发热难忍，便存天目之前，有一轮黑光，其大如碗。须臾之间，鼻引吸咽，自然入中宫，而热自退。但凡觉热，依存天目之黑光，热自至。只待十月功满，等候阳神脱体，到此之时，方行后诀。前言天目者，夫两眉中间是也。此是己之元神，即是黄婆。婴儿，又是真精，又为日象，号为虎。若水火于何年何月何日何时分数起数，至第十月，水火在那个时辰为止。正看是那个时辰，元神化作阳神出现。如凡妇降小儿一般，当在须臾之前后，只在两个时辰上，要志诚存神精默，只候阳神出时。此阳神，自丹炉涌出，从顶门中升起，至空中，离凡体三五丈高，勿得惊怕。若见诸般神仙天官，一切境象等事，切不可染认，亦不相交共谈话语，急收阳神归中宫，同前所养。忽然又现一轮全光，大如车轮，不必疑惑，急从正念。从中宫一升，真神就光前，其光就小一寸二分。微微鼻吸金光，随入中宫。其神随光入[③]腹，此乃全液还丹而成也，则为大罗天仙矣。而有青简标名，三元上峰。自此以后，须要静养元神，即阳神也，如调养儿之法，寒则就热，热则就温，大风莫出门，大雨莫行路，饥饱莫失时。喜怒哀乐色声香味触，九种欲火，须正为九华光辉，常现固身，时时刻刻，可当调理。且如天气时明，将元神从祖宫升

① 寂，底本作“极”，据李道纯《中和集》改。

② 本，底本作“木”，据李道纯《中和集》改。

③ 入，底本作“如”，校改。

出顶门，只可行一二步，急急收来。神若一出，便要收来；神返身中，气自回矣。每日常依如此。过一月之后，依前将元神放出，行三五步，只调教老成，再安炉立鼎同前。实待一载，变化一位真人。九年九位纯阳真神，化现百千万亿，一貌相同，非是譬喻狂言。故曰：九载三年人事尽，纵横天地不由亲。所以用元神九年面壁。九年之后，将一身八四千毛孔，三百六十骨节，三尸七魄三魂，五脏六腑，三千六百精光系络，尽化为阳神，变化无穷。此阳神与众神一齐往向，方不辞千里之程，倾刻而至。上天入地，贯金石无碍，步日月无影，水不溺，火不焚。若天地劫运将终，吾居太虚而不坏也。若到这神仙地位，须当要广立功行，度世人。上则辅国佑民，下则济人利物，除邪馘毒，忠君孝亲。候待玉帝诏临，超凡入圣，身登紫府，名挂丹台，位列仙班，此乃大丈夫功成名遂之时也。

予今宁遭泄漏之报，将最上一乘金丹大道，备陈于书，未隐一字，仆愿天下仁人君子、修仙之士，不可轻慢斯文。熟读精通已毕，一火变之。切记妄泄。若是妄泄，代九祖自身，永坠酆都。尊重珍重，诚敬保守，深秘秘之。

玄关直指

夫玄关一窍者，乃一身总要之关，即身中一窍也，名曰玄牝鼎釜也，即黄房也，即黄庭宫也，呼之性根也，吸之命蒂也。玄 口 先生曰：玄关者，道也，是无极而生太虚。夫太极，即无极，又谓之太易，即是父母未生身以前面目也，即太乙含真气，则二气未判之称太初之境景也。

张三丰曰：太极者，虚无自然之道也。两仪者，一阴一阳也。太极者，元神也。两仪者，精气也。太极者，丹母也。两仪者，真铅、真汞也。两仪既判，天地位，万物育焉，混合百神，炁内生身之所，无中含有之处。

破迷歌

还丹诀，还丹诀，听我与君仔细说。旁门小法三十六，除此金丹总是邪。万般滓质皆非类，真阴真阳真栽接。阴阳交，铅汞结，婴儿姹女空中立。龙虎上下升腾转，海底灵龟弄星月。黄芽白雪飞，水中真金先天诀。真黄婆，真橐籥，金丹就是延命药。先筑基，后进药，筑基百日牢把捉。若追二炁于黄道，三家相见仙胎结。性要修，命要接，休在人间虚度月。铅汞归真土，抽铅添汞永不灭。乌八两，兔半斤，二物同入戊己中。鼎中若寻真种子，犹如水火煮空铛。两头武，中间文，四象擒来一处烹。十月火候勤谨炼，炼成纯阳寿无穷。移胎换鼎三五载，面壁九年出阳神。玄是祖，牝是宗，先天先地万物宗。点开透地通天眼，斡转天罡斗死生。窍若开，气自通，拨转斗柄雷振轰。海底雷吼龙翻浪，泥丸风生虎啸声。晓得阴阳颠倒法，还丹造化顷刻中。讲《悟真》，说《参同》，疑作三峰采战功。多少迷人提不省，好似盲人夜观星。此药非是房中得，金丹大药实不同。何向淫妇去炼精。闭尾闾，望炁升，世上多少修仙士，不得金丹总成空。鸟兽形，逃生死，鹿运尾闾而炼精。龟纳鼻息而炼气，鹤养胎息而炼神。畜类到有千年寿，为人何不悟长生。世间人，贪利名，岂怕阎王鬼簿情。人有生，必有死，三寸气断一场空。先天药，后天药，此是阴阳真妙物。先天药，能超脱，后天药，延命壳。世人晓得栽接法，长生不死赴入口。性要修，命要全，性命二字要真传。但得一点种泥丸，寿同天地百万年。童儿修得精气全，静功一纪可升天。自幼无为身不漏，才是真修大罗仙。幼年间，丧真阳，半路出家性颠狂。坤爻走入乾宫内，却成离卦腹内虚。若将坎位补离方，返本还原变纯阳。真水火，配阴阳，世人休要胡思想。饶得无为空打坐，寄后不免葬北邙。习静功，守中黄，耽阁到老空一场。纵然明了真如性，阴灵投胎入鬼乡。延命药，返魂浆，金丹就是药中王。若将一粒吞归腹，返本还元寿命长。有休妻，（后缺）。

第六编　灵宝源流

张三丰　著

灵宝源流原序

河出图，洛出书，天之德示人以至道。黄帝神圣，体天之德，著《阴符》宝箓，以传天下后世，特示长生之旨，是愿人人悟道超世，不致轮转沉迷，重回造化，功垂万世。至老君继圣于前，著《道德》五千言，为度世之梯航。后有伯阳真人之《参同》，玉宸君之《黄庭》，扩充前圣之旨，均以度世为心，然词多隐奥。至云房钟真人、灵宝天尊、吕真人，始发明千古修仙之秘，并传口诀于世者。因自古至人，得道成真，或居天职，或掌人间，或住名山，或游世界，虽仙踪屡显，有感必应，而学道之士，尚在凡躯，安能相接授受？是以大发宏慈，留传口诀，使夙根厚德之士，得以缘遇，早证圆通。二真人亦以如天之德，济度后学于亿万斯年矣。此皆身体力行之已验，祖祖相传，由此得道，以遇有缘同志者，于是敬录。

张三丰　著

秘传用功口诀

静坐焚香，止念忘情，心死神活，厚铺坐褥，宽解衣带，于子时向东，盘坐握固，端身直脊，唇齿相着，舌柱上腭，以塞兑口，耳以反听，微开其目，以垂眼帘，以神光（即眼光）自元宫回光，返照于脐下。

静室者，使无喧扰之患。焚香者，诚洁以通灵气。止念者，断灭一切妄念，念有一毫散乱，神不纯阳。忘情者，物我两忘，忘情则性复，忘非真忘，胸次灵明。心死者，以息忘心。神活者，人心之灵明也。厚铺坐褥者，使体不倦也。宽解衣带者，使气得行住也。子时者，乃阳气发生之时也，古人一日行持始于子。向东者，取生气也。盘坐握固者，收摄精神也。握固者，即拳指以两拇[①]指掐第三指手纹，或以四指都握拇指。端身直脊者，使理通达，气不窒塞也。唇齿相着，舌抵上腭者，使重楼无浩浩而去之患。且口乃气窍，口开则气散，故塞之。耳以返听者，耳乃精窍，耳逐于声，精从声耗，故返听而不闻。微开其目者，使不坐于黑土之下也。且目乃神窍，目荡于色，神从色散，眼全开则神露，眼全蔽则神暗，故半垂帘耳，又以去昏病耳。目光自元宫返照于脐下者，盖二目属阳，犹天之日月光到而生万物也。

调息绵绵，昼夜功纯，以采肾中一点真阳，期于心肾交接，是为交感神炁以进火。回光之久，肾中一点真阳，上与心神相合，正心息相依。夫一呼一吸之谓息。息者，炁也。心息相依，实水火既济，使之绵绵，归根复命，以养神炁，使暖气相续。才有间断，化育难成。行功时，腹中觉有冲彝，暖气升撞不定者，此真阳气动也。夫身中凡气，即阴气。炼尽阴气，真炁发生，莫之能御，当乘其冲动之机，运过尾闾，自夹脊双关，逆上泥丸，与神交姤。交姤后，仍化为甘露，即从鹊桥至重楼，自玄膺而下，由心复至中宫，一升一降，混合玄关，成其造化。除卯酉沐浴，切要功无间断，不然则药物耗散，火候差失，不作丹也。自背后督脉中上来，即属子；自前面任脉中下去，即属午。子午抽添，谓之周天火候。火候者，身中水火，一升一降。升则为进火，谓之抽铅；降则为退符，谓之添汞。铅是肾中一点真阳之炁，汞是心中一点真阴之精。妙用在于抽添进退，自然精炁与神，片时凝结，灵体渐具。行住坐卧，念念在兹，如子藏母腹，随呼随吸，咽冲虚太和之气，十月功完，阴阳交感，胎息气足，玄珠成象，圣胎已成，真神化现

① 拇，底本作“目”，校改。

矣。加以谨慎调神，三年养足，形神俱妙，变化随心，入圣超凡，返还之道毕矣。复炼还虚，又更上一层也。

用功之诀，于此尽之矣。百日筑基，谓之小周天。阳时主进，惟以呼吸三十六；阴时主退，呼吸二十四，以回积年耗散之神炁，使先天之炁足神强，以成大周天之功用。小周天功足后，另以昼夜七日开关，紧接大周天之火候。

证验秘诀

学者当用功时，身中证验节次变幻。盖大道罕传，见闻者稀，须有印证，方不疑惑。忆予初学道时，寻师授诀，访侣同修。筑基后，竭诚依口诀，趺坐调息，兼鼓巽风。第四日而炁即过尾闾，通夹脊，达玉枕，上泥丸，下明堂，入绛宫，到下丹田矣。但所来津液，尚有腥气，如人家水沟积淤方开也。时觉身子微弱，约有数日，而肩背手足皮肉及颈，各隐隐如蚁行。次数日，腹中有响音，外肾微动，或水升，或火降，或手足皮如一线冷风。问之度师，云："开关真景也。"次十余日，甘露下降，一刻方止。满口清香甘美，沁入皮骨，如冰片然。一时美景，不可名言，真所谓"白云朝顶上，甘露洒须弥，自饮长生酒，逍遥谁得知"也。次各经络，每日各现一景，或肠胃之间，有似一转者，或足底手背隐隐抽筋，一动即止。次一月后，两眼神光焕发，再则顶上有光，坠下如牡丹花大，须眉皆见。次身中金光迸灿，衣服床帐皆见，如隙内容光，其金光有戛戛烈烈之响，如雌雄相赶状。行卯酉周天时，其足底略有拘挛意，一见即止。此卯酉周天，即进阳火、退阴符也。每夜见开眼时，初如皎月，再则纯是红日照耀，亦略略一瞬耳。又或开眼见庄严圣像，俱以无心付之，不必着意也。闭目内视脏腑，历历可见。次有金光万道，灿烂透出身体，如火龙云雾盘旋罩身。次则婴儿渐成渐见，可以随心出入。静室之中，调摄三载，远近无避，渐渐证验有绩，非夸词也，乃真景象也。

关窍秘旨

人要学道，身中关窍，不可不知。人之身有三关，尾闾、夹脊、玉枕是也。尾闾在背夹脊下，脊骨尽头处，其关通内肾之窍。从此关起一条髓路，号曰曹溪，又曰黄河，此阳气上升之路。直上至胸后对处，谓之夹脊；又上至脑后，谓之玉枕。此三关也。

人身有三宫，泥丸、土釜、华池是也。泥丸为上丹田，方圆一寸二分，虚间一穴，乃藏神之所，在眉心入内四寸，正中之地。眉心入内一寸为天门，入内一寸为明堂宫，再入内一寸为洞房宫，再入一寸为泥丸宫。眉心之下，为鼻柱金桥，下至口中，有两窍通喉，谓之鹊桥。盖喉是颈外硬骨，外气出入处也。内有软喉，谓之咽喉，乃进饮食通肠胃之喉也。其气喉有十二节，曰重楼。直下肺窍，以至于心，下有一窍，名曰绛宫，乃龙虎交会之地。直下三寸六分，名曰土釜黄庭，乃中丹田。其中丹田左明堂，右洞房，无英居左，白元居右，亦是空间一穴，方圆一寸二分，乃藏气之所，炼丹之鼎。直下至脐门，对过约三寸六分，故曰“天上三十六，地下三十六”。自天至地，八万四千里，自人心至肾有八寸四分，天心三寸六分，地肾三寸六分，中丹田一寸二分，非八寸四分而何？脐门，号曰生门，有七窍通外肾，乃精气泄漏之窍。脐门之后，肾之前，正中处，名曰偃月炉，又曰气海。稍下一寸三分，名曰华池，又曰下丹田，乃藏精之所，采药之处。此处有二窍，通二肾之中，有窍通尾闾。

此一身之关窍也。

三宝三要秘旨

人身之中，三宝三要为至重。

所谓三宝者，神、炁、精也。神者，我之真性，天所赋也。炁者，未生之初祖炁也。精者，先天一点真阳也。此三品上药。炼精化炁，炼炁化神，炼神合道，三宝之旨。

三要者，一曰鼎炉，曰神炉、丹穴、蓬壶、神室、玉炉、金鼎、黄房、中宫、黄婆、戊己、黄庭、土釜、刀圭、真土，皆鼎炉之异名也。玄关一窍，实鼎炉也。

二曰药物，曰乾坤、坎离、阴阳、水火、砂铅汞银、父精母血、木液金精、丹砂水银、乌精兔髓、日魂月魄、青龙白虎、玄龟赤蛇、交梨火枣、雌雄黑白、婴儿姹女，皆药物之异名也。先天一炁，实药物也。

三曰火候，曰推周天、测潮候、按卦爻、用文武、准晦朔、定弦望、明抽添、互进退、鼓橐籥、秤斤两、分二柱、行姤复，皆火候之异名也。元神妙用，实火候也。

修丹之士，必先洞明此三者，机关根本，耳濡目击，心领神会，略无一毫凝滞于胸中，方可下手。

戒行

欲求出世之道，当先持戒积功。持戒者，言动视听，一切无妄，以谦自居，恶来善受，贪嗔痴爱，一切勿染。积功者，济世救人，慈及群生，念念不忘，及其功圆行满，出世超升。如不持戒，而无功行，则多有魔生，为道之障也。

关键

修持之法，当先谨言语，节饮食，省睡眠。此三者，修仙之关键也。言语不谨，炁从言散；饮食不节，运行滞碍；睡眠不省，神炁奔溃，不能凝结矣。

洁净

凡欲修行，先须高燥净室之处。室不在宽，务宜绝风之隙，令左右烧香，铺宜厚软，坐榻宜高，则地气不及，邪气不干。邪浊之气侵人，常因地气而逆上，故室最宜高燥。洁净则受灵气，不洁则受浊气，乱人室宇，所为不成，所依不立，一身亦尔，当洁净也。

宁体诀

凡学道，筑基已成，自然诸病不侵。若未成之时，体觉不宁，当反舌塞喉，漱汩醴泉，满口咽之讫，又如前咽液无数，觉宁乃止。止而未宁，重复为之，须臾之间，不宁之疴，自然除也。当时见效。

性命根蒂秘旨

玄关者，前对脐，后对肾，居脐肾中间。其连如环，广一寸三分，周围有八窍。前后二窍，以应乾坤，上通泥丸，下彻涌泉；旁有六窍，以应坎、离、震、巽、兑、艮六卦，以通六腑。一身之炁，皆萃于此，如水之朝宗，辐之辏毂也，故为命之根基。

其性根，即泥丸，而寄体于心。泥丸者，在人之首，明堂之间，六合之内，是谓顶门，故世称顶门，谓囟门也。囟门，即性也。囟门皆知夙世因缘等事，合则忘之矣，故泥丸谓之性根。

能知性根命蒂，始可与言修炼也。

玄牝妙用秘旨

玄者，水也。牝者，母也。世人以阴阳气相感，结于水母，三月胎结，十月形体具而能生人。修道者，常伏其炁于脐下，呼吸其息如胎中，守其神于身内，神炁相合而生玄胎，乃自生身内丹，长生羽化之妙道也。

绝句

大道源流祖祖传，世人不学也徒然。
试行口诀证修验，莫待来生再遇缘。

录于华岳西峰玄真静室三丰子

第七编 太极拳谱

张真人传[①]

真人辽东懿州人，姓张，名全一，又名君实，字元元，号三丰，史称宋末时人。生有异质，龟形鹤骨，大耳圆目，身高七尺，修髯如戟，顶作一髻，常戴偃月冠，一笠一衲，寒暑御之，不饰边幅，人皆曰为张邋遢。所啖升斗辄尽，或辟谷数月自若，书过目不忘，游处无恒，或云一日千里。洪武初，至蜀太和山，结庵玉虚宫，自行修炼。洪武二十七年，复入湖北武当山，与乡人论经典，娓娓不倦。一日在室读经，有鹊在庭，其鸣如争论，真人由窗视之，鹊在树，注目下睹，地上有一长蛇，蟠结仰顾，少顷，鹊鸣声上下，展翅相击，长蛇采首微闪，躲过鹊翅，鹊自下复上，俄时性躁，又飞下翅击，蛇亦婉蜒，轻身闪过，仍着盘形。如是多次，真人出，鹊飞蛇走。真人由此悟以柔克刚之理，因按太极变化，而成太极拳，动静消长，通于易理，故传之久远，而功效愈著。北平白云观，现存有真人圣像，可供瞻仰云。

太极拳经

山右王宗岳先生传

太极者，无极而生，动静之机，阴阳之母也。动之则分，静之则合。无

① 自杨澄甫《太极拳体用全书》。

过不及，随曲就伸。人刚我柔谓之“走”，我顺人背谓之“黏”。动急则急应，动缓则缓随。虽变化万端，而理唯一贯。由着熟而渐悟懂劲，由懂劲而阶及神明。然非用力之久，不能豁然贯通焉。

虚领顶劲，气沉丹田，不偏不倚，忽隐忽现。左重则左虚，右重则右杳。仰之则弥高，俯去则弥深。进之则愈长，退之则愈促。一羽不能加，蝇虫不能落。人不知我，我独知人。英雄所向无敌，盖皆由此而及也。

斯技旁门甚多，虽势有区别，概不外乎壮欺弱、慢让快耳。有力打无力，手慢让手快，是皆先天自然之能，非关学力而有为也。察“四两拨千斤”之句，显非力胜，观耄耋能御众之形，快何能为?

立如平准，活似车轮。偏沉则随，双重则滞。每见数年纯功，不能运化者，率皆自为人制，双重之病未悟耳!

欲避此病，须知阴阳：黏即是走，走即是黏；阴不离阳，阳不离阴，阴阳相济，方为懂劲。懂劲后，愈练愈精，默识揣摩，渐至从心所欲。

本是“舍已从人”，多误“舍近求远”。所谓“差之毫厘，谬之千里”，学者不可不详辨焉！是为论。

解曰：先在心，后在身。腹松，气敛入骨，神舒体静，刻刻存心。切记一动无有不动，一静无有不静。视静犹动，视动犹静。动牵往来气贴背，敛入脊骨。要静，内固精神，外示安逸。迈步如猫行，运劲如抽丝。全身意在蓄神，不在气，在气则滞。尚气者无力，养气者纯钢。气如车轮，腰如车轴。

又曰：彼不动，己不动；彼微动，己先动。似松非松，将展未展，劲断意不断。

太极拳论

一举动，周身俱要轻灵，尤须贯串。气宜鼓荡，神宜内敛，无使有缺陷处，无使有凹凸处，无使有断续处。其根在脚，发于腿，主宰于腰，行于手指，由脚而腿而腰，总须完整一气，向前退后，乃能得机得势。有不得机得势处，身便散乱，其病必于腰腿求之，上下前后左右皆然。凡此皆是意，不在外面，有上即有下，有前则有后，有左则有右。如意要向上，即寓下意，若将物掀起而加以挫之之力。斯其根自断，乃坏之速而无疑。虚实宜分清楚，一处有一处虚实，处处总此一虚实，周身节节贯串，无令丝毫间断耳。

长拳者，如长江大海，滔滔不绝也。掤、履、挤、按、採、挒、肘、靠，此八卦也；进步退步、左顾右盼、中定，此五行也。掤、履、挤、按，即乾、坤、坎、离，四正方也；採、挒、肘、靠，即、巽、震、兑、艮，四斜角也。进、退、顾、盼、定，即金、木、水、火、土也。合之则为十三势也。

原注云：此系武当山张三丰祖师遗论，欲天下豪杰延年益寿，不徒作技艺之末也。

十三势歌[①]

（七言二十四句）

十三总势莫轻视，命意源头在腰隙。变转虚实须留意，气遍身躯不稍滞。静中触动动犹静，因敌变化示神奇。势势存心揆用意，得来不觉费功夫。刻刻留心在腰间，腹内松静气腾然。尾闾中正神贯顶，满身轻利顶头悬。仔细留心向推求，屈伸开合听自由。入门引路须口授，功夫无息法自修。若言体用何为准，意气君来骨肉臣。详推用意终何在，延年益寿不老春。歌兮歌兮百卌字，字字真切义无遗。若不向此推求去，枉费功夫贻叹息。

十三势行功要解

以心行气，务沉着，乃能收敛入骨，所谓“命意源头在腰隙”也。

意气须换得灵，乃有圆活之趣，所谓“变转虚实须留意”也。

立身中正安舒，支撑八面；行气如九曲珠，无微不到，所谓“气遍身躯不稍滞”也。

发劲须沉着松静，专注一方，所谓“静中触动动犹静”也。

---

① 一名《十三势行功歌》。

往复须有折叠，进退须有转换，所谓“因敌变化示神奇”也。

曲中求直，蓄而后发，所谓“势势存心揆用意，刻刻留心在腰间”也。

精神能提得起，则无迟重之虞，所谓“腹内松静气腾然”也。

虚领顶劲，气沉丹田，不偏不倚，所谓“尾闾正中神贯顶，满身轻利顶头悬”也。

以气运身，务顺遂，乃能便利从心，所谓“屈伸开合听自由”也。

心为令，气为旗，神为主帅，腰为驱使，所谓“意气君来骨肉臣”也。

十三势行功心解

以心行气，务令沉着，乃能收敛入骨。以气运身，务令顺遂，乃能便利从心。

精神能提得起，则无迟重之虞，所谓“顶头悬”也。

意气须换得灵，乃有圆活之趣，所谓“变转虚实”也。

发劲须沉着松静，专主一方。立身须中正安舒，支撑八面。

行气如九曲珠，无微不到。运劲如百炼钢，何坚不摧？

形如搏兔之鹘，神入扑鼠之猫。静如山岳，动若江河。蓄劲如开弓，发劲如放箭。曲中求直，蓄而后发。力由脊发，步随身换。收即是放，放即是收，断而复连。

往复须有折叠，进退须有转换。极柔软，然后极坚刚；能呼吸，然后能灵活。气以直养而无害，劲以曲蓄而有余。

心为令，气为旗，腰为纛。先求开展，后求紧凑，乃可臻于缜密矣。

又曰：先在心，后在身。腹松净，气敛入骨。神舒体静，刻刻在心。切记一动无有不动，一静无有不静。牵动往来气贴背，敛入脊骨。内固精神，外示安逸。迈步如猫行，运劲如抽丝。全身意在精神，不在气，在气则滞。有气者无力，无气者纯刚。气如车轮，腰似车轴。

太极拳解

身虽动，心贵静，气须敛，神宜舒。心为令，气为旗；神为主帅，身为躯使。刻刻留意，方有所得。先在心，后在身。在身，则不知手之舞之，足之蹈之，所谓“一气呵成”、“舍己从人”、“引进落空”、“四两拨千斤”也。

须知，一动无有不动，一静无有不静。视动犹静，视静犹动。内固精神，外示安逸。须要从人，不要由己。从人则活，由己则滞。尚气者无力，养气者纯刚。

彼不动，己不动；彼微动，己先动。以己依人，务要知己，乃能随转随接；以己黏人，必须知人，乃能不后不先。

精神能提得起，则无迟重之虞；黏依能跟得灵，方见落空之妙。往复须分阴阳，进退须有转合。机由己发，力从人借。发劲须上下相随，乃能一往无敌；立身须中正不偏，乃能八面支撑。静如山岳，动若江河。迈步如临渊，运劲如抽丝。蓄劲如张弓，发劲如放箭。

行气如九曲珠，无微不到；运劲如百炼钢，何坚不摧？形如搏兔之鹘，神似捕鼠之猫。曲中求直，蓄而后发。收即是放，连而不断。极柔软，然后能极坚刚；能黏依，然后能灵活。气以直养而无害，劲以曲蓄而有余。渐至物来顺应，是亦知止能得矣。

五字诀

一曰心静。心不静则不专，一举手前后左右全无定向，故要心静。起初举动未能由己，要息心体认，随人所动，随屈就伸，不丢不顶，勿自伸缩。彼有力，我亦有力，我力在先；彼无力，我亦无力，我意仍在先。要刻刻留意，挨何处，心要用在何处，须向不丢不顶中讨消息。从此做去，一年半载，便能施于身。此全是用意，不是用劲。久之，则人为我制，我不为人制矣。

二曰身灵。身滞则进退不能自如，故要身灵。举手不可有呆像，彼之力方碍我皮毛，我之意已入彼骨内。两手支撑，一气贯串。左重则左虚，而右已去；右重则右虚，而左已去。气如车轮，周身俱要相随，有不相随处，身便散乱，便不得力，其病于腰腿求之。先以心使身，从人不从己；后身能从心，由己仍是从人。由己则滞，从人则活。能从人，手上便有分寸。秤彼劲之大小，分毫不错；权彼来之长短，毫发无差。前进后退，处处恰合，功弥久而技弥精矣。

三曰气敛。气势散漫，便无含蓄，身易散乱，务使气敛入脊骨，呼吸通灵，周身罔间。吸为合、为蓄，呼为开、为发。盖吸则自然提得起，亦拿得人起；呼则自然沉得下，亦放得人出。此是以意运气，非以力使气也。

四曰劲整。一身之劲，练成一家。分清虚实，发劲要有根源：劲起于脚根，主于腰间，形于手指，发于脊骨。又要提起全副精神，于彼劲将发未发之际，我劲已接入彼劲。恰好不先不后，如皮燃火，如泉涌出。前进后退，无丝毫散乱。曲中求直，蓄而后发，方能随手奏效。此谓“借力打人”、“四两拨千斤”也。

五曰神聚。上四者俱备，总归神聚。神聚则一气鼓铸，炼气归神，气势腾挪；精神贯注，开合有致，虚实清楚。左虚则右实，右虚则左实。虚，非全然无力，气势要有腾挪。实，非全然占煞，精神要贵贯注。紧要全在胸中、腰间变化，不在外面。力从人借，气由脊发。胡能气由脊发？气向下沉，由两肩收入脊骨，注于腰间，此气之由上而下也，谓之合；由腰形于脊骨，布于两膊，施于手指，此气之由下而上也，谓之开。合便是收，开即是放。能懂开合，便知阴阳。到此地位，功用一日，技精一日，渐至从心所欲，罔不如意矣。

打手歌

（七言六句）

掤捋挤按须认真，上下相随人难进。任他巨力来打我，牵动四两拨千斤。引进落空合即出，粘连黏随不丢顶。

走架打手行工要言

昔人云："能引进落空，能四两拨千斤。不能引进落空，便不能四两拨千斤。"语甚概括，初学未由领悟，予加数语解之。俾有志斯技者，得所从入，庶日进有功矣。

欲要引进落空，四两拨千斤，先要知己知彼；欲要知己知彼，先要舍己从人；欲要舍己从人，先要得机得势；欲要得机得势，先要周身一家；欲要周身一家，先要周身无有缺陷；欲要周身无有缺陷，先要神气鼓荡；欲要神气鼓荡，先要提起精神，神不外散；欲要神不外散，先要神气收敛入骨；欲要神气收敛入骨，先要两股前节有力，两肩松开，气向下沉。劲起于脚根，变换在腿，含蓄在胸，运动在两肩，主宰于腰。上于两膊相系，下于两胯、两腿相随，劲由内换，收便是合，放即是开。静则俱静，静是合，合中寓开；动则俱动，动是开，开中寓合。触之则旋转自如，无不得力，才能引进落空，四两拨千斤。

平日走架，是知己工夫。一动势，先问自己，周身合上数项否？少有不合，即速改换。走架所以要慢，不要快。打手是知人工夫。动静固是知人，仍是问己。自己要安排得好，人一挨我，我不动彼丝毫，趁势而入，接定彼劲，彼自跌出。如自己有不得力处，便是双重未化，要于阴阳开合中求之。所以"知己知彼，百战百胜"也。

打手撒放

掤（上平声）、业（入声）、噫（上声）、咳（入声）

呼（上声）、吭、呵、哈。

四字密诀

敷、盖、对、吞。

敷者，运气于已身，敷布彼劲之上，使不得动也。

盖者，以气盖彼来处也。

对者，以气对彼来处，认定准头而去也。

吞者，以气全吞而入于化也。

此四字无形无声，非懂劲后，练到极精地位者，不能知全。是以气言，能直养其气而无害，始能施于四体，四体不言而喻矣。

身法八要

涵胸，拔背，裹裆，护肫。提顶，吊裆，松肩，沉肘。

十三势架

（李亦畬藏本）

势架程序：揽雀尾，单鞭，提手上势，白鹤亮翅，搂膝拗步，手挥琵琶势，搂膝拗步，手挥琵琶势，搬揽捶，如封似闭，抱虎推山，单鞭，肘底看捶，倒撵猴，白鹤亮翅，搂膝拗步，三甬背，单鞭，纭手，高探马，左右起脚，转身踢一脚，践步打捶，翻身二起，披身，踢一脚，蹬一脚，上步搬揽捶，如封似闭，抱虎推山，斜单鞭，野马分鬃，单鞭，玉女穿梭，单鞭，纭手，下势，更鸡独立，倒撵猴，白鹤亮翅，搂膝拗步，三甬背，单鞭，纭手，高探马，十字摆莲，上步指裆捶，上势揽雀尾，单鞭，下势，上步七星，下步跨虎，转脚摆莲，弯弓射虎，双抱捶。

十三刀：按刀，青龙出水，风卷残花，白云盖顶，背刀，迎坟鬼迷，振脚提刀，拨云望日，避刀，霸王举鼎，朝天一炷香，拖刀败势，手挥琵琶势。

十三杆：掤一杆，青龙出水，童子拜观音，饿虎扑食，拦路虎，拗步，斜势，风扫梅，中军出队，宿鸟归巢，拖杆败势，灵猫捕鼠，手挥琵琶势。

四刀：里剪腕，外剪腕，挫腕、撩腕。

四杆：平刺心窝，斜刺膀尖，下刺脚面，上刺锁项。

四枪：与四杆同。

以上刀法、枪法，务要身法不散，讲究跟劲。

撒放密诀

擎，引，松，放。

擎起彼劲借彼力（中有“灵”字），

引到身前劲始蓄（中有“敛”字），

松开我劲勿使屈（中有“静”字），

放时腰脚认端的（中有“整”字）。

擎、引、松、放四字，有四不能：脚手不随者不能，身法散乱者不能，一身不成一家者不能，精神不团聚者不能。欲臻此境，须避此病；不然，虽终身由之，究莫明其精妙矣。

敷字诀解

“敷”，所谓“一言以蔽之”也。人有不习此技而获闻此诀者，无心而白于余。始而不解，及详味之，乃知“敷”者，包获周匝，“人不知我，我独知人”。气虽尚在自己骨里，而意恰在彼皮里膜外之间，所谓“气未到而意已吞”也。妙绝、妙绝。

虚实图解

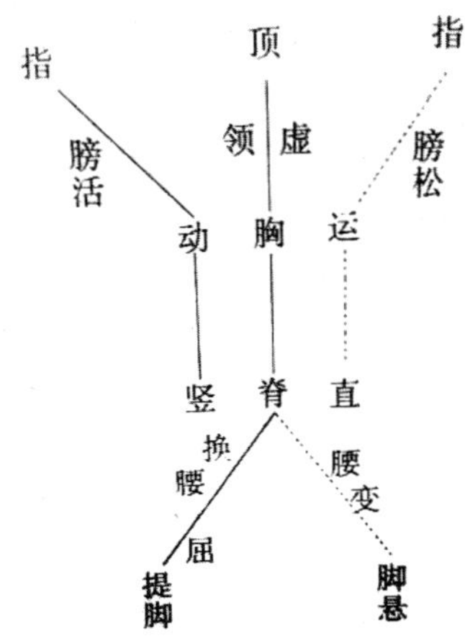

实非全然站煞，实中有虚；虚非全然无力，虚中有实。上图举一身而言，虽是虚实之大概，究之周身，无一处无虚实，又离不得此虚实。总要联络不断，以意使气，以气运动。非身子乱挪，手足乱换也。虚实即是开合，走架、打手着着留心，愈练愈精，功弥久，技弥巧尚矣。

各势白话歌

（七言六十句）

李亦畬传抄

提顶吊裆心中悬，松肩沉肘气丹田。裹裆护肫须下势，涵胸拔背落自然。初势左右懒扎衣，双手推出拉单鞭。提手上势望空看，白鹤亮翅飞上天。搂膝拗步往前打，手挥琵琶躲旁边。搂膝拗步重下势，手挥琵琶又一番。上步先打迎面掌，搬揽捶儿打胸前。如封似闭往前按，抽身抱虎去推山。回身拉成单鞭势，肘底看捶打腰间。倒撵猴儿重四势，白鹤亮翅到云端。搂膝拗步须下势，收身琵琶在胸前。按势翻身三甬背，扭颈回头拉单鞭。纭手三下高探马，左右起脚谁敢拦。转身一脚栽捶打，翻身二起踢破天。披身退步伏虎势，踢脚转身紧相连。蹬脚上步搬揽打，如封似闭手向前。抱虎推山重下势，回头再拉斜单鞭。野马分鬃往前进，懒扎衣服果然鲜。回身又把单鞭拉，玉女穿梭四角全。更拉单鞭真巧妙，纭手下势探清泉。更鸡独立分左右，倒撵猴儿又一番。白鹤亮翅把身长，搂膝前手在下边。按势青龙重出水，转身复又拉单鞭。纭手高探对心掌，十字摆莲往后翻。指裆捶儿向下打，懒扎衣服紧相连。再拉单鞭重下势，上步就排七星拳。收身退步拉跨虎，转脚去打双摆连。海底捞月须下势，弯弓射虎项朝前。怀抱双捶谁敢进，走遍天下无人拦。歌兮歌兮六十句，不遇知己莫轻传。

太极拳经歌诀

（七言四句六首）

其一

顺项贯顶两膀松，束烈下气把裆撑。

胃音开劲两捶争，五指抓地上弯弓。

其二

举动轻灵神内敛，莫教断续一气研。
左右宜有虚实处，意上寓下后天还。

其三

拿住丹田炼内功，哼哈二气妙无穷。
动分静合屈伸就，缓应急随理贯通。

其四

忽隐忽现进则长，一羽不加至道藏。
手慢手快皆非似，四两拨千运化良。

其五

掤捋挤按四方正，采挒肘靠斜角成。
乾坤震兑乃八卦，进退顾盼定五行。

其六

极柔即刚极虚灵，运若抽丝处处明。
开展紧凑乃缜密，待机而动如猫行。

蒋发受山西师传歌诀

（太极拳经歌诀解）

举步轻灵神内敛，
举步周身要轻灵，犹须贯串，气宜鼓荡，神宜内敛。

莫教续断一气研。
勿使有凸凹处，勿使有断续处，其根在脚，发于腿，主宰在腰，形于手指。由脚而腿而腰，总须完整一气，向前退后，乃得机得势。有不得机得势处，其病必于腰腿间求之。

左右宜有虚实处，

虚实宜分清楚，一处自有一处虚实，处处总此一虚实。上下前后，左右皆然。

意上寓下后天还。

凡此皆是意，不在外面，有上即有下，有前即有后，有左即有右。如意要向上，即寓下意，若将物掀起，而加以挫之之力，则其根自断，必其坏之速而无疑。总之，周身节节贯串，勿令丝毫间断耳。

打手身法歌

（七言六句）

被打欲跌须雀跃，巧挤逃时要合身。拔背涵胸含太极，裹裆护肫踩五行。学者悟透其中意，一身妙法豁然能。

打手歌

（七言六句）

掤捋挤按须认真，采挒肘靠就屈伸。进退顾盼与中定，粘连黏随虚实分。手足相随腰腿整，引进落空妙入神。

十三势行功心诀

（三言四句）

轻则灵，灵则动；动则变，变则化。

身法十要

（四言十句）

提起精神，虚灵顶劲，含胸拔背，松肩坠肘，气沉丹田；手与肩平，胯与膝平，尻道上提，尾闾正中，内外相合。

练法十要

（四言十句）

不用强力，以心行气；步如猫行，上下相随；呼吸自然，一线串成；变换在腰，气行四肢；分清虚实，圆转如意。

太极拳十三势

（杨澄甫传授）

太极起势、揽雀尾、单鞭、提手上势、白鹤亮翅、搂膝拗步、手挥琵琶势、左右搂膝拗步三个、手挥琵琶势、进步搬揽锤、如封似闭、十字手、抱虎归山、肘底看锤、左右倒辇猴、斜飞势、提手上势、白鹤亮翅、左搂膝拗步、海底针、山通臂、撇身锤、上步搬揽锤、揽雀尾、单鞭、左右云手、单鞭、高探马、左右分脚、转身蹬脚、左右搂膝拗步、进步栽锤、翻身二起、左右披身伏虎、回身蹬脚、双风贯耳、左蹬脚、转身右蹬脚、上步搬揽锤、如封似闭、十字手、抱虎归山、斜单鞭、左右野马分鬃、上步揽雀尾、单鞭、玉女穿梭、上步揽雀尾、单鞭、云手、单鞭下势、金鸡独立、左右倒辇猴、斜飞势、提手上势、白鹤亮翅、搂膝拗步、海底针、山通臂、白蛇吐信、上步搬揽锤、进步揽雀尾、单鞭、云手、单鞭、高探马带穿掌、转身十字腿、进步指裆锤、上势揽雀尾、单鞭下势、上步七星锤、退步跨虎势、转身双摆莲、弯弓射虎、上步搬揽锤、如封似闭、十字手、合太极。

以上太极拳名称三十七，全套七十八个姿势，完。

八门五步

掤南，捋西，挤东，按北，採西北，挒东南，肘东北，靠西南。方位。

坎，离，兑，震，巽，乾，坤，艮。八门。

方位八门，乃为阴阳颠倒之理，周而复始，随其所行也。总之四正、四隅，不可不知矣。

夫掤、捋、挤、按是四正之手，採、挒、肘、靠是四隅之手。合隅、正之手，得门、位之卦。以身分步，五行在意，支撑八面。

五行，进步火，退步水，左顾木，右盼金，定之方中土也。

夫进退为水火之步，顾盼为金木之步，以中土为枢机之轴。怀藏八卦，脚踩五行，手步八五，其数十三，出于自然，十三势也。名之曰“八门五步”。

八门五步用功法

八卦五行，是人生成固有之良。必先明“知觉运动”四字之本由，知觉运动得之后，而后方能懂劲，由懂劲后，自能接及神明矣。

然用功之初，要知知觉运动虽固有之良，亦甚难得之于我也。

固有分明法

盖人降生之初，目能视，耳能听，鼻能闻，口能食，颜色、声音、香臭五味，皆天然知觉固有之良；其手舞足蹈与四肢之能，皆天然运动之良。思及此，是人孰无？因人性近习远，失迷固有，要想还我固有，非乃武无以寻运动之根由，非乃文无以得知觉之本原，是乃运动而知觉也。

夫运而知，动而觉，不运不觉，不动不知，运极则为动，觉盛则为知。动知者易，运觉者难。先求自已知觉运动得之于身，自能知人；要先求知人，恐失于自已，不可不知此理也，夫而后懂劲然也。

粘黏连随

粘者，提上拔高之谓也。黏者，留恋缱绻之谓也。运者，舍己无离之谓也。随者，彼走此应之谓也。

要知人之知觉运动，非明粘、黏、连、随不可。斯粘、黏、连、随之功夫，亦甚细矣。

顶匾丢抗

顶者，出头之谓也。匾者，不及之谓也。丢者，离开之谓也。抗者，太过之谓也。

要知于此四字之病，不明粘黏连随，断不明知觉运动也。初学对手，不可不知也。更不可不去此病，所难者粘黏连随，而下许顶匾丢抗，是所不易也。

对待无病

顶、匾、丢、抗，失于对待也，所以为之病者，既失粘、黏、连、随，何以得知觉运动？既不知己，焉能知人？所谓对待者，不以顶、匾、丢、抗相对于人也；要以粘、黏、连、随等待于人也。能如是，不但无对待之病，知觉运动亦自然得矣，可以进于懂劲之功矣。

对待用功法守中土

〔俗名“站樁”〕

（七言十句）

定之方中足有根，先明四正进退身。掤捋挤按自四手，须费功夫得其真。身形腰顶皆可以，粘黏连随意气均。运动知觉来相应，神是君位骨肉臣。分明火候七十二，天然乃武并乃文。

身形腰顶

（七言六句）

身形腰顶岂可无，缺一何必费工夫。腰顶穷研生不已，身形顺我自伸舒。舍此真理终何极，十年数载亦糊涂。

太极圈

（七言十句）

退圈容易进圈难，不离腰顶后与前。所难中土不离位，退易进难仔细研。此为动功非站定，倚身进退并比肩。能如水磨摧急缓，云龙风虎象周旋。要用天盘从此觅，久而久之出天然。

太极进退不已功

（七言九句）

掤进捋退自然理，阴阳水火相既济。先知四手得来真，采挒肘靠方可许。四隅从此演出来，十三势架永无已。所以因之名长拳，任君开展与收敛，千万不可离太极。

太极上下名天地

（七言八句）

四手上下分天地，採挒肘靠有由去。採天靠地相应求，何患上下不既济。若使挒肘习远离，迷了乾坤遗叹惜。此说亦明天地盘，进用肘挒归人字。

太极人盘八字功

（七言四句三首）

一

八卦正隅人字歌，十三之数不几何。
几何若是无平准，丢了腰顶气叹哦。

二

不断要言只两字，君臣骨肉细琢磨。
功夫内外均不断，对待数儿岂错他。

三

对待于人出自然，由此往复于地天。
但求舍己无深病，上下进退永连绵。

太极体用解

理为精气神之体，精气神为身之体。身为心之用，劲力为身之用，心身有一定之主宰者，理也。精气神有一定之主宰者，意诚也。诚者，天道；诚之者，人道。俱不外意念须臾之间。

要知天人同体之理，自得日月流行之气。其气意之流行，精神自隐微乎理矣。夫而后言乃武乃文、乃圣乃神，则得矣。若特以武事论之于心身，用之于劲力，仍归于道之本也，故不得独以末技云尔。

劲由于筋，力由于骨，如以持物论之，有力能执数百斤，是骨节、皮毛之外操也，故有硬力。如以全体之有劲，似不能持几斤，是精气之内壮也。虽然，若是功成后犹有妙出于硬力者，修身、体育之道有然也。

太极文武解

文者，体也；武者，用也。文功在武用于精气神也，为之体育；武功得文体于心身也，为之武事。

夫文武尤有火候之谓，在卷放得其时中，体育之本也。文武使于对待之际，在蓄发当其可者，武事之根也。故云：武事文为，柔软体操也，精气神之筋劲也；武事武用，刚硬武事也，心身之骨力也。文无武之预备，为之有体无用；武无文之侣伴，为之有用无体。如独木难支，孤掌不响，不惟体育、武事之功，事事诸如此理也。

文者，内理也；武者，外数也。有外数无文理，必为血气之勇，失于本来面目，欺敌必败尔。有文理无外数，徒思安静之学，未知用于采战，差微则亡耳。自用于人，文武二字之解，岂可不解哉。

太极懂劲解

自己懂劲，接及神明，为之文成。而后采战，身中之阴，七十有二，无时不然。阳得其阴，水火既济，乾坤交泰，性命葆真矣。

于人懂劲，视听之际，遇而变化，自得曲诚之妙形，著明于不劳，运动觉知也，功至此，可为攸往咸宜，无须有心之运用耳。

八五十三势长拳解

自己用功，一势一式，用成之后，合之为长；滔滔不断，周而复始，所以名“长拳”也。万不得有一定之架子，恐日久入于滑拳也，又恐入于硬拳也，决不可失其绵软。周身往复，精神、意气之本，用久自然贯通，无往不至，何坚不摧也。

于人对待，四手当先，亦自八门五步而来。站四手，四手碾磨，进退四手，中四手，上下四手，三才四手。由下乘长拳四手起，大开大展，炼至紧凑、屈伸自由之功，则升至中、上成矣。

太极阴阳颠倒解

阳：乾、天、日、火、离、放、出、发、对、开、臣、肉、用、气、身、武、立命、方、呼、上、进、隅。

阴：坤、地、月、水、坎、卷、入、蓄、待、合、君、骨、体、理、心、文、尽性、圆、吸、下、退、正。

盖颠倒之理，“水、火”二字详之，则可明。如火炎上、水润下者，水能使火在下而用水在上，则为颠倒，然非有法治之则不得矣。

辟如水入鼎内，而置火之上，鼎中之水，得火以然之，不但水不能下润，藉火气，水必有温时。火虽炎上，得鼎以隔之，是为有极之地，不使炎上之火无止息，亦不使润下之水永渗漏。此所谓水火既济之理也，颠倒之理也。

若使任其人炎上、水润下，必至水火分为二，则为水火未济也。故云：分而为二、合之为一之理也。故云：一而二,二而一，总斯理为三，天、地、人也。

明此阴阳颠倒之理，则可与言道；知道不可须臾离，则可与言人。能以人弘道，知道不远人，则可与言天地同体。上天下地，人在其中矣。

苟能参天察地，与日月合其明，与五岳四渎华朽，与四时之错行，与草木并枯荣，明鬼神之吉凶，知人事之兴衰，则可言乾坤为一大天地，人为一小天地也。

夫如人之身心，致知格物于天地之知能，则可言人之良知、良能。若思不失固有，其功用浩然正气，直养无害，攸久无疆矣。

所谓人身生成一小天地者，天也，性也；地也，命也；人也，虚灵也，神也。若不明之者，焉能配天地为三乎？然非尽性立命，穷神达化之功，胡为乎来哉？

人身太极解

人之周身，心为一身之主宰，主宰“太极”也。二目为日月，即“两仪”也。头像天，足像地，人中之人及中脘，合之为“三才”也。四肢“四象”也。

肾水，心火，肝木，肺金，脾土，皆属阴。膀胱水，小肠火，胆木，大肠金，胃土，皆阳也，兹为内也。颅丁火，地阁、承浆水，左耳金，右耳木，两命门土也，兹为外也。

神出于心，目眼为心之苗。精出于肾，脑肾为精之本。气出于肺，胆气为肺之原。视思明心动神，流也。听思聪脑动肾，滑也。

鼻之息香臭，口之呼吸出入，水咸，木酸，土辣，火苦，金甜，及言语声音，木亮，火焦，金润，土翁，水漂。鼻息、口吸呼之味，皆气之往来，肺之门户。肝胆巽震之风雷，发之声音，出入五味。此言口，目、臭、舌、神、意，使之六合，以破六欲也，此内也。手、足、肩、膝、肘、胯，亦使之六合，以正六道也，此外也。

眼、耳、鼻、口、大小便、肚脐，外七窍也；喜、怒、忧、思、悲、恐、惊，内七情也。七情皆以心为主，喜心，怒肝，忧脾，悲肺、恐肾、惊胆、思小肠、怕膀胱、愁胃、虑大肠，此内也。

夫离：南正、午、火、心经；

坎：北正、子、水、肾经；

震：东正、卯、木、肝经；

兑：西正、酉、金、肺经；

乾：西北隅、金、大肠，化水；

坤：西南隅、土、脾，化土；

巽：东南隅、胆、木，化土；

艮：东北隅、胃、土，化火；

此内八卦也。

外八卦者，二四为肩，六八为足，上九下一、左三右七也。坎一，坤二，震三，巽四，中五，乾六，兑七，艮八，离九，此九宫也。内九宫，亦如此。

表里者：乙肝左肋，化金通肺；甲胆，化土通脾；丁心，化木中胆通肝；丙小肠，化水通肾；己脾，化土通胃；戊胃，化火通心。后背前胸，山泽通气。辛肺右肋，化水通肾；庚大肠，化金通肺；癸肾，下部，化火通心；壬膀胱，化木通肝。此十天干之内外也。十二地支，亦如此之内外也。

明斯理，则可与言修身之道矣。

太极分文武三成解

盖言道者，非自修身无由得也。然又分为三乘之修法。乘者，成也。上乘，即大成也；下乘，即小成也；中乘，即诚之者成也。法分三修，成功一也。

文修于内，武修于外。体育，内也；武事，外也。其修法内外、表里成功集大成，即上乘也。由体育之文而得武事之武，或由武事之武而得体育之文，即中乘也。然独知体育之文，不知武事而成者，或专武事，不为体育而成者，即小成也。

太极下乘武事解

太极之武事，外操柔软，内含坚刚。而求柔软之于外，久而久之，自得内之坚刚。非有心之坚刚，实有心之柔软也。

所难者，内要含蓄坚刚而不外施，终柔软而迎敌，以柔软而应坚刚，使坚刚尽化无有矣。

其功何以得乎？要非粘黏连随已成，自得运动知觉，方为懂劲，而后神而明之，化境极矣。

夫四两拨千斤之妙，功不及化境，将何以能是所谓懂粘连随，得其视听轻灵之巧耳。

太极正功解

太极者，元也。无论内外、上下、左右，不离此元也。

太极者，方也。无论内外、上下、左右，不离此方也。

元之出入，方之进退，随方就元之往来也。方为开展，元为紧凑，方元规矩之至，其孰能出此以外哉？

如此得心应手，仰高钻坚，神乎其神，见隐显微，明而且明，生生不已，欲罢不能矣。

太极轻重浮沉解

双重为病，干于填实，与沉不同也；双沉不为病，自尔腾虚，与重不一也。

双浮为病，只如漂渺，与轻不例也；双轻不为病，天然清灵，与浮不等也。

半轻半重不为病，偏轻偏重为病。半者，半有着落也，所以不为病；偏者，偏无着落也，所以为病。偏无着落，必失方圆；半有着落，岂出方圆？

半浮半沉为病，失于不及也；偏浮偏沉，失于太过也。

半重偏重，滞而不正也；半轻偏轻，灵而不圆也。

半沉偏沉，虚而不正也；半浮偏浮，茫而不圆也。

夫双轻不近于浮，则为轻灵；双沉不近于重，则为离虚，故曰“上手”。轻重半有着落，则为“平手”。除此三者之外，皆为“病手”。

盖内之虚灵不昧，能致于外之清明，流行乎肢体也。若不穷研轻重、浮沉之手，徒劳掘井不及泉之叹耳！

然有方圆四正之手，表里精粗无不到，则已极大成，又何云四隅出方圆矣。所谓方而圆、圆而方，超乎象外，得其寰中之上手也。

太极四隅解

四正，即四方也，所谓掤、捋、挤、按也。初不知方能始圆。方圆复始之理无已，焉能出隅之手矣？缘人外之肢体，内之神气，弗得轻灵方圆四正之功，始出轻重浮沉之病，则有隅矣。

辟如半重偏重，滞而不正，自然为采、挒、肘、靠之隅手，或双重填实，亦出隅手也。病多之手，不得已以隅手扶之，而归圆中方正之手；虽然至底者，肘靠亦及此以补，其所以云尔。夫日后功夫能致上乘者，亦须获采挒而仍归大中至正矣。是四隅之所用者，因失体而补缺云云。

太极平准腰顶解

顶如准，故云“顶头悬”也。两手即平左右之盘也。腰即平之根株也。“立如平准”，所谓轻重浮沉，分厘毫丝，则偏显然矣。

有准顶头悬，腰之根下株。（尾闾至胸门也。）上下一条钱，全凭两手转。变换取分毫，尺寸自己辨。车轮两命门，一纛摇又转。心令气旗使，自然随我便。满身轻利者，金刚罗汉炼。对待有往来，是早或是晚。合则放发出，不必凌霄箭。涵养有多少，一气哈而远。口授须秘傅，开门见中天。

太极血气根本解

血为营，气为卫。血流行于肉、膜、络，气流行于骨、筋、脉。筋、甲为骨之余，发、毛为血之余。血旺则发毛盛，气足则筋甲壮。故血气之勇力，出于骨、皮、毛之外壮；气血之体用，出于肉、筋、甲之内壮。气以血之盈虚，血以气之消长。消长盈虚，周而复始，终身用之不能尽者矣。

太极力气解

气走于膜、络、筋、脉，力出于血、肉、皮、骨。故有力者，皆外壮于皮骨，形也；有气者，是内壮于筋脉，象也。气血功于内壮，血气功于外壮。要之，明于"气血"二字之功能，自知力气之由来矣。知气力之所以然，自能用力、行气之分别。行气于筋脉，用力于皮骨，大不相侔也。

太极尺寸分毫解

功夫先炼开展，后炼紧凑。开展成而得之，才讲紧凑；紧凑得成，才讲尺、寸、分、毫。

由尺住之功成，而后能寸住，分住，毫住。此所谓尺寸分毫之理也明矣。

然尺必十寸，寸必十分，分必十毫，其数在焉。故云：对待者，数也。知其数，则能得尺寸分毫也。要知其数，必秘授，而能量之者哉！

太极膜脉筋穴解

节膜、拿脉、抓筋、闭穴，此四功由尺、寸、分、毫得之后而求之。膜若节之，血不周流。脉若拿之，气难行走。筋若抓之，身无主地。穴若闭之，神昏气暗。抓膜节之半死，申脉拿之似亡，单筋抓之劲断，死穴闭之无生。总之，气血精神若无，身何有主也？如能节、拿、抓、闭之功，非得点传不可。

太极字字解

挫、揉、捶、打于己于人，按、摩、推、拿于己于人，开、合、升、降于己于人，此十二字皆用手也。

屈、伸、动、静于己于人，起、落、急、缓于己于人，闪、还、撩、了于己于人，此十二字于己气也，于人手也。

转、换、进、退于己身人步也，顾、盼、前、后于己目也人手也，即瞻前眇后、左顾右盼也，此八字关乎神矣。

断、接、俯、仰，此四字关乎意、劲也。断、接关乎神气也，俯、仰关乎手足也。

劲断意不断，意断神可接。劲、意、神俱断，则俯仰矣。手足无着落耳。俯为一叩，仰为一反而已矣。不使叩反，非断而复接不可。

对待之字，以俯仰为重。时刻在心，身、手、足不使断之无接，则不能俯仰也。

求其断接之能，非见隐显微不可。隐微似断而未断，见显似接而未接。接接断断，断断接接，其意心、身体、神气极于隐显，又何虑不粘黏连随哉？

太极节拿抓闭尺寸分毫解

对待之功，既得尺寸分毫于手，则可量之矣。然不论节拿抓闭之手易，若节膜、拿脉、抓筋、闭穴，则难，非自尺寸分毫量之不可得也。

节，不量，由按而得膜；

拿，不量，由摩而得脉；

抓，不量，由推而得筋；

拿闭，非量而不能得穴，由尺盈而缩之寸、分、毫也。

此四者，虽有高授，然非自己功夫久者，无能贯通焉。

太极补泻气力解

补泻气力于自己难，补泻气力于人亦难。补自己者，知觉功亏则补，运动功过则泻，所以求诸已不易也。补于人者，气过则补之，力过则泻之，此胜彼败，所由然也。

气过或泻，力过或补，其理虽亦然，其有详夫过补为之过上加过，遇泻为之缓他不及，他必更过，仍加过也。

补气泻力于人之法，均为加过于人矣。补气名曰“结气法”，泻力名曰“空力法”。

太极空结挫揉论

有挫空、挫结，有揉空、柔结之辨，挫空者，则力隅矣。挫结者，则气断矣。揉空者，则力分矣。揉结者，则气隅矣。

若结柔挫则气力反，空揉挫则力气败。结挫揉则力胜于气，力在气上矣。空挫揉则气盛于力，气过、力不及矣。挫结揉、揉结挫皆气闭于力矣。挫空揉，揉空挫，皆力凿于气矣。

总之，挫结、揉空之法，亦必由尺寸分毫量，能如是也。不然，无地之挫揉，平虚之灵结，亦何由而致于哉？

懂劲先后论

夫未懂劲之先，长出顶、偏、丢、抗之病；既懂劲之后，恐出断、接、俯、仰之病。然未懂劲，故然病出；劲既懂，何以出病乎？

缘劲似懂未懂之际，正在两可，断接无准矣，故出病；神明及犹不及，俯仰无着矣，亦出病。若不出断接俯仰之病，非真懂劲，弗能不出也。

胡为“真懂”？因视听无由未得其确也，知瞻眇顾盼之视觉，起落缓急之听知，闪还撩了之运觉，转换进退之动知，则为真懂劲，则能接及神明；及神明，自攸往有由矣。有由者，由于懂劲，自得屈伸动静之妙；有屈伸动静之妙，开合升降又有由矣。由屈伸动静，见入则开，遇出则合；看来则降，就去则升。夫而后才为真及神明矣。

明也，岂可日后不慎行坐卧走、饮食溺溷之功，是所为及中成、大成也哉。

尺寸分毫在懂劲后论

在懂劲先，求尺寸分毫为之小成，不过末技武事而已。所谓能尺于人者，非先懂劲也。如懂劲后神而明之，自然能量尺寸。尺寸能量，才能节、拿、抓、闭矣。

知膜、脉、筋、穴之理，要必明存亡之手；知存亡之手，要必明生死之穴。其穴之数，安可不知乎？知生死之穴数，乌可不明闭而不生乎？乌可不明闭而无生乎？是所谓二字之存亡，一闭之而已尽矣。

口授穴之存亡论

穴有存亡之穴，要非日授不可，何也？一因其难学，二因其关乎存亡，三因其人才能传。

第一、不授不忠不孝之人；

第二、不传根底不好之人；

第三、不授心术不正之人；

第四、不传卤莽灭裂之人；

第五、不传授目中无人之人；

第六、不传无礼无恩之人；

第七、不授反复无常之人；

第八、不传得易失易之人。

此须知八不传，匪人更不待言矣。

如其可以传，再口授之秘诀。传忠孝知恩者，心气和平者，守道不失者，真以为师者，始终如一者。此五者，果其有始有终、不变如一，方可将全体大用之功，授之于徒也明矣。于前于后，代代相继，皆如是之所传也。噫！抑亦知武事中乌有匪人哉？

太极指掌捶手解

自指下至腕上，里者为“掌”，五指之首为之“手”，五指皆为“指”；五指权里，其背为“捶”。

如其用者，按、推，掌也；拿、揉、抓、闭，俱用指也；挫、摩，手也；打，捶也。

夫捶有“搬拦”，有“指裆”，有“肘底”，有“撇身”，四捶之外有“覆捶”。

掌有“搂膝”，有“换转”，有“单鞭”，有“通背”，四掌之外有“串掌”。

手有“云手”，有“提手”，有“合手”，有“十字手”，四手之外有“反手”。

指有“屈指”，有“伸指”，有“捏指”，有“闭指”，四指之外有“量指”，又名“尺寸指”，又名“觅穴指”。

然指有五指，有五指之用。首指为手，仍为指，故又名“手指”。其一、用之为“旋指”、“旋手”；其二、用之为“根指”、“根手”；其三、用之为“弓指”、“弓手”；其四、用之为“中合指”、“中合手”。四手指之外，为“独指”、“独手”也。食指为“卞指”，为“剑指”，为“佐指”，为“粘指”。中正为“心指”，为“合指”，为“钩指”，为“抹指”。无名指为“全指”，为“环指”，为“代指”，为“扣指”。小指为“帮指”，为“补指”，为“媚指”，为“挂指”。若此之名，知之易而用之难，得口诀秘法亦不易为也。

其次，有“如对掌”、“推山掌”、“射雁掌”、“晾翅掌”、“似闭指”、“拗步指”，“弯弓指”、“穿梭指”、“探马手”、“弯弓手”、“抱虎手”、“玉女手”、“跨虎手”、“通山捶”、“叶下捶”、“背反捶”、“势分捶”、“卷挫捶”。

再其次，步随身换，不出五行，则无失错矣。因其粘、黏、连、随之理，舍己从人，身随步自换。只要无五行之舛错，身形脚势出于自然，又何虑些须之病也。

大小太极解

天地为一大太极，人身为一小太极．人身为太极之体，不可不练太极之拳。本有之灵而重修之，良有以也。

人身如机器，久不磨而生锈，生锈而气血滞，多生流弊。故人欲锻炼身体者，必先练太极最相宜。

太极练法，以心行气，不用浊力，纯任自然。筋骨鲜折曲之苦，皮肤无磋磨之劳。不用力何能有力？盖太极练功，沉肩坠肘，气沉丹田。气能入丹田，为气总机关，由此分运四体百骸，以气周流全身，意到气至。练到此地位，其力不可限量矣。

此不用浊力，纯以神行，功效著矣。先师云："极柔软，然后极坚刚"，盖此意也。

太极刀诀

（七言十五句）

七星跨虎交刀势，腾挪闪展意气扬。左顾右盼分两张，白鹤展翅五行掌。风卷荷花叶内藏，玉女穿梭八方势。三星开合自主张，二起脚来打虎势。披身斜挂鸳鸯脚，顺水推舟鞭做篙。下势三合自由招，左右分水龙门跳。下和携石凤回巢。吾师留下四刀赞，口传心授不妄教。

四刀赞

斩剁、划、截割、撩腕。

太极枪法

平刺心窝，下刺脚面，斜刺膀尖，上刺咽喉；平刺心窝，斜刺膀尖，下刺脚面，上刺咽喉。

一、挒，二、掷，三、掤，四、劈，五、缠。

十不传

一不传外教，二不传不知师弟之道者，三不传无德，四不传收不住的，五不传半途而废的，六不传得宝忘师的，七不传无纳履之心者，八不传好怒好愠者，九不传外欲太多者，十不传匪事多端者。

杨班侯太极九诀

1. 全体大用诀

（七言五十四句）

太极拳法妙无穷，掤捋挤按雀尾生。斜走单鞭胸膛占，回身提手把着封。海底捞月亮翅变，挑打软肋不容情。搂膝拗步斜中找，手挥琵琶穿化精。贴身靠近横肘上，护中反打又称雄。进步搬拦肋下使，如封似闭护正中。十字手法变不尽，抱虎归山采挒成。肘底看捶护中手，退行三把倒转肱。坠身退走扳挽劲，斜飞着法用不空。海底针要躬身就，扇通臂上托架功。撇身锤打闪化式，横身前进着法成。腕中反有闭拿法，云手三进臂上攻。高探马上拦手刺，左右分脚手要封。转身蹬脚腹上占，进步栽锤迎面冲。反身白蛇吐信变，采住敌手取双瞳。右蹬脚上软肋端，左右披身伏虎精。上打正胸肋下用，双风贯耳看法灵。左蹬脚踢右蹬式，回身蹬脚膝骨迎。野马分鬃攻腋下，玉女穿梭四角封。摇化单臂托手上，左右用法一般同。单鞭下式顺锋入，金鸡独立占上风。提膝上打致命处，下伤二足难留情。十字腿法软骨断，指裆捶下靠为锋。上步七星架手式，退步跨虎闪正中。转身摆莲护腿进，弯弓射虎挑打胸。如封似闭顾盼定，太极合手式完成。全体大用意为主，体松气固神要凝。

2. 十三字行功诀

十三字是“掤，捋，挤，按，采，挒，肘，靠，进，退，顾，盼，定。”

口诀：掤手两臂要圆撑，动静虚实任意攻。搭手捋开挤掌使，敌欲还着热难逞。按手用着似倾倒，二把采住不放松。来势凶猛挒手用，肘靠随时任意行。进退反侧应机走，何怕敌人艺业精。遇敌上前迫近打，顾住三前盼七星。敌人逼近来打我，闪开正中定横中。太极十三字中法，精意揣摩妙更生。

3. 十三字用功诀

（七言十六句）

逢手遇掤莫入盘，粘沾不离得着难。闭掤要上采挒法，二把得实急无援。按定四正隅方变，触手即占先上先。捋挤二法趁机使，肘靠攻在脚跟前。遇机得势进退走，三前七星顾盼间。周身实力意中定，听探顺化神气关。见实不上得攻手，何日功夫是体全。操练不按体中用，修到终期艺难精。

4. 八字法诀

（七言八句）

三换二捋一挤按，搭手遇掤莫让先。柔里有刚攻不破，刚中无柔不为坚。避人攻守要采挒，力在惊弹走螺旋。逞势进取贴身肘，肩胯膝打靠为先。

5. 虚实诀

（七言八句）

虚虚实实神会中，虚实实虚手行功。练拳不谙虚实理，枉费功夫终无成。虚守实发掌中窍，中实不发艺难精。虚实自有虚实在，实实虚虚攻不空。

6. 乱环诀

（七言八句）

乱环术法最难通，上下随合妙无穷。陷敌深入乱环内，四两千斤着法成。手脚齐进横竖找，掌中乱环落不空。欲知环中法何在，发落点对即成功。

7. 阴阳诀

（七言八句）

太极阴阳少人修，吞吐开合问刚柔。正隅收放任君走，动静变化何须愁。

生克二法随着用，闪进全在动中求。轻重虚实怎的是，重里现轻勿稍留。

8. 十八在诀

（四言十八句）

掤在两臂，捋在掌中，挤在手背，按在腰攻；采在十指，挒在两肱，肘在屈使，靠在肩胸。进在云手，退在转肱，顾在三前，盼在七星，定在有隙，中在得横。滞在双重，通在单轻。虚在当守，实在必冲。

9. 五字经诀

（五言二十句）

披从侧方入，闪展无全空。担化对方力，搓磨试其功。
歉含力蓄使，粘沾不离宗。随进随退走，拘意莫放松。
拿闭敌血脉，扳挽顺势封。软非用拙力，掤臂要圆撑。
搂进圆活力，摧坚戳敌锋。掩护敌猛入，撮点致命攻。
坠走牵挽势，继续勿失空。挤他虚实现，摊开即成功。

六合劲

拧裹，钻翻，螺旋，崩砟，惊弹，抖搜。

十三法

掤履，挤按，采挒，肘靠，进退，顾盼，定（中）；
正隅，虚实，收放，吞吐，刚柔，单双，重（轻）。

五法

进法，退法，顾法，盼法，定法。

八要

（三言八句）

掤要撑，捋要轻，挤要横，按要攻；
采要实，挒要惊，肘要冲，靠要崩。

全力法

（五言八句）

前足夺后足，后足站前踪。前后成直线，五行主力攻。
打人如亲嘴，手到身要拥。左右一面站，单臂克双功。

附录：

手写自藏本太极拳谱题记

李亦畬

此卷予手订三本，启轩第一本，给友人郝和一本，此本系予自藏。

前数条诸公讲论精细，殆无余蕴。后又参以鄙见，反复说来，惟恐讲之不明，言之不尽。然非口授入门，虽终日诵之，不能有裨益也。

光绪辛巳年亦畬手订

王宗岳太极拳谱跋

李亦畬

此谱得于舞阳县盐店，兼积诸家讲论，并参鄙见，有者甚属寥寥，间有一、二者，亦非全本。自宜珍而重之，切勿轻以予人。非私也，知音者少。可予者，其人更不多也。慎之，慎之！

光绪辛巳年中秋念三日亦畬氏书

太极拳小序

李亦畬

太极拳不知始自何人，其精微巧妙，王宗岳论详且尽矣。后传至河南陈家沟陈姓，神而明者，代不数人。我郡南关杨某，爱而往学焉。专心致志十有余年，备极精巧。旋里后，市诸同好。母舅武禹襄见而好之，常与比较。伊不肯轻以授人，仅能得其大概。素闻豫省怀庆府赵堡镇有陈姓名清平者，精于是技。逾年，母舅因公赴豫省，过而访焉。研究月余，而精妙始得，神乎技矣。

予自咸丰癸丑，时年二十余，始从母舅学习此技。口授指示，不遗余力。奈予质最鲁，廿余年来，仅得皮毛。窃意其中更有精巧。兹仅以所得笔之于后，名曰“五子诀”，以识不忘所学云。

光绪辛巳年中秋念六日亦畬氏谨识

廉让堂本太极拳谱序

李福荫

太极拳独为世人所推崇者何也？细审此谱，可以知之矣。

云：“腹松气敛，心静神舒”，无不合乎养生之道，卫生之理。

“虚领顶劲，气沉丹田”，“气向下沉，劲起于脚根”，是将己之重心移至下部而稳立之理也。

“立如平准，活似车轮。偏沉则随，双重则滞”，是己之支点只要一个而杠杆之理也。

“气宜鼓荡，神宜内敛，两手支撑，一气贯串，以意运气，以气运身，一动无有不动，一静无有不静。触之则旋转自如，无不得力”，是全身练成一个气球，使富有弹性而易转动之理也。

“不丢不顶，随屈就伸，沾连粘随，引进落空；左重则右虚，右重则左杳。仰之则弥高，俯之则弥深”，是利用彼力之惯性，而使失平衡之理也。

“劲起于脚根，主于腰间，形于手指，发于脊骨，屈中求直，蓄而后发。

蓄劲如张弓，发劲如放箭”，则弹性之理，而又动能与势能之理也。

“彼不动，己不动；彼微动，己先动”；“彼有力，我亦有力，我力在先；彼无力，我亦无力，我意仍在先。人一挨我，我不动彼丝毫，趁势而入，接定彼劲，彼自跌出”，是以柔克刚不动声色，既合乎科学之理，而又洽乎谦逊之道。

由此观之，太极拳者，系本科学之理练己身，并于谦逊之中胜敌人，精微奥妙有如此者，其为世人所推崇，岂偶然哉？练之熟，则可以健其身；练之精，则可以通其神。惟练之熟则甚易，而练之精，则甚难耳。

先伯祖亦畬公，从武太祖舅父禹襄公习此技。先祖启轩公亦从之学，历数十年，精妙始得，各有著述。先严献南公，先叔信甫公，均得家传，日日练之，至老不懈。惟我家素以诵读为业，总未以此问世。然远近知之者，亦大有人在，求拜门下者甚众。本邑郝和、清河葛福来，均从先伯祖学。南宫马静波、清河葛顺成，均从先祖学。

光绪戊戌，西林岑旭阶太守，来守此邦，延先严、先叔授渠诸公子。时福荫年方七岁，亦从学焉。福荫除受家训外，更受教于师伯郝和。年稍长，求学异地，未能专心于此，以致无所成就，至以为憾！

近年来，习此术者甚众，于是向吾家讨秘本者有之，向福荫请教益者有之。外间抄本过多，文字间略有不同，因生疑窦，就吾质正者亦有之。各方求知之切，窃自欣慰。

细检家藏各本，文字间亦不相同，章篇或此前而彼后，或此多而彼少。缘先伯祖精求斯技，历四十年，辑本非只一册，著述屡有删改。外间钞本因时间之不同，自难一致耳。先伯祖最后亲笔工楷手钞共三本，一交先祖启轩公，现已残缺；一交门人郝和，现存伊子文桂手；先伯祖自留一本，现存十一叔父逊之公手。此皆完璧也。至于先伯祖屡次自编原稿，则为十叔父石泉公、十一叔父逊之公所珍藏。

今择其详尽者，厘定次第，原文之中，未敢增改一字，以福荫之功夫未到，不敢妄加解说也。愿世之好者，悉心研究，发扬而光大，甚幸！甚幸！

甲戌（1935）腊月廿四日永年李福荫叙

先王父廉泉府君行略

武莱绪

先王父讳河清，姓武氏，字禹襄，号廉泉，永年人。性孝友，尚侠义。廪贡生，候选训导。兄弟三人，长澄清，咸丰壬子进士，河南舞阳县知县；次汝清，道光庚子进士，刑部员外郎，瞻材亮迹，并声于时。先王父其季也。

先王父博览书史，有文炳然，晃晃埒伯仲，而独摈绝于有司，未能以科名显。然以才干志行，为当道所器重。咸丰间，吕文节公贤基，肃书币邀赞戎机，以母老辞。尚书毛公昶熙、巡抚郑公元善，又皆礼辟，不就。惟日以上事慈闱，下课子孙，究心太极拳术为事。

初，道光间，河南温县陈家沟陈姓有精斯术者，急欲往学。维时设帐京师，往返不便，使里人杨福先往学焉。

嗣后，先王父因事赴豫，便道过陈家沟，又访赵堡镇陈清萍。清萍亦精是术者，研究月余，奥妙尽得。返里后，精益求精，遂神乎其技矣！尝持一杆舞之，多人围绕以水泼之，而身无湿迹。

太极拳自武当张三丰后，虽善者代不乏人，然除山右王宗岳著有论说外，其余率皆口传，鲜有著作。先王父著有《太极拳解》、《十三总势说略》，复本心得，阐出《四字诀》，使其中奥妙，不难推求，诚是技之圣者也。

有子五人，用康，郡庠生，候选府经历；用怿，同治壬戌举人；用咸，县学生，候选鸿胪寺序班；用昭，县学生；用极，国学生。孙十五人。次孙延绪（1857–1916），光绪壬辰翰林，出宰湖北，多工文学，未深习是术。得其术者，惟李王姑之子经纶、承纶兄弟也。

孙莱绪谨述

第八编　太极功

（吴图南珍藏抄本古谱）

《宋氏家传太极功源流支派论》，为宋远桥绪记，所为后代学者，不失其本也。自予而上溯，始得太极之功者，授业于唐于欢子许宣平也，至予十四代也，有断者亦有继者耳。

许先师，系江南徽州歙县人也。隐城阳山，结檐南阳，辟谷。身长七尺六，髯长至脐，发长至足，行及奔马。每负薪卖于市中，独吟曰："负薪朝出卖，沽酒日夕归。借问家何处，穿云入翠微。"李白访之不遇，题诗望仙桥而回。所传太极之功，拳名"三十七"，因三十七势而名之。又名"长拳"者，所云滔滔无间也。总名"太极拳"。

三十七名目书之于后：

四正、四隅、云手、湾弓射雁、挥琵琶、进搬拦、簸箕式、凤凰展翅、雀起尾、单鞭、上提手、倒撵猴头、搂膝拗步、肘下捶、转身蹬脚、上步栽捶、斜飞式、双鞭、翻身搬拦、玉女穿梭、七星八步、高探马、单摆莲、上跨虎、九宫步、揽雀尾、山通背、海底珍珠、弹指、摆连转身、指点捶、双摆莲、金鸡独立、泰山生气、野马分宗、如封似闭、左右分脚、挂树踢脚、推碾、二起脚、抱虎推山、十字摆连。

此通共四十二手，四正、四隅、九宫步、七星八步、双摆连在外，因自己多坐用的工夫，其余三十七数，是先师之所传也。此势应一势练成，再练一势，万不得心急齐用。三十七势却无论何式先何式后，只要一一将势用成，自然三十七势皆化为相继不断也，故谓之"长拳"。脚蹝五行，怀藏八卦。脚之所在，为中央之土，则可定乾南坤北、离东坎西。掤、捋、挤、按，四正也；采、挒、肘、靠，四隅也。

八字歌

掤捋挤按世间稀，十个艺人十不知。若能轻灵并坚硬，粘连黏随俱无疑。采挒肘靠更出奇，行之不用费心思。果能粘连黏随字，得其环中不支离。

三十七心会论

腰脊为第一之主宰，猴头为第二之主宰，地心为第三之主宰。

丹田为第一之宾辅，掌指为第二之宾辅，足掌为第三之宾辅。

三十七周身大用论

一要性心与意静，自然无处不轻灵。二要遍体气流行，一定继续不能停。三要猴头永不抛，问尽天下众英豪。如询大用缘何得，表里精粗无不到。

十六关要论

活泼于腰，灵机于顶，神通于背，不使气流行于气。行之于腿，蹬之于足，运之于掌，足之于指，敛之于髓，达之于神，凝之于耳，息之于鼻，呼吸往来于口，纵之于膝，浑噩一身，全体发之于毛。

功用歌

轻灵活泼求懂劲，阴阳既济无滞病。

若得四两拨千斤，开合鼓荡主宰定。

俞家，江南宁园府泾县人。太极功，名曰“先天拳”，亦曰“长拳”，得唐李道子所传。道子系江南安庆人，至宋时，与游酢莫逆。至明时，李道子尝居五当山南岩宫，不火食，第啖麦麸数合，故又名之曰“夫子李”也。见人不及他语，惟云“大造化”三字。

既云唐人，何以知之至明时之“夫子李”即是李道子先师也？缘予上祖游江南泾县俞家，方知“先天拳”亦如予之“三十七式”，太极之别名也。而又知俞家是唐时李道子所传也，俞家代代相承之功，每岁往拜李道子庐，至宋时尚在也。越代不知所往也。

至明时，予同俞莲舟游湖广襄阳府均州五当山。夫子李见之，叫曰：“徒再孙焉往？”莲舟抬头一看，斯人面污垢正厚，发不知如何参地味臭，莲舟心怒曰：“尔言之太过也，吾观汝一掌必死，尔去罢。”夫子李云：“徒再孙，我看看你这手。”莲舟上前捌连捶，夫依身则起十丈高许，落下未坏折筋骨。莲舟曰：“你总用过功夫，不然能扔我者鲜矣。”夫子李云：“你与俞清慧、俞一诚相识否？”莲舟闻之悚然：“此皆予上祖之名也。”急跪曰：“原来是我之先祖师至也。”夫子李曰：“吾在此几十韶光未语，今见你诚哉大造化也，授你如此如此。”莲舟自此不但无敌，而后亦得全体大用矣。予上祖宋远桥与俞莲舟、俞岱岩、张松溪、张翠山、殷利亨、莫谷声，久相往来金陵之境。

夫子李先师授俞莲舟秘歌云：

无形无象，全身透空。应物自然，西山悬盘。

虎吼猿鸣，泉清河静。翻江播海，尽性立命。

此歌，予七人皆知其句。后予七人再往拜五当山夫子李先师，不见。道经玉虚宫，在太和山元高之地，见玉虚子张三丰也，此张松溪、张翠山师也。身长七尺有余，美髯如戟，寒暑一箬笠，日能千里远，自洪武初年至太和山修炼。予七人共拜之，耳提面命，月余后归。自此不绝其往拜，玉虚子所传，惟张松溪、张翠山，拳名“十三式”，亦“太极”之别名也，又名“长拳”。

十三式名目，并论说列之于后：

揽雀尾、单鞭、提手上势、白鹤亮翅、搂膝拗步、手挥琵琶、进步搬拦捶、如封似闭、抱虎推山、揽雀尾、肘底看拳、倒撵猴、斜飞势、提手上势、白鹤亮翅、搂膝拗步、海底珍、山通背、拔山捶、退步搬拦捶、上势揽雀尾、单鞭、云手、高探马、左右分脚、转身蹬脚、进步栽捶、翻身拔山捶、翻身二起脚、披身踢脚、转身蹬脚、上步搬拦捶、如封似闭、抱虎推山、斜单鞭、野马分宗、玉女穿梭、单鞭、云手、下势、金鸡独立、倒撵猴、斜飞势、提手上势、白鹤亮翅、搂膝拗步、海底珍、山通背、上势揽雀尾、单鞭、云手、高探马、十字摆连、搂膝指裆捶、上势揽雀尾、单鞭、下势、上步七星、下步跨虎、转身摆连、弯弓射虎、上势揽雀尾、合太极。

太极者，无极而生，阴阳之母也。动之则分，静之则合。无过不及，随曲就伸，人刚我柔谓之走，我顺人背谓之黏。动急则急应谓之连，动缓则缓随谓之随。虽变化万端，而理为一贯。由着熟而渐悟懂劲，由懂劲而阶级神明。然非用力之久，不能豁然贯通焉。虚领顶劲，气沉丹田，中立不倚，乍隐乍显。左重则右必轻，右重则左必轻。虚实兼到，仰高钻坚；进之则长，退之则促。一羽不能加，蝇虫不能落。人不知我，我独知人，英雄所向无敌，盖皆由此而及也。斯技旁门甚广，虽势有区别，概不外乎壮欺弱、慢让快耳。有力打无力，手慢让手快，是皆先天自然之能，非关学力而有为也。察"四两拨千斤"之句，显非力胜。观耄耋能御众之情，快何能为。惟立如平准，活似车轮。偏沉则随，双重则滞。每见数年纯功，不能运化者，率皆自为人制，双重之病未悟耳！欲避此病，须知阴阳；粘即是走，走即是粘；阴不离阳，阳不离阴；阴阳相济，方为懂劲。懂劲后愈练愈精，默识揣摩，渐至从心所欲。本是舍己从人，多误舍近求远。所谓"差之毫厘，谬以千里"，学者不可不详辨焉！

一举动，周身俱要轻灵，尤须贯串。气宜鼓荡，神宜内敛，无使有缺陷处，无使有凸凹处，无使有断续处。根在脚，发于腿，主宰于腰，形于手指，由脚而腿而腰，总要完整一气，向前退后，乃得机得势。有不得机势处，身便是散乱，其病必于腰腿求之。上下、前后、左右皆然。凡此皆是意，不在外面。有上即有下，有前即后，有左即有右。譬如要向上，即寓下意，若将物掀起而加以挫之之意，斯其根自断，乃坏之速而无拟。虚实宜分清楚，一处虚实，处处总此一虚实。周身节节贯串，无令丝毫间断耳。

十三式行功心法

以心行气，务令沉着，乃能收敛入骨。以气运身，务令顺遂，乃能便利从心。

精神能提得起，则无迟重之虞，所谓"顶头悬"也。

意气须换得灵，乃有圆活趣味，所谓“变动虚实”也。

发劲须沉着松静，专主一方。立身须中正安舒，支撑八面。

行气如九曲珠，无往不利，气遍身躯之谓也。运劲如百炼钢，何坚不摧？

形如搏兔之鹄，神如捕鼠之猫。静如山岳，动若江河。蓄劲如开弓，发劲如放箭。曲中求直，蓄而后发。力由脊发，步随身换。收即是放，断而复连。

往复须有折迭，进退须有转换。极柔软，然后极坚硬；能呼吸，然后灵活。气以直养而无害，劲以曲蓄而有余。

心为令，气为旗，腰为纛，先求开展，后求紧凑，乃可臻于缜密[①]矣。

又曰：先在心，后在身。腹松气敛，神舒体静，刻刻在心。切记一动无有不动，一静无有不静。牵动往来气贴背，敛入脊骨。内固精神，外示安逸。迈步如猫行，运劲如抽丝。全身意在蓄神，不在气，在气则滞。有气者无力，有力者无气，无气者纯刚。即得乾行健之理，所以气如车轮，腰如车轴也。

十三势歌

十三总式莫轻视，命意原头在腰隙。变转虚实须留意，气遍身躯不稍痴。静中触动动犹静，因敌变化是神奇。势势存心揆用意，得来功夫不显迟。刻刻留心在腰间，腹内松静气腾然。尾闾中正神冠顶，满身轻利顶头悬。仔细留心向推求，屈伸开合听自由。入门引路须口授，工夫无息法自修。若言体用何为准，意气君来骨肉臣。想推用意终何在，延年益寿不老春。歌歌歌歌百四十，字字真切意无遗。若不向此推求去，枉费工夫贻叹息。

长拳者，如长江大海，滔滔不绝也。十三势，掤、捋、挤、按、采、挒、肘、靠，八卦也；进步、退步、左顾、右盼、中以土定，五行也。合而言之，十三势也，乃太极拳之别名也。掤、捋、挤、按，即乾、坤、坎、离，四正方也。采、挒、肘、靠，即巽、震、兑、艮，四斜角也。[②]进、退、

---

① 缜密，抄本作“镇蜜”，改。

② “乾、坤、坎、离”与“巽、震、兑、艮”，抄本作“坎、离、震、兑”与“乾、坤、艮、巽”，改。

顾、盼、定，水、火、木、金、土也。

打手歌

掤捋挤按须认真，上下相随人难进。

任他巨力来打咱，牵动四两拨千斤。

引入落空合即出，粘连黏随不丢顶。

又，彼不动，己不动，彼微动，己先动。似松非松，将展未展，劲断意不断。

程灵洗，字符涤，江南徽州府休宁人。授业韩拱月，太极之功成大用矣。侯景之乱，惟歙州能保全，皆灵洗力也。梁元帝授以本郡太守，卒谥“忠壮”。至程珌，为绍兴中进士，授昌化主簿，累官权吏部尚书，拜翰林学士。立朝刚正，风采[①]凛然，进封新安郡侯，以端明殿学士致仕，卒。珌居家，常平粜以济人，凡有利于众者，必尽心焉。所著有《洺水集》。珌将太极功拳，立一名为“小九天”。虽珌之遗名小九天书，韩传者，不敢忘先师之所传也。

小九天法式

七星八步、开天门、什锦背、提手、卧虎跳涧、单鞭、射雁、穿梭、白鹤升空、大挡捶、小挡捶、叶里花、猴顶云、揽雀尾、八方掌。

太极者，非纯功于《易经》不能得也。以《易经》一书，必须朝夕悟在心内，必须朝夕会在身中。超以象外，得其寰中，人所不知，而己独知之妙。若非得师一点心法之传，如何能致使我手之舞之，乐在其中矣。

用功五志

博学，是多功夫。

① 采，抄本作“裁”，改。

审问，不是口问，是听劲。

慎思，听而后，留心想念。

明辨，生生不已。

笃行，如天行健。

四性归原歌

世人不知己之性，何能得知人之性？

物性亦如人之性，至如天地亦此性。

我赖天地以存身，天地赖我以致局。

若能先求知我性，天地受我偏独灵。

胡境子，在扬州自称之名，不知姓氏，此是宋仲殊之师也。仲殊，安州人。尝游姑苏台，柱上倒书一绝云："天长地久任悠悠，你既无心我亦休。浪迹天涯人不管，春风吹笛酒家楼。"仲殊所传殷利亨太极拳，名曰"后天法"，亦是掤、捋、挤、按、采、挒、肘、靠也。然而势法名目不同，其功用则一也，如一家人分居，各有所为也。然而根本非两事也。

后天法目

阳肘、阴肘、遮阴肘、肘里枪、肘开花、八方捶、阴五掌、单鞭肘、双鞭肘、卧虎肘、云飞肘、研磨肘、山通肘、两膝肘、一膝肘。

以上太极功各家名目，因予身临其境，并得其良友往来相助，皆非作技艺观者人也。一家人，恐其久而差矣，故笔之书，以授后人玩索而有得焉，则终身用之有不能尽者矣。其余太极功，再有别名别目者，吾不知之矣，待后人有遇者记之可也。且记，无论用何等名目拳法，惟"太极"则不能两说也。若"太极"说有不同，断乎不一家也。却无论工夫高低上下，一家人必无两家话。自上之先师，而上溯其根原东方先生，再上而溯始孟子。当列国纷纷，固将"立命"之功，所谓"养吾浩然之气，塞于天地之间"。欲大成者，则化功也；小成者，武事也。"立命"之道，非气体之充胡能也？由"立命"以"尽性"，至于"穷神达化"，自天子至庶人，何莫非诚意正心修身始也。

书及此，后世万不可轻泄传人。若谓不传人，当年先师何以传至予家也？却无论远近亲朋自家，传者贤也。尊先师之命，不敢妄传，后辈如传人之时，必须想予“绪记”之心血，与先师之训诲而已。

此书十不传

一不传外教。二不传无德。三不传不知师弟之道者。四不传收不住的。五不传半途而废的。六不传得宝忘师的。七不传无纳履之心者。八不传好怒好愠者。九不传外欲太多者。十不传匪事多端者。

此书有四忌

忌饮过量之酒。忌不正之色[①]，夫妇之道，要将有别自认清。忌取无义之财。忌动不合中之气，一饮一啄在内。

用功三小忌

食吃多，水饮多，睡时多。

吴图南记

此书为清光绪末年吾友张君熙铭所赠，后为许禹生所知，遂抄写六本，分赠许禹生、吴鉴泉、杨少侯、刘彩臣、刘恩寿、纪子修各一本。子修先生曰：不可再赠送他人为要。因此予遂未再抄送他人。其后有吴君钟霈者，与予有同学之谊，持去此书去抄，将此书中许多字挖去复还，幸有抄本尚在，原书尚能核对，此亦该书不幸中之幸也。但该书虽缺数字，未便填补以存其真，只有另列一表，以说明之，较为适宜。“文革”时期，斯书尚存，但已

① 忌不正之色，抄本作“色正色者”，改。

不能下指，于是由中国书店老技师刘君精心为之修复，还其本原。经鉴定该书为清初抄本，于是数百年前之旧物，又能可以翻阅矣，快何如之？因述此书之本末如此。附补缺表一份。1983 年 11 月 15 日。

附录：

《宁波府志·卷三十一·张松溪》

（清雍正十一年曹秉仁纂）

张松溪，鄞人，善搏，师孙十三老，其法自言起于宋之张三峰，三峰为武当丹士，徽宗召之，道梗不前，夜梦元帝授之拳法，厥明以单丁杀贼百余，遂以绝技名于世。由三峰而后，至嘉靖时，其法遂传于四明，而松溪为最著。

松溪为人，恂恂如儒者，遇人恭敬，身若不胜衣，人求其术，辄逊谢避去。时少林僧，以拳勇名天下，值倭乱，当事召僧击倭，有僧七十辈，闻松溪名，至鄞求见，松溪蔽匿不出。少年怂恿之，试一往，见诸僧方校技酒楼上，忽失笑，僧知其松溪也，遂求试。松溪曰："必欲试者，须召里正约，死无所问。"许之，松溪袖手坐，一僧跳跃来蹴，松溪稍侧身，举手送之，其僧如飞丸陨空，堕重楼下，几毙，众僧始骇服。

尝与诸少年入城。诸少年闭之月城中，罗拜曰："今进退无所，幸一试之。"松溪不得已，乃使诸少年举圜石可数百斤者累之。谓曰："吾七十老人无所用，试供诸君一笑可乎？"举左手侧而劈之，三石皆分为两，其奇异如此。

松溪之徒三四人，叶近泉为之最。得近泉之传者，为吴昆山、周云泉、单思南、陈贞石、孙继槎，皆各有授受。昆山传李天目、徐岱岳；天目传余波仲、陈茂弘、吴七郎；云泉传卢绍岐；贞石传夏枝溪、董扶舆；继槎传柴元明、姚石门、僧耳、僧尾；而思南之传，则有王征南。征南，名来咸，为人尚义，行谊修谨，不以所长炫人。

盖拳勇之术有二：一为外家，一为内家。外家则少林为盛，其法主于搏人，而跳踉奋跃，或失之疏，故往往得为人所乘。内家则松溪之传为正，其法主于御敌，非遇困危则不发，发则所当必靡，无隙可乘，故内家之术为尤善。其搏人必以其穴，有晕穴，有哑穴，有死穴，相其穴而轻重击之，无毫发爽者。其尤秘者，则有敬、紧、径、劲、切五字诀，非入室弟子，不以相授。盖此五字不以为用，而所以神其用，犹兵家之仁、信、智、勇、严云。

第九编　新刊三丰张真人神速万应方

新刊三丰张真人神速万应方卷之一

容山探玄子孙天仁　集

书林作德堂叶静斋　刊

五行论

夫人生于天地之间，禀五行之造化。头圆足方，有天地之象；阴降阳升，有天地之机。而肾为水，心为火，肝为木，肺为金，脾为土。若以五行相生，则水生木，木生火，火生土，土生金，金生水，生者为母，受生者为子。若以五行相克，则水克火，火克金，金克木，木克土，生克水[①]，克者为夫，受克者为妻。

以子母言之，肾气生肝，肝气生心，心气生脾，脾气生肺，肺气生肾气。以夫妻言之，肾克心气，心气克肺气，肺气[②]克肝气，肝气[③]克脾气，脾气克肾气。

肾者，心之夫，肝之母，脾[④]之妻，肺之子；

肝者，脾之夫，心之母，肺之妻，肾之子；

① “克，则水克火，火克金，金克木，木克土，生克水”，底本无，仿照上文补入，顺畅文义。

② 肺气，底本漏，校补。

③ 肝气，底本漏，校补。

④ 脾，底本作“肺”，校改。

心者，肺之夫，脾之母，肾之妻，肝之子；

肺者，肝之夫，肾之母，心之妻，脾之子。

脾者，肾之夫，肺之母，肝之妻，心之子。

心[①]见于内者为脉，见于外者为色，以寄舌为门户。受肾之制伏，验用于肺，盖以夫妇之理如此；得肝则盛[②]，见脾则减，盖以子母之理如此。

肾之见于内者为骨，见于外者为发，以两耳为门户。受脾之制伏，而验用于心，盖以夫妇之理如此；得肺则盛，见肝则减，盖以子母之理如此。

肝之见于内者为筋，见于外者为爪，以眼目为门户。受肺之制伏，而验用于脾，盖以夫妇[③]之理如此；见肾则盛，见心则减，盖以子母之理如此。

则[④]肺之见于内者为肤，见于外者为毛，以鼻孔为门户。受心之制伏，而验用于肝，盖以夫妇之理如此；得脾则盛，见肾则减，盖以子母之理如此。

脾之见于内者为脏，均养心肾、肝肺，见于外者为肉，以唇口为门户。呼吸经来定[⑤]。受肝之制伏，验用以肾，盖以夫妇之理如此；得心则盛，见肺则减，盖以子女[⑥]之理如此。是人之五行相生相克，而为夫妇子女传气衰旺，见于此矣。

五行本于阴阳，一气者也。一气者，昔父母交即以精血造化成形，肾生脾，脾生肝，肝生肺，肺生心，心生小肠，小肠生大肠，大肠生胆，胆生胃，胃生膀胱，是此阴之精血造化成形。其阳止本起首始生之处，一点元阳而本两肾，且肾水也。水中有火，升之为气，因气上升，朝于心。心，阳也。以阳合阳，太极生阴，乃积气生液，液自心降，因液下降，以还于肾。肝木，心之母，肾之子，传导之肾气以至于心矣。肺本心之妻，肾之母，传导其心液，以至于肾矣。气液升降，如天地之阴阳；肝肺传导，若日月之往复，五行名之数也。

论交合生成，乃元阳一气为本，气中生液，液中生[⑦]气。肾为气之根，

① 心，底本漏，校补。

② 盛，底本作“减”，校改。

③ 妇，底本漏，校补。

④ 则，该字疑为衍文。

⑤ 呼吸经来定，疑似衍文。

⑥ 女，似为“母”字之讹。

⑦ 生，底本漏，校补。

心为液之源。灵根坚固，恍恍惚惚，气中自生真水；心源清洁，杳杳冥冥，液中自生真火。火中识取真龙，水中认取真虎。龙虎相交，而变为黄芽，合就黄详[①]而结成大药，乃曰金丹。金丹结成，乃曰神仙，恒切于此。行之信心者，若志朝夕无怠，脱质有日。道自离宫，出呼坎位，乃龙虎交合之处，阴阳升降之源。

古人神圣之医道，乃通仙道也。故仙道，生生化化，无穷之理。医乃百脉还元，皆从仙道流通，故曰“医道通仙道”也。人人有此大解脱之程。因有七[②]情六欲所感，风寒暑湿相伤，故不能升降五行，有损阴阳，有间隔不得制化者死。若能和正阳之气，谨守养静之要神矣，保固三田寿矣。

张三丰真人仙方序终

无心颂

無心頌

忍耐

忍字也不多耐字也不少
若人依此行到老無煩惱
若人依此耐終久無禍害
不忍若不耐小事番成大

忍字也不多，耐字也不少。
若人依此行，到老无烦恼。
若人依此耐，终久无祸害。
不忍若不耐，小事番成大。
人生守分莫欺心，方便存仁戒怒慎。
行事处中阴骘厚，知机忍耐莫常存。

---

① 详，疑似“庭”之讹误。
② 七，底本作“之”，校改。

无邪嫉妒除狡诈，戒杀谦[①]和守清[②]贫。

诚实顺天命知限，清心寡欲乐安宁。

五行玄妙，窒欲为先。断却嗔痴，忌于腥膻。和荣纳卫，祛病延年。惟恒匪怠，名列上仙。

修身存德

乃天地之蓬壶，修身不可损坏。

存心慧剑

存心慧劍

執定身中之慧劍

守誠心地莫欺焉

执定身中之慧剑，守诚心地莫欺焉。

---

① 谦，底本作“嫌”，校改。

② 清，底本作“静”，校改。

中正之图

医者人间之司命，半积阴功半养神。
艳色红妆流水去，金玉堆里莫贪心。
总然侥幸堪求得，不免灾非亦丧身。
苟能有志行中正，修药依方体圣人。
休将利薄除高味，误说方书药不灵。
存诚制炼医诸疾，自有天真护福宁。

辨每岁四时六气、八方五行、二十支干、五音六律、阴阳消长分至、周易八卦之图

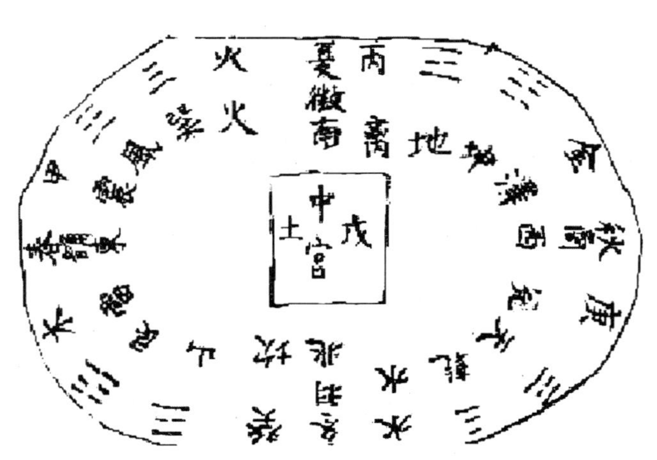

七月，三阴三阳[①]，乾坤交；八月，四阴二阳，坤巽相；九月，五阴一阳，艮坤相；十月，二坤相合。阴中之构，名天地否卦；乃丰合，名风地观卦；此阴中合，名山地剥卦，此阴将阴，乃纯阴也，地气不阴，半阳也。申，身也。申之阴，秋分阳明，五之气，阳衰也。戌，威也，万物皆上升，天气不下降，阴阳字出头，物体皆成矣也。

昼夜相停。酉，秋也，衰减矣。草木凋零，闭塞而成，久也。亥，劾也。故曰庚申金也，金旺物类皆收。辛，新也。五谷络归，甲乙始于壬，天气劾杀，万物收藏，此木衰，肃杀之气也，皆辛矣，故曰癸也。大阳小雪，天气之终也。

六月，二阴生，艮乾相合，天山遁卦，乃阳中之阴，阳消阴长也。昼者，大阴四之气，为长夏，属土。未，味也，物成而有味。己，起也。万物含秀，抑屈而起也。

十一月冬至，一阳初复，阴至极而生阳，坤震相合，名地雷复卦。阳从地起，自下而上。子，孳也。壬，妊也。壬而为胎，子之生子也。

五月夏至，一阴生，阳至极而生阴，乾巽相合，名天风姤卦，五阳一阴，阴从地。

十二月，二阳来复，坤兑相合，名地泽临卦。此阴中之阳，阴消阳长之道乃生，自下而上故也。午，长也，物皆长大也。戊，茂也，言物之茂盛也。大寒，厥阴气之初。丑，纽也，结纽为名焉。癸，揆也，物类寒藏，萌芽欲出也。

四月，六阳来复，二乾相；三月，五阳来复，兑乾相；二月，四阳来复，震乾；正月，三阳交泰，物类皆合，阳中之阳，乃纯阳也，合名泽天。夬卦乃阳盛相合，名雷天大壮，乃阳亨。坤乾相合，名地天泰，阳气亢极，炎火熏蒸，阴衰也。辰，震也，物皆生中之阳。春分，少阴二之卦，阴阳相和也。寅，演也。小满，少阳三之气。巳，起也，成也，炳也，阳止阴下，气昼夜相停。卯，茂也，言物之浑土也。甲，匣也，田抑屈而起也。丁，钉也，顽金，阳外阴内，故为之丙，阳气之妙也。乙，屈也，曰日申下出田，草木生根万物，用火炼煅而成，故曰丁也。抽轧而出之，万物光辉出田，阴阳各半，故两歧。

---

① 原文为“队”，据文意改。

阴阳变化论序

钟吕二仙语论

人禀阴阳之气，以成四大之身。一身之中，一国之象，胸胁位同宫室，四肢亦类郊野。神犹君也，血犹臣也，气犹百姓也。吾能化及百姓，而天下晏然。身能血气调和，则四肢宣畅，是以圣人治未病之身，宝不泯之寿，任情舒卷，屈迹随时，恬淡炼神，举止敬慎为本也。

《经》曰："人不畏威，大威至矣。"又云："五音令人耳聋，五味令人口爽，宜在恬淡。"《书》曰："天监孔明，福善祸淫。"[①] 是以覆载长存，圣贤不灭。生者，天地之大德也；死者，天地之荼[②]毒也。所以拂尘衣，去荼毒，静五脏，运三光，然后能存能亡，能晦能光。出化人之表，入太漠之乡，无心而朗鉴，无翼而翱翔，嬉明霞之馆，譤碧云之堂，长生可冀也。《经》云："老子修炼千百岁，吾之[③]上形未尝衰。"又云："神将守形可长生。"长生之道，非贤不传。轻泄者，获戾于天庭[④]；信听者，记名于仙籍。

《老子》云："玄牝之门，天地之根。绵绵若存，用之不勤[⑤]。"人之口鼻，皆吾神明出入之门牖也。神所依者形，形所依者气，气所依者血，血气相随，如鱼在水。水浊鱼疲，气拥则病生，是知气欲得清，血欲得运，运息流转，寝食顺时，五脏恬和，疾从何起？若一脏乖摄，三焦受邪，元气不和，众疾俱作。

仲尼云："寝食不时，嗜欲不节，劳逸过度，病共杀之。"《保生铭》云："酸味损于筋，辛多伤正炁，甘物不益肉，苦多伤于神。"性损则害生，神伤则侵命，是以体欲常劳，食欲常少。凡春分后，夏至前，少食糖酪之物，与

---

① 《尚书·商书·汤诰》："天道福善祸淫，降灾于夏，以彰厥罪。肆台小子，将天命明威，不敢赦。"

② 荼，底本作"茶"，校改。

③ 之，底本作"二"，校改。

④ 庭，底本作"实"，校改。

⑤ 勤，底本作"倦"，校改。

生烩[①]相妨。夏至后，秋分前，少食饼臛之物，与瓜果相妨。当时不戒，病生于后，终作诸暴之疾，斯乃道不负人，而人自负之。

圣贤留教，岂非轻耶？且愚奉劝仁人，各要广行阴德，慈心救人，孝顺父母，尊敬长上，重道尊师。尘世[②]金玉能尽数者，谓之福田也。愚采集诸方，共成一簿，其中所言，愧无寸尽，但展卷垂视之余，善念一作，自然体健身轻，气和神畅，虽曰未即飞升，而去瀛洲不远矣。

道法传天下，依方进国皇。

承宗文皇帝敕司礼监太监朱祥等：

朕为风疾日久，夙夜忧惶，累命御医枉用药饵，未获功效。今敕尔等，前去各处名山洞府，采药寻真。如遇大德真人张三丰，拜请回朝，治朕风疾。倘遇真人，深加敬慕，毋得始勤终怠。谨敕。

永乐十九年正月初六日复命

行在礼科给事中臣胡荧谨题为：采药寻真事，臣同太监朱祥，于本日在于左顺门，钦奉圣旨，遣差各处名山洞府，采药寻真。于永乐二十年九月十一日，行至武当山南岩宫，道士李由延方丈内，得遇三丰真人，执[③]袋内取出秘奥二十四方，亲封付臣。臣等不敢隐匿，谨具题仙方之名。

真人曰："吾昔于大元，偶遇太原乔守冲，同[④]游于天台山，忽闻石累傍若雷鸣，群鸟惊飞。余惊目之，遂登岸观，见一石匣，内盛药方一本，记二十四方，皆有引首于左。予遂收讫，累常修合济人，百病百验。其方非凡世之方，皆是天仙秘奥之玄文，济世之真宝。后得之者，不宜轻泄妄传，亦不传计利之人。如此者天谴，不得灵验，慎宜宝而秘之。"

张三丰真人秘传仙方于后：

① 烩，底本作"绘"，校改。
② 世，底本作"视"，校改。
③ 执，底本作"热"，校改。
④ 同，底本作"洞"，校改。

仙方

神清中和冲虚至宝丹

徽宗曰：吾奉道以来，未睹此方。忽一日，与林灵素真人在招仙馆谈道之间，有一宦官来报，东华门外有一道者听宣朝见，遂诏入。拜朕以毕，问其何名，道者曰："贫道自幼迷失乡贯，亦无名姓，故指终南山为姓。闻之陛下，道高德重，列位仙班，有一小方敬进。"视之，道者遂于囊中，取进一方，名至宝丹。朕[①]遂命备齐际，道者乃言："陛下，臣道还有一伴，在于门外，臣道听旨，亦宣入馆。"朕允诺，回身，道者就地驾鹤腾空而去。丢[②]下纸帖[③]一张，墨迹未干，有诗一首。诗曰："驾鹤腾空彻太霄，仙方不许世人瞧。服之千日容颜返，老者安强诸病消。"后书"吾乃汉钟离也"。

徽宗与林灵素，伏地号泣，再拜[④]复返。后遂命御医，修治此丹。服之一月，身轻若飞，声音爽彻，神清体健，百病俱除。服之二月，髦际重生，元阳自固。再服之三月，精闭气清，如斯应者，加封为"神清[⑤]中和冲虚至宝丹"。

专治男妇元阳亏虚，血海崩枯，五痨七伤，五膈十噎，下部虚淋五等之疾。服之者，立见功效。

秋石	川椒去仔	小茴香麸炒	橘红
人参	天门	麦门	生地酒浸
熟地酒浸	苍术泔浸	茯苓	兔丝
苁蓉酒浸	巴戟酒浸	山药各一两	木香
丁香	没药	乳香	藿香
白芷	细辛	鹿茸酥炙	大黄

---

① 朕，底本作"止"，校改。
② 丢，底本作"去"，校改。
③ 帖，底本作"怗"，校改。
④ 拜，底本作"弗"，校改。
⑤ 清，底本作"精"，校改。

五灵脂　草乌火炮　猪苓　官桂
甘松去土　南星滚汤浸七次　半夏各三钱　沉香二钱
麻黄　天麻　甘草炙　破故纸
茯神　防风[①]　赤芍　青皮
滑石　当归　川芎各五钱

上[②]为细末，秋冬炼蜜，春夏用枣为丸，如梧桐子大。每服三十丸，至五十丸，空心，好酒或盐汤送下。服后房事不可，以药力行之，大伤其目，戒之。[③]

神授如圣饼子

昔天宝元年，刺史晁公，因母于氏得患大风癞[④]，三载不愈。晁[⑤]公至孝，累医无功。逐日稽颡[⑥]告天，祝曰："愿减微臣之年，增添慈母之寿。早遇明医，尽臣孝道。"如此一载。忽一日，有一道人，蓬头垢面，鹑衣百结，至于公家门首。言曰："贫道乞化一斋。"公遂请入家，询问其故，道人答曰："吾乃终南山人也，修道数十余年，未曾离山。今闻公母疾未痊，敬出一方，市药合之。"公喜不自胜，斋罢而去。夜梦道人言："母疾不旬日而大安。"后公梦果应，遂[⑦]设醮酬。天至午朝毕，道人复来吃斋[⑧]，公不能认。道人谢斋而出，于大门外，将袖一展，书[⑨]对一联："去年母疾曾求我，今日痊瘳不认人。"哂之而言曰："吾乃陶天君也。"公出门而视，墨迹未干，公槌胸仰望，号天拜谢，遂知母疾获仙方而愈也。

专治男子、妇人左瘫右痪，诸般风疾，功效如神。

草乌炮，七钱　川乌　白芷　细辛　两头尖炮，各一两

---

① 风，底本作"丰"，校改。

② 上，底本作"右"，校改，后同。

③ 注意，方内人参畏五灵脂，半夏反乌头（草乌）。

④ 大风癞，病名，出《圣济总录》，又名大风、癞病、大风恶疾、大麻风、麻风。因体虚，感受暴疠风毒，或接触传染，内侵血脉而成病。

⑤ 晁，底本作"有"，校改。

⑥ 稽颡，古时礼节，跪下，拱手至地，脑门贴在地上。

⑦ 遂，底本作"随"，校改。

⑧ 斋，底本作"齐"，校改。

⑨ 书，底本作"述"，校改。

上为细末，用葱白捣烂，杵一千二百下，捏作饼子，如钱大，阴干。每服一饼，细嚼，清茶送下。早晚服之。

神仙失笑散

治男妇风虫牙疼，不可忍者，擦之神效。

百年陈石灰为细末，四两　　蜂蜜三两

和匀，用盐泥固济，火煅一日，取出为末，用唾沾末擦牙，立有神效。

神授[①]妙应丹

专治男妇医无所识之疾，并皆治之。

昔元代幽州天兴寺，有一僧人名祖惠，忽患一疾，八窍俱出浓血。忽有一道人，问僧何时得患？应曰："如此半载有余。"道人曰："吾授汝一方，治之大有功效。"遂依修合而服之，至三服，乃大痊。祖惠夜梦一人曰："我救汝，何不谢我？"答曰："贫僧不能相识其人。"曰："此疾乃天照示于人，我出此方救汝，因汝有阴骘所感。留此方以遗后世，遇斯疾者，治之百活。"

当归酒浸　　人参　　麻黄二味烧灰，各两　　滑石五两，火煅，醋各淬七次

上为细末，炼蜜为丸，如桐子大，每服三五十丸。夜朝北斗，以水吞下，其效如神。此方韩湘子所示也。

仙授煮酒方

专治大麻风，并疠风，其验如神。

昔日杭州府钱塘县隐士许仲明，其家巨富。一日饮酒间，因图其乐，解衣乘凉[②]，偶遇大风，得染瘫痪，口不能言[③]，目不能视，累请医服药，如投枯井。一日，令家人于本府三茅观设醮，已斋毕。辰[④]时，忽有一人在于门外吃斋，执事者请入，斋毕。遂问其故，答曰："家主得患风瘫之证，累请名

① 授，底本作"受"，校改。
② 凉，底本作"京"，校改。
③ 言，底本漏脱，校补。
④ 辰，底本作"陈"，校改。

医，治不能可。”言曰：“我有一方，能以治之。”执事得方，报知仲明[①]，依方修合服之，二剂[②]痊可。一日，仲明坐于门[③]首，一人向前问公疾，乃何人治愈？仲明答曰：“曾有一人吃斋，出示一方，合药服之而愈。”道人曰：“吾医汝也。”仲明以手扯住，道人言：“后面还有同伴。”仲明放手，道人腾空而起，抛下一柬，上写诗一首。诗曰：“仙方药[④]酒有神功，出自天台石匣中。能治瘫痪三剂效，善治阴阳数种风。”“吾乃许天师[⑤]也。汝曾活人三命，阴骘所感，上帝命吾赐方救汝。”言毕而去，仲明仰天拜谢。

白蛇花	麝香一钱	木香	人参
川乌	白茯苓	草乌	生地
熟地	苍术	藁本各一两	没药
川芎	当归	细辛	南星
白芷	麻黄	防风	川椒
天麻各五钱	大黄	青皮	陈皮
砂仁	朱砂各三钱		

上为咀[⑥]，用生绢袋盛之。无灰酒二十斤，将药袋入坛浸之，以竹叶包口，用泥固头，滚锅内煮五个时辰取出。每服一盅[⑦]，先服苍耳膏二时后，服药酒一盅。熬苍耳膏法于后：

苍耳膏法

于三四月，或五月间，取苍耳叶，不拘多少，水洗净。用大锅盛水二桶，入叶煮一昼夜，稀烂为度。待冷，用罗绢取汁，入锅仍熬成膏，入磁器内盛贮，照依前服。

① 明，底本作“明”，校改。

② 剂，底本作“匕”，校改。

③ 门，底本作“问”，校改。

④ 药，底本作“高”，校改。

⑤ 师，底本作“医”，校改。

⑥ 咀，咬嚼之意。《灵枢·寿夭刚柔》有“皆咀渍酒中”句。古代把药物咬成粗粒入煎剂，后世虽改用刀来切碎，仍通称“咀”。

⑦ 盅，底本作“钟”，校改。

太清保金丹

昔天庆元年，亳州太清观，道士李景旸，有道行。忽一夜，梦太上老君所授此方，嘱曰："子得之，可延年益寿，强筋壮骨，清心明目，返老还童。"忽醒，景旸叩首谢天，遂依方修合服之，果寿一百五十岁。

春采天精苗，夏收却老叶，秋留枸杞子，冬将地骨掘，四味各等分。

人参　　天门　　麦冬　　熟地　　生地

五味各四两，俱酒浸。上为细末，受以日精月华之气，蜜为丸，如弹子大。每服一丸，用华池水送下，想入丹田。一料服毕，延年。

后又梦太上曰："前示四味，指为四季。药后五味，另有其说：生地黄，能生精；熟地黄，能生血；天麦门冬、参引入所生之地，精血既全，岂不寿乎？"

育肾换骨丹

延祐二年，四川眉州观音庵，僧人名觉明，平素与人应付，多有阴骘，一日只食一斋。忽一日，应付已[①]晚，回家行至桥边，忽闻一人声音苦楚。僧遂问之："汝得何疾？"答曰："我乃本处一樵人，偶在此得患浑身骨痛，不能行动，已有月余。"僧顿发恻隐之心，扶病人以寺内安宿。其僧夜梦一道人前来，问僧曰："汝扶归于寺内病者，何人？"答曰："是一樵者，在于桥下患疾，因无人侍，故扶于寺内养病。"道人曰："我有一方授汝，可救。其方名曰'育肾换骨丹'。"僧觉，乃梦也。遂谢天地。次早市药修合，与樵者服之。二服，前疾痊可，樵者拜谢而去。僧复梦道人，问曰："前与汝药方，救樵者可应否？"僧曰："痊矣。"道人曰："汝知我乎？"僧曰："未识。"道人曰："吾乃纯阳也。因汝有恻隐阴骘之心，故来助方。"言毕，梦觉。僧人谢天地。次日，庵壁上书："此方救济多人，百服百效。"

① 已，底本作"以"，校改。

专治男妇历节风[①]疼，浑身骨痛，寒湿，脚气，行步艰难，不能动履，如此不过二服，即愈。

苍术泔水浸　天麻　川乌生用　草乌生用

没药　乳香　全蝎各两　麝香二分

上为细末，每服一钱五分，胡桃一个去壳，捣烂如泥。用酒一盅，入药匀，温服。其效如神。

神仙太乙丹

此方出《华山碑记》，久服令延寿。穿腹透骨磨陈疾，入骨搜风化冷痰。延年益寿强筋骨，返老还童不等闲。真人留下玄妙术，可将此药另般看。

白檀香　沉香　木香　乳香

丁香　青皮香　藿香　没药

人参　当归　细辛　桔梗

滑石各三钱　川椒　大黄　白茯苓

陈皮　青皮　甘松　五灵脂各五钱

官桂二钱

上为细末，炼蜜为丸，如弹子大。每服一丸，空心细嚼，好酒或白汤送下。[②]

钟离济世散

专治一切痈疽发背，无名肿毒，医无所识者。治效如神。

黑牵牛一合　白牵牛一合

用布包裹，槌碎。好醋一碗，熬至八分。露一宿，次日五更，重温散之。以大便出浓血为度。

---

① 历节风，出《金匮要略·中风历节病脉证并治》，简称“历节”。以关节红肿、剧烈疼痛、不能屈伸为特点。多由肝肾不足而感受风寒湿邪，入侵关节，积久化热，气血郁滞所致。因其主要病变为关节剧痛，发展很快，又称为“白虎历节”。如因寒湿偏胜，则以关节疼痛不可屈伸为主证，类于急性风湿性关节炎、类风湿性关节炎、痛风等疾患。

② 注意，方内有人参，畏五灵脂。

神应驱嗽丹

昔巩昌府通魏县知县萧暹，得患劳嗽，三年不止。忽一日，梦真人乘虎至公厅，暹乃下堂而接，跪拜。真人曰："喘嗽可否？"应曰："命在须臾，希轸念此救之。"真人袖出一方与暹，拜揖，真人坐虎而去。暹惊醒，乃是梦中所授之方。天明，依此合剂而服之，旬日间嗽遂止。暹将此方刊华山碑，后人有此疾，依方而服之，大有神效。

专治男妇劳嗽，风嗽，吐痰不止，久嗽肺虚[①]者服之，有起死回生之妙。

白矾飞过　百部　麻黄　杏仁

款冬花　人参　甘草　肉桂

干姜　五味子

歌曰：白矾飞过白如霜，款花百部及麻黄。

五味杏仁并甘草，人参肉桂与干姜。

炼蜜为丸龙眼大，口中噙化是良方。

那问远年并近日，不过三五便安康。

纯阳黑神丹

延祐三年，长安市上有一道人，口眼歪斜。在于市街上言曰："我有好风药，诸人不得知。若人知得者，万病一无失。"如此者数日，无人能识而去。后有一富者，姓娄名景常，得患暗风。道人复来，景常拜请于家内。问曰："先生何处人氏？"答曰："吾乃同邑人，不劳公问。"景常曰："先生治人，因何不治自己。"道人答曰："吾道来卖药为生。"遂出一方，市药修合，服之不数剂，而风疾大痊。后景常思慕道人，不能得见，夜梦道人复来，问："汝疾痊否？"答曰："已痊。"道人曰[②]："因何不还两口药钱？"答曰："平生素不所认，只是先生卖药，不知缘故。"道人曰："你将口来，我说与你。"景常大怒。道人曰："善，去也。"撒然惊觉，乃是梦中，一夜不悟[③]"两口"即吕也。次日天明，只见供桌上乃出一方，入木一寸，名曰"黑神丹"。后书其

① 虚，底本作"查"，校改。

② 道人曰，底本无，校补。

③ 悟，底本作"语"，校改。

姓，“吾乃洞宾也。因汝诚心供我，故示此方，以流世济人。”

专治男妇头目眩晕，暗风不时举发。其效如神，有服百验。

木香	没药	藿香各二钱	沉香
白檀各二分	白茯苓	川椒	麻黄
大黄	青皮各五钱	石斛蜜炙	川乌
人参	生地	熟地二味，酒浸	防风
天麻酒浸	草乌各一两	全蝎微炒	五灵脂
甘草各三钱			

上为末，炼蜜为丸，如弹子大。每服一丸，细嚼不拘时，或茶或酒服之。①

神仙万病丸

昔淳熙二年，西安府馆驿前，有一石匠名包礼，锻磨为生。后得伤力之症，无药可治。忽一日，有一道人问礼疾：“何不治之？”答曰：“累治不应，无药所医。”道人曰：“我有一方，教汝服之，即愈。”遂传一方，礼叩拜道人而去。礼依方制药，服不旬日而大安。后遇道人曰：“子认我乎？”礼曰：“治我者师也。”曰：“不可再明，吾乃纯阳也。此方不轻示。”化清风而去，礼仰天拜谢。

专治男妇五劳七伤，一切诸疾，并皆治之。

杏仁一斗二升

上以童子小便煮七次，取出用蜜四两伴匀。再取童便五升于碗内，重蒸取出，露数日，受以日精月华之气。任意取服，二升②即愈。

御赐紫霞丹

昔咸宁县菜市东，有医人王仲名，自患噎症，搜诸方书，服药不痊，将以命终。梦有一官人，出示一方，名“红丸子”。醒觉，乃于各方内所拣药名，俱不合症。再梦官人复来，授此方后，服之立效。仲名祭天，祷曰：“不知何神所授，患症已痊。”后又梦神曰：“吾乃孙真人也。特来赐方，救汝仲

---

① 注意，方内有人参，畏五灵脂。

② 升，言取用之量。

名。”后用此方，累累活人有效。进于徽宗，赐名“紫霞[①]丹”。

专治男妇五膈十噎，腹膨胀，夜梦鬼交，并皆治心之诸疾[②]。

白豆蔻　木香　使君子　槟榔

京三棱　当归各三钱　麝香三分　陈皮二钱

豆瓣朱砂二钱

上为细末，朱砂另研，煮枣取肉捣烂，入为丸，如弹子大，朱砂为衣。每服一丸，不拘时服。烧酒送下，其效若神也。

紫花地丁膏

昔巩昌府南门内，有一普安禅院，一尼僧忽患发背，昼夜呻吟。夜梦金甲神人唤僧：“你于庵北，取砖[③]一片，书医方救汝。”僧曰：“自不能动，只可令人去取。”醒觉至天明，后院果有一方，书于砖上，名曰“紫花地丁膏”。尼僧依方修合，贴之如神，数日痊可。僧后复梦神人，曰：“吾乃汉朝寿亭侯也。”

有诗一首：紫花地丁草，三伏方得好。

将来白面和，盐醋浸到晓。

若还贴疮上，一似扫一扫。

专治发背痈疽，无名肿毒，贴上如神。

神仙七转丹

昔有一人，在于长安市上求吃，得患蛊症，命在须臾。偶一道人问：“患者何处人氏？”患曰：“乃陇县人，为赶[④]考到云南，中途被劫，至此无奈求吃。”道人曰：“吾有一方与汝，市药服之。”患者曰：“焉能有资？”道人乃回。患者后梦[⑤]一人，赐茶一盅，服之。到天明，腹内打下恶物，约有一水桶余，患症遂好。后将方与医者详其意，书内并无此方。其后又梦道人，

① 霞，底本作“金”，校改。

② “诸疾”二字，底本疑漏缺，校者补入。

③ 砖，底本作“专”，校改。

④ 赶，底本作“三”，校改。

⑤ 梦，底本作“焚”，校改。

曰："活汝者是吾也。"曰："何不通名？"答曰："吾乃吕洞宾也。"后患者救人有效，医者救人无效。

专治男子、妇人五膈十噎，心腹胀满，果腹水蛊，并皆治之。

白豆蔻　木香　槟榔　大黄

使君子　锡灰

上为细末，每服一钱五分，水一盅半，连须葱半根，煎至一盅。露一夜，至五更初，重温服之，蛊者出水为度。

神授三绝膏

昔台州府黄岩县，有一人姓沈名克中。一日，左腿生疔疱发痒，抓之遂破。或有黄水淋于脚面，所成臁疮，五年无药可治。忽一日，夜梦一神人赐一方，名"三绝膏"。克中大喜，乃梦中所得，次日依方修合，贴之一匕痊好。是夜复梦神人，曰："子疮愈矣？"应曰："痊矣。""吾乃王灵官也，因子活人太多，特奉上帝敕命，下来救汝。"克中请道设醮七日，报谢天地。

专治男妇远年臁恶顽疮，累治不愈者，贴之一匕，痊可，万不失一。

黄柏酒浸七日，焙干为末　黄丹水飞二次，炒紫，各一两　轻粉五钱

为上末，各另包之。遇有此疾，先将苦茶，先净拭干，量疮口大小，先用轻粉填满，次用黄丹复上，后用黄柏末膏摊于纸上贴之，再以水搭纸上。莫令动之，如不痒，莫揭取，一匕[①]见效。

神仙玛瑙饼

昔日山东兖州府，在城有一秀才，姓朱讳名，其人聪敏好学，日记千字。忽一日，在于文庙前行礼讲，偶似一人将目掩之，弃书扶壁，令仆[②]搀扶站立，至视物不见。如此两月以来，朝夕拜告天地曰："得目略明，不求为仕。"忽夜得梦，宣圣手持一饼，若玛瑙之形，曰："子将此药，点之即愈。"名遂接药，点一次，果见牕前之亮。用手扯住宣圣，乞求良方。曰："吾赐子此方，勿当轻弃。"遂去。名觉乃梦中感载感载。次日，依方治药，点之一

① 匕，底本作"七"，校改。
② 仆，底本作"扑"，校改。

匕，目明如旧。复梦圣人嘱曰：“吾非先圣也。因子曾有活鱼之阴骘，故作宣圣之名，以救子目。”名叩首谢之。

专治男子、妇人内胀内翳，及诸暴害眼目。或三五个月不见效者，一点复明。

好焰硝一两，用铜器溶化其灰　　片脑二分半　　黄丹二分，水飞炒

先将焰硝溶化清汁，次下黄丹，后入片脑。铜茶匙急炒，点在磁盘内成饼。每遇眼疾者，于目大眼角内点之，一饼可治十人，其效如神。

真人碧雪膏

专治男妇冷泪常流不止，暴害眼疾[①]，点之神效。腊月三辰日，取羯羊胆三五个，就用蜜于胆内装满，用绵纸虚笼吊于檐下，一七[②]取开纸，用鸡翎将胆上霜于磁器内收之。遇患目者，用簪头蘸药点眼大角，神效。

神仙万应丸

此药用老鼠花一味，不拘多少，酒浸一半，醋浸一半，三日取出，阴干，炒黄色为末。醋糊为丸，如桐子大。每服十五丸，小儿三丸。若杂病症，各随引下。

风狗咬伤者，浆水洗净，好酒调下。

虫眼、疔疮、疔肿、红丝疮，用五分温酒下。

妇人产后，血水不调，红花汤下。

小儿肚大，炮皂角子浸汤下。

小便不通，磨刀水下。

女人产后，地骨皮汤下。

头疼昏闷，陈皮汤下。

心痛，热酒调下。

赤痢，甘草汤下。

白痢，干姜汤下。

---

① 疾，底本无，校补。

② 七，底本作“匕”，校改。

皮面浮肿，滑石汤下。

浮血不止，新水送下。

遍身麻痒，一钱酒下。

小肠气，茴香汤下。

伤风，葱白汤下。

肚腹痛，艾汤下。

冷嗽，萝卜汤下。

蛔[①]虫聚积，冷水下。

一切诸疮肿痛，痈疖，新酒调服，被盖出汗。

神效集仙膏

昔日保定府新城县，有一富豪方志，平素向善，斋供往来僧道。忽一日，得患头风疾，请医调治，转加胜。一日，有白衣三四人至于方志家。问："其在否？"婢答曰："家主患疾，不能止。"问曰："何疾？"答曰："大头风。"曰："吾善能治之。"婢报主知，请入。茶罢，一人曰："我有一方，令人取药，治之立等消矣。"志令婢依方寻药，修合涂之，一时消矣。志拜谢，斋毕，三人作别出门，跨鹤而去。丢下一柬，上书曰："三官大帝降下，因汝修善有功，特赐一方救之，以传后世有疾者。"

专治大头风疾，面目浮肿如猪尿胞者，涂之立[②]等便愈。

草乌　白芨　甘遂各一两　甘草

良姜各二钱　麝香一分

上为细末，用苍耳汁调稀，入醋一盏，调匀，鸡翎扫患处，一时即安。

辛祖妙灵丹

（常即琼玉膏）

此药久服，延年益寿。

白茯苓三斤　辽参二斤　生地黄十斤，炙　蜂蜜十斤

---

① 蛔，底本作“追”，当是“迴”字之讹，校改。

② 立，底本作“守”，校改。

先以人参、茯苓为细末，用生地汁和匀，装入坛内，蜂蜜溶化倾入。又用蜜稠调黄丹抹于坛口，上以碗盖之，用盐泥固坛口，不住火煮七[①]昼夜，取出。于井中不着水，吊七昼夜，取出。或以匙食之，或面为丸，如弹子大，每服一丸，温酒下。

万应无忧散

昔有一人往陕西，☐碧县经过，忽患肚腹疼痛，将以垂命，无人能治。有一僧人，施药一剂服之，等守安康。患者遂拜谢，求传此方，与后济人，万无一失。

专治男妇肚腹疼痛不可忍者，服之立效。

大附子一个	丁香钱半	干姜五分，炮，去皮	乳香
没药	官桂	茯神	神曲各三分

上为细末，每服钱半，无灰酒送下。

经进地仙丹

专治男妇五劳七伤，消气虚惫，精气耗减，行步艰难，饮食无味，眼昏耳焦，面色黧黑，皮肤枯燥。女人血海气冷，月经不调，脏寒少子，下部秽恶。又治肠风，痔漏泄血，诸风，并皆治之。

人参	黄芪各两半	附子炮	苁蓉酒浸
川椒闭口炒，各四两	川乌炮	甘草	白茯苓
白术各四两	菟丝子酒浸	覆盆子	防风
南星姜汁制	牛膝酒浸	白附子	何首乌各四两
羌活	枸杞子	地龙去土	赤小豆
补骨脂去毛	乌药	萆薢各两	木鳖子去壳，三两

上为细末，煮酒面糊为丸，如桐子大，每服三十丸，加至五十丸。空心，温酒下。

此方陶隐居编入《大藏经》云：时有一人，幼年得风气疾，后作发挛结疼痹，久不能起，卧床五十余日，有治不瘥，脂肉消尽，只存筋骨于肤

① 七，底本作“匕”，校改。

内。后得此方修合，二进二服，寸至三百余服，是母病顿除，发白再黑，齿落更生。至八十，颜如二旬之人，筋力倍壮，耳聪目明。时有一老奴，常偷服之，冬穿单衣，霜雪不寒，负重于当时，行步如飞，疑为鬼物，遂打杀，埋于水傍沙中，久复为怪。而俚[①]俗且云：凡奴婢死为凶，但折其胫，令不得动作。遂掘出，折其胫，见其骨色如黄金，折其臂亦然，其效颇异。隐居云：此如若不打死，成地仙也。

海琼玉液还丹

专治男妇丹田亏损，元阳虚弱，及妇人赤白带下，肚痛不可忍者，服之如神。

赤茯苓　　枸杞子各一两　　五灵脂三钱　　人参九钱

胡椒一百四十九粒　　花椒　　丁香各四十九粒

上为细末，取百人唾津为丸，如桐子大。每服十五丸，空心盐汤送下。[②]

续附补养延寿诸方

古之圣人，提壶灌顶，却病延年，返老还童之诀。今仁人君子，贪嗔[③]、痴恶、爱欲，不能静守归源，故此夭折。令具补养药饵服食，目录于后（计二十四仙方）。

延龄丹

专治男妇五劳七伤，颜色枯朽，日渐瘦减。妇人久不孕胎，男子未老阳事不兴，精神怯弱。未及七旬，鬓发斑白，左瘫右痪，行步艰难。如服此药，不必行功打坐，金丹玉[④]液，龙虎交和，自然百病消除，非世之寻常药饵。昔日东方朔，生百五十子，采七十余妇，春秋九百，不知何往。彭祖九百年，生五十余子，娶数妻，年七百五十余，在中涤山住，亦不知何姓。

---

① 俚，底本作“埋”，校改。
② 注意，方内人参，畏五灵脂。
③ 嗔，底本作“尘”，校改。
④ 玉，底本作“王”，校改。

得先生四百余岁，避世寻常山住，不知何住。昔日汉武帝得素女、宫娥数千而得延年，二十四妃，三百余宫，生八十一子，后坐白鹤升天。张果老有云：此药曾经三十余帝，授六十八仙传。

十二贤人歌曰：莫把延龄取次者，传留妙药胜金丹。

能除百病增添寿，老弱催残改少年。

白发退时重[①]再黑，齿牙脱落复生全。

神清目澈身康健，气爽心清做地仙。

神效真方不计春，传流人世养身心。

等闲莫把相轻贱，万两黄金岂与人。

妙药神功付与君，增添人寿永遐龄。

有缘有分方传得，无义无仁肯浪评。

天门冬	泽泻	熟地黄	远志
枸杞子	白茯苓	五味	山茱萸
车前	柏子仁	赤石脂	当归
覆盆子各一两	木香	干山枣	人参
牛膝酒浸	石菖蒲	巴戟各三两	菟丝子酒浸
杜仲各三两	老附	川椒各七钱	肉苁蓉酒浸，四两

上为细末，炼蜜为丸，如桐子大。每服二十丸，加至三十丸，空心温酒送下。初服，日进三次；服至百日，每日二服；服至二百日，每服四一丸，三日一服，至五十丸。初服三三日，小便赤色，是去心病也，无病无此赤色。又至四五日，气痞，是去五脏寒气。又至七八日，唇口津液溢满；后[②]至十日，自觉两乳肥润；至二十日，鼻顶上辛酸，是去诸风百病；至一月，两手如火，是去肠中一切诸病；至四十日后，言语雄壮，胸痛咳嗽吐血，颜色不足，是去胸中劳根，三焦积聚，百病皆退。过数月，颜色不衰，发白再黑，牙落更生。虽然年老，阴阳强健，气力加添，行远不困。此方神效矣。

① 重，底本作“童”，校改。

② 后，底本作“右”，校改。

庆世还少丹

此药填精通髓，定魄安魂，润三焦，而悦怿颜容。调百脉，以健骨益气，扶阳助血，耳目聪明。久服不怠，其效如神。

枸杞子用甘[①]肃宁夏者，去蒂　生熟地黄酒浸两宿，晒干　地骨皮刮去皮，用中间如骨者

车前子去土　山茱萸酒浸软，去核，晒干　何首乌赤红为雄，白为雌。酒浸，各二两

肉苁蓉竹刀刮鳞，酒浸，勿犯铁器　牛膝酒浸一宿，晒干　覆盆子去蒂

菟丝子水漂过，酒浸，去芽，捣成，晒干　远志酒浸一宿，晒干　巴戟用连珠者，去心

干菊花味甘者用，苦者不用　干山药无虫蛀者用　石菖蒲一寸九节者用。以上各二两

上为细末，拌匀。春夏酒糊，秋冬炼蜜为丸，如桐子大。每日清晨一二百丸，食干物压之。忌食萝卜、牛羊诸[②]血，能解药性，故此也。

白凤膏丸

黑嘴白鸭一只　大京枣一升

参苓平胃散半斤　陈煮酒一瓶

先将鸭缚扎其脚，量人饮酒多少，倾入器中烫温。用刀于鸭项割血于酒内，搅匀，一气饮之。其血直入肺经，滋补其肺，兼止其嗽，养胃健脾。又将干拔其毛，胁下开一孔，取出肠杂，以纸拭干。将枣去核，于枣内填参苓平胃散末，用麻丝扎定，入满鸭肚。用沙瓮一个，安鸭在内，四周炭火慢煨，一瓶酒作三次进入，酒煨尽为度。取出，次第食之，其枣子阴干，任意食之。平胃散作丸，白汤送下。每服空心，五十丸，渐加至七八十丸，仍如初起服之，空心温酒送下。

坎离丸

专治男子妇人遗精、白浊，诸虚百损，下元淋涩等症，无不应也。

黄柏二斤　熟糯米一斤

上童子小便，盛入盆内。将二味药安下，九浸九晒，务要晒干，复蒸过，晒干为细末，酒糊为丸，如桐子大，每服一百丸，温酒送下。

---

① 甘，底本作“土”，校改。

② 诸，底本作“诣”，校改。

神仙大补丸

诗曰：若人得此延年术，白发如乌信不难。

和胃清心神气悦，安魂定魄体轻全。

冬天身暖如烘火，夏月生凉彻骨寒。

识得此方神妙力，却如亲遇圣贤传。

大祕琅琊草石菖蒲是。能聪耳目，爽精神　　定神安补草远志是。能定魂定魄，活血

金银清凉草生地黄是。能治三焦风热，通血脉　　大壮金刚草牛膝是。能消劳热，壮筋骨，补丹田

六月芒牛草菟丝子是。能健脾暖胃，滋颜补髓　　老人无病草地骨皮是

月里嫦娥草金六菊花是。能明目活血。以上各一两

上将前菟丝子，酒浸三日，焙干。共入一处为末。蜜为丸，如桐子大。每服十丸，空心好酒送下。日进三服为妙。

伐木丸[①]

此方乃上清金蓬头祖师所传，留与世人。乃因脾[②]土衰弱，只缘肝木气胜，能克脾土，故得此病也。所以修合丸药，久服能助土培元。

苍术二斤，米泔水浸二宿，同曲炒赤色　　皂矾一斤，醋拌晒干，入罐火煅　　黄酒麸曲四两

上为细末，醋糊为丸，如桐子大。每服三四十丸，好酒送下，米汤赤可。

十精丸

此方神效，服之半载，面如童子，发白还黑，四肢轻健。亦治五劳七伤，诸虚百损，百病无失。

枸杞子天之精液　　桂心木之精　　山茱萸土之精

白茯苓□□精　　川椒火之精　　枸杞头日月之精

厚朴阴阳之精　　苁蓉水之精　　熟地黄地之精

菟丝子金之精，三味酒浸

上等分为末，酒糊为丸，如桐子大。每服二十丸，空心温酒送下。

---

① 明·李时珍《本草纲目》卷十一引《张三丰仙传方》伐木丸。清·康熙年间戴天章撰《广温疫论》收录此方，名“三丰伐木丸”。

② 脾，底本作“身”，校改。

金锁正元丹

专治男妇五劳七伤，沉寒痈疼，四肢厥逆，阴盛身寒，脐肠久痛，困倦少力，饮食迟化，涩精补气，久服强健壮颜。

白僵蚕炒　韭子三两，炒　破故纸炒　茱萸去核

白龙骨　桑漂消[①]炒　苁蓉酒浸　黑附子炒

牛膝酒浸　菟丝子酒浸

上十味，各半两为末，炼蜜为丸，如桐子大，每服三十丸，空心温酒化，日上下进二服，久服有益。

百补丸

此方乃异人周仙公传授，云：人之有生，皆父精母血成形，及至壮年，饥饱劳逸，酒色喜怒，无所不至，减抑精神，中年已来，诸病易看，及至年老，盖自少时，失于节戒，精血渐渐枯槁，只留皮肉骨三物，以度年华，焉能敌其寒暑？以致耳聋眼花，头眩生疾，脚膝软。殊不知，精血不能灌溉，骨无髓而不立，足无血而不步，眼无血而不视，手无血而不握，况五脏无血滋养，焉能诸病不生？若欲常时无病，必须添精生血。譬如草木得天之雨露、地之血脉滋壮，自然枝叶茂盛矣。

生地黄肥者洗净，酒浸，九蒸九晒，八两　沉香黑角者，一两　菟丝子去炒，酒浸二宿，捣饼晒干

常山酒浸二宿，晒干　川杜仲去粗皮，酒浸一宿，炒，各四两　知母润者去毛，酒制

川黄粗皮酥油火炙，各一两

上为末，酒糊为丸，如桐子大，每服二十丸，用五加皮、地黄二味酒浸，空心将酒送下，此酒常服亦可。

松梅丸

黄栢半斤，煎水二碗。好嫩松脂一斤四两，水煮化，倾入黄栢水内，数十次为末。

乌梅肉、熟地黄，各四两，同前末。

上捣为丸，如桐子大。每服五十丸，酒送下。食前常服甚妙。

---

① 桑漂消，即桑螵蛸。

神效固精丸

专治遗精，白浊，白淋，红砂久不能止者。

桔梗	黄芪	白术	人参
青娘子	茵陈	木通	陈皮
枳壳	柏子仁	桃仁	京墨
青盐	白芷	酸枣仁	巴戟
黄精	三棱	当归	白芍药
杜仲	秋石	枸杞子	生地黄

上为细末，炼蜜为丸，如豌豆大。每服三十丸，白汤送下。

紫霞杯

专治一切诸虚百损，五劳七伤，及妇人胎前产后，并赤白带下，并皆治之。

天门冬	阿胶	乳香	血竭
沉香另研，各二钱	生地黄	熟地	人参各钱半
牡蛎	木香各分	麝香三分	朱砂四钱
雄黄二钱半	硫黄七两化清，纸隔，倾入土内		

上各为细末，先溶化硫黄，次将各药入内。如稠，再又加黄。将此药做一酒杯，每晚斟酒一杯，至次早空腹服之。恐杯不稳，坐于茶钟内。

川椒丸

歌曰：川椒应五行，性本通六气。欲知药有功，夜间先不起。

四时去烦劳，五脏除风气。明目腰不疼，经脉心健起。

颜貌若孩童，清爽久少睡。服之半年余，脚心汗如水。

若能至诚服，三年精气闭。纵有九般虫，各自能回避。

服之有神效，平生无风气。虽未遇神仙，福寿定两全[①]。

上用好川椒一斤，拣去目并合口者不用。砂锅内炒，见油黄色，倾在地上，用纸一层漏[②]之。又将瓦盆覆之，周围用土泥封之。待半日取出，晒干，

---

① 寿定两全，底本缺漏，校补。

② 漏，底本作“陋”，校改。

入臼内捣一千一，筛去渣，再研细。次用枣子煮烂，去皮核，捣为丸，如桐子大，每服二十丸，加至三十丸，好酒送下，或盐汤亦可。

通玄二八丹

治诸积聚，止泻痢等症，神效。

黄连八两　当归　白芍药　生地　乌梅肉各五钱

上为细末。用壮猪肚一个洗净，入药在内，用线扎肚口。入锅内蒸之，上下韭菜铺盖，文武火蒸一日。银簪插入肚内，取出簪脚黄色为度。取出，入臼内，连韭菜杵如泥，为丸，梧桐子大。每服七八十丸，清茶或白滚汤送下。食后服。忌猪肉。

补阴丸

人之一身，阴常不足，阳常有余。况节欲者少，过欲者多，精血既亏①，相火必旺。火旺必阴愈消，而痨瘵、咳嗽、咯血、吐血等症作矣。故宜常补其阴，使阴与阳济，则能制火，而水升火降，斯无病矣。故丹溪先生发明补阴之说，谓专补左尺肾水也，兼补右肾相火，不知左尺原虚，右尺原旺。若左右平补，依旧火胜于水，只补其左制其右，庶得水火相平也。右尺相火，固不可衰。若果相火衰者，方宜火，但火旺致病者十居八九，火衰成疾者百无二三。且在少年，肾水正旺不必补。然欲心正炽，妄用大过。至于中年，欲心虽减，然少年斲丧太多，焉得复实？及至年老天真渐绝，乃有孤阳，故服补阴之药。自少至老，不可缺也。先生发明之说，先圣之旨，以正千载之讹，其功盛哉！今制补阴丸，方备加减法于后。

黄柏　知母各酒妙　败龟板酥炙　天门去心

白芍酒浸，各三两　熟地酒浸，九两　锁阳酥炙　五味子

枸杞各一两　干姜炒紫色，四钱

上为细末，用猪脊髓五条，同药捣匀，炼蜜为丸，如桐子大。每服八十丸，空心，盐汤送下。寒月用温酒送下。

若梦遗、滑精者，加：牡蛎童便炼、白术各一两，山茱萸去核、椿根白皮炒，各七钱。

---

① 亏，底本缺漏，校补。

若赤白浊者，加：白茯苓、白术各一两、山芝仁、黄连炒，各五钱。

若脚膝软弱无力者，加：牛膝酒浸，二两，防风洗、木瓜各五钱，虎颈骨酥炙，一两。

若有疝气者，加：苍术盐水炒，两半，黄连姜汁炒、山栀子炒，各六钱，川芎一两，青皮各五钱、吴茱萸炒。

若脾胃虚弱，畏寒易泄者，加：白术二两，陈皮一两，干姜炒，七钱。

若眼目昏暗者，加：当归、川芎、菊花各一两，柴胡酒炒、乌犀角各五钱，蔓荆子、防风各三钱。

若气虚者，加：人参、黄芪俱蜜炙，各二两。

若左尺衰，右尺亦微，命门火衰，阳弱者，加：沉香五钱，肉桂、黑附子便浸，各一两。

茯苓丹

此药延年益寿，乌须发，大有补效。

人参五钱　　头[①]面三两　　青盐少许　　白茯苓四两

上为末，用滚酒和成擦，若用以文武火煨熟一两之数，分作十丸。每服一丸。夏加干莲肉一两，其余月分加山药一两用之。

神效固元丹

专治元阳久虚，小肠疝气，白浊淋病。妇人赤白带下，子宫虚冷，血崩漏胎，并皆治之。

苍术一斤，洗去土，米泔水浸一宿，为咀片

四两，用小茴香、盐各一两，同炒，黄色为度。

四两，用川乌，炮熟去皮，切作片。川楝子，捣碎。各一两，同炒，黄色为度。

四两，用椒，去目合口者，不用。破故纸。各一两，同炒，黄色为度。

四两，用酒、醋各半斤，水煮二三十沸为度。取出晒干。

上为细末，好酒打糊为丸，如桐子大。每服五十丸。男子用酒或盐汤，妇人醋汤，空心送下。

---

① 头，疑作“豆”。

玻璃济世宝

专治男子、妇人五劳七伤。产后四十四症，发热，咳嗽，吐痰，胸膈连脐腹疼痛，两胁胀满，口苦舌干，寒热往来，或伤寒发汗，吐下，及诸般杂症，并皆治之，其效如神。

半夏甘草石菖蒲，芍药白术共柴胡。

附子麻黄并独活，良姜细辛捣如麸。

藁本茯苓同泽泻，藿香枳壳与防风。

厚朴猪苓能养血，草蔻二味有神功。

若还依此时常服，四百四病不相逢。

上各药等分，甘草加倍，为末，炼蜜为丸。每服四十丸，好酒送下，或姜汤赤可。①

乌须方

旱莲黑葵紫茄花，地黄桑椹莫教差。

母丁大者柯子肉，附子当归配细茶。

何首去皮加石榴，阳起石内雪如花。

炼蜜为丸吞入腹，白发返黑似乌鸦。

旱莲花	当归	黑葵花	榴皮
紫茄花	柯子肉	细茶	生地酒浸，各二两
桑椹二两	母丁香二十八个	何首乌四两，米泔泡，去皮，竹刀切碎，晒干	

大附子一个，用面包蒸三炷香

阳起石一两，先将朝脑三钱四分，用面同水和剂，先入粗碗内，次将起石研细，用好烧酒细烹炒一炷香，取出，仍放面剂，碗内上盖碗一个，用盐泥固封，用钉三个，钉于地上，架住碗底，下面用火升打一炷香，上碗内灵药听用。

上为细末，炼蜜为丸，如弹子大，重一钱，临睡用乳香温酒送下。药不可沾②唇，恐黑其肉。服至半月，须根自③黑。忌豆腐、萝卜之物。神效。

---

① 注意，方内半夏反附子。

② 沾，底本作“占”，校改。

③ 自，底本作“目”，校改。

遇仙摩腰丸

专治男妇下元虚冷，遗精，白浊，男事衰败，五劳七伤，腰背疼痛，骨节酸麻，膀胱疝气，脏腑久冷，耳聋目暗，癖疾伤酒，面色痿黄。女人子宫久冷，面生皯黯，风劳血气，产后诸虚之疾，悉皆治之。此药摩一丸，腰下如火，至二丸血脉舒畅，三丸颜色光泽，至十丸体健身轻，气全精足。至百丸，及五百丸，后其功不可尽述。

朱砂	木香	藿香	附子
母丁香	沉香	官桂	杏仁
干姜	白矾飞	吴茱萸	陈皮各一两
麝香	轻粉各少许		

上为细末，除麝香、轻粉另研，入蜜为丸，如小鸡头子大。每服一丸。生姜自然汁，倾入盏内，入药浸化。于静室中，令人手蘸药于腰上摩擦，药尽为度。用裹肚系之腰间，如火。合药之日，忌鸡犬、妇人。其功孔哉，不可轻传。

得效秘方丸

专治男子、妇人诸虚百损，血脉衰败，此药服之，见有奇效。

熟地	白术各一两	生地	人参各一钱
黄柏	山药各二两	茯苓	柏末米泔盐水、乳酒盆制，各四两

上为末，炼蜜为丸，如桐子大。每服五十丸，好酒送下。神效。

桃源龟龄保寿丹

诗曰：姮娥喜窃月中砂，笑取班龙顶上芽。

汉帝种花颁诰赠，梁皇竹叶敕敦加。

须臾饵验人堪羡，顷刻握灵不自夸。

莫作雪花风月趣，已经霜老发如鸦。

崆峒轩辕访，石室意祝坚。羲皇曾验试，张骞乘岁船。

桃源秉烛访，青城获大缘。愚生应有福，偶幸遇仙贤。

服此药之时，须用庚申、甲子吉日，清晨入空室静坐，凝神定息片时。取药二三分，黄酒调服，以意送入下丹田。内气是精，外气是药，精气混合，鼓动橐籥，搧动巽风，两肾汤煎，脐轮火炽，以阳炼阴之法也。服之百日，精盈气壮，血满神充，方可拔去白发，数日长出黑发，永不白矣。尝闻观天之道，体天之行，日月运转，不失其度，万物化生。人与万物，禀受一般，始因二气交感，凝结成形。精败血枯，须发易白，盖因受气不足皆然也。服之百日，精神充溢，百窍生春，返本还元，齿发齐坚，长年之术，故曰“七十佳人春色艳，八十老妪愈精神”。服之日久，口鼻馨香，不及半载，羸弱变为婴稚。

诗曰：凤出麟生世不常，亿金难换骨精强。

将军莫勇无休止，弱竹迎风战一场。

又云：兴懒怯春风，金铃掩袖藏。

琥珀吞入腹，收兵罢一场。

上药二十六味，每味各管一经。

鹿角一段　细辛二分　大附子一个　雀脑

凤仙子　紫稍花　砂仁　甘草各三钱

杜仲炒，三分半　丁香三分半　地骨皮　牛膝酒浸，干

仙灵皮　天门酒浸，干　故纸炒，各四分　川山甲八分

生地六分　熟地　辰砂　当归酒浸，干

锁阳酒浸，焙　青盐　菊花酒浸，各五分　海马酒浸，七次

石燕子酒浸，各一两　肉苁蓉酒浸七次，焙干，七分

上为末，用鸡子数个，去掉清、黄，将药末用蜜拌匀，俱入鸡子壳内，填实。以纸封固，放入鸡窝内抱，待其雏出，将药取出，收于磁瓶内封贮。服药之法，注于前篇。

郭家得效百补丸

专治肾经虚弱，精神短少，手足无力。服之生精补髓，益阳，乌发，身轻，延寿。

枸杞子　牛膝酒浸　山茱萸　茯苓各一两

熟地黄　杜仲炒，去丝　鹿茸酥炙　远志甘草汤炒，各二两

菟丝　破故纸炒，各两半　乌龙春骨一条即黑犬骨，醋浸七日，火炙黄色，为末四两

上为细末，用黄雀脑四十九枚，同药捣烂，入蜜为丸，如豌豆大。每服

六十丸，淡盐汤送下。渐加至百丸。如无雀脑，用蜜亦可。

补脾养胃散

（素此本事方，治癖囊法）

此药能和脾胃，生精滋肾水，和筋骨。其方乃仙也，大有应验。

苍术去皮，净，五斤，碾细，米泔水漂，沉底可用

芝麻二升半，去壳，以水漂，如磨豆腐一般。用绢袋榨去渣，澄去浆

取出二味，共和一处，候干。每日早，或酒或米汤调服，三钱为妙。

终南山宣律师万病丸

终南山并明寺持律精严，课诵殷勤，遂成呕血不止，感毗沙门天王[①]示此灵方可服，今刻石于寺。

石菖蒲	远志	五味	茯苓
柏子仁各二两	熟地黄	茯神	山药
天门	麦门冬各三两	杜仲两半	丹参
人参	防风	柏根	贝母
甘草各一两	朱砂两半		

上十八味，治度研末，炼蜜为丸，如弹子大。每服一丸。食后口中噙化，能治诸血痨病，虚瘦。一切病证，服之七日，声音清亮，身心安泰，大有功效。

彭祖回生薰蒸小接命

夫人禀阴阳而生天地之间，父精母血，十月胎圆而成。其人在母腹中，初结成胎胞，混沌一气，次后方分两穴。先生二肾，次生五脏六腑，又生赤白二脉，次生齿发皮肤。在胎内，四门皆闭，七孔不开，惟有脐带而通母之真气，如果在枝上。脐带乃一身之根也，往来呼吸与[②]母窍相连，随母呼吸，

① 毗沙门天王，底本作“昆妙天王”，校改。毗沙门天王，又名北方多闻天王，为佛教护法神，四天王之一。

② 与，底本作“于”，校改。

十月胎圆，真气通而产生也。剪脐落地，犹恐脐门不闭，有伤婴儿真气，以艾火薰蒸，固脐蒂坚牢。精生气满，渐长成人，四门俱开，七孔皆通。因七情六欲，五味五音，世[①]尘牵滞，而真精至宝遂耗散。凡人年幼，血气方刚，精神茂盛，不觉有其疾患。至中年，渐觉衰败，精神羸弱，饮食之间，无所忌惮，被生冷之物，一切不正之气，致伤于五脏，乃成痼[②]疾，肚腹之内，皆不宁也。或下元虚冷，脾胃不和，五劳七伤等证。日久患深，丧其性命。凡在天地之间，万物皆有阴阳，譬如草木，根壮枝盛，根弱气衰，枝叶枯落，乃至死矣。若用土培水浇其根，而复生矣。人遇中年，则知疗病之患，不知壮根固蒂之法。可叹人生在世，不知万物草木而有回生之理。人之十月胎圆，生长之时，其脐一落，用艾火薰蒸，即得坚固。人之临产，若能如此固脐薰蒸如法，身体自然康健，肌肤调畅，五脏和美，岂不去患？因后世人，疾广患多，故垂良方，普施延生之法。固壮根蒂，除五脏之疾患，保一身之康宁。其中药饵数味，按阴阳之气象，有君臣之分位。此方在世，贤者可传，勿示非人也。

藿香　胡盐　沉香　麝香
五灵脂　官桂　鼠粪各五分　乳香
没药　丁香各一分

上为细末，先将麝香二分，放在脐上，用面和做圈围住。次将群药入内，上用刮薄槐皮盖上。其艾如枣子大，一岁一壮。槐皮焦换，再灸有功。

新刊三丰张真人神速万应方卷之二

医科世丝节要

凡医者，九流之祖，辅世之道，诸经之书，治病必无差误。如问医经之

① 世，底本作“两”，校改。
② 痼，底本作“故”，校改。

首，难疗病之缘，载医识人间之志。王叔和、张仲景善治伤寒，听声察脉，明辨虚实。若疗病人，先看行年运气，欲学上圣之机，全要十全都会。一要识字，二晓阴阳，三通运气，四辨沉浮，五知返毒，六会炮爁[①]，七尝药性，八辨温良，九存礼义，十要活人。

一德者，深通道艺，博览经书三教之幽微，究性理之蕴奥，此乃是一德也。

二德者，性淳朴敦厚，正直有德，心善无毒。艳色红妆，见如不见；笙歌嘹亮，听之不闻。锦绣罗绮，如观流水；金玉满堂，见似浮云。不可损其身，近其利，此二德。

三德者，痴聋音哑，不可欺瞒；英雄豪杰，不可趋奉；富贵之家，不可犀角、象牙为饵；贫穷之家，不可苎蔴、米面为图。高低无二药，穷富一般看，上不可欺天，下不可欺地，中不可欺人，此为三德也。

十三代明医

一代，混沌立三才，运五行造化，立水火既济，始画八卦，置书契，是伏羲氏。

二代，尝百草，种五谷，食五味，置十八万四千本草方，是神农皇帝。

三代，在天檀树下，指清风为天，浊水为地，运六甲天元，五运六气，说《素问》、《灵枢》经。正月初九日，驾火龙上天，是轩辕黄帝。

四代，晓天文，知地理，运日月，观四象，几[②]看斗转星移。男子二八之数，女子二七之数，是岐伯天师也。

五代，知滴漏之法，刻日定时，以决死生，将千年枯骨，针活成人，是扁鹊真人。

六代，神圣功巧，考之经络，略就周流，表里尺寸根基，说《八十一难经》，是秦越先生。

七代，明脏腑虚实，目察五色，耳听五音，是汉淳于国公也。

---

① 爁：焚烧。《集韵·上声·敢韵》："爁，火焚也。"

② 几，底本作"戟"，校改。

八代，疗世上不测之病，活人间枉死之魂，是徐文伯大夫。

九代，能开腹，剖骨治毒，是华佗先生。

十代，明三阳三阴，知二十四气，治伤寒定生死，是张仲景先生。

十一代，明诊法寸关尺三部，知生死定浮沉，是王叔和先生也。

十二代，明《素问》理，说病源流，巢氏。

十三代，医东海老龙眼病，传《仙方》一部，点石为金，孙真人是也。

病有六不治

骄恣不论于理，一不治；轻命而重财者，二不治；衣食不能通泰，三不治；阴阳脏腑不足，四不治；形羸不能服药，五不治；信巫而不信医，六不治。

八斋十三科

诗曰：风湿伤寒守益斋，全冲[①]方脉次安排。

精微更是妇人症，次用还归眼上来。

立本咽喉并口齿，小儿慈幼不须猜。

针灸[②]疮科俱稽昔，筋镞神明祝禁皆。

全仲斋方脉科第一

（先明脉，后识症，次辨理，宜处方，故编列十三科之首）

盖诊脉之法，难尽者意，难穷者理。得之于心，应之于指。凡诊诸脉，必先探其脉理，浮沉迟数，有力无力，须按四时微弦、微洪、微毛、微石，太过、不及为本。次辨在表在里，属寒属热，某脏某腑，是虚是实，为标为本[③]，务要用心详辨，是何脉证，处以方法，不可一途而取，妄立其名必差

---

① 冲，结合下文，疑作“仲”字。

② 灸，底本作“炙”，校改。

③ 为本，底本缺漏，校补。

矣。然脉候虽多，不越乎此，体①认亲切，效若影响。噫！苟非医业之精，学术之妙，疗诊之熟，经验之多，乌能得疾之疗耶？明此治法，不忝称医，斯乃诊脉之要诀也。

守益斋伤寒科第二

伤寒六经传变，首尾一百零七症外，死证三十一，见《伤寒论指掌图》②，各有正条本科诸书，务要参辨，熟读玩味，舍短从长，可行可止，或守或攻，然后治病，即无疑难。立③法得当，病势易愈。

守益斋杂症科第三

杂症者，外感风寒暑湿，内因忧愁思虑，喜怒悲恐，吐泻疟痢，痰喘咳嗽，气积腹痛。一切杂症，治病方法，悉载本科诸书内。

稽昔斋内科第四

内积癥瘕痞块，七情六欲，四气三因，五积六聚，五噎五膈，霍乱蛊胀，诸虚劳瘵等症。治法无过七方十剂，悉载本科方书内。

稽昔斋外科第五

外积痈疽疮疡，疔瘇发背，瘰疬恶疮，风癞疥癣，一切疖毒，杨梅等疮，俱载本科方书内。

---

① 体，底本作“休”，校改。

② 《伤寒活人指掌图》三卷，元·吴恕撰。成书于至元四年（1338）。吴氏撷取《伤寒论》、《南阳活人书》、《活人书括》之要旨，兼采诸家伤寒学术经验之精华，并绘制插图以纵横治证，下附其说，兼及伤寒变异诸证。以韵语阐解伤寒传变之缓急，列述伤寒二十种脉象，次列八十九图，内容包括司天在泉图、五运图、六气图，以及发热、寒热往来、呕吐、痞、结胸等证。全书以文字阐论与图表、注释相合，并载方二百三十九首。

③ 立，底本作“三”，校改。

精微斋妇人科第六

妇人胎前产后，七癥八瘕，崩漏带下，乳痈乳疽，内吹外吹，阴癞等症，与男子不同。丈夫有外肾偏坠，下疳便毒，阴囊肿痛，湿痒，疮疡，与[①]妇人各异。其余杂症，皆相类也。

慈幼斋小儿科第七

慈幼者，盖婴孩之疾，谓之哑症。疾痛处，不能言，怜悯所[②]苦，故名慈幼。凡小儿、女子十五岁以前为惊风，即大人中风也。小儿五疳，即大人五痨。惟小儿四症八候，痘诊丹毒，变蒸形症，与大人不同，其余诸症，亦无异也。

稽昔斋针灸科第八

凡人有三百六十五骨节，按一年三百六十五日，以取周身三百六十五穴，以应一岁。针灸之法，以疗百病，各有孔穴，导而用之。若失其穴，反误其病，务要度量尺寸分明，穴法得当。某病某穴，或补或泻，以对其症，然后施治，疾无不愈。除任督二经，正穴五十二数，其余皆双穴也，该六百二十六穴。十四经周遍，都记六百七十八穴，法为定矣。

吹用斋眼科第九

夫人之眼者，五脏之精华，一身之真宝。能观万物，照耀无穷，皎洁如珠，包含天地，象乎日月。内属肝胆，五轮八廓相应。又因七情怒气，外感寒暑所侵，以致翳膜遮睛，故北方之人患眼者最多。盖因日冒风沙，夜卧热炕，

① 与，底本作“此”，校改。
② 所，底本作“听”，校改。

故有此疾。药用寒凉，此其宜也。医者更当明辨，故立诸方之法以预之。

立本斋咽喉口齿科第十

咽喉者，为一身之总要。咽者，嚥也；喉者，后也。咽在前而喉在后，故曰咽喉也。口齿者，唇口为飞门，牙齿为户门，当门为四齿，其余皆牙也，饮食由此得入于家室之门户。会厌[①]为吸门，故曰为人之高贵者，口齿也。又曰咽喉者，咽则因物而嚥焉，故咽字从因，又谓之嗌。喉嗌因咽噎，喉因咽嚥，取此之意名曰咽喉。

神明斋筋镞科第十一

仆考"镞"字，当作"续"，何也？今观折伤类，云筋断骨碎，古人用续断、骨碎补等药，续筋接骨之意。今言"镞"字，恐传写误作。"续"字者，正合其宜，未审孰[②]是。盖因从高坠下，跌扑伤损，骨节折伤，筋挛肿痛，因名筋续治法。见《寿域神方》[③]，理伤、续断、接骨等类，以法治之。及《青囊杂纂》[④]，理伤续断门、袖珍折伤类通用。愚又谓：金镞者铁，乃五金之一物也。镞，箭头也。即今之刀刃、箭头、枪斧之器，戳伤打破、出血成疮者，谓之金疮[⑤]，故立金疮部。破伤风之证，亦名曰金镞也。古人立意，或由是矣。治法，亦见《寿域神方》折伤类金疮部。选用，恐传之讹，未兑有疑，二意俱通，故两见之。吾道高明[⑥]，以理详辨。

---

① 厌，底本作"咽"，校改。

② 孰，底本作"熟"，校改。

③ 《寿域神方》，明·朱权撰，已佚。

④ 《青囊杂纂》，明·邵以正辑。成书于明天顺三年（1459）。包括《仙传济阴方》、《徐氏胎产方》、《仙传外科集验方》、《小儿痘疹证治》、《秘传外科方》、《济急仙方》、《上清紫庭追痨仙方》、《仙授理续断秘方》附《秘传经验方》，收集临证各科单方、验方，说明方剂功用、主治、组成、用法。有弘治崇德堂刻本。

⑤ 疮，底本作"枪"，校改。

⑥ 明，底本作"名"，校改。

神明察祝由科第十二

观夫祝由者，祝符水、咒诀之术，禁妖邪鬼魅之怪。庙祝之人，医术兼行，专攻斯业，祷鬼祈神，故名祝由科。斩除鬼疰，消肿散痈，及疗一切恶疮杂病，鬼迷鬼魇，其效甚速，灵应若神，故曰神明斋。以上符术，并见《寿域神方》、《扁鹊救生符法》，及张天师《法病书》、《鬼窍历》等类，依法遵用，何疾弗瘳。

神明斋收禁科（又名产科）第十三

愚谓：收者，守也，临产稳婆守生之说。曰收禁者，戒也。当生之时，禁戒外人，曰禁。故名曰收禁科，或从此理也。恐详之未当，愿明言以正之。

《妇人大全良方》胎产催生灵符之诀，及《寿域神方》、《扁鹊救生符法》，并《徐氏胎产方》、《仙传济阴方》，并见《青囊杂纂》，催生汤药，滑胎易产符术兼用。《妇人产经》，并《诸产须知》，并见妇人科胎产类，求治所系匪轻，宜当慎之。（游涧斋识）

方论

夫济世之道，莫大于医；去疾之功，务先于药。人有五行四气，病生暑湿伤寒，药有三品七情，性有温平凉[①]热。凡欲用度不得差殊，其所隶方便，须凭据合理。若自抹新陈不分，真伪用之，偏僻使之，稀疏者以别其名，求为奇异，昧[②]暗本性，妄说功能，率自胸襟，深为造次，是以医不三世，不服其药。

夫用药如用刑，刑不可误，误则杀人，用药亦然。药有不谨，性命存焉。令人才到病家，不知病症之源流，不察药饵当否，岂不误人者，凡希方

① 凉，底本作“冷”，校改。

② 昧，底本作“未”，校改。

以经验为良药，以精细为贵，乃千金之大功也。

伤寒十劝

夫[①]伤寒与他症不同，投药一差，生死立判。李子建《伤寒十劝》[②]，不可不知。人家有病，招医未至，或无医者，若知此《十劝》，则不致有误，所益非轻，今详具于后。

一、伤寒头痛，及身热，便阳证[③]，不可服热药。伤寒传三阴三阳，共六经内。太阴病，头不疼，身热；少阴病，有反发热，而无头痛；厥阴病，有头疼，而无发热。故知头疼身热，即是阳证。若妄投热药，决至死亡。

二、伤寒必须直攻毒气，不可补益。邪气在经络中，若随症早攻之，只三四日痊安。若妄谓先须正气，却行补益，使毒气流炽，多致杀人。

三、伤寒不思饮食，不可服温脾胃药。伤寒不知饮食，自是常事，终无饿死之理。理中汤之类，不可轻服。若阳服之，致热增重，或致不救。丁香、巴豆之药，亦不可服。

四、伤寒腹痛，亦有热证，不可轻服温暖。痛则实，故仲景论腹痛、时痛之证有曰：痛甚者，加大黄。夫痛甚而加大黄意，可见也。惟身痛厥逆而腹痛者，方是阴证，须消息之。每见腹痛，便投热药，多致杀人。

五、伤寒自痢，有看阴阳证，不可倒服补药、暖药、止泻药。自痢惟身不热，手足温者，属太阴。身冷四逆者，属少阴、厥阴。其余身热下痢，皆属阳。当随证，依仲景法治之。每见下痢，便投暖药，及止泻药者，多致死亡。

六、伤寒胸胁痛，及腹胀满，不可妄灸。常见村落间有此症，无药便用灸，多致毒气随火而盛，膨胀发喘致死。不知胸胁痛，自属少阳，腹胀虽属太阴，仲景以为当下之病，此外为阴证可灸。

七、伤寒手足厥冷，当看阴阳，不可例作阴证，有阴厥，亦有阳厥。医

---

① 夫，底本作“大”，校改。

② 《伤寒十劝》，南宋李子建撰。据《医籍考》收录《伤寒十劝》序言载：李子建的祖、父皆死于伤寒，因此努力学习张仲景之书，悟得“伤寒本无恶证，皆是妄投药剂所致”。因此，根据自己的体会，撰写了伤寒的十条心得，抨击当时伤寒治疗用药的宿弊。该书世少单行本，本书所载《伤寒十劝》是较早的一种传本。

③ 证，底本作“症”，校改，下同。

者少年分辨阳厥，而投热药，杀人速于用刀。盖阳病，不致于极热，不能发厥。仲景所谓：热深厥亦深。热深更与热药，宁服得活？但看初得病而身热，至三四日后，热气已深，大便秘，小便赤，或谵言昏愦，及别有热证而发厥，必是阳厥，宜急用小承气汤以下之。若初得病不热，大便不秘，盖身或不利，或小便数，不见热证而厥逆，却是阴厥，可用回逆下之。类二厥，所以使人疑也，缘为其脉皆沉。然阳厥脉，沉而滑；阴厥脉，沉而弱。又阳厥时腹痛，指爪却温，或有时发热。阴厥则常冷，此为可别也。

八、伤寒病已在里，如发热恶寒，却不可用药发汗。伤寒须看表里，如发热恶寒，则是在表，正宜发汗。如不恶寒，反恶热，却是里证。若一例发汗，则所出之汗，不是邪气，是真气。邪气未降，而真气先涸，必死矣。又别有半表半里之证，及无表里之证，不惟皆不可下，亦不可汗，但随证治之。

九、伤寒饮水为欲愈，不可令病人恣饮过度。病人大泻，当与之水，以消热气。故仲景以饮水为欲愈。人见此说，遂令病者纵饮，因而与呕为喘，为咳逆，为下利，为肿，为悸，为水积胸，为小便不利[①]者，多矣。且如病人，欲饮一碗，只可半碗，常令不足为善。

十、伤寒病此初，不可过饱，不可劳动，或食羊肉，行房，及食猪骨汁，并饮酒。病方愈，不可再服药，脾胃尚弱，饱食不能消化，病却复来。气血尚虚，劳动太[②]早，病却再来。食羊肉、行房，必死。食猪骨汁，并饮酒者，再病必重也。

凡用药，不可轻忽，或炙炒，炮煨，煅炼，浸煮，或去其根苗、皮核，切要依古人方法制度。药有六陈十八反，不可轻视。

诗曰：炮爁炙煿细思量，莫教一件不依方。

可惜误伤人性命，学不精通怨药王。

今抄录《伤寒》等方，等按次第，权衡用药，亦无差别。但风寒所伤，且温热之气伏藏于内，表里未清，各受病源不同，或潮热狂言，如阴则舌强不语、足冷者，有舌根黄黑色者，须看《辨舌论》，当以凉膈散、承气汤，或大、小陷胸汤，或白虎、大柴胡、阳毒、犀角等药，切要审察辨脉，

---

① 利，底本作“痢”，校改。

② 太，底本作“天”，校改。

不可一例而推。故敢开具，并经验诸方，细列于后，袖珍方已有次第，庶不重刊。

伤寒表解，各有次第。方脉随症用药，自宜活法。今开汗、吐、下三法于后：

发汗法

凡发汗，务要以衣被盖汗出，欲令手足俱周身濈然，一时许为佳。不欲如水淋漓，服药中病即已[①]，不必尽剂，三日内者可汗。

取汗法

伤寒初觉头疼，恶寒发热，身体疼痛。脉洪者，用葱一握，姜豉一两，以水煮热服之，以被盖取汗。如无汗，便用葛根、升麻煎服。再无汗，便加麻黄煎服取汗。

转下法

凡转下，须体认得合下之症，明自在阳明胃经，则不拘日数，过时失下，则气不通血，四肢便厥。不识反疑是阴厥，复进热药，祸如反掌。若少阴肾经、太阴脾经下症，悉用药以大便利者止，不须尽剂，阳明病利，瘥。

取吐法

凡取吐，服吐药后，不大吐，当以手指探[②]之便吐。不吐，稍增药，以吐为度。若吐少，病不除，明日再服吐药，可至再三。但人虚宜少吐，药力过时不吐者，啜汤一升，以助药力，不必尽剂，吐便可食。若服药过，太多者，饮水解之。

水渍法

以青棉布数重，新水渍之，稍捩去水，搭于胸膈上。臾蒸热，又渍令冷，如前用之，仍数易新水中，热势才退则已。

葱熨法

葱一束，用白三寸，去根叶，以线缚之，先用火烤一面，令通热，乃将热处铺放病人脐上。次以熨斗盛火，以葱上熨之，令葱热气透入腹中，更作三四束。一束熨烂，则换一束，候病人手足有汗，乃止[③]。

---

① 已，底本作“矣”，校改。
② 探，底本作“深”，校改。
③ 止，底本作“上”，校改。

蒸法

以薪火烧地良久，扫去火，用水细洒之。取蚕炒、柏叶、桃叶、糖麸相和，铺于地上一寸厚，以席热，令病人上面卧之。夏月热，则用单被覆之，立时汗至周身，至足皆有汗。如汗不止，乃用湿粉扑之，移于寝处。

阳证似阴

手足逆冷，大便秘结，小便赤色，或大便黑硬。脉沉而滑，此名热厥，与阴厥不同。轻者用白虎汤，重者用小承[①]气汤治之。

阴证似阳

身微燥烦，面赤，脉沉而微，是里寒，故阴盛而发燥。面赤，是下元虚阳泛上。用四逆汤，加葱白治之。

烦燥

烦为烦扰，燥为燥愦，皆为热证。然烦有虚烦，燥有虚燥。古人所谓阴反发燥，如发热，胸中烦闷，或已经汗解，内耗胸满，其证不虚不实。用三黄泻心汤，或竹叶石膏汤治之。

又方

消风百解散

治头痛项强，发热恶寒，肢体拘急，骨节烦[②]痛，腰脊强疼，胸膈烦满，并皆治之。

荆芥　白芷　陈皮去白　苍术

麻黄去节，各四两　甘草二两

每服用水一盅半，生姜三片，葱白三寸，煎至八分，不拘时温服。

结胸灸法

巴豆十四粒　黄连七寸

① 承，底本作“沉”，校改。

② 烦，底本作“燥”，校改。

上为末，用津和为膏，填入脐内。以艾炷不拘状数，灸其上，候腹中有声为度。灸毕汤浸，用帛试净，恐生疮。结胸五种，要分大小结胸，并水结，热实结胸，烦躁多，寒结胸时不热。

温粉

凡发汗，不欲多，多则亡阳。用此粉扑之，即愈。

白术　藁本　川芎　白芷

上为末，一两，入米粉三两，和匀扑之。

近效方

阳证[①]结胸，垂死，用活蚯蚓十条，擂烂，入水半碗，蜜半盅，灌下。

柴苓汤

治伤寒发泻，泄泻。

猪苓　泽泻　柴胡　黄芩　人参　半夏[②]　白术　茯苓　甘草

灯心十茎　生姜三片　枣三枚

水钟半，煎至八分，温服。

汗下后结胸不解

如服药不效者，用童便二、三碗，饮[③]之，神效。

桂枝汤

治伤寒太阳经受病，头痛身痛，或翕翕发热，或洒洒恶寒。

柴胡桂枝汤

治伤寒六七日，发寒，微恶寒，表证未解。

① 证，底本作“订”，校改。
② 夏，底本作“下”，校改。
③ 饮，底本作“食”，校改。

十神汤

治时行瘟疫，妄行感冒，发热，或阴阳两感。

香苏散

治四时伤寒，头痛发热，恶寒。

人参败毒散

治伤寒头疼，壮热恶风，及风痰咳嗽，鼻塞身重。如心经蕴热，加黄芩；腰疼，加苍术、白术；如腿红肿，加苍术、大黄；如疼痛，加天麻、苍术、木瓜、牛膝。

升麻葛根汤

治大人小儿时行瘟疫，头痛发热，疮疹，疑作之间。

柴胡升麻汤

治伤寒发热如疟，胸膈满痛，小便不利，大便闭涩，身热恶寒，项背、胸胁急痛，呕吐恶心，烦渴痰嗽，寒热往来，面黄肌瘦。妇人产后，劳病发热，头疼身痛，久嗽成痨[①]，或成疟，久热成痞等症。速用加减治之，名“清心汤”。

五日前，加麻黄（三钱出汗）；五日后，加大黄（五钱），利之即安。咳嗽，加五味、桔梗。五脏热，加前胡[②]、地骨、麦门冬。身热，加官桂、乳香。大热，加柴胡、干姜、五味子。头痛，加细辛、石膏。疟疼，加乌梅、草果、常山，鼻衄，加蒲黄、地骨。小便不利，加木通、猪苓、泽泻。喘急，加知母、贝母。大便不利，加大黄、朴硝。痨瘦，加川芎、人参。痨热，加茯苓、麦门冬、五味子。女人产后颠狂，加辰砂、柴胡。

① 痨，底本作“劳”，校改。
② 胡，底本作“乎”，校改。

小承气[①]汤

治伤寒潮热，言语如见鬼状，大便六、七日不通，粪燥结滞。

大承气汤

治伤寒表里俱热，势盛发强，谵语。

大柴胡汤

治伤寒十余日不解，邪气结在表，身热烦躁，语谵，大便不通，绕脐刺痛，此方俱在袖珍方内。

治阴证秘方

若阴证将死，而反复生，其效如神。用生姜半斤，捣烂，用双手合拜，合于阴上，一时汗出即妙。其人但胸中有热气不绝者，乃可医之。

升阳散火汤

治男子、妇人四肢发困，肌热骨蒸[②]，间热表热，如火燎肌肤，扪之烙手。夫四肢属脾，脾者土也。热伏于地中，此病多因血虚而得也。又有胃虚过食冷物，遏阳气于脾土之中，并宜服之。

升麻	葛根	独活	羌活
白芍药	人参各五钱	甘草炙	柴胡各三分
防风二分	甘草生，二分		

上为㕮咀，如麻豆大，每服五钱。水二盏，煎至盏，去粗，温服无时。忌寒凉之物。

孙真人曰：良药常存济度人，陶方有效合成真。

常存己病如他病，救得他身似已身。

阴骘暗时谁望报，阳才少取自甜平。

古来医道通仙道，半积阴功半养神。

---

① 气，底本无，校者增补。“大承气汤”，同。

② 蒸，底本作“热”，校改。

解曰：胆欲大而心欲小，智欲圆而事[①]欲方。

伤寒冰鉴杀车槌法[②]

吾传伤寒，深有厥旨。脉证，则随道合神机；用药，则随手取应效。的本语录随身备用，发挥指示乃无余蕴，诚为养生济世之至宝也，名曰“冰鉴”，又名“杀车槌法”。盖车者，恶鬼之名也；槌者，攻击之器也。伤寒传变莫测，而死生系反掌之间，以是法治，是病必求此中其情。若持是器，而杀是鬼，非刀非剑，非弓非矢，一击而即合其齑粉，使无遁形匿迹。亦犹鉴之照物，而妍媸莫逃也，故又曰“冰鉴”。然执是[③]术者，亦不可射利以轻人之命，必仁人君子而后可得。而授之匪，轻则天刑，人祸之不远也。冰之清，鉴之明，不容渣滓之留也，故曰冰鉴无私。今将二十八槌法，二十煎法，二十劫病法，并制药、解药法，详具于后，实肺腑不传之秘，得者慎之。若庸医俗士，幸勿轻谈。

汤药目录

升阳解表汤　疏邪实表汤　羌活冲和汤　柴葛解肌汤

柴胡双解散　桂枝大黄汤　茵陈将军汤　五苓加味饮

六乙顺气散　如神白虎汤　三黄石膏汤　三黄巨胜汤

冲和灵宝饮　桃仁承气汤　消斑清黛饮　芩连汤

生地黄连汤　柴胡百合汤　理中加味饮　回阳救急汤

回阳反本汤　温经益元汤　如圣饮　六神汤

加味治中汤　麻附细甘汤　加味二陈汤　安神益志汤

桂苓汤　逍遥散　黄龙汤　调荣养卫汤

---

① 事，底本作“幸”，校改。

② 《伤寒冰鉴杀车槌法》，系《伤寒六书·杀车槌法卷之三》，两者内容一样，但文字略有出入。《伤寒六书》六卷，明代医家陶华撰。《古今医统大全》卷之一《历代圣贤名医姓氏》：“陶华，字尚文，号节庵，余杭人。”陈梦赉《中国历代名医传》据《伤寒琐言》自序及《余杭县志》考证，陶华生于洪武二年（1369），卒于天顺七年（1463）。《古今医统大全》：“幼读儒书，长精医学，邃究《伤寒》”。嘉庆十三年《余杭县志》：“幼业儒，遇异人授石函遗旨，遂精轩岐之术。汉张仲景、晋王叔和《伤寒论》，多深奥难解，华大为发明。永乐时徵为训科，宣德时致仕。治病有奇效，俗称陶一帖云。卒年九十有五。子孙世其业。”

③ 是，底本作“事”，校改。

升麻散火汤 再造饮　　当归活血汤 加味导痰汤

泻心导赤饮 复元汤

劫病法

一、伤寒发狂奔走，人难制伏。先于病人住处，生火一盆，用醋一碗，倾于火上，其烟冲入病人鼻内即安，方可验证用药。虽曰发狂须两治，若登高而歌，弃衣而走，逾垣上屋，骂詈叫喊，大渴欲死，目赤或黄，此为热证。发强，即阳狂也，宜寒剂下之。如见舌捲囊缩不治，因热毒入深故也。或有不烦，便作燥闷，欲于泥水并中卧者，此为阴极发燥，即阴狂也，宜热药温之，不可服凉剂，误服之其死必矣。当详脉中有力、无力，此为良法也。

二、伤寒直中阴经[①]，真[②]寒证[③]。初得病起，纯寒无热，使四肢厥冷，蜷卧，不渴，或腹痛吐，手足指甲纯青，舌卷囊缩，昏沉不省人事。汤药不受，六脉沉迟无力，或脉全无者，此为阴毒气入深，急灸气海[④]、关元三四十壮，灌入生姜自然汁服。复用葱缚一把，去根叶，取白三寸，煨如饼，贴于病者脐上，用火熨之，使热气通其内外，阴自退而阳自复矣。汗出即苏，照后秘方服药。如此不省者，必死症，冬月甚之，余月几希矣。

阳证舌卷囊缩者，初得病起，先有发热头疼，已后传里，大渴，谵语，揭去衣被，扬手掷足，不恶寒，反怕热，手足乍寒乍温，或发狂，斑黄，乃因热毒入深，故舌卷囊缩者是也。与其阴寒囊缩之证，大不同矣，治各有异。又详脉中有力、无力当明之，此乃为良法也。

三、伤寒腹痛，须分寒热。先将冷水一盏，与病人饮之，其痛若止者，属热。方可用寒药下之，痛随利减之法也；如饮水后，愈加作痛者，属寒，就宜热药温之。利后痛减者，属食积，宜用消导之剂消之。绕脐痛而手不可近者，有燥粪也，又当照前热症。治法之下，当详脉之有力、无力，此为良法也。

---

① 经，底本作“至”，校改。

② 真，底本作“直”，校改。

③ 证，底本作“诬”，校改。

④ 海，底本漏缺，校补。

四、伤寒真寒证，或吐泻脱而无脉，将热酒入姜汁各半盏，与病人服之。若脉来者可治，当察其虚寒伏阴，用药不拘脉之浮沉大小，但指下出见者，为有生也。如用此法，脉不至者，必死也。又当问病人，有无痛处。若有痛处，要识痛者脉必伏，宜随症[①]治之，不为凶兆。若无痛处，用此法而脉不至者，此为凶兆。又有无病人，平素禀受，原无正取脉，便用复手取之，脉必见也。诊法与正取法同。若平素正取有脉，后因得病诊之无脉者，亦当复手取之。有脉者，阴阳错乱也。宜分理阴阳，此属反关脉也。如复手取之而无脉者，必危矣。此为良法也。

五、伤寒舌上生苔[②]，不拘滑白、黄黑，俱用凉水浸青布，于舌上洗净，后用水浸生姜片子，时时带水刮之，其胎自退。若舌上生黑苔芒刺者，此热毒入深，十有九死，肾水克于心火也。若身发黄，亦用生姜渣，时时周身擦之，其黄自退。有心胸胁下，邪气滞闷者，又云用生姜半斤，捣渣，连汁炒热，带温用绢包，于患者满痛处，时时熨之，豁然宽快，其或结胸证，心腹满硬痛，与夫肠胃有邪热，燥粪结实硬痛者，又常下之，不在此法。

六、伤寒鼻中出血，成流不止者，将山栀炒黑色为末，吹入鼻内，外用水纸搭于鼻上盖孔，其血自止[③]。若点滴不成流者，其病在经未解，照后秘方用药，不在此法。

七、伤寒热邪传里，服大黄、芒硝。下药后，用盐炒麸皮一升，炒热，将绢包于病人腹皮上，用纸隔着，渐渐熨之，使药气得热，则行大便易通矣。其直中阴经，真寒腹痛者，亦用此法甚良。

八、伤寒证，服药转吐[④]，乃用药寒热不均。用炒粳米一撮，入药煎之。临服时，生姜汁三匙，寒药热服，热药凉服，中和之剂，温而服之。服后随用竹管，重捺内关，其吐即止，此为良法也。

九、伤寒证，有夹食停寒者，使阴阳乖隔，不得通利，痛闷欲绝。将滚水一大碗，入盐一撮，并皂角细末一匙，调服探吐，随后验证用药，此为良

① 症，底本作“病”，校改。
② 苔，底本作“胎”，校改。
③ 止，底本作“不”，校改。
④ 吐，底本作“出”，校改。

法。莫与米汤，与之即死，因谷气反助邪[①]气也。

十、伤寒证，失于汗下，使热毒入深，故吐血不止。用捣韭汁，磨京墨服下，其血见黑必止。赤属火，而黑属水也。照后秘方用药，如无韭汁，用鸡子清磨墨，亦可为，此良法也。

十一、伤寒痰厥昏迷，不省人事者，以皂角末纸燃，烟冲病人鼻内，有嚏可治，无则不治，乃肺脏绝也。可治者，用皂角、半夏为末，共一钱半，入生姜汁调服，释吐出痰，苏醒为效，此为良法也。

十二、伤寒热病发强黄，大渴谵语，烦燥不得安者，切不可掩闭床帐，务必揭开，放入爽气良久，随用青布水渍胸上，徐徐换之，待热气稍可即去，不可久渍，此为良法也。

十三、伤寒大渴，欲饮水者，少少与之，不可太多，多[②]则水停于心下，乃结胸等证，反加别病矣。因内水消渴，欲得外水自救，肾家将绝之水，使胃中津液和矣，此为良法也。

制药法

一、伤寒证，用附子去皮、脐，每一两用黄连、甘草各三钱，盐水、姜汁各一盏，将附子入内，煮七沸。又入童便半盏，再煮三沸，取出阴干，入磁器盛贮，伏地气一昼夜，去火毒，庶不为害，以后取用。一两一枚者佳，生用者不须制之。

二、伤寒证，用麻黄去节，将热醋略浸片时，取起阴干用，庶免太发。生用者，不须制之。

三、伤寒证，用大黄，须锦纹川地者佳。用酒拌匀，晒干以后取用，不伤阴血。年壮热实，当生用者，不须制之。

四、伤寒证，用茱萸，将盐炒过以后用，庶不小毒。

① 邪，底本作“耶”，校改。
② 多，底本缺漏，校补。

解药法

一、伤寒证用附子，服后面目、身红赤者，乃附毒之过。先将黄连半两，甘草三钱，犀角二钱。用水两盅，煎至一盅，入萝卜捣汁一盏，和匀，与病人服之，奇[①]效。如无萝卜，用萝卜子捣入，亦可。

二、伤寒热证用大黄、芒硝，利不止者，用人参半两，干姜三钱，乌梅一个，甘草一钱，陈皮二钱。用水二大盅，煎至一盅，入东壁土炒一匙，临服入药内调均，服之即止。取土气，以助胃气也。

三、伤寒发汗证，用麻黄太多，汗不止者。将病发披水盆中，定露出于外。用龙骨、牡蛎煅，入糯米二三合，为细末，和匀。周身扑之，其汗自止。卫虚，漏风，亡[②]阳汗多者，亦用此法。

煎药法

一、发汗药，先煎麻黄一二沸，后入余药同煎。

二、止汗药，先煎桂皮一二沸，后入余药同煎。

三、解和药，先煎柴胡一二沸，后入余药同煎。

四、温药，先煎干姜一二佛，后入余药同煎。

五、下药，先煎枳实一二沸，后入余药同煎。

六、行血药，先煎桃仁一二沸，后入余药同煎。

七、利小水药，先煎猪苓一二沸，后入余药同煎。

八、发黄药，先煎茵陈一二沸，后入余药同煎。

九、止泻药，先煎炒白术一二沸，后入余药同煎。

十、解毒药，先煎黄连一二沸，后入余药同煎。

十一、止呕药，先煎半夏一二沸，后入余药同煎。

十二、发狂药，先煎石膏一二沸，后入余药同煎。

---

① 奇，底本作“其”，校改。

② 亡，底本作“七”，校改。

十三、发斑药，先煎青黛一二沸，后入余药同煎。

十四、感冒暴寒药，先煎羌活一二沸，后入余药同煎。

十五、劳力感[①]寒药，先煎黄芪一二沸，后入余药同煎。

十六、腹痛药，先煎白芍药一二沸，后入余药同煎。

十七、止渴药，先煎天花粉一二沸，后入余药同煎。

十八、暑证药，先煎香藿一二沸，后入余药同煎。

十九、痉病药，先煎防风一二沸，后入余药同煎。

二十、温病药，先煎甘草一二沸，后入余药同煎。

秘用三[②]十八方

（就注槌法于内）

升阳发表汤

治冬时证伤寒，头疼发热，恶寒，项背强重，脉浮紧，无汗，是足太阴经[③]表症，头如刀劈，身如火炽者为用。

麻黄　桂枝　甘草　杏仁　升麻　川芎　防风　羌活　白芷

发热无汗，恶寒而喘。因表和解，依本方去升麻服之；发热头疼，身体痛者，加苍术、芍药，去杏仁、白芷服之；微恶寒，发热，面赤，身痒者，以其不得小汗出故也，依本方去白芷、升麻、杏仁，加柴胡服之。水二盅，姜三片，葱白二茎，入豆豉一撮。煎至一盅，热服取汗，中病即止，不可多服。多服，反加别病矣。

疏风实表汤

治各时正伤风，头疼，发热，恶寒，鼻塞，项背强重。脉浮缓，有汗，是足太阳经[④]表症。

---

① 感，底本作“咸”，校改。

② 三，底本作“二”，校改。

③ 似当作“足太阴经”。

④ 似当作“足阳明经”。

桂枝　　芍药　　甘草　　防风

川芎　　羌活　　白术　　柴胡

汗不止，加黄芪。如漏风、亡阳汗不止者，治方在后。其饮酒之人，不可服桂枝，服者必吐浓血，以其甘辛故也。

水二盅，姜一片，枣二枚，入胶饴一匙。煎至一盅，温服。

羌活冲和汤

治春夏秋非时感冒，暴寒头疼，身热恶寒，脊强之证，脉浮紧，无汗，是寒邪入足太阳表证。此方以代桂枝、麻黄、青龙各半等汤之，神药也，无人知此神妙耳。

羌活　　防风　　苍术　　黄芩

白芷　　甘草　　川芎　　生地　　细辛

夏月，加石膏、知母。有汗者，去苍术，加白术。再不止，去细辛，加黄芪。如甚不止，加以小柴胡汤，名神木汤也。加桂枝、芍药一钱，有神效。胸中满闷，去生地黄，加枳壳。不作汗，本方加苏叶。汗后不解，喘而恶寒身热者，加豆豉一撮。脚气症，亦有头疼，身热，恶寒，但起于脚膝重疼，此汤亦有效。

水二盅，姜三片，入连须、葱白二茎捣汁，加煎一二沸，热服，取汗助效。

柴葛解肌汤

治阳明经身热，鼻干，不眠，微恶寒，微头痛，眼眶痛，脉来微洪，此阳明经病，宜解肌。其正阳明府病，别有治方。

柴胡　　干葛　　桔梗　　甘草

黄芩　　芍药　　白芷　　羌活

有汗而渴不解者，治法开于如神白虎汤下。

水二盅，姜三片，入石膏末一撮。煎至一盅，热服。

柴胡双解饮

治少阳经耳聋，胁痛，寒热，呕而口苦。脉来弦[①]数，属半表半里证。此经有三禁，不可汗、下、利也。正宜小柴胡汤，一和加减治之。

柴胡　黄芩　半夏　甘草

陈皮　人参　茯苓　芍药　干葛

渴者，加知母、天花粉；痰盛者，加瓜蒌仁、苦梗、枳实；呕者，入姜汁；寒热者似疟，本方加桂枝；热重者，柴胡倍多；寒重者，桂枝倍多；胁痛，加青皮；心胸饱闷，加枳壳、桔梗、陈皮，以治其闷；加未效，以本方加枳实、黄连、瓜蒌仁、桔梗，去茯苓、甘草。豁然其秘如神，世俗皆所未知其妙也。乃邪未入腑证，在半表半里，少阳与阳明合病，本方去茯苓，加葛根，如拾芥。妇人热入血室，加[②]当归。男子热入血室，加生地黄。坏证，加鳖甲。如无耳聋，胁痛止，身热大渴，谵语，大便实者，加大黄。

伤寒瘥后，发热，本方和之。脉浮者，加苍术、苏叶；脉沉实者，本方加大黄、枳实；胸中虚烦者，加竹茹；腹痛，去茯苓，将芍药炒用；心下悸者，加猪苓；若嗽，去人参、五味子。

水二盅，姜三片，枣二枚煎之。临服，入百合，再煎一沸，温服。

桂枝大黄汤

治太阴经腹满痛，咽干而渴，手足温。脉来沉实，此属太阴传经热证。

桂枝　大黄　甘草　枳实

厚朴　芍药　人参

喘满，不恶寒，腹硬满，或自汗潮热，加芒硝。

水二盅，姜三片，煎之。临服，槟榔磨水二匙，热服。

茵陈将军汤

治太阴腹满，身、目黄，小便短赤，或不利，燥渴，谵语。脉沉有力，此属湿热发黄。若形如烟煤，摇头直视，举汗不流，环口黎黑者，不治。

---

① 弦，底本作“玄”，校改。

② 加，底本作“如”，校。

茵陈　　大黄　　山栀　　枳实

甘草稍　　黄连　　陈皮

滚水煎之，入滑石末二钱。再煎二三沸，热服。

五苓加味饮

治小便不利，或赤烦渴，或饮过多，下焦湿热、结滞发黄，或热结膀胱，或小腹濡满、水结等证。脉来沉数，以利小便为先。惟汗后亡阳，津液枯竭，阳明汗多者，则以利小便为戒。

猪苓　　泽泻　　白术　　桂枝

茯苓　　甘草　　滑石　　山栀

灯心　　瞿麦

头项至颈而还者，必发黄，加茵陈；渴而小水不利者，加天花粉。

水二盅，姜三片，煎之。临服时，入盐四字，温服，以利为效。

六乙顺气汤

治伤寒邪热传入足少阴、厥阴二经，里证，无头疼，无恶寒，反怕热，口燥咽干，谵语。心腹坚满，或绕脐硬痛，及厥阳烦渴，或四肢乍冷乍温，烦满，舌卷囊缩。又治邪热传入正阳阳明腑[①]证，无头疼，无恶寒，反怕热，揭去衣被，扬手掷足，大渴，谵妄，或发斑黄，狂乱，结胸潮热，自汗喘满，小水短赤，大便不通等症。此三经脉，俱见沉有力是也。

大黄　　枳实　　黄芩　　厚朴

柴胡　　芒硝　　甘草　　芍药

大结胸，手不可近，痛实者，去甘草，加甘遂、瓜蒌仁；口燥咽干而谵语，依本方急下，以救肾家将绝之水，属少阴。心下硬实而痛，及绕脐硬痛，渴而谵语者，属少阴，有燥屎也，依本方。手足乍冷乍温，为传经阳厥、阴厥热极，反兼水化，故有此象。烦满囊缩，属厥阴，俱依本方。

潮热自汗，谵语，扬手掷足，发狂，斑黄，大渴，属正阳明，依本方。

热病目不明，神水已竭，不能照物者，危甚，权且急下依本方。其因中不

---

① 明腑，“明”字，底本漏，校者补入；腑，底本作“府”，校改。

了者，即目不明，谓邪热炽干肾水，有燥屎而大便难也，故当急下依本方。

伤寒热邪传入于里，无非苦寒之药下之。若不下，其邪从何而去？今医者，不分病有浅深，症从何所，一概擅用大承气汤下之，非徒无益，而又害之，故曰“传来非一，治之则殊”。病有三焦伤者，则痞、满、燥、实、坚全具之，正宜用厚朴苦[1]温以去痞，枳实苦寒以泄漏，芒硝咸寒以润燥软坚，大黄苦寒以泻实去热，中病即愈。邪在中焦，则有燥、实、坚三症，故[2]调胃承气汤，以甘草和中，芒硝润燥，大黄泄实，不用枳、朴，恐伤上焦，虚无氤氲之元气，调胃之名，自此立矣。若上焦受伤，则痞矣，宜用小承气。枳、朴之能除痞，大黄之泄实，去硝不伤下焦血分之真阴，谓不伐其根本也。大柴胡汤，无芒硝，加芍药者，以其表证而尚未除，里证又急不得不下，只得以此汤通表里，而缓治之。犹有老弱，及血气两虚之人，并瘥后复，有下证者，亦宜用此，恐其承气太峻故也。

滚水二盅，生姜一片，煎至八分。临服时，入铁磨水二匙，热服。取铁气沉重之意，乃随热开结，有神效。

若非汝之子孙承继焉，有泄漏玄机，毋怠毋忽，故戒耳。[3]

如神白虎汤

治身热，渴而有汗不解，或经汗过、渴不解者。脉来微洪，此属阳明经证。无渴，不可服此药，为大忌。

石膏　知母　粳米　甘草

天花粉　人参　山栀　麦门冬

黄连　五味子

心烦者，加竹茹；小便短赤者，加滑石。

背恶寒渴者，加茯苓，去山栀；呕者，加姜汁，炒半夏；头微疼，眼眶痛者，加干葛，去山栀。

---

① 苦，底本作“若”，校改。

② “大黄、枳实……则有燥、实、坚三症，故”，此段原在“如神白虎汤”内，据《伤寒六书·杀车槌法卷之三》调整到此。

③ “调胃承气汤……故戒耳”，此段原在“茵陈将军汤”内，据《伤寒六书·杀车槌法卷之三》调整到此。

水二盅，生姜一片，煎之。临服，用乌梅汁一匙，待温服之。[①]

三黄石膏汤

治热邪传里极甚，为阳毒发斑、发黄，身如涂朱[②]，眼珠如火。六脉洪数，烦渴欲死，表里皆热，欲发其汗，病热不退。又复下之，大便遂频，小便短赤，或不利，五心烦热，鼻干面赤，齿黄，大渴，通经，谵妄，不知人事，已成坏证。亦有错治湿证，而成此证。又八九日，已经汗下后，脉数，身体壮热，拘急沉重。欲治其内表未解，欲发其表则里又急，趦趄不能措手，待毙而[③]已。殊不知，绝在三焦，闭塞经络，津液营卫不通，遂成此证耳。兼或发狂，燥渴，大便实者，又当于三黄巨胜汤内攻之，此为十全之功也。

三黄巨胜汤

治阳毒狂乱妄言，登高而歌，弃衣而走，目赤，脉大有力，发斑，发黄，大渴，大便燥实，舌卷囊缩难治[④]者，此因热毒入脏也。

三黄石膏汤，去麻黄、豆豉，加大黄、芒硝、枳实，即三黄巨胜汤也。

石膏	黄芩	黄连	黄柏
山栀	大黄	芒硝	枳实
甘草	滑石	麻黄	

三黄石膏汤，即三黄巨胜汤也，去芒硝、大黄，加豆豉是也。槌法加辰砂末，调服。三黄巨胜汤槌法，加黑豆，捣汁一匙，煎一沸，温服。

冲和灵宝汤

治两感伤寒，头疼，身热，恶寒，舌干口燥，以阳先受病者，先以此汤导之。如里先受病者，当先用六乙顺气汤[⑤]攻里下之。如里下利不止，身体疼痛者，又先当回阳救急汤，先救里，温之后，攻其表。当服疏邪实表汤，

---

① "背恶寒渴者……待温服之"，此段原在"六乙顺气汤"内，据《伤寒六书·杀车槌法卷之三》调整到此。

② 朱，底本作"菜"，据《伤寒六书》校改。

③ 而，底本作"死"，据《伤寒六书》校改。

④ 治，底本作"退"，据《伤寒六书》校改。

⑤ 汤，底本无，现在补加。

此神验妙法也。举世无人识此。古云："两感虽[①]为死证，复有可救之理。"谓其治，有先后发表、攻里不同之，误用药致害也。

羌活　防风　川芎　生地
细辛　黄芩　柴胡　知母
干葛　石膏　甘草

冬月，去石膏，加麻黄。

水二盅，姜三片，枣二枚，煎之。临服，加川薄荷叶十片，煎一沸，热服。中病则止，不得多服，多则加别病矣。

桃仁承气汤

治伤寒邪热传里，热蓄膀胱，其人如狂，小水[②]自利，小腹硬满，大便坚实。兼或发黄，谵语，燥渴引饮。脉沉有力，为畜血证。此汤下尽黑物则愈。如未服药，而血自下者，为欲愈，此邪欲解也。

桃仁　大黄　枳实　芒硝
甘草　柴胡　青皮　芍药
当归　桂枝

水二盅，生姜三片，枣二枚煎之。临服，再入苏木一钱，煎二沸，热服。

消斑清黛饮

治邪热传里，里实表虚，血热不散，遂成此证。若见汗下不解，足冷，耳聋，烦满，干呕，便是发斑之候。轻则如疹子，重则如锦纹，或本因属阳，误投热药，或当汗不汗，当下不下，或汗后[③]未解。若能至此，慎不可汗，重令[④]开泄，更增斑烂也。然而斑与纹迹相类，发斑多见于胸腹，纹迹只见于手足，阳脉洪大，病人昏聩。先红后赤者，斑也。脉不洪大，病人自静。先红后黄者，纹也。其或大便自利，或短气，燥屎不通，黑斑如果实靥

① 虽，底本作"难"，据《伤寒六书》校改。
② 水，底本作"承"，据《伤寒六书》校改。
③ 后，底本作"末"，校改。
④ 令，底本作"合"，据《伤寒六书》校改。

者，卢医[①]不施其巧也。

青黛　　犀角　　石膏　　知母
玄参　　黄莲　　人参　　生地
甘草　　升麻

如大便实[②]者，去人参，加大黄[③]。水二盅，姜一片，枣二枚，煎之。临服，入苦酒一匙，温服。[④]

芩连汤

治鼻衄成流久不止，或热毒入深、吐血不止者，可治之。若耳目口鼻齐出血者，此为上厥下竭之证，不治。

黄芩　　黄连　　山栀炒　　犀角
生地　　茅根　　甘草　　当归
人参　　桔梗

吐血者，去桔梗，加真阿胶（炒）。鼻者，外用水纸搭于鼻冲，复用炒黑山栀研末，吹入鼻内，即止。

水二盅，生姜一片，枣二枚，煎之。临服，入韭汁磨京墨调之，温服。

生地黄连汤

治烦燥，渴欲饮水，水不下者，属瘀血在上焦。此邪热入里也。

生地　　黄连　　犀角　　当归
甘草　　玄参　　红花　　枳壳
桔梗　　赤芍

水二盅，姜一片，枣二枚，煎之。临服，入生藕节捣汁，如无藕节，入韭汁亦可，温服。

---

① 卢医，指名医扁鹊。唐·杨玄操《〈难经〉序》："《黄帝八十一难经》者，斯乃勃海秦越人之所作也。……以其与轩辕时扁鹊相类，乃号之为扁鹊，又家于卢国，因命之曰卢医。"

② 实，底本缺失，据《伤寒六书》补。

③ "去人参，加大黄"，底本缺失，据《伤寒六书》补。

④ "青黛……温服"一段，底本误抄录在"回阳急救汤"内，给予调整。

柴胡百合汤

治伤寒瘥后昏沉，发热，渴，而谵语失神，及百合、劳复、食复[①]等证。

柴胡　　百合　　人参　　黄芩

知母　　茯苓　　甘草　　芍药

鳖甲　　麻黄

后有表证者，宜微汗，加羌活、苍术、川芎，去茯苓；复有里证者，宜当下，加大黄，去茯苓、知母；心烦者，加竹叶；渴者，加天花粉；呕者，加半夏、姜汁；胸中饱闷，加枳壳，去茯苓、甘草；干呕虚烦、不眠者，加黄连、竹叶，去芍药；错语呻吟者，加犀角、黄连；水停心下，加猪苓；腹如雷鸣者，加煨姜五片，枣二枚。

水二盅，煎之。临服，入生地黄，捣汁一匙，温服。

理中加味饮

治三阳自受真寒证，即直中阴经是也。初得病，起无热，无头疼，只腹痛怕寒，厥冷，或下利，不渴，脉来沉迟无力等证。其或真寒毒之气入深重者俱存。

人参　　白术　　干姜　　肉桂

陈皮　　半夏　　甘草

腹濡满，自利，不渴，属太阴，去肉桂，加桂枝、芍药；甚者，加熟附一大片；呕吐者，入半夏、姜汁；腹痛，去白术。

或下利身疼痛者，或传经热证、下后身疼痛者，轻则用此理中汤，重则回阳救急汤治之。其或水结之症，本汤加大黄，微利之。

水二盅，姜三片，煎之。临服，入姜汁、广[②]木香。温服。[③]

---

① 百合、劳复、食复，《伤寒六书·伤寒家秘的本卷之二》："百合者，百脉一宗，举皆受病，所谓无复经络传次也。大病虚劳之后，脏腑不平，变成此证。""病新瘥后，因劳动再发，为劳复。……病新瘥后而多食复发者，为食复。"

② 广，底本作"磨"，校改。

③ "人参……温服"一段，底本误抄录在"消斑清黛饮"内，给予调整。

回阳急救汤

治阴经直中真实证，一得病，起无热，怕寒，四肢便厥，战栗，腹痛，呕吐，下利清谷，沉重蜷卧，不渴，或手足指甲唇青[①]，或口吐涎沫，舌卷囊缩。脉来沉迟、无力，或六脉全无者，此寒毒之气入脏深矣。用前劫法服之，此汤仍前。不省人事者，不治。

附子　干姜　人参　甘草

白术　肉桂　陈皮

呕吐者，入姜汁、炒半夏；[②]腹痛甚者，加炒芍药、木香、姜汁磨入饮；利不止，加炒陈壁土、升麻少许；口吐涎沫，加盐、炒茱萸；无脉者，入猪胆汁少许，加五味子；战栗，加附子少许、麻黄为臣；小腹疼痛者，加青皮，亦用茱萸。

用生姜，然汗半盏，水一盅半，枣二枚，煎之。临服，用泥浆澄清水一匙，温服。

回阳反本汤

治阴盛隔阳，阴极发燥，微渴，面赤，欲于泥水、井中卧者。脉来沉迟无力，或脉伏者亦有之，不可服凉药。俗庸不识，见燥便呼为热证，而误用寒凉之剂死者，不得复生矣。深可痛哉，良可惜哉！

服热药而燥不止者，宜再复之，燥自定矣。若用寒药，便渴愈甚，而燥愈急。虽神丹，勿能救也。

附子制　干姜　人参　肉桂

麦门　五味　甘草　麝香半字

茯苓一作神童便

无脉者，入猪胆汁一匙；面赤者，入葱七茎；呕者，入姜汁、炒半夏。

水二盅，姜三片，煎之。临服，入蜜二匙，顿冷服之。

① 青，底本作“清”，据《伤寒六书》改。

② 注意，呕吐者，加炒半夏，反附子。

温经益元汤

治汗下后，头眩，振振欲擗[①]地，及肉瞤筋惕，或大汗后卫虚亡阳，汗漏不止，脉来无力。

附子　人参　白术　甘草
芍药　当归　黄芪　生地
干姜　肉桂

瘦人，去芍药，营卫故也；有热，去附子；利甚者，加升麻、炒白术，去生地；黄汗后恶风寒者，表虚也，去附子、生地、肉桂，加桂枝、胶饴。

水二盅，生姜一片，枣二枚，入炒粳米一撮，煎之。温服。

如圣饮

治伤风重，感寒湿，则成刚柔二痓，头面赤，项强直，手足挛[②]搐，口禁，背反张，与瘈疭同治法[③]。

羌活　防风　柴胡　枳壳
甘草　川芎　人参　白术
白芷　芍药

有汗，加桂枝，去枳壳；无汗，去白术，加麻黄；口禁咬牙，加大黄；手足挛搐，加当归。

水二盅，姜一片，煎之。临服，姜汁、竹沥，温服。

六神汤

治三月前时行寒疫，头疼，身大热，恶寒，体痛而渴。脉浮紧有力，无汗。年力壮盛之人，用羌活冲和汤恐缓，故此立汤，名晚发。

麻黄　甘草　黄芩　石膏
滑石　苍术　细辛

头痛甚者，加川芎；身体痛甚者，加羌活；渴甚者，加天花粉。

---

① 擗，底本作“僻”，据《伤寒六书》改。擗，捶打。擗地，形容哀痛的样子。
② 挛，底本作“栾”，校改。
③ 法，底本作“去”，校改。

无头疼，恶寒，反怕热，大渴，谵语，大便秘结[①]者，此热邪传里也。本汤去麻黄、苍术，加大黄、柴胡、枳实。

水二盅，姜三片。表证用葱白、豆豉，同煎，取汁用，热服。里证，用槟榔磨水同服，下之，用热服。

加味治中汤

治伤寒夹食停寒，亦有头疼身热，不恶寒，为异耳。气脉[②]口脉紧盛者是也。

陈皮	枳实	青皮	厚朴
干姜	白术	甘草	砂仁
草菓	苍术		

热甚者，去白术，加柴胡；[③]呕吐者，加姜汁、炒半夏；胸中饱闷者，去甘草、白术，加枳壳；腹痛甚者，去干姜、白术，加芍药、大黄。

水二盅，姜三片，加炒萝卜研末一撮，煎之，温服。与霍乱，同治法。

麻附细甘汤

治少阴证似太阳，恶寒身热，但头不疼，脉来迟沉者是也，不可妄治。

麻黄	附子	细辛	甘草
人参	黄连	芍药	

水二盅，姜三片，煎之。临服，入五味子七粒，再煎一二沸，热服。

加味二陈汤

治伤寒胁痛，胸满咳嗽，吐痰，心下悸，脉来沉滑者。

茯苓	半夏	陈皮	黄芩
甘草	枳实	猪苓	桑皮

---

① 秘结，底本无，校补。

② 脉，疑为衍文。中医诊脉有“气口脉”，气口即寸口，为手太阴肺经所循，位于手腕后桡动脉搏动处，以候十二经之气。

③ “去、加”二字，校补。

桂枝	柴胡	金沸草	贝[①]母

水二盅，姜三片，煎之。临服，入杏仁十数粒，再煎一沸，热服。

安神益志汤

治伤寒瘥后虚烦，心惊，微热，四肢无力沉倦者。又治六七日，别无刑克证候。或昏沉不知人事，六脉俱静，或至无脉，以欲止[②]汗也，不可以攻，用此汤如神效矣。

柴胡	人参	知母	竹茹
茯苓	远志	当归	麦冬
甘草	生地	五味子十粒	

水二盅，姜三片，枣二枚。临服，入姜汁、炒黄连、甘草，再煎一沸，热服。

桂苓汤

治初得病，无热，狂言，烦躁不安。精[③]采不与人相当，庸俗见病便[④]呼为发狂，而用寒药误下，死者多矣。殊不知，此因邪热结于膀胱，名曰如狂证。

桂枝	猪苓	知母	泽泻
甘草稍	黄柏	滑石	木通

水二盅，生姜三片，灯心二十茎。煎至八分，待温服之。

逍遥汤

治有患伤寒证瘥[⑤]后，发大热昏沉，错语失神，小腹绞痛，头不能举，足不能移，眼中生花，百节解散，热气冲胸。在男子，则阴肿入小腹攻刺；在妇人，里急连腰，胯重，引入腹内痛。庸人不识，而便呼为阴阳易，误人死者多矣。殊不知，病者新瘥后，气血未平，劳动邪热，复还于经络，此不

① 贝，底本作“具”，校改。
② 止，底本作“正”，校改。
③ 精，底本作“糟”，据《伤寒六书》改。
④ 便，底本作“使”，校改。
⑤ 瘥，底本作“差”，据《伤寒六书》改。

因易而病。自复发者，故谓之女人劳复。因交接淫欲，而无病人，反得病大热沉重者，此谓之阴阳易，于人如损易之易也。额黑身黄者，是此病最难治。曾见古出二寸而死者，其手足必挛拳。养生君子，大病之后，惟劳之事，不可不慎欤？其女劳复，通用逍遥散治之。

知母　　人参　　竹青　　茯苓
甘草　　黄连　　滑石　　生地
鼠粪　　韭根

水二盅，姜三片，枣二枚，煎之。临服，入烧裤裆末钱半，调服。

黄龙汤

治有伤寒，下利纯清水，心下硬痛而渴，谵语，怕热者。庸俗不识此证，见利便呼为漏底伤寒，而用热剂涉之，就如抱薪救火，误人多矣。殊不知，此因邪[①]热传入于里，肠胃燥屎结实。此利，乃因自饮汤药而利也，宜急下之，名结热利。

大黄　　芒硝　　枳实　　柴胡
甘草　　黄芩　　当归

滚水二盅，煎之。临服，入铁锈水，热服。

调荣养卫汤

治有患头疼身热，恶寒体痛，脚腿酸痛，微渴自汗，脉浮无力。庸俗不识，因见[②]头疼身热，便呼为正阳，而大发其汗，误人变证者多矣。殊不知是内伤气血，外感寒邪，宜小辛之剂，温之必愈，名曰劳力感寒证。正所谓："劳者温之，损者温之。"温能除大热，此之谓也。

黄芪　　人参　　当归　　白术
甘草　　陈皮　　柴胡　　川芎
羌活　　防风　　茯苓

腹痛者，加芍药、炒干姜少许和之；恶寒甚而元气少者，加升麻，须知

① 邪，底本作"耶"，校改。
② 见，底本作"是"，据《伤寒六书》改。

元气不足者，至阴之下求其升[①]；渴者，加知母，夏日加石膏；有血郁内伤，或胁痛身热者，加红花、桃仁；胸中闷者，加枳壳，去白术；脉不足者，加五味子、麦门冬；汗不止者，加桂枝、芍药。

水二盅，姜三片，葱白二茎，枣二枚，煎至一盅。温服取效。

升麻散火汤

治有患伤寒热证，叉[②]手冒心，寻衣摸床，谵语昏沉。俗医见病，而便呼为风证，而用风药，误人死者多矣。殊不知肝热乘于肺金，元气[③]虚不能自主，特名曰撮空证。小便利者可治，不利者难治。

人参	当归	黄芩	柴胡
黄连	甘草	麦冬	芍药
陈皮			

有痰者，加半夏，姜汁炒；大便实而躁渴、谵语者，加大黄；泄漏，加升麻、炒白术。

水二盅，姜一片，枣二枚，入金首饰煎之。热服。

再造饮

治有患头疼身热，恶寒脊强，用发汗剂二三次，汗不出者。俗医而见汗不出，就用大劫取汗，误人死者多矣。殊不知，阳虚不能作汗，故有此证，名曰无阳之证。

黄芪	人参	桂枝	甘草
熟附	羌活	细辛	川芎
白术	芍药炒		

夏月，加石膏、知母，去附、辛。

水二盅，生姜一片，枣二枚，煎之。临服，入童便少许，以助元气。

① 升，底本作“声”，据《伤寒六书》改。

② 叉，底本作“人”，校改。

③ 气，底本缺漏，据《伤寒六书》补。

当归活血汤

治有恶寒，无头疼，恶寒止则发热，大渴，口出无论语。医人不识，而便呼为热证，而用凉剂，误死者多矣。殊不知，内伤血郁肝脾二经，使人昏迷沉重，错语失神，故名挟血如见祟①。

当归	芍药	甘草	红花
桂枝	干姜炒	枳壳	柴胡
生地	白术	人参	

用水二盅，姜一片，入桃仁泥二钱，煎之。温服。若是大便实而谵语者，加大黄利之。

加味导痰汤

治患增寒壮热，头引疼，沉重迷闷，口出无伦语。庸医不识，而便呼为伤寒热证，误人死者多矣。殊不知，因伤七情，以致痰迷心窍，神不守舍②者，故名挟痰如见祟。

茯苓	半夏	南星	陈皮
甘草	枳实	黄芩	白术
桔梗	黄连	姜汁炒	贝母

水二盅，姜一片，煎之。临服，入姜汁少许。温服。

泻心导赤饮

治伤寒后，心下不痞，腹中不满，大小便如常。身无寒热，渐变神昏不语，或睡中独一二句，目赤唇焦，汤水与之则咽，不与则不思，形如醉人。医者不识，而呼为死证，遂以针火误人，死者多矣。殊不知，邪热传入少阴心也，因心火上而逼腑，所以神昏，名曰越经证。

山栀	黄芩	麦冬	石膏
甘草	人参	犀角	知母
茯神	黄连姜炒	灯心二十茎	

① 见祟，底本缺漏，据《伤寒六书》补。

② 舍，底本缺漏，据《伤寒六书》补。

水二盅，生姜一片，枣二枚，煎之。临服，入生地捣汁三匙。温服。

复元汤

治有患伤寒，无头疼，无恶寒，身微热，面赤，微渴，目精无光，口出无伦语，脉数无力。庸医不识为热证，而用寒剂误人，死者多矣。殊不知，汗下太过，下元虚而阳无根，虚火泛上，名曰戴阳证。

熟附　　黄连　　甘草　　人参

五味　　知母　　芍药　　麦门

茯苓　　童便

水二盅，姜三片，枣二枚，煎之。临服，入葱白一茎，再煎一沸。温服。

伤寒冰鉴辨[①]舌论

伤寒热病传经之邪，与杂症不同，必须脉与舌二者辨之，以验表里汗下之法。脉，则仲景、叔和论之详矣。舌，则古人鲜言。且舌者，心之苗，能辨五味，主五脏，见五色，候寒热。盖心统五脏，而舌管焉。

若原病之来，必须究于舌，然后知邪热之在脏在腑、表里浅深之吉凶也。初病在表，舌自然红润而无苔[②]。若传半表半里之间，则苔为有，渐白而滑也。切不可便下，但表证将罢，生苔必黄，则邪入胃矣。即宜下之，及黄退而安。若失下而迟之，其苔必黑，至此则难治矣。如漆黑老者，不治。

盖心火上炎，与邪热相乘，二火并发，热之极而兼水以化之，故黑而有光矣。经曰："亢则害，承[③]乃制。"其斯之谓欤？五脏六腑皆受邪热之毒，虽以药下之，将去胃中之热，然散于四肢、经络、脏腑者，已不及矣。譬如以火焚木，木之焰初则红，火性一过，则木心皆为之黑矣。

今以二十四舌法，列于正学者，详之可以决生死于指掌也。

至正辛卯中秋前二月翰林学士杜本

---

① 辨，底本作"辩"，校改。

② 苔，底本作"胎"，校改。

③ 承，底本作"成"，校改。《素问·六微旨大论》："岐伯曰：亢则害，承乃制，制则生化，外列盛衰；害则败乱，生化大病。"

第一辨

舌根白而尖黄者，其证必表未罢，须表解乃可攻之。如大便闭者，凉隔散；小便闭者，五苓散、益元散[①]治之。而内虽有舌苔色相异者，而汤药不同，有黄白相类者，症有不同。

第二辨

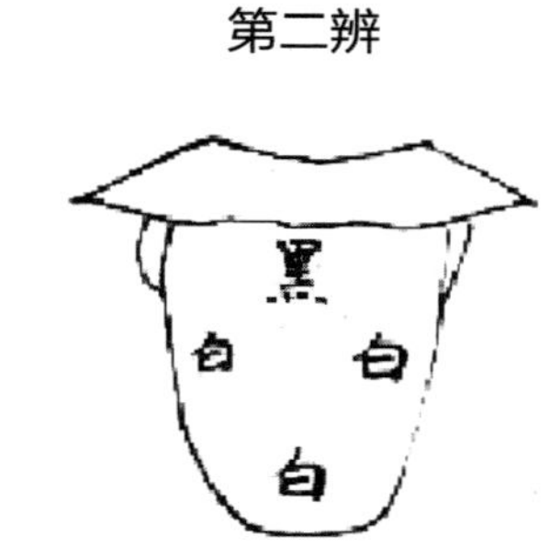

舌[②]弦白而心黑，脉沉微者难治，脉浮滑者可汗，沉实者可下。此由初病，便有恶寒之症也。

第三辨

灰色而边近中有黑晕二条者，热乘肾与命门也。下之迟则死，宜三乙加

① 散，底本缺漏，校补。

② 舌，底本作“白”，校改。

解毒，三五次下之。

第四辨

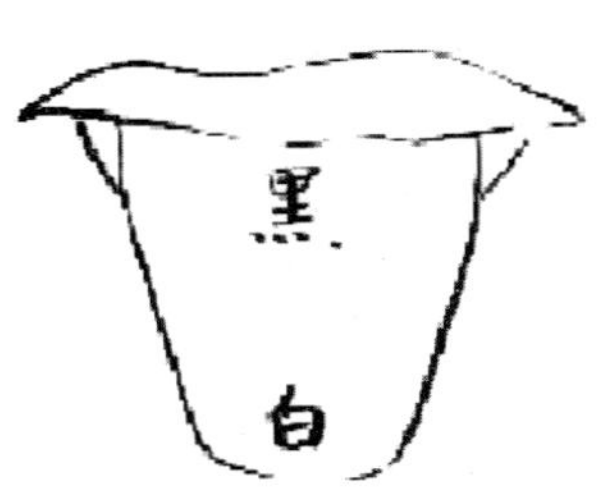

苔白而根黑者，必身有痛，恶寒而渴，欲饮水。痛不甚者，五苓；自汗而渴者，白虎汤；下利者，解毒汤。然亦危[①]证也。

第五辨

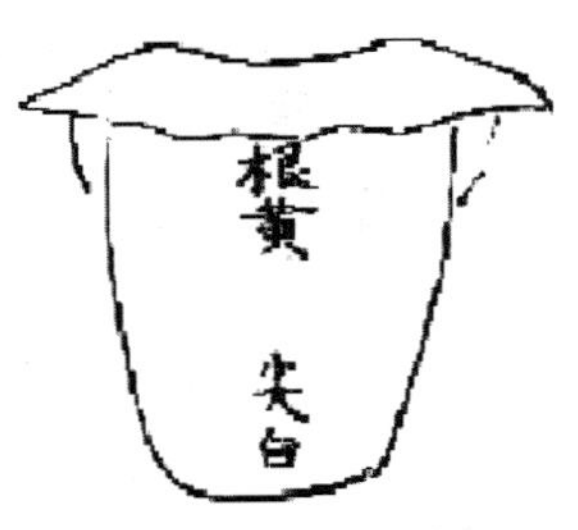

舌尖白而根黄者，其表证未罢，须解表而行攻之。若大便闭结者，当用凉隔散。小便不通者，宜用五苓散、益元散治之。

第六辨

满舌尽白而苔甚厚，内脏闭结者，乃热已郁于五脏，而邪气深矣。固为

① 危，底本作“色”，校改。

难治之症，宜解毒合[①]凉膈[②]调养，十可愈其一二也。

第七辨

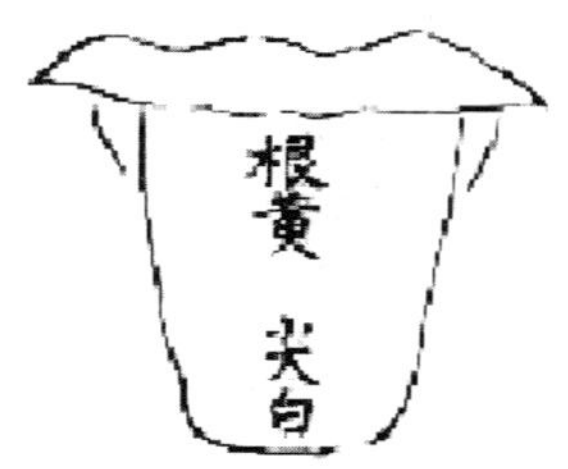

根上黄苔而尖白者，乃表少而里多，宜益元散一、凉膈散二，调服之。如脉洪者，通圣散主之。此已见第五辨，而重出，宜详之。

第八辨

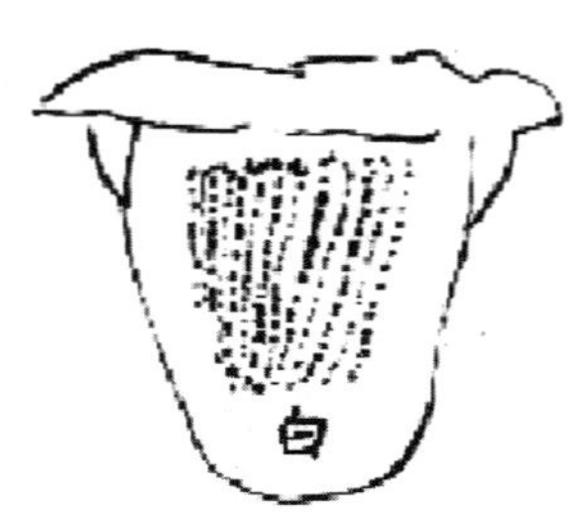

白苔生黑点者，必[③]有表证，寒热如疟者，其病必来之甚恶，宜凉膈散解表，里退，方可下之。如此之症，亦危殆之兆也，慎之勿忽。

第九辨

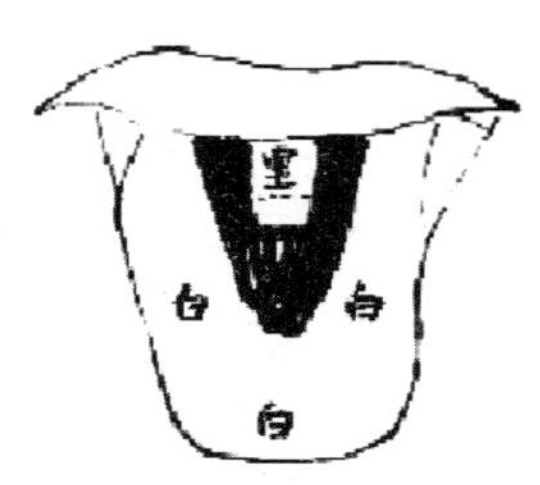

---

① 合，底本作“含”，校改。
② 膈，底本作“隔”，校改。
③ 必，底本作“心”，校改。

舌弦白心黑，而脉沉微者，难治。浮滑者，可[①]汗；脉沉实者，可下。此由得病之初，即有之，盖亦危殆之症也。慎之！慎之！

第十辨

白苔，身痛，舌又黑，有恶寒，渴欲饮水，不致甚者，宜用五苓散；自汗而渴者，宜用苍术白虎汤；下利者，用黄连解毒，合凉膈散，温养之。

第十一辨

白苔渐黄濇者，宜用黄连解毒汤；兼恶寒者，以五苓散，调三乙承气汤，下之。

第十二辨

---

① 可，底本作“下”，校改。

苔微黄者，初得病，则有之，不由白而变黄。心悸、谵语者，此由失汗，表邪而入里，必汗兼下，以双解，加黄连解毒汤，两停双除表里之证可也。

第十三辨

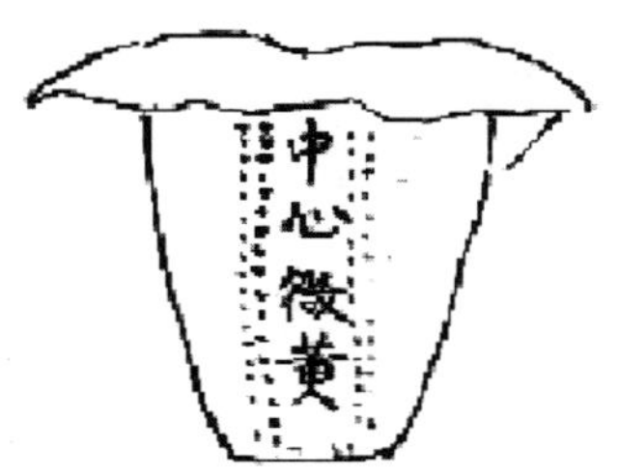

苔为黄者，表证未罢，宜小柴胡汤，合天数散，双解之。若脉沉实者，可大柴胡汤下之，乃愈。

第十四辨

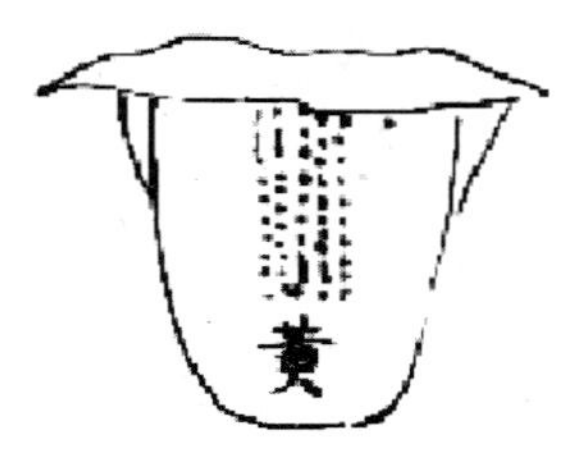

苔黄而色如橘皮者，邪[1]热入胃深，必大作渴，急用大承气汤主之。如发黄，用茵陈汤；下血，用抵当汤，水在十枣汤；结胸，用大陷胸汤；虚症，用大黄黄连汤、泻心汤主之。

第十五辨

① 邪，底本作“斑”，校改。

黄苔而有小黑点相杂者，乃热气已遍六腑，将入五腑，急先用黄连解毒汤，次用调胃承气汤，或三乙承气汤下之，后用凉膈散、盖元散调服之。

第十六辨

黄苔中有小黑点者，其证作渴而谵语。脉滑者，主宜黄连解毒汤，然后用白虎，加人参苍术汤，再以三乙承气汤下之。脉濇者，死。循衣摸床，粪黑者，死。

第十七辨

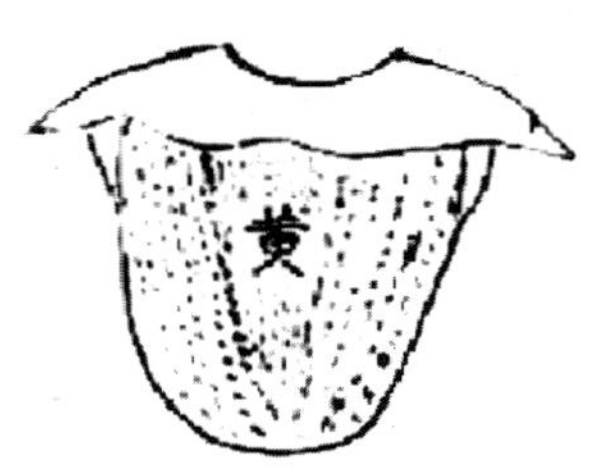

黄苔生黑点至舌尖者，盖热之至极而深矣。若两感见此者，必死矣。若非两感，十有一二少生。恶寒不利者，宜下之，先用黄连解毒散，合凉膈散，养阴退阳，再三乙承[1]气汤下。

第十八辨

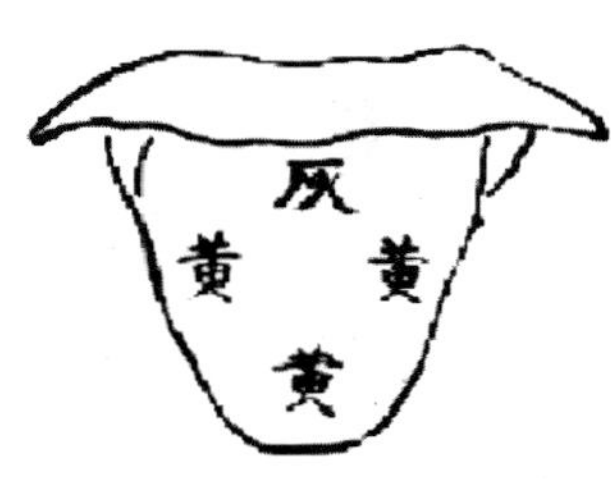

[1] 承，底本缺漏，校补。

四弦微黄，而中心灰色成行者，此由失下而致寒。热退则愈。不退，再不须下。至三四次，方退；若三四次而苔不落者，其死必矣。

第十九辨

微灰色，两边近中有黑晕二条者，邪热乘肾与命门也。下迟者，必死。宜三乙承气汤，加黄连解毒汤，二五次看消息，下之方可。

第二十辨

舌根黑而尖黄，脉浮者宜下。若脉浮，惟当养阴退阳。恶风者，当微汗，宜用双解散。若下利者，用解毒汤，十生七八。

第二十一辨

黑而灰色，根上有黑点间出者，脉实宜下之。脉浮作渴、欲饮水者，用人参白虎汤、凉膈治之。盖此症，亦危殆之甚者也，十有二三生，而七八死也。

第二十二辨

灰色满舌，不恶寒，而脉浮者，宜下之。如恶风、恶寒，用双解散，加黄连解毒，十生四五。三乙承气汤下之，粪黑者不治。若灰色似黑，而又有稀[①]脓者，宜深辨，不可苟忽。

第二十三辨

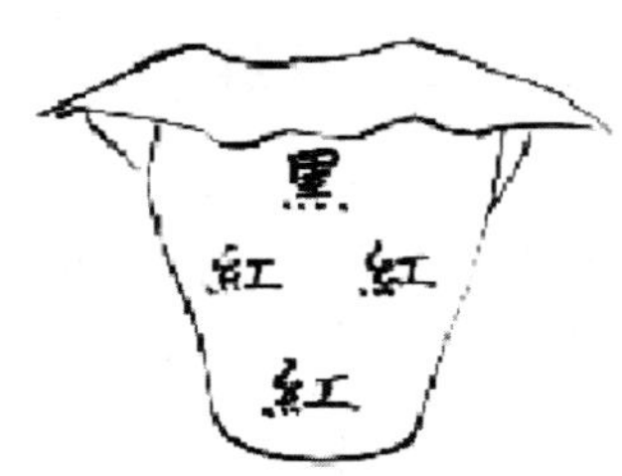

弦红心黑，如表未解，宜双解，加黄连解，或苍术白虎。其表证罢，宜急下之。若结胸、烦躁懊憹、目直视者，必死。若非结胸者，少生。

第二十四辨

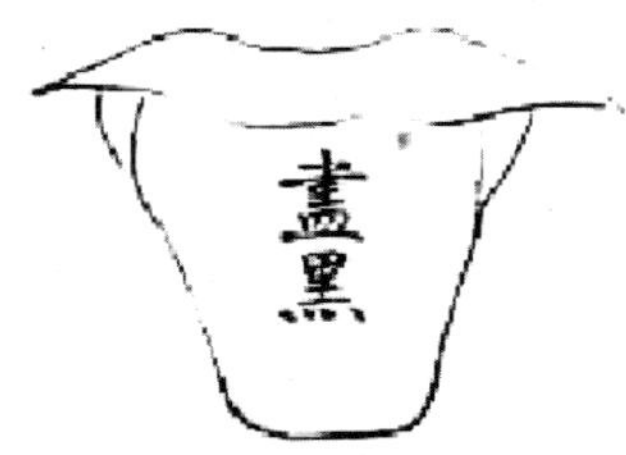

满舌尽黑，而脉滑实者，急宜下之。盖此病九死一生，若脉浮无力，十死莫救。若发热而渴饮，经曰："热病、渴甚饮水者，必死矣。"

---

① 稀，底本作"溪"，校改。

新刊三丰张真人神速万应方卷之三

内科

诸气汤药

人禀天地氤氲之气，多因七情所致，喜、怒、忧、思、悲、恐、惊之是也。喜伤心，怒伤肝，忧伤肺，思伤脾，悲伤心胞，恐伤肾，惊伤胆。因气而成，不能升降，郁结三焦，以作痞滞，胀满噎塞，吞酸，胸膈气逆而作疼痛，阻滞不通。通则不痛，痛则不通，皆是痰气积聚，不能得散，而生诸患。亦当调气，安其五脏，温而散之。审察其症，或宜通利之法，而行用之。

快气散

治心腹胀满，胸膈气塞，噎酸，胃气走注，刺痛发则不可忍者。

赤茯苓　半夏　陈皮　甘草
藿香　玄胡索　乌药　香附
麦芽　神曲　石菖蒲　青皮
白术　厚朴　桔梗　麦门冬
枳壳　木香　砂仁

上㕮咀，水二盅，姜三片，煎至一盅，食远服。

加味清气化痰汤[1]

治上焦积热，气逆不顺，或胃中有热，膈中有痰，心胸饱闷，皆可服之。

牡丹皮　生皮各一钱　茯苓　黄连
陈皮　枳实　升麻　防风

① 汤，底本作“伤”，校改。

青皮　　当归　　柴胡各六钱　　山栀

羌活　　荆芥各四分　　薄荷少许

上㕮咀，水二盅，姜三片，枣一枚，煎至八分。食远服，忌鱼、面之物。

安胃和脾饮

治大人、小儿脾胃不和，中脘气痞，心腹胀满疼痛，不思饮食，呕吐涎痰，噫气吞酸，面色痿黄，肌肉消瘦，腰胁刺痛，泄泻不止，便利不调，少力嗜卧，脾胃虚弱，饮食不化。并宜服之。

白茯苓　　人参　　白术　　青皮

陈皮　　木香　　藿香　　泽泻

砂仁　　槟榔　　广茂煨　　甘草

厚朴去粗，姜制　　苍术二两，用姜二两，同捣，共炒黄色　　小枣二十四个，去皮、核，焙炒

上为细末，每服三钱，熬生姜汤调下。日进二服，忌一切生硬冷物。

清神益气汤

此药消痰除湿，益元气，调脾胃，消心火，滋养肾水，生血养荣之妙。

人参二钱　　白术　　当归　　芍药

熟地黄　　黄芪各钱半　　茯苓　　川芎

陈皮　　黄伯酒炒　　知母生　　甘草

麦冬各一钱　　五味子十五个

上㕮咀，水二盅，煎至八分，不拘时服。如上焦有热，去熟地，加生地；如头疼，加白芷、细辛、半夏、姜，煎；有痰热，加薄荷、荆芥，去黄芪、知母；无热，去熟地黄；如不思饮食，倍加白术[①]，和脾胃；如气滞不宽，加青皮、枳壳、苍术各一钱半，去黄芪；如下元虚泄，不去黄芪；如心下惊悸、恍惚不宁，加茯神、远志、酸枣仁、石菖蒲各一钱，去茯苓；如口干舌燥，倍加五味子、麦门冬，去熟地黄；如身体发热，倦怠沉困，加软苗柴胡[②]、升麻、黄芩各一钱；如痰盛，加半夏二钱；有痰有热，加黄芩；如肚

① 术，底本作“木”，校改。

② 软苗柴胡，即狭叶柴胡，又名南柴胡、红柴胡、香柴胡、软柴胡。

腹膨胀，气不转运，倍加陈皮，再加厚朴、枳壳、木香、苍术、升麻、柴胡各一钱，去白术、五味、麦门冬、知母、黄柏、生熟地黄；如恶心，倍加生姜，再加半夏；如停食，加神曲、炒麦或用糠球各一钱，去黄柏、知母、五味子、熟地黄；气闭饱闷，嗳气加香附子、砂仁、枳壳，去知母、黄柏、麦门冬、五味、生地黄；或气闭饱闷，嗳气，加香附子、砂仁、枳壳，去知母、黄柏、麦门冬、五味、川芎、黄芪、生熟地黄；如三焦热盛，有痰，加黄芩、黄连各一钱，秋冬少用；如咳嗽，加半夏、桑白皮、炒杏仁；如头目不清，加薄荷、白芷、羌活，倍加川芎；如身体发热，劳复无汗，加软柴胡；身热有汗，加炙黄芪、官桂七分，去柴胡；如红便[①]，加黄连、当归、芍药、乌梅俱炒各一钱，荆芥[②]、升麻、柴胡、地榆、干葛各一钱[③]，去麦门冬、五味子；如腹中疼痛，感伤寒冷、口冷，加半夏、木香、官桂、干姜各一钱。煎服。

补中益气汤

治饮食劳倦，寒温失节伤于脾胃，喜怒忧恐损耗元气，营卫[④]不调，乃生寒热。

黄芪　　升麻　　人参　　白术

柴胡　　橘皮　　当归　　甘草

上㕮咀，水盅半，煎八分，空心服。

和中汤

（是苏子汤，加五苓散）

此药治忧思过度，致伤脾肺，心腹膨胀，喘促烦闷，身面虚浮，四肢肿大，小便闭涩，并皆治之。

苏子炒　　陈皮　　川木通　　木香

大腹[⑤]皮　　白术　　枳壳　　山果仁

---

① 红便，指大便带血。

② 芥，底本作“六”，校改。

③ “有痰热，加薄荷……干葛各一钱”一段，底本误抄录在“加味清气化痰汤”下，给予调整。

④ 营卫，底本作“荣胃”，校改。

⑤ 腹，底本作“伏”，校改。

半夏	赤茯苓	人参	川朴
车前子	猪苓	麦门冬	官桂
槟榔	萝卜子炒	泽泻	甘草

上㕮咀，水二盅，姜五片，红枣一枚，灯心三十根，煎至盅。食远服。

乌香苏气饮

乌药　藿香　香附子　厚朴　半夏　甘草　白芷　陈皮
枳壳　桔梗　紫苏　苍术　大腹皮　茯苓

右㕮咀，水二盅，姜三片，枣一枚，煎至一盅，食后服。

分心气饮

和剂方，治一切气留滞于胸膈之间，不能流畅，以致痞闷、噎寒不通，大便虚秘。

苏子降气汤

治虚阳上攻，气不升降，上盛下虚，痰涎壅寒。

盐煎散

治男妇一切冷气攻上，胃胁刺痛不已，及脾虚冷，呕吐泄泻，膀胱小肠气，妇人血气治之。

加味七气槟苏饮合鸡舌香散

治七情相干，阴阳不得升降，气道壅滞，攻冲作疼，并男女脏腑久冷不和，中脘气闭，停积痰饮，胸膈胀满，心脾引痛。

木香顺[①]气饮

治诸气痞塞不通，胸膈胁胀，面目虚浮，四肢肿满，口苦咽干，大小便秘涩。

---

① 顺，底本作“流”，校改。

香砂养胃汤

治脾胃虚寒，呕逆恶心，腹胁胀痛，肠鸣泄泻，或有外感寒热如疟，骨节烦疼治之。

治中汤

治脾胃不和，呕逆霍乱，中满虚痞滞塞。

柴胡枳桔汤

治伤寒发热如疟，胸膈满痛，诸痞结满闷，大小便不利秘涩，并皆治之，药味俱载《袖珍方》。

万病遇仙丹

治肚腹胀满积滞，呕吐酸水，不进饮食，腹中气块，水肿气蛊，赤白痢疾，疮疖肿毒；小儿积气，误食钱物；妇人经水不调，赤白带下治之。

沉香　　丁香各一钱　　猪牙皂五钱　　木香三钱

大戟　　三棱醋煮　　蓬术　　茵陈各一两

黑牵牛生熟头末，四两

上为细末，用大皂角半斤，煎膏和丸，桐子大。每服三钱，空心冷茶送下。孕妇不可服。

透膈汤

治脾胃不和，中脘气滞，胸膈满闷，噎塞不通，噫气吞酸，胁肋刺胀，呕逆痰涎，饮食不下。

白豆蔻　　砂仁　　木香　　槟榔

枳壳　　大黄　　厚朴　　半夏

陈皮　　青皮　　甘草　　朴硝

上㕮咀，水二盅，姜三片，枣一枚，煎至一盅。食前服。

治膈气、噎食、翻胃、梅核等症

广木香　粉草各一钱　蜜蜂草一把

猪牙皂十两，去皮弦，蜜炒黄色

上为细末，病重者每服三分半，轻者二分半，早晚各一服。八日后，服平胃散一剂，内加草果、青皮、枳壳，白汤送下。

治膈气方

先服柳寄生，或桑寄生，捣汁半盏服之，大有神效。

南星姜七日　朱砂　巴豆去油，各二钱　槟榔

黑牵牛生，三钱　白牵牛生，三钱　大黄炒，三钱

上为细末，面糊为丸，绿豆大，每服五七丸，槟榔汤送下。[①]

治膈方[②]

男、妇五膈十噎，酒肉气积等症。并心气疼痛，一服见效，服久饮食如旧后，服十四味建中汤，勿服别药。

木香　砂仁各五分　甘草三分　三棱

蓬术　槟榔　大黄各三两，俱生用

上为细末，人实者服二钱五分，虚小者服二钱，空心无根井水调下，行三四次，痰气即自[③]下之。忌生冷、酒肉、面食、硬物之类。

治气膈痹症

阿魏　木香　沉香各一分　五灵脂五分

共为末，黄狗胆一个入药，阴七日，取出，研细末。每服五分，姜汁送下。

膈气方

朱[④]砂　巴豆去油　南星姜制七日，各二分　雄黄

① 注意，方内巴豆畏牵牛。

② 方，底本作“弟”，校改。

③ 自，底本作“目”，校改。

④ 朱，底本作“神”，校改。

白牵牛半生半熟　黑牵牛半生半熟　槟榔各分半　大黄三分

上为细末，面糊为丸，绿豆大，每服五七丸，槟榔汤送下。[①]

膈气方

天灵盖七个，每个用黑豆四十九粒，层层隔封，水火升降杨梅色，冷定取出，去豆不用，每服一钱，好酒送下。

夺命丹

治男、妇五噎十膈，翻胃吐食之症。

沉香　丁香　木香见火　人参

川芎　肉豆蔻煨　神曲　肉桂

干姜炮，各三分　巴豆去油，一分　诃子去核　草果炮，各分半

砂仁二分半　甘草炙，去皮　蓬术炮，各五分

上为细末，用鸡肫一个剖开，勿去黄皮，装药在内，用线扎紧者，热晒干为末，磁瓦收贮，勿令泄气。每服五分，白滚汤或米汤服之，食米粥一二口压之。不可服别药，神效。

木香楝子散

治小肠疝气，膀胱偏坠久患之症，服此药如神效。

川楝子二十个　巴豆十粒，立味炒，去豆不用　荜薢　石菖蒲

青木香各五分　荔枝核十五个　麝香少许

上为末，每服二钱，大茴香汤空心送下。

治小肠气痛

（不可忍，服之）

大茴　小茴　川椒各五分　杏仁五十粒

上为末，每服一钱，空心酒送下。

① 注意，方内巴豆畏牵牛。

治疝气偏坠方

破故纸炒　小茴香　牛蒡子　黑牵牛　川大黄

上各等分，为细末。发时，好酒空心送下，日进三服。

神效噎食病方

紫金丹杵烂　核桃　杏仁麸炒　穿山甲土炒，各一分

上为细末，炼蜜为丸，如枣子大。口噙化，约化七分，三分米汤化下。病从大便而下，如硬，即以手取下。次服温粥半碗。忌一切荤腥发物。

是斋摧气丸

治三焦痞塞，气不升降，胸膈胀满，大便秘涩，小便赤少，宜服之。

大黄　陈皮　槟榔　枳实　牵牛

上各等分，为末，炼蜜为丸，如桐子大，每服五十丸，温水送下。虚实加减。

加味四七汤

治痰噎塞，不下饮食。

紫苏　川朴　茯苓　半夏
橘红　香附　砂仁　枳壳
木香　小枳实　桔梗　神曲
白豆蔻　麦芽

上㕮咀，水二盅，姜三片，煎至一盅，食后温服。

治胸腹胀满秘方

大腹皮　甘草　茯苓　陈皮
青皮　芍药　萝卜子　厚朴
枳实　枳壳　柴胡　黄连
白术　木香　槟榔　半夏

上㕮咀，水二盅，姜三片，灯心二十根，枣一枚，煎至一盅，食后服。

四七气汤

藿香	北梗	肉桂	陈皮
三棱湿纸，包煨	青皮	香附	半夏
甘草	乌药	益智仁	独活
檀香	羌活		

上㕮咀，水二盅，姜三片，煎至一盅，随病上下服之。

诸蛊保命丹

肉苁蓉三两	皂矾一斤，二味入罐内，火锻烟尽	大麦芽炒，斤半
香附一斤	红枣一斤，煮熟去核	

上为细末，面糊为丸，如桐子大。每服二十丸，好酒送下。食后服，日进三服，量人大小用。

消癖膏

治诸般癖积之症，一敷速效。

此药名为消癖膏，不须锻炼及煎熬。

甘草甘遂平等分，硇砂没药不相镜。

葱白七根白砂蜜，马齿鳖鱼共相搅。

更入三味灵验药，益母豨[①]莶金灯草。

内有八件最为良，用心将来一处捣。

贴在癖上如推磨，却似神仙用手扫。

此味俱生用，捣膏摊贴癖上，立消。

益母草	鳖肉	豨莶草	马苋
金灯草各两	硇砂一分	没药三分	葱白连须，三根
甘草	甘遂各四分	蜂蜜少许	

百消丸

专治男、妇诸般病症。胸膈胞闷，气痰痞痰，血癥血瘕，梅核气积，并

① 豨，底本作“稀”，校改。

皆治之。

蓬术煨　　三棱　　半夏　　陈皮

百草霜炒　　青皮　　陈曲　　苍术泔浸

香附去毛　　水红花

上各等分，为末，先将水红花嫩叶捣烂，熬水成膏，和前药为丸，如桐子大。每服五七十丸，空心，温酒送下。

心疼神效方[①]

治男、女一切急患心疼，如神效。

大川芎一斤

为细末，食后用烧酒调服。一个住一年，两个住二年。

梅核气方[②]

治梅核气，咽喉气胀，上攻胸膈，疼痛。

桔梗　　厚朴　　大黄　　陈皮

甘草　　半夏　　紫苏　　枳壳

乌药　　香附　　灯心

上㕮咀，水二盅，煎一盅，食后温服。

剪红丹

治气蛊等疾，如神效。

烧滚水一锅，用黄香一两，银朱一钱。

上为细末，将匙挑药末入滚水内，滴药如珠，滴一丸用手丸一丸，只待前药尽晒收用。后服黑虎丹。

川芎　　川椒　　巴豆各五分

共为细末，醋糊为丸，如绿豆大。先服剪红丸一丸，次服黑虎丹七丸，俱用姜汤送下。

---

① 底本未标方名，校补。

② 底本未标方名，校补。

巴豆有三种制法：怀孕妇人[①]、弱者去油，如患人体健不去油，如小儿患者去油。

阿魏丸

治男、妇积聚癖块，如癥瘕，随气上下发作，有时心腹疼痛，上气闭塞，肚腹膨胀，身体羸瘦，饮食少思，渐渐长大，如覆杯，有头足，如龟鳖之壮者，并皆治之。

阿魏	京三棱	蓬术醋煮	香附子
青皮	陈皮	粉姜	良姜
砂仁	神曲	麦芽	山果
草果仁	木香	草豆蔻各二两	萝卜子
槟榔	小茴香各一两	硇砂五分	

上为细末，面糊为丸，如桐子大。每服四五十丸，随病上下，米汤送下。此药能消饮食，宽中快膈，健脾磨积之妙。

消长引子

治蛊症，并[②]腹胀。

人参	茯苓	白术	甘草
陈皮	半夏	厚朴	槟榔
猪苓	大腹皮	泽泻	木通
木香	砂仁	萝卜子	香附
青皮	紫苏		

上㕮咀，水二盅，姜五片，枣一枚，煎至一盅。食后服。

治翻胃神效方

人参	南星姜制	木香各二钱	豆豉煅
枳壳各一两	厚朴	半夏各五钱，俱姜制	白矾烧

---

① 注意，巴豆为妊娠禁忌。

② 并，底本作“单”，校改。

甘草　　糖球根各一分

上为细末，露放纸内，铺开一宿，外用人参、厚朴煎汁，和饼如钱大，砂锅焙干，先嚼一饼，姜汤调平胃散末送下，早晚各一服。忌[①]香油、冷酒、赤豆、生冷物。

膈气神效方

黑铅一两　　水银三分　　人言[②]　　阿魏各一两

上先将铅化开，入水银，次下信（人言），将干荷叶研末，陆续投之，铅枯为度。又加阿魏，同研细末，乌梅肉为丸，樱桃大，朱砂为衣。空心噙化三丸，三日一服，或五日一服，大有功效。

朱砂丸

治气膈噎食、转食之症。

鸡肫皮一两　　朱砂　　南星牛贴者，一两　　急性子[③]二分

膈山硝二两

上为细末，炼蜜为丸，如小豆大。每服一钱，淡姜汤送下。

治膈气经验神效方

上用大鲫鱼一尾（用自死者，活鱼不效），剖腹，去尽肠物，留鳞。用大蒜，去皮，切碎，填入鱼腹内，合为一尾。用湿纸包定数层，次用麻皮缠之。又有熟黄泥厚厚封，同日晒微干，再以碎炭火慢慢煨熟，取出去鳞、刺骨，入局方平胃散，捣细，丸，如梧桐子大，日晒干，收磁罐内，勿泄气。每服三十丸，空心或空服，米汤[④]送下，其效如神。

---

① 忌，底本作“香”，校改。

② 人言，指砒石。李时珍《本草纲目》：“释名：信石、人言（《纲目》），生者名砒黄，炼者名砒霜。时珍曰：砒，性猛如貔，故名。惟出信州，故人呼为信石，而又隐信字为人言。”

③ 急性子，即凤仙。李时珍《本草纲目》：“释名：急性子（《救荒》）”，“时珍曰：其花头翅尾足，俱具翘然如凤状，故以名之。女人采其花及叶包染指甲，其实状如小桃，老则迸裂，故有指甲、急性、小桃诸名。”

④ 汤，底本作“饮”，校改。

膈气方

用陈皮二钱，去白净；巴豆二钱，同炒碎，去豆，只用陈皮。又用地牛儿二个，推屎虫一公一母，同入罐中。数日①，推屎虫食尽地牛儿。将屎虫泥固，火内煨过，取出，同陈皮为末。每用一二分，吹入喉中，其痰吐尽，三四次即愈。

治噎食病

用人粪入萝卜内，火炼三炷香，取出。每服三分，黄酒送下。服三次，即愈。

白玉散

专治膈气，用壁上陈白螺丝烧灰，一次一钱，酒调服，即愈。

治噎食膈气神效方

朱砂　雄黄　硇砂各一分　木香　沉得各二分

如年少者，加白砒三分，年长者不用。上为细末，每服三分，温酒调下。

治噎食方

人言、硇砂各一两，为末，入罐内，以文武火升，三炷香取出，灯盏上灵药用。又用硇砂、黄丹各一两，为末，照前升，取桑霜一两，各为细末，每服三分，烧酒送下。

治噎食病

马蹄香四两，为末，好酒三斤，熬膏。每服二匙，好酒调下，日服三次。

开棺夺命丹

专治男、妇十膈、五噎②之症。

---

① 日，底本作“月”，校改。

② 噎，底本作“噫”，校改。

灵砂分半，另用　白檀　沉香　丁香

木香　乳香各一分

上为细末，用铁勺内，以水二碗，煎一碗，听用。又皂矾二钱，醋、酒，炒黄色，听用；穿山甲二钱，酥油炙黄，听用；马鞭草二钱，硇、砂各一钱为末，装入空鸡子内，油纸封固。麦麸五升，好醋五斤，拌匀，入锅内，铺平，中取一穴，将鸡子埋于内，铺[①]平，慢火蒸一昼夜，如有烟起，用醋洒灭[②]火，足取出，同前药，共研细末。每服一分，气弱者七八厘。噎[③]食，热黄酒送下；膈气，薄荷汤送下。

治小肠气

黄荆子一碗，入锅内，炒熟，将酒一盏入内，一滚，取起。成热服，即时见效。

治小肠疝气

用黑玄参㕮咀，炒为末。每服一钱，或钱半。空心酒送下，出汗有效。

治小肠气方

乌药一两　升麻八钱

上㕮咀，水二盅，煎一盅，露一宿，空心，热服。

治小肠疝气

一时举发，疼痛不可忍者，治之。

玄胡索　青皮　枳实　木通　大小茴香

上各等分，为末。每服二钱，空心酒调下，出汗神效。

又方

用大茴香、荔枝核，炒黑色，研末。每服一钱，酒调下。

① 铺，底本作“卦”，校改。
② 灭，底本作“救”，校改。
③ 噎，底本作“回”，校改。

又方

用青木香四两，酒三斤煮过。每日三次饮之。

治疝气方

天仙藤，好酒一碗，煮至半碗，服之神妙。

治小肠疝气肾肿偏坠

山茱萸　吴茱萸　破故纸各一两　青皮

茴香　青盐各三两　川楝[①]一两，斑螯[②]十四个，同炒，去斑用

牵牛黑，炒，二分

上为细末，醋糊为丸，如桐子大，每服五十丸，桃仁十五粒炒。酒下，或茴香汤亦可。

治疝气方

葫芦巴酒浸，晒干　荞麦仁炒，去尖，各四两　小茴香一两

上为细末，酒糊为丸，桐子大。每服五十丸，空心盐酒送下。服两月，大便出白浓，去根。

治单双蛊胀

牵牛子[③]二两　甘遂面，炮煨　海金砂　白术各五分　轻粉一分

上为细末，每服一钱，白汤调下。忌油酱、荤腥等物，大有应效。

不老丹

治脾泄泻之症。

糯米二升，蒸炒白色　人参去芦，七分　白术二两　茯苓蒸过

白糖各四两　白芷五钱　木香三分

上为细末，用米饮调三匙，空心服有效。

---

① 楝，底本作“练”，校改。

② 螯，底本作“毛”，校改。

③ 子，底本作“木”，校改。

极妙提金散

治男、妇五劳七伤，咳嗽不止，一服即愈，多年病症，十日见效。

粟壳十两，蜜炙　柴胡　广木香　麦糵
人参各一两　桔梗　甘草　青木香
陈皮　川芎　乳香各五分

上为细末，每服三钱，水盅，半煎七分，连末，临睡服。

回生散

（又名破棺散）

不问远年近日，心气疼痛，药不效者，用山羊粪七粒，油头发不拘多少，同灰米醋半盏，调服，除根，永不再发。

外科

此门内有千金托里散、内补十宣散、五香连翘汤等方药，俱在李恒[①]《袖珍方》内，故不重刊。切要诊[②]看脏腑表里[③]虚实，通利里托等药，不可一例而推。今将简易经验良方，加减次第，开列于后。

加减升麻解毒汤[④]

升麻　赤芍　白芷　麻黄
金银藤　荆芥　防风　前胡
羌活　柴胡　独活　川芎
桔梗　茯苓　薄荷

水二盅，生姜三片，煎至一盅。热服，取汗为度。

---

① 李恒，底本作“东垣”，校改。《袖珍方》四卷，明·李恒撰，成书于明洪武二十三年（1390），方计 3077 首，按病证分为八十一门。

② 诊，底本作“珍”，校改。

③ 里，底本作“解”，校改。

④ 汤，底本作“散”，该方属汤剂，故校改。

仙遗千金内托汤[①]

治男、妇肚痈，一切肿恶毒疮，立见功效

大黄生，三分　牡蛎　皂角针　连翘

金银花　黄芩　羌活　瓜蒌仁

赤芍　甘草节　山栀　当归各二钱

水二盅，姜三片。煎服。

消肿乌龙膏

浮粉一斤　文蛤　生明矾各四两

上将粉炒黑色，下陈[②]醋三碗，锅内熬成膏，后入蛤、矾二味和匀，听用。

生肌五龙散

寒水石煅白色　狗骨　仙人顶俱烧过　龙骨生，各二两　黄丹水飞，五分

五味同为极细末，粉红色，凡搽疮者少许，不拘刀斧伤之，搽上即愈。

拔毒千金膏

棓子　白矾　乳香各分半，为末　盐梅五个，去核

百草霜二分　生姜连皮，五分　韭根一两　苎蔴嫩根去皮，四两

用大猪胆二个，同前药捣烂，以毒处周围敷之。若干，将胆汁和水润之。

敷药：苎蔴嫩根去皮，光粉二味等分，用姜汁、猪胆调敷。

得效回生丹

治发背痈疮脓烂者，速有回生之妙。

铅粉一两，生用　乳香　没药俱箬叶上炙焦　轻粉

银硃　雄黄各二分半

六味共一两一钱二分半，俱真正好者。上为极细末，收贮。凡治其病，先煎好浓茶，将疮口洗净，软帛试干，用猪腰一个剖开，用药一分擦于腰

① 汤，底本作“散”，该方属汤剂，故校改。

② 陈，底本作“宋”，校改。

子上，合贴患处。腰子发热蒸之，良久取出，自然拔去毒气，减痛。疮口出脓，不可手挤，次日照依前法敷之，第三日亦然。疮势恶者，敷八九次；疮小者，敷一二次愈之。若敷腰子不然者，勿治。如对口疮，用前法治之，敷数次，速有功效。疮口大者，将腰子剖开，相连如大片，约疮口大小，擦药腰子，一有毒气，宜深埋之。

狗宝丸

济生方，专治痈疽，发背，附骨疽，诸瘕恶漏等疮。

蟾酥二分　乳香　没药　雄黄

硇砂　轻粉　麝香　铅白霜

粉霜俱另研，各一钱　金头蜈蚣七条，炙黄色，研如泥　黑狗胆一个，干，去皮，冬月者尤佳

女人乳一合，初生头子者用之　乌金石即石灰，袁州府障乡县有，二钱　黄蜡二分

上先将乳与黄蜡放入罐内，文武火熔开。用前药末和成剂，要用旋丸，如麻子大。每服二丸，或至五丸，用白丁香七粒真者，以新汲水化开，送下。至腰以下病，食前服；至腰以上病，食后服。如人行五里，用热葱白粥投之，即以衣被盖定，汗出为度。以后只吃白粥，常服十奇散，留头与口边，以乌龙骨贴之，即愈如神。

护心止痛托里散

绿豆粉四两　乳香一两

上为细末，每服一钱，用新汲水调下。觉[①]燥热者，三日服不妨。

薰洗散毒汤

荆芥　防风　羌活　独活

香白芷　升麻　黄芩　甘草

桔梗　透骨草　赤芍

上十一味，煎汤，患者薰洗四围，遮暖，莫令透气。先坐于盆上薰，待汤温，方洗。不拘无名之毒，薰一二次全可。

① 觉，底本作“搅”，校改。

得效方

专治痈疽，便毒如神。

皂角针 瓜蒌 朴硝 山栀

连翘 穿山甲炮 大黄 白芷

水一盅半，煎八分。食前服。

骨疽疮方

骨疽骨痛属肾经，血凝血滞骨瘘疼。

初生痒痛行营[①]卫，次后发肿痛难禁。

此疮邪气寒在内，日久成脓用砭针。

次用和血通肠药，立效如神疮可平。

此疮有四名，一名骨疽，一名骨痛，一名髓疽，一名骨附。四症治法，皆服乳香黄芪散。疮上用冲和膏扫上，成脓刺破。

乳香黄芪散

专治一切痈疽，发背，疔疮已成，疼痛不可忍者，速溃烂未成者，速散或疮气入腹，神昏不省者，或呕吐，不用刀砭，其恶自下。

乳香 没药 人参各五分 黄芪

当归 川芎 陈皮 麻黄

甘草 芍药 蜜炒米壳二两

上㕮咀，每服三钱，水一盅，煎至七分，温服。

冲和膏

疮冷热明者，用之。

紫荆皮 独活各三钱 石菖蒲加减用 赤芍二两

上为细末，酒调涂疮上。疼者，加乳香、没药，极效。此疮冷者用。

① 营，底本作“荣”，校改。

紫金丹

文蛤　大戟　千金子各一两　全蝎二十八个[①]　山豆根
山慈菇[②]各二两　乳香　朱砂　雄黄各五分　麝香一钱

上为细末，择天月二德日，或端午、七夕、重阳日，静室焚香，糯米粥柏内棍一千下，做成锭子一钱半，或一钱，或五分重，看疾虚实用。疔疮发背，一切无名肿毒，用薄荷叶、新汲水磨服；中诸恶毒，河鲀、恶蛇风、大蜈蚣、蝎伤，用水磨服；中风不省人事者，用酒磨服；疟疾久不愈者，桃头煎汤磨服；久痢久嗽不止，小儿惊风，水磨；心气疼，滚汤磨服。

木香槟榔散

治痈疽，发背，疮疖，下疳，臁疮，外触风寒，肿掀[③]结硬，内膆空虚，恶臭溃脓，不生肌，久滞不瘥者，贴之神验。

木香　槟榔　黄连各等分

上为细末，干洒疮上。

得效蟾酥丸

治痈疽、发背，鱼口封口，便毒乳痈，疔疮，一切无名恶疮，服之神效。

朱砂　雄黄各二分　麝香四两　枯矾　蜈蚣末各四分

如小儿痘疼二三丸，伤寒者四五丸，俱酒下。

上为细末，蟾酥为丸，如绿豆大。每服四五丸，令病人嚼葱一根，包丸药，热酒送下。厚被盖之，出汗即愈。宜端阳日修合。

如小儿豆疹，二三丸；伤寒者，四五丸，俱酒下。

八草膏

五月五日午时采。

忍冬[④]花嫩头　马鞭草　车前子　牛膝草

① 个，底本作“斤”，校改。
② 慈菇，底本作“茨孤”，校改。
③ 掀，底本作“忺”，校改。
④ 冬，底本作“东”，校改。

稀莶草连根　竹叶草　苍耳草　水红花
吴萸草　乳香　松香　生姜各四两
好醋一碗　真桐油一斤

上取各味洗净晒干，臼内捣烂，新布滤汁，下锅文武火煎。陆续下醋，醋尽滴之[①]成珠，将乳、松二香为末，下桐油，再煎，不粘手为度，入水盆浸用。此膏能治疔疮肿痛，发背痈疽，贴上即愈，癥痕痞块，俱贴患处自消，寒温脚气，骨节疼痛，勒马见效，跌打损伤，一切贴之，神效。

千金一笑散

治一切无名肿毒，疔疮发背，瘰疬疖毒，服一丸，从大便而出脓血，即愈。

山慈菇[②]　雄黄　玄参　朱砂
赤石脂各三分　千金子五分　麝香三分　片脑二分
槟榔鸡心巴豆百粒，炒黑，去豆　紫河车各一两

上为细末，绿豆粉为丸，如龙眼大。

某处发疮，用一味药，煎汤送下。如头上毒，用川芎煎汤化下；手，桂枝；面，蔓荆子；脑，枳壳；胁，桂枝、枳壳；遍身，防风、灵仙；足，牛膝；腿，木瓜；便毒，通草、灯心；肚腹，当归尾；腰背，杜仲。各随一味药，煎汤为引，服之神效。

神仙随身应用方

血竭　轻粉　蜈蚣　硇砂
粉霜各五钱　人言一分　麝香少许

上为细末，滴水为丸，如小麦大，不拘疔疮发背，痈疽恶毒之疮，将一粒安在疮口上，有万两黄金不换，其效如神。

追疔夺命汤

治疔疮，痈疽，发背，一切恶疮，大有神效，活人多矣。

---

① 之，底本作“水”，校改。
② 菇，底本作“孤”，校改。

羌活　　独活　　黄连　　赤芍

甘草节　　细辛　　蝉脱　　僵[1]蚕

脚连　　河车　　泽兰外加用　　有脓[2]

首乌　　白芷利[3]　　金银花外加用　　青木香

栀子　　牵牛各半分　　青皮　　防风多用

大黄外加用　　左脚加木瓜[4]

上㕮咀，每服五钱，先将一服加泽兰、金银花各一两，生姜十片，用药擂烂，好酒旋之，热服。不吃酒者，水煎为妙。然后用水、酒各一盏半，生姜十片，煎至一盅，热服，汗出病退减。后，再加大黄二钱，煎服。再再以利三四次，去余毒为妙。此方以药味，任意活法加减。

秘传疔疮方

用野菊花，连茎捣烂，酒煎服，汗出即愈。

五月五日，取苍耳草，连根叶，捣烂，酒煎服，出汗如数。烧灰存性，再加经霜桑叶、芙[5]蓉叶，研末，共一处，醋调敷肿毒周围。如干者，以醋润之。又取苍耳草内蛀虫，香油浸之收放。如要搽疮，将二三个虫子捣烂，敷在疮上，即时毒散，大有效验。

吸[6]脓竹筒方

乌桕油　　苍术　　白蔹　　厚朴

艾叶　　白蒺藜　　好茶　　白芨各等分

用竹筒五七个，长一寸，一头留节，削去青，如纸薄，随疮大小用之。却将煎药煮竹筒十数沸，待药干为度。乘筒热，以手安疮上，紧紧吸之，脓、血水满，自然脱落。不然用手拔脱，再换热筒吸之，如此三五次，毒尽疮消，即敷生肌散，药满后，膏药贴之，可效。

---

① 僵，底本作“姜”，校改。

② 有脓，似是衍文。

③ 利，似衍字。

④ 似指左脚有病加用木瓜。

⑤ 芙，底本作“美”，校改。

⑥ 吸，底本作“及”，校改。

胜灵丹

专治男、妇远年近日瘰疬，风毒结块成病，疼痛难忍者，并皆治之。

牡丹皮三钱	黄芪	连翘	当归
羌活	防风各一两	人参	升麻各二钱
甘草	真漏芦	干葛	肉桂
白芍药	独活	黍粘子不肿不用	生熟地各五钱
广茂	三棱煨，各三钱		

疮肿硬甚者，加减后药。大麦面一钱、神曲、黄连各五钱；烦闷有热者，加黄柏五分；初服药，胀疼，加厚朴，炒，五分。

上为细末，每服二钱或三钱，白汤送下。

牛蒡子丸

治风毒结核，瘰疬肿痛。

牛蒡子微妙	何首各二两	干薄荷	雄黄各一两
麝香	牛黄各二钱半	皂角七根水二升，捶汁，熬膏	

上为末，以皂角膏为丸，如柏桐子大，每服二十丸，黄芪煎汤送下。

瘰疬方

用老鼠一个，一两重，泥包炼；萎茹草二两，同捣烂，陈米饭为丸，如桐子大。每服三十丸，白汤送下，立效。外将油脂膏敷之。

油脂膏

乳香	没药	龙骨各一钱	鹿角烧灰
石脂各三钱	海螵硝五钱	血竭	轻粉一钱
香油三两	黄蜡五钱		

或加百草霜、龟壳在内。

上将香油、黄蜡煎滚三五次，入药在油内，以绵纸量疮大小，入油内，拿起贴在疮口上，一日换三五次，神效。

专治远年瘰疬，不能痊愈[①]者，用多年杏仁，瓦上炒干，将有油去，捣烂炸油，搽疮神效。

治[②]瘰疬方

人言白者　巴豆　披麻俱去油　姜蚕各一钱
杏仁四十九粒

上为细末，将疮当头灸三炷，次将药末少许，津调搽疮上，周围水调白芨末敷之，干以水润，待黑肉自落，生肌散膏贴之。

治瘰疬方[③]

瘰疬风毒结成者，疼痛，治之有效。

斑蝥糯米炒过　荆芥　白丁香　枳壳五分
磨刀泥二钱　紫参莫令铁器　防风各五钱　黑丁香

上为细末，柴参一味，另以石柏研一处。十年以上服一钱，二十年以上服二钱，空心无根水送下。若三年者，只服二钱；五年者，三钱，绝根。孕妇勿服。如疮硬者，针破，用良姜末、黄丹炼蜜，做成锭子，舌上噙化，吐津搽疮口上。

治[④]瘰疬方

桑灰　荞麦　石灰各一升，淋水熬膏　白丁香四十九粒
磁瓦灰一钱　乳香　没药各三钱　硼砥各半分
小麦四十九粒

上为细末，熬膏，滴水不散，方下此药，一滚收起，用磁礶一个，黄蜡封口，入土内埋[⑤]，三日取出。如疮破者，将笔点在周围；未破者，点五七次即散。

---

① 愈，底本作“体”，校改。
② 治，底本无，校补。
③ 方名，底本无，校者加。
④ 治，底本无，校补。
⑤ 埋，底本作“理”，校改。

治痈疽方①

治痈疽，发背，恶疮肿毒，未成脓者速消，已成脓内消。

大黄绵纹，二两　白芷　天花粉　山栀各八钱

巴豆去油，四十九粒

上为末，量人之大小、虚实服之。人大，服二钱；人小，一钱或钱半。五更空心，无灰酒送下，待大便行五六次，食米粥补之。

清凉内消膏

专贴痈疽，发背，疔疮，一切无名大小肿毒，并皆贴之。

麻油三斤　大黄　黄芩　黄柏

苦参　荆芥　玄参　白芷

姜黄　金银藤　桃仁　杏仁

防风　山栀　羌活　独活

蜂房　人发　青藤　连翘

蛇蜕　木鳖　芍药　南星

川山甲　黄芪各一两　当归　黄连各二两半

上㕮咀，俱入油内，熬至白芷呈黑色，去渣，用鹅油四两，再熬，次下炒过黄丹细末三斤，再熬，滴水中不散为度，取起，加麝香五钱，收贮听用。

吸②脓长肉膏

治诸般痈疽，疮疖，贴之神效。

当归　黄芪　黄连　黄柏各两半

黄芩　大黄　白芷　杏仁

防风　荆芥　羌活　独活

栀子　连翘各一两　赤芍　金银藤

青藤各八钱

上㕮咀，用麻油三斤，桃、柳枝各百根，入油内，再用头发一团熬化，

① 方名，底本无，校者加。

② 吸，底本作“呼”，校改。

次下咀药，熬白芷黑色，出渣。再下水淘过炒热之黄丹八两，沥青二两，黄蜡五钱，滚油中渐渐加之。春夏宜软，秋冬宜硬。

中风门

凡中风者，先当顺气，然后看病轻重用药，切不可就用省利之药，须看何经得病，仔细斟酌，不可一例而推。先当用八味顺气散、醒风汤，或导痰汤、乌药顺气散、竹沥汤、羌活愈风汤。如痰多者，用稀涎散，活法加减用之。此方并见《袖珍方》，故不重刊。

均气散

白术　乌药　沉香　白芷　人参　甘草

生姜三片，枣一枚，煎服。

乌金至宝丹

治男子、妇人中风瘫痪，口眼歪斜，骨节疼痛，牙关紧急，项背[①]强直，上攻头目，下注腰脚，涎沫常出，膝胫肿痛，皮肤瘙痒，手足顽麻，晨昏目黑，耳内作鸣，偏正头风。小儿惊风，妇人血气兼四时伤寒，并皆治之。孕妇不可服。

天麻　广苓　防风　薄荷
白芷　菊花　苍术　荆芥
麻黄　赤芍药各一两　藁本　当归
川芎各三钱　大黄　僵[②]蚕　藿香
全蝎　羌活各五钱　木香半两　地龙去土，二两半
草乌生用，八两　细辛四两半　甘松七钱半　川乌二两半[③]
京墨二两三钱　南星一两

① 背，底本作“皆”，校改。
② 僵，底本作“姜”，校改。
③ 半，底本作“土”，校改。

上为细末，面[1]糊为丸，如弹子大。每服一丸，临卧温酒或茶清，细嚼送下。

辛尚书真方顺气丸

火麻仁	槟榔	川牛膝	山药
菟丝子	郁李仁	防风	枳壳
独活	木香	当归各一两	车前
大黄生熟，各二两半			

上末，炼蜜为丸，如桐子大。每服五十丸，不拘时，白汤送下。

蒙山大风药

草乌	天麻	马蜂窝	川芎各五斤
羊角一对	苍术	玄参	穿[2]山龙
紫参	防风各十斤		

用桑柴火煮角为末，和成一处为定，治法用水磨细，罗去渣，再磨一次，浸一七，去水阴干，以香油和，杵千下，做成锭，如小红枣大，每服临睡一丸，好酒送下，发病动风等物忌之。

通关散

治卒中风，昏闷不省，牙关紧，汤水不下。

细辛净土	猪牙皂角去子，各一钱

上为末，每用少许，吹入鼻内，候[3]有喷涕，服药

解毒雄黄丸

治中风卒然倒扑[4]，牙关紧急，不省人事。并解上膈壅热，痰涎不利，咽喉肿闭，一应热毒，并皆治之。

① 面，底本作“酒”，校改。
② 穿，底本作“川”，校改。
③ 候，底本作“喉”，校改。
④ 朴，底本作“仆”，校改。

巴豆十四个　　郁金　　雄黄研飞，各一钱半

上为末，醋煑，面糊为丸，如桐子大。每服七丸，热茶清送下，吐出顽涎立苏，未吐再服。如牙关紧急，捎开灌下。

煮酒药

治风温，血虚瘫痪，不能行动者。

防风去芦　　萆薢　　当归　　桔梗
炙龟板　　川牛膝　　枸杞　　秦艽
羌活　　晚蚕沙炒黄　　干茄根蒸　　虎骨
苍耳子　　苍术　　五加皮各二两

上到碎，用绢袋盛药，以无灰酒一斗浸，坛密固，煮滚，封七日。开坛时，不可面对坛口，恐药冲眼。每日早午晚，病人自取酒一小盏服之，不可多用，病愈药尽。以药渣晒干，为细末，酒糊为丸，如梧桐子大，每服五十丸，好酒送下，忌动风之物。

稀莶丸

治中风失音不语，偏风口眼歪斜，时吐涎水，四肢麻痹，骨间疼痛，腰膝无力。

稀莶草，五月五日、六月六日、九月九日采者，炒。

上取叶，洗净，曝干，入以甑中，铺一层，用酒与蜜铺一层，洒一层，蒸之，又曝，如九遍，为末，炼蜜为丸，如桐子大，每服五十七丸，温酒送下。

灵草丹

治一切风疾。

上采紫背浮萍草，摊于竹筛内，用木盆盛水，以筛放于盆上，勿令沾水，晒干。为末，炼蜜为丸，如弹子大。每服一丸，用黑豆淋酒送下。又[①]治脚气，打扑伤损，浑身麻痹。

① 又，底本作“及”，校改。

柯子汤

治诸风，失音不语。

柯子四斤，半生半炮　　桔梗一斤，半生半炒　　甘草一斤[①]，半生半炒

上为末，每服五钱，用童便一盅，煎七沸调服者，不过三服。

治沿骨风

不问遍身上下，腿脚背膊，骨节疼痛，皮肉不红不肿，诸方不能治疗，此药神效。

麻黄末三分　　乳香　　没药　　芍药各一钱

透骨草　　稀莶草　　威灵　　天仙藤各二钱

上为细末，每服三钱，好酒空心送下。得汗为效。

得效感应散

不拘男子、妇人，小儿惊风，治效如神。加减用之。

香白芷　　川芎　　荆芥穗　　羌活

白僵蚕　　细辛　　防风各五分　　全蝎四分，焙干

黄荆子净，微炒，一升

上为末，每服一钱，不拘时，茶汤调下。

追风丹

治风痫，及破伤风，暗风。

川芎二两　　细辛六分　　半夏汤炮七次　　桔梗

附子炮，去皮脐　　人参去芦　　川乌　　白附子

朱砂　　鱼鳔二两　　薄荷叶　　南星三分

白花蛇酒浸，用肉　　麝香四分　　大蝎尾二分，生用　　蜈蚣四条，黄头赤足，酒炙黄色

上为末，生姜汁和剂为锭，每服一锭，用酒化下。汗出为度。[②]

---

① 斤，底本作“寸”，校改。

② 注意，方内半夏反乌头、附子。

透骨丹

治风湿，腰腿筋骨疼痛。

两头尖一两　川乌　白术　当归

虎胫骨炙，各二两　五灵脂　川芎　穿山甲

乳香　没药　草乌　胡桃四十九个

自然铜一两

上为细末，酒糊为丸，如桐子大。每服三十丸，空心温酒送下。

大防风汤

祛风顺气，活血脉，壮筋骨，除寒湿，逐冷气。又治患痢后脚痛，不能行步，名曰痢风。或两肿大痛，髀[①]胫枯腊，止存皮骨，肉拘挛，跧卧不能伸屈，名曰鹤膝风。服之气血流畅，肌肉渐生，自然行步如故。

川芎　附子　生地　熟地　白术

除根：天南星　半夏　香白芷　川芎各一两

上㕮咀，每服五钱，用水三盏，煎一盏，入生姜自然汁半盏，煎一分，温服。忌房事。

乌龙饼

专治远年近日，偏头风症。

麻黄　草乌各两　细辛炒　荆芥

防风　天麻　白芷　川乌八分

甘草五分　京墨三分　细茶两半　麝香五分

上为末，酒糊为成饼子，钱半重。每服一饼，临睡用细茶、葱白嚼烂，好酒送下。

治头风脑寒鼻流黄水方

熟地黄　川芎　柴胡　升麻

防风　干菊花　白芷　薄荷

---

① 髀，底本作“脾”，校改。

石膏　　　　　　羌活

水二盅，淡竹叶七个，煎八分。温服。

治头风方[①]

专治男、妇鼻内常流水者，名曰鼻脑泻。此方一料[②]而愈。

川乌　　　　　防风　　　　　羌活　　　　　干姜

荆芥各一两　　　白芷　　　　　甘松　　　　　甘草各三钱

上为末。食后，清茶调下。

三丰真人脑风[③]方

专治头风，太阳疼痛，立效。

甘草、人参、天麻，芍药、薄荷、荆芥、川芎，乳香、没药、白芷共，甘松、郁金、藜芦、桔梗，干菊花、藁本、防风等，茯苓、细辛，分两各自要均停。

不问头疼脑热，杜管甚偏正夹脑头风。着将一字搐鼻中，当下神功有准。李贵妃曾坏双目，端力效，章宗见喜，加赠一提金。[④]

天下无比头风方

川芎一两　　　草乌　　　　　甘草各五钱　　　僵姜

防风　　　　　白芷　　　　　天麻　　　　　白附各五钱

南星一钱

上为末，生姜自然汁为饼子，贴在两太阳穴上。又将本药末，每服二钱，苦茶送下。

清空膏

治偏正头痛，年深不愈者，善疗风湿热头，上壅损目，及脑痛不止。

---

① “方”字，底本无，校补。

② 料，底本作“科”，校改。

③ 脑风，底本作“满糜”，校改。

④ 注意，方中藜芦反人参、细辛。

川芎五钱　柴胡七钱　黄连炒　防风去芦
羌活各一两　甘草炙，五钱　黄芩用细挺子三两，去皮，判平酒浸，一半炒

上为细末，每服二钱匕，热盏内，入茶少许，汤调如膏，抹在口内，少用白汤送下。临卧服。

如苦头痛，每服加细辛二钱；如太阳脉缓，有痰，名曰痰厥头痛，减[①]羌活、防风、甘草、川芎，加半夏两半；如偏头疼，服之不愈，减羌活、防风、川芎一半，加柴胡一倍；如发热、恶寒而渴[②]，此阳明头痛，只与白虎汤，加好吴白芷。

治脑漏方

白螺丝　破瓢俱灰　血竭　麝香俱细末
鸡冠花白的，烧灰

用好醋，洒在艾上，连药揉搽成饼子，贴在顶门上，以火熨之，即愈。

追风透骨丹

专治三十六般风证，顽恶等疮。

白花蛇四分　乳香　槐角子　当归
天麻　紫萍各五分　沉香六分　木香七分
没药八分　细辛九钱　草乌　大黄
金羊花火山享心　川芎各一两　大枫子半斤　麝香二分

上为细末，用麻黄七斤，哎咀，水浸三日，熬数沸，去渣，加好酒十五斤，再熬数沸，连前药入一处，熬成膏为丸，如龙眼大。每服一丸，好酒一碗，煮服。

治风温手脚软弱

五灵脂酒浸　川乌　草乌　南星各生
白胶香　僵蚕各一两　赤豆　木鳖

---

① 减，底本作“或”，校改。
② 渴，底本作“曷”，校改。

地龙各三分　乳香五分　麝香少许

上为细末，酒糊为丸，鸡头大，每服一丸。细嚼，热酒送下，能有神效。

大麻风论

夫大麻风者，古之疠风也，俗谓之癞。其为病也，由犯天地肃杀之风，久之不愈，风从气化，流于骨表，以致肌肤蠹腐，毛发脱落，鼻塌梁崩，目糜口纵。盖因阳明一经，先受其邪，延及四腑，故五虫生焉。阳明为肺[①]，无物不受，其生虫也，色黑者，先食心，令人两目直视，声音不明；色赤者，先食肺，令人皮皱，而毛发脱落；色青者，先食脾，令人饮食不美，肉脱鼻腐；色白者，先食肝，令人筋缩膝肿，手足指禁；色黄者，先食肾，令人足穿骨痿，不能着履。大法治疗，以药投之，下其五虫，以验五色，以益五脏，治癞之妙尽矣。

惟虫色黑者，则不可治，以其食心故也，或曰癞之始也。多因饥饱失时，淫欲过度，醉后当风而卧，感其邪毒。风气在上者可吐，以醉仙散，于齿缝中涌出痰涎。在下者可下，以再造散下之。其浊、逆二说俱通矣。

换骨丹

赤芍药	白术	连翘	黄柏
黄芩	人参	细辛	桔梗
薄荷	芒硝	栀[②]子	大黄
牛膝各五分	川芎	全虫	苦参
蝉蜕各两半	当归	独活	羌活各酒，二两
防风	天麻	滑石	黄连
石膏	白芷	荆芥	僵蚕各一两
沉香二分	木香四分	大枫子去壳，六个	花蛇一条

上㕮咀，每味晒干，桑臼捣为末，箩过。大风子去壳，合和前药，再捣如泥，丸如梧桐子。每服五十五丸，茶清送下，早、晚日进服。口算各项药

---

① 《医宗必读》："虽喘咳不宁，但以补脾为急……脾有生肺之能……土旺而金生"。《石室秘录》："治肺之法，正治甚难，当转治以脾，脾气有养，则土自生金。"

② 栀，底本作"枝"，校改。

味，除前大风子未不要数，常常念。忌房事、盐酱、生冷、油腻诸物，只可吃淡粥饭菜。服之三四个月，头面风去了，再服苦麻丸，能去四肢麻没。

苦麻丸

苦麻子　防风各四两　羌活　独活各酒浸
石菖蒲　天麻各二两　连翘　滑石
川芎　当归　细辛　僵蚕各一两
黄柏　桔梗　大黄各五分　苍耳叶
荆芥各斤　苦参二斤

上为细末，每斤用芝麻油六两，小米饮一斤，于[①]臼杵饭细，加油，次加药，捣如泥，丸桐子大，每服七十丸。空心茶清送下。

神仙秘传神效散

专治远年久日大风疮癞，鼻梁陷塌，眉毛脱落，遍身麻痒，三服见功，其效如神，第一仙方也。

大黄绵文者　槟榔　白牵牛各五分　粉草三分
粉霜分　轻粉三分，另用

上为细末，和均。用生姜四两取汁，白沙蜜一两调药，待晚卧服之。至三更后，遍身四肢如针刺，头目昏疼，牙缝俱疼，乃是药寻病之功也。或小便下如豆水，或大便下有青红黄白，此是病根也。一月可服三次，其病即渐痊[②]。可毛发渐生，肌肉如旧，牙缝去血，再服之。

搜风换骨膏

治大风如神，裂[③]破流血，或流黄水，或痒或不痒，或疼或不疼，搽之。

无名异　松香　海螵[④]蛸　龙骨煅，各五分
雄黄三分

① 于，底本作“牛”，校改。
② 痊，底本作“全”，校改。
③ 裂，底本作“烈”，校改。
④ 螵，底本作“瓢”，校改。

上为细末，先用好桐油四两、葱白一把，入锅内熬十数沸，次下前药拌匀，用离火再下乳香、没药、轻粉、孩儿茶、水银、硫黄，研末下锅内，再搅匀，盛磁罐内，勿令泄气。不拘早晚，搽之即愈。

宝珠丸

专治男、妇不问远年近日大麻风证，其验如神。

黄芩	防风	柴胡	前胡俱去芦
川芎	熟地	赤芍俱酒浸	陈皮去白
青皮	羌活	狗脊各三两	独活
当归各酒浸	白芍白汤浸	砂仁	枳壳各四两
雄黄明	麻黄各二两	黄连半两	北细辛一两
沉香六钱	朱砂五分	广木香七分	全蝎酒炙，八分
杏仁去尖，半斤	升麻二两半	薄荷去梗[①]	甘菊花各一斤
茯苓白，五两	胡麻仁炒黄，二斤	大枫仁二斤半，去壳，炒黑色，另研	

北蒺藜二斤，去沙石，少淘，炒黄色　白花蛇一条，重十两，去头尾皮骨，酒浸，干，研

乌稍蛇条，同前制度

上共三十四味[②]，俱为细末，炼蜜为丸，如弹子大。每服一丸，细嚼，苦茶一盏，食后服下。每日服三丸。服一月后，每日二丸，先用净室一间安歇。服药时，戒酒、色、气，忌牛、马、犬、羊、猪、鹅、鸡、鸭、鱼、鳝、胡椒、笋、芥、萝卜等物，并要忌之。

治大麻风方

不问男、妇四足云头，鹅掌风疮并治，其效如神。

豨莶草[③]	防风	活血草	槟榔
石见穿	威灵仙	甘草	红花饼
大蓟[④]	猪牙皂	荆芥	野花椒根一根整的，不要断折

① 梗，底本无，校者增补。

② 味，底本作“未”，校改。

③ 豨莶，底本作“希见”，校改。

④ 蓟，底本作“季”，校改。

小蓟

上各等分，再好酒一斤，将铜镟放锅内煑，滚一二次，取起。服之出汗要透，不可见风。任意再服。

治疠[①]风等疮方

胡麻子	防风各十五两	白蒺藜	荆芥
蔓[②]荆子	苦参各一两	细辛六两	大风子半斤
当归十两	威灵仙四两	天花粉一两	枸杞四两

上为细末，用老米饭为丸，如梧桐子大。日进三服，每服四十丸，好酒送下。服之四十九日，见有功效。

大风子丸

治大风癞疾，眉毛脱落，肌肉顽麻，传入经络，致生紫斑，不知疼痛，瘾疹不消，或麻风等疾。

人参	羌活	胡麻子	川芎
蝉蜕[③]	荆芥	全蝎	何首乌
甘草	僵蚕	威灵仙	白芷各[④]五钱
乌蛇一条	大风子二斤两		

上十四味研细，将大风子于臼内捣烂和匀，面糊为丸，如梧桐子大。每服六十丸，温酒送下，或茶清服之亦可。

扬州马大人风药方

专治男、妇远年日久，瘫痪诸风，久卧在床，服之后，行走如旧。大有神功，不可轻视。老人有疾，服之即愈。

初下草迷死小的连衣胞，用小砂罐贮之，上以瓦盘盖定，铁线缚之，好

① 疠，底本作“励”，校改。
② 蔓，底本作“慢”，校改。
③ 蜕，底本作“退”，校改。
④ 各，底本作“白”，校改。

提携。外用盐泥封[①]固。地下挖一坑，上用铁钉架[②]罐，多用桑柴周围发火，烧之通红，内以成灰。冷，取出，再加乳香、没药合一两，均拌一处，炼蜜为丸，尽多少九，作九九八十一丸。每日好酒，空心服一丸，食干硬物压，大有功效。

取虫方

雷丸炮　　熟左黄　　紫石英　　滑石各钱半

阿魏一分，包面和　　斑蝥[③]去毛足　　元青各四十九个，同斑蝥一处晒干用

后加黄连、当归。

上细末，每服二钱，不饥不饱，温酒送下，日进二服。从小便内出，视之虫如鱼子，又如蛔虫，又如痰涎、鼻涕。取净疮黑色，则加二味[④]。次服大风子药，病体轻，则不可服，须宣服清心汤，次用薰洗汤。

薰蒸洗药方

左黄　　大黄各五钱

上为细末，加苍耳草、透骨草、苦参、踯躅[⑤]煎汤。锅用草蓆四围，不令泄气，患人在内坐定，汤气蒸汗如出水。若汤冷，烧红砖三五块，掷于汤内淋洗。

过药方

大黄　　薄荷　　栀子　　连翘

芒硝　　甘草　　菊花　　黄芩各一钱

水二盅，煎至一盅。空心服之，连煎三次服。

---

① 封，底本作“卦”，校改。

② 架，底本作“驾”，校改。

③ 蝥，底本作“毛”，校改。

④ 味，底本作“件”，校改。二味，大抵指黄连、当归。

⑤ 踯躅，底本作“掷攊”，校改。李时珍《本草纲目》第十七卷《羊踯躅》：“主治：贼风在皮肤中淫淫痛，温疟恶毒诸痹。发明：古之大方多用踯躅。如胡洽治时行赤散，及治五嗽四满丸之类，并治风。诸酒方皆杂用之。又治百病风湿等。”

风癞癣疮方

专治男、妇大风癞癣，手足卷[①]曲，痴口禁，其效如神。

雄黄　　轻粉　　水银　　花椒各一两

人言三分，另研　　飞黄三两　　柏油五两　　大风肉四十斤

草麻子四十斤，俱另研

先将柏油入勺内溶化，入人言同熬一二沸，取起令温。却下前药急急搅均，莫令见水银星为度。若油冷，则水银不入矣。

如风癞之疮，以刀刮去疮皮，搽有脓疱者，澡洗净，搽之，不过三五日即效。

生眉方

用芥菜子、半夏二味为末，生姜自然汁调，搽数日，生眉黑色。

长发方

治男、妇、小儿头上有疱，或不生发者，用驴油、生姜汁二味。先搽姜汁，次搽熟驴油，次第搽之，其发自生。

千金异名猪蹄汤

治瘭疽[②]、诸疽，十指头焮赤痒痛。

大黄　　白芷　　黄芩　　甘草

黄连　　细辛　　藁本　　莽草

上各等分，煎汤，洗患处。

换骨丹

专治男、妇左瘫右痪，手足顽麻，半身不遂，骨节疼痛，下元虚冷，诸风，痔漏下血，脏毒，一切疮疾，并皆治之。

苍术四两，去皮　　草乌　　天麻各二两　　全蝎

---

① 卷，底本作“拳”，校改。

② 瘭疽，手指头肚急性发炎化脓的病，严重会引起末节指骨坏死。中医称“蛇头疔”。

香白芷　马蜂窝炙黄　细辛　羌活
远志　独活　白花蛇　麻黄各一两
川芎二两半　雄黄　朱砂各五分　防风三两　川乌两半，半生半熟

上为细末，炼蜜为丸。如杵一千下，每丸重一钱五分。每服一丸，临卧用无灰好酒化下，盖被出汗，不许言语、动身，汗尽为度。次日忌油腻、葱、蒜、冷物，重者不过三服。

雷火神针法

两头尖　川乌　草乌　天麻
白芷　半夏　川芎　乌药
牛膝　荆芥　苍术　防风
乳香　没药　麝香　沉香
天雄各一两　穿山甲　木香　安息香各五分

上为细末，用厚纸一张，蕲艾揉软铺纸上，将药末掺于艾上卷实，不拘十根、五根，入坛内，于蔽[①]阴高地上，埋一百日，取出听用。若遇一切风症，将此药卷一条，名为火针，蘸油点燃，吹灭。乘热用纸百层，将针顶于患处熨之即消，立效如神。

雷丸方

用两头尖、川乌、草乌各三钱，硫黄、麝香、丁香各一钱，木鳖子五个，蕲艾揉软。

上为细末，合成一处，用钞包裹燃熏。

疮科

治诸疠风等方

白花蛇用尾　乌蛇一条　杨花二两，捣成饼，贴于壁上，干取下，入米泔水，再浸一时取起，瓦上焙

① 蔽，底本作“避”，校改。

干为末，二两　全蝎　蜈蚣　蟾酥　雄黄各五钱

苦参　羊角　天麻各一两

上为细末。麻黄煎膏为丸，朱砂为衣，梧桐子大。日服三次，每服五十丸，温酒送下。

诸疮柏油药

柏油四两　香油一两　猪胆三个　雄黄分半

硫黄三分　白公鸡粪五分，各研细末，入前油熬　大风子二十粒　木鳖子十五个

上后二味药吹咀，布包入前油内，以文武火煎，三四滚下轻粉少许，听用。

廉疮方

川柏末四两，炒熟　乳香　没药各一分　白芨

五倍子各三分　孩儿茶二钱

上为细末，猪胆调膏，贴疮上止疼，恶血水出尽方效。贴三四个为，外加僵蚕五钱，可治瘰疬。

治大风杨梅疮方

枸杞子炒　苦参　蔓荆子　防风

胡麻子炒　白蒺藜炒　大黄　天花粉各一两

轻粉二分

上为细末，日服三次，每服三钱，温酒调。

神效杨梅疮方

牛黄一钱　麝香半钱　朱砂　雄黄各一钱

龟板灰　尽皮灰各三钱　轻粉分半　马桶卤子烧灰，三钱

香油调搽。

又方

用银汞　胆矾　白矾各一两　麝香五分

各为细末，香油调，入掌心，合手坐一炷香，有汗方去药，隔一日再换一二次，神验。

治杨梅筋骨疼痛方

因服轻粉，大多以致筋骨疼痛，即此药即愈。

全蝎二十四个　　川乌个　　黑豆四十九粒　　麝香二分

地龙去土，五分

上为细末，糯米糊为丸，如梧桐子大。每服二十丸，白酒送下，加至三十丸，冷汗出尽为度。

杨梅毒疮方

治远年近日杨梅毒疮，轻份破烂者，或结肿未破者。如服五日，血水要干，肿者即消，八九日即愈，八贴除根。忌房事①，并牛肉②、鸡、鱼，神效。

金银花　　生地　　连翘　　木通

牛蒡子　　川芎在上者加重　　山栀　　荆芥

甘草　　皂角针　　牛膝在下者多加　　当归

人参　　独活　　白鲜皮　　防风

白芷　　羌活　　木瓜　　青风藤

薏苡仁各五钱　　乌稍蛇真的恐将熏鳗，代之不可用

水二盅，煎至八分，日服三次。忌煎煿食物。服此药者，先用土茯苓三两，常煎服。

血风疮方

川椒　　贝母　　白芷　　黄连

黄丹　　蛇床子　　枯矾各三钱

上为细末，用生桐油调涂伞纸上，贴疮二三日即愈。忌诸发物。

棒疮药方

猪板油四两　　黄蜡一两　　黄丹　　血竭

樟脑　　黄香各一钱

---

① 事，底本缺漏，校补。

② 肉，底本作“内”，校改。

上为末，先以油蜡熔化，次下药末，熬膏。听用。

治臁疮下注方

黄丹二分　白矾枯，二两　白石脂　龙骨各五分
轻粉一分　雄黄少许　五倍子烧存性，二两

上为细末，先用葱煎汤洗，次用盐汤洗，疮见赤肉，然后将末敷上，绢帛缚定，候自干，脱去疮皮，即愈。

治顽癣癞疥方[①]

治多年不得好顽癣癞疥，此药极有功效。

牛舌草捣汁，二两　朴树汁　雄英一钱　朱砂六钱　生白矾七八

上雄、朱、矾三味为末，将牛古草捣细烂入末药，用朴树汁和均，听用。或疮癣皮厚，将竹刀刮碎入药末，在上擦一次，就住痒。次日疮盖尽落，再擦一次，绝根。

治癣疥秃疮方

杏仁另研　雄黄　铜青　黄丹
官粉　黑矾　乳香　没药各三钱
头发　干鸡粪各四分　大麻子红的，一两，去皮，另研

上为细末，柏油半斤熬滚，入头发，再熬，一红线色取起，待温，下诸药，拌匀听用，立效。

治血风疮方

蛇床子　贝母　白芷　黄连
川椒　黄丹　枯矾各二钱　轻粉

上为细末，用生桐油调搽。

① 底本此方，无方名，校者拟。

治滴脓疮并衣领疮方

川椒　黄柏各五钱　雄黄　黄连各三钱　飞矾四钱

上为细末，香油调搽，疮湿[①]者干搽。

脓科疮方

乳香三钱　轻粉一钱　黄丹少许　黄蜡两半

大风子十粒　柏油一两

上为细末，先将黄蜡熔化，次入柏油，再下前药熬，调搽即愈。

滴脓黄水疮方

槿牙花子，烧灰存性，猪骨髓调搽。香油亦可。

一扫散

治风[②]癣疥疮，秃肥疮，并治。治验颇多。

大风子肉　轻粉各五钱　蛇床子四两　硫黄

生寒水石　生飞矾各二两　花椒三钱　草乌一两

水银三分

上为细末，香油调搽。临用时，飞盐少许。

癣疮方

明矾一两　斑蝥一钱　剪刀草　白芨

全蝎各二两　川槿皮八两　江子七钱

上为细末，醋调，抓破搽之。

血风臁疮方

百草霜　官粉　炒丹　黄蜡

飞矾各三钱　柏末二钱　轻粉　孩儿茶各一钱

---

① 湿，底本作“温”，校改。

② 风，底本作“枫”，校改。

香油五钱

上为细末，先将油、蜡熔滚，次下余药，熬成膏，摊夹纸，一面无药处，用针刺成眼子。临贴，酸浆水洗净疮，令[①]有眼子一面贴之。

又方

官粉四两，水调入粗碗内，用砖架起，用上一碗盖定。四围用蕲、用艾陆续烧薰，粉干为度，用乳香少许，同研细末，香油调油纸摊膏，番覆贴之。

又方

密陀僧、香油，入粗碗内，磨化，用伞纸如前，摊[②]膏。番覆贴之。

治远年臁疮方

先用防风通解散煎汤，吃一半，加艾叶、葱七根，马鞭草、槐枝、花椒，盐汤洗净，绢帛试干：

五倍子六七个　明矾俱煅　乳香　没药各三钱

上为细末，搽疮上一夜。次日将药洗去，后膏贴之：

百草霜　黄丹三钱　生桐油

调均，伞纸仍前夹膏，贴之一二日。又将前药水洗净，用鸡子，去青留黄，入石灰搅均，外用鸡青糊纸，封口六七层，以炭火烧过，存性为末，揭去前膏，拭净，上此药，收干结盖，神效。

顽癣方

倾过银子，有盔罐子，加硫黄一两，入罐内，火上溶化，取起，放于水中，勿令透水，待冷将罐打碎，取硫黄并盔，研为细末，搽癣疮，神效。

白蜡黄腥疮方

羊[③]蹄根一两　花椒三钱　大风子五个　飞矾五钱
蛇床子六钱　猪油五钱　烧酒一两

共捣均，搽头上，包裹一夜，次日搽此药：

① 令，底本作"冷"，校改。
② 摊，底本作"摸住"，校改。
③ 羊，底本作"杨"，校改。

石灰　　黄丹　　官粉各二钱　　水银

铅各一钱，同化为末

上为细末，河鲀油调搽。

癣疮方

用螺丝十四个，放于碗内，上用槿树皮末一两，盖之入锅蒸熟，连螺捣烂，加红矾三钱，碱[①]水调搽。

点喉疮方

（一名木志）

硇砂　　硼砂　　铁锈各一分　　麝香少许

上为细末，搽三次，其疮自脱[②]落。

白秃疮方

用大猪肚一个，人言一两，装入肚内。黄泥包固，晒干，入火烧存性，为末。香油调搽，三次后，用花椒汤洗过，晾[③]干。再以羊粪烧灰存性，蜜调搽。

疠风疮方

皂角针　　轻粉　　何首乌各一分

上为细末，用白面三两，入药和匀，做饼三个，烙熟。空心，每服一饼，冷茶送下。

雄黄解毒散

治毒蛇咬伤，昏闷欲死者，治之神效。

五灵脂一两，酒浸去，炒用　　雄黄五钱

上为细末，每服二钱，酒调灌下。就将药末，津调涂疮口，良久。再进

---

① 碱，底本作“减”，校改。
② 脱，底本作“吐”，校改。
③ 晾，底本作“亮”，校改。

一服，神效。

蛇犬咬伤仙方

白芷　细辛　贝母各三两　雄黄五钱　麝香少许

上为细末，每服二钱，酒调送下。并涂疮口干酒。

汤泼火烧神效方

大黄　当归俱烧存性

二味烧灰，香油调搽。苦杖根皮研细，干掺之亦妙。

肠风痔漏崩症方

槐花　黄连　大黄俱为末　白矾

旧棕烧灰　柏叶干末，各四两

上叶、矾二味，水煮过，炒干为末。每服三钱，好酒送下。立愈。

乌金散

专治痔疮症，神效。

乌金子　枳壳　五倍[①]子　灵仙

紫河车　黄牛角腮

上各等分，入瓦瓶内，用白雄鸡粪和泥固口，上单一窍，火煅，烟尽为度，取出研末。每服三钱，空心，酒调送下。

痔漏疮方

雄黄　黄连　黄柏　熊胆各三分　片脑五分

上为细末，用鹅胆汁调和为丸，放入疮口上，再用膏药贴之；恶疮用乳汁调搽，速效。

---

① 五倍，底本作“王柗”，校改。

治痔疮方[①]

坐卧不得者，大有妙验。

大田螺二枚，用针刺破，将白矾末入内，埋于土地，夜其螺内水，用鸡翎扫于疮上止疼，即愈。

治肠风痔漏方

凤眼草　　大黄　　槐角子　　木鳖子

上为细末，每服三钱。用猪大肠[②]头一段，入药末在内，用线缚头，用米泔水煮熟，空心连汁食之。

治痔漏疮方

黄柏一斤，去粗，分作四分。童便、好醋、黄酒各浸七日。内一分炒黑色为末，炼蜜为丸，桐子大。每服五十丸，温酒送下，久服除根。

痔疮方

用蜈蚣三四条，入香油内，煮一二沸，浸之。再加五味子细末二三钱，贮于瓶内。如痛不可忍者，点上油，即时止疼，大效。

治痔疮方

不问远年远日痔漏，若三十年，只用三服；五年者，一服除根。

黑牵牛　　连蕊各两半　　当归五钱

上为细末，每服三钱，空心，好酒送下。忌煎、煿热物。五日见效。

济生莲蕊散

专治肠风，痔漏等疮。年久不愈，脓血滞流，疼痛不可忍者，治如神效。

连蕊一两　　乳香　　没药各钱　　当归

牵牛头末　　五味子各两半　　红矾五钱

---

① 方，底本缺漏，校补。

② 肠，底本作“脏”，校改。

上为细末，欲服前一日，莫食晚饭，次日空心，任食淡肉汁，不以多少，即用药末，每服二钱，好酒送下。

治漏方

刺猬[①]皮用香油煎黄色，为末，看有几钱，照数对后药

穿山甲油煎黄色　　当归　　五加皮　　凤眼子

各等分为末，每服二钱，空心，酒调服，不过三五服，生长肌肉，即愈。

内痔有效方

朝阳黄色土　黄连末　　皮硝各一两

猪胆自然汁，共捣如泥旋丸，如枣子大。每服一丸。先用猪胆汁搽滑肛门，次入药在内，过一夜随大便出之。空心，就服梅连丸。忌房事、辛热之物。

梅连丸[②]

黄连末　　乌梅各一两

共捣为丸，如桐子大。每服四十丸，浓煎苦茶送下。

治痔疮方[③]

疼痛不可忍者，用胡黄连为末，鹅胆调搽。

又方

用孩儿茶、麝香，二味为末，唾津调搽。

治脱肛痔漏方

先用洗槐条或槐角、朝阳桃柳叶，上各七条，五倍子七个，墙上马齿苋、石榴皮、老葱须、甘草一钱，皮硝一合，旋鸡粪一把，水二碗，煎澄清，熏蒸，倒坐盆内洗之，炙旧鞋底托上。一日熏洗二次，二三日脱下肠头，日远有风，黑上有肉钉儿，用药贴上，疮肠头一时收上而愈。

---

① 猬，底本作“威”，校改。

② 底本未具方名，校者据上方补。

③ 方，底本缺漏，校补。

雄黄　　多年石灰　　丝瓜烧灰，各五钱

共为细末，用猪胆、鸡子清、香油和调。

七圣丸

治大肠疼痛不可忍。叔和云："积气生于脾脏傍，大肠疼痛阵难当。渐交稍泻三焦火，莫谩多方立纪纲。"

槟榔　　桂枝　　木香　　羌活一两

大黄煨，八钱　　川芎各五钱　　郁李仁汤浸去皮，研，两半

上为细末，炼蜜为丸，如梧桐子大。每服三五十丸，白汤送下，食前服。大便微利，一服而愈，切禁不得多服。

秦艽防风汤

治痔漏。每日大便，时发疼痛；如无疼痛者，非痔漏也。此药主之。

秦艽　　防风　　当归身　　白术各钱半

甘草炙　　泽泻各六钱　　黄檗五钱　　大黄煨

橘皮各三钱　　柴胡　　升麻各二钱　　红花少许

桃仁三十个

上做①如麻豆大，都作一服，水三盏，煎至一盏，去粗梢，热，空心服。避风寒，忌房事、酒湿、面、大辛热物。

治杨梅疮神效方

枯矾一两　　焰硝九钱

共为细末，入铁鏊子内杵实，上用箸②点小眼数个，用汞一两，将匙挑入眼内，上用小瓦③盆盖定。周围盐泥封固，以火升，文二武一火，三炷香，常常微火④温盆底。只取上面灵药三分，葶苈子三分，共为末。胶枣一个，共捣为丸，作五次服。或鸡鱼汤，或酒，临睡送下。

---

① 做，底本作"坐"，校改。
② 箸，底本作"筋"，校改。
③ 瓦，底本作"乌"，校改。
④ 火，底本作"水"，校改。

丹方一味膏

专治诸恶疮肿毒，接骨，杖疮，贴之极效。

糯米三升，端午日起，每日水淘三次，至七日取起，吊在风处阴干。如用取研细末，炒枯。水调成膏，贴之神效。

治一切疠风疮方

取棉[①]子，去油。

苍术半斤　黑豆二升　鸡骨草　柏枝

鼠花根各四两　芝麻炒，半斤　飞盐四两　麻盐二味为末

先用篾扁一个，中开一小眼子。用大木盆一个，内放水半盆，内又放小磁盆一个，内放水半磁盆，内放碗一个，碗内放些些水。以篾扁盖于水盆上。下面碗接扁上眼。先用木斗合放扁上，周围用灰按实，将斗取出，其中空塘子，将前药依次序铺平，后用棉花子一斗盖上。又用木[②]香一把铺头，以火一块放上，待香烟起大，将灰连头封固。今日辰时起火，明日酉时住火，其油药俱淋在碗内。如遇风疮，先用盆内水，入锅滚三四沸，洗澡。次搽油药，其效如神，不可尽述。

治瘰疬方

槟榔　白术　牵牛头半生半熟　防风

郁李仁　密陀僧各五钱　甘草二钱半　斑蝥糯米炒，去头足翅净，二钱半

上为细末，面糊为丸，桐子大。早、晚每服二十丸，甘草、槟榔煎汤送下。服至一月，腹[③]中微痛，大小便行下，如鱼目粒子，药[④]物见效。已破者，自合；未破者，自消，其效有验。

治漏疮秘方

乳香　甘草各三分　枯矾二分半　人言一两，醋煮黑色

---

① 棉，底本作“绵”，校改。
② 木，底本作“末”，校改。
③ 腹，底本作“复”，校改。
④ 药，底本作“毒”，校改。

上为极细末，点入疮口，其疮三五日自落。又用朱砂二分、赤石脂四分，为末，搽三日；又用乳香一分、海螵蛸[1]四分，为末，搽三日；又用血竭一分，龙骨四分，为末，搽上神效。

治年久痔漏方[2]

不得生肉者，如神。

蝉虫三斤，取肚内肉一块　　白芷末　　麝香少许

上乘湿捣膏，麦粒大。看疮大，用二粒，入疮眼内安之。先用葱椒汤，洗二三次。

金虎散

专治瘰疠。

大黄二两　　斑蝥七个，去翅、足，同糯米炒焦色

僵蚕各二钱，直者，明京可用　　淡豆豉

上为细末。每服二钱五分，无根井水调送下，空心服。其疾俱小便中出，待行三五次，稀粥补之。量人老幼加减，切莫轻忽多用，恐伤元气，慎之。

乌金膏

专贴无名肿毒，神效。

川乌　　川芎　　木鳖　　羌活各一两

穿山甲　　草乌　　白芷　　全蝎

僵蚕　　何首乌　　大黄　　当归各二两

蜈蚣条　　柳枝七条　　真香油半斤

上共熬，滴水中成珠，不散为度。去渣，再熬，加密陀僧细末六两，槐枝搅均，滴水中成珠取起。再加乳香、没药、轻粉各三钱，血竭二钱，麝香五分，俱热入内为妙。

① 螵蛸，底本作“瓢硝”，校改。

② 方，底本缺漏，校补。

肠风痔漏方

何首乌不见铁　枳壳各一两，生　防风　白芍各两半
荆芥二两　当归两半，酒浸热　黄柏生　鸡爪黄连酒浸炒，各四两

上为细末，用猪大肠十二两，去油，入糯米一盏。线扎两头煮烂，连米同捣如糊，入前药末为丸，梧桐子大。每服五十丸，清晨热酒送下，立效。

治臁疮方

热臁口厚，冷臁口深，血臁内黑。

热用百草霜、轻粉各三钱，真麻油调，成隔纸膏，冷用。黄牛蹄烧灰、头发烧灰各三钱，轻粉二分，黄蜡与京墨各三钱，疮若化开，少加菜油调膏。血臁用血竭、孩儿茶各五钱，发灰一钱，轻粉二分，草霜三钱，共为末，调膏用之。

收口生肌散

蛇蜕煅　阿魏　乳香　没药

上为细末，掺之有效。

治杨梅疮方

搽胸背，并手足心，如神效。香油调。

蚕茧　胆矾　满地锦　水银
马齿苋　硼砂各六钱

上为细末，和匀敷之。

下疳疮方

炉甘石煅，二钱　朱砂五钱　玄壳白罗丝　木香各二钱
轻粉一钱　枯矾钱半　血竭五钱　孩子茶三钱
麝香　片脑各少许

上为细末，冷苦茶洗后，干掺少许。

新刊三丰张真人神速万应方卷之四

妇人科

夫女子十四，月水至，以当调经，气血为主，血盛气衰，乃为从常之道，皆无病也。妇人之疾，多有六淫七情所伤，亦是经水不调，变生诸证。或有过期，或有不足，或多或少，或冷或热，皆因失调所致也。久而不治者，多有损矣。

暖宫丹

妇人子宫久冷，不安胎者，服此药，有孕也。

吴茱萸　牛膝各二两　白牵牛　白芨
白茯苓各一两　白附子炮　乳香　石菖蒲
没药　当归酒浸一夜　人参　厚朴各二钱
陈皮五钱　细辛去根，三钱　五味子钱半　桂心
珍珠各五钱

上为细末，面糊为丸，红豆大。每服十九丸，空心，温酒送下。

神仙夺命散

治妇人产后诸证，并室女瘀血痨，血癥，血瘕积，腹[①]痛。月水不通，脐下结块走动，盗汗潮热，并宜服之。

大黄四两　琥珀另研　木香　白术
槟榔各五钱　穿山甲炒，为末　血竭　沉香各二钱半
瞿麦　小茴香各二钱　麦芽炒　萹蓄各二两
赤芍七钱

① 腹，底本作“复”，校改。

上为末，每服五七钱，空心，无灰酒调下。大小便下脓血，看人虚实加减。

治妇人白带如神方①

熟地　当归　川芎　芍药　白萹豆　侧柏叶

上各等分，㕮咀，水二盅，煎一盅服之，立效。

治妇人赤白带下方

身体虚弱，服之有功。

当归头　阿胶　大川芎　赤芍

赤石脂　熟地黄　蕲艾　粉干姜

附米　麦门冬　伏龙肝　粉草

上各等分，㕮咀，水二盅，红枣三枚，煎至八分，空心，热服为妙。

治妇人小便不通方

三五日至难者，一服立通。

滑石　蒲黄各三钱

上为末，用芝麻一合，捣烂炒熟。入水一碗，煎半碗，去芝麻，将水调药服之，立效。

蒲黄散

治产后恶露不快，血上抢心，烦闷满急，昏闷不省。或狂语，气喘欲死者治之。

干荷叶　牡丹皮　生地黄　玄胡各三钱　蒲黄二两　甘草

上为末，每服二钱，蜜少许，滚汤调，不拘时服。

治崩漏方②

治妇人血崩漏，其效不可尽，速先令妇人洗。

---

① 方，底本缺漏，校补，下同。

② 底本未具方名，校者补。

上用木耳半斤，锅内炒黑见烟，为末。又用男子头发，烧灰另包。每服，用木耳末二钱一分，头发灰三分，共二钱四分，按二十四气，煮好酒调，热服出汗。

治妇人经水不通秘方

苦葶苈丝是苦瓜蒂　苦丁香丝是剪子草根　穿山甲　甘草
草乌　肥儿草[①]　旱附子　川椒　巴豆

上用隔年葱头，捣汁为丸，黄豆大。每用一丸，放入阴户内，烧线香一炷尽，发寒热，血来就服，十全大补，二贴即安。

卷荷散

治妇人气血刺痛，脐腹绞疼，血结肠中，疼不可忍者。

红花　蒲黄　牡丹皮　荷叶各五钱
白芍药　桂枝[②]各一两

上㕮咀，酒一盅，盐少许，煎七分，热服。

返魂丹

治妇人胎前产后，一切诸证，治之神效。

益母草四两　当归　赤芍药各一两　木香五钱

上为细末，炼蜜为丸，弹子大。每服一丸，嚼细，好酒、童便送下。

治血崩不止方

一服立效。

千头草　木瓜　益母草　红花各三钱

上㕮咀，用铜罐，水、酒煎至次日五更。温服立效。

---

① 儿草，“草”底本作“早”，“儿”校者补。

② 枝，底本作“桂”，校改。

通经感应散

治妇人、室女久经后不通，干等症。

大黄绵纹，五钱　土狗一个　白僵蚕二钱　斑蝥锦文，七个

穿山甲七片，炮　百草霜三钱

上为细末，每服二钱，重者三钱。童便、黄酒、乳汁调服。一二时，其经自通矣。忌热物、汤水，可以吃温粥。方可不吐，待通，可用补药于后：

赤芍　熟地　当归　川芎

白茯苓　地骨皮　生地　青皮

上㕮咀，各等分。水二盅，煎八分。温服。

下奶涌泉方

穿山甲醋炒，五钱　芝麻退皮，一合　胡桃去皮，二个　肉豆蔻面包，煨，一个

上为末，作四服，温酒调下，用木梳两乳。用猪汤下之，有效。

逍遥散

治妇人产后患癫疾，歌唱无时，逾垣上屋，经有月余，治如神验。

当归　白术　白茯苓　白芍

银柴胡各二钱　甘草一钱二分　薄荷五钱　远志

桃仁　苏木　红花各一钱

上㕮咀，水二盅，煎一盅，温服。病退，再服平胃散，内减厚朴三分，生苍术二倍，加川椒、升麻等分，水煎服之，痊安。

柴胡饮子

治妇人一切寒热往来，肺痿、喘嗽。产后痉病等证。

柴胡　人参　黄芩　甘草

大黄　当归　芍药各三钱

喘嗽者，加半夏、桔梗、五味子各一钱。

上㕮咀，水二盅，姜三片，煎一盅，食后温服。

催生散

治产妇生理不顺，产育艰难，或横或逆，并宜服之，大有神效。

十二月兔脑髓去皮，研细如面　　通明乳香一分，研细

母丁香末一钱　　麝香一字，研末

上拌匀，以兔脑和丸，如鸡子头大，用油纸封固，每服一丸，温水送下。即时产下，随男左女右手中握药丸，出神验。

催生如圣散

治产难，或有漏血，胎脏干涩，故令难产者。

黄蜀葵花五钱，焙干

上为细末，用热汤调下。若打扑损伤，胎死不下，煎红花酒调下。如无花，用黄蜀葵子四十九粒，亦可。

歌曰：黄金葵子三十粒，细研酒调能备急。

命若悬丝在须臾，即令眷属不悲泣。

夺命丹

治胎衣不下，生子讫，血流入衣中，衣为所胀，是故不得下。胀满腹中，上冲心胸，疼痛喘急，宜速去衣中之血，血散胀消，胎衣自下。

附子炮，去皮脐，五钱　　牡丹皮　　干漆各一两，炒，令烟尽

上为末，用酸醋一升，大黄末一两，同熬成膏，和药丸，如梧桐子大。每服七丸，温酒送下，不拘时候。

失笑散

治产后心腹疼痛欲死者，服此药即愈。

五灵脂　　蒲黄各三钱

上为细末，先酽醋三钱熬膏，入水一盏，煎至七分，食前热服。

秘传涌泉散

治乳妇气脉壅塞，乳汁不行，及经络凝滞，奶乳胀痛，或作痈肿。

王不留行　　白丁香　　漏芦　　天花粉

白僵蚕　　穿山甲煅黄色已，各七钱

上为细末，每服三钱，用猪蹄汤调下，食后服。

趁痛方[①]

治产后遍身疼痛，留滞关节，筋脉引急，腰背不能俛仰，手足拘挛，不能伸屈，或身热头疼，不可作他病治。

牛膝　　当归　　官桂不见火　　白术

黄芪蜜炙　　独活　　生姜各钱半　　薤白八钱

甘草一钱

上㕮咀，水二盅，煎一盅。温服，不拘时候。

柴苏饮、当归芍药汤、芎苏散、菊茹汤、安胎饮、黑神散、和气饮、人参芎归汤、红花当归散、解毒四物汤，俱在《袖珍方》内，故不重刊。

治白带方

此症因七情所伤，脉数，故有之。

黄连炒　　黄柏各炒　　扁豆酒蒸，各五钱　　香附醋炒

白芍　　椿根皮炒　　白术各一两　　白芷烧存性，二钱

上为细末，面糊为丸，桐子大。每服七十丸，米汤送下，食前服。

治崩漏方

其效如神，不可尽言。

管仲二两　　生白矾两

上为细末，每服二钱，好酒送下。烧红砖一块，好醋喷三四次，布包，乘热两脚登住，即愈。

经水不止方

红鸡冠花一味，晒干为末。

---

① 方，底本缺漏，校补。

白带

用白鸡冠花一味，晒干为末。俱每服二钱，空心，酒调送下。忌鱼腥、猪肉之物。

白垩丸

治妇人白淫、白带久不止者，并治。

禹余粮 白垩煅 乌鱼骨醋炙 鳖甲醋炙
鹊巢 紫石英 香附 当归
附子 猪脊 干姜 川芎各一两
艾叶灰 鹿茸醋炙，各五钱

上为末，糯米醋糊为丸，桐子大。每服七十丸，温酒送下。大有功效。

得效济阴丹

治妇人胎前产后，久冷无子，赤白带下，一应等证。

川芎 川椒同炒 当归 生地
刘寄奴 赤芍 熟地 良姜
白僵蚕 玄胡索 白熟艾 青皮
破故纸 蓬术 荷叶灰 吴茱萸酒炒 橘皮

上为末，醋糊为丸，桐子大，每服四十丸。赤白带下，茯苓汤送下；胃气虚，红枣汤送下；气不和，陈皮汤送下。

大宁散

徐氏胎产方。治妊娠下利赤白，及泄泻疼痛垂死者，治如神效。

黑豆三十粒 甘草二寸半，半生半熟 粟壳二十一个，内炒一个

上㕮咀，水一盅，姜三片，煎五分，食前服。忌诸腥味之物。

小儿科

夫小儿初生，禀受父母胎元精血之气。所生厚者，疾病自少；体虚弱

者，疾病自多。尤由受惊触，或饮食过度，感冒寒暑之邪，致生诸证。宜调治法，须当察脉观证投之，以便不失矣。

一叶梅

治小儿吐泻惊痟。

一、惊豆一粒、甘草、黄丹、人参、朱砂；

二、痟豆一粒、人参、朱砂、厚朴、大黄；

三、吐豆一粒、天花粉、五倍子、干姜；

四、泻豆一粒、甘草、定粉、丁皮、泽泻。

用无根水送下。神效。

白玉丸

治小儿吐泻，惊风，腹胀，神效。

南星　半夏各一两　巴豆三钱

上为末，面糊为丸，黄豆大。每服一丸。泄泻，姜汤下；惊风，薄荷汤下。

治小儿火丹神效方[①]

姜黄三钱　生地　黄连　朴硝

薄荷　山栀子各一钱　白芷　天花粉各一两

青苔不拘多少

上为细末，用鸡子青调敷患处，时时用苦茶扫上润之。

治小儿失音不语方

治小儿失音不语，立效。

取虾蟆[②]胆汁，点在舌尖上，即语。

① 方，底本缺漏，校补。

② 虾蟆，同蛤蟆，青蛙和蟾蜍的统称。

麝香金蟾丸

治小儿一切疳疾。五七服见效，每服五十丸。

黄柏　黄连　青皮　陈皮

三棱　川楝　蓬术　槟榔

鹤虱　芜荑　苦楝根

上为细末，猪胆，如黍米大。疳泻，紫苏、木瓜、盐米汤下；疳虫蚀、腹热，麦门冬汤下；腹胀，陈皮汤下；不思饮食，米汤下；取虫，清油汤下；痢疾，甘草、干姜下。服此药，如神效。

地黄膏

治小儿胸膈不利，一切热毒，急慢惊风，涎痰上潮心胸，天吊惊、缠喉证。

川大黄四两　熟地二两　紫河车　雄黄各三钱

朱砂　朴硝各二钱　麝香　甘草各五钱

片脑三分

上为细末，炼蜜为丸，皂角子大。有大人、小儿睡惊，及心神恍惚，金银[①]汤送下一丸，大解暑毒。如妇人常服，生子永无疾病。大人阳毒、伤寒，轻粉五分，水化一丸，看年大小，加减服之。

紫金锭子

治小儿急、慢惊风，大有神功。

人参　茯苓　茯神　神砂

山药　赤石脂　乳香各二钱

上为细末，以糕一两为丸，龙眼核大，金箔为衣。每服一丸，薄荷汤下。

阴阳二血丸

治小儿痘疮，已出、未出，俱宜服。

鹿血用青纸下衬灰，将血顷于纸上，晒干　兔血如前制　乳香

---

① 银，底本作“艮”，校改。金银汤，中医方剂名。出自《证治宝鉴》卷八，组方白姜、黄连，主治伤寒协热自利。

没药各一两	雄黄	麝香
黄连各五钱	朱砂各一钱	

上为末，炼蜜为丸，绿豆大。每服十丸，空心酒下。一月小儿，黍米汤、乳汁下；痘疮不出，紫苏[1]汤下；气不利，枳壳汤下；血虚者，人参、当归汤下。

消豆丹

小儿初生落地，将橄榄一个烧炭，朱砂五分，共研细末。将生芝麻，口中嚼细，唾在丝帛内，将药拌均，捏成枣子样，口润湿，入小儿口中，待他咂干一个时，方可与乳吃。前药尽追下脏腑秽浊之气，如此诸疾少生，痘疹俱稀。

又方：用虎骨煎汤，与初生下小儿洗浴，亦妙。

神效救命散

治痘疮胜者。

当归	半夏	南星	三棱
蓬术	升麻	天麻	甘草
官桂各三钱	僵蚕	黄芩	大黄
防风	荆芥	独活	黄柏
干葛	白芷	细辛	枳壳
黄连	生地	连翘	羌活
青皮	天花粉	陈皮各一两	

上吹咀，用黄酒一斗，将各药入坛内。朱砂一两，绢袋盛之，同浸三日取出，却入锅内煮，将朱砂袋悬在锅内，烧三柱官香，取出朱砂。每用人齿二个，朱砂三钱，烧灰研末。每服一分三厘，蜜调咽下。痘疮重者，验如神效。

① 苏，底本作“阳”，校改。

秘方

治小儿急慢惊风。

一粒朱砂一片雪，七个僵蚕三个蝎。

不用急慢与惊风，服时却用生人血。

又方

一粒朱砂蝎一枚，脑麝将来一处擂。

妇人乳汁调送下，阎王取去夺将回。

朱砂一钱　　全蝎一个　　片脑　　麝香

上为末，小儿一、二、三岁，服二分；四、五、六岁，服四分；七、八、九岁，服五分。乳汁送下。

治小儿惊风方[①]

治小儿脐风，撮口风，热风，一切惊风，并皆治之。

白珍珠七粒　　朱砂　　甘遂　　滑石各五钱

轻粉二钱半

上为细末，磁罐内收贮，初生小儿可服三分，一岁一钱，二岁二钱，量小儿虚实同等分，四字用之。引用酒浆一盏，另滴香油一点，浮于浆水面上，将药排在油点上，不可搅动，其药坠下，淋去酒浆，存药调均，灌服，三个时辰见效。切不可灸。

治小儿痞疾方

急性红花等分，大黄朴硝同加。

炮炼制按仙法，鹁鸽将来同化。

每用黄酒相送，便是神仙造化。

有人收得无差，万两黄金无价。

后药制法，不可见铁器：

急性子　　大黄　　水红花子各一两，俱生用

上为末，每味五钱，外用皮硝一两拌均，将白鹁鸽一个，或白鸭亦可，

① 底本未具方名，校者补。

去毛屎，剖腹，勿粘水，以布拭净，将末装入内，用线绑住，放在砂锅内，水三碗，纸重封[①]口。用小火煮之，水干，将鸽子翻[②]调，焙黄色，冷定。早晨食之。日西疾软时刻，住热。[③]三日大便下血，病去。忌冷物百日。

保命丹

小儿一切惊风，发热，痰嗽，并宜服之。

全蝎去尾尖　郁金　朱砂　天麻各一两
防风　粉草　青黛　薄荷
南星　半夏姜汁浸三日，剉　白附子　僵蚕炒，去丝
麝香少许

上为末，炼蜜为丸，皂角子大。每服一丸，灯心、金银汤化下。

治小儿痘眼

柴胡君　黄芩臣　赤芍佐[④]，酒浸　黄柏使，酒浸

加柴胡散，全方外加：

甘草　当归　荆芥　薄荷
龙胆草酒浸，洗　栀子各三钱

上㕮咀，煎服，加麻黄出汗。服此方后，又服末药：

白蒺藜麸炒　甘草炙　羌活　防风各等分

加：谷精草、生地黄、黄连。

上为末，米泔水调服二钱。如月久，日服三次。

鸡胆[⑤]丸

治小儿疳症，眼目翳矇不见者。

胡黄连[⑥]一钱　木鳖子二钱

---

① 封，底本作“卦”，校改。
② 翻，底本作“番”，校改。
③ 此句，似乎为衍文。
④ 佐，底本作“在”，校改。
⑤ 胆，底本作“旦”，校改，下同。旦，也似为“蛋”字。
⑥ 连，底本无，校补。

上为末，米糊丸，如龙眼大。入鸡胆内，蒸熟，连胆同食为妙。

治小儿脾泻不止方

用红枣一二十个，去核，将官粉入枣内，用瓦二片相合，焙干。枣不用，将粉研细，每服三分，米汤送下。

一圆散

治小儿水泻，发热，并伤寒。

甘草一两　　　　滑石二钱

上为末，每服一钱，空心冷水送下。

治小儿惊风神效方

一粒朱砂一点血，分明只在蒿青节。

若人识得未[①]生前，小儿吞服安然歇。

朱砂，下青蒿节内虫一个，脐一个，烧[②]存性一分。

上为末，每服半分。一次薄荷汤下，二次金银磨水下，三次无根水下，四次雄黄水下，五次带乳下，米饮亦可。

无价散

治小儿痘疮不发，倒压咬牙。

人骷髅两半　　猫头　　狗头　　猪牙义骨各一两

上各火煅存性，朱砂三钱，共为末。每服一字，量人大小，用生蜜水调下。三月三日，五月五日，腊月八日，合黄道日，修合。

五疳保童丸

木鳖子　　使君子

上二味，不拘多少[③]，捣如泥，米饮丸，如芥子大。每服五分，米汤送下。

---

① 未，底本作“末”，校改。

② 烧，底本作“炮”，校改。

③ 少，底本漏脱，校补。

治小儿斑痘疮

珍珠生用　头发　豌豆俱烧灰存性　湿胭脂

上为细末，量痘斑疔多少加减用。先将簪尖，拨开疔口，吹药入内，即时变为红色，小儿无有不活者。凡看痘疮，色要红白润洁，内有灰黑紫线，泡白臭水、无浆者，皆为痘疔。可以点药，十有九生。若有君子，传贴街市，而共治之，福寿延昌，子孙平安矣。

抱龙丸

镇江府钱小儿家传秘方。

天竺黄四两　雄黄二两　牛胆南星一斤半　甘草十两

麝香二钱　朱砂五钱，为衣

上为细末，米饮为丸，绿豆大。每服三十丸。小儿发热，痰嗽，喘急，惊风，薄荷汤送下。

五疳保童丸

治小五疳，肚大伤脾，瘦弱之疾。

黄连　芜荑　使君子各半斤　青皮

龙胆草　陈皮　神曲　麦蘖

厚朴各一斤

上为末，米饮为丸，绿豆大。每服三十丸，米汤送下。

保生锭

蛇含石半斤，醋淬　南星二两，炮　白附子炮　朱砂各一两

麝香二钱　珍珠　琥珀各一两　玛瑙五钱

上为细末，炼蜜为锭，五月午日修合。

治走马牙疳方[①]

治大人、小儿走马牙疳。

---

① 底本未具方名，校者补。

用驼、羯鹅口、茧儿，各烧灰；黄丹、细茶、五倍子各炒；飞矾、续随子、雄黄少许，其余各等分。研极细末，漱洗牙，擦药神效。

眼科

人之两眼，犹如天之日月，耀视万物。有一时之晦者，风云雷雨，所致失明；或七情四气，所侵为害；或生翳膜，昏暗不明，赤肿而痛。大抵眼目，为五脏之精华，一身之要也。

眼目翳瘼连皮取下方

用鹅不食草，捣汁熬膏，一两；炉甘石三钱。火烧红，入童便，烧三次，入三次。磁器末钱半，筛过。熊胆二钱，硇砂少许。共合成膏，贴在翳上，一夜取下。用黄连、黄柏煎汤，洗净，看如有左右，再贴，即愈。

八宝丸

治一切眼疾。

炉甘石　珍珠各一钱　朱砂　雄黄
轻粉　孩儿茶　黄丹　明矾各五钱
加：片脑　麝香各三钱

上为极细末，乳汁和丸，黄豆大，朱砂为衣。用井水磨点，或乳汁亦可。

经验眼药方

黄连四两　赤芍　川芎　当归各五钱
龙胆草二两　青盐　朱砂　雄黄
乳香　没药　硇砂　硼砂
珍珠　蕤仁去油　海螵蛸　熊胆各钱
轻粉　明矾　麝香各五钱　白丁香钱半
黄丹炒，飞　炉甘石各一两，用童便煅七次

上十七味，研极细末，蜂蜜四两，将前药汁入内，熬紫色。先下黄丹，余药次下，加片脑五分，并麝香，熬膏听用。

百点膏

蕤仁去油，三分　甘草　防风各六钱　黄连五钱

上三味熬汁，次下蕤仁熬膏，收贮，每日点五七次。

点眼方

川楝[①]子十五个　胆矾七分　石决明五钱　皂角一两

海螵蛸二钱　杏丝茱根钱半，捣烂。塘内有叶如马蹄，开黄花者即是。

上各为末，水一盅，浸二宿，去渣。一日点数次，七日去云瘴翳膜，神光见效。用鸡毛稍尖点之。

片子眼药

治一切云瘴翳膜，风热赤肿，诸般眼疾，点之神效。

焰硝一两　卓矾二钱

上用铜勺将火化开，刀头挑成片子，加片脑细末三分，共入磁罐内，勿透风。每用少许，大角内点之，出泪方效。

加味五退散

搐鼻去翳瘼。

龙退糠制　蝉蜕　人退糖制　山甲退黄土制，各三钱

凤蜕干焙　木通炒，各一钱　麝香三分　珍珠一分

上为细末，令患人口中噙水，将药末吹入鼻内，用手捏闭鼻孔一刻，翳瘼自起，却将灯草展去其瘼，三五次即愈。

点眼抙精翳

用细料小磁盅一个，大火煅过，研细，纸罗过，加雄黄二分，蟾酥一厘，共为末。清晨、晚间，各点一次，不可多用。用牛角簪，拨出翳瘼为妙。眼若红，用人退点四角，即愈。

---

① 楝，底本作“练”，校改。

神圣光明饼子

治诸眼疾，其效如神。

昔山东胜阳郡张相文，得患双目不睹光明，休官罢职。一日，后园中筑墙，得一面牌，刻字，方名神圣饼子，依方修合，日进二服，不数日双目如旧清明。将此方进上，朝廷累验有效，奏准遍行天下，普救万民。

蜜蒙花　　木贼　　独活　　苍术
藁本　　甘菊花　　麻子　　黄连
甘草　　楮[①]实子　　白附子　　荆芥
白蒺藜　羌活　　夜明砂　　青葙[②]子　　川芎

上十七各一两，为末，炼蜜作饼子，重一钱。临睡，味茶清嚼下。

治眼搐鼻药

薄荷　　细辛各二钱　　黄连酒浸　　青黛
石膏　　芒硝各一两　　川芎五钱　　蔓荆子三钱

上为细末，患眼者，搐鼻中，效不可言。

四精膏

治诸眼瘴疾。

百花精五钱　百草精羯羊胆　　水之精鲤鱼胆　　人之精乳，不拘多少

共入磁瓶内，于十二月上辰日，埋在房内左门后，五七日取出。用银簪搅均，点眼，重者不过半月，轻者七八日见效。

神圣复明丸

石决明　　羌活　　赤芍　　独活
羚羊角　　草决明　　苍术　　熟地
细辛　　川芎　　木贼

上十一味，各等分，为细末，炼蜜为丸，桐子大。每服三十丸，苦茶送

---

① 楮，底本作“猪”，校改。
② 葙，底本作“相”，校改。

下。忌油腻、面食、酒醋、盐酱等物。

倒睫拳毛方

因邪风攻入脾经，致使两眼[①]风痒不住，双手背揉，日久赤烂，拳毛入眼内。将木鳖子，去壳槌烂，用丝绵包，捻成条。左患塞右鼻，右患塞左鼻，其毛自分上下。次服五退散为妙。

五退散

蝉蜕二钱　猪退四钱　蚕蜕三钱　穿山甲五钱，炙焦
防风二两　荆芥两半　石决明　川乌炮，去皮尖
粉草三钱　蛇蜕醋者一个盛炒，钱半　草决明炒，各五钱
上为细末，每服二钱，盐汤调服。

拨云膏

蕤仁去油，五分　青盐一钱　猪胰子净，五钱
共捣一千下，如泥，入罐收贮。遇点眼，用金银簪点之，一时取下翳瘼。

治色精方

血灌瞳仁[②]，大风烂眼，并治如神。
清水碗　黄连五钱　蜂蜜三钱　黑豆七粒
铜绿一钱　枣子五个　槐角三钱　明矾钱　古铜钱七个
共为末，熬半碗，澄清，点眼。加花椒五钱。

复明膏

山东济南府武定州陈知府，秘传经验眼药方。远年近日，杂患眼目昏花，并皆治之。
黄连净末　当归半斤　柯子三两，槌　黄柏三两　鹿皮末

---

① 眼，底本脱漏，校补。
② 瞳仁，底本作“童人”，校改。

上为细末，用蜡水一桶，瓦器内浸半月，入铜锅内，熬十数滚，去渣。

炉甘石，半斤；桑皮，火[①]煅红。投入小便内九次，如鸡子黄色，研细末，水飞过，听用。

鹅黎，二十五个，捣烂，生绢去渣，听用。

黄丹，半斤，飞过；蜜二斤，水二斤，葱一把，共捣均，去渣，听用。

猪胰子，十五个，净；桿草梗，一把，捣如泥，生绢去渣二次。同煎药，共蜜汁，一齐入锅内，慢火熬成膏。后下六味药：

青盐	焰硝各一两	铜绿五钱，三味另研	硼砂
硇砂	熊胆各五钱		

上为细末，入，再煎成膏。又下后四味药：

麝香水研细	片脑	轻粉	霜粉各三钱

上除片脑，用微微火熬成膏，取出离火，下片脑搅均，入磁罐内封固口，并入土埋七日，去火毒方可。如眼药若干，用乳汁调化点之，神效。日点十余次。若肿时，歇二三日再点，以效为度。二九月时，修合为妙。

炼炉甘石浸水药方

防风	黄芩	麻黄	苍术
生地黄	羌活	川芎各八钱	黄柏
大黄各钱	赤芍药	木贼各六钱	黄连
当归	薄荷	龙胆草	白芷
细辛	菊花各八钱	荆芥五钱	山栀子七钱

上各吹咀，量炉甘石多少，假如甘石与前药当用一两者，即用五分；八钱、六钱者，只用三四分，共成一贴。用水三碗，将前药于铜器内浸，春夏三日，秋冬四日。每日以手搅一二次，用时布滤过渣，分为四碗。将甘石放在倾银锅，一仰一俯[②]，安于火内，烧透，红，拎出淬三次。将第四碗药水，浸甘石一宿，过火毒，次日晒干，研极细，绵纸筛过，盛起甘石作二罐，一罐前，一罐后，一者为阳丹。

---

① 火，底本作“大”，校改。

② 俯，底本作“复”，校改。

修方阴丹方

炉甘石四两　铜青七钱半　硇砂二钱半　没药八分，制
乳香制　青盐各钱半　密陀僧一钱

上七味末，药用龙胆草、胡黄连水浸，煎汁同捣[1]，晒干。又捣极细，将黄连、细辛、草乌去皮，各二钱半，薄荷七分，碾细，再入后药：

硼砂一钱　雄黄　轻粉各七分　黄丹炒，飞
朱砂　白丁香　牙硝　明矾
血竭　姜粉无，川姜代，各五分　胆矾三分

上连前二十二味，共为极细末。片脑、麝香少许，随时加用。

阴丹四分，阳丹六分，名四六剂，能去翳瘼。阳七阴三，名三七剂，轻翳瘴可去。阳八阴二，名二八剂，薄醫可用，能有神效。

眼药方

当归尾酒洗　柴胡多　栀子仁　黄芩
龙胆草酒洗　蔓荆子炒　石膏煅　石莲[2]子
黄连　夏枯草

上㕮咀，灯心二十根，竹叶十四片，水盅半，煎一盅。食后温服。

眼药方[3]

治眼昏花，翳瘼不明，血丝风瘴，立效如神。

黄连各一钱　白蒺藜　当归　芍药
茯苓　密蒙各八钱　蔓荆子　防风
荆芥　木贼　枸杞子　山栀
菊花　甘草各七钱

上㕮咀，水二盅，煎至一盅。食后服。忌大荤，煎煿。

① 捣，底本作“擂”，校改。
② 莲，底本作“连”，校改。
③ 底本未具方名，校者补。

紫金锭

蜂蜜一斤，炼　黄丹四两，炒，过滚水淘七次，晒干，研细，纸罗过　片脑
轻粉　珍珠各一钱，豆腐二片包之，外用纸封泥固，煅红色　乳香
乳香　没药俱用竹叶包，化过　青盐　铜绿
白丁香　雄胆　青矾　胆矾各三钱
麝香二钱　琥珀三钱，牛乳制过，湿纸包，黄泥封固，火烧听用　黄连
黄柏　黄芩　木贼　青藤各四两
栀子　防风　连翘　当归
芍药　生地　三棱　荆芥
木通　苦参两半　炉甘石川芎一两，水浸百熬，三碗存半碗，浸炉甘石一日，晒干，纸罗过听用

上将蜜溶开，次下草药，三下黄丹，四下众药，再下末药，捣三千下，加蕤仁去油，沉砂、石燕、海螵蛸各二钱。

珍珠散

珍珠　玛瑙　琥珀　珊瑚
朱砂　硼砂　轻粉　血竭
明矾　蕤仁去油，各一钱　乳香二钱半　没药四钱
马牙硝三钱　胆矾　明矾　片脑
熊胆　海螵蛸　铜青　白丁香雄
玄精石各五分　硇砂二分　麝香少许　空青一个
炉甘石三两八钱

上用黄连、黄芩、荆芥、薄荷、地黄，共煎水。将甘石放入炭火中，煅红取起，入药水内，淬过。又煅红，淬，入药水中数次，务要成灰为度，勿令人见为妙。

将前药为细末，绵纸筛过，务要极细，或为末，或以井水为丸，如绿豆大，任意为之。热眼，用青鱼胆，或水点之；风眼，用妇人生男乳点之。

拨云散

能退翳瘴，不明昏花之目。

苍术　黄芩　川芎　荆子
草决明　柴胡　干葛　甘草
赤芍　石决明　栀子　防风
桔梗　细辛　木贼　玄参
荆芥
上㕮咀，水二盅，煎一盅，服。

眼赤方[①]

治眼暴热赤肿，疼痛难开者。
大黄三钱　连翘　荆芥　黄芩
山栀　干葛　桑皮各二钱　赤芍
柴胡　龙胆草　甘草各一钱
上㕮咀，水二盅，煎一盅，温服。

神效还睛丹

治眼肝虚上攻眼目，翳瘼遮睛，羞涩多泪者，并皆治之。
蜜蒙花　羌活　白芷　细辛
干菜子　麻子　川芎　防风
藁本　栀子　当归　黄连
桔梗　甘草　菊花　薄荷
连翘　石膏　川椒　枸杞子
天麻　乌药　荆芥　黄芩
防风　苍术　独活　木贼
上各等分，为末，炼蜜为丸，如梧桐子大。每服三十丸，白汤送下。

眼药方

专治火眼，风眼，赤烂肿痛，皆治。
硼砂　朱砂　胆矾各三钱　硇砂　片脑各三钱

① 底本未具方名，校者补。

上为极细末，簪脚点之，神效。

治雀目不明方[①]

用夜明砂一钱，蛤粉三分，用猪肝三指圆一片，将药末擦上，陈米一合，煮肝服，立愈。

咽喉口齿科

咽喉者，为一身之总要也，与胃相接，呼吸之所出。胸膈蕴热，致生风痰，滞而不散，为咽喉之疾。喉内生疮，肿痛窒塞不通，吞[②]咽不下。急宜治法，先祛风痰，以通喉膈，然后解其热毒，方可救之。若迟缓者，多有害也。

口齿者，多有胃经有热，肾水枯弱，不能相制，攻其口齿之患。风热相极，故齿缝出血生虫，喉生恶毒，风肿牙疼，口干舌燥，大小便秘涩，乃心火[③]旺也。而当用通利之剂，论升降之法，察其病源，量其虚实，然后用之。

治牙疼方

茅山易伦传。

巴豆半粒　　饭三粒　　花椒七粒　　胶枣半个

麻种内蛀虫一条

上同捣一处，丝绵包裹，咬在患处，涎流出，即止。

二圣散

治缠喉风，急喉风，一切喉风之症。

鸭嘴胆矾二钱半　　白僵蚕五钱，炒

上为细末，每用少许，吹入喉中，立效。

① 方，底本缺漏，校补。
② 吞，底本作“吐”，校改。
③ 火，底本作“大”，校改。

治牙疼神效方

青盐一钱半　雄黄　猪牙皂　细辛　露蜂房各一钱

上为细末，擦患处，有涎出，吐去，再擦二三次，即愈。

治喉痺

用山豆根，磨醋含之，吐也，出涎即愈。势不重，能言者，即以鸡翎蘸药醋，频捻，引喉中涎出尽，就能言语，其患即止。以粥食之数日，大安。如生诸肿毒痛，以醋磨涂一二次，觉痒自好，不可多涂，损皮肉。

治牙疼并心疼方

用陈醋、茄子烧灰，擦患牙上，即止。心疼，酒调三钱，服神效。

七宝还童散

擦牙乌须药。

绿矾枯　川芎　五倍子　青盐

诃[①]皮子　香附子　腻粉各一两　升麻五钱

细辛一钱　麝香三分

上为细末，早擦牙，晚点牙，大有功效。

养神何必用丹砂，早晚之功只擦牙。

若用一月如神效，谁知须发似乌鸦。

治虫牙

天花粉，不拘多少，烧烟，用竹筒抵牙，引烟薰之。其虫即死，永不再发。一方，韭菜子，薰之，亦可。

擦牙散

风虫牙疼，立效。

雄黄　细辛　花椒　良姜

① 诃，底本作“呵”，校改。

乌头　乳香　青盐　胡椒

荜拨各等分　麝香少许

上为细末，用凉水漱口，手醮药末擦牙，有验。

治牙疼立效方

苋菜取根，晒干，烧灰，存性，研末，少许擦牙。再用红灯笼枝根，煎汤，漱口。

治风牙疼痛方[①]

治风牙疼痛，不可忍者。

黄连　黄柏　僵蚕　川芎

天仙子　人参　草乌　防风

木香　猪牙皂　麝香　轻粉

细辛　乳香　青娘子另用　蜂房

片脑　荆芥　白芷　红娘子另用

丁香　没药

上为细末，头疼擦牙二服，加青、红娘子取虫，其药不应再用。五倍子三个，每个用胡椒十五粒，煎汤漱口，后用药擦之。

治走马牙疳立效方

红枣入人言，烧灰存性，为末。

尿碱烧灰　飞矾　黄柏　青盐

皂角　轻粉　麝香

上共为细末，用米泔水漱口，方可上药。

治诸疮毒牙疳累验如神方[②]

朱砂　雄黄　血竭各一钱　蜈蚣

① 底本未具方名，校者补。

② 方，底本缺漏，校补。

酥油　　牙皂各七钱　　人言四分

五月五日午时修合，如有走马牙疳，只用半分，口噙吐涎即愈。

疮在上[①]食后服，在中半饥半饱服，在下空心服，不过七次，神效。

治风牙方

青盐香附及花椒，三味和炒不须醮。

猪牙皂角烧存性，细辛白芷最为高。

等分擦牙盐水漱，不拘风肿一齐消。

又方

大荔枝一个，剔开，将盐入壳，满火煅，研细，擦之即愈。

漱风牙方[②]

羌活　　细辛　　芫花　　防风　　蜂房

川椒　　小麦　　草乌二个　　飞盐少

上为细末，用滚热酒一冲，放温时，吸一口，漱噙良久，吐出再换，不可咽下。

固齿散

擦牙者，根坚固。

藁本升麻及细辛，皂角烧灰搽要均。

石膏一倍加檀麝，固牙坚齿效如神。

赴筵斗门散

治一切风虫牙疼，昼夜不止，不思饮食，牙根肿烂出血，擦之其效如神。

良姜　　草乌　　荆芥　　细辛各三钱

上为末，每用一字，擦于疼处，涎出即愈。

---

① 上，底本脱漏，校补。

② 方，底本缺漏，校补。

治咽喉十八症方

黄连　　皮硝各一两　　雄黄三钱　　猪胆一个

上为细末，胆汁拌均，覆于地上，三日取起。研末，吹入喉内，立消。

吹喉散

辰砂　　胆矾　　孩儿茶　　片脑

朱砂　　乳香　　没药　　明矾飞

代赭石醋煅

上为末，用黄连泡水，漱口，吹之。

治咽喉鸡鱼骨刺所伤方

苎麻根捣汁，用茶匙灌于咽喉，立效。

治牙痛方

老鼠一个，剥皮，用硇砂擦上，三日肉烂，化尽取骨，瓦上焙干。

上为末，加樟脑一钱，蟾酥二分，共为末。每用少许，点牙根，立止。

经验方

治男、妇、小儿喉咙肿痛，急慢惊风，牙关紧急，不知人事，摇动不醒，并双乳蛾者，并皆治之。

鹤虱草，一名皱面母，一名母猪芥，一名杜牛膝。

上取根，洗净捣烂，用好酒一盅，入药浸，去渣，灌入口内，良久即苏。再以药渣，擦脛外腫痛处，或醋调搽，亦妙。

方服去风之药，其草亦治疔疮肿痛，用枝叶、浮酒糠同捣，敷之立效。

治喉风

皂矾一斤，米醋二斤。拌均晒干，研细末，吹喉，痰涎出尽，用良姜末少许，入茶内漱口，咽之即愈。

证科

诸汤药

一粒金

（救苦难观世音济世丹）

治诸风等证。修合药，杵一千下杵，一千声观世音菩萨，句句念明。

苍术五钱，米泔浸宿，晒干　草乌　羌活各二两半，俱生用　杏仁去皮尖

巴豆去油，各五钱　黄柏皮一两，为末

上为细末，面糊丸，如鸡头子大，丸一丸，念一声。每服一丸，白姜汤化下。

治痰气喘嗽诸风水蛊方[①]

治痰气喘嗽，诸气水蛊，并皆治之。

广木香　丁香　五灵脂　芭霜

玄胡索各一钱　穿山甲七片　槟榔五分　草果钱半

上为细末，每服一分，空心，热酒送下，待行三四次。

饮过方[②]

治饮过多，大便[③]下血，并皆治之。

肥乌梅十个，碎　黄连　山栀各二两

上㕮咀，水二盅，煎至一盅，空心，连进三服，立止。

① 底本未具方名，校者补。

② 底本未具方名，校者补。

③ 便，底本作“使”，校改。

耳聋鸣塞方[①]

清军李大人秘传，耳聋鸣塞者，立效。

白蒺藜炒　辣桂　川芎　细辛
麻黄　石菖蒲　当归　木香
甘草各钱半　南星煨　白芷梢各四钱　紫苏

上㕮咀，水二盅，整葱二根，煎一盅，早晚温服。

金方如圣散

两头尖　川乌　川芎　草乌
防风各四两　细辛三两，洗　白芷　白术各二两半
雄黄五钱　全蝎三钱　苍术六两，米泔水浸一宿

上为细末，每服五分，临卧服之。诸证各随引子下：

如偏正头风，用姜汁调敷两太阳，再用酒调服之；破伤风昏晕，酒调灌之，以被盖出汗，无汗再服之；疯狗咬伤，口噙水洗净，药敷伤处；遍身风癣、顽麻、疮疥，葱三根煎酒一盅，调药临卧服；疔疮发背，热酒调服；诸疮肿毒，葱三根，煎酒一盅调药，仍用生葱一根细嚼，清酒服之；牙疼，先用飞盐汤漱口，后擦药；面疮背疖，酒调送下；咳嗽，桑皮汤下。

治阴症方

葱心二寸半　胡椒七粒　麝香半分

上共捣细烂，用黄蜡包丝绵，做成条子，入龟口内，一时汗出即愈。

点瘊疮方

（名木痣）

硼砂　硇砂　铁锈　麝香

上研末，搽三次，自落。

① 底本未具方名，校者补。

治口眼歪斜方

年远者，亦治。

巴豆十九粒　　大麻四十九粒

上为末，做饼子。左歪放于右手心，右歪放于左手心上，用滚水碗坐在药上，如冷再换热汤，五六次即愈。后服药，用好酒一斤，大附子半个，桦[①]皮一两，入瓶内煮三柱香，埋于土地一宿，次日取出，早晚服一盅，大效。

治疟疾不二散

陈皮	青皮	甘草	柴胡
黄芩	常山	半夏	知母
贝母	槟榔	草果	糖球[②]
三棱	莪术	白术	

上㕮咀，水二盅，姜九片，煎一盅，食前服。

痨病方[③]

治痨症，五内崩损，涌喷血出斗升者，服之神效。

花蕊石，煅，存性，研末。用童便一盏，煎酒调三钱，重者五钱，食后服。

男子用酒一半，女子用醋一半，同小便一处，煎服。瘀血化为黄水。服此药后，患人必疏解，用后药补之。

天下受拜平胃散

滋补元气。

苍术一斤，米泔浸	甘草	厚朴	当归
茯苓	生姜各四两	枳壳二两	半夏两
红枣一百个			

上用水六碗，文武火煮干，取出，臼内捣。大饼，露二宿，晒干为末，

① 桦，底本作“華”，校改。

② 球，底本作“求”，校改。糖球，疑为山楂，又称楂肉。

③ 底本未具方名，校者补。

一半为丸，一半为末。服此药，通血脉，行四肢，壮元气。

手拈散

治心气急痛之症。

玄胡索钱半　乳香　南木香　没药各五分

槟榔　黑牵牛　良姜　五灵脂

肉桂各一钱

上为末。每服一钱，热酒送下，立时见效。

四神散

治紫白癜风。

雌黄　雄黄　硫黄　白矾

密陀僧各五钱

上为细末。先浴，令遍身出汗，次用生姜切平，洗蘸药末，用力擦之，要药性入皮中，良久。再以热汤淋洗，三五次除根。

治喘嗽齁疾方[①]

款冬花　桑皮蜜炙　半夏法制　甘草

麻黄各三钱　黄芩炒　杏仁各钱半　苏子二钱

白果二十一枚，炒黄色

上㕮咀，水二盅，煎一盅，食后温服，大有神效。

六神汤

治一切疟疾，发寒潮热，服诸药，并祛治不效，或半年、一年不止者，服此药即愈。

甘草炙　秦艽　地骨皮　柴胡　人参

上等分，为末，每服二钱。水一盅，用桃柳同煎，各七段，不拘时，日进三服。

---

① 方，底本缺漏，校补。

灸疟方

灸脐正对后穴命门，灸三壮，即止。

神仙飞步九转方

治寒温走注疼痛。

威灵仙　当归　细辛　草乌
五灵脂　赤芍药各五钱　全蝎二钱　乳香一钱
上为细末，醋糊为丸，桐子大，空心，温酒送下。

治气块刺痛方[①]

治气块刺痛，昼夜不可忍，多因气冲伤冷所致，久而不痊，妇人尤宜服之。

木香　枳壳　三棱各五钱　当归
青皮各钱　人参三钱　没药　血竭
槟榔各一钱　半夏二钱
上为细末，醋糊丸，如绿豆大。每服十五丸，滚白汤送下，不拘时服。

聪耳益气汤

治耳聋闭寒神效。

蔓荆子　人参　黄芪　川芎
白芷　生地黄　当归　干葛
甘草　柴胡　石菖蒲　茯苓
上㕮咀，水二盅，煎一盅，热服。

塞耳通窍丹

治耳聋气塞，并治。

巴豆一粒　斑蝥三个
上捣为丸，丝绵包裹，塞耳有黄水出，取药出。

---

① 底本未具方名，校者补。

祝由科

祝由者，以为祈[①]神祈祷，乃宜符水咒诀也。是治邪鬼怪之术，亦能祛疟，以疗诸疾。遵依如法，果验，有神效，速妙矣。

治痞[②]塞疟疾神咒

（用好朱砂、雄黄书符）

吾打东方来，路逢一池水；内有一条龙，九头十八尾；日食千千客，夜食万万鬼；此时无食处，专食疟疾鬼；笔如金枪，电光闪闪；举笔三下，万鬼速藏。天圆地方，律令九章，祖师收下，寒小一郎、寒小二郎、寒小三郎、寒小四郎、寒小五郎，兄弟五人，为因大秤小斗，天雷霹死一人，作冷二人，作热三人，作寒四人，作痛五人，作疼致令作疲寒，疟疾之鬼，火速收住，符中火速回避。今请南斗六星，北斗七星，吾奉太上老君，急急如律令。

一用天官字霰，二用地官字零，三用水官字霸。

用祖师剑斗二诀。

① 祈，底本作“祁”，校改。

② 痞，底本作“疲”，校改。

定魂镇心神符

专治男女心神恍惚，睡卧不宁。

神砂　　朱砂等分

上为末，用黄纸书符，三道火烧，空心，滚水调服，神魂自安，六贼归宗，大有效验。

收火丹法

一口气，念七遍。“天苍苍，地苍苍，太上老君急急如律令奉勅。”收一口气，呵疮上，笔画禁，后写散字，立面，男左女右，转七遭，即止。

治妖邪神符

用朱砂，书黄纸符，贴在各门上，即退。

念金光咒一遍，书一道，焚于碗中，水调服。

念贪，文廉武破，念北斗咒书。

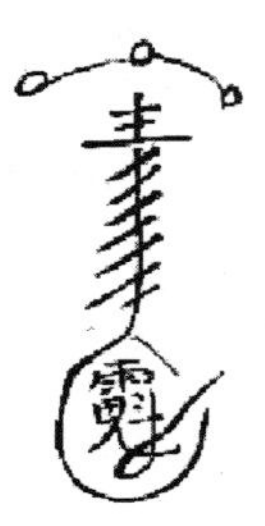

轩辕黄帝治诸疮恶毒法

用好墨，每日在疮上书其一字，不过九字，诸疮毒消散。

口念净天地神咒毕，存气一口，呵笔书之。

治恶疮肿毒

大者不过三字，小者只书一字。念曰："昆罗吒，护罗吒，室罗吒，僧金吒，婆婆诃。"

每日书一字，于疮毒上。念一遍，书一字，如此七次。

耕骨法

张仲景脉孙大，后赴晏咽三骨之方，按三十六天罡、二十八宿，用香炉一个，净灰一炉，用尖刀二把，放炉两边，旁边用水一碗，灯心四十九根，入水碗内。口念神咒："玄钢骨摄。"一口气暗念四十九声，换气不准。令患人要睡一刻，其骨自到香炉内，面朝天念咒，然后早牙齿嗗嚅，四十九声。

摄骨符

焚香拜请关将，咒曰："雷霆雷霆，大显威灵，今差关将，火速登程，焚香自奏，听吾施行。"用朱砂，书黄纸符一道。

于某年某月某日某方，信士某人，得咽喉刺肿疼痛之灾，弟子一心拜告，伏望上将追寻，或鱼骨、猪骨，或鸡骨刺，急付水中毋得迟，务立等立等，勿迟勿迟，急降天兵天兵，威灵威灵，水火犯难，一齐追行，或然二十八宿，金木水星君，斗口箕峰，伤感五情。今焚百拜，闻将随行，吾乃搜天之职，不可顺唤人情。今遇此骨，未知何名，精精明明，搜寻搜寻。

治小儿夜啼诀

"拨火杖，拨火杖，老君差你作神将。人家有个夜啼郎，拿住打一百杖，吾奉太[①]上老君律令勅。"

用火柴头一个，削去焦炭，将此炭与朱砂等分，研细，书诀在柴头上，用

① 太，底本作"大"，校改。

新手帕一方包定，安在小儿睡席下，只可一人知，连其母俱瞒，大有神验。

治疟疾符

此符杀鬼、收瘟大妙，用朱砂书符。

咒曰：“十拿鬼吊，捉替收瘟。”烧符，念此七遍，将符灰，用桃枝水病前食下，神验。

收禁科

收禁者，产生婴儿之说。临当分娩之济功，以稳婆守之，或预医方，用治相兼，药饵之法。而戒他人，不可入，所以禁之。

催生散

用楮树梗小指粗，一尺长一根，去刺，臼内捣碎，加粉草五钱。用水二盅，煎至一盅，热服。即时下地，可验。

催生神妙佛手散

治妇人妊娠五七月，因事筑磕着胎，或子，或腹中恶露下，疼痛不已，口噤欲绝。用此药探之。若不损，则痛止，子母俱安。若胎损，立便逐下。大有效验。

当归六钱　　川芎四钱

用水一盅半，煎，令以欲干。投酒一大盏，上煎一沸。

一字神散

治妇人子死腹中，胎不下，胞破生不下者。此方累有效验。

鬼臼不拘多少，黄色者去毛。

上为末，以手指捻之，如粉细。每服三钱，无灰酒一盏，同煎八分，通口服，立生如神。

庚午夏五月十一日读于掖宫东省、元简记

第十编　三丰轶事搜录

张三丰入滇记略①

点苍古灵鹫山，为释迦圣地。大理国羊苴咩城南十里，有妙香国址，传为慈航渡世，化女身妙善而正果。元中，张三丰道成入滇，为段氏座上食客。段庆元留，谢之返中原。明洪武十七年，洪武求张三丰入朝佐政，三丰知而遁云南。洪武二十五年，朱标太子逝。太祖托佛灯访三丰，得之。托扶皇孙允炆。三丰化名玄素，入滇。得僧大云禅师入京，洪武托以身后重任，共扶允炆。二人婉言谢之。洪武苦求，诸炆遭离难，可着僧装入滇筹事。帝诺，愿保其安。三丰求洪武暗赦沈万三，与丰入滇筹事，帝诺。三丰入滇，沐英殁。晟承职，助三丰居点苍斜阳峰后山，建灵鹫观于四十里铺侧。靖难，建文流滇，胡濙暗追，马三保父暗捕，三丰、大云、达果、杨黼、段姐助之而化险。二十八年后，三丰入云龙，居虎山。后入兰州，不知所终。

张玄素入点苍②

张玄素，辽东懿州人，生于元初，乳名全一。元初入学，取名通。才智超群，博学经史，过目不忘。入仕，淡功名，喜清闲林下。先生身材高大，龟形鹤骨，大耳方颐，青髯如戟。初拜碧落宫白云长老为师，悟修身之道。后遇全真道士邱处机，传吐纳而悟。辞家远游，学道于火龙真人，得延年术。

① 〔明〕张继白著《叶榆稗史》，《大理古佚书钞》，大理州文联编，云南出版社，2002年1月第1版，463页。

② 〔明〕玉笛山人著《淮城夜语》，《大理古佚书钞》，大理州文联编，云南出版社，2002年1月第1版，322–323页。

后至宝鸡金台山，精研道学，号三丰道人。道成游天下，至武当，结篷于玉虚台，精研太极，创武学，自成一家。以阴柔阳刚、刚柔两仪四象，而创太极三功，即内丹太极剑三百八十四招，太极两仪拳三百八十四拳，阴阳太极掌。

至正年，玄素入滇，与点苍中峰玉皇阁道长陈玄子识。留居一载，与段总管识，成忘年交。玄亮与玄素同一师门，谈甚默契。玄亮将玄素著经《上圣灵妙真经》、《大圣灵应真经》、《大圣灵通真经》，配以丝竹，曰《三玄妙谈经》，由玉皇阁十八道士、段府十六乐工共习，谈演于五华楼。叶榆四千馀军庶，聆听于楼下，由朝至暮，无一退者。至此，灵妙大洞仙音始为世人识。玄素传拳剑于段 氏二子一女，及玄亮弟子静超、静远。后返武当。

洪武二十六年，与鸡足山无依禅师至点苍，为洪武皇孙事重托，定居点苍，建灵鹫观于茅草哨西，收弟子四人。建文出走入云南，玄素派弟子与点苍段氏、杨氏、张氏子女，西平侯沐氏女，共暗辅之。与应文僧常游中原，历二十八年。玄素行踪，如风似云，寿二百馀，依然童颜不改。食则斗米，荤素兼食，无口戒。闭关可十月滴水不沾，不进饮食。出室则远游，归则讲道传教。著经立说，写《宝忏经》五部，皆度世论述。诗集《无根树》五百馀，皆炼丹度世。常与沈万三及女线阳居士、杨黼同游。常题诗三迤诸寺观墙壁。后入云州，居天池。成化年羽化，其遗物遗稿存于灵鹫观杨元鼎、郑元春处。余多次游灵鹫观，于其五代传人守铨处观诸诗稿，抄诗百二十首。守铨示一木匣，藏武经四卷。余家虽世代千户，贯使长械，守铨与余挚交，授余拳术，形柔态美，气布全身。一旦遇敌，拳力暴发，排山倒海。余劝守铨传余侄。铨曰："祖师有言，武经只传一脉。除非本门当家弟子全传，不传外人。"祖师另一留言："不许立碑立传，以免暗保建文事露，患杀身灾祸。"观中有密窖，中有石匮，诸经藏其中，外人莫知。

沈万三入滇[①]

金陵巨富沈万三，号三山道人，获罪谪辽。洪武知张三丰本天下奇士，

① 〔明〕张继白著《叶榆稗史》，《大理古佚书钞》，大理州文联编，云南出版社，2002 年 1 月第 1 版，489 页。

令佛登访寻，佐朝辅国。知万三与佛登善荐，寻得赦，后与玄素入朝面君。帝令秘入滇，会西平侯，隐滇池西山，号西山叟。靖难，应文和尚逃亡，遁隐观音箐。万三辅以资，建兰若寺于银厂南十里。应文喜竹，广种筇竹。万三精地通源，识银山脉象，为南衙府君得大矿。时府君囚籍三千馀，以背壏冶银为业。万三怜之，议于府君，俱减轻役，与土人婚，得立家室，德矣。万山客居榆城三清观，与总兵徐进善，喜弈，善吐纳。总兵慕三道骨仙姿，叹谓："余拥军四万，不及仙翁朝游沧海，暮宿深山，悠悠天地，乐哉善哉！"后总兵谢印，拜万三为师，与点苍七子遍游五岳，鱼龙变化，潜于人海。万三斗酒海量，常饮于五华楼西双鹤楼，醉则鱼鼓道情，内藏玄机。常叹世人弗识。后返辽东。

沈万三秀戍德胜驿[①]

洪武十九年，辽阳拨军犯四人，并附牒文。义兄沐英亦附书于后，曰："此乃江南第一巨富。因修南京城，出资可敌国资。因犒军事而动帝怒，而没其家，并发配辽阳十二年。"盖今因沐公与万三秀有旧交。帝诏英入京，问云南事。英本高帝义子，与帝无所不谈。侃及万三事，帝怒已平。英曰："万三通理财，求帝拨万三父子入滇，为西路理财。"帝曰："可。"令太监传谕，拨沈万三父子戍滇。入滇后，居沐府三月。万三觉省上烦乱，愿隶籍大理。英发牒隶天威径囚籍。入馆，余与万三会。牒文："万三名富，字仲荣，湖广南寻人，父沈祐入赘苏州陆姓女。一晨，伐二冬青树，掘其根，有石窟。启之，得金银无数，足可敌国。后建钱庄，遍数千里，而暴富。国初，出资修南京城过半。高帝后得知万三筑苏州街以茅山石铺路心。高帝怒曰："吾京城无此豪华之路，大胆妄为！"而除之。亏马皇后说情，定抄家流放罪，先充军辽阳。洪武十九年，拨云南总兵府。"余得万三父子，安其子于合江铺哨，并为其脱籍为民。后于永乐初，至拓东经商。万三时年六十馀，崇道，通奇门。洪武二十六年，张三丰玄素道长知万三寓德胜驿，而云游龙

① 〔明〕李浩著《三迤随笔》，《大理古佚书钞》，大理州文联编，云南出版社，2002 年 1 月第 1 版，198–199 页。

关，至驿馆与万三会。余久慕其名而苦留之，而诺，出银八十两，建灵鹫观于茅草哨西，点苍马耳峰后山麓。盖三丰道人本万三师，万三年暮，愿随师静修，余许之，随三丰主持灵鹫观。余每年常至其所，十分清静，但江水汹涛躁耳。三丰曰："入道者，闻声而不闻，惊雷亦平常耳。"万三常与三丰远游。三丰精周天太极，万三亦然。剑技之精，前无古人。余素好武，得其传三百八十四剑罡步，久练而轻身。万三每月必至驿中，余无事则与其谈古论今，始知其学识之精。后应文和尚入云南，程济、王升二道人保应文僧常至灵鹫观。每住少则十馀天，多则月馀。永乐十二年，万三遇赦而至子所，隐居西山，号"西山逸叟"。

沈线阳[①]

万三有女线阳，生而慧，双眉红痣。三岁游于市，遇中条玄女薛真阳，授以丹霞剑术，历十五载得绝技。若红绡、聂影尘寰。艺成，师告身世，寻父于滇。时应文潜隐浪穹，万三托女暗辅之。永乐五年，随应文出游。七年，应文于黔道遇胡滢率官兵追捕，线阳救之。线阳修长，喜道士装，号线阳子，常与沐春妹丽元、凤娇同游。应文入滇，得二女暗辅。线阳无定所，常栖无为寺慧心堂。一夕，师至，随师返山，为佐辅玉霞真人，司掌神剑玉匣，得灵通玄法。道成丹达，返滇与父同游，历二十载。后于正统五年归隐，不知所终。线阳善诗词，天生关龙潭寺有题诗二首："龙关古道洱河寒，风摆江苇鱼打浪。孟获碑前行人少，万人冢边枉断肠。几度斜阳峰前过，西出永昌瘴烟漫。袖里乾坤正运转，紫霞电掣混元间。"题应文和尚："一幅袈裟裹龙体，沧海多变僧是你。谛何觅？二十四年景阳钟，秦淮河边烟雨夜。识得一个空字，念的阿弥陀佛。惯听长者说法，学得击鼓撞钟。空空空！"

① 〔明〕张继白著《叶榆稗史》，《大理古佚书钞》，大理州文联编，云南出版社，2002 年 1 月第 1 版，490 页。

佛道传点苍考[①]

《段氏青灯录》以详述点苍方圆三百里沙门遗事为主，计二卷，为叶榆有民以来佛家觅迹之奇书。曰："点苍亦作玷苍，为佛祖释迦讲经地。南诏初，点苍有伽蓝二十五院，遗址残垣依旧。中峰有石舍，中有白石洞，内藏古贝叶经百馀部。诏初异牟寻好佛，建弘法寺，移贝叶经于寺供养。"曰："点苍汉称扶风，山削屏列，草石皆香，多旃檀，为青龙所化。苍葱绿郁，故名玷苍，即古灵鹫山。佛祖苦修于中峰香坪，后有白石洞，即耆阇窟。释迦牟尼讲《法华经》于窟前香坪。香草坪北上有王母坪，为西王母与佛祖论法处。佛以慈悲度世，为轮回超脱，离苦海，归西方极乐，众生平等论。西王母以道生鸿蒙，源无止境，修真养性，炼无结丹育婴。丹成功果，羽化升仙。各得弟子五百，传经讲道于南中各地。盖释迦与西王母皆佛道两教之祖，相敬无争，各演其说。"南诏时，南中有伽蓝百院，道观六十馀，半在点苍、鸡足二地。盖点苍灵山也，山青水秀，虽地处南地，远于春秋战国，即与汉通。至光武以来，封疆拓土，汉末两教先后传入。诸葛南征，李恢部将褚北元本道徒，建兴中隐退，于灵峰麓建三清观。后吕凯部将何文通，年迈而只身入道门，建朝真观于点苍斜阳峰芭蕉箐侧。蜀亡，六守将不愿为晋臣，皆为道，择点苍佳地，结篷建观修真。士卒无室者百人，皆青衣皂丝，学道修真，至此道兴。盖白国张乐进本崇道之人，有道祖太上演道蒙山之说。蒙氏之初，天竺僧东渡三江而至叶榆，至此佛教兴。前者入南中最早者为迦叶，本释门大弟子，显化于鸡足华首门，讲法于妙香国故地圣应峰麓清溪侧。后观音显化，伏女魔罗刹于榆水北，泄水为阡陌，民收野稻而植于旱泽曰甸。民聚为群居，以氏族为部，择偶配居，至此始有佛说。道衍至南诏，佛道大兴，各演其说。天竺、吐蕃梵僧入南诏者二百馀，中有高僧多为王用。建十八寺于十八溪侧，为梵僧使用。至晟丰佑王，王崇佛恶道。至此，国人以佛为教，道教渐衰。至段氏建国，王多以高僧为国师。国有五百馀寺，遍及

---

① 〔明〕李浩著《三迤随笔》,《大理古佚书钞》，大理州文联编，云南出版社，2002 年 1 月第 1 版，75–77 页。

南中。国有七君主出家为僧。而道家观阁殿堂，惟点苍八观、四殿。白崖至拓东，三十馀观、十七阁。至段氏灭，元虽异族而崇道。延祐初，叶榆东至云南品甸，南至巍宝，西至博南，新建道观五十馀。孙不二、张三丰、赵飞全，先后至点苍。一代宗师陈玄亮演道立说，以五音传道，谈演九玄三洞元始教化。士大夫争习之，至此新学萌源，名曰谈经。其哲儒道一体，以儒宣道，流于叶榆、梓潼二地。与此同时，江南、中原佛道之佛宗道派，多往南中传法立宗。有沙门禅宗、密宗、天台宗、净土宗。道教有正乙、龙门、华山、武当、纯阳、全真。周围百里内有道观、草堂百馀，道士五百馀，多为中原、江南籍。有自幼入道者，亦有在家出事、绿林草莽，避祸或躲命者。时大理总管段家待人宽厚，无惹事生非恶行者，既已修道，万事皆空，皆不究其前恶。洪武平滇，尽赦南中元时大小囚犯，不究往事，无文牒者，皆补发。自此南中太平，夜不闭户。

蒙古人崇道[①]

余自入滇以来，多征伐事。事平之馀，喜遍游山川。闲时也打围狩猎，考古探源。南中佛家伽蓝，多建于蒙氏、段氏两朝。蒙古灭后理，段氏降而诰封，官至平章西路总兵，子孙受荫。元仁宗崇道，遍谕天下，崇敬三清。叶榆自汉魏晋以来不化之地，而孔明崇道，孟优修道，有古道观于古底洞。南诏虽崇佛，诏初与唐亲善，道家多往南中传道论玄。叶榆有白云观，建于圣峰麓。龙尾城西南有风伯祠。至天宝战起，佛寺建遍苍洱诸峰，道渐衰。后蒙氏渐强。韦皋入滇，四道长入滇讲《道德》、《黄庭》诸经。龙翔道长、杜学士分授以职。至丰祐、世隆，蒙氏入蜀多有俘获。中有道人八十馀，皆派往诸道观遣用。但佛兴而道弱，南中存道观二十馀，道人不足两百。至大理国，仅存道观六，即点苍玉皇阁、龙尾城灵鹫观、永昌朝元阁、鄯阐太清阁、蒙舍斗姆阁、白崖天星阁，道人仅存六十馀。盖大理国人皆崇佛。元灭后理，至成宗大德而道兴，龙门、全真诸道学纷入南中、三迤诸地。至延祐，

① 〔明〕李浩著《三迤随笔》，《大理古佚书钞》，大理州文联编，云南出版社，2002 年 1 月第 1 版，171–176 页。

三迤诸地遍布道观、阁堂二百馀。叶榆境有观十八、阁十四，多为全真、龙门、天师、正乙诸派学。玉皇阁有道人四十馀，多来自陇西、巴蜀等地。多以修身养性、炼气，教以老庄、纯阳诸学。

至元末，武当玄素[①]等入南中，居点苍斜阳，授以阴阳、《周易》。以内丹之说，外气巧运、循环始复而授人。而邑人陈玄子，又立三洞玄说。以乐授教，谈演三洞，檀炽钧音，以音教化。后西蜀七曲教长云和子入叶榆，邀玄子入七曲玉清观，得石匣藏经多部，度以钧音，各度百曲。云和子度灵宝空音百曲，用于道家诸阐事法部。陈玄子度百曲，为新腔玉律音，用于《清和度世经》，亦称《玉清仙音新曲》。玄子又以西王母二女紫霞、紫燕而传太清仙音，配于三洞谈经，只传叶榆一地，而不传巴蜀及天下道观。余与玄子善，问及此事，曰："此乃太虚虚无之音，本神仙之音。飘逸庄严，怕后人谈演技拙，故三洞妙音，只传叶榆一脉相承。传则以谱而授，以免贻误后人。"故至今，惟玉皇阁一脉传习至今。余三生之缘而得遇道长，尽得玉清仙音总计二百四十曲，云和子空音一百馀曲，皆法事曲，余珍如至宝，储于铁柜。

明洪武十八年至今，邑人先后谈经三十馀次。玄子虽仙逝，而其仪容永存于心。今江南程济道人常临叶榆，济与余在金陵多有交往。济精琴技，结棚观音山，多与应文大比丘游遍天下山水。而玄素神龙之现，时来时去。明初之道在于学，多习经论文，以乐配经，宣讲宏道而曰"谈经"。中以陈玄子三洞仙音，为道庭遵崇。故有三洞仙音、玉清仙律、七曲洞音、阐微法音，流于巴蜀、南中、湖广诸道观。并有空音、玉清音之分。空音以清商林徵为主，而陈曲多羽化南吕、黄钟、正宫、玉清天元之曲，故美妙绝伦，幻化太空无上之境。余素好道学，常与祖父游于金陵诸道观，及江南、中书、大都等地。士大夫以崇道为善，道士行法事多伴以法乐，唱以道曲，而非三洞之音。三洞之音，源于叶榆、巴蜀七曲二地，皆陈玄子、云和子之律，阐微之门徒遍传四方。余永乐初，三入燕都，押解库银，游归所至之地，河南、江西、湖广等地道观，间闻大洞钧音，后问皆曰："七曲云和子派弟子十人，玄子派弟子六人。遍游各地，传乩降《大洞仙经》。"余阅其经文，则《清和

---

① 玄素，即张三丰。《张三丰全集》汪锡龄《三丰先生本传》载：张三丰"延祐元年，年六十七，始入终南，得遇火龙真人，传以大道。更名玄素，一名玄化，合号玄玄子，别号昆阳。"

度世经》，及诸阐微曲六十馀曲，皆非太虚玉清之音。余深感玄子之德，玉清之音单传叶榆、淮城二地，告诫后代珍存之。

应文高僧潜隐南中轶事[①]

余祖李浩，少年从戎，随西平侯沐英共保高帝。南征北讨，戎马疆场，数历险境。洪武十五年，平滇得大理，袭德胜驿千户，取土官王义女为室。至此，世代定居战街。家祖属定远军，沐将军与太子朱标，本结义兄弟。家祖与标善，皇孙允炆自幼相识。高帝崩，炆立，建文叔侄之争，终至靖难。建文出走，于永乐元年正月抵滇。见沐晟、沐昂于书室，求苟安之地。沐晟三次与父沐春入京，与炆交往密。见帝已祝发，释门弟子，始心落。知已更法名应文，随行有应能、应贤二僧，皆心腹随臣。余祖，时在西平侯府沐老夫人身边，禀告滇西杂事。谒建文于后厅，君臣痛哭。帝求安身之所，余祖直言："点苍自古为藏龙之地，可以栖身。"帝曰："燕王已派人追捕，必至点苍暗察，非栖身之地。余师无依禅师，多次入京。道衍探知底细，曾入荡山寺暗寻，不去为好。"老夫人曰："永嘉寺离省城百馀里，可先至永嘉寺栖身。若有风吹草动，也好周旋。"居三月，胡濙派人入滇，马三保父下人通风大内，濙派人擒应文三僧，幸乡人抢先报信寺僧，得由后山小路出走，绕道姚安，插安南坡，夜走洱海卫，越九鼎山至德胜驿。寻余先祖于驿馆，余祖浩招待，知靖难始末。居三天，因驿馆耳目众多，夜送三僧至尖顶峰达果住所无为寺紫竹院禅室，居两月。时无依禅师至，师徒相会，入鸡足山罗汉壁无依住所。

至次年春，应文三僧与先臣相约，游邛莱，至峨嵋，出资阳，游大竹，至重庆与程济、廖平、宋和等旧臣遇。至襄阳王芝臣家，后居廖平家。至八月，至吴江史彬家，居三日，祭祀诸亡臣而别。游于江浙。至三年春，重游大竹，与杜景贤重逢，居半月而别。丙戌年夏，返滇居西平侯家半月。有人密告马三保父。由应能、应贤、程济陪至狮山白龙洞，居三月。永乐派三

① 〔明〕玉笛山人著《淮城夜语》，《大理古佚书钞》，大理州文联编，云南出版社，2002年1月第1版，313–316页。

保父率兵二百搜山，幸寺僧见官兵入山，而逃脱。历半月，至德胜驿，居三日。胡濙派人檄文至，暗捕建文。知难以栖身，连夜送应文三僧至茅草哨西灵鹫观玄素道长住所。盖玄素道长，即三丰真人，因受高帝重托，于洪武二十五年朱标太子去世后入滇。为保允炆有退路，保生存，重托玄素、大云。大云，即无依禅师。皆武技冠天下，智谋超群，历为太祖敬重。曾预置三僧衣牒藏奉天殿，皆无依先见之计，建文方从死门逃出入滇。次晨，至观中，玄素款之于静室。至永 乐五年，重返白龙庵。马三保父得知，三次派人搜山，应文等藏身密林得免。戊子年夏，因白龙庵被马三保父派人焚之，层林全被焚，一片荒芜。重入点苍，居段居士家。应文三僧重游襄阳，居廖平家。至永乐八年，暗返白龙潭。而胡濙追兵至，遇严震，震不忍，释应文三僧，夜自缢驿中。文知白龙庵难以栖身，从此舍弃，题诗于墙哭别。

壬辰夏四月，至点苍，会七隐于无为寺。达果亲随三僧至观音山，遍走南北二箐，于薜萝崖边南诏荒废古兰若寺为栖所。寺前有深潭，古寺建崖前，可遮风雨。古树参天，离银厂十馀里，西至佛光寨十余里，下至寅街三十里。自古兵家不到之地，景色胜白龙庵。三僧皆喜，至鸡足山无依禅师住所，鸡鸣启行，午时可达，十分方便。至此定居。

次年，应能、应贤卒。帝悲甚，收浪穹青索鼻赵金贵为弟子，取法名文慧。至十三年秋，随程济及玄素三弟子游于衡山。至此，往返于各地。每年必归观音山，建白云庵于龙湫西。至永乐二十年，胡濙派人入点苍、浪穹探寻帝踪。应文于浪穹观音箐青水河源三姑娘龙潭，又名涤泉边，建涤心庵。深山密林，人迹稀到。至二十二年，随程济常游江南天台诸地、普陀山诸地。

至宣宗八年，建文老而悲，祭诸随臣，盖诸从亡者先后辞世而生悲。弃庵，至鹤庆，立静室于黄龙潭西。秋末，至巴蜀，会程济。游二年，归点苍，居德胜驿后静心禅室。盖该禅室为点苍四大高僧常至驿中居室，平房五间，房前遍置花木。后至正德年，改建弥陀寺。至宣德四年，返观音山，因庵堂损坏，至鹤庆居龙华寺。至六年，帝与程济游陕西，秋返巴蜀。后游楚地、江西九江，重游燕山、天台等地。后至史彬家。返滇回鹤庆。至十年秋，重修兰若寺，返观音山。帝有弟子七人，即文慧、文恕、文慈、文悲、文思、文忍、文愆。英宗五年，应文至德胜驿辞余先祖，曰："叶落归根。此行虽有程济等相随，未知吉凶。"居驿中，详述往事三日，余祖记于《长生录》。

嘉靖二十四年，余重抄《长生录》，始知建文始末，特摘记之。建文后返燕京，众说云云。余至外祖公家，得程济书牒，提及应文返宫，再无信息。

程济道人[①]

程济，绩溪人，好道学。建文出走云南随臣。永乐八年，隐居德胜驿西青梅岭。草堂三间，遍种兰、菊、梅、竹，环境清幽。自号梅园道人，颇有隆中妙趣。与余祖善。济魁梧，精剑术，行必背剑。善卜，知人休咎。来往于浪穹应文和尚住所。每逢应文出游，必随行，与玄素等暗护之。济喜棋艺，常与兰室居士对弈。鸡鸣，练武于天威径览月台。剑法之精，疾如风狂雨骤，缓似龙飞凤舞。善书法，狂草龙蛇，为迤西一绝。永乐十八年，移居观音箐佛光寨东黄栎坪。后入蜀，为胡滢手下校尉察觉，而夜破古寺门，意擒建文，程济连斩二十馀敌，始退。程济为受洪武重托而暗保建文，其忠可载青史。靖难之祸，起于萧墙。叔侄之争，孰论功过。世人明哲，知而不谈，保身也。洪武有知于九天，必降报应，榆木川事发而殒[②]，皆因果循环。内情众说纷纷，有言弘安大师太女弟子铁瑛女所为。自永乐归天后，追捕建文事始缓。自此，建文身居南中，而无多虑。程济来往于德胜驿、观音山二地。每三年必随应文远游三山五岳。江山依旧，社稷变迁，三迤父老虽多，知应文即建文者几人？程济，忠臣也。

陈玄子传[③]

陈玄子名玄亮，幼失父母，为中峰道士王通一收养。亮慧强记，十龄能诵经百部，音律自通，记前生事。自制七弦，音清湛，精诸律。十六岁至中峰香草坪采药，遇西王母于坪心。听经彻悟，知己本瑶台乐师，因过降

---

① 〔明〕玉笛山人著《淮城夜语》，《大理古佚书钞》，大理州文联编，云南出版社，2002年1月第1版，324页。

② 榆木川，为塞外古地名，明成祖朱棣出征暴卒于此。

③ 〔明〕张继白著《叶榆稗史》，《大理古佚书钞》，大理州文联编，云南出版社，2002年1月第1版，460–461页。

世。亮求金母超度，金母命紫霞、紫燕助之。得空音六十四曲，加三才两仪四象，计七十三曲。授《大有妙经》，传道尘寰，曰："此道可通三界，唱诵之，可开天眼，可达瑶台。惟儒者可讲其经，可司其座曰'上座'，配以丝竹，可养道心。二十年后，当入七曲。若遇清和，必有所得。遇丁而止，重返点苍。"亮领悟，每逢朔日紫霞授谱，望夜紫燕教琴。历载，亮技冠三江，名大震。通一殁，亮主玉皇阁，授徒仙音百曲。逢会，谈演《大有妙谈经》、《金阙玉律篇》。至此，世有仙律。

亮以至正戊子入七曲，遇清和，显化石匣，得经三部，以空音合之，曰大洞仙音。亮云游三江以缘度世。丁酉春，亮返中峰，传三洞玄音于叶榆段府，制戒律。太祖平滇，徐进聘亮讲三洞要涵，并以其子拜亮为师学律。癸未，成祖治世，建文逃滇，会于玉皇阁，赋诗："蜉游尘寰九三春，点苍山麓独徘徊。五百年前群仙会，为汝操琴玉津池。"永乐癸巳，会张玄素于玉皇阁，论道一旬。为《无根树》谱道士歌，广流三迤。丁酉年正月上元日，天披彩霞，香风数十里。紫霞、紫燕仙临，曰："应愿而来，功成正果，归矣！"亮沐浴而逝。忽仙乐作，亮身轻如羽，天庭忽开，仙体脱壳，与紫霞、紫燕并立飞升，薰风数日。亮著有《陈玄子集》，留有《空音》百馀曲、《玄机琴谱》两卷，藏玉皇阁经楼，俗家多有传抄。

应文和尚[①]

明永乐元年，余与兰雪道人寓居达果栖霞楼。冬至，围炉夜话。沈万三至，其随三僧一道，示沐晟修书。知僧即应能、应贤、应文，道者为程济，为靖难出走云南，皆京官。称应文为师。文年三旬，方颐，气宇非凡，尚文，着紫袈裟，执赤金钵盂，健谈而慎言。次日，杨黼、兰室居士至，与论文，答对如流。居士以诗探之，答以："行云步雨过点苍，来时促促路凄凉。别却金陵第一院，梦断景阳寒梅开。昔日燕巢化尘土，野火青灯梦残延。深山古刹是归路，南中贤士慰平安。"居士观沐晟书，知僧即建文帝，以词回

① 〔明〕张继白著《叶榆稗史》，《大理古佚书钞》，大理州文联编，云南出版社，2002 年 1 月第 1 版，476–477 页。

敬："生非龙种是帝裔，龙庭何在？深泽难安居。劝师以茶代美酒，点苍龙湫凶化吉。洱河水洗尘心净，龙关铁锁，洞天多佛地。闲时烧香波罗密，抛却烦恼忘嗔痴。"时，叶榆人杂。张玄素至，携应文至浪穹观音山薜萝崖畔观音箐侧，建兰若寺。寺为丛林掩，为官府不至之地。薜萝崖西上二十里为佛光寨、焦石洞，北行十里为银厂，东行半日即至鸡足山顶罗汉壁。其师大云禅师，大云本南中第一僧。洪武二十五年，与玄素入京参洪武，暗扶皇孙。并制铁箧，内置三僧衣、度牒。建文靖难出走，皆依其计而走云南。会七隐于点苍，居于兰若。朝诵楞严，夜读诸经，来往于苍洱。每至，必与余等应和。著诗词数卷曰《青灯集》。远游必藏诗词物于竹箧，寄存兰室居士所。应文入滇，多为马三保、胡濙追捕。文多须髯留之，取面痣而官府难识。过十厄而化险，皆南中诸士暗保之。永乐帝崩，而事渐平。正统入京而未返，不知所终。留有诗词二百馀，存居士所。应文善画，兰室多其兰竹画。无为寺存《十八罗汉图》、《七子三僧一道图》、《求雨图》，栩栩如生，行笔入神。

白鹤道长①

点苍玉泉观，延祐建于斜阳峰玉泉溪北。段隆总管游于海东玉案山，船至赤崖，阻于水怪。怪长六丈，金黄似牛，喷水远射，撞船则毁，弓箭不入，刀枪难伤。祭水怪饲猪、牛则息，饿则伤民。雨后常至沙州憩。隆请白鹤道长降之。白鹤道长，巴人，练气士，游点苍，结篷于玉泉侧，精剑术，饲双鹤。鹤通灵，常游于洱河，能召群鹤舞于翠坪。一夕，段隆召见。白鹤道长问："段平章何求，为水怪愁呼？吾当除之。"策以工匠制万斤铁链。道长以酒浸十豕，饲水怪，怪醉卧沙滩。玉泉道长以万斤铁链刺鼻穿之，锁于石坠，坠大如牛。三日，怪醒震怒，啸似雷鸣，负痛拖链牵石坠入海。至此，怪平。总管赐金十锭，道拒纳，笑别。后建玉泉观，白鹤道长居之十年，常召百鹤舞于龙尾关洱河岸。后与张玄素游中原，不返。

至正年，其弟子尘净子塑道长像于白鹤殿中。明初，兰雪道人绘《道

① 〔明〕张继白著《叶榆稗史》，《大理古佚书钞》，大理州文联编，云南出版社，2002年1月第1版，478-479页。

人乘鹤图》于壁间。洪武二十八年，张玄素至南中住玉泉观。逢中秋，题藏头诗于壁：“八月十五逢佳期，（月）下访友游故居。（古）人几多能悟道，（首）推太上继纯阳。（易）经常演周天卦，（卜）者何必弄玄机。（几）度春秋称雄霸，（西）山暮雨几多情。（青）山常隐朝中相，（目）似流星斗牛寒。（二）十年前洞仙子，（一）夕两鬓现白发。（友）情难写无根树，（寸）心难了三世因。（大）觉大悟深山隐，（心）猿意马静则平。（十）年磨剑紫霞现，（见）尔真性在玉泉。”

永乐初，应文隐遁于观音箐，常于玉泉观与程济论道。靖难一案，明旧臣流于南中，与七子交游。洪武平滇，太子朱标有德，救段氏子孙及属僚。建文出走，得大云、无极二师力，得度出死门。入滇，大云度之，法名应文，后与落阳居士、桂楼居士、兰雪道人、达果和尚、张玄素为伍，畅游五岳三山，谁识真龙托情山水。应文题诗于玉泉观：“遨游云水几度春，雁去雁来雁长鸣。青灯伴吾识真面，斩断情缘一梦间。”“玉泉观中玉泉流，龙关铁锁锁百愁。荣华富贵如流水，真道一点达丹田。佛门梵音天天念，阿弥陀佛法无边。无边无岸是苦海，功成正果果难全。”又打趣词：“君非君，臣非臣，道非道，僧非僧。游龙变化，潜吾原形。一个果字难了，后果来自前因。应文寡言喜诗文。十年一破，手持钵盂走千家。京都道上真天子，千梦岩前是新家。”永乐壬寅年，玉泉观藏诗于神龛下，封之。

清净散人孙不二①

孙不二，马钰妻。夫妻破尘出家，立全真教。大定初，与四女弟子入滇，栖榆斗姆宫。孙氏善诗词，与大理国段氏讲道，以礼待之。一夕，演法以水变佳酿，味美极，多饮者醉三日。醉者幻化如身历已事重现，呓语隐密，皆男女情，令人倾倒。四女弟子皆绝色道姑，善歌吟，精剑术，轻柔娇燕，超凡脱俗。孙不二于宫壁题书：“灵关一点，玄达三关，不是神仙府第，今宵有缘到此方。巧巧巧！若非洞宾洛阳去也，跨黄鹤，点苍一游伴我酣。

① 〔明〕张继白著《叶榆稗史》，《大理古佚书钞》，大理州文联编，云南出版社，2002 年 1 月第 1 版，495 页。

龙泽佳地，五华巍然，当年道主涵关，彩云南现神仙境。妙妙妙！炼就丹砂返本照，解除烦恼，拔脱三涂一了然。”孙不二游大理三月馀，曾到玉皇阁演全真教义，收二女弟子。后游蒙舍城，返昆游西山龙门，后返中原。奇人矣。历经百年，余观孙氏题词书法，娟秀而苍劲，可成一家。

达果和尚①

达果，大理总管段隆四子。生悟，素食，九岁出家无为寺，拜师智能大主持。智能，天台僧，游方至榆，为段隆主大法事，善说法，博诗文。一夕，于段府演剑法，如雪花缠身。留焉，拜大主持，赐金线袈裟、紫金盂钵、金镶禅杖，居无为寺。居三年许，四子段文出家，师从之，取法名达果。达果双靥，爱笑。俗家以“哈哈和尚”称之，久而忘其名。十五岁，书画、击技冠南中。洪武初，智能坐化，升无为寺住持，与安道、无极交，娱于山水。洪武平滇，总兵徐进慕其才，五访始见。演玄武剑法，势如游龙翻江，腾跳如仙猿。洪武二十五年，与杨黼、宝姐共结七子诗社，世称南中七隐。后与玄素、应文僧三游中原，多次救文于危难。官府多次于中原缉之，其外出善化，鬼神之功，孰识本来面目？晚年著有诗文《十方集》。达果八十馀，至今健在。每月逢五，必至峰顶炼气，声如洪钟，举五百斤 石狮而形色如故。奇人矣。

僧无极②

法天和尚无极大国师，太和城杨泰子。幼出家荡山寺，师从大德长老，智慧超群，过目不忘。十七岁讲《金刚经》于荡山寺后讲经楼，与三迤十大法师辩，对法行云流水，满座惊服，获金线袈裟。大智慧，尚知识高僧。恒讲《华严》、《楞严》、《法华》诸经于经台，听者三千，鸦雀无声。至大明

① 〔明〕张继白著《叶榆稗史》，《大理古佚书钞》，大理州文联编，云南出版社，2002年1月第1版，496页。

② 〔明〕李浩著《三迤随笔》，《大理古佚书钞》，大理州文联编，云南出版社，2002年1月第1版，304–305页。

洪武十六年，太祖诏之入京，宫廷讲经三月，封大国师，赐大理都纲，建大云阁于荡山寺南。种茶十亩，为贡品御茶。每年由知府派员送京都，味冠龙井，为茶中精品。无极善诗文，为南中七子之一，与杨安道、杨桂楼、段宝姬、达果、继白居士、沈万三、玄素道人、程济、应文和尚交往密，多诗词应和。无极喜松，宝姬居士好兰，达果好竹，继白好梅而善于丹青，皆南中四绝。应文即建文帝，靖难出死门，随师无依，龙潜观音山兰若寺，曾于洪武十六年听无极讲经于大内。洪武二十四年，二次入京，荐无依、玄素于大内。洪武密召之，为皇孙谋策，而备僧衣钵于密匣。后宫廷乱起，建文携二辅臣，入南中隐遁，皆得无极先见，说服南中雅士暗助之。永乐四年，圆寂于大云阁，建宝幢于寺西二里。

空心树僧[①]

永乐初，建文入滇。原洪武诸大臣，多随从建文潜身南中。随亡群臣多奇人雅士，有随臣应光，初入滇，落发于荡山寺，拜师了尘。了尘，大理望族赵氏子，幼喜习击技，为平章麾下军校。明亡大理，阿荣请之为教席，辞不干，忧而出家，仍习技如初，后为寂照寺主持。洪武中，随无极大师入朝洪武，与御史曾凤诏交。诏有弟凤诗，与了尘善，曾随无极入滇，居荡山三月始归，了尘送至拓东。建文入滇，居武定龙潭寺，凤诗随之，见龙潭寺人多眼杂，马三保父探子多次入山，而派程济与凤诗入大理寻安身之地。后得无极、无依二师，为建文得安适之地于观音山，又以大理无为寺达果法师住所、荡山寺无极大师处是联点。为不被官兵觉察，凤诗拜了尘禅师为师，了尘以法名“应光”，赐以衣钵、度牒，时应光五十四岁。

荡山寺口有空心树一，为古檀香树，种于大理国初，粗六人围，元初遭雷击而中空，俗名“空心树”。光以树为禅室，内置一禅床，一尊鎏金世尊置于树壁，为金陵佛灯大法师赠。实则空心树实为建文帝大理接头之地，为贴身流亡云南诸大臣知，而旁人无一知晓。永乐八年，建文入大理，程济、

① 〔明〕玉笛山人著《淮城夜语》，《大理古佚书钞》，大理州文联编，云南出版社，2002年1月第1版，366-367页。

叶希贤、杨应能先至德胜驿，由余祖告知凤诗、了尘。接建文于寂照寺，居半月，入浪穹观音山脚兰若寺，结篷于寺旁薛萝崖龙池边。时张玄素、沈万山、无依道长、弘修师太闻讯而至，沐晟派人送银二百两，建佛殿禅室于密林中，鲜为人知。应光回荡山寺为耳目。永乐帝派密探入滇，探知建文于武定脱逃，有入滇西逃缅之象，派三保太监父马五梭探之，而有人见于姚州，后不知所终。永乐知建文与西平侯屯滇部将交往密，派胡滢探之，故滢访遍崇圣寺、弘圣寺，五上荡山寺，三上鸡足山，均无建文下落。一日，滢问空心树僧："常驻山间，是否见二老僧与一方头大耳大口，鼻翼侧有一黑痣，痣上有毛和尚出现于此？"应光曰："五年前我于八百媳妇国见如是三僧，金陵口音，曰将出海西洋游，有事将永居西洋。"至此胡滢返京奏永乐。盖永乐派三保太监出使西洋，其心实为一箭双雕，明访西洋而暗除建文，国是家非孰能解之。应光七十六，圆寂于荡山寺。

僧奴传①

平章段功有女名僧奴，母高夫人生。生时母梦一高僧，授一玉篆仙鹤，高氏接之化五毫笔。次年，高氏又得一子，取宝为名，并称女为宝姐。三岁入荡山寺，大云命名"僧奴"。云篆仙鹤，空来空悟，慧根永固，为我僧奴。"

宝姐自幼慧，七岁能文，九岁琴棋书画崭露。八岁父命题咏兰，立得诗："绿荫丛下吐幽芳，虽非国色得天香。瑶台边上仙家草，移栽人间将相家。"宝姐尚武，三岁随母舞剑鸡鸣。善骑射，十岁随父狩猎于石门，独射恶熊得之。功常叹谓："僧奴若非女流，吾当授印执兵！"至正二十六年，梁王鸩段功于梁王府。岁次，阿盖护柩归葬于点苍崇圣寺西。高夫人携僧奴迎柩于龙关，哭声载道。僧奴亲作祭文，尾赞曰："十万雄师哭声哀，愁云惨雾笼战街。最是人间伤心事，从此难觅父笑颜！"三军泣若海潮。孝女慈父，岂不悲哉！

宝姐立志替父报仇，十五适建昌阿荣，意图阿荣发兵共讨梁王。临行，

① 〔明〕张继白著《叶榆稗史》,《大理古佚书钞》，大理州文联编，云南出版社，2002 年 1 月第 1 版，455–456 页。

将一“替父雪恨”刺指血染红丝线绣旗授宝，并约三年内伐梁王。临别赠离别诗于龙关桥曰：“珊瑚钩起别香闺，满月潸然泪湿衣。冰镜银台前长大，金枝玉叶下芳菲。乌飞兔走常来往，梅秀梅香不暂移。惆怅同胞未忍别，应知恨重点苍低。”于翠柳堤赋诗曰：“何彼浓兮花正红，归车独别洱河东。鸿悲燕死难经目，风剑霜刀易割胸。云白山高连水远，月新春叠与秋重。泪珠如泻通宵雨，千里关山几处逢。”

行程月馀，僧奴会荣于邛海，要荣应三事，即：操兵演武伺机伐梁王，戒酒色立德政，兴农田而罢狩猎。阿荣诺。婚后，荣悔言，沉于酒色，责僧奴得女非男。荣纳六妾，奴劝而被疏。一气于邛岛建庵，与女斋栖。

洪武十七年，太祖赦段氏宗室。杨安道遣人接僧奴重返点苍，建兰苑于尖顶峰寺东两里。与南中无极、达果、安道、桂楼、继白、玄素齐名，为南中七隐。乐于山水琴棋，著诗词《兰室居士集》。女琼芝，适大理总兵徐进次子。孙女适继白孙。宝姐持素布衣，孰知其金枝玉叶公主身事。享年九十四，葬于尖峰无为寺南。

丙穴鱼[①]

龙首关沙坪寅潭，为虎仙所据。神虎来自通天河源，其红似火，喜水巡而不湿。与人善，食则捕食海鱼，食巨。一夕，海王化鱼出游，为神虎获。海王曰：“吾老骨硬，可卡尔喉。”虎疑而食，海王化巨刺卡虎喉。虎窘，求南海大士。大士曰：“尔食鱼无数，又以海王为食，可谓贪食起祸。祸出于口，报应也。此刺本为龙刺，其硬如金刚，曰‘金刚神针’。吾替汝求海王释汝，但汝需归心沙门，吐出十万载所食诸鱼，以了前衍，始得正果。”神虎垂首伏。大士以虎化伏虎坡，虎口化丙穴洞。丙穴鱼长三寸，由虎口流出。土人于每年中秋，于寅潭集市以示大士宏法，曰“寅潭会”。

玄素游寅潭曰：“神虎十万八千，色红似火，居江河岸以鱼为食，曰鱼虎。通灵多疑，西珥河有此怪必然，虎化寅塘，寓言也。大士本菩萨，菩萨

① 〔明〕张继白著《叶榆稗史》，《大理古佚书钞》，大理州文联编，云南出版社，2002年1月第1版，505页。

大慈大悲。南中自南诏至今，六百馀载，桑田沧海，天地运化。昔海今陌，佛道一理，逛言为真。日久成形，那来虎大成坡，口吐鲜血八百载。但丙穴鱼味美，老道垂涎，连食一旬不倒胃。神虎口馋而遭祸，老道何时戒口，善哉！”

东山神蟒[①]

鸡足灵山，即古灵山。释门弟子迦叶出家阇崛山，奉佛结果，传教东山。途经鸡足山，山势与阇崛无二。结篷华首灵崖窟，遇二樵夫讶，以手拍崖壁，壁开如门，入见迦叶索食。叶赐崖乳，食而忘饥。叶示法，现灵山胜景。佛祖现，讲华严实而悟，拜迦叶为师。见贝经不识，叶曰：“心诚即真经，经由善念生。心中有佛祖，如读大乘经。挥手一百年，菩提是慧根。众生皆是佛，佛缘无定根。”二樵夫出，返家无识者，事隔两百年。悟人生短暂，返鸡足而失迦叶，忽西天现佛祖示曰：“心诚灵山路，开山落大鹏，百年灵山兴，千僧绕大佛。”赐二樵夫为比丘，法号胜光、胜明。建饮光寺于金鸡岭。南诏龙晟王赐二僧弟子三百，皆剑南囚卒。历今四百年，有十八寺，草庵百馀。多数寺僧来自中土，多为犯事远逃蛮地弃家者。高僧辈出，多善知识与奇人。

洪武初，鸡山伏虎寺住持大云法师，本大理国段氏后裔。生而素食，拜龙翔长老为师。至正年游中原得大法，与佛灯、玄素为至交。后返鸡足，遇三丈巨蟒。大师遇之如知交，蟒通灵不伤众生，以野果为食。宾州河湿热，香客入山常为虎豹伤。师得悉，则与蟒语：“擒诸恶兽以示佛法。汝为护法蟒，当为众生作想。佛祖度善而不度恶，而虎熊伤人无数，必灭之。”二十馀年，巨蟒救人百馀。吞虎豹吐尸于山箐，或勒毙弃之。遇人伤则含至师座前，救人而起死回生百馀人，犹如家养。大云远出则自隐山洞，返则现。余与大云知交，每游鸡足必见此蟒。大云至华首门上三啸而至，至必伏首以礼。神蟒入冬则眠于神蟒洞。洞悬空，人莫能至。土医常至悬崖下收蟒粪入药，治风瘴有奇效。人遇神蟒，呼“蟒大仙”则咯咯而应，点头三示。遇人

① 〔明〕张继白著《叶榆稗史》,《大理古佚书钞》，大理州文联编，云南出版社，2002年1月第1版，505页。

行道，则让之于边，不与人争。每三年蜕皮于路边，土医取而烧灰，治恶疮必愈。洪武二十五年，大云、张玄素应诏入京，随佛灯朝见洪武。制袈裟、度牒三，锁于秘箧。永乐之变，建文落发逃滇，皆大云之智。应文僧，即建文，事关宫廷，知者随臣外，惟七子与其诗文交，数矣。

玄真观雷神殿与火神殿①

德胜驿玄真观有三殿，即道祖殿、火神殿、雷神殿，内多怪异。正德五年，余时年八岁，与观中道童王心源常游戏观中。观中有雷神殿，中塑雷公电母、风伯雨师，两侧绘有壁画《雷车出巡图》、《雷击五妖图》，为明洪武二十四年，兰雪道人杨安道绘。

元初，西洱河五妖为患，皆水妖，一曰"活木"，妖粗一围，每逢风平浪静，游于金梭岛南水面，远似枯树，足八对，鸣声如石蚌，响数里。活木出四时辰，洱海必掀巨浪，渔人船家见活木必急归，迟则必葬身海底。

红鳞巨鳄。海南红山苇泽，有红鳞巨鳄，连尾长三丈馀，出现于大理国段兴智生年。每年食人畜数十，常伏河岸草丛，以突出捕食。其鳞甲坚硬，弓箭不入，力大千斤，齿如利剑。独角双犀，栖西洱河口苇丛。人若误入，二犀必以独角抵挑而亡，身大如象，民苦之。

冷水湾席蛭。有席蛭，缩如团则如水碓轮，伸延长五丈余，背黑如漆，腹色金红，背有五金线，各宽五尺八寸，常上岸吸食家畜、骡、马、猪、犬血，先后卷人吸血二十馀人。被吸者，死无滴血，人以妖孽。

孙不二至大理，知五妖害人，以五雷神咒请雷公电母、风伯雨师于夏六月初八。是日，阴晦如黄昏，电雷满天，雨大风骤，海水翻腾。雷击之巨，地动山摇，达数以千计。历时从早至夜，亥时始平。次日，风清日爽，五妖皆为击毙，浮于水面。

右墙壁绘其影，为五位电神，尖嘴利爪，双翅腾飞，姿态不同，以巨锤雷楔击向五妖。电母各乘五羊车，手挚电光镜，姿容美艳，有庄严，有卧鱼，

① 〔明〕玉笛山人著《淮城夜语》，《大理古佚书钞》，大理州文联编，云南出版社，2002年1月第1版，342–344页。

有侧身，有扬手斜照，电光交错，情节壮丽。风伯高悬风袋，风从袋涌。雨师黑旗招摇，九龙吐水，雨丝如注。另一壁绘，为雷部诸天神将，由南天门冉冉下降，云兴雾起，隐现下界苍洱胜境，六街三市、村庄、浮图，描绘之精细为南中一绝。

又雷神殿有一瓷瓶，传为南诏董天官行法用瓷瓶。色土红，中盛清水，若天晴与常瓶无异。若瓶现小水珠，三日后即时小雨如珠，大则大雨，水珠成泪，量其长短，一寸三日，七寸则二十一日，以推之。若所现水珠横形如虫，则预示四个时辰后发雷。造物之奇，不可思议。雷神殿供有铁令牌一块，为张天师游点苍赠大理国段氏用物。若天旱六月不雨，沉铁令牌于清碧溪龙池，旬内雨至。雨足则以长竿拴玉钩，捞之则起。原藏段王府内库，沐英、蓝玉平滇得之，藏德胜楼。一夕被盗，盗贼至飞来寺，为雷击，而复归，供于雷神殿。玄真观中物，历代贼不偷，皆畏雷威耳。观中有火神殿，供火德星君、十二火神、神鸦火龙。

有屏绘两墙，为沈万三女线阳道姑绘于永乐十六年。左为火烧五华楼，后为火烧段王府。图中示出蓝玉违反天命，下令士兵放火焚楼，百姓逃命，军将厮杀。火光中火鸦盘旋，火焰吐卷，一片惨象。另一幅，则蓝玉带兵攻段府，段氏纵火由后门潜逃。火神高托于火焰顶，火龙吐焰，死尸横院。于拂晓，一老尼盘坐于大殿，火卷帘苇而丝纹不动，双目微闭，视死如归，态慈祥，乃段功之妹慈德夫人。

线阳本红拂辈，自建文入浪穹，与建文交往密。线阳父万三，本张玄素弟子，素居茅草哨灵鹫观。万三行踪不定，每至大理，喜与玄真观道长王昇善交。王昇为京都神乐观道长，因救建文入滇，居德胜驿。余祖留之于驿馆，建玄真观而安之。盖线阳女为座上客，常谈文论武而乐。火神殿有青皮树二株，皆南诏王阁罗凤种植，上有群鸦数百，若十里内起火，则群鸦飞鸣至火场。龙尾关内外，因四季风大，军民畏火，每当火发，灾害之惨不亚刀兵，故而建之。每年醮祭而谈演三洞，表奏天庭而解厄消灾于 观中，至今已历百年。